LEÇONS ET MODÈLES

DE LITTÉRATURE

FRANÇAISE.

LEÇONS ET MODÈLES

DE

LITTÉRATURE

FRANÇAISE

ANCIENNE ET MODERNE,

Par Tissot,

MEMBRE DE L'ACADÉMIE FRANÇAISE, PROFESSEUR AU COLLÉGE DE FRANCE.

PROSE.

Bruxelles,
SOCIÉTÉ TYPOGRAPHIQUE BELGE,
AD. WAHLEN ET COMPAGNIE.

1838

PRÉFACE.

C'est un malheur pour nous que toutes les traces de l'ancienne civilisation des Gaules aient péri avec la langue que nos aïeux parlaient avant et après l'invasion de Jules César. Quel bonheur nous aurions, par exemple, à retrouver empreintes du caractère de leurs grandes âmes les propres paroles des Divitiac, des Indutiomar, des Vercingétorix, qui défendirent avec tant de gloire la cause de l'indépendance nationale! Il est également à regretter que le nouvel idiôme qui se forma du mélange du gaulois et du latin avec le rude langage des Francs incorporés à nous par la conquête, soit tellement inintelligible pour l'immense majorité des lecteurs, que les éléments de notre seconde histoire nous demeurent presque aussi inconnus que ceux de la première. Les noms, les dits, les gestes de nos pères ne se trouvent point dans la mémoire et dans la bouche du peuple, faute d'une langue commune entre eux et nous. Privés de cette ressource, nous ne possédons pas non plus de naïfs et magnifiques mensonges semblables à ceux qui prêtent tant de charme aux faibles commencements de Rome, donnent au fabuleux Romulus l'éloquence du génie civilisé, de même qu'ils accordent à Numa, simple citoyen de la petite ville de Cures, les lumières d'un élève de Pythagore, et les talents d'un législateur religieux appelé au gouvernement d'un grand empire.

Si le dix-septième siècle, au lieu de se jeter presque tout entier dans l'étude des modèles grecs et romains, se fût appliqué davantage à bien connaître nos vieilles chroniques cachées dans la poussière des bibliothèques, il aurait pu rattacher la France de Charlemagne à celle de Louis XIV, et certes ce n'était pas un des moindres présents qu'il pût nous faire. Une histoire de France puisée aux sources, et traitée par un homme de talent, aurait prévenu plus d'une erreur du grand siècle; elle aurait opposé peut-être, dans les éloquents souvenirs du passé, une digue au torrent qui emportait tout vers le pouvoir absolu, car rien ne lui est moins favorable que la connaissance approfondie des sentiments de nos pères et de leur généreuse résistance à tous les genres d'oppression. Cette connaissance répandue dans la société aurait surtout empêché le siècle novateur qui suivit de regarder presque toute la France d'autrefois comme barbare, et d'avoir pour elle les injustes dédains qu'il n'a que trop mêlés à ses admirables efforts pour dégager la nation des ténèbres de l'ignorance. Mais l'esprit humain n'a guère qu'une direction, et quand il s'élance vers l'avenir, il ne met pas la même ardeur à retourner vers le passé pour lui demander des leçons.

La révolution, qui sembla d'abord vouloir briser violemment la chaîne qui lie le présent au passé, produisit un effet tout contraire à cette apparence. En recherchant les origines de nos droits, on retrouva les origines de notre langue. Nos vieilles annales, jadis exclusivement explorées par ces hommes de silence, de retraite profonde et de travail infatigable que nous possédions autrefois, commencèrent à attirer l'attention publique, réveillée d'ailleurs chaque jour par les investigations de la presse qui cherchait des armes de tous côtés. Napoléon, pénétré d'une estime à la fois superstitieuse et éclairée pour les choses consacrées par le temps, encouragea la direction des esprits vers l'étude de notre ancienne histoire. Louis XVIII, voulant ranimer le respect pour sa race, en nous la montrant partout dans nos annales, et en la rattachant aux deux premières races royales pour former une monarchie de quatorze cents ans, protégea aussi cette curieuse exploration qui fait revivre les hommes et les choses d'autrefois dans la mémoire des contemporains.

Le culte du passé historique de la France est plus que jamais en honneur parmi nous. On réimprime nos chroniques, on les donne au public en les éclaircissant par l'explication des mots trop étranges pour être compris de nos jours. Beaucoup de personnes se familiarisent avec cette étude, et parviennent à entendre Ville-Hardouin, Joinville et Froissard. Ce n'est pas tout encore : il s'est formé dans une école célèbre, et sous d'illustres professeurs des facultés de l'académie de Paris, tels que MM. La Romiguière, Royer-Collard, Guizot, Cousin, Villemain, une race jeune par l'âge et vieille par l'étude, race ardente et sérieuse, intelligente et appliquée, pleine de respect pour les faits, et d'amour pour la vérité, qui, plongée dans la recherche du passé, se propose de ressusciter une partie de notre gloire à peu près morte pour nous. C'est ainsi que les Michelet, les deux Thierry, précédés dans la carrière par M. de Barante, auteur de l'*Histoire des ducs de Bourgogne*, et par l'habile et consciencieux Sismondi, que ses écrits ont naturalisé chez nous, concourent à nous fournir les éléments d'une histoire dans laquelle la nation apparaîtra enfin tout entière.

La littérature doit suivre aujourd'hui cette direction, et rattacher les siècles passés au siècle présent, en rendant populaires, autant que cela est possible, les monuments de notre ancienne langue. Malheureusement, ce n'est guère que vers la fin du douzième siècle, qu'elle devient accessible au lecteur doué de quelque attention. Mais cette époque présente une étude intéressante, parce qu'on peut y surprendre la langue au moment où elle se débarrasse de son caractère de barbarie, et commence à prendre un sentiment d'harmonie. Alors elle nous transmet des mots qui sont encore jeunes et pleins de vie, malgré leur vieillesse, et qui ne mourront qu'avec notre langue actuelle. Il faut même reconnaître que, lorsque la trop fréquente étrangeté des termes d'origine diverse ne vient pas arrêter ou fatiguer le lecteur, cette langue rude et novice a un grand charme de naïveté, et que ses historiens et ses conteurs, par exemple, s'oubliant eux-mêmes pour revêtir le caractère de leurs personnages, les font deviser avec une vérité, avec un abandon, avec un accent de nature qui produisent l'illusion. Dans Tite-Live, dans Tacite, dans le bon Plutarque même, les discours, les entretiens des acteurs du drame, sont trop souvent jetés au même moule par l'écrivain, et marqués au type de son esprit. Ville-Hardouin, Joinville, Froissard, nous donnent les propres paroles, ou l'imitation fidèle du langage des rois, des guerriers, des reines, qu'ils font passer sous nos yeux.

Nous pourrions citer à l'appui de cette opinion une scène entre Philippe-Auguste et Blanche de Castille, qui veut déterminer ce prince à secourir de son trésor Louis VIII, dit le Lion, assiégé dans Londres par les Anglais qui se repentaient de l'avoir élu pour roi. Dans cette scène tirée d'une chronique encore inédite, à laquelle M. Paulin Paris, qui l'a découverte, a cru devoir donner le nom de chronique de Reims, on sent que tout est vrai et non imaginé, que l'entretien a été parlé ainsi, et non arrangé par le narrateur.

La langue des contemporains de Philippe-Auguste possédait et nous a transmis de grandes épopées à plusieurs branches, composées de quarante, quelques-unes même de soixante mille vers qui contenaient la vie héroïque de Charlemagne, et celle de ses pairs et de ses barons, tels que Renaud de Montauban, Maugis, Beuve d'Aigremont, Doon de Mayence, Oger-le-Danois. Toutes ces épopées, que sans doute l'Arioste et le Tasse ont consultées et mises à profit, reposaient sur l'histoire. Plus tard nous retrouvons dans Godefroy de Bouillon, dans Baudouin de Sebourg, troisième roi de Jérusalem, et dans quelques autres poëmes, toute l'histoire des croisades entremêlée de fables. Malheureusement ces épopées, remontant très-loin dans le passé, ne sont pas abordables pour le plus grand nombre des lecteurs ; il faut les abandonner à la patiente étude des érudits, à la méditation de quelque poëte capable de dévorer les difficultés d'une telle lecture, et soutenu par l'expérience légitime et fondée d'y trouver de hautes et belles inspirations; car dans les temps héroïques comme ceux de la guerre de Troie et l'époque de Charlemagne, chaque homme extraordinaire fait son épopée. Non écrite, mais vivante, elle entre dans le cœur de ses contemporains, elle devient une tradition populaire; et conservant à jamais son type de grandeur, elle enfante enfin un poëte qui la chante. La littérature dont nous parlons avait des histoires, des chroniques, de vastes romans, des satires, des contes connus sous le nom de fabliaux, et qu'on doit regarder comme la source de notre ancien théâtre; elle abondait surtout en chansons le plus souvent composées par des princes et des rois, tels que le duc de Brabant, le comte d'Anjou, frère de S. Louis, Pierre Mauclerc, duc de Bretagne, le fameux Thibault, roi de Navarre, comte de Champagne, l'adorateur de la reine Blanche.

Si une partie des richesses littéraires de ces époques reculées sont interdites au plus grand nombre d'entre nous, au moins mettons au jour et dans le commerce général celles dont il nous est permis de profiter, parce qu'elles se trouvent dans une langue qui se rapproche davantage de la nôtre. Que S. Bernard, que Ville-Hardouin, *le mieux disant, le plus éloquent, le plus judicieux de son temps*, que les précieuses chroniques de S. Denis, que Brunetto Latini, le maître du Dante, que le naïf et religieux Joinville, que Froissart, que Philippe de Comines, le Tacite de Louis XI, ne nous soient plus étrangers! Par eux nous arrivons de degré en degré au seizième siècle, c'est-à-dire à L'hôpital, au bon Amyot, au sceptique Montaigne qui écrit presque toujours de génie.

On ne conçoit pas pourquoi le nom de cet auteur original, qui est le seul de son caractère dans notre histoire littéraire, se trouve en général banni des recueils consacrés à reproduire les chefs-d'œuvre de notre langue. L'étude de Montaigne qui a tant moissonné dans l'antiquité, de Montaigne qui transforme tout ce qu'il touche, de Montaigne qui a fourni presque toute la substance des écrits de J.-J. Rousseau, est l'une des plus instructives et des plus attachantes lectures que l'on puisse faire. Ce philosophe, exempt de toute espèce de servage de l'esprit, mais trop enclin au scepticisme, avait mis en action, un siècle à l'avance, la méthode de Descartes. Nous n'avons rien de pareil à Montaigne, ni avant ni après lui; les anciens ne peuvent même nous opposer aucun écrivain de sa trempe. Cicéron, Sénèque et Bossuet parlent de l'amitié; mais lorsqu'après avoir lu ces trois écrivains, on en vient à Montaigne, on dirait qu'il a trouvé dans son cœur, avec une nouvelle manière d'aimer, un nouveau langage pour exprimer la plus tendre et la plus vive des affections. Montaigne a souvent ce genre de supériorité, sur tous les écrivains qu'on lui compare. Aussi est-ce un problème à résoudre que celui de savoir si, toutes choses mises en balance, la langue de Montaigne a plus gagné que perdu en passant par les mains des auteurs des deux siècles suivants, qui cependant lui ont fait des présents si magnifiques. Frappé de ces idées, nous citerons souvent Montaigne et ses contemporains, mais avec une sage retenue.

La Fontaine, dont la distraction était ou une préoccupation ou une méditation continuelle, a beaucoup profité en remontant vers la langue du seizième siècle, et même vers celle qui l'a précédée. Il a puisé dans leur commerce des beautés qui n'appartiennent qu'à lui et à Molière dans leur époque. De Montaigne à Pascal, de Pascal à Bossuet, de Bossuet à Fénelon et à Massillon, qui se ressemblent comme deux frères, de ces deux écrivains à Buffon, à Montesquieu, à Rousseau, de Rousseau à Bernardin de Saint-Pierre, il y a pour notre langue une continuité de créations et de progrès qui lui ont imprimé un nouveau caractère de richesse et de perfection. Entre tous ces hommes, Voltaire apparaît avec une physionomie particulière; il ne s'est pas créé une langue nouvelle, il a parlé celle de tout le monde; et cependant il est lui, et ne ressemble à personne. Voltaire, sans égaler ses maîtres en créations de style, en audace, en vigueur, en éloquence, n'a aucun de leurs défauts, dont ses ouvrages sont le meilleur des préservatifs. La langue écrite de Voltaire sérieux me paraît la langue que la raison doit adopter pour rendre la vérité populaire. C'est là, sans doute, un assez grand éloge.

Cette suite de considérations dit assez que ce n'est pas une étude frivole et stérile, que celle d'une littérature qui renferme tant de richesses et de si hautes renommées. Mais cette étude peut-elle être faite indistinctement, et sans quelque secours, par tout le monde, et surtout par la jeunesse? Nous ne le pensons pas; d'assez graves inconvénients nous semblent attachés au système de répandre dans un vaste recueil un grand nombre de citations littéraires, sans les ranger pour ainsi dire par ordre de mérite, et plus encore sans les accompagner de quelques avis, ou de quelques réflexions, pour aider le jeune lecteur dans la difficile opération de former son jugement. Quel parti prendra-t-il si vous lui offrez pêle-mêle des citations de nos grands écrivains?

Pascal, à force d'être sublime et profond, s'égare en des obscurités où il semble que sa raison se perde; Bossuet, qui fait parfois de l'éloquence comme le Dante a fait de la poésie, avec la langue vulgaire, tombe assez souvent dans des négligences et même des trivialités; le suave et divin Fénelon, Fénelon dont l'esprit, l'imagination et le cœur exhalaient la poésie, est grand parleur, comme les Grecs ses modèles. Massillon, si sévère pour le fond des choses, si doux dans les formes, donne presque toujours trois vêtements à sa pensée; le premier est magnifique, le second est riche, le troisième encore d'un heureux choix, mais souvent le premier suffirait: les deux autres ne peuvent être regardés que comme un luxe du talent dont l'imitation aurait de fâcheuses conséquences.

Le pompeux Buffon a popularisé *l'Histoire Naturelle*, par un style rempli d'enchantements; il y a beaucoup à profiter dans la lecture de ses ouvrages, où toutes les ressources de la langue sont admirablement employées; cependant un goût sévère lui reproche avec raison de l'apprêt, de l'ambition, la profusion des ornements et le défaut d'abandon et de mouvement. Nous lui devons peut-être, en poésie, l'école descriptive, école séduisante et dangereuse qui pouvait tuer la poésie d'action et la poésie du cœur. A Dieu ne plaise qu'infidèle au culte du talent et de l'amitié, je puisse penser à déprécier Delille; mais quoique ce poète s'élève plus souvent qu'on ne le dit à des beautés d'un ordre supérieur, il ne peut être proposé comme modèle, qu'avec réserve. L'intérêt même de sa réputation impose à cet égard la sévérité du choix dans les morceaux qu'on lui emprunte. Le grave Montesquieu n'est pas exempt des prétentions du bel esprit dans son immortel ouvrage de l'*Esprit des lois*; mais il nous a donné lui-même un antidote contre la maligne influence de ses brillants exemples, dans les *Considérations sur les causes de la grandeur et de la décadence des Romains*. Là, il se montre presque toujours vrai, grand et simple, et sa raison, aussi haute que la raison de Bossuet, n'a pas d'éclipses comme elle. Aucun de ces écrivains n'a imprimé autant de verve, de chaleur et d'entraînement à son style que Rousseau. Rousseau passionne ses lecteurs; l'enthousiasme qu'il inspire, surtout aux jeunes gens qu'il touche par l'amour de l'honnête et du beau, les empêche de reconnaître qu'il devient assez souvent déclamateur ou qu'il laisse éclater parfois dans ses écrits une fausse sensibilité qui devint très-contagieuse pour la société de son temps. Il a été donné à M. de Chateaubriand d'écrire certaines choses comme s'il avait à ses ordres la main des maîtres de l'art, qu'il surpasse quelquefois. Mais combien d'alliage dans la riche matière qu'il emploie aux œuvres de son talent! Prévenir la jeunesse contre les défauts de ces grands écrivains, sans porter atteinte au respect, au culte même que nous leur devons, comme à des hommes qui honorent leur pays, n'est-ce pas accomplir un devoir et rendre un service?

La vérité des faits, la vérité des sentiments dans la peinture du cœur de l'homme, voilà deux éléments avec lesquels nous essayerons, non pas de prononcer des jugements, mais de mettre la raison de nos jeunes lecteurs sur la voie de la vérité. Ainsi, en leur citant les oraisons funèbres de Bossuet, où la magnificence de la parole et l'éloquence de la raison dépassent tout ce que l'antiquité a de plus élevé, nous placerons, au bas du morceau choisi, un souvenir de l'irrécusable histoire qui corrigera les éloges hyperboliques de l'orateur; nous opposerons à tous ceux qui font disparaître la vérité sous les ornements du langage, cette belle pensée que Fléchier met dans la bouche de Turenne, un moment ressuscité, pour réprimer les flatteries qu'on oserait prononcer sur sa tombe: « Pourquoi viens-tu mentir ici pour moi, qui ne mentis jamais pour personne? » De même, après avoir exposé à l'admiration les sublimes créations de Corneille, nous opposerons quelquefois aux Romains, enfants de son génie, ce que l'histoire raconte du peuple-roi, et ce que Montesquieu en a dit, pour que le lecteur examine si l'influence du théâtre espagnol sur le nôtre

PRÉFACE.

n'aurait pas altéré la simplicité et la gravité, premiers types du caractère de ce peuple. Viendrons-nous à citer, dans Racine, la réponse d'Iphigénie à son père qui lui annonce la mort, et lui interdit l'espoir de l'hymen avec Achille? Nous dirons au lecteur : relisez tout entier le rôle de cette princesse, tracé par Euripide, et particulièrement sa prière à Agamemnon, dans la situation que nous venons d'indiquer, et demandez-vous lequel des deux poëtes est demeuré le plus fidèle à la nature. D'autres fois, en rapprochant différents auteurs sur le même sujet, nous indiquerons les motifs de la supériorité accordée aux uns sur les autres. Si nous empruntons des citations à Télémaque, nous les choisirons de manière à faire sentir que cet ouvrage, qui respire partout le goût de l'antiquité, offre une suite de jugements d'un goût exquis sur cette même antiquité qu'il corrige avec la raison des modernes. Ce que l'imagination du cygne de Cambrai ajoute à Homère, à Sophocle, à Virgile, ce que son esprit retranche des larcins qu'il leur fait, est le modèle le plus achevé de la critique en exemples. Cette critique, nous la retrouvons souvent dans les grands écrivains comparés les uns avec les autres, et nous lui emprunterons des avis qui seront des autorités.

Il y a en littérature des préférences exclusives qui ont pris la force d'une habitude. Par exemple, tout le monde s'accorde à louer sans restriction les oraisons funèbres de Bossuet, et l'on ne cite jamais ses sermons, où la pensée de l'écrivain, exempte de tout luxe d'apparat, de toute servitude imposée par une situation difficile et par la tyrannie des bienséances, est vraie, simple, élevée, profonde et libre comme son génie. Les critiques donnent généralement le *Petit Carême* de Massillon comme le chef-d'œuvre de l'auteur; cependant on trouve dans ses sermons sur le carême un ordre de beautés bien plus dignes de servir de modèles que le *Petit Carême*, qui pourtant mériterait d'être le bréviaire des jeunes princes destinés au trône.

Nous tâcherons encore de réparer des omissions remarquables; telle est celle qui regarde le livre de la méthode de Descartes, livre de génie et de bon sens, qui tend à nous préserver, autant que le permet la faiblesse humaine, des erreurs, des faux jugements dont la plupart viennent de l'asservissement de notre esprit aux séductions ou à la tyrannie de l'opinion. Secours offert à toutes les intelligences, ce livre nous dit à tous : «Dieu vous a donné, pour vous éclairer et vous conduire, un admirable instrument : la raison! exercez-la de bonne heure comme vous exercez votre corps; elle se développera de même que lui. Interrogez-la toujours avant de parler et d'agir. Demandez-lui ce qu'elle pense, comme à cet autre ami fidèle que vous avez dans le cœur, la conscience; elle vous répondra souvent avec justesse. Si d'abord elle est incertaine et faible, si ses lumières sont confuses, ses jugements timides, cultivée chaque jour par vous-même, par l'étude réfléchie des bons livres, par le commerce de la raison et de l'expérience des autres, elle deviendra une espèce d'oracle intérieur dont les avis ne manqueront pas de solidité.»

Ces conseils de Descartes ou de la raison s'appliquent à tout, à la morale comme à la littérature; et le principal but de notre recueil est d'inviter chacun à tâcher de penser d'original en soumettant à un doute modeste et à un travail personnel tout ce qu'il lit, et tout ce qu'il entend. Ce travail est la véritable source de l'indépendance de l'esprit, qui ne consiste pas dans le mépris des jugements et des œuvres des autres, mais dans un examen qui nous apprend à chercher et à trouver le vrai en tous genres.

Après l'exposé de tels principes, nous n'avons pas besoin de dire que ce recueil ne portera l'enseigne d'aucun esprit de parti, d'aucun préjugé d'école, d'aucun système exclusif. Uniquement destiné à faire connaître notre langue et notre littérature dans toutes les phases de leur existence, il embrasse indistinctement la France ancienne et la France nouvelle; il réserve à côté de nos premiers écrivains et de leurs successeurs, une place pour nos contemporains. Tous ceux qui aiment la gloire et se sont montrés dignes d'obtenir ses nobles récompenses, nous trouveront empressés à leur rendre justice en citant leurs titres d'honneur. Pour les vivants comme pour les morts, aucune considération ne viendra modifier la conscience et la liberté de notre choix. Ainsi, en admettant Casalès et Maury, nous ne donnerons pas une injuste exclusion à Barnave et à Mirabeau. Auprès de ces princes de la parole viendront se ranger d'autres orateurs qui ont été les ornements de la tribune. Nous avons vu se lever, et grandir au milieu de nous comme un phénomène inattendu, un homme dont le nom retentit chaque jour en Europe, en Amérique, sous les tentes de l'Arabe du désert, et jusqu'aux extrémités de l'Asie qui attend peut-être encore la venue de cet autre Alexandre, parce qu'elle ne peut croire qu'il ait pu mourir. Cet homme est Napoléon. Éloquent dans ses proclamations militaires, habile dans ses récits de batailles, profond dans ses jugements sur les personnages et sur les événements de l'époque, parlant quelquefois dans son conseil sur les plus graves sujets de la politique et du gouvernement, comme Montesquieu en aurait parlé la plume à la main, Napoléon a laissé des pages dignes d'un grand écrivain ; nous le citerons d'autant plus volontiers, que sa gloire en tout genre est une propriété nationale.

Neuvième Siècle.

SERMENT DE LOUIS, ROI DE GERMANIE,

EN ROMAN,

ADRESSÉ AUX SEIGNEURS FRANÇAIS ET SUJETS DE CHARLES-LE-CHAUVE.

Pro Deo et pro christian poblo, et nostro commun salvament, d'ist di in avant, in quant Deus savir et podir me dunat, si salvarai io cist meon fradre Karlo, et in adjudha et in cadhuna cosa si com om per dreit son fradre salvar dist, in o quid il mi altre si fazet. Et ab Ludher nul plaid nunquam prindrai qui meon vol cist meon fradre Karle in damno sit.

Pour l'amour de Dieu et du peuple chrétien, et pour notre commune sûreté, dorénavant, autant que Dieu me donnera de savoir et de pouvoir, je défendrai ce mien frère Charles, lui donnant aide et secours dans chaque chose, comme un homme par droit doit défendre son frère dans le mal qu'un autre lui ferait ; et je ne ferai aucun traité avec Lothaire qui puisse être préjudiciable à mon frère Charles.

SERMENT DES SEIGNEURS FRANÇAIS

ET SUJETS DE CHARLES-LE-CHAUVE.

Si Lodhuigs sagrament que son fradre Karlo jurat, conservat, et Karlus meos sendra, de suo part non lo stanit, si jo returnar non lint pois, ne jo, ne neuls cui eo returnar int pois, in nulla adjudha contra Loduwig nun li iver.

Si Louis observe le serment que son frère Charles lui jure, et que Charles mon seigneur, de son côté, ne le tienne point, et que je ne puisse détourner Charles de cette violation, ni moi ni aucuns ne serons en aide à Charles contre Louis.

NOTE HISTORIQUE.

Deux des petits-fils de Charlemagne, après la mort de ce grand homme, se réunirent pour lutter contre l'ambitieux Lothaire, qui fut vaincu à Fontenay, le 25 juin 841. Malgré cette victoire, Charles-le-Chauve et Louis-le-Germanique, toujours en péril, renouvelèrent leur alliance à Strasbourg. Il est à remarquer que les deux princes cherchèrent à inté-resser le peuple en parlant, non la langue des clercs, mais les idiomes usités en Gaule et en Germanie.

Ce serment fut prêté le 16 des calendes de mars 842. Louis-le-Germanique jura en langue romane ou française ; Charles-le-Chauve, en langue germanique.

Comme cette pièce est le premier monument de notre langue, nous avons cru devoir la faire connaître, bien qu'elle soit plutôt politique que littéraire.

Dixième Siècle.

EXTRAIT D'UNE TRADUCTION DU SYMBOLE

ATTRIBUÉ A SAINT ATHANASE.

Kikumkes vult salf estre devant totes choses besoing est qu'il tienget la comune foi.

Laquele si caskun entière e néent malmis me ne guarderas sans dotance pardurablement perirat.

Iceste est a certes la comune fei que uns deu en trinitet et la trinitet en unitet aorums....

. Quiconque veut être sauvé, avant toute chose doit tenir la commune foi.

Si chacun ne la garde entière et sans mélange, sans aucun doute il périra pour toujours.

Cette commune foi est bien certainement que un Dieu en trinité et la Trinité en unité nous adorions.....

Onzième Siècle.

EXTRAIT

DES

QUATRE LIVRES DES ROIS.

Li secunds-livres des rejs.

Sathanas se eslevad encuntre Israel et entichad David que il feist anumbred ces de Israel è ces de Juda. Et li reis cumendad a Joab ki esteit maistre cunestables de la chevalerie le rei, que il alast par tutes les lignées de Israel dès Dan jesque Bersabée e anumbrast le pople.....

Le second livre des Rois.

Satan s'éleva contre Israël et suggéra à David de faire dénombrer ceux d'Israël et ceux de Juda. Et le roi commanda à Joab, qui était maître connétable de la chevalerie du roi, qu'il allât par toutes les familles d'Israël, depuis Dan (près du Liban) jusqu'à Bersabée (vers l'Égypte), et qu'il dénombrât le peuple.....

Ce morceau est tiré d'un manuscrit de la Bibliothèque Royale, provenant de celle des Cordeliers de Paris. Nous eussions désiré donner, comme exemple de la langue au dixième siècle, un fragment des lois publiées en 1070, par Guillaume-le-Conquérant, dans la Grande-Bretagne, après la conquête; mais nous avons renoncé à ce projet, parce qu'il y a lieu de croire qu'aucun des textes qui nous en sont parvenus n'est du dixième siècle (du moins quant à la forme), les manuscrits qui les contiennent étant du treizième et du quatorzième siècles.

Douzième Siècle.

LA MORT DE ROLAND.

CHRONIQUE DE TURPIN.

Rollanz si esteit molt travalliez de si grant batallie e daus Sarrazins qu'il avoit ocis toz sos ; toz dolenz de la mort à ses crestianz e molt blecez dedanz lo cors daus granz cos que li Sarrazins li avoient doné. Si trova iloec un arbre enmi praelet e desoz un peiron de marbre qui esteit iloec ou pré tout droit soz Roncevaux. Il descendi de son cheval soz l'arbre e si avoit encore s'espée avoec li, la plus bele d'ovre e la mieudre qui onques fust. D'agrezce n'avoit ele nullie parellie ne si reflamboiant ; si avoit nom Durendat, ço est à dire : Dur cop en done ; car ançois faldra li braz que l'espée. Il la treit d'au fuire e la tint en son poing molt longament e l'esgarda, e puis si dist : « O doce espée, e bele, e avenanz, e lée, e bien trenchanz, de totes la plus ferme, e la mieudre e la plus vallianz. O doce espée ot le poing d'or e ot la croiz dorée. Certes cil qui t'aura ne sera jà vencuz ne espaoutez ; deables mal feire ne li puet ; il ert ceinz de la loi devine. Si je peusse vivre, la genz sarrazine fust per toi destruite, e la foiz de la crestianté fust per toi essoucée e li loenges Deu e la soe gloire.

» O doce espée, ô boneurose espée à la quele nule ne fu onques semblanz ni jameiz ne sera, cil qui te forgia ni avant ni après ne fit onques si bone, ni nus

Roland était exténué d'un si grand combat et du nombre de Sarrasins qu'il avait occis tout seul; il était, en outre, dolent de la mort de ses chrétiens, et gravement blessé des grands coups que les Sarrasins lui avaient donnés dans le corps. Il rencontra un arbre au milieu d'une prairie, et dessous, un banc de marbre qui était là au pré, tout droit au bas de Roncevaux. Il descendit de son cheval sous l'arbre, ayant encore avec lui son épée, la plus belle par le travail et la meilleure qui fut jamais. Elle n'avait pas sa pareille en dureté ni en éclat; son nom était *Durandal*, c'est-à-dire *Dur coup en donne* ; car le bras aurait failli avant cette épée. Roland la tira du fourreau et la tint à la main fort longuement en la regardant ; puis il dit : — O douce épée, belle, avenante, nette et bien tranchante, la plus ferme de toutes, et la meilleure et la plus vaillante ! O douce épée à la poignée d'or et à la croix dorée, certes celui qui t'aura n'est pas près d'être vaincu ni épouvanté. Le diable ne lui peut faire de mal : il est ceint de la loi divine. Si j'eusse pu vivre, la gent sarrasine eût été par toi détruite, et la foi de la chrétienté exhaussée, ainsi que les louanges de Dieu et sa gloire.

O douce épée ! ô bienheureuse épée, qui n'as jamais eu de rivale et n'en auras jamais, celui qui te forgea, ni avant ni après, ne fit une arme aussi

DOUZIÈME SIÈCLE.

ne puet à longes vivre qui de toi seit naffrez. Certes molt aurai grant doel si mauvés chevaliers ni paoros, ne si aucuns daus tricheires Sarrazins te trove ; molt me poisera. »

Quant il so dit, por ço que ne chaist ou mains dou mauvés Sarrazins, si en féri trois fez sor le marbre, car il la voloit briser ; mès riens ne li vaut, car li marbres fendi en does moitez e l'espée remest en la terre si n'ot mie mal. Lors prist Rollanz sa bozine e commença à corner molt durement per savoir si el bois avoit nul crestian rebost per la poor daus Sarrazins qui à lui venist e à sa mort fust.

E sona la bozine per si grant vertu qu'ele fendi per mi, e les venes del col et li ner li rompirent ; si que la voiz en vint aus ourellies Karle qui estoit arbergiez e tot el'os en val que l'om apele la val Karle, si avoit. viii. lieues d'iloec tresque lai où Rollanz gisoit. Tantost voet Karles retorner ; mès Guanelons qui la traïson savoit dist : « N'i alez mie, beau sire, car Rollanz vostre niez corne tot jor per neiant ; sachiez qu'il n'a mestier d'aie, mès sachiez qu'il ha trové oucune beste salvagie, car il chaice per cez bois, e per ço corne. »

Rollanz ne se poet sostenir, si se cochia ou pré per desoz l'arbre, molt desiranz eue à sa soi esteindre qu'il avoit molt grant.... Lors regarda vers lo cel Rollanz li martyrs et fit ceste proieire : « Biauz sire Deus Jhesucris, per la cui amor je laissai mon païs et vinc çai en iceste terre salvagie per essaucer saincte crestianté, e si ai feit maintes batallies sore Sarrazins e vencues ot l'aie de toi, sire, per cui je ai soffert mainte fain e mainte soi e mainte anguoisse que conter ore ne puis ; beaus sire, je te comant m'âme. Issi te pret que tu ostes m'âme de la mort durable. Sire, perdon à moi mes péchiez e si me met en durable vie e repos. Je te croi de tot mon cuer ; je te régis de ma boche, et si sei que tu veus oster m'âme de cest chaitif cors e que tu la farces vivre de mellior vie. »

Après ço, si joint ses mains et fit proieire à Nostre Segnior, e dist : « Beaus sire Deus, je te pri que tu aies merci de tes fieus qui sont hui mort en la batallie par la toe amor. Beaus sire Deus, tu qui es pis miséricordios perdone lur lors péchiez e garde lur les armes de aus daus penes d'enfer. Envoie lur les tous arcangels qui gardont lurs armes, si que eles n'angiont ou tenebres d'enfer, ainz les conduiont ou regne célestial e que eles soient

bonne, car nul homme ne peut vivre long-temps lorsqu'il a été blessé par toi. Certes j'aurai un fort grand chagrin si de mauvais ou de peureux chevaliers, ou quelqu'un de ces félons Sarrasins te trouve. Oui, cela me pèsera fort. »

Quand Roland eut dit ces paroles, pour que son épée ne tombât point aux mains des Sarrasins félons, il la frappa trois fois sur le marbre, car il la voulait briser ; mais il n'y réussit pas : l'épée fendit le marbre en deux moitiés, et se ficha en terre sans aucun mal (1). Alors Roland prit sa trompe et se mit à sonner fortement, afin de savoir si le bois renfermait quelque chrétien caché là de peur des Sarrasins, pour qu'averti par ce signal, il pût venir à lui et assister à sa mort.

Et il sonna de la trompe avec une telle force qu'elle se fendit tout du long, que les veines du col se rompirent, que ses nerfs se brisèrent, et que le son de la trompe arriva aux oreilles de Charlemagne, qui était campé avec ses troupes dans un val que l'on appelle le *Val Charles*, à huit lieues de l'endroit où Roland gisait. Aussitôt Charlemagne voulut retourner en arrière ; mais Ganelon, qui participait à la trahison, lui dit : « N'y allez pas, beau sire, car Roland, votre neveu, sonne tout le jour du cor pour rien. Sachez qu'il n'a pas besoin d'aide. Il aura plutôt trouvé quelque bête sauvage qu'il chasse par ces bois ; voilà pourquoi il sonne du cor. »

Cependant Roland ne se put soutenir. Il se coucha par terre, dessous l'arbre, désirant vivement de l'eau pour éteindre la soif qui le dévorait.... Puis Roland le martyr regarda vers le ciel et fit cette prière : « Beau sire Dieu Jésus-Christ, pour l'amour duquel je laissai mon pays et vins ici, afin d'exhausser la sainte chrétienté en cette terre sauvage où j'ai livré maintes batailles aux Sarrasins, où je les ai vaincus avec ton aide ; sire, pour qui j'ai souffert à maintes reprises la faim et la soif, et maintes angoisses que je ne puis conter ; beau sire, je te recommande mon âme. Je te supplie de l'arracher à la mort éternelle. Sire, pardonne-moi mes péchés, et accorde-moi la vie et le repos sans fin. Je crois en toi de tout mon cœur ; je te confesse de ma bouche, et je te conjure, puisque tu veux enlever mon âme à ce chétif corps, de la faire vivre d'une vie meilleure. »

Après cela Roland joignit les mains, fit sa prière à Notre Seigneur, et dit : « Beau sire Dieu, je te prie

---

(1) Il y a dans les Pyrénées, au-dessus de Gavarnie, une immense entaille de trois cents pieds de haut, faite par quelque tremblement à la muraille naturelle du MARBORÉ. Les habitants la nomment BRÈCHE DE ROLAND, et montrent, sur le haut d'un rocher, les traces des pieds d'un cheval qu'ils disent être celui du preux. L'Arioste, dans son ROLAND FURIEUX, s'est emparé de cette fable.

avoec les sainz martirs et ensemble ot toi sanz fin.

Après ceste proieire se parti l'arme d'au cors au benoit martir Rollanz, e laissa le cors; e li angre l'enportarent ou regne Deu e en la joie durable. Ore feit joie sanz terme avoec les sainz martyrs.

d'avoir merci de tes fils qui sont morts pour l'amour de toi en la bataille. Beau sire Dieu, toi qui es doux et plein de miséricorde, pardonne-leur les péchés qu'ils ont commis, et sauve leurs âmes des peines de l'enfer. Envoie vers eux tes archanges pour garder leurs âmes, afin qu'elles ne tombent pas dans les ténèbres de l'enfer, et soient conduits au royaume céleste pour y être sans fin et ensemble avec toi et les saints martyrs.

Après cette prière, l'âme du bienheureux martyr Roland prit congé de son corps et se sépara de lui; et les anges l'emportèrent au royaume de Dieu en la joie éternelle. Là elle jouit d'un bonheur sans fin avec les saints martyrs.

Le roman, ou la chronique dont nous venons de donner un fragment, a été faussement attribué à Turpin ou Tilpin, archevêque de Reims, mort en 794. L'écriture du manuscrit de la Bibliothèque royale où nous avons pris ce passage, est du commencement du douzième siècle. Évidemment cette vie de Charlemagne a été composée avec des traductions, des contes et des romances populaires antérieurs à l'époque de l'écriture du manuscrit. D'ailleurs, comme on l'a vu par le serment de 842, puisque la langue vulgaire était d'un usage général parmi les Francs au neuvième siècle, on peut conjecturer qu'il existait, à la même époque, parmi eux, une poésie nationale, ainsi que des chants militaires et historiques. Ces monuments, à la vérité, n'existent plus, mais on en retrouve le souvenir dans les écrits des siècles qui suivirent. Plus heureux que nous, les peuples du Nord ont encore leur *Edda*, les poëmes des *Nibelungen*, etc.; il est probable que la chronique de Turpin, qui, en 1122, fut déclarée par le pape Calixte II, *Histoire authentique*, a d'abord été écrite en latin. La leçon romane ne serait qu'une traduction.

EXTRAIT

D'UN

SERMON POUR LE JOUR DE L'ÉPIPHANIE.

SAINT BERNARD.

Hui vinrent li troi Roi querre lo Soloil de justise que neiz estoit, de cui il est escrit: *Cy ke vos uns bers vient, et Orianz en ses nonz.* Il enseivirent hui lo conduit de la novele estoile, et si aorèrent le novel enfant de la Virgine. Ne prenons nos assi granz solaiz ci, sy cum en celei parol del Apostle, dont nos là davant avons parleit? Cil apelet Deu, et cist lo dient assi, mais par oyvre et ne mies par voix. — Ke faites-vos, signor Roi, ke faites-vos? Aoreiz-vos dons un alaitant enfant en une vil maison, et envelopeit en vilz draz? Est dons cist enfès Deus? — Deus est en son saint temple, et en ciel, en ses sieges, et vos en un vil estaule lo quareiz, et en les cors d'une femme! — Ke faites-vos, ke vos or li offrez assi? Est il dons Rois? Où est li royals sale, et li sieges royals, où sunt li cours et li royals fréquence! —

A pareil jour, les trois Rois se mirent à la recherche du Soleil de justice qui venait de naître, et dont il est écrit: « Un Roi vous est né du côté de l'orient. » Ils suivirent la route que leur indiqua l'étoile nouvelle, et ils adorèrent l'enfant nouveau-né de la vierge. Ne nous fierons-nous pas autant à cette parole qu'à celle de l'Apôtre dont nous avons parlé tout à l'heure? L'Apôtre appela l'enfant Dieu, et les trois Rois l'appelèrent de même; mais ce fut par leurs œuvres et non par leurs paroles. — Que faites-vous, seigneurs Rois, que faites-vous? Vous adorez un enfant à la mamelle, dans une vile étable, et enveloppé de vils langes. Cet enfant est-il donc un Dieu? — Dieu est dans son saint temple et dans le ciel sur son trône, et vous le cherchez dans une vile étable et dans le corps d'une femme! — Que

Est dons sale li estaules, siege li maingevre, corz li fréquence de Joseph et de Marie? Coment sunt devenuit si sots si saiges hom ki un petit enfant aorent, ki despeitaules est et por son aige et por la poverteit des siens?

Certes, chier freire, bien faisoit à dotteir ke cist ne fussent escandaliziet, et k'il ne se tenussent por escharniz quant il si grant viltelt, et si grant poverteit virent? — Des la royal citeit où il cuidarent troveir lo Roi, furent tramis en Betléem, petite vilate; en un estaule entrèrent et lai atrovèrent un enfancegnon euvelopeit en povres draz. Nul de totes ces choses ne lor furent à grevance. Li estaules ne lor fut onkes encontre cuer, n'en onkes ne furent ahurteit de povres draz, ne escandaliziet de l'enfance del laitant; anz misent lor genoz à terre, si l'onorarent si cum Roi, et aorèrent si cum Deu. Mais cil mismes les ensaigniavet ki amenez les avoit, et cil mismes les ensaigniavet par dedens en or cuer, ki par l'estoile les semonoit par deforz. Ceste apparicions nostre Signor clarifiet vi cest jor, et li dévocions et li honoremenz des Rois lo fait dévot et honoravle.

faites-vous, vous qui lui offrez ainsi de l'or? Est-il donc Roi? Où est alors l'appartement royal, le siège royal? où est la cour, où est l'entourage royal? — L'étable est-elle donc une salle de réception, la mangeoire un trône, et la présence de Joseph et de Marie une cour? Comment des hommes sages sont-ils devenus insensés au point d'adorer un petit enfant méprisable par son âge et par la pauvreté des siens?

Certes, chers frères, on devait s'attendre à ce que les Mages seraient scandalisés, et qu'ils se regarderaient comme raillés en voyant un si grand abaissement et une pauvreté si grande. — Au lieu de la cité royale, où ils pensaient trouver le Roi, ils furent conduits à Bethléem, petite bourgade. Là, entrés dans une étable, ils y trouvèrent un tout petit enfant au maillot enveloppé de pauvres draps. Rien de tout cela ne réussit à les ébranler; l'étable ne leur vint point à contre-cœur, ils ne furent point choqués de la pauvreté des langes, ni scandalisés de l'âge de cet enfant à la mamelle, mais ils mirent les genoux en terre, honorèrent Jésus comme leur Roi, et l'adorèrent comme leur Dieu; car celui-là même les enseignait, qui les avait amenés, et celui-là qui au dehors les avait conduits par une étoile, les guidait aussi au fond de leur cœur. Ce fut le jour où nous sommes qui vit glorifier de la sorte Notre Seigneur. La dévotion et l'hommage des rois rend donc ce jour honorable et le consacre à la dévotion.

Saint Bernard naquit, en 1091, au village de Fontaine, en Bourgogne, et mourut le 20 avril 1153. Devenu illustre dans l'Église, il poursuivit avec véhémence la condamnation d'Abeilard, dont nous ne citerons rien, parce que tous les écrits qui nous restent de lui sont en langue latine. Fondateur de l'abbaye de Citeaux, abbé de Clairvaux, rédacteur des statuts de l'ordre des Templiers, médiateur entre les prétentions de deux papes rivaux, saint Bernard ébranla l'Europe jusque dans ses fondements, lorsqu'il prêcha la croisade; mais fatigué d'une vie si orageuse, il rentra dans son abbaye de Clairvaux pour y finir ses jours.

Doué d'une éloquence forte et puissante, il remuait toutes les consciences. Les peuples se précipitèrent sur ses pas, pour entendre quelques-unes de ses divines paroles. Bossuet ressemble singulièrement à saint Bernard. Pourquoi faut-il que tous les deux aient eu le triste devoir, l'un de vaincre Abeilard, l'autre Fénelon?

Nous donnerons plus tard le parallèle remarquable que M. Guizot a fait de ces quatre grandes illustrations de la chaire et de l'Église.

Outre l'intérêt qui s'attache à des fragments français et inédits d'un homme comme saint Bernard, qui a joué un si grand rôle en son temps, nous croyons devoir faire remarquer que l'extrait de ses œuvres que nous publions, acquiert encore de l'importance par la comparaison que les philologues peuvent en faire avec le morceau qui suit, et qui est de la même époque, mais non de la même contrée. Saint Bernard, en effet, nous offre un modèle de dialecte roman provincial: car il prêchait loin de la capitale. Au contraire, l'idiome qu'emploie Maurice de Sully, est uniquement celui du centre, le dialecte qu'on parlait à Paris, foyer principal de la langue d'oïl.

L'EXPLICATION DU PATER.

MAURICE DE SULLY.

En trestotes les paroles et les orisons qui furent onques establies ne dites en terre, si est li plus sainte et li plus haute la Patre nostre. Quar ceste noméement establit Deus meismes, et commanda à dire à ses Apostres; et par ses Apostres le commanda à dire à tos ceus qui en lui croient. Por ce est-elle plus dite et plus doit être en sainte église que nule autre orisons; mais ce saciés, por voir, que tels poés vos estre que plus demandés vos mal que bien à vostre ues quant vos dites la Patre nostre ; et porce que vos saciés que vos dites et que vos demandés à Deus quant vos dites la Patre nostre, si vos dirons et démosterrons en romans ce que la latre a en soi, et ce que ele nos ensegne, etc.

De toutes les paroles et les prières qui ont été récitées et dites sur la terre, la plus sainte et la plus haute est le *Pater noster*; car Dieu lui-même l'établit spécialement, et il commanda à ses Apôtres de la dire, et par eux il enjoignit la même chose à tous ceux qui croient en lui. Aussi le *Pater* est-il et doit-il être récité en sainte Église plus qu'aucune autre prière ; mais apprenez, en vérité, que vous pouvez être tels qu'il arrive que vous demandiez plus de mal que de bien, sans le savoir, quand vous dites le *Pater noster*. Donc, pour que vous sachiez ce que vous dites et ce que vous demandez à Dieu quand vous récitez le *Pater noster*, nous vous dirons ici et démontrerons en langue romane ce que la lettre a en elle-même et ce qu'elle nous enseigne, etc.

Maurice de Sully, évêque de Paris, né de parents très-pauvres, dans le petit village de Sully, sur les rives de la Loire, fit ses études à Paris, où bientôt il enseigna la théologie. Devenu chanoine de Bourges, il succéda à P. Lombard, évêque de Paris, mort en 1160. En 1165, il baptisa Philippe-Auguste. A cette époque il faisait déjà travailler à l'édification de la cathédrale, dont le pape Alexandre III posa la première pierre en 1163. Maurice de Sully consacra tout son temps et tous les revenus de l'église de Paris à l'achèvement de cet édifice gigantesque, qu'il laissa inachevé ; pourtant le chœur était déjà couvert lorsque Maurice mourut, le 11 septembre 1196.

On a de lui six épitres adressées au pape Alexandre, et relatives au meurtre de Thomas Becket, archevêque de Cantorbéry ; un assez grand nombre de sermons manuscrits, écrits en français et en latin ; des traités théologiques, etc. Dans notre intention, le morceau que nous donnons n'a pour but que de prouver qu'au temps de Maurice on parlait au peuple en langue vulgaire. Il est fâcheux, sous ce rapport et sous le point de vue linguistique, que ses sermons français n'aient point encore été publiés.

Treizième Siècle.

LA PRISE DE CONSTANTINOPLE.

VILLE-HARDOUIN.

Mult fu bien li naviles (navires) atornez et bordez (arrangés), et réparés et recueillies les viandes totes as pélerins. Joesdi après mi-quaresme entrèrent tuit (tous) ès nés (dans les nefs) et traïstrent les chevaus ès vissiers (espèce de navire qui servait au transport des chevaux), et chascune bataille (division) si ot son navile par soi; et furent tuit coste à coste arrangiés; et furent départies les nés d'entre les galies (vaisseaux longs et à bords plats) et les vissiers, et fu grant mervoille à regarder ; et bien tesmoigne li livres que duroit bien demi-lieue françoise li assals (l'assaut), si cum il ère ordenez. Et le vendredi matin si traïstrent (tirèrent) les nés et les galies et les autres vaïssials vers la ville, si com ordené ère, et comance li assals mult fors et mult durs. En mains leus (lieux) descendirent à terre et alèrent tros que (jusque) as murs; et en main leus refurent les eschieles des nés si approchies, que cil des tors et des murs et cils des eschieles s'entreféroient des glaives demantenant. Ensi dura cel assals mult durs et mult fors et mult fiers, trosque vers hore (l'heure) de none, en plus de cent leus; mais par nos péchiez furent li pélerins ressorti (repoussés) de l'assaut; et cil qui estoient descendu à terre des galies et des vissiers furent remis enz à force. Et bien sachiez que plus pardirent cil de l'ost (du camp) cel jor que li Grieu (les Grecs), et furent li Grieu resbaudi (réjouis). Tels y ot qui se traïstrent arrière de l'assault, et les vassials en quoy ils estoient ; et tels y ot qui remistrent à ancre si près de la ville, que il gettoient à perrières et à mangonials (pierriers et mangonaux) li uns as autres.

Lors pristrent à la vesprée un parlement (conseil) cil de l'ost et li dux de Venise, et assemblèrent en une yglise d'autre part de cele part où il avoient esté logié. Là ot maint conseil doné et pris ; et furent mult esmaié (étonnés) cil de l'ost por ce que il lor fu le jor devant meschéu (arrivé mal). Assez y ot de cels qui loèrent que on alast d'autre part de la ville, de cele part où ele n'ère mie si bordée (fortifiée) ; et li Venisien, qui plus savoient de la mer, distrent que, se il y aloient, li corrans de l'aigue (l'eau) les enmeneroit contreval le Braz; si ne porroient lor vaissiaus arrester. Et sachiez que il avoit de cels qui volsissent que li corrans les enmenast les vaissials contreval le Braz, ou li venz ; à cels ne chausist (tarda guère), mais qu'ils partissent de la terre et alassent en voie; et mult n'ère mie mervoille, que mult èrent (étaient) en grand péril. Assez y ot parlé et avant et arrière ; mais la somme del conseil si fu telx (telle) que il ratorneroient lor afaire lendemain, qui semadi (samedi) ère, et le dimanche tote jor, et le lundi iroient à l'assaut, et loieroient (attacheraient) les nés où les eschieles estoient, deux à deux. Ensi assauroient deux nés à une tor, por ce qu'il orent véu que à cel jor n'avoit assailli que une nés à une tor, si estoit trop grevée chascune par soi, porce que cil de la tor estoient plus que cil des eschieles; et por ce si fu bon porpensement (bonne pensée) que plus gréveroient deux eschieles à une tor que une. Ens com il fu devisé, si fu fait; et ensi attendirent li semadi et dimanche.

L'emperères (l'empereur) Morchuflex s'ère venus herbergier (poster) devant l'assaut à une place à tot son pooir, et ot tendues ses vermeilles tentes. Ensi dura cil afaires trosque à lundi matin; et lors furent arivé cil des nés et des vissiers et cil des galies; et cil de la ville les doutèrent (craignirent) plus que il ne firent à premières (auparavant), si furent si esbaudi (effrayés), que sor les murs et sor les tors ne paroient (paraissaient) se genz non; et lors comença li assaus fiers et merveilleus, et chascuns vaissiaux assailloit endroit (devant) lui. Li huz (la clameur) de la noise (du combat) fu si granz, que il sembla que terre fondist. Ensi dura li assals longuement tant que nostre sire lor fist lever un vent que on apele Boire (Borée); et bota les nés et les vaissiaus sor la rive plus qu'il n'estoient devant, et deux nés qui estoient loiées ensemble, dont l'une avoit nom *la Pélerine* et li autre *li Paradis*, aprochièrent à la tor, l'une d'une part et l'autre d'autre; si com Diex et li venz les mena, que l'eschiele de la Pélerine se joint (joignit) à la tor; et maintenant un Venisien et un chevalier de France qui avoit nom André d'Urboise, entrèrent en la tor, et autres genz comencent à entrer après als; et cil de la tor se desconfisent (se mettent en déroute) et s'en vont.

Quand ce virent li chevalier qui estoient ès vissiers s'en issent à la terre et drecent eschiele à plain del mur, et montent contremont le mur par force, et conquistrent bien quatre des tors; et il comencent à assaillir des nés et des vissiers et des galies, qui ainz ainz, qui mielz mielz; et depècent bien trois des portes et entrent enz; et comencent à monter; et chevauchent (courent) droit à l'herberge (au poste) de l'empereor Morchuflex; et il avoit ses batailles (troupes) rangies devant ses tentes. Et com il virent venir les chevaliers à cheval, si se desconfissent, et s'en va l'emperères fuiant par les rues al chastel (au château) de Boukelion. Lors vessiez griffons abatre, et chevaus gaaigner, et palefroi, muls et mules et autres avoirs. Là ot tant des mors et des navrez qu'il n'en ère ne fins ne mesure. Grant partie des halz homes (principaux seigneurs) de Grèce guenchirent (se dirigèrent) vers la porte de Blaquerne; et vespres y ère jà bas, et furent cil de l'ost lassé de la bataille et de l'ocision (tatuerie); et si comencent à assembler en une place granz qui estoit dedenz Constantinople; et pristrent conseil que il se hebergeroient près des murs et des tors que il avoient conquises, que il ne cuidoient (pensaient) mie que il eussent la ville vaincue en un mois : les forz yglises ne les forz palais, et le pueple qui ère dedenz. Ensi com il fu devisé, si fu fait.

Ensi se herbergièrent devant les murs et devant les tors près de lor vaissials. Li cuens Baudoins de Flandres se herberja ès vermeilles tentes l'empereor Morchuflex qu'il avoit laissies tendues, et Henris ses frères devant le palais de Blaquerne; Boniface li marchis de Montferrat, il et la soe gent (lui et ses gens), devers l'espès (au plus fort) de la ville. Ensi fu l'oz herbergié com vos avez oÿ, et Constantinople prise le lundi de Pasque florie.

Geoffroy de Ville-Hardouin naquit, vers l'an 1167, dans un château situé entre Bar et Arcis-sur-Aube. Devenu maréchal de Champagne, il se croisa pour aller en Terre-Sainte avec Thibault, comte de Champagne et de Brie.

Il se trouva à la prise de Constantinople en 1204, et l'empereur Baudouin lui donna la charge de maréchal de Romanie. Il mourut, en Thessalie, vers l'an 1213.

L'*Histoire de la conquête de Constantinople*, le seul ouvrage connu de Ville-Hardouin, comprend l'espace de neuf ans, depuis 1198 jusqu'en 1207. On ne trouve point dans ce livre l'attachante et naïve causerie de Joinville, mais Ville-Hardouin possède une éloquence nerveuse et raconte des faits remplis d'intérêt.

MORT DE BRUNEHAULT.

CHRONIQUES DE SAINT-DENIS.

Li Rois commanda que Bruneheut fust devant lui amenée en la présence de toute la baronnie qui là estoit assemblée de France et de Borgoigne, d'Avanterre et de Normendie. Lors ot-il raison et ochoison (occasion) de descouvrir la grant haine que il avoit de pieça contre li conceue. Par quatre foiz la fist batre et tormenter; après la fist mettre sor un chamel (chameau), et la fist einsi fuster (fouetter) parmi toute l'ost. Avant que elle fust destruite, lui reprocha voiant (devant) toute la baronnie, les cruautez et les très grans desloiautez que elle avoit faites et parla en tel manière : « O tu, fame maleoite entre toutes autres fames, soustille, et engingneuse (ingénieuse) à controuver art et enging pour le monde decevoir, comment pot onques entrer en ton cuer si grans cruautez ne si desmesurées desloiautez, que tu n'as pas eu honte ne doutance d'occire, ne d'empoisonner, ne de murdrir si granz et si nobles généracions des Rois de France ? — Dix Rois as fait morir, dont li un sont mort par ton conseil, et li autre par tes propres mainz, li autre par poisons que tu leur faisoies donner, sans les autres contes et dux qui sont mort par ton malice. Tu dois périr pour donner essample au monde, qui es corpables de si grant félonnies. Nous savons bien que li Rois Sigeberz, qui fu tes sires et mes oncles, se rebela par ton conseil contre son frère, pour laquel chose il reçut mort. Mérovées qui mes frères fu, ot la haine son père par toi, dont il morut de crueuse mort : le Roi Chilpéric, mon père, féis-tu occirre en traïson par tes murdries. Je ne puis raconter la mort de mon chier père sans dolour et sanz larmes, de cui confort et de cui aides (du soutien et de l'aide duquel) je demourai veves (veuf) et orpheuins (orphelin). Je ai honte de raconter les oz (combats) des frères charnelz, les batailles des prochainz amis, et les mortex (mortelles) haines que tu as semées ès cuers des princes et des barons ; comme tormenz et tempeste du palais et de tot le roiaume, ne meuz-tu la guerre entre tes neveus, si que li uns en fu ocis : car Théoderic qui tes paroles créoit, ocist le roi Théodebert son frère, pour ce que tu li féiz entendre que il estoit filz d'un cortillier (faiseur d'habillements, tailleur), et que il ne li apartenoit de riens : son propre fil Mérovée occist-il aussi à ses propres mains par toi. Bien set-on que li aisnez (l'aîné) filz Théodebert ton neveu fu par toi occiz : le mainé (moins âgé) qui nouvelement estoit nez et bauptiziés, hurtas-tu si durement à un piler, que tu li feiz les iex de la teste voler : plus encore le roi Théoderic ton neveu, par cui tu estoies à honnour, empoisonnas-tu nouvelement : si fil qui bastart sont né, pas ne doivent estre héritier, as-tu esmeuz contre moi à bataille, des quiex li trois sont jà péri par toi. Des autres occisions (meurtres) des dux et des barons, qui par toi sont avenues, ne parlerai-je ore mie. »

Quant li Rois ot toutes ces choses récitées devant le pueple, il se torna vers les barons, et leur dist : « Seignor, noble Prince de France, mi compagnon, et mi chevaliers, jugiez par quel mort et par quex tormenz doit morir fame, qui tant de dolours a faites ? » Ils s'escrièrent tuit (tous) que elle devoit périr par la plus crueuse (cruelle) mort que l'on porroit pourpenser (inventer). Lors commanda li Rois que elle fu liée parmi les bras et par les chevex à la queue d'un jone cheval, qui onques n'eust été dontez (dompté), et trainée par toute l'ost (le camp). Einsi comme li Rois le commanda fu fet : au premier coup que cil qui estoit sor le cheval féri des esperons, il lança si radement que il li fist la cervelle voler des deuz piez derrière au premier coup. Li cors fu trainez parmi les buissons, par espines, par mons, par valées, tant que elle fu toute derouté par membres (que ses membres furent tous arrachés). Lors fut accomplie la prophésie sebile (de la sybille) qui grant tans devant ot esté dite *que Bruneheut vendroit d'Espaigne, par qui morroient grant partie des rois de France, et seroit derouté des piez de chevaux.*

Brunehault, fille d'Athanagilde, roi d'Espagne, épousa, en 568, Sigebert, roi d'Austrasie. Elle vécut en même temps que Frédégonde : leurs horribles querelles ont ensanglanté toute une époque de notre histoire. La sœur de Brunehault, Galsuinte, femme de Chipéric, fut assassinée par Frédégonde, qui prit sa place sur le trône. Brunehault, révoltée par ce crime, jura une haine à mort à la reine coupable du meurtre de Galsuinte, et brava, dit-on, toutes les lois humaines et divines pour satisfaire son cœur qui avait soif du sang d'une ennemie. Après une série de crimes, de succès, de revers qu'il nous est impossible d'expliquer, et sur lesquels l'histoire n'a pas laissé des documents bien exacts, Brunehault fut livrée à Clotaire II, fils de Frédégonde. Celui-ci se vengea aussi sans pitié. La reine d'Austrasie, avant de mourir, demeura trois jours exposée aux insultes des soldats...

Son tombeau, élevé l'an 614 dans l'abbaye de Saint-Martin d'Autun, fut ouvert en 1632 ; on y trouva des cendres, des ossements, quelques morceaux de charbon et une molette d'éperon.

Brunehault fonda des hôpitaux, fit construire des routes admirables, réparer les voies romaines... et Bossuet lui-même permet de douter des crimes qu'on impute encore à cette reine.

Le premier ouvrage où il soit question des chroniques de Saint-Denis est l'*Histoire de l'expédition de Charlemagne en Espagne*, attribuée à l'archevêque Turpin, et dont on trouvera un fragment plus loin. Au treizième et au quatorzième siècle elles étaient en grande réputation ; les poètes et les chroniqueurs paraient souvent du nom de ces chroniques le frontispice de leurs ouvrages. M. de Sainte-Palaye en a attribué le texte original à Suger, abbé de Saint-Denis ; mais cette hypothèse ne s'est point encore changée en certitude. Quant à l'époque de la traduction dont nous citons un fragment, elle est difficile à déterminer ; on croit cependant pouvoir la fixer à l'an 1275 et l'attribuer à l'historien Rigord ; plus tard les chroniques ont été continuées par d'autres écrivains. Ce monument, si précieux pour nos annales, a été imprimé en partie dans la collection des historiens de France. M. Terrebasse, député de Lyon, en prépare une édition totale en caractères gothiques ; MM. Mennechet et Paulin-Paris vont en donner une seconde traduite en langage du seizième siècle.

PROLOGUE DU TRÉSOR.

BRUNETTO LATINI.

INÉDIT, TIRÉ DES MANUSCRITS DE LA BIBLIOTHÈQUE DU ROI.

Cest livre est apellé Trésors, car si comme le seigneur qui veut en petit de lieu amasser chose de grant value, non pas pour son délit (plaisir) seulement, mais pour acroistre son pooir et pour asseurer son estat en guerre et en pais, il met les plus chières choses et les plus précieuses richesses qu'il puet selonc sa bonne entention, tout auttressi (de même) est le cours de cest livre compilez de sapience (sagesse) si comme celui qui est estrais de tous les membres de philosophie en une somme brievement. Et la première partie de cest Trésor est aussi comme de deniers contans pour despendre tous jours ès choses besoignables; c'est-à-dire qu'ele traite du commencement du siècle et de l'ancieneté des veilles ystoires, et de l'establissement du monde, et de la nature de toutes choses en somme; et ce apartient à la première science de philosophie c'est à Téorique selonc ce que le livre parole cy après. Et si com sans deniers n'auroit nulle moieneté (nul lien) entre les euvres des gens qui adreçast les uns contre les autres, autressi ne puet nus homs savoir des autres choses plainement s'il ne set ceste première partie du livre. La seconde partie qui traite de vices et de vertus est de pierres précieuses qui donnent à l'homme délit en vertu, c'est-à-dire quelles choses on doit faire et quelles non, et monstrer la raison pourquoy. Et ce apartient à la seconde et à la tierce partie de philosophie, c'est à Paratique et à Logiqué. La tierce partie du Trésor est de fin or, c'est-à-dire que elle ensaigne homme selonc la dottrine de Rétorique comment le sires doit gouverner ses gens qui soubz lui sont, meismement selonc les us (usages) ytaliens, et tout ce apartient à la seconde science de philosophie c'est à Paratique. Car si comme l'or surmonte toute manière de métal, autressi est la science de bien parler et gouverner gens, plus nobles de nul art du monde; et pour ce que le Trésor qui est cy ne doit estre bailié ne donné se à homme non qui doit estre suffisable à si haute richesce, le bailleray-je à toy, biaus amis; car tu es bien dignes selonc mon jugement; et si ne diray pas que le livre soit estrais de mon povre sens ne de ma nue science; mais il est aussi comme une bresche de miel cueillie de diverses flours. Car cest livre est compillé seulement de merveilleus dis des auttours qui devant nostre temps ont traitié de philosophie, chascun ce qu'il en savoit partie : car toute ne la puet comprendre homme terrien, pour ce que philosophie est la racine de qui croissent toutes les sciences que homme puet savoir. Tout aussi comme en une vive fontaine dont mains russeaux yssent (sortent) et déqueurent sà et là, si que les uns boivent d'un et les autres d'autres; mais c'est diversement, car les uns en boivent plus et les autres mains, sans estanchier la fontaine. Pour ce dist Boëces ou livre de Consolation, qu'il la vit en samblance de dame, en tel abit et en si merveilleuse puissance, que elle croissoit quant il lui plaisoit, tant que son chief montoit sur les estoilles et sur le ciel pour veoir amont et aval (en haut et en bas) selonc droit et selonc vérité. A ce commence mon conte, car après bon commencement ensieut volontiers bonne fin, et nostre emperères dist ou livre de la loy à vie : « Commencement est greigneur partie de la » chose. »

Et se aucun demandoit pour quoy cest livre est escript en romans selonc le parler de France pour ce que nous sommes Ytaliens, je diroie que ce est pour deux raisons : — l'une que nous sommes en France, — l'autre pour ce que la parleure est plus délitable et plus commune à touz langages.

Brunetto Latini naquit à Florence au commencement du treizième siècle; il servit sa patrie d'abord en qualité de secrétaire de la république et ensuite dans plusieurs ambassades. Proscrit comme le Dante, dont il fut le maître, il se réfugia en 1260 à Paris, où il publia son *Trésor*, qu'il écrivit en français. Rappelé dans sa patrie, après la mort du gibelin Mainfroy, il recouvra tous ses emplois et mourut à Florence en 1294.

Dante lui a consacré un souvenir touchant dans l'enfer de sa Divine Comédie. Heureux l'homme qui a inspiré au poëte souverain des vers dans lesquels le génie a immortalisé sa reconnaissance !

Avec *le Trésor*, Brunetto a encore laissé un manuscrit ayant pour titre : — *le livre de bonne parleure*.

Napoléon avait pensé à faire imprimer *le Trésor*, qui est un résumé assez complet de toutes les connaissances du treizième siècle; les occupations de son règne l'en empêchèrent. Le gouvernement actuel a repris le projet de l'empereur.

LA REINE A DAMIETTE.

JOINVILLE.

Cy-devant avez veu ét entendu les grans persécucions et misères, que le bon roy saint Loys et tous nous avons souffertes et endurées oultre mer. Aussi sachez que la Royne la bonne dame n'en eschappa pas, sans en avoir sa part, et de bien aspres au cueur, ainsi que vous orrez cy-après. Car trois jours avant qu'elle acouchast, lui vindrent les nouvelles que le Roy son bon espoux estoit prins. Desquelles nouvelles elle fut si très troublée en son corps, et à si grant mésaise, que sans cesser en son dormir il lui sembloit que toute la chambre fust plaine de Sarrazins, pour la occir : et sans fin s'escrioit : « A l'aide, à » l'aide, » là où il n'y avoit âme. Et de paeurs que le fruit qu'elle avoit ne périst, elle faisoit veiller tout nuyt ung chevalier au bout de son lit, sans dormir. Lequel chevalier estoit viel et anxien, de l'éâge de quatre vingtz ans et plus. Et à chacune fois qu'elle s'escrioit, il la tenoit parmy les mains, et lui disoit : « Madame, n'aiez garde, je suis avecques vous, n'aiez » paeurs. » Et avant que la bonne dame fust acouchée, elle fist vuider sa chambre des parsonnages qui y estoient, fors que de celui viel chevalier, et se gecta la Royne à genoulz devant lui, et lui requist qu'il lui donnast ung don. Et le chevalier le lui octroia par son serement. Et la Royne lui va dire : « Sire chevalier, je vous requier sur la foy que vous m'avez donnée, que si les Sarrazins prennent ceste ville, que vous me couppez la teste avant qu'ilz me puissent prandre. » Et le chevalier lui respondit, que très voulentiers il le feroit, et que jà l'avoit-il eu en pensée d'ainsi le faire, si le cas y eschéoit.

Jean, sire de Joinville, né en 1223, passa dans la cour de Thibault, roi de Navarre et comte de Champagne, sa première jeunesse, et prit auprès de ce prince élégant et poète les habitudes de bien dire et de conter avec une naïveté charmante. En 1239, Joinville épousa Alix de Grandpré; en 1248 il quitta la France pour suivre saint Louis partant pour la Terre-Sainte. Fait prisonnier par les Sarrasins, il parvint pourtant à rejoindre le roi dans la vallée de Massoure. Dès lors il ne quitta plus le fils de Blanche qu'en 1254, lorsque saint Louis, rappelé par la mort de sa mère, fut rentré dans son royaume.

Ayant perdu sa première femme, Joinville épousa en secondes noces Alix de Resnel, et lors de la deuxième croisade il refusa de suivre son maître et son ami dont il pleura amèrement la mort. Il parut peu à la cour de Philippe le Bel et de Louis X. Il mourut en 1317. Ce fut à la demande de Jeanne, épouse de Philippe le Bel, qu'il écrivit la *Vie de saint Louis*.

Homme d'une piété presque sainte, d'un caractère aimant et dévoué, d'un esprit à la fois candide et fin comme celui d'un enfant, Joinville est un des écrivains du moyen âge que l'on relit toujours avec plaisir. Il surprend quelquefois par la solidité de son bon sens autant qu'il charme par ses paroles touchantes lorsqu'il raconte les belles actions de son royal ami. Panégyriste naïf et sincère, le bon sénéchal de Champagne a contribué plus que tous les autres écrivains à garder à Louis IX l'auréole de sainteté, de justice et de vertu avec laquelle ce prince a déjà traversé tant de siècles.

QUALITÉS DE SAINT LOUIS.

JOINVILLE.

Le roy saint Loys fut l'omme du monde, qui plus se travailla à faire et mectre paix et concorde entre ses subgectz : et par espécial entre les drinces et seigneurs de son royaume, et des voisins, mesmement entre le conte de Châlons mon oncle, et le conte de Bourgoigne son filz, qui avoient grant guerre ensemble, au retour que fusmes venuz d'oultre mer. Et pour la paix faire entre le père et le filz, il envoia plusieurs gens de son conseil jusques en Bourgoigne à ses propres coustz et despens : et finablement fist tant, que par son moien la paix des deux parsonnages fut faite. Semblablement par son pourchaz la paix fut faite entre le second Roy Thibault de Navarre, et les contes de Châlons et de Bourgigne, qui avoient dure guerre ensemblément les ungs contre les autres; et y envoia pareillement des gens de son conseil, qui en firent l'accord, et les appaisèrent.

Après celle paix commença une autre grant guerre entre le conte Thibault de Bar et le conte de Luxembourg, qui avoit sa sœur à femme. Et lesquels se combatirent l'un contre l'autre, main à main, dessoubz Pigny. Et print le conte de Bar le conte de Luxembourg, et après gaigna le chasteau de Ligney, qui est au conte de Luxembourg à cause de sa femme. Pour laquelle guerre appaiser le Roy y envoia monseigneur Perron le chambellan, qui estoit l'omme du monde, en qui le Roy croioit plus, et aux despens du Roy. Et tant se y travailla le Roy, que leur paix fut faicte. Les gens de son grant conseil le reprenoient aucune foiz, pour ce qu'il prenoit ainsi grant peine à appaiser les estrangiers ; et qu'il fait mal, quant il ne les laissoit guerroier, et que les appointemens s'en feroient mieulx après. A ce leur respondit le Roy, et leur dist qu'ils ne disoient pas bien. « Car, ce faisoit-il, si les princes et grans seigneurs qui sont voisins de mon royaume, véoient que je laissasse guerroier les ungs aux autres, ils pourroient dire entr'eulx, que le Roy de France par sa malice et ingratitude nous lesse guerroier. — Et par ce pourroient-ilz conquérir hayne contre moy, et me pourroient venir courir sus. Dont je pourroye bien souffrir mal, et dommaige à mon royaume : et davantaige encourir l'ire de Dieu, qui dit que benoist soit celui, qui s'efforce de mectre union et concorde entre les discordans. » Et saichez, que pour le bien que les Bourgoignons et les Lorrains véoient en la personne du Roy, et pour la grant paine qu'il avoit prinse à les mectre à union, ilz l'amoient tant, et l'obéissoient, qu'ilz furent tous contens de venir plaidoier devant lui des discords qu'ilz avoient les ungs vers les autres. Et les y vy venir plusieurs foiz à Paris, à Reims, à Melun, et ailleurs; là où le Roy estoit.

Le bon Roy ayma tant Dieu, et sa benoiste mère, que tous ceulx qu'il povoit actaindre d'avoir fait aucun villain serement, ou dit quelque autre villaine chose, et deshonneste, il les faisoit griefvement pugnir. Et vis une foiz à Césaire oultre mer, qu'il fist eschaller un orfévre en brais et chemise moult villainement à grant deshonneur. Et aussi ouy dire, que depuis qu'il fut retourné d'oultre mer, durant que j'étois à Joinville allé, qu'il avoit fait brusler et mercher à fer chaulte neys et la baulievre d'un bourgeois de Paris, pour ung blapheme qu'il avoit fait. Et ouy dire au bon Roy de sa propre bouche, qu'il eust voulu avoir esté seigné d'un fer tout chault, et il eust peu tant faire, qu'il eust tous ousté les blaphêmes et juremens de son royaume.

En sa compaignie ay-je bien esté par l'espace de vingt deux ans ; mais oncques en ma vie, pour quelque courroux qu'il eust ne lui ouy jurer ne blasphémer Dieu, ne sa digne mère ne aucun saint ne sainte. Et quant il vouloit affermer aucune chose, il disoit : « Vraiement il est ainsi, » ou : «vraiement il n'en va pas ainsi. » Et bien apparut, que pour nulle rien il n'eust voulu regnier ne jurer Dieu ; quant le souldan et les admiraulx d'Égipte lui voulurent faire regnier Dieu pour la foy bailler, ou cas qu'il ne tenoit l'appointement de paix qu'ils vouloient faire. Car le saint Roy, quant il fut ainsi rapporté, que les Turcs vouloient qu'il fist tel serement, jamés ne le voulut faire, ains plus toust eust amé mourir, comme est dit devant. Jamais ne lui ouy nommer ne appeler le deable, si n'avoit esté en aucun livre, là où il le faillist nommer par exemple. Et est une très-honteuse chose au royaume de France de celui cas, et aux princes de le souffrir ne oyr nommer. Car vous verrez que l'un ne dira pas trois motz à l'autre par mal, qu'il ne die : « Va de par le deable. » ou en autres langaiges. Le saint Roy me demanda une foiz, si je lavoys les pieds aux povres le jour de jeudi absolu en caresme, et je lui respondy que non, et qu'il ne me sembloit mye estre chose honneste. Adonc le bon Roy me dist : « Ha ! sire de Joinville, vous ne devez pas avoir en desdaing et despit ce que Dieu a fait pour nostre exemple, qui les lava à ses apoustres, lui qui estoit leur maistre et Seigneur. Et croy que bien à tart feriez ce que le Roy d'Angleterre, qui à présent est, fait. Car à celui jour du jeudi saint il lave les pieds aux meseaux, et puis les baise. »

Avant que le bon seigneur Roy se couchast, il avoit souvent de coustume de faire venir ses enfans devant lui, et leur recordoit les beaux faitz et ditz des roys et autres princes anxiens : et leur disoit que bien les devoient savoir et retenir, pour y prandre bon exemple. Et pareillement leur remonstroit les faitz des mauvais hommes, qui par luxures, rapines, avarices, et orgueilz, avoient perdu leurs terres et leurs seigneuries; et que mauvaisement leur en estoit advenu. « Et ces choses, disoit le Roy, vous en gardez de faire ainsi comme ilz ont fait, et que Dieu n'en preigne courroux contre vous. » Il leur faisoit à semblable apprendre les Heures de Nostre Dame, et leur faisoit oir chacun jour et dire devant eulx les Heures du jour, selon le temps ; affin de les acoustumer à ainsi le faire quant ilz seroient à tenir leurs terres. C'estoit ung très large aumosnier. Car partout où il alloit en son royaume, il visitoit les povres églises, les malladeries, et les hospitaulx. Et s'enquéroit des povres gentilz-hommes, des pouvres femmes veufves, des pouvres filles à marier. Et par tous les lieux où il savoit avoir nécessité, et estre souffreteux, il leur faisoit largement donner de ses deniers. Et à pouvres mendians faisoit donner à boire et à menger. Et lui ay veu plusieurs foiz lui-mesmes leur couper du pain, et leur donner à boire. En son temps il a fait faire et édifier plusieurs églises, monastères, et abbaies. C'est assavoir Reaumont, l'abbaie de Saint Anthoine lez Paris, l'abbaie du Lis, l'abbaie de Malboisson, et plusieurs autres religions (maisons religieuses) de prescheurs et de cordeliers. Il fist semblablement faire la Maison-Dieu de Ponthoise, celle de Vernon, la maison des Quinze Vingts de Paris, et l'abbaie des Cordelières de Saint Clou, que Madame Ysabel sa sœur fonda à la requeste de lui. Les bénéfices des églises, qui eschéoient en sa donaison, avant qu'il en voulust pourveoir aucun, il s'enquéroit à bonnes personnes de l'estat et condicion de ceulx qui les demandoient, et savoir s'ils estoient clercs et lectrez. Et ne vouloit jamais que ceulx, à qui il donnoit les bénéfices, qu'ilz en tiensissent plus d'autres, que à leur estat n'appartenoit; et toujours les donnoit par grant conseil de gens de bien.

Louis IX fils de Louis VIII et de Blanche de Castille, né à Poissy le 25 avril 1215, succéda à son père; le 8 novembre 1226, et mourut le 25 août 1270, près de Tunis.

Voici ce que Voltaire a dit de ce prince : « Louis IX paraissait un prince destiné à réformer l'Europe, si elle avait pu l'être; à rendre la France triomphante et policée, et à être en tout le modèle des hommes. Sa piété, qui était celle d'un anachorète, ne lui ôta aucune vertu de roi. Une sage économie ne déroba rien à sa libéralité. Il sut accorder une politique profonde avec une justice exacte; et peut-être est-il le seul souverain qui mérite cette louange. Prudent et ferme dans le conseil, intrépide dans les combats sans être emporté, compatissant comme s'il n'avait jamais été que malheureux. Il n'est pas donné à l'homme de porter plus loin la vertu. »

Écoutons encore M. de Châteaubriand : « Chaque époque historique a un homme qui la représente : saint Louis est l'homme modèle du moyen âge; c'est un législateur, un héros, un saint. Le temps où il a vécu rehausse encore sa gloire par le contraste de la naïveté et de la simplicité de ce temps. Soit que Louis combatte sur le pont de Taillebourg ou à la Massoure; soit que, dans une bibliothèque, il rende compte de la matière d'un livre à ceux qui le viennent demander; soit qu'il donne des audiences publiques ou juge des différends au *plaids* de la Porte, ou sous le chêne de Vincennes, *sans huissier ou gardes*; soit qu'il résiste aux entreprises des papes; soit que des princes étrangers le choisissent pour arbitre; soit qu'il meure sur les ruines de Carthage, on ne sait lequel plus admirer du chevalier, du clerc, du patriarche, du roi et de l'homme. »

Quatorzième Siècle.

VIE ET MOEURS DU ROI CHARLES V.

CHRISTINE DE PISAN.

Or pour se ramentevoir le bel ordre des bons et bien renommez tres-passez, peut et doit estre exemple d'ensuivir leurs meurs, il me semble expédient de réciter la belle manière de vivre mésurément en toutes choses de nostre sage Roy Charles, comme exemple à tous successeurs d'empires, royaumes et haultes seigneuries en rigle de vie ordonnée.

L'eure de son descouchier (lever) à matin estoit rigléement comme de six à sept heures; et vrayement qui vouldroit user en cest endroit de la manière de parler des pouëtes, pourroit dire que, ainsi comme la déesse Aurora, par son esjoyssement à son lever, rent resjoys les cueurs des voyens, se pourroit dire sanz mentir semblablement de nostre Roy, rendent joye, à son lever, à ses chambellans et autres serviteurs députez pour son corps à ycelle heure, lequel de rigle commune, quelque cause qu'il eust au contraire, estoit lors de joyeux visage; car après le signe de la croix, et, comme très-dévot, rendent ses premières parolles à Dieu en aucunes oraisons, avec ses dis serviteurs par bonne familiarité se truffloit (divertissoit) de parolles joyeuses et honestes, par si que sa doulceur et clémence donnoit hardement (hardiesse) et audiance, mesmes aux mendres, de hardiement deviser à luy de leurs truphes et esbatemens; quelques simples qu'ilz fussent, se jouoit de leur dis et raison leur tenoit.

Après, lui pigné, vestu et ordonné, selon les jours, on lui apportoit son bréviaire; le chapellain, personne notable et honeste prest qui lui aidoit à dire ses heures chascun jour canoniaux, selons l'ordinaire du temps; environ huit heures de jour, aloit à sa messe, laquelle estoit célébrée glorieusement chascun jour à chant mélodieux et solemnel; retrait en son oratoire, en cel espace, estoyent continuellement basses messes devant lui chantées.

A l'issue de sa chappelle, toutes manières de gens, riches ou povres, dames ou damoiselles, femmes vefves, ou autres, qui eussent afaire, povoyent là bailler leurs requestes; et il, très débonnaire, s'arrestoit à oyr leur supplications, desquelles passoit charitablement les raisonnables et piteuses; les plus doubteuses conmectoit (remettoit) à aulcun maistre de ses requestres.

Après ce, aux jours députez à ce, aloit au conseil; après lequel, avec luy aulcuns barons de son sang, ou prélat, au chief du dois, se aucun cas particulier plus long espace ne l'empeschast, environ dix heures, asséoit à table; son mangier n'estoit mie long, et moult ne se chargeoit de diverses viandes; car il disoit, que les qualitez de viandes diverses troublent l'estomac et empêchent la mémoire; vin cler et sain, sans grant fumée buvoit bien trempé et non foison, ne de divers.

Et, à l'exemple de David, instrumens bas, pour resjoyr les esperis, si doulcement jouez comme la musique peut mesurer son, oyoit volontiers à la fin de ses mangiers.

Luy levé de table, à la colacion (conversation) vers luy povoyent aler toutes manières d'estrangiers ou autres venus pour besongnier : là trouvast-on souvent maintes manières d'ambassadeurs d'estranges pays et seigneurs, divers princes estranges, chevaliers de diverses contrées, dont souvent y avoit tel presse de baronnie et chevalerie, que d'estrangiers, que de ceuls de son royaume, que, en ses chambres et sales grandes et magnificens à peine se povoit-on tourner, et sanz faille, le très prudent roy tant sagement et à si bénigne chière recevoit tous et donnoit responce par si morigénée manière, et si deuement rendoit à chascun l'onneur qu'il appartient, que tous s'en tenoyent pour très contens et partoyent joyeux de sa présence.

Là, luy estoyent apportées nouvelles de toutes manières de pays, ou des aventures et fais de ses guerres, ou d'autres batailles, et ainsi de diverses choses; là ordenoit ce qui estoit à faire selon les cas que on luy proposoit, ou comectoit à en déterminer au conseil, deffendoit le contraire de raison, passoit grâces, signoit lettres de sa main, donnoit dons raisonnables, octroyoit offices vaquans ou licites requestes.

Et ainssi, en telles ou semblables occupacions exercitoit, comme l'espace de deux heures, après lesquelles il estoit retrait et aloit reposer, qui duroit comme une heure; après son dormir, estoit un espace avec ses plus privés en esbatemens de choses agréables, visitant joyauls ou autres richeces; et celle récréation prenoit, affin que soing de trop grant occupacion ne peust empêcher le sens de sa santé.

Puis, aloit à vespres, après lesquelles, se c'estoit en esté temps, aucunes foiz entroit en ses jardins, èsquelz, se en son hostel de Saint-Paul estoit, aucune fois venoit la royne vers luy, ou on lui aportoit ses enfens; là parloit aux femmes et demandoit de l'estre de ses enfens. Aucune foiz lui présentoit-on là dons estranges de divers pays, artillerie ou autre harnois de guerre et diverses autres choses; ou marchans venoyent apportans velous, draps d'or.

En yver, par espécial, s'occupoit souvent à oyr lire de diverses belles ystoires, de la saincte Escripture, ou des fais des Romains, ou moralitez de philozophes et d'autres sciences jusques à heure de souper, auquel s'asséoit d'assez bonne heure et estoit légièrement pris; après lequel une pièce s'esbatoit, puis se retrayoit et aloit reposer : et ainssi, par continuel ordre, le sage roy bien morigéné usoit le cours de sa vie.

Christine de Pisan, née à Venise en 1363, fut amenée en France par son père, astrologue de Charles V. Agée de quinze ans et admirablement belle, elle épousa un gentilhomme picard, nommé Étienne Du Castel, dont elle resta veuve dix ans après son union avec lui. De nombreux procès la ruinèrent, mais son talent l'ayant bientôt fait distinguer, elle eut sur le trésor de Charles VI une pension de 200 liv. Ses nombreux ouvrages sont la plupart manuscrits; en voici les titres : *le Livre des trois jugements, le Livre du jugement de Poissy; les Dicts moraux; le Livre de Mutacion de fortune; Histoire du règne de Charles-le-Sage*, etc., etc.

GASTON PHÉBUS.

LE BON VENEUR.

En non et en honneur de Dieu, créateur et seigneur de toutes choses, et du bénoist son filz Jhesu-Christ et du Saint Esperit, de toute la sainte Trinité et de la Vierge Marie, et de tous les sains et saintes qui sont en la grâce de Dieu, je Gaston, par la grâce de Dieu, surnommé Fébus, comte de Foys, seigneur de Béarn, qui tout mon temps me suy délité par espicial en trois choses, l'une est en armes, l'autre est en amours et l'autre si est en chasse. Et comme des deux offices il y a heu trop de meilleurs maistres que je ne suy, quar trop de meilleurs chevaliers ont esté que je ne suy, et aussi moult de meilleurs chéances d'amours ont heu trop de gens que je n'ay; pour ce seroit-ce grant niceté (niaiserie) si je en parloye; mès je remet ès deux offices d'armes et d'amours, quar ceux qui les voudront suyr à leur droit y aprendront mieulx de fet que je ne le pourroye deviser pour parole, et pour ce m'en tèray; mès du tiers office de qui je ne doubte que j'aye nul mestre, combien que ce soit ventance, de celuy voudray-je parler, c'est de chasse.

Ore te proveray come vénéours vivent en cest monde plus joyeusement que autre gent; quar quant le vénéour se lieve au matin, il voit la très douce et belle matinée et le temps cler et serin, et le chant de ses oyseles qui chantent doulcement, mélodieusement et amoureusement, chescun en son lengage du mieulx qu'ilz puent, selon ce que nature leur aprent. Et quant le souleill sera levé, il verra celle douce rousée sur les rainceles et herbetes, et le souteill par sa vertu les fera reluysir; c'est grant plaisance et joye au cuer du vénéour. Après quant il sera en sa queste et il verra ou encontrera bien tost sans trop quester de grant cerf, et le destournera bien et en court tour; c'est grant joye et plaisance au vénéour. Après quant il vendra à l'assemblée et fera devant le seigneur et ses autres compaignons son report, ou de veue à l'ueill, ou de reporter par le pié, ou par les fumées qu'il aura en son cor ou en son giron. Et chescun dira : «Véez-ci grant cerf.» Et s'il est en bonne muete alons le lessier courre. Les queles choses je déclareray ci avant que c'est a dire, dont a le vénéour grant joye. Après quant il commence sa suyte et il n'a guères suy, il orra ou verra lancer devant luy, et saura bien que c'est son droit, et les chiens vendront au lit et seront ilec descouplés touz, sanz ce que nul en aille acouplé, et toute la muete la quiendra bien. Lors a le vénéour grant joye et grant plaisir. Après il monte à cheval pour acompaignier ses chiens; et pour ce que par aventure les chiens aront un pou aloygnié le païs où il aura lessié courre, il prent aucun avantaige pour venir au devant de ses chiens; et lors il verra passer le cerf devant luy et le forhuera et verra quieulx chiens vienent en la première bataille, ne en la seconde, ne en la tierce ou quarte, selon ce qu'ilz vendront. Et puys quant touz ses chiens seront devant, il se metra à chevauchier menée après ses chiens, et huera et cornera de la plus grant et forte alaine qu'il pourra. Lors a-il grant joye et grant plaisir. Et je vous promèt qu'il ne pense lors à nul autre pechié ne mal. Après, quant le cerf sera desconfit et aux abais, lors a-il grant plaisance. Après, quant il est pris, il l'escorche et le deffet et fait la cuyrée, aussi a-il grant playsir. Et quant il s'en revient à l'ostel, il s'en resvient joyeusement, quar son seigneur li aura donné de son bon vin à boyre à la cuyrée. Et quant il est à l'ostel, il se despoullera et deschausera et lavera ses cuisses et ses jambes et par aventure tout le corps; et entre deux fera son apareiller du souper du larde du cerf et d'autres bonnes viandes et de bon vin. Et quant il aura bien mengié et bien beu, il sera bien lié et bien aaise. Après, il ira querre l'air et le serin du vespre pour le grant chau qu'il a eu, puis s'en ira boyre et couchier en son lit en biaus dras frès et linges, et dormira bien et sainement la nuyt sans penser de fère pechiez; donc di-je que vénéours s'en vont en paradis quant muerent et vivent en cest monde plus joyeusement que nulle autre gent.

Gaston III, comte de Foix, vicomte de Béarn, naquit en 1331. On ne s'accorde point sur l'origine du surnom de *Phébus,* qu'il porta toujours; les uns l'attribuent à sa belle chevelure blonde, les autres à son goût pour l'astrologie. Il mourut en août 1391. Chevalier plein d'une bravoure éprouvée en maintes rencontres, prince libéral, il commit pourtant quelques actes d'une barbarie révoltante; mais, pour le bien juger, on ne doit pas oublier l'époque à laquelle il vivait.

Sa principale passion fut la chasse; on dit qu'il entretenait seize cents chiens. Il voulut que la postérité profitât des conseils de sa grande expérience en l'art de la vénerie, et c'est à ce motif que nous devons le livre intitulé : *Phebus, des déduiz de la chasse des bestes sauvaiges et des oyseaux de praye.*

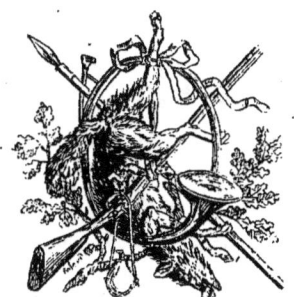

CHRONIQUES DE FROISSART.

BATAILLE DE ROSEBECQ.

Je fus adonc informé du seigneur de Estonnenort (Sco onevort) et me dit qu'il vit, et aussi firent plusieurs autres, que quand l'oriflambe fut déployée et la bruine chue, un blanc coulon (pigeon) voler et faire plusieurs vols par dessus la bataille du roi ; et quand il ot assez volé, et que on se dobt (dût) combattre et assembler (attaquer) aux ennemis, il se alla asseoir sur une des bannières du roi. Donc on tint ce à grand'signifiance de bien. Or approchèrent les Flamands et commencèrent à traire (tirer) et à jeter des bombardes et des canons gros carreaux empennés d'airain ; ainsi se commença la bataille ; et en ot le roi de France et sa bataille et ses gens le premier rencontre qui leur fut moult dur ; car ces Flamands qui descendoient orgueilleusement et de grand' volonté, venoient roys (roides) et durs, et boutoient, en venant, de l'épaule et de la poitrine, ainsi comme sangliers tout forcenés, et étoient si fort entrelacés ensemble que on ne les pouvoit ouvrir ni dérompre.

Là furent du côté des François et par le trait des bombardes et des canons premièrement morts le sire de Waurin banneret, Morelet de Hallewyn et Jacques d'Ere. Adonc fut la bataille du roi reculée : mais l'avant-garde et l'arrière-garde aux deux ailes passèrent outre et enclouirent (serrèrent) ces Flamands, et les mirent à l'étroit. Je vous dirai comment : sur ces deux ailes gens d'armes les commencèrent à poulser de leurs roides lances à longs fers et durs de Bordeaux, qui leur passoient ces cottes de maille tout outre et les prenoient en chair : dont ceux qui en étoient atteints se restreignirent pour eschever (éviter) les horions ; car jamais, si amender le pussent, ne se missent avant pour eux empaler. Là les mirent ces gens d'armes en tel détroit qu'ils ne se pouvoient aider ni ravoir leurs bras, ni leurs plançons (javelots) pour férir, ni eux défendre. Là perdoient plusieurs force et haleine et chéoient (tomboient) l'un sur l'autre, et éteignoient et mouroient sans coup férir : là fut Philippe d'Artevelle enclos et navré de glaives et abattu ; et des gens de Gand qui l'almoient et gardoient grand'foison de-lez (près) lui ; quand le page Philippe vit la mésaventure venir sur les leurs, il étoit bien monté sur bon coursier ; si se partit et laissa son maître ; car il ne lui pouvoit aider ; et retourna vers Courtray pour revenir à Gand.

Ainsi fut faite et assemblée cette bataille, et lorsque des deux côtés les Flamands furent étreints et enclos ils ne passèrent plus avant, car ils ne se pouvoient aider. Adonc se remit la bataille du roi en vigueur, qui avoit du commencement un petit braulé. Là entendoient gens d'armes à abattre Flamands à pouvoir ; et avoient les aucuns haches bien acérées dont ils rompoient bassinets et décerveloient têtes ; et les aucuns plombées dont ils donnoient si grands horions qu'ils les abattoient à terre. A peine étoient Flamands abattus quand pillards venoient qui se boutoient entre les gens d'armes, et portoient grands couteaux dont ils les paroccioient ; ni nulle pitié ils n'en avoient, non plus que si ce fussent chiens.

Là étoit le cliquetis sur ces bassinets si grand et si haut, d'épées, de haches, de plombées et de maillets de fers que on n'y oyoit goutte pour la noise. Et ouïs dire que si tous les haulmiers (armuriers) de Paris et de Bruxelles fussent ensemble, leur métier faisant, ils n'eussent pas mené ni fait greigneur (plus grande) noise comme les combattants et les férants sur ces bassinets faisoient.

Là ne se épargnoient point chevaliers ni écuyers, mais mettoient la main à l'œuvre de grand'volonté, et plus l'un que l'autre. Si en y ot aucuns qui se avancèrent et boutèrent en la presse trop avant ; car ils y furent enclos et éteints, et par spécial messire Louis de Cousant un chevalier de Berry, et messire Fleton de Revel fils au seigneur de Revel : encore en y ot des autres, dont ce fut dommage, mais si grosse bataille comme celle, où tant avoit de peuple, ne se peut assouvir au mieux venir pour les victorieux qu'elle ne coûte grandement ; car jeunes chevaliers et écuyers qui désiroient les armes, s'avançoient volontiers pour leur honneur et pour acquerre grâce ;

et la presse étoit là si grande et l'affaire si périlleuse pour ceux qui étoient enclos ou chus que si on n'avoit bonne aide on ne se pouvoit relever. Par ce parti y ot des François morts et éteints aucuns; mais plenté (beaucoup) ne fut-ce mie; car quand il venoit à point ils aidoient l'un à l'autre. Là fut un mons et un tas de Flamands occis moult long et moult haut; et de si grand'bataille et de si grand'foison de gens morts comme il y en ot là on ne vit oncques si peu de sang issir qu'il en issit, et c'étoit au moyen de ce qu'ils étoient beaucoup d'éteints et étouffés dans la presse, car iceux ne jetoient point de sang.

Quand ceux qui étoient derrière virent que ceux qui étoient devant fondoient et chéoient l'un sur l'autre et qu'ils étoient tous déconfits, si s'ébahirent et commencèrent à jeter leurs plançons (javelots) jus et leurs armures et eux déconfire et tourner vers Courtray en fuite et ailleurs; ni ils n'avoient cure (soin) fors que pour eux mettre à sauveté; et Bretons et François après, qui les enchassoient en fossés, en aulnaies et en bruyères, ci dix, ci douze, ci vingt, ci trente, et les combattoient de rechef, et là les occioient s'ils n'étoient plus forts d'eux. Et si en y ot grand'foison de morts en chasse entre la bataille, et du demeurant qui se put sauver il se sauva, mais ce fut moult petit, et se retrayoient (retiroient) les uns à Courtray, les autres à Gand et les autres chacun où il pouvoit.

Cette bataille fut sur le Mont d'Or entre Courtray et Rosebecque en l'an de grâce de notre Seigneur mil trois cent quatre-vingt et deux, le jeudi devant le samedi de l'Avent, au mois de novembre le vingt-septième jour (1); et étoit pour lors le roi Charles de France au quatorzième an de son âge.

Froissart naquit à Valenciennes vers l'an 1333. Destiné d'abord à l'Église, il reçut l'éducation des clercs, mais ses goûts l'éloignèrent du sacerdoce. Froissart se sentit de bonne heure des dispositions à écrire l'histoire de son temps. Laissons-le raconter lui-même par quel appui et par quel concours de circonstances sa vocation naturelle se trouva secondée.

« Considérez entre vous autres qui me lisez, avez lu, ou
» m'ouïrez lire, comment je puis avoir su et rassemblé tant
» de faits pour vous informer de la vérité. J'ai commencé
» jeune de l'âge de vingt ans, et suis venu au monde en même
» temps que les faits et aventures, et j'y ai toujours pris
» grand'plaisance plus qu'à une autre chose; et si Dieu
» m'a donné la grâce que j'ai été bien de toutes parties, et
» des hôtels des rois, et par espécial, du roi Édouard et de la
» noble reine, sa femme, madame de Hainaut, à laquelle en
» ma jeunesse je fus clerc; et la desservois de beaux dits
» et traités amoureux; pour amour du service de la noble
» dame à qui j'étois, tous autres grands seigneurs, ducs,
» comtes, barons et chevaliers de quelque nation qu'ils fus-
» sent m'aimoient et me voyoient volontiers. Ainsi au titre
» de la bonne dame et à ses côtés et aux côtés des hauts sei-
» gneurs en mon temps, j'ai recherché la plus grande partie
» de la chrétienté. Partout où je venois je faisois enquête
» aux anciens chevaliers et écuyers qui avoient été dans
» les faits d'armes, et qui proprement en savoient parler; et
» aussi aux anciens hérauts d'armes pour vérifier et justifier
» les matières. Ainsi ai-je rassemblé la noble et haute his-
» toire, et tant que je vivrai par la grâce de Dieu, je la con-
» tinuerai; car plus j'y suis et plus j'y labeure, plus me plais.
» Car ainsi, comme le gentil chevalier ou écuyer qui aime
» les armes, en persévérant et continuant se nourrit et per-
» fectionne, ainsi en labeurant et ouvrant, je m'habilite et
» me délecte. »

Froissart n'avait qu'un seul moyen de satisfaire sa passion d'apprendre, c'était de voyager; aussi *chevaucha-t-il* une partie de sa vie; tantôt en Écosse, tantôt en Espagne où il suivit le Prince Noir allant combattre Henri de Transtamare; ou bien en Italie qu'il visita avec le duc de Clarence, lorsque ce prince dut épouser la nièce de Galéaz Visconti.

Ayant perdu sa protectrice la reine Philippe, Froissart fut pourvu dans son pays de la cure de Lestines. Son humeur inquiète et quelques désordres qui sentaient encore un peu la jeunesse le firent bientôt renoncer à une position peu convenable pour un homme comme lui.

Enfin, après maintes traverses, l'historien devint clerc de Venceslas, duc de Brabant, avec lequel il écrivit des chansons dont il forma une sorte de roman sous le titre de *Meliador*. Venceslas étant mort, Froissart s'attacha au comte de Blois qui lui conseilla de continuer à écrire l'histoire. Le chroniqueur se mit alors en route pour visiter Gaston Phébus et faire causer les chevaliers gascons et béarnais. Il partit à cheval, menant quatre lévriers, présent très-bien choisi pour le roi des chasseurs. Sur la fin de sa route, le voyageur rencontra un chevalier, messire Espaing du Lion, qui avait combattu dans toutes les guerres du temps, et traité d'importantes affaires. Heureux d'une si bonne *trouvaille*, Froissart fit causer le chevalier qui ne demandait pas mieux que de raconter tout ce qu'il savait; ce fut sous l'inspiration de ce narrateur, connu par sa prud'homme, que notre historien écrivit plusieurs chapitres pleins de charme et de vérité.

Enrichi des dons de Gaston, l'inconstant Froissart le quitta bientôt pour se mettre à courir de nouveau le monde. Il retourna à Londres auprès de Richard II, qui l'accueillit comme un vieil ami de son père, le Prince Noir.

Après l'épouvantable catastrophe qui précipita du trône le monarque anglais, Froissart, profondément affligé d'une si horrible scène, revint en Flandre, où l'on croit qu'il mourut en 1401.

Le siècle de Froissart revit tout entier dans ses écrits. On y trouve une admiration enthousiaste pour les hauts faits d'armes, pour la légende chevaleresque, pour l'amour et le culte des dames; l'historien célèbre avec transport ces héros de tournois qu'on a voulu nous donner pour des modèles; mais il peint aussi les désordres, les ravages, les cruautés qui faisaient de l'état social de cette époque un enfer pour les classes moyennes, et surtout pour le malheureux peuple foulé aux pieds par des oppresseurs que les rois ne pouvaient ni réprimer ni punir.

La naïveté, la candeur, la conscience, la véracité sont les caractères particuliers de Froissart, et donnent un prix inestimable à ses récits, dans lesquels on ne trouve jamais aucune trace de cette ambition d'auteur qui altère plus ou moins les tableaux d'un historien.

Le grand ouvrage de Froissart est intitulé *Chronique de France, d'Angleterre, d'Écosse et de Bretagne*. Il embrasse un espace de 74 ans, depuis 1326 jusqu'en 1400. Un anonyme l'a continué jusqu'en 1498.

(1) La bataille de Rosebecq fut livrée, non le 27, mais le 29 novembre 1382.

COMBAT DES TRENTE.

En cette propre saison avint en Bretagne ou moult haut fait d'armes que on ne doit mie oublier ; mais le doit-on mettre en avant pour tous bacheliers encourager et exemplier. Et afin que vous le puissiez mieux entendre vous devez savoir que toudis (toujours) étoient guerres en Bretagne entre les parties des deux dames, comment que messire Charles de Blois fut emprisonné. Et se guerroyoient les parties des deux dames par garnisons qui se tenoient ens (dans) ès châteaux et ens ès fortes villes de l'une partie et de l'autre. Si avint un jour que messire Robert de Beaumanoir, vaillant chevalier durement et du plus grand lignage de Bretagne, et étoit châtelain d'un châtel qui s'appelle Châtel Josselin, et avoit avec lui grand'foison de gens d'armes de son lignage et d'autres soudoyers ; si s'en vint par devant la ville et le châtel de Plaremiel (Ploermel) dont capitaine étoit un homme qui s'appeloit Brandebourg, et avoit avec lui grand'foison de soudoyers allemands, anglois et bretons, et étoient de la partie de la comtesse de Montfort. Et coururent le dit messire Robert et ses gens par devant les barrières, et eust volontiers vu que (ceux) de dedans fussent issus (sortis hors ; mais nul n'en issit (sortit).

Quand messire Robert vit ce, il approcha encore de plus près et fit appeler le capitaine. Cil (celui-ci) vint avant à la porte parler au dit messire Robert et sur asségurance (assurance) d'une part et d'autre, « Brandebourg, dit messire Robert, a-t-il là dedans nul homme d'armes, vous ni autres, deux ou trois, qui voulussent jouter de fer de glaives contre autres trois pour l'amour de leurs amies ? » Brandebourg répondit et dit : « Que leurs amies ne voudroient mie que ils se fissent tuer si méchamment que d'une seule joute ; car c'est une aventure trop tôt passée, si en acquerroit-on plutôt le nom d'outrage et de folie que renommée d'honneur ni de prix ; mais je vous dirai que nous ferons, si il vous plait. Vous prendrez vingt ou trente de vos compagnons de votre garnison, et j'en prendrai autant de la nôtre. Si allons en un bel champ, là où nul ne nous puisse empêcher ni destourber (troubler), et commandons, sur la hart, à nos compagnons d'une part et d'autre, et à tous ceux qui nous regarderont, que nul ne fasse à homme combattant confort ni aye (aide) ; et là endroit nous éprouvons et faisons tant que on en parle au temps avenir, en salles, en palais, en places et autres lieux par le monde ; et en aient la fortune et l'honneur cils (ceux) à qui Dieu l'aura destiné. » — « Par ma foi, dit messire Robert de Beaumanoir, je m'y accorde ; et moult parlez ore (maintenant) vassamment (bravement). Or soyez vous trente, et nous serons nous trente aussi, et le créante (promets) ainsi par ma foi. » — « Aussi le créanté-je, dit Brandebourg ; car là acquerra plus d'honneur, qui bien s'y maintiendra, que à une joute. »

Ainsi fut cette besogne affermée (convenue) et créantée ; et journée accordée au mercredi après, qui devoit être le quart jour de l'emprise. Le terme pendant, chacun élisit (choisit) les siens trente, ainsi que bon lui sembla, et tous cils (ces) soixante se pourvurent d'armures ainsi que pour eux bien et à point.

Quant le jour fut venu les trente compagnons Brandebourg ouïrent messe, puis se firent armer et s'en allèrent en la place de terre là où la bataille devoit être, et descendirent tous à pied et défendirent à tous ceux qui là étoient que nul ne s'entremit d'eux pour chose ni pour meschef que il vît avoir à ses compagnons, et ainsi firent les trente compagnons à monseigneur Robert de Beaumanoir. Cils trente compagnons, que nous appellerons Anglois, à cette besogne attendirent longuement les autres, que nous appellerons François. Quand les trente François furent venus, ils descendirent à pied et firent à leurs compagnons le commandement dessus dit. Aucuns disent que cinq des leurs demeurèrent à cheval à l'entrée de la place et les vingt-cinq descendirent à pied si comme les Anglois étoient. Et quand ils furent l'un devant l'autre, ils parlementèrent un peu ensemble tous soixante, puis se retrairent (retirèrent) arrière, les uns d'une part et les autres d'autre, et firent toutes leurs gens traire (aller) en sus de la place bien loin. Puis fit l'un d'eux un signe, et tantôt se coururent sus et se combattirent fortement tous en un tas, et rescouoient (secouroient) bellement l'un l'autre quand ils véoient leurs compagnons à meschef.

Assez tôt après ce qu'ils furent assemblés fut occis l'un des François, mais pour ce ne laissèrent mie les autres le combattre, ains (mais) se maintinrent moult vassamment d'une part et d'autre aussi bien que tout fussent Rolands et Oliviers. Je ne sais à dire à la vérité : « Cils se maintinrent le mieux et cils le firent le mieux. » Ni n'en ouïs oncques nul priser plus avant de l'autre ; mais tant se combattirent longuement que tous perdirent force et haleine et pouvoir entièrement. Si les convint arrêter et reposer; et se reposèrent par accord les uns d'une part et les autres d'autre, et se donnèrent trèves jusques adonc qu'ils se seroient reposés et que le premier qui se releveroit rappelleroit les autres. Adonc étoient morts quatre François et deux des Anglois. Ils se reposèrent longuement d'une part et d'autre, et tels y eut qui burent du vin que on leur apporta en bouteilles, et restreignirent leurs armûres qui déroutées (défaites) étoient, et fourbirent (pansèrent) leurs plaies.

Quand ils furent ainsi rafraichis, le premier qui se releva fit signe et rappela les autres. Si recommença la bataille si forte comme en devant et dura moult longuement, et avoient courtes épées de Bordeaux roides et aiguës et espois (épieux) et dagues, et les aucuns haches, et s'en donnoient merveilleusement grands horions, et les aucuns se prenoient aux bras à la lutte et se frappoient sans eux épargner. Vous pouvez bien croire qu'ils firent entre eux mainte belle appertise d'armes, gens pour gens, corps à corps, et mains à mains. On n'avoit point en devant, passé avoit cent ans, ouï recorder la chose pareille.

Ainsi se combattirent comme bons champions et se tinrent cette seconde empainte (attaque) moult vassamment (bravement), mais finalement les Anglois en eurent le pire. Car ainsi que je ouïs recorder, l'un des François qui demeuré étoit à cheval les débrisoit et défouloit trop mésaisement, si que Brandebourg leur capitaine y fut tué et huit de leurs compagnons, et les autres se rendirent prisonniers quand ils virent que leur défendre ne leur pouvoit aider, car ils ne pouvoient ni devoient fuir. Et le dit messire Robert et ses compagnons qui étoient demeurés en vie, les prirent et les emmenèrent au châtel Josselin comme leurs prisonniers, et les rançonnèrent depuis courtoisement, quand ils furent tous resanés (guéris), car il n'y en avoit nul qui ne fût fort blessé, et autant bien des François comme des Anglois. Et depuis je vis seoir à la table du roi Charles de France un chevalier breton qui été y avoit, messire Yewains (Yvon) Charuel ; mais il avoit le viaire (visage) si détaillé et découpé qu'il montroit bien que la besogne fut bien combattue ; et aussi y fut messire Enguerrant Duedins (d'Eudin) un bon chevalier de Picardie qui montroit bien qu'il y avoit été, et un autre bon écuyer qui s'appeloit Hues de Raincevaus. Si fut en plusieurs lieux cette avenue contée et recordée. Les aucuns la tenoient à pauvreté et les aucuns à outrage et grand' outrecuidance.

REDDITION DE CALAIS.

Après le département du roi de France et de son ost (armée), du mont de Sangattes, ceux de Calais virent bien que le secours en quoi ils avoient fiance leur étoit failli; et si étoient à si grand'détresse de famine que le plus grand et le plus fort se pouvoit à peine soutenir : si eurent conseil et leur sembla qu'il valoit mieux à eux mettre en la volonté du roi d'Angleterre, si plus grand'merci ne pouvoient trouver, que eux laisser mourir l'un après l'autre par détresse de famine ; car les plusieurs en pourroient perdre corps et âme par rage de faim. Si prièrent tant à monseigneur Jean de Vienne qu'il en voulût traiter, qu'il s'y accorda, et monta aux créneaux des murs de la ville, et fit signe à ceux de dehors qu'il vouloit parler à eux. Quand le roi d'Angleterre entendit ces nouvelles, il envoya tantôt messire Gautier de Mauny et le seigneur de Basset. Quand ils furent là venus, messire Jean de Vienne leur dit : « Chers seigneurs, vous êtes moult vaillants chevaliers et usés d'armes, et savez que le roi de France que nous tenons à seigneur nous a céans envoyés et commandé que nous gardissions cette ville et ce châtel tellement que blâme n'en eussions ni il point de dommage : nous en avons fait notre pouvoir. Or est notre secours failli, et vous nous avez si étreints que nous n'avons de quoi vivre : si nous conviendra tous mourir, ou enrager par famine, si le gentil roi qui est votre sire n'a pitié de nous. Chers seigneurs, si lui veuilliez prier en pitié qu'il veuille avoir merci de nous, et nous en veuille laisser aller tout ainsi que nous sommes, et veuille prendre la ville et le châtel et tout l'avoir qui est dedans ; si en trouvera assez. »

Adonc répondit messire Gautier de Mauny et dit : « Messire Jean, messire Jean, nous savons partie de l'intention du roi notre sire, car il la nous a dite : sachez que ce n'est mie son entente que vous en puissiez aller ainsi que vous avez cy dit ; ains est son entention, que vous vous mettez tous en sa pure volonté, pour rançonner ceux qu'il lui plaira, ou pour faire mourir ; car ceux de Calais lui ont tant fait de contraires et de dépits, le sien fait dépendre (dépenser), et grand'foison de ses gens fait mourir, dont si il lui en poise (pèse) ce n'est mie merveille. »

Adonc répondit messire Jean de Vienne et dit : « Ce seroit trop dure chose pour nous si nous consentions ce que vous dites. Nous sommes céans un petit de chevaliers et d'écuyers qui loyalement à notre pouvoir avons servi notre seigneur le roi de France, si comme vous feriez le vôtre en semblable cas, et en avons enduré mainte peine et mainte mésaise ; mais ainçois (plutôt) en souffririons-nous telle mésaise que oncques gens n'endurèrent ni souffrirent la pareille, que nous consentissions que le plus petit garçon ou varlet de la ville eut autre mal que le plus grand de nous. Mais nous vous prions que par votre humilité vous veuilliez aller devers le roi d'Angleterre, et lui priez qu'il ait pitié de nous. Si nous ferez courtoisie ; car nous espérons en lui tant de gentillesse qu'il aura merci de nous. » — « Par ma foi, répondit messire Gautier de Mauny, je le ferai volontiers, messire Jean, et voudrois, si Dieu me veuille aider, qu'il m'en voulût croire ; car vous en vaudriez tous mieux. »

Lors se départirent le sire de Mauny et le sire de Basset, et laissèrent messire Jean de Vienne s'appuyant aux créneaux, car tantôt devoient retourner ; et s'en vinrent devers le roi d'Angleterre qui les attendoit à l'entrée de son hôtel et avoit grand désir de ouïr nouvelles de ceux de Calais. De-lez (près) lui étoient le comte de Derby, le comte Northampton, le comte d'Arundel et plusieurs autres barons d'Angleterre. Messire Gautier de Mauny et le sire de Basset s'inclinèrent devant le roi, puis se trairent (rendirent) devers lui. Le sire de Mauny, qui sagement étoit emparlé et enlangagé, commença à parler, car le roi souverainement le voulut ouïr, et dit : « Monseigneur, nous venons de Calais, et avons trouvé le capitaine messire Jean de Vienne, qui longuement a parlé à nous ; et me semble que il et ses compagnons et la communauté de Calais sont en grand'volonté de vous rendre la ville et le châtel de Calais et tout ce qui est dedans, mais que leurs corps singulièrement ils en puissent mettre hors. »

Adonc répondit le roi : « Messire Gautier, vous avez la greigneur (majeure) partie de notre entente en ce cas : quelle chose en avez-vous répondu ? » — « En nom de Dieu, Monseigneur, dit messire Gautier, que vous n'en feriez rien, si ils ne se rendoient simplement à votre volonté, pour vivre ou pour mourir, si il vous plait. Et quand je leur eus ce montré, messire Jean de Vienne me répondit et confessa bien qu'ils étoient moult contraints et astreints de famine ; mais ainçois qu'ils entrassent en ce parti ils se vendroient si cher que oncques gens firent. » Adonc répondit le roi : « Messire Gautier, je n'ai mie espoir ni volonté que j'en fasse autre chose. »

Lors se retrait (retira) avant le sire de Mauny et parla moult sagement au roi et dit, pour aider ceux de Calais : « Monseigneur, vous pourrez bien avoir tort, car vous nous donnez mauvais exemple. Si vous nous vouliez envoyer en aucunes de vos forteresses, nous n'irions mie si volontiers, si vous faites ces gens mettre à mort, ainsi que vous dites ; car ainsi feroit-on de nous en semblable cas. » Cet exemple amollia grandement le courage du roi d'Angleterre ; car le plus des barons l'aidèrent à soutenir. Donc dit le roi : « Seigneurs, je ne vueil mie être tout seul contre vous tous. Gautier, vous en irez à ceux de Calais, et direz au capitaine que la plus grand'grâce qu'ils pourront trouver ni avoir en moi c'est que ils se partent de la ville de Calais six des plus notables bourgeois, en purs leurs chefs et tous déchaux (pieds nus), les hars au col, les clefs de la ville et du châtel en leurs mains ; et de ceux je ferai ma volonté ; et le demeurant (reste) je prendrai à merci. » — « Monseigneur, répondit messire Gautier, je ferai volontiers. »

A ces paroles se partit du roi messire Gautier de Mauny, et retourna jusques' à Calais là où messire Jean de Vienne l'attendoit. Si lui recorda toutes les paroles devant dites, ainsi que vous les avez ouïes, et dit bien que c'étoit tout ce qu'il avoit pu empêtrer. Messire Jean dit : « Messire Gautier, je vous en crois bien ; or vous prie-je que vous veuilliez cy tant demeurer que j'aye démontré à la communauté de la ville tout cette affaire ; car ils m'ont cy envoyé, et à eux tient d'en répondre, ce m'est avis. » Répondit le sire de Mauny : « Je le ferai volontiers. » Lors se partit des créneaux messire Jean de Vienne, et vint au marché, et fit sonner la cloche pour assembler toutes manières de gens en la halle. Au son de la cloche vinrent hommes et femmes, car moult désiroient à ouïr nouvelles, ainsi que gens si astreints de famine que plus n'en pouvoient porter. Quand ils furent tous venus et assemblés en la halle, hommes et femmes, messire Jean de Vienne leur démontra moult doucement les paroles toutes telles que ci-devant sont récitées, et leur dit bien que autrement ne pouvoit être et eussent sur ce avis et brève réponse. Quand ils ouïrent ce rapport ils commencèrent tous à crier et à pleurer tellement et si amèrement qu'il n'est si dur cœur au monde, s'il les eut vus ou ouïs eux démener, qui n'en eut pitié. Et n'eurent pour l'heure pouvoir de répondre ni de parler ; et mêmement messire Jean de Vienne en avoit telle pitié qu'il larmoyoit moult tendrement.

Une espace après se leva en pied le plus riche bourgeois de la ville, que on appeloit sire Eustache de Saint Pierre, et dit devant tous ainsi : « Seigneurs, grand'pitié et grand'meschef seroit de laisser mourir un tel peuple que ici a, par famine ou autrement, quand on y peut trouver aucun moyen; et si seroit grand'aumône et grand'grâce envers notre seigneur, qui de tel meschef le pourroit garder. Je en droit moi ai si grand'espérance d'avoir grâce et pardon envers notre Seigneur, si je muir (meurs) pour ce peuple sauver, que je veuil être le premier, et me mettrai volontiers en pur ma chemise, à nud chef, et la hart au col, en la merci du roi d'Angleterre. »

Quand sire Eustache de Saint Pierre eut dit cette parole, chacun l'alla aouzer (adorer) de pitié, et plusieurs hommes et femmes se jetoient à ses pieds pleurants tendrement; et étoit grand'pitié de là être, et eux ouïr, écouter et regarder.

Secondement un autre très-honnête bourgeois et de grand'affaire, et qui avoit deux belles demoiselles à filles, se leva et dit tout ainsi qu'il feroit compagnie à son compère sire Eustache de Saint Pierre, et appeloit-on cetui sire Jean d'Aire.

Après se leva le tiers, qui s'appeloit sire Jacques de Vissant, qui étoit riche homme de meuble et d'héritage, et dit qu'il feroit à ses deux cousins compagnie. Aussi fit sire Pierre de Vissant son frère; et puis le cinquième, et puis le sixième, et se dévêtirent là ces six bourgeois tous nus en leurs braies (hauts-de-chausses) et leurs chemises, en la ville de Calais, et mirent hars en leur col, ainsi que l'ordonnance le portoit, et prirent les clefs de la ville et du châtel, chacun en tenoit une poignée.

Quand ils furent ainsi appareillés, messire Jean de Vienne, monté sur une petite haquenée, car à grand' malaise pouvoit-il aller à pied, se mit au devant et prit le chemin de la porte. Qui lors vit hommes et femmes et les enfants d'iceux pleurer et tordre leurs mains crier à haute voix très-amèrement, il n'est si dur cœur au monde qui n'en eut pitié. Ainsi vinrent eux jusques à la porte, convoyés en plaintes, en cris et en pleurs, Messire Jean de Vienne fit ouvrir la porte tout arrière, et se fit enclorre (fermer) dehors avec les six bourgeois, entre la porte et les barrières; et vint à messire Gautier qui l'attendoit là et dit : « Messire Gautier, je vous délivre comme capitaine de Calais, par le consentement du pauvre peuple cette ville, ces six bourgeois, et vous jure que ce sont et étoient aujourd'hui les plus honorables et notables de corps, de chevance et d'ancesterie de la ville de Calais; et portent avec eux toutes les clefs de la dite ville et du châtel. Si vous prie, gentil sire, que vous veuilliez prier pour eux au roi d'Angleterre que ces bonnes gens ne soient mie morts. » — « Je ne sais, répondit le sire de Mauny, que messire le roi en voudra faire, mais je vous ai en convent (promesse) que j'en ferai mon pouvoir. »

Adonc fut la barrière ouverte : si s'en allèrent les six bourgeois en cet état que je vous dis, avec messire Gautier de Mauny, qui les amena tout bellement devers le palais du roi, et messire Jean de Vienne rentra en la ville de Calais.

Le roi étoit à cette heure en sa chambre, à grand' compagnie de comtes, de barons et de chevaliers. Si entendit que ceux de Calais venoient en l'arroy qu'il avoit devisé et ordonné; et se mit hors, et s'en vint en la place devant son hôtel, et tous ces seigneurs après lui, et encore grand'foison qui y survinrent pour voir ceux de Calais, ni comment ils finiroient, et mêmement la reine d'Angleterre, qui moult étoit enceinte, suivit le roi son seigneur. Si vint messire Gautier de Mauny et les bourgeois de-lez lui qui le suivoient, et descendit en la place, et puis s'en vint devers le roi et lui dit : « Sire, vecy la représentation de la ville de Calais à votre ordonnance. » Le roi se tint tout coi et les regarda moult fellement (cruellement), car moult héoit (haïssoit) les habitants de Calais pour les grands dommages et contraires que au temps passé sur mer lui avoient faits. Ces six bourgeois se mirent tantôt à genoux pardevant le roi, et dirent ainsi en joignant leurs mains : « Gentil sire et gentil roi, véez nous cy six qui avons été d'ancienneté bourgeois de Calais et grands marchands : si vous apportons les clefs de la ville et du châtel de Calais, et les vous rendons à votre plaisir, et nous mettons en tel point que vous nous véez en votre pure volonté, pour sauver le demeurant (reste) du peuple de Calais, qui a souffert moult de griefTés (malheurs). Si veuillez avoir de nous pitié et mercy par votre très-haute noblesse. » Certes il n'y eut adonc en la place seigneur, chevalier, ni vaillant homme, qui se put abstenir de pleurer de droite pitié, ni qui put de grand'pièce parler. Et vraiment ce n'étoit pas merveille; car c'est grand'pitié de voir hommes de bien cheoir et être en tel état et danger. Le roi les regarda très-ireusement (en colère), car il avoit le cœur si dur et si épris de grand courroux qu'il ne put parler. Et quand il parla, il commanda que on leur coupât tantôt les têtes. Tous les barons et chevaliers qui là étoient, en pleurant prioient si acertes (sérieusement) que faire pouvoient au roi qu'il en voulût avoir pitié et mercy; mais il n'y vouloit entendre. Adonc parla messire Gautier de Mauny et dit : « Ha, gentil sire, veuillez refréner (retenir) votre courage : vous avez le nom et la renommée de souveraine gentillesse et noblesse, or ne veuillez donc faire chose par quoi elle soit amenrie (diminuée), ni que on puisse parler sur vous en nulle vilenie. Si vous n'avez pitié de ces gens, toutes autres gens diront que ce sera grand' cruauté si vous êtes si dur que vous fassiez mourir ces honnêtes bourgeois, qui de leur propre volonté se sont mis en votre mercy pour les autres sauver. » A ce point grigna (grinça) le roi les dents et dit : « Messire Gautier, souffrez (taisez) vous; il n'en sera autrement, mais on fasse venir le coupe-tête. Ceux de Calais ont fait mourir tant de mes hommes que il convient ceux-ci mourir aussi. »

Adonc fit la noble reine d'Angleterre grand'humilité, qui était durement enceinte, et pleuroit si tendrement de pitié, que elle ne se pouvoit soutenir. Si se jeta à genoux pardevant le roi son seigneur et dit ainsi : « Ha, gentil sire, depuis que je repassai la mer en grand péril, si comme vous savez, je ne vous ai rien requis ni demandé : or vous prie-je humblement et requiers en propre don, que pour le fils de Sainte Marie, et pour l'amour de moi, vous veuilliez avoir de ces six hommes mercy. »

Le roi attendit un petit à parler, et regarda la bonne dame sa femme qui pleuroit à genoux moult tendrement ; si lui amollia le cœur, car enuis (avec peine) l'eut courroucée, au point où elle étoit ; si dit : « Ha, dame, j'aimasse trop mieux que vous fussiez autre part que cy. Vous me priez si acertes que je ne le vous ose escondir (refuser) ; et combien que je le fasse enuis (avec peine), tenez, je les vous donne, si en faites votre plaisir. » La bonne dame dit : « Monseigneur très-grands mercis ! » Lors se leva la reine et fit lever les six bourgeois et leur ôter les chevestres (cordes) d'entour leur cou, et les emmena avec li (elle) en sa chambre, et les fit revêtir et donner à diner tout aise, et puis donna à chacun six nobles et les fit conduire hors de l'ost (armée) à sauveté ; et s'en allèrent habiter et demeurer en plusieurs villes de Picardie.

JEAN CHARLIER DE GERSON.

HARANGUE AU ROI CHARLES VI.

Vivat rex, vivat rex, vivat rex. Vive le roy, vive le roy, vive le roy. Cy offre et propose ceste belle salutation, la fille du roy, la mère des estudes, cler soleil de France, voir de toute chrestienté, l'Université de Paris, de par. laquelle nous sommes icy envoyez, en la présence très honorable de vous très nobles excellens roy, princes, et vous tous messeigneurs du hault et très sage conseil, où est représentée la dignité, magnificense et majesté royale : sommes envoyez, dis-je, pour parler de la vie du roy, de son bien, et de tout son royaume. Non point par auctorité, maistrise, ou présumption (soit hors telle oultrecuidance), mais par toute humilité et dévote exhortation, comme fille très obéissante au père et du père : et comme subjecte loyale de son souverain et droicturier seigneur.....

Pour oster toute occasion en estat de chevalerie, de se livrer à mauvaises actions, gens d'armes et souldoiers doivent bien estre payez, pour bien payer ce qu'ils prennent. C'est le commandement de sainct Jan Baptiste, *Contenti estote stipendiis, et neminem concusseritis;* si payement faut aux gens d'armes, ils s'excuseront de payer; se ils ne payent, ils pilleront et roberont sur les pauvres gens très outrageusement, d'aultruy cuir large courroye. Après que s'ensuit-il au pauvre peuple? Il s'en convient fuir devant eux, comme brebis font devant les loups : et ne vauldroit-il pas donc mieux au pauvre peuple estre sans deffence, que tels protecteurs, ou tels pillars avoir ? Vrayement il n'est langue qui suffit à descrire la très misérable indignité de ceste besongne. Je vous supply que vostre très noble, très piteux et très béning courage parface en miséricorde et compassion, que je ne pourroye jamais exposer par quelque parolle ou lamentation. Las! un povre homme aura-il payé son imposition, sa taille, sa gabelle, son fouage, son quatriesme, les esprons du roy, la saincture de la royne, les truages, les chaucées, les passages : peu luy demeure : puis viendra encore une taille qui sera créée, et sergens de venir et de engager pots et poilles. Le povre homme n'aura pain à manger, sinon par advanture aucun peu de seigle ou d'orge, sa pauvre femme gerra, et auront quatre ou six petits enfans au fouyer, ou au four, qui par advanture sera chauld, demanderont du pain, crieront à la rage de faim. La pauvre mère si n'aura que bouter ès dens que un peu de pain où il y ait du sel. Or devroit bien suffire cette misère : viendront ces paillars qui chergeront tout : ils trouveront par advanture une poule avec quatre poussins, que la pauvre femme nourrissoit pour vendre et payer le demeurant de sa taille, ou une de nouvel créée, tout sera prins et happé, et quérez qui paye. Et se l'homme ou la femme en parlent, ils seront vilennez, rançonnez et garçonnez, se ils veulent poursuivre le payement, ils perdront leurs journées, ils despendront au double et finablement n'en auront rien : fors par advanture une cédule chantant que on doibt à tel tant; — voire, dit l'autre, et devra. Que vous semble-il que peult avoir pis le pauvre bon homme? peult avoir pis. Certes encore est le plus grief, s'entrebattront gens d'armes, qui ne sont point contens de rien prendre où rien n'a, mais menassent de paroles, et battront de faict l'homme ou la femme : ou bouteront le feu en l'hostel s'ils ne rançonnent, et font finances à tort et à travers, d'argent, ou de vins et vivres : je me tais des efforcemens des femmes vefves et autres. Ce par advanture semble petite chose, pource que je ne parle que d'un homme. Croyez, messeigneurs, tout de certain, comme la mort, que il y en a mil et mil, et plus de dix mil par le royaume pis demenez que je n'ay dit. Très haults et très excellens seigneurs, à ces paroles vostre cueur tant béning se tourne à compassion, je n'en doute point, et à bon droict. Hé Dieu, et que seroit-ce si vous voyez les horribles et très cruels faicts ainsi faire à l'œil comme ils se font? N'est point à croire que vous ne pourveussiez très hativement de remède avant que vous dormissiez de ferme somme en lict. Vos nobles personnes ne font pas, ou commandent telz oultraiges, on le sait bien : mais il ne suffist pas n'estes excusez envers Dieu et raison : pardonnés moy si je parle franchement.

Il ne suffist pas, dis-je, si vous ne les empeschez réalement, et de faict. Aucuns dient bien à leurs varlets, quand on se plaint d'eux : « N'emportez rien : » mais en bas, ou à part, ou en autre langage, dient : « Point, point, allez, prenez tousjours. » Las! quelle chose est servitude ès subjects quelconques, se c'est ici franchise? ou est ce beau tiltre de roy, *Francorum rex*? Le roy des François. Trop est perdu, ce me semble, en plusieurs de royaume. On parle d'aucuns païs gouvernez par tyrans, qui travaillent en plumant leurs subjects : mais le demeurant est seur et bien gardé, tellement qu'il n'est homme qui osast ravir un seul poussin, ou géline, sur la hart. Et n'est-ce pas chose intolérable aux subjects que quand rien n'est seur ne en cors, ne en meubles, ne en conscience : car le paoureux soucy, l'angoisseuse doubte continuelle d'estre pillez par prince, ou par gens d'armes, leur fait très griefs, très impatiens et douloureux tourmens : tant que de nostre temps plusieurs sont cheux en désespoir, et se sont occis, Dieu quelle horreur! ils se sont occis l'un par pendre, l'autre par noyer, l'autre par férir d'un cousteau au cueur. Las! que pourront respondre au destroit du jugement de Dieu, ceux qui ont donné cause de telle perdition de chrestiens en corps, et que pis vault, en âme : si Dieu ne les a prins à mercy, si Dieu ne fera point de miséricorde à ceux qui ne l'ont point faicte : quelle rigueur monstrera-il à ceux qui auront ceste cruauté procurée? Toy, prince, tu ne faicts pas telz maux, il est vray : mais tu les souffres; advise si Dieu jugera justement contre toy en disant : Je ne te punis pas; mais si les diables d'enfer te tourmentent, je ne les empescheray point : c'estoit mal pour toy. » Et n'est-ce pas merveilles comme gens qui n'ont rien de foy, de loy et de conscience ne pensent quelle absolution pourront recevoir, ou quelle satisfaction faire ès cas dessusdicts. N'est si sage confesseur qui souvent y sache trouver tour ou issue, Dieu y pourvoye, *Non dimittitur peccatum, nisi restituatur ablatum*. Il convient de rendre ou pendre.

Quants mesnages se sont partis du royaume par tels outrages : quantes mortalitez en sont venues sur enfans, hommes et bestes par défaulte de nourriture, ou par malle nourriture ; les labourages se laissent à faire, c'est pitié de le savoir : car ils n'ont de quoy semer, ou ne osent tenir chevaux ne bœufs pour doubte des princes ou gens d'armes, ou n'ont courage de labourer, pource que rien ne leur demeure. Et leurs enfans par lesquels les anciens pères devroient estre aidez, incontinent s'en partent : « Nous aymons mieux, dient-ils, faire le gallin gallant, que labourer sans rien avoir. » Ainsi fault aucune fois que les bonnes gens froissez de vieillesse, tirent à la charrue quand ils deussent avoir repos. Et quoy oultre les vaillans nobles bien rentez, ne peuvent estre payez de leurs hommes et rentiers ; où rien n'a, le roy perd son droict : ceux de l'Église le sentent toutefois très-bien. Les pauvres mendians crient à la rage de faim : pource que rien on ne leur donne. On voit cecy à l'œil, en quelque estat que ce soit, par telles choses les édifices royaux, et de la chose publique, chasteaux, ponts, chaussées, moulins du tout se perdent. Et quant au faict de la guerre, jugez par ce qui est dict, comme les loyaux subjects sont plus grevez par gens d'armes, que par les ennemis du royaume. Dieu par sa grâce y veuille mettre remède brevement, par le moyen de vous très-nobles et excellens seigneurs : à fin que le roy vive de vie civile et politique : *Vivat rex*.

Jean Charlier de Gerson naquit à Gerson, près Rhétel, le 14 décembre 1363. Élève du collége de Navarre, il eut pour maître Pierre d'Ailly, depuis chancelier de l'Université. Lorsque ce savant, que l'on avait surnommé *l'Aigle des docteurs* et le *Marteau des hérétiques*, vint à mourir le jeune Charlier lui succéda en qualité de chancelier de l'Université et de chanoine de Notre-Dame.

Les fonctions de chancelier à l'époque où Jean de Gerson les accepta étaient pleines de péril ; mais la crainte n'avait nul accès dans son âme, et après avoir tonné contre les débordements du duc d'Orléans, il ne craignit point le courroux du duc de Bourgogne, et lutta avec éloquence contre Jean Petit, lâche apologiste du prince bourguignon, qui venait d'assassiner le frère de Charles VI.

Gerson parut avec éclat au concile de Pise, où il se montra inaccessible à toute corruption, comme à toute lâche complaisance. Ce fut pendant la tenue de cette grande assemblée ecclésiastique qu'il publia son traité *De auferibilitate Papæ*, dans lequel il reconnaissait à l'Église assemblée une suprématie sur l'autorité papale. Ambassadeur de Charles VI, de l'Église de France et de l'Université de Paris, Gerson, au concile de Constance, dirigea toutes les délibérations et mérita que le cardinal Zaberella le proclamât devant tous les évêques réunis *la plus excellent docteur de l'Église*. Il attaqua avec énergie les erreurs de Jean Hus, et parvint à retirer de l'hérésie Mathieu Grabon.

Comme tous les grands talents qui ne savent pas accommoder leur conscience aux exigences des temps, Gerson fut persécuté et se vit accuser d'avoir avancé des propositions qui n'étaient point orthodoxes. Il n'eut pas de peine à se justifier, mais il jugea prudent, pour échapper à la haine des Bourguignons, maîtres de Paris, de se réfugier en Allemagne où il demeura plusieurs années. De retour en France, il se fixa à Lyon. Là, chaque jour dans l'église Saint-Paul il instruisait les petits enfants, ne leur demandant pour salaire qu'une chose, c'est de vouloir bien avec leur voix innocentes répéter tous les matins cette prière : « *Seigneur, ayez pitié de votre pauvre serviteur Gerson!* » Ce grand homme, qui n'avait qu'une maxime : « *Faites pénitence et croyez à l'Évangile*, » mourut le 12 juillet 1429.

Voici comment Bossuet a parlé de ce docteur : « Gerson, dit-il, défendit avec un courage invincible la vérité catholique et les intérêts de son roi et de la famille royale, ce qui lui mérita le nom de docteur très-chrétien. »

On le regarde généralement comme l'auteur de l'admirable livre de l'*Imitation de Jésus-Christ*; on annonce même que M. Onésime Leroy vient de trouver des preuves irrécusables de ce fait.

PLAIDOYER DEVANT LE PARLEMENT CONTRE CHARLES DE SAVOISY.

Pour exposer à vous, messeigneurs, la piteuse et très misérable complainte de la fille du roy, ma mère, l'Université de Paris, je commencerai par l'un dict de la sainte Écriture, comme il affiert à telle proposition, et dirai *Estote misericordes*, messeigneurs, soiés miséricords : c'est le commandement de nostre roy, de nostre empereur, de nostre foy. Aucuns par aventure tourneront incontinent à merveilles cette manière de commencer ; ceux en espécial, qui sçavent desjà assez la cause, et la matière très énorme, et de non pareille iniquité, pour laquelle la fille du roy, la fontaine de science, la lumière de nostre foy, la beauté, le parement, l'honnesteté de France, voir de tout le monde, l'Université de Paris, envoie, de présent monsieur le Recteur et ses députez par devers vous, messeigneurs, par devers cette très honorable, haute et royale cour de justice. « Comment, dient eux? que veult-ce estre, que celui-cy vient exhorter à messeigneurs que ils soient miséricords, en un tel fait si horrible, de non pareille mauvaistié, d'exécrable sacrilege? Mais aussi que peut-ce estre, que un de la profession de théologie, inexpert des loix, s'avance et se entremet de parler et proposer en cette haute cour, pour et ou fait de justice, en usurpant, ce semble, l'office des saiges orateurs et avocats de très singulière et claire éloquence, que icy sont, auxquels trop mieulx appartient parler en cette matière, alléguer et conclure. Et vecy qu'il en advient, car contre l'art de plaidoyrie, ce théologien met en avant miséricorde, quand il doit émouvoir à justice. » En bonne foy, messeigneurs, crées moy, je trouve icy bien matière de miséricorde, et se ne feust miséricorde qui me contraint, jamais je n'eusse entrepris la parole en si haute et dangereuse matière, devant seigneurs de telle prudence, authorité et éloquence, en si petit de temps, comme sçavent plusieurs, et conscience de tant petite institution que je sens en moy. Mais quand j'ay voulu refuser ce fait et m'en excuser, j'ay trouvé dedans le secret plainement de mon cueur, de toutes parts plaintes et requestes, qui pourroient émouvoir mesmement pierres à miséricorde et à compassion, comme il appaira cy après. Messeigneurs, soyez miséricords. Eslevés, je vous supplie, les yeux de vostre pensée et les tournés à parfundement considérer et adviser comment en la cause que j'entreprends, on vous demande et doit demander de toutes parts miséricorde.

Premièrement la fille du roy et toutte clergie vous huchent miséricorde en leur désolation. Le roy et toutte chevalerie vous requièrent miséricorde en double de perdition. Le peuple et toutte bourgeoisie vous crient miséricorde en leur paour et affliction. Mais aussy vous devez avoir miséricorde de sainte Église, et de sa liberté, miséricorde des manufacteurs, et de leur damnation, ou infélicité ; miséricorde à la parfin de vous mesmes, et de vostre cour, qui est cour de justice et d'équité. « Je souffre force, dit la fille du roy et violance, non mie en une de mes parties et de mes membres, mais en tout et partout mon corps.

Et à moy, hélas! ha esté faite, non pas une violence, une impression, mais plusieurs comme chascun sçet. J'avais entrepris par amour filiale et loyale au roy mon père, et par dévote religion en ma bonne simplesse, que je iroye solemnellement en procession ordonnée jusques à l'église de la glorieuse vierge et martyre de Dieu, sainte Catherine, véant tout le peuple pour le plus émouvoir à dévotion. Quelle autre œuvre pourroit estre plus méritoire et plus digne de louange et religion? Aussi allois-je en ma simplesse, en l'innocence de mes supposts en très bel arroy et en merveilleux nombre à ladite église de sainte Catherine. Vinrent aucuns de la maignie de l'ennemy, qui par mauvaistié exquisite, rompoient cette procession en passant, et chassant les chevaux sur les enfans, en les marchant et trébuchant à terre et en la boe : cest outrage devoit bien et trop suffir, mais ne mie un mal entre telles gens ne fine pas où il commance, toujours s'accroist; ne demoura guères, que ceux revindrent, et sans sçavoir ou demander qui étoit l'un ou l'autre, battoient, rompoient, chassoient, trébuchoient indifféremment tous mes fils les escoliers. Grand bruit, grands cris, et grand clameur se va élever, n'étoit pas de merveille : petits et foibles enfans n'avoient autre manière de se revangier, fors crier aide et miséricorde, et ceux qui eussent pu rebouter force, eurent cette attemprance, qu'ils ne vaurent pas prendre à soy la vanjance ; mais la laisser au roy et à justice. Les petits enfans donc crioient mercy à eux ; hélas! ils savoient mal à quels gens ils avoient à faire, car en leur cueur n'avoit quelconque pitié, ou doulceur, ou compassion, ainçois de plus en plus accroissoit leur félonnie perverse, en tant que ils allèrent quérir glaives, arcs, sagettes, espées, pilles de Flandres, et aultres armes invasives, comme s'ils se deussent combattre contre les ennemis du roy et du royaume ; je ne sçay s'ils eussent été tant hardis contre eulx : puis trayoient sagettes à la volée, féroient à tort et à travers, partout, et çà et là, tellement qu'il n'y avoit point de refuge et de sureté.

Bien est icy, messeigneurs, matière de pitié et de compassion ; que vous en semble ? Est-ce sans cause que je vous dis : « Soyés miséricords ? » à qui miséricords ? à celle qui ainsy vous peut dire, à la fille du roy en son oppression. Mais encore y a pis, car jusques à l'église vint cette fureur, et là fait feut du lieu de sûreté lieu de bataille et de cruauté. Et vrayment paroles me défaillent à déclarer à son droit l'indignité de cette besogne : aidés-moy ; pensés par vous mesmes quelle horreur c'étoit et quelle confusion, véoir tel nombre de jolis escoliers, comme agneaux innocens fuir et trébucher devant les leus ravissables ; et ne sçavoient où se cachier, ils s'en alloient à l'église comme à lieu de refuge et de sûreté, comme les poussins fuient sous les aisles de leur mère ; mais rien n'y valoit, car en surmontant la cruauté des mescréans, et des Vandres qui prindrent Rome, ils n'épargnoient de rien ceux qui estoient en l'église, ainçois trahioient à eux comme bestes, en tant que plusieurs y furent navrés, et combien que ceux qui estoient en l'église s'enfouissent çà et là, où chacun pouvoit le mieulx. En tant que la messe, qui estoit commanciée solemnellement, cessa, pour les chantres qui s'en partirent, et se finit à grand paine et à grand paour, à basse voix, et le sermon cessa, et les bonnes dames qui y estoient venues, cachoient les enfans sous leurs manteaux. Mais encore ne pouvoient eulx avoir sureté. C'estoit droitement une persécution telle, comme vous regardez en ces paintures, quand Hérodes fit occire les innocens. Un escolier fut navré d'une sagette en la mammelle, assez près de l'autel (1), l'autre au col, l'autre ot sa robe parcée. Et briefvement quant fu des persécuteurs qui tiroient à la volée, n'y avoit quelconque sans péril de mort, fust maistre ou escolier, fust noble, comme estoient les plusieurs, fust non noble, fussent de vos enfans, messeigneurs, fussent autres trente navrés. En bonne foy icy, ha matière trop grande de miséricorde.

Le fait qui donna lieu à ce plaidoyer de Gerson forme une page trop singulière de l'Histoire parisienne, et montre trop bien le redoutable pouvoir de l'Université chez nos aïeux, pour que nous ne le racontions pas en peu de mots.

En l'année 1404, une maladie contagieuse, qui frappa beaucoup de monde, s'étant déclarée à Paris, l'Université alla en procession à l'église de Sainte-Catherine-du-Val, pour y faire célébrer une messe. Durant la route, quelques pages de Charles de Savoisy, chambellan du roi, lancèrent leurs chevaux à travers les rangs de la procession, et blessèrent plusieurs personnes : les écoliers, pour se venger, jetèrent aux pages quelques *petites* pierres, dit Félibien, dans son Histoire de Paris, et atteignirent l'un d'entre eux à la joue. Ceux-ci allèrent se plaindre à leur maitre, qui leur permit d'employer la force. Aussitôt les pages prirent des épées, des arcs, des flèches, frappèrent et blessèrent tout ce qui se rencontra dans l'église, maltraitèrent les images, percèrent les ornemens du diacre et du sous-diacre, et épouvantèrent tellement l'abbé qu'il eut grande peine à finir la messe.

L'Université porta d'abord sa plainte à Guillaume de Tignonville, prévôt de Paris, puis à la reine, aux ducs d'Orléans et de Bourgogne, et enfin au parlement. Savoisy, inquiet des suites de cette affaire, chercha à apaiser le terrible corps dont il s'était fait un ennemi. Il ne put y réussir. Le 19 août, la cause fut plaidée avec beaucoup de chaleur de part et d'autre, et le 23 du même mois, en présence du roi, momentanément en santé (Charles VI), un arrêt fut rendu par le grand conseil, lequel ordonnait que la maison de Charles de Savoisy serait démolie et abattue aux frais des matériaux de la même maison, dont le surplus serait donné à l'église Sainte-Catherine-du-Val ; que la démolition serait commencée le 26 du même mois par les officiers du roi ; que Charles de Savoisy feroit une rente de cent livres pour la fondation de cinq chapellenies et payerait 2000 livres, dont moitié pour les blessés et moitié au profit de l'université.

La démolition se fit au son des trompettes, avec une solennité toute nouvelle, et trois des gens de Savoisy firent, en chemise, la torche en main, amende honorable devant trois églises ; puis on les fouetta, et ils furent bannis pour trois ans. Le roi ne put sauver de la démolition que les galeries ornées de peintures, et ce ne fut que *cent douze ans après* que l'Université permit de rebâtir l'hôtel de Savoisy, encore à condition que l'on placerait au-dessus de la porte une table de pierre, où serait gravée une inscription énonçant la cause de la démolition. Cette table de pierre a été retrouvée depuis.

(1) L'original porte : « Assez près de L'AUTRE, » Ce mot ne présente aucun sens, nous avons cru devoir le remplacer par le mot L'AUTEL.

CHRONIQUE DE DU GUESCLIN.

COMMENT MESSIRE BERTRAND DU GUESCLIN TRAITA AVEC LES GRANS COMPAIGNIES.

Hors de France pour mectre les grans compaignies, se partit de Paris messire Bertrand, et à sauf-conduit alla devers les capitaines qui près de Chalon-sur-Sone se tenoient. D'iceulx capitains se tenoit messire Huet de Courrelay et plusieurs aultres capitaines, messire Jehan d'Évreux, messire Mathieu de Gournay et autres d'Angleterre jusques au nombre de xxv, qui de la venue de monseigneur furent moult liéz et grandement le honnorarent ; et, après ce que longuement se furent esbatuz ensemble, voult messire Bertrand traictier avecques eulx en leur affaire, et en ceste manière leur dit : « Seigneurs, à vous m'envoye le roy Charles qui pour nostre loy exaulcier, sur Sarrazins veult faire une armée. Et en Chippres, pour le bon roy secourir, vouloit son armée adresser ; mais mort est le bon roy piteusement par son frère qui occis l'a : dont fut grant dommaige à toute chrestienté, et moult en est le roy de France doulent. Et d'aultre part sont venues de par deça nouvelles qui moult sont desplaisans : c'est de dame Blanche de Bourbon, seur de la royne de France et monseigneur de Bourbon, laquelle avoit à femme Pietre le roy d'Espaigne qui murtrir l'a faicte sans achoison. Pour ceste chose est le roi conseillé de adresser son armée droit en Grenade sur Sarrazins, et d'illec pourra-l'on dessendre en Chippres, et bien peut estre que par Espaigne passera l'armée pour le roy Pietre grever, qui de mauvaise créance est. De Juifz et de Sarrazins est toute sa fiance et tout son royaulme gouverné. De ceste armée a pleu au roy de me donner la charge, qui de tel honneur ne suis pas digne ; et à vous qui de chevalerie estes tant renommez, comme chascun scet, je m'adresse, en vous suppliant que, pour nostre foy exaulcier et maintenir, vous plaise estre de l'armée. Mes frères et compaignons, que certes, à mon advis, bien devons à présent faire service à Dieu et le servir ? Considéré comme avons noz vies usées jusques-cy : car vous sçavez que en France sont les guerres affinées, où tant de maulx avons faiz que pires sommes que larrons : car les guerres durants, avec que au peuple avons peu tollir, nous avons femmes ravies, occis hommes, bouté feuz en villes et en esglises et les diotes esglises desrompues et violées. Par moymesme le puis sçavoir, que de maulx ay tant faiz et fait faire. Et bien vous en povez nommer mes compaignons et vous en venter.

Vous sçavez, seigneurs, que loy n'avez ne aveu de prince, du peuple ainsi grever et de jour en jour mectre à destruction sans loyal titre. Pour noz âmes sauver, ne povons trouver mieulx que les ennemis de la foy grever et guerroier. Saichez, seigneurs, se à compagnon me voulés prendre et croire me voulés, je vous feray tous riches et acquérir honneur ; et bien vous diray la voye. » Sur les parolles de messire Bertrand se mirent à conseil les capitaines à part, puis appelèrent messire Bertrand, et, de par les capitaines, parla messire Hue de Courelay et dit : « Bertrand, beau frère et compaignon, pour la loiaulté et vaillance de vous qui estes aujourduy miroir de chevalerie, je vous suis et veuil estre avecques vous en tous cas prest et tous mes compaignons. Et si vous respondz de par tous les compaignons, que de par vous réquérons que vostre compaignon d'armes vous me veuillez retenir. » De ceste response mercya messire Bertrand les capitaines bien humblement et moult se humilia envers eulx qui moult le honnorèrent, et sur tous se mist Courelay en povoir de plus le honnourer. Et illecques s'accompaignèrent messire Bertrand et luy frères d'armes et tous les autres capitaines anglois qui contre tous le promirent servir, excepté contre le roy Édouard et son filz le prince de Gales. Et tant fit messire Bertrand que les capitaines, soubz la fiance de sa loyaulté seulement, vindrent à Paris sans sauf-conduit devers le roy, qui, pour l'onneur de messire Bertrand, les recent à grant joie. Au chastel du Temple fit le roy les capitaines logier ; mais par sa chevalerie les fit festoier. Là traicta messire Bertrand, qui à iceulx capitaines donna de par le roy II mille florins, et delivrèrent les chasteaulx qu'ilz tenoient, et de là se misdrent avec messire Bertrand qui bien tost se trouva à grans gens assemblez. En l'assemblée furent le conte de La Marche, messire Bertrand du Guesclin, chief de la compaignie, le mareschal d'Entrehan, le sire de Beaujeu, le Bègue de Villennes, messire Olivier de Manny et ses deux frères, messire Hue de Courelay, messire Jehan d'Évreux, messire Robert Secot, chevalier anglois, messire Guillaume Boitel et plusieurs aultres chevaliers et escuyers françois et anglois et aultres de plusieurs nacions et contrées. Et leur chemin tindrent droit en Avignon. Tant chevauchèrent que devant Avignon vindrent et à Villeneufve se logèrent, ausquelz envoya le pape Urban V ung cardinal, sçavoir que faire vouloyent. A Villeneufve vint le cardinal, et par le mareschal d'Entrehan, qui preudons estoit, saige et bien parlant, fut dit : « Sire, à nostre sainct père s'adressent messire Hue de Courelay, le vert chevalier, Secot, Jehan d'Évreux, Guillaume Huet et aultres de ceste gent qui en France ont guerroyé, et les esglises violées, bouté feu et faict occision et pilleries, dont n'a guières, par la voulenté du roy de France, gecta le pape sentence sur eulx. Et toutes offenses pardonnées leur a le roy, et sont cy venus en la compaignie de messire Bertrand du Guesclin et du conte de La Marche qui ceste armée conduisent en Grenade sur Sarrazins, pour la chrestienté exaulcier, et pour cy ont prins leur passaige, pour leur absolucion obtenir : pour ce, de par eulx vous dis leur confession et requeste : si pourrés ceci dire au pape. Et en oultre, de par toute l'armée, vous dirés que, comme pour nostre Seigneur servir et exaulcier sa foy, le trésor de l'Esglise aye esté aucunement ordonné estre employé en telz usaiges, comme ceste, dont au plaisir nostre Seigneur grant bien s'en ensuivra, nostre sainct père le pape avecques son absolucion de peine et de coulpe envoye cy du trésor de l'Esglise deux mille florins. » Ceste responce rapporta le cardinal au sainct-père, qui, des fenestres de son palais, regardoit les varlés courir sur leurs chevaulx, qui le pays forrageoient et pilloient devant Avignon : » Dieux ! bien se travaillent, dit le pape, ceste gent, pour enfer acquerre. » Puis dist au cardinal, quant la response eut oye : « Merveille est de ceste gent qui absolucion et argent demandent ; et on a accoustumé, quand on prent absolucion, de deniers donner. » Adonc manda le pape ceulx d'Avignon qui moytié de la composition promirent paier et sur eulx l'assirent, puis fut l'argent apporté avec absolucion à messire Bertrand, auquel il fut rapporté que de ceste assiette se complaignoient ceulx d'Avignon : dont il luy despleut et manda le prévost et puis luy dit : « Amis, vous dires au pape que de l'Esglise et non du peuple doit cet argent venir, et les deniers qui sont venus du peuple et qui d'eulx ont resté receux veult estre restituez. Et bien luy dirés que d'icy ne partirons jusques à ce que de l'Esglise ayons esté paiez. « Quant le pape vit que aultrement ne pouvoit estre, il envoya l'argent du sien, et à ceulx d'Avignon fut l'argent rendu : dont moult prièrent pour messire Bertrand.

Quoique la date de la chronique de Bertrand du Guesclin soit inconnue, la langue dans laquelle elle est écrite nous autorise à la placer ici.

Nous ne croyons pas devoir raconter toute la vie d'un des plus grands hommes de guerre de la France, l'une de ces renommées populaires trop rares parmi nous, mais dont le nombre doit s'accroître avec la connaissance de notre ancienne histoire.

Bertrand naquit l'an 1314, dans le château de Motte-Broon, près de Rennes. Sa famille, de haute noblesse, était alliée aux maisons de Laval, de Rohan, de Craon. Duguesclin, dans son enfance, semblait disgracié de la nature ; il avait la taille difforme, les épaules excessivement larges et la tête monstrueuse. Il sentait ce désavantage et disait de lui-même : « Je suis fort laid, jamais je ne serai bienvenu des dames, mais je saurai me faire craindre des ennemis de mon roi. « Comme son intelligence semblait bornée, personne ne devinait ce qu'il devait être un jour. En 1333, apprenant que le mariage de Jeanne de Bretagne avec Charles de Châtillon, comte de Blois, devait être célébré par un tournoi, Bertrand s'échappa du château de ses pères et vint à Rennes. Là, il se mit aux genoux d'un brave gentilhomme, qui consentit à lui prêter son armure. Fier de la posséder, il s'élança dans l'arène, renversa douze chevaliers de renom, et reçut pour cette prouesse le prix destiné au vainqueur. Bertrand était à peine âgé de dix-sept ans.

Dès lors Duguesclin ne cessa de porter les armes pour défendre son pays ; devenu, à force d'héroïsme, connétable de France, il battit continuellement les Anglais. Son terrible cri de guerre : Notre-Dame ! Du Guesclin ! semblait leur ôter le courage et l'espérance ; aussi l'intrépide guerrier parvint-il à leur arracher presque toutes les conquêtes qu'ils avaient faites sur nous. Plein d'audace et de furie sur les champs de bataille, loyal et généreux dans toutes ses actions, il sut conquérir l'estime de ses ennemis et l'attachement de ses frères d'armes. Depuis que, pour les nourrir, Duguesclin avait vendu son argenterie, les soldats l'appelaient leur père. Après la mort de ce grand homme, arrivée le 13 juillet 1380, Clisson, nommé pour lui succéder comme connétable de France, n'osait, par respect, accepter l'épée de celui qui avait été son frère d'armes et son maître.

MORT DE BERTRAND DU GUESCLIN.

Durans les trèves prinses par les Anglois du Chastel-Neuf de Randon rendre, messire Bertrand, qui siege y tenoit, accoucha au lit de la mort. Et quant de la mort se vit si approucher, dévotement receut

QUATORZIÈME SIÈCLE.

les sacremens et par devers luy fit venir le mareschal de Sancerre, lequel il tenoit moult bon chevalier, messire Olivier de Manny et la chevalerie de son siege, ausquelz dit : « Seigneurs, de votre compaignie me fauldra briefvement partir pour la mort, qui est à tous commun. Par voz vaillances et non par moy m'a tenu fortune en grant honneur en toute France, en mon vivant, et à vous en est deu l'onneur, qui mon âme à vous recommande. Certes, seigneurs, bien avoie intencion de briefvement par voz vaillances achever les guerres de France, et au Roy Charles rendre tout son royaulme en obéissance; mais compaignie à vous ne puis plus tenir doresnavant. Et non pourtant je requiers Dieu, mon créateur, que couraige vous doint toujours envers le Roy, que par vous, sire mareschal, et par voz vaillances et de toute la chevalerie, qui tant loyaulment et vaillamment se sont tousjours portez envers lui, ses guerres soient affinées. Monseigneur le mareschal et vous aultres messeigneurs, qui cy estes, d'une chose vous vueil requerre, dont m'âme finira en grant repoz, se faire se povoit. Et diray quelle : vous sçavez, seigneurs, que Anglois ont prins envers moy journée de leur chastel rendre : dont en mon cueur je désire moult que, avant ma mort, Anglois rendissent le chastel. » Des parolles de messire Bertrand eurent toute la chevalerie grant pitié que nul ne le sçauroit dire. L'ung regardoit l'autre en plourant, en faisant le non pareil dueil que l'on veist oncques et disoient : « Hélas ! or perdons nous nostre bon père et capitaine, nostre bon pasteur qui tant doulcement nous nourrissoit et seurement nous conduisoit ; et se bien et honneur avons, c'est par luy. O honneur et chevalerie, tant perdras quant cestuy deffinera ! » Et plusieurs aultres regretz faisoient ceulx de l'ost, tellement que ceulx du chastel aucunement l'apperçurent; mais pourquoy c'estoit ne sçavoient riens. Ainsi passa la journée, ne du roy anglois n'eurent aulcun secours ceulx du chastel. Et lendemain vint le mareschal de Sancerre devant le chastel et le capitaine du chastel manda, lequel tantost vint à luy ; et moult doulcement luy dit le mareschal de Sancerre : « Capitaine et amis, de par monseigneur le connestable, vous viens requerre que le chastel et les clefz rendez et voz hostaiges acquictez, selon vos promesses. » Courtoisement respondit le capitaine : « Sire, vray est que à messire Bertrand avons convenances, lesquelles nous tiendrons, quant nous le verrons et non à aultre. — Amis, dit le mareschal, se de par luy ne venisse, je ne le vous disse point. — Certes, sire, je vous tiens à bien leur messagier et aux compaignons de la garnison me conseilleray sur voz parolles ; puis vous en feray response, s'il vous plaist, après disner. » A ce s'accorda le mareschal Loys de Sancerre, qui devers messire Bertrand ala et ce qu'il trouva aux Anglois luy racompta. Adonc approucha messire Bertrand de sa fin, et bien le congneust. Pour ce, manda que l'on luy apportast l'espée royalle, laquelle luy fut apportée. Et en sa main la print et puis dit, par devant tous, ces parolles : « Seigneurs, entre qui j'ay en honneur des mondaines vaillances, dont pou suis digne, payer me fault le truaige de la mort, que nul n'espargne. Premièrement vous prie que envers Dieu vueillez avoir pour recommander mon âme. Et vous, Loys de Sancerre, qui de France estes mareschal, plus grand honneur avez bien deservi, vous recommande mon âme, ma femme et tout mon parenté. Au roy Charles de France, mon souverain seigneur, me recommanderés, et ceste espée, soubz qui est le gouvernement de France, de par moy luy rendrés : car en main de plus loyal ne la puis mectre en garde. » Et après celle parolle fit le signe de la croix sur luy. Et ainsi trespassa de ce siècle le vaillant messire Bertrand du Guesclin, qui tant valut en ses jours, dont par le regnon de sa loyaulté est nommé le dixième des preux. Et pour sa mort démenèrent grant dueil la chevalerie de France et d'Angleterre.

Le gouverneur de Châteauneuf-Randon, pour rendre honneur à l'illustre connétable, vint déposer sur son cercueil les clefs de la forteresse. Dans notre histoire nous verrons plus d'une fois nos ennemis eux-mêmes pleurer sur la tombe de nos grands capitaines.

BOUCICAUT.

Doresnavant entrons au propos que nous entendons à poursuivre, c'est de parler du vaillant Boucicaut, à la louange duquel véritable et sans flaterie, sera continué ce livre, à l'aide de Dieu, jusques à la fin. Fils fut du noble et très vaillant chevalier monseigneur Jean le Maingre, dit Boucicaut, lequel dict chevalier fut moult preud'homme et de grand sçavoir, et toute sa vie et son temps employa en la poursuite d'armes, et à l'exemple des vaillans anciens, qui ainsi le feirent, ne luy chailloit de trésor amasser, ne de quelconques choses fors d'honneur acquérir. Pour lesquels bienffaicts, et sa grand vaillance, et preud'hommie, au temps des grandes guerres en France, au vivant du chevaleureux roy Jean, fut faict mareschal de France, lequel servit ledict roy en ses guerres, si comme assez de gens encore vivans le sçavent si puissamment, que de présent est appelé et tousjours sera le vaillant mareschal Boucicaut. Et encores pour un petit toucher de la grand'ardeur et seule convoitise qu'il avoit en la poursuite d'armes, sans ce qu'il luy chalust de quelconque autre avoir, dirons de luy en brief, ce qu'il respondoit à ses parens et autres de ses amis, quand par plusieurs fois le blasmèrent de ce qu'il n'acquéroit terres et seigneuries pour ses enfans, veu qu'il estoit tant en la grâce du roy : « Je n'ai rien, disoit-il, vendu, ne pensé à vendre de l'héritage que mon père me laissa, ne point acquis aussi n'en ay, ne vueil acquérir, si mes enfans sont preud'hommes, et vaillans, ils auront assez, et si rien ne vaillent, dommaige sera de ce que tant leur demeurera. »

Assez se pourroit dire de ce vaillant preud'homme, qui voudroit parler de ses faicts et vaillances : mais pour tirer à la matière dont nous espérons parler, à tant nous en souffrerons. Si ne forligne mie son vaillant fils, s'il est plain de bonté, car ainsi que dit le proverbe commun, de bonne souche bon syon (bon rejeton). Sa femme et mère de celuy dont nous faisons nostre livre, fut madame Fleurie de Linières, qui en son vivant estoit très bonne, belle, sage et très noble dame, et d'honneste vie. Né fut celuy dont nous parlons en Touraine, en la cité de Tours, et en baptesme eut nom Jean. Si fut chèrement tenu de ses parens, comme leur premier fils, et nourry joyeusement, comme il appartient à enfant de tel parage.

Mais le vaillant père, dont cy dessus avons parlé ne dura au fils que deux ans après sa naissance. Si trespassa de ce siècle, dont dommage fut au royaume de France, aussi à la noble dame sa femme, qui moult le pleura, et grand dueil en fist, et aussi fut grand perte à ses enfans.

Si fut cest enfant bel, et doucet, et très plaisant à nourrir, qui au veufvage de la mère feut grand reconfort. Car au feur qu'il croissoit, grâce et beauté croissoient et multiplioient en luy. Si fut enfant bel, plaisant, gracieux, et de joyeux visaige, un peu sur le brunet, et assez coulouré, qui bien luy fist. Si estoit avenant, joyeux, et courtois en tous ses enfantibles faicts. Et quand il fut un peu parcreu, la sage et bonne mère le fist aller à l'escole, et lui continua à y aller, tant qu'elle l'eut avec soy en ce temps de son enfance. Tout ainsi que dict le proverbe commun, ce que nature donne nul ne peut tollir : car quoyque l'on die, dès l'enfance de l'homme se peuvent appercevoir ses inclinations, de quoy que ce soit, si comme par expérience se peut chacun jour veoir.

A propos de ce que dict est dessus, dès l'enfance du noble mareschal Boucicaut, duquel nous espérons ramener à digne mémoire les très notables et beaux faicts par luy achevez et accomplis, au contenu de ce livre, estoyent en lui apparans ses belles, bonnes et honnorables conditions et inclinations naturels : car ses jeux enfantelins estoyent communément de choses qui peuvent signifier faicts de chevalerie, et comme il est dict devant des susdits chevaleureux, nature prophétizoit en cestuy-cy les haults offices que Dieu et bonne fortune luy apprestoient à venir en son temps. Car il assembloit les enfans de son aage, puis alloit prendre et saisir certaine place, comme une petite montaignete, ou aultre part, et avec luy Geoffroy son frère, qui en son parfaict aage a esté et est chevalier de très grand'emprise, fort et fier à ses ennemis, hardy et de grand couraige, et bel de corps et de visaige, et en si grand office comme gouverneur du Daulphiné ; et aussi Mauvinet, leur frère de mère, qui moult vaillant chevalier a esté et est en son vivant. Iceux estoient avecques luy, à garder le pas ou le lieu contre les autres petits enfans, à qui de la puissance chalengioient (disputaient) la place, et autresfois vouloit estre l'assaillant, et par force en déboutoit les autres, puis faisoit assemblées, comme par batailles, et aux enfans faisoit bacinets (casques) de leurs chapperons, et en guise de routes de gens d'armes, chevauchant les bastons, et armez d'escorces de buches, les menoit gaigner quelques places les uns contre les autres. A tous tels jeux volontiers jouoit, ou aux barres, ou au jeu que l'on dict le croq madame, ou à saillir, ou à jetter le dard, la pierre ou si faictes choses. Mais à quelque jeu qu'il jouast tousjours estoit le maistre, et vouloit congnoistre du droict ou du tort des autres enfans. Et dès lors estoit sa manière seigneuriale et haulte; et se tenoit droict, la main au costé, qui moult luy avenoit, regardant jouer les autres enfans, pour juger de leurs coups, et ne parloit mie moult, ne trop ne rioit. Non pas que ce luy veint d'orgueil, ne oultrecuidance: car il estoit amiable, doux et humain, et courtois sur tous autres enfans, et très humble et très obéissant à son maistre, qui le gouvernoit, et à toute gent : mais que tort on ne luy feist. Car ce ne souffroit-il en nulle guise. Et telle manière avoir à si jeune enfant, estoit demonstrance de son grand et noble couraige, qui dès lors se donnoit à congnoistre.

Jean Boucicaut (Le Maigre), naquit à Tours, en 1364. Lorsque son père, ami du brave Saintré, et maréchal de France, vint à mourir, Jean Boucicaut n'avait que trois ans. Voulant dans le fils récompenser les services du père, Charles V fit venir l'orphelin à la cour et ordonna qu'il y fût élevé avec son propre fils, depuis roi sous le nom de Charles VI. Au milieu de la société des jeunes écuyers et des dames, le protégé de Charles V y était un modèle d'aménité et de gentille courtoisie, mais desque l'on parloit de guerres ou de tournois, l'enfant semblait devenir homme, et son cœur impatient demandait une lice ou un champ de bataille.

Boucicaut fit sa première campagne à l'âge de douze ans, sous les ordres des ducs de Bourbon, de Bourgogne et du connétable Du Guesclin. Les débuts de l'apprenti chevalier firent présager la gloire qui l'attendait plus tard. Bien jeune encore, son corps svelte et gracieux n'annonçait pas sa vigueur, et son âge ne faisait point soupçonner sa précoce habileté dans les armes, ces deux circonstances expliquent ce qui lui advint à la bataille de Rosebec. Un Flamand, d'une taille gigantesque, s'était écrié en lui faisant sauter des mains sa hache d'armes : « Va téter, va! Or vois-je bien » que les Français ont faute de gens quand les enfans mè» nent en bataille! » Boucicaut, furieux, s'élança sur son orgueilleux ennemi, le renversa, et lui tenant sa dague sur la gorge : « Les enfans de ton pays, dit-il, jouent-ils à » pareil jeu! »

Charles VI nomma d'abord son jeune ami capitaine de cent hommes d'armes, et bientôt après maréchal de France. Ce fut en cette qualité et avec l'élite de la noblesse, que Boucicaut alla, en 1396, au secours de Sigismond, roi de Hongrie, menacé par le sultan Bajazet. La bataille de Nicopolis fut l'issue déplorable de cette expédition dans laquelle nos chevaliers firent preuve d'autant de bravoure que Sigismond de lâcheté. Boucicaut se trouva du petit nombre de prisonniers qu'épargna la froide barbarie du vainqueur. Après s'être racheté moyennant 30,000 livres, il régla la rançon de Jean-Sans-Peur, duc de Nevers, fils du duc de Bourgogne, captif comme lui.

Le sultan avait exigé des chevaliers qu'il venait de délivrer le serment de ne plus porter les armes contre les infidèles. Mais à cette époque la religion déliait les chrétiens des promesses faites aux Sarrasins. Aussi en 1400, nous voyons Boucicaut se préparant à défendre Constantinople contre Bajazet. L'invasion de Tamerlan ayant sauvé, pour quelque temps, les débris de l'empire grec, le maréchal revint en France.

A son retour, le noble guerrier, touché des maux qu'avait à supporter la faiblesse dans un état social où la force était le droit, fonda l'ordre de chevalerie *de la dame blanche à l'écu vert*. D'après les statuts de cet ordre, le nombre des chevaliers ne pouvait dépasser treize, et chacun d'eux jurait de combattre à outrance pour toutes gentilles femmes qui les en requerraient.

En 1401, Boucicaut fut envoyé à Gênes, qui venait de se donner à la France. Pendant dix ans, il maintint la paix et la concorde au sein de cette turbulente cité, qui s'insurgea enfin en 1409, et força le maréchal à rentrer dans sa patrie. En 1415, Boucicaut assistait à la bataille d'Azincourt, livrée malgré les avis de sa haute expérience. Fait prisonnier, après des prodiges de valeur, le maréchal fut conduit à Londres, où il mourut en 1421. Son corps fut rapporté en France et déposé à Saint-Martin de Tours.

L'*Histoire des Boucicaut*, remise par Machault, sieur de Romaincourt, à T. Godefroy, a été publiée par ce dernier. Elle fait bien connaître l'esprit du maréchal, son courage, sa droiture et les hommes auxquels il a eu affaire dans son honorable carrière ; et souvent elle offre d'excellents modèles de grâce et de naïveté.

Quinzième Siècle.

JUVÉNAL DES URSINS.

ENTRÉE D'ISABEAU DE BAVIÈRE A PARIS.

Tant est que l'an mille trois cents quatre vingts neuf, le roy voulut que la royne sa femme entrast à Paris (1). Et pour ce, il le feit notifier et à sçavoir à ceux de la ville de Paris, afin qu'ils se préparassent. Et feurent toutes les rues tendues, par lesquelles elle devoit passer. Et y avoit à chasque carrefour diverses histoires, et fontaines jectans eaue, vin et laict. Ceux de Paris allèrent au devant avec le Prévost des marchands, à grand multitude de peuple criant Noel. Le pont par où elle passa, estoit tout tendu d'un taffetas bleu à fleurs de lys d'or. Et y avoit un homme assez léger, habillé en guise d'un ange, lequel par engins bien faicts, veint des tours de Nostre Dame de Paris à l'endroict du dict pont, et entra par une fente de la dicte couverture, à l'heure que la royne passoit, et luy meit une belle couronne sur la teste. Et puis par les habillemens qui estoient faicts, feut retiré par la dicte fente, comme s'il s'en retournast de soy mesme au ciel. Devant le grand Chastelet avoit un beau lict tout tendu, et bien ordonné de tapisserie d'azur à fleurs de lys d'or. Et disoit-on qu'il estoit faict pour représentation d'un lict de justice, et estoit bien grand et richement paré. Et au milieu avoit un cerf bien grand à la mesure de celuy du Palais, tout blanc, faict artificiellement, les cornes dorées, et une couronne d'or au col. Et estoit tellement faict et composé, qu'il y avoit homme qu'on ne voioit pas, qui luy faisoit remuer les yeulx, les cornes, la bouche et tous les membres, et avoit au col les armes du roy pendans, c'est à sçavoir l'escu d'azur à trois fleurs de lys d'or, bien richement faict. Et sur le lict emprès le cerf avoit une grande espée, toute nue, belle et claire. Et quant ce veint à l'heure que la royne passa, celuy qui gouvernoit le cerf, au pied de devant dextre lui feit prendre l'espée, et la tenoit toute droicte, et la faisait trembler. Au roy feut rapporté qu'on faisoit les dicts préparatifs, et dit à Savoisi, qui estoit un de ceux qui estoient des plus près de luy : « Savoisi, je te prie tant que je puis, que tu montes sur un bon cheval, et je monterai derrière toi, et nous nous habillerons tellement, qu'on ne nous congnoistra point, et allons veoir l'entrée de ma femme. » Et combien que Savoisi feist

---

(1) Le dimanche 20 août 1389, selon Froissart, le 22 suivant les Registres du Parlement.

bien son debvoir de le desmouvoir, toutesfois le roy le voulut, et luy commanda que ainsi feust faict. Si feit Savoisi ce que le roy lui avoit commandé, et se desguisa le mieux qu'il peut, et monta sur un fort cheval, et le roy derrière luy, et s'en allèrent parmy la ville en divers lieux, et s'advancèrent pour venir au Chastelet, à l'heure que la royne passoit, et y avoit moult de peuple et grand presse. Et se bouta Savoisi le plus près qu'il peut, et là avoit sergens de tous costez à grosses boulayes. Lesquels pour défendre la presse, et qu'on ne feist quelque violence au lict, où estoit le cerf, frappoient d'un costé et d'autre de leurs boulayes bien fort, et s'efforçoit tousjours Savoisi d'approcher. Et les sergens qui ne cognoissoient ne le roy, ne Savoisi, frappoient de leurs boulayes sur eulx. Et en eut le roy plusieurs coups et horions sur les espaules bien assis. Et au soir en la présence des dames et damoiselles, feut la chose sceüe et récitée, et s'en commençat-on à farcer, et le roy mesme se farçoit des horions qu'il avoit eus et receüs. La royne, à l'entrée, estoit en une lictière bien richement ornée et habillée, et aussi estoient les dames et damoiselles, qui estoit belle chose à veoir. Ils souppèrent et feirent une grande chère. Et qui vouldroit mectre tous les habillemens des dames et damoiselles, des chevaliers et escuyers, et de ceux qui menoient la royne, ce seroient choses longues à réciter, et ne serviroient de guères. Et après souper, y eut chansons et dances jusques au jour, et faicte un très grande chère. Et le lendemain, y eut joutes, et autres esbatemens.

Jean Juvénal des Ursins naquit à Paris, en 1388, d'un père illustre par son savoir et par sa conduite ferme et courageuse. Qu'il nous soit permis de citer un fait admirable de la vie du père de notre historien:

Le duc Charles II, de Lorraine, ayant, en 1412, fait abattre les armes de France, placées à une des portes de la ville de Neuchâteau, le parlement somma le duc de comparaître. Charles II ne répondit point, alors la cour passant outre, le condamna par contumace, au bannissement et confisqua ses biens au profit de la couronne. Le duc de Lorraine, protégé par Jean-sans-Peur, de Bourgogne, osa venir à Paris. Aussitôt que le parlement apprit son arrivée, il envoya l'avocat général Juvénal déclarer au roi qu'il était urgent, pour le bien de la justice et du royaume, de maintenir l'arrêt rendu par les organes des lois.

Le magistrat chargé de ce message entrait dans le palais à l'instant même où le duc de Bourgogne venait présenter le banni à Charles VI, le bien-aimé. Sans être intimidé par cette rencontre, Juvénal remplit courageusement la mission qui lui avait été confiée. Jean-sans-Peur, bouillant de colère, lui dit : « Juvénal, ce n'est pas manière de faire. — Si, monseigneur, il faut faire ce que la cour ordonne. » Voyant briller la menace dans le regard du duc, le courageux magistrat ajouta d'une voix ferme : « Que tous ceux qui sont bons et loyaux soient rangés derrière moi, que les autres restent avec M. de Lorraine. » Jean-sans-Peur, lui-même, subjugué par l'ascendant de la justice si noblement défendue, vint se ranger aux côtés de Juvénal. Heureux les fils qui ont de tels exemples sous les yeux !...

Jean Juvénal se montra digne de son père ; d'abord maître des requêtes, il fut, en 1416, nommé avocat-général au parlement siégeant alors à Poitiers. Il quitta bientôt après la magistrature pour se faire prêtre : successivement évêque de Beauvais, de Laon. En 1449, il s'assit sur le siége archiépiscopal de Reims. Ce fut comme chef de l'église où Clovis s'était agenouillé pour la première fois devant le Dieu des chrétiens, qu'en 1456, Juvénal présida les évêques chargés de réviser le procès de Jeanne-d'Arc qui n'avait pas besoin de cette réhabilitation. Il est inutile de dire que le pontife prit en main la défense de l'héroïne. Juvénal, après avoir sacré Louis XI, assista aux états de Tours, en 1468, dans lesquels il s'opposa avec véhémence à ce que l'on séparât de la couronne de France la Normandie, promise par Louis XI à son frère. L'archevêque termina son honorable carrière, à Reims, le 14 juillet 1473.

Juvénal nous a laissé *l'Histoire de Charles VI et des choses mémorables advenues pendant quarante-deux ans de son règne* (1380—1422). Ce livre, écrit avec franchise et naïveté, est un des documents les plus curieux de notre histoire. Pourquoi faut-il que Juvénal ait eu à retracer une époque aussi malheureuse que celle qui vit la folie de Charles VI, la conduite coupable d'Isabeau de Bavière, la sanglante lutte des Bourguignons et des d'Armagnac, et enfin, pour le comble de misère, la domination des Anglais à Paris.

Isabeau de Bavière, fille d'Étienne II, comte palatin du Rhin et de Tadée Visconti, naquit en 1371 ; elle épousa Charles VI, à Amiens, le 17 juillet 1385, et mourut à l'hôtel Saint-Pol, à Paris, le 30 septembre 1435.

FUNÉRAILLES DE CHARLES VI.

Au dict an mille quatre cents vingt et deux, le vingtiesme jour d'octobre, alla de vie à trespassement, très noble et très chrestien prince, Charles roy de France, sixième de ce nom, qui régna quarante trois ans. Durant lequel temps, feut moult troublé de maladie au cerveau, et avoit mestier de bien grande garde. Et trespassa en l'hostel de Sainct-Paul. Et en son temps feut piteux, doux et bénin à son peuple, servant et aimant Dieu, et grand aumosnier. Et combien que on dict que au temps passé, on laissoit les rois, trois jours morts en leur lict, le visage descouvert, toutesfois on ne le laissa que un jour entier, et le veoit on qui vouloit. Et avoit le visaige aucunement couloré, et les yeux clos, et sembloit qu'il dormist. Le dict jour après midy, les chanoines et gens d'église du palais veindrent à Sainct Paul et en la présence du corps dirent vigiles des morts. Et le lendemain, une messe, le plus solemnellement qu'ils peurent. Et après feut mis en un coffre de plomb, garni de plusieurs choses odoriférantes. Et y feut jusques au neufiesme jour de novembre. Pendant lequel temps, les collèges des églises de Paris, tant séculiers que réguliers, et ceux de l'Université, disoient sans cesser messes, tant haultes que basses, et autres prières, pour le salut de son âme. Le neufiesme jour, feut porté de son hostel de Sainct-Paul à Nostre Dame de Paris. Et en la compaignée estoient tous les gens d'église de Paris, tant mendians que autres, les collèges de Navarre, et les autres collèges de l'Université de Paris avec peuple infini, faisans dueil, lamentations et pleurs, non sans cause. Et ce jour ne feut rien ouvert, merceries ne autres marchandises, non plus qu'à un jour de grande feste. Et estoit grande pitié d'ouïr les douloureuses complainctes du peuple. Ceux de l'escuirie le portèrent. Et dessus avoit un paille noir, en forme de ciel, que portoient les eschevins de par la ville de Paris. Autour, devant et derrière avoient deux cents torches, pesants de cinq à six livres chascune. Le duc de Bethford, vestu d'un manteau noir, et un chapperon à courte cornette l'accompagnoit. Hélas! son fils et ses parens n'y pouvoient estre à l'accompaigner, et estoient légittimement excusez. Et vous, duc de Bourgongne, qui en sa vie l'avez mis ès mains de ses ennemis, vous avez sçeu la maladie telle qu'il n'en pouvoit eschapper, et sçeustes la mort. Et délaia-on, en intention que y feussiez. Et encores eust-on plus attendu, si l'eussiez mandé. Et n'y veinstes aucunement. Et ainsi en sa vie et en sa mort l'abandonnastes. Ce que plusieurs gens entre leurs dents disoient, et aucuns assez haultement, tellement qu'on le pouvoit entendre. Par les collèges de Paris, en la dicte église de Nostre Dame furent dictes vigiles solemnelles, et y veindrent, et feurent en procession. Et le lendemain à la messe. Et y avoit bien en luminaire douze mille livres de cire en torches et en cierges. Et autour de la chapelle y avoit du drap noir aux armes du Roy et aussi tout autour de l'église. Et sur la porte de l'église deux grandes bannières aux armes du roy. Et après la messe et le service faicts, on print le corps et le porta-on jusques à Sainct Ladre. Et le portèrent jusques là ceux de l'escuirie. Et au dict lieu, autres prindrent le dict corps, et le portèrent jusques à la croix près du Lendict, nommée la croix aux Fiens. Et à le convoier, estoit le dit duc de Bethfort, comme dessus vestu, et à cheval. Plus, ceux que on disoit de la court de parlement, la chambre des comptes, les eschevins de Paris, et la plus grande partie des gens d'église de Paris, avec foison de peuple. Et là, de l'abbaye de Sainct Denys veint l'abbé, et les religieux, vestus de très beaux et riches vestemens, la plus part semez de fleurs de lys, et avoient un paille en manière de ciel, soustenu sur six lancés à mectre sur le corps. Et à la dicte croix, y eut aucunes difficultez, touchant l'exemption de ceux de Sainct Denys. Et à la fin feurent d'accord et allèrent jusques à l'Hostel Dieu. Et lors huict religieux prindrent le corps, et le portèrent jusques dedans le chœur de l'église, en chant *Libera me, Domine*, etc. Et estoit chose merveilleuse du luminaire qui estoit depuis la porte Sainct-Denys jusqu'à l'église et y eut nouveau luminaire qui montoit jusques à quatre mille livres de cire, et paremens faicts comme à l'église de Paris, aux armes du roy, et bannières mises. Et furent dictes vigiles bien et solemnellement. Et le matin feut dicte et célébrée la messe, que chanta, de la permission de l'abbé, l'évesque de Paris. A laquelle messe l'évesque de Chartres feit office de diacre, et l'abbé du dict lieu office de soubs-diacre. Et n'y eut personne qui allast à l'offrande, sinon le duc de Bethfort qui faisoit le dueil. Et la messe chantée, ceux de l'escuirie prindrent le corps et le portèrent au lieu où il debvoit estre enséputuré, en la chapelle du feu roy Charles cinquiesme son père. Et tousjours le peuple lamentoit la petite compaignée qu'il avoit, comme dessus est dict. Et feut enséputuré par l'évesque de Paris. Et ce faict, les François, Anglois commencèrent à crier: Vive le roy Henry de France et d'Angleterre, et crioient Noel, comme si Dieu feut descendu du ciel. Toutesfois plus y en avoit faisans dueil et lamentations, que autres. Maistre Philippes de Ruilly et Michel de Laillier, exécuteurs du roy mort, donnèrent à l'église de Sainct Denys, chasuble, tunique, dalmatique, et deux draps de soye perse, semez de fleurs de lys d'or. Et pour la charité des religieux, cent francs, et grandes sommes de deniers aux pauvres, à tous venans. Et combien qu'il y euet eu grand débat touchant le paille qui estoit sur le corps, disans plusieurs à eulx appartenir, toutesfois le grand maistre d'hostel du roy le print et bailla aux dicts religieux, comme à eux appartenant.

ALAIN CHARTIER.

MEURTRE DU DUC D'ORLÉANS DANS LA VIEILLE RUE DU TEMPLE.

Cet an mil quatre cens et sept, la veille de sainct Clément, partit le duc d'Orléans de son hostel près de Sainct-Pol, environ huict heures de nuit, pour aller voir la royne qui estoit accouchée d'un fils qui jà estoit trespassé. Et en s'en retournant, près de la porte Barbette, devant l'hostel du mareschal d'Evreux, saillirent certaines gens embastonnez d'une maison, dont estoit chief un nommé Raoulet d'Actonville : lesquels férirent sur ledict duc d'Orléans, et le tuèrent, et jettèrent à terre de dessus sa mulle, et lui couppèrent le poing, dont il tenoit l'arson de sa selle. Et quand il fut tumbé à terre, un sien serviteur saillit sur luy pour le cuider sauver, lequel fut occis comme luy. Et lors s'en fuyrent lesdicts malfaiteurs en l'hostel d'Artois, et en fuyant gettoient chausses-trappes après eux, afin que l'on ne les peust poursuyvir. Et ainsi le peuple de la rue s'assembla quand ils ouyrent le bruit, et levèrent le prince, et le portèrent en une maison : et là vindrent le roy Loys de Sicille, les ducs de Berry et de Bourbon, lesquels furent moult esbahys de voir le duc d'Orléans ainsi meurdry. Puis s'en allèrent en leurs maisons reposer la nuit. Et au plus matin fut apporté son corps aux Blancs-Manteaux, en un cercueil couvert de noir. Et là vindrent ses oncles, les ducs de Berry et de Bourbon, son cousin germain le duc de Bourgoingne, et le roy de Sicille, aussi son cousin germain : et estoient vestus de noir, portants le dueil, et plusieurs autres seigneurs ses parents et serviteurs. Lors ledit prince mort fut apporté en sépulture et son corps mis en l'église des Célestins à Paris, à grand multiplication de chevaliers et escuyers tous vestuz de noir, portans chascun une torche devant le corps. Et après, alloient les princes dessusdits et autres ses parens, et après, grand multitude de peuples, tous faisans et demenans grand dueil. Après fut ordonné par les princes dessusdits, que pour sçavoir qui avoit ainsi meurdry et tué leurdit parent frère du roy, que on esliroit commissaires qui iroient en la maison dont estoient saillz ceulx qui l'avoient meurdry, et aussi pour examiner les voisins, et attaindre le cas, et sçavoir la vérité. Et pour ce faire furent ordonnez commissaires maistre Pierre l'Orfevre, conseiller du duc d'Orléans trespassé, et maistre Robert de Tuillières, conseiller du roy. Or fut ainsi qu'ils vindrent en la Vieille rue du Temple, au lieu où le délict avoit esté fait, et trouvèrent par information coulpable un porteur d'eau, qui alloit et venoit audit hostel durant le temps que le cas avoit esté fait ; et que ledit porteur d'eau se tenoit en l'hostel d'Artois où demouroit le duc de Bourgoingne. Si estoit l'ordonnance telle que en l'hostel des seigneurs de France l'on ne pouvoit prendre un malfaicteur sans le congié du seigneur à qui estoit l'hostel. Si allèrent les commissaires par devers ledit duc de Bourgoingne pour avoir congié de prendre ledit porteur d'eau, pour savoir la vérité du cas. Si vindrent lesdits commissaires en l'hostel de Neelle, où estoient au conseil le roy de Sicille, les ducs de Berry et de Bourgoingne, et heurtèrent à l'huys lesdits commissaires. Si leur fut demandé qu'ils quéroient, et ils dirent qu'ils vouloient avoir congié de prendre un homme qui estoit en l'hostel du duc de Bourgoingne, qui ces parolles ouyt. Si fut esbahy et mua de couleur. Le roy Loys son cousin germain s'en apperceut et le tira à part en lui disant : « Beau cousin, sçavez-vous riens de ce faict ! Dites-le moi, car il le fault. Car l'homme de vostre hostel sera prins. » Lors se print à plourer ledit duc de Bourgoingne, et dit qu'il estoit cause d'avoir fait tuer ledit duc d'Orléans son cousin. Le duc de Berry apperceut qu'ils plouroient et demanda qu'ils avoient. Si respondit le roy Loys que son cousin le duc de Bourgoingne avoit fait mourir son cousin le duc d'Orléans. Et lors monseigneur de Berry se print à plourer, disant : « Je pers aujourd'huy mes deux nepveux. » En disant ces parolles, le duc de Bourgoingne se partit sans dire adieu. Et en descendant les degrez de l'hostel rencontra le duc de Bourbon Loys, qui venoit au conseil. Et quand ledit duc de Bourbon fut en la chambre, il trouva le roy de Sicille et le duc de Berry plorans. Et lors lui dit le duc de Berry que le duc de Bourgoingne avoit faict mourir son nepveu le duc d'Orléans. Lors dist le duc de Bourbon : « Pourquoi ne l'avez-vous retenu ! Il le fault aller dire au roy, afin qu'il en soit ordonné comme raison le veult. » Si montèrent lesdits roy Loys et ducs à cheval pour aller devers le roy : et ledit duc de Bourgoingne monta sur un bon cheval et se partit de Paris hastivement, de paour qu'il ne fust prins, et vint au Pont-Saincte-Maissance et fit rompre le pont après luy et alla ce jour à Arras, où il y a de Paris quarante et deux lieues. Lesdits seigneurs furent devers le roy et lui remonstrèrent le cas comme il l'avoit confessé. Et incontinent les serviteurs dudit duc d'Orléans montèrent à cheval pour poursuivir ledit duc de Bourgoingne, et trouvèrent ledit pont rompu : pour ce s'en retournèrent. Il fut délibéré que puisqu'il estoit eschappé, qu'il seroit besoing que monseigneur le duc de Berry, qui estoit son oncle et son parrain, allast par devers lui, afin qu'il ne se fist Anglois : et ainsi fut fait, et fist tant qu'il le rapaisa et destourna de faire guerre. Et fut toute celle saison d'hyver en ses pays de Flandres et d'Artois.

Alain Chartier, né à Bayeux, en 1386, fit ses études à Paris, et mourut, les uns disent en 1447, d'autres en 1438. Sa renommée, comme poëte, surpasse de beaucoup celle qu'il obtint comme prosateur. La plupart des critiques conviennent que la langue française a eu beaucoup d'obligations à Alain Chartier. Il fut secrétaire de la maison de Charles VI et de Charles VII qui, par là, voulurent tous les deux l'encourager à écrire l'histoire du temps. Dans notre second volume, qui sera consacré aux poëtes, nous reviendrons plus longuement sur Alain Chartier, dont les principaux ouvrages en prose sont : *l'Histoire de Charles VII. — L'Espérance, ou consolation des trois vertus. — Le Quadrilogue*. Les interlocuteurs de cette déclamation contre les abus qui régnaient alors sont : France, peuple, chevalerie et clergé.

DÉFENSE DES GENS D'ARMES.

Derechief pour ce que tu et plains si tristement, qu'il semble que nul n'ait douleur ou mésaise fors que toy mesmes, et ne comptes à rien les fortunes des autres, combien que chascun son dueil plaint : ne penses-tu pas que les nobles hommes en leur estat ayent à souffrir autant que tu as ? Quant est-il de haulx hommes et de nobles dames, exilez de leur pays et mal receuz entre toy et les autres, despourveuz de tous biens, souffreteux de confort, agravez de douleur pour leur loyaulté acquitter et garder ? Quantes malles nuitz et disettes de boire et de manger endurent souvent ceulx qui le mestier de la guerre fréquentent, chargez de fer, au vent et à la pluye, sans autre couverture que du ciel : et y perdent souvent leurs chevaulx et leur chastel, mettent leur vie en adventure de mort, et souvent y meurent. Et de fait plusieurs qui se mettent en point de bien servir, ont leurs terres vendues et engaigées, et après chéent en povreté. Et ung gras bourgeois qui compte ses deniers par défault d'aultre besongné, ou ung riche chanoine qui employe le plus du temps à mengier et à dormir, criera sur nous pourquoy nous ne combatons, et que nous ne chassons les ennemis comme l'on chasseroit coulombes d'une pesière. Mais toutesvoies ceulx qui ainsi jugent de la guerre en leur foyer, n'en laisseroient ung jour de leur aise, ne n'en desbourseroient ung denier, sinon à regret et en le plaingnant comme chose perdue, quant il fault que puissance de prince y mette la main. Et se nous avions besoing, nous recueilleroient à peine aussi que les ennemis. De ceulx viennent les clamours et les plaintes, qui sont plus fournis et plus ayses que nous ne sommes : mais l'affliction est sur le peuple de labeur, et avons les paines et le travail. Je ne parle pas de tous. Car assez en est de preudes hommes constans. Mais les meurs que je dis sont plus souvent trouvez en ceulx qui plus mettent avant de plaintes et de murmures. Et tant y a qu'il ne chault à plusieurs qui tiegne la seigneurie, mais qu'ilz soient prochainz des prouffitz et loing des pertes. Et plus choisiroient désadvouer leur naturel seigneur pour garder ou accroistre leurs richesses, que souffrir pertes pour demourer en loyaulté. Voulsist Dieu, que chascun eust tousjours eu le bien publicque et l'onneur de la seigneurie devant les yeulx, et que les courages y eussent esté fermez et arrestez, comme ils devoient. Hélas ! nous ne fussions pas cheuz en cest inconvénient, ou fortune eust esté si puissant sur les loyaulx et entiers courages, qu'elle nous eust ung peu reboutez de prospérité, au moins nous feussions nous plustost ressours par l'union et fermeté de nos voulentez. Autrement est. Car ainsi que une maladie attrait l'autre, aussi viennent les afflictions des hommes d'une mutation en plus grant. L'exemple en est cler. Car nous avons quis division en nous mesmes, pour trouver mutation de gouvernement en nous. Et d'entre nous l'avons derechief mis dehors nous, et dehors nous contre nous. Il appert, quant pour soustenir une oultrageuse et desloyale folie nous avons tant allé d'ung en autre, que nostre souverain seigneur est baillé à gouverner ès mains de son mortel enemy.

JEAN MOLINET.

MORT DU DUC DE BOURGOGNE.

Sabmedi, nuict de la bataille, le duc de Lorraine arriva à Sainct-Nicolas avec les Suisses, qui estoyent, de compte faict, dix mille cinq cents, ensemble planté d'autres Allemands; puis se vindrent joindre au duc Régnier aulcuns gens d'armes françois dont on vouloit estre quitte, nouvellement cassés, à cause des tresves et de la paix faicte entre les deux rois de France et d'Angleterre. Et le dimanche au matin, tous ensemble se partirent de Sainct-Nicolas, et vindrent à Noefville; et firent leur ordonnance auprès d'un estang. Les Suisses se mirent en deux bandes : l'une fut conduicte par le seigneur d'Aystain et les gouverneurs du Surbourg (Fribourg), et l'autre par les advoués de Berne et de Lucerne; et environ l'heure de midi marchèrent tous, à une fois, l'une des parties du costé de la rivière en bas, et l'aultre tout le grand chemin de venir de Noefville à Nancey. Le duc Charles s'estoit jetté hors de son parc pour ordonner ses batailles, en un champ duquel estoit un ruissel passant par une maladie fort bien environnée de deulx fortes hayes, à deulx costés entre lui et les Suisses ; et sur le grand chemin où venoit l'une des bandes des Suisses, avoit le duc Charles faict amener le plus fort de son artillerie, et descharger sur eulx quand ils furent à un traict d'arbalestre près, et n'y fit guères grand dommage. Toutefois lesdits Suisses tirèrent en hault vers le bois, et marchèrent au long d'icellui et par dedans, tellement qu'ils furent au costé de l'armée du duc de Bourgoingne, et au plus hault lieu. Icellui duc voyant leur train, fit tirer devers eux tous les archers de pied pour les deffenses, et ordonna pour batailles deux esles de ses hommes d'armes; de l'une estoit capitaine Jacques Galliot, Italien, et de l'aultre, le seigneur Josse de Lalaing, souverain de Flandres. Et quand les Suisses se trouvèrent du costé du duc Charles, ils lui monstrèrent face, marchant vers lui tant impétueusement, en deschargeant leurs arquebustes et couleuvrines à main, que les piétons se mirent en fuite. L'aultre bande des Suisses, qui estoit vers la rivière marcha vers Jacques Galliot et les siens, lesquels soustindrent un espace; mais enfin ils furent rompus, et l'aultre esle des Bourgoingnons tourna pareillement sur l'aultre bande des Suisses, qui moult vivement fut receue illec, tellement qu'ils tournèrent en fuite comme les aultres, tant chevaucheurs comme piétons. Et quand ils vindrent au pont de la Buissière, à demi-lieue de Nancey, voulant aller à Thionville et vers Luxembourg, pour le sauvement de leurs corps, ils trouvèrent le comte de Campo-Basso en barbe avec ses complices, qui avoient illec leur embusche, et à force d'armes défendoient le passage, lequel ils trouvèrent barré et serré à tort et de travers, de chariots et de charettes. Aulcuns Bourgoingnons bien montés passoient à guets, et ceulx qui falloient à le trouver buvoient. Et quand aulcuns estoient en train de reschapper par force de nager, ils estoient reboutés en l'eau, tués et navrés. Aultres Bourgoingnons, advertis de ceste embusche, tirèrent le hault chemin, et se fourèrent au bois, lequel estoit garni de paysans qui, sans nul respit, les mettoient à mort. Le duc de Lorraine leur tenoit le feu au dos. Si dura la chasse jusques à deux heures en la nuict, si pitoyable, que, à trois lieues à la ronde, l'on ne trouvait quasi que gens morts par les champs et par les chemins. Et advint ceste douloureuse desconfiture par un dimanche, la nuict des Rois, l'an mil quatre cent soixante-seize.

La chasse finie, le duc Régnier feit diligente inquisition, pour sçavoir de la personne du duc Charles, s'il estoit mort, navré, prisonnier ou eschappé, et envoya hastivement en la cité de Metz, vers les gouverneurs de la ville, qui, pour responce, lui mandèrent qu'ils ne sçavoient sentir ne appercevoir, par nule de leurs manans et habitans qu'il fust passé par illec, ne s'il estoit mort ou vif, blesché ou emprisoné. Et, quant vint le lundi au soir, le comte de Campo-Basso, qui se gaudissoit avec le duc de Lorraine, et qui bien congnoissoit l'estat, l'hostel et la famille du maistre qu'il avoit trahi, monstra un page, natif de Rome, du lignage de ceulx de Colonne, nommé Jehan-Baptiste, lequel, comme il affirmoit, sçauroit bien dire quelque chose de la personne du duc Charles.

QUINZIÈME SIÈCLE.

Icellui page, venu devant le duc Régnier, et avironné de ses capitaines, fut subtillement interrogé, et déclara plainement qu'il avoit veu le duc de Bourgoingne abbatre de son cheval et occire en certain lieu, lequel il monstreroit s'il en estoit besoing.

Quand vint le mardi au matin, ledict page, bien accompagné de notables personnages, s'en alla au champ; et au propre lieu qu'il avoit dict, trouva, comme il disoit, le corps du duc de Bourgoingne tout nu, et, assez près de lui, environ quatorze aultres despouillés comme lui, gisans sur la terre; et avoit trois playes mortelles, l'une au milieu du chef, d'une hallebarde qui l'avoit fendu jusques aulx dents, l'aultre d'une pique de travers les cuisses, et l'aultre par le fondement. C'estoit chose pitoyable à regarder, et de grande admiration d'un tel prince, tant magnanime, tant riche et tant puissant, estre ainsi humilié jusques en terre, et despouillé de tous vestemens, et abandonné de toutes ses gardes.

Après que ce noble corps, dont l'esprit estoit fort courageux, fut relevé de terre, il fut lavé et soigné en eaue chaude, afin de voir aulcuns enseignes ou cicatrices estans sur lui lorsqu'il vivoit, pour testification de sa personne et de sa mort. Et furent illec appelés ses médecins, son chappelain, son valet de chambre et aultres ses privés, familiers et serviteurs, ayans aulcunement congnoissance de lui, pour ouyr ce qu'ils en diroient. Et quand aulcuns d'iceulx, qui lors estoient prisonniers en la journée, eurent jecté leur vue sur son corps et au long, ils certifièrent, pour vérité, qu'il estoit le corps du duc Charles, et non aultre; et pour tel le fit le duc de Lorraine ensepvelir en une chapelle de l'église Saint-Georges de Nancey, et feit eslever une croix de pierre, lez un petit ruisseau, en la place où son corps feut trouvé, afin que les passans eussent mémoire de son âme. Sondict corps par ses gens mesmes fut recongneu par six enseignes qu'ils trouvèrent sur lui : premier, à ce qu'il avoit perdu les dents de dessus; secondement, à la playe d'une escarboucle qu'il avoit en la poulle; tiercement en la playe qu'il avoit receue au Mont-le-Héry; quartement, aux ongles qu'il portoit plus que nuls aultres assez longues; quintement, à la fistule qu'il avoit au bas du ventre; sextement, d'un ongle qu'il avoit retraict à un sien orteil.

Ces choses ouyes et considérées l'on ajouta foi audict page, à ung sien médecin, Portugalois, et aultres grands personnages de son hostel, qui l'affirmèrent estre le corps du duc Charles, et non aultre.

Jean Molinet naquit dans le Boulonais, au quinzième siècle. Jules Chifflet croit qu'il mourut à Valenciennes, en 1508. Molinet termina ses études à l'Université de Paris, dont il s'éloigna bientôt pour aller en Flandre. Devenu veuf, il se fit prêtre, et fut chanoine de la collégiale de Valenciennes.

Admirés dans le siècle où ils furent écrits, les ouvrages de Molinet n'ont que peu de mérite. Le naturel y manque totalement : il est rare que l'envie de jouer sur les mots ne gâte pas les récits les plus intéressants de cet auteur. Le morceau que nous citons forme une heureuse exception. Voici le titre des principaux livres que nous a laissés Molinet : *Faits et Dits.* — *Légende de Maître P. Fairfeu.* — *Le Temple de Mars.* — *Une Chronique de 1474 à 1504.* — *L'Art de Rimer,* etc.

Charles *le Téméraire*, duc de Bourgogne, fils de Philippe *le Bon* et d'Isabelle de Portugal, naquit à Dijon, le 10 novembre 1433. Charles succéda à son père en 1447, et devint, par l'étendue et la force de ses États, comme par la violence de son caractère, le plus terrible adversaire de Louis XI. En 1468, le duc épousa Marguerite d'Angleterre, sœur du roi Édouard IV. Le Bourguignon allait commencer à attaquer la France, lorsque l'astucieux héritier de Charles VII le calma par un don de 120,000 écus. Plus tard, les deux princes eurent à Péronne une entrevue dans laquelle le roi de France, convaincu par le duc d'avoir fomenté une insurrection dans ses États, fut pris comme un renard au piège, et contraint de marcher en personne contre les Liégeois qu'il avoit soulevés. Évitant toujours avec soin de s'opposer ouvertement à ce taureau furieux, Louis XI ne cessa de l'inquiéter par des pratiques secrètes, et de lui susciter des ennemis. C'est ainsi qu'il soutint les Suisses qui devaient finir par vaincre *le Téméraire*. En effet, après avoir perdu la bataille de Morat, Charles, voulant encore lutter contre la fortune, trouva la mort dans les plaines voisines de Nancy, le 5 janvier 1477.

PROSE.

ENGUERRAND DE MONSTRELET.

MORT DE MONTAGU.

Beaucoup des seigneurs du sang royal étant à Paris, dans ces propres jours, c'est à savoir le roi Louis, le roi de Navarre, les ducs de Berri, de Bourgogne et de Bourbon, avec plusieurs autres grands seigneurs, sachant, et eux bien informés que Charles, roi de France, étoit de tout appauvri de ses finances par ses officiers et gouverneurs, et mêmement que sa vaisselle et la plus grand'partie de ses joyaux étoient en gage, exposèrent un jour à la personne du roi l'état et pauvre gouvernement qui estoit en son hôtel et entre lesdits officiers, présents la reine, le duc d'Aquitaine et autres du grand conseil, en requérant qu'il fût content qu'aucun d'eux pût avoir la puissance de réformer tous ceux généralement qui, depuis le commencement de son règne, avoient eu le gouvernement desdites finances et de ses offices, sans nuls en excepter, et qu'ils pussent iceux destituer, corriger, punir ou condamner, selon les cas qui seroient trouvés sur eux : laquelle requête fut par le roi accordée. Et pour y mieux besogner et entendre, grand'partie de ces seigneurs dessusdits laissèrent leurs hôtels, et s'en allèrent loger à l'hôtel du roi à Saint Pol, dedans lequel, par le conseil d'aucuns des seigneurs du parlement et de l'université, continuèrent par plusieurs jours à ladite réformation. Et firent tant qu'à bref dire, ils aperçurent clairement que ceux qui avoient gouverné lesdites finances du royaume, depuis seize ou vingt ans par avant, s'étoient très mal acquittés, et avoient acquis pour eux et pour leurs amis ou prochains, innumérables finances au préjudice de sa seigneurie. Et par espécial, Montagu, qui avoit été un des principaux gouverneurs, fut fort questionné, et tellement qu'il fut ordonné qu'on le prît et mît en prison en Châtelet avec aucuns autres.

Et pour parfaire cette exécution, fut commis messire Pierre des Essarts, prévôt de Paris, et avec lui plusieurs de ses sergents ; et pour l'accompagner, lui furent baillés, de par ledit duc de Bourgogne, les seigneurs de Heilly et de Rubais, et messire Rolant de Hutequerque, lesquels tous ensemble trouvèrent un certain jour ledit Montagu, et avec lui maître Martin Gouge, évêque de Chartres, tous deux allant au moutier de Saint-Victor, pour ouir la messe. Lequel prévôt, accompagné des dessus dits, quand il les rencontra, mit la main à lui et audit évêque, en disant à iceux : « Je mets la main à vous de par l'autorité royale, à moi commise en cette partie. »

Et adonc icelui Montagu, oyant les paroles dudit prévôt, fut fort émerveillé, et eut très grand'tremeur (crainte). Mais tantôt que le cœur lui fut revenu, il répondit audit prévôt : « Et tu, ribaut, traître, comment es-tu si hardi de moi oser attoucher ? » Lequel prévôt de Paris dit : « Il n'en ira ainsi que vous cuidez (croyez) ; mais comparerez (payerez) les grands maux que vous avez faits et perpétrés. »

Lequel non pouvant résister audit prévôt, fut mené lié très rudement et détroitement au petit Châtelet ; et avec lui ledit évêque de Chartres, qui étoit président en la chambre des généraux ; auquel lieu ledit Montagu fut mis par plusieurs fois en gehaine (torture). Et tant, que lui doutant à approcher sa fin, demanda à un sien confesseur quelle chose il avoit à faire. Et icelui lui répondit : « Je n'y vois autre remède fors que vous appelez du prévôt de Paris. » Et ainsi il en fit. Pourquoi ledit prévôt alla devers les seigneurs, lesquels lui avoient ordonné de le prendre, et leur contat l'état de ladite appellation. Et tantôt sur ce convoquèrent parlement, pour discuter et examiner cette matière, et en la fin fut déclaré par les seigneurs dudit parlement que ladite appellation étoit de nulle valeur. Et pour tant les dessusdits seigneurs, voyant ledit fait être examiné et jugé, dirent audit prévôt : « Va, et sans demeure, toi bien accompagné du peuple de Paris bien armé, prends ton prisonnier, et expédie la besogne selon justice, et lui fais couper la tête d'une doloire, et puis la fais ficher ès halles sur une lance. »

Après lesquelles paroles, prestement en accomplissant leur commandement, le dix-septième jour du mois d'octobre, disposa et ordonna ledit peuple bien armé en la place Maubert et en plusieurs autres car-

QUINZIÈME SIÈCLE.

refours; et puis fut mené ledit Montagu ès halles, où étoit venu un grand peuple ; et après ce en un haut étage, fit devêtir jusques à sa chemise, et là lui fit trancher la tête et la mettre comme dit est, sur le bout d'une lance, et le corps fut pendu par les aisselles au gibet de Montfaucon, droit au plus haut étage.

Enguerrand de Monstrelet naquit, à ce que l'on croit, en 1390, fut bailli du chapitre de Cambrai, et mourut le 19 juillet 1453. Voilà à peu près tout ce que nous savons sur cet historien. Partisan avoué du duc de Bourgogne, écrivain souvent diffus, mais connaissant admirablement l'époque qu'il a retracée, et donnant, à l'appui de ses récits, une quantité énorme de pièces authentiques, il est un des auteurs que l'on peut consulter avec le plus de fruit, mais on doit avoir soin de tenir compte de sa partialité pour les Bourguignons, et de le rectifier à l'aide de Juvénal des Ursins, historien moins passionné que lui. Rabelais détestait cordialement Monstrelet : le spirituel curé de Meudon, lassé par la narration trop lente et trop détaillée de notre chroniqueur, l'accusait d'être *baveu comme un pot à moutarde.*

La maligne parole du mordant satirique a été souvent répétée, mais n'a empêché personne de consulter utilement *La Chronique de Monstrelet,* qui commence à l'année 1400, et finit en 1453.

Jean de Montagu ou Montaigu fut décapité le 17 octobre 1409. Aujourd'hui son supplice est considéré comme un acte de vengeance commis par le duc de Bourgogne. Une anecdote, que raconte Étienne Pasquier, a surtout contribué à réhabiliter la mémoire du grand-maître; nous croyons devoir la rapporter ici : « Le même roi (François Ier), passant par les Célestins de Marcoucy, s'informant, de quelques moines de leans, qui avoit fondé ce monastère, luy fut, par aucuns, respondu que c'était messire Jean de Montaigu, grand-maistre de France, sous le règne de » Charles VI. Ce seigneur avoit été autrefois pendu au gibet » de Paris, à la sollicitation du duc de Bourgogne (1) qui lors » gourmandoit toute la France. Le roy François, comme » bon coustumier qu'il étoit de tenir tous jours quelques » propos de mérite, dit à la compagnie qu'il s'émerveilloit » grandement comme cettuy qui avoit longuement gou- » verné le roi son maistre, avoit esté condamné à mort, » veu qu'après quelque suite d'années, ses os furent ense- » velis avec honneur, en ce lieu, par ordonnance de jus- » tice : et qu'il falloit bien conclure par cela que les juges » avoient mal jugé. A quoy il y eut un moine qui répondit » au roy, d'une parole assez brusque, qu'il s'abusoit aucune- » ment, parceque le procès du sieur Montaigu n'avoit été » fait par juges, mais seulement par commissaires, comme » s'il eût voulu inférer en son lourdois que tels commissai- » res, déléguez à l'appétit d'un seigneur qui pouvoit lors » toutes choses, n'apportoient en leurs jugemens la con- » science des bon juges. Soit que cette parole fût proférée » par un moine, en son gros lourdois (gros bon sens), ou » par un artifice affeté, elle appresta à rire, combien » qu'elle deust tourner à édification : car, à bien dire, les » commissions, encore qu'elles ne soient pratiquées (cor- » rompues) si sont-elles tous jours suspectes envers toutes » personnes graves, et semble à plusieurs que tels juges » soient choisis à la poste (à la dévotion) de ceux qui les y » ont fait commettre, pour en rapporter tel profit ou telle » vengeance qu'ils se sont projettez dessous le masque de » la justice. »

(1) Jean sans Peur.

OLIVIER DE LA MARCHE.

COMBAT ENTRE JACQUES DE LALAIN ET UN ÉCUYER ANGLAIS.

Un escuyer anglois, nommé Thomas, passa la mer en ce temps et vint à Bruges pour combattre messire Jacques de Lalain, comme il luy avoit promis au lieu de Sandwyc, ainsi qu'il est cy-dessus escrit et déclairé. Ledict messire Jacques fut mout joyeux de sa venue, et furent les lices préparées sur le vieil marché de Bruges, et au jour qui fut baillé par le duc de Bourgongne, juge en cette partie, le Duc et sa seigneurie vindrent sur la lice, qui mout noblement estoit parée, et n'est pas à oublier que sur le pavillon qui fut tendu pour ledict messire Jacques de Lalain avoit un cerf couché, de brodure. Celuy cerf portoit seize cors, et à chacun cor avoit une bannière dont estoit issu ledict Lalain, et dont les deux premières furent du père qui estoit chef, et seigneur de Lalain, et l'autre de Créquy du costé de la mère. Ainsi monstra messire Jacques trente-deux bannières, dont il estoit yssu directement du père et de la mère, sans entremesler entre les deux mariages aucune alliance d'autre nature ou condition, fors tousjours de bannière en bannière, comme dict est. A la requeste de l'escuyer anglois, la comtesse d'Estampes, et toutes les dames de la Court furent présentes à voir icelles armes : mais la duchesse n'y voulut point estre : n'aussi je ne l'avoye jamais vu avenir, et mesmement à faire armes de pied. Toutesfois les dames y furent à ceste fois. L'Anglois estoit accompagné de tous les chevaliers et escuyers de la duchesse, et se présenta tout désarmé, et puis tira en son pavillon. D'autre part vint messire Jacques de Lalain, accompagné du baron de Beaujeu, neveu du duc, et d'autre mout grande seigneurie, ses parens et amis : et me souvient que pour faire honneur au noble chevalier, ledict seigneur de Beaujeu, le seigneur de Ravastain, le bastard de Bourg, et mout d'autres seigneurs et nobles hommes, s'estoyent parez de robes de satin gris et pourpoints de cramoisi, et venoyent deux à deux devant le chevalier, qui estoit adextré des deux princes dessusdictz, cousins germains. Il estoit vestu d'une longue robe de cele pareure, et estoit armé de son harnois de jambe seulement : et à l'entrée de la lice, se signa à pié, et en tel ordonnance marcha jusques devant le duc, son souverain seigneur et juge, qui le receut et s'en retourna en son pavillon. Devoirs, criz et cérémonies furent faictes, et tandis chacun champion envoya présenter son batton au juge : car chacun pouvoit porter tele hache, et de tele façon que bon luy sembloit : mais le bon duc avoit accoustumé, luy mesme, de visiter les battons dont l'on devoit devant luy combattre ou faire armes : pour ce que pour rien n'eust voulu souffrir que soubz son jugement nulle chose mal enseigneuse, ou de fraude, eust esté faite. Messire Jacques fit présenter une longue hache, à poincte dessus, et d'un costé un bec, qu'on dict de faucon, et de l'autre un mail rond, à trois poinctes de diamans : et au dessous de la hache, une bonne forte dague : et la hache de l'Anglois fut une forte hache, pointue dessous, et un grant taillant d'un costé, et de l'autre un long mail : et plus bas avoit rondelle, pour la garde de la main · et dessous fu pointue d'une courte dague. Les battons furent rapportez, et les gardes ordonnez. L'Anglois saillit hors de son pavillon, armé de toutes armes, sa cotte d'armes vestue, le bacinet en la teste, la visière bien close et fermée : et portoit sa hache, sa main dextre armée, couverte de la rondelle de la hache : et pouvoit-on légèrement juger qu'il estoit délibéré de faire sa bataille de la teste de la hache. D'autre part saillit messire Jacques de Lalain, armé, sa cotte d'armes vestue : et en sa teste avoit une petite sallade de guerre, toute ronde : et avoit le visage et le col tout descouvert : et portoit sa hache près de luy et à contrepoix, pour assaillir et pour deffendre, duquel des deux bouts dont il verroit son advantage : et en marchant froidement, s'agenouilla devant le duc : et l'Anglois marchoit fièrement et de grand courage : et à l'aborder, messire Jacques luy getta une estoc à la visière, de la queue de sa hache : mais il ne l'enferra point : et l'Anglois féroit de toute sa force après le dit messire Jacques, et féroit de mail, de taille, et d'estoc après le visage, qu'il voyoit nu et descouvert : mais le chevalier sçavoit marcher et démarcher, et estoit si adroit et si chevaleureux, que l'Anglois ne profitoit rien en son assaut; et quand il voyoit son avantage, il donnoit à tour de bras de la teste de la hache sur le bacinet de l'Anglois : et par plusieurs fois l'atteindit de coups si poisans, qu'un moins puissant l'eust à grand méchef soustenu sans cheoir à terre : mais l'Anglois avoit assez puissance, et beaucoup hardement et courage : et quand il veit que le chevalier l'assailloit si fièrement; il amodéra sa bataille : et se gardoit et contregardoit froidement, plus qu'il n'avoit commencé : et messire Jacques poursuivoit mout fièrement : et avint que ledict messire Jacques getta du bout d'en bas de sa hache, pour cuider enferrer l'Anglois en la visière : et l'Anglois getta l'estoc de la teste de sa hache au-devant du coup : et trouva par méchef, le gantelet dudict messire Jacques ouvert : et la dague trenchante et ague lui perçea le bras senestre rez à rez de la main tout outre. Messire Jacques retira son bras (qui saignoit à mout grand randon) et cuida empoigner sa hache, d'une grande démarche : mais il ne se peut de la main ayder, car il avoit les nerfs coupez ou grevez. Quand le bon chevalier se veit en tel parti, il mit sa hache sous son bras senestre, la queue devant, à la manière qu'une femme tient le bâton de quoi elle file, et de la main dextre, à l'aide de la hache, rabatoit tous les coups que l'Anglois gettoit sur luy, fors d'estoc et de mail. Lequel Anglois avoit recommencé son assaut mout fier et mout aspre, et le chevalier levoit à la fois le bras blessé et secouoit le gantelet : et sembloit à d'aucuns qu'il le faisoit pour remettre son sang au corps, dont il perdoit largement : et sembloit à d'autres qu'il vouloit monstrer au duc son signeur et juge, qu'il ne luy aloit que bien, et qu'il leur laissast achever : et est bien besoing que je touche de la constance du bon juge, le noble duc dessus-dict : car il ne faut pas ignorer qu'il n'aimast cordialement ledict messire Jacques, son suget et son serviteur, et telle apparence

de chevalier, de beauté, et d'épreuve, que l'on ne nommera nulle part de meilleur chevalier de luy, et il le voyoit en tel danger, qu'il ne se pouvoit ayder que d'une main; et n'estoit pas à douter, si l'Anglois eust été en tel danger ou péril, que le duc n'eust incontinent rompu la bataille : mais il ne vouloit pas estre noté, en son jugement, d'avoir départi les champions, à l'avantage de l'estranger, et en contregardant son serviteur.

Si remit le tout en la fiance qu'il avoit en Dieu, et en la chevalerie de son chevalier : et laissa les armes parachever, selon le contenu des chapitres, et de l'emprise accordée et conclue par les parties : dont il advint que messire Jacques de Lalain (qui froidement et par grande assurance soustint l'assaut de l'Anglois), getta la queue de sa hache entre le corps et la hache de son compagnon, et entra près de luy, et, de l'entrée, il rua le bras navré au col de son homme, et de la main dextre le prit par le gros du bacinet. L'Anglois estoit poisantement armé, et messire Jacques l'estoit légèrement, et ainsi tira son compaignon de toute sa force, et d'une grande démarche, et de ce coup rua l'Anglois sa visière dedans le sablon et tout plat estendu, et prestement, sa hache au poing, se tira devant le juge. L'Anglois fut relevé par les gardes, et fut amené devant le duc : et disoit qu'il n'avoit pas esté abbatu de tout le corps à terre, et qu'il n'estoit cheu qu'à genoux et à coudes. Si fut devant le mareschal la matière mise en preuve : et fut prouvé par nobles hommes, qu'il estoit cheu de tout le corps à terre, et que les armes, par celle cheute, estoyent duement accomplies. Si touchèrent ensemble, et avant que l'on partist de la lice, en la présence du duc, des dames, et des seigneurs, fut crié un noble pas d'armes, dont ledict messire Jacques estoit l'entrepreneur, et lequel pas fut depuis gardé et soustenu par ledict messire Jacques, au lieu de Châlon sur la Sosne, un an entier.

Lalain (Jacques de), surnommé *le bon chevalier*, naquit vers 1420, au château de Lalain, d'une des plus illustres familles du pays de Hainaut. Ses parents lui firent enseigner de bonne heure les belles-lettres; pour se délasser de l'étude, le jeune seigneur s'adonnait au plaisir de la chasse, s'habituant à supporter les fatigues que plus tard il devait endurer dans les camps. Bientôt attaché au duc de Clèves, en qualité d'écuyer, Lalain suivit son maître à la cour de Philippe le Bon. Il ne tarda pas à s'y distinguer par sa force, sa bravoure et sa courtoisie. En 1443, il se signala au siége de Luxembourg. Peu de temps après, il vint avec le duc de Bourgogne trouver, à Nancy, Charles VI qu'il émerveilla par sa grâce et son adresse. Lalain parcourut alors l'Europe pour lutter contre les plus renommés chevaliers. En 1445, à Gand, plus tard en Portugal; l'an 1446, en Espagne, où il terrassa Diego de Gusman à Valladolid; en Écosse, où il sortit vainqueur d'un combat terrible contre Douglas, partout il acquit la réputation d'être le plus expert chevalier qui fût. En 1451, élu membre de l'ordre de la Toison, il trouva bientôt l'occasion de déployer sa bravoure et ses talents militaires en faveur de son maître. Les Gantois s'étant révoltés, il prit les armes et en tua un grand nombre près d'Oudenarde. A la bataille de Rupelmonde, il se distingua par son sang-froid autant que par son audace. Chargé de prendre le fort de Poucekes, au moment où il visitait les travaux du siége qu'il poussait avec vigueur, il fut renversé d'un coup de pierre lancé par un fauconneau. Il mourut, âgé de 32 ans seulement, le 3 juillet 1453. Jacques de Lalain possédait quelques-unes des vertus qui, plus tard, devaient illustrer notre Bayard, dont il avait aussi la valeur; mais suivant l'esprit de son siècle, il la dépensa trop souvent dans des luttes plus brillantes qu'utiles. « Le duc de Bourgogne le pleura moult tendrement; il donna l'ordre de presser le siége de Poucekes avec vigueur, et ayant emporté le fort d'assaut, il fit, tout justement, pendre et étrangler ceux qui étoient dedans, à part six, dont l'un étoit ladre, et les autres cinq jeunes enfans... » C'était là ce qu'on appelait alors venger dignement la mort d'un brave!..

PRÉPARATIFS DU PAS D'ARMES DE L'ARBRE DE CHARLEMAGNE.

Il est besoing, avant que j'entre à l'accomplissement des armes, que je devise de l'estat, des pompes, et préparations que feit le signeur de Charny, chef et fournisseur de la despence du pas, et comment fut ceste solennité hautement et par gran fraiz menée et conduite ? dont à mon raport je demande en tesmoignage tous les escritz et registres faictz par les rois-d'armes et héraux présens à ceste chose. Premièrement le signeur de Charny fut, près du temps et espace d'un an, accompagné des seigneurs et nobles hommes escrit et nommez ci-après : et en fournissant leurs armes, portoyent tous pour emprise, chacun un garde d'argent, à la manière de la garde d'un harnois de jambe : et la portoyent au genouil senestre les chevaliers, estant icelle dorée et semée de larmes d'argent ; et les escuyers la portoyent d'argent, semée de larmes dorées : et devez sçavoir que c'estoit belle chose de rencontrer telz treize personnages ensemble, et d'une pareure : et firent leurs essais et préparatoires en l'abaye de Sáinct Bénigne de Digeon : et en suyvant leurs chapitres, le signeur de Charny fit clorre, à manière d'un bas palais, l'Arbre Charlemaigne, qui sied à une lieue de Digeon, tirant à Nuis, en une place appelée la Charme de Marcenay : et contre ledit Arbre avoit un drap de haute lice, des plaines armes dudit signeur (qui sont escartelées de Bauffremont et de Vergy) et au milieu un petit escusson de Charny : et à l'entour dudit tapis furent attachez les deux escus, semez de larmes; c'est à sçavoir, au dextre costé, l'escu violet, semé de larmes noires, pour les armes à pié, et au senestre, l'escu noir, semé de larmes d'or, pour les armes de cheval : et pour garder iceux estoyent roys-d'armes et héraux, vestus et parez des cortez d'armes dudit signeur. Tenant à l'Arbre Charlemaigne, ainsi qu'au pié à une fontaine grande et belle : laquelle ledit de Charny fit réédifier de pierre de taille et d'un hault capital de pierre, au dessus duquel avoit images de Dieu, de Nostre Dame, et de madame sainte Anne : et du long dudit capital furent élevez, en pierre, les treize blasons des armes dudit signeur de Charny et de ses compaignons, gardans et tenans le pas d'icelle emprise. Un peu plus avant, sur grand chemin et d'iceluy costé, retournant devers la vile de Digeon, fut faite une haute croix de pierre, où fut l'image du Crucifix : et devant l'image, ainsi qu'à ses piez, estoit à genoux et élevée, la présentation dudit signeur, la cotte d'armes au doz, le bacinet en la teste, et armé, comme pour combattre en lices. Plus avant furent les lices drécées, pour faire les armes : et au millieu des deux lices, avoit une haute maison de bois, forte, charpentée, et couverte : et regardoit icelle maison sur chacune des deux lices : dont du costé du grand chemin fut la lice pour combattre à pié, grande et spatieuse : et de l'autre part fut celle qui estoit pour faire les armes à cheval, plus grande beaucoup, comme il appartenoit : et au millieu d'icelle lice fut la toile mise, pour la conduite des chevaux et pour servir à la course des hommes-d'armes, comme il est de coustume en tel cas. Celle lice fut de bonne hauteur et grandeur : et aux deux boutz de ladite lice, furent faictes deux marches, qui se montoyent à dégrez, faitz de si bonne grandeur, que l'on pouvoit aider à l'homme-d'armes tout à cheval, pour l'armer, aiser, et désarmer, selon le cas : et hors de ladite lice du costé de Digeon, aux jours que besoing faisoit, avoit une grande tente, haute et spatieuse, tendue pour aider et soulager le venant de dehors, si mestier en avoit. Ledit de Charny feit son appareil, pour tenir l'estat et l'assemblée de ceux qui avecques luy devoyent garder le pas dessus-dict : et prépara son estat en trois chasteaux, séans près d'iceluy lieu : dont celuy duquel luy et ses compaignons issoyent, armez et préparez pour faire armes ou pour combatre, fut une moult gente place, mieux édifiée que forte, qui se nomme Parigny, et sied à un petit trait d'arc de l'Arbre Charlemaigny, de l'autre part du grand chemin, tirant contre Rouvre. L'autre fut un chastel appartenant à l'abaye de Sainct Bénigne de Digeon, nommé Marcenay : et sied du costé dudit Arbre, tirant à la montaigne, environ trois traictz d'arc : et ce lieu fut ordonné pour festeyer toutes gens, à toutes heures, et sans détourber ou empescher les affaires, consaux, essais ou pourvéances des gardans le pas. Le troisiesme chastel fut une place, nommée Couchy, appartenant audit signeur de Charny : laquelle sied au pié de la montaigne, tirant à Gevry en Digeonnois : et y peut avoir une lieue dudit Arbre : et celle place servit à festeyer ceux qui avoyent fait armes audit pas, après chacunefois avoyent leurs armes achevées. Ces trois places sont à une lieue l'une de l'autre : qui estoit mout bien séant au mistère, et certifie que tout le pas durant, chacune des trois places fut tapissée et garnie de meubles et de vaisselle, tant de buffet comme de cuisine : et à chacune avoit maistres d'hostelz, serviteurs et pourvéances de vivres et vins, et manière de faire si honorable, que toutes gens de bien y estoyent recueilliz et serviz si grandement, que mieux on ne le sçavoit faire, et le signeur de Charny, bien deux mois entiers, cout ouverte, en toutes les places dessus-dictes à si grande et plantureuse despense, que de mon temps, pour si grand terme, sans maison de prince, je n'ay point veu le pareil.

Olivier de La Marche naquit, en 1426, à La Marche, dans le bailliage de Saint-Laurent, qui alors faisait partie du comté de Bourgogne. En 1437, Olivier ayant perdu son père Philippe, fut confié au seigneur de La Queuille, et demeura sous sa main jusqu'en 1439, époque à laquelle il entra, en qualité de page, à la cour de Philippe le Bon. Ayant découvert que Louis XI voulait enlever le comté de Charolais, Olivier se fit, en dénonçant le complot, un mortel ennemi du roi de France, qui le traita de calomniateur, et demanda même à Philippe de vouloir bien lui livrer le coupable. Le duc de Bourgogne répondit « que La Marche était son sujet et son serviteur, et que si le roi ou autre lui voulait rien demander, il en ferait la raison. » Cette résistance du puissant vassal de la couronne sauva sans doute le pauvre Olivier de quelques-uns de ces affreux supplices que Louis XI était si ingénieux à inventer.

La Marche, nouvellement fait chevalier par le comte de Charolais, se battit avec la dernière intrépidité à Montlhéry ; il se conduisit aussi bravement au siège de Beauvais sauvé par l'héroïsme de Jeanne Hachette.

A la mort de Philippe le Bon, le comte de Charolais, devenu duc de Bourgogne, nomma Olivier de La Marche bailli d'Amont. En 1476, sur un ordre de son maître, il enleva le duc de Savoie, qu'il eut le malheur de laisser échapper. On connaît les terribles emportements du Téméraire ; mais telle était la loyauté de son dévoué serviteur, qu'il n'osa lui reprocher avec colère de n'avoir pas mieux gardé son précieux captif.

Olivier suivit Charles allant combattre le duc de Lorraine, et fut fait prisonnier sous les murs de Nancy, à la sanglante affaire dans laquelle le duc de Bourgogne trouva une mort si misérable. Rendu à la liberté, moyennant une forte rançon, le noble chevalier courut offrir ses services à la jeune héritière de Charles, Marie, qui le nomma son maître d'hôtel, charge qu'il exerça jusqu'à l'époque de sa mort, arrivée à Bruxelles le 1er février 1501.

Olivier a laissé un grand nombre d'ouvrages : comme historien, on lui reproche d'avoir écrit sous l'inspiration de son dévouement à la maison de Bourgogne les récits des guerres civiles. Chevalier plein d'honneur, il s'appesantit, avec trop de plaisir, sur les détails des fêtes guerrières, mais il supplée ainsi admirablement à Comines, qui peignait avec beaucoup plus de soin une lutte politique qu'un tournois. Malheureusement sous le rapport du style, Olivier, ne peut pas être comparé au Tacite de Louis XI, car, outre son incorrection habituelle, il emploie souvent des mots puisés dans la langue du Hainaut, considérée alors comme barbare.

Les principaux ouvrages d'Olivier sont : *Mémoires* (1435–1492). — *État de la maison de Bourgogne.* — *Le Chevalier délibéré* (en rimes), qui n'est autre que le récit allégorique de la vie de Charles le Téméraire. — *Le Parement et le Triomphe des dames d'honneur.* — *La Source d'honneur, pour maintenir la corporelle élégance des dames.* — *Traités et avis de quelques gentilshommes françois, sur les duels et les gages de batailles.* La bibliothèque de l'Escurial possède plusieurs autres ouvrages manuscrits d'Olivier.

LE ROI RENÉ D'ANJOU.

FIN D'UN TOURNOI.

Quant il semblera bon aux juges que le tournoy aura assez duré, ils feront faire à leurs clérons et trompettes une sonnade pour faire cesser les tournoyeurs ; laquelle faitte, feront dire par leur hérault ou poursievant les parolles qui cy-après s'ensievent : « Chevaulciez, banières, despartez-vous des rengs et tournez aux logis ; et vous, seigneurs, princes, barons, chevaliers et escuiers, qui cy endroit estes tournoyans devant les dames, avez tellement fait voz devoirs, que desoresmais vous en povez en la bonne heure aller et départir des rengz, car desjà est le pris assigné, lequel sera ce soir par les dames donné à cellui qui l'a desservi. »

Ce dit cry ainsi fait et accomply, les trompettes de chascune des parties sonneront retraitte, et lors les compaignons qui auront coppé les cordes, les gardes des lices et varletz à piet ouvriront les dittes lices tant d'un costé que d'autre, et ceux qui porteront les pennons et banières des deux chiefz, s'en ysseront hors, leur beau petit pas, sans attendre leurs maistres s'ilz ne veulent venir, et les autres banières ensievans l'une après l'autre, tant de la part du seigneur appellant, que de la part du seigneur deffendant ; s'en ysseront par le pas où elles seront entrées, le plus bellement que pourront, en surattendant tousjours leurs gens, et s'en retourneront à leurs logiz comme dessus est dit ; et toutesfois les dittes trompettes ne cesseront point de sonner retraitte tant et si longuement qu'il n'y aura plus nulz tournoyeurs dedens les rengz, et s'en pevent aller par troppeaulx, eux entrebatant jusques à leurs herberges, ou sans eulx batre, ainsi qu'ilz vouldront. Et en cest estat finist et départ le tournoy.

René, comte d'Anjou et de Provence, duc de Lorraine et de Bar, roi de Sicile, naquit à Angers, le 16 janvier 1409, et épousa, en 1420, Isabelle de Lorraine. Il fut dépossédé de ses États par le comte de Vaudemont, qui le fit prisonnier en 1431. Il était encore enfermé dans une forteresse près de Salins, ville des États du duc de Bourgogne, allié du comte de Vaudemont, lorsque Louis III, frère de René, lui laissa le comté d'Anjou. Quelque temps après, Jeanne II, de Naples, lui transmit également le royaume de Sicile. Après la vie la plus malheureuse, après les revers les moins mérités, René se vit dépouiller de la couronne de Naples, de la Lorraine, qu'il céda à son fils, de l'Anjou, d'où l'expulsa Louis XI. Alors, l'infortuné, sans se plaindre du sort, sans chercher à résister à son terrible ennemi, se retira en Provence ; mais il n'avait point épuisé la coupe des douleurs : il dut voir encore mourir autour de lui toute sa famille qu'il chérissait avec un cœur de père.

Les lettres, les arts, la plus admirable vigilance pour le bien-être de ses sujets, offrirent à René de douces et précieuses consolations. Louis XI, lui-même, le jugeant mieux, eut honte de l'avoir chassé de l'Anjou ; on vit le rusé monarque subjugué à Lyon, par le respect qu'inspirent toujours la vertu et la bonté, lorsqu'elles sont sans faste, et qu'elles ne se proposent d'autre but que celui de faire des heureux. L'industrie, le commerce, l'agriculture occupèrent beaucoup le duc, qui mourut au milieu de ces soins touchants en 1490. Par son testament, il avait commandé que l'on transportât en Anjou ses dépouilles mortelles. Le peuple d'Aix se souleva et voulut garder ce qui restait à la terre du *bon roi René*. Aussi, quelque grands qu'aient été les malheurs de ce prince, on ne doit pas trop le plaindre puisqu'il a reçu un pareil hommage ; seulement on regrette que la vie ne soit pas plus riante et plus légère pour des êtres si nobles et si bons.

Outre plusieurs peintures, on possède de ce prince *des poésies* très-remarquables par leur gracieuse naïveté, et un livre en prose *sur les Tournois*.

Dans notre volume de poésie, nous reparlerons de cet écrivain.

PHILIPPE DE COMINES.

LOUIS XI A PÉRONNE.

Il ne s'estoit point advisé, en venant à Péronne, qu'il avoit envoyé deux ambassadeurs à Liége, pour solliciter contre ledit duc : et néantmoins lesdits ambassadeurs avoient si bien diligenté, qu'ils avoient jà fait un grand amas, et vinrent d'emblée les Liégois prendre la ville de Tongres où estoit l'Évesque de Liége et le seigneur d'Hymbercourt, bien accompagnez, jusques à deux milles hommes et plus, et prirent ledit évesque et ledit d'Hymbercourt, tuèrent peu de gens, et n'en prirent nuls que ces deux et aucuns particuliers de l'Évesque. Les autres s'enfuyrent, laissant tout ce qu'ils avoient, comme gens desconfits. Après cela, lesdits Liégeois se mirent en chemin vers la cité de Liége, assise assez près de ladite ville de Tongres. En chemin composa ledit seigneur d'Hymbercourt, avec un chevalier appelé messire Guillaume de Ville, autrement dit en français, le Sauvage. Cedit chevalier sauva ledit d'Hymbercourt, craignant que ce fol peuple ne le tuast, et retint sa foy qu'il ne tarda (1) guères, car peu après il fut tué luy-mesme. Ce peuple estoit fort joyeux de la prise de leur Évesque, le seigneur de Liége. Ils avaient en haine plusieurs chanoines qu'ils avoient pris ce jour : et à la première repue, en tuèrent cinq ou six. Entre les autres en y avoit un, appelé maistre Robert, fort privé dudit Évesque, que plusieurs fois j'avoys veu armé de toutes pièces après son maistre, car telle est l'usance des prélats d'Allemagne. Ils tuèrent ledit maistre Robert, présent ledit Évesque, et en firent plusieurs pièces, qu'ils se jettoient à la teste l'un de l'autre, par grande dérision.

Avant qu'ils eussent fait sept ou huit lieues qu'ils avoient à faire, ils tuèrent jusqu'à seize personnes, chanoines ou autres gens de bien, quasi tous serviteurs dudit Évesque. Faisans ces œuvres, laschèrent aucuns Bourguignons ; car jà sentoient le traité de paix encommencé, et eussent esté contraints de dire que ce n'estoit que contre leur Évesque, lequel ils menèrent prisonnier en leur cité. Les fuyans dont

(1) Il faudrait probablement *garda*.

j'ay parlé effroyoient fort tout le quartier par où ils passoient, et vinrent tost ces nouvelles au Duc. Les uns disoient que tout estoit mort, les autres le contraire. De telles matières ne vient point volontiers un messager seul, mais en vinrent aucuns qui avoient veu habiller ces chanoines, qui cuidoient que ledit évesque fut de ce nombre et ledit seigneur d'Hymbercourt, et que tout le demeurant fut mort, et certifioient avoir veu les ambassadeurs du roy en cette compagnie et les nommoient. Et fut conté tout cecy audit Duc qui soudainement y adjousta foy, et entra en une grande colère, disant que le Roy estoit venu là pour le tromper ; et soudainement envoya fermer les portes de la ville et du chasteau, et fit semer une assez mauvaise raison, c'estoit qu'on le faisoit pour une boite qui estoit perdue, où il y avoit de bonnes bagues et de l'argent. Le Roy qui se vid enfermé en ce chasteau (qui est petit) et force archers à la porte, n'estoit point sans doute, et se voyoit logé rasibus d'une grosse tour où un comte de Vermandois fit mourir un sien prédécesseur Roy de France. Pour lors estoye encore avec ledit duc, et le servoye de chambellan, et couchoye en sa chambre quand je vouloys, car tel estoit l'usance de cette maison.

Ledit Duc, quant il vid les portes fermées, fit saillir les gens de sa chambre et dit à aucuns que nous estions, que le Roy estoit venu là pour le trahir, et qu'il avoit dissimulé ladite venuë de toute sa puissance, et qu'elle s'estoit faite contre son vouloir, et va conter ses nouvelles de Liége, et comme le Roy l'avoit fait conduire par ses ambassadeurs, et comme tous ces gens avoient esté tuez, et estoit terriblement esmeu contre le Roy et le menaçoit fort, et croy véritablement que si à cette heure là il eut trouvé ceux à qu'il s'addressoit, prests à le conforter ou conseiller de faire au Roy une mauvaise compagnie, il eut esté ainsi fait, et pour le moins eut esté mis en cette grosse tour. Avec moy n'y avoit à ces paroles que deux valets-de-chambre, l'un appelé Charles de Visen, natif de Dijon, homme honneste et qui avoit grand crédit avec son maistre. Nous n'aigrismes rien, nous adoucismes à notre pouvoir. Tost après tint aucunes de ces paroles à plusieurs, et coururent par toute la ville, jusques en la chambre où estoit le Roy, lequel fut fort effrayé ; et si estoit généralement chacun, voyant grande apparence de mal, et regardant quantes choses y a à considérer pour pacifier un différend quand il est commencé entre si grands princes, et les erreurs qu'ils firent tous deux de n'advertir leurs serviteurs qui estoient loin d'eux, empeschez pour leurs affaires, et ce qui soudainément en cuida advenir.

Ces portes ainsi fermées et ces gardes qui y estoient, comme vous ay dit, dura deux ou trois jours, et cependant ledit Duc de Bourgogne ne vit point le Roy, ni n'entroit des gens du Roy au chasteau, que peu et par le guichet de la porte. Nuls des gens dudit seigneur ne furent ostez d'auprès de luy, mais peu ou nuls de ceux du Duc alloient parler à luy, ny en sa chambre, au moins de ceux qui avoient aucune authorité avec luy. Le premier jour ce fut tout effroy et murmure par la ville. Le second jour ledit Duc fut un peu refroidy ; il tint conseil la pluspart du jour et partie de la nuict. Le Roy faisoit parler à tous ceux qu'il pouvoit penser qui luy pourroient ayder, et ne failloit pas à promettre, et ordonna distribuer quinze mille escus d'or ; mais celuy qui en eut la charge en retint une partie et s'en acquitta mal, comme le Roy sceut depuis. Le Roy craignoit fort ceux qui autresfois l'avoient servy, lesquels estoient venus avec cette armée de Bourgogne dont j'ay parlé, qui jà se disoient au duc de Normandie, son frère. A ce conseil dont j'ay parlé, y eut plusieurs opinions ; la pluspart disoient que la seureté qu'avoit le Roy luy feust gardée, veu qu'il accordoit assez la paix en la forme qu'elle avoit esté couchée par escript. Autres vouloient sa prise rondement, sans cérémonie. Aucuns autres disoient qu'à diligence on fist venir monseigneur de Normandie, son frère, et qu'on fist une paix bien avantageuse pour tous les princes de France. Et sembloit bien à ceux qui faisoient cette ouverture, que si elle s'accordoit, le Roy seroit restraint et qu'on lui bailleroit gardes ; et qu'un si grand seigneur pris, ne se délivre jamais, ou à peine, quand on luy a fait si grande offence. Et furent les choses si près, que je vis un homme housé et prest à partir, qui jà avoit plusieurs lettres addressantes à Monseigneur de Normandie, estant en Bretagne, et n'attendoit que les lettres du Duc ; toutesfois cecy fut rompu. Le Roy fit faire des ouvertures et offrit de bailler en ostage le duc de Bourbon et le cardinal son frère, le connestable et plusieurs autres ; et qu'après la paix concluë, il pust retourner jusques à Compiègne, et qu'incontinent il feroit que les Liégeois repareroient tout, ou se déclareroit contr'eux. Ceux que le Roy nommoit pour estre ostages, s'offroient fort, au moins en public. Je ne sçay s'ils disoient ainsi à part ; je me doute que non. Et à la vérité, je croy qu'il les y eust laissez et qu'il ne fust pas revenu.

Ceste nuict qui fut la tierce, ledit duc ne se dépouilla oncques ; seulement se coucha par deux ou trois fois sur son lit, et puis se pourmenoit ; car telle estoit sa façon quand il estoit troublé. Je couchay cette nuict en sa chambre et me pourmenay avec luy par plusieurs fois. Sur le matin se trouva en plus grande colère que jamais, en usant de menaces, et prest à exécuter grand'chose ; toutesfois il se réduisit en sorte que si le Roy juroit la paix et vouloit aller avec luy à Liège, pour luy aider à venger Monseigneur de Liège qui estoit son proche parent, il se contenteroit, et soudainement partit pour aller en la chambre du Roy et luy porter ces parolles. Le Roy eut quelque ami qui l'en advertit, l'asseurant de n'avoir nul mal s'il accordoit ces deux poincts ; mais que, en faisant le contraire, il se mettoit en si grand péril que nul plus grand ne luy pourroit advenir.

Comme le Duc arriva en sa présence, la voix luy trembloit tant il estoit esmu et prest de se courroucer. Il fit humble contenance de corps, mais sa geste et parole estoit aspre, demandant au Roy s'il vouloit tenir le traité de paix qui avoit esté escript et accordé, et si ainsi le vouloit jurer ; et le roy luy respondit que ouy. A la vérité, il n'y avoit rien esté renouvelé de ce qui avoit esté fait devant Paris, touchant le duc de Bourgogne, ou peu du moins ; et touchant le duc de Normandie, luy estoit amendé beaucoup ; car il estoit dit qu'il renonceroit à la duché de Normandie, et auroit Champagne et Brie, et autres pièces voisines, pour son partage. Après, luy demanda ledit duc s'il ne vouloit point venir avec luy à Liège, pour aider à revancher la trahison que les Liégeois luy avoient faite à cause de luy et de sa venue ; et aussi il luy dit la prochaineté du lignage qui estoit entre le Roy et l'Évesque de Liège ; car il estoit de la maison de Bourbon. A ces paroles le roy respondit que ouy, mais que la paix fust jurée (ce qu'il désiroit), qu'il estoit content d'aller avec luy à Liège et d'y mener des gens, en si petit ou si grand nombre que bon luy sembleroit. Ces paroles éjouirent fort ledit Duc, et incontinent fut apporté ledit traité de paix, et fut tirée des coffres du Roy la vraye croix, que sainct Charlemagne portoit, qui s'appelle la croix de victoire, et jurèrent la paix, et tantost furent sonnées les cloches par la ville, et tout le monde fut éjouy. Autresfois a plu au Roy me faire cet honneur de dire que j'avoys bien servy à cette pacification.

Philippe de Comines, seigneur d'Argenton, naquit au château de Comines, en 1445, d'une des plus illustres familles de Flandre. Élevé à la cour de Philippe le Bon, il fut attaché, par ce prince, à la maison de son fils Charles, comte de Charolais. Comines se battit bravement aux côtés de son maître, à la rencontre de Montlhéry. Admis dans l'intimité du jeune héritier de Bourgogne, il ne perdit point la faveur de ce prince lorsque Philippe, en mourant, lui laissa ses États. Comines se trouvait près de Charles, quand Louis XI vint à Péronne; il paraît que le conseiller du duc se laissa gagner par le roi, car plus que tout autre il contribua à le faire sortir vivant des mains d'un rival irrité. Après avoir servi encore quelque temps Charles, au moment même où la fortune semblait l'abandonner, Comines quitta son ami d'enfance, le fils de son bienfaiteur, pour s'attacher à Louis XI. Mézeray a justement flétri Comines, en interprétant ainsi le silence gardé par cet habile écrivain sur sa défection : « *Si les raisons de Comines eussent été honnêtes, il les auroit expliquées, lui qui raisonnait si bien sur toutes choses.* »

Louis XI, qui estimait beaucoup le savoir, le sang-froid, la finesse de Comines, lui donna la principauté de Talmont, les seigneuries d'Olonne, de la Chaune, de Curzon, de Château-Gontbier, etc., et lui fit épouser Hélène de Jambes, d'une famille riche et illustre. Devenu possesseur de la Bourgogne, Louis XI y envoya Comines. On aurait voulu, pour l'honneur de sa mémoire, que l'ancien ami de Charles ne contribuât pas à assurer la dépouille de son premier maître au monarque qui avait soutenu et encouragé les Suisses... Comines fut nommé ambassadeur à Florence, et à son retour il servit Louis XI en qualité de valet de chambre.

Ce prince aimait beaucoup le caractère de Comines. En effet, doué d'une vive intelligence, il comprenait la moindre parole de son maître, ne rappelait jamais le service qu'il lui avait rendu, et n'oubliant pas qu'un mot imprudent pouvait le perdre, il ne trahit dans aucune circonstance la confiance du rusé monarque, qui se plaisait à le consulter.

Sous le règne de Charles VIII, Comines jouit d'une faveur médiocre ; il se vit même chassé de la cour, où il ne tarda pas à reparaître. Ayant été surpris dans une conspiration des princes, contre la régente Anne de Beaujeu, dont il livrait les secrets, le sire d'Argenton fut mis en prison, à Loches, dans une de ces cages de fer inventées par Louis XI. « Plusieurs ont maudit ces cages, dit Comines, et moi aussi qui en ai tâté sous le roi d'à présent. » Le parlement fit, en 1458, le procès à l'accusé, qui, reconnu coupable, fut condamné à être exilé dans une de ses terres pendant dix ans, et à la confiscation du quart de ses biens.

En 1493, Comines assista au traité de Senlis, conclu entre le roi et l'archiduc d'Autriche, devenu, par son mariage avec l'héritière de Charles le Téméraire, duc de Bourgogne. Charles VIII emmena, en Italie, Comines, qui le servit avec une rare sagesse et un talent digne d'un meilleur succès. A la bataille de Fornoue, il se trouvait près du jeune roi. On ne voit pas que le sire d'Argenton, après avoir contribué au traité de Verceil ait été employé plus longtemps sous Charles VIII. Louis XII, tant qu'il avait été duc d'Orléans, s'était montré favorable à l'habile conseiller de Louis XI ; devenu roi, il ne sembla plus le reconnaître.

Comines mourut, le 16 août 1509, à Argenton, son corps fut transporté aux Grands-Augustins, à Paris.

Il est extrêmement difficile de classer par ordre de mérite les chroniqueurs de divers siècles ; cependant l'opinion générale place Comines à la tête des hommes qui ont écrit en français antérieurement à Montaigne, son grand admirateur. Outre un style élégant et nerveux, sans rudesse comme sans affectation, Comines, l'un des plus habiles observateurs du cœur humain, joint donne à ses personnages la vie et les mœurs qui leur sont propres.

La plupart des chroniqueurs qui ont précédé Comines se sont simplement adonnés à raconter les faits, lui les juge avec un sang-froid, un bon sens et en même temps une finesse qui rappellent son maître. Sujet du roi le plus despotique qui ait existé, admirateur de Louis XI, il n'en flétrit pas moins la tyrannie et la cruauté de son maître. Historien quelquefois plein de chaleur et d'éloquence, Comines garde toujours sa dignité et un certain air grave et posé qui donne un grand prix aux leçons de sa vieille expérience. Il ne faut point chercher dans Comines la profondeur de Machiavel et son cynisme à légitimer les résultats par le but. Le sire d'Argenton raconte les actions et les pensées des hommes de son temps ; et quoique coupable lui-même de plus d'une action bien criminelle, il condamne en général ce qui n'est pas noble ou généreux. Comines n'a écrit que ses Mémoires.

M. de Barante, avec toute la vérité d'un chroniqueur, se plaît à raconter l'entrevue de Péronne, décrite avec une si adroite simplicité par Comines, qui n'ose pas trop avouer la conduite qu'il a tenue entre Louis XI et Charles le Téméraire.

A côté de l'auteur de l'*Histoire des ducs de Bourgogne*, nous devons placer Walter-Scott. Sans doute dans son beau roman de *Quentin Durward*, l'illustre écrivain a souvent méconnu les mœurs de l'époque, sans doute plus d'un fait a été mal expliqué par lui et présenté plutôt sous l'aspect dramatique que sous l'aspect véritable, mais l'admirable manière dont Walter Scott a retracé l'entrevue de Péronne, la colère du duc, la présence d'esprit, la conduite adroite et ferme de Louis XI, dont le cœur tremblait sans que sa figure laissât percer aucune trace de frayeur, suffirait pour donner une haute idée d'un écrivain qui n'aurait pas d'autres titres de gloire.

BATAILLE DE GRANSON.

Les Suisses s'étoient assemblez, non point en grand nombre, comme j'ay ouy conter à plusieurs d'entr'eux (car de leurs terres ne se tirent point les gens que l'on pense, et encores moins lors, que maintenant : car depuis ce la plupart ont laissé le labeur pour se faire temps, gens de guerre) et de leurs alliez, en avoient peu avec eux : car ils estoient contraints se haster pour secourir la place : et comme ils furent aux champs, ils sceurent la mort de leurs gens.

Le Duc de Bourgogne, contre l'opinion de ceux à qui il en demandoit, délibéra d'aller au-devant d'eux, à l'entrée des montagnes où ils estoient encores, qui estoit bien son désavantage : car il estoit bien en lieu advantageux pour les attendre, et clos de son artillerie, et partie d'un lac : et n'y avoit nulle apparence qu'ils luy eussent sceu porter dommage. Il avoit envoyé cent archers garder certain passage à l'encontre de cette montagne : et rencontrèrent ces Suisses, et luy se mit en chemin, la pluspart de son armée, estant encores en plaines. Les premiers rangs de ses gens cuidoient retourner, pour rejoindre avec les autres : mais les menuës gens qui estoient tous derrière, cuidans que ceux-là fuissent, se mirent à la fuite : et peu à peu se commença à retirer cette armée vers le camp, faisans aucuns très bien leur devoir. Fin de compte, quand ils vindrent jusques à leur ost, ils n'essayèrent point de se deffendre : et tout se mit à la fuite : et gagnèrent les Allemans son camp et son artillerie, et toutes les tentes et pavillons de luy et de ses gens, dont il y avoit grand nombre, et d'autres biens infinis; car rien ne se sauva que les personnes et furent perduës toutes les grandes bagues du dit duc : mais de gens, pour cette fois, ne perdit que sept hommes-d'armes. Tout le demeurant fuit, et luy ausi. Il se devoit mieux dire de luy *qu'il perdit honneur et chevanche ce jour,* que l'on ne fist du roy Jehan de France, qui vaillamment fut pris à la bataille de Poitiers.

Voicy la première male advanture et fortune que ce duc avoit jamais eue en toute sa vie. De toutes ses autres entreprises il en avoit eu l'honneur ou le profit. Quel dommage luy advint ce jour, pour user de sa teste, et mépriser conseil ? Quel dommage en a receu sa maison, et en quel estat en est-elle encores, et en adventure d'estre d'ici à long-temps? Quantes sortes de gens luy en devindrent ennemis, et se déclarèrent, qui le jour de devant temporisoient avec luy, et se feignoient amis ? Et pour quelle querelle commença cette guerre? Ce fut pour un charriot de peaux de moutons, que monseigneur de Romont prit à un Suisse, en passant par sa terre. Si Dieu n'eust délaissé ledit duc, il n'est pas apparent qu'il se fut mis en péril pour si peu de chose : veu les offres qui luy avoient esté faites, et contre tels gens il avoit à faire, où il n'y pouvoit avoir nul acquest, ne nulle gloire : car pour lors les Suisses n'estoient point estimez comme ils sont pour cette heure : et n'estoit rien plus pauvre : et ay ouy dire à un chevalier de leurs, qui avoit esté des premiers ambassadeurs, qu'ils avoient envoyez devers ledit duc, qu'il avoit dit en faisant leurs remontrances, pour le démouvoir de cette guerre, que contr'eux ne pouvoit rien gagner : car leur pays estoit très stérile et pauvre : et qu'ils n'avoient nuls bons prisonniers : et qu'il ne croyoit pas que les esperons et mords des chevaux de son ost, ne vausissent plus d'argent, que tous ceux de leur territoire ne sçauroient payer de finances, s'ils estoient pris.

Voici comme M. de Barante, dans sa belle *Histoire des ducs de Bourgogne,* a raconté la fin de la bataille de Granson.

« Le duc se trouvait enfin repoussé vers ce camp si bien fortifié qui ne lui avait été de nul usage et vers le gros de son armée, dont son imprudence l'avait séparé. Il pensait retrouver là tout son avantage. Mais pendant le combat, le reste des Suisses avait continué à gagner les hauteurs. Le duc vit tout à coup paraître à sa gauche, sur les collines de Bonvillars et de Champigny, une foule d'ennemis bien plus grande encore que celle qui avait déjà combattu. Ils avançaient avec un bruit effroyable, en poussant le cri : *Granson! Granson!* comme pour rappeler leurs confédérés mis traitreusement à mort. Bientôt on entendit au loin le son retentissant des trompes d'Uri et d'Unterwalden. C'étaient deux cornes d'une merveilleuse grandeur, qui, selon la tradition de ces peuples, avaient été jadis données à leurs pères par Pépin et Charlemagne, et qui servaient à les exciter et à les rallier dans les combats; deux hommes robustes soufflaient à perte d'haleine dans ces deux cornes: qui se nommaient vulgairement *le taureau d'Uri* et *la vache d'Unterwalden,* et, par trois fois, faisait retentir dans les montagnes ce son prolongé et terrible, que les Autrichiens redoutaient depuis si longtemps; et que les Bourguignons apprirent aussi à connaître.

» Le ciel s'était obscurci et le soleil de ce jour d'hiver (2 mars 1476) éclairait vivement cette nouvelle armée qui descendait des hauteurs : « Et quels sont ceux-ci ? » demanda le duc, à Brandolfe de Stein, ce capitaine de Granson, fait prisonnier dans la ville avant le siège du château. « Qu'est-ce que ce peuple sauvage? sont-ils aussi vos alliés? »
» — Oui, monseigneur, répondit le prisonnier; et les plus anciens de tous. Ce sont les gens des vieilles lignes suisses, » qui habitent les hautes montagnes, ceux qui ont tant de » fois mis les Autrichiens en déroute. Voilà les gens de » Glaris, et je reconnais leur landammen Tschudi ; plus loin, » ceux de Schaffouse, et voici encore le bourgmestre de Zu- » rich avec sa troupe. — En ce cas, » reprit le duc, « c'est » fait de nous, puisque la seule avant-garde nous a donné » tant de peine. »

» Toutefois, le duc ne perdit pas courage ; il s'en allait de tout côtés, ralliant ses gens, essayant de les mettre en bataille, se jetant tout le premier à travers le danger. C'étaient peine et vaillance perdues. La retraite précipitée de la cavalerie et des meilleurs hommes d'armes avait déjà commencé à répandre le trouble et l'épouvante dans le reste de l'armée, mais lorsqu'on entendit les cris des gens des montagnes, et le son effroyable et nouveau de leurs trompes ; lorsqu'on les vit descendre tête baissée et à grands pas, comme si rien ne dût les arrêter ; lorsque les couleuvrines qu'ils avaient amenées commencèrent à tirer à l'improviste, alors le désordre se mit dans tout le camp, une terreur panique s'empara des esprits. Les Italiens, les premiers, prirent la fuite ; tous couraient éperdus çà et là, hâtant leur course sans s'arrêter un instant, et comme poursuivis par une puissance invisible. Le duc les rappelait par ses cris, les accablait d'injures, les frappait à grands coups d'épée. Accablé de fatigue, épuisé de douleur et de rage, et resté presque le dernier, lui-même enfin prit la fuite, n'ayant plus ni camp ni armée, et s'en alla à l'aventure, suivi de cinq seulement de ses serviteurs. Il courut ainsi sans s'arrêter pendant six lieues, jusqu'à Jougue, entre le passage du Jura. « Ah! monseigneur, » lui disait son fou pendant cette triste retraite, « nous voilà bien annibalés. »

MOEURS DU DUC DE BOURGOGNE.

Dieu luy veüille pardonner ses péchez : Je l'ay veu grand et honorable prince, et autant estimé et requis de ses voisins, un temps a esté, que nul prince qui fust en la chrestienté, ou par aventure plus. Je n'ay veu nulle occasion pourquoy plus tost il peust avoir encouru l'ire de Dieu, que de ce que toutes les grâces et honneurs qu'il avoit receus en ce monde, il les estimoit tous estre procédez de son sens et de sa vertu, sans les attribuer à Dieu, comme il devoit : car à la vérité, il avoit de bonnes et vertueuses parties en luy. Nul prince ne le passa jamais de désirer nourrir grandes gens, et les tenir bien reglez. Ses bien-faits n'estoient point forts grands, pour ce qu'il vouloit que chacun s'en ressentit : jamais nul plus libéralement ne donna audience à ses serviteurs et sujets. Pour le temps que je l'ay connu il n'estoit point cruel ; mais le devint peu avant sa mort, qui estoit mauvais signe de longue durée. Il estoit fort pompeux en habillements, et en toutes autres choses, un peu trop. Il portoit fort grand honneur aux ambassadeurs, et gens estrangers. Ils estoient fort bien festoyez, et recueillis chez luy : il désiroit grande gloire, qui estoit ce qui plus le mettoit en ses guerres que nulle autre chose : et eût bien voulu ressembler à ces anciens princes, dont il a esté tant parlé, après leur mort : et estoit autant hardy qu'homme qui ait régné de son temps.

Or sont finies toutes ces pensées : et le tout a tourné à son préjudice et honte : car ceux qui gagnent, ont toujours l'honneur. Je ne sçaurois dire vers qui notre Seigneur s'est monstré plus courroucé, ou vers luy, qui mourut soudainement, et en ce champ sans guères languir, ou vers ses sujets, qui onques puis n'eurent bien ne repos, mais continuellement guerre : contre laquelle ils n'estoient suffisans de résister aux troubles qu'ils avoient les uns contre les autres, et en guerre cruelle et mortelle. Et ce qui leur a esté plus fort à porter, a esté que ceux qui le deffendoient, estoient gens estrangers, qui n'aguerres avoient esté leurs ennemis : c'estoient les Allemans. Et en effet, depuis ladite mort n'y eust jamais homme qui bien leur vousit, de quelques gens qu'ils se soient aidez. Et a semblé, à voir leurs œuvres, qu'ils eussent les sens aussi troublez, comme leur prince. Car un peu avant sa mort, tout conseil bon et seur ils ont dejetté, et cherché toutes voyes, qui leur estoient nuisibles, et sont en chemin que ce trouble ne leur faudra de grande pièce, ou au moins la crainte d'y rechéoir.

Je serois assez de l'opinion de quelque autre que j'ay veu, c'est que Dieu donne le prince, selon qu'il veut punir et chastier les sujets : et aux princes les sujets, ou leurs courages disposez envers luy, selon qu'il les veut élever ou abaisser : et ainsi en advint à cette maison de Bourgogne : car après leur longue félicité et grandes richesses, et trois grands princes bons et sages, précédens cestuy-cy, qui avoient duré six vingts ans et plus en bons sens et vertu, il leur donna ce duc Charles, qui continuellement les tint en grande guerre, travail et despense, et presque autant en temps d'hiver que d'esté. Beaucoup de gens, riches et aisez, furent morts et destruits par prisons en ces guerres : les grandes pertes commencèrent devant Nuz, qui continuèrent par trois batailles, jusques à l'heure de sa mort : et tellement qu'à cette dernière bataille estoit consommée toute la force de son pays, et morts ou destruits ou pris tous ses gens, c'est à savoir ceux qui eussent sceu ou voulu deffendre l'estat et l'honneur de sa maison. Et ainsi comme j'ay dit, semble que cette perte ait esté égale au temps qu'ils ont esté en félicité : car, comme je dis, l'avoir veu grand, riche, et honoré, encores puis-je dire avoir veu tout cela en ses sujets : car je cuide avoir veu et connu la meilleure part d'Europe ; toutesfois je n'ay connu nulle seigneurie, ne pays, tant pour tant, ny de beaucoup plus grande estenduë encores, qui fût si abondant en richesses, en meubles, et en édifices, et aussi en toutes prodigalitez, despenses, festoyemens, chères, comme je les ay veus, pour le temps que j'y estois. Et s'il semble à quelqu'un, que je n'y ay point esté pour le temps que je dis, que j'en die trop, d'autres y estoient comme moy qui par aventure diront que j'en dis peu.

DERNIERS MOMENTS DE LOUIS XI (1).

Tousjours avoit espérance en ce bon hermite, qui estoit au Plessis, dont j'ay parlé, qu'il avoit fait venir de Calabre, et incessamment envoyoit devers luy, disant que s'il vouloit il lui allongeroit bien sa vie : car nonobstant toutes ces ordonnances, qu'il avoit faites de ceux qu'il avoit envoyez devers monseigneur le Dauphin son fils, si luy revint le cœur, et avoit bien espérance d'échapper : et si ainsi fut advenu, il eût bien départy l'assemblée qu'il avoit envoyée à Amboise, à ce nouveau roy. Et pour cette espérance qu'il avoit audit hermite, fut avisé par un certain théologien et autres, qu'on luy déclareroit qu'il s'abusoit, et qu'en son faict il n'y avoit plus d'espérance qu'à la miséricorde de Dieu ; et qu'à ces parolles se trouveroit présent son médecin, maistre Jacques Cothier, en qui il avoit toute espérance, et à qui chacun mois il donnoit dix mille escus, espérant qu'il lui allongeroit la vie. Et fut prise cette conclusion par maistre Olivier (2) et ledit maistre Jacques, médecin, afin que de tous points il pensast à sa conscience, et qu'il laissast toutes autres pensées, et ce saint homme en qui il se fioit.

Et tout ainsi qu'il avoit haussé ledit maistre Olivier et autres, trop à coup, et sans propos, en estat plus grand qu'il ne leur appartenoit : aussi tout de mesme prirent charge sans crainte de dire chose à un tel prince, qui ne leur appartenoit pas : ny ne gardèrent la révérence et humilité qu'il appartenoit au cas, comme eussent fait ceux qu'il avoit de long-temps nourris, et lesquels peu auparavant il avoit esloignez de luy, pour ses imaginations ; mais tout ainsi qu'à deux grands personnages qu'il avoit fait mourir de son temps (dont de l'un fit conscience à son trespas, et de l'autre non, ce fut du duc de Nemours, et du comte de Sainct-Paul) fut signifiée la mort par commissaires députez à ce faire ; lesquels commissaires en briefs mots leur déclarèrent leur sentence, et baillèrent confesseur, pour disposer de leurs consciences, en peu d'heures qui leur fut baillée à ce faire : tout ainsi signifièrent à nostre roy les dessusdits sa mort en brièves paroles et rudes, disans : « *Sire, il faut que nous nous acquitions, n'ayez plus d'espérance en ce sainct homme, ny en autre chose : car seurement il est fait de vous, et pour ce pensez à vostre conscience, car il n'y a nul remède.* » Et chacun dit quelque mot assez brief, ausquels il respondit : « *J'ay espérance que Dieu m'aidera : car par avanture je ne suis pas si malade comme vous pensez.* »

Quelle douleur lui fut d'ouïr cette nouvelle, et cette sentence ! car oncques homme ne craignit plus la mort, et ne fit tant de choses, pour y cuider mettre remède, comme luy : et avoit tout le temps de sa vie prié à ses serviteurs, et à moy comme à d'autres, que si on le voyoit en nécessité de mort, que l'on ne lui dît, fors tant seulement : *Parlez peu :* et qu'on l'émeust seulement à soy confesser, sans lui prononcer ce cruel mot de *la mort :* car il luy sembloit n'avoir pas le cœur pour ouyr une si cruelle sentence ; toutesfois il l'endura vertueusement, et toutes autres choses, jusques à la mort, et plus que nul homme que jamais j'aye veu mourir. A son fils qu'il appeloit *roy*, manda plusieurs choses, et se confessa très bien, et dit plusieurs oraisons servans à propos, selon les sacremens qu'il prenoit, lesquels luy-mesme demanda ; et comme j'ay dit, il parloit aussi sec, comme si jamais n'eust esté malade, parloit de toutes choses qui pouvoient servir au roy son fils, et dit entre autres choses, qu'il vouloit que le sieur des Cordes ne bougeât d'avec le roy son fils, de six mois, et qu'on le priât de ne mener nulle pratique sur Calais, ny ailleurs, disant qu'il estoit conclu avec luy de conduire telles entreprises, et à bonne intention pour le roy et pour le royaume ; mais qu'elles estoient dangereuses, et par espécial celle de Calais, de peur d'émouvoir les Anglois ; et vouloit sur toutes choses, qu'après son trespas on tînt le royaume en paix cinq ou six ans, ce que jamais n'avoit peu souffrir en sa vie. Et à la vérité dire, le royaume en avoit bon besoin : car combien qu'il fut grand et estendu, si estoit-il bien maigre et pauvre ; et par espécial pour les passages des gens-d'armes, qui se remuoyent d'un pays en un autre : comme ils ont fait depuis et beaucoup pis. Il ordonna qu'on ne prît pas de débat en Bretagne, et qu'on laissât vivre le duc François en paix, et sans luy donner doutes ne craintes, et semblablement tous les voisins du royaume, à fin que le roy et le royaume peussent demeurer en paix jusques

---

(1) Ce roi prit, en 1469, le titre de Très-Chrétien, resté à ses successeurs et celui de *Majesté* jusqu'alors peu connu de nos rois.

(2) Olivier le Daim, le Diable ou le Mauvais, car il portait à la fois ces trois noms, était barbier de Louis XI. Il fut pendu sous Charles VIII, en 1484.

à ce que le roy fût grand et en âge pour en disposer à son plaisir.

Voilà donc comment peu discrétement luy fut signifiée cette mort. Ce que j'ay bien voulu réciter, pour ce qu'en un article précédent, j'ai commencé à faire comparaison des maux qu'il avoit fait souffrir à aucuns, et à plusieurs qui vivoient sous lui et en son obéissance, avec ceux qu'il souffrit avant sa mort, à fin que l'on voye s'ils n'estoient si grands ne si longs (comme j'ay dit audit article), si estoient-ils bien grands, veu sa nature qui plus demandoit obéissance que nul autre en son temps, et qui plus l'avoit eue ; parquoy un petit mot de response, contre son vouloir, lui estoit bien grande punition de l'endurer. J'ay parlé comme lui fut signifiée et prononcée peu discrétement la mort, mais quelques cinq ou six mois devant cette mort, il avoit suspicion de tous hommes, et spécialement de tous ceux qui estoient dignes d'avoir authorité. Il avoit crainte de son fils, et le faisoit étroitement garder, ne nul homme ne le voyoit, ne parloit à luy, sinon par son commandement. Il avoit doute à la fin de sa fille, et de son gendre, à présent duc de Bourbon, et vouloit sçavoir quelles gens entroyent au Plessis quant et eux ; et à la fin, rompit un conseil que le duc de Bourbon, son gendre, tenoit léans par son commandement.

A l'heure que sondit gendre et le comte de Dunois revinrent de remener l'ambassade qui estoit venuë aux nopces du roy son fils et de la reyne, à Amboise, et qu'ils retournèrent au Plessis, et entrèrent beaucoup de gens avec eux, ledit seigneur, qui fort faisoit garder les portes, estant en la galerie qui regarde en la cour dudit Plessis, fit appeler un de ses capitaines des gardes, et luy commanda aller taster aux gens des seigneurs dessusdits, voir s'ils n'avoyent point de brigandines sous leurs robes, et qu'il le fît comme en devisant à eux, sans trop en faire de semblant. Or regardez s'il avoit fait vivre beaucoup de gens en suspicion et crainte sous luy, s'il en estoit bien payé, et de quelles gens il pouvoit avoir seureté, puis que de son fils, fille, et gendre, il avoit suspicion. Je ne le dis point pour luy seulement, mais pour tous autres seigneurs, qui désirent estre craints, jamais ne se sentent de la revanche, jusques à la vieillesse ; car pour la pénitence ils craignent tout homme. Et quelle douleur estoit à ce roy d'avoir telle peur et telles passions !

Il avoit son médecin appelé maistre Jacques Cothier, à qui en cinq mois il donna cinquante-quatre mille escus contans (qui estoit à la raison de dix mil escus le mois, et quatre mille par dessus), et l'évesché d'Amiens pour son neveu, et autres offices et terres pour luy, et pour ses amis. Ledit médecin lui estoit si très rude, que l'on ne diroit point à un valet les outrageuses et rudes parolles, qu'il luy disoit, et si le craignoit tant ledit seigneur, qu'il ne l'eût osé envoyer hors d'avec luy, et si s'en plaignoit à ceux à qui il en parloit ; mais il ne l'eût osé changer, comme il faisoit tous autres serviteurs, pour ce que ledit médecin luy disoit audacieusement ces mots : « Je sçay bien qu'un matin vous m'envoyerez comme vous faites d'autres : mais par la...... (un grand serment qu'il juroit) vous ne vivrez point huict jours après. » De ce mot là s'épouvantoit tant, qu'après ne le faisoit que flater, et luy donner, qui lui estoit un grand purgatoire en ce monde, veu la grande obéissance qu'il avoit eue de toutes gens de bien, et de grands hommes.

Il est vray que le roy nostre maistre avoit fait de rigoureuses prisons, commes cages de fer, et autres de bois, couvertes de plaques de fer par le dehors et par le dedans, avec terribles ferrures de quelques huict pieds de large, et de la hauteur d'un homme, et un pied plus. Le premier qui les devisa, fut l'évesque de Verdun (1), qui en la première qui fut faite, fut mis incontinent, et a couché quatorze ans. Plusieurs depuis l'ont maudit, et moy aussi, qui en ay tasté, sous le roy de présent, l'espace de huict mois. Autrefois avoit fait faire à des Allemans des fers très pesans et terribles, pour mettre aux pieds, et y estoit un anneau, pour mettre au pied, fort malaisé à ouvrir, comme à un carquan, la chaîne grosse et pesante, et une grosse boule de fer au bout, beaucoup plus pesante que n'estoit de raison, et les appelloit-l'on *les fillettes du roy*. Toutesfois j'ay veu beaucoup de gens de bien prisonniers les avoir aux pieds, qui depuis en sont saillis à grand honneur et à grant joye, et qui depuis ont eu de grands biens de luy, et entre les autres, un fils de monseigneur de la Grutuse de Flandres, pris en bataille, lequel ledit seigneur maria, et fit son chambellan, et séneschal d'Anjou, et luy bailla cent lances. Aussi au seigneur de Piennes, prisonnier de guerre, et audit seigneur de Vergy. Tous deux ont eu gens-d'armes de luy, et ont esté ses chambellans, ou de son fils et autres gros estats ; et autant à monseigneur de Rochefort, frère du connestable, et à un appellé Roquebertin, du pays de Catalogne, semblablement prisonnier de guerre, à qui il fit de grans biens, et plusieurs autres, qui seroient trop longs à nommer, et de diverses contrées.

(1) On avait fait sur cet évêque (Guillaume de Harancourt) et sur le cardinal Baluc, qui demeura longtemps aussi dans les *cages de fer* du roi, l'épigramme suivante qui se trouve dans *le cabinet du roy Louys XI*, et que M. Victor Hugo a insérée dans *Notre-Dame de Paris* :

    Maistre Jean Balue
    A perdue la vue
    De ses évêchés ;
    Monsieur de Verdun
    N'en a plus pas un ;
    Tous sont dépeschez.

Or cecy n'est pas nostre matière principale, mais faut revenir à dire qu'ainsi comme de son temps furent trouvées ces mauvaises et diverses prisons, tout ainsi, avant mourir, il se trouva en semblables et plus grandes prisons, et aussi plus grande peur il eut que ceux qu'il y avoit tenus; laquelle chose je tiens à très grande grâce pour luy, et pour partie de son purgatoire, et je le dis ainsi pour monstrer qu'il n'est nul homme, de quelque dignité qu'il soit, qui ne souffre, ou en secret, ou en public, et par espécial ceux qui font souffrir les autres. Ledit seigneur, vers la fin de ses jours, fit clorre, tout à l'entour de sa maison du Plessis-lez-Tours, de gros barreaux de fer, en forme de grosses grilles, et aux quatre coins de sa maison, quatre moineaux de fer, bons, grans et espais. Lesdittes grilles estoient contre le mur, du costé de la place, de l'autre part du fossé, car il estoit à fond de cuve, et y fit mettre plusieurs broches de fer, massonnées dedans le mur, qui avoient chacune trois ou quatre pointes, et les fit mettre fort près l'une de l'autre. Et davantage ordonna dix arbalestriers à chacun des moineaux dedans lesdits fossez, pour tirer à ceux qui en approcheroient avant que la porte fut ouverte, et vouloit qu'ils couchassent ausdits fossez, et se retirassent ausdits moineaux de fer. Il entendoit bien que cette fortification ne suffisoit pas contre grand nombre de gens, ne contre une armée : mais de cela il n'avoit point peur, seulement craignoit-il que quelque seigneur, ou plusieurs, ne fissent une entreprise de prendre la place de nuict, demy par amour, et demy par force, avec quelque peu d'intelligence, et que ceux-là prissent l'authorité, et le fissent vivre comme homme sans sens, et indigne de gouverner.

La porte du Plessis ne s'ouvroit, qu'il ne fut huict heures du matin, ny ne baissoit-on le pont jusques à ladite heure, et lors y entroient les officiers : et les capitaines des gardes mettoient les portiers ordinaires ; et puis ordonnoient leur guet d'archers tant à la porte que parmy la cour, comme en une place frontière estroitement gardée ; et n'y entroit nul que par le guichet, et que ce ne fut du sceu du roy, excepté quelque maistre d'hostel, et gens de cette sorte, qui n'alloient point devers lui. Est-il donques possible de tenir un roy, pour le garder plus honnestement, et en estroite prison que luy-mesme se tenoit ! Les cages où il avoit tenu les autres, avoient quelques huict pieds en quarré, et luy qui estoit si grand roy, avoit une petite cour de chasteau à se pourmener ; encore n'y venoit-il guères, mais se tenoit en la galerie, sans partir de là, sinon par les chambres, et alloit à la messe sans passer par ladite cour. Voudroit-l'on dire que ce roy ne souffrit pas aussi bien que les autres, qui ainsi s'enfermoit, et se faisoit garder, qui estoit ainsi en peur de ses enfans, et de tous ses prochains parens, et qui changeoit et muoit de jour en jour ses serviteurs qu'il avoit nourris, et qui ne tenoient bien ne honneur que de luy, tellement qu'en nul d'eux ne s'osoit fier, et s'enchaînoit ainsi de si estrange chaîne et clostures ? Il est vray que le lieu estoit plus grand que d'une prison commune, aussi estoit-il plus grand que prisonniers communs.

On pourroit dire que d'autres ont esté plus suspicionneux que luy : mais ce n'a pas esté de nostre temps, ne par aventure homme si sage que luy, ne qui eût de si bons subjets, et avoient ceux-là par aventure esté cruels et tyrans ; mais cestuy-cy n'a fait mal à nul, qui ne luy eust fait quelque offense. Je n'ay point dit ce que dessus pour seulement parler des suspicions de nostre roy, mais pour dire que la patience qu'il a portée en ses passions, semblables à celles qu'il a fait porter aux autres, je la répute à punition, que nostre Seigneur luy a donnée en ce monde, pour en avoir moins en l'autre, tant ès choses dont j'ay parlé, comme en ses maladies, bien grandes et douloureuses pour luy, et qu'il craignoit beaucoup avant qu'elles luy advinssent ; et aussi à fin que ceux qui viendront après luy, soient un peu plus piteux au peuple, et moins aspres à punir qu'il n'avoit esté : combien que je ne luy veux pas donner charge, ne dire avoir veu meilleur prince. Il est vray qu'il pressoit ses subjets, toutes fois il n'eût point souffert qu'un autre l'eût fait, ne privé, ny étrange.

Après tant de peur, et de suspicions et douleurs, nostre Seigneur fit miracle sur luy, et le guérit, tant de l'âme que du corps, que tousjours a accoustumé, en faisant ses miracles : car il l'osta de ce misérable monde en grande santé de sens et d'entendement, et bonne mémoire, ayant receu tous ses sacremens, sans souffrir douleur que l'on cogneut, mais tousjours parlant jusques à une patenostre avant sa mort. Ordonna de sa sépulture, et nomma ceux qu'il vouloit qu'ils l'accompagnassent par chemin, et disoit qu'il n'espéroit à mourir qu'au samedy, et que nostre Dame luy procureroit cette grâce, en qui tousjours avoit eu fiance et grande dévotion et prière ; et tout ainsi luy en advint : car il décéda le samedy pénultième jour d'aoust, l'an mil quatre cents quatre-vingts et trois, à huict heures au soir, audit lieu du Plessis, où il avoit pris la maladie le lundy de devant (1). Nostre Seigneur ait son âme, et la vueille avoir receuë en son royaume de Paradis.

(1) Il fut enterré à Notre-Dame de Cléry, où son tombeau fut ouvert et profané par les Huguenots, en 1562.

Comines a écrit, avec un rare talent, le règne si mémorable de Louis XI, mais l'esprit du sire d'Argenton avait trop de rapport avec celui du monarque, pour que la sévérité de l'historien n'en ait pas été un peu affaiblie.

QUINZIÈME SIÈCLE.

Deux monuments historiques, très-courts mais fort curieux, peindront mieux que nous ne saurions le faire la cruauté du fils de Charles VII. La première des deux lettres que nous citons est extraite de Comines, l'autre de Brantôme.

LETTRE DU DUC DE NEMOURS (1).

(Jacques d'Armagnac, duc de Nemours, ayant esté détenu prisonnier, par ordre de Louis XI, fut conduit à la Bastille Saint-Anthoine, d'où il écrivit, durant son procès, la lettre suivante au roy.)

« Mon très-redouté et souverain seigneur, tant et si humblement que faire je puis, me recommande à vostre grâce et miséricorde; sire, j'ay fait à mon pouvoir ce que par messieurs le chancelier, premier président, monsieur de Montagu et de Vitray, vous a plu me commander; car pour mourir ne vous veux désobéyr, ne désobéyray; sire, ce que leur ay dit me sembloit que devois dire à vous et non à autre; et par ce vous supplie qu'il vous plaise n'en estre mal content, car rien jamais ne vous veux céler, n'y céleray, sire, en toutes les choses dessus dites; j'ay tant méfait envers Dieu et envers vous que je vois bien que je suis perdu, si vostre grâce et miséricorde ne s'estend, laquelle, tant et si très humblement et en grande amertume et contrition de cœur je puis, vous supplie et requiert, en l'honneur de la bénoiste passion de nostre Seigneur Jésus-Christ, et mérites de la benoiste Vierge Marie, et des grandes grâces qu'il vous a fait, plaise vous me l'octroyer et libéralement donner; si ce seul prix a racheté tout le monde, je le vous présente pour la délivrance de moy, pauvre pécheur, et entière abolition et grâce; sire, pour les grandes grâces qui vous sont faites, faites-moy grâce et à mes pauvres enfans; ne souffrez que pour mes péchez je meure à honte et confusion, et qu'ils vivent en déshonneur et au pain quérir; et si avez eu amour à ma femme, plaise vous avoir pitié du pauvre malheureux Mary et orphelins. Sire, ne souffrez qu'autre que vostre miséricorde, clémence et piété soit juge de ma cause, ne qu'autre que vous, pour l'honneur de nostre Dame, n'en ait connoissance. Sire, derechef, en l'honneur de la benoiste passion de mon Rédempteur, tant et si très humblement que faire puis, vous requiert pardon, grâce et miséricorde; je vous serviray bien, et si loyalement que vous connoistrez que suis vray repentant, et que de force de bien faire veux amender mes defauts; pour Dieu, sire, ayez pitié de moy et de mes pauvres enfans, et estendez vostre miséricorde, et à toujours ne cesseront de vous servir et de prier Dieu pour vous, auquel supplie que par sa grâce, sire, il vous do'nt très bonne vie et longue, et accomplissement de vos bons désirs. Escrit en la cage de la Bastille, le dernier janvier.

Vostre très humble et très obéyssant subjet et serviteur,

LE PAUVRE JACQUES.

LETTRE DE LOUIS XI A MONSIEUR DE BRESSIURE.

Monsieur de Bressiure,

J'ay receu vos lettres et les deux mille livres que vous m'avez envoyées par le porteur, dont je vous remercie. Des nouvelles de par deçà, nous avons pris Hesdin, Boulogne, Fiennes et le chasteau à la Montoire, que le roy d'Angleterre, qui fut plus de six semaines devant, ne put prendre; et fut pris de bel assaut, et tous ceux qui estoient dedans, qui estoient bien trois cens, tous tuez.

Les garnisons de Lisle, de Douay, d'Orchies et de Valenciennes, s'estant assemblées pour se mettre dans Arras, et estant bien cinq cens hommes à cheval, et mille hommes à pied, le gouverneur de Dauphiné, qui estoit en la Cité, en fut averty et alla au devant; et n'estoient point de nos gens plus haut de six vingt lances, qui donnèrent dedans; en effet; il les vous festoièrent si bien, qu'il en demeura plus de six cens sur le champ, et de prisonniers ils en amenèrent bien six cens à la Cité, et ont esté tous, les uns pendus et les testes coupées, et le reste gagna la fuite. Ceux dudit Arras estoient assemblez bien vingt-deux ou vingt trois pour aller en ambassade devers mademoiselle de Bourgogne (1); ils ont esté pris et les instructions qu'ils portoient, et eu les testes tranchées, car ils m'avoient fait une fois le serment. Il y en avoit un entre les autres, maistre Oudard de Bussy, à qui j'avois donné une seigneurie en Parlement; et afin qu'on connust bien sa teste, je l'ay fait atourner d'un beau chaperon fourré, et est sur le marché de Hesdin, là où il préside. Incontinent que nous aurons autres nouvelles, je les vous feray sçavoir. Je vous prie que vous pourvoyiez bien toujours à tout de par de-là, et de tout ce qui surviendra m'en avertissiez souvent, et adieu.

Escrite à Verdun, ce 26° jour d'avril.

LOUYS.

Quelle plaisanterie, notez, de faire ainsi encapuchonner ce pauvre diable d'un chaperon fourré, à la mode d'un président qui préside.

BRANTÔME.

---

(1) Il périt le 4 août 1477. Quelques écrivains ont cherché à excuser ses torts; mais Duclos, sans approuver l'horrible barbarie de son supplice, est plus sévère à son égard. On croit que ses jeunes enfans, vêtus de blanc, furent placés tête nue et mains jointes sous l'échafaud de leur père, pour que son sang ruisselât sur eux!...

(2) Marie, fille du Téméraire.

SAINT-GELAIS.

ÉLOGE DE LOUIS XII.

En imaginant bien le tout, il ne se trouvera aucun roy auparavant luy qui tant ait faict de bien à son advénement que cestuy-cy en tous endroicts. Il a soustenu et entretenu l'Église gallicane en ses libertez et franchises. La noblesse ne fut oncques mieulx traictée, et depuis qu'il est roy ne les a travaillez par arrière-bans, ne autres choses, ainsi qu'il avoit bien accoustumé d'estre faict Et ne leur a donné oncques occasion de faire despenses, pource que toutes ses guerres il les a conduictes et faictes à sa solde, et sans y contraindre aucun, si n'est de libérale volonté, et ceulx qui sont à ses gaiges et bienfaicts. Les citez et bonnes villes n'ont esté travaillées ny opprimées par aucuns emprunts, ains ont vescu en grande liberté. Et les marchands ont exercé le faict de leur marchandise en seureté plus que oncques mais ne feirent. Au regard du commun peuple, il l'a soulaigé de telle sorte qu'on ne pourroit plus. Car quelques grands affaires qu'il ait eu, il a chascune année diminué les aydes et les tailles, et tellement qu'elles se montent aussi peu que au commencement qu'elles furent imposées, eu régard aux pays et seigneuries que le dict seigneur tient davantaige.

Il a faict un autre bien particulier si grand, que aucun de ses prédécesseurs n'en feit oncques guères de semblable. C'est d'avoir osté la pillerie que les gens de guerre souloient faire sur le pays, qui estoit une chose insupportable au pauvre peuple. J'ay veu moy estant des ordonnances, que quand les gens d'armes arrivoient en un villaige, bourgade, ou ville champestre, les habitans, hommes et femmes, s'enfuyoient en retirant de leurs biens ce que ils pouvoient aux églises ou autres lieux forts, tout ainsi que si c'eussent esté les Anglois leurs anciens ennemis. Qui estoit piteuse chose à veoir. Car un logement de gens d'armes, qui eussent séjourné un jour et une nuict en une parroisse, y eussent porté plus de dommaige que ne leur coustoit la taille d'une année. Parquoy d'avoir mis ordre en cela, il n'est aucun doubte qu'il n'y ait cinq cent mille bonnes personnes qui ne facent prières et oraisons à Dieu pour la bonne prospérité et santé du roy, luy suppliant qu'il luy doint grâce de longuement vivre, comme celuy qu'ils congnoissent leur estre très utile et profitable. Car quand le pauvre laboureur a payé sa petite cotité de la taille, et la rente qu'il doibt au seigneur de qui il tient, il peut dire que ce qui luy demeure, soit bœuf ou vache, veau ou menton est sien, ce qu'il ne faisoit pas auparavant.

Au regard de la justice, elle ne fut oncques tenue en si grande vigueur qu'elle est du temps de ce règne. Tellement que le plus petit a justice contre le grand, sans faveur aucune, au moins qui vienne à la congnoissance du maistre. Car s'il estoit adverty qu'il y eust aucuns de ses juges favorables à l'une des parties, il en feroit la punition telle que ce seroit exemple à tous autres, et ne vouldroit point que on le favorisast luy mesme en quelque cause qu'il aye en aucun de ses parlemens. Les bonnes ordonnances faictes par les roys Philippes le bel et Charles le quint, et septiesme, sur le faict de la justice ont esté par luy confirmées, et en a faict d'autres bien bonnes. Il ne feit oncques mourir homme par justice soubdaine, en quelque façon que ce soit, quelque délict qu'il eust perpétré, et fust-ce contre luy mesme; mais a voulu que tous crimes fussent punis par ses juges ordinaires, en ensuivant l'ordre de droict et de raison, sans en user aucunement par volonté. Ayant tousjours en tous ses faicts peur d'offenser Dieu.

Jean de Saint-Gelais, seigneur de Moulien, frère du poète Octavien de Saint-Gelais, était issu d'une famille qui prétendait descendre de l'ancienne maison de Lusignan. Jean de Saint-Gelais, né dans les dernières années du XVe siècle, nous a laissé une *Histoire de France*, de 1270 à 1510, publiée à Paris, en 1722, par T. Godefroy; elle mérite d'être consultée, car elle est écrite avec une certaine indépendance d'esprit et beaucoup de sincérité.

OLIVIER MAILLARD.

SERMON

PRÊCHÉ A BRUGES EN L'AN 1500, LE CINQUIEME DIMANCHE DE CARÊME.

Seigneurs et povres pécheurs : sy vous avez détenu la matière d'hyer, l'on doit faire quelque chose pour avoir paradis. Isaye nous disoit hier, que Dieu le créateur deslye son poeuple par sa benoicte passion des lyens de l'ennemy d'enfer. Pour joindre la matière d'hyer à celle du jourd'huy : sainct Pol en nostre épistre nous présente Dieu le créateur en forme d'évesque prest pour dire la messe, ayant les sandales vermeilles aux pieds, les rubys vermeils aux doys, la cappe rouge, la mittre sur la teste et la croche en la main.

Il est anuyt le cincquiesme dimence de quaresme, à l'aventure qu'il en na de vous aultres qui ne le verrez jamais. Et dès cy en avant se commence le mistère de la benoiste passion du doulx Jhesucrist. — Frère, mon amy, nous n'y entendons rien. Distes-nous, s'il vous plaist, de quoy sert ceste épistre du jourd'huy au mistère de la passion. Que voeult dire cest evesque, prest pour dire la messe? que voeult dire la croche, la mittre, les sandales, le rubys et la chappe vermeille? — Seigneurs, tout à la manière que l'evesque se présente à la messe pour faire sacrifice à Dieu: en telle forme et manière se présenta Dieu le créateur le jour du grand vendredy pour faire sacrifice à Dieu son père pour nos péchiez. Il porta la croche, ce fut la croix; la mittre sur la teste, ce fut la couronne d'espines; les sandales et les rubys vermeilz, ce furent les cloux qui luy perchèrent les mains et les pieds; la cappe vermeille, ce fut son précieux sang qui le couvrist depuis la teste jusque aux piedz. Et comme dist nostre épistre : il ne sacrifia pas du sang des chevreaux ne des veaulx; mais son propre sang il respandit tout pour l'amour de nous. Puisdonc que le cas est itel que Dieu le créateur a tant souffert pour l'amour de nous, faisons quelque chose pour l'amour de luy; mectons la main à l'oevre, lessons nostre meschante vie, rasons et destruisons la maudite vile de Jhérico, la vie des péchiés. Et c'est de quoy je veulx suader en mi le teusme allégué. *Secundum verba assumpta quœ presunt sit civitas Jherico anathema, et omnia quœ in eá sunt.* Vela, seigneurs, que disent les paroles.

hem   hem   hem

Affin que à l'honneur de Dieu, au salut de vos âmes et de la myenne, je vous puisse dire quelque chose dont vous soyez meilleurs; nous saluerons la doulce Vierge bien eurée, advocate des pécheurs, et dirons le beau *Ave Maria*.

. . . . Qu'en dites-vous, dames, serez-vous bonnes théologiennes? et vous aultres gens de court, que vous samble-il? metterez-vous la main à l'oeuvre? vous y devez le guet, dictes moy par vostre arme, s'il vous plaist, avez-vous point poeur d'estre dampnez? — Et frère, direz-vous pourquoy serons-nous dampnez? Ne véez-vous pas que nous sommes si soingneulx de venir en vous sermons tous les jours, et puis nous alons à la messe, nous jeusnons, nous faisons des aulmones, nous disons tant d'orisons, Dieu aura pitié de nous et nous exaulcera. — Seigneurs, vous dictes bien, mais vous ne dittes point tout, je vous asseure, seigneurs. Si vous estes en péchié mortel, Dieu ne vous exaulcera pas en vos prières et oroisons, *Erubescimus sine lege loqui*, ce nous seroit honte de dire quelque chose que ne fust fondée en raison et en droit, si vous estes légistes nulz de vous, vous avez une belle loy civile : là où dist l'empereur que si ung homme est serf ou esclave, il doit estre degecté et débouté de toute procuracion et advocasserie et ne sera point ouy en justice que s'il a desservi la mort : il ne porra appeler qu'il n'aye la teste trenchie ou ne soye pendu au gibet. Je requiers au grant empereur qui est là sus, qu'il ne nous face mye le tour. Après vient le pape, qui ne porte pas d'espée, et dist en sa décrétale que nul de servile condicion ne poeult estre, promeu à quelque bénéfice espirituel. Vous avez ung aultre loy civile qui dist que quant l'on achate ung héritaige, se le vendeur y met des conditions, il les fault toutes garder sans en laisser une : aultrement le marchié est nul. Nous achetons l'héritaige du paradis ; le vendeur, c'est Dieu ; le créateur nous y met des condicions, ce sont ses commandemens : si nous en laissons ung, le marchié est nul. Vous plait-il oyr non pas le droit civil ne le droit canon, mais le droit et commandement divin? Je cuyde que celluy-là ne mentist oncques du premier, quand il dist : *In peccatis vestris moriemini.* Ce fust Dieu le créateur qui le dist aux Juifz : « Vous morrez, dist-il, on poeult ainsy dire en vos péchiez et sy ne faites pénitance et vous ostez hors de la servitude du dyable, jamais ne serez exaulcez en voz prières ; » car tant que nous sommes en ung soeul péchié mortel, nous sommes serfz et esclaves au dyable d'enfer. Et du second, frère, qu'en direz-vous ? Or acoutez, m'entendez. Saint Jaques nous en parle en sa canonique. Or dictes, saint Jaques mon amy. *Si quis totam legem servaverit, offenderit autem in unum, factus est omnium reus.* Vela le texte à la paine du livre. Il n'y a un mot qui ne vaille son pesant d'or. Acoustez : ce n'est ne fable ne mensonge. Il est escript du doit de Dieu, dit le benoit saint Jaques. Quiconques aura gardé toute la loy, et deffaillera en l'ung des commandemens : il sera coupable de tous les aultres. Certes, seigneur, il ne souffist pas de dire : je ne suys pas murtrier, je ne suys pas larron, je ne suys pas adultère : se tu as failly au moindre tu es coulpable de tous ; il ne fault qu'ung petit trou pour noyer la plus grant navire qui soit sur la mer ; il ne fault que une petite faulse poterne pour prendre la plus forte vile ou le plus fort chasteau du monde ; il ne fault que une petite fenestre ouverte pour desrober la plus grant et puissant bouticle de marchant qui soit en Bruges. Hélas ! pécheur, puisque pour deffaulte d'ung nous sommes coulpables de tous, qu'est-il de vous aultres qui en rompez tant tous les jours ? A qui commenceray-je le premier ? à ceulx qui sont en ceste courtine : le prince et *sua altesse* la princesse. Je vous asseure, seigneur, qu'il ne souffit mye d'estre bon homme, il fault estre bon prince, il fault faire justice, il fault regarder que vous subjectz se gouvernent bien. Et vous, dame la princesse, il ne souffist mye d'estre bonne femme, il fault avoir regard à vostre famille, qu'elle se gouverne bien selon droit et raison. J'en dictz autant à tous autres de tous estatz. A ceulx qui maintiennent la justice, qu'ilz facent droit et raison à chascun. Les chevaliers de l'ordre, qui faictes les sermens qui appartiennent à vostre ordre, les sermens sont bien grans, comme l'en dist ; mais vous en avez fait ung aultre premier que vous gardez mieulx, c'est que ne ferez riens de ce que vous jurerez. Ditz-je vray, qu'en que vous plaist ? — En bonne foy, frère, il est ainsy.

— Tyrez oultre. Estes-vous là, les officiers de la panetrye, de la frutterye, de la boutilerie ? Quant vous ne devriez desrober que ung demy lot de vin ou une torche vous n'i fauldrez mye. — En bonne foy, frère, vous ne dictes que du moins. — Où sont les trésoriers, les argentiers ? Estes-vous là qui faictes les besoingnes de vostre maistre, et les vostres bien ? Acoustez, à bon entendeur il ne fault que demi mot. Les dames de la court : jeunes filles illecques il fault laisser vos alliances : il n'y a ne sy ne qua. Jeune gaudisseur là, bonnet rouge, il fault laissier voz regardz. Il n'y a de quoy rire, non, femmes d'estat, bourgeoises, marchandes, tous et touttes généralement quelz qu'ilz soient. Il se fault oster hors de la servitude du diable, et garder tous les commandemens de Dieu ; en les gardant vous raserez et destruirez la cité de Jhérico. Et c'est de quoy je voeulx suader en my le teusme allégué. *Secundum verba assumpta quæ presunt sit civitas Jherico anathema et omnia quæ in eâ sunt.* Vela, seigneurs, que disent les parolles

hem   hem   hem.

. . . . Saint Grégoire vient, qui florette cette matère et dist qu'ils sont quatre manières d'auditeurs : les premiers, ceulx qui viennent synon pour reprendre le prescheur ou pour veoir ceulx qui sont au sermon ; les seconds sont ceulx qui oyent preschier et n'en retiennent rien et n'en font conte ; le tiers sont ceulx qui ouent et retiennent, mais ne s'amendent point pourtant, et touttes les troys manières de gens s'en vont avec les dyables. Les quatriesmes sont ceulx qui ouent et retiennent et mettent la doctrine à excécucion et s'amendent. Ceulx en sont de la part de Dieu et profitent au sermon. Or, levez les espritz, qu'en dictes vous, seigneurs, estes-vous de la part de Dieu ? Le prince et la princesse, en estes-vous ? baissez le front. Vous aultres gros fourrez, en estes-vous ? baissez le front. Les chevaliers de l'ordre, en estes-vous ? baissez le front ? Gentilzhommes jeunes gaudisseurs, en estes-vous ? baissez le front. Et vous, jeunes dames de court, en estes-vous ? baissez le front ; vous estes escriptes au livre de dampnez ; vostre chambre est toutte merquée avec les dyables. Dictes-moy, s'il vous plaist, ne vous estes vous pas myrées au jourd'huy, lavées et espoussetées ? — Oy bien, frère. — A ma voulenté que vous fussiez aussi soingneuse de nectoyer voz âmes.

. . . . Or, levez les espritz, qu'en dictes vous, seigneurs ? Regardez moy tous. Estes-vous là, les usuriers plains d'avrice ? Certes il fault restituer ; et ne souffist mye de dire : « Je ferai dire des messes, je donnerai pour l'amour de Dieu ; » il fault rendre les biens à ceulx à qui ilz sont, ou jamais n'entrerez en paradis.

Baillifz, Escouttestetes, Escabins et toutte telle manière de buillon qui composez les povres gens, et ne laissez vos rapines ne péchiez, pour preschement ou doctrine que vous oyez. Seigneurs, vous estes durs; mais vous trouverez plus dur que vous. — Quel remède, frère? — Il fault laissier vous péchiez et rendre à chascun ce qu'il luy appartient. Vous y penserez : Dieu vous en doint la grâce. Le Pater noster et *Ave Maria,* et une *Ave Maria* pour mon intencion.

Olivier Maillard naquit en Bretagne, dans la première moitié du XVe siècle, mais on ignore le lieu, l'époque précise de sa naissance et quelle était sa famille. Il fit profession chez les frères mineurs ou cordeliers, et après avoir pris le bonnet de docteur en théologie, à Paris, il prêcha dans la plupart des villes de France et des royaumes voisins avec beaucoup de succès et de témérité. Les grands et les princes voulurent l'entendre, espérant probablement qu'il n'oserait point, en leur présence surtout, s'attaquer à leurs propres vices ; mais aucune considération ne put arrêter la véhémence du prédicateur. On raconte qu'un valet de chambre de Louis XI ayant averti Maillard que ce monarque, irrité de la virulence de ses sermons, le ferait jeter à la rivière. « Va lui dire, répondit le religieux, » sur-le-champ, que j'arriverai plus tôt au ciel par eau ; » lui avec ses chevaux de poste. » C'était une allusion aux relais de la poste que le roi venait d'établir en France.

A l'époque où Louis XII fit prononcer la dissolution de son mariage avec sa première femme, Maillard osa, dans ses sermons, déclamer contre cet acte et s'emporter en chaire contre le roi. Il est vraisemblable que Maillard fut un de ces téméraires prédicateurs qui se virent alors forcés de sortir de Paris. Jean d'Autun dit cependant qu'il s'y trouvait en 1501. Olivier Maillard obtint les hautes dignités de son ordre ; il fut nommé cinq fois provincial. Innocent VIII, Louis XI, Charles VIII, le roi d'Aragon, Ferdinand-le-Catholique, l'archiduc Philippe, son gendre, et d'autres princes, l'honorèrent de leur confiance ; on ignore s'ils eurent beaucoup à s'en louer. Les caractères de son éloquence étaient l'âpreté, l'audace et l'énergie. Aucun vice n'échappait à ses censures ; aucune considération ne mettait à l'abri de ses attaques : marchands, ouvriers, avocats, médecins, juges, nobles, vilains, femmes, ecclésiastiques religieux, prélats, il reprenait tout le monde de la manière la plus hardie.

On possède d'Olivier Maillard : *L'Instruction et consolation de la vie contemplative* (Paris, in-4o, gothique) ; un sermon très-curieux pour le jour de la Pentecôte, dans le début duquel il cite plusieurs vers : *Le Sentier du Paradis,* espèce d'instruction rimée ; la confession du frère Olivier, une *chanson piteuse,* sur l'air : *Bergeronnette Savoisienne,* qu'il chanta, à ce que l'on croit, dans un sermon, peu de temps avant sa mort ; divers autres ouvrages, et enfin le sermon dont nous avons donné un extrait et qui fut prêché à Bruges, l'an 1500, le cinquième dimanche du carême. Nous avons tiré notre fragment de l'édition donnée, en 1826, par M. l'abbé Labouderie, car on ne connaît, à Paris, qu'un seul exemplaire de l'édition gothique de 1707.

Nous ne pouvons, en parlant d'Olivier Maillard, passer sous silence quelques anciens sermonaires de son époque, fort connus, moins par la valeur intrinsèque de leurs sermons, qu'à cause du latin barbare, appelé *macaronique,* dans lequel ils sont écrits. On a supposé qu'au XVe siècle, et même au XIVe et au XIIIe, les prédicateurs avaient prêché en latin, c'est une erreur. Comme ils voulaient être entendus de tout le monde, ils durent s'exprimer en langue vulgaire, et il est probable que cet usage remonte jusqu'aux croisades ; mais tout en employant le langage moderne, les prédicateurs puisaient cependant leurs citations dans l'idiome savant, et quelquefois même celui-ci formait le fond de leurs discours, tandis que la langue vulgaire n'y faisait que de temps en temps quelques apparitions. Voici des exemples puisés dans les sermons de Michel Ménot, qui vécut sous Louis XI, Charles VIII, Louis XII et François Ier : *Sit in aliqua domo vir* le meilleur mesnager de la ville : *habeat* ung très-bon mestier ; qu'il se tue de besongnier, *melior œconomicus totius urbis,* etc., *mittit ad quœrendum,* les drappiers, les gressiers, marchands de soye, et se faict acoustrer de pié en cape. Il n'y avait à redire au service... *emit sibi pulchras caligas* d'escarlate bien tyrées, la belle chemise fronsée sur le colet, le pourpoint fringuant de veloux, la toque de Florence à cheveux pignez, *coccineas bene tractatas,* pulchram camisiam rugis plenam, etc.

Quant à Jean Clerée et à l'Italien Gabriel Barelete, duquel on a dit *nescit predicare qui nescit bareletare,* on les range à tort parmi ces sermonaires dont il reste quelque chose en français. Nous n'avons rien du dernier qui ne soit en latin ; et du premier, je ne connais d'écrit en notre langue que les trois mots suivants, qui se trouvent dans un sermon latin : *sunt quidam,*

se figurant,
se défigurant,
se transfigurant.

Une remarque que nous ne devons point négliger, et qui forme une singularité bien curieuse, c'est que, outre les *hem, hem,* qui se trouvent fréquemment placés comme en vedette dans les sermons de Maillard, les prédicateurs de ce temps employaient encore un autre moyen pour fixer l'attention sur tel ou tel passage de leur discours ; leurs morceaux principaux sont presque toujours en effet précédés des mots : *clama,* crie ; ou *percute pedibus, percute pede,* frappe du pied, etc. Aujourd'hui nos prédicateurs disent : *prêtez l'oreille* ou *prêtez votre attention.*

REVUE.

Avant d'entrer dans le seizième siècle, qui ouvrit une nouvelle ère en littérature, en science et en politique, jetons un coup d'œil rapide sur la marche de l'esprit humain depuis l'époque à laquelle nous avons emprunté notre première citation.

Le huitième siècle est à la fois le dernier terme de la première décadence des lettres dans la Gaule et la première époque de leur renaissance. Dans ce siècle, qu'on pourrait appeler le siècle de Charlemagne, l'ignorance, parvenue à son comble, régnait presque partout en Occident; l'empereur entreprit de dissiper ces ténèbres. Après avoir choisi pour précepteur le savant Alcuin, diacre de l'église d'Yorck, il établit des écoles dans son propre palais.

Issu d'une race héroïque, qu'il surpassa, Charles est au rang des plus grands rois. La tradition populaire, d'accord avec l'histoire, rattache au règne de Charlemagne, Roland, le premier de ses preux, l'Achille de toutes les épopées du moyen âge et le type idéal de la valeur suprême.

Au neuvième siècle, tandis que les lettres florissaient à Constantinople, au milieu de tant de ravages et de mutations d'empires, et qu'au delà de l'Euphrate des peuples se polissaient par le commerce des sciences et des arts; l'Italie, pleine de troubles et de malheurs, ne faisait rien pour les sciences et les lettres, que la France continuait à cultiver sous les auspices des deux successeurs immédiats de Charlemagne, Louis le Débonnaire et Charles le Chauve. Les bénédictins citent avec complaisance l'école de Corbies, en Picardie, dont les élèves portèrent dans le Nord la connaissance du christianisme et l'amour des lettres. Mais, à la suite des malheurs de toute espèce répandus sur notre pays, nous retombions presque dans la barbarie par la chute des écoles que le grand empereur avait fondées. Un seul homme, le sage Alfred, libérateur et législateur de l'Angleterre, empêcha, dans tout l'Occident, la ruine des lettres, auxquelles le célèbre calife Haroun-al-Rachild accordait la plus haute protection en Arabie.

Le dixième siècle vit les lettres se relever chez les Provençaux. Les troubadours et les jongleurs répandirent parmi les grands le goût de la poésie, qui commençait à amollir le caractère des farouches oppresseurs du peuple. Il y avait déjà quelques savants dont notre époque se souvient encore. Parmi eux figure avec éclat le célèbre Gerbert, élevé avec soin dans un monastère d'Aurillac, sa patrie, et devenu l'instituteur du fils de Hugues Capet, de ce bon roi Robert, qui aimait et cultivait les lettres. Gerbert, parvenu à la papauté, sous le nom de Sylvestre II, favorisa singulièrement les belles études en Italie. Dépositaires des connaissances humaines, quelques couvents transcrivaient les ouvrages des anciens et les répandaient au dehors. Enfin le flambeau des sciences commençait à se rallumer; et les faibles clartés qu'il jetait au milieu des ténèbres de l'Europe, promettaient au monde une plus vive lumière. Cette espérance n'a point été déçue.

Hugues-Capet, qui s'empara du trône vers la fin de ce siècle, et fonda la troisième race de nos rois, marque une époque de l'histoire de France.

Pendant le onzième siècle, nulle paix, nulle sécurité : des troubles continuels, des guerres sans fin, des dévastations sans exemple depuis l'invasion des barbares; la perfidie à côté de la férocité, une fausse direction de l'esprit humain, voilà, la France, l'Europe et le monde. Il n'y avait guère de place pour les lettres dans tous ces désastres. Cependant on voit subsister chez nous des écoles publiques à Cambrai, Arras, Orléans, Laon, Melun et au Mans. Les plus célèbres parmi celles des monastères étaient à Saint-Denis, à Saint-Maur près Paris. On y enseignait, outre les langues grecque et latine, ce qu'on appelait le *quadrivium*, c'est-à-dire la musique, l'arithmétique, la géométrie et l'astronomie. A cette époque, suivant une lettre de Foulques, un moment placé par un fol enthousiasme à côté de l'illustre saint Bernard, les diverses parties de la France, l'Italie, l'Angleterre, l'Allemagne, la Suède, l'Europe, envoyaient à Paris des disciples qui se pressaient en foule autour d'Abailard, *tous avides de recevoir ses leçons, comme* si près de lui seul ils eussent pu trouver l'enseignement. Abailard lisait en public des extraits de tous les anciens philosophes, en invitant ses élèves à ne s'attacher à aucun en particulier, mais à la vérité, ou plutôt à Dieu, source de toute vérité.

Les deux siècles suivants nous montrent partout de grands progrès. En Arabie, l'éloquence, réfugiée dans la chaire, comme chez nous, au temps de Louis XIV, produisait des orateurs semblables à nos Bourdaloue. La poésie, transmise par l'Espagne maure à l'Occident, tenait le premier rang à la cour de Béranger, comte de Provence; elle touchait le cœur du redoutable Frédéric Barberousse, empereur d'Allemagne. On entendait les accents de la lyre provençale dans l'armée de Tancrède, en Palestine. Saint Louis aimait les sirventes. Il n'est pas jusqu'à Charles d'Anjou, le tyran de la Sicile, qui ne se plût à composer des vers. On trouve des poëtes jusqu'au milieu de l'affreuse guerre des Albigeois. Les troubadours ne consacraient pas seulement leurs chants au culte des femmes et à la louange des guerriers : ils attaquaient encore avec audace et courage les funestes entreprises des princes, les guerres injustes, les persécutions religieuses et les mauvaises mœurs de ceux que leurs rangs et leurs fonctions exposaient en exemple aux autres hommes.

Mais l'Occident avait d'autres besoins intellectuels que la poésie : il lui fallait des sciences et des arts. Les Arabes nous firent encore ces deux présents, qui devinrent la propriété de l'Europe par le secours de l'école de Montpellier. Les croisades, l'une des causes de la ruine de Constantinople et de la perte d'une foule de manuscrits, contribuèrent cependant à l'avancement des sciences, en augmentant les rapports des Grecs avec ces mêmes Arabes. Le commerce qui enrichit alors les républiques d'Italie et les villes du nord et du midi de l'Europe, le commerce qui fait l'échange des lumières comme celui des productions de la terre ou de l'industrie entre les mondes, apprit à l'Occident beaucoup de choses nouvelles qui, jointes aux souvenirs rapportés par les croisés, composèrent une espèce de trésor commun de connaissances pour les peuples de l'Europe. De leur côté, les papes, dans le but d'arracher le clergé à la corruption, fille de l'excès des richesses, instituèrent les ordres mendiants, qui, fidèles au vœu de pauvreté, comme au but de leur institution, se livrèrent avec ardeur à l'amour de l'étude. C'est alors qu'on vit paraître ces profonds dominicains, ces savants cordeliers, ces infatigables bénédictins, qui ont rendu d'immenses services aux sciences et aux lettres. Alors un cordelier, le prêtre Paul Carpin, alla visiter en Tartarie le troisième successeur de Gengis; le Vénitien Marco Paulo entreprit le premier voyage de Chine. Il s'établissait partout des universités sous les auspices des princes. Celle de Paris, fondée par Philippe-Auguste, était comblée des bienfaits de saint Louis, qui la chargeait de rassembler tous les livres connus. Élève de ce corps enseignant, qui attirait alors la jeunesse de toute l'Europe et particulièrement de l'Angleterre, Roger Bacon, digne prédécesseur de ce Bacon aujourd'hui révéré de tous comme le bienfaiteur de l'intelligence humaine, cultivait toutes les sciences, et recevait pour prix de son zèle à chercher comme à répandre des vérités, la triste récompense qui plus tard attendait Galilée.

De son côté, Albert-le-Grand, dominicain d'Allemagne, venait enseigner à Paris les doctrines d'Aristote. Le nombre des auditeurs de cet homme célèbre était si grand que la classe où il les rassemblait ne suffisant plus pour les contenir, il fut obligé de professer en plein air. Un second dominicain, donné par saint Louis pour professeur à Philippe le Hardi, publiait une espèce d'encyclopédie des connaissances du temps. Cependant, sous Frédéric II, roi de Naples, l'anatomie recommençant ses études sur le corps humain, demandait à la mort le secret de la vie et des révélations fécondes pour l'art de guérir. Quelques années après, Montpellier imitait cet exemple. Le collége de chirurgie, fondé par saint Louis, existait depuis longtemps, sans avoir pourtant fait encore de grands progrès. On connaissait une foule d'applications de la chimie et de la physique aux arts industriels; on savait faire les vitres et la faïence, les verres à lunettes et les moulins à vent; on possédait encore d'autres inventions également dues aux Arabes, qui nous ont précédés de plus d'un siècle dans la carrière.

A la vérité, les querelles religieuses, les disputes scolastiques sur la doctrine d'Aristote, la croyance aveugle dans ce philosophe comme dans une autorité infaillible et souveraine, devant laquelle ses admirateurs voulaient courber toutes les têtes, ont trop exclusivement occupé les plus grands esprits de l'époque, et même de beaux génies capables de pousser en avant la raison humaine. Mais aucun homme, quelle que soit sa supériorité, ne peut échapper à l'influence des idées de son temps; et en outre, ces luttes, trop rabaissées par une critique dédaigneuse, faisaient jaillir des lumières du sein même des erreurs débattues par tant de hautes intelligences, et jetaient des semences de vérité qui ne devaient pas tarder à lever et à mûrir.

Honorons ici la mémoire d'un grand roi, celle de Philippe-Auguste. Libérateur de sa patrie dont les étrangers avaient juré la ruine; ami des arts et des lettres, protecteur de l'Université naissante, cher à l'armée par son courage, convaincu que la vie d'un roi est celle d'un soldat sous les armes ou celle d'un magistrat qui veille nuit et jour, ce prince mérite un éternel souvenir de la France.

Nous réunissons encore ici deux siècles, le quatorzième et le quinzième, qui se ressemblent par tant de rapports et suivent tous deux la marche ascendante de l'esprit humain.

Au temps de l'élévation et des malheurs du Dante, l'Italie, déchiré par les guerres civiles et la barbarie des tyrans, était un enfer de douleurs et de calamités. Fécondé par ce spectacle, enflammé par des passions fortes et profondes et par les plus rudes épreuves, le génie du Dante enfanta une épopée d'une espèce nouvelle, pleine d'imitations des anciens et de créations originales, que ses maîtres n'avaient pas même soupçonnées. Élève de la même école, Pétrarque, qui, ainsi que l'auteur de la divine Comédie, nous a fait beaucoup d'emprunts, chantait un amour pur comme la vertu, religieux comme un culte. Pétrarque célébrait aussi la patrie et la liberté, qu'il chérissait plus encore que la gloire. Si le bel-esprit, la recherche et le manque de naturel infectèrent le génie de Pétrarque, ces défauts de son époque ne l'empêchèrent pas de s'élever à la hauteur des anciens. Adorateur d'Homère et de Sophocle, de Cicéron et de Virgile, il contribua singulièrement à la renaissance des lettres grecques et latines. Boccace, qui fixa la langue toscane, surpassait encore ce grand zèle à rétablir l'antiquité. Les professeurs manquaient de livres, Boccace en acheta partout. Excitée par ces trois grands exemples et par beaucoup d'autres, l'Italie entière recherchait partout les ouvrages des écrivains de Rome et d'Athènes. L'érudition, que Voltaire appelle trop légèrement une autre ignorance, obtenait alors tous les honneurs de la renommée. La découverte d'un ouvrage ancien faisait plus de bruit que la conquête d'un royaume. Des papes, élevés par l'amour et le culte des lettres sur la chaire de saint Pierre, secondaient le mouvement des esprits. Les Médicis, qui auraient pu prendre tous le nom de Magnifique, porté par l'un d'entre eux, favorisèrent en souverains tous les progrès des lumières. Grâce à la protection la plus éclairée, les arts d'imagination florissaient en même temps que l'érudition, dans la belle Italie, comme dans une terre natale dont ils étaient revenus prendre possession. L'Angleterre et l'Allemagne, qui étaient restées longtemps dans leurs ténèbres, s'éclairaient à cette vive lumière. Dans le premier de ces pays, les traductions françaises des anciens commençaient à inspirer quelque goût pour la littérature classique. Un grand nombre de collèges et les écoles de grammaire de Winchester et d'Eton s'élevèrent tour à tour; dans le second, où longtemps avant la conquête de Mahomet, Vergerio en Hongrie, Gosselin de Penona en Westphalie, expliquaient Homère et Sophocle, on voyait de célèbres universités à Leipsick et à Prague. La France faisait de plus rapides progrès; les écoles se multipliaient dans son sein; elle cultivait le grec, que l'Angleterre ignorait ou repoussait encore. Nous possédions des historiens dont le nom reste attaché à l'époque qu'ils ont peinte avec un si grand charme de vérité, des chroniqueurs, des poëtes, des savants, des orateurs, mais pas un de ces hommes de génie dont la gloire traverse les siècles et ne meurt jamais.

La France avait d'autres sujets d'orgueil; elle pouvait citer dans Bertrand du Guesclin, un loyal chevalier, un illustre capitaine et un modèle d'humanité; dans Charles V, un roi sage, habile, qui nous avait délivrés de la guerre civile, ainsi que des Anglais, et un ardent protecteur des lettres et du savoir. Mais voici surtout un titre d'honneur particulier à notre nation.

Malgré le secours des Lahire, des Dunois, des Xaintrailles, des Richemond, Charles VII n'a pu résister à l'ascendant de la fortune des Anglais. La bataille de Verneuil vient d'être perdue par le connétable Buchan; la Bretagne et la Bourgogne sont avec l'ennemi : tout paraît désespéré, mais trois femmes restent à la France : la reine Marguerite d'Anjou, Agnès Sorel et surtout Jeanne d'Arc. Les deux premières, unies par l'amour de la patrie, réveillent la flamme du courage dans le cœur de Charles VII; la troisième lui annonce, au nom du ciel, le retour de la victoire. Il n'y a rien de plus admirable que cette fille des champs qui se sent appelée à sauver un empire, et qui accomplit les promesses de son enthousiasme.

Shakespeare a défiguré le caractère de Jeanne d'Arc par des fictions ridicules; cependant la conscience du génie, qui ne saurait s'empêcher d'admirer tout ce qui est grand et beau, lui a inspiré ces paroles adressées par l'héroïne au roi Charles VII, qui hésite à attaquer l'ennemi : « Commandez la victoire, et la victoire est à vous. » Au moment où la lâcheté cruelle des ennemis qu'elle avait tant de fois vaincus venait de condamner Jeanne d'Arc à mort, elle dit avec l'accent de l'innocence qui se rend un dernier témoignage avant l'heure suprême : « Jeanne d'Arc vécut chaste et sans reproche dans ses pensées. Son sang pur, que vos mains barbares versent injustement, criera vengeance contre vous aux portes du ciel. » Ces paroles sont belles, mais ici la vérité toute nue est bien au-dessus des inventions du poëte. Au milieu des flammes du bûcher, la voix de Jeanne s'éteignit en prononçant le nom du Christ, et ne maudit personne. Aussi les juges, le peuple, le bourreau, et jusqu'à l'évêque de Beauvais, pleurèrent sur elle.

M. de Châteaubriand résume ainsi le portrait de la libératrice de notre belle France : « On trouve dans le caractère de Jeanne la naïveté de la paysanne; la faiblesse de la femme, la chasteté de la vierge, l'inspiration de la sainte et le courage de l'héroïne. »

Les sciences n'offrent pas les mêmes progrès que les arts et les lettres, pendant le quatorzième siècle et la moitié du quinzième; mais, suivant une belle expression de Montesquieu, la boussole vient d'ouvrir l'univers; on a trouvé l'Amérique; le commerce a changé la route de l'Inde; la poste aux lettres, création de Louis XI, multiplie les communications entre les différentes parties des États; l'invention de la poudre à canon promet d'établir une espèce d'égalité entre les peuples, et de protéger la civilisation contre de nouvelles invasions des barbares; l'imprimerie est découverte; désormais les vérités sont assurées de paraître au grand jour et de pénétrer partout; les sciences ne peuvent plus ni rétrograder, ni s'arrêter, ni périr: le monde va changer de face.

Seizième Siècle.

RELIGION.

ÉLOQUENCE DE LA CHAIRE.

SIMON VIGOR.

SERMON SUR LE TRAVAIL ET LA SOUFFRANCE.

Voulez-vous estre riches, et n'avoir disette de rien éternellement? soyez pour un temps pauvres en ce monde. Voulez-vous vous esjouir en la béatitude? pleurez icy. Voulez-vous estre à votre ayse? endurez en ce monde persécutions, afflictions. Bref, il est impossible qu'en ce monde une personne ayt ses aises et en l'autre monde pareillement. Regardez la raison que donne Abraham au mauvais riche qui demandoit que le Lazare luy fust envoyé, « Hé! mon enfant, regarde que pendant que tu vivois tu as receu les biens, et le Lazare les maux. » Comme voulant dire : te souvienne qu'il y a vicissitude des choses au monde : tu t'est resjouy, et as vescu à ton ayse, et maintenant tu endures tristesse et tourment; mais le Lazare qui a tant souffert de pauvreté et d'affliction, maintenant il est consolé et à son ayse. Et c'est ce que nous enseigne sainct Paul, qui dit à son disciple Timothée, pour l'induire à bien travailler pour nostre Seigneur : « Nul ne sera couronné, sinon celui qui aura bien combattu. » Il ne faut point attendre couronne de triomphe, si premièrement on n'a bataillé virilement, et comme il appartient. Ce qu'il confirme par une similitude bien à propos : « Il faut que le laboureur qui veut recueillir fruict de son champ, travaille à labourer la terre. » Que si une personne veut laisser son champ en friche, et ne prend plaisir à cultiver sa terre, quand viendra au temps de moissons, il ne recueillera rien. Pourquoi? il n'a point travaillé. Vous voyez donc que par l'escriture nous sommes induicts à bien travailler, si nous voulons et désirons le trophée, et obtenir la couronne de victoire. Vous le voyez aujourd'huy facilement par l'Évangile, qui nous remet devant les yeux comment nostre Seigneur a commencé son pélerinage en ce munde par affliction et persécution. Quand est-il né? en temps d'hyver. En quel lieu? en païs estrange et en une pauvre estable. Comment a-t-il vescu? en croix, douleur et labeur. Le huictiesme jour il est circoncis, et s'est assubjecti à la loy commune comme les autres : à grand peine est-il né, voicy un Hérodes cruel et inhumain qui le persécute, et le cherche pour le tuer, incontinent qu'il a ouy la voix des sages : *Ubi est qui natus est rex Judæorum?* Où est né le roi des Juifs ?

Vigor (Simon) fit ses études à Paris, et fut recteur de l'Université en 1540. Devenu pénitencier d'Évreux, sa patrie, il accompagna l'évêque de cette ville au concile de Trente. Nommé curé de Saint-Paul, à Paris, Vigor s'acquit une telle réputation par ses sermons contre les calvinistes, qu'il fut fait, en 1570, archevêque de Narbonne, où il continua de se signaler comme prédicateur.

Ses *sermons* ont été imprimés, en 1584, 4 vol. in-4o; mais en général, ils ne servent qu'à prouver dans quel triste état se trouvait l'éloquence de la chaire au XVIe siècle. Vigor et Claude de Saintes eurent, en 1566, une fameuse conférence de controverse avec les ministres de l'Espine et Surrau du Rosier. Les actes de cette conférence parurent en 1568, in-octavo. Le savant Pierre Pithou fut converti par Vigor, qui mourut à Carcassonne, le 1er novembre 1575.

PHILIPPE DU BEC.

SERMON POUR LE JOUR DE LA NATIVITÉ.

Est-ce point aujourd'huy, très illustre et chrestienne assemblée, est-ce point aujourd'huy que l'Église nous représente ceste célèbre et mémorable cause d'exultation et d'aise receu en Israel, quand ceulx d'Isachar, de Zabulon et de Nephtaly, chargez de présents, plains de rejouissance, viennent trouver David, esleu en Hébron roy d'Israel et de Juda, quand Amasias, plain de l'esprit de Dieu, luy dit au nom de tous : « Paix avecques toy, fils d'Isaï, paix avecques toy, paix avecques tous ceux qui te prestent leurs mains secourables, car le Seigneur t'aide, car Dieu bénist l'inauguration de ton règne, de ton heureux advénement à la couronne, bénist soit le fils d'Isaï, car Dieu le favorise! » Est-ce point icy un subject de joye semblable à celuy de David transférant l'arche d'alliance, de la maison bien-heurée d'Obet-Edon, en la cité de Hiérusalem, en espérance de grâces, de bénédiction et bénéfices de Dieu plus grans sus sa maison, sus son peuple et cité de Hiérusalem; quand en ceste translation ce roy et prophète assembloit toute sorte de musique, en tesmoignage de son aise, quand pour rendre grâces, honneurs et gloire à Dieu, il eslevoit son cœur et sa voix, en cantiques et harmonie accordante avecques son Seigneur et son Dieu? Ou bien, est-ce aujourd'huy que se refraischit la mémoire de la réjouissance si grande qui fust au sacre de Salomon faicte par Sadoc et Nathan, quand le peuple monte en Gihon, avec telle multitude de chantres, avecques telle et si grande joye, qu'à la clameur et éxultation de cest aise la terre et le ciel en retentit, le peuple criant : Vive le roy Salomon. Est-ce point icy l'aise du peuple de Juda et de Hiérusalem, quand Josaphat, voulant donner secours aux habitans de la montaigne de Seir, après avoir exhorté le peuple de croire à leur Dieu, pour estre asseurez de croire à ses prophètes, pour avoir heureux succez met en ordre les chantres du Seigneur, les faict marcher au devant de l'armée, chantans d'une voix : *Confitemini Domino, quoniam in æternum misericordia ejus*; et que sur la fin du cantique, arrivans en Seir, ils trouvent que leurs ennemis avoient tourné contre eux-mesmes leurs propres mains et armes, toute la région couverte des corps des enfans de Moab et d'Ammon, sans qu'un seul restat garanty de la mort? Quand le peuple alors, appelant ce lieu, la valée de bénédiction, retourne en Hiérusalem avecques harpes, cistres et trompettes, jusques en la maison de Dieu, Josaphat marchant devant eux, ravy en l'aise et admiration de telle merveille, Dieu de sa seulle main leur ayant donné joye de leurs ennemis? Ou plustost la joye qui fut en Hiérusalem du temps d'Ézéchias, en la grande célébrité et feste du Pasque et solemnité des pains azimes faicte en remémorant la liberté du peuple, tiré à main forte de la captivité d'Égipte, et telle que depuis Salomon n'en avoit esté solemnisé de semblable, ny avecques telle resjouissance au peuple?

Ou, est-ce celle si grande qui fut du temps de la réédification du temple par Esdras, entre les enfans de la transmigration, faisans avec un aise si merveilleux la dédicace du temple et solemnité de Pasque, pour avoir le seigneur Dieu converty le cœur du roy Assuérus, aidé et conforté leurs mains à l'œuvre et réédification de la maison du Dieu d'Israel, à la liberté de son peuple et réduction d'iceluy en la terre de ses pères? Ou bien la joye du peuple de Béthulie si grande sus la victoire de Judith contre Holofernès, quand selon la face des saincts le peuple joyeux célèbre avec Judith la resjouissance de ceste victoire par trois mois, Israel la mettant au nombre des saincts jours des Hébreux; chantans *Incipite Domino in tympanis*, et ce qui s'ensuit du cantique? Ou bien, est-ce point donc au jour de ceste grande et solennelle feste que l'Église nous propose, la resjouissance du peuple d'Israel captif; quand, à la prière d'Ester, il est libéré de la persécution d'Aman, et qu'il voit Mardochée en habit royal sortir hors du palais d'Assuérus, avec le grand manteau de pourpre, et portant la couronne d'or sus la teste à l'éxultation et joye de toute la cité, et aux Juifs comme d'une nouvelle lumière cause de joye, d'honneur, de vie, de feste, de festins et de dances? Non, non, très illustre et très chrestienne société. Non, non, peuple bon, je vous annonce une joye toute pleine, sans meslange de tristesse, une joye non pour vous seulement, non particulièrement pour un peuple judaïque, mais ainsi que le soleil estend ses rayons sus les bons et mauvais, ainsi cest aise sera commun au Juif, au Grec et au Latin, à toute nation, il n'y a rien d'exempt, il ne tiendra qu'à nous que ne soyons participans de cest aise : car le Saulveur vous est nay, à vous, pasteurs vigilans, à vous, puissances souveraines, à vous princes, à vous, seigneurs, à vous magistratz, à vous, peuple, qui estes veillans en l'office de voz charges et vocation, à vous et pour vous est nay ce saulveur, nostre vrai Mardochée, auquel Dieu a donné la couronne, non d'Assuérus, temporelle, mais la sienne céleste, divine et éternelle : reluisante sus sa teste de la lumière qui illumine le monde.

Philippe du Bec, évêque de Nantes et conseiller d'État, a prononcé la plus grande partie de ses sermons de 1580 à 1586. La première édition de ses œuvres est de 1686.

CALVIN.

CONNAISSANCE DE DIEU.

Nous mettons hors de doute que les hommes ayent un sentiment de Divinité en eux, voire d'un mouvement naturel. Car, afin que nul ne cerchast son refuge sous titre d'ignorance, Dieu a imprimé en tous une cognoissance de soy-mesme, de laquelle il renouvelle tellement la mémoire, comme s'il en distilloit goutte à goutte : afin que quand nous cognoissons depuis le premier jusques au dernier qu'il y a un Dieu et qu'il nous a formez, nous soyons condamnez pour nostre propre tesmoignage, de ce que nous ne l'aurons point honoré, et que nous n'aurons point dédié nostre vie à lui obéir. Si on cherche ignorance pour ne savoir que c'est de Dieu, il est vraysemblable qu'on n'en trouvera pas exemple plus propre qu'entre les peuples hébétez et qui ne savent quasi que c'est d'humanité. Or, comme dit Cicéron, homme payen, il ne se trouve nation si barbare, ni peuple tant brutal et sauvage, qui n'ayent ceste persuasion enracinée qu'il y a quelque Dieu. Et ceux qui en tout le reste semblent bien ne différer en rien d'avec les bestes brutes, quoyqu'il en soit retiennent tousjours quelque semence de religion. En quoy on void comment ceste appréhension possède les cœurs des hommes jusques au profond, et est enracinée en leurs entrailles. Puis donques que dès le commencement du monde, il n'y a eu ne pays, ne ville, ne maison qui se soit peu passer de religion, en cela on void que tout le genre humain a confessé qu'il y avoit quelque sentiment de Divinité engravé en leurs cœurs. Qui plus est, l'idolâtrie rend certain tesmoignage de ceci. Car nous savons combien il vient mal à gré aux hommes de s'humilier pour donner supériorité par dessus eux aux créatures ; parquoy, quand ils aiment mieux adorer une pièce de bois ou une pierre que d'estre en réputation de n'avoir point de Dieu, on void que ceste impression a une merveilleuse force et vigueur, veu qu'elle ne se peut effacer de l'entendement de l'homme : tellement qu'il est plus aisé de rompre toute affection de nature que de se passer d'avoir religion. Comme de fait tout orgueil naturel est abatu, quand les hommes pour porter honneur à Dieu s'abaissent à tel opprobre, oubliant ceste enfleure d'orgueil à laquelle ils sont adonnez.

Jean Calvin naquit à Noyon, en Picardie, le 10 juillet 1509. Destiné à l'Église, il obtint d'abord un bénéfice à la cathédrale de Noyon, et ensuite la cure de Pont-l'Évêque, village où était né son père, Gérard Calvin, tonnelier de son état. Jean Calvin avait été élevé par les soins de Claude d'Hengest, abbé de Saint-Éloi, c'était cet ecclésiastique qui avait obtenu pour son protégé le bénéfice dont il jouissait avant même d'avoir prononcé aucun vœu.

Le futur ministre protestant terminait ses études à Paris, lorsqu'il fit, dans cette ville, la connaissance de R. Olivetan, qui, le premier, selon Bayle, lui révéla les doctrines des protestants d'Allemagne. Dès lors Calvin délaissa ses études théologiques pour aller apprendre le droit à Orléans et ensuite à Bourges. Il y fit des progrès remarquables, et parvint à trouver encore le temps d'étudier la langue grecque, qu'il posséda avec une grande supériorité.

La mort de son père ayant rappelé Calvin à Noyon, il y demeura fort peu de temps, et se rendit, en 1532, à Paris, où, après s'être démis de tous les bénéfices qu'il possédait, il écrivit un commentaire latin sur les deux livres de Sénèque : *de Clementia*. C'est à tort qu'on a voulu voir dans cette œuvre littéraire l'envie de diminuer les rigueurs de la persécution qu'éprouvaient les novateurs religieux. L'année suivante, 1533, un de ses amis, Nicolas Copus, recteur de l'Université ayant osé prononcer un sermon rempli de doctrines luthériennes, souleva la colère de la Sorbonne. Nicolas Copus fut poursuivi ; et Calvin, soupçonné d'avoir aidé cet ami dans la composition de son discours, ayant été sur le point d'être saisi au collége de Forteret par le lieutenant criminel Morin, se retira en Saintonge. Il demeura plusieurs mois caché chez Louis du Tillet, chanoine d'Angoulême. Ce fut, dit-on, dans cette solitude qu'il commença à rassembler les matériaux de son ouvrage de *l'Institution chrétienne*, publiée deux ans après. En quittant Angoulême, Calvin se rendit à Nérac, auprès de la sœur de François Ier, Marguerite, qui avait fait de sa cour le refuge des luthériens persécutés. Le protestant retourna ensuite, en 1534, à Paris, où était alors Servet. Comme les novateurs se trouvaient vivement poursuivis, Jean s'enfuit de Paris avec Antoine Calvin son frère, et tous deux gagnèrent Bâle, ville dans laquelle le ministre s'occupa de son *Institution* qui parut en 1535.

A cette époque François Ier, luttant avec peine contre la redoutable politique de Charles-Quint, cherchait des alliés dans tous les ennemis de l'empereur. Pour s'attacher les protestants d'Allemagne, le roi de France prétendait que les sectateurs qu'il faisait poursuivre étaient des anabaptistes et non des luthériens. Calvin publia son livre comme une réfutation du mensonge politique imaginé par le successeur de Louis XII, et comme une profession de foi des martyrs de la Réforme.

Dès son apparition, ce livre produisit une sensation profonde; et, à ne considérer que le style et la méthode qui règnent dans toute la composition de son œuvre, Calvin devait être lu avec avidité. La peinture qu'il fait des maux endurés par la nouvelle Église, est remplie d'éloquence et de vérité; Scaliger lui-même n'a pu s'empêcher de l'admirer. Ayant abandonné Bâle, Calvin fit un voyage à Ferrare, où il fut reçu avec une grande distinction par la duchesse Renée de France, fille de Louis XII, et épouse du duc d'Este. Le protestant prêcha ses doctrines dans plusieurs villes de l'Italie; mais ayant été forcé de fuir, il se trouvait à Paris dans le milieu de l'année 1536. Comme il retrouva les bûchers allumés, il résolut de retourner à Bâle, et pour s'y rendre, il prit la route de Genève. Dans cette ville était une nouvelle Église élevée par Farel, qui, succombant sous le poids d'un fardeau trop lourd pour ses forces, exigea que Calvin demeurât avec lui. Là, avec le consentement du peuple, du consistoire et des magistrats de Genève, il prêcha la réforme dont il avait posé les bases dans son *Institution chrétienne*, et enseigna la théologie à la jeunesse. Calvin et Farel, après avoir réformé l'Église, tentèrent de réformer les mœurs, ils échouèrent et furent exilés en avril 1538. De Genève, Calvin se rendit à Berne, de Berne à Strasbourg, où il professa la théologie et fonda une église. Ce fut dans cette ville qu'il publia son *Traité de la Sainte Cène*, en 1540.

Bientôt après, rappelé à Genève par le conseil qui lui envoya des députés, le chef de secte rentra dans cette ville le 13 septembre 1541. Dès son arrivée, Calvin présenta au conseil un formulaire de discipline et un projet de juridiction consistoriale qui eut en main l'exercice des censures et des peines canoniques jusques à l'excommunication inclusivement. Cette Proposition, vivement débattue, fut adoptée dans une assemblée générale du peuple, le 20 novembre 1541.

Dès lors Calvin régna dans Genève, et régna avec tyrannie. Jacques Gruet eut la tête tranchée pour avoir écrit « des lettres impies et des vers libertins. » Michel Servet fut brûlé vif, en 1553, pour avoir attaqué le mystère de la Sainte-Trinité; Valentin Gentilis ne sauva sa vie qu'en se rétractant.

Les travaux de Calvin, à Genève furent immenses; on ne comprend pas comment un seul homme a pu traiter tant d'objets de droit judiciaire et de réforme ecclésiastique. Ses *Commentaires sur l'Écriture Sainte* sont le plus considérable de tous ses écrits. Outre une quantité considérable de sermons imprimés, la Bibliothèque de Genève en possède plus de deux mille manuscrits. Sans cesse tourmenté par d'affreuses douleurs, Calvin conserva toujours un courage et une liberté d'esprit vraiment merveilleux. En 1539, il avait épousé, à Strasbourg, une jeune veuve, nommé Idelette de Burie, qu'il eut la douleur de perdre en 1549. Calvin mourut, à Genève, le 29 mai 1564.

Voici comment Bossuet parle de Calvin.

« Donnons-lui, puisqu'il le veut tant, cette gloire d'avoir aussi bien écrit qu'homme de son siècle. Mettons-le même, si l'on veut, au-dessus de Luther; car encore que Luther eût quelque chose de plus original et de plus vif, Calvin, inférieur par le génie, semble l'avoir emporté par l'étude. Luther triomphait de vive voix; mais la plume de Calvin était plus correcte, surtout en latin; et son style, qui était plus triste était aussi plus suivi et plus châtié. Ils excellent l'un et l'autre à parler la langue de leur pays; l'un et l'autre étaient d'une véhémence extraordinaire; l'un et l'autre, par leurs talents, se sont fait beaucoup de disciples et d'admirateurs; l'un et l'autre, enflés de ces succès, ont cru pouvoir s'élever au-dessus des Pères; l'un et l'autre n'ont pu souffrir qu'on les contredît, et leur éloquence n'a été en rien plus féconde qu'en injures. »

SAINT FRANÇOIS DE SALES.

Au commencement, Dieu mit au ciel deux luminaires, l'un desquels fut appelé par excellence le grand luminaire, et l'autre fut nommé le moindre : le grand pour éclairer et présider au jour, et le moindre pour éclairer et présider à la nuit. Car, encore que notre créateur voulust qu'il y eust vicissitude de jour et de nuit, et que les ténèbres succédassent à la lumière ; si est-ce qu'estant lumière luy-mesme, il ne voulut pas que les ténèbres et la nuit demeurassent du tout privées de lumière : donc ayant créé le grand luminaire pour le jour, il en créa un moindre pour la nuit, afin que l'obscurité des ténèbres fust encore meslée et attrempée par le moyen de la clarté. Ce mesme Dieu, avec sa sainte providence, voulant créer le monde spirituel de son Église, y a mis, comme en un divin firmament, deux grands luminaires : mais l'un plus grand, l'autre moindre. Le plus grand c'est son fils Jésus-Christ, nostre sauveur et maistre, abisme de lumière, source de splendeur, vray soleil de justice : le moindre, c'est la très sainte mère de ce grand fils, mère toute glorieuse, toute resplendissante, et vraymant plus belle que la lune. Or ce grand luminaire venant icy-bas en terre, le fils de Dieu prenant nostre nature humaine, comme le vray soleil qui vient sur nostre hémisphère, fit la lumière et le jour; jour bienheureux et tant désiré, qui dura trente trois ans environ pendant lesquels il éclaira la terre de l'Église par les rayons de ses miracles, exemples, prédications et saintes paroles. Mais enfin quand l'heure fut venue, en laquelle ce précieux soleil devait se coucher, et porter ses rayons à l'autre hémisphère de l'Église, qui est le ciel et la troupe angélique, que pouvait-on attendre, sinon les obscuritez d'une nuit ténébreuse ? La nuit aussi arrivera tout aussitost et succéda au jour. Car tant d'afflictions et persécutions qui survinrent aux apostres, qu'estoit-ce qu'une nuit? Mais cette nuit eut encore son luminaire qui l'éclaira, afin que ses ténèbres fussent plus tolérables : car la bienheureuse Vierge demeura en terre parmi les disciples et fidelles ; de quoy nous ne pouvons aucunement douter, puisque saint Luc, au deuxième chapitre des actes et au premier, témoigne que Nostre Dame estoit avec les disciples au jour de la Pentecoste, et qu'elle persévéroit avec eux en oraison et communion : dont quelques errans sont convaincus de faute, en ce qu'ils ont estimé qu'elle mourut avec son fils, à cause des paroles de Siméon: qui avoit prédit que le glaive transperceroit son âme. Mais je déclareray bien-tost ce passage, et montreray par le vray sens, que Nostre Dame ne mourut pas avec son fils. Cependant voyez les raisons pour lesquelles son fils la laissa après luy en ce monde. Premièrement, ce luminaire estoit requis pour la consolation des fidelles, qui estoient en la nuit des afflictions. Secondement, sa demeure icy bas luy donna loisir de faire un grand amas de bonnes œuvres, afin qu'on pût dire d'elle : « Plusieurs filles ont assemblé des richesses, mais tu les as toutes surpassées. » Troisièmement, quelques hérétiques dirent tout aussi-tost que nostre Seigneur fut monté au ciel qu'il n'avoit pas eu un cors naturel et humain, mais fantastique. La Vierge sa mère demeurant après luy, servoit d'un asseuré témoignage pour la vérité de sa nature humaine : commençant par là à vérifier ce que nous chantons d'elle, *Cunctas hœreses interemisti*, tu as ruiné, ô Vierge et détruit toutes les hérésies. Elle véquit donc après la mort de sa vie, c'est-à-dire de son fils, et après son ascension, et véquit assez longuement, bien que le nombre des années ne soit pas bien asseuré, mais le moins ne peut estre que de quinze ans, qui auroit fait arriver son âge à soixante trois ans. C'est le moins, dis-je, d'autant que les autres, avec beaucoup de probabilité, la font passer jusques à soixante douze : mais cela importe bien peu ; il nous suffit de sçavoir que cette sainte arche de la nouvelle alliance demeura ainsi en ce désert du monde sous les tentes et pavillons après l'ascension de son fils.

François de Sales, fils de François, comte de Sales, et de Françoise de Sionas, naquit au château de ses pères, dans la commune de Thorens, en Savoie, le 21 août 1567. L'enfance de François de Sales fut remplie de ces paroles et de ces faits qui charment par la grâce et la bonté, et dans lesquels se révèle une âme noble et candide. Dès l'âge de six ans on le mit au collège de Laroche, qu'il quitta bientôt pour celui d'Annecy, où il se fit remarquer par tant d'aptitude que son père résolut de l'envoyer finir ses études à Paris. Avant de s'éloigner de sa patrie, François voulut recevoir la tonsure ecclésiastique.

Ce fut en 1578, chez les jésuites, qu'il fit sa rhétorique. Il apprit avec beaucoup de zèle l'hébreu, le grec, la théologie, et après avoir, pour s'instruire, parcouru une partie de la France, il revint chez son père, au château de Sales, en 1584. Ses parents, qui voulaient faire de lui un sénateur de Chambéry, l'engagèrent à se rendre à Padoue, pour y apprendre le droit. Dans cette ville célèbre alors, François se distingua par l'amour du travail, et la pureté des mœurs, autant que par la rectitude de son jugement et l'éloquence de ses paroles. En 1591, il visita l'Italie, et rentra, âgé de vingt-six ans seulement, au sein de sa famille. Instruit dans les belles-lettres, versé dans l'étude de l'antiquité, toujours sage et modeste, le jeune étudiant ne tarda pas à conquérir l'estime de Claude de Granier, évêque de Genève. A cette époque, François se fit recevoir avocat à Chambéry, où il obtint l'amitié du président du sénat, Antoine Favre.

Ayant annoncé à ses parents la résolution qu'il avait prise de se dévouer au culte du Seigneur, François, attaché à l'église de Genève, en qualité de prévôt de la cathédrale, reçut bientôt le diaconat. Élevé au sacerdoce, en 1593, il institua la *confrérie de la Croix,* destinée à soulager toutes les misères. Bientôt après, il fit une mission dans le pays de Gex ; à Thonon, il eut le bonheur de convertir beaucoup de protestants.

Clément VIII, informé du zèle du nouvel apôtre, le chargea de s'attacher surtout à ramener à la foi catholique Théod. de Bèze, qui habitait alors Genève ; le pieux ministre échoua dans cette tentative. En 1597, la peste s'étant déclarée à Annecy, saint François se hâta d'y courir, et ne fut arraché du lit des malades que par un ordre de l'évêque de Genève. Ici se trouve une action que l'on s'étonne de rencontrer dans la vie d'un homme d'une piété si tendre.

François de Sales, après d'instantes prières, obtint du duc de Savoie un ordre qui révoquait le traité de Nyon et exilait tous les ministres protestants.

Nommé en 1599 coadjuteur de Genève, évêque de Nicopolis, il prêchait le carême à Annecy en 1601, lorsque son père mourut. Très-peu de temps après, envoyé par son roi à la cour de Paris, François de Sales fit entendre sa voix éloquente dans la chapelle du Louvre. Le cardinal Duperron disait : « Il n'y a point d'hérétique que je ne me charge de » convaincre, mais pour les convertir, c'est un talent que » Dieu a réservé à M. de Genève. » Henri IV voulut assister à une de ses prédications et lui parler de sa propre conscience. Claude de Granier étant mort, saint François reçut, le 8 décembre 1602, la consécration épiscopale. Sa vie, dès lors, fut une lutte perpétuelle contre l'hérésie et une suite de bienfaits et de soins donnés à l'humanité souffrante. Un gentilhomme disait de lui : « Il est moins évêque de Genève que de » tous les gueux d'Annecy. » Sourd aux offres de la vanité et de la grandeur humaines, il refusa les places et les dignités que les rois et les papes voulurent lui accorder. Il repoussa de même la proposition du cardinal de Retz, qui, revenu à une vie pieuse et tranquille, lui offrait la coadjutorerie de Paris. François mourut, pauvre comme un apôtre, et révéré comme un saint, le 28 décembre 1622.

Les principaux ouvrages de saint François sont : *Introduction à la vie dévote* ; *Traité de l'Amour de Dieu,* un des livres dont Bossuet faisait le plus grand cas ; *Préface sur l'Instruction pastorale de M. de Cambray*; *Entretiens spirituels, Controverses, Sermons, Lettres, Opuscules.*

Saint François fut béatifié en 1661 et canonisé en 1665. Ses reliques sont déposées dans l'église d'Annecy.

THÉODORE DE BÈZE.

BONTÉ ET PRÉVOYANCE DE DIEU.

Parlant par ses anges aux premiers hommes, c'est assavoir à Adam jusques à Moyse, Dieu leur a déclaré cest unique remède de salut que par ci-devant nous avons exposé, c'est à dire Jésus Christ, auquel seul nous trouvons tout ce qui est requis à salut. Puis après, ayant rejetté tous autres peuples, et fait appointement avec la postérité d'Abraham, et l'ayant grandement multipliée, il luy a exposé sa volonté plus clairement, comme elle est comprise ès dix commandemens de Dieu. Puis il a adjousté les sacrifices et autres cérémonies, lesquelles non seulement séparoyent le peuple de Dieu d'avec toutes les autres nations, mais aussi estoyent certains témoignages du Sauveur à venir et de toutes les choses qu'il endurcroit pour nous délivrer de l'ire de Dieu, afin qu'on se peust fier certainement en celuy duquel on espéroit la venue. Davantage, pource que Dieu savoit que le diable esmouveroit des faux prophètes, qui mettroyent en avant leurs menteries comme vrais commandemens de Dieu : il a voulu que Moyse et les prophètes escrivissent tout ce que Dieu leur révéloit, afin que les faux prophètes ne peussent facilement décevoir le peuple.

Mais à la parfin, quand le temps fut venu qu'il avoit limité éternellement selon sa sapience infinie, il a représenté du ciel sa promesse, c'est assavoir son fils éternel, lequel a prins à soy un vray corps humain, fait et formé par la vertu du Saint Esprit, de la substance de la Vierge Marie, de la race d'Abraham et de David, suyvant ce qui avoit esté promis; avec lequel corps Dieu conjoignit une âme très pure et très saincte, créée par la mesme force du Saint Esprit. Et, par ce moyen, Jésus-Christ a esté déclaré vray médiateur, comme ci-devant nous avons dit, et a accompli en vérité tout ce qui estoit nécessaire à ce que les hommes fussent réconciliez à Dieu.

Finalement, toutes ces choses estans accomplies, Jésus-Christ s'en estant allé au ciel, a voulu que toute ceste doctrine non seulement fust annoncée par la bouche des apostres et évangélistes, mais aussi que leurs mains les escrivissent, afin que l'Église eust jusqu'à la fin des siècles une certaine doctrine sur laquelle elle peust s'appuyer, et par laquelle elle peust séparer très clairement les menteries de tous les faux apostres et antechrists d'avec la vraye et unique vérité de Dieu, qui est comprinse entièrement ès livres de l'un et de l'autre Testament, c'est assavoir vieil et nouveau : tellement qu'il n'est licite d'y changer rien, ou adjouster, ou oster.

Davantage, pour ce que ceste doctrine seroit escrite en vain si elle n'estoit annoncée et déclarée fidèlement, et les hommes ne pourroyent soustenir la face de Dieu ou des anges : Dieu en ayant eu pitié des hommes, a aussi ordonné et constitué des pasteurs et docteurs en son Église, par lesquels il veut que ceste doctrine entière soit fidèlement proposée et appliquée aux nécessitez de l'Église publiquement et particulièrement, afin que les hommes ne puissent alléguer quelque ignorance de la volonté divine.

Parquoy, afin que je comprenne toute ceste chose en peu de mots, nous apprenons par la bouche des fidèles ministres de Dieu, qui déclarent la parole de Dieu à l'Église, tout ce que ci-devant nous avons enseigné estre requis pour entendre nostre misère et nostre salut. Et pource que quand parole de Dieu est preschée aux hommes, c'est autant que si on parloit aux pierres, il faut savoir que Dieu, comme il besogne aux sens extérieurs par la parole prononcée par ses ministres, besogne aussi au dedans par sa puissance infinie, c'est à dire par son Saint Esprit.

Théodore de Bèze, né à Vezelay, en 1519, mourut à Genève en 1605. Jeune, il se distinguait par un esprit à la fois élégant et satirique ; et, comme Calvin, sans être engagé dans les ordres, il possédait de nombreux et riches bénéfices. En 1548, il abandonna sa famille comme sa fortune, et partit pour Genève, où il se maria. Ce fut alors qu'il embrassa la réforme ; l'année suivante il enseignait la langue grecque à Lauzanne. Admirateur de Calvin, de Bèze ne craignit pas d'approuver le meurtre de Servet, et osa publier, pour défendre le chef des calvinistes, un livre intitulé *Hæreticis à civili magistratu puniendis*.

En 1559, Bèze quitta Lausanne et vint à Genève, où Calvin

lui fit accorder le droit de bourgeoisie et le titre de recteur d'une académie qui venait de se former. Calvin envoya de Bèze en Navarre, pour convertir le roi. Le missionnaire protestant réussit et la réforme fut prêchée ouvertement à Nérac, devant Antoine de Bourbon et Jeanne de Navarre. Théodore demeura dans cette ville jusqu'à ce qu'il fût, au commencement de 1561, appelé au célèbre colloque de Poissy, où il ne se conduisit ni avec habileté ni avec prudence. L'édit de 1562 permit à Bèze, qui s'était attaché à la fortune du prince de Condé et du roi de Navarre, de prêcher à Paris. Il se trouva, lors de la reprise des armes entre les calvinistes et les Guises, à la bataille de Dreux, et ne cessa d'exercer une grande influence sur toutes les affaires du temps jusqu'en 1563, époque à laquelle il revint à Genève, où il remplaça Calvin qui venait de mourir. En 1570, il présida le synode de La Rochelle ; en 1574, il fut employé à des négociations très-importantes en Allemagne ; il perdit sa femme en 1588 ; se remaria et mourut le 13 octobre 1605.

Les principaux ouvrages de de Bèze sont *l'Histoire des églises réformées*, livre curieux, mais dans lequel il a fait une large part à l'esprit de parti ; une tragédie française : *le Sacrifice d'Abraham*, une *Traduction du nouveau Testament*, une *Traduction en vers français, des Psaumes omis par Marot*, et beaucoup de livres de controverse religieuse écrits en latin.

MORALE ET PHILOSOPHIE.

LA BOËTIE.

Les habitans d'un païs ont-ils trouvé un grand personnage qui ayt monstré par espreuve une grande prévoyance pour les garder, grande hardiesse pour les deffendre, un grand soing pour les gouverner; si, de là en avant, ils s'apprivoisent de lui obeïr, et s'en fier tant que luy donner quelques advantages, je ne sçais si ce seroit sagesse; de tant qu'on l'oste de là où il faisoit bien, pour l'advancer en lieu où il pourra mal faire : mais certes, si ne pourroit-il faillir d'y avoir de la bonté, de ne craindre point mal de celuy, duquel on n'a reçeu que bien.

Mais, ô bon Dieu! que peult estre cela? Comment dirons-nous que cela s'appelle? Quel malheur est cettuy-là, Ou quel vice? Ou plustot quel malheureux vice? Veoir un nombre infini, non pas obeïr, mais servir; non pas estre gouvernez, mais tyrannisez; n'ayants ny biens, ny parents, ny enfants, ny leur vie mesme, qui soit à eulx! Souffrir les pilleries, les cruautez, non pas d'une armée, non pas d'un camp barbare, contre lequel il fauldroit despendre son sang et sa vie devant, mais d'un seul! Non pas d'un Hercules ne d'un Samson, mais d'un seul hommeau (petit homme), et le plus souvent du plus lasche et femenin (efféminé) de la nation; non pas accoustumé à la pouldre des battailles, mais encores à grand'peine au sable des tournois; non pas qui puisse par force commander aux hommes, mais tout empesché de servir vilement à la moindre femmelette! Appellerons-nous cela lascheté? Dirons-nous, que ceux-là qui servent, soyent couards et recreus? Si deux, si trois, si quatre, ne se deffendent d'un, cela est estrange, mais toutesfois possible, bien pourra-l'on dire lors, par bon droict, que c'est faulte de cœur : mais si cent, si mille, endeurent d'un seul, ne dira-on pas, qu'ils ne veulent point, qu'ils n'osent pas se prendre à luy, et que c'est non couardise, mais plustost mespris et desdaing? Si l'on veoid, non pas cent, non pas mille hommes, mais cent païs, mille villes, un million d'hommes n'assaillir pas un seul, duquel le mieulx traicté de touts en receoit ce mal d'estre serf ou esclave; comment pourrons-nous nommer cela? Est-ce lascheté? Or, il y a en tous vices naturellement quelque borne, oultre laquelle ils ne peuvent passer : deux peuvent craindre un, et possible dix, mais mille, mais un million, mais mille villes, si elles ne se deffendent d'un, cela n'est pas couardise, elle ne va point jusques-là; non plus que la vaillance ne s'estend pas qu'un seul eschelle une forteresse, qu'il assaille une armée, qu'il conquière un royaume. Donques quel monstre de vice est cecy, qui ne mérite pas encore le tiltre de couardise? qui ne treuve de nom assez vilain? que nature désadvoue avoir faict, et la langue refuse de le nommer? Qu'on mette d'un costé cinquante mille hommes en armes, d'un aultre, autant; qu'on les renge en battaille; qu'ils viennent à se joindre, les uns libres combattants pour leur franchise, les aultres pour la leur oster; auxquels promettra-on par conjecture la victoire? Lesquels pensera-on qui plus gaillardement iront au combat, ou ceulx qui espèrent pour guerdon de leur peine l'entretenement de la liberté, ou ceulx qui ne peuvent attendre loyer des coups qu'ils donnent, ou qu'ils receoivent, que la servitude d'aultruy? Les uns ont toujours devant leurs yeux le bonheur de leur vie passée, l'attente de pareil ayse à l'advenir; il ne leur souvient pas tant de ce qu'ils endurent ce peu de temps que dure une battaille, comme de ce qu'il conviendra à jamais endurer à eulx, à leurs enfants et à toute la postérité. Les aultres n'ont rien qui les enhardisse, qu'une petite poincte de convoitise qui se rebouche soubdain contre le dangier, et qui ne peult estre si ardente qu'elle ne se doihve et semble esteindre par la moindre goutte de sang qui sorte leurs playes. Aux battailles tant renommées de Miltiade, de Léonide, de Thémistocles, qui ont esté données deux mille ans a, et vivent encores aujourd'huy aussi fresches en la mémoire des livres et des hommes, comme si c'eust esté l'aultre hier qu'elles feurent données en Grèce, pour le bien de Grèce et pour l'exemple de tout le monde; qu'est-ce qu'on pense qui donna à si petit nombre de gens, comme estoient les Grecs, non le pouvoir, mais le cœur de soubstenir la force de tant de navires, que la mer mesme en estoit chargée; de desfaire tant de nations, qui estoient en si grand nombre que l'esquadron des Grecs n'eust pas fourny, s'il eust fallu, des capitaines aux armées des ennemis? Sinon qu'il semble qu'en ces glorieux jours-là ce n'estoit pas tant la bataille des Grecs contre les Perses, comme la victoire de la liberté sur la domination, et de la franchise sur la convoitise.

C'est chose estrange d'ouïr parler de la vaillance que la liberté met dans le cœur de ceulx qui la deffendent : mais ce qui se faict en touts pays, par touts les hommes, touts les jours, qu'un homme seul mastine cent mille villes, et les prive de leur liberté; qui le croiroit, s'il ne faisoit que l'ouïr dire, et non le veoir? Et, s'il ne se veoyoit qu'en pays estranges et loingtaines terres, et qu'on le dist; qui ne penseroit que cela feust plustost feinct et controuvé, que non pas véritable?...

O pauvres gents et misérables, peuples insensez, nations opiniastres en vostre mal, et aveugles en vostre bien, vous vous laissez emporter devant vous le plus beau et le plus clair de vostre revenu, piller vos champs, voler vos maisons, et les despouiller des meubles anciens et paternels! Vous vivez de sorte, que vous pouvez dire que rien n'est à vous; et sembleroit que meshuy ce vous seroit grand heur, de tenir à moitié vos biens, vos familles et vos vies : et tout ce dégast, ce malheur, cette ruyne, vous vient non pas des ennemis, mais bien certes de l'ennemy, et de celuy que vous faites si grand qu'il est, pour lequel vous allez si courageusement à la guerre, pour la grandeur duquel vous ne refusez point de présenter à la mort vos personnes. Celuy qui vous maistrise tant n'a que deux yeulx, n'a que deux mains, n'a qu'un corps, et n'a aultre chose que ce qu'a le moindre homme du grand infiny de vos villes; sinon qu'il a plus que vous touts, c'est l'advantage que vous luy faictes pour vous destruire. D'où a-il prins tant d'yeulx? d'où vous espie-il, si vous ne les luy donnez? Comment a-il tant de mains pour vous frapper s'il ne les prend de vous ? Les pieds, dont il foule vos citez, d'où les a-il, s'ils ne sont des vostres? Comment a-il aulcun pouvoir, sur vous, que par vous aultres mesmes? Comment oseroit-il courir sus, s'il n'avoit intelligence avecques vous ? Que vous pourroit-il faire, si vous n'estiez recéleurs du larron qui vous pille, complices du meurtrier qui vous tue, et traistres de vous-mesmes? Vous semez vos fruits, afin qu'il en face le dégast; vous meublez et remplissez vos maisons, pour fournir à ses voleries; vous nourrissez vos filles, à fin qu'il ayt de quoy saouler sa luxure; vous nourrissez vos enfants, à fin qu'il les mène, pour le mieulx qu'il leur face, en ses guerres, qu'il les mène à la boucherie, qu'il les face les ministre de ses convoitises, les exécuteurs de ses vengeances ; vous rompez à la peine vos personnes, à fin qu'il se puisse mignarder en ses délices, et se veautrer dans les sales et vilains plaisirs; vous vous affoiblissez, à fin de le faire plus fort et roide à vous tenir plus courte la bride : et de tant d'indignitez, que les bestes mesmes, ou ne sentiroient point, ou n'endureroient point, vous pouvez vous en délivrer, si vous essayez, non pas de vous en délivrer, mais seulement de le vouloir faire. Soyez résolus de ne servir plus; et vous voylà libres. Je ne veulx pas que vous le poulsiez, ny le bransliez; mais seulement ne le soubtenez plus : et vous le verrez, comme un grand colosse à qui on a desrobbé la base, de son poids mesme fondre en bas, et se rompre.

Étienne de la Boëtie naquit à Sarlat, dans le Périgord, en 1530. Doué de grandes dispositions naturelles, qui l'ont fait ranger, par Baillet au nombre des enfants célèbres, il traduisit, avant l'âge de seize ans, Xénophon et Plutarque. Deux ans plus tard il composa son *Discours de la servitude volontaire*, qui a eu beaucoup de retentissement et mérite encore de nos jours, par la hardiesse des pensées ainsi que par le ton soutenu du style, l'ensemble et le but des idées, l'attention des hommes instruits. Nommé conseiller au parlement de Bordeaux, La Boëtie en fut regardé comme l'oracle; son esprit d'impartialité et de sagesse lui donnèrent la plus grande autorité sur ses collègues. Il mourut en 1563, à l'âge de 33 ans, sans avoir rien publié. Montaigne, dont il fut l'ami, ou pour mieux dire le frère, et auquel il légua sa bibliothèque et ses manuscrits, mit au jour, en 1572, la *Traduction de Plutarque, quelques sonnets et des vers latins dus à la Boëtie.*

Voici comment ce célèbre philosophe parle de La Boëtie dans une de ses lettres. (Voyez, en outre, le chap. de l'*Amitié* que nous citons.)

« Il ma faict cet honneur, vivant, que je mets au compte de la meilleure fortune des miennes, de dresser avecques moy une cousture d'amitié si estroicte et si joincte, qu'il n'y a eu biais, mouvement, ny ressort en son âme, que je n'aye peu considérer et juger, au moins si ma veue n'a quelquefois tiré court. Or, sans mentir, il estoit, à tout prendre, si prez du miracle, que pour, me jectant hors des barrières de la vraisemblance, ne me faire mescroire du tout, il est force, parlant de luy, que je me resserre et restreigne au dessoubs de ce que j'en sçais. »

Dans une autre lettre de Montaigne, adressée à M. d'Aguesseau, on lit :

« Estienne de La Boëtie, l'un des plus propres et nécessaires hommes aux premières charges de la France, a tout du long de sa vie croupy, mesprisé, ez cendres de son foyer domestique , contre l'intérest de nostre bien commun ; car quant au sien particulier, je vous advise, monsieur, qu'il estoit si abondamment garny des biens et des thrésors qui desfient la fortune, que jamais homme n'a vescu plus satisfaict ny plus content. Je sçais bien qu'il estoit eslevé aux dignitez de son quartier, qu'on estime des grandes, et sçais, dadvantage, que jamais homme n'y apporta plus de suffisance, et que en l'aage de trente-deux ans qu'il mourut, il avoit acquis plus de vraye réputation en ce reng-là que nul aultre avant luy : mais tant y a que ce n'est pas raison de laisser en l'estat de soldat un digne capitaine, ny d'employer aux charges moyennes ceulx qui feroient bien encores les premières. A la vérité, ses forces feurent mal mesnagées, et trop espargnées, de façon que, au-delà de sa charge il luy restoit beaucoup de grandes parties oysifves et inutiles, desquelles la chose publicque eust peu tirer du service, et luy de la gloire. Or, monsieur, puisqu'il a esté si nonchalant de se pousser soy-mesme en lumière, comme, de malheur, la vertu et l'ambition ne logent guères ensemble; et qu'il a esté d'un siècle si grossier ou si plein d'envie, qu'il n'y a peu nullement estre aydé par le tesmoignage d'aultruy, je souhaite merveilleusement que, au moins après luy, sa mémoire, à qui seule meshuy je doibs les offices de nostre amitié, receoive le loyer de sa valeur, et qu'elle se loge en la recommandation des personnes d'honneur et de vertu. A cette cause, m'a-il prins envie de le mettre au jour. Tout au rebours du masson, qui met le plus beau de son bastiment vers la rue, et du marchand, qui faict montre et parement du plus riche échantillon de sa marchandise, ce qui estoit en luy le plus recommandable, le vray suc et moelle de sa valeur l'ont suivi, et ne nous en est demeuré que l'escorce et les feuilles. Qui pourroit faire veoir les règlez bransles de son âme, sa pieté, sa vertu, sa justice, la vivacité de son esprit, le poids et la santé de son jugement, la haulteur de ses conceptions si loing eslevées au-dessus du vulgaire, son sçavoir, les grâces compaignies ordinaires de ses actions, la tendre amour qu'il portait à sa misérable patrie et sa haine capitale et jurée contre tout vice, mais principalement contre cette vilaine trafique qui se couvre sous l'honorable tiltre de justice, engendreroit certainement à touts gents de bien une singulière affection envers luy, meslée d'un merveilleux regret de sa perte. »

Nous avons encore de Montaigne, une touchante épître, qu'on pourrait comparer à celle de Pline le jeune racontant la mort de son oncle, mais qui est trop longue pour que nous la citions, dans laquelle le célèbre moraliste raconte à son propre père, avec une admirable simplicité, les derniers moments de La Boëtie. On ne sait, après l'avoir lue, à qui cette lettre fait le plus d'honneur, ou au mourant qui en fut l'objet, ou au survivant qui l'écrivit.

Le *Contr'un* ou *Discours sur la servitude volontaire* de La Boëtie, se trouve joint d'ordinaire aux éditions de Montaigne. Dernièrement, néanmoins, M. de Lamennais vient de publier séparément cet opuscule.

Voici le jugement qu'il en porte dans sa préface :

« Cet écrit fort court a été joint à quelques éditions de Montaigne, mais nous ne sachons point qu'on l'ait jamais imprimé séparément, ce qui peut expliquer pourquoi il est demeuré beaucoup moins connu qu'il ne nous semble mériter de l'être. Il appartient à une époque où, récemment sortis de la longue enfance du moyen âge et bouillonnant d'ardeur d'une jeunesse vigoureuse, les peuples s'essayaient, comme l'aiglon dans son aire, à prendre leur vol.

Les arts jetaient un vif éclat et la science allait naître. Elle apparaissait à l'horizon, telle que l'aube d'un jour splendide. Le siècle du Pérugin et de Michel-Ange préparait les siècles de Galilée, de Descartes et de Newton, et ce travail extérieur en recouvrait un autre plus profond qui s'accomplissait sourdement dans les entrailles mêmes de la société. Portant un regard scrutateur sur les opinions, sur les institutions; et, aux maximes conventionnelles, à l'aide desquelles on avait cherché à autoriser les faits, substituant l'idée immuable du droit, l'esprit humain commençait à se demander si ce que le temps avait établi était bien ce qui devait être, ce que légitimaient la justice, la raison, la conscience; question pleine de tempête, et qui devait tôt ou tard changer la face du monde. Le sentiment de la liberté se développait au fond des âmes, et si les disputes de religion n'étaient pas venues le détourner de son cours, si, en dehors de toute contention, il s'était allié au principe chrétien et identifié avec lui, nous ne doutons pas que l'Europe n'eût fait alors dans l'ordre politique des progrès pour le moins aussi rapides que ceux qui s'opérèrent dans des ordres différents. L'intérêt des princes, des classes et des corporations pour qui le peuple était une sorte de propriété commune qu'exploitaient leur orgueil et leur avarice, empêcha ce mouvement régénérateur, inconciliable avec les prérogatives exorbitantes que s'attribuait la souveraineté partout plus ou moins absolue, et avec la hiérarchie de privilèges dont se composait depuis longtemps l'organisation sociale. Pour démolir ce vieil édifice, il fallut que dix générations s'usassent au travail, et ce travail est loin d'être achevé.

Il semble que la lutte de la tyrannie et de la liberté doive être immortelle sur la terre : et c'est pourquoi les âmes les plus fermes ont souvent besoin d'une parole sympathique qui les ranime, pour ne point défaillir dans la défense des droits sacrés de l'humanité. L'ouvrage d'Étienne de la Boëtie nous a paru propre à remplir ce but. Une chaleur vraie, une éloquence de persuasion sans aucune emphase, des pensées quelquefois profondes, un rare esprit d'observation, une sagacité pénétrante qui résume en quelques traits principaux l'histoire, si variée dans ses détails, des oppresseurs de tous les temps, telles sont les qualités, peu ordinaires sans doute, qui distinguent le livre presque oublié que nous publions de nouveau. On y reconnaît d'un bout à l'autre l'inspiration de deux sentiments qui dominent constamment l'auteur, l'amour de la justice et l'amour des hommes ; sa haine pour le despotisme n'est encore que cet amour même. »

MONTAIGNE.

DE L'AMITIÉ.

Ordinairement ce que nous appellons amis et amitiez, ce ne sont qu'accointances et familiaritez nouées par quelque occasion ou commodité, par le moyen de laquelle nos âmes s'entretiennent. En l'amitié de quoy je parle, elles se meslent et confondent l'une en l'aultre d'un meslange si universel, qu'elles effacent et ne retrouvent plus la cousture qui les a joinctes. Si on me presse de dire pourquoy je l'aymoys (1), je sens que cela ne se peult exprimer qu'en respondant, « *Parce que c'estoit luy; parce que c'estoit moy.* » Il y a, au-delà de tout mon discours et de ce que j'en puis dire particulièrement, je ne sçais quelle force inexplicable et fatale, médiatrice de cette union. Nous nous cherchions avant que de nous estre veus, et par des rapports que nous oyions l'un de l'aultre, qui faisoient en nostre affection plus d'effort que ne porte la raison des rapports; je croys par quelque ordonnance du ciel. Nous nous embrassions par nos noms : et à nostre première rencontre, qui feut par hazard en une grande feste et compaignie de ville, nous nous trouvasmes si prins, si cogneus, si obligez entre nous, que rien dez lors ne nous feut si proche que l'un à l'aultre. Il escrivit une satyre latine excellente, qui est publiée, par laquelle il excuse et explique la précipitation de nostre intelligence si promptement parvenue à sa perfection. Ayant si peu à durer, et ayant si tard commencé, car nous étions touts deux hommes faicts, et luy plus de quelques années, elle n'avoit point à perdre temps, et n'avoit à se régler au patron des amitiez molles et régulières, ausquelles il fault tant de précautions de longue et préalable conversation. Cette-cy n'a point d'aultre idée que d'elle-mesme, et ne se peult rapporter qu'à soy : ce n'est pas une spéciale considération, ny deux, ny trois, ny quatre, ny mille; c'est je ne sçay quelle quintessence de tout ce meslange, qui, ayant saisi toute ma volonté, l'amena se plonger et se perdre dans la sienne; qui, ayant saisi toute sa volonté, l'amena se plonger et se perdre en la mienne, d'une faim, d'une concurrence pareille : je dis perdre, à la vérité, ne nous réservant rien qui nous feust propre, ny qui feust ou sien ou mien.

Quand Lélius, en présence des consuls romains, lesquels, aprez la condamnation de Tibérius Gracchus, poursuyvoient touts ceulx qui avoient esté de son intelligence, veint à s'enquérir de Caius Blosius (qui estoit le principal de ses amis,) combien il eust voulu faire pour luy, et qu'il eust respondu, « Toutes choses. » — « Comment toutes choses? suyvit-il : et quoy ! s'il t'eust commandé de mettre le feu en nos temples? » — « Il ne me l'eust jamais commandé, répliqua Blosius. » — « Mais s'il l'eust faict, adjousta Lélius? » — « J'y eusse obéy, respondict-il. » S'il estoit si parfaitement amy de Gracchus, comme disent les histoires, il n'avoit que faire d'offenser les consuls par cette dernière et hardie confession; et ne se debvoit despartir de l'asseurance qu'il avoit de la volonté de Gracchus. Mais toutesfois ceulx qui accusent cette response comme séditieuse, n'entendent pas bien ce mystère, et ne présupposent pas, comme il est, qu'il tenoit la volonté de Gracchus en sa manche, et par puissance et par cognoissance : ils estoient plus amis que citoyens, plus amis qu'amis ou ennemis de leur païs, qu'amis d'ambition et de trouble : s'estants parfaictement commis l'un à l'aultre, ils tenoient parfaictement les resnes de l'inclination l'un de l'aultre : et faictes guider cet harnois par la vertu et conduicte de la raison, comme aussi est-il du tout impossible de l'atteler sans cela, la response de Blosius est telle qu'elle debvoit estre. Si leurs actions se desmanchèrent, ils n'estoient ny amis, selon ma mesure, l'un de l'aultre, ny amis à eulx mesmes. Au demourant, cette response ne sonne non plus que feroit la mienne à qui s'enquerroit à moy de cette façon : « Si vostre volonté vous commandoit de tuer vostre fille, la tueriez-vous? » et que je l'accordasse : car cela ne porte aulcun tesmoignage de consentement à ce faire ; parce que je ne suis point en doubte de ma volonté, et tout aussi peu de celle d'un tel amy. Il n'est pas en

---

(1) Ce chapitre de Montaigne est rempli des souvenirs de l'amitié fraternelle qui l'unissait à La Boëtie.

la puissance de tous les discours du monde de me desloger de la certitude que j'ay des intentions et jugements du mien : aulcune de ses actions ne me sçauroit estre présentée, quelque visage qu'elle eust, que je n'en trouvasse incontinent le ressort. Nos âmes ont charié si uniement ensemble ; elles se sont considérées d'une si ardente affection, et de pareille affection descouvertes jusques au fin fond des entrailles l'une de l'aultre, que non seulement je cognoissoys la sienne comme la mienne, mais je me feusse certainement plus volontiers fié à luy de moy, qu'à moy.

Qu'on ne me mette point en ce reng ces aultres amitiez communes ; j'en ay autant de cognoissance qu'un aultre, et des plus parfaictes de leur genre : mais je ne conseille pas qu'on confonde leurs règles ; on s'y tromperoit. Il fault marcher en ces aultres amitiez la bride à la main, avecques prudence et précaution : la liaison n'est pas nouée en manière qu'on n'ait aulcunement à s'en défier. « Aimez-le, disoit Chilon, comme ayant quelque jour à le haïr ; haïssez-le, comme ayant à l'aimer (1). » Ce précepte, qui est si abominable en cette souveraine et maistresse amitié, il est salubre en l'usage des amitiez ordinaires et coustumières ; à l'endroict desquelles il fault employer le mot qu'Aristote avoit très familier, « O mes amys ! il n'y a nul amy. » En ce noble commerce, les offices et les bienfaicts, nourriciers des aultres amitiez, ne méritent pas seulement d'estre mis en compte ; cette confusion si pleine de nos volontez en est cause : car, tout ainsi que l'amitié que je me porte ne reçoit point augmentation pour le secours que je me donne au besoing, quoy que dient les stoïciens, et comme je ne me sçais aulcun gré du service que ie me foys ; aussi l'union de tels amis estant véritablement parfaicte, elle leur faict perdre le sentiment de tels debvoirs, et haïr et chasser d'entre eulx ces mots de division et de différence, bienfaict, obligation, recognoissance, prière, remerciement, et leurs pareils. Tout estant, par effect commun entre eulx, volontez, pensements, jugements, biens, enfants, honneur et vie, et leur convenance n'estant qu'une âme en deux corps, selon la très propre définition d'Aristote, ils ne se peuvent ny prester ny donner rien. Voilà pourquoy les faiseurs de loix, pour honorer le mariage de quelque imaginaire ressemblance de cette divine liaison, deffendent les donations entre le mary et la femme ; voulants inférer par là que tout doibt estre à chascun d'eulx, et qu'ils n'ont rien à diviser et partir ensemble.

Si, en l'amitié de quoy je parle, l'un pouvoit donner à l'aultre, ce seroit celuy qui recevroit le bienfaict qui obligeroit son compagnon : car, cherchant l'un et l'aultre plus que tout autre chose, de s'entre-bienfaire, celuy qui en preste la matière et l'occasion est celuy-là qui faict le libéral, donnant ce contentement à son amy d'effectuer en son endroict ce qu'il désire le plus.

Quand le philosophe Diogènes avoit faulte d'argent, il disoit qu'il le redemandoit à ses amis, non qu'il le demandoit. Et pour montrer comment cela se pratique par effect, j'en citeray un ancien exemple singulier. Eudamidas, Corinthien, avoit deux amis, Charixenus, Sycionien, et Aretheus, Corinthien : venant à mourir, estant pauvre, et ses deux amis riches, il feit ainsi son testament : « Je lègue à Aretheus de nourrir ma mère, et l'entretenir en sa vieillesse ; à Charixenus, de marier ma fille, et luy donner le douaire le plus grand qu'il pourra : et au cas que l'un d'eulx vienne à défaillir, je substitue en sa part celuy qui survivra. » Ceulx qui premiers veirent ce testament, s'en mocquèrent ; mais ses héritiers en ayant esté advertis, l'acceptèrent avec un singulier contentement : et l'un d'eulx, Charixenus, estant trespassé cinq jours aprez, la substitution estant ouverte en faveur d'Aretheus, il nourrit curieusement cette mère ; et de cinq talents qu'il avoit en ses biens, il en donna les deux et demy en mariage à une sienne fille unique, et deux et demy pour le mariage de la fille d'Eudamidas, desquelles il feit les nopces en mesme jour. Cet exemple est bien plein, si une condition n'en estoit à dire, qui est la multitude d'amis ; car cette parfaicte amitié de quoy je parle est indivisible ; chascun se donne si entier à son amy ; qu'il ne luy reste rien à despartir ailleurs ; au rebours, il est marry qu'il ne soit double, triple ou quadruple, et qu'il n'ayt plusieurs âmes et plusieurs volontez, pour les conférer toutes à ce subject.

Les amitiez communes, on les peult despartir ; on peult aymer en cettuy-cy la beauté ; en cet aultre, la facilité de ses mœurs ; en l'aultre, la libéralité ; en celuy-là la paternité ; en cet aultre, la fraternité, ainsi du reste : mais cette amitié qui possède l'âme et la régente en toute souveraineté, il est impossible qu'elle soit double. Si deux en mesme temps demandoient à estre secourus, auquel courriez-vous ? S'ils requéroient de vous des offices contraires, quel ordre y trouveriez-vous ? Si l'un commettoit à vostre silence chose qui feust utile à l'aultre de sçavoir, comment vous en démesleriez-vous ? L'unique et principale amitié descoust toutes aultres obligations : le secret que j'ay juré ne déceler à un aultre, je le puis sans parjure communiquer à celuy qui n'est pas aultre, c'est moy (2). C'est un assez grand miracle de se dou-

---

(1) Au dire de Cicéron, Scipion l'Africain disait, à propos de ce conseil, qu'on n'avait jamais proféré un plus grand blasphème contre l'amitié.

(2) Montaigne est si fortement préoccupé de son idée, si plein du souvenir de sa confiance sans réserve en La Boëtie, qu'il dépasse ici les bornes de la raison et méconnaît l'inviolable sainteté du serment. Non, il ne nous est pas permis de dévoiler, même à l'ami le plus vertueux, le plus longtemps éprouvé, le secret d'un autre homme, auquel nous avons juré un silence absolu.

SEIZIÈME SIÈCLE.

bler; et n'en cognoissent pas la hauteur ceux qui parlent de se tripler : Rien n'est extrême, qui a son pareil : et qui présupposera que de deux j'en ayme autant l'un que l'aultre, et qu'ils s'entr'ayment et m'ayment autant que je les ayme, il multiplie en confrairie la chose la plus une et unie, et de quoy une seule est encores la plus rare à trouver au monde. Le demourant de cette histoire convient très-bien à ce que je disois : car Eudamidas donne pour grâce et pour faveur à ses amis de les employer à son besoing ; il les laisse héritiers de cette sienne libéralité, qui consiste à leur mettre en main les moyens de luy bienfaire : et sans doubte la force de l'amitié se montre bien plus richement en son faict, qu'en celuy d'Aretheus. Somme, ce sont effects inimaginables à qui n'en a gousté, et qui me font honnorer à merveille la response de ce jeune soldat à Cyrus, s'enquérant à luy pour combien il vouldroit donner un cheval par le moyen duquel il venoit de gagner le prix de la course, et s'il le vouldroit eschanger à un royaume : « Non certes, sire; mais bien le lairrois-je volontiers pour en acquérir un amy, si je trouvois homme digne de telle alliance. » Il ne disoit pas mal, « si je trouvois; » car on treuve facilement des hommes propres à une superficielle accointance : mais en cette-cy, en laquelle on négocie du fin fond de son courage, qui ne faict rien de reste, certes il est besoing que touts les ressorts soient nets et seurs parfaictement...

Tout ainsi que cil qui feut rencontré à chevauchons sur un baston, se jouant avecques ses enfants, pria l'homme qui l'y surprint de n'en rien dire jusques à ce qu'il feust père luy mesme ; estimant que la passion qui lui naistroit lors en l'âme, le rendroit juge équitable d'une telle action : je souhaiterois aussi parler à des gents qui eussent essayé ce que je dis : mais sçachant combien c'est chose esloignée du commun usage qu'une telle amitié, et combien elle est rare, je ne m'attends pas d'en trouver aulcun bon juge ; car les discours mesmes que l'antiquité nous a laissés sur ce subject me semblent lasches au prix du sentiment que j'en ay ; et, en ce point les effets surpassent les préceptes mesmes de la philosophie.

L'ancien Menander disoit celuy-là heureux, qui avoit peu rencontrer seulement l'ombre d'un amy : il avoit certes raison de le dire, mesme s'il en avoit tasté. Car, à la vérité, si je compare tout le reste de ma vie, quoyqu'avecques la grâce de Dieu je l'aye passée doulce, aysée, et, sauf la perte d'un tel amy, exempte d'affliction poisante, pleine de tranquillité d'esprit, ayant prins en payement mes commoditez naturelles et originelles, sans en rechercher d'aultres ; si je la compare, dis-je, toute, aux quatre années qu'il m'a esté donné de jouyr de la doulce compaignie et société de ce personnage, ce n'est que fumée, ce n'est qu'une nuit obscure et ennuyeuse. Depuis le jour que je le perdis, je ne foys que traisner languissant ; et les plaisirs mesmes qui s'offrent à moy, au lieu de me consoler, me redoublent le regret de sa perte : nous estions à moitié de tout ; il me semble que je lui desrobe sa part : j'estois déjà si faict et accoustumé à estre deuxiesme partout, qu'il me semble n'estre plus qu'à demy. Il n'est action ou imagination où je ne le treuve à dire ; comme si eust-il bien faict à moy : car de mesme qu'il me surpassoit d'une distance infinie en toute aultre suffisance et vertu, aussi faisoit-il au debvoir de l'amitié.

Montaigne (Michel, seigneur de) naquit au château de Montaigne, en Périgord, le 28 février 1533, d'une famille anciennement nommée Eyghem, originaire d'Angleterre. Élevé, nourri dès l'enfance dans un village, avec les enfants du peuple, tenu sur les fonts de baptême par des personnes de la plus humble condition, sans doute pour qu'il apprit à connaître la classe qui porte le plus lourd fardeau de la société, Montaigne reçut ensuite, à la maison paternelle, une éducation à la fois judicieuse et savante, qui laissait à son esprit toute la liberté dont il avait besoin pour prendre l'essor et obéir à sa nature. A peine parvenu à six ans, Montaigne parlait mieux la langue latine qu'un enfant de cet âge ne parle ordinairement sa langue maternelle. Montaigne obtint des succès au collége de Bordeaux ; l'instruction qu'il avait acquise chez son père le fit bientôt arriver aux premières classes. Il eut pour maîtres Buchanan et Morel. Le droit, que Montaigne étudia au sortir de ses classes, répugnait à la tournure de son esprit, aussi n'y devint-il pas grand clerc. Cependant il fut nommé conseiller de chambre, et ses liaisons avec le chancelier de l'Hôpital annoncent que le jeune magistrat avait acquis une certaine considération.

Libre de toute servitude dans son intérieur, mais bon époux, fils religieux et tendre, ami comme le monde en a peu vu, Montaigne avait toutes les qualités d'un excellent homme. Il adorait sa patrie, mais comme citoyen il manquait peut-être de ce courage civil qui fait qu'on soutient une opinion au péril de sa vie. La nature de ses penchants, la débonnaireté de son caractère, son horreur pour les guerres intestines, sa tendre humanité, sa tolérance, enfin, le doute philosophique qui avait pris la maîtrise souveraine de son esprit, contribuaient à l'espèce de mollesse et d'incertitude que lui reprochaient les catholiques et les réformés. Aussi se trouva-t-il suspect aux deux partis comme il le dit lui-même : « J'étais Gibelin au Guelfe ; au Guelfe, Gibelin. »

Montaigne fit un voyage en Italie ; toutefois ce n'est pas dans ce pays peuplé de tant de grands souvenirs qu'il a puisé les inspirations de son génie ; il les doit en partie à l'ancienne Athènes et à l'ancienne Rome, dont il avait lu les auteurs avec tant de fruit, particulièrement Sénèque et Virgile. Mais il a trouvé surtout dans la France de son temps, dans une des époques les plus agitées de notre histoire, une source de méditations qu'il a fait tourner au profit de ses semblables. Peu d'hommes ont mené une vie plus noble, plus innocente, plus commode et plus douce que celle de Montaigne. Chéri de sa famille, admiré pour ses écrits, respecté comme une lumière du siècle, il mourut, d'une manière digne de lui, le 13 septembre 1592.

Pascal a dit dans le recueil de ses pensées : « Le sot projet que Montaigne a eu de se peindre ! et cela non pas en passant et contre ses maximes, comme il arrive à tout le monde de faillir, mais par ses propres maximes, et par un dessein premier et principal ; car de dire des sottises par hasard et par faiblesse, c'est un mal ordinaire ; mais d'en dire à dessein, c'est ce qui n'est pas supportable, et d'en dire de telles que celles-là. »

On conçoit sans peine que le livre de Montaigne et ses révélations aient blessé l'humilité sincère, le rigorisme moral et la pudeur de Pascal ; il faut même avouer que Montaigne ne saurait échapper au reproche d'avoir eu beaucoup d'amour-propre et de vanité ; qu'il aurait pu, qu'il aurait dû même, puisqu'il cultivait la philosophie et qu'il invoquait son nom, s'abstenir de beaucoup de révélations qui sont des espèces de vanteries. On doit confesser encore qu'il pousse parfois la franchise jusqu'à la licence, et se laisse entraîner au vain plaisir de se réjouir et de s'amuser lui-même par la peinture de ses fantaisies, comme si c'était là des exemples qu'il fût permis à un homme tel que lui de mettre sous les yeux de la jeunesse, au risque d'offenser un âge si tendre à toutes les impressions. Au reste, les Essais de Montaigne ne sont pas le bréviaire de la jeunesse, mais le livre des hommes ; et Pascal a eu tort de traiter avec tant de mépris et de sévérité une résolution qui a produit l'un des ouvrages les plus beaux et les plus utiles dont le génie ait fait présent à la science du cœur humain.

Quelle énergie, quelle variété, quelle richesse dans la langue écrite de Montaigne! Comme les expressions y portent la vive empreinte de la pensée! Combien de créations improvisées par le génie qui s'élance comme un fleuve longtemps contenu par une digue puissante! Mais aussi à quelle source profonde puisait l'éloquent philosophe! Depuis son enfance il vivait dans un commerce familier avec les peuples de l'antiquité ; il voyait les progrès de la révolution religieuse faite par Luther, au moment où Copernic venait de réformer nos connaissances sur le système céleste. Les dernières années de François Ier, ses rigueurs et celles de son fils contre les protestants, la cour de Charles IX, la politique de Catherine de Médicis, la Saint-Barthélemy, la Ligue, l'assassinat de Henri III, la puissance et la chute des Guises, et trente années de guerres civiles à peine éteintes par l'avénement de Henri IV, avaient passé devant lui. Rome elle-même n'offrit point à l'esprit observateur de Tacite un spectacle aussi instructif que celui des mœurs, des opinions, des évènements de la France contemporaine de Montaigne. Ni Tacite, ni aucun moderne n'égalent l'auteur *des Essais* dans la connaissance de l'homme ; personne ne l'a peint avec plus d'exactitude et de bonne foi. Montaigne nous enseigna le doute avant Descartes ; il voulut, avant le grand Bacon, réformer l'entendement humain ; il est, avec ces grands hommes, le restaurateur ou le fondateur de la philosophie en Europe.

Le traité de Cicéron sur l'amitié présente un assez grand nombre de beaux traits comme celui-ci : « C'est ôter le soleil du monde que d'ôter à l'homme l'amitié, le meilleur et le plus agréable présent des dieux. » Le portrait de Scipion l'Africain, par Lélius, est à la fois le plus digne éloge de la vertu et la plus vive peinture de l'amitié. Ici nous croyons vraiment entendre celui qui avait servi, philosophé, parlé du cœur, enfin vécu à deux en toutes choses avec le grand homme ; mais bientôt l'illusion cesse, et, à la place de Lélius ou de ses interlocuteurs, nous ne trouvons plus que Cicéron qui disserte à la manière des Grecs sur le texte de l'amitié.

Sénèque, en discutant le même sujet, a semé dans sa quarante-huitième lettre, ainsi que dans son traité des Bienfaits, des pensées justes et exprimées avec la concision de Tacite. Montaigne se les est appropriées en leur donnant son cachet particulier.

On lit dans un sermon de Bossuet, sur la charité fraternelle : « C'est de cette haute origine que la charité doit s'épancher généreusement sur tous nos semblables par une inclination générale de leur bien faire dans toute l'étendue du pouvoir que Dieu nous donne. C'est de ce même principe que doivent naître nos amitiés particulières, qui ne seront jamais ni plus inviolables ni plus sacrées que lorsque Dieu en sera le médiateur. Jonathas et David étaient unis de cette sorte, et c'est pourquoi le dernier appelle leur amitié mutuelle : *fœdus Domini*, l'alliance du Seigneur, parce qu'elle avait été contractée en sa présence, et jurée, pour ainsi dire, entre ses mains ; aussi le monde n'en a jamais vu ni de plus tendre, ni de plus fidèle, ni de plus désintéressée. Un trône à disputer entre ces deux parfaits amis n'a pas été capable de les diviser.

» L'Écriture dit tout cela en deux admirables préceptes : « Tu aimeras le Seigneur ton Dieu de tout ton cœur, et tu aimeras ton prochain comme toi-même. »

Il y a des choses du cœur dans ce que je viens de citer, comme dans le passage suivant sur les droits et les devoirs de l'amitié « Usez de la liberté que le nom de l'amitié vous donne ; ne cédez pas, ne vous rendez pas, soutenez vos sentiments ; parlez à votre ami en ami, jetez-lui quelquefois au front des vérités toutes sèches qui le fassent rentrer en lui-même : ne craignez pas de lui faire honte, afin qu'il se sente pressé de se corriger.

» Mais avec cette fermeté et cette vigueur, gardez-vous bien de sortir des bornes de la discrétion : je hais ceux qui se glorifient des avis qu'ils donnent, qui veulent s'en faire honneur plutôt que d'en tirer de l'utilité, et triompher de leur ami plutôt que de le servir... Le maître avait commandé ; écoutez le sauveur des âmes : « Reprenez votre ami entre vous et lui ; parlez en secret, parlez à l'oreille. N'épargnez pas le vice, mais épargnez la pudeur... (1) »

On reconnaît ici dans Bossuet l'écrivain qui sait être simple comme il sait être grand, et toucher pour mieux instruire. Mais Montaigne semble avoir trouvé là, avec une nouvelle manière d'aimer, un nouveau langage pour exprimer les mystères et les charmes de la dilection mutuelle. Entre La Boétie et Montaigne, l'amitié est un penchant qui a la constance d'une vertu et la chaleur d'une passion. Quant au style du chapitre de l'amitié, il est plein de créations originales, d'expressions trouvées, de mots heureux qui sont venus se placer d'eux-mêmes sous la plume de l'écrivain, et qu'on croirait quelquefois sortis du cœur d'une femme, avec un accent de tendresse qui semble particulier aux personnes de son sexe.

---

(1) Bossuet emploie ici le mot pudeur dans le sens que lui a donné La Fontaine (Fable des *Deux amis*).

DE L'INCOMMODITÉ DE LA GRANDEUR.

Puisque nous ne la pouvons atteindre, vengeons-nous-en à en médire : si n'est-ce pas entièrement médire de quelque chose, d'y trouver des défauts : il s'en trouve en toutes choses, pour belles et désirables qu'elles soient. En général, elle a cet évident avantage, qu'elle se ravalle quand il luy plaist et qu'à peu près elle a le choix de l'une ou l'autre condition. Car on ne tombe pas de toute hauteur : il en est plus, desquelles on peut descendre sans tomber. Bien me semble-il que nous la faisons trop valoir : et trop valoir aussi la résolution de ceux que nous avons ou veu ou ouy dire, l'avoir mesprisée ou s'en estre démis de leur propre dessein. Son essence n'est pas si évidemment commode, qu'on ne la puisse refuser sans miracle. Je trouve l'effort bien difficile à la souffrance des maux, mais au contentement d'une médiocre mesure de fortune et fuite de la grandeur, j'y trouve fort peu d'affaire. C'est une vertu, ce me semble, où, moy qui ne suis qu'un oyson, arriverois sans beaucoup de contention. Que doivent faire ceux qui mettroient encores en considération la gloire qui accompagne ce refus, auquel il peut eschoir plus d'ambition qu'au désir mesme et jouissance de la grandeur? D'autant que l'ambition ne se conduit jamais mieux selon soy, que par une voye égarée et inusitée. J'aiguise mon courage vers la patience, je l'affoiblis vers le désir. Autant ai-je à souhaiter qu'un autre, et laisse à mes souhaits autant de liberté et d'indiscrétion ; mais pourtant, si ne m'est-il jamais advenu de désirer empire ny royauté, ny l'éminence de ces hautes fortunes et commanderesses. Je ne vise pas de ce costé-là, je m'aime trop. Quand je pense à croistre, c'est bassement, d'une accroissance contrainte et couarde, proprement pour moy : en résolution, en prudence, en santé, en beauté et en richesse encore. Mais ce crédit, cette auctorité si puissante, foule mon imagination. Et tout à l'opposite de l'autre, m'aimerais à l'adventure mieux, deuxiesme ou troisiesme à Périgueux, que premier à Paris. Au moins, sans mentir, mieux troisiesme à Paris, que premier en charge. Je ne veux ny débattre avec un huissier de porte, misérable inconnu : ny faire fendre en adoration les presses, où je passe : je suis duit à un estage moyen, comme par mon sort, aussi par mon goust. Et si ay monstré en la conduite de ma vie et de mes entreprises, que j'ay plutost fuy qu'autrement, d'enjamber pardessus le degré de fortune, auquel Dieu logea ma naissance.

Toute constitution naturelle est pareillement juste et aisée. J'ay ainsi l'âme poltronne, que je ne mesure pas la bonne fortune selon sa hauteur, je la mesure selon sa facilité. Mais si je n'ay point le cœur gros assez, je l'ai à l'équipolent ouvert, et qui m'ordonne de publier hardiment sa foiblesse. Qui me donneroit à conférer la vie de L. Thorius Balbus, galant homme, beau, sçavant, sain, entendu et abondant en toute sorte de commoditez et plaisirs, conduisant une vie tranquille et toute sienne, l'âme bien préparée contre la mort, la superstition, les douleurs et autres encombriers de l'humaine nécessité, mourant enfin en bataille, les armes à la main, pour la deffense de son pays, d'une part : et d'autre part la vie de M. Regulus, aussi grande et hautaine que chacun le connoist, et sa fin admirable : l'une sans nom, sans dignité : l'autre exemplaire et glorieuse à merveilles : j'en dirois certes ce qu'en dit Cicéro, si je sçavois aussi bien dire que luy. Mais s'il me les falloit coucher sur la mienne, je dirois aussi que la première est autant selon ma portée et selon mon désir, que je conforme à ma portée, comme la seconde est loin au-delà. Qu'à cette-cy, je ne puis advenir que par vénération : j'adviendrois volontiers à l'autre par usage.

Retournons à nostre grandeur temporelle, d'où nous sommes partis. Je suis dégousté de maistrise, et active et passive. Otanez, l'un des sept qui avoient droit de prétendre au royaume de Perse, print un party que j'eusse prins volontiers : c'est qu'il quitta à ses compagnons son droit d'y pouvoir arriver par élection ou par sort, pourvu que luy et les siens vesquissent en cet empire hors de toute subjection et maistrise, sauf celle des loix antiques, et y eussent toute liberté qui ne porteroit préjudice à icelles : impatient de commander comme d'estre commandé. Le plus aspre et difficile mestier du monde à mon gré, c'est faire dignement le roy. J'excuse plus de leurs fautes, qu'on ne fait communément, en considération de l'horrible poids de leur charge, qui m'estonne. Il est difficile de garder mesure à une puissance si démesurée. Si est-ce que c'est envers ceux mesmes qui sont de moins excellente nature, une singulière incitation à la vertu, d'estre logé en lieu où vous ne fassiez aucun bien qui ne soit mis en registre et en compte ; et où le moindre bien-faire porte sur tant de gens ; et où vostre suffisance, comme celle des prescheurs, s'adresse principalement au peuple, juge peu exact, facile à piper, facile à contenter. Il est peu de choses ausquelles nous puissions donner le jugement sincère, parce qu'il en est peu ausquelles, en quelque façon, nous n'ayons particulier intérest. La supériorité et infériorité, la maistrise et la subjection, sont obligées à une naturelle envie et contestation ; il faut qu'elles s'entre-pillent perpétuellement. Je ne crois ny l'une ny l'autre des droicts de sa compagne ; laissons en dire à la raison qui est inflexible et impassible, quand nous en pourrons finer. Je feuilletois, il n'y a pas un mois, deux livres escossois, se combatans sur ce sujet. Le populaire rend le roy de pire condition qu'un charretier, le monarchique le loge quelques brasses au-dessus de Dieu, en puissance et souveraineté. Or l'incommodité de la grandeur, que j'ay pris icy à remarquer, par quelque occasion qui vient de m'en advertir, est cette-cy. Il n'est à l'adventure rien plus plaisant au commerce des hommes, que les essais que nous faisons les uns contre les autres par jalousie d'honneur et de valeur, soit aux exercices du corps et de l'esprit : ausquels la grandeur souveraine n'a aucune vraye part. A la vérité, il m'a semblé souvent qu'à force de respect on y traite les princes dédaigneusement et injurieusement. Car, ce de quoy je m'offensois infiniment en mon enfance, que ceux qui s'exerçoient avec moy, épargnassent de s'y employer à bon escient, pour me trouver indigne contre qui ils s'efforçassent : c'est ce qu'on void leur advenir tous les jours, chacun se trouvant indigne de s'efforcer contre eux. Si on reconnoist qu'ils ayent tant soit peu d'affection à la victoire, il n'est celuy qui ne se travaille à la leur prester, et qui n'ayme mieux trahir sa gloire que d'offenser la leur : on n'y employe qu'autant d'effort qu'il en faut pour servir à leur honneur. Quelle part ont-ils à la meslée, en laquelle chacun est pour eux? Il me semble voir ces paladins du temps passé, se présentans aux jouxtes et aux combats avec des corps et des armes faées. Brisson, courant contre Alexandre, se feignit en la course. Alexandre l'en tança : mais il luy en devoit faire donner du fouet. Pour cette considération, Carnéades disoit : que les enfans des princes n'apprennent rien à droict qu'à manier des chevaux : d'autant qu'en tout autre exercice, chacun fleschit sous eux et leur donne gagné : mais un cheval, qui n'est ny flatteur ny courtisan, verse le fils du roy par terre, comme il feroit le fils d'un crocheteur. Homère fait courroucer, craindre, fuir les Dieux, s'enjalouser, se douloir et se passionner, pour les honorer des vertus qui se bastissent entre nous, de ces imperfections. Qui ne participe au hazard et à la difficulté, ne peut prétendre intérest à l'honneur et plaisir qui suit les actions hazardeuses. C'est pitié de pouvoir tant, qu'il advienne que toutes choses vous cèdent. Vostre fortune rejette trop loin de vous la société et la compagnie, elle vous plante trop à l'escart. Cette aisance et lasche facilité de faire tout baisser sous soy, est ennemie de toute sorte de plaisir. C'est glisser, cela, ce n'est pas aller : c'est dormir, ce n'est pas vivre. Concevez l'homme accompagné d'omnipotence, vous l'abysmez : il faut qu'il vous demande, par aumosne, de l'empeschement et de la résistance ; son estre et son bien est en indigence. Leurs bonnes qualitez sont mortes et perdues ; car elles ne se sentent que par comparaison, et on les en met hors : ils ont peu de connoissance de la vraye louange, estans battus d'une si continuelle approbation et uniforme. Ont-ils affaire au plus sot de leurs sujets? ils n'ont aucun moyen de prendre avantage sur luy ; en disant : « C'est pource qu'il est mon roy, » il luy semble avoir assez dit qu'il a presté la main à se laisser vaincre. Cette qualité estouffe et consomme les autres qualitez vrayes et essentielles : elles sont enfoncées dans la royauté : et ne leur laisse à eux faire valoir que les actions qui touchent directement, et qui luy servent pour les offices de leur charge. C'est tant estre roy, qu'il n'est que par là. Cette lueur estrangère qui l'environne, le cache et nous le dérobe : nostre veue s'y rompt et s'y dissipe, estant remplie et arrestée par cette forte lumière. Le sénat ordonna le prix d'éloquence à Tybère : il le refusa, n'estimant pas que d'un jugement si peu libre, quand bien il eust esté véritable, il s'en pust ressentir. Comme on leur cède tous avantages d'honneur, aussi coonforte-l'on et auctorise les défauts et vices qu'ils ont : non seulement par approbation, mais aussi par imitation. Chacun des suivans d'Alexandre portoit comme luy la teste à costé. Et les flatteurs de Dionysius s'entre-heurtoient en sa présence, poussoient et versoient ce qui se rencontroit à leurs pieds, pour dire qu'ils avoient la veue aussi courte que luy. Les graveures ont aussi par fois servy de recommandation et faveur. J'en ay veu la surdité en affectation : et parce que le maistre haïssoit sa femme, Plutarque a veu les courtisans répudier les leurs qu'ils aymoient. Qui plus est, la desloyauté s'en est veue en crédit : comme aussi les blasphèmes, la cruauté : comme l'hérésie, comme la superstition, l'irréligion, la mollesse, et pis, si pis y a : par un exemple encores plus dangereux que celuy des flatteurs de Mythridates, qui d'autant que leurs maistre prétendoit à l'honneur de bon médecin, luy portoient à inciser et cautériser leurs membres ; car ces autres souffrent cautériser leur âme, partie plus délicate et plus noble. Mais pour achever par où j'ay commencé : Adrian l'empereur, débatant avec le philosophe Favorinus de l'interprétation de quelque mot, Favorinus luy en quitta bien-tost la victoire : ses amis se plaignans à luy, « Vous vous moquez, dit-il, voudriez-vous qu'il ne fust pas plus sçavant que moy, luy qui commande à trente légions? » Auguste escrivit des vers contre Asinius Pollio : « Et moy, dit Pollio, je me tais ; ce n'est pas sagesse d'escrire à l'envy de celuy qui peut proscrire. Et avoient raison ; car Dionysius, pour ne pouvoir égaler Philoxénus en la poésie et Platon en discours, en condamna l'un aux carrières, et envoya vendre l'autre, esclave en l'isle d'Æginé.

Ce chapitre n'est ni l'un des plus fortement pensés, ni l'un des mieux ordonnés, ni l'un des mieux écrits de Montaigne ; nous l'avons toutefois cité à dessein, parce qu'il donne lieu à des observations de quelque utilité.

Montaigne est admirable, lorsqu'à ses propres dépens, et pour le service de la vérité, il nous révèle les mouvements de son cœur, nous apprend à interroger le nôtre, et à mettre en pratique le conseil gravé sur le fronton du temple de Delphes : Connais-toi toi-même ; mais que nous importe de savoir que Montaigne n'aimait pas la grandeur, que par infirmité de nature il craignait la haute fortune et les périls qui l'accompagnent. Encore si, avec le charme de ses naïves confidences, il nous faisait aimer la médiocrité, par la peinture du bonheur commode et facile qu'elle donne !

Montaigne paye un juste tribut à la vie et à la mort de Régulus, auxquelles il ne peut advenir, dit-il, que par vénération ; mais en faisant allusion à un passage de Cicéron, il n'aurait pas dû oublier l'ode d'Horace sur Régulus, composition pleine d'éloquence passionnée, empreinte d'un ardent amour de la patrie, et de cette gravité comme de cette simplicité romaines, que Corneille a si bien peintes dans le vieil Horace. Fidèle à son caprice, infidèle à ses titres, Montaigne s'est détourné de son sujet, et quand il revient à l'incommodité de la grandeur, il ne fait encore qu'effleurer la matière. On s'étonne de voir que Montaigne ait omis de citer, parmi les inconvénients de la grandeur, la presque impossibilité d'avoir un véritable ami.

C'est pour un jeune lecteur une bonne étude que de s'exercer à trouver par la réflexion ce que Montaigne, qui marche souvent par bonds et par saillies, peut avoir omis d'essentiel sur le sujet qui est venu sourire à sa fantaisie.

DE LA MORT.

Cicéro dict que philosopher ce n'est aultre chose que s'appresler à la mort. C'est d'autant que l'estude et la contemplation retirent aulcunement nostre âme hors de nous, et l'embesongnent à part du corps, qui est quelque apprentissage et ressemblance de la mort : ou bien, c'est que toute la sagesse et discours du monde se résoult enfin à ce poinct, de nous apprendre à ne craindre point à mourir. De vray, ou la raison se moque, ou elle ne doit viser qu'à nostre contentement, et tout son travail tendre en somme à nous faire bien vivre, et à nostre aise, comme dict la saincte Escriture. Toutes les opinions du monde en sont là, que le plaisir est nostre but ; quoyqu'elles en prennent divers moyens, aultrement on les chasseroit d'arrivée ; car qui escouteroit celuy qui, pour sa fin, establiroit nostre paine et mésaise ? Les dissensions des sectes philosophiques en ce cas sont verbales ; il y a plus d'opiniastreté et de picoterie qu'il n'appartient à une si saincte profession : mais quelque personnage que l'homme entreprenne, il joue tousjours le sien parmy.

Quoy qu'ils dient, en la vertu mesme, le dernier but de nostre visée, c'est la volupté. Il me plaist de battre leurs aureilles de ce mot leur est si fort à contre-cœur ; et s'il signifie quelque suprême plaisir et quelque excessif contentement, il est mieulx deu à l'assistance de la vertu qu'à nulle aultre assistance. Cette volupté, pour estre plus gaillarde, nerveuse, robuste, virile, n'en est que plus sérieusement voluptueuse : et luy debvions donner le nom du plaisir, plus favorable, plus doulx et naturel, non celuy de la vigueur, duquel nous l'avons dénommée. Cette aultre volupté plus basse, si elle méritoit ce beau nom, ce debvoit estre en concurrence, non par privilége : je la treuve moins pure d'incommoditez et de traverses que n'est la vertu ; oultre que son goust est plus momentané, fluide et caducque, elle a ses veilles, ses jeusnes et ses travaulx, et la sueur et le sang, et en oultre particulièrement ses passions trenchantes de tant de sortes, et à son costé une satiété si lourde, qu'elle équipolle à pénitence. Nous avons grand tort d'estimer que ces incommoditez luy servent d'aiguillon, et de condiment à sa doulceur (comme en nature le contraire se vivifie par son contraire) ; et de dire, quand nous venons à la vertu, que pareilles suittes et difficultez l'accablent, la rendent austère et inaccessible ; là où, beaucoup plus proprement qu'à la volupté, elles anoblissent, aiguisent et rehaulsent le plaisir divin et parfaict qu'elle nous moyenne. Celuylà est certes bien indigne de son accointance, qui contrepoise son coust à son fruict, et n'en cognoist ny les grâces ny l'usage. Ceulx qui nous vont instruisant que sa queste est scabreuse et laborieuse, sa jouissance agréable, que nous disent-ils par là, sinon qu'elle est tousjours désagréable ? Car quel moyen humain arriva jamais à sa jouissance ? Les plus parfaicts se sont bien contentez d'y aspirer et de l'approcher, sans la posséder. Mais ils se trompent, veu que de tous les plaisirs que nous cognoissons, la poursuite mesme en est plaisante, l'entreprinse se sent de la qualité de la chose qu'elle regarde, car c'est une bonne portion de l'effect et consubstantielle.

L'heur et la béatitude qui reluit en la vertu remplit toutes ses appartenances et advenues, jusques à la première entrée, et extrême barrière. Or, l'un des principaux bienfaicts de la vertu, c'est le mespris de la mort : moyen qui fournist notre vie d'une molle tranquillité, et nous en donne le goust pur et amiable ; sans qui toute aultre volupté est esteincte. Voylà pourquoy toutes les règles se rencontrent et conviennent à cet article. Et combien qu'elles nous conduisent aussi toutes d'un commun accord à mespriser la douleur, la pauvreté et aultres accidents à quoy la vie humaine est subjecte, ce n'est pas d'un pareil soing, tant parce que ces accidents ne sont pas de telle nécessité, la pluspart des hommes passants leur vie sans gouster de la pauvreté ; et tels encores sans sentiment de douleur et de maladie, comme Xénophilus le musicien, qui vescut cent et six ans d'une entière santé : qu'aussi d'autant qu'au pis aller la mort peult mettre fin, quand il lui plaira, et coupper broche à touts aultres inconvéniens. Mais quant à la mort, elle est inévitable : et par conséquent, si elle nous faict peur, c'est un subject continuel de torment, et qui ne se peult aulcunement soulager. Il n'est lieu d'où elle ne nous vienne : nous pouvons tourner sans cesse la teste çà et là, comme en païs suspect ; *quæ, quasi saxum Tantalo, semper impendet.* Nos parlements renvoyent souvent exécuter les criminels au lieu où le crime est commis : durant le chemin, promenez-les par de belles maisons, faictes-leur tant de bonne chère qu'il vous plaira, pensez-vous qu'ils s'en puissent resjouir ? et que la finale intention de leur voyage leur estant ordinairement devant les yeulx, ne leur ayt altéré et affadi le goust à toutes ces commoditez ? Le but de nostre carrière, c'est la mort ; c'est l'object nécessaire de nostre visée : si elle nous effroye, comme est-il possible d'aller un pas avant sans fiebvre ? Le remède du vulgaire, c'est de n'y penser pas : mais de quelle brutale stupidité luy peult venir un si grossier aveuglement ! Il luy fault faire brider l'asne par la queue. Ce n'est pas de merveille s'il est si souvent prins au piége. On faict peur à nos gents seulement de nommer la mort ; et la pluspart s'en seignent, comme du nom du diable. Et parce qu'il s'en faict mention aux testaments, ne vous attendez pas qu'ils y mettent la main, que le médecin ne leur ayt donné l'extrême sentence : et Dieu sçait lors, entre la douleur et la frayeur, de quel bon jugement ils vous le bastissent.

Parce que cette syllabe frappoit trop rudement leurs aureilles, et que cette voix leur sembloit malencontreuse, les Romains avoyent apprins de l'amollir ou de l'estendre en périphrases : au lieu de dire, il est mort : « Il a cessé de vivre, disent-ils ; il a vescu. » Pourvu que ce soit vie, soit-elle passée, ils se consolent. Nous en avons emprunté nostre : *feu maistre Jehan*. A l'adventure est-ce que, comme on dict, le terme vault l'argent. Je nasquis entre unze heures et midi, le dernier jour de febvrier mille cinq cents trente-trois, comme nous comptons à cette heure, commençant l'an en janvier. Il n'y a justement que quinze jours que j'ai franchy trente-neuf ans : il m'en fault, pour le moins, encores autant. Cependant s'empescher du pensement de chose si esloignée, ce seroit folie. Mais quoy ? les jeunes et les vieux laissent la vie de mesme condition : nul n'en sort aultrement que comme si tout présentement il y entroit ; joinct qu'il n'est homme si décrépite, tant qu'il veoid Mathusalem devant, qui ne pense avoir encores vingt ans dans le corps. Davantage, pauvre fol que tu es, qui t'a estably les termes de ta vie ? Tu te fondes sur les contes des médecins : regarde plustost l'effect et l'expérience. Par le commun train des choses, tu vis pieça (depuis longtemps) par faveur extraordinaire : tu as passé les termes accoutumez de vivre. Et qu'il soit ainsi, compte de tes cognoissants combien il en est mort avant ton aage plus qu'il n'y en a qui l'aient atteint : et de ceulx-mesmes qui ont anobli leur vie par renommée, fais en registre ; et j'entrerai en gageure d'en trouver plus qui sont morts avant qu'aprez trente-cinq ans. Il est plein de raison et de piété de prendre exemple de l'humanité mesme de Jésus-Christ : or, il finit sa vie à trente et trois ans. Le plus grand homme, simplement homme, Alexandre, mourut aussi à ce terme. Combien a la mort de façons de surprinse ? Je laisse à part les fiebvres et les pleurésies : qui eust jamais pensé qu'un duc de Bretaigne deust estre estouffé de la presse, comme feut celuy-là (1) à l'entrée du pape Clément, mon voisin, à Lyon ! N'as-tu pas veu tuer un de nos roys (2) en se jouant ! et un de ses ancestres mourut-il pas chocqué par un pourceau ? Eschylus, menacé de la cheute d'une maison, a beau se tenir à l'airte, le voylà assommé d'un toict de tortue, qui eschappa des pattes d'un aigle en l'air : l'aultre mourut d'un grain de raisin ; un empereur, de l'esgratigneure d'un peigne, en se testonnant ; Aemilius Lépidus, pour avoir heurté du pied contre le seuil de son huis ; et Aufidius, pour avoir chocqué, en entrant, contre la porte de la chambre du conseil (3).

Ces exemples si fréquents et si ordinaires nous passant devant les yeulx, commes est-il possible qu'on se puisse desfaire du pensement de la mort, et qu'à chasque instant il ne nous semble qu'elle nous tienne au collet ? Qu'importe-il, me direz-vous, comment que ce soit, pourveu qu'on ne s'en donne point de

---

(1) En 1305, sous le règne de Philippe le Bel.
(2) Henri II.
(3) Il y a, sur ce sujet, des beautés du premier ordre dans la dixième satire de Juvénal.

peine? Je suis de cet advis : et, en quelque manière qu'on se puisse mettre à l'abri des coups, feust-ce soubs la peau d'un veau, je ne suis pas homme qui y reculasse, car il me suffit de passer à mon ayse ; et le meilleur jeu que je me puisse donner, je le prens, si peu glorieux au reste et exemplaire que vous vouldrez. Mais c'est folie d'y penser arriver par là. Ils vont, ils viennent, ils trottent, ils dansent ; de mort, nulles nouvelles : tout cela est beau ; mais aussi, quand elle arrive ou à eulx ou à leurs femmes, enfants et amis, les surprenant en dessoude et au descouvert, quels torments, quels cris, quelle rage et quel désespoir les accable? Vistes-vous jamais rien si rabbaissé, si changé, si confus! Il y fault pourveoir de meilleure heure : et cette nonchalance bestiale, quand elle pourroit loger en la teste d'un homme d'entendement, ce que je treuve entièrement impossible, nous vend trop cher ses denrées. Si c'estoit ennemy qui se peust éviter, je conseillerois d'emprunter les armes de la couardise : mais puisqu'il ne se peult, puisqu'il vous attrape fuyant et poltron aussi bien qu'honneste homme, et que nulle trempe de cuirasse ne vous couvre, apprenons à le soustenir de pied ferme et à le combattre ; et pour commencer à luy oster son plus grand advantage contre nous, prenons voye toute contraire à la commune, ostons lui l'estrangeté, pratiquons-le, accoustumons-le, n'ayons rien si souvent en la teste que la mort, à tous instants représentons la à nostre imagination et en touts visages : au broncher d'un cheval, à la cheute d'une tuile, à la moindre piqueure d'espingle, remaschons soubdain : « Eh bien! quand ce seroit la mort mesme! » et là dessus, roidissons nous, et nous efforceons. Parmy les festes et la joye, ayons toujours ce refrain de la souvenance de nostre condition; et ne nous laissons pas si fort emporter au plaisir, que parfois il ne nous repasse en la mémoire, en combien de sortes cette nostre alaigresse est en butte à la mort, et de combien de prinses elle la menace. Ainsi faisoient les Aegyptiens, qui, au milieu de leurs festins, et parmy leur meilleure chère, faisoient apporter l'anatomie sèche d'un homme, pour servir d'advertissement aux conviez. Il est incertain où la mort nous attende ; attendons la partout. La préméditation de la mort est préméditation de la liberté : qui a apprins à mourir, il a désapprins à servir ; le sçavoir mourir nous affranchit de toute subjection et contraincte : il n'y a rien de mal en la vie pour celuy qui a bien compris que la privation de la vie n'est pas mal. Paulus Aemilius respondit à celuy que ce misérable roy de Macédoine son prisonnier luy envoyoit, pour le prier de ne le mener pas en son triomphe : « Qu'il en face la requeste à soy-mesme. » A la vérité, en toutes choses, si nature ne preste un peu, il est malaysé que l'art et l'industrie aillent guères avant. Je suis de moy-mesme non méIancholique, mais songe-creux :

il n'est rien de quoy je me soye, dès tousjours, plus entretenu que des imaginations de la mort, voire en la saison la plus licentieuse de mon aage. Parmy les dames et les jeux, tel me pensoit empesché à digérer, à part moy, quelque jalousie, ou l'incertitude de quelque espérance, cependant que je m'entretenois de je ne sçais qui, surprins les jours précédents d'une fiebvre chaulde et de sa fin, au partir d'une feste pareille, la teste pleine d'oysiveté, d'amour et de bon temps, comme moy, et qu'autant m'en pendoit à l'aureille ; je ne ridois non plus le front de ce pensement-là, que d'un aultre. Il est impossible que d'arrivée, nous ne sentions des picqueures de telles imaginations ; mais en les maniant et repassant, au long aller, on les apprivoise sans doubte : aultrement, de ma part, je feusse en continuelle frayeur et frénésie ; car jamais homme ne se desfia tant de sa vie ; jamais homme ne feit moins d'estat de sa durée. Ny la santé, que j'ay joui jusques à présent très vigoreuse et peu souvent interrompue, ne m'en alonge l'espérance ; ny les maladies ne me l'accourcissent : à chasque minute il me semble que je m'eschappe, et me rechante sans cesse : « Tout ce qui peult estre faict un aultre jour, le peult estre aujourd'huy. » De vray, les hazards et dangiers nous approchent peu ou rien de nostre fin : et si nous pensons combien il en reste, sans cet accident qui semble nous menacer le plus, de millions d'aultres sur nos testes, nous trouverons que, gaillards et fiebvreux, en la mer et en nos maisons, en la battaille et en repos, elle nous est également près. Ce que j'ay à faire avant mourir, pour l'achever, tout loisir me semble court, feust-ce œuvre d'une heure.

Quelqu'un, feuilletant l'aultre jour mes tablettes, trouva un mémoire de quelque chose que je voulois estre faicte après ma mort : je luy dis comme il estoit vray, que n'estant qu'à une lieue de ma maison, et sain et gaillard, je m'estois hasté de l'escrire là, pour ne m'asseurer point d'arriver jusques chez moy. Comme celuy qui continuellement me couve de mes pensées et les couche en moy, je suis à toute heure préparé environ ce que je le puis estre, et ne m'advertira de rien de nouveau la survenance de la mort. Il fault estre tousjours botté et prest à partir, en tant qu'en nous est, et sur tout se garder qu'on n'aye lors affaire qu'à soy ; car nous y aurons assez de besongne, sans aultre surcroist. L'un se plaint, plus que de la mort, de quoy elle luy rompt le train d'une belle victoire ; l'aultre qu'il luy fault desloger avant qu'avoir marié sa fille ou contreroollé l'institution de ses enfants ; l'un plainct la compagnie de sa femme, l'aultre de son fils, comme commoditez principales de son estre. Je suis pour cette heure en tel estat, Dieu mercy, que je puis desloger quand il luy plaira, sans regret de chose quelconque. Je me desnoue partout ; mes adieux sont tantost prins de chascun, sauf de moy. Jamais homme ne se prépara à quitter le monde plus purement et pleinement, et ne s'en desprint plus universellement, que je m'attends de faire. Les plus mortes morts sont les plus saines. Il ne fault rien désiger de longue haleine, ou au moins avecques telle intention de se passionner pour en veoir la fin : nous sommes nayz pour agir : je veux qu'on agisse et qu'on alonge les offices de la vie, tant qu'on peult; et que la mort me treuve plantant mes choulx, mais nonchalant d'elle, et encores plus de mon jardin imparfait. J'en veis mourir un qui, estant à l'extrémité, se plaignoit incessamment de quoy sa destinée coupoit le fil de l'histoire qu'il avoit en main, sur le quinziesme ou seiziesme de nos roys. Il fault se descharger de ces humeurs vulgaires et nuisibles. Tout ainsi qu'on a planté nos cimetières joignant les églises et aux lieux les plus fréquentez de la ville, pour accoustumer, disoit Lycurgus, le bas populaire, les femmes et les enfants, à ne s'effaroucher point de veoir un homme mort, et à fin que ce continuel spectacle d'ossements, de tumbeaux et de convois, nous advertisse de nostre condition ; et comme les Aegyptiens, aprez leurs festins, faisoient présenter aux assistants une grande image de la mort par un qui leur crioit : « Boy et t'esjouy ; car, mort, tu sera tel » : aussy ay-je prins en coustume d'avoir, non seulement en l'imagination, mais continuellement la mort en la bouche. Et n'est rien de quoy je m'informe si volontiers que de la mort des hommes, quelle parole, quel visage, quelle contenance ils y ont eu ; ny endroict des histoires que je remarque si attentifvement : il y paroist à la farcissure de mes exemples, et que j'ay en particulière affection cette matière. Si j'estoy faiseur de livres, je ferois un registre commenté des morts diverses. Qui apprendroit les hommes à mourir, leur apprendroit à vivre. Dicearchus en feit un de pareil titre, mais d'aultre et moins utile fin.

On me dira que l'effect surmonte de si loing la pensée, qu'il n'y a si belle escrime qui ne se perde quand on en vient là. Laissez-les dire : le préméditer donne sans doubte grand adventage; et puis, n'est-ce rien d'aller au moins jusques-là sans altération et sans fiebvre? Il y a plus; nature mesme nous preste la main et nous donne courage : si c'est une mort courte et violente, nous n'avons pas loisir de la craindre ; si elle est aultre, je m'apperceoy qu'à mesure que je m'engage dans la maladie, j'entre naturellement en quelque desdaing de la vie. Je treuve que j'ay bien plus à faire à digérer cette résolution de mourir, quand je suis en santé, que quand je suis en fiebvre : d'autant que je ne tiens plus si fort aux commoditez de la vie, à raison que je commence à en perdre l'usage et le plaisir, j'envoye la mort d'une veue beaucoup moins effroyée; cela me faict espérer que plus je m'esloigneray de celle-là et approcheray de celle-cy, plus aysément j'entrerai en composition de leur eschange. Tout ainsi que j'ay essayé, en plusieurs aultres occurrences, ce que dict César, que les choses nous paroissent souvent plus grandes de loing que de prez; j'ay trouvé que, sain, j'avois eu les maladies beaucoup plus en horreur, que lorsque je les ay senties. L'alaigresse où je suis, le plaisir et la force, me font paroistre l'aultre estat si disproportionné, à celuy-là, que par imagination je grossis ces incommoditez de la moitié, et les conceoy plus poisantes que je ne le treuve quand je les ay sur les espaules. J'espère qu'il m'en adviendra ainsi de la mort.

Voyons à ces mutations et déclinaisons ordinaires que nous souffrons, comme nature nous desrobe la veue de nostre perte et empirement. Que reste-il à un vieillard de la vigueur de sa jeunesse et de sa vie passée? César, à un soldat de sa garde, recreux et cassé, qui veint en la rue luy demander congé de se faire mourir, regardant son maintien décrépite, respondit plaisamment : « Tu penses doncques estre en vie ? » Qui y tumberoit tout à un coup, je ne croy pas que nous feussions capables de porter un tel changement : mais conduicts par sa main, d'une doulce pente et comme insensible, peu à peu, de degré en degré, elle nous roule dans ce misérable estat, et nous y apprivoise, si que nous ne sentons aulcune secousse quand la jeunesse meurt en nous, qui est, en essence et en vérité, une mort plus dure que n'est la mort entière d'une vie languissante, et que le sault n'est pas si lourd du mal estre au non estre, comme il est d'un estre doulx et fleurissant à un estre pénible et douloureux. Le corps courbé et plié a moins de force à soustenir un fais : aussi a nostre âme ; il la fault dresser et eslever contre l'effort de cet adversaire. Car comme il est impossible qu'elle se mette en repos pendant qu'elle le craint, si elle s'en asseure aussi, elle se peult vanter, (qui est chose comme surpassant l'humaine condition,) qu'il est impossible que l'inquiétude, le torment, la peur, non le moindre desplaisir, loge en elle : elle est rendue maistresse de ses passions et concupiscences, maistresse de l'indigence, de la honte, de la pauvreté, et de toutes aultres injures de fortune. Gaignons cet advantage, qui pourra. C'est icy la vraye et souveraine liberté, qui nous donne de quoy faire la figure à la force et à l'injustice, et nous mocquer des prisons et des fers.

Nostre religion n'a point eu de plus asseuré fondement humain, que le mespris de la vie. Non seulement le discours de la raison nous y appelle : car pourquoy craindrions-nous de perdre une chose, laquelle perdue ne peult estre regrettée? Mais aussi puisque nous sommes menacez de tant de façons de morts, n'y a-il pas plus de mal à les craindre toutes qu'à en soustenir une ? Que chault-il quand ce soit, puisqu'elle est inévitable ? A celui qui disoit à Socrates : « Les trente tyrans t'ont condemné à la mort : »

— « Et nature eulx, » respondit-il. Quelle sottise de nous peiner, sur le poinct du passage à l'exemption de toute peine! Comme nostre naissance nous apporta la naissance de toutes choses ; aussi nous apportera la mort de toutes choses, nostre mort. Parquoy c'est pareille folie de pleurer de ce que d'icy à cent ans nous ne vivrons pas, que de pleurer de ce que nous ne vivions pas il y a centans. La mort est origine d'une aultre vie; ainsi pleurasmes-nous, ainsi nous coustait d'entrer en cette-cy, ainsi nous despouillasmes-nous de nostre ancien voile en y entrant. Rien ne peult estre grief, qui n'est qu'une fois. Est-ce raison, de craindre si longtemps chose de si brief temps? Le long temps vivre, et le peu de temps vivre, est rendu tout un par la mort : car le long et le court n'est point aux choses qui ne sont plus. Aristote dict qu'il y a des petites bestes sur la rivière de Hypanis, qui ne vivent qu'un jour : celle qui meurt à huict heures du matin, elle meurt en jeunesse; celle qui meurt à cinq heures du soir, meurt en sa décrépitude. Qui de nous ne se mocque de veoir mettre en considération d'heur ou de malheur ce moment de durée? Le plus et le moins, en la nostre, si nous la comparons à l'éternité, ou encores à la durée des montaignes, des rivières, des estoiles, des arbres, et mesme d'aulcuns animaulx, n'est pas moins ridicule.

Mais nature nous y force. « Sortez, dict-elle, de ce monde, comme vous y estes entrez. Le mesme passage que vous feistes de la mort à la vie, sans passion et sans frayeur, refaictes-le de la vie à la mort. Vostre mort est une des pièces de l'ordre de l'univers ; c'est une pièce de la vie du monde. Changeray-je pas pour vous cette belle contexture des choses? C'est la condition de vostre créature; c'est une partie de vous, que la mort; vous vous fuyez vous-mesme. Cet estre que vous jouyssez est également party à la mort et à la vie. Le premier jour de vostre naissance vous achemine à mourir comme à vivre. Tout ce que vous vivez, vous le desrobez à la vie; c'est à ses dépens. Le continuel ouvrage de vostre vie, c'est bastir la mort. Vous estes en la mort pendant que vous estes en vie; car vous estes aprez la mort quand vous n'estes plus en vie : ou si vous l'aimez mieulx ainsi, vous estes mort aprez la vie, mais pendant la vie vous estes mourant ; et la mort touche bien plus rudement le mourant que le mort, et bien plus vifvement et essentiellement. Si vous avez faict vostre proufit de la vie, vous en estes repeu : allez vous-en satisfaict. Si vous n'en avez sçu user, si elle vous estoit inutile, que vous chault-il de l'avoir perdue? à quoy faire la voulez-vous encores? La vie n'est de soy ny bien ny mal ; c'est la place du bien et du mal, selon que vous la leur faictes. Et si vous avez vescu un jour, vous avez tout veu : un jour est égal à touts jours. Il n'y a point d'aultre lumière ny d'aultre nuict : ce soleil, cette lune, ces estoiles, cette disposition, c'est celle-mesme que vos ayeuls ont jouye et qui entretiendra vos arrière-nepveux. Et au pis-aller, la distribution et variété de touts les actes de ma comédie se parfournit en un an. Si vous avez prins garde au bransle de mes quatre saisons, elles embrassent l'enfance, l'adolescence, la virilité, et la vieillesse du monde : il a joué son jeu; il n'y sçait aultre finesse que de recommencer; ce sera tousjours cela-mesme. Je ne suis pas délibérée de vous forger aultres nouveaux passe-temps : faictes place aux aultres comme d'aultres vous l'on faicte. L'équalité est la première pièce de l'équité. Qui se peult plaindre d'estre comprins où touts sont comprins? Aussi avez-vous beau vivre, vous n'en rabattrez rien du temps que vous avez à estre mort; c'est pour néant : aussi longtemps serez-vous en cet estat-là que vous craignez, comme si vous estiez mort en nourrice ; et si vous mettray en un poinct, auquel vous n'aurez aulcun mescontentement, ny ne désirerez la vie que vous plaignez tant. La mort est moins à craindre que rien, s'il y avoit quelque chose de moins que rien ; elle ne vous concerne ny mort ny vif : vif, parce que vous estes : mort, parce que vous n'estes plus. Davantage, nul ne meurt avant son heure : ce que vous laissez de temps n'estoit non plus vostre, que celuy qui s'est passé avant vostre naissance, et ne vous touche plus. Où que vostre vie finisse, elle y est toute. L'utilité du vivre n'est pas en l'espace; elle est en l'usage : tel a vescu longtemps, qui a peu vescu. Attendez-vous-y pendant que vous y estes : il gist en vostre volonté; non au nombre des ans, que vous ayez assez vescu. Pensiez-vous jamais n'arriver là où vous alliez sans cesse? Encores n'y a-il chemin qui n'ayt son issue. Et si la compaignie vous peult soulager, le monde ne va-il pas mesme train que vous allez? Tout ne bransle-il pas vostre bransle? Y a-il chose qui ne vieillisse quant et vous? Mille hommes, mille animaux et mille aultres créatures meurent en ce mesme instant que vous mourez. A quoy faire y reculez-vous, si vous ne pouvez tirer en arrière? Vous en avez assez veu qui se sont bien trouvez de mourir, eschevant par là des grandes misères : mais quelqu'un qui s'en soit mal trouvé, en avez-vous veu? Si est-ce grand simplesse de condamner chose que vous n'avez esprouvée, ny par vous ny par aultre. Pourquoy te plains-tu de moy et de la destinée? Te faisons-nous tort? Est-ce à toy de nous gouverner, ou à nous toy? Encores que ton aage ne soit pas achevé, ta vie l'est : un petit homme est homme entier, comme un grand ; ny les hommes ny leurs vies ne se mesurent à l'aulne. Chiron refusa l'immortalité, informé des conditions d'icelle par le dieu mesme du temps et de la durée, Saturne son père. Imaginez, de vray, combien seroit une vie perdurable moins supportable à l'homme, et plus pénible, que n'est la vie que je luy ay donné. Si vous n'aviez la mort, vous me mauldiriez sans cesse de vous en avoir privé : j'y ay à escient meslé quelque peu d'amertume, pour vous empescher, voyant la commodité de son usage, de l'embrasser trop avidement et indiscrettement. Pour vous loger en cette modération, ny de fuir la vie, ny de fuir la mort, que je demande de vous, j'ay tempéré l'une et l'aultre, entre la doulceur et l'aigreur. J'apprins à Thalès, le premier de vos sages, que le vivre et le mourir estoit indifférent : par où, à celuy qui luy demanda pourquoy doncques il ne mouroit, il respondit très sagement : « Parce qu'il est indifférent. » L'eau, la terre, l'air, le feu, et aultres membres de ce mien bastiment, ne sont non plus instruments de ta vie, qu'instruments de ta mort. Pourquoy crains-tu ton dernier jour? Il ne confère non plus à ta mort que chascun des aultres : le dernier pas ne faict pas la lassitude ; il la déclare. Tous les jours vont à la mort : le dernier y arrive. » Voylà les bons advertissements de nostre mère nature.

Or, j'ay pensé souvent d'où venoit cela, qu'aux guerres, le visage de la mort, soit que nous la voyions en nous ou en aultruy, nous semble sans comparaison moins effroyable qu'en nos maisons ; aultrement ce seroit une armée de médecins et de pleurars : et, elle estant tousjours une, qu'il y ait toutesfois beaucoup plus d'asseurance parmy les gents de village et de basse condition, qu'ès aultres. Je crois, à la vérité, que ce sont ces mines et appareils effroyables dequoy nous l'entournons, qui nous font plus de peur qu'elle : une toute nouvelle forme de vivre ; les cris des mères, des femmes et des enfants ; la visitation de personnes estonnées et transies ; l'assistance d'un nombre de valets pasles et esplorez ; une chambre sans jour ; des cierges allumez ; nostre chevet assiégé de médecins et de prescheurs ; somme, tout horreur et tout effroy autour de nous : nous voylà desjà ensepvelis et enterrez. Les enfants ont peur de leurs amis mesmes, quant ils les voyent masquez : aussi avons-nous. Il fault oster le masque aussi bien des choses que des personnes : osté qu'il sera, nous ne trouverons au-dessoubs que cette mesme mort qu'un valet ou simple chambrière passèrent dernièrement sans peur. Heureuse la mort qui oste le loisir aux appresis de tel équipage !

Écoutons maintenant les sublimes pensées de Bossuet dans son sermon sur la mort.

« Non, dit l'orateur, non, ma substance n'est rien devant Dieu, et tout être qui se mesure n'est rien ; parce que tout ce qui se mesure a son terme, et lorsqu'on est venu à ce terme, un dernier point détruit tout, comme si jamais il n'avait été. Qu'est-ce que cent ans? qu'est-ce que mille ans, puisqu'un seul moment les efface? Multipliez vos jours comme les cerfs que la fable ou l'histoire de la nature fait vivre durant tant de siècles ; durez autant que ces grands chênes sous lesquels vos ancêtres se sont reposés et qui donneront encore de l'ombre à notre postérité ; entassez dans cet espace immense, honneurs, richesses, plaisirs, que vous profitera cet amas, puisque le dernier souffle de la mort, tout faible, tout languissant, abattra tout à coup cette vaine pompe avec la même facilité qu'un château de cartes, vain amusement des enfants?... Qu'est-ce donc que ma substance, ô grand Dieu? J'entre dans la vie pour en sortir bientôt ; je viens me montrer comme les autres ; après, il faudra disparaître. Tout nous appelle à la mort : la nature, comme si elle était presque envieuse du bien qu'elle nous a fait, nous déclare souvent et nous fait signifier qu'elle ne peut pas nous laisser longtemps ce peu de matière qu'elle nous prête, qui ne doit pas demeurer dans les mêmes mains, et qui doit être éternellement dans le commerce ; elle en a besoin pour d'autres formes, elle le redemande pour d'autres ouvrages.

» Cette recrue continuelle du genre humain, je veux dire les enfants qui naissent, à mesure qu'ils croissent, qu'ils s'avancent, semblent nous pousser de l'épaule et nous dire : « Retirez-vous, c'est maintenant notre tour. » Ainsi, comme nous en voyons passer d'autres devant nous, d'autres nous verront passer, qui doivent à leurs successeurs le même spectacle. O Dieu ! encore une fois, qu'est-ce que de nous ? Si je jette la vue devant moi, quel espace infini où je ne suis pas ! Si je la retourne en arrière, quelle suite effroyable où je ne suis plus ! et que j'occupe peu de place dans cet abîme immense du temps !... Je suis emporté si rapidement, qu'il me semble que tout me fuit et que tout m'échappe. Tout fuit en effet, messieurs ; et pendant que nous sommes ici assemblés et que nous croyons être immobiles, chacun avance son chemin, chacun s'éloigne, sans y penser, de son plus proche voisin, puisque chacun marche insensiblement à la dernière séparation. »

RAMUS.

AVIS AU ROY CHARLES IX SUR LA RÉFORME DE L'UNIVERSITÉ.

Paravant que le feu roy François, vostre grand-père, eust réveillé l'estude de l'humanité, une barbarie de tous artz et sciences régnoit en l'université; et combien qu'on ne leust que des autheurs telz quelz, toutesfois on avoit opinion que, par une manière de dispute continuelle, l'on se faisoit sçavant en tous artz et sciences. Et par ainsi, les grammairiens et rhétoriciens, n'ayans que des barbares Alexandres de la Ville-Dieu, Grécismes, Théodoletz, et de telle manière de docteurs, perdoyent les heures ordinaires, celles de dix de matin et de cinq de relevée, à des disputes de nul proufit, qu'ilz apeloyent questions; mesmes ilz mettoyent le plus grand advancement des estudes des escoliers au combat des classes contre classes, voire des colléges contre colléges. Ainsi les philosophes, médecins, jurisconsultes, théologiens, dédiez aux questionaires, controuveurs et machinateurs de débatz et disputes, y empeschoient toutes les escoles. Les grammairiens et rhétoriciens furent les premiers qui descouvrirent la tromperie et abus, et qui cogneurent l'exercice et la pratique des œuvres de grammaire et de rhétorique estre de beaucoup plus de conséquence; et par ce, ayans chassé des escoles la sotte barbarie de telles manières de gens, et recevans les poëtes, historiens et orateurs, ilz ont apris qu'il n'y avoit meilleur maistre de bien dire, que le style mesme qui s'aquiert par la lecture et imitation des autheurs de marque, et finalement par l'escriture continuelle; et s'il pouvoit revenir quelque proufit de la dispute, qu'il se retiroit beaucoup mieux quand le régent, au milieu de sa leçon, faisoit des demandes de chasque chose en particulier à son disciple. C'est pourquoy ces deux heures-là ont esté assignées à la composition, et que, de huict heures ordinaires de l'estude, l'on en a donné une seule pour congnoistre les reigles et préceptes et les examiner avecque le régent; toutes les autres s'employent à congnoistre, apprendre et imiter les poëtes, historiens et orateurs, et finalement à les sçavoir mettre en usage. Donques les escoles de grammairiens et rhéthoriciens se sont bravement remises sus, de sorte qu'il semble que rien de plus parfait ne s'y peut désirer, sinon que la mesme et commune façon d'enseigner, qui se suit en d'aucuns colléges plus soigneusement, se gardast en tous par l'authorité roiale, et que les fraiz que les escoliers feroyent envers leur docteur régent fussent de moyenne dépence et de leur gré, et que le régent feist soigneusement son devoir d'enseigner ses escoliers. Mais, bon Dieu! combien il y a de différence entre ceste forme de profession et celle que l'on suit en l'estude des plus hautes sciences! Car, au lieu d'un certain nombre de docteurs esleuz pour enseigner, une infinité d'hommes s'est eslevée, lesquels moyennant qu'ilz ayent acquis le nom et degré de maistre en la faculté dont ilz font profession, sans aucun chois, tant les ignorans que les sçavans, ont entrepris de faire mestier d'enseigner en la philosophie, médecine, jurisprudence ou théologie. D'icy est party le premier orage qui a gasté tous nos champs. Le nombre des maistres est multiplié et celuy des estudians est demeuré mesme. Et pour ce il a falu rançonner les escoliers de plus grande somme d'argent, pour faire qu'en ce grand nombre de docteurs chascun eust autant pour homme, comme il en eust eu s'ilz eussent esté en petit nombre. Donques ceste infinité de maistres a chargé les escoliers d'infinitz fraitz, de sorte qu'à peine pourrait-on croire combien les estudes honnestes sont foulées. Il faut parler particulièrement de chasque faculté, pour autant que la cause de toutes n'est mesme; toutesfois, ce n'est chose qui soit cachée; mais elle est aux yeux d'un chascun, et dans les esprits de plusieurs avec leur grand et juste regret. Qu'on en demande aux estudians de chascune profession, ilz raconteront par article la somme de l'argent qu'il leur a fallu payer. Et possible quelc'un s'esmerveillera de telle dépense en l'estude de philosophie, quand il aura entendu que celuy qui enseigne la philosophie, tire plus de trente livres de son disciple. A quoy servent tant de seings et de seaulx de recteur, de procureur, receveur, principal? Et quel argument suffisant ont les gantz, les bonnetz, les banquetz, pour prouver la diligence et suffisance du disciple, et combien il a prouffité en philosophie? Où vont tant de bourses et en quel usage sont-elles converties? Ces bourses, comme aussi quelques rentes et revenus des quatre nations de ceste faculté, sont parties et divisées aux régentz honoraires, lesquelz ne retiennent que le nom et le tiltre de profession seulement, ayant régenté quelquefois en leur vie et acquis le nom de professeur honoraire moyennant le pris de deux testons. Elles sont distribuées aussi aux procureurs, receveurs, chantres et prestres qui disent messe et vespres solennelles; mesme une bonne partie de cest argent s'employe en cierges pour le jour de la Purification. Bref, l'argent et la recepte du degré de philosophie est administré de façon que ceux qui portent moins de proufit à ceux qui estudient en philosophie, sont ceux mesmes qui en pillent la meilleure part.

Faites doncques, sire, que les sciences libérales, premièrement introduites en vostre Université de Paris par Charles-le-Grand, qui fut la tige et la source très illustre de vostre race, et depuis successivement entretenues par les roys vos ayeux, et sur tous par le roy François, reprennent de vous non seulement la vie, mais aussi leur dignité.

Ramus, ou Pierre de la Ramée, naquit dans un village du Vermandois, au commencement du XVIe siècle. D'abord gardeur de troupeaux dans son pays, Ramus vint ensuite à Paris, et entra comme domestique au collège de Navarre, où il fit, presque sans maitres, de grands progrès dans les langues et les littératures anciennes. S'étant aperçu que ce qu'on enseignait alors sous le nom de philosophie n'était qu'une science de mots, il eut le courage de se résoudre à en entreprendre la réforme. Lorsqu'il se présenta pour recevoir le degré de maitre ès arts, il essaya de démontrer qu'Aristote n'était point infaillible. Le succès de sa thèse l'enhardit; il continua d'examiner à fond la doctrine et spécialement la logique des philosophes grecs, et fit paraitre, en 1543, les résultats de son travail. Tous les partisans de l'ancienne méthode se soulevèrent alors contre lui; on le dépeignit comme un homme impie et séditieux, qui préludait, par ses attaques, au renversement des sciences et de la religion. Ramus réfuta victorieusement ses adversaires, surtout le portugais Govéa, rival du célèbre Cujas. Malgré son éloquence et son bon droit, un arrêt du conseil royal le déclara « téméraire, arrogant et impudent, d'avoir repoussé et condamné le train et art de la logique de toutes les nations, etc. » L'arrêt ne se bornait pas là; il supprimait les ouvrages de Ramus, comme contenant des choses «fausses et étranges,» et lui défendait d'enseigner sous peine de punition corporelle.

Ramus, insensible à cette disgrâce et méprisant d'injustes attaques, profita de ses loisirs pour se perfectionner dans les mathématiques. En 1544, il donna des leçons de rhétorique au collège de Presles, et, malgré la Sorbonne, il en fut nommé principal. Plus tard, le roi Henri II leva la défense qui lui avait été faite d'enseigner la philosophie; et, en 1562, Ramus présenta au roi un plan de réforme de l'Université. Excités par cette circonstance et par l'imprudence qu'il avait eue de laisser entrevoir son penchant pour les idées du protestantisme, les ennemis de Ramus demandèrent son expulsion de l'Université. Charles IX lui fit offrir un asile à Fontainebleau; il l'accepta, et pendant son absence on pilla ses meubles et sa bibliothèque. Le fragment du plan que nous avons donné à nos lecteurs a été, par nous, emprunté à la belle et si utile collection de pièces intéressantes éditée par MM. Cimber et Danjou, sous le titre d'*Archives curieuses de l'histoire de France*. Ces messieurs ont reproduit le discours de Ramus dans leur cinquième volume, d'après l'édition même de 1562.

Après avoir été forcé, en 1567, de se réfugier dans le camp du prince de Condé, Ramus sortit de France et n'y revint qu'en 1571. Il avait trop d'ennemis pour échapper aux massacres de la Saint-Barthélemy. Des assassins à gages vinrent l'égorger dans son logement, au collège de Presles, et après avoir touché le prix de leur meurtre, ils jetèrent par la fenêtre le cadavre qui fut trainé dans les rues et accablé d'outrages et de dérisions.

Telle fut la fin de cet homme remarquable surtout pour son époque, et qui, l'un des premiers, tenta de substituer à l'autorité des anciens celle du raisonnement et de l'expérience.

Parmi les ouvrages de Ramus, nous citerons seulement ceux qui portent les noms de *Institutiones dialecticæ*, *Animadversiones in dialecticam Aristotelis*, *Scholæ grammaticæ*, etc. Frédéric Lenz, Nicolas Nancel, et Théophile Banosius ont écrit la vie de Ramus.

Alexandre Ville-Dieu, dont parle Ramus, était un moine qui florissait vers 1240. Il est l'auteur du *Doctrinale puerorum*.

PIERRE CHARRON.

DE LA VANITÉ.

La vanité se démontre et témoigne en plusieurs manières ; premièrement, en nos pensées et entretiens privés, qui sont bien souvent plus que vains, frivoles et ridicules, auxquels toutefois nous consommons grand temps, et ne sentons point. Nous y entrons, y séjournons et en sortons insensiblement, qui est bien double vanité et grande inadvertence de soi. L'un, se promenant en une salle, regarde à compasser ses pas d'une certaine façon sur les carreaux ou tables du plancher ; cet autre discourt en son esprit longuement et avec attention comment il se porteroit s'il étoit roi, pape, ou autre chose, qu'il sait ne pouvoir jamais être, et ainsi se paît de vent, et encore de moins, car de chose qui n'est et ne sera point ; celui-ci songe fort comment il composera son corps, ses contenances, son maintien, ses paroles d'une façon affectée, et se plaît à le faire comme de chose qui lui sied fort bien et à quoi tous doivent prendre plaisir. Et quelle vanité et sotte inanité en nos désirs et souhaits, d'où naissent les créances et espérances encore plus vaines ? Et tout ceci n'advient pas seulement lorsque n'avons rien à faire et que sommes engourdis d'oisiveté, mais souvent au milieu et plus fort des affaires : tant est naturelle et puissante la vanité, qu'elle nous dérobe et nous arrache des mains de la vérité, solidité et substance des choses, pour nous mettre au vent et au rien.

Mais la plus forte vanité de toutes, est ce soin pénible de qui se fera ici, après qu'en serons partis. Nous étendons nos désirs et affections au-delà de nous et de notre être ; voulons pourvoir à nous être fait des choses lorsque ne serons plus. Nous désirons être loués après notre mort ; quelle plus grande vanité ! Ce n'est pas ambition, comme l'on pourroit penser, qui est un désir d'honneur sensible et perceptible ; si cette louange de notre nom peut accommoder et servir en quelque chose à nos enfans, parens et amis survivans, bien soit, il y a de l'utilité ; mais désirer comme bien une chose qui ne nous touchera point, et dont nous n'en sentirons rien, c'est pure vanité ; comme de ceux qui craignent que leurs femmes se marient après leur décès, désirent avec grande passion qu'elles demeurent veuves, et l'achètent bien chèrement en leurs testamens, leur laissant une grande partie de leurs biens à cette condition. Quelle folle vanité, et quelquefois injustice ! C'est bien au rebours de ces grands hommes du temps passé, qui, mourans, exhortoient leurs femmes à se marier tôt et engendrer des enfans à la république. D'autres ordonnent que pour l'amour d'eux on porte telle et telle chose sur soi, ou que l'on fasse telle chose à leur corps mort : nous consentons peut-être d'échapper à la vie, mais non à la vanité.

Voici une autre vanité : nous ne vivons que par relation à autrui ; nous ne nous soucions pas tant quels nous soyons en nous, en effet et en vérité, comme quels nous soyons en la connoissance publique ; tellement que nous nous défraudons souvent, et nous privons de nos commodités et biens, et nous gênons, pour former les apparences à l'opinion commune. Ceci est vrai, non seulement aux choses externes et du corps, et en la dépense et emploi de nos moyens, mais encore aux biens de l'esprit, qui nous semblent estre sans fruit, s'ils ne se produisent à la vue et approbation étrangère, et si les autres n'en jouissent.

Notre vanité n'est point seulement aux simples pensées, désirs, discours, mais encore elle agite, secoue et tourmente et l'esprit et le corps : souvent les hommes se remuent et se tourmentent plus pour des choses légères et de néant, que pour des grandes et importantes. Notre âme est souvent agitée par de petites fantaisies, songes, ombres et rêveries sans corps et sans sujet, elle s'embrouille et se trouble de colère, dépit, tristesse, joie, faisant des châteaux en Espagne. Le souvenir d'un adieu, d'une action et grâce particulière nous frappe et afflige plus que tout le discours de la chose importante. Le son des noms et de certains mots prononcés piteusement, voire des soupirs et exclamations, nous pénètre jusques au vif, comme sçavent et pratiquent bien les harangueurs, affronteurs et vendeurs de vent et de fumée. Et ce vent surprend et emporte quelquefois les plus fermes et assurés, s'ils ne se tiennent sur leurs gardes, tant est puissante la vanité sur l'homme ; et non seulement les choses petites et légères nous secouent et agitent, mais encore les faussetés et impostures, et que nous sçavons telles (chose étrange!) de façon que nous prenons plaisir à nous piper nous-mêmes à escient, nous paître de fausseté et de rien : témoins ceux qui pleurent et s'affligent à ouïr des contes et à voir des tragédies, qu'ils sçavent être inventées et faites à plaisir, et souvent des fables qui ne furent jamais : dirai-je encore de tel qui est coëffé et meurt après une qu'il sçait être laide, vieille, souillée, et ne l'aimer point, mais pour ce qu'elle est bien peinte et plâtrée, ou caqueteresse, ou fardée d'autre imposture, laquelle il sçait et reconnoît tout au long et au vrai.

Venons du particulier de chacun à la vie commune, pour voir combien la vanité est attachée à la nature humaine, et non seulement un vice privé et personnel. Quelle vanité et perte de temps aux visites, salutations, accueils et entretiens mutuels ; aux offices de courtoisie, harangues, cérémonies ; aux offres, promesses, louanges ! Combien d'hyperboles, d'hypocrisie, de fausseté et d'imposture au vu et sçu de tous, de qui les donne, qui les reçoit, et qui les oyt ! tellement que c'est un marché et complot fait ensemble de se moquer, mentir et piper les uns les autres. Et faut que celui-là, qui sçait que l'on lui ment impunément, dise grand merci : et celui-ci qui sçait que l'autre ne l'en croit pas, tienne bonne mine effrontée, s'attendant et se guettant l'un l'autre, qui commencera, qui finira bien que tous deux voudroient être retirés. Combien souffre-t-on d'incommodité ! L'on endure le serein, le chaud, le froid ; l'on trouble son repos, sa vie, pour ces vanités courtisantes, et laisse-on affaires de poids pour du vent. Nous sommes vains aux dépens de notre aise, voire de notre santé et de notre vie. L'accident et très léger foule aux pieds la substance, et le vent emporte le corps, tant l'on est esclave de la vanité : et qui feroit autrement seroit tenu pour un sot et mal entendant son monde : c'est habileté de bien jouer cette farce, et sottise de n'être pas vain. Étant venus aux propos et devis familiers, combien de vains et inutiles ; faux, fabuleux, controuvés (sans dire les méchans et pernicieux qui ne sont de ce compte) ; combien de vanteries et de vaines jactances ! L'on cherche et se plaît-on tant à parler de soi et de ce qui est sien, si l'on croit avoir fait, ou dit, ou posséder quelque chose que l'on estime, l'on n'est point à son aise, que l'on ne la fasse sçavoir ou sentir aux autres. A la première commodité, l'on la conte, l'on la fait voir, l'on l'enchérit, voire l'on n'attend pas la commodité, l'on la cherche industrieusement. De quoi que l'on parle, nous nous y mêlons toujours avec quelque avantage : nous voulons que l'on nous sente, que l'on nous estime, et tout ce que nous estimons.

Mais pour montrer encore mieux combien l'inanité a de crédit et d'empire sur la nature humaine, souvenons-nous que les plus grands remuemens du monde, les plus générales et effroyables agitations des états et des empires, armées, batailles, meurtres, procès et querelles, ont leurs causes bien légères, ridicules et vaines ; témoins les guerres de Troyes et de Grèce, de Sylla et Marius, d'où sont ensuivies celles de César, Pompée, Auguste et Antoine. Les poètes ont bien signifié cela, qui ont mis pour une pomme la Grèce et l'Asie à feu et à sang ; les premiers ressorts et motifs sont de néant, puis ils grossissent, témoins de la vanité et folie humaine. Souvent l'accident fait plus que le principal, les circonstances menues piquent et touchent plus vivement que le gros de la chose, et le subit même. La robe de César troubla plus Rome, que ne fit sa mort et les vingt-deux coups de poignard qui lui furent donnés.

Finalement, la couronne et la perfection de la vanité de l'homme se montre en ce qu'il cherche, se plaît, et met sa félicité en des biens vains et frivoles, sans lesquels il peut bien et commodément vivre, et ne se soucie pas comme il faut des vrais et essentiels. Son cas n'est que vent ; tout son bien n'est qu'en opinion et en songe : il n'y a rien de pareil ailleurs. Dieu a tous biens en essence, et les maux en intelligence ; l'homme, au contraire, possède ses biens par fantaisie, et les maux en essence. Les bêtes ne se contentent ni ne se paissent d'opinions et de fantaisies, mais de ce qui est présent, palpable et en vérité. La vanité a été donnée à l'homme en partage : il court, il bruit, il meurt, il fuit, il chasse, il prend une ombre, il adore le vent, un festu est le gain de son jour.

Charron (Pierre), moraliste et théologien, naquit à Paris en 1541. Il exerça, durant plusieurs années, la charge d'avocat au Parlement, et embrassa tout à coup l'état ecclésiastique. Sa parole obtint beaucoup de succès ; ses prédications furent recherchées et suivies. Ce fut à son éloquence qu'il dut sa nomination de prédicateur ordinaire de la reine Marguerite. L'un des premiers biographes de Charron nous apprend, au sujet de ses sermons, *qu'il avait la langue bien pendue, libre et relevée par-dessus le commun des théologiens*. Étant allé à Bordeaux, il s'y lia d'amitié avec Montaigne, qui, en témoignage de son estime, lui donna, par testament, le droit de porter les armes de sa maison. En reconnaissance de cet honorable souvenir, Charron légua tous ses biens au beau-frère de son ami.

Il mourut à Paris, le 16 novembre 1613, après avoir montré durant toute sa carrière autant de sagesse que de piété.

On a de lui le *Traité des trois Vérités*, imprimé à Cahors en 1594, sans nom d'auteur, et l'année suivante à Bruxelles et à Bordeaux, sous un nom supposé. C'est un traité contre les hérétiques. Le second des écrits de Charron est son

Traité de la sagesse, ouvrage fort estimé, qui est en général bien pensé, et souvent assez bien écrit; peut-être y désirerait-on quelquefois un peu plus de cette naïveté piquante qui charme dans Montaigne. Charron, plus profond, plus sérieux, plus froid, va souvent plus loin que ce dernier. Il embrasse, dans ses réflexions, la politique et le gouvernement; approfondit les avantages et les vices des institutions sociales, traite avec plus de hardiesse toutes les questions, et déchire audacieusement le voile qui cache aux hommes d'importantes vérités. C'est cette indépendance qui, à son apparition, en 1601, fit saisir le *Traité de la Sagesse*. Heureusement, grâce à l'intervention du célèbre président Jeannin, la publication fut bientôt permise.

Le défaut de Charron est d'avoir été trop asservi à la logique de l'école. Il divise à l'infini les questions les plus simples et les plus claires; mais, malgré ces défauts, il a souvent de l'élévation, et son style nerveux, vif, animé, ressemble assez à celui de Sénèque.

Charron eut d'ailleurs, comme moraliste, l'honneur d'ouvrir la lice aux Gassendi, aux Pascal, aux Larochefoucault.

DE LA MÉMOIRE.

La mémoire est souvent prise par le vulgaire pour le sens et entendement, mais c'est à tort; car, et par raison, comme a été dit, et par expérience, l'excellence de l'un est ordinairement avec la foiblesse de l'autre; c'est, à la vérité, une faculté fort utile pour tout le monde, mais elle est beaucoup au-dessous de l'entendement, et est de toutes les parties de l'âme la plus délicate et la plus frêle. Son excellence n'est pas fort requise, si ce n'est à deux sortes de gens: aux ambitieux de parler (car le magasin de la mémoire est volontiers plus plein et fourni que celui de l'invention; or qui n'en a, demeure court, et faut qu'il en forge et parle de soi), et aux menteurs. Le défaut de mémoire est utile à ne mentir guère, ne parler guère, oublier les offenses. La médiocrité est suffisante partout.

LHOPITAL.

ENVOI AUX INDES DU DOCTEUR LAGASCA.

Il arriva en ce temps que les Indes estoient prestes à se révolter contre l'empereur par les menées des vices-roys, qui se vouloient faire seigneurs absoleus aux dépens de leur maistre et seigneur soubverain, et ne tenir plus que de Dieu et de l'espée ; entre aultres ung nommé Gousalve Pizarre, vaillant homme de sa personne, qui de fraische mémoire avoit défaict au champ de bataille Velasco Nunes Vela, envoyé vice-roy, et croyoit par ses services avoir mérité des couronnes, assisté de plusieurs capitaines et seigneurs qui favorisoient son dessein et vouloient le faire roy.

L'empereur, qui considéroit que tant de grands seigneurs et vaillans hommes qu'il avoit envoyez aux Indes pour gouverneurs, et ses vices-roys, s'estudioient à combattre par ambition les ungs contre les aultres, au lieu de faire son service ; luy mangeoient son revenu, et oultre cela ruynoient les pauvres Indiens par leurs tyrannies et cruautez barbares et insupportables ; se résoult d'y envoyer le docteur Lagasca, homme courtois et de bénigne nature, comme sont ordinairement les gens de lettres, au demeurant, de peu d'apparence et de petite complexion, ayant ung petit corps foible et fluet au possible, mais là-dedans ung esprit fort et vigoureux, une prudence admirable et un couraige merveilleux.

Il l'envoye donc, non en qualité ny esquipage de vice-roy, mais seulement de président des Indes, avec ample pouvoir toutesfois, tant sur les armes, sur les distributions des terres, des honneurs, des offices et dignités, que sur les finances, et généralement sur tout ce qui dépendoit du gouvernement des Indes.

Les vices-roys et gouverneurs, estant advertis de l'adveneue de Lagasca, s'en mocquoient à pleine gorge ; au commencement, ilz l'appelloient pédant, homme d'escritoire, et parce qu'il estoit de petite stature, le nommoient Goliath par dérision : somme, faisoient leur compte d'en passer bien leur temps, sçachant mesmement le petit appareil avec lequel il venoit ; de sorte que ce grand mespris leur ostoit tout soing de pourveoir à leur affaires.

Mais Lagasca leur monstra bien qu'il ne fault pas mesurer les hommes à l'aulne (comme l'on dict), à la mine et à l'apparence, mais à la vertu qui sort parfois de personne de peu de monstre avec ung si grand esclat, qu'elle se faict admirer par les plus grands du monde.

Et de faict, ce docteur, arrivé aux Indes, sans pompe, ny ostentation, faict les praticques à petit bruit, démet les gouverneurs, chefs de partys, les capitaines et gens de commandement. Enfin exploicte si heureusement, qu'il assemble force gens de guerre ; endure des travaulx et incommodités surpassant grandement, non son couraige, mais la constitution de sa personne ; faict de nécessité vertu ; va trouver Pizarre ; luy donne la bataille, le prend prisonnier avec plusieurs grands seigneurs et capitaines, et peu de jours après, leur ayant faict faire leur procez, leur faict trancher les testes ; establit une nouvelle et plus doulce police parmy ces pauvres Indiens, que l'on avoit maniés jusques alors comme bestes brutes ; faict les départemens des fiefs et vassaux, et donne plus de quinze mille ducats de reveneus annuelz en fonds de terre à gens de valeur, d'honneur, de mérite et de servyce ; distribue des deniers aux aultres à la valeur de deux millions d'or ; reigle les affaires de la justice ; met ung ordre et police partout, mais principalement aux finances et à la levée des tributs du roy, sans foule ny oppression du peuple, et, pour le faire court, mit tous les grands pays en repoz, rangea les gens de guerre, leur donna des chefs pour les contenir en bonne et forte discipline, et ne laissa rien à quoy il ne pourveut avec une grandeur de couraige et de prudence admirable.

Et pour ne laïsser en arrière ce qui excède ou surpasse mille et mille fois tout ce que je viens de dire du président Lagasca, c'est que, ayant eu moyen, parmy une si grande licence et si ample pouvoir, d'accommoder ses affaires à souhait, et acquérir des richesses innumérables et aultant d'or et d'argent qu'il eust voulu, feit paroistre la grandeur de sa vertu, en ce qu'ayant faict tant de bien à tous ceulx qu'il avoit estimez dignes de récompenses ; tant distribué de deniers qu'il avoit en maniement ; et ayant faict plus de bien par sa bonne justice, police et bons reiglemens en l'étendue de tant de provinces, que s'il eust donné et gaigné une douzaine de batailles avec toutes les forces de l'empereur ; il s'en retourna au bout de quatre ou cinq ans, avec des navires chargés d'or et d'argent, levés sans exactions sur les tributs de l'empereur, et sans s'estre réservé pour son particulier, ny pour aulcung des siens, la valeur d'ung teston ; veoire mesme reporta en Espaigne le mesme manteau qu'il avoit lorsqu'il s'embarqua pour aller aux Indes. Et aima mieux s'estre chargé d'honneur, qui ne sera jamais effacé de la mémoire des hommes, que de l'or et l'argent périssable qu'il ne pouvoit retenir que par voie deshonneste, illicite et contre sa conscience ; quelque prétexte qu'il eust peu ou voulou prendre, qui ne manquent jamais à ceulx qui veulent entrer en deffence de leur avarice, comme nous le veoyons par l'expérience journalière.

Une règle infaillible pour juger les hommes d'État selon leur mérite, c'est de ne jamais les séparer de leur siècle : aussi, voyez comme les mêmes actions changent de face selon qu'elles rencontrent l'opposition ou le consentement unanime des contemporains. Le siècle de Lhopital était cruel et intolérant. Ce ne fut pas seulement à la cour, chez certains membres du clergé, ou dans le parti des Guises que le chancelier rencontra des obstacles à ses édits de conciliation et d'humanité, mais dans le peuple même, qu'à cette époque nous voyons partout si avide du sang des réformés. Les parlements n'étaient pas plus sages ; ces corps illustres, qui semblaient devoir être ses auxiliaires, ne le soutinrent pas : le premier président de Thou, après la Saint-Barthélemy, fit même l'apologie des meurtriers, en commençant des procédures contre les victimes. Cette disposition générale fit briller du plus vif éclat la politique généreuse, l'esprit de tolérance et le courage de Lhopital.

Né en 1503, Michel de Lhopital arriva tard au pouvoir, puisqu'à l'âge de 42 ans il se trouvait encore simple conseiller au parlement de Paris ; mais à peine est-il revêtu de charges importantes, que sa vie devient un combat. Comme surintendant des finances, il lutte d'abord contre les prodigalités de la cour ; sorti du Parlement, il en corrige les abus ; placé ensuite à la tête de la magistrature, il trace d'une main ferme, aux parlements, les limites de leur pouvoir dans cette grande question de la réforme qui divise le monde, et qu'il ne veut pas voir décider par des supplices.

« Vous êtes juges du pré, leur dit-il, ou du champ, non » de la vie, non des mœurs, non de la religion ; vous pen» sez bien faire d'adjuger la cause à celui que vous estimez » le plus homme de bien, ou meilleur chrétien, comme s'il » était question, entre les parties, lequel est meilleur poète, » orateur, peintre, artisan, et non de la chose qui est ame» née en jugement. »

Sincère partisan de la religion catholique, puisqu'il en observait toutes les lois, et qu'il est impossible de soupçonner Lhopital d'hypocrisie, il résiste cependant parfois au souverain pontife ; et dans une lettre, il déclare que, fidèle à l'Église romaine, il aurait voulu pourtant réformer les scandales et le luxe des prélats : « Sans doute, » dit-il en finissant, j'ai eu tort de lutter contre ce tor» rent ; j'eusse peut-être mieux fait de m'accommoder aux » temps présents ; mais, très-saint Père, telle est ma façon » d'être, que l'âge m'a rendu encore plus difficile et plus » fâcheux. »

Après huit ans d'une lutte courageuse contre ses ennemis, Lhopital quitta le pouvoir en 1568, et mourut en 1573, six mois après le massacre de la Saint-Barthélemy. Lorsque les affaires de l'État lui en laissaient le temps, le grave chancelier se retirait près d'Étampes, à Vignay, dans une petite maison qu'il avait dédiée à l'amitié, aux muses et aux jeux d'une élégante philosophie.

« Aux yeux de notre siècle, dit M. Villemain, il y a quelque chose d'étrange dans ces loisirs d'un ministre occupé à composer des vers latins ; c'est un passe-temps du seizième siècle que notre raison dédaigneuse ou frivole estimera bien peu ; cependant ces vers expriment des pensées si nobles, qu'on ne peut les lire sans attendrissement ; c'est un caractère, c'est une âme antiques qui s'expriment dans l'ancienne langue des Romains. »

Après avoir rappelé ses combats, sa disgrâce, le bonheur de sa vertueuse solitude, Lhopital, comme s'il eût craint que son exemple ne décourageât du service public, s'écrie éloquemment : « Avez-vous un génie vaste et propre » aux grandes choses? La vie privée ne suffit-elle pas à » votre âme? Jeune, ou dans l'âge viril, prenez part aux » affaires publiques ; c'est la vocation de la nature. Après » Dieu, c'est à la patrie que nous devons le premier hom» mage de notre pieux dévoûment. Quand vous vous serez » offert à elle, persévérez, souffrez à son service jusqu'au » dernier terme de la vie, jusqu'aux portes du tombeau, » tant qu'elle le voudra. Si, ennuyée de vous, elle appelle » d'autres favoris, allez en paix, retournez à vos enfants et à » votre femme avec une réputation inviolable, un nom sans » tache, comblé d'honneur, et, ce qui vaut mieux, soutenu » par la conscience d'une honorable vie. Il est beau d'ache» ver ses jours en repos dans sa maison, après avoir bien » servi les intérêts publics ; il est beau de voir un vieillard, » autrefois chargé de grands emplois, conduisant désormais » des travaux champêtres, tantôt disposant avec art les ar» bres de son verger, tantôt lisant ou écrivant des choses » que lira la postérité ; mais le bien le plus désirable à nos » derniers moments, c'est après avoir parcouru la carrière » de la vie, de quitter son corps, d'exhaler son âme au mi» lieu des embrassements de son épouse et de ses enfants, et » d'être enseveli dans la tombe de ses pères. »

« Dès le premier jour de sa retraite, ajoute M. Villemain, dont nous citons encore la traduction, Lhopital avait compris qu'il n'en sortirait plus ; la prière, l'étude, l'éducation de ses petits-fils devinrent le seul soin de sa vie. Il regrettait de ne pouvoir plus faire de bien, et exprimait ce sentiment dans une épître au président Christophe de Thou : c'est toujours le même caractère de fidélité pour le prince et de zèle pour la liberté publique. »

« Non, je ne demeure pas vaincu, quoique la violence des » hommes pervers ait arraché l'État de mes mains. Je n'ai » pas reculé comme les lâches, avant le premier péril, ni » pris la fuite quand le combat était douteux encore. J'ai » souffert tous les travaux que j'avais la force de porter. Je » n'ai ménagé ni mon ardeur, ni ma vie, tant qu'il me res» tait l'espérance de servir la patrie, de servir le roi. Enfin, » abandonné de tous mes appuis, le roi et la reine n'osant » plus me défendre, je me suis éloigné en plaignant le sort » cruel de mon pays. J'espère aussi, puisque la sagesse » ne peut plus rien, qu'il descendra quelqu'un du ciel » pour comprimer tant de maux d'une main forte, pour » sauver nos débris par les armes et rétablir le roi sur son » trône. Oh! combien la mort serait adoucie pour moi » dans ma vieillesse, si je voyais mes anciens rois rétablis » dans leur pouvoir, et mes concitoyens affermis dans la » liberté ! »

O! mihi tunc venlat non injucunda seni mors
Regibus antiquis sua reddita regna tuenti,
Atque meos cives in libertate manentes!

« On doit à Lhopital, a dit M. Dupin, l'édit de Romorantin, qui a épargné à la France le fléau de l'inquisition; — l'ordonnance d'Orléans, qui est à la fois un code administratif, judiciaire et religieux; — l'édit de Roussillon, qui a fixé au 1er janvier le commencement de l'année que l'on avait daté jusqu'alors du jour de Pâques; — l'ordonnance du domaine de 1566; — l'édit de Moulins pour la réformation de la justice; — l'établissement des tribunaux de commerce, sous le titre de juges-consuls. »

Voici le portrait que Brantôme nous a laissé du grand Chancelier : « Le plus savant, le plus digne, le plus universel qui fut jamais en France! C'étoit un autre censeur Caton, celui-là, et qui sçavoit très-bien censurer et corriger le monde corrompu; il en avoit toute l'apparence, avec sa grande barbe blanche, son visage pasle, sa façon grave, qu'on eust dit, à le veoir, que c'estoit un portrait de saint Hiérosme; ainsi le disoient plusieurs à la cour. »

NÉCESSITÉ DE LA PAIX AVEC LES RÉFORMÉS (1).

Le but de la guerre, c'est la paix; laquelle s'acquiert ou par composition, ou par pleine et entière victoire. La voye de composition semble mal seure pour la deffiance réciproque, pour les mutuelles haines et injures, et pour la subsistance de deux religions et de certaines maisons aheurtées en discorde.

La victoire, comme toutes aultres choses qui sont hors nostre pouvoir et en la seule main de Dieu, ne peult estre que doubteuse; le passé nous enseigne combien elle est difficile, et les exemples des aultres estatz combien elle est périlleuse et incertaine.

Le roy a plus d'hommes, vray; mais il se trouve deux foiz plus de batailles gaignées par le moindre nombre que par le plus grand, dont tous princes et peuples ont jugé et recogneu les victoires estre données du ciel.

La cause du roy est plus juste, je le crois; mais Dieu se sert de telz instrumens et occasions qu'il luy plaist pour punir nos iniquitez; il s'est jadis servi des Babyloniens pour matter son peuple, et naguères des Turcs et semblables.

Or, nous ne pouvons nier ne desguiser que justement son ire ne soit allumée contre nous; il y a doncques apparence que ces genz icy, quelque meschantz que nous les estimions, soyent fléaux de sa vengeance; et, de faict, nous veoyons que toutes choses jusques icy ont succédé fort à propoz contre espérance et discours des hommes : ilz ont peu de finances, je l'accorde; mais ilz la mesnagent bien; qu'est le principal nous en avons plus qu'eulx, voire mais; mais mal mesnagée comme elle est, moins; nous avons aussy plus de moyens qu'eulx d'en recouvrer, soit; mais estant plus négligeans qu'eulx en nos affaires, moins; car la nécessité leur en ouvre tousjours pour en recouvrer aussy.

Tous ceulx qui tiennent leur party engageront jusques à leur chemise pour conserver avec eulx la vie et la liberté, estant vivement persuadez qu'il y va de cela, que nous les voulons despouiller de l'ung et de l'autre.

D'ailleurs, il y a de puissans princes et peuples estrangiers qui estiment ceste cause leur appartenir, et ne leur ont cy-devant failly, moins à ceste heure qu'ilz sont liguez, et participent ouvertement à leurs entreprises.

Ce ne sont pas gens ramassez, comme on en a mis en avant depuis peu de jours, esmeuz et souslevez par imprudence, sans ordre, sans chef et sans discipline; ce sont genz aguerriz, résoluez, réduicts au désespoir, et pourtant se tenant collez et conjoinctz ensemble, sans endurer qu'on les désunisse par moyens et artifices quelconques. Comme de ceste liaison et union despendent la seureté et repoz de leurs vies, maisons, femmes, enfants, honneurs et estatz, se tiennent fermes en une résolution de mourir tous ensemble, plustôst de subir le joug et la domination de leurs ennemys.

La nécessité et le désespoir les rend dociles et disciplinables à merveille, avec la bonne opinion qu'ilz ont conceuë de leurs chefs, desquelz l'ambition est retenue, et l'union estroitement conservée par la mesme nécessité que les anciens ont appelée lien de concorde.

Au contraire, le camp du roy est en querelles, jalousies et mutations, l'ambition y est desbordée, l'avarice y domine, chascung y veult tenir rang; la discipline corrompeue, et la licence desmesurée; les volontez mal unies, et la contention, mère de désunion, y règne de façon que l'ung veult de l'ung, l'aultre veult de l'autre; l'ung tire d'ung costé, l'aul-

---

(1) Le mémoire de Lhopital auquel nous empruntons cet éloquent extrait a été défiguré dans plusieurs éditions. Celle de M. Dufey a rétabli complètement le texte primitif; nous avons suivi les leçons qu'elle donne.

tre de l'aultre ; l'ung veult la paix et la désire, l'aultre n'en veult point et l'abhorre.

Ceux qui ont leurs enfans, frères et parens de de l'autre bande et embarquez au party contraire (le nombre desquelz n'est pas petit), ne marchent en ceste guerre qu'à regret ; aultres y sont par acquit, aultres pour le gain, pensant mieulx faire leurs besoignes que de l'aultre costé.

Plusieurs y vont avecques scrupule de conscience, ayant la religion au cœur, contre laquelle on veut qu'ilz combattent. Les soldatz en général n'y sont que pour butiner, brigander ; brief, ce camp est composé de pièces rapportées, ce qui est et sera chose commune. Déjà on en veoit des commencemens de faire retirer et desbander les soldatz par mescontentement, soupçons et imaginations estrangières, joinct que l'inquiétude et l'impatience est naturelle au François, qui ne peult demeurer longtemps inutile en la campaigne, si elle n'est vivement réprimée par les barres que nous avons dict retenir nos ennemys.....

Dieu ne me fasse pas tant vivre que je veoie ce que j'ay tousjours crainct le plus, la ruyne de mon pays et la perte de l'estat de mon roy ; et quelque doulx langaige que tiennent aujourd'huy nos adversaires, je ne sçais à quoy l'insolence d'une victoire pousseroit ceulx mesmes qui, en leurs misères, sont eslevez et rempliz de courage ; et pour ne flatter poinct ceste chose, que mal volontiers et mal seurement on faict, de se rassujettir à celuy qu'on a vaincu.

SATIRE.

RABELAIS.

ÉDUCATION DE GARGANTUA.

Ces propos enduz, le bon homme Grandgousier feut ravy en admiration, considérant le hault sens et merveilleux entendement de son filz Gargantua. Et dist à ses gouvernantes : « Philippe, roy de Macédone, cogneut le bons sens de son filz Alexandre, à manier dextrement un cheval. Car ledict cheval estoit si terrible et effréné que nul n'ausoit monter dessus, pource que à tous ses chevaulcheurs il bailloit la saccade, à l'ung rompant le col, à l'aultre les jambes, à l'aultre la cervelle, à l'aultre les mandibules. Ce que considérant Alexandre en l'hippodrome (qui estoit le lieu où l'on pourmenoit et voltigeoit les chevaulx), advisa que la fureur du cheval ne venoit que de frayeur qu'il prenoit à son umbre. Dont, montant dessus, le feit courir en contre le soleil, si que l'umbre tomboyt par derrière, et par ce moyen rendit le cheval doulx à son vouloir. A quoi congneut son père le divin entendement qui en lui estoit, et le feit très bien endoctriner par Aristoteles, qui pour lors estoit estimé sus tous les philosophes de Grèce. Mais je vous dy qu'en ce seul propous que j'ay présentement devant vous tenu à mon filz Gargantua, je congnoy que son entendement participe de quelque divinité; tant je le voy agu, subtil, profond et serain. Et parviendra à degré souverain de sapience, s'il est bien institué. Pourtant je veulx le bailler à quelque homme sçavant, pour l'endoctriner selon sa capacité. Et n'y veult rien espargner. » De faict, l'on lui enseigna ung grand docteur sophiste, nommé maistre Thubal-Holoferne, qui lui apprint sa charte si bien qu'il la disoit par cueur au rebours ; et y feut cinq ans et troys mois : puis luy leut Donat (1), le Facet, Théodolet, et *Alanus in parabolis* 2), et y feut treize ans six mois et deux sepmainnes.

Mais notez que, cependent, il luy apprenoit à escripre gothicquement, et escripvoit tous ses livres. Car l'art d'impression n'estoit encore en usaige.

Et portoit ordinairement un gros escriptoire, pesant plus de sept mille quintaulx, duquel le gualimart (étui à mettre les plumes) estoit aussi gros et grand que les gros piliers de Enay (abbaye située à Lyon : et le cornet y pendoit à grosses chaînes de fer, à la capacité d'un tonneau de marchandise.

Puis luy leut *De modis significandi* (3), avecques les commentz de Hurtebise, de Fasquin, de Tropditeux, de Gualehault, de Jehan le Veau, de Billonio, Brelingandus, et ung tas d'aultres : et y feut plus de dix-huit ans et unze mois. Et le sceut si bien que, au coupelaud (à l'examen), il le rendoit par cueur à revers. Et pourvoit sus ses doigt à sa mère, que *de modis significandi non erat scientia*.

Puis luy leut le Compost (4) où il feut bien seize ans et deux mois, lorsque son dict précepteur mourut.

Après en eut ung aultre vieux tousseux, nommé maistre Jobelin-Bridé, qui luy leut Hugutio, Hébrard

(1) Célèbre grammairien qui vivait au Ve siècle et fut précepteur de Saint Jérôme.

(2) L'auteur du *Facet* est Reinerus Alemanni, mort vers 1212. — Theodulus vivait vers la fin du Ve siècle, et il nous est resté sous son nom une églogue latine fort curieuse; elle est à trois personnages. — Alain qui a composé des paraboles, vivait vers la fin du XIIe siècle.

(3) L'auteur de ce livre, dont Erasme parle avec mépris, est un Anglais, nommé Jean de Garlande, qui vivait au XIe siècle.

(4) Ce livre enseignait l'art de computer les époques en matière de chronologie. On le range depuis longtemps parmi les livres bleus.

Grécisme (1), le Doctrinal (2), les Parts, le *Quid est*, le *Supplementum*, Marmotret, *de moribus in mensâ servandis : Seneca de quatuor virtutibus cardinalibus, Passavantus cum commento* (3), *et dormi securè*, pour les festes. Et quelques autres de semblable farine, à la lecture desquelz il devint aussi saige qu'oncques puis ne fourneasmes-nous (4).

A tant son père apperçeut que vrayment il estudioit très-bien, et y mettoit tout son temps, toutesfoys que en rien ne prouffitoit. Et, qui pis est en devenoit fou, niays, tout resveux et rassoté. De quoy se comploignant à don Phlippes des Marays, vice-roy de Papeligosse (5), entendit que mieulx lui vauldroit rien n'apprendre que telz livres, soubz telz précepteurs, apprendre. Car leur sçavoir n'estoit que besterie : et leur sapience n'estoit que moufles (pédantisme), abastardissant les bons et nobles esperitz, et corrompant toutte fleur de jeunesse. « Qu'ainsi soit, prenez, dist-il, quelqu'ung de ces jeunes gens du temps présent, qui ait seullement estudié deux ans : en cas qu'il n'ait meilleur jugement, meilleures parolles, meilleur propous que vostre filz, meilleur entretien et honnesteté entre le monde, réputez-moi à jamais ung taille-bacon de la brene (un fanfaron). » Ce qu'à Grandgousier pleut très-bien, et commanda qu'ainsi feust faict.

Au soir en souppant, ledict des Marays introduict ung sien jeune paige de Ville-Congis, nommé Eudémon, tant testonné, tant bien tiré, tant bien espousseté, tant honneste en son maintien, que trop mieulx ressembloit quelque petit angelot qu'ung homme. Puis dist à Grandgousier : « Voyez-vous ce jeune enfant ? il n'ha encore douze ans : voyons, si bon vous semble, quelle différence y ha entre le sçavoir de vos resveurs matéologiens (vains parleurs) du temps jadis, et les jeunes gens de maintenant. » L'essay pleut à Grandgousier, et commanda que le paige proposast. Alors Eudémon, demandant congé de ce faire au dict vice-roy son maistre, le bonnet au poing, la face ouverte, la bouche vermeille, les yeulx asseurez, et le regard assis sur Gargantua, avecques modestie juvénile, se tint sus ses pieds et commença le louer et magnifier, premièrement de sa vertu et bonnes meurs, secondement de son sçavoir, tiercement de sa noblesse, quartement de sa beauté

corporelle. Et, pour le quint, doulcement l'exhortoit à révérer son père en toute observance, lequel tant s'estudioit à le faire instruire ; enfin le prioit qu'il le voulsist retenir pour le moindre de ses serviteurs. Car aultre don pour le présent ne requéroit des cieulx, sinon qu'il luy feust faict grâce de luy complaire en quelque service agréable.

Le tout feut par iceluy proféré avecques gestes tant propres, prononciation tant distincte, voix tant éloquente, et languaige tant aorné et bien latin, que mieulx ressembloit ung Gracchus, ung Cicéron ou ung Emilius du temps passé, qu'ung jouvenceau de ce siècle. Mais toute la contenance de Gargantua feut qu'il se print à plorer, et se cachoit le visaige de son bonnet, et ne feust possible de tirer de luy une parolle.

Dont son père feut tant courroussé qu'il voulut occire maistre Jobelin. Mais le dict des Marays l'en garda par belle remonstrance qu'il luy feit ; en manière que feust son ire modérée. Puis commanda qu'il feust payé de ses guaiges, et qu'on le feist bien choppiner théologalement ; ce fait, qu'il allast à tous les diables. « Au moins, disoit-il, pour le jourd'hui ne coustera-il guères à son houste, si d'adventure il mouroit ainsi saoul comme ung Angloys. » Maistre Jobelin parti de la maison, Grandgousier consulta avecques le vice-roy quel précepteur l'on luy pourroit bailler, et feut advisé entre eux qu'à cest office seroit mis Ponocrates (6), pédagogue de Eudémon, et que tous ensemble iroyent à Paris, pour congnoistre quelle estoit l'estude des jouvenceaulx de France pour icelluy temps...

Quand Ponocrates congneut la vitieuse manière de vivre de Gargantua, délibéra aultrement le instituer en lettres ; mais pour les premiers jours le toléra, considérant que nature ne endure mutations soubdaines sans grande violence... Pour mieulx ce faire, l'introduisoyt ès compaignies des gens sçavans qui là estoyent, à l'émulation desquelz luy creut l'esperit et le desir d'estudier aultrement, et se faire valoir.

Après, en tel train d'estude le mist qu'il ne perdoyt heure quelconque du jour : ains tout son temps consommoyt en lettres et honneste sçavoir. S'esveilloyt doncques Gargantua environ quatres heures du matin. Cependent qu'on le frottoyt, luy estoyt leue quelque paige de la divine Escripture, haultement et clèrement, avecques pronunciation compétente à la matière, à ce estoyt commis ung jeune paige natif de Baché, nommé Anagnostes. Selon le propous et argument de ceste leçon, souventes foys se adonnoyt à révérer, adorer, prier et supplier le bon Dieu, du-

---

(1) Ébrard, qui composa le livre appelé *Græcismus*, vivait vers 1112.

(2) C'étaient les rudiments de la langue latine, composés vers 1242, en vers léonins, par Alexandre de Ville-Dieu.

(3) Jacques Passavant ; célèbre jacobin de Florence, vivait vers la fin du XIVe siècle.

(4) Cette locution, qu'il faudrait un long commentaire pour expliquer, signifie que Gargantua perdit son temps.

(5) On a cru que sous ce nom, Rabelais voulait désigner le cardinal George d'Amboise, premier ministre de Louis XII, homme plein de talents et de vertus.

(6) On a pensé que, sous ce nom, Rabelais voulait désigner Jean-Jacques Trivulce, maréchal de France, qui dirigea les premiers faits d'armes de François Ier.

quel la lecture montroyt la majesté et jugemens merveilleux..... Ce faict, estoyt habillé, pygné, testonné, acoustré et parfumé, durant lequel temps on luy répétoyt les leçons du jour d'avant. Luy-mesme les disoyt par cueur; et y fondoyt quelques cas praticques concernens l'estat humain, lesquelz ilz entendoyent aulcunes foys jusques deux ou troys heures; mais ordinairement cessoyt lorsqu'il estoyt du tout habillé. Puis, par trois bonnes heures, luy estoyt faicte lecture. Ce faict, issoyent hors, toujours conférens des propous de la lecture, et se desportoyent en Bracque (jeu de paume dans le faubourg Saint-Marceau), ou ès prez, et jouoyent à la balle, à la paulme, à la pile trigone (jeu de paume en triangle); gualantement s'exerceans le corps, comme ilz avoyent les âmes auparavant exercé. Tout leur jeu n'estoyt qu'en liberté : car ilz laissoyent la partie quand leur plaisoyt, et cessoyent ordinairement lorsque suoyent parmy le corps, ou estoyent aultrement las. Adoncq estoyent très-bien essuez et frottez, et doulcement se pourmenans alloyent veoir si le disner estoyt prest. Là attendans, récitoyent clèrement et éloquentement quelques sentences retenues de la leçon. Cependent monsieur l'appétit venoyt, et par bonne opportunité s'asséoyent à table. Au commencement du repas estoyt leue quelque histoire plaisante des anciennes prouesses, jusques à ce qu'il eust prins son vin. Lors (si bon sambloyt) on continuoyt la lecture, ou commençoyent à deviser joyeusement ensemble, parlans, pour les premiers motz, de la vertu, propriété efficace, et nature de tout ce que leur estoyt servi à table. Du pain, du vin, de l'eaue, du sel, des viandes, poissons, fruictz, herbes, racines, et de l'apprest d'ycelles. Ce que faisant, apprint en peu de temps tous les passaiges à ce compétens en Pline, Athénée, Porphyre, Opian, Polybe, Héliodore, Aristoteles, Élian et aultres. Iceulx propous tenuz, faisoyent souvent, pour plus estre asseurez, apporter les livres susdictz à table. Et si bien et entièrement retint en sa mémoire les choses dictes que, pour lors, n'estoyt médicin qui en sceust la moitié tant comme il faisoyt. Après, devisoyent des leçons leues au matin, et rendoyent grâces à Dieu par quelques beaulx canticques faictz à la louange de la munificence et bénignité divine. Ce faict, on apportoyt des chartes, non pour jouer, mais pour y apprendre mille petites gentillesses et inventions nouvelles, lesquelles toutes yssoyent de arithméticque. En ce moyen, entra en affection d'icelle science numérale, et, tous les jours après disner et souper, y passoyt temps aussi plaisantement qu'il souloyt (avait coutume) en dez ou ès chartes. A tant sçeut d'ycelle et théoricque et praticque, si bien que Tunstal (1), angloys, qui en avoyt amplement escript, confessa que vrayement, en comparaison de luy, il n'y entendoyt que le hault alemant.

Et non seulement d'ycelle, mais des aultres sciences mathématiques, comme géométrie, astronomie et musicque. Car ilz faisoyent mille joyeulx instrumens et figures géométricques, ou de mesme praticquoyent les canons astronomicques. Après, s'esbaudissoyent à chanter musicalement à quatre et cinq parties, ou sus ung thême, à plaisir de gorge. Au reguard des instrumens de musicque, il apprint à jouer du luct, de l'espinette, de la harpe, de la flûte d'alemant, et à neuf trous, de la viole, et de la sacqueboutte (espèce de trombone).

Ceste heure ainsi employée, se remettoyt à son estude principal par troys heures ou dadvantaige; tant à répéter la lecture matutinale, que à poursuivre le livre entreprins, que aussi à escripre, bien traire et former les anticques et romaines lettres. Ce faict, issoyent hors de leur hostel, avecques eux ung jeune gentilhomme de Touraine, nommé l'escuyer Gymnaste (2), lequel luy monstroyt l'art de chevalerie. Changeant doncques de vestemens, montoyt sus un coursier, et luy donnoyt cent quarrières, le faisoyt voltiger en l'aer, franchir le foussé, saulter le palys, courttourner en ung cercle, tant à dextre comme à senestre. Là rompoyt, non la lance (car c'est la plus grande resverie du monde de dire : J'ai rompu dix lances en tournoy ou en bataille; ung charpentier le feroyt bien), mais louable gloire est d'une lance avoir rompu dix de ses ennemys. De sa lance doncques asserée, verde et roide, rompoyt ung huys, enfonçoyt ung harnoys, aculoyt ung arbre, enclavoyt ung anneau, enlevoyt une selle d'armes, ung aubert, ung gantelet. Le tout faisoyt armé en cap. Au reguard de fanfarer, et faire les petitz popismes sus ung cheval, nul ne le feit mieulx que luy. Le voltigeur de Ferrare n'estoyt qu'un cinge en comparaison. Singulièrement estoyt apprins à saulter hastivement d'ung cheval sus l'aultre sans prendre terre; et de chascun cousté, la lance au poing, monter sans estrivières; et, sans bride, guider le cheval à son plaisir. Car telles choses servent à discipline militaire. Ung aultre jour s'exerceoyt à la hasche, puis branloyt la picque, sacquoyt de l'espée à deux mains, de la dague et du poignard, armé, non armé, au boucler, à la cappe, à la rondelle...

Le temps ainsi employé, luy frotté, nettoyé et refrayschy d'habillemens, tout doulcement retournoyent, et, passans par quelques prez ou aultres lieux herbus, visitoyent les arbres et plantes, les conférens avec les livres des anciens qui ont escript, comme Théophraste, Dioscorides, Marinus, Pline, Nicander, Macer et Galen; et en emportoyent leurs pleines

---

(1) Premier secrétaire de Henri VIII, et évêque de Durham, en Angleterre.

(2) On croit que ce nom indique Louis de la Trémouille, tué à la bataille de Pavie, en 1525.

mains au logis ; desquelles avoyt la charge ung jeune paige nommé Rhizotome, ensemble des pioches, bêches, tranches et aultres instrumens requis à bien arborizer. Eux arrivés au logis, ce pendent qu'on aprestoyt le souppér, répétoyent quelque passaiges de ce que avoyt esté leu, et s'asséoyent à table... Durant icelluy repast, estoyt continuée la leçon du disner, tant que bon sembloyt : le reste estoyt consommé en bons propous tous lettrez et utiles. Après grâces rendues, se addonnoyent à chanter musicalement, à jouer d'instrumens harmonieux, ou de ces petits passe-temps qu'on faict ès chartes, ès dez, et guobeletz ; et là demouroyent faisans grand chière, s'esbaudissans aulcunes foys jusques à l'heure de dormir ; quelquefoys alloyent visiter les compaignies des gens lettrez, ou de gens qui eussent veu pays estranges.

En pleine nuict, devant que soy retirer, alloyent au lieu de leur logis le plus descouvert veoir la face du ciel : et là notoyent les comètes, si aulcunes estoyent, les figures, situations, aspectz, oppositions et conjunctions des astres.

Puis, avec son précepteur, récapituloyt briefvement, à la mode des Pythagoriques, tout ce qu'il avoyt leu, veu, sçeu, faict et entendu au décours de toute la journée.

Si prioyent Dieu le créateur en l'adorant, et ratifiant leur foy envers luy, et le glorifiant de sa bonté immense : et, luy rendant grâces de tout le temps passé, se recommandoyent à sa divine clémence pour tout l'advenir. Ce faict, entroyent en leur repos.

S'il advenoyt que l'aer feust pluvieux et intempéré, tout le temps devant disner estoyt employé comme de coustume, excepté qu'il faisoyt allumer ung beau et clair feu, pour corriger l'intempérie de l'aer. Mais, après disner, au lieu des exercitations, ilz demouroyent en la maison et estudioyent en l'art de painciure et sculpture ; ou revocquoyent en usage l'anticque jeu des tales (osselets), ainsi qu'en ha escript Léonicus, et comme y joue nostre bon amy Lascaris (1). En y jouant, recoloyent les passaiges des auteurs anciens esquelx est faicte mention, ou prinse quelque métaphore sus icelluy jeu. Semblablement, ou alloyent veoir comment on tiroyt les métaulx, ou comment on fondoyt l'artillerie ; ou alloyent veoir les lapidaires, orfebvres, et tailleurs de pierreries, ou les alchemistes et monnoyeurs, ou les veloutiers, les horlogers, imprimeurs, organistes, tincturiers, et aultres telles sortes d'ouvriers, et, partout donnans le vin, apprenoyent et considéroyent l'industrie et invention des mestiers.

Alloyent ouyr les leçons publiques, les actes solennelz, les répétitions, les déclamations, les plaidoyez des gentilz advocatz, les concions des prescheurs évangélicques.

Passoyt par les salles et lieux ordonnez pour l'escrime : et là, contre les maistres, essayoyt de tous bastons, et leur montroyt par évidence que autant, voyre plus, en sçavoyt qu'iceulx. Et, au lieu d'arboriser, visitoyent les boutiques des drogueurs, herbiers, et apothécaires, et soigneusement considéroyent les fruictz, racines, feuilles, gommes, semences, axunges pérégrines (baumes étrangers), ensemble aussi comment on les adultéroyt.

...... Ainsi feut gouverné Gargantua, et continuoyt ce procez (procédé) de jour en jour, prouffitant comme entendez que peult faire ung jeune homme selon son éage de bons sens, en tel exercice, ainsi continué. Lequel, combien qu'il semblast pour le commencement difficile, en la continuation tant doulx feut, légier et délectable, que mieux ressembloyt ung passe-temps de roy que l'estude d'un escholier. Toutesfoys, Ponocrates, pour le séjourner (reposer) de ceste véhémente intention des esperitz, advisoyt une foys le moys quelque jour bien clair et serain, auquel bougeoyent au matin de la ville, et alloyent à Gentily, ou à Boloigne, ou à Mont-Rouge, ou au pont Charanton, ou à Vanves, ou à Saint-Clou. Et là passoyent toute la journée à faire la plus grande chière dont ilz se pouvoyent adviser : raillans, gaudissans, beuvans d'autant ; jouans, chantans, dansans, se veaultrans en quelque beau pré, dénicheans des passeraulx, prenans des cailles, peschans au grenoilles et escrevisses.

Mais encore que ycelle journée feust passée sans livres et lectures, point elle n'estoyt passée sans prouffict ; car, en ce beau pré, ilz recoloyent par cueur quelques plaisans vers de l'Agriculture de Vergile, de Hésiode, du Rusticque de Politian ; descripvoyent quelques plaisans épigrammes en latin, puis les mettoyent par rondeaulx et ballades en langue francoyse...

(1) Bibliothécaire de François Ier.

Rabelais (François) naquit vers l'an 1483, à Chinon, petite ville de Touraine. Ayant pris l'habit de cordelier, il fut élevé aux ordres sacrés, et obtint d'assez beaux succès comme prédicateur. Il acquit aussi une grande habileté dans la connaissance de plusieurs langues. Malheureusement son humeur bouffonne ne put s'accorder avec la gravité de sa profession, et l'on raconte de lui plusieurs espiègleries, dont l'une était tellement sacrilège, que son auteur fut condamné à être enfermé pour le reste de ses jours. Grâce à do puissants amis que lui avait attirés sa joyeuse humeur, Rabelais recouvra pourtant sa liberté ; mais ennuyé de la vie monastique, il ne tarda guère à se livrer à une existence plus en rapports avec ses goûts. Il partit pour Montpellier, où il se fit recevoir docteur en médecine ; l'école conserva longtemps une robe qu'il avait, disait-on, revêtue, pour soutenir sa thèse. Il paraît que Rabelais exerça et professa avec succès dans cette faculté, car nous voyons que ses collègues le députèrent auprès du chancelier Duprat, pour réclamer contre l'abolition de leurs priviléges. Plus tard, le cardinal du Bellay, dont Rabelais avait su se faire un protecteur zélé, l'emmena à Rome avec lui; mais il ne put l'y garder. Les bouffonneries irréligieuses du facétieux docteur obligèrent le cardinal à se séparer promptement de lui.

De retour en France, Rabelais obtint une prébende dans l'église collégiale de Saint-Maur-des-Fossés, et fut nommé curé de Meudon, en 1545. Il mourut à Paris, vers 1553, dans la 70e année de son âge; l'on a longtemps cultivé, dans le cimetière de la paroisse Saint-Paul, un arbre au pied duquel il fut enterré. On raconte qu'au moment de sa mort, Rabelais plaisantait encore, et qu'il accueillit par ces paroles l'un des pages du cardinal du Bellay, qui venait demander de ses nouvelles : « Dis à Monseigneur l'é- » tat où tu me vois. Je m'en vais chercher un grand peut- » être. »

Porter sur Rabelais un jugement qui n'entache aucune partialité, est une chose fort difficile; car on a toujours dit de ses ouvrages beaucoup trop de bien et beaucoup trop de mal. Les détracteurs de son talent ont été jusqu'à le traiter d'insensé et de philosophe ivre; ses admirateurs, de leur côté, ont exalté son mérite outre mesure et placé ses écrits dans un rang qui ne leur appartient pas. Nous croyons que pour être vrais, il faut prendre un moyen terme. Voltaire, qui faisait de fort bonne critique quand il n'était point passionné, nous montre, dans le *Temple du Goût*, Rabelais réduit *à un demi-quart* par la main des Muses. La Bruyère, presque toujours exact dans ses jugements, surtout lorsqu'il ne veut point courir après l'antithèse, a écrit ces paroles remarquables et qui doivent recevoir, ainsi que celles de Voltaire, l'assentiment des esprits droits : « Où » Rabelais est mauvais, il passe bien loin au delà du pire ; » où il est bon, il va jusqu'à l'exquis et à l'excellent. »

Ajoutons, à la louange de Rabelais, que la lecture de ses écrits faisait les délices de Molière et de La Fontaine. Cette circonstance seule suffirait au besoin pour prouver qu'il n'y a pas chez lui que des choses de peu de prix. Disons d'ailleurs que, comme écrivain satirique, le malin docteur est en droit de réclamer une belle place. Il y a souvent dans sa critique, par malheur enveloppée trop fréquemment de choses grossières et d'obscénités, une verve inépuisable, de la chaleur, beaucoup d'esprit, et par-dessus tout, une immense érudition ; mais ce qui étonne le plus, lorsqu'on y songe, c'est de voir comment Rabelais, qui vivait dans un siècle où la moindre erreur en matière de foi était punie de la peine du feu, a pu immoler avec tant d'audace et de cynisme à sa raillerie, non-seulement les rois, les grands, les prêtres, les magistrats, mais malheureusement encore jusqu'aux plus saints mystères de la religion dont il était le ministre !

On doit à Rabelais une édition des œuvres de Galien et d'Hippocrate, qu'il donna en 1536 ; *La Sciomachie ou festins faits à Rome, au palais du révérendissime cardinal du Bellay*, un assez grand nombre d'épîtres, *La vie inestimable du grand Gargantua, père de Pantagruel*, qui contient aussi la vie de ce dernier, etc. Parmi les nombreuses éditions qui ont paru des œuvres de Rabelais, on distingue celle des Elzévirs, en 1663 ; celle de 1711, avec les remarques de Le Duchat et de La Monnoye ; celle de Delaunay, 1823 ; et enfin l'édition *variorum*, publiée la même année par MM. Esmangart et Éloi Johanneau, que l'on peut regarder jusqu'ici comme la plus complète et la meilleure. Ces deux savants commentateurs ont essayé d'expliquer le but de Rabelais, et selon eux, *Grand-Gousier* représenterait Louis XII ; *Gargantua*, François Ier ; *Picrochole*, Maximilien Sforce ; *Pantagruel*, Henri II ; etc. Nous laissons ces questions à décider aux érudits. Tout ce que nous pouvons affirmer, c'est qu'en général, comme application à l'ensemble des faits contemporains, la satire de Rabelais est fort obscure.

Le fragment que nous venons de citer est tiré de la vie de Gargantua, dont il compose les XIVe, XVe XXIIIe et XXIVe chapitres. L'auteur y ridiculise la futilité des études de son temps, en introduisant sur la scène maistre Thubal-Holoferne, maistre Jobelin-Bridé, et autres pédagogues de Gargantua, et en passant en revue les titres extravagants des livres qu'on mettait entre les mains de la jeunesse. La différence de la mauvaise et de la bonne éducation que reçoit successivement Gargantua, est un tableau tracé de main de maître.

« Je ne crois pas, écrit Clément à Voltaire, en parlant de Rabelais, qu'on ait rien dit de plus sensé sur l'éducation que ce qu'on lit dans les XIVe, XVe, XXIIIe et XXIVe chapitres de son Gargantua, où il fait sentir si finement tout le vice et le ridicule des études de ce temps-là, et donne ensuite un plan si raisonnable d'une éducation forte et salutaire à l'esprit comme au corps. »

Personne n'a mieux su apprécier ce plan d'éducation, en développer et en faire ressortir tous les avantages, que M. Guizot.

« On ne m'entendra pas sans étonnement, dit-il, nommer d'abord Rabelais, comme un de ceux qui ont le mieux pensé et le mieux parlé en fait d'éducation, avant Locke et Rousseau... Ce n'était pas une chose facile que de parler raisonnablement d'éducation, au moment où écrivait Rabelais... Rabelais avait commencé par se soustraire au danger de choquer directement les idées reçues : en se transportant lui et ses lecteurs dans un monde extravagant et imaginaire, il s'était donné la liberté de les élever et de les diriger tout autrement qu'on ne faisait de son temps. Les régents de collège ne pouvaient prétendre à ce que Gargantua, qui, à peine né, *humoyt à chacun de ses repas le laict de quatre mille six cents vaches*, et pour la première chemise duquel on avait *levé neuf cents aulnes de toille de Chatellerault*, fût traité comme un des petits garçons qui tremblaient devant leur férule : l'éducation d'un tel enfant ne pouvait ressembler à celle des petits enfants ordinaires. Voilà donc Rabelais, grâce à ses suppositions folles, libre d'élever à son gré Gargantua... La première éducation de Gargantua fut toute physique... aussi devint-il grand et fort de bonne heure : son père continua à lui faire exercer son corps pour le rendre adroit et agile... Vint cependant le temps où il fallait commencer à l'instruire ; la promptitude et la facilité de son esprit, qui s'était développé naturellement et sans contrainte, firent concevoir à Grandgousier de grandes espérances.

» Par malheur, le bon Grandgousier n'avait pas encore l'expérience de l'absurdité des méthodes d'enseignement généralement usitées : il remit donc Gargantua « à un grand » docteur sophiste, nommé Thubal-Holoferne, » qui commença par l'élever comme on élevait alors... Grandgousier n'était pas entêté ; il ne fermait pas les yeux pour ne pas voir et croyait ce qu'il voyait ; Gargantua fut ôté des mains de ses anciens maîtres, et remis à Ponocrates, précepteur d'un genre tout différent, qui fut chargé de le conduire à Paris pour y refaire et achever son éducation. Ponocrates se garda bien de le placer dans un collège... Il voulut d'abord le laisser se livrer à ses premières habitudes, « afin » d'entendre par quel moyen ses précepteurs l'avaient » rendu tant fat, niays et ignorant... » Il s'appliqua d'abord à le réformer, non par la crainte, mais en lui faisant prendre peu à peu un autre genre de vie : jamais il ne chercha à asservir la raison de son élève sous le joug de l'autorité ; il voulait la rendre capable de commander, non la restreindre à obéir, car il pensait que « c'est l'usage des tyrans » qui veulent leur arbitre tenir lieu de raison. » Aussi Gargantua prit-il bientôt goût au travail... Les connaissances qu'on cherchait à lui faire acquérir étaient intéressantes et variées.

» On ne peut se défendre d'une surprise mêlée d'admiration, quand on songe aux progrès immenses qu'a fait l'esprit humain depuis Rabelais... Au XVIe siècle, les mathématiques, les sciences naturelles étaient dans l'enfance, ou plutôt, ce qui est pis encore, elles étaient changées en astrologie, magie, alchimie, ou autres vaines sciences sans utilité comme sans vérité... les bonnes méthodes d'enseignement étaient ignorées. N'est-ce pas un phénomène très-remarquable, que, dans un tel état de choses, un homme ait eu assez de sagacité, assez de justesse d'esprit, non-seulement pour regarder les sciences naturelles comme un des principaux objets d'étude qui doivent entrer dans l'éducation, mais encore pour faire de l'observation de la nature la base de cette étude, pour arrêter son élève à l'examen des faits, pour lui indiquer la nécessité d'appliquer la science, et l'engager à étudier les arts et les métiers, qui profitent de ces applications? N'est-il pas étrange que cet homme se soit placé ainsi, non-seulement dans la route où l'on pût acquérir quelques connaissances exactes et utiles dans les sciences qui n'existaient pas, mais encore dans la route par laquelle les savants arrivent aujourd'hui à des résultats grands et certains, à des découvertes fructueuses et solides? C'est cependant ce qu'a fait Rabelais.. Suivons-le dans ce qu'il veut qu'apprenne son élève, et dans les méthodes dont il se sert. Gargantua étudie *l'astronomie*, mais non pour y chercher l'astrologie et deviner l'influence des astres. « Laisse-moi, lui écrit son père, l'astrologie divinatoire et l'art de Tullius, comme abus et vanités.

» Les mathématiques sont la base de l'astronomie : Ponocrates fait servir les amusements de Gargantua à l'en instruire. « On leur apportait des chartes, non pour jouer, mais pour y apprendre mille petites gentillesses et inventions nouvelles, lesquelles issoient de arithmétique. En ce moyen entra en affection d'icelle science numérale.» Ce n'était pas à cela seulement qu'ils *s'esbaudissoient;* Ponocrates savait que le meilleur moyen de rendre l'étude intéressante et profitable, c'est de la rendre active, et d'en chercher l'occasion dans les circonstances ordinaires de la vie... Ponocrates et son élève allaient-ils se promener? la botanique les occupait alors. Si le temps pluvieux ne leur permettait pas d'aller herboriser, « ils visitaient les boutiques des drogueurs, herbiers et apothicaires. » Ces visites s'étendaient souvent à toute la science que nous appelons *technologie*; car « partout, donnans le vin, apprenoient et considéroient l'industrie et invention des mestiers. »

« Et qu'on ne croie pas qu'en dirigeant ainsi l'attention de son élève vers l'étude de la nature, ou des avantages que les hommes en peuvent tirer, Ponocrates lui laissât négliger les sciences morales; il lui enseignait au contraire à chercher dans tout ce qu'il voyait ou apprenait quelque bon précepte de conduite... N'était-ce pas là des journées vraiment bien employées, et une éducation bien conçue? Il n'est pas jusqu'à l'éducation physique, la gymnastique proprement dite, que Rabelais n'ait pris soin d'y faire entrer. Il décrit avec le plus grand détail les exercices de toute espèce auxquels se livrait l'élève de Ponocrates, et ces exercices ne sont pas de vains jeux; leur utilité est toujours clairement indiquée : ils tendent en général à faire de Gargantua ce que devaient être tous les jeunes gentilshommes d'alors, un homme d'armes fort et adroit.

» Telle était la marche que suivait Ponocrates avec son élève; tel est le plan d'éducation que propose Rabelais : plan vaste, bien entendu, bien ordonné, où tout est bien disposé pour faire de Gargantua un homme, et un homme éclairé. Ce n'est pas tout encore; on a déjà remarqué peut-être que je n'avais pas parlé jusqu'ici des études littéraires proprement dites, en particulier de l'étude des langues, de l'histoire et de tout ce qui s'y rattache. Rabelais ne les a cependant pas négligées : il a développé ses idées sur ce sujet et sur plusieurs points dans une lettre de Grandgousier à son fils : lettre non moins sage que touchante, où les intentions du père de Gargantua se montrent parfaitement d'accord avec les méthodes de son précepteur, et où il donne à son fils, avec tout le désintéressement de l'amour paternel, les meilleurs conseils que puisse donner un père. »

Nous ajouterons à cet excellent commentaire, dû à l'un des hommes qui entendent le mieux en France l'instruction publique, que les idées de Rabelais touchant les exercices du corps et l'éducation pratique se rapprochent beaucoup, en plusieurs endroits, de certains passages de *l'Émile;* et, à notre sens, ce n'est point une chose peu digne de curiosité, que de voir Rabelais et Rousseau se rencontrer de la sorte à plusieurs siècles de distance, et lutter avec toute la verve et la puissance de deux génies bien différents, en faveur d'idées justes, dont l'utilité paraît encore aujourd'hui contestée par certains esprits qui ne sont pas de leur siècle.

SATIRE MÉNIPPÉE.

HARANGUE POUR LE TIERS ÉTAT [1].

O Paris qui n'es plus Paris, mais une spelunque de bestes farouches, une citadelle d'Espagnols, Wallons, et Napolitains : un asyle, et seure retraite de voleurs, meurtriers et assassinateurs, ne veux-tu jamais te ressentir de ta dignité, et te souvenir qui tu as esté, au prix de ce que tu es ? Ne veux-tu jamais te guérir de cette frénésie, qui pour un légitime et gracieux roi, t'a engendré cinquante roytelets, et cinquante tyrans ? Te voilà aux fers, te voilà en l'inquisition d'Espagne, plus intolérable mille fois, et plus dure à supporter aux esprits nez libres et francs, comme sont les François, que les plus cruelles morts dont les Espagnols se sçauroient adviser. Tu n'as peu supporter une légère augmentation de tailles et d'offices, et quelques nouveaux édicts qui ne t'importoient nullement ; mais tu endures qu'on pille tes maisons, qu'on te rançonne jusques au sang, qu'on emprisonne tes sénateurs, qu'on chasse et bannisse tes bons citoyens et conseillers : qu'on pende, qu'on massacre tes principaux magistrats : tu le vois, et tu l'endures ; tu ne l'endures pas seulement, mais tu l'approuves et le loües, et n'oserois, et ne sçaurois faire autrement. Tu n'as peu supporter ton roy débonnaire, si facile, si familier, qui s'estoit rendu comme concitoyen et bourgeois de ta ville, qu'il a enrichie, qu'il a embellie de somptueux bastimens, accreüe de forts et superbes remparts, ornée de priviléges et exemptions honorables. Que dis-je ! peu supporter ; c'est bien pis : tu l'as chassé de sa ville, de sa maison, de son lict : quoy chassé ! tu l'as poursuivy : quoy poursuivy ! tu l'as assassiné, canonizé l'assassinateur, et fait ou feux de joye de sa mort. Et tu vois maintenant combien cette mort t'a profité, car elle est cause qu'un autre est monté en sa place, bien plus vigilant, bien plus laborieux, bien plus guerrier, et qui sçaura bien te serrer de plus près, comme tu as à ton dam déjà expérimenté. Je vous prie, messieurs, s'il est permis de jetter encor ces derniers abois en liberté, considérons un peu quel bien et quel profit nous est venu de cette détestable mort, que nos prescheurs nous faisoient croire estre le seul et unique moyen pour nous rendre heureux. Mais je ne puis en discourir qu'avec trop de regret de voir les choses en l'estat qu'elles sont, au prix qu'elles estoient alors : chacun avoit encor en ce temps-là du bled en son grenier et du vin en sa cave ; chacun avoit sa vaisselle d'argent, et sa tapisserie, et ses meubles ; les femmes avoient encore leur demiceint ; les reliques estoient entières ; on n'avoit point touché aux joyaux de la couronne : mais maintenant, qui se peut vanter d'avoir de quoy vivre pour trois semaines, si ce ne sont les voleurs qui se sont engraissés de la substance du peuple, et qui ont pillé à toutes mains les meubles des présens et des absens ? Avons-nous pas consommé peu à peu toutes nos provisions, vendu nos meubles, fondu nostre vaisselle, engagé jusques à nos habits pour vivoter bien chétivement ? Où sont nos salles et nos chambres tant bien garnies, tant diaprées et tapissées ? où sont nos festins, et nos tables friandes ? nous voilà réduits au laict et au fromage blanc, comme les Suisses : nos banquets sont d'un morceau de vache pour tous metz ; bienheureux qui n'a point mangé de chair de cheval et de chien, et bienheureux qui a tousjours eu du pain d'avoine, et s'est passé de bouillie de son, vendue *au coing des rues* [2], aux lieux qu'on vendoit jadis les friandises de langues, caillettes et pieds de mouton. Et n'a pas tenu à monsieur le légat, et à l'ambassadeur Mendosse, que n'ayons mangé *les os de nos pères*, comme font les sauvages de la nouvelle Espagne. Peut-on se souvenir de toutes ces choses, sans larmes et sans horreur ! et ceux qui en leur conscience sçavent qu'ils en sont cause, peuvent-ils en oüyr parler sans rougir, et sans appréhender la punition que Dieu leur réserve, pour tant de maux, dont ils sont autheurs ! mesmement, quand ils se représenteront les images de tant de pauvres bourgeois, qu'ils ont veus par les rues tomber tous roides morts de faim ; les petits enfans mourir à la mamelle de leurs mères allangouries,

---

[1] L'auteur de cette harangue est Pierre Pithou.

[2] En août 1590, pendant le siége de Paris.

tirants pour néant, et ne trouvants que succer ; les meilleurs habitants et les soldats marcher par la ville, appuyez d'un baston, pasles et foibles, plus blancs et plus ternis qu'images de pierre, ressemblants plus des fantosmes que des hommes; et l'inhumaine response d'aucuns, même des ecclésiastiques, qui les accusoient et menaçoient, au lieu de les secourir ou consoler : fut-il jamais barbarie ou cruauté pareille à celle que nous avons veüe et endurée ! fut-il jamais tyrannie et domination pareille à celle que nous voyons et endurons ! Où est l'honneur de nostre Université ? où sont les collèges ? où sont les escoliers ? où sont les leçons publiques, où l'on accouroit de toutes les parties du monde? où sont les religieux estudiants aux couvents? ils ont pris les armes, les voilà tous soldats débauchez. Où sont nos châsses ? où sont nos précieuses reliques? les unes sont fondües et mangées; les autres sont enfoüies en terre, de peur des voleurs et sacrilèges : Où est la révérence qu'on portoit aux gens d'église et aux sacrés mystères ? Chacun maintenant fait une religion à sa guise, et le service divin ne sert plus qu'à tromper le monde par hypocrisie : les prestres et les prédicateurs se sont rendus si venaux et si mesprisez par leur vie scandaleuse, qu'on ne se soucie plus d'eux ny de leurs sermons, sinon quand on en a affaire pour prescher quelques fausses nouvelles. Où sont les princes du sang, qui ont toujours esté personnes sacrées, comme les colomnes et appuis de la couronne et monarchie françoise ? où sont les pairs de France, qui devroient estre icy les premiers pour ouvrir et honorer les estats? Tous ces noms ne sont plus que *noms de faquins*, dont on fait littière aux chevaux de messieurs d'Espagne et de Lorraine. Où est la majesté et gravité du parlement, jadis tuteur des roys, et médiateur entre le peuple et le prince? Vous l'avez mené en triomphe à la Bastille, et traîné l'authorité et la justice captive, plus insolemment et plus honteusement que n'eussent fait les Turcs : vous avez chassé les meilleurs, et n'avez retenu que la racaille passionnée ou de bas courage : encor parmy ceux qui ont demeuré, vous ne voulez pas souffrir que quatre ou cinq disent ce qu'ils pensent, et les menacez de leur donner un billet, comme à des hérétiques ou politiques. Et néantmoins vous voulez qu'on croye que ce que vous en faites, n'est que pour la conservation de la religion et de l'estat. C'est bien dit : examinons un peu vos actions, et les déportemens du roy d'Espagne envers nous, et si j'en mens de mot, que jamais monsieur saint Denis et madame sainte Géneviefve, patrons de France, ne me soient en ayde. J'ai un peu estudié aux escoles; non pas tant que j'eusse désiré, mais depuis *j'ay veu du pays*, et voyagé jusques en Turquie, et par toute la Natolie, Esclavonie, Mésopotamie, jusques à l'Archipelago, et mer Majour et Tripoli de Syrie ; où j'ay appris le dire de Jésus-Christ nostre Sauveur estre véritable : *à fructibus eorum cognoscetis eos :* on connoist à la longue, quelles sont les intentions des hommes par leurs œuvres et leurs effets.

Nous ne pouvons mieux faire connaître la *Satire Ménippée*, ce pamphlet mordant qui fit plus, a-t-on dit, pour Henri IV, que les victoires d'Arques et d'Ivry, que par quelques fragments pris dans les observations préliminaires qui précèdent la belle édition que M. Charles Nodier a donnée de l'œuvre si remarquable des patriotiques frondeurs de la ligue :

« S'il est un livre, dit cet écrivain, où brille de tout son éclat l'esprit et le caractère français, un livre empreint de cette gaieté satirique, de cette causticité fine et mordante, et cependant de cette charmante urbanité qui est le sceau de notre génie national, c'est la *Satire Ménippée*. Rabelais est un écrivain inimitable, mais fantasque et bizarre, qui ne dit presque rien à la raison, parce qu'il n'a jamais cherché à l'occuper, et qu'il a négligé le plus souvent jusqu'aux convenances, à la faveur desquelles le cynisme d'une philosophie hardie peut se glisser dans les salons. A l'autre extrémité de cette catégorie littéraire, les *Provinciales* sont un autre chef-d'œuvre : mais fondées sur des circonstances très-accidentelles qui peuvent ne se renouveler jamais, et dont les analogies mêmes ne se reproduiront que fort rarement; si elles restent la merveille de notre langue, il est du moins douteux que l'on s'avise, à l'avenir, de les faire passer dans une langue nouvelle. La *Satire Ménippée*, au contraire, a cela de particulier dans son intérêt historique qu'elle appartient à tous les temps. Sous le rapport politique, c'est un cours complet d'enseignements pour les nations ; sous le rapport littéraire, c'est un mélange de l'énergie hostile d'Aristophane et de l'ingénieuse ironie de Socrate. Point de satiriques à venir qui n'y trouvent des modèles, point de peuples à venir qui n'y trouvent des leçons ; ce n'est qu'un tableau de genre, mais il est fait pour les siècles.

» La *Satire Ménippée* a, comme on sait, pour objet la tenue des états de Paris, au temps de la ligue. Il n'existe aucun doute sur l'auteur ou les auteurs. Pierre Du Puy, qui avait pu en connaître familièrement quelques-uns, rapporte l'idée première à P. Le Roy, chanoine de Rouen, qui avait été aumônier du jeune cardinal de Bourbon, et c'est à lui que l'attribue M. de Thou, livre cent-cinquième de son histoire, où il l'appelle *vir bonus et a factione summe alienus*. Le travail, dont il s'était sans doute conservé la révision, fut ensuite distribué entre divers coopérateurs, et la tradition a fait connaître aux générations postérieures la part que chacun d'eux y avait eue. Suivant l'opinion la plus générale, la harangue du Légat fut composée par Jacques Gillot, celle du cardinal de Pelvé ou Pellevé, par Florent Chrestien; celle de l'archevêque de Lyon, Pierre d'Espinac, et celle du recteur Rose, par N. Rapin ; celle d'Aubray ou du tiers état est de Pithou.

» Les vers passent communément pour être de Passerat, quoique Segrais les donne aussi à Rapin, qui n'était pas moins capable de les faire. On peut supposer, sans crainte de se tromper, qu'ils y ont contribué tous les deux. Le *Regret sur la mort de l'asne ligueur* ne saurait être contesté à Gilles Durant, sieur de la Bergerie, et le dernier éditeur de ses poésies a recueilli avec raison parmi elles cette charmante plaisanterie, dont le tour ingénieux et la piquante naïveté caractérisent un digne précurseur de Voltaire. »

Voici maintenant quelques détails sur Pierre Pithou. Fils

d'un avocat distingué de la Champagne, il fut élevé par Turnèbe et Cujas. En 1572, il faillit être massacré durant la nuit fatale de la Saint-Barthélemy. Nommé par Henri IV procureur général au Parlement, il remplit ses fonctions avec zèle, et mourut en 1596. Ses dernières paroles furent : « O mon roi ! ô mon roi ! que tu es mal servi ! Pauvre royaume que tu es déchiré ! » Pithou a laissé de nombreux ouvrages, parmi lesquels on distingue surtout son *Traité des libertés de l'Église gallicane*, qui devint, en 1682, la base de la déclaration du clergé de France.

PROCESSION DE LA LIGUE.

Monsieur le duc de Mayenne, lieutenant de l'estat et couronne de France, le duc de Guise, le connestable d'Aumale, le comte de Chaligny, princes lorrains, et les autres députez d'Espagne, Flandres, Naples et autres villes de l'union, estant assemblez à Paris pour se trouver aux Estats convoquez au dixième février 1593, voulurent que devant que commencer un si sainct œuvre, fust faite une procession pareille à celle qui fut jouée en la présence de M. le cardinal Gaëtan. Ce qui fut aussi-tost dit, aussi-tost fait ; car M. Roze, naguères évesque de Senlis et maintenant grand maistre du collége de Navarre et recteur de l'Université, fit le lendemain dresser l'appareil et les personnes par son plus ancien bedeau. La procession fut telle. Ledit recteur Roze, quittant sa capeluche rectorale, prit sa robe de maistre-ès-arts avec le camail et le roquet et un hausse-col dessus ; la barbe et la teste razée tout de frais, l'espée au costé et une pertuisane sur l'espaule. Les curez Amilthon (1), Boucher (2) et Lincestre (3), une petit plus bizarrement armez, faisoient le premier rang ; et devant eux marchoient trois moynetons et novices, leurs robes troussées, ayant chacun le casque en teste dessous leurs capuchons, et une rondache pendue au col, où estoient peinctes les armoiries et devises desdits seigneurs ; maistre Julian Pelletier (4), curé de Saint-Jacques, marchoit à costé, tantost devant, tantost derrière, habillé de violet en gend'arme scolastique, la couronne et la barbe faite de frais, une brigandine sur le dos, avec l'espée et le poignard, et une hallebarde sur l'espaule gauche, en forme de sergent de bande, qui suoit, poussoit et haletoit pour mettre chacun en rang et ordonnance. Puis suivoient, de trois en trois, cinquante ou soixante religieux, tant Cordeliers que Jacobins, Carmes, Capuchins, Minimes, Bons-Hommes, Feuillants et autres, tous couverts avec leurs capuchons, et habits agrafez, armez à l'antique catholique, sur le modèle des Epistres de saint Paul ; entre autres y avoit six Capucins, ayant chacun un morion en teste et au dessus une plume de cocq, revestus de cottes de mailles, l'espée ceinte au costé par dessus leurs habits, l'un portant une lance, l'autre une croix, l'un un espieu, l'autre une harquebuze, et l'autre une arbaleste, le tout rouillé par humilité catholique ; les autres presque tous avoient des piques qu'ils bransloient souvent, par faute de meilleur passe-temps : hormis un Feuillant boiteux (5), qui, armé tout à crud, se faisoit faire place avec une espée à deux mains et une hache d'armes à sa ceinture, son bréviaire pendu par derrière, et le faisoit bon voir sur un pied, faisant le moulinet devant les dames. A la queue y avoit trois Minimes, tous d'une parure, sçavoir est, ayants sur leurs habits chascun un plastron à corroyes, et le derrière descouvert, la salade en la teste, l'espée et pistolet à la ceinture, et chacun une arquebuze à croc, sans fourchette. Derrière estoit le prieur des Jacobins en fort bon poinct, trainant une hallebarde gauchère et armé à la légère en mortepaye ; je n'y vey ny Chartreux, ny Célestins, qui s'estoient excusez sur le commerce. Mais tout cela marchoit en moult belle ordonnance catholique, apostolique et romaine, et sembloient les anciens cranequiniers de France. Ils voulurent en passant faire une salve en escoupeterie, mais le Légat leur deffendit, de peur qu'il ne luy mésadvinst ou à quelqu'un des siens, comme au cardinal Cajetan. Après ces beaux pères, marchoient les quatre Mendiants qui avoient multiplié en plusieurs ordres tant ecclésiastiques que séculiers ; puis les paroisses ; puis les seize, quatre à quatre, réduits au nombre des apostres, et habillez de mesme, comme on les joue à la Fête-Dieu. Après eux marchoient les prévosts des marchands et eschevins, bigarrez de diverses couleurs ; puis la cour de parlement telle quelle ; les gardes italiennes, espagnolles et wallonnes de monsieur le Lieutenant ; puis les cent gentils-hommes de frais graduez par la saincte Union, et après eux quelques vétérinaires de

---

(1) Curé de Saint-Cosme.
(2) Curé de Saint-Benoist.
(3) Ou Guincestre, curé de Saint-Gervais.
(4) Ou Jacques Peletier.

(5) C'était frère Bernard, dit le petit feuillant, qui se retira depuis en Flandre, où il a vécu longtemps, possédant une abbaye.

la confrairie de Saint-Éloy. Suivoient après, monsieur de Lyon, tout doucement; le cardinal de Pelevé, tout bassement, et après eux monsieur le Légat, vray miroir de parfaite beauté, et devant luy marchoit le doyen de Sorbonne, avec la croix où pendoient les bulles du pouvoir. *Item* venoit madame de Nemours, représentant la reyne mère (1) ou grande mère (*in dubio*) du roy futur; et luy portoit la queue madamoiselle de la Ruë, fille de noble et discrète personne monsieur de la Ruë, cy-devant tailleur d'habits sur le pont Saint-Michel, et maintenant un des cent gentils-hommes et conseillers d'estats de l'Union ; et la suivoient madame la douairière de Montpensier (2), avec son escharpe verte forte sale d'usage, et madame la lieutenante (3) de l'estat et couronne de France, suivie de mesdames de Belin et de Bussy-le-Clerc. Alors s'avançoit et faisoit voir monsieur le Lieutenant, et devant luy deux massiers fourrez d'hermines, et à ses flancs deux wallons portants hoquetons noirs, tous parsemés de croix de Lorraine rouges, ayants devant et derrière une devise en broderie, dont le corps représentoit l'histoire de Phaëton, et estoit le mot : *In magnis voluisse sat est.* Arrivez qu'ils furent tous en cet équipage en la chapelle de Bourbon, monsieur le recteur Roze, quittant son hausse-col, son épée et pertuisane, monta en chaire, où ayant prouvé, par bons et authentiques passages,

(1) Le duc de Mayenne, son fils, et le duc de Guise, son petit-fils, prétendaient à la couronne.
(2) Catherine-Marie de Lorraine.
(3) Henriette de Savoye, duchesse de Mayenne.

que c'estoit à ce coup que tout iroit bien, proposa un bel expédient pour mettre fin à la guerre dans six mois pour le plus tard, rationant ainsi : « En France il y a dix-sept cent mille clochers (4), dont Paris n'est compté que pour un; qu'on prenne de chacun clocher un homme catholique, soldoyé aux despens de la paroisse, et que les deniers soyent maniez par des docteurs en théologie, ou pour le moins graduez nommez, nous ferons douze cents mille combattans et cinq cents mille pionniers. » Alors tous les assistants furent veus tressaillir de joie et s'escrier : « O coup du ciel ! » Puis exhorta vivement à la guerre, et à mourir pour les princes lorrains et, si besoing estoit, pour le roy très-catholique, avec telle véhémence, qu'à peine put-on tenir son régiment de moynes et pédants, qu'ils ne s'en courussent de ce pas attaquer les forts de Gournay et Sainct-Denis; mais on les retint avec un peu d'eau béniste, comme on appaise les mouches et freslons avec un peu de poussière. Puis monsieur le cathédrant acheva par cette conclusion : *Beati pauperes spiritu, etc.* Le sermon finy, la messe fut chantée en haute note par monsieur le révérendissime cardinal de Pelevé, à la fin de laquelle les chantres entonnèrent ce motet : *Quàm dilecta tabernacula tua.* Lors tous ceux qui doivent estre de l'assemblée, accompagnèrent monsieur le Lieutenant au Louvre; le reste se retira en confusion, qui çà, qui là, chascun chez soy.

(4) L'avis des dix-sept cent mille clochers fut proposé par Jacques Cœur au roy Charles VII.

Ce fragment si malin de la *Satire Ménippée* fut composé un an après le *Catholicon d'Espagne*, qui forme la première partie du pamphlet. Son véritable titre est: *Abrégé de la farce des estats de la Ligue convoquez à Paris, au dixième février* 1593. On y trouve en effet une moquerie perpétuelle de l'assemblée des états réunis à Paris par le duc de Mayenne auxquels les Espagnols osèrent proposer non-seulement de ne jamais reconnaître Henri IV pour roi, quand même il se ferait catholique ; mais encore de proclamer reine l'infante d'Espagne.

ROMAN.

AMYOT.

LE PIÉGE.

Naguère, en ces quartiers y avoit une louve, laquelle ayant louveté, ravissoit des autres troupeaux de la proie à foison, dont elle nourrissoit ses louveteaux; et pour ce, gens assemblés des villages d'alentour faisoient la nuit des fosses d'une brasse de largeur et quatre de profondeur, et la terre qu'ils en tiroient, non toute, mais la plupart, l'épandoient au loin; puis étendant sur l'ouverture des verges longues et grêles, les couvroient en semant par-dessus le demeurant de la terre, afin que la place parût toute pleine et unie comme devant; en sorte que s'il n'eût passé par-dessus qu'un lièvre en courant, il eût rompu les verges, qui étoient, par manière de dire, plus foibles que brins de paille, et lors eût-on bien vu que ce n'étoit point terre ferme, mais une feinte seulement. Ayant fait plusieurs telles fosses en la montagne et en la plaine, ils ne purent prendre la louve, car elle sentit l'embûche; mais furent cause que plusieurs chèvres et brebis périrent, et presque Daphnis lui-même par tel inconvénient.

Deux boucs s'échauffèrent de jalousie à cosser l'un contre l'autre, et si rudement se heurtèrent que la corne de l'un fut rompue; de quoi sentant grande douleur celui qui étoit écorné, se mit en bramant à fuir, et le victorieux à le poursuivre, sans le vouloir laisser en paix. Daphnis fut marri de voir ce bouc mutilé de sa corne; et, se courrouçant à l'autre qui encore n'étoit content de l'avoir ainsi laidement accoutré, si prend en son poing sa houlette et s'en court après ce poursuivant. De cette façon, le bouc fuyant les coups et lui le poursuivant en courroux, guère ne regardoient devant eux; et tous deux tombèrent dans un de ces piéges, le bouc le premier et Daphnis après, ce qui l'engarda de se faire mal, pource que le bouc soutint sa chute. Or au fond de cette fosse il attendoit si quelqu'un viendroit point l'en retirer, et pleuroit. Chloé ayant de loin vu son accident, accourt, et voyant qu'il étoit en vie, s'en va vite appeler au secours un bouvier de là auprès. Le bouvier vint : il eût bien voulu avoir une corde à lui tendre, mais ils n'en purent trouver brin. Parquoi Chloé déliant le cordon qui entouroit ses cheveux, le donne au bouvier, lequel en dévale un bout à Daphnis, et tenant l'autre avec Chloé, tant firent-ils, eux deux en tirant de dessus le bord de la fosse, et lui en s'aidant et grimpant du mieux qu'il pouvoit, que finalement ils le mirent hors du piége. Puis, retirant par même moyen le bouc, dont les cornes en tombant s'étoient rompues toutes deux (tant le vaincu avoit été bien et promptement vengé), ils en firent don au bouvier pour sa récompense, et entre eux convinrent de dire au logis, si on le demandoit, que le loup l'avoit emporté.

Jacques Amyot naquit à Melun, le 30 octobre 1513, d'une famille pauvre, mais recommandable par ses vertus. Nicolas Amyot, son père, n'était qu'un petit marchand de merceries; sa mère se nommait Marguerite d'Amour ou des Amours.

Après avoir appris, dans sa ville natale, les premiers éléments de la grammaire, Jacques se rendit à Paris pour y continuer ses études. Ses parents ne pouvaient pas le soutenir dans cette grande cité, seulement sa bonne mère lui envoyait chaque semaine un gros pain; et lui pour gagner un peu d'argent, se faisait le domestique de ses camarades de collége. Quel que fût son dévouement à rendre des petits services aux écoliers, il paraît que le pauvre Jacques gagnait peu; car la nuit, faute de pouvoir acheter de l'huile, il enflammait quelques tisons, et c'était à leur clarté que le futur évêque étudiait les auteurs de l'antiquité. Touchant et noble exemple de ce que peut l'amour de l'instruction et du travail ! Amyot étudia la langue grecqué au collège du cardinal Le Moine, sous J. Évagre : son maître de poésie fut Jacques Tusan ; Pierre Danès et Oronce lui enseignèrent l'éloquence et les mathématiques. Reçu à dix-neuf ans maître ès arts, il voulut étudier le droit civil à Bourges.

Ce fut dans cette université, alors célèbre, que Jacques Collin, abbé de Saint-Ambroise, lecteur du roi, le nomma précepteur de ses neveux, et lui obtint une chaire pour les langues grecque et latine. Ayant achevé l'éducation des neveux de l'abbé Collin, Amyot s'attacha au seigneur de Sacy, qui lui confia ses fils. Pendant dix années de séjour à Bourges, Amyot s'occupa de la traduction de quelques ouvrages grecs, et surtout de Plutarque. Les premières *vies* qui parurent furent dédiées à François 1er, qui, en lui ordonnant d'achever ce qu'il avait si bien commencé, lui fit don de l'abbaye de Bellozanne, M. de Morvilliers, ambassadeur de Venise, le mena chez lui, en 1546, visiter l'Italie, où le curieux helléniste fit les plus minutieuses recherches pour découvrir les meilleurs manuscrits de Plutarque.

En 1551, Amyot, chargé de porter au concile de Trente les protestations de Henri II, se conduisit avec beaucoup de sagesse et de fermeté. Après être demeuré deux ans à Venise pour continuer ses chères études, il revint en France avec le cardinal de Tournon, qui le fit nommer précepteur des fils d'Henri II. C'est alors que Amyot acheva sa traduction des hommes illustres de Plutarque, et entreprit celle des *OEuvres morales* du même auteur. Un de ses jeunes élèves, devenu roi sous le nom de Charles IX, le créa, le 6 décembre 1560, son grand-aumônier, conseiller d'État et conservateur de l'Université. Quelque temps après, il lui donna les abbayes de Roches et de Saint-Corneille, trois ou quatre ans plus tard, Amyot fut nommé doyen de la cathédrale d'Orléans.

Évêque d'Auxerre en mars 1571, il se fit remarquer par l'élégance de ses sermons, qu'il composait d'abord en latin et traduisait en français pour les prononcer. Henri III, ayant honoré Amyot du titre de commandeur né de l'ordre du Saint-Esprit, prêta serment, comme chevalier, entre les mains de ce prélat, le 31 décembre 1578.

On a accusé Amyot, qui se trouvait à Blois lorsque furent tués MM. de Guise, d'avoir donné à Henri III le conseil d'assassiner les chefs de la Ligue. Rien n'est moins exact. L'évêque d'Auxerre déclara à Jean Droguin, chapelain ordinaire, que le pape seul avait le pouvoir d'absoudre le roi du sang qu'il venait de verser.

De retour dans son évêché, Amyot y trouva la Ligue devenue furieuse. Le clergé d'Auxerre se souleva contre son chef qui ne put reparaître en chaire qu'un an après. Amyot mourut le 6 février 1593.

La vie d'Amyot peut se diviser en deux époques. Pendant la première, le jeune élève dévoue sa vie à l'étude de la belle et savante antiquité ; durant la seconde, il s'adonne tout entier à bien apprendre les Pères de l'Église. Amyot avait beaucoup de douceur et de gravité dans le caractère ; on lui a reproché seulement un peu d'avarice. Faut-il reprendre bien sévèrement de ce défaut celui qui avait tant souffert dans sa pauvre jeunesse? On peut s'étonner de nous voir donner des fragments qui, comme traductions, se trouvent en dehors de notre cadre ; mais les traductions d'Amyot sont tellement originales, indiquent si bien le nouveau travail qui, de son temps, s'était opéré dans notre langue, que nous avons cru devoir déroger à notre plan.

Le traducteur du roman de Longus et des œuvres de Plutarque s'est créé un langage inimitable de couleur et de naïveté. Il paraphrase parfois les graves paroles de Plutarque, et semble plutôt le suivre que vouloir le traduire. Dans un interprète, c'est une faute sans doute ; mais Amyot a su racheter la sienne par tant de beautés, qu'on croirait lire un nouveau livre, et que son nom reste attaché pour toujours à celui de Plutarque.

Le roman de *Daphnis et Chloé*, dont P. L. Courrier a trouvé un fragment qui complète le texte original, a permis au traducteur des libertés dont il a profité avec autant de bonheur que de grâce.

DESCRIPTION D'UN VERGER.

Vrai est que ce verger de soi étoit une bien belle et plaisante chose, et qui tenoit fort de la magnificence des rois. Il s'étendoit environ demi-quart de lieue en longueur, et étoit en beau site élevé, ayant de largeur cinq cents pas, si qu'il paroissoit à l'œil comme un carré alongé. Toutes sortes d'arbres s'y trouvoient, pommiers, myrtes, mûriers, poiriers, comme aussi des grenadiers, des figuiers, des oliviers, et en plus d'un lieu de la vigne haute sur les pommiers et les poiriers, où raisins et fruits mûrissant ensemble, l'arbre et la vigne entre eux sembloient disputer de fécondité. C'étoient là les plants cultivés ; mais il y avoit aussi des arbres non portant fruit et croissant d'eux-mêmes, tels que platanes, lauriers, cyprès, pins ; et sur ceux-là, au lieu de vigne, s'étendoient des lierres, dont les grappes grosses et jà noircissantes contrefaisoient le raisin. Les arbres fruitiers étoient au dedans, vers le centre du jardin, comme pour être mieux gardés, les stériles aux orées tout alentour comme un rempart, et tout cela clos et environné d'un petit mur sans ciment. Au demeurant, tout étoit bien ordonné et distribué ; les arbres par le pied distants les uns des autres, mais leurs branches par en haut tellement entrelacées, que ce qui étoit de nature sembloit exprès artifice. Puis y avoit des carreaux de fleurs, desquelles nature en avoit produit aucunes et l'art de l'homme les autres ; les roses, les œillets, les lys y étoient venus moyennant l'œuvre de l'homme ; les violettes, le narcisse, les marguerites, de la seule nature. Bref, il y avoit de l'ombre en été, des fleurs au printemps, des fruits en automne, et en tout temps toutes délices.

On découvroit de là grande étendue de plaines, et pouvoit-on voir les bergers gardant leurs troupeaux et les bêtes emmi les champs ; de là se voyoit en plein la mer, et les barques allant et venant au bas de la côte, plaisir continuel joint aux autres agréments de ce séjour. Et droit au milieu du verger, à la croisée de deux allées qui le coupoient en long et en large, y avoit un temple dédié à Bacchus avec un autel, l'autel tout revêtu de lierre et le temple couvert de vigne.

Le verger étant tel d'assiette et de nature, Lamon encore l'approprioit de plus en plus, ébranchant ce qui étoit sec et mort aux arbres, et relevant les vignes qui tomboient. Tous les jours il mettoit sur la tête de Bacchus un chapeau de fleurs nouvelles ; il conduisoit l'eau de la fontaine dedans les carreaux où étoient les fleurs, car il y avoit dans ce verger une source vive, que Daphnis avoit trouvée, et pour ce l'appeloit-on la fontaine de Daphnis, de laquelle on arrosoit les fleurs.

NICOLAS DE HERBERAY.

COMBAT D'AMADIS CONTRE LE GÉANT BALAN.

Après il vint un escuyer présenter à Amadis un très beau coursier et une forte lance, et quasi aussitost peut-on ouyr sonner du plus hault de la tour Vermeille troys trompettes ensemble : parquoy Amadis demanda que cela signifioit. « Damp (1) chevalier, respondit l'escuyer, Balan mon seigneur est prest de venir; pour tant tenez-vous sur vos gardes, si bon vous semble. » A peine eust-il achevé ceste parole, que tous ceux de la forteresse, tant hommes que femmes, vindrent sur les murailles pour voir la meslée ; et à l'instant sortit Balan, chevauchant tout un pareil cheval que celuy qu'il avoit envoyé à Amadis, et estoit armé d'un harnois cler à merveilles, portant un escu grand outre mesure : et comme il aprochoit de son ennemy, qui estoit desjà en équipage de combatre, dit si hault qu'il fut entendu de tous : « Par Dieu! damp chevalier de l'Isle Ferme, ton outrecuydance t'a bien aveuglé l'entendement, et m'esbahis comme tu penses doresnavant que j'aye pitié de toy, veu que tu ne l'as sçeu prendre lorsque je te l'ay offerte. — Pitié respondit Amadis! Je ne t'en parleray oncques; bien est vray que j'ay pensé l'avoir de toy, et de ton âme, si tu te veux repentir; autrement employons le temps à l'exécution, et non pas à menasses ou paroles, comme tu faiz. » Lors baissèrent la veue, et se couvrans de leurs escuz en couchant leurs lances, donnèrent carrière à leurs chevaux, et vindrent l'un contre l'autre d'une telle vitesse, qu'il sembloit que la foudre les portast ; Amadis rencontra Balan d'une telle force, qu'il luy faussa l'escu et le devant de son haubert, brisant son bois contre les os de l'estomach, dont il reçeut tant de douleur qu'il tumba sur le champ, ainsi qu'il chargeoit Amadis ; et demeura sa lance dedans la teste du cheval de son ennemy, car le mal qu'il enduroit lui avoit abaissé son coup, et quasi fait perdre la pluspart de sa force : toutesfois le cheval tumba mort, et son maistre souz luy ; mais il se releva incontinent et mit l'espée au poing, marchant droit à Balan, lequel encores tout estourdi de sa cheutte, ne se pouvoit quasi tenir sur piedz. Ce néantmoins, crainte de mort et honte d'estre vaincu luy firent prendre cueur, et s'efforcer à se deffendre. Lors commencèrent à chamailler l'un sur l'autre, de sorte qu'à les ouyr sans les voir, on eust plustost jugé estre marteaux sur enclumes qu'espées sur harnois, et ainsi que le géant hauçoit son espée de toute sa force, pensant de ce coup abatre Amadis, il se para de son escu, et se tirant à costé, print Balan à descouvert, et le navra au bras à la jointe du coude ; la douleur le fit quasi esvanouir, et recula deux pas arrière, chancelant comme s'il eust esté yvre. Quand le chevalier de l'Isle de l'Infante cogneut à veu d'œil qu'Amadis avoit le meilleur du combat, mesmes que du premier coup de lance il avoit abatu celuy qu'il estimoit invincible, luy voyant sortir tant de sang le long du bras que la place en estoit toute tainte, ne sçavoit présumer qu'il povoit estre, et comme s'il eust advisé quelque fantosme, fit le signe de la croix, disant à la damoyselle : « Je m'esbahys, damoyselle, où vous avez sçeu prendre un tel dyable, qui fait choses impossibles aux hommes mortelz. — Ha chevalier, respondit-elle, si le monde en estoit peuplé de telz, l'outrecuydance des meschantz n'auroit telle vigueur qu'elle a ! » Cependant Amadis poursuivoyt le géant fort et ferme, lequel s'afoyblissoit petit à petit, perdant la force de son bras droit, de sorte qu'il fut contraint prendre son espée à gauche, et tandis, son ennemy luy donna si grand coup sur le hault de l'armet, que le devant luy tourna derrière; chose qui vint mal à-propos à Balan : car, ne pouvant plus avoir veue, fut forcé de le racoustrer non sans peine, pour l'impotence qui luy estoit venue au bras droit par l'effusion du sang qu'il avoit perdu. Lors Amadis, pensant estre au dessus de ses affaires, hauça l'espée; mais le géant avoit desjà remis son armet, et vit descendre le coup; parquoy para l'escu au mieux qu'il peust, et y entra l'espée d'Amadis si avant, qu'impossible luy fut la retirer, et se prindrent à poulser l'un contre l'autre, de si grande aspreté, que fi-

(1) Damp, de *dominus*, en basse latinité *domnus*, et plus tard *dam, damp, don*.

nablement les courroyes se rompirent et demeura l'espée et escu jointz ensemble au pouvoir d'Amadis, lequel s'en trouva plus empesché que devant : car il estoit si pesant, qu'il ne le pouvoit bonnement lever de terre. Et à ceste cause, Balan commença à jouer son personnage, chargeant Amadis, ainsi que bon luy sembloit, combien que ce ne fust que de la main gauche, et bien pour l'autre, car s'il eust eu le bras droit à son commandement, Amadis estoit mort sans doute, n'ayant espée n'escu dont il se peut ayder. Mais nécessité, mère d'invention, luy apresta à l'heure nouveau remède qui fut tel : il avoit encores son escu pendu en escharpe, lequel luy nuysoit tant, qu'il ne pouvoit nullement employer sa force pour retirer son espée du lieu où elle estoit engagée; parquoy il l'arracha de son col et le jeta aux jambes de Balan, qui s'en saisit habilement, et tandis print son espée à deux mains, et mettant le pied droit sur l'escu du géant, tyra de si grand courage qu'il la délivra, non sans souffrir cependant beaucoup; car sans intervalle Balan le chargeoit, de sorte qu'il luy fit maintes playes. Toutefois, voyant qu'il avoit recouvert la meilleure pièce de son harnois, recouvra par mesme moyen aussi nouvelle force et plus de cueur, et se mist après son ennemy pour luy rendre ce qu'il luy avoit presté; à quoi il ne tarda guères, d'autant que la douleur qu'il avoit en l'estomach du coup de lance, s'augmenta si asprement que l'aleine luy faillit et tumba esvanouy sur le camp. Ce que voyant ceux du chasteau, estimans qu'il fust mort, se prindrent à faire le plus grand deuil du monde, crians d'une voix contre Amadis : « Ha trahistre ! à mal'heure as-tu occis le meilleur chevalier de la terre; » mais pour toutes ces lamentations Amadis ne s'effroya, ains se lançant sur le géant, luy arracha l'armet de la teste, et congnoissant qu'il avoit encores vie, luy dit assez hault : « Rendz-toy, Balan, si tu ne veux perdre la teste : » néantmoins il ne remuoit pied ny main......

Bien que le roman d'*Amadis des Gaules* n'ait point été écrit originairement en français, nous donnons cependant un extrait de la traduction qui en fut faite en 1540, par Nicolas de Herberay. Cet ouvrage n'est point un monument original de notre littérature, mais il indique, ainsi que nos citations d'Amyot, le travail qu'éprouvait alors notre langue. Par le même motif, nous eussions pu donner des fragments d'autres romans mis en prose environ à la même époque, tels que *Lancelot-du-Lac*, *Perceforest*, etc., dont la création appartient en propre à nos ancêtres qui en furent longtemps charmés ; mais nous avons préféré renvoyer les citations que nous nous proposons d'en faire à notre volume de poésie.

Nicolas de Herberay, auteur de la traduction d'*Amadis*, dont l'invention semble appartenir au portugais Vasco de Lobeira, qui vécut sous le roi Denis, au treizième siècle, était commissaire ordinaire de l'artillerie de François Ier. On croit qu'il mourut en 1552. Il traduisit les huit premiers livres d'*Amadis des Gaules*. Nous devons le neuvième à Boileau de Buillon, les cinq suivants à Gohorry, le quinzième à Antoine Tyron, et les six derniers à Gabriel Chapuis.

Voici ce que M. de Géruser, professeur d'éloquence française à la Sorbonne, a dit de Nicolas de Herberay : « Herberay Desessarts, qui traduisit les romans espagnols, est un nom très-important dans l'histoire de la prose française. Il donna à la langue ce qui lui manquait en douceur et en harmonie. On l'a surnommé le Balzac de son temps. »

HISTOIRE.

MARTIN DU BELLAY.

ENTREVUE DE FRANÇOIS Ier ET DE HENRY VIII D'ANGLETERRE, AU CAMP DU DRAP D'OR.

L'an subséquent 1520, par le moyen de l'amiral de Bonnivet, lequel avoit le maniement des affaires du Roy depuis le trespas du grand maistre de Boizy, son frère, et du cardinal d'Iorc, qui avoit la superintendance des affaires du roy d'Angleterre, fut accordée une entreveuë entre leurs deux majestez, à celle fin qu'en personne ils peussent confirmer l'amitié faicte entre eux par leurs députez. Et fut pris jour auquel le Roy se trouveroit à Ardres et le roy d'Angleterre à Guines ; puis par leurs députez fut ordonné un lieu, my chemin d'Ardres et Guines, où les deux princes se devoient rencontrer. Ledit jour de la Feste Dieu, au lieu ordonné, le Roy et le roy d'Angleterre, montez chacun sur un cheval d'Espagne, s'entre-abordèrent, accompagnez, chacun de sa part, de la plus grande noblesse que l'on eust veuë cent ans auparavant ensemble, estans en la fleur de leurs aâges, et estimez les deux plus beaux princes du monde, et autant adroits en toutes armes, tant à pied qu'à cheval. Je n'ay que faire de dire la magnificence de leurs accoustremens, puisque leurs serviteurs en avoient en si grande superfluité, qu'on nomma ladite assemblée le camp de Drap d'Or. Ayans faict leurs accolades à cheval, descendirent en un pavillon ordonné pour cest effect, ayant le Roy seulement avecques luy l'amiral de Bonnivet et le chancelier du Prat et quelque autre de son conseil; et le roy d'Angleterre, le cardinal d'Iorc, le duc de Norfolc et le duc de Suffolc. Où, après avoir devisé de leurs affaires particulières, conclurent que audit lieu se feroient lisses et eschaffaulx, où se feroit un tournoy, estans délibérez de passer leur temps en déduit et choses de plaisir, laissans négocier leurs affaires à ceux de leur conseil, lesquels de jour en autre leur faisoient rapport de ce qui avoit esté accordé. Par douze ou quinze jours coururent les deux princes l'un contre l'autre : et se trouva audit tournoy grand nombre de bons hommes d'armes, ainsi que vous pouvez estimer ; car il est à présumer qu'ils n'amenèrent pas des pires.

Ce faict, le roy d'Angleterre festoya le Roy près de Guines, en un logis de bois où il y avoit quatre corps de maison, qu'il avoit faict charpenter en Angleterre, et amener par mer toute faicte ; et estoit couverte de toille peinte en forme de pierre de taille, puis tendue par dedans des plus riches tapisseries qui se peurent trouver, en sorte qu'on ne l'eust peu juger autre sinon un des plus beaux bastimens du monde : et estoit le dessein pris sur la maison des Marchands à Calaiz. La maison, estant après désassemblée, fut renvoyée en Angleterre, sans y perdre que la voiture. Le lendemain, le Roy devoit festoyer le roi d'Angleterre près Ardres, où il avoit faict dresser un pavillon ayant soixante pieds en quarré, le dessus de drap d'or frizé, et le dedans doublé de veloux bleu, tout semé de fleurs de lis de broderie d'or de Chypre, et quatre autres pavillons aux quatre coings, de pareille despense ; et estoit le cordage de fil d'or de Chypre et de soye bleue turquine, chose fort riche ; mais le vent et la tourmente vint telle, que tous les câbles et cordages rompirent, et furent lesdites tentes et pavillons portez par terre ; de sorte que le Roy fut contrainct de changer d'opinion, et feit faire en grande diligence un lieu pour faire le festin, où de présent y a un boullevert nommé le boullevert du Festin. Je ne m'arresteray à dire les grands triomphes et festins qui se firent là, ny la grande despence superflue, car il ne se peult estimer : tellement que plusieurs y portèrent leurs moulins, leurs forests et leurs prez sur leurs espaules.

Martin du Bellay fut, comme ses frères, Guillaume et Jean, un grand capitaine, un bon négociateur et un protecteur des lettres. François Ier l'employa. Il nous reste de lui des *Mémoires historiques*, depuis 1513 jusqu'en 1543, qui parurent avec ceux de Guillaume son frère. Ces *Mémoires* sont curieux, mais le récit des batailles et des siéges où s'était trouvé l'auteur occupe trop de place. Cet homme, aussi sage qu'habile, mourut au Perche, en 1559.

Voici comment s'exprime Montaigne sur les Mémoires de Martin du Bellay (1):

« C'est toujours plaisir de veoir les choses escriptes par ceulx qui ont essayé comme il les fault conduire ; mais il ne se peult nier qu'il ne se découvre évidemment en ces deux seigneurs icy, un grand deschet de la franchise et liberté d'escrire, qui reluit ez anciens de leur sorte, comme au sire de Joinville, domestique de Sainct-Louys ; Éginard, chancelier de Charlemaigne ; et, de plus fresche mémoire, en Philippe de Comines. C'est icy plustost un plaidoyer pour le roy François contre l'empereur Charles cinquiesme, qu'une histoire. Je ne veux pas croire qu'ils ayent rien changé quant au gros du faict ; mais, de contourner le jugement des événements, souvent contre raison, à nostre advantage, et d'obmettre tout ce qu'il y a de chatouilleux en la vie de leur maistre, ils en font mestier, tesmoing les reculements de messieurs de Montmorency et de Biron, qui y sont oubliez ; voir le seul nom de madame d'Estampes ne s'y treuve point. On peult couvrir les actions secrettes ; mais taire tout ce que le monde sçait, et les choses qui ont tiré des effets publicques et de telle conséquence, c'est un défault inexcusable. Somme, pour avoir l'entière cognoissance du roy François et des choses advenues de son temps, qu'on s'adresse ailleurs, si on m'en croit. »

(1) Ces Mémoires, publiés, par messire Martin du Bellay, contiennent dix livres, dont les quatre premiers et les trois derniers sont de Martin du Bellay, les autres de son frère Guillaume de Langey.

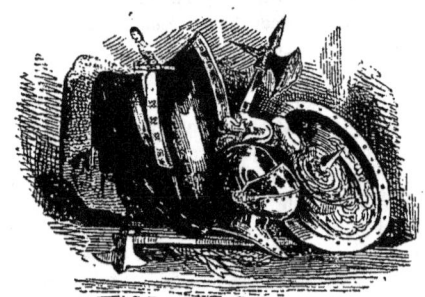

CHRONIQUE DE BAYARD.

COMBAT DE SOTO-MAYOR ET DE BAYARD.

Tout aussitôt que vint le jour assigné du combat, le seigneur de la Palisse avec deux cents hommes-d'armes, car desjà avoient les deux combattans cet accord l'ung à l'autre, amena son champion monté sur un bel et bon coursier, et vestu de blanc par humilité; encores n'estoit point venu le seigneur Alonce. Si alla La Lune le haster, auquel il demanda en quel estat estoit le seigneur de Bayart. Il respondit qu'il estoit à cheval et en habillement d'hommes-d'armes. « Comment! dist-il, c'est à moi à eslire les armes et à luy le camp. Trompette; va luy dire que je veulx combattre à pied. » Or quelque hardiesse que monstrast le seigneur Alonce, il eust bien voulu n'en estre pas venu si avant, car jamais n'eust pensé, veu la maladie qu'avoit alors le bon chevalier, qu'il eust jamais voulu combattre à pied; mais quand il veit que desjà estoient les choses prestes à vuyder, s'advisa d'y combattre pour beaucoup de raisons. L'une, que à cheval en tout le monde on n'eust sçeu trouver ung plus adroit gentilhomme que le bon chevalier; l'autre, que pour la maladie qu'il avoit en seroit beaucoup plus foible; et cela le mettoit en grant espoir de demourer vainqueur. La Lune revint vers le bon chevalier, auquel il dist : « Cappitaine, il y a bien des nouvelles : votre homme dist à ceste heure qu'il veut combattre à pied, et qu'il doit eslire les armes; » aussi estoit-il vray; mais toutesfois avoit desjà esté auparavant conclud que le combat seroit à cheval en accoustrement d'hommes-d'armes; mais par là sembloit advis que le seigneur domp Alonce voulust fuyr la lice. Quant icelluy bon chevalier eust escousté la trompette, demoura pensif ung bien peu, car le jour mesme avoit eu la fiebvre; néantmoins d'un courage lyonicque respondit : « La Lune, mon amy, allez le haster, et luy dictes qu'il ne demourera pas pour cela qu'aujourd'huy ne répare mon honneur, aydant Dieu; et si le combat ne luy plaist à pied, je le feray tout ainsi qu'il advisera » Si fist cependant le bon chevalier dresser son camp, qui ne fut que de pierres grosses mises l'une près de l'autre, et s'en vint mettre à l'ung des bouts, accompagné de plusieurs bons, hardys et vaillans cappitaines, comme les seigneurs de la Palisse, d'Oroze, d'Ymbercourt, de Fontrailles, le baron de Béarn et plusieurs autres, lesquels tous pryoient Nostre Seigneur qu'il voulust estre en ayde à leur champion. Quand La Lune fut retourné devers le seigneur Alonce, et qu'il congneut qu'il n'y avoit plus de remède que pour son honneur ne viensist au combat, s'en vint très-bien accompagné, comme du marquis de Licite, de domp Diégo de Guynones, lieutenant du grant cappitaine Gonssalle Ferrande, domp Pédro de Haldes, domp Francesque d'Altemèze, et plusieurs autres, qui l'accompagnèrent jusque sur camp, où luy arrivé, envoya les armes au bon chevalier pour en avoir le choix, qui estoient d'ung estoc et d'ung poignard. Eulx armés de gorgerin et secrète, il ne s'amusa point à choisir. Mais quand il eust ce qu'il luy falloit, ne fist autre dilation; ains par ung des bouts fut mis dedans le camp par son compaignon Bellabre qu'il print pour son parrain et le seigneur de la Palisse pour la garde du camp de son costé. Domp Alonce entra par l'autre bout, où le mist son parrain domp Diégo de Guynones, et pour la garde du camp de sa part fut domp Francesque d'Altemèze. Quand tous deux furent entrés, le bon chevalier se mist à deux genoux et fist son oraison à Dieu, puis se coucha de long et baisa la terre, et en se relevant fist le signe de la croix, marchant droit à son ennemy, aussi asseuré que s'il eust esté dans un palais à dancer parmi les dames. Domp Alonce ne monstroit pas aussi qu'il feust de rien espovanté; ains venant de droit fil au bon chevalier luy dit ces parolles : « Seignor de Bayardo, que me quérez ? » Lequel respondit : « Je veulx deffendre mon honneur; » et sans plus de parolles se vont approcher, et de venue se ruèrent chascun ung merveilleux coup d'estoc, dont de celluy du bon chevallier fut ung peu blessé le seigneur Alonce au visaige en coulant. Croyez que tous deux avoient bon pied et bon œil, et ne vouloient ruer coup qui feust perdu; si jamais furent veus en camp deux champions plus semblans prudhommes, croyez que non. Plusieurs coups se ruèrent l'ung sur l'autre sans eulx attaindre. Le bon chevalier, qui congneut incontinent la ruse de son ennemi qui, incontinent ses coups rués, se couvroit du visaige, de sorte qu'il ne luy povoit porter dommage, s'advisa d'une finesse; c'est que ainsi que domp Alonce leva le bras pour ruer ung coup, le bon chevalier leva aussi le sien, mais il tint l'estoc en l'air sans gecter son coup, et comme homme asseuré quand celluy de son ennemy fut passé et le peut choisir à descouvert, luy va donner ung si merveilleux coup dedans la gorge que nonobstant la bonté du gorgerin l'estoc entra dedans la gorge quatre bons doys, de sorte qu'il ne le povoit retirer. Domp Alonce, se sentant frappé à mort, laisse son estoc et va saisir au corps le bon chevalier qui le prist aussi comme par manière de luyte, et se promenèrent si bien que tous deux tombèrent à terre l'ung près de l'autre : le bon chevalier diligent et soudain prend son poignart et le mect dedans les nazeaulx de son ennemy, en luy escriant : « Rendez-vous, seigneur Alonce, ou vous estes mort. » Mais il n'avoit garde de parler, car desjà estoit passé. Alors son parrain domp Diégo de Guynones commencea à dire : « *Seignor Bayardo, jà es muerto; vincido aveis.* » Ce qui feust trouvé incontinent; car plus ne remua pied ne main. Qui fut bien desplaisant ce fut le bon chevalier, car s'il eust eu cent mil escus il les eust voulu avoir donnés pour le vaincre vif. Ce néantmoins, en congnoissant la grâce que Dieu luy avoit faicte, se mist à genoulx, le remerciant très-humblement, puis baisa trois fois la terre; après, tira son ennemy hors du camp et dit à son parrain : « Seigneur domp Diégo, en ai-je assez faict ? » Lequel respondit piteusement : « Tropo, seignor Bayardo, per l'ordre d'Espaigne. — Vous sçavez, dist le bon chevalier, qu'il est à moy de faire du corps à ma voulenté, toutesfois je le vous rends, et je vouldrois, mon honneur sauf, qu'il feust aultrement. » Brief les Espaignols emportèrent leur champion en lamentables plains, et les François emmenèrent le leur avecques trompettes et clérons jusqu'en la garnison du bon seigneur de la Palisse, où, avant que de faire autre chose, le bon chevalier alla à l'esglise remercier Nostre Seigneur, et puis après firent la plus grant joie du monde; et ne se pouvoient tous les gentilshommes françois saouller de donner louenge au bon chevalier, tellement que partout le royaulme, non seulement entre les François, mais aussi parmy les Espaignols, estoit tenu pour ung des accomplis gentilshommes qu'on sçeust trouver.

La Chronique ou Histoire du chevalier Bayard, dont nous avons tiré le fragment qui précède, fut écrite par un de ses secrétaires, qui cacha son nom sous celui de *Loyal serviteur*, titre qu'il paraît avoir bien mérité. Elle fut imprimée pour la première fois, en 1527, c'est-à-dire trois ans après la mort du *bon chevalier*. Théodore Godefroy, le président d'Expilly et une foule d'autres en ont publié depuis un grand nombre d'éditions. Symphorien Champier a donné aussi une vie de Bayard, fort intéressante, mais qu'on a prise à tort pour une histoire romanesque. MM. Danjou et Cimber, en l'éditant de nouveau dans leurs *Archives curieuses*, ont complètement, selon nous, réhabilité ce travail.

Pierre du Terrail, seigneur de Bayard, naquit en 1476, d'Aymon du Terrail et d'Hélène des Allemans, au château de Bayard, dans la vallée de Grésivaudan, à six lieues de Grenoble.

Nous sommes forcés de renoncer au plaisir de raconter en détail la vie de l'un des hommes les plus héroïques qui furent jamais. Nous nous contenterons de citer quelques-uns des faits les plus mémorables du *chevalier sans peur et sans reproche*, comme nous l'avons fait pour Duguesclin.

Ce fut Georges du Terrail, son oncle, évêque de Grenoble, qui prit soin de son éducation. « Mon enfant, lui disait-il, sois noble comme tes ancêtres, comme ton trisaïeul, qui fut tué aux pieds du roi Jean, à la bataille de Poitiers; comme ton bisaïeul et ton aïeul, qui eurent le même sort, l'un à Azincourt, l'autre à Montlhéry ; et enfin comme ton père, qui fut couvert d'honorables blessures en défendant la patrie. » Ces paroles graves et touchantes, fructifièrent dans le cœur de Bayard. A 13 ans, il faisait partie du cortège du duc de Savoie venant à Lyon rendre une visite à Charles VIII. Quoique jeune, Bayard excellait déjà dans les exercices militaires. « Il saultoit, luttoit, jettoit la barre et entre autres choses chevauchoit ung cheval le possible. » Le roi de France voulut voir Bayard et en parut si émerveillé que le duc le lui offrit. Charles en remerciant le duc s'écria : « Par la foi de mon corps, il est impossible que cet enfant ne soit homme de bien ! » Puis se retournant vers le plus aimé de ses courtisans : « Cousin de Ligny, dit-il, je vous baille le page en garde ! »

Ce seigneur témoigna à Bayard le plus grand intérêt et le fit homme d'armes de sa compagnie. A la bataille de Fornoue, le jeune chevalier eut deux chevaux tués sous lui. pendant le séjour des Français dans la Pouille, il défia l'Espagnol Soto-Mayor, et sortit victorieux d'une lutte acharnée. Sa réputation commençait à s'étendre, un nouveau fait d'armes y mit le sceau. Les Espagnols voulaient s'emparer d'un pont sur le Garigliano ; Bayard, quoique seul, n'hésita pas à s'opposer au choc de toute une armée. Il résista assez longtemps pour donner aux troupes françaises le temps de s'éloigner. Les chevaliers, saisis d'enthousiasme au récit de ce combat homérique, écrivirent sur le bouclier du héros : « *Vires agminis unus habet.* »

En 1509, Bayard décida la victoire d'Agnadel. Il fut blessé à l'assaut de Brescia. En protégeant la maison où il venait d'être transporté, il calma les affreuses inquiétudes d'une mère tremblante à la pensée de voir ses deux filles victimes de la brutalité des soldats victorieux. Bayard fut un des grands acteurs de la bataille de Ravennes. Après s'être remis d'une grave blessure reçue dans la retraite de Pavie, il alla au delà des Pyrénées combattre Ferdinand le Catholique. Bayard se trouva, en 1513, à la déplorable bataille de Guinegaste.

François Ier, parvenu au trône, nomma Bayard son lieutenant général en Dauphiné. A la bataille de Marignan, le chevalier fut admirable de force, de sang froid et d'audace. Après la bataille, le roi de France s'agenouilla devant son sujet : « Bayard, mon ami, lui dit-il, je veux aujourd'huy soye fait chevalier par vos mains, parce que celui qui a combattu à pied et à cheval entre tous autres, est tenu et réputé le plus digne chevalier. » Comme Bayard s'excusait :

« Faites mon vouloir et mon commandement, » reprit le prince. Alors Bayard tira son épée et donna l'accolade à François. « Sire, dit-il d'une voix émue, autant vaille que si c'étoit Roland ou Olivier, Godefroy ou Baudouin son frère : certes, vous êtes le premier prince que oncques fis chevalier. » Regardant alors son épée, il la baisa avec toute la naïveté d'une sainte allégresse. « Tu es bien heureuse, mon espée, d'avoir à un si vertueux et si puissant roi donné l'ordre de chevalerie !... Ma bonne espée, tu seras moult bien comme relique gardée, et sur toutes autres honorée !... » On sait que François allait peut-être donner l'ordre de brûler Mezières, que personne ne vouloit essayer de défendre contre Charles-Quint, lorsque Bayard s'écria : « Il n'y a point de place faible où il y a des gens de cœur... » Mézières fut sauvé, et avec cette place la France, peut-être. François Ier envoya Bayard en Italie, et le plaça sous les ordres de l'inhabile Bonivet, dont la scandaleuse fortune fit tant de mal à la France. Par suite de l'impéritie de son général, Bayard éprouva un échec à Rebec, mais il oublia la faute de son supérieur, pour songer à sauver l'armée française, dont le favori qui avait été blessé, lui rendit le commandement. « Il est bien tard, dit le chevalier, mais n'importe, mon âme est à Dieu et ma vie à l'État ; je vous promets de sauver l'armée aux dépens de mes jours !... » Bayard, au passage de la Sesia, entre Romagnano et Gattinara, sur les dix heures du matin, le 30 avril 1524, eut les reins brisés d'un coup d'une arquebuse à croc. « Jésus mon Dieu, s'écria-t-il, je suis mort ! » Nous citerons bientôt un morceau de Brantôme racontant les derniers instants de ce preux. Bayard, le plus terrible des chevaliers sur le champ de bataille, possédait toutes les vertus d'une âme grande autant que bonne. En repassant la vie de cet homme qui, comme on l'a dit depuis pour Turenne, *faisait honneur à l'humanité*, on se demande pourquoi Bayard n'a pas inspiré une épopée, pourquoi cette figure tout à la fois forte et naïve n'a pas été peinte par le génie d'un grand poëte. En Espagne, le Cid a des chants harmonieux et populaires ; parmi nous, Bayard n'a qu'un nom immortel.

JEAN BOUCHET.

PASSAGE DES ALPES.

Revenu à Sarsagne le vingt-septiesme jour de juing ensuyvant, le roy de France fut adverty de l'entreprise de ses ennemis dont ne se esbayst, combien que le dangier fust à doubter; mais, gectant son espoir en Dieu et à la hardiesse, vaillance et bonne expérience des gens qu'il avoit avec luy, deux jours après alla pacquer (camper) au pié des Alpes, où se tinst par quelque temps pour y faire passer son artillerie, qui fut la plus grosse entreprinse, quant à ce, que jamais prince feit; car char ne charette n'y estoyent jamays passez. Et sachant que le seigneur de La Trémoille, pour sa hardiesse et grand vouloir, ne trouvoit rien impossible, luy donna ceste laborieuse charge, que voluntiers accepta; et si très-bien y employa son corps, son espoir, sa parolle et ses biens, qu'il y acquist honneur et accroissement de la grâce de son seigneur et maistre. Et affin que les gens de pié, Alemans et aultres, se y emploiassent sans craindre le chault, qui estoit véhément et furieux, les persuada par telles ou semblables parolles : « L'expérience que le roy nostre souverain seigneur a eue, mes frères en armes, de vostre fidélité, cueur, forces et hardiesse à trancher et passer les Alpes et conquérir son royaume de Naples, luy donne asseurance de rapporter la palme de ceste glorieuse victoire, par vostre ayde, en France, contre le vouloir et non obstant l'entreprinse du Pape, des Véniciens, du duc de Milan, et aultres ses ennemys, qui, comme amys, nous ont au venir porté visage et signe d'obéissance, et au retour, comme desloyaulx contre la loy de honnesteté, préparé ruyne de l'honneur françois, par une secrète armée de soixante-dix mil hommes mis aux champs, fort bien armez et équippez, ainsi qu'on dit, lesquelz sont devant nous, en embuschez, pour au passaige nous arrester. Vous savez, mes frères, que le nombre de nostre armée est seulement de dix ou douze mil hommes, et voiez ceste haulte et pénible montaigne davant nous, les citez et villes de noz ennemys au derrière, et que le demourer au pié engendreroit famyne; parquoy convient par nécessité gaigner la plaine et ouvrir le chemin par feu et par nostre artillerie. Les histoires nous asseurent, et souvent nous l'avons veu, que communément à la nécessité le plus petit nombre de gens-d'armes bien conduictz, a vaincu la multitude effrénée et oultrecuidée. La propre nature d'entre nous des Gaules est force, hardiesse et férocité. Nous avons au venir triumphé ; mieulx nous seroit mourir que par lascheté perdre au retour la doulceur de ceste louange, et que noz victoires, par faulte de cueur, demourassent en langueur où les avons prinses.

Ce considérant, le roy nostre souverain seigneur vous prie et persuade par ma bouche que, mémoratifz de toutes ces choses, faictes marcher vostre honneur au davant de la crainte de voz vies, et que, voz hardiz cueurs non convertiz en moulx fayes, luy monstrez par effect la reste de vostre noble vouloir à passer son artillerie par ces rigoreuses Alpes. La chose à gens sans cueur semble impossible, mais aux jaleux d'honneur n'est que passe-temps. Ne craignons l'essay, car nature n'a constitué chose si haulte ne difficile que la vertu n'y puisse actaindre ne parvenir; et, nostre artillerie hors de ce dangier mise, passerons, par force de glayve et feu, davant noz ennemys. Nécessité engendre courage et augmente la force, et le désir de garder l'honneur acquis croist le cueur, réveille l'esprit et chasse toute crainte ; et si est hardiesse tousjours par fortune secourue et aidée. Tous sommes en la fleur de nostre aage, en la vigueur de noz ans et en la force de nostre jeunesse; chascun mecte la main à l'œuvre, à tirer les charrois, porter bouletz, et le premier qui gaignera le plus hault de la montaigne avant moy aura dix escutz. »

La fin de ceste remonstrance fut que le seigneur de la Trémoille, ses vestemens laissez fors chausses et pourpoint, se mist à pousser aux charroys et à porter gros bouletz de fer, en si grant labeur et diligence que à son exemple la pluspart de ceulx de l'armée, mesmement les Alemans, de son grant et bon vouloir esbaïz, se rengèrent à ceste œuvre; et par ce moien fut toute l'artillerie passée par les montaignes et vallées, avec les municions, par la prudente conduicte dudict seigneur de La Trémoille, qui tousjours croissoit les courages des Alemans et aultres, par belles paroles, choses excitatives à œuvres difficiles, réveillans l'esprit, comme, par trompettes, clarons, fleutes, tabours, bons vins, promesses de récompenses et aultres semblables que bien entendent expérimentez capitaines. Et l'euvre mise à louable fin, le seigneur de La Trémoille, noir comme ung More, pour l'extuante chaleur qu'il avait supportée, en feit rapport au roy, qui luy dist : « Par le jourd'huy, mon cousin, vous avez fait plus que peurent onc faire Hannibal de Cartage ne Jules César, au dangier de vostre personne que ne voulustes onc espargner à me servir et les miens. Je promectz à Dieu que si je puis vous revoir en France, les récompenses que j'espère vous faire seront si grandes, que les autres y acquerront une nouvelle estude de bien me servir. » Le seigneur de La Trémoille luy respondit : « Il me desplayst, sire, que mon corps et mon esprit ne se peuvent mieux acquiter au deu de mon office, et ne veulx aultre récompense que voustre grâce et bienveillance. »

Jean Bouchet, auteur des *Annales d'Aquitaine,* naquit à Poitiers, en 1476, et mourut en 1555. Cet ouvrage, meilleur que les poésies du même auteur, donne parfois des détails intéressants, et raconte les événements avec grâce, franchise et naïveté. Notre fragment dénote même une certaine force dans le style et la pensée de cet auteur.

Bouchet nous a laissé un grand nombre de volumes, parmi lesquels nous citerons son *Panégyrique du Chevalier sans reproche;* —*Louis de la Trémouille,* d'où nous avons tiré le *Passage des Alpes;* —*La Déploration de l'église militante;* — *Les Reguards traversants les voies périlleuses;* — *Le Temple de bonne renommée,* etc., etc.

Les prodiges du *Passage des Alpes,* que nous citons, paraissent moins étonnants aujourd'hui que du temps de Bouchet. Le génie de Bonaparte nous a familiarisés avec ce qui paraissait merveilleux dans un autre âge.

Pour donner une idée de la réputation de bravoure que nos chevaliers avaient conquis du temps de Charles VIII, il nous suffira de citer le morceau suivant de Brantôme.

Louis d'Ars, lieutenant de Ligny, tint un an dans Venoza, contre Gonzalve de Cordoue, et ne lui remit la place que par ordre de Charles VIII. Louis n'accepta pour clauses que sa volonté, pour garantie que le fer de ses lances. « Alors il part, il s'en retourne, passe par le mitan du royaume de Naples et de toute l'Italie, lui et tous ses gens, la lance sur la cuisse, armés de toutes pièces ; tient les champs, et vit à discrétion et de gré à gré, partout où il loge; marche toujours en forme de guerre; rapporte sa vie et son honneur de lui et de ses compagnons, leurs bagues et leurs butins sauves : vint jusqu'à Blois, en tel ordre, faire la révérence au roy son maistre et à la reine sa maistresse, qui lui firent tel honneur de le voir ainsi arriver en si bel arroy, qu'après lui avoir fait bonne chère et grand honneur et à ses compagnons, ne se peurent saouler de louer sa vertu et sa valeur, et de luy et d'eux, et de les récompenser. »

M. P. de Ségur a heureusement placé dans son histoire de Charles VIII le fragment que nous citons.

THÉODORE DE BÈZE.

MASSACRE DE MÉRINDOL.

Plusieurs commissions furent aussi expédiées, et la guerre publiée à son de trompe, tant à Aix qu'à Marseille, pour ladite exécution : de sorte qu'entre autres compagnies se trouvèrent cinq ou six enseignes des vieilles bandes de Piémont, assistant le capitaine Poulain, avec ledit président François de la Fon pour conduire le tout. Et par ainsi, le xiii d'avril arrivèrent les susdits commissaires à Pertuis, au lieu d'aller droit à Merindol où s'adressoit leur commission, là où ils trouvèrent le capitaine Volegine, qui desjà un mois auparavant avoit commencé de piller le bestail de certains villages d'alentour. Le lendemain xiv, ils arrivèrent à Cadenet, là où ceux qui venoyent de Piémont feirent de grands fourragemens. D'autre costé, d'Opède, accompagné de ses deux gendres, à savoir de Pouriez et de Lauris, avec le juge d'Aix, et Jean Meyran, capitaine des enfans de la ville, et Nicolas Thibault, marchant de Crusson, conducteur des pionniers, sortant de la ville, feit aller une partie de ses gens par Pertuis, et aux autres il feit passer la Durance au port de Cadenet, là où fut faicte la délibération de ce qui s'en suivit puis après. Car le lendemain xvi, Poulain commença à mettre le feu aux villages de Cabriérette, Papin, la Mothe et Sainct-Martin, appartenans au sieur de Sental, alors pupille, là où les pauvres laboureurs sans aucune résistance furent tués, femmes et filles violées, femmes grosses et petis enfans meurtris sans aucune miséricorde : les mammelles couppées à plusieurs femmes, auprès desquelles mortes furent veus mourans de faim les petis enfans : aiant fait crier ledit d'Opède, sur peine de la hard, qu'on ne donnast vivres ne soulagement quelconque à aucun d'iceux. Tout y fut pillé, bruslé et saccagé : et ne furent sauvés que ceux que Poulain choisit pour ses galères. Le xvii, d'Opède feit approcher les vieilles bandes venues de Piémont et le jour suivant feit brusler les villages de Lormarin, Ville-Laure et Treizemines, où ne se trouva personne. De l'autre costé de la Durance, le sieur de Rocque et autres de la ville d'Arles, bruslèrent Gensson et la Rocque, èsquels aussi ne se trouva personne.

Le xviii, d'Opède arrivé à Merindol sur les neuf heures du matin, n'y trouva qu'un jeune paysan, nommé Morisi Blanc, homme fort simple, lequel s'estant rendu prisonnier à un soldat avec promesse de deux escuz pour sa rançon, d'Opède, ne trouvant aucun autre sur lequel il peust exécuter sa rage, paya ces deux escuz au soldat, et l'ayant fait attacher à un arbres, le feit tuer à coups d'arquebouses : puis feit entièrement piller, brusler et raser tout ledit village, où il y avoit plus de deux cents maisons. Le xix, le camp fut planté devant Cabrières, et le xx, estant faite quelque brèche, il fut accordé à ceux de dedans, qu'ils auroient les biens et la vie sauves, et seroient pris en justice. Or n'estoyent-ils dedans en résistance, que soixante paysans, desquels estoit chef Estienne le Marroul, ausquels assistoient environ trente femmes, estant le surplus des autres hommes cachés en leurs caves, et les femmes et petis enfans dedans le temple. Ceux-cy doncques estans sortis sans armes, suivant cest accord, soudain le président, ses deux gendres, et aultres se ruèrent dessus, et y en eut de xxv à xxx liés et menés en un pré, où ils furent cruellement et de froid-sang hachés en pièces, prenant plaisir de Pouriès, pour gratifier à son beau-père, de coupper testes et bras à ces pauvres corps morts. Les autres furent menés à Marseille, Aix et Avignon. D'Opède, de son costé, aiant pris les femmes, dont aucunes estoient enceintes, les enferma en une grange, faisant mettre le feu aux quatre coings. Sur quoy un soldat, esmeu de pitié, leur aiant fait ouverture, elles furent repoussées dedans le feu à coups de picques et hallebardes. Cependant les soldatz, entrez dans la ville, tuèrent ceux qu'ils rencontrèrent; et plusieurs, trouvés cachés aux caves, furent liés deux à deux et menés en la salle du chasteau, où ils furent horriblement massacrés, à la veue de d'Opède, par les capitaines Valleron et Jean de Gaye. En après, les capitaines des ruffians d'Avignon, entrans dedans le temple, tuèrent femmes et enfans, sans aucun respect d'aâge ny de sexe, estant estimé ce meurtre d'environ huit cens personnes. Sur la fin de ceste exécution, arriva le sieur de la Coste, parent de d'Opède, lequel il supplia de luy envoier aucunes gens de guerre, audit lieu de la Coste : luy offrant de luy mener tous ses subjects dedans Aix, et de faire tant de bresches à la muraille, qu'il voudroit : ce qui luy fut accordé de bouche, mais non pas tenu. Car trois enseignes de gens de pied y furent envoyées, qui pillèrent ce que bon leur sembla, bruslèrent une partie du village, violèrent femmes et filles, et y tuèrent quelques paysans, sans y avoir trouvé aucune résistence. Cependant le reste de ceux de Mérindol et autres lieux estoyent par les montagnes et rochers en terribles extrémités : et sur cela aians présenté à d'Opède, qu'il luy pleust leur ottroyer passage pour se retirer en Allemagne, ne demandans pour tous biens que leurs pauvres chemises, femmes et enfans, ne peurent toutesfois rien obtenir de ces bestes enragées. Ce que voians, ils se résolurent, par prières et mutuelles exhortations, d'attendre tout ce qu'il plairoit à Dieu, plustost que fleschir en manière quelconque en la confession de la vérité de Dieu. Et de faict les ennemis se mirent à la retraitte. Ce néantmoins, avant le partir d'iceux, mourrurent de faim et de misère, en grand contentement toutefois de leurs consciences, et louans Dieu. Les autres peu-à-peu sont retournés en leurs maisons et terres désolées : là où Dieu les a tellement bénits, qu'ils se sont depuis derechef habitués, persévérans en leur mesme religion comme auparavant. Quant à l'armée, s'en retournant, Dieu ne meist pas long temps à déploier ses jugemens sur quelques uns. Car Loys de Vame, beau-frère du président, et aussi le frère et le gendre de Pierre Durant, maistre boucher d'Aix, se noyèrent, passans la rivière de Durance.

Il faut savoir qu'au douzième siècle, Pierre Valdo, riche marchand de Lyon, dont la piété et les erreurs donnèrent, dit-on, naissance à la secte des Vaudois, s'étant retiré avec plusieurs pauvres, qu'il nourrissait, dans des vallées incultes et désertes, entre la Provence et le Dauphiné, leur servit de pontife comme de père ; il les instruisait dans sa secte qui ressemblait à celle des Albigeois, de Wiclef, de Jean Hus, de Luther, de Zwingle, sur plusieurs points principaux. Ces hommes, longtemps ignorés, défrichèrent ces terres stériles, et, par des travaux incroyables, les rendirent propres au grain et au pâturage ; ce qui prouve combien il faut accuser notre négligence, s'il reste en France des terres incultes. Ils prirent à cens les héritages des environs ; leurs peines servirent à les faire vivre, et enrichirent leurs seigneurs, qui jamais ne se plaignirent d'eux. Leur nombre, en deux cent cinquante ans, se multiplia jusqu'à près de dix-huit mille. Ils habitèrent trente bourgs, sans compter les hameaux. Tout cela était l'ouvrage de leurs mains. Point de prêtres parmi eux, point de querelles sur leur culte, point de procès ; ils décidaient entre eux leurs différends. Ceux qui allaient dans les villes voisines, étaient les seuls qui sussent qu'il y eût une messe et des évêques. Ils priaient Dieu dans leur jargon ; un travail assidu rendait leur vie innocente. Ils jouirent pendant deux siècles de cette paix, qu'il faut attribuer à la lassitude des guerres contre les Albigeois. Quand l'esprit humain s'est emporté longtemps aux dernières fureurs, il mollit vers la patience et l'indifférence : on le voit dans chaque particulier et dans les nations entières. Ces Vaudois jouissaient de ce calme, quand les réformateurs d'Allemagne et de Genève apprirent qu'ils avaient des frères (1540). Aussitôt ils leur envoyèrent des ministres ; on appelait de ce nom les desservants des églises protestantes ; alors ces Vaudois furent trop connus. Des édits nouveaux, contre les hérétiques, les condamnaient au feu. Le parlement de Provence décerna cette peine contre dix-neuf des principaux habitants du bourg de Mérindol, et ordonna que leurs bois seraient coupés et leurs maisons démolies. Les Vaudois, effrayés, députèrent vers le cardinal Sadolet, évêque de Carpentras, qui était alors dans son évêché. Cet illustre savant, vrai philosophe, puisqu'il était humain, les reçut avec bonté et intercéda pour eux. Langeai, commandant en Piémont, fit surseoir à l'exécution (1541). François Ier leur pardonna, à condition qu'ils abjureraient. On n'abjure guère une religion sucée avec le lait. Leur opiniâtreté irrita le parlement provençal, composé d'esprits ardents. Jean Meynier d'Oppède, alors premier président, le plus emporté de tous, continua la procédure. Les Vaudois enfin s'attroupèrent. D'Oppède, irrité, aggrava leurs fautes auprès du roi, et obtint permission d'exécuter l'arrêt suspendu cinq années entières. Il fallait des troupes pour cette exécution : d'Oppède et l'avocat général Guérin en prirent. Il paraît évident que ces habitants, trop opiniâtres, appelés par le déclamateur Maimbourg, *une canaille révoltée*, n'étaient point du tout disposés à la révolte, puisqu'ils ne se défendirent pas ; ils s'enfuirent de tous côtés en demandant miséricorde. Le soldat égorgea les femmes, les enfants, les vieillards qui ne purent fuir assez tôt.

D'Oppède et Guérin courent de village en village. On tue tout ce qu'on rencontre : on brûle les maisons et les granges, les moissons et les arbres ; on poursuit les fugitifs à la lueur de l'embrasement. Il ne restait dans le bourg de Cabrière que soixante hommes et trente femmes ; ils se rendent, sous la promesse qu'on épargnera leurs vies : à peine rendus, on les massacre. Quelques femmes réfugiées dans une église voisine, en sont tirées par l'ordre de d'Oppède ; il les enferme dans une grange, à laquelle il fait mettre le feu. On compte vingt-deux bourgs mis en cendres ; et lorsque les flammes furent éteintes, la contrée, auparavant florissante et peuplée, fut un désert où l'on ne voyait que des corps morts... François Ier eut horreur de ce massacre, et recommanda, en mourant, à son fils, de faire justice de cette barbarie.

En effet, Henri II permit aux seigneurs ruinés de ces villages détruits et de ces peuples égorgés, de porter leurs plaintes au parlement de Paris. L'affaire fut plaidée. D'Oppède eut le crédit de paraître innocent : tout retomba sur l'avocat général Guérin ; il n'y eut que sa tête qui paya le sang de cette multitude malheureuse.

VOLTAIRE.

COLIGNY.

EXTRAITS DU DISCOURS DE GASPARD DE COLIGNY SUR LE SIÉGE DE SAINT-QUENTIN.

S'il pouvoit estre qu'il y en eust aucuns qui, pour n'avoir leu ce petit discours tout au long, et avoir mis le nez dedans seulement, ou par faute de bon jugement, estimeroient que je l'eusse fait par forme de justification, devant que d'entrer plus avant à la lecture d'iceluy, je supplierois un chacun d'oster cela de son opinion, pour deux raisons principales : la première, qu'il n'est pas besoin de se justifier quand l'on n'est accusé de personne, et que je me sens si net en ce qui touche mon honneur, que je ne crains point le pouvoir estre. La seconde est que, quand je le serois d'aucun, je sens mon cœur assis en assez bon lieu pour le pouvoir deffendre, comme il appartient à un gentil-homme, homme d'honneur et de bien, et pour en pouvoir respondre à un chacun selon la qualité, sans venir aux escritures ny en faire un procez, comme font les advocats. Je veux bien aussi déclarer la raison qui m'a meu à faire ce petit discours afin qu'un chacun l'entende : c'est que, me retrouvant prisonnier après la prise de la ville de Sainct-Quentin, me souvenant que nous n'avons rien de certain en ce monde que la mort, et au contraire rien de si incertain que l'heure d'icelle, j'ay bien voulu mettre par escrit comme toutes choses se sont passées sous ma charge, depuis le jour que je partis de Pierrepont, où je laissay M. le connestable avec l'armée, jusqu'à celuy que laditte ville fut prise d'assaut : car il me semble qu'il n'est rien plus raisonnable que ceux qui sont employez aux charges en rendent eux-mesmes qui ont esté en mesme lieu et en parlent différemment ; les uns pour faire penser que rien ne leur estoit caché ; les autres, qui sont si aises de parler, de ce que mesme dont ils ne savent rien ils en veulent rendre compte. Il y en a d'autres qui en parlent selon leur passion, soit qu'ils veulent bien ou mal aux personnes ; d'avantage, qu'il y a tant de sorte d'escriveurs, et mesme aux pays estranges, qu'il ne se faut point esbahir si ceux-là sont bien souvent mal informez des affaires qui passent loin d'eux, quand mesme ceux qui sont sur les lieux en parlent diversement, pour les raisons cy-dessus déclarées.

Parquoy, tout bien considéré, il me semble estre plus raisonnable que ceux qui tiennent la queue de la poesle rédigent telles choses par escrit, que nuls autres, afin qu'ils mettent la vérité toute nue, sans la farder ou couvrir ; autrement ils devroient avoir grand honte si en aucune chose ils sont desdits ou ne sont trouvez véritables ; car cela pourroit faire penser qu'en tout le reste de ce qu'ils auroient mis par escrit il y pourroit avoir du déguisement. Je proteste donc que tout ce qui s'ensuit est fidèlement escrit ; et s'il y a quelque omission, il me semble que ce n'est point des principales choses ni de celles qui importent ; et si aucunes y en a, je prie ceux qui liront ce présent discours, ou qui l'ouiront lire, de m'en vouloir advertir.

Réduit à la dernière extrémité, l'amiral tint conseil, mais seulement avec son frère et avec Saint-Rémy, capitaine fort expérimenté en fait de siéges ; et quand Saint-Rémy lui avoua qu'il ne connaissait plus de moyen de résister aux ennemis, il ne put encore se décider à se rendre, connaissant, suivant son énergique expression, combien importaient, non seulement les jours, mais les heures qu'il pourrait garder cette place.

Quand il (Saint-Rémy) eut achevé, je commençay à dire que je leur voulois dire une chose que je tiendrois comme non dite, pource que l'un estoit mon frère, et l'autre je l'estimois tant mon amy, que cela ne passeroit pas plus avant ; c'estoit que je me retrouvois en grande peine d'entendre qu'il ne se trouvoit point de remède pour rompre le dessein de l'ennemy, et que la chose que j'avois moins de regret, estoit de sacrifier ma personne pour le service du roy et de ma patrie, et que je connoissois assez combien importoit, non seulement les jours, mais les heures que nous pourrions garder cette place ; mais qu'une chose se présentoit devant moy, que j'avois ouy dire après la prise de Térouenne : c'estoit qu'après que M. de Montmorency vit que les ennemis s'estoient faits maistres du fossé, et qu'ils commencèrent à sapper son parapet, voyant qu'il ne se pouvoit plus trouver de remède pour sauver la ville, il devoit chercher de faire quelque honneste composition, à quoy l'on disoit que les ennemis l'eussent volontiers receu s'il eust parlé plus tost ; adjoustant à cela que l'on voyoit tous les jours ceux mesmes qui faisoient bien, encore trouvoit-on à redire sur eux, et que de moy je craignois que l'on me pust imputer que j'aurois eu bien peu de considération, de mettre en hasard de perdre la force que j'avois là dedans, qui estoit la principale du royaume de France, pour lors principalement de gendarmerie, puisque je me voyois réduit à telle nécessité, et que cela eust bien servy à conserver d'autres places et tout le royaume ; mais que j'avois pensé en une chose : c'estoit que nous pouvions juger qu'après la furieuse batterie que faisoient les ennemis, ils voudroient tenter à nous emporter d'assaut; pourtant qu'il falloit penser à nous bien défendre, et que si nous les avions bien battus la première fois, qu'après ils essayeroient de nous emporter à la longue, et quand je voirois cela, que lors je pourrois par parlement essayer d'envoyer quelque gentil-homme vers le roy, pour lui faire entendre mes nécessitez, et cependant gaguer autant de temps. D'une chose les voulois-je bien asseurer : que j'aymois beaucoup mieux mourir, qu'il me sortist une parole de la bouche de quoy je pusse avoir honte ; que je connoissois bien véritablement que j'avois beaucoup de gens de mauvaise volonté, mais qu'il leur falloit faire accroire qu'ils estoient la moitié plus hardis qu'ils le pensoient. La conclusion de mon propos fut : « Vous voyez comme les ennemis renforcent leur batterie, et est à croire qu'ils feront aujourd'hui un grand effort : je vous prie que chacun se prépare de les bien repousser et recevoir cette première fois, et puis Dieu nous conseillera ce que nous aurons à faire. »

Coligny attendit pour se rendre que la ville fût emportée d'assaut, et ce fut sur la brèche qu'il fut fait prisonnier, ainsi que d'Andelot son frère ; il termine la relation du siége de Saint-Quentin en ces termes :

Je dirai pour conclusion que c'est un grand malheur pour un gentil-homme qui est assiégé en une place ou toutes choses luy défaillent qui luy sont nécessaires pour la garder, et principalement devant les forces d'un grand prince, quand il se veut opiniâtrer devant, et mesme quand c'est que l'on a à combattre aussi bien les amis que les ennemis, comme j'ay eu dedans Sainct Quentin. Tout le reconfort que j'ay, c'est celui qu'il me semble que tous les chrétiens doivent prendre, que tels mystères ne se jouent point sans la permission et la volonté de Dieu, laquelle est toujours bonne, sainte et raisonnable, et qui ne fait rien sans juste occasion dont toutesfois je ne sçay pas la cause, et dont aussi peu je me dois enquérir, mais plustost m'humilier devant luy en me conformant à sa volonté.

Gaspard de Coligny naquit à Châtillon-sur-Loing, le 16 février 1517, du maréchal Gaspard de Coligny et de Louise de Montmorency, sœur du connétable de ce nom. Son frère, Odet de Coligny, était entré malgré lui dans l'Église. Gaspard voulut suivre la même carrière que d'Andelot, son autre frère, plus jeune que lui de trois ans, et qui, voué aux armes dès sa première enfance, s'étoit déjà distingué dans les guerres d'Italie. Ces trois frères furent constamment unis par l'amitié la plus tendre ; doués chacun de talents supérieurs, mais différents, ils devinrent les principaux chefs d'un parti qui vouloit anéantir l'ancien système religieux et politique de la France, et rendirent les plus signalés services à la cause pour laquelle ils périrent. Coligny et d'Andelot furent armés chevaliers sur le champ de bataille de Cérisoles. En 1552, Coligny fut nommé colonel général de l'infanterie, et peu de temps après, l'amiral d'Annebaut étant mort, Coligny fut encore honoré de cette charge importante. Deux ans après, il partit pour la Flandre avec Henri II, qui avait pris la résolution de livrer bataille à Charles-Quint. Les deux armées se rencontrèrent près du château de Renty : la victoire se déclara pour les Français. François de Guise et Coligny s'en disputèrent l'honneur, et ces deux guerriers, d'amis sincères et dévoués qu'ils étaient, devinrent des ennemis mortels. Ce fut après cette campagne que l'amiral se trouva entraîné dans le parti protestant par son frère d'Andelot, qui venait d'embrasser la religion nouvelle. Odet de Coligny, cardinal et évêque de Beauvais, opposa encore moins de résistance aux sollicitations pressantes de son frère ; et brisant les liens qui le séparaient du monde, il épousa Élisabeth de Hauteville, qu'on appelait la *comtesse de Beauvais*.

En 1557, après la funeste journée de Saint-Quentin, qui ouvrit aux généraux de Philippe II la route de Paris, Coligny, chargé de la défense de Saint-Quentin, alors démantelé, y fit des prodiges de valeur. Secondé par d'Andelot, il soutint plusieurs assauts, refusa de se rendre, et tomba entre les mains des ennemis, qui l'enfermèrent au château de l'Écluse. Il y composa la relation de ce siége, seule production historique qui nous reste de lui. Mis en liberté moyennant une rançon de cinquante mille écus, il s'éloigna de la cour ; protégeant toujours les protestants, il essaya vainement d'en former des colonies dans le Nouveau-Monde. Après la mort de Henri II, les trois frères se mirent ouvertement à la tête des partisans de la religion nouvelle dont ils servaient la cause, l'amiral et d'Andelot par leur courage, l'évêque de Beauvais par un rare talent pour les négociations. D'Andelot mourut à Saintes, des suites de la fatigue qu'il avait éprouvée en dirigeant la retraite des protestants, après la bataille de Jarnac. L'évêque de Beauvais fut empoisonné à Hampton, par son valet de chambre, le 14 février 1571. L'amiral ne lui survécut qu'un an et quelques mois, ayant péri à l'âge de cinquante-cinq ans, dans la matinée de la Saint-Barthélemy, le 24 août 1572.

La relation du siége de Saint-Quentin, unique ouvrage de l'amiral, parut pour la première fois en 1643, sous le titre de : *Discours de Gaspard de Coligny, amiral de France, où sont sommairement contenues les choses qui se sont passées durant le siége de Saint-Quentin.*

Voici comment Jean de Serres, dans la vie latine de l'amiral de Coligny, a raconté la mort de cet homme illustre. Nous nous servons de la traduction française (1) qui parut quelque peu de temps après le livre de Serres :

« Téligni s'étoit sur le minuict retiré avec sa femme (fille

(1) Cette traduction, pour toute indication du nom de l'auteur, porte les initiales D. L. H.

Jean de Serres, en latin *Serranus*, naquit vers 1540, à Villeneuve-de-Berg, mourut le 31 mai 1598, à Genève. Prosper Marchand a prétendu que la vie de Coligny n'était pas l'ouvrage de J. de Serres.

de Coligny) au logis joignant celui de l'admiral. Il y avoit autrefois cinq suisses de garde en la cour, que le roi de Navarre y avoit envoyés des siens. Or, un peu devant le jour, ayant été dict à la bonne qu'il y avoit quelqu'un à la porte qui demandoit à parler à l'admiral de la part du roi, il part soudain avec les clefs, et ne l'eut pas plutôt ouverte que Cosseins le poignardast, entrant avec ses arquebusiers dans la maison et tuant tous ceux qu'il rencontroit ou fuyans ou estonnés, et remplissant tout de bruict et de tumulte ; et après avoir enfoncé l'autre porte qui fermoit la montée et tué un Suisse d'un coup de balle, toutefois quelques coffres qui furent jettés sur les degrez, luy empêchoient le passage. L'admiral et ceux qui estoient avec luy resveillés au bruit des arquebusades, et ne doutans plus de l'effort des ennemis, soudain jettez par terre, commencèrent à prier Dieu qu'il luy plust s'apaiser et les regarder en ses compassions. L'admiral, s'étant levé, et ayant pris sa robe de chambre, commande à son ministre Merlin de faire la prière ; et, suivant ses paroles avec de véhémens soupirs, et invoquant Jésus-Christ, se résolut de recommander à Dieu et remettre entre ses mains l'esprit qu'il avoit reçu de luy en usufruit. Et, comme le tesmoin oculaire de ces choses fut entré dans sa chambre, et que le chirurgien lui eut demandé ce que signifioit cette rumeur, se tournant vers l'admiral, il lui dit : « C'est Dieu qui nous appelle à luy ; la maison est forcée ; et n'y a point moyens de résister. » « Il y a long temps, respondit l'admiral, que je me suis préparé à la mort : pensez, vous autres, à vous sauver, s'il est possible ; car en vain vous efforceriez-vous de pourveoir à ma vie. Je recommande mon âme à la miséricorde de Dieu. » Et fut remarqué de ceux qui rendent ce témoignage, que son visage ne parut non plus troublé que si rien ne fût arrivé de nouveau. Ainsi, chacun, hormis un, nommé Nicolas de la Manche, son interprète de la langue allemande et serviteur domestique très-fidèle, ayant monté au hault du logis et trouvé une fenêtre aux tuiles, il y en eust quelques-uns qui, à la faveur de la nuit, se sauvèrent. Cependant Cosseins, après avoir fait détourner les coffres et autres embarras, fit premièrement entrer quelques suisses, vestus de vert, blanc, et noir, couleurs du duc d'Anjou, qui n'offensèrent pas un des quatre autres de leur compatriotes qu'ils rencontrèrent sur les degrez ; mais Cosseins, ayant la cuirasse, la rondache et l'épée nue en la main, aussitôt qu'il les eut aperçus, fit tirer le plus proche de ses arquebusiers sur eux, dont l'un tomba mort du coup ; puis un Allemand, nommé Besme, natif du duché de Wurtemberg, et filz, comme l'on dict, d'un qui avoit eu la charge de l'artillerie, fut le premier qui entra dans la chambre ; et, ayant demandé à l'admiral qu'il vit assis, s'il n'étoit pas l'admiral, il lui répondit : « Je le suis ; mais toi, jeune homme, respecte mes cheveux gris et ma vieillesse. » Lors Besme, sans autre repartie de paroles, lui donna un coup d'épée sur la tête et fut le premier qui s'ensanglanta du sang de l'admiral que Cosseins, Alteins et aultres qui suivirent, achevèrent. Et, ayant fait jeter le corps par les fenêtres dans la cour (où le duc de Guise le frappa du pied), il demeura exposé à toute sorte d'ignominie, partie de ses membres coupés, traisné par les boues, et enfin trois jours après pendu par les pieds à Montfaucon, où il demeura quelques jours pour trophée et marque de cruauté et rage que le peuple de Paris exerça, non-seulement sur lui estant en vie, mais aussi sur son corps mort : ce que la postérité ne mettra pas en oubly, et que plusieurs de grand jugement présagent devoir estre fatal au principal auteur de sa mort. »

CASTELNAU.

PROCÈS DU PRINCE DE CONDÉ.

François II fit son entrée en la dite ville d'Orléans le dix-huitième octobre, et fut receu avec les solemnités accoutumées aux nouveaux roys. Le dernier jour d'octobre arrivèrent le roy de Navarre et le prince de Condé en la dicte ville d'Orléans seulement avec leurs serviteurs et trains ordinaires, et après avoir salué le roy et la reine sa mère, le roy dit au prince de Condé qu'il avoit advertissement de plusieurs entreprises qu'il avoit faites contre sa personne et son estat, qui estoit l'occasion de l'avoir mandé pour estre esclairci de la vérité d'une chose de telle importance, et contre son devoir de sujet et parent.

Lors le prince, doué de grand courage, et qui disoit aussi bien que prince et gentil-homme qui fust en France, ne s'estonna point, ains deffendit la cause devant le roy avec beaucoup de bonnes et fortes raisons; mais elles ne peurent le garantir que dès lors il ne fust constitué prisonnier et mis ès mains de Chavigny, capitaine des gardes, qui le mena incontinent en une maison de la ville, laquelle fut aussitost fort bien grillée, et flancquée de quelques canonnières, et fortifiée de soldats, combien que le roy de Navarre suppliast humblement le roy de luy bailler son frère en garde, ce qui luy fut tout refusé.

Et comme un jour quelques-uns de ses serviteurs et amis, qui avoient licence de le voir et de luy parler en présence de sa garde, luy dirent qu'il falloit trouver quelque bon moyen de l'accorder avec ceux de Guise, ses cousins germains, qui luy pourroient faire beaucoup de plaisirs, il respondit, comme piqué de colère, qu'il n'y avoit meilleur moyen d'appointement qu'à la pointe de la lance. Cette response fut trouvée bien digne de son courage, comme aussi plusieurs autres propos pleins de menaces, desquels il ne se pouvoit retenir, ce qui irritoit le roy encore davantage et son conseil. De sorte qu'à l'instant l'on envoya quérir Christophe de Thou, président, Bartélemy Faye, et Jacques Violle, conseillers au parlement, et Gilles Bourdin, procureur général du roy, accompagnez du greffier du Tillet, afin de faire son procès.

Les juges arrivez, furent au logis où il estoit prisonnier, et luy dirent la charge qu'ils avoient du roy, en le priant et interpellant de respondre aux objections. Lors il demanda qu'il luy fût permis de communiquer avec son conseil, ce qui luy fut octroyé, encore qu'en matière de crimes et principalement de lèze-majesté, dont l'on le chargeoit, l'on ne soit pas receu de communiquer au conseil.

Aussi-tost il envoya quérir Claude Robert et François de Marillac, advocats au parlement de Paris, par lesquels il fut conseillé de ne pas respondre par devant les commissaires susdicts, ains demander son renvoy pardevant les princes du sang et pairs de France, attendu sa qualité. Néantmoins le président luy fit commandement de respondre, auquel le prince déclara qu'il en appelloit.

Le jour suivant, qui fut le quinziesme de novembre, il fut dit par le conseil qu'il avoit mal et sans grief appelé; et l'arrest du conseil luy estant prononcé, il en appela derechef; mais d'autant, qu'il n'y a point d'appel du roy, séant en son conseil, parce que les arrests rendus au conseil privé, n'ont autre jurisdiction que l'absolue déclaration de la volonté particulière du roy, pour cette cause ledict prince *appela du roi mal conseillé au roy bien conseillé*, à l'exemple d'un nommé Machetas condamné par Philippe, roy de Macédoine.

Et combien que le président luy eust déclaré qu'il eust à respondre par devant luy, sur peine d'estre atteint et convaincu des crimes dont il estoit chargé, néantmoins appel, et le tout rapporté au roy, afin que, sous sa taciturnité, il ne fust condamné comme convaincu, il fut advisé qu'il respondroit pardevant ledict Robert son advocat, auquel il fut enjoint de demander audict prince ce qu'il vouloit dire sur les accusations et crimes que l'on luy mettoit sus, et de luy faire signer sa response, ce qu'il fit.

Or, de ladite response l'on ne pouvoit rien tirer pour asseoir jugement sur la condamnation, toutefois l'on avoit gagné ce point sur luy, qu'il avoit respondu.

Sur cela l'on assembla grand nombre de chevaliers de l'Ordre et quelques pairs de France, avec plusieurs autres conseillers du privé conseil, par l'advis desquels, ainsi que plusieurs estimoient, après avoir veu les charges et informations, il fut condamné à la mort dont l'arrest auroit esté signé de la plus grande partie. Cela estant, ledict advocat Robert, qui l'avoit au commencement bien conseillé, sembla avoir fait une grande faute, et luy avoir fait grand préjudice, de le faire respondre aux articles que luy avoit proposez le président; mais il luy fit encore plus de tort de les luy faire signer, quoy qu'il eust commandement de ce faire; car le roy ne le pouvoit aucunement contraindre de faire ce son advocat son juge.

Et quant à l'incompétence des autres juges, il y avoit quelque apparence par l'ordonnance de Louis XI, parce qu'un simple chevalier de l'Ordre n'estoit tenu de respondre pardevant juges ny commissaires qui ne fussent tous de l'Ordre, ou pour le moins commis du corps et chapitre d'iceluy. A plus forte raison ne pouvoit-on procéder contre un prince du sang, chevalier de l'ordre, lequel, par les anciennes ordonnances et coustumes en tel cas observées, ne pouvoit estre jugé que par l'assemblée des pairs de France, encore qu'il ne fust question que de l'honneur; mais au faict du prince de Condé, il y alloit de la vie, des biens et de l'honneur. Et de faict, la cour de parlement fit respondre au roy Charles VII, l'an 1458, que Jean d'Alençon, prince du sang, qui fut condamné à mort, ne pouvoit estre jugé, sinon en la présence des pairs, sans qu'il leur fust loisible de substituer. Et en semblable occasion, sur ce que le roy Louis XI demanda, lorsqu'il fut question de faire le procez à Réné d'Anjou, roy de Sicile, la cour fit mesme response, l'an 1475; et qui plus est, il fut dit que l'on ne pouvoit donner arrest interlocutoire contre un pair de France, quand il y va de l'honneur, sinon que les pairs soient assemblez. Et mesme il y a une protestation faite, dès l'an 1386, par le duc de Bourbon, premier pair de France, au roy Charles VI, par laquelle il est porté que le roy ne devoit assister au jugement du roy de Navarre, et que cela n'appartenoit qu'aux pairs. Et allegue une pareille protestation faite au roy Charles V, afin qu'il ne fust present au jugement et condamnation du duc de Bretagne, prince du sang; et où il voudroit passer outre, les pairs demandèrent en plein parlement acte de leur protestation, ce qui leur fut accordé, et, pour cette cause, Louis XI ne voulut pas donner sentence au jugement de Pierre Maucler, comte de Flandres, ny Philippe-le-Long au jugement de Robert, comte d'Artois, tous princes du sang, et tous atteints de crime de lèze-majesté : ains les arrest sont donnez au nom des pairs, et non pas du roy. Et en cas beaucoup moindre, où il n'estoit question que de la succession d'Alphonse, comte de Poictiers entre le roy Louis IX et les héritiers dudict comte, le roy ne donna point son advis, ny mesme quand il fut question de l'hommage que devoient faire les comtes de Champagne; ce qui fut jugé par les pairs de France, où le roy estoit présent, mais non pas juge, comme il se peut voir par l'arrest qui fut rendu l'an 1216, où les pairs de France donnèrent leurs sentences comme seuls juges : et sans aller plus loin, au procès du marquis de Saluces il fut soutenu que le roy n'y devoit point assister, parce qu'il y alloit de la confiscation du marquisat.

A plus forte raison donc estoit-il besoin que les princes de France et les pairs fussent assemblez au jugement du prince de Condé, ou du moins appelez s'ils n'y pouvoient assister.

Et si ledict prince n'eust respondu ny signé sa response, et que seulement il eust persisté au renvoy qu'il avoit requis, il ne pouvoit estre condamné ; car j'ay toujours ouy dire que le silence des accusez ne leur peut nuire, si les juges ne sont tels qu'ils ne se puissent recuser, et principalement quand l'accusé a demandé son renvoy, offrant de procéder pardevant ses juges, et sur le refus à luy fait qu'il aye appelé, comme avoit fait le prince de Condé. Cette formalité ne fut pas bien entendue par le comte de Courtenay, baron de Dammartin, lequel ayant respondu et procédé volontairement pardevant les commissaires de la cour de parlement, le condamnèrent à mourir, et fut exécuté l'an 1569, quoy qu'il fust chevalier et pris avec son ordre.

Pour le regard du prince de Condé, le roy, qui croyoit certainement qu'il avoit voulu attenter à son estat et personne, et se faire chef de la conjuration d'Amboise, et introduire une nouvelle religion en France, ne vouloit recevoir aucunes raisons ny excuses qu'il alléguast, ny la princesse sa femme, laquelle sollicitoit jour et nuit, et se mettoit souvent à genoux devant sa majesté avec infinies larmes, suppliant de luy permettre qu'elle le vint voir et parler de luy. Mais le roy ne se put tenir de luy dire tout haut que son mary luy avoit voulu oster sa couronne et estat, et l'avoit voulu tuer (1).

(1) La mort de François II, arrivée peu de temps après, changea la face des affaires, et le prince de Condé fut sauvé.

Michel de Castelnau naquit en 1520. Sous Henri II, il servit tour à tour sur terre et sur mer, mais c'est surtout comme négociateur qu'il rendit de grands services à la France, pendant les règnes de François II, de Charles IX, de Henri III et de Henri IV. Castelnau mourut en 1592, dans son château de Joinville, en Gâtinais, après s'être presque ruiné au service de son pays.

« Ses mémoires, dit M. Petitot, sont le monument historique le plus instructif de cette époque : l'auteur ayant été employé dans presque toutes les grandes affaires, les présente sous leur véritable point de vue. Il ne se livre à aucune déclamation, garde la mesure la plus parfaite, et, tout en regardant comme dangereuses les doctrines des nouveaux sectaires, il ne dissimule pas les torts des catholiques dont il a embrassé le parti. Sa narration est élégante, claire et précise ; qualités très-rares dans les écrivains du seizième siècle. Par la sagesse ainsi que par la profondeur de ses observations, Castelnau mérite d'être placé à côté de Philippe de Comines, qu'il paraît avoir pris pour modèle. »

PALMA CAYET.

LA JOURNÉE DES BARRICADES.

Bientôt le roy fut adverty que le duc de Guyse n'estoit venu qu'avec huict gentils-hommes, mais que l'archevesque de Lyon, son confident, et tous les principaux capitaines de la Ligue estoient venus sous ombre d'avoir quelques affaires à Paris, et s'estoient logez par tous les quartiers de la ville. La hardiesse du duc de Guyse, qui y estoit aussi venu contre son commandement, et luy avoit esté descouverte, le rend soupçonneux; il se résoult donc de faire sortir tous les gentils-hommes de la Ligue qui estoient venus de nouveau à Paris, et de se rendre le plus fort pour chastier quelques factieux des Seize; mais voicy ce qu'il advint.

Le 12 may, à la pointe du jour, le roi fait entrer par la porte Sainct-Honoré le régiment de ses gardes françoises et celuy des Suisses. Les Suisses furent placés au cimetière Sainct-Innocent, à la place de Grève et au marché Neuf; les gardes françoises se rangèrent sur le petit pont, sur le pont Sainct-Michel et sur le pont Nostre-Dame.

Le prevost des marchands et les eschevins de la ville estoient advertis de l'intention du roy; il avoit envoyé mesme à M. de Guyse luy dire qu'il luy envoyast le nombre de ses gens : mais les Seize qui estoient en perpétuelle deffiance, se doutèrent bien que l'on en vouloit à eux.

Les gens de guerre du roy ne commençoient que d'entrer dans la rue Sainct-Honoré, que Crucé, procureur du Chastelet, l'un des Seize et l'autheur de leur première esmeute, appellée du depuis l'esmeute de Crucé, en receut l'advis; et sur les quatre heures et demie du matin, il fait sortir trois garsons de sa maison, sans manteaux, lesquels allèrent par toute l'Université criant : Alarme! alarme! Les bourgeois qui n'estoient de la faction des Seize leur demandoient que c'estoient : « C'est Châtillon, respondoient-ils, avec ses huguenots, qui est dans le faux-bourg Sainct-Germain; » et sans s'arrester continuoient leur cry *alarme! alarme!* Tous ceux de ceste faction sortirent incontinent avec leurs armes; chacun se rend au corps de garde de son quartier, et (comme rapporte le livre du Manant et du Maheustre), suyvant la résolution qu'ils avoient prise entr'eux plus d'un an devant, ils se barricadèrent par toute l'Université et jusques contre le petit Chastelet; et comme les sentinelles du costé de la rue se posoient par les gardes du roy, Crucé mit des mousquetaires de l'autre. Aussitost que quelques-uns des Seize qui demeuroient en la rue Neufve veirent que les Suisses se mettoient dans le marché Neuf, ils firent tendre la chesne de la rue neufve Nostre-Dame, la font border de muids, et tous ceux de leur faction dont il y en avoit nombre en ces quartiers-là, bordèrent incontinent ceste barricade de mousquets, et montrèrent avec leur contenance aux Suisses qu'ils les feroient bien-tost retirer de devant eux.

Les mareschaux de Biron et d'Aumont, et plusieurs chevaliers des ordres du roy arrivèrent lors, qui, voyant que le peuple fermoit ses boutiques et couroit aux armes, leur commandoient de ne le pas faire, monstroient leurs ordres au peuple, disoient leurs qualités, les asseuroient sur leurs vies qu'aucun tort ne leur seroit fait, qu'ils avoient charge du roy de les en asseurer; mais les gentils-hommes et capitaines du party du duc de Guysè, qui se trouvèrent incontinent départis et qui estoient logez par toutes les dizaines avec les plus remuans des Seize, disoient au peuple : « Ne croyez ces politiques, ils vous pipent; ces gens-d'armes et ces Suisses ne sont entrez pour autre effect que pour les mettre en garnison en vos maisons, pour vous rendre misérables, piller vos biens, et en contenter les mignons. » La Cité et toute l'Université fut toute barricadée sur les neuf heures, la ville ne le fut que sur le midy, et furent continuées les barricades si vivement, que les sentinelles furent mises à trente pas du Louvre.

Crucé, qui conduisoit ceux de l'Université, estoit des plus ardents; des paroles il vint aux effects, les siens font retirer les gardes du roy, et se saisissent du petit Chastelet. En mesme temps que le roy est adverty de ce tumulte, il commande que l'on face donc retirer ses gardes; il n'estoit plus temps de le dire, car, sur l'occasion d'un coup qui fut tiré, ceux qui estoient dans la rue Neufve et du petit Chastelet sortent, tirent sur les Suisses qui estoient au marché Neuf, qui ne se deffendirent point; il en fut tué quelque vingtaine, et vint-cinq ou trente de blessez.

M. de Brissac, qui avoit charge du duc de Guyse de commander au quartier de l'Université, voyant qu'ils crioient : *Bonne France! bon catholique!* aucuns d'eux monstrans leurs chapelets, fit cesser la tuerie, et les fit tous retirer dans la boucherie du marché Neuf. En mesme temps les gardes du roy qui estoient sur les ponts furent chargez et renversez, aucuns désarmez, et contraints de s'enfermer dans quelques maisons, mais sur le commandement de M. de Guyse, le sieur de Brissac fit sortir et conduire les Suisses du marché Neuf où ils estoient enfermez, jusques au Louvre ; le capitaine Sainct-Paul, qui commandoit au quartier de la Cité, fit en mesme temps retirer les gardes du roy, les armes bas et le bonnet au poing. Les Suisses qui estoient aux autres places firent de mesme. Cependant les Seize se saisissent de l'hostel de ville, de la porte Sainct-Antoine et de toutes les places publiques de la ville; bref ils ont tous les mains à la besongne. Le lendemain on conseille au roy de faire retirer tous les gens de guerre qu'il avoit, et que le peuple s'apaiseroit : il les faict sortir.

Mais nonobstant cela il est adverty que les Seize ne se contentent, qu'ils veulent passer plus outre, qu'ils ne veulent demeurer en si beau chemin, que tout s'arme de nouveau, qu'ils veulent avoir le Louvre et sa personne, que l'on assembloit mesme dans le cloistre de Sainct-Séverin les jeunes escoliers, prestres et moynes, qui avoient tous les bords de leurs chapeaux retroussez, et sur le troussis chacun une croix blanche, armez d'espée et de poignard, et que l'on descendoit mesme quantité de faisseaux de picques d'un logis au carrefour Sainct-Séverin, lesquelles on leur devoit bailler pour venir droict au Louvre.

Messieurs du conseil remonstrèrent lors au roy quelques exemples de la furie des peuples, lesquelles il vaut mieux esviter qu'attendre; le conseillent de se retirer de Paris, et fondèrent leur jugement sur quatre advis qui arrivèrent coup sur coup d'une résolution prise à l'hostel de Guyse de se saisir et du roy et du Louvre.

Le royne mère conteste contre eux, leur dit : « Hier, je ne congnus point aux paroles de M. de Guyse qu'il eust d'autre envie que de se ranger à la raison : j'y retourneray présentement le veoir, et m'asseure que je lui feray appaiser ce trouble. » Elle se trompa, car estant retournée vers luy, l'ayant prié d'appaiser ceste esmotion, et qu'il pouvoit s'asseurer sur sa foy de venir trouver le roy, duquel elle luy feroit avoir tout le contentement qu'il en pouvoit espérer, il luy respondit fort froidement qu'il n'estoit point cause de l'esmotion du peuple, qu'il ne l'avoit assisté que pour la nécessité où il s'estoit trouvé, et que ses amys ne le conseilleroient pour le présent d'aller au Louvre, foible et en pourpoint, à la mercy de ses ennemis. La royne mère cognut lors que les advis que le roy avoit receus approchoient de la vérité. Mo Pinart, secrétaire d'estat, estoit avec elle; elle le fit tout soudain retourner en diligence vers sa majesté, pour l'avertir qu'elle avoit recogneu qu'il y avoit quelque dessein extraordinaire contre luy.

Pierre-Victor Palma Cayet naquit, en 1525, à Montrichard, en Touraine, et fut élevé dans la religion catholique que ses parents professaient.

Ayant fait des progrès très-rapides dans ses études, il fixa l'attention du célèbre Ramus, dont il fut l'ami intime. Cayet, devenu protestant, obtint les fonctions de pasteur dans la petite paroisse calviniste de Montreuil-Bonnin, en Poitou, dont François de la Noue était seigneur. Ce grand capitaine fit connaitre Cayet à la reine de Navarre, Jeanne d'Albret, qui ne tarda pas à l'attacher à son fils comme son précepteur. La conversion de Henri IV ayant déterminé plusieurs protestants à embrasser le catholicisme, Cayet, se fit instruire et abjura en 1595.

Cayet écrivit l'histoire de son temps sous le titre de *Chronologie novenaire*, parce qu'elle comprend un espace de neuf ans, depuis 1589 jusqu'à 1598.

Après avoir terminé le grand ouvrage historique qu'il avait entrepris, Cayet mourut à Paris, âgé de 85 ans, le 10 mars 1610, deux mois avant l'attentat qui ravit aux Français Henri IV, son élève.

Après les événements qui sont rapportés ici et la fuite du roi à Chartres, le duc de Guise pouvait, en déployant un peu plus de courage, s'emparer de la couronne. Son hésitation le perdit. Il fut assassiné dans l'année.

On ne peut, à propos de la journée des barricades, oublier les paroles probes et sévères du premier président Achille de Harlai au duc de Guise, qui était venu le voir. « C'est grand pitié quand le valet chasse le maitre; au reste, mon âme est à Dieu, mon cœur est à mon Roi, et mon corps entre les mains des méchants : qu'on en fasse ce qu'on voudra. »

BRANTOME.

MORT DE BAYARD [1].

En cette mesme retraite fut tué aussi ce gentil et brave monsieur de Bayard, à qui ce jour monsieur de Bonnivet, qui avoit esté blessé en un bras d'une heureuse harquebuzade et pour ce se faisoit porter en litière, luy donna toute la charge et le soin de l'armée et de toute la retraite, et luy avoit recommandé l'honneur de France. Monsieur de Bayard qui avoit eu quelque pique auparavant avec luy, respondit : « J'eusse fort voulu et qu'il eust ainsi plu à Dieu, que vous m'eussiez donné cette charge honorable, en fortune plus favorable à nous autres qu'à cette heure; toutefois, de quelle manière que la fortune traitte avec moy, je ferai en sorte que tant que je vivray rien ne tombera entre les mains de l'ennemy, que je ne le deffende valeureusement. » Ainsi qu'il le promit, il le tint; mais les Espagnols et le marquis de Pescayre, usans de l'occasion, furent trop importuns à chasser les François, qu'ainsi que monsieur de Bayard les faisoit retirer toujours peu à peu, voicy une grande mousquetade qui donna à monsieur de Bayard, qui lui fracassa tous les reins.

Aussitost qu'il se sentit frappé, il s'escria : « Ah, mon Dieu! je suis mort. » Si prit son espée par la poignée et en baisa la croisée, en signe de la croix de nostre Seigneur, et dit tout haut : *Miserere mei Deus* ; puis, comme failly des esprits, il cuida tomber de cheval, mais encore eut-il le cœur de prendre l'arçon de la selle, et demeura ainsi jusques à ce qu'un gentilhomme, son maistre d'hostel, survint, qui luy ayda à descendre et l'appuyer contre un arbre.

Soudain voilà une rumeur entre les deux armées, que monsieur de Bayard estoit mort. Voyez comme la renommée soudain publie le mal, comme le bien. Les nostres s'en effrayèrent grandement; si bien que le désordre fut grand parmy eux, et les Impériaux furent promps à les chasser. Si n'y eust-il galant homme parmy eux, qui ne le regrettoit; et le venoit voir qui pouvoit, comme une belle relique, en passant et chassant toujours; car il avoit cette coustume de leur faire la guerre la plus honneste du monde et la plus courtoise; et y en eut aucuns qui furent si courtois et bons, qu'ils le voulurent emporter en quelque logis là-près; mais il les pria qu'ils le laissassent dans le camp mesme qu'il avoit combattu, ainsi qu'il convenoit à un homme de guerre et qui avoit toujours désiré de mourir armé.

Sur ce arriva monsieur le marquis de Pescayre qui luy dit : « Je voudrois de bon cœur, monsieur de Bayard, avoir donné la moitié de mon vaillant, et que je vous tinsse mon prisonnier, bien sain et bien sauve, afin que vous puissiez ressentir par les courtoisies que recevriez de moy, combien j'estime vostre valeur et vostre haute prouesse. Je me souviens qu'estant bien jeune, le premier los que vous donnèrent ceux de ma nation, ce fut qu'ils disoient : *muchos grisonnes, y pocos Bayardos* [2]. Aussi, depuis que j'ai eu connoissance des armes, je n'ay point ouy parler d'un chevalier qui approchast de vous. Et puisqu'il n'y a remède de la mort, je prie Dieu qu'il retire vostre belle âme auprès de luy, comme je croy qu'il le fera. »

Incontinent monsieur le marquis de Pescayre députa gardes auprès dudit sieur de Bayard, et leur commanda qu'elles ne bougeassent d'auprès de luy, et, sur la vie, ne l'abandonnassent qu'il ne fust mort, et qu'il ne luy fust fait aucun outrage, ainsi qu'est la coustume d'aucune racaille de soldats qui ne sçavent encore les courtoisies de la guerre, ou bien des grands marauts de goujats qui sont encore pires. Cela se voit souvent aux armées.

Il fut donc tendu à monsieur de Bayard un beau pavillon, pour se reposer; et puis, ayant demeuré en cet estat deux ou trois heures, il mourut; et les Espagnols enlevèrent son corps avec tous les honneurs du monde en l'église, et par l'espace de deux jours luy fut fait service très-solemnel; et puis les Espa-

---

[1] 30 avril 1524. Fut enterré à Grenoble dans l'église des Minimes, bâtie par un de ses oncles, évêque de cette ville.

[2] Beaucoup de grisons et peu de Bayards.

gnols le rendirent à ses serviteurs qui l'emmenèrent en Dauphiné, à Grenoble; et là, receu par la cour de Parlement et une infinité de monde, qui l'allèrent recueillir et luy firent de beaux et grands services en la grande église de Nostre-Dame, et puis fut porté en terre à deux lieues de là, chez les Minimes.

Brantôme (Pierre de Bourdeilles, seigneur de l'abbaye de) naquit en Périgord, vers 1527, et mourut le 5 juillet 1614.

Voici son épitaphe faite par lui-même, qui peut être regardée comme un abrégé exact de sa vie :

« Passant, si, par cas, ta curiosité s'étend de savoir qui gît sous cette tombe, c'est le corps de Pierre de Bourdeilles, en son vivant, chevalier, seigneur et baron de Richemond, etc., etc., conseigneur de Brantôme: extrait, du côté du père, de la très-noble antique race de Bourdeilles, renommée de l'empereur Charlemagne, comme les histoires anciennes et vieux romans françois, italiens, espagnols, titres vieux et antiques de la maison le témoignent de pères en fils jusques aujourd'hui; et, du côté de la mère, il fut sorti de cette grande et illustre race issue de Vivonne et de Bretagne. Il n'a dégénéré, grâce à Dieu, de ces prédécesseurs : il fut homme de bien, d'honneur et de valeur, comme eux: aventurier en plusieurs guerres et voyages étrangers et hasardeux. Il fit son premier apprentissage d'armes sous ce grand capitaine M. François de Guise; et pour tel apprentissage, il ne désire autre gloire et los; donc cela seul suffit. Il apprit très-bien sous lui de bonnes leçons qu'il pratiqua avec beaucoup de réputation pour le service des rois ses maîtres. Il eut sous eux charge de deux compagnies de gens de pied. Il fut, en son vivant, chevalier de l'ordre du roi de France, et, de plus, chevalier de l'ordre de Portugal, qu'il alla quérir et recevoir là lui-même, du roi don Sébastien, qui l'en honora au retour de la conquête de la ville de Belis, en Barbarie, où ce grand roi d'Espagne, don Philippe, avoit envoyé une armée de cent galères et douze mille hommes de pied. Il fut après gentilhomme ordinaire de la chambre des deux rois Charles IX et Henri III, et chambellan de M. d'Alençon, et outre fut pensionnaire de deux mille livres par an, dudit roi Charles, dont il en fut très-bien payé tant qu'il vécut, car il l'aimoit fort, et l'eût fort avancé s'il eût vécu que le dit Henri. Bien qu'il les eût tous les deux très-bien servis, l'humeur du premier s'adonna plus à lui faire du bien et des grâces plus que l'autre. Aussi la fortune ainsi le vouloit. Plusieurs de ses compagnons, non égaux à lui, le surpassèrent en bienfaits, états et grades, mais non jamais en valeur et en mérite. Le contentement et le plaisir ne lui en sont pas moindres. Adieu, passant, retire-toi, je ne t'en puis dire plus, sinon que tu laisses jouir de repos celui qui, en son vivant, n'en eut, ni d'aise, ni de contentement, ni de plaisir. Dieu soit loué pourtant du tout et de sa sainte grâce. »

Comme écrivain, Brantôme est plein de charmes. Conteur habile, infatigable, témoin et acteur de presque toutes les scènes qu'il raconte, il sait passionner ses lecteurs et les intéresser au récit qu'il leur fait. Moraliste peu sévère, il trouve quelquefois des paroles éloquentes pour peindre ce qui est grand et vertueux.

Enfin Brantôme nous introduit au milieu des personnages dont il retrace la vie ; on a dit de lui qu'il était *le valet de chambre de l'histoire*.

Ses ouvrages sont: *Vie des hommes illustres et des grands capitaines.* — *La Vie des dames illustres.* — *Anecdotes touchant les duels.* — *Rodomontades et juremens des Espagnols.* — *Mémoires de P. de Bourdeilles, seigneur de Brantôme.*

MORT DU CONNESTABLE ANNE DE MONTMORENCY.

Je retourne encore à ce grand connestable, lequel, s'il entreprit la première guerre civile pour l'honneur de Dieu, il retourna à la seconde de pareille volonté, autant pour l'exaltation de Dieu et de son église, que du despit qu'il eut de la journée de Maux et de l'affront qui fut fait au roy cette fois, dont il en fut en si grande colère qu'il jura la ruyne des Huguenots et de ses nepveux et tout, ou qu'il y mourroit; et pour ce, leur livra la bataille de Saint-Denis dont il en prit l'occasion bien à point, et selon sa prévoyance et sagesse accoustumée de guerre. Cela est escrit en nos histoires.

Bien diray-je que ce grand capitaine se gouverna, non seulement en sage capitaine, mais en très-vaillant. Et, s'il vous plaist, en quel âge? c'estoit en sa quatre-vingtiesme année ; car, estant furieusement assailly, comme celuy qu'on avoit remarqué, il combattit et se défendit très-vaillamment. Il donna un coup d'espée à travers le corps d'un gentil-homme au défaut de l'harnois, qui en tomba par terre; et en le blessant ainsi, voicy venir un autre qui luy donna un coup de pistolet à travers les reins, qu'il perça aysement à cause de sa cuirasse qui n'estoit guères à l'espreuve, pour l'amour de la pesanteur dont son vieil âge ne vouloit qu'il en fust guères chargé.

Toutesfois, luy, ne perdant courage, se tourna aussitost vers celuy qui l'avoit blessé, et luy donna des gardes et du pommeau de son espée contre la bouche, qu'il luy en froissa deux dents, si bien que de long-temps la bouillie luy servit de manger.

De plus, il opiniastra encore au combat, de telle façon qu'il fut blessé en trois ou quatre endroits ; et s'affoiblissant par ses playes peu à peu, il tomba par terre; et estant revenu à soy et relevé, il demanda s'il estoit encore beaucoup de jour, et qu'il ne se faloit amuser là, et qu'il faloit roidement poursuivre la victoire; car elle estoit à nous.

Voyez quel cœur et quel jugement en ce brave vieillard ! Puis, s'addressant à monsieur de Sansay, honneste gentil-homme qu'il aymoit fort, luy dit : « Mon cousin de Sansay (car ainsi l'appeloit-il tousjours), je suis mort; mais ma mort est fort heureuse de mourir ainsi. Je n'eusse sçeu mourir ny m'enterrer en un plus beau cimetière que celuy-cy. Dites à mon roy et à la reyne, que j'ay trouvé à la fin l'heureuse et la belle mort dans mes playes, que tant de fois j'avois pour ses pères et ayeuls recherchée. »

Et là-dessus, il se mit à faire ses oraisons accoustumées, pensant et voulant mourir en ce champ. Mais ceux qui estoient auprès de luy, l'asseurant que ce ne seroit rien, comme cela se fait ordinairement, et qu'avec l'ayde de Dieu il se pourroit guérir; qu'il estoit très-nécessaire qu'il se fist porter dans Paris, ce qu'il permit fort mal-aysément; disant tousjours le bon-homme, qu'il vouloit mourir dans le champ de bataille, comme il avoit tousjours désiré. A la fin, il fut tant prié, sollicité et requis, qu'il permit d'estre porté.

« Je le veux donc, dit-il, non pour espoir que j'aie de guérison, car je suis mort; mais pour voir le roy et la reyne et leur dire adieu, et leur porter par mes playes et ma mort l'asseurance de la fidélité que j'ay tousjours portée à leur service; » ce qu'il leur sceut aussi-tost très-bien dire d'une grande constance et les larmes à l'œil pourtant; et leur proféra les mesmes mots qu'il avoit chargé le sieur de Sansay leur porter, avec force autres qu'il dit. Leurs Majestez les ouyrent avec force larmes, et tous ceux et celles qui estoient en la chambre, qui ne se pouvoient saouler de louer et admirer le grand courage de ce seigneur; et puis, pressé de douleurs extrêmes, il mourut en telle et incomparable gloire. Car, qu'on m'aille feuilleter par toutes les histoires du monde, on ne trouvera jamais une telle vaillance, un tel âge et une telle mort, meslées ensemble en une seule personne.

Anne de Montmorency, connétable de France, naquit à Chantilly, en 1493. Il fit ses premières armes en Italie, et vit tomber, à Ravenne, le jeune Gaston de Foix. Il défendit Mézières avec Bayard, et sut se distinguer par sa bravoure même aux côtés des plus héroïques des chevaliers. En 1522, Montmorency fut créé maréchal; en 1523, il contraignit le connétable de Bourbon, que les injustices de François Ier avaient fait perdre à la France, à lever le siège de Marseille. Fait prisonnier à la malheureuse bataille de Pavie, Montmorency revint dans sa patrie, où François Ier lui donna la charge de grand-maître de France. En 1536, il empêcha Charles-Quint d'envahir toute la Provence, et conquit le glorieux surnom de *Fabius français*. Après d'autres services, Anne reçut, le 10 février 1538, l'épée de connétable. Objet de la haine de la comtesse d'Étampes, Montmorency obtint les honneurs d'une disgrâce. Retiré à Chantilly, il ne reparut à la cour que lors de l'avènement de Henri II. En 1548, le connétable apaisa une insurrection de Bordeaux, de la Guyenne et de la Saintonge. Implacable après la victoire, Anne ayant fait couler beaucoup de sang, obligea le roi à la révoquer. En 1557, voulant secourir Saint-Quentin assiégé par les Espagnols, Anne éprouva un grand échec: couvert de blessures, il tomba lui-même entre les mains des vainqueurs. Après avoir payé sa rançon, il signa, en 1559, la paix *malheureuse* de Cateau-Cambrésis. La mort de Henri II ôta toute influence au connétable, qui reparut pourtant quelquefois à la cour de François II et de Charles IX. Quoique fidèle à l'Église, il se lia d'abord avec les chefs huguenots contre la maison de Lorraine; puis ensuite il se jeta dans le parti catholique, dont il partagea toutes les fureurs. En 1562, il remporta la victoire de Dreux, chassa les Anglais du Havre, gagna enfin la bataille de Saint-Denis, le 10 novembre 1567. Ce fut là qu'il trouva la mort.

Anne de Montmorency fut un sujet fidèle, un général brave et malheureux, un esprit étendu, mais un cœur dur jusqu'à la cruauté. Sa figure historique mérite d'être étudiée. Montmorency est l'un des héros de la féodalité. On assure qu'au lieu de se montrer affligée de sa mort, Catherine de Médicis s'aventura jusqu'à dire : « J'ai deux grandes obligations au ciel ; l'une que le connétable ait vengé la France de ses ennemis, et l'autre que les ennemis m'aient débarrassée du connétable. » Tout le génie de Catherine respire dans cette phrase.

La vie du connétable a été racontée par Brantôme avec une originalité, un esprit, et parfois une élégante concision qui font de cette œuvre l'un des meilleurs écrits.

BLAISE DE MONTLUC.

UNE EXÉCUTION EN 1562.

Il y avoit un village, à deux lieues d'Estillac, qui se nomme Sainct-Mézard, dont la plus grande partie est au sieur de Rouillac, gentil-homme de huict ou dix mille livres de rente : quatre ou cinq jours avant que j'y allasse, les huguenots de sa terre s'estoient eslevez contre luy, pource qu'il les vouloit empescher de rompre l'église et prendre les calices ; et le tindrent assiégé vingt-quatre heures dans sa maison ; et sans un sien frère nommé monsieur de Sainct-Aignan, et des gentils-hommes voisins qui l'allèrent secourir, ils luy eussent couppé la gorge ; et autant en avoient fait ceux d'Astefort aux sieurs de Cup et de La Monjoie ; et desjà commençoit la guerre descouverte contre la noblesse. Je recouvrai secretement deux bourreaux, lesquels on appella depuis mes laquais, parce qu'ils estoient souvent après moy, et mandai à monsieur de Fontenille, mon beau-fils, qui portoit mon guidon et estoit à Beaumont de Lomaigne avec toute ma compagnie, estant là en garnison, qu'il partist le jeudy à l'entrée de la nuict, et qu'à la pointe du jour il fuct audit Sainct-Mézard, et qu'il prinst ceux-là que je luy envoyois par escrit, dont il y en avoit un, et le principal, qui estoit nepveu de l'advocat du roy et de la royne de Navarre à Lectoure, nommé Verdery. Or ledit advocat estoit celuy qui entretenoit toute la sédition, et m'avoit-on mandé secretement qu'il s'en venoit le jeudy mesme à Sainct-Mézard, car il y a du bien. J'avois délibéré de commencer par sa teste, pource que j'avois adverty le roy de Navarre en cour, que cedit Verdery, et autres officiers qu'il avoit audit Lectoure, estoient les principaux autheurs des rebellions ; et en avois autant escrit à la royne, des officiers du roy, laquelle m'avoit respondu que je m'attaquasse à ceux-là les premiers ; et le roy de Navarre m'avoit escrit par sa lettre que si je faisois pendre aux basses branches d'un arbre les officiers du roy, que je fisse pendre les siens aux plus hautes. Or Verdery n'y vint pas, dont bien luy en prit, car je l'eusse fait brancher. Monsieur de Fontenilles fit une grande courvée, et fut au point du jour à Sainct-Mézard ; et de prime arrivée, il prit le nepveu de ce Verdery et deux autres et un diacre ; les autres se sauvèrent, pource qu'il n'y avoit personne qui sçeust les maisons, car il n'y avoit hommes d'armes ny archer qui eust cognoissance du lieu. Un gentilhomme, nommé monsieur de Corde, qui se tient audit lieu, m'avoit mandé que, comme il leur avoit remonstré en la compagnie des consuls, qu'ils faisoient mal, et que le roy le trouveroit mauvais, qu'alors ils luy respondirent : « Quel roy ? Nous sommes les roys ; celuy-là que vous dites est un petit reyot ; nous luy donrons des verges, et luy donrons mestier pour luy faire apprendre à gaigner sa vie comme les autres. » Ce n'estoit pas seulement là qu'ils tenoient ce langage, car c'estoit partout. Je crevois de despit, et voyois bien que tous ces langages tendoient aux propos que m'avoit tenus le lieutenant du Franc, qui estoit en somme de faire un autre roy. Je m'accorday avec monsieur de Sainctorens, qu'il m'en prinst cinq ou six d'Astefort, et surtout un capitaine Morallet, chef des autres, sous couleur qu'il leur vouloit donner leur enseigne, et que, s'il le pouvoit prendre, luy et ceux que je luy nominois, avec belles parolles, il me les amenast à Sainct-Mézard en mesme jour que je faisois l'exécution, qui estoit un jour de vendredy : lequel ne le peut faire ce jour-là ; mais il les attrapa le dimanche ensuyvant, et les amena prisonniers à Ville-Neufve. Et comme je fus arrivé à Sainct-Mézard, M. de Fontenilles me présenta les trois et le diacre, tous attachez dans le cimetière, dans lequel il y avoit encores le bas d'une croix de pierre qu'ils avoient rompue, qui pouvoit estre de deux pieds de haut. Je fis venir M. de Corde et les consuls, et leur dis qu'ils me dissent la vérité à peine de la vie, quels propos ils leur avoient ouy tenir contre le roy. Les consuls craignoient et n'osoient parler. Je dis audit sieur de Corde qu'il touchoit à luy de parler le premier et qu'il parlast. Il leur maintint qu'ils avoient tenu les propos cy-dessus escrits ; alors les consuls dirent la vérité comme ledit sieur de Corde. J'avois les deux bourreaux derrière moy, bien équipez de leurs armes, et surtout d'un marassau bien trenchant; de rage je sautay au collet de ce Verdier, et luy dis : « O meschand paillard, as-tu bien osé souiller ta meschante langue contre la majesté de ton roy ? » Il me respondit : « Ha, monsieur, à pécheur miséricorde. » Alors la rage me print plus que devant, et luy dis : « Meschand, veux-tu que j'aye miséricorde de toy, et tu n'as pas respecté ton roy ? » Je le poussay rudement en terre, et son col alla justement sur ce morceau de croix, et dis au bourreau: « Frappe, vilain. » Ma parole et son coup fut aussi tost l'un que l'autre, et encore emporta plus de demy pied de la pierre de la croix. Je fis pendre les deux autres à un orme qui estoit tout contre; et pource que le diacre n'avoit que dix-huit ans, je ne le voulus faire mourir, afin aussi qu'il portast les nouvelles à ses frères; mais bien luy fis-je bailler tant de coups de fouet aux bourreaux, qu'il me fut dit qu'il en estoit mort au bout de dix ou douze jours après. Et voylà la première exécution que je fis au sortir de ma maison, sans sentence ny escriture; car, en ces choses, j'ay ouy dire qu'il faut commencer par l'exécution. Si tous eussent fait de mesme, ayant charge ès provinces, on eust assoupy le feu qui a depuis bruslé tout. Cela ferma la bouche à plusieurs séditieux, qui n'osoient parler du roy qu'avec respect; mais en secret ils faisoient leurs menées.

Monluc (Blaise de Lasseran-Massencome de) naquit au château de Montluc, vers 1502. Issu d'une famille illustre, mais pauvre, Blaise fut placé, en qualité de page, auprès d'Antoine de Lorraine. Il servit ensuite sous les ordres de Bayard, qui commandait la compagnie d'archers du duc, mais il abandonna bientôt le vaillant chevalier pour aller rejoindre le maréchal de Lautrec. Après s'être signalé au combat de la Bicoque, Montluc suivit son maître en Béarn. Nommé chef d'une compagnie d'hommes d'armes, il fut, peu après, compris, par François Ier, dans une grande réforme. Fait prisonnier à Pavie, Montluc, ayant déclaré que pour toute fortune il n'avait que son épée, se vit renvoyé sans rançon. Compagnon de Lautrec dans l'expédition de Naples, Blaise, aimé de Pierre de Navarre, semblait pouvoir compter sur une meilleure fortune, lorsque les Français furent forcés de quitter les provinces napolitaines. Rentré en France, il se couvrit de gloire au siége de Marseille, vivement pressée par Charles-Quint. En 1538, sous Brissac, Montluc rendit, en Piémont, de grands services à la France; il contribua beaucoup au gain de la bataille de Cerisoles. Bientôt créé maistre de camp, Montluc reçut une blessure grave au siége de Quiers. Comme il défendait vaillamment Sienne, le marquis de Marignan, désirant le faire renoncer à une résistance désespérée, lui offrit, s'il voulait capituler, les conditions les plus avantageuses. Montluc repoussa les propositions d'un généreux ennemi, en disant que jamais on ne verrait son nom en pareille écriture. Les Siennois traitèrent, et le guerrier sortit de la place, le 21 avril 1555, avec tous les honneurs de la guerre. Henri II récompensa magnifiquement Montluc, qui obtint le cordon de Saint-Michel. Après s'être encore distingué dans quelques guerres étrangères, il se jeta dans nos guerres civiles avec une sorte de fureur.

Tout réformé vaincu doit mourir; le lieutenant général de la Guienne n'a ni pitié ni entrailles; le sourire de l'enfance ignorante du mal, les pleurs des femmes, les cheveux blancs des vieillards, rien ne l'émeut; il ordonne de tuer, assiste aux massacres, et les raconte ensuite avec un flegme plus atroce peut-être que l'action même. Il prend plaisir à se montrer implacable, et si le témoignage des contemporains pouvait être révoqué en doute, nous serions tentés de croire Montluc, ainsi que le baron protestant des Adrets, des fanfarons de cruauté. Le maréchal, exécré comme un monstre par les protestants, repoussé par les catholiques, s'éteignit sans remords, dans sa terre d'Estillac, en 1577.

Montluc perdit un de ses fils, qui mourut à l'île de Madère. « Ce pauvre garson, disoit-il à Montaigne, n'a rien veu de moy qu'une contenance renfrognée et pleine de mespris, et a emporté cette créance, que je n'ai sceu ny l'aimer ni l'estimer selon son mérite. A qui gardois-je à descouvrir cette singulière affection que je lui portois dans mon âme? estoit-ce pas luy qui en debvoit avoir tout le plaisir et toute l'obligation? Je me suis contrainct et gehenné pour maintenir ce vain masque; et y ay perdu le plaisir de sa conversation, et sa volonté quand et quand, qu'il ne me peult avoir portée aultre que bien froide, n'ayant jamais reçeu de moy que rudesse, ny senty qu'une façon tyrannique. »

Madame de Sévigné ne pouvait lire sans avoir les larmes aux yeux ce passage si attendrissant dans la bouche d'un homme comme le maréchal.

Montluc a laissé des *Mémoires* extrêmement remarquables, par la vérité des faits et le mérite du style; Henri IV appelait cet ouvrage *Le Bréviaire des soldats*; il aurait pu ajouter *et des bourreaux*.

CLAUDE FAUCHET.

MORT DE CHARLEMAGNE.

Comme Charlemaigne passoit l'hyver au palais d'Aix, la fiebvre le prit sur la fin de janvier de l'an huict cent quatorze, ainsi qu'il sortoit d'un baing; laquelle se renforceant ils voulurent apaiser par abstinence, ainsi qu'il souloit, ne mangeant ou beuvant point qu'un peu d'eau pour se rafraîchir : là dessus la pleurésie le saisit le septiesme jour ; lors il fit appeler un évesque nommé Hiltibald, fort son familier, pour le consoler en la mort, qu'il sentoit prochaine. Toutesfois, estant encore travaillé ce jour et la nuict suivante, le lendemain au point du jour sachant qu'il luy convenoit mourir, il estendit sa main et se signa de la croix, ainsi qu'il le peut faire; puis, rejoignant ses pieds et estendant ses mains sur son corps, il dict qu'il rendoit son âme ès mains de Dieu : trespassant le septiesme jour qu'il s'alicta, et la troisiesme heure du vingt et huictiesme janvier de l'an huict cent quatorze, le soixante et douziesme de son aage, indiction septiesme, quarante et troisiesme de son royaume en France, le tresiesme an avec un mois de son empire.

Son corps oingt par les évesques présens, l'on douta où il devoit estre enterré; finalement il fut jugé qu'il ne le pouvoit estre plus honorablement qu'en l'église de la Vierge, qu'il avoit fait bastir à Aix, près de Liége. Ce qui fut accomply le mesme jour de sa mort avec grand magnificence, si vous croyez la chronique de Sainct Martial de Limoges, qui dit qu'après sa mort l'on fit embaumer son corps, lequel, vestu de ses accoustremens d'empereur, fut assis dans une chaire, ayant sur la teste une couronne attachée à une chaîne d'or, affin qu'elle ne cheût. On luy mit aussi en la main une pomme ou boule d'or (je croy pour représenter la figure du monde, auxquels les empereurs sont estimez devoir commander), et la voûte remplie d'odeurs et senteurs précieuses, avec plusieurs joyaux d'or. Devant le corps estoit pendu le sceptre et l'escu d'or consacré par le pape Léon : sa face couverte d'un linge et sa teste soustenue, ayant devant un texte d'évangilles et une haire, pource que, durant sa vie, secrettement il en portoit sous ses habits. On luy bailla encores une panetière de pèlerin, celle mesme qu'il portoit allant à Rome.

Au livre qui fut de Sainct Martial de Limoges, contenant sa vie, il avoit la figure d'un empereur ou roy couronné, assis et tenant une espée, non pas droicte ne levée la pointe vers sa teste, ains de plat, le long de son ventre, le pommeau en la main dextre, qui avoit le poulce vers le pommeau ; et la pointe en sénestre, le poulce de ladite main vers la pointe : qui n'estoit pas sans signification de quelque secret que je n'entends point, si ce n'est la paix, et qu'il n'avoit plus que de la tenir levée, pour fraper les rebelles ou ses ennemis. Toutesfois, Sifrid dit qu'estant assis en sa magnificence et throsne royal, de son vivant mesmes, il souloit mettre son espée sur ses genoux : qui pourroit estre l'occasion de la peinture susdite ; car, quelque lourd que fut celuy qui fit celle dudit livre, il sçavoit bien que ce n'estoit pas la façon de la tenir pour commander en roy.

La sépulture close et scellée, un arc doré fut levé sur le tombeau, portant l'image du deffunct, avec ce tiltre : « Cy dessous gist le corps de Charles, grand et très-fidelle empereur, qui noblement augmenta le royaume des François, et le gouverna quarante-six ans. »

On ne sçauroit dire les regrets et plaintes faites pour sa mort par toute la terre; car il n'y eut pas jusques aux payens, qui ne l'apelassent père de l'univers; mais les chrestiens, et principalement ses sujects de tous ses royaumes, le plorèrent amèrement, car il fut estimé très sage, et tel que chacun l'admiroit, aymoit et craignoit. Aussi fut-il très profitable au peuple, qu'il gouverna honnestement : et combien que les François et autres nations à qui il commandoit, fussent gens rudes, et tels que les Romains n'en peurent onc chevir, toutesfois il les retint par une crainte modérée. Tellement que de son temps ils ne firent entreprise aucune, qui peust nuire à la chose publique. A ceste cause, sa mémoire est demeurée saincte, à l'endroict de plusieurs rois venus depuis : comme Fridéric, empereur, qui le fit canoniser et sanctifier ;

et mesme Louis unziesme de ce nom, roi de France, ordonna que sa feste seroit célébrée, envoyant gens par les villages commander de ne travailler ce jour, sur peine de la vie. Toutesfois, comme les hommes se sentent toujours du vieil Adam, ses mœurs et vie domestiques ne sont tant louées; mais il ne faut pas croire ce que quelques autheurs ont escrit, indignes de luy, et au déshonneur d'un si grand prince, qui mérite d'estre comparé à Auguste et qui a tant mérité de la chrestienté.

Claude Fauchet, président de la cour des monnaies de Paris, sa patrie, né vers l'an 1529, rechercha, avec beaucoup de soins et de succès, les antiquités de la France. Pendant le siége de Sienne, en 1553, le cardinal de Tournon l'envoya au roi pour prendre ses ordres. Cette députation lui ouvrit la porte des honneurs, mais non celle de la fortune. Il mourut à Paris, en 1561, laissant tant de dettes, qu'il fallut vendre sa charge pour les acquitter. Tous ses ouvrages furent imprimés à Paris, en 1610, in-4o. Les plus curieux sont : 1o *Antiquités gauloises et françaises :* la première partie contient les choses arrivées jusqu'à la venue des Francs; la seconde renferme les événements advenus en France, depuis Pharamond jusqu'à Hugues-Capet, Paris, 1610, in-8o. 2o *Traité des libertés de l'église gallicane*, même date. C'est un tissu très-précieux mais mal ourdi de faits rapportés sommairement. 3o *De l'Origine des chevaliers, armoiries et hérauts*, Paris, 1600, in-8o. 4o *Origines des dignités et magistrats de France*, Paris, 1600, in-8o. 5o *Recherche de l'origine de la langue et poésie française, ryme et romans;* plus les noms et sommaires des œuvres de cent vingt-sept poëtes français, vivants avant l'an 1300. Paris, 1581, in-4o. Il y a dans ces différents traités mille choses curieuses; mais le style est d'une lourdeur insupportable. On a prétendu que l'*Histoire de France* de Fauchet dégoûta Louis XIII de la lecture. Tous ses ouvrages furent réunis à Paris, 1610, in-4o. sous le titre de : *OEuvres de feu le président Fauchet.*

Voici ce que dit M. Michelet, de Charlemagne, dans son histoire de France : « C'est dans son palais d'Aix, qu'il fallait voir Charlemagne. Ce restaurateur de l'empire d'occident avait dépouillé Ravenne de ses marbres les plus précieux pour orner sa Rome barbare. Actif dans son repos même, il y étudiait sous Pierre de Pise, sous le Saxon Alcuin, la grammaire, la rhétorique, l'astronomie; il apprenait à écrire, chose fort rare alors. Il se piquait de bien chanter au lutrin, et remarquait impitoyablement les élèves qui s'acquittaient mal de cet office. La nuit, il se levait fort régulièrement pour les matines. Haute taille, petite voix, tel est le portrait de Charles dans l'histoire contemporaine.

« Un jour que Charlemagne était arrêté dans une ville de la Gaule narbonnaise, des barques scandinaves vinrent pirater jusque dans le port. Les uns croyaient que c'étaient des marchands juifs, africains, d'autres disaient bretons; mais Charles les reconnut à la légèreté de leurs bâtiments. « Ce ne sont pas là des marchands, dit-il, mais de cruels en» nemis. » Poursuivis, ils s'évanouirent; mais l'empereur s'étant levé de table, se mit, dit le chroniqueur, à la fenêtre qui regardait l'orient, et demeura très-longtemps le visage inondé de larmes. Comme personne n'osait l'interroger, il dit aux grands qui l'entouraient : « Savez-vous, mes » fidèles, pourquoi je pleure amèrement? Certes je ne crois » pas qu'ils me nuisent par ces misérables pirateries; mais » je m'afflige profondément de ce que moi vivant, ils ont » été près de toucher ce rivage, et je suis tourmenté d'une » violente douleur quand je prévois tout ce qu'ils feront » de maux à mes neveux et à leurs peuples. »

AMYOT.

PARALLÈLE D'ALCIBIADE ET DE CORIOLAN.

Maintenant, ayant exposé les faicts de l'un et de l'autre, au moins ceulx qui nous ont semblé plus dignes d'estre mis par mémoire, pouvons-nous voir que, quant aux armes, l'un n'a pas eu fort grand avantage sur l'autre : car tous deux en leurs charges ont également fait preuve, non seulement de hardiesse et de prouesses de leurs personnes, mais aussi de bon sens, de ruse et de finesse : si ce n'est que l'on vueille dire qu'Alcibiades a esté plus grand et plus excellent capitaine, d'autant qu'il a plus de fois combatu ses ennemis et par mer et par terre, et toujours vaincu. Car, au demourant, ilz ont bien cela de semblable, que là où ilz ont esté tous deux présens, et qu'ilz ont eu loy et authorité de commander, ilz ont notoirement tousjours fait prospérer les affaires de ceulx de leur party, et plus évidemment encores les ont fait empirer, quand ilz se sont tournez du party contraire.

Mais quant au faict de gouvernement, les gens de bien et d'honneur haïssoyent la manière de procéder dont usoit Alcibiades au maniement des affaires de la chose publique, comme estant pleine d'afféterie, de dissolution et de flatterie, pource qu'il ne visoit qu'à gaigner par toutes voyes la grâce et la bienvueillance du menu populaire : aussi, de l'autre costé, le peuple romain avoit en haine celle de Coriolanus comme trop arrogante, trop superbe et tyrannique, de sorte que ny l'une ny l'autre ne fait à louer. Toutesfois, encore est moins répréhensible celuy qui cherche à gratifier et complaire au peuple, que celuy qui le mesprise, l'oultrage et l'injurie, de peur qu'il ne semble qu'il le veuille flatter, pour en acquérir plus d'authorité : car il est bien mal séant de flatter le commun peuple pour venir en crédit ; mais aussi, acquérir authorité et crédit par se faire craindre, par endommager et forcer autruy, oultre ce qu'il n'est pas honeste, il est injuste. Bien est-il certain que Martius a tousjours esté tenu pour homme rond de sa nature, simple, sans fard ny artifice quelconque ; et Alcibiades, au contraire, fin, affetté et peu véritable : mais ce que l'on blasme le plus en luy quant à cela, fut la malice et tromperie par laquelle il abusa les ambassadeurs des Lacédémoniens, et empescha que la paix ne se feist, ainsi que Thucydides l'a escrit : toutesfois cest acte, encore que promptement il ait rejetté la ville d'Athènes en guerre, au moins la rendit-il plus puissante et plus redoubtable à ses ennemis, par l'adjonction de l'alliance des Mantiniens et des Argiens, qui, par l'entremise d'Alcibiades, s'allièrent et entrèrent en ligue avec les Athéniens.

Et quant à Martius, l'historien Dionysius a aussi escrit que ce fut par dol et tromperie qu'il jetta les Romains en guerre contre les Volsques, ayant malicieusement et à tort fait souspeçonner et calumnier les Volsques qui estoyent allez à Rome pour y voir l'esbattement des jeux : mais la cause pour laquelle il le feit, rend l'acte encore plus mauvais ; car ce ne fut point par une dissension civile ny par une jalousie et contention en matière de gouvernement, comme feit Alcibiades, ains seulement pour servir à une passion cholérique, à laquelle, comme dit Dion, il n'y a rien qui sache gré, qu'il meit en combustion et en trouble plusieurs contrées de l'Italie ; et pour le courroux qu'il avoit contre son païs, ruina plusieurs autres villes qui n'en pouvoyent mais.

Il est bien vray qu'Alcibiades aussi par son ire et son despit fut cause de beaucoup de maulx, de misères et de calamitez à ceulx de son païs ; mais soudain qu'il apperçeut qu'ilz se repentoyent du tort qu'ilz luy avoyent fait, il se revint aussi : et depuis, ayant une autre fois esté déchassé, il ne voulut pas néantmoins favoriser aux erreurs que faisoyent les capitaines Athéniens, ny ne lés voulut point laisser perdre en suivant le mauvais conseil qu'ilz prenoyent, ny les abandonner au péril où ilz se mettoyent, ains feit tout de mesme ce que jadis avoit fait Aristides envers Thémistocles, dont il a esté et est encore tant loué ; car il s'en alla devers les capitaines qui lors avoyent la charge de l'armée des Athéniens, encore qu'ilz ne fussent pas ses amis, et leur remonstra en quoy ilz failloyent et ce qu'ilz avoyent à faire : là où Martius, au contraire, faisoit premièrement dommage à toute

Rome entièrement, encore qu'il n'eust pas esté offensé par tous ceulx de dedans universellement, et que la meilleure et la plus saine partie de la ville eust esté offensée quand et luy, et en eust regret et desplaisir comme luy. Davantage, les Romains essayèrent d'appaiser un seul desplaisir et un seul despit qu'ilz luy avoyent fait, par plusieurs ambassades et plusieurs supplications et prières, ausquelles il ne voulut onques fleschir ny amollir son dur cueur; et par ce monstra qu'il avoit entrepris ceste guerre si aspre et où il ne vouloit point ouïr parler d'appointement en intention de destruire et ruiner entièrement son païs, non pas pour le recouvrer, ne pour y retourner. Il est vray qu'il y a ceste différence, qu'Alcibiade estant espié et aguetté par les Lacédémoniens, pour la haine qu'ilz luy portoyent et la crainte qu'ilz avoyent de luy, fut contraint de se retourner devers les Athéniens : là où Martius ayant esté si bien recueilly et si bien traité par les Volsques, ne pouvoit honnestement les abandonner, attendu qu'ilz luy avoyent fait tant d'honneur que de l'élire leur capitaine général, et s'estoyent tant fiez en luy qu'ilz avoyent mis toutes leurs forces et toute leur puissance en sa main; non pas comme l'autre, duquel les Lacédémoniens abusèrent plus-tost qu'ilz n'en usèrent, en le laissant aller et venir parmy leur ville, et depuis parmy leur camp, sans honneur quelconque, tellement qu'il fut à la fin contraint de soy jetter entre les bras de Thissaphernes : si l'on ne veult dire qu'il alla vouluntairement luy faire la cour, en intention de préserver la cité d'Athènes qu'elle ne fust entièrement destruitte, pour le désir qu'il avoit d'y retourner.

Au reste, l'on trouve par escript, qu'Alcibiades prenoit souvent des présens peu honestement, et se laissoit corrompre par argent, lequel il despendoit puis après encore plus villainement, en voluptez désordonnées et en toute dissolution : là où, au contraire, Martius ne voulut pas seulement accepter les présens que ses capitaines luy faisoyent légitimement pour honorer sa vertu; et estoit pourquoy le menu populaire luy vouloit encore plus de mal, au différent que le peuple eut contre les nobles touchant l'abolition des debtes, à cause que les pauvres et menues gens cognoissoyent bien que ce n'estoit point pour gaing ne profit qu'il y eust, qu'il leur estoit si fort contraire en cela, et sembloit qu'il le feist par despit d'eulx tant seulement, et pour leur desplaire expressément. Ainsi n'est-ce pas sans occasion qu'Antipater et une sienne épistre parlant de la mort du philosophe Aristote, entre les autres bonnes parties qu'il dit avoir esté en luy, fait grand cas de celle-là, qu'il sçavoit bien gaigner et attraire les cueurs des hommes. Car les bonnes œuvres et les vertus de Martius, pour n'avoir pas esté accompagnées de cette grâce-là, devenoyent odieuses à ceulx mesme qui en recevoyent du profit, lesquelz ne pouvoyent supporter sa gravité et son opiniastreté, laquelle, comme dit Platon, demeure avec solitude, c'est-à-dire, qui fait que les hommes sont peu suyvis, ou du tout abandonnez.

Et au contraire, pour autant qu'Alcibiades sçavoit bien s'entretenir de bonne grâce, et se comporter comme il falloit avec toutes gens, il ne se fault pas esmerveiller, si, quand il faisoit bien, sa gloire en étoit haultement exaltée, et luy honoré, aimé et bien voulu du commun, veu que mesme quelques-unes de ses faultes estoyent souvent prises en jeu, et en parloit-on comme de gentillesses faittes de bonne grâce et à plaisir : dont procédoit, qu'encore qu'il feist et souvent et de grands dommages à la chose publique, il estoit néantmoins souvent éleu capitaine, et luy commettoit-on souvent les principales charges de la ville : là où Martius poursuyvant un magistrat qui luy estoit deu, à cause de plusieurs grands services qu'il avoit faits à la chose publique, en fut néantmoins débouté. Par ainsi voit-on que ceulx mesme à qui l'un faisoit mal, ne le pouvoyent haïr : et l'autre ne pouvoyt tant faire, qu'il feust aimé de ceulx dont il estoit bien estimé. Aussi ne feit jamais Martius aucun grand exploit estant capitaine des siens, ains le feit estant capitaine des ennemis contre son propre païs : là où Alcibiades, estant homme privé et estant capitaine, feit plusieurs bons services aux Athéniens. Au moyen de quoy, tant qu'il fust présent, il vint tousjours au-dessus de ses calumniateurs autant qu'il voulut, et n'eurent leurs calumnies aucun effect encontre luy, sinon pendant qu'il fut absent : là où Martius en sa présence fut condamné par les Romains, et en sa personne meurtry et occis par les Volsques : non que je vueille dire qu'ilz ayent en cela bien fait ny justement, mais au moins leur donna-il luy-mesme quelque couleur de ce faire, quand il refusa publiquement la paix aux ambassadeurs romains, qu'il accorda tantost après particulièrement, à l'instance et prière des femmes. En quoy faisant il n'ostoit pas l'inimitié qui estoit entre les deux peuples, ains laissant la guerre en son entier, il faisoit perdre à ceulx de qui il avoit charge l'occasion de bien exploiter : là ou il falloit que du consentement et par conseil de ceulx qui s'estoyent tant fiez en luy que de le faire leur capitaine général, il retirast son armée, s'il eust voulu faire tel compte comme il devoit de l'obligation dont il leur estoit tenu : ou, s'il ne se soucioit point des Volsques en l'entreprise de cette guerre, ains l'avoit suscitée seulement en intention de soy venger, pour puis après s'en déporter quand il auroit assouvy son courroux, il ne falloit pas que pour l'amour de sa mère il pardonnast à son païs; ains falloit qu'en pardonnant à son païs, il espargnast aussi sa mère, pource que sa mère et sa femme faisoyent partie du corps de son païs et de la ville qu'il tenoit assiégée. Car, d'avoir inhumainement rejetté toutes publiques supplications, prières d'ambassadeurs, et oraisons des prestres et gens de religion, pour gratifier de sa retraitte aux prières de sa mère, cela n'estoit pas tant honorer sa mère que déshonorer son païs, lequel fut préservé par pitié, et moyennant l'intercession d'une femme, et non pas pour l'amour de soy-mesme, comme s'il n'en eust pas esté digne. Ainsi fut ceste retraitte une grâce à la vérité fort odieuse, cruelle, et de laquelle ny les uns ny les autres ne sçeurent gré à celuy qui la feit, pource qu'il se retira, non point à la requeste de ceulx à qui il faisoit la guerre, ny du consentement de ceulx aux despens desquelz il la faisoit; de tous lesquelz accidens fut cause la seule austérité de sa nature, et sa trop présomptueuse, haultaine et fière opiniastreté, laquelle estant de soy-mesme odieuse à tout le monde, quand elle est jointe à l'ambition, alors devient encore plus sauvage, plus farouche et plus intolérable : car les hommes qui ont ce vice-là de nature, ne veulent point faire la cour au peuple, comme voulans monstrer qu'ilz n'ont que faire d'honneur populaire ; et puis, quand on ne leur en fait, ilz s'en courroucent et en sont marris.

Car un Métellus, un Aristides et un Épaminondas avoyent bien ceste manière de faire, de ne vouloir point flatter la commune, ny rechercher la bonne grâce du menu populaire par caresses et paroles flatteresses, mais c'estoit pource que véritablement ilz mesprisoyent ce que le peuple pouvoit ou donner ou oster : pourtant ne se courrouceoyent-ilz point à leurs citoyens quand ilz les condamnoyent à quelques amendes, ou qu'ilz les bannissoyent, ou qu'ilz leur faisoyent endurer quelque rebut ; ains les aimoyent comme devant, tout aussi-tost qu'ilz monstroyent se repentir du tort qu'ilz leur avoyent fait, et se réconcilioyent facilement avec eulx, incontinent qu'ilz estoyent rappellez : car celuy qui desdaigne de caresser le peuple pour en avoir faveur, doibt aussi moins que tout autre chercher à s'en venger s'il en est rebuté, pource que prendre ainsi aigrement à cueur un rebut et un refus de quelque honneur, ne procède d'autre chose que de l'avoir trop ardemment désiré.

Pourtant Alcibiades ne dissimuloit point qu'il ne fust bien aise de se voir honoré, et marry de se voir mesprisé et rebuté de quelque honneur, mais aussi cherchoit-il les moyens de se rendre agréable et bien voulu de ceulx avec lesquelz il vivoit : là où la fierté et haultaineté de Martius l'empeschoit de caresser ceulx qui le pouvoyent honorer et avancer, et néantmoins son ambition faisoit qu'il se despitoit, courrouçoit et douloit, quand il se sentoit mesprisé. C'est tout ce que l'on pourroit avec raison reprendre en luy : car au demourant toutes autres bonnes et louables qualitez estoyent en luy fort apparentes : car en tempérance et netteté de mains pour ne se laisser point corrompre par argent, il se peut accomparer aux plus vertueux, plus nets et plus entiers des Grecs, non pas à Alcibiades, qui en cela certainement a tousjours esté trop licencieux et trop dissolu, et a eu peu de regard au devoir de l'honnesteté.

PARALLÈLE DE CICÉRON ET DE DÉMOSTHÈNES.

Au demeurant, laissant à part la comparaison de la similitude ou différence de l'éloquence qui est en leurs oraisons, il me semble que je puis bien dire jusques-là, que Démosthènes employa entièrement tout tant qu'il avoit de sens et de science ou naturelle ou acquise en l'art de rhétorique, et qu'il surpassa en force et vertu d'éloquence tous ceulx qui de son temps se mêlèrent de haranguer et advocasser : et en gravité et magnificence de style, tous ceulx qui écrivirent seulement pour montre et pour ostentation : et en diligence exquise et artifice, tous les sophistes et maîtres de rhétorique. Et que Cicéron étoit homme universel mêlé de plusieurs sciences et qui avoit étudié en diverses sortes de lettres, comme on peut connoître, parce qu'il a laissé plusieurs livres philosophiques qui sont de son invention, écrits à la manière des philosophes académiques ; et si peut-on voir encore ès oraisons qu'il a écrites en quelques causes pour s'en servir en jugement, qu'il cherchoit les occasions de montrer en passant qu'il avoit connaissance des bonnes lettres. Et d'avantage peut-on aussi voir à travers leurs styles quelque ombre de leur naturel : car le style de Démosthènes n'a rien de gaîté, rien de jeu, rien d'embellissement, ains est partout serré, et n'y a rien qui ne presse et qui poigne à bon escient, et ne sent pas seulement la lampe, comme disoit Pythéas en se moquant, ains sent un buveur d'eau, un grand travail, et ensemble une aigreur et austérité de nature. Là où Cicéron bien souvent usoit du moquer jusqu'à approcher bien fort du plaisant et du gaudisseur : et tournant en ses plaidoyers des choses de conséquence en jeu et en risée, pour ce qui lui venoit à propos, oublioit quelquefois le devoir bienséant à un personnage de gravité et de dignité tel qu'il étoit : comme en la défense de Cœlius, là où il dit qu'il ne falloit point trouver étrange, si en une si grande affluence de richesses et de délices il se donnoit un peu de bon temps, et que c'étoit une folie de n'user pas des voluptés qui étoient licites et permises, attendu mêmement qu'il y avoit des plus renommés philosophes qui avoient colloqué la souveraine félicité de l'homme en la volupté. Et dit-on qu'ayant Marcus Caton accusé Muréna, Cicéron étant consul le défendit, et qu'en son plaidoyer il brocarda plaisamment toutes les sectes des philosophes stoïques, à cause de Caton, pour les étranges opinions qu'ils tiennent, qu'on appelle paradoxes, de sorte que tous les assistans s'en mettant à rire haut et clair, jusques aux juges mêmes, Caton aussi se souriant un petit se prit à dire à ceux qui étoient assis auprès de lui : « Que nous avons un grand rieur et un grand moqueur de consul, seigneurs ! » Mais sans cela il semble que Cicéron a toujours fort aimé à rire et à se moquer, tellement que sa face même, seulement à la voir, promettoit bien une nature joyeuse, gaie et enjouée : là où au visage de Démosthènes on lisoit toujours une activité, un chagrin rêveur et pensif qui ne le laissoit jamais, de manière que ses ennemis, comme il dit lui-même, l'appeloient fâcheux et pervers. D'avantage en leurs compositions on voit que l'un parle sobrement à sa louange, de manière qu'on ne s'en sauroit offenser, et non jamais, sinon qu'il en soit besoin pour le regard de quelque chose de conséquence, au demeurant fort réservé et fort modeste à parler de soi-même : et au contraire les démesurées répétitions dont usoit Cicéron à tout propos en ses oraisons, montroient une excessive cupidité de gloire... Il y a plus, qu'il ne louoit pas seulement ses actes et ses faits, mais aussi les harangues qu'il avoit écrites ou prononcées, comme s'il eût eu à s'éprouver à l'encontre d'un Isocrates ou d'un Anaximènes, maître d'école de rhétorique, et non pas à manier et redresser un peuple romain... Car il est bien nécessaire qu'un gouverneur d'état politique acquière autorité par son éloquence : mais d'appéter gloire de son beau parler, ou, qui pis est, la mendier, c'est acte de cœur trop bas : et pourtant en cette partie faut-il confesser que Démosthènes est plus grave et plus magnanime, qui lui-même alloit disant que toute son éloquence n'étoit qu'une routine acquise par long exercice, laquelle avoit encore besoin d'auditeurs qui voulussent ouïr patiemment, et qui réputoit sots et impertinens, comme à la vérité ils sont ceux qui s'en glorifioient...

On blâme Démosthènes d'avoir fait gain mercenaire de son éloquence et qu'il écrivoit secrètement une oraison pour Phormion, et une pour Apollodorus en même cause où ils étoient parties contraires : et fut aussi noté de recevoir argent du roi de Perse, et de fait condamné pour l'argent qu'il avoit pris de Harpalus. Et si d'aventure on vouloit dire que ceux qui écrivent cela, qui sont plusieurs, ne disent pas la vérité, pour le moins étoit-il possible de réfuter ce point, que Démosthènes n'a pas été homme de cœur assez ferme, pour oser franchement regarder à l'encontre des présens que les rois lui offroient en le priant de les accepter pour l'honneur d'eux et pour leur faire plaisir : aussi n'étoit-ce pas acte d'homme qui prêtoit à usure navale, la plus excessive de toutes. Et à l'opposite, comme nous avons jà dit, il est certain que Cicéron refusa les présens que lui offrirent les Siciliens pendant qu'il étoit questeur, et le roi des Capadociens, pendant qu'il étoit en Cilicie proconsul, et mêmement ceux que lui présentèrent et le pressèrent d'accepter ses amis en bonne et grosse somme de deniers, quand il sortit de Rome à son bannissement......

Et, après tout, la mort de Cicéron est misérable, de voir un pauvre vieillard, que par bonne affection envers leur maître ses serviteurs traînoient çà et là, cherchant tous moyens de pouvoir échapper et fuir la mort, laquelle ne le venoit trouver guère de temps avant son cours naturel, et puis encore à la fin lui voir, tout vieil qu'il étoit, ainsi piteusement trancher la tête : là où Démosthènes, quoiqu'il s'abaissât un petit quand il supplia celui qui étoit venu pour le prendre, si est-ce qu'ayant préparé le poison de longue main, l'avoir toujours gardé, et en avoir usé comme il en usa, ne peut être sinon grandement louable. Car puisqu'il ne plaisoit pas au dieu Neptune qu'il jouît de la franchise de son autel, il eut recours, par manière de dire, à une plus grande, qui est la mort, et s'y en alla en se tirant soi-même hors des mains et des armes des satellites d'un tyran, et se moquant de la cruauté d'Antipater.

Voyons comment le père Rapin a traité le même sujet.

« Chacun demeure d'accord que l'éloquence n'a jamais formé deux plus grands orateurs, ni la politique deux hommes d'estat plus accomplis. Mais il n'est pas aisé de dire par lequel des deux moyens ils ont acquis plus de gloire, ou par leurs grandes actions, ou par leur éloquence. Car, outre la capacité consommée et les grandes veues que la qualité de leur esprit leur donnoit dans le maniement des affaires, ils sçavoient encore l'art d'appuyer dans les assemblées les sages résolutions dont ils avoient donné les premières ouvertures, et de persuader tout ce qu'ils vouloient.

» Il est inutile de parler des harangues, des négociations, des ambassades, des traitez de guerre et de paix, des intelligences secrètes et déclarées avec les peuples voisins, et de toutes les expéditions de Démosthènes ; aussi bien que des intendances, des gouvernemens de province, des commandemens dans les armées, enfin du pouvoir souverain qu'eut Cicéron dans l'estat le plus florissant du monde : puisqu'il y a encore quelque chose à dire d'eux, plus grand que tout cela. Car personne n'ignore le bonheur qu'ils eurent l'un et l'autre de compter des rois au nombre de leurs cliens, de donner leur protection à des têtes couronnées, et de régler la destinée de tout ce qu'il y avoit alors de plus grand dans l'univers. L'éloquence de Démosthènes fut le plus solide appui de la Grèce, et le plus fort rempart de la Perse contre les entreprises des rois de Macédoine : celle de Cicéron, en détruisant Catilina, sauva Rome de sa dernière perte; elle éleva le jeune Octavius au consulat, qui, dans la révolte universelle des esprits contre l'usurpation de son prédécesseur, n'eust jamais osé y penser, surtout à l'âge où il estoit, sans l'espérance que luy donna Cicéron d'appuyer ses prétentions : et ce fut luy seul qui donna le branle à la révolution des affaires, par les harangues qu'il fit au peuple contre Antoine.

» La capacité de ces deux orateurs a esté si grande, que les plus sçavans hommes de l'antiquité l'ont regardée comme un prodige. Il est vray que, quand on se donne la peine d'approfondir leurs ouvrages, on y trouve une étendue de sçavoir si vaste, qu'il est difficile de comprendre comment ils ont pu avoir tant de temps de reste pour le cabinet, eux qui ont employé presque toute leur vie dans les affaires publiques. Car jamais il n'a passé par deux testes, ny tant d'entreprises importantes, ny tant de ces connaissances qui s'acquièrent par l'étude et par la méditation.

» Rien ne donne une si haute idée de leur mérite, que la difficulté qu'ont eue tous ceux qui avoient quelque connoissance des lettres ou quelque goût de l'éloquence, à décider lequel des deux orateurs devoit estre préféré à l'autre. Cette retenue qu'on a eue dans tous les siècles est une marque du respect qu'on avoit pour ces grands hommes, et qu'on regardoit cette décision comme une entreprise trop difficile ou trop hardie. »

BELLEFOREST.

LA PUCELLE D'ORLÉANS.

En ce temps-là fut bruit d'une pucelle ès marches de Barrois, nommée Jeanne d'Arc, natifve d'un village près de Vaucouleur, nommé Domrémy, près d'un autre dit Gras, et de parens de moyenne fortune, nourrie aux champs et accoustumée à mener les bestes paistre. De ceste-cy se voulut Dieu servir pour la délivrance tant de la ville d'Orléans, que du royaume de France, afin que puis après on ne dît que le conseil et sagesse des hommes auroit fait ce qui dépend de la seule et manifeste puissance de celui qui ouvre grandes choses par ses créatures les plus viles et moins fortes, et qui a souvent mis le salut de son peuple en la main d'une simple femmelette. Ceste jeune fille, agée d'environ dix-huit ans, simple, modeste et craignant Dieu, eut plusieurs révélations, ainsi que tousjours elle confessa et maintint, tant par le ministère des anges que des sainctes vierges Catherine et Marguerite, par lesquelles elle estoit exhortée à faire une entreprise aultre que la vocation qu'elle suivoit, et d'aller vers le roy de France; d'autant que Dieu l'avoit ordonnée pour celle qui délivreroit le royaume, osteroit le siége des Anglois de devant Orléans, et feroit sacrer le roi à Rheims, en despit de toute la puissance angloise. Avec cette asseurance, elle s'adressa, bien que contre la volonté de ses parens, à Robert de Baudricourt, gouverneur lors pour le roy à Vaucouleur, afin qu'il la conduisit au roy et l'acoutrast en homme; car c'est en cest équipage, disoit-elle, que les saincts l'avoient admonestée de se présenter à la majesté de son prince, auquel elle avoit charge de dire que Dieu estoit celuy par qui elle estoit envoyée pour le secourir et restablir son royaume, et lui révéler choses si secrettes qu'il cognoistroit par là que Dieu, et non autre, estoit chef de ceste sienne entreprise. Le seigneur de Baudricourt oyant ce langage fut estonné, et estimoit que quelque humeur mélancolique faisoit extravaguer ceste fille, qui, outre le sexe qui est sans force ny adresse, estoit pauvre, simple, sans expérience, et issue de bas lieu, n'en tint aussi compte; mais quand il veit l'instance de ses poursuites, et qu'elle continuoit ses requestes, la voyant si sage en propos, advisée en responces, asseurée en son dire et honneste en ses actions, commença la priser : mais plus encor s'asseura-t-il qu'il y avoit de l'œuvre de Dieu, quand le propre jour que les nostres furent deffaits à Rouvroy, près de Jenville, en Beaulce, elle luy dit que ce jour le roy avoit receu une grand'perte, et qu'il estoit temps de haster la besoigne, et que si elle n'y estoit conduite, le royaume de France auroit à souffrir d'avantage. Le succez de la chose luy ayant fait voir que ceste fille estoit véritable, il ne faillit aussi de luy dresser son équipage afin de n'offencer Dieu, et de retarder le service du roy et de la couronne; et pour ce, luy donnant habits et chevaux, la feit conduire par deux gentils-hommes champenois, l'un nommé Jean de Mets, et l'autre Bertrand de Pologny, lesquels ne vouloient entreprendre ceste commission, n'ignorans point combien les passages estoient difficiles, ayant à traverser les terres ennemies : mais Jeanne les assura si bien, qu'ils condescendirent à sa requeste; et ainsi, ayant deux de ses frères avec elle, ils s'acheminèrent en cour, passans par les villes et pays que l'Anglois détenoit, sans que jamais personne leur donnast tant soit peu d'empeschement. Au mois de mars donc, en l'an de grâce mille quatre cens vingt et neuf, elle arriva à Chinon, où lors le roy séjournoit, et au propre et mesme temps que le conseil avoit arresté qu'il valloit mieux, veu les périls qui s'offroient de jour en jour, que le roy se retirast en Dauphiné, et que là il conservast (si Orléans estoit pris), les pays de Languedoch, Dauphiné, et Lyonnois, et Auvergne, attendant qu'il pleust à Dieu avoir compassion de luy et de son peuple. Mais les deux gentils-hommes venus de la part du seigneur de Baudricourt, ayans fait entendre au roy la cause de leur venue et tout ce qu'ils sçavoient de la Pucelle, sa sagesse, honnesteté, saincteté, et bons propos d'icelle, on changea d'advis, mais non si tost, qu'avant cela on ne tentast plusieurs moyens pour cognoistre de quel esprit ceste fille estoit conduite. Elle fut menée au roy, qu'elle recogneut, quoyqu'il se cachast der-

SEIZIÈME SIÈCLE.

rière les autres, et auquel elle proposa sa commission qu'elle se disoit avoir de Dieu, disant qu'il devoit luy donner forces en main, et que, sans faillir, Dieu délivreroit les Orléanois du siége des Anglois, et le feroit roy couronné et sacré par elle. Ces promesses si grandes sont cause que le roy et son conseil mettent la pucelle ès mains d'aucuns seigneurs du conseil et des docteurs en théologie pour l'examiner, lesquels ne trouvèrent rien en elle qui fût digne de censure ny de répréhension, quoy qu'elle parlast hautement des mystères de la foy, mais avec une grande intégrité et avec assez d'éloquence. Aussi estoit-elle assez belle de face, bien proportionnée en tous ses membres, ayant le visage doux et humain, et qui sembloit avoir esté nourrie entre les grands, tant elle estoit civile et gentille en tout ce qu'elle faisoit, et discrette en ses parolles. Mais pource qu'il y a plusieurs choses à discourir sur ceste fille, et qu'il faut respondre à ceux qui ne croyent sinon ce qu'ils voyent et touchent, nous les laisserons à déduire jusqu'à ce que parlerons du procez qui luy fut fait et de la mort par elle à Rouen endurée. Seulement diray que les plus grands ennemys du nom françois ont plus porté d'honneur à la mémoire de ceste fille, que plusieurs François de nostre temps qui ont osé souiller avec leur médisance la vie irrépréhensible de ceste pucelle.

Jeanne d'Arc naquit à Domrémy, en 1410. Lorsqu'elle vint au monde, elle put voir son pays livré aux Anglais, introduits en France par la démence d'un roi malheureux et par une reine voluptueuse et sans amour pour ses sujets comme pour son fils. Les ennemis se trouvaient maîtres d'une grande partie de nos provinces; ils n'avaient plus qu'à s'emparer de quelques villes pour achever leur conquête. Orléans surtout était le but de leurs efforts; ce qui restait de fidèles parmi les chevaliers de France résolut de faire un grand effort pour sauver ce dernier rempart de la monarchie. La fortune ne semblait plus reconnaître notre cri de guerre; nous fûmes encore vaincus à Rouvray, et les défenseurs d'Orléans pouvaient se croire perdus, lorsqu'ils se trouvèrent sauvés par une jeune fille, qui vers février 1429, accourut à Chinon, pour se jeter au milieu du tumulte des armes. La jeune bergère de Vaucouleurs délaissait son vieux père, sa bonne mère, ses paisibles travaux et le hêtre aux rameaux séculaires, qu'on désignait sous le nom de *l'Arbre des fées*. La nuit, disait-on, ces êtres mystérieux venaient s'asseoir autour de son vaste tronc, et les paysans avaient plus d'une fois vu ces filles de l'air y former des danses légères. Le jour, les jeunes filles succédaient aux sylphides. Mais Jeanne, grave et soucieuse, s'écartait des jeux, pour réfléchir et prier; elle aimait à cueillir des fleurs qu'elle tressait en couronne pour aller les déposer aux pieds de la sainte vierge de Domrémy.

A peine âgée de 13 ans, elle eut des visions; elle voyait des saintes, des anges, et croyait entendre *des voix*. Avant son départ on avait voulu la marier; elle s'y était obstinément refusée, et, tourmentée toujours *par ses voix*, après s'être ouverte de son projet à son oncle, Durand Laxart, elle quitta sa vie tranquille, pleine d'innocence et de religion. Jeanne alla d'abord vers le capitaine Baudricourt, à Vaucouleurs; elle le pria avec des paroles si simples, si assurées pourtant, que cet officier consentit à la conduire auprès du roi. Alors Jeanne coupa les tresses de sa belle chevelure, prit des habits d'homme et partit avec une faible escorte. « S'il y a des hommes d'armes sur la route, dit-elle, » j'ai Dieu qui me fera mon chemin jusqu'à monseigneur le » Dauphin; c'est pour cela que je suis née. » Parvenue à Fierbois, petit village à six lieues de Chinon, elle demanda que l'on écrivît au roi Charles pour lui annoncer qu'elle arrivait. Le 24 février 1429, Jeanne fit son entrée dans la petite ville où le fils de Charles VI tenait sa cour.

Jeanne reconnut Charles VII, qui voulut la mettre à l'épreuve en se confondant parmi ses courtisans. « Je ne suis » pas le roi, dit celui-ci: le voici, ajouta-t-il en lui montrant » un des seigneurs de sa suite. — Mon Dieu, mon gentil » prince, dit la vierge, c'est vous et non autre. Je suis en- » voyée de la part de Dieu pour prêter secours à vous et à » votre royaume, et vous mande le roi des cieux par moi, » que vous serez sacré et couronné en la ville de Reims, » et serez lieutenant du roi des cieux qui est roi de » France. »

Après avoir été examinée par plusieurs évêques, elle le fut encore à Poitiers par une commission composée de théologiens. Maître Guillaume Aymeri lui dit : « Si Dieu veut » délivrer le royaume de France, il n'est pas besoin de gens » d'armes. — *Les gens d'armes batailleront*, répondit-elle, » *et Dieu donnera la victoire.* » Alors la maison de Jeanne fut montée; le roi, sur la demande de l'héroïne, lui fit faire un étendard de toile blanche, sur lequel se trouvait peinte la figure du Sauveur des hommes, assis sur son tribunal de gloire. Enfin Jeanne se décide à attaquer les Anglais, après les avoir pourtant sommés de quitter les terres de France; elle traverse leurs lignes, et, le 29 avril 1429, elle pénètre avec Dunois dans la ville d'Orléans. Elle somme de nouveau les Anglais de s'éloigner, ceux-ci refusent: alors la jeune vierge conduit les Français; la première elle entrait dans les rangs des ennemis, son étendard à la main; ayant horreur du sang, elle ne se servait de son épée qu'à la dernière extrémité. Blessée dans l'attaque d'un fort élevé par les Anglais, elle retourne au combat. L'ennemi se défend avec acharnement, mais la Pucelle s'écrie bientôt : « Tout est vôtre! entrez! » Le fort est pris, et le lendemain les Anglais lèvent le siége qui avait duré sept mois. Jeanne, qui veut conduire le roi à Reims, attaque Jergeau, défendu par Suffolk. Pendant l'action, elle disait au duc d'Alençon : « En avant, gentil duc! n'ayez doute, ne savez-vous pas que » j'ai promis à votre épouse de vous ramener sain et sauf! » Frappée d'une pierre, elle est précipitée du haut de l'échelle dans les fossés; elle se relève en agitant sa bannière, et s'écrie : « Amis! amis! ayez bon courage. Notre Seigneur a » condamné les Anglais; à cette heure ils sont à nous. » Jergeau est pris, et, bientôt après, Méhun et Beaugency. Jeanne bat l'armée anglaise à Patay. Cette victoire rendit jaloux plusieurs courtisans, auxquels plus d'une fois elle avait reproché leur dissolution : Montpipeau, Saint-Sigismond, Sully, Troyes, ouvrirent leurs portes. Reims, évacué par les Anglais, se rendit à Charles VII, qui y fit son entrée le 16 juillet 1429. Le lendemain, le roi fut sacré. « Plût à » Dieu mon créateur, dit Jeanne à l'archevêque de Reims, » que je pusse partir, abandonnant les armes, et aller servir » mon père et ma mère, en gardant leurs brebis, avec ma » sœur et mes frères qui moult se réjouiroient de me voir! » Le 25 août, la Pucelle entra dans Saint-Denis. Le 7 septembre, occupant le village de La Chapelle, aux portes de Paris, qu'elle attaqua vainement, elle fut blessée et désira quitter l'armée. L'héroïne semblait lasse et dégoûtée; elle avait suspendu à la basilique de Saint-Denis son armure, qu'elle ne voulait plus porter. Charles VII triompha de cette résolution, et l'héroïne se remit à la tête des troupes, qui, repassant la Loire, prirent Saint-Pierre-le-Mouthier. Jeanne battit Franquet d'Arras, coupable des cruautés les plus exécrables. Le duc de Bourgogne allant assiéger Compiègne, Jeanne qui s'était jetée dans la place, fut faite prisonnière dans une sortie. Vendue par les Bourguignons aux Anglais, elle prévit le sort qui l'attendait.

Un frère Martin, vicaire général de l'inquisition, évoqua le jugement à son tribunal; l'Université de Paris demanda qu'elle fût conduite devant un tribunal ecclésiastique, comme suspecte de magie et de sortilége. Pierre Cauchon, évêque de Beauvais, un inquisiteur nommé Lemaire, et soixante assesseurs, qui n'avaient que voix consultative, furent les juges de l'héroïne.

« Les limites que nous nous sommes imposées, dit M. Jollois, auteur de l'histoire de la libératrice d'Orléans, ne nous permettent pas d'entrer dans le détail de tous les interrogatoires qu'on fit subir à Jeanne d'Arc. Nous nous bornerons à rapporter les réponses les plus remarquables de l'accusée.

» Dans le troisième interrogatoire, on lui demanda si elle se croyait en la grâce de Dieu. « *Si je n'y suis pas*, répondit-elle, *Dieu veuille m'y recevoir; et si j'y suis, Dieu veuille m'y conserver; car je m'estimerois la plus malheureuse des femmes, j'aimerois mieux mourir que de me savoir hors de la grâce et de l'amour de Dieu.* » Un des assesseurs avait trouvé la question si difficile, qu'il avait déclaré tout haut que Jeanne n'était peut-être pas tenue d'y répondre.

» Dans le cinquième interrogatoire, on représenta à Jeanne d'Arc les lettres qu'elle avait envoyées au roi d'Angleterre, au duc de Bedfort et à d'autres généraux anglais. Elle les reconnut, à l'exception de quelques passages altérés; par exemple, à l'endroit où il est dit : *Rendez à la Pucelle*, il faut substituer *rendez au roi*. On a ajouté aussi ces mots : *corps pour corps*, et *chef de guerre*, qui n'étaient pas dans les lettres originales.

» Ainsi, la perfidie des ennemis de l'infortunée Jeanne d'Arc était allée jusqu'à falsifier ses lettres pour la rendre suspecte. Pressée apparemment par le tribunal d'une foule de questions suggérées par les menaces prophétiques contenues dans ses lettres, Jeanne prit la parole d'un ton solennel, et dit à l'assemblée :

« *Avant qu'il soit sept ans, les Anglois abandonneront un plus grand gage qu'ils n'ont fait devant Orléans, et perdront tout en France. Ils éprouveront la plus grande perte qu'ils aient jamais faite en France, et ce sera par une grande victoire que Dieu enverra aux François.* » Dans le même interrogatoire, on demanda à Jeanne-d'Arc si, quand saint Michel lui apparut, il était nu, « *Pensez-vous*, répondit-elle, *que Dieu n'ait pas de quoi le vêtir.* »

» L'infortunée prisonnière continuait à être soumise à des interrogatoires dont ses perfides ennemis se promettaient de tirer parti pour établir les iniques jugements qu'ils se proposaient de porter contre elle; mais souvent elle les déconcertait par des réponses pleines de sens et de sagesse, ou par des mots sublimes. Dans le sixième interrogatoire, on lui fit cette question : « Disiez-vous pas que les penonceaux (étendards) qui étoient en semblance des vôtres étoient heureux? — *Je disois*, répondit l'héroïne, *entrez hardiment au milieu des Anglois et j'y entrois moi-même.* » Quelle fierté courageuse, et quelle héroïque énergie dans une jeune fille qui comptait à peine dix-neuf ans! L'antiquité offre-t-elle rien de plus admirable?

» On lui demanda pourquoi son étendard fut plus porté à l'église de Reims que ceux des autres capitaines. « Il avoit » été, dit-elle, à la peine, c'étoit bien raison qu'il fût à » l'honneur ! »

Passons aux détails de son supplice.

« Des sergents accoururent pour contraindre Jeanne à descendre de l'échafaud sur lequel elle avait été placée; elle baisa la croix qu'elle tenait dans ses bras, salua les assistants, et descendit d'elle-même, suivie du frère Martin Ladvenu. Une troupe d'Anglais s'empara alors d'elle et l'entraîna au supplice avec une sorte de fureur. Le bailli de Rouen et son lieutenant n'eurent le temps de prononcer aucune sentence contre elle. Ils ne furent pas même consultés. Jeanne ainsi traînée à la mort, invoquait le nom du tout-puissant, et on l'entendit s'écrier : « *Rouen! Rouen! seras-tu ma dernière demeure!* » . . . .

Jeanne, au pied de l'échafaud, ayant aperçu l'évêque de Beauvais, lui dit qu'il était cause de sa mort. « Si vous m'eussiez, dit-elle, mise dans les prisons de l'Église, je ne serois pas ici. » Sa dernière parole fut : « *Ah! Rouen, j'ai bien peur que tu n'aies à souffrir de ma mort.* »

Rouen, qui avait vu mourir tant de vertu et d'héroïsme, fut témoin de la tardive réhabilitation de la vierge de Domrémy. De nos jours, une statue, indigne de notre pays, orne la place où Jeanne fut brûlée. Paris n'a pas un seul monument qui rappelle au peuple la libératrice de la France!...

François de Belleforest, né en Guienne, en l'an 1530, avait une grande facilité à faire de méchants vers; il en dédia à toute la noblesse de Toulouse et des environs. Il vint ensuite produire ses talents à Paris. Il fut en quelque estime sous le règne de Charles IX et de Henri III; il obtint même la qualité d'historiographe de France, mais il la perdit à cause du peu d'exactitude que l'on trouva dans ses productions. Il mourut à 53 ans, dans un état qui n'était guère au-dessus de l'indigence. Parmi la multitude de ses ouvrages, nous ne citerons de lui que, 1º *l'Histoire des neuf rois de France qui ont eu le nom de Charles*, Paris 1568. in-fol. — 2º *Les Histoires tragiques*, 1616 et années suivantes, en 7 vol. in-16. — 3º *Histoires prodigieuses*, Lyon, 1598, 9 vol in-16. — 4º *Les Annales ou histoire générale de France*, Paris, 1600, 1 vol. in-fol. Belleforest a poussé jusqu'en 1574 son histoire que Gabriel Chapuis a continuée jusqu'en 1590.

DE LA NOUE.

LES CATHOLIQUES ET LES PROTESTANTS PENDANT UNE TRÈVE.

Je parleray de l'abouchement qui fut fait auprès de Toury en Beausse par la royne, le roy de Navarre et le prince de Condé, pour adviser aux moyens d'apaiser les différends survenus. Plusieurs pensoyent que la présence et communication des grands auroit plus d'efficace que les ambassades si souvent envoyez de part et d'autre. Et encore qu'il y ait quelquefois du péril aux entrevues, nonobstant elle ne laissa d'estre accordée, veu les instances qu'en faisoit la royne, avecques les limitations qui s'ensuivent : que de chacun costé on ne pourroit amener que cent gentils-hommes avec armes et lances que nulles troupes n'approcheroyent plus près du lieu ordonné que de deux lieues, et que trente chevaux légers, de part et d'autre, six heures devant que s'aboucher, descouvriroyent la campagne, laquelle est en cest endroit, raze comme la mer. A l'heure dicte, la royne se trouva à cheval en la place assignée avec le roy de Navarre, où M. le prince et M. l'amiral, aussi à cheval, la furent trouver et là traitèrent des choses publiques par ensemble. Cependant les deux troupes, qui estoient composées d'une eslite d'hommes et la pluspart seigneurs, firent halte à huit cens pas les uns des autres. Le maréchal d'Anville commandoit à l'une, et le comte de La Rochefoucault à l'autre. Or, après qu'elles se furent contemplées demy heure, chacun desireux de voir, l'un son frère, l'autre son oncle, son cousin, son amy ou ses anciens compagnons, demandoit licence aux supérieurs, ce qu'on obtenoit avec peine, pource qu'il avoit esté défendu qu'on s'accostast, de crainte de venir aux injures et après aux mains. Mais tant s'en faut que querelles s'en ensuivissent, qu'au contraire ce ne furent que salutations et embrassades de ceux qui ne se pouvoient garder de monstrer signes d'amitié à ceux que la parenté ou l'honnesteté avoit auparavant liez ensemble, nonobstant les marques contraires que chacun portoit ; car la troupe qui accompagnoit le roy de Navarre estoit vestue de casaques de velours cramoisi et banderolles rouges, et celle du prince de Condé de casaques et de banderolles blanches. Les catholiques qui imaginoient que ceux de la religion fussent perdus, les exhortoient de penser à eux, et de ne s'obstiner pas à donner entrée à ceste misérable guerre, en laquelle il faudroit que les propres parents s'entretuassent. Eux respondoient l'avoir en détestation, mais qu'ils estoient asseurez, s'ils n'avoient recours à la défense, qu'on les traiteroit de la mesme façon de plusieurs autres de la religion, qui avoient esté cruellement occis en plusieurs endroits de la France. Bref, chacun s'incitoit à paix, et à persuader les grands d'y entendre. Aucuns, qui un peu à l'escart, considéroient ces choses plus profondément, déploroient le discord public, source de maux futurs ; et quand ils venoient encore à repenser en eux mesmes que toutes les caresses qu'on s'entrefaisoit seroient converties en meurtres sanglans, si les supérieurs donnoient un petit signe de combattre, et que, les visières estant abatues, et la prompte fureur ayant bandé les yeux, le frère quasi ne pardonneroit à son frère, les larmes leur sortoient des yeux. Je me trouvai là du costé de ceux de la religion, et puis dire que j'avois de l'autre part une douzaine d'amis que je tenois chers comme mes propres frères, et qui me portoient une affection semblable. Cependant la conscience et l'honneur obligeoient un chacun de ne manquer ny à l'un ny à l'autre : les amitiez particulières estoient encores vives alors ; mais depuis que les grands maux vindrent à avoir cours, et les conversations à se discontinuer, elles s'allèrent amortissant en plusieurs. La royne et le prince de Condé, après avoir conféré deux heures ensemble, ne se pouvant accorder, se retirèrent, chacun bien marry que meilleur effect ne s'en estoit ensuivy.

François de La Noue, l'un des bons capitaines et des plus beaux caractères du seizième siècle, surnommé Bras-de-Fer, parce qu'ayant eu le bras amputé à la suite d'une blessure, il fit ajuster à son armure un bras de fer, à l'aide duquel il conduisait son cheval, naquit en 1531. Sa famille, depuis longtemps illustre en Bretagne, était alliée aux maisons de Chatignon et de Châteaubriand. A 27 ans, La Noue, ayant embrassé la religion et le parti des protestants, devint bientôt l'un de leurs chefs. François de La Noue fut tué au siége de Lamballe, le 4 août 1591, à l'âge de 60 ans. Henri IV, instruit de sa mort, en montra la plus vive douleur : « C'estoit, dit-il, un grand homme de guerre et plus encore un grand homme de bien : on ne peut assez regretter qu'un petit chasteau ait fait périr un capitaine qui valoit mieux que toute une province. »

La Noue a laissé des ouvrages qui ont contribué à former la langue française. Ses discours politiques et militaires sont au nombre de vingt-six ; le dernier, qui est le plus étendu, renferme des mémoires très-intéressants sur les guerres de religion, depuis la première prise d'armes, en 1502, jusqu'à la paix de 1570. Ce sont ces mémoires dont nous donnons un extrait. « Le style, dit M. Petitot, en est vif, énergique, précis et pittoresque, et plusieurs morceaux rappellent la manière des anciens, dont l'auteur avait fait une étude profonde. »

JEAN DE MERGEY.

ÉPISODE DE LA SAINT-BARTHÉLEMY.

Le samedi, vigile de Sainct-Barthelemy, M. le comte (de La Rochefoucault) selon sa coustume, estant demeuré le dernier en la chambre du roy, et se voulant retirer, un gentilhomme des siens, nommé Chamont, et moy l'attendions en la salle, et, entendant le remuement des souliers quand on faict la révérence, je m'approche près de la porte, et entendis que le roy dist audict sieur comte : « Foucault, (car il l'appeloit ainsi) ne t'en vas pas, il est déjà tard, nous baliverneront le reste de la nuit. — Cela ne se peut, luy respondit ledict sieur comte, car il faut dormir et se coucher. — Tu coucheras, lui dit-il, avec mes valets de chambre. — Les pieds leur puent, luy respondit-il ; adieu, mon petit maistre ; » et sortant s'en alla en la chambre de madame la princesse de Condé la douairière, où il demeura encores près d'une heure. Au partir de là, s'en va en la chambre du roy de Navarre ; puis, luy ayant donné le bonsoir, sortit pour se retirer. Estant au pied de l'escalier, un homme habillé de noir vint à luy, et, le tirant à part, parla longuement à luy, puis se retira quand et quand. Le dict sieur comte m'appella, et me commanda de retourner en la chambre du roy de Navarre, et lui dire qu'il venoit d'estre adverty que M. de Guise et M. de Nevers estoient par la ville et ne couchoient point au Louvre : ce que je fis, et le trouvé couché avec la royne sa femme ; et lui ayant dict à l'oreille ce que M. le comte luy mandoit, me commanda de luy dire qu'il le vînt trouver de bon matin comme il luy avoit promis. Je m'en retourné à M. le comte, lequel je trouvé au pied de l'escalier et M. de Nancey, capitaine des gardes, devant lequel je ne voulus luy dire ce que le roy de Navarre luy mandoit. Lesdicts sieurs comte et de Nancey retournèrent en la chambre du roy de Navarre, où ils entrèrent seuls et n'y firent long séjour.

Or le roy avoit adverty ledict roy de Navarre de faire demeurer près de luy le plus de gentilshommes qu'il pourroit, et qu'il avoit peur que ceux de Guise voulussent faire quelque chose ; à l'occasion de quoy force gentilshommes estoient retirez en la garderobe dudict roy de Navarre, qui estoit seulement fermée de tapisserie. Ledict sieur de Nancey levant la tapisserie et mettant la teste en ladite garderobe, la voyant quasi plaine, les uns jouans, les autres causans, je vis qu'il fut assez long-temps les remarquant et contant avec la teste, leur disant avec une parole longue : « Messieurs, si quelqu'un de vous autres se veut retirer, on s'en va fermer la porte. » Lesquels lui respondirent qu'ils vouloient achever là et passer la nuict, estant attachez au jeu ; là dessus M. le comte et luy descendirent en la cour, où desjà toutes les compagnies des gardes estoient en bataille, tant Suisses, Escossois que François, depuis l'escalier qui monte en la grande salle jusques à la porte où estoit M. de Rambouillet, capitaine de la porte, assis sur un petit billot joignant le petit portillon qui seulement s'ouvroit ; et comme je sortois, luy, qui m'aimoit et qui me cognoissoit ayants esté compagnons prisonniers en Flandres, me tendit la main, me prist la mienne, me serrant et me disant d'une voix pitoyable : « Adieu, M. de Mergey, mon amy ; » ne m'osant lors dire ce qu'il m'a bien dict depuis, car il savoit bien l'exécution qui se debvoit faire, mais il n'y alloit que de sa vie s'il en eust rien décelé.

M. le comte estant en son nouveau logis fort mal meublé, nous voulusmes bien toutesfois, Chamont et moi, demeurer ; mais il ne le voulut permettre : le sieur de Coulaines demeura avec luy, qui avoit fait apporter sa paillasse et un matelas. Chamont et moy nous retirasmes au logis qui nous avoit esté marqué, qui estoit tout vis-à-vis de celuy de M. l'amiral, où nous estants couchez, nous ne fusmes pas plustost au lict que nous entendons l'alarme, et le logis de M. l'amiral attaqué par le corps de garde mesme que le roy y avoit ordonné pour le préserver et garder. Je me doubtois toujours bien que le mal s'estendroit plus loing qu'au logis de M. l'amiral ; je me jetté quand et quand hors du lict, et m'habillé le plus promptement que je peus. Chamont estoit si estonné, qu'il demeuroit tout en chemise en sa place, ne sachant que faire ; je fis tant que je le fis habiller, et voulois descendre en la rue pour aller trouver M. le comte, mais il me dist : « Pourquoy voulez-vous que nous sortions? Que sçavez-vous quelles gens ce sont? Attendons encores un peu. » Je le crus, et nous nous en trouvasmes bien; car si nous estions sortis en la rue, nous estions despeschez. La chambre où nous estions estoit des appartenances d'un grand logis où estoit logé le train et l'ordinaire de madame la princesse de Condé, de la maison de Nevers; laquelle chambre estoit louée à un menuisier, et séparée dudict logis, et ne me sentois bien asseuré en ladicte chambre, oyant le grand bruict et tumulte qui estoit en la rue, et le rompement des portes, mesme celle du logis de M. l'admiral.

Cependant j'étois en grande peine de sçavoir des nouvelles de M. le comte, et prié le sommelier de madame la princesse (1), qui avoit esté laquais de M. le prince, nommé le Lorrain, d'aller jusques au logis du dict sieur comte pour m'en apporter des nouvelles, lequel estant sorty en la rue, et n'ayant point la livrée de ceux qui faisoient l'exécution, qui estoit des croix blanches sur les chapeaux et sur les bras, faillit d'estre tué : et s'il ne se fust avoué de ma dicte dame princesse, il eust été despesché, et se retira bien viste au logis; je luy fis lors des croix de papier et sur son chapeau et sur ses manches, et le prié d'achever son voyage avec deux escus, car ce métail rend les hommes plus courageux et hasardeux. Estant donc sorti, il ne tarda guères à retourner, me disant que M. le comte estoit mort, l'ayant veu tout nud à la porte de son logis, et auprès de luy son fils et un autre grand homme rousseau, et lui demandé lors quel homme c'estoit que son dict fils, lequel me dist que c'estoit un petit homme, ayant une barbe noire et une jambe plus courte que l'autre. Alors je jugé bien que mondict sieur le comte estoit mort, car celuy que disoit mon messager estre son fils, estoit tailleur de mondict sieur le comte, boiteux et la barbe noire; l'autre homme rousseau estoit un porte bois qui servoit de portier; ledict tailleur, de Verteil, nommé Barrilet, l'autre du bourg de Saint-Front, près Verteil. Ces nouvelles m'affligèrent fort.

Cependant M. l'admiral fut tué en sa chambre, et jetté par la fenestre en la cour où estoit M. de Guise à cheval, et l'ayant veu et recogneu, sortit, et avec toute sa cavallerie, se mit à suivre les huguenots qui estoient logez au fauxbourg Saint-Germain-des-Prez. J'estois en la cour du dict logis, près la grande porte pour escouter; et comme sa cavallerie suivoit M. de Guise, l'un d'eux passant devant la porte du dict logis, j'entendis qu'il demanda à quelqu'un : « Qui est logé là dedans? » Auquel il fut respondu que c'estoit le train de madame la princesse; lequel dist : « Ce n'est pas là où nous en voulons. » Qui me réjoüyt fort et rentré au logis où le maistre arriva tost après, qui estoit capitaine du quartier et venoit de l'exécution; lequel, sçachant qui nous estions, nous dist qu'il estoit bien marry de ce désastre, lequel il n'approuvoit, et qu'il nous feroit tout le plaisir qu'il pourroit; mais pour ce qu'il avoit esté ordonné que tous les logis seroient visitez, et qu'il y avoit commissaires députez pour cela, si nous estions trouvez en sa maison, il en pourroit recevoir du blasme et du desplaisir; mais que si nous voulions il nous meneroit dedans l'église Saint-Thomas-du-Louvre et que de là nous pourrions nous sauver; lequel je remercié de sa bonne volunté, le suppliant de vouloir continuer, et que puisque Dieu nous avoit préservez jusques à cette heure que nous espérions qu'il continueroit, et que, pourveu qu'il ne nous fust point ennemy, je m'asseurois que nous n'aurions point de mal, ni luy aucun desplaisir à nostre occasion; ce qu'il nous promist et là dessus s'en alla.

Or, ne voulant toujours demeurer là, et ayant entendu que M. de Marcillac (fils unique du comte de La Rochefoucauld dont il prit aussitôt le nom) s'estoit sauvé et que M. de la Coste son gouverneur l'avoit mené au logis de M. de Lansac, en la rue Sainct-Honoré, j'envoyé mon valet nommé Vinat au logis de M. de Sésac, lieutenant de M. de Guise, qui avoit espousé madame Deschenetz, et par ce moyen m'estoit amy, et n'eust ozé faillir de me faire en cest endroit un bon office; ayant donné charge à mondict valet de dire que j'estois au logis où il m'avoit laissé; lequel sieur de Sésac estant au lict pour se reposer de la corvée qu'il avoit faite avec M. de Guise à la poursuite du comte de Montgommery qui s'estoit sauvé, dist à mon valet : « Retourne à ton maistre et luy dis que s'il aime sa vie il ne bouge du logis où il est, et que ce soir je iré ou envoyeré le quérir. » Il envoya bien le soir au logis pour me mener à luy; mais j'estois déjà avec M. le comte (Marcillac) auquel m'avoit mené le sieur de la Rochette, lequel suivant la prière de M. le comte, estoit venu à mon logis, et estant à la porte de la salle où j'estois, commença à me dire avec une voix rude et menaçante : « Allons », sans me dire autre chose. Moy ne sachant encores qu'il venoit de la part de M. le comte, que d'autre part il estoit grand ennemy de ceux de la religion, m'attendois d'aller non pas dessus, mais dessoubz le pont aux Musniers comme une infinité d'autres, luy fis une grande et profonde révérence, lequel redoublant sa voix comme d'un rodomont, me dist de rechef *allons, allons*. Je lui demandé lors s'il vouloit que je prisse mon espée, lequel me dist : « Oui dà; qui voudroit vous battre, voudriez-vous pas vous deffendre? » Je luy respondis : « Ouy et de bon cœur. » Lors adoucissant sa voix et riant, me dist : « Allons, allons, M. le comte vous demande. » Je luy fis encore une plus grande révérence que la première et de

(1) Madame la princesse de Condé, Marie de Clèves, première femme de Henri de Bourbon, prince de Condé.

meilleur cœur, et prenant mon espée et une hallebarbe d'un de ses compagnons qu'il me donna, car il en avoit six ou sept avec luy, qui m'estonnoit fort au commencement, et ainsi allasmes trouver M. le comte, lequel me voyant me saulta au collet, me tenant embrassé un long espace de temps, sans me pouvoir dire un seul mot, avec larmes et soupirs et moy de mesme.

Jean, sieur de Mergey, naquit, en 1536, en Champagne. Il fut placé de bonne heure chez Polisy, bailli de Troyes et chef de la maison de Dinteville. A peine eut-il atteint l'adolescence, que Polisy l'attacha à Deschenets, son frère, qui commandait une compagnie de cinquante hommes d'armes, sous Henri II. Ce fut en cette qualité que Mergey, âgé de dix-huit ans, prit part à la victoire de Renty (1554). Il combattit un gendarme de l'empereur, et le blessa d'un coup mortel, mais il lui fut impossible de retirer sa lance du cadavre de son ennemi. L'usage était alors qu'un page qui perdait une de ses armes devait être fustigé : Mergey, prenant le règlement à la lettre, tremblait de reparaître devant son seigneur : il faut l'entendre lui-même raconter ce fait avec une grâce et une naïveté charmantes :

« M. Deschenets se mit en chemin pour exécuter sa charge; et moi, avec lui, sur un petit cheval barbe, mais fort viste, ayant en ma teste son morion (casque sans visière) à bannière, ayant une bonne panache, et un javelot de Brézil (espèce de lance), le fer doré, bien tranchant, avec belle houppe d'or et de soye; ma casaque de page, belle et bien estoffée de broderie, de sorte que je pensais être *quelque petit Dieu Mars.*

» Le dit sieur Deschenets, ayant découvert de dessus une petite montagne, nos gens et les ennemis meslez à l'escarmouche, ne voulut passer outre, voyant au vallon quatre ou cinq chevaux qui se pourmenoient; et ne sachant s'ils estoient amis ou ennemis, demeura là, m'envoyant vers ledit Paul-Baptiste pour lui dire ce que M. de Guyse lui mandoit, et ce dit qu'il m'attendroit là.

» Je m'achemine pour exécuter ma charge en l'équipage que j'étois, droict où estoit l'escarmouche, et y arrivé si à propos, que nos gens s'estoient débandez pour soustenir ceux qui avaient rembarré les nostres, et les ennemis se retirant pour gagner leur gros, nous les chargeasmes; et moy, y arrivant et estant bien monté, je fus le premier à la charge. Ayant arresté un Bourguignon, qui avoit une cuirasse à cru si courte que la moitié de l'eschine luy paroissoit, j'adresse si bien mon coup, que je lui plante mon javelot en ce défaut dedans l'eschine, qui n'eut pas fait trois pas que, faisant un grand cri avec une laide grimace, tomba mort de dessus son cheval, emportant en ses reins mon javelot, lequel je n'ai pu retirer à cause qu'il estoit barbillonné (armé de deux crochets) et nous nous retirasmes à notre gros, où trouvant ledit sieur Paul-Baptiste, je luy dis ce que luy mandoit M. de Guyse, lequel aussitôt fit sonner la retraite, et le menay où M. Deschenets l'attendoit.

» Je le priai par le moyen avec ledict sieur Deschenets, mon maistre, que je ne fusse poinct fouetté à cause du javelot que j'avois perdu, lequel se prit à rire, et m'asseura que je n'aurois point de mal, et qu'il avoit bien veu comment je l'avois perdu ; et ayant trouvé ledict sieur Deschenets, ils s'en vont tous deux trouver M. de Guyse, auquel après avoir fait le récit de tout ce qui s'estoit passé, adressant la parole audict sieur Deschenets, en présence dudict sieur de Guyse, luy dit la peur que j'avois d'estre fouetté pour avoir perdu mon javelot; et ayant récité le fait comme il l'avoit vu, dist que si tous les chevaux-légers eussent aussi bien fait que moy, qu'il eust battu l'advant-garde de l'empereur : voilà mon premier chef-d'œuvre à la guerre. »

L'année suivante (1555), Deschenets le mit hors de page, et dans l'espoir de lui procurer un prompt avancement, il le plaça près du comte François de Larochefoucault, lieutenant de la compagnie de gendarmes du duc de Lorraine.

Mergey se dévoua entièrement à ce seigneur, alors zélé catholique; mais s'étant marié en secondes noces avec Charlotte de Roye, sœur d'Éléonore, princesse de Condé et proche parente de Coligny, Larochefoucault ne tarda pas à embrasser la religion protestante; Mergey suivit l'exemple du comte, le servit fidèlement jusqu'à sa mort, et eut depuis pour le fils le même dévouement dont il avait donné tant de preuves au père. Mergey, n'étant pas un personnage historique, nous ne parlerons ici que de son style toujours vif, simple et naturel.

———

Voici ce qu'on trouve au sujet de la Saint-Barthélemy dans Chateaubriand :

« L'année 1572, sortie des entrailles du temps toute sanglante, garda et n'essuya pas le sang de l'enfantement maternel; Jeanne d'Albret, reine de Navarre, vient à Paris, marie son fils, Henri, avec Marguerite de Valois; l'amiral de Coligny et les seigneurs protestants s'y rendent pour assister à ces noces et pour conférer de la guerre des Pays-Bas. La reine de Navarre meurt peut-être empoisonnée. « Reine n'ayant de femme que le sexe, l'âme entière aux choses viriles, l'esprit puissant aux affaires, le cœur invincible aux adversités. » (*D'Aubigné.*)

» Le roi l'appeloit sa grand'tante, son tout, sa mieux aimée. Le soir, en se retirant, il dit à la reine sa mère, en riant : « Et puis, madame, que vous en semble? Joué-je pas bien mon rollet? » (*L'Estoile.*)

» Henri, roi de Navarre, épousa Marguerite de Valois. « Après que le roi eut fait la Saint-Barthélemy, il disoit en riant et en jurant Dieu à sa manière accoutumée, et avec des paroles que la pudeur oblige de taire, que sa grosse *Margot*, en se mariant, avoit pris tous ses rebelles huguenots à la pipée. » *(L'Estoile.)*

» Maurevert blesse l'amiral d'un coup d'arquebuse : les huguenots sont massacrés le jour de la Saint-Barthélemy.

» Coligny est tué le premier : « Desme, Hautefort, Hattain trouvèrent l'admiral sur pied en l'appréhension de la mort; les admoneste d'avoir pitié de sa vieillesse; se sentant leurs épées glacées dans son corps, il prolonge sa vie, embrasse sa fenestre pour n'être pas jeté en bas, où tombé il assouvit les yeux du fils dont il avoit fait tuer le père. (Tavannes). Le même historien ajoute : « Le roi de Navarre et le prince de Condé sont menés au roi, il leur propose la messe ou la mort ; menace le prince de Condé qui ne se pouvoit feindre. La résolution de tuer seulement les chefs est enfreinte : plusieurs femmes et enfants tués à la furie populaire; il demeure deux mille massacrés. Tavannes avoit voulu que le massacre ne tombât que sur les chefs des huguenots, et que *l'on gagnât la bataille dans Paris*, soutenant que cette exécution devait être nette de toute réprehension, ayant été faite par contrainte, enfilée d'un accident à l'autre ; que les enfants, ces princes et maréchaux de France (le roi de Navarre, le prince de Condé, les maréchaux de Montmorency et de Danville), et pauvres personnes, et ne devoient pas pâtir pour les coupables, les jeunes princes innocents... »

» Le maréchal de Retz maintenoit le contraire, et disoit : « Qu'il falloit tout tuer ; que ces jeunes princes nourris en la religion, cruellement offensés de la mort de leur oncle et de leurs amis s'en ressentiroient; qu'il ne falloit point offenser à demi ; qu'en ces desseins extraordinaires il falloit considérer premièrement s'il estoit nécessaire, contraint au juste, les ayant jugez tels, il ne falloit rien laisser qui peust causer la ruine du but de paix où l'on tendoit; que, s'il estoit juste en un chef, il l'estoit en tous ; puisque des parties joinctes dépendoit l'effet principal de l'action. Il les falloit couper à ce que les racines ne restassent ; aussi, s'il n'estoit juste, il falloit s'en distraire du tout, et n'entreprendre rien ; au contraire, que si on rompoit les lois, il falloit les violer entièrement pour sa sûreté, le péché étant aussi grand pour peu que pour beaucoup. L'opinion du sieur de Tavannes subsista pour être plus juste, et que l'on croyoit celle du maréchal de Retz ambitieuse des états qu'il vouloit faire à son profit. »

Voilà la doctrine des assassinats nettement exposée ; elle ne date pas de nos jours.

Depuis le massacre de la Saint-Barthélemy, Charles IX *parut tout changé, et, disoit-on, qu'on ne lui voyoit plus au visage cette douceur qu'on avoit accoutumé de lui voir.* (Brantôme)

Cette exécrable journée ne fit que des martyrs ; elle donna aux idées philosophiques un avantage qu'elles ne perdirent plus sur les idées religieuses ; en rendant les catholiques odieux, elle augmenta la force des protestants.

MARGUERITE DE VALOIS.

AUTRE ÉPISODE DE LA SAINT-BARTHÉLEMY.

Le roy Charles, qui estoit très-prudent, et qui avoit esté tousjours très-obéissant à la reyne mère, prince très-catholique, voyant aussi de quoy il y alloit, print soudainement résolution de se joindre à la reyne sa mère, et se conformer à sa volonté, et garantir sa personne des huguenots par les catholiques, non sans toutefois extrême regret de ne pouvoir sauver Téligny, La Noüe et M. de La Rochefoucault. Et lors allant trouver la reyne sa mère, envoya quérir M. de Guise et tous les autres princes et capitaines catholiques, où fust pris résolution de faire la nuict mesme le massacre de la Saint-Barthélemy. Et mettant soudain la main à l'œuvre, toutes les chaines tendües et le tocsin sonnant, chacun courut en son quartier, selon l'ordre donné, tant à l'admiral qu'à tous les huguenots.

M. de Guise donna au logis de l'admiral, à la chambre duquel Besme, gentilhomme allemand, estant monté, après l'avoir dagué, le jetta par les fenestres à son maistre, M. de Guise. Pour moy, l'on ne me disoit rien de tout cecy. Je voyois tout le monde en action, les huguenots désespérés de cette blessure; messieurs de Guise craignans que l'on voulust faire justice, se suchetans tous à l'éreille. Les huguenots me tenoient suspecte parce que j'estois catholique, et les catholiques parce que j'avois épousé le roy de Navarre, qui estoit huguenot. De sorte que personne ne m'en disoit rien, jusques au soir qu'estant au coucher de la reyne ma mère, assise sur un coffre auprès de ma sœur de Lorraine que je voyois fort triste, la reyne ma mère parlant à quelques-uns m'apperceust, et me dit que je m'en allasse coucher. Comme je faisois la révérence, ma sœur me prend par le bras et m'arreste, et se prenant fort à pleurer, me dit : « Mon Dieu, ma sœur, n'y allez pas. » Ce qui m'effraya extrêmement. La reyne ma mère s'en apperceut, et appelant ma sœur se courrouça fort à elle, et luy deffendit de me rien dire. Ma sœur luy dit qu'il n'y avoit point d'apparence de m'envoyer sacrifier comme cela, et que sans doute, s'ils découvroient quelque chose, ils se vengeroient de moy ; la reyne ma mère répond que, s'il plaisoit à Dieu, je n'aurois point de mal ; mais quoy que ce fût, il falloit que j'allasse, de peur de leur faire soupçonner quelque chose.....

Je voyois bien qu'ils se contestoient, et n'entendois pas leurs paroles. Elle me commanda encore rudement que je m'en allasse coucher. Ma sœur, fondant en larmes, me dit bon soir, sans m'oser dire autre chose; et moy je m'en allay toute transie et éperduë, sans me pouvoir imaginer ce que j'avois à craindre.

Soudain que je fus en mon cabinet, je me mis à prier Dieu qu'il luy plust de me prendre en sa protection, et qu'il me gardast, sans savoir de quoy ni de qui. Sur cela le roy mon mary, qui s'estoit mis au lit, me manda que je m'en allasse coucher. Ce que je fis, et trouvay son lit entouré de trente ou quarante huguenots que je ne connoissois point encore ; car il y avoit fort peu de temps que j'estois mariée. Toute la nuict ils ne firent que parler de l'accident qui estoit advenu à M. l'admiral, se réservants dès qu'il seroit jour de demander justice au roi de M. de Guise, et que si on ne la leur faisoit ils se la feroient eux-mesmes. Moy j'avois tousjours dans le cœur les larmes de ma sœur, et ne pouvois dormir pour l'appréhension en laquelle elle m'avoit mise sans sçavoir de quoy.

La nuict se passa de cette façon sans fermer l'œil. Au point du jour le roy mon mary dit qu'il vouloit aller jouer à la paume attendant que le roy Charles fust éveillé, se résolvant soudain de luy demander justice. Il sort de ma chambre et tous ses gentilshommes aussi.

Moy voyant qu'il estoit jour, estimant que le danger que ma sœur m'avoit dit fust passé, vaincue du sommeil, je dis à ma nourrice qu'elle fermast la porte pour pouvoir dormir à mon aise. Une heure après, comme j'estois le plus endormie, voicy un homme frappant des pieds et des mains à la porte, et criant : « Navarre, Navarre ! » Ma nourrice, pensant que ce fust le roy mon mary, court vistement à la porte. Ce fut un gentilhomme nommé M. de Téjan, qui avoit un coup d'épée dans le coude et un coup de hallebarde dans le bras, et estoit encores poursuivy de quatre archers qui entrèrent tous après luy en ma chambre.

Luy se voulant garantir, se jetta dessus mon lit. Moy sentant ces hommes qui me tenoient, je me jette à la ruelle, et luy après moy, me tenant tousjours au travers du corps. Je ne connoissois point cet homme, et ne savois s'il venoit là pour m'offenser, ou si les archers en vouloient à luy ou à moy. Nous crions tous deux, et estions aussi effrayez l'un que l'autre.

Enfin Dieu voulut que M. de Nançay, capitaine des gardes, y vinst, qui me trouvant en cet estat-là, encore qu'il y eust de la compassion, ne put se tenir de rire et se courrouça fort aux archers de cette indiscrétion, les fit sortir, et me donna la vie du pauvre homme qui me tenoit, lequel je fis coucher et panser dans mon cabinet jusques à temps qu'il fust du tout guéry. En changeant de chemise, parce qu'il m'avoit toute couverte de sang, M. de Nançay me conta ce qui se passoit, et m'asseura que le roy mon mary estoit dans la chambre du roy, et qu'il n'auroit nul mal. Et me faisant jetter un manteau de nuict sur moy, il m'emmena dans la chambre de ma sœur madame de Lorraine, où j'arrivay plus morte que vive. En entrant dans l'antichambre, de laquelle les portes estoient toutes ouvertes, un gentilhomme nommé Bourse, se sauvant des archers qui le poursuivoient, fut percé d'un coup de hallebarde à trois pas de moy. Je tombay de l'autre costé presque évanouïe entre les bras de M. de Nançay, et pensois que ce coup nous eust percez tous deux. Et estant quelque peu remise, j'entray en la petite chambre où couchoit ma sœur.

Comme j'étois là, M. de Mossians, premier gentilhomme du roy mon mary, et Armagnac, son premier valet de chambre, m'y vindrent trouver pour me prier de leur sauver la vie. Je m'allay jetter à genoux devant le roy et la reyne ma mère pour les leur demander, ce qu'enfin ils m'accordèrent.

Marguerite de Valois, huitième enfant de Henri II et de Catherine de Médicis, naquit le 14 mai 1552 ; elle reçut une très-bonne éducation, et comme si elle eût voulu ressembler en tout à la célèbre Marguerite, sœur de François 1er, sa grand'tante, elle étudia beaucoup les belles-lettres pour lesquelles, dès sa première enfance, elle montra le goût le plus décidé. Les Mémoires de Marguerite de Valois ne vont que jusqu'en 1582, et par conséquent n'embrassent qu'un peu moins de la moitié de sa vie. Cet ouvrage fut considéré par les premiers académiciens français comme un des modèles dignes d'être employés à la perfection de notre langue : et l'on dit que l'ouvrage étant tombé entre les mains de Pélisson, cet homme célèbre en fut tellement frappé, qu'il le relut deux fois dans une nuit. C'est, du reste, de tous les récits du temps, le tableau le plus vrai et le plus curieux de la cour de Catherine de Médicis. La reine Marguerite mourut le 27 mars 1615. Voici le portrait qu'en fait le cardinal Richelieu : « Elle étoit le refuge des hommes de lettres, aimoit à les entendre parler; sa table en étoit toujours environnée, et elle apprit tant à leur conversation, qu'elle parloit mieux que femme de son temps, et écrivoit plus éloquemment que la condition ordinaire de son sexe ne comportoit. »

PIERRE DE L'ESTOILE.

ASSASSINAT DU DUC DE GUISE ET DU CARDINAL DE LORRAINE.

Tout cela terminé, on fit promettre et jurer au roy sur le saint Sacrement de l'autel, parfaite réconciliation et amitié avec le duc de Guyse, et oubliance de toutes querelles et simultés passées : ce que sa majesté fit fort franchement en apparence, mais il songeoit bien à autre chose, comme l'issue le montra ; même pour les contenter et amuser, déclara qu'il s'étoit résolu de remettre sur son cousin de Guyse et la reine sa mère le gouvernement et conduite des affaires de son royaume, ne se voulant plus empêcher que de prier Dieu et faire pénitence.

Quelques jours après, le roy reçut de tous côtés avis qu'il y avoit conspiration contre sa personne ; le duc d'Espernon, par lettres, l'en assure ; le duc du Mayne lui envoye dire par un gentilhomme, que l'exécution de son frère étoit proche ; le duc d'Aumale envoye sa femme pour lui donner pareil avis : là-dessus le roy se résout de faire mourir le duc de Guyse ; sur quoy, ayant assemblé quelques-uns de ses confidens, il leur proposa sa résolution ; un ou deux voulurent lui conseiller l'emprisonnement, pour lui faire son procès, mais tous les autres furent de contraire opinion, disans qu'en matière de crimes de lèze-majesté, il falloit que la punition précédât le jugement ; cet avis fut suivi du roy, qui dit : « Mettre le Guysard en prison, seroit tirer le sanglier aux filets, qui seroit peut-estre plus puissant que nos cordes : là où quand il sera tué, il ne nous fera plus de peine ; » et arrêta lui-même, avant que de sortir du conseil, de le faire tuer au souper que l'archevêque de Lyon lui donnoit et au cardinal, le dimanche avant saint Thomas ; laquelle exécution, pour quelque avis qu'on lui donna, il différa au mercredy suivant, jour de saint Thomas, lequel jour il fut encore conseillé de laisser passer.

Le jeudy vingt-deux, le duc de Guyse se mettant à table pour dîner, trouva sous sa serviette un billet dans lequel étoit écrit : « Donnez-vous de garde, on est sur le point de vous jouer un mauvais tour ; » l'ayant lu, il écrivit au bas : « On n'oseroit, » et le rejetta sous la table : ce jour même il fut assuré par son cousin le duc d'Elbeuf, que le lendemain on entreprendroit sur sa vie, à qui il répondit : « Je vois bien que vous avez regardé votre almanach, car tous les almanachs de cette année sont farcis de telles menaces. »

Le vendredy vingt-trois, le roy manda de bon matin au duc et au cardinal de Guyse, qu'ils vinssent au conseil, et qu'il avoit à leur communiquer affaires d'importance ; entrans au château, ils trouvèrent les gardes renforcées, qui prièrent le duc de les faire payer, mais d'une manière moins respectueuse qu'à l'ordinaire, à quoi ne prenant aucunement garde, ils passèrent outre : ce matin il avoit reçu de divers endroits neuf avertissemens, et dit tout haut, en mettant le neuvième billet en sa pochette : « Voilà le neuvième d'aujourd'hui. » Étant entré au conseil, il saigna du nez deux ou trois gouttes, et vit-on un œil pleurer ; après, il eut mal au cœur, et un affoiblissement qu'on attribua plutôt à une débauche qu'à un pressentiment : sur ce, le roy le manda par Revol, qui le trouva comme il resserroit dans son drageoir quelques raisins et prunes apportées pour son mal de cœur : comme il entroit en la chambre du roy, un garde lui marcha sur le pied, et cependant continua de marcher vers le cabinet, et soudain, par dix ou douze des *quarante-cinq*, fut saisi aux bras et aux jambes, et par eux massacré, jettant entr'autres cris et paroles, celles-cy qui furent clairement entendues : « Mon Dieu, je suis mort, ayez pitié de moi ; ce sont mes péchés qui en sont cause. » Sur ce pauvre corps fut jetté un méchant tapis, et là laissé quelque temps exposé aux moqueries des courtisans, qui l'appeloient *le beau roy de Paris*, nom que lui avoit donné sa majesté ; lequel étant en son cabinet, leur ayant demandé s'ils avoient fait, en sortit et donna un coup de pied par le visage à ce pauvre mort, tout ainsi que ledit duc de Guyse en avoit donné au feu amiral ; chose véritable et remarquable, avec une, que le roy l'ayant un peu contemplé, dit tout haut : « Mon Dieu, qu'il est grand ! il paroit encore plus grand mort que vivant. »

Le cardinal de Guyse, qui étoit assis avec M. l'archevêque de Lyon au conseil, entendant la voix de son frère, qui crioit mercy à Dieu, remua sa chaise pour se lever, disant : « Voilà mon frère qu'on tue. » Lors se levèrent les maréchaux d'Aumont et de Rets, et l'épée nue en la main, crièrent qu'homme ne bouge s'il ne veut mourir; incontinent après, lesdits cardinal et archevêque furent conduits en un gatelas bâty peu de jours auparavant pour y loger des feuillans et capucins : ainsi finit le règne de Nembrot le Lorrain.

Le samedy vingt-quatre, le roy averti par Claude d'Angennes, évêque du Mans, que les députés du clergé avoient résolu en l'assemblée du matin de venir prier le roy de leur rendre le cardinal de Guyse, leur président : sa majesté, qui avoit résolu de le faire suivre son frère, sçachant qu'il succederoit à sa créance, et qu'il étoit autant et plus mauvais garçon que lui, se trouvant néanmoins empêché sur l'exécution, à cause de la qualité du prélat, en voulut avoir un mot de conseil, dont le résultat fut, que le roy n'avoit rien fait s'il ne se deffaisoit du cardinal comme du duc; ainsi l'exécution fut résolue : on trouva pour quatre cents écus quatre instrumens de cette exécution.

Après cette exécution, le roy sortit pour aller à la messe, et rencontra à ses pieds le baron de Luz qui lui offroit sa tête pour sauver la vie de l'archevêque de Lyon, son oncle, et il l'assura de sa vie, mais non de sa liberté, parce qu'il vouloit, disoit-il, tirer de ce prélat la quintessence de la Ligue, dont il étoit l'intellect agent.

Le soir de ce jour, les deux corps du duc et du cardinal de Guyse furent mis en pièces, par le commandement du roy, en une salle basse du château, puis brulés et mis en cendres, lesquelles furent jettées au vent, afin qu'il n'en restât ni relique, ni mémoire.

Pierre de l'Estoile naquit à Paris, vers 1540, d'une famille qui avait exercé de grandes charges dans la magistrature. Grand audiencier de la chancellerie, Pierre se démit de ses fonctions en 1607, et mourut en 1611. Ses restes furent déposés dans l'église Saint-André-des-Arcs. Son *Journal*, où se trouvent consignés jusqu'aux plus petits événements du temps, comprend *les règnes de Henri III et de Henri IV*. C'est un des ouvrages les plus curieux que nous ayons ; il renferme sur notre histoire une foule de particularités qu'on chercherait vainement ailleurs.

MORT DE CATHERINE DE MÉDICIS.

Le jeudi cinq, la mère du roye décéda au château de Blois, âgée de soixante et onze ans, et portoit bien l'âge, pour une femme pleine et grasse comme elle étoit : elle mangeoit et se nourrissoit bien, et n'appréhendoit point les affaires, combien que depuis trente ans que son mary étoit mort, elle en eut eu d'aussi grandes et importantes, qu'onques eut reine du monde.

Elle mourut endettée de huit cent mil écus, étant libérale et prodigue par delà la libéralité, plus que prince et princesse de la chrétienté, ce qu'elle tenoit de ceux de sa maison de Médicis, étant nièce du pape Clément VII : elle étoit déjà malade lorsque les deux frères furent occis ; et l'allant voir le roy, et lui disant : « Madame, je suis maintenant seul roy, je n'ay plus de compagnon. — Que pensez-vous avoir fait, lui répondit-elle ? Dieu veuille que vous vous en trouviez bien ; mais au moins, mon fils, avez-vous donné ordre à l'assurance des villes, principalement d'Orléans ?. Si ne l'avez fait, faites-le au plutôt, sinon il vous en prendra mal ; et ne failliez d'en avertir le légat du pape, par M. le cardinal de Gondi. » Elle se fit porter ensuite, toute malade qu'elle étoit, au cardinal de Bourbon, qui étoit malade et prisonnier, qui, dès qu'il la vit, « Ah ! madame, dit-il, la larme à l'œil, ce sont de vos faits, ce sont de vos tours, madame ; vous nous faites tous mourir, » desquelles paroles elle se mut fort ; et lui ayant répondu qu'elle prioit Dieu de la damner, si elle y avoit jamais donné ni sa pensée, ni son avis, sortit incontinent, disant : « Je n'en puis plus, il faut que je me mette au lit, » comme de ce pas elle fit, et n'en releva : ains mourut la veille des Roys jour fatal à ceux de sa maison ; car Alexandre de Médicis fut tué à ce jour, et Laurent de Médicis et autres moururent.

Ceux qui l'approchoient de plus près, eurent opinion que le déplaisir de ce que son fils avoit fait, lui avoit avancé ses jours; non pour amitié qu'elle portât aux deux frères qu'elle aimoit à la florentine, c'est-à-dire pour s'en servir, mais parce qu'elle voyoit par ce moyen le roy de Navarre son gendre établi, qui étoit tout ce qu'elle craignoit plus au monde, comme celle qui avoit juré sa ruine : toutesfois les Parisiens crurent qu'elle avoit donné occasion et consentement à la mort des princes lorrains ; et disoient les Seize, que si on apportoit son corps à Paris, pour l'enterrer à Saint-Denis dans le sépulchre magnifique de la chapelle de Valois, que de son vivant elle y avoit bâti pour elle et le feu roy son mary, ils le jetteroient à la voirie ou dans la rivière ; voilà pour le regard de Paris : quant à Blois, où elle étoit adorée et révérée comme la Junon de la cour, elle n'eut pas plutôt rendu le dernier soupir, qu'on n'en fit non plus de compte que d'une chèvre morte ; quant au particulier de sa mort, le désespoir et la violence y ont été remarqués, comme en une fin très-misérable conforme à sa vie. Basile Florentin, mathématicien très-renommé, affait la révolution de la nativité de cette princesse, qui s'est trouvée très-véritable en ce qu'il prédit qu'elle seroit cause de la ruine du lieu où elle seroit mariée.

FÉNELON.

CHARLES-QUINT LÈVE LE SIÉGE DE METZ.

Renseignez, les deux jours ensuyvans, par quelques Espagnols et autres des leurs qui furent prins, sceusmes le deslogement de l'empereur du chasteau de la Orgue, qui s'en estoit parti au premier jour de l'an, et retiré à Thionville avecques le malcontentement qu'on peut penser de se veoir descheu de son espérance, et sa grande armée, qu'il avoit assemblée de divers endroits de la chrestienté, ruinée, son entreprise tournée à néant, et luy quasi mis pour servir d'exemple à faire veoir au monde que la force et conseil des plus grands hommes n'est rien au regard de la providence de Dieu. Ce mesme jour une trouppe de nos gens de cheval sortit par le pont de Mores, pour aller donner jusques à la file de ceux qui passoyent soubs le mont Saint-Martin, et trouvèrent beaucoup de cavalerie espagnole qui luy faisoit escorte. Les nostres commencèrent attaquer l'escarmouche ; mais l'un des ennemis appela un de nos harquebouziers à cheval, pour s'enquérir que c'estoit que les François demandoyent : et comme il lui fust respondu qu'ils chercheoyent à combattre et donner coups de lance, l'Espagnol dist leur trouppe n'estre maintenant en estat pour respondre à cela, qu'ils se retiroyent, et qu'on les laissast aller en repos. Ce propos donna envie au nostre de savoir son nom, qui le luy dist, et se nomma le capitaine Sucre, lequel feit incontinent retirer ses gens.

Après le partement de l'empereur, ses deux camps se levèrent le deuxiesme de janvier par un signe de feu qu'ils feirent de l'un à l'autre, sur les unze heures de nuit, et marcha celuy de la royne Marie contre le bas de la Mozelle, et le grand, sous la conduite du duc d'Albe par delà le pont des Moulins ; ayant laissé au bout d'iceluy et à l'advenue de la ville, un gros nombre d'harquebouziers et de corselets, lesquels, pour ce qu'il estoit trop dangereux de les enfoncer là où ils estoyent, les nostres essayèrent souvent de les attirer à la campagne, mais ils n'y voulurent venir : dont s'en retournant eurent le spectacle d'une si grande ruine de camp, qu'on eust plus-tost jugée l'armée y avoir esté vaincue que s'en estre levée ; tant d'hommes de quel costé qu'on regardast, beaucoup à qui il ne restoit qu'un peu de vie, et une infinité de malades, qu'on oyoit plaindre dans les loges, lesquelles en ceste occasion ils avoyent laissées entières; en chacun quartier cimetières grands et fraischement labourez, des chemins couverts de chevaulx morts, les tentes, les armes et autres meubles abandonnez, et généralement une si grande misère en tout, qu'elle esmeut à compassion ceulx mesmes qui leur estoyent justement ennemis. Ils trouvèrent d'avantage plus de douze mille pains et autres vivres gastez ; par où l'on peult cognoistre que la providence de l'empereur estoit merveilleuse, d'avoir si longuement et en hyver entretenu un tel et si grand peuple, sans aucune disette, en pays desjà ruiné et destruit. Peult-estre que si le rigoreux commandement de la guerre eust été en main d'un prince non tant humain que M. de Guyse, qu'on eust envoyé incontinent mettre le feu par tout le camp ; mais sa pitié ne le peult souffrir, ains envoya assembler les malades, ordonnant une charitable aulmosne pour les nourrir et guérir, et sépulture à ceulx qui estoient desjà trespassez. Puis feit entendre au duc d'Albe que s'il vouloit envoyer de ses gens pour leur pourvoir, et les conduire à Thionville, il les accommoderoit volontiers de bateaux bien couverts pour les y mener. Au moyen de quoy il adjousta à son nom (bien que très-grand de beaucoup de louables œuvres) encores ceste humanité, qui en rendra et la mémoyre et luy-mesmes immortels.

Dès le matin le duc d'Albe avoit envoyé vers luy un trompette, pour le prier de recevoir en la ville un gentilhomme espagnol nommé le seigneur Rouméro, fort malade, afin d'y estre traité, et qu'il luy pleust l'avoir en recommandation : ce qui fut libéralement accordé, et le dict Rouméro receu avec ceulx qu'on luy avoit laissés pour le servir. Ce mesme jour le seigneur de la Brosse, avecques la compagnie de M. de Lorraine, celles du seigneur de Gounor et du capitaine Lanque, ensemble quelques soldats du capitaine Voguedemar sortirent par la porte Saincte-

Barbe, pour aller donner sur la queue du camp de la royne Marie. Mais il avoit tant cheminé depuis environ minuit que le seigneur de la Brosse ne trouva autre chose, fors une pitié pareille à celle qui avoit esté veue de l'autre costé. Voguedemar avec ses soldats descendit vers la rivière, et passa jusques au village de Malleroy, où il trouva sept ou huit vingts caques de pouldre, qui furent gardées quelque temps, soubz espérance de faire descendre des bateaux et amener le tout dans la ville. Mais sentant approcher la nuict, et que une longue attente seroit dangereuse, mesme que beaucoup d'ennemis du camp du duc d'Albe n'en logeoyent pas loin, fut advisé d'y mettre le feu. Encores sur le hault le seigneur de la Brosse veit les marques de beaucoup de pouldre brûlée par trainées et grand nombre de boulets que les ennemis avoyent laissés, comme aussi en avoyent laissé beaucoup à l'autre camp, et mesme en avoyent ensevely soubz terre; par où se descouvrit encores mieulx le grand appareil de guerre que l'empereur avoit mené, et la licence qu'il s'estoit donné d'en prendre en passant par les villes d'Allemaigne. L'on a creu que les cinq cens milliers de pouldre dont ils nous menassoyent tant, furent à peu près employez ou gastez.

Quand il fut nuict, M. de Guyse dépescha le seigneur Thomas Delveche, pour aller donner advis au roy du succès de ce siége, et des termes en quoy les grands forces de l'ennemy estoyent réduites.

On ignore l'époque de la naissance de Bertrand de Salignac, seigneur de la Motte-Fénelon; on sait seulement qu'il était le plus jeune des sept fils d'Élie de Salignac et de Catherine de Ségur. Après avoir fait d'excellentes études, il prit le parti des armes, et sur la nouvelle qui courut, vers le milieu de l'été de 1552, que Charles-Quint se préparait à venir faire le siége de Metz, avec une armée de cent mille hommes, il se jeta dans cette ville, dont le duc de Guise avait le commandement et où se rendit l'élite de la noblesse française. Fénelon écrivit la relation de ce siége mémorable, pendant lequel le duc de Guise, à peine à la fleur de l'âge, déployant les talents du général le plus expérimenté, fit éprouver à Charles-Quint le plus sensible affront qu'il eût jamais reçu. « Cet ouvrage, a dit un auteur de nos jours, est écrit avec beaucoup de clarté, et l'on y trouve quelquefois des traces de cette élégance que l'auteur de *Télémaque*, son petit-neveu, porta depuis au plus haut degré de perfection; il eut une grande vogue dans sa nouveauté, et fut presque aussitôt traduit en italien. Immédiatement après le traité de Câteau-Cambrésis, Fénelon se vit envoyer, par Henri II, comme ambassadeur auprès d'Élisabeth. C'est dans cette position honorable qu'il reçut le récit officiel du massacre de la Saint-Barthélemy. Fénelon, indigné, refusa noblement de justifier une exécution qui lui faisait horreur. « Sire, écrivit-il au roi, adressez-vous à ceux qui vous l'ont conseillée. » Il fallut donc composer à Paris le discours apologétique que l'ambassadeur devait prononcer devant Élisabeth.

Le récit de la campagne de 1554, autre ouvrage de Fénelon, eut trois éditions.

RABUTIN.

ABDICATION DE CHARLES-QUINT.

Dans ce temps, le prince d'Oranges, après avoir laissé quelques garnisons à Philippe-ville et à Charlemont, donnant congé au surplus de l'armée, prit chemin devant Bruxelles, où estoit donc l'empereur (Charles-Quint), lequel, dès ce temps, comme les nouvelles nous furent rapportées, délibéroit se retirer en Espagne, tant pour sa santé par l'advis de ses médecins, qu'oubliant la sollicitude de tant d'affaires qu'importe (qu'entraine) ce tiltre d'empereur, sortir des tempestueux troubles pour se contenter d'une magnifique maison qu'il avoit fait bâtir en un lieu de plaisir appellé Just, et là parachever le surplus de sa vie en repos.

Pour cest effect l'on dit que dès le mois de septembre précédent en cest an, il avoit fait passer d'Angleterre et retiré rière luy (près de luy), à Bruxelles, le roi Philippes son fils, avec lequel, par l'espace de six semaines ou deux mois, seul à seul il communiqua de tous advertissemens et mémoires, et l'informa de tous poincts qui concernoient le fondement et maintien de sa grandeur et conservation de ses royaumes, biens et possessions, et l'entretien et amitié des princes, tant estrangers que proches de sa personne, parens, alliez et confédérez qui le pouvoient conseiller, ayder et secourir en tous ses affaires : mesmement luy recommanda entre autres particularitez, la recognoissance de ses anciens serviteurs et de leurs services, qu'il n'oublieroit, ains récompenseroit, leur donnant moyen et occasion de continuer et né se dégouster et absenter de son service. Et après lui conseilla, attendant qu'il fust stabilité et confirmé ès estats qu'il luy délaissoit, et laissant escouler les nuées et troubles qui régnoient, qu'il s'appoinctast avec le roi de France, ou pour le moins temporisast avecques luy à certain temps pour estre le plus fort ennemy qu'il eust, et auquel de soy seul ne pourroit résister. Que si ils ne pouvoient tomber d'accord, surtout il se gardast de se desnuer et séparer du roy des Romains, son oncle, premier entrant au degré de l'empire, ny du roy de Bohême son cousin et beaufrère, ny de tous ceux qui le pouvoient soustenir.

Après avoir fait toutes ces remonstrances et plusieurs autres qu'un bon et sage père, et qui avoit longue et certaine expérience de diverses mutations d'accidens, peult remonstrer à un jeune prince succédant à une nouvelle charge, après avoir particulièrement et privément convoqué tous les princes et grands seigneurs de sa maison et ceux de son service pour leur déclarer sa délibération et leur recommander son fils, leur nouveau seigneur et maistre, feit une assemblée générale à Bruxelles, le vingt-troisième octobre en cest an 1555, de tous les estats de son Pays-Bas, et là leur feit entière déclaration de l'indisposition de sa santé pour l'amendement et continuation de laquelle estoit conseillé et contrainct s'absenter et esloigner d'eux et passer en Espagne. Puis, leur ayant déduict de mot à mot les biens et secours qu'ils avoient receus de luy, les requist accepter et recevoir son fils pour leur naturel seigneur, luy aidans tous d'un commun consentement et union, pour maintenir tousjours le service de Dieu et sa justice, aussi la défense de ce pays. Ce qu'estant accepté et accordé de tout le peuple avec grandes acclamations et favorables applaudissemens, le roy Philippes se leva de sa chaire, et se vint mettre à genoux, la tête nue devant l'empereur son père, lequel, en luy mettant la main sur le chef, luy dist : « Mon cher fils, je vous donne absolument tous mes pays patrimoniaux, vous recommandant le service de Dieu et la justice : ce faisant, il vous sera toujours en aide, auquel je prie vous augmenter de bien en mieux; » et adonc luy donna sa bénédiction, puis le prince se leva faisant la révérence deue à son père et à la royne Marie sa tante : et, se retournant devers le peuple, rendit grâces à Dieu et remercia l'empereur son père : à Dieu de l'élection qu'il avoit fait de luy, le faisant naistre en telle hautesse et grandeur, et de la continuation et augmentation de la prospérité qu'il luy plaisoit concéder. Et s'adressant à l'empereur son père avec une grande humilité, le remercia de la sollicitude qu'il avoit euë de luy, selon le naturel et affection d'un très-bon et très-humain père, l'ayant fait nourrir doucement, et délicatement instituer en toutes louables et vertueuses doctrines et enseignemens ; puis l'avoir eslevé et maintenu jusques en l'aage qui luy devoit sembler assez fort et robuste et propre à raison et prudence, auroit eu tant de confidence et bon jugement de-luy, que lui résigner et donner librement tant de biens et patrimoines. Se retournant devers le peuple, le remercia de l'acception qu'il avoit faite de lui, l'asseurant d'une si entière administration de police, selon l'office d'un bon prince et équitable justice, et le vouloir de Dieu qu'il ne leur donneroit occasion de se repentir de cet adveu et consentement. Il est facile à croire que tous ces propos et pitoyables harangues ne furent tenues et ne passèrent sans maintes larmes qui lui découloient le long de sa face ternie et pasle, et luy arrousoient sa barbe blanche : ce que pareillement peut esmouveoir la pluspart des assistans à pitié et commisération meslée de joie.

La date de la naissance et celle de la mort de François Rabutin ne sont pas connues; on sait seulement qu'il fut homme d'armes dans la compagnie d'ordonnance du duc de Nevers, et qu'il fit, sous ce prince, toutes les campagnes du règne de Henri II. Les premiers livres de l'ouvrage de Rabutin parurent en 1555, tous les autres furent publiés en 1559, sous ce titre : *Commentaire sur le faict des dernières guerres en la Gaule Belgique, entre Henri II, roi de France, et Charles V, empereur.* François de Rabutin était, dit-on, l'aïeul ou le grand-oncle du comte de Bussy-Rabutin, cousin de madame de Sévigné. « Son style est orné de la grâce naïve des écrivains du temps, et devient parfois pittoresque, rapide, entraînant. L'auteur, ayant presque tout vu par ses yeux, excelle principalement dans les descriptions de villes, de châteaux, de positions militaires et de batailles.»

L'abdication de Charles-Quint, dont il est question ici, eut lieu le 15 septembre 1556. L'empereur fut poussé à cet acte, qui étonna ses contemporains, par la tristesse et les regrets que lui causèrent les désastres de son empire. Une fois enseveli dans le monastère de Saint-Just, cet homme, qui avait été si puissant, ne s'occupant plus que de pratiques de piété, poussa l'exaltation religieuse jusqu'à faire, de son vivant, célébrer ses obsèques. Il mourut le 21 septembre 1558. L'illustre Robertson a écrit une excellente vie de ce grand prince. Nous possédons en français plusieurs traductions de ce bel ouvrage.

D'AUBIGNÉ.

VENGEANCE DE SAN PETRO.

Quand il estoit povre soldat, il avoit, pour sa valeur, espousé la dame d'Ornane, de grand'maison et de condition eslevée par-dessus lui : la paix estant faicte pour le général et non pour lui, et ayant cerché en France et à Florence du support pour ses desseins, il fit pour cela mesme un voyage à Constantinople, durant lequel ceux d'Ornane et autres parents de sa femme lui ayant fait sçavoir de leurs nouvelles, et persuadé de venir jusques à Gênes, où elle pourroit concilier les haineux de son mari, et mesme le faire rappeler de bannissement, cette femme, induicte à cela, se desroba de Marseille; mais, poursuivie par un ami de San Petre, fut ramenée à Aix, et là tenue en quelque sorte de captivité, jusques à la venue de son mari, qui, à son arrivée, trouva ce faict si amer, qu'un de ses familiers l'excusant, il le fit estrangler par des esclaves turcs. De là il vient à Aix où la justice fit difficulté de lui livrer sa femme entre les mains ; mais elle, bien que pleine de crainte, demanda d'y estre : il la rameine à Marseille, parlant tousjours à elle avec beaucoup d'honneur ; si bien que, la teste nue, il annonça que pour sa faute d'avoir voulu voir ses ennemis, il faloit qu'elle fust estranglée par ses esclaves : elle ne refusa point la mort, mais se contenta de lui dire : « Il y a vingt ans que vostre vertu m'a esmeue à vous faire mon mari ; depuis ce temps-là je n'ai souffert le toucher d'homme vivant que de vous : je vous supplie que ma mort ne soit point souillée par ces vilaines mains; mais que les vostres, honorables pour leur valeur, me conduisent elles-mêmes au repos. » Cela dit, il l'appela sa maistresse, et lui demanda pardon un genouil en terre, et puis lui mit des bandes de toile au col, avec lesquelles il l'estrangla ; ne demeurant guères à prendre des chevaux de poste pour s'en aller en cour, où il n'arriva pas si tost que la nouvelle. Là il fut receu avec tant d'horreur, principalement des dames, que, bien qu'il monstrast son estomach couvert de playes pour la France, qui n'avoit que faire, disoit-il, des affaires de sa famille, si est-ce que le mauvais visage qu'il recevoit, le poussa à venir exercer ses vengeances en Corse ; où, avec l'aide de quelques Florentins et François, il surprit Istria et fit une guerre sans merci quelque espace de temps, où enfin il tomba en une embusche dressée par ses ennemis, et principalement par les parents de sa femme : là, abattu par une arquebuzade, il fut achevé à coup d'espée, avec dispute entre ses tueurs à qui auroit les deux mille ducats que la seigneurie de Gennes avoit mis sur sa teste.

D'Aubigné (Agrippa) naquit en l'hôtel de Saint-Maury, près de Pons, le 8 février 1550, de Jean d'Aubigné, seigneur de Brie, en Saintonge, et de Catherine de Letang. Sa mère mourut en le mettant au monde, ce qui fit qu'au nom de Théodore, qu'on lui donna, fut ajouté celui d'Agrippa (*quasi ægre partus*). À l'âge de quatre ans, il eut pour précepteurs Jean Cotten et Jean Morel. « A sept ans je traduisis, dit d'Aubigné, le *Crito* de Platon, sur la promesse que me fit mon père de le faire imprimer avec mon effigie enfantine à la tête du livre. Un an après, mon père m'amena à Paris, et, en passant par Amboise, un jour de foire, il vit les têtes de ses compagnons de la conspiration d'Amboise, sur des poteaux, qui étaient encore reconnaissables ; ce dont il fut tellement ému, qu'il s'écria au milieu de sept à huit cents personnes qui étaient là : « Ils ont décapité la France, les » bourreaux ! » Et puis il donna des deux à son cheval. Je me mis aussitôt à piquer après lui, parce que j'avois vu sur son visage une émotion extraordinaire, et, l'ayant joint, il me mit la main sur la tête en me disant : « Mon » enfant, il ne faut point épargner ta tête après la mienne » pour vanger ces chefs pleins d'honneur dont tu viens » de voir les têtes, si tu t'y épargnes, tu auras ma malé- » diction. »

Cette scène extraordinaire et ces paroles décidèrent de la carrière de d'Aubigné, qui devint un des plus fermes soutiens de la foi protestante. Devenu serviteur de Henri de Béarn, prétendant à juste titre à la couronne de France, il fut terrible aux ennemis de son maître, auquel il se plaignait quelquefois avec rudesse de l'irréligion et de l'inconduite de ses serviteurs. La parole austère et la bravoure d'Aubigné le firent tour à tour exiler et rappeler ; enfin, lorsque Henri eut abjuré le culte réformé, le loyal et religieux Agrippa le quitta. Après la mort du roi, il passa plusieurs années dans la retraite, où il employa ses loisirs à écrire l'histoire de son temps. Les deux premiers livres furent imprimés avec privilége ; le troisième, n'ayant pas été approuvé à raison de plusieurs passages, fut néanmoins publié par l'inflexible protestant. Le parlement de Paris condamna alors le livre à être brûlé par la main du bourreau. D'Aubigné, pour éviter la persécution, se retira à Genève; ses ennemis confisquèrent ses biens et le firent condamner par contumace à la peine de mort. « Cet arrêt fut, dit d'Aubigné, le quatrième de mort rendu contre moi pour des crimes à peu près de cette espèce, lesquels m'ont fait honneur et plaisir. » D'Aubigné, veuf de sa première femme Suzanne de Lezay, se maria avec Renée de Bourlamachi. Il mourut le 29 avril 1630.

Écrivain satirique de génie, poëte plein des grandes figures des prophètes, d'Aubigné a flétri avec audace, dans des vers parfois étincelants, les hommes de son siècle et la sanglante exécution de la Saint-Barthélemy. *Sa biographie, ses Tragiques, ses Satires, la Confession de Sancy*, sont des monuments littéraires du premier ordre.

En prose, d'Aubigné a laissé *ses Mémoires, les Avantures du baron de Fœneste*; l'*Histoire universelle depuis 1530 jusqu'à 1601 : des Lettres et un Discours sur l'état présent des églises réformées en France.*

La prose de l'Annibal du protestantisme est dure, mais énergique, forte, colorée avec un sombre pinceau. D'Aubigné, le grand-père de madame de Maintenon, est le type de cette noblesse inflexible et sévère qui s'était jetée, en haine de la chevalerie de cour, dans le parti de la réforme. Mœurs, style, morale, vie et mort, tout est d'un puritain dans d'Aubigné.

PIERRE MATHIEU.

ARRESTATION, JUGEMENT ET EXÉCUTION DU DUC DE BIRON.

Fort heureusement le roy acheva les affaires de tout le Poictou, et trouva plus d'affection et d'obéyssance parmy tous les sujets de ceste province, que le duc de Biron ne pensoit pas. Sa Majesté, bien advertie qu'il avoit des intelligences avec le duc de Savoye et le comte de Fuentès, et que pour faire parler de luy il vouloit jetter le feu dedans le temple de la paix, pour mettre en cendres l'obéissance, ne s'endormit point aux moyens d'empescher ses desseins, et se résolut de l'avoir en quelque façon que ce fust. Il estoit lors en son gouvernement de Bourgongne; monsieur Descures eut commandement de l'aller quérir, sous couleur de quelque amas de gens qui se faisoit en Italie, et y fist deux voyages, monsieur le président Janin un, et monsieur le vidame de Chartre un autre pour le faire venir. Enfin il promist de se rendre prez du roy, sur le milieu du mois de juin. Le président Janin se mist devant et le duc de Biron le suivit avec Descures. Il arriva à Fontainebleau au temps que l'on ne croyoit plus qu'il deust venir, et le roy délibéroit de monter à cheval dans deux ou trois jours, pour aller en Bourgongne. Les premiers propos qu'il tint au roy, furent sur l'occasion de sa venue, et commença par les excuses de son retardement. Le roy n'en escouta que peu de mots, et luy monstrant doresnavant l'air de sa bienveillance obscurcy, ne lui parla plus que du mauvais chemin où il s'estoit mis, lequel n'auroit autre issue que la ruine, le repentir et le désespoir. La Fin, son secrétaire, estant un peu devant allé voir le roy, luy avoit remis des papiers entre les mains, par lesquels il paroissoit des preuves si certaines et véritables de la conspiration de son maistre, que sa majesté avoit esté contrainte d'en croire plus qu'elle ne désiroit. Le marquis de Rhosny l'ayant faict entrer au cabinet où le roy le demandoit, il y fut exhorté de confesser le tout. Mais il n'en voulut rien faire, et croyant que La Fin n'eust dict un mot, se tint tousjours ferme, suppliant le roy de lui faire justice de ceux qui le vouloient opprimer par telles calomnies. Le roy commanda au comte de Soissons de l'aller trouver le soir, et faire tout ce qu'il pourroit pour rompre l'endurcissement de son esprit, et tirer de luy la vérité. Il y alla et le conjura de s'humilier. Le duc de Biron respondit que le roy ne se pouvoit plaindre que des bons services qu'il luy avoit faicts, et qu'on n'auroit jamais autre chose de luy que ce qu'il avoit desjà dit à sa majesté.

Le lendemain d'assez bon matin, le roy le fist appeler et luy parla longtemps, pensant vaincre son obstination. Il fut veu longtemps la teste nue, levant les yeulx au ciel, frappant sur son estomach, et faisant toutes sortes de protestations comme devant, pour celer ce que le temps ne pouvoit plus longuement couvrir. Ce que voyant, le roy fut en une plus grande agitation d'esprit tout le reste du jour avant que se résoudre. Enfin la résolution fut prise de l'arrester, et comme il sortoit du cabinet où le roy l'avoit de rechef faict entrer, pour tascher de le faire soubmettre à sa clémence, et l'avoit trouvé tout aussi dur que devant, il rencontra monsieur de Vitry qui luy mist la main sur l'espée, laquelle il fut contrainct de rendre par le commandement du roy; et de là le mena-on au cabinet des armes pour se coucher, où toutefois il ne dormit ny ne se coucha point.

Si tost que le duc de Biron fut prisonnier, le roy, qui l'avoit aymé et qui ne vouloit point qu'il fust condamné sans estre premièrement deffendu, quoyque manifestement coulpable, envoya ses lettres au parlement, pour faire et parfaire son procez criminel et extraordinaire, selon les formes qu'on a coustume de garder et observer ès crimes d'une telle importance. Le procez fut instruit à la Bastille, où le prisonnier fist du commencement quelques cérémonies pour respondre, mais estant entré en discours confessa quasi tout. On luy confronta pareillement les tesmoins, contre lesquels il ne proposa nuls reproches; ce qui fut cause qu'il demeura fort estonné quand il entendit leurs dépositions. Et bien qu'il eust beaucoup d'amis, si est-ce que nul ne se mist en peine, ny de prouver son innocence, ny de poursuivre et solliciter sa liberté et son absolution. Ses parents se jettèrent aux pieds du roy à Sainct-Maur-des-

Fossez pour implorer sa miséricorde; mais il leur dit que l'affaire estoit de telle importance à son estat, qu'il estoit contraint de laisser faire le cours de la justice.

Il commanda à la cour de parlement de procéder au jugement du procez, et ne cesser qu'il ne fust vuidé. Le prisonnier estoit pair de France, pource que sa majesté avoit érigé la baronnie de Biron en duché et pairie. C'est pourquoy, suivant la coustume qui veut qu'un pair ne soit jugé que par les pairs de France, les pairs nouveaux créés, qui jouissent des mesmes priviléges et prérogatives que les anciens, furent appelez au jugement du procez.

Il ne restoit plus que d'ouyr le prisonnier et le faire venir au parlement. Le seigneur de Montigny eut charge de l'y conduire: ce qu'il fist de grand matin dedans un bateau couvert de tapisserie, où les gardes du roy qui le gardoient entrèrent aussi. Les principales advenues, mesme les ports, et la place de Grève avec la maison de ville estoient garnies de Suisses. Il entra dans le palais par le jardin du premier président, et s'alla reposer en une des chambres, jusques à ce que, l'heure venue qu'il devoit estre ouy, le greffier le fut appeller. Quand il eut passé dedans la chambre dorée, on le fist asseoir en la place des accusez, dessus un escabeau : et se voyant trop esloigné pour entendre et pour estre entendu, se leva et porta son siége plus proche. De plusieurs points qui estoient au procez, le chancelier en recueillit cinq principaux, laissant le reste aux présomptions. Le premier, qu'il avoit communiqué avec un nommé Picoté, natif d'Orléans, et réfugié en Flandres, pour prendre intelligence avec l'archiduc; le second, qu'il avoit traité avec le duc de Savoye, trois jours après son arrivée à Paris, sans la permission du roy, luy offrant toute assistance et service envers tous et contre tous sur l'espérance du mariage de sa troisième fille; le troisiesme, qu'il s'estoit entendu avec le mesme duc de Savoye, en la prise de Bourg et d'autres places, luy donnant avis d'entreprendre sur l'armée du roy, et sur sa personne mesme; le quatriesme, qu'il avoit voulu conduire le roy devant le fort de Sainte-Catherine, pour le faire tuer, et à ceste fin avoit escrit au capitaine qui estoit dedans; le cinquiesme, qu'il avoit envoyé La Fin traitter avec le duc de Savoye et le comte de Fuentès.

Le duc de Biron dénia tout ce qu'il avoit confessé en ses premières responses, s'excusa et se coupa plusieurs fois, et à la fin implora la miséricorde de la cour, laquelle, sans avoir autre esgard qu'à l'énormité du crime, procéda le lundy suivant au jugement de son procez. Le chancelier retourna dès le matin au palais pour la faire opiner sur iceluy. L'on demeura aux opinions jusques à deux heures après midy. Elles se rencontrèrent toutes à une mesme résolution, conforme aux conclusions du procureur général : qu'il estoit nécessaire et juste d'esteindre les flammes ardentes de l'ambition du prisonnier dedans son sang, si l'on ne vouloit veoir tout le royaume en feu. Et de là se forma l'arrest de mort contre luy, que le chancelier, concluant les opinions, prononça. L'eschafaut qui devoit se dresser en Grève pour l'exécution fut fait au mesme temps, mais on s'entendit mal en cela; car le roy ayant commandé que l'arrest luy fust porté lorsqu'il seroit prononcé au parlement, pour luy faire entendre sa volonté sur l'exécution, M. de Sillery, qui le porta à Saint-Germain, rapporta lettres de sa majesté, par lesquelles, pour retrancher l'ignominie du supplice et pour d'autres considérations, elle ordonna que l'exécution seroit faite en la Bastille.

La cour ayant vérifié ces lettres le mercredy matin, dernier de juillet, le chancelier alla sur les neuf heures à la Bastille pour luy faire entendre l'arrest du parlement, accompagné du premier président, de M. de Sillery et de trois maistres des requestes, qui furent suivis de quelques officiers de la chancellerie, et de Voisin, greffier criminel, avec six huissiers. Le prisonnier luy tint plusieurs discours, mais inutiles, et pour lesquels abréger luy fut dit que le roy demandoit son ordre. Il le tira hors de sa poche, et le mit en la main du chancelier. Après quoy, Voisin luy ayant dit que c'estoit l'ordre de justice de lire l'arrest, et que pour ce il falloit qu'il se mist à genoux devant l'autel, il obéyt.

On avoit fait venir Garnier, prédicateur du roy et depuis évesque de Montpellier, et Magnan, curé de Saint-Nicolas-des-Champs, pour le consoler. Ils s'en voulurent mettre en devoir après la prononciation de l'arrest ; mais il les rebuta, disant que c'estoit à luy de penser à son âme, et qu'ils n'en avoient que faire. De sorte qu'ils eurent bien de la peine à le remettre et disposer. Il entra finalement en l'examen de sa conscience, auquel il demeura un peu plus d'une heure ; et sa confession estant faite, se promena quelque temps parmy la chapelle. Après que le chancelier eut disné, il l'alla voir avec le premier président, et trouva que, se résolvant à la mort, il avoit deschargé son âme des craintes d'icelle ; puis, après quelques propos tenus sur ce sujet, luy dist adieu et sortit de la Bastille avec le premier président et M. de Sillery, lesquels demeurèrent en l'Arsenal jusques à ce que l'exécution fust faite.

L'heure de cinq approchant, on luy dist qu'il estoit temps de partir ; ce qui fut cause qu'il se mist à genoux devant l'autel, fist sa prière et se recommanda à Dieu, devant que sortir de la chapelle. Au sortir, le bourreau se présenta à luy ; mais sçachant que c'estoit l'exécuteur de l'arrest, il le fist retirer et luy défendit de le toucher qu'il ne fust temps. On avoit dressé un eschafaut au coin de la court de la Bastille, devant le portail par lequel on va au jardin, de la hauteur de six pieds, et un peu plus de longueur, sur lequel on montoit par un degré de cinq marches. Il y alla sans estre lié, et si tost qu'il fut arrivé tout contre, il se mist à genoux sur la première marche et pria Dieu en peu de mots; après lesquels il monta dessus, vestu d'un habit de taffetas gris, et, mettant le chapeau bas et dépouillant luy-mesme son pourpoint, il montra sa poitrine aux soldats qui gardoient la porte, et leur dit qu'il demeureroit bien obligé à celui qui lui bailleroit un coup de mousquet; ce qui tira les larmes des yeux à la pluspart d'entr'eux. Incontinent après, l'arrest luy fust leu de rechef, quoyque cela le faschast fort; et cela fait, les théologiens l'admonestèrent de mettre son âme en l'estat qu'il la falloit pour la présenter à Dieu. Ne restoit plus que la diligence de l'exécuteur. Il y eut toutefois encore bien à refaire. Il se banda luy-mesme et débanda deux fois, défendant au bourreau de l'approcher, et croyant qu'on luy apporteroit sa grâce; mais tout ce retardement ne luy servit de rien, car enfin il falut qu'il présentast la teste à l'espée du bourreau, qui la fist sauter sur l'eschafaut et d'un bond en bas. Sur les neuf heures du soir, le corps fut porté en l'église de Sainct-Paul, où on luy donna sépulture au milieu de la nef, tout devant de la chaire du prédicateur.

Ainsi mourut celuy qui vouloit faire mourir la paix en France; et entre sa grandeur et sa mort n'y eut rien qu'un petit moment.

Pierre Mathieu, poëte et historien, naquit en Franche-Comté, en 1563. A vingt ans, il était principal du collége de Vercel, d'où il se rendit à Valence, pour se faire graduer docteur. Pierre exerça le droit à Lyon; il s'y montra d'abord partisan des Guises et de la ligue; mais, député, en 1593, vers le roi, il devint dès cet instant un de ses partisans les plus zélés. Il remplaça du Haillan, dans les fonctions d'historiographe. Lorsque Henri IV fut mort, Mathieu s'attacha à Louis XIII, qui lui témoigna toujours beaucoup d'amitié. Ayant suivi son maître au siége de Montauban, il fut atteint, devant cette ville, d'une fièvre dont il mourut en 1621.

Les ouvrages de Pierre Mathieu sont : *La Guisiade*, tragédie ; *Tablettes de la vie et de la mort* ; *Histoire des derniers troubles de France, sous Henri III et Henri IV* ; *Histoire véritable des guerres entre les deux maisons de France et d'Espagne* ; *Histoire de Louis XI* ; *Histoire de la mort déplorable de Henri-le-Grand* ; *Histoire de saint Louis* ; *Histoire de France* (de François Ier à Louis XIII).

Mathieu, dans ses écrits historiques, ne manque ni d'énergie ni de couleur; il est pour les formes du style le digne précurseur de l'école historique qui devait, plus tard, jeter tant d'éclat sur notre patrie. Malheureusement Mathieu était soldé par la cour; aussi se montre-t-il plein de faiblesse et d'indulgence pour ses maîtres. Il fait d'Henri IV une sorte de divinité infaillible. L'histoire a été depuis quelque temps plus sévère pour ce monarque : mais quels que fussent les défauts de ce prince, la France ne doit jamais oublier les belles paroles qu'il prononça à l'assemblée des notables de Rouen :

« Si je faisois gloire de passer pour excellent orateur, j'aurois apporté ici plus de belles paroles que de bonne volonté; mais mon ambition tend à quelque chose de plus haut que de bien parler : j'aspire au glorieux titre de libérateur et de restaurateur de la France. Déjà, par la faveur du Ciel, par les conseils de mes fidèles serviteurs, et par l'épée de ma brave et généreuse noblesse (de laquelle je ne distingue point mes princes, la qualité de gentilhomme étant le plus beau titre que nous possédions), je l'ai tirée de la servitude et de la ruine. Je désire maintenant la remettre en sa première force et en son ancienne splendeur. Participez, mes sujets, à cette seconde gloire, comme vous avez participé à la première. Je ne vous ai point ici appelés, comme faisoient mes prédécesseurs, pour vous obliger d'approuver aveuglément mes volontés, je vous ai fait assembler pour recevoir vos conseils, pour les croire, pour les suivre; en un mot, pour me mettre en tutelle entre vos mains : c'est une envie qui ne prend guère aux rois, aux barbes grises, et aux victorieux comme moi; mais l'amour que je porte à mes sujets, et l'extrême désir que j'ai de conserver mon État, me font trouver tout facile et tout honorable. »

SULLY.

ÉPISODE DE LA SAINT-BARTHÉLEMY.

Si je cherchois à augmenter l'horreur qui a été généralement conçue d'une action aussi barbare que le fut celle du 24 août 1572, trop connue sous le nom de *Massacre de la Saint-Barthélemi*, je m'étendrois en cet endroit sur le nombre, la qualité, les vertus et les talents de ceux qui furent inhumainement massacrés en cette horrible journée, tant dans Paris que dans tout le reste du royaume. Je marquerois du moins une partie des opprobres, des traitemens ignominieux, et des inventions odieuses de la cruauté, qui chercha, en donnant la mort, à porter mille coups aussi sensibles que la mort même, aux malheureux qui en furent les victimes. J'ai encore entre les mains les pièces qui font foi des instances que fit la cour de France dans les cours voisines, d'imiter son exemple contre les réformés, ou du moins de refuser un asyle à tous ces infortunés. Mais je préfère l'honneur de la nation au plaisir malin que certaines personnes pourroient tirer d'un détail dans lequel ils trouveroient les noms de ceux qui oublièrent l'humanité, au point de tremper leurs mains dans le sang de leurs concitoyens et de leurs propres parens. Je voudrois même ensevelir pour jamais, s'il étoit possible, la mémoire d'un jour que la vengeance divine fit payer à la France par vingt-six années consécutives de désastres, de carnage et d'horreur ; car on ne peut s'empêcher d'en juger ainsi, lorsqu'on songe à tout ce qui s'est passé depuis ce moment fatal jusqu'à la paix de 1598. C'est encore à regret que je m'arrête sur ce qui regarde le prince qui fait le sujet de ces mémoires, et sur ce qui me touche moi-même.

Je m'étois couché la veille de bonne heure. Je me sentis réveiller, sur les trois heures après minuit, par le son de toutes les cloches, et par les cris confus de la populace. Saint-Julien, mon gouverneur, sortit précipitamment avec mon valet de chambre pour en savoir la cause, et je n'ai jamais entendu parler depuis de ces deux hommes, qui furent sans doute immolés des premiers à la fureur publique. Je demeurai seul à m'habiller dans ma chambre, où je vis entrer au bout de quelques momens, mon hôte pâle et consterné. Il étoit de la religion, et ayant entendu de quoi il s'agissoit, il avoit pris le parti d'aller à la messe pour sauver sa vie, et garantir sa maison du pillage ; il venoit pour me persuader d'en faire autant et m'emmener avec lui. Je ne jugeai point à propos de le suivre. Je résolus d'essayer à gagner le collège de Bourgogne où je faisois mes études, malgré la distance de la maison où je demeurois à ce collège : ce qui rendoit ce dessein assez périlleux. Je me revêtis de ma robe d'écolier, et prenant une grosse paire d'Heures sous mon bras, je descendis. Je fus saisi d'horreur en entrant dans la rue, de voir des furieux qui couroient de toutes parts, et enfonçoient les maisons en criant : *Tue, tue, massacre les huguenots* ; et le sang que je voyois répandre sous mes yeux redoubloit ma frayeur. Je tombai au milieu d'un corps de garde qui m'arrêta. Je fus questionné ; on commençoit à me maltraiter, lorsque le livre que je portois fut aperçu heureusement pour moi, et me servit de passe-port. Je retombai deux autres fois dans le même danger, dont je me tirai avec le même bonheur. Enfin j'arrivai au collège de Bourgogne : un péril bien plus grand encore m'y attendoit. Le portier m'ayant deux fois refusé l'entrée, je demeurois au milieu de la rue à la merci des furieux, dont le nombre ne faisoit qu'augmenter, et qui cherchoient avidement leur proie, lorsque je m'avisai de demander le principal de ce collège, nommé Lafaye, homme de bien et qui m'aimoit tendrement. Le portier, gagné par quelques petites pièces d'argent que je lui mis dans la main, ne me refusa pas de le faire venir. Cet honnête homme me fit entrer dans sa chambre, où deux prêtres inhumains, à qui j'entendois faire mention des vêpres siciliennes, essayèrent de m'arracher de ses mains pour me mettre en pièces, disant que l'ordre étoit de tuer jusqu'aux enfans à la mamelle. Tout ce qu'il put faire, fut de me conduire très-secrètement dans un cabinet écarté, où il m'enferma sous la clef. J'y demeurai trois jours entiers, incertain de mon sort, et ne recevant de secours que d'un domestique de cet homme charitable, qui venoit m'apporter de temps en temps de quoi vivre. Au bout de ce terme, la défense de tuer et de piller ayant enfin été publiée, je fus tiré de ma cellule; et presqu'aussitôt je vis entrer dans le collége Ferrière et la Viéville, deux archers de la garde, créatures de mon père. Ils venoient savoir ce que j'étois devenu, et étoient armés, sans doute pour m'arracher de force partout où ils me trouveroient. Ils firent savoir mon aventure à mon père, duquel je reçus une lettre huit jours après. Il m'y témoignoit combien il avoit été alarmé à mon sujet, que son avis étoit pourtant que je demeurasse dans Paris, puisqu'il n'étoit plus libre au prince que je servois d'en sortir ; mais que pour ne pas m'exposer à un danger évident, je devois me résoudre à faire ce qu'avoit fait le prince lui-même, c'est-à-dire, à aller à la messe.

Le roi de Navarre n'avoit point en effet trouvé d'autre moyen de sauver sa vie. Il fut réveillé avec le prince de Condé, deux heures avant le jour, par une multitude d'archers de la garde, qui entrèrent effrontément dans la chambre du Louvre où ils couchoient, et leur ordonnèrent avec insolence de s'habiller, et de venir trouver le roi. On leur défendit de prendre leurs épées, et en sortant ils virent massacrer devant eux, sans aucun respect, une partie de leurs gentilshommes. Charles les attendoit et les reçut avec un visage et des yeux où la fureur étoit peinte. Il leur commanda, avec les juremens et les blasphèmes qui lui étoient familiers, de quitter la religion qu'ils n'avoient prise, disoit-il, que pour servir de prétexte à leur rébellion. L'état où l'on réduisoit ces princes n'ayant pu les empêcher de témoigner la peine qu'ils auroient à obéir, la colère du roi devint excessive. Il leur dit, d'un ton altéré et plein d'emportement, qu'il ne prétendoit plus être contredit dans ses volontés par ses sujets ; qu'ils eussent à apprendre aux autres par leur exemple, à le révérer comme étant l'image de Dieu, et à n'être plus les ennemis des images de sa mère.

Il finit par déclarer que si de ce pas ils n'alloient à la messe, il alloit les faire traiter comme criminels de lèse-majesté divine et humaine. Le ton dont ces paroles furent prononcées ne permettant pas à ces princes de douter qu'elles ne fussent sincères, ils plièrent sous la violence, et firent ce qu'on exigeoit d'eux. On obligea encore Henri d'envoyer dans ses états un édit, par lequel il défendoit l'exercice de toute autre religion que de la religion romaine. Si cette soumission le garantit de la mort, du reste il n'en fut guères mieux traité. Il essuya mille caprices et mille hauteurs de la cour. Libre par intervalles, il fut le plus souvent étroitement resserré, et traité en criminel. Quelquefois on permettoit à ses domestiques de l'approcher et de le servir ; puis, tout d'un coup, on nous défendoit de paroître.

Maximilien de Béthune, duc de Sully, naquit à Rosny, le 13 décembre 1560. La vie de ce grand ministre offre deux époques bien distinctes : dans la première, Rosny n'était qu'un homme d'armes, brave jusqu'à la témérité, aimant le luxe, l'argent, et employant parfois, pour s'en procurer, des moyens que les militaires de nos jours repousseraient comme indignes de leur caractère. Rosny se couvrit de gloire à Coutras, et surtout à Ivry, où il reçut plusieurs blessures ; il fut de ceux qui, quoique protestants, excitèrent le roi à se faire catholique. Dès cette époque, Sully jouit de toute la confiance de son maître, qui, après l'avoir chargé de négociations très-importantes, résolut de le mettre à la tête des finances de France. A peine revêtu de ces fonctions, Sully fit un voyage dans les provinces, afin de vérifier les comptes des receveurs ; et revint à Paris avec soixante-dix charrettes chargées d'argent. En 1599, le roi le nomma surintendant : dès lors, tout changea dans notre économie financière. La dette diminua ainsi que l'impôt ; les revenus de l'État devinrent fixes et certains. Le grand Colbert regardait l'industrie et le commerce comme les deux grandes ressources d'un pays. Telle n'était point l'opinion de Rosny, qui répétait souvent : « Le labourage et le pastourage, voilà les deux mamelles dont la France est alimentée, les vrayes mines et trésors du Pérou. » Non content de s'opposer aux friponneries des receveurs de l'impôt, Sully eut le rare et noble courage de résister aux prodigalités du roi. En sa qualité de ministre, il s'était fait un devoir de ne jamais laisser sortir de l'argent du trésor que pour payer un service de l'État. Un jour, la belle duchesse de Verneuil lui remontrant qu'il était bien juste que le roi fît des cadeaux aux personnes qu'il aimait, le vénérable surintendant lui répondit par ces sages paroles : « Tout cela seroit bon si Sa Majesté prenoit l'argent dans sa bourse ; mais de lever cela sur les marchands, artisans, laboureurs et pasteurs, il n'y a nulle raison, estant ceux qui nourrissent le roi. » Souvent Henri s'emportait contre les rudes franchises de son ministre ; mais, et ce fut peut-être une des plus grandes preuves de la droiture de caractère et de la bonté du prince, il revenait bien vite à un sentiment meilleur et plus juste. « Embrassez-moi et vivez avec la même liberté, » lui disait-il. Une fois cependant Sully faillit être disgracié ; il se justifia sans peine. C'est dans ce moment que s'étant jeté aux genoux de Henri, il entendit sortir des lèvres de son maître ces immortelles paroles : « Relevez-vous, Rosny, ceux qui nous regardent croiraient que je vous pardonne. » Après la mort de Henri, Sully se retira des affaires avec une fortune immense ; il était âgé de 51 ans. Ce ministre mourut le 22 décembre 1641, à Villiban, où il était entouré de respects comme un prince au milieu de ses vassaux. Le style de Sully est clair, exact, facile, quoique avec une certaine roideur qui tenait au caractère et à la personne de l'écrivain. Pour éviter de dire lui-même les actions qu'il a faites, il suppose que ce sont ses secrétaires qui lui racontent toute l'histoire de sa propre vie. Cette forme bizarre ne doit pas être imitée ; car elle se prête difficilement à la familiarité de ton et de manières qui répand tant de charmes sur certains *Mémoires*.

Thomas a composé un *Éloge de Sully* ; ce n'est pas le meilleur ouvrage de l'auteur de la *Pétréide*.

SULLY A LA BATAILLE D'IVRY.

Le duc de Mayenne et le comte d'Egmont, qui étoient à la tête des Espagnols, s'imaginoient que si le roi osoit les attendre, la victoire étoit assurée pour eux ; s'il cédoit ou reculoit devant eux, comme ils s'y attendoient, ils ne comptoient pas moins que de le forcer en quelque endroit qu'il se retirât, et de le faire finir ainsi la guerre d'un seul coup. Que doit-il arriver dans ces dispositions ? Je ne touche point à la personne des généraux, qui vaut seule plusieurs milliers d'hommes. Du côté du plus fort, on ne prend point les précautions qu'on prendroit contre un ennemi de même force ; et de l'autre, on ne prend point la résolution de se défendre contre une armée plus nombreuse, sans être déterminé aussi à montrer une valeur et une adresse qui suppléent à ce qui manque du côté du nombre. La surprise que donne un courage qui s'anime par la gloire et par les difficultés, sert encore le petit nombre contre le grand ; par là tout redevient en quelque sorte égal.

L'escadron du roi où j'étois eut à soutenir le comte d'Egmont, qui vint l'attaquer avec le sien, et un second de mille ou douze cent reîtres. Il est vrai que les reîtres, qui étoient de même religion que nos soldats, tirèrent presque tous en l'air ; mais pour le comte d'Egmont, il lui faut rendre la justice, qu'il s'y prit en homme qui veut vaincre. Il nous chargea avec une telle furie, que, malgré la désertion des reîtres, après un feu terrible et une mêlée d'un gros quart d'heure, qui couvrit toute la terre de morts, la gauche de notre escadron prit la fuite, et la droite fut enfoncée et plia. Au premier choc, mon cheval, blessé dans les naseaux, et d'un second coup au cou qui alloit ressortir au défaut de la selle, s'abattit d'un troisième, qui lui emportoit deux pieds de la peau, et à moi un morceau du gras de la jambe. Je reçus un autre coup dans la main. Un coup de pistolet me fit une troisième blessure plus considérable ; la balle perça la hanche, et sortit par le bas ventre. J'aurois péri indubitablement, si mon écuyer ne fût accouru à mon secours, et ne m'eût amené un autre cheval sur lequel je montai, quoiqu'avec beaucoup de peine ; cette affection attira plusieurs coups au pauvre Maignan, et pensa lui coûter la vie.

A une seconde charge, mon cheval fut encore tué, et, dans le même moment, je reçus un coup de pistolet dans la cuisse et un coup d'épée dans la tête. Je demeurai sur la place, où, avec la connoissance, je perdis toute la suite de l'action, dont l'avantage du comte d'Egmont ne m'avoit fait augurer rien de bon pour nous ; et très-certainement le roi étoit battu, si l'on se fût comporté de même dans tout le reste de l'armée ennemie. Tout ce que je sais, c'est qu'ayant repris mes sens après un assez long espace de temps, je ne vis près de moi ni ennemis, ni aucun de mes domestiques, que la frayeur ou le désordre avoit dispersés ; autre augure qui ne me paroissoit pas plus favorable.

Je me retirai sans casque et presque sans armure, la mienne avoit été mise en pièces. En cet état je vis accourir vers moi un cavalier des ennemis qui en vouloit à ma vie. Je me trouvai de bonne fortune proche d'un poirier, sous lequel je me traînai, et, avec un peu de mouvement dont j'étois encore capable, je me servis si bien des branches qui étoient extrêmement basses, que j'évitai les atteintes de mon adversaire, et ne me laissai point joindre : las de tourner autour de l'arbre, il me quitta enfin. Feuquières n'eut pas le même bonheur ; je le vis tuer en ce moment sous mes yeux. La Rocheforêt, qui a été depuis à moi, étant venu à passer en ce moment, je lui demandai un petit bidet qu'il menoit, pour lequel je lui donnai sur-le-champ trente écus. J'ai toujours cru que dans ces sortes d'occasions il est à propos de porter quelque argent sur soi.

Je cherchois, ainsi monté, à apprendre des nouvelles de la bataille, que je croyois perdue, lorsque je vis venir droit à moi sept des ennemis, dont l'un portoit la cornette blanche de la compagnie du duc de Mayenne ; nouveau danger, dont je ne jugeai pas pour cette fois pouvoir échapper. On cria *qui vive*, et je me nommai, prêt à me rendre prisonnier. Quelle fut ma surprise, quand je vis qu'au lieu de m'attaquer, quatre de ces personnes me prièrent de les recevoir eux-mêmes pour mes prisonniers, et de leur sauver la vie, et qu'ils se rangeoient autour de moi, paroissant charmés de m'avoir rencontré. Je les laissai faire. Il me paroissoit si singulier que quatre hommes sains et bien armés vinssent se rendre à un homme désarmé, tout couvert de sang, pouvant à grande peine se soutenir, et monté sur un très-méchant bidet, que j'étois tenté de prendre tout ce que je voyois pour une illusion, ou pour l'effet de mes blessures. Je fus bientôt éclairci. Mes prisonniers, puisqu'ils vouloient l'être, se firent connoître pour

MM. de La Châtaigneraie, de Sigogne, de Chanteloup et d'Aufreville. Ils m'apprirent que le duc de Mayenne avoit perdu la bataille, et qu'en ce moment le roi étoit à la poursuite des vaincus; ce qui les obligeoit à se rendre, de peur de tomber en de pires mains, leurs chevaux étant hors d'état de les tirer du danger; et Sigogne me présenta en même temps, en signe de reddition, la cornette blanche. Les trois autres de cette troupe, qui étoient le duc de Nemours, le chevalier d'Aumale et Trémont, ne parlèrent point de se rendre. Je voulus les convaincre par de bonnes raisons qu'ils devoient le faire, mais je ne les persuadai pas. Après m'avoir recommandé leurs quatre camarades, voyant avancer vers eux un gros de victorieux, ils donnèrent des deux, et me firent voir que leurs chevaux étoient encore assez vigoureux pour les dérober à leurs ennemis. Je m'avançai avec mes prisonniers vers un bataillon de Suisses, et rencontrant un des grands pages du roi, je le chargeai de la cornette, qui étoit un fardeau trop lourd pour moi. Je vis alors plus clairement les marques de notre victoire, la campagne pleine de fuyards ligueurs et espagnols, et l'armée victorieuse du roi poursuivant et dissipant des restes de plus grands corps qui se dispersoient et se rassembloient. Les Suisses des deux armées s'étant trouvés en présence les uns des autres, se morguoient les piques baissées, sans donner un seul coup, ni faire aucun mouvement.

La vue de la cornette blanche semée de fleurs de lis noires, connue de tout le monde pour être celle des Guises, qui la portoient telle en mémoire et par horreur du massacre de la Saint-Barthélemy, étoit un objet qui attiroit tout le monde, comme une proie également riche et honorable. Les casaques de mes prisonniers, qui étoient de velours noir, couvertes de croix d'argent, brilloient de loin dans la campagne. Les premiers qui accoururent pour s'en saisir, furent MM. de Chambray, de l'Achant, du Rolet, de Crèvecœur, de Palcheux et de Brasseuse, auxquels se joignit le comte de Thorigny. Je m'avançai vers eux, et ne comptant pas qu'on pût me reconnoître à mon visage, que le sang et la poussière avoient entièrement défiguré, je me nommai. Le comte de Thorigny n'eut pas plutôt reconnu La Châtaigneraie, qui étoit son parent, que, jugeant à l'état où il me voyoit, que je ne pouvois pas préserver mes prisonniers d'insulte il me pria de lui remettre celui-là, dont il me répondoit. Je le lui accordai avec plaisir, en le voyant pourtant partir à regret. Ce que Thorigny faisoit par principe d'amitié, eut en effet une suite bien funeste pour le malheureux Châtaigneraie; il fut aperçu, au bout de quelques momens, par trois hommes de la compagnie d'O, qui avoient été des gardes du roi Henri III. Ces trois hommes ne l'eurent pas plutôt reconnu, qu'ils le tirèrent à bout portant, et le renversèrent mort, en lui disant : « Ah, mordieu! traître à ton prince, tu t'es réjoui du meurtre de ton roi, et as porté l'écharpe verte de sa mort. » Je pouvois faire payer au comte de Thorigny la rançon de ce prisonnier, et plusieurs me le conseilloient; mais je ne voulus pas ajouter ce sujet de douleur à celle qu'il ressentoit de la mort d'un homme que j'avois moi-même connu particulièrement.

Je ne fus pas longtemps sans voir autour de moi beaucoup de gens rassemblés, dont il n'y en avoit pas un qui n'enviât ma bonne fortune. D'Andelot arriva après les autres, et perçant la foule, il aperçut Sigogne, et le page qui portoit la cornette. Il se disposoit à s'en saisir, croyant que son bon destin lui gardoit cette proie, lorsqu'un bruit qui se répandit que les ennemis se rallioient, l'obligea à partir brusquement. Je n'eus pas le temps de le tirer de son erreur, parce qu'après avoir dit au page de lui conserver cette cornette, il s'éloigna comme un trait. La nouvelle se trouva fausse, et n'avoit d'autre fondement que l'arrivée de deux cents Picards que MM. d'Humières, de Mouy et de La Boissière amenoient au duc de Mayenne.

Débarrassé de la foule, et ayant besoin de secours, surtout pour ma blessure à la bouche, par laquelle je perdois beaucoup de sang, je gagnai, avec ma prise, la tête du régiment de Vignolles, qui s'étoit fait admirer dans le combat. Là, ne craignant plus de surprise, je fis venir un chirurgien pour bander ma plaie, et je demandai du vin pour prévenir l'évanouissement que je sentois approcher. Après avoir repris mes forces, je gagnai Anet, dont le concierge me donna un appartement, où je fis mettre le premier appareil à mes plaies, en présence du maréchal de Biron, qui y passa quelques momens après mon arrivée, et se fit apporter de quoi faire collation dans ma chambre. Il conduisoit le corps de réserve qu'il commandoit, au roi, qui sans s'arrêter, après sa victoire, avoit passé la rivière d'Eure à la suite des ennemis, et prit enfin, comme on me le rapporta, la route de Rosny, où il coucha cette même nuit.

D'Andelot arriva à Anet, après que le maréchal de Biron en fut parti. Plein de ressentiment de ce que je lui avois enlevé sa prise (il le croyoit ainsi), il entra dans ma chambre, accompagné de cinq ou six hommes cuirassés, et me demanda une explication, d'un air également fier et insultant; ou plutôt il chercha à s'en faire raison lui-même, car, apercevant la cornette blanche qu'on avoit mise au chevet de mon lit, à côté de celle de ma compagnie, il voulut s'en mettre en possession par force, et sans faire attention à ce que je lui disois. Je changeai promptement de ton, et les paroles s'échauffèrent de part et d'autres. Je ne pouvois rien de plus en l'état où j'étois; mais comme il parloit avec menace et emportement, ce bruit attira dans la chambre quinze ou vingt de mes cavaliers armés, dont la vue arrêta la fougue de d'Andelot : il sortit en faisant commandement à Sigogne de le suivre; celui-ci le refusa, et chercha inutilement à lui faire comprendre l'injustice de sa prétention.

Dès le lendemain matin, je me fis transporter par eau à Passy, pour me rendre de là à Rosny, afin de me faire guérir. En arrivant à Passy, j'appris qu'une partie des soldats de ma suite, mes valets avec tout mon bagage, s'y étoient retirés, ne sachant ce que j'étois devenu, et intimidés par un faux bruit qui s'étoit répandu que le roi avoit perdu la bataille. Ils appréhendoient les reproches que je pouvois leur faire, et se tenoient cachés. Je les fis chercher ; mais ils eurent tant de honte de s'être montrés si lâches, qu'ils se sauvèrent la nuit suivante, à pied, sans que j'aie pu jamais savoir ce qu'ils étoient devenus. Ils laissèrent, avec tous mes bagages, quatre chevaux à eux, que fis vendre à l'encan, et dont je distribuai l'argent à ceux de leurs camarades qui étoient blessés.

Comme j'étois hors d'état de pouvoir souffrir le cheval, je me fis faire à la hâte une espèce de brancard avec des branches d'arbres encore couvertes de leurs écorces, et des cercles de tonneau, et je pris par Beurons, pour éviter les montées et descentes de la Rougevoie et de Châtillon. Maignan, garçon plein de gaieté et d'imagination, jugea à propos de donner à cette marche l'air d'un petit triomphe. Deux de mes palefreniers étoient à la tête du cortége, menant en main deux de mes plus beaux chevaux. Ils étoient suivis de mes pages, dont l'un montoit mon cheval, celui-là même qui, ayant été blessé de trois coups dans le combat, et terrassé d'un quatrième, s'étoit relevé sans selle, et avoit été heureusement reconnu, courant dans le champ de bataille, par trois de mes arquebusiers : ce page portoit ma cuirasse et la cornette du duc de Mayenne; l'autre portoit mes bracelets et mon casque, le tout si faussé et si martelé, qu'il étoit impossible de s'en servir. Mon écuyer, auteur de cette plaisante idée, marchoit après, la tête bandée et un bras en écharpe ; suivoit mon valet de chambre Moreines, vêtu de ma casaque de velours orangé à clinquant d'argent, monté sur ma haquenée anglaise, et tenant à sa main, comme un trophée, un paquet d'éclats de mes pistolets, de tronçons de mes épées et de lambeaux de mes panaches. Ensuite marchoit la litière où j'étois couché, couverte seulement d'un drap, sur lequel on avoit attaché les casaques de velours ras noir de mes prisonniers, avec leurs panaches et des pièces de leurs pistolets et de leurs épées, aux quatre coins. Ces prisonniers suivoient ma litière, et précédoient le reste de mes domestiques, derrière lesquels étoit rangée en ordre ma compagnie de gendarmes. La marche étoit fermée par les deux compagnies d'arquebusiers de James et de Badet. Elles étoient si maltraitées, qu'on n'y voyoit que des têtes bandées et des bras en écharpes. Une partie de ces braves soldats étoient même obligés de se faire porter.

En arrivant sur le côteau de Beurons, nous aperçûmes toute la plaine couverte de chevaux et de chiens, et le roi lui-même qui, après un léger repas, s'en retournoit de Rosny à Mante en chassant dans ma garenne. Ce spectacle parut le réjouir ; il en trouva l'ordonnance heureuse, et rit de la vanité de Maignan, qui avoit l'honneur d'être connu de ce prince, depuis que son père, fort brave homme, s'en étoit fait remarquer à la prise d'Eause. Le roi s'approcha de mon brancard, et ne dédaigna pas, à la vue de toute sa suite, de descendre à tous les témoignages de sensibilité qu'un ami, s'il m'est permis de me servir de ce terme, pourroit rendre à son ami. Ne pouvant me jeter à ses pieds pour lui en marquer ma reconnoissance, je l'assurai, comme je pus, que je souffrirois avec plaisir mille fois davantage pour son service. Il s'étoit fait instruire de tous les hasards que j'avois courus dans le combat. Il me demanda, avec une inquiétude obligeante, si toutes mes plaies étoient de nature à pouvoir espérer d'en guérir, du moins sans être mutilé de quelque partie du corps : ce qu'il regardoit presque comme impossible, sachant que j'avois été renversé, froissé et foulé aux pieds des chevaux. Quand il sut que je n'avois rien à craindre, il se jeta à mon cou, et se tournant vers les princes et les grands qui le suivoient, il dit hautement qu'il m'honoroit du titre de vrai et de franc chevalier; titre qu'il regardoit, disoit-il, comme bien supérieur à celui de chevalier de ses ordres. Il craignit de m'exposer à parler trop, et finit cet entretien si aimable par sa protestation ordinaire, que je participerois à tous les biens que le ciel lui enverroit ; et sans me laisser le temps de lui répondre, il s'éloigna en me disant : « Adieu, mon ami, portez-vous bien, et soyez sûr que vous avez un bon maître. » On voit des princes qui sont capables de retour et de gratitude ; mais qu'il est rare que ce sentiment augmente, ou même qu'il se conserve dans la bonne fortune !

LETTRES.

RÉPONSE DU VICOMTE D'ORTE A CHARLES IX.

Sire,

J'ai communiqué le commandement de vostre majesté à ses fidèles habitants et gens de guerre de la garnison : je n'y ai trouvé que bons citoyens et braves soldats, mais pas un bourreau. C'est pourquoi eux et moi supplions très-humblement vostre majesté de vouloir bien employer nos bras et nos vies en choses possibles : quelque hasardeuses qu'elles soient, nous y mettrons jusqu'à la dernière goutte de notre sang.

Le comte de Tendes, de Charny, gouverneur de Bourgogne ; de Saint-Héran, Tanneguy, de Carces, de Chabot, Mandelot, David, Montmorency, de Gordes, refusèrent courageusement d'exécuter les ordres du conseil royal.

Un évêque, des magistrats, osèrent aussi résister aux ordres de la cour. Hennuyer, évêque de Lisieux, se précipite au devant des meurtriers, arrête leurs bras homicides, et va déposer ensuite, entre les mains du gouverneur, cette protestation courageuse : « Ma tête répondra de la désobéissance : ceux que vous voulez égorger sont mes brebis : ce sont, il est vrai, des brebis égarées ; mais je travaille à les faire rentrer dans la bergerie. Je ne vois pas, dans l'Évangile, que le pasteur doive laisser répandre le sang de ses brebis ; j'y lis, au contraire, qu'il doit verser le sien pour elles. »

Jeannin, baillif d'Autun (depuis président au parlement de Bourgogne, et ministre de Henri IV), écrivait à Charles IX : « Sire, souffrez que je justifie ma désobéissance aux ordres de votre majesté, par un trait de la vie de Théodose-le-Grand. Cet empereur, confus et repentant du meurtre de Thessalonique, défendit aux gouverneurs d'obéir désormais à de pareils ordres. La plus belle qualification d'un roi sera toujours celle de père. »

Guillaume de Villars, premier consul de Nîmes, repousse les assassins, et veille à la sûreté de la ville.

Un de ces hommes que l'autorité publique emploie sans pouvoir les estimer, et que la société repousse de toutes ses relations, le bourreau de Lyon, ose répondre au gouverneur, qui lui commande le meurtre de quelques protestants : « Monseigneur, je ne travaille que judiciairement. »

LETTRE DE JEAN DE MONTLUC AUX POLONAIS.

Messieurs,

Le roy très-chrestien m'avoit despesché pour aller devers vous, et avec moy un de ses conseillers du parlement de Grenoble, suivant ce qu'il vous avoit jà escript par le sieur Andréas Mensinski, gentilhomme de vostre nation ; mais il est advenu que ledict conseiller est demouré malade, et de ma part je l'ay esté longuement. Et comme j'avois recouverte la santé, et m'estois acheminé pour satisfaire à ma charge, ils me sont survenus d'autres empeschemens que vous entendrez, s'il vous plaît, par le sieur Jehan Krasoski et par le sieur Jehan Basin, officier du roy très-chrestien, que je vous envoye expressement, vous priant qu'après que vous les aurez ouiz, il vous plaise de m'advertir en quel lieu et en quel temps vous voudrez que je me présente à vous ; car je ne suis pas délibéré m'approcher de plus près que ce ne soit avec vostre congé. Cependant, affin que vous ne soiés en peine des causes de ma venue, et que, pour estre arrivé tard, autres n'ayent le moyen de préoccuper vos esprits en la poursuite qui se faict de vostre couronne, il m'a semblé devoir sommairement vous faire entendre que le principal point de ma charge est de vous déclarer la bonne, syncère et paternelle intention du roy de France mon maistre envers vous et vostre royaume, pour lequel, comme j'espère, vous recevrez fort volontiers, et serez bien ayses qu'il vous présente monseigneur le duc d'Anjou son frère, qui est, pour le dire en un mot, son bras droict, sur lequel il s'appuye entièrement, et pour le faict de la guerre, et pour le faict du gouvernement du royaume; tellement qu'il ne vous présente pas un enfant (1) qui ait besoing luy-mesmes d'estre gouverné, mais vous présente un prince d'aage compétant, prince expérimenté à toutes choses qui sont nécessaires pour heureusement porter le faix, soit pour la paix, soit pour la guerre, d'une grande et puissante couronne comme est la vostre; il ne vous présente pas un prince qui vous apporte une troisiesme ou quatriesme religion (2), et non de faction, et qui est de telle et si grande prudence et expérience, qu'il s'y gouvernera si sagement, que, bien qu'il y ait quelque diversité de religion entre vous, il vous conservera et les uns et les autres en toute sureté; il ne vous présente pas un prince qui vous apporte ny mœurs ny coustumes barbares et inusitées (3); mais, au contraire, il se présentera à vous avec telle intention, qu'avec la civilité que l'on voit reluire en France de là où il part, il luy sera facile de s'accommoder et embrasser vos mœurs et coustumes, qui sont certainement pleines de prudence et de civilité. Il ne vous présente pas un prince qui, en lieu de vous apporter un repoz (4), ameine avec soy une inimitié et une guerre avec ceux qui ont puissance de vous donner de la peine; ains, au contraire, il vous présente un prince qui n'a point d'ennemis qui, pour raison de sa personne ny du lieu d'où il part, puissent être offencez contre vous, si vous luy faictes cest honneur de l'appeler pour estre vostre roy. Et qui plus est, comme il n'a point d'ennemis aussi a-il beaucoup d'amis qui luy portent si bonne volonté, et leur puissance est si grande, que l'on pourra dire que les forces de vostre royaume en seront redoublées. Vostre nation a tousjours aymé la nostre, la nostre aussi a chéry, favorizé et honoré la vostre. Vostre noblesse hantera nostre royaume; la nostre aussi vous visitera, vous hantera et vous servira, s'il venoit occasion qu'il en fût besoing. Le roy ne vous présente pas un prince qui soit pauvre et nécessiteux (5); et qui soit contrainct de récompenser les siens des offices et estats qui par raison doivent estre réservez à vous et à ceux de vostre nation; mais vous présente un prince qui de soy est si riche, et a tant de pays qui luy appartiennent, où il y a tant d'offices, d'estats et de bénéfices, que non-seullement il aura moyen de récompenser ceux de sa nation, mais aussi en pourra gratifier plusieurs d'entre vous qui auront envie de faire quelque séjour en France. Le roy ne vous présente pas un prince qui soit tant voisin de vos pays que, pour avoir les forces voisines, vueille ou puisse entreprendre sur vos franchises, libertez et loix observées; mais, au contraire, il vous présente un prince qui n'aura forces que les vostres, qui ne prendra appuy, soustien ne grandeur, sinon sur vostre amour, fidélité et obéissance. Bien est vray que là où vos autres ennemis voudroient assaillir vostre royaume, il aura tousjours de bons amis qui se joindront à vous pour deffendre la couronne et les anciens limites de vos pays (6). Attendant doncques que je puisse arriver pour plus amplement vous faire entendre ce qui m'a esté commandé par le roy très-chrestien et par mondict seigneur le duc d'Anjou son frère, je vous supplie, messieurs, vouloir considérer et examiner le contenu de ceste lettre, et vouloir recognoistre qu'en l'élection que vous ferez de mondict seigneur, il ne vous peut advenir perte, dommage ne incommodité aucune; au contraire, vous en devez espérer, et pouvez vous promettre l'augmentation et la grandeur de ceste puissante couronne; l'amplication, le repoz et la seurté de vostre pays; le bien, l'advancement d'un chacun de vous, qui aurez un prince bon, sage, prudent et libéral.

(1) *Un enfant.* Cecy est dict pour le fils du roy de Suède, qui n'a que huit ans, et pour l'archiduc Herneste, fils de l'empereur, qui est jeune.
(*Note de l'auteur.*)
(2) *Un prince qui vous apporte*, etc. Cecy est dict pour le Moscovite qui est de la foy grecque. (*Idem.*)
(3) *Un prince qui vous apporte ny mœurs ny coustumes barbares.* Pour ledict Moscovite. (*Idem.*)
(4) *Un prince qui en lieu de vous apporter un repos.* Pour le Moscovite et l'empereur, lesquels le Turc ne voudroit pas qu'ils fussent plus grands. (*Idem.*)

(5) *Un prince qui soit pauvre et nécessiteux.* Cecy est pour le duc de Prusse, et pour un petit duc d'Allemagne, qui a été nommé, et pour le fils de l'empereur.
(*Note de l'auteur.*)
(6) Cecy est dict pour le fils de l'empereur, pour le duc de Saxe, et pour le Moscovite. (*Idem.*)

Jean de Montluc, évêque de Valence, était frère du fameux Blaise de Montluc. Jamais deux frères ne se ressemblèrent moins; le maréchal fut le persécuteur le plus acharné des protestants, tandis que l'évêque s'en montra le partisan et le soutien. Jean de Montluc, ayant pris très-jeune l'habit de dominicain, fut remarqué par Marguerite, reine de Navarre, sœur de François Ier, qui visita son couvent, goûta son esprit et le fit connaître au roi; celui-ci le chargea d'une mission à Constantinople. Henri II lui témoigna la même confiance, et ses succès dans la diplomatie ainsi que son talent fort distingué pour la chaire lui firent obtenir, en 1525, l'évêché de Valence. Sa plus importante négociation fut sa mission en Pologne, pour y solliciter la couronne en faveur du frère de Charles IX, le duc d'Anjou, depuis Henri III. Tous les détails de cette négociation, où Montluc fit preuve d'une habileté consommée, nous ont été transmis par Choisnin, son secrétaire. Grâce au discours de l'évêque de Valence, son candidat fut élu roi, le 9 mai 1573, par plus de trente mille gentilshommes. Le maréchal Blaise de Montluc, son frère, disait de lui : « Je ne crois » pas qu'un homme si savant, tel qu'on dit qu'est mon frère, » veuille mourir sans escrire quelque chose, puisque moy, » qui ne sçais rien, m'en suis voulu mesler. » Cependant l'évêque de Valence n'a pas laissé de mémoires; il rentra dans le sein de la religion catholique, où il mourut le 13 mai 1579. Nous donnons ici la première lettre que Montluc adresse à la nation polonaise, pour l'instruire de l'objet de son ambassade; elle se trouve dans les mémoires de Choisnin.

THÉATRE.

PIERRE DE LARIVEY.

L'AVARE [1].

Las! mon Dieu, qu'il me tardoit que je fusse despesché de cestuy-cy, afin de reprendre ma bourse! J'ay faim, mais je veux encore espargner ce morceau de pain que j'avois apporté; il me servira bien pour mon soupper, ou pour demain mon disner, avec un ou deux navets cuits entre les cendres. Mais à quoy despends-je le temps, que je ne prends ma bourse, puisque je ne voy personne qui me regarde? O m'amour, t'es-tu bien portée?... Jésus, qu'elle est légère! Vierge Marie, qu'est cecy qu'on a mis dedans? Hélas! je suis détruit, je suis perdu, je suis ruiné! Au volleur, au larron, au larron! prenez-le, arrestez tous ceux qui passent, fermez les portes, les huys, les fenestres. Misérable que je suis, où cours-je? à qui le dis-je? Je ne sçay où je suis, que je fais, ny où je vas! Hélas! mes amis, je me recommande à vous tous; secourez-moi, je vous prie, je suis mort, je suis perdu. Enseignez-moi qui m'a desrobbé mon âme, ma vie, mon cœur et toute mon espérance. Que n'ay-je un licol pour me pendre! car j'ayme mieux mourir que vivre ainsi : hélas! elle est toute vuyde. Vray Dieu! Qui est ce cruel qui tout à un coup m'a ravy mes biens, mon honneur et ma vie? Ah! chétif que je suis, que ce jour m'a esté malencontreux! A quoy veus-je plus vivre, puisque j'ay perdu mes escus que j'avois si soigneusement amassez, et que j'aymois et tenois plus chers que mes propres yeux? mes escus que j'avois espargnez, retirant le pain de ma bouche, n'osant manger mon saoul? et qu'un autre joyt maintenant de mon mal et de mon dommage?

FRONTIN.

Quelles lamentations enten-je là?

SEVERIN.

Que ne sui-je auprez de la rivière, afin de me noyer!

FRONTIN.

Je me doute que c'est.

SEVERIN.

Si j'avois un cousteau, je me le planterois en l'estomac.

FRONTIN.

Je veux veoir s'il dict à bon escient. Que voulez-vous faire d'un cousteau, seigneur Severin? Tenez, en voilà un.

SEVERIN.

Qui es-tu?

FRONTIN.

Je suis Frontin, ne voyez-vous pas?

SEVERIN.

Tu m'as desrobbé mes escus, larron que tu es; çà ren-les-moy, ren-les-moy, ou je t'estrangleray.

FRONTIN.

Je ne sçay que vous voulez dire.

SEVERIN.

Tu ne les as pas donc?

FRONTIN.

Je vous dis que je ne sçay que c'est.

---

[1] Cette scène est empruntée à la comédie des *Esprits*. Sèverin arrive des champs avec sa bourse sous son manteau, et ne pouvant la déposer à la maison, à cause des diables, profite, pour la cacher, d'un moment où son valet Frontin est éloigné. Désiré la lui vole; et lorsque le vieillard revient pour surveiller son trésor, ses inquiétudes pour une bourse déjà dérobée fournissent des effets scéniques fort plaisants, que Plaute, auquel l'idée principale appartient, n'a point connus, et dont Molière s'est privé, en confondant l'instant du vol et l'instant de la découverte, dans *l'Avare*.

SEVERIN.
Je sçay bien qu'on me les a desrobbez.

FRONTIN.
Et qui les a prins?

SEVERIN.
Si je ne les trouve, je délibère me tuer moy-mesme.

FRONTIN.
Hé, seigneur Severin, ne soyez pas si colère.

SEVERIN.
Comment! colère, j'ai perdu deux mille escus.

FRONTIN.
Peut-estre que les retrouverez; mais vous disiez toujours que n'aviez pas un liard, et maintenant vous dictes que avez perdu deux mille escus.

SEVERIN.
Tu te gabbes encor de moy, meschant que tu es!

FRONTIN.
Pardonnez-moy.

SEVERIN.
Pourquoy donc ne pleures-tu?

FRONTIN.
Pour ce que j'espère que les retrouverez.

SEVERIN.
Dieu le veulle! à la charge de te donner cinq bons sols.

FRONTIN.
Venez disner; dimanche vous les ferez publier au prosne : quelc'un vous les rapportera.

SEVERIN.
Je ne veux plus boire ne manger; je veux mourir ou les trouver.

FRONTIN.
Allons, vous ne les trouvez pas pourtant, et si ne disnez pas.

SEVERIN.
Où veux-tu que j'aille? au lieutenant criminel?

FRONTIN.
Bon.

SEVERIN.
Afin d'avoir commission de faire emprisonner tout le monde?

FRONTIN.
Encore meilleur; vous les retrouverez, allons : aussi bien ne fesons-nous rien icy.

SEVERIN.
Il est vray; car, encore quelqu'un de ceux-là (*montrant les spectateurs*) les eust, il ne les rendroit jamais. Jésus, qu'il y a de larrons en Paris!

FRONTIN.
N'ayez peur de ceux qui sont icy, j'en respon, je les cognois tous.

SEVERIN.
Hélas! je ne puis mettre un pied devant l'autre. O ma bourse!

FRONTIN.
Hoo! vous l'avez; je vois bien que vous vous mocquez de moy.

SEVERIN.
Je l'ay voirement; mais, hélas! elle est vuyde, et elle estoit plaine.

FRONTIN.
Si ne voulez faire autre chose, nous serons icy jusques à demain.

SEVERIN.
Frontin, ayde-moy, je n'en puis plus; ô ma bourse, ma bourse, hélas! ma pauvre bourse!

Après cette scène, si remarquable de vérité, de verve et de vrai comique, en voici une que nous ne croyons pas inférieure.

SEVERIN, RUFFIN, GÉRARD.

SEVERIN.
Qui est là?

RUFFIN.
Amys.

SEVERIN.
Qui me vient destourner de mes lamentations?

RUFFIN.
Seigneur Severin, bonnes nouvelles.

SEVERIN.
Quoy, est-elle trouvée?

RUFFIN.
Oy.

SEVERIN.
Dieu soit loué! le cœur me saute de joye.

RUFFIN, *à Gérard*.
Voyez, il fera ce que vous voudrez.

SEVERIN.
Pense si ces nouvelles me sont agréables. Qui l'avoit?

RUFFIN.
Le sçavez-vous pas bien? c'estoit moy.

SEVERIN.
Et que faisois-tu de ce qui m'appartient?

RUFFIN.
Devant que je la livrasse à Urbain, je l'ay eue quelque peu dans ma maison.

SEVERIN.
Tu l'as donc baillée à Urbain? Or fay-te la rendre et me la rapporte, ou tu la payeras.

RUFFIN.
Comment voulez-vous que je me la fasse rendre, s'il ne la veut pas quitter?

SEVERIN.
Ce m'est tout un, je n'en ay que faire; tu as trouvé deux mille escus qui m'appartiennent, il faut que tu me les rendes, ou par amour ou par force.

SEIZIÈME SIÈCLE.

RUFFIN.

Je ne sçay que voulez dire.

SEVERIN.

Et je le sçay bien, moy. (*A Gérard.*) Monsieur, vous me serez tesmoin comme il me doibt bailler deux mille escus.

GÉRARD.

Je ne puis tesmoigner de cecy, si je ne voy autre chose.

RUFFIN.

J'ay peur que cestuy soit devenu fol.

SEVERIN.

O effronté, tu me disois à ceste heure que tu avois trouvé les deux mille escus que tu sçais que j'ay perdus, puis tu dis que tu les as baillés à Urbain, afin de ne me les rendre; mais il n'en ira pas ainsi. Urbain est émancippé, je n'ay que faire avecques lui.

RUFFIN.

Seigneur Severin, je vous entens, nous sommes en équivoque : car, quant aux deux mille escus que vous dictes avoir perdus, je n'en avois encore oy parler jusques ici; et ne dis que les ay trouvez, mais bien que j'ay trouvé le père de Féliciane, qui est cest homme de bien que voicy.

GÉRARD.

Je le pense ainsi.

SEVERIN.

Qu'ay-je à faire de Féliciane? Vostre malepeste, que Dieu vous envoye à tous deux, de me venir rompre la teste avec vos bonnes nouvelles, puisque n'avéz trouvé mes escus.

RUFFIN.

Nous disions que seriez bien ayse que vostre fils doit estre gendre de cest homme de bien.

SEVERIN.

Allez au diable qui vous emporte, et me laissez icy.

RUFFIN.

Escoustez, seigneur Severin, escoutez! Il a fermé l'huys!

La scène qui suit n'est pas moins plaisante que les précédentes. Simple et méfiant tour à tour, et sans cesse à contre-temps, Severin croit fermement avoir retrouvé sa bourse quand on lui parle d'autre chose; mais quand on lui affirme positivement qu'elle est retrouvée, il se gardera bien d'y croire.

SEVERIN, HILAIRE, FORTUNÉ.

SEVERIN.

Qui est là?

HILAIRE.

Mon frère, ouvrez.

SEVERIN.

On me vient icy apporter quelques meschantes nouvelles.

HILAIRE.

Mais bonnes, vos escus sont retrouvez.

SEVERIN.

Dictes-vous que mes escus sont retrouvez?

HILAIRE.

Oy, je le dy.

SEVERIN.

Je crain d'estre trompé comme auparavant.

HILAIRE.

Ils sont icy près, et devant qu'il soit longtemps, vous les aurez entre vos mains.

SEVERIN.

Je ne le puis croire, si je ne les voy et les touche.

HILAIRE.

D'avant que vous les ayez, il faut que me promettiez deux choses : l'une, de donner Laurence à Désiré; l'autre de consentir qu'Urbain prenne une femme avec quinze mille livres.

SEVERIN.

Je ne sçay que vous dictes; je ne pense à rien qu'à mes escus, et ne pensez pas que je vous puisse entendre, si je ne les ay entre les mains; je dy bien que si me les faictes rendre je feray ce que vous voudrez.

HILAIRE.

Je le vous prometz.

SEVERIN.

Et je le vous prometz aussi.

HILAIRE.

Si ne tenez vostre promesse, nous les vous osterons. — Tenez, les voilà.

SEVERIN.

O Dieu, ce sont les mesmes! — Hélas! mon frère, que je vous ayme! Je ne vous pourray jamais récompenser le bien que vous me faictes, deussé-je vivre mille ans.

HILAIRE.

Vous me récompenserez assez, si vous faictes ce dont je vous prie.

SEVERIN.

Vous m'avez rendu la vie, l'honneur et les biens que j'avois perduz avec cecy.

HILAIRE.

Voilà pourquoy vous me devez faire ce plaisir.

SEVERIN.

Et qui me les avoit desrobez?

HILAIRE.

Vous le sçaurez après; respondez à ce que je demande.

SEVERIN.

Je veux premièrement les compter.

HILAIRE.

Qu'est-il besoin?

SEVERIN.

Ho! ho! s'il s'en falloit quelc'un?

HILAIRE.

Il n'y a point de faute, je vous en respond.

SEVERIN.

Baillez-le-moy donc par escrit.

FORTUNÉ.

O quel avaricieux!

HILAIRE.

Voyez, il ne me croira pas.

SEVERIN.

Or sus, c'est assez, vostre parolle vous oblige; mais que dictes-vous de quinze mille francs?

FORTUNÉ.

Resgardez s'il s'en souvient.

HILAIRE.

Je dis que nous voulons en premier lieu que bailliez vostre fille à Désiré.

SEVERIN.

Je le veux bien.

HILAIRE.

Après, que consentiez qu'Urbain épouse une fille avec quinze mille francs.

SEVERIN.

Quant à cela, je vous en prie; quinze mille francs! Il sera plus riche que moy!

A la suite de ce morceau nous citerons l'un de ces emprunts ou de ces larcins que Molière se permettait par droit de génie.

Le voici (1):

HARPAGON, *criant au voleur, dès le jardin.*

Au voleur! au voleur! à l'assassin! au meurtrier! Justice, juste ciel! Je suis perdu, je suis assassiné; on m'a coupé la gorge, on m'a dérobé mon argent. Qui peut-ce être? Qu'est-il devenu? Où est-il? Où se cache-t-il? Que ferai-je pour le trouver? Où courir? Où ne pas courir? N'est-il point là? N'est-il point ici? Qui est-ce? Arrête! (*A lui-même se prenant par le bras.*) Rends-moi mon argent, coquin... Ah! c'est moi!.. Mon esprit est troublé, et j'ignore où je suis, qui je suis, et ce que je fais. — Hélas! mon pauvre argent, mon pauvre argent; mon cher ami, on m'a privé de toi! Et puisque tu m'es enlevé, j'ai perdu mon support, ma consolation, ma joie : tout est fini pour moi, et je n'ai plus que faire au monde! Sans toi il m'est impossible de vivre. C'en est fait! je n'en puis plus, je me meurs, je suis mort, je suis enterré. N'y a-t-il personne qui veuille me ressusciter, en me rendant mon argent, ou en m'apprenant qui l'a pris? — Euh! que dites-vous? — Ce n'est personne. Il faut, qui que ce soit qui ait fait le coup, qu'avec beaucoup de soin on ait épié l'heure : et l'on a choisi justement le temps que je parlois à mon traître de fils. Sortons. Je veux aller quérir la justice, et faire donner la question à toute ma maison, à servantes, à valets, à fils, à fille, et à moi aussi. — Que de gens assemblés! Je ne jette mes regards sur personne qui ne me donne des soupçons, et tout me semble mon voleur. Hé! de quoi est-ce qu'on parle là? de celui qui m'a dérobé? Quel bruit fait-on là-haut? est-ce mon voleur qui y est? De grâce, si l'on sait des nouvelles de mon voleur, je supplie que l'on m'en dise. N'est-il point caché là parmi vous? Ils me regardent tous et se mettent à rire. Vous verrez qu'ils ont part, sans doute, au vol que l'on m'a fait. Allons! vite, des commissaires, des archers, des prévôts, des juges, des gênes, des potences et des bourreaux. Je veux faire pendre tout le monde; et si je ne retrouve mon argent, je me pendrai moi-même après.

(1) *L'Avare*, acte IV, scène VII.

Pierre de Larivey naquit à Troyes, vers le milieu du seizième siècle, et mourut en 1612. Il fut le premier qui essaya, après Jean de la Taille, auteur des *Corrivaux*, de marcher sur les traces de l'Arioste, de Machiavel et du cardinal Bibiena, en donnant des comédies en prose. Il chercha dans la préface de l'édition de ses *Comédies facétieuses* de 1579, à justifier sa hardiesse; mais malgré tous ses raisonnements, son exemple ne prospéra guère, jusqu'à Molière qui l'autorisa de son génie.

Toutes les comédies de Larivey sont en prose et précédées d'un prologue à la manière des anciens. Ses plans sont en général d'une grande fécondité, ses saillies vives et franches, sa verve soutenue; la plaisanterie de cet auteur fait parfois ressouvenir de Plaute et de Rabelais.

Sur douze pièces de Larivey, neuf seulement ont été imprimées, et de ces neuf, les six premières sont infiniment supérieures aux trois dernières, dont l'imbroglio offre de grandes obscénités. Malgré ce défaut et plusieurs autres que nous passons sous silence, un des plus judicieux critiques de notre temps, M. de Sainte-Beuve, n'a pas hésité à dire, que Larivey, *après l'auteur de Patelin, mérite d'être regardé comme le plus comique et le plus facétieux auteur de notre vieux théâtre.* Nous adoptons volontiers ce jugement que confirment du reste les emprunts nombreux faits à Larivey par Molière et Regnard. Le fragment que nous venons de citer de la comédie des *Esprits* peut servir de preuve à cette dernière assertion; et le : *O Dieu! ce sont les mêmes!* peut être placé sur la même ligne que le fameux *N'y a-t-on rien changé?* de l'immortel auteur de *Tartufe*.

REVUE.

Je vois, pendant le cours du seizième siècle, l'Amérique méridionale conquise par une poignée d'hommes; une religion de paix et d'amour imposée par le glaive à des peuples innocents et heureux, qui adoraient Dieu dans le soleil; des torrents de sang indien versés par des Européens enflammés d'intolérance et affamés d'or. En vain le vertueux Las Cazas se jette au-devant des bourreaux et intercède au nom du ciel et de l'humanité : il ne peut rien obtenir. Malgré ses éloquentes paroles, on continue d'égorger les peuples et de détruire les races de rois. Si la cause des Cortès, des Pizarre et de leurs compagnons d'armes, eût été juste et leur conquête humaine, il faudrait se prosterner d'admiration devant eux, pour avoir reculé, en quelque sorte, les bornes de l'héroïsme. L'éloge des vaincus qui, avec leurs faibles armes, contraignirent leurs vainqueurs à de tels prodiges, est dans ce peu de mots. Du côté des princes indiens, il y eut des courages sublimes et des morts plus sublimes encore. Guatimozin, après avoir combattu à la tête des Mexicains, Guatimozin, préférant la mort à l'opprobre d'une trahison qui devait mettre hors de péril sa couronne et sa vie; Guatimozin, immobile de courage sous les yeux de son épouse, et disant à son ministre, soumis comme lui à un supplice horrible : « Et moi, suis-je donc sur un lit de roses? » surpasse de beaucoup Régulus retournant à Carthage, et Caton se réfugiant dans la mort pour échapper à la clémence de César.

A cette sanglante époque, il n'existe de paix dans aucune partie de l'Asie. Au Mogol, Bagor, petit-fils de Tamerlan, chasse les descendants de Gengis et règne avec gloire. Homajum, victorieux des Afgans, auxquels son père avait enlevé le sceptre de l'Indoustan, tombe du trône, et ne rétablit sa puissance qu'avec le secours des Perses. Le conquérant Akbar se voit forcé de combattre, pendant cinquante années, des peuples ennemis, et son propre fils rebelle à la clémence paternelle. Akbar, secondé par le sage Aboul-Falz, ministre philosophe et tolérant, quoique attaché à l'islamisme, aime les lettres, protège les savants, et répand tous les bienfaits sur les peuples de son empire.

Les guerres civiles et les guerres étrangères désolent le royaume de Siam; des empoisonnements, des assassinats se succèdent dans le palais; les princes voisins inondent le pays avec des armées innombrables; les monarques sont réduits en servitude et remplacés par des usurpateurs. En Chine, une dynastie célèbre jouit d'une réputation de sagesse; mais le grand Lama du Thibet, venu avec la magie et la débauche, pervertit le gouvernement : une révolution n'est pas loin. Au Japon, le christianisme fait d'abord des progrès rapides, et périt ensuite; la Perse est subjuguée par Ismaël Sophi; fanatique, despote et barbare, Ismaël proclame partout la maxime de Tamerlan : « un seul Dieu au ciel, un seul roi sur la terre, » et commet d'horribles cruautés qui lui portent malheur ainsi qu'à sa race. Six de ses successeurs périssent par le glaive ou le poison. La Perse, désolée sous d'aussi mauvais princes, et ouverte ensuite aux armes de Soliman Ier, reprend son indépendance et trouve le bonheur sous Scha-Abbas, mauvais fils, tranquille assassin de ses frères, proscripteur d'un fils dont il pleura la mort avec désespoir, guerrier illustre par les armes et grand roi.

Dans la Turquie, par laquelle nous rentrons en Occident, Sélim Ier, audacieux, hypocrite et cruel, force son père à abdiquer le pouvoir suprême, livre aux muets ou aux bourreaux la famille impériale. La mort des grands et des visirs était pour Sélim une fantaisie qui avait toute l'impatience d'une fureur. Sélim soumet la Syrie et l'Égypte; maître de la personne de Thuman-Bey, il condamne ce généreux ennemi au supplice de la potence; et s'asseoit au bord du Nil sur un trône magnifique pour voir massacrer et précipiter dans le fleuve trois mille mamelucks. Ce monstre habile ne manquait pas de sagesse dans le gouvernement : il voulait l'observation des lois; plus juste que beaucoup de princes de l'Occident, accoutumés comme lui à ravir le fruit des sueurs de leurs sujets, il eut, avant de mourir, un vrai repentir de ses exactions, et rendit aux propriétaires les trésors qu'il avait injustement amassés. Un grand homme remplaça Sélim sur le trône. Soliman Ier, la terreur de l'Asie et de l'Europe, ne sacrifia pas moins à l'ambition que les princes qu'on lui oppose; mais aussi habile dans la paix que dans la guerre, plein de respect pour les lois, tempérant le pouvoir absolu par la justice, magnifique quoique soumis aux règles d'une économie sévère, craignant, comme Louis XII, l'excès des impôts, ami des lettres et des arts, protecteur de l'agriculture et du commerce, il impose à la pensée comme un phénomène inattendu.

Le czar Ivan IV, après avoir avoir chassé de sa cour les corrupteurs de sa jeunesse, et changé ses vices en vertus, à la voix d'une femme digne de la couronne, retomba dans le crime et la débauche; mais il affranchit les Moscovites du joug des Tatars. Son règne, quoique profondément empreint des caractères du despotisme, donna de l'industrie, du commerce, des arts, des lumières et des lois à la Russie. Le peuple était esclave et possédait cependant deux vertus d'homme libre, le respect de la religion et l'amour de la patrie. Boris, le second successeur d'Ivan, inexorable, par ambition, envers ses rivaux, juste et affable pour le peuple, avait les vices odieux de Néron, les basses perfidies de Tibère, les cruautés secrètes de Louis XI, avec du génie, des qualités brillantes et même des vertus. La même main qui abaissait les grands relevait la nation et accroissait la puissance de l'empire. Le cours des prospérités de la Russie fut interrompu par la mort de ce prince.

La Pologne, heureuse sous Sigismond Ier, qui reçut le titre de père de la patrie; non moins heureuse sous son fils qui aima la paix, les lettres et le peuple; un moment gouvernée par Henri, duc d'Anjou, frère de Charles IX, conserva sa gloire et sa tranquillité pendant le règne de Battori, brave soldat, grand capitaine, ami fidèle, magistrat habile, roi sage et dévoué à la défense de la liberté. L'imprudence des Polonais à prendre un monarque étranger causa beaucoup de malheurs à l'État, sous Sigismond III; mais, quelle que fût la situation de leur fortune, ils conservaient toujours leurs franchises.

Dans le même temps, de simples paysans de la Dalécarlie, devenus tout à coup des soldats intrépides, aidaient un héros à détrôner le tyran de la Suède; mais les triomphes inouïs de Gustave Vasa ne sont que la moindre partie de sa gloire; le prince mérite bien plus d'admiration que le guerrier. Gustave avait dû la couronne au peuple, il s'en souvint toujours; il aimait sa patrie, et consacra tous ses soins à la rendre heureuse et florissante. Son règne atteste à la fois une grande âme, un esprit supérieur et le génie du gouvernement. Gustave eut, comme Marc-Aurèle, le malheur de léguer, dans son fils, un tyran à ses sujets.

En Italie, Venise, malgré la diminution de sa fortune, restait debout et fière, à l'ombre d'un grand nom; les rois et les conquérants traitaient avec elle. A Naples, les peuples que Charles-Quint voulut soumettre à l'Inquisition pour consommer leur esclavage, se révoltèrent avec tant de fureur que ce puissant prince fut obligé de renoncer à son odieux projet et de leur écrire une lettre d'excuses. De cruelles vicissitudes éprouvaient le courage et punissaient l'inconstance de Gênes. L'illustre André Doria, longtemps l'appui de la France, se sentit touché d'une pitié profonde pour sa ville natale; une grande pensée sortit de ce cœur magnanime, et Gênes, délivrée dans une seule nuit, sans avoir vu couler une goutte de sang, donna pour récompense à son libérateur le titre de père de la patrie.

Rome, qui semblait inspirée par le génie de Grégoire VII, reconnaissait dans Alexandre VI et dans Jules II des prodiges de vices, de grands talents, une ambition ardente, unie au dessein de délivrer l'Italie du joug des étrangers, pour la soumettre tout entière à l'autorité du saint-siége. Léon X, prince moins habile que ne l'auraient fait supposer le sang dont il sortait et la supériorité de son esprit, fut l'instigateur de la querelle entre Charles-Quint et François Ier, querelle qui coûta tant de sang à l'Europe; il enflamma par la violence, au lieu de l'éteindre par la modération, la réforme de Luther, et contribua ainsi à enlever une grande partie de l'Allemagne au catholicisme. Mais la philosophie elle-même remercie le pontife des services qu'il a rendus à la civilisation, et défend dans l'illustre protecteur des arts, des sciences et des lettres, l'un des bienfaiteurs de l'humanité. Un autre Médicis, Clément VII, fulmina cette bulle imprudente qui sépara l'Angleterre de la communion romaine. L'introduction des rigueurs de l'Inquisition, la terreur et une guerre malheureuse avec l'Espagne, signalèrent le pontificat de Paul IV. Le nom de Grégoire XIII, si justement célèbre à plusieurs titres, serait à l'abri de tout reproche sans le fanatisme qui entraîna ce pontife à donner publiquement son approbation au massacre de la Saint-Barthélemy, qui était un crime exécrable, en même temps qu'un malheur pour la religion. Sixte-Quint gouvernait avec le glaive; sa fermeté réprima les désordres de toute espèce et rétablit l'État. Son génie excita celui des artistes; sa munificence embellit Rome; ses impôts ruinèrent le peuple. Sixte-Quint fut haï, craint et admiré de l'Europe. Grégoire XIV dissipa les trésors de Sixte-Quint en soudoyant les soldats de l'Espagne pour désoler la France. Une injuste excommunication fit tomber la principauté de Ferrare entre les mains de Clément VIII, et porta le coup mortel à cette métropole des arts et des lettres en Italie. C'est Clément qui refusa, pendant plusieurs années, d'admettre à la communion romaine un roi chéri de la France.

Au reste, il ne faut pas méconnaître ici une vérité importante: Si les pontifes romains cédèrent souvent aux conseils de l'ambition, si on les vit donner en toute propriété le Nouveau-Monde comme ils avaient prétendu disposer de l'Europe en souverains, ils furent aussi dominés par un admirable dessein ; en effet, rassembler la famille humaine sous les lois d'une seule religion commune à tous les peuples, leur faire adorer un seul Dieu, les unir ensemble par le même culte, leur apprendre la même prière, et la faire monter de toutes les parties de la terre vers le modérateur suprême de l'univers, était une des plus grandes pensées que le génie, la religion, la philosophie et l'amour de l'humanité pussent concevoir ; mais pour opérer ce prodige, il fallait s'abstenir du glaive, ne jamais verser le sang de ses semblables, et, animé d'une foi inébranlable, marcher à la conquête du monde, comme le Christ, par la seule puissance de la parole.

Contemporain de plusieurs tyrans, Louis XII, le père du peuple, parut être destiné à relever l'honneur du trône. Ce prince commit pourtant des fautes graves. Comme Charles VIII, il prodigua, en Italie, le sang de ses sujets, dans des guerres injustes. Constamment dupe de la politique espagnole et de la cour de Rome, il manqua souvent à sa fortune par défaut de vigilance et par faiblesse. Il ne craignit pas de s'allier avec le plus criminel des pontifes et de protéger l'ambition d'un César Borgia ; mais, malgré ces justes reproches, il ne mérita pas moins les bénédictions du peuple. Sous lui, le laboureur se vit à l'abri de la rapacité des gens de guerre. Louis versait des larmes quand la nécessité le forçait à établir le plus léger subside. Ses courtisans l'accusaient d'avarice, parce qu'il refusait de leur assigner des largesses sur le trésor de l'État. On le voyait souvent, seul et sans suite, traverser Paris sur une petite mule, pour venir prendre place parmi les juges et les maintenir dans l'équité. Louis XII aimait les lettres, les sciences, et comblait de bienfaits les nationaux ou les étrangers distingués par leur savoir. Jaloux de l'honneur de la France, il faisait rechercher partout les titres de notre ancienne gloire. C'est lui qui disait avec tant de sens : « Les Grecs ont fait des choses médiocres, qu'ils ont su embellir avec un merveilleux talent ; les Romains en ont fait de grandes et les ont écrites dignement ; les Français en ont fait de plus grandes, mais ils ont manqué d'écrivains pour les dire. » Napoléon pensait comme Louis XII à cet égard, et aujourd'hui la France est occupée à mettre en lumière les actions de nos ancêtres, si longtemps ensevelies dans un injuste silence.

La fortune donnait alors pour ami, ensuite pour adversaire, puis pour allié, et enfin pour ennemi à Louis XII et à François Ier, Henri VIII, prince habile, mais pervers et cruel ; et, caractère vraiment inexplicable, Henri fut le champion de l'Église et le déserteur de la communion romaine, le persécuteur de la réforme et l'auteur de son introduction en Angleterre. Jaloux à l'excès de l'inviolabilité de la couronne, il violait le respect dû aux têtes couronnées, en immolant deux reines sur l'échafaud ; mari de six femmes, il affectait l'austérité des mœurs ; il implorait l'autorité du saint-siège pour légitimer l'une de ses coupables unions, et au moment où la négociation allait se terminer, il se faisait déclarer protecteur et chef suprême de l'Église anglicane par le même parlement qui lui vendait, avec bassesse, toutes les libertés de l'Angleterre, et lui livrait par terreur le fruit des sueurs du peuple. Son apostasie ou son schisme offre un rapprochement remarquable avec des choses de notre époque. En supprimant, en dépouillant toutes les communautés de moines, en pillant les trésors des plus riches églises, ce prince surpassa de beaucoup les saturnales irréligieuses que nous avons vues à Paris. Saint Thomas de Cantorbéry, objet de la vénération de l'Angleterre, depuis quatre siècles, fut cité devant le roi, en son conseil, jugé et condamné comme traître ; son nom fut effacé du calendrier, ses os brûlés, ses cendres jetées au vent. Henri VIII, après les traités les plus solennels, avait conspiré avec Charles-Quint pour détruire François Ier, et démembrer la France ; mais, comme on va le voir, il mourut sans pouvoir exécuter ce dessein, que sa politique combattit toujours en secret. Henri a mérité d'être appelé le Néron de la Grande-Bretagne. Il avait beaucoup de capacité pour les affaires ; il tint plus d'une fois les balances de l'Europe, et agrandit singulièrement le rôle politique de l'Angleterre.

Le siècle voyait dans le même temps, sur le trône d'Espagne, un monarque d'un esprit supérieur et profond, doué de grands talents pour la guerre et plus encore pour la politique, dissimulé comme Tibère, et au besoin, cruel comme lui, dévoré d'une ambition immense, et qui ne méditait rien moins que la monarchie universelle. Ce monarque était Charles-Quint. La première condition d'un si grand rôle était de se rendre maître absolu chez soi : c'est ce que Charles-Quint voulut être, en commençant par détruire toutes les libertés de l'Espagne. Il rencontra de généreuses résistances, et ne parvint à établir un pouvoir sans limites qu'à force de ménagements et de pratiques habiles. L'Espagne subit l'ascendant d'un homme supérieur ; mais elle n'adora point le despotisme, et souvent elle se fit respecter et craindre du maître. En Allemagne, Charles-Quint, d'abord victorieux, bien plus par la ruse et la perfidie que par la force des armes, se vit enfin réduit à fuir devant la ligue de Samarcande et le génie de Luther, auteur de cette réforme qui avait mis les armes à la main des peuples et des princes. La paix de Passau, en renversant tous les travaux de Charles pour établir le pouvoir absolu de sa famille en Allemagne, vint donner à toute une vaste contrée la liberté religieuse, que le recès d'Ausbourg ne fit que confirmer. Charles n'en devint pas moins le plus puissant monarque de la chrétienté. « Le soleil, disait Philippe II, son héritier, ne se couche jamais sur mes terres. » Toute cette grandeur aboutit à une abdication qui causa d'assez vifs regrets à son auteur saisi par des retours d'ambition.

Une rivalité de gloire s'était établie entre Charles-Quint et ce François Ier, dont Louis XII, alarmé pour l'avenir de notre patrie, avait jugé d'avance le règne par un mot célèbre. François avait le brillant courage d'un soldat, l'enthousiasme d'un héros, la galanterie d'un Espagnol, la politesse d'un courtisan avec ses vices, et la prodigalité d'un héritier du trône qui n'est jamais entré dans une chaumière. L'éducation n'avait pu corriger en lui un discernement médiocre, un naturel impétueux, l'amour immodéré de tous les plaisirs, le désir insatiable des conquêtes, et la témérité sans bornes unie à la faiblesse de caractère. Un mauvais génie lui opposa des rivaux que la prudence des conseils et leur situation assuraient contre lui ; il eut à combattre les plus ambitieux, les plus puissants et les plus fourbes des princes. Dès lors ses succès, ses revers, son administration, son règne, tout est expliqué d'avance. S'il gagne avec beaucoup de gloire la bataille de Marignan, il doit perdre celle de Pavie ou toute autre, et rester prisonnier de ses plus cruels ennemis ; une longue captivité ne changera pas son imprudence et ses desseins ; malgré des revers multipliés, il voudra toujours conquérir l'Italie : attaqué de toutes parts, il défendra la France avec le courage d'un lion ; mais, au sortir d'un danger, il se précipitera dans un autre. Avec un tel guide, tout est perdu pour la France en quelques années, s'il ne vient quelque secours du dehors ; ce secours est trouvé dans des ambitions rivales, dans un nouveau système d'équilibre entre les princes du continent. La politique, attentive à l'ambition de trois monarques qui veulent dévorer l'Europe, les divise pour les affaiblir, et ne permet à aucun d'eux d'accabler ses compétiteurs. Rendons grâce à cette création des modernes qui sauva la France. Comme les princes les plus célèbres de son temps, le successeur de Louis XII fut singulièrement enclin au despotisme ; sous lui, les états généraux disparurent pour faire place à des assemblées de notables dont on attendait plus de complaisance que des représentants de la nation légalement institués. Une mère avide, impérieuse et vindicative gouvernait son fils et le royaume ; les ministres étaient des créatures ; les chefs de la justice, des instruments. La cour tenait la place de l'État, rien de plus difficile que de déraciner un favori. Quelques sages ordonnances pour abréger la longueur des procès, et réprimer les entreprises des tribunaux ecclésiastiques, les jugements rendus pour la première fois dans la langue nationale, le repentir et la réparation de ses grandes fautes, recommandèrent ce monarque ; sa prédilection pour les lettres, la plus noble manière d'honorer le savoir, de pompeux monuments élevés par cette munificence qui semble avoir créé les hommes de génie dont elle récompense les travaux, montrèrent en lui un émule de Léon X.

Henri II suivit en tout les exemples de son père, fut brave, aventureux, cher à la noblesse et à l'armée, gouverné par une femme, ami des lettres et des arts. Ce prince, intolérant et cruel, alluma des bûchers au milieu des fêtes et des carrousels, et porta la peine de mort contre les luthériens. L'excès des impôts excita dans la Guienne un soulèvement général, que Henri eut la sagesse de calmer par une amnistie ; mais le connétable viola la promesse royale en se livrant à d'horribles vengeances. Touché de quelques plaintes arrivées jusqu'à son oreille, le prince adoucit certaines condamnations, mais lui-même, insultant à la justice jusque dans le sanctuaire des lois, y fit arrêter sous ses yeux, par un Montmorency, Anne Dubourg, Louis Dufaur, Séguier du Harlay et Christophe de Thou, assez hardis pour parler de clémence devant leur maître impatient de punir. Toutefois, Henri II rendit à son pays des services que l'histoire ne saurait oublier ; il remporta de brillants succès sur les Anglais, et les chassa entièrement de France ; il humilia l'orgueil de Philippe II, qui avait mis à deux doigts de sa perte la France envahie et vaincue. En effet, après la désastreuse bataille de Saint-Quentin, peu s'en était fallu que Paris ne tombât au pouvoir des Espagnols ; Charles-Quint en avait tressailli d'espérance et de joie au fond de sa cellule. Auteur de notre salut, François de Lorraine, duc de Guise, fut alors le héros de la nation ; néanmoins, il n'éclipsa point son maître, qui sut garder l'autorité en se montrant soldat et roi.

Un nouveau règne parut, et vit naître deux factions qui se disputaient la prééminence ; d'un côté les Guise, le pouvoir royal remis entre leurs mains et le fanatisme qui usurpait l'ascendant de la religion ; de l'autre, Antoine de Navarre avec un vain titre de roi, le prince de Condé avec sa gloire, l'amiral Coligny avec son âme au-dessus des revers, et le culte protestant avec ses espérances. Sur les degrés du trône, une femme nourrie dans la politique italienne, dix ans reine sans honneurs, parce qu'elle était stérile, ensuite admirée pour sa fécondité, essayait de tous les rôles pour tromper les partis ; ses artifices et sa souplesse lui frayaient un chemin vers le pouvoir qu'elle convoitait en silence pendant la vie de Henri II. Au milieu de ces éléments de trouble et de guerre, on apercevait le jeune François II, aussi faible de corps que d'esprit, et destiné à porter les insignes du rang suprême pour imposer aux peuples et montrer que le trône n'était pas vacant. La conspiration d'Amboise, dans laquelle douze cents Français périrent sous les yeux de leur monarque et de sa cour, est le plus cruel événement de cette époque de malheurs de toute espèce. A la suite des plus barbares exécutions, le duc de Guise reçut le titre de conservateur de la patrie; mais le chancelier Olivier, qui avait une âme tendre et humaine, succomba de douleur. En ce moment d'effroi, l'inquisition était à nos portes : le sage Lhôpital détourna le fléau.

Pourquoi ne pouvons-nous effacer de nos annales la nuit de la Saint-Barthélemy et le crime de Charles IX! Quel assemblage de contrastes, de contradictions dans ce prince! Hypocrite et violent, despotique et façonné à l'obéissance, défendant aux parlements de se mêler des affaires publiques, et capable d'écouter Lhôpital qui lui parle des droits de la nation; il déteste les Guise et leur confie son autorité; il respecte Coligny comme un père, et consent à le faire assassiner! Jaloux de l'ascendant de sa mère, il lui cède sans cesse et ne lui résiste qu'après treize ans de servitude, pendant lesquels il ne laissa percer que des accès de colère! L'amour des lettres et des arts, le commerce des hommes qui les cultivaient avec gloire, ne purent le préserver d'une barbarie qui n'était pas dans son caractère, et qu'il dut aux inspirations de Catherine de Médicis. Cette femme odieuse, après avoir excité la révolte des protestants, leur fit donner la mort par son fils au milieu des préparatifs d'une fête qui cachait un massacre épouvantable. On sait que le malheureux Charles IX tira lui-même sur les protestants qui fuyaient la mort!!!

Au reste, presque tout le monde était coupable alors; les oncles de François II avaient eu à se reprocher l'usurpation du pouvoir et la hauteur de la domination; les princes, la révolte contre l'autorité légitime et le premier exemple de la guerre civile; les deux partis méritaient d'être punis par la nation qui les avait vus tour à tour appeler l'étranger dans son sein; François de Guise était un héros, mais le lâche assassin qui lui ôta la vie semblait venger les victimes d'Amboise; la mort du prince Louis de Condé, l'âme du parti calviniste, expia des entreprises téméraires où les intérêts de son ambition le poussaient bien plus que son dévouement à une croyance. L'armée protestante et l'armée catholique rivalisaient de fureur. L'assassinat de Coligny et les massacres de Paris, imités dans toute la France, attisèrent la guerre civile. On avait égorgé soixante mille protestants, dit Voltaire : il en resta deux millions pour les venger. On assure que Charles IX eut des remords aux portes du tombeau. Il est pourtant quelques consolations pour l'honneur de la France à cette époque. La liberté reparut aux états généraux convoqués sous François II, et assemblés sous Charles IX; le plus vertueux des hommes, le plus intègre des magistrats, le plus sincère des amis de la patrie, parla au milieu des états le langage d'un citoyen, et reconnut le caractère sacré de la loi; les députés se montrèrent dignes de leur mission. L'année suivante vit d'autres états assemblés à Pontoise. Catherine avait réduit par un subterfuge le nombre des mandataires de la nation; ils n'en furent pas moins dévoués à l'intérêt général. La corruption, l'art funeste de semer les haines et la discorde, la diversité des opinions religieuses, rien ne put les détourner de leurs devoirs. Ils réglèrent avec sagesse l'administration du royaume, et cherchèrent même à sonder la plaie financière de l'État et à diminuer la grandeur du mal. On reconnut alors que le règne de Henri II avait endetté la France de quarante-deux millions. C'est dans ces temps de crimes et de malheurs que Lhôpital faisait rendre de belles ordonnances, que l'on admire encore aujourd'hui. Le plus bel éloge de Lhôpital est dans ce peu de mots : « Le grand crime de Médicis et de Charles IX serait inconnu dans notre histoire, si le vertueux chancelier eût alors fait partie du conseil. »

Quoique le faible et cruel Henri III eût trempé dans l'horrible attentat, la nation, toujours portée à l'indulgence pour ses princes, parut attendre de lui un gouvernement plus sage et plus doux; elle fut bientôt détrompée. Le frère de Charles IX monte à peine sur le trône que la guerre civile se rallume; le jeune Henri de Navarre, prisonnier du roi son beau-frère, prend la fuite; des soldats étrangers accourent à la voix du duc d'Alençon devenu duc d'Anjou, et du second prince de Condé. Henri de Guise, alors l'idole de la nation, obtient de force le commandement de l'armée destinée à les combattre; les dévastations recommencent : bientôt un traité dicté par l'audace à la faiblesse discrédite le prince, qui désavoue la Saint-Barthélemy, et accorde aux protestants le libre exercice de leur culte; l'humiliation d'un grand peuple, consacrée dans ce même traité, ne tarde point à faire éclater la ligue projetée par le cardinal de Lorraine. Tous les fléaux fondent sur notre patrie; les factions la déchirent, les crimes la déshonorent, la guerre, la famine et les maladies contagieuses la réduisent au désespoir; mais de tous ces maux le plus grand, peut-être, était un roi despotique dans ses penchants, lâche dans ses volontés, sans foi, comme sans politique, rempli de superstitions, énervé de mollesse, abdiquant chaque jour le pouvoir entre les mains de ses favoris, et tarissant la source des impôts pour les plus coupables prodigalités. Alors le prince de Condé meurt par le poison; la journée des barricades force le monarque à fuir devant son sujet; il se réfugie dans le sein des états de Blois, auxquels il demande en vain du pouvoir et de nouveaux subsides; il ne reçoit d'eux que les plus sages remontrances sur les malheurs publics, ainsi que sur les abus du gouvernement. Bravé par les deux Guise, Henri les attire à sa cour, les appelle dans son palais, où il les fait massacrer après avoir communié avec eux. Le mépris des peuples devient de la haine et de la fureur contre lui; les provinces se soulèvent; Rome lance ses foudres sur le coupable; il est déclarée déchu de la couronne par des docteurs téméraires, mais interprètes d'une opinion presque générale. Cependant Paris voit se former la faction des Seize, et paraître Mayenne, frère des deux Guise assassinés. Cette faction emprisonne les membres du parlement; et sur la requête du procureur général, deux magistrats instruisent le procès de Henri de Valois, ci-devant roi de France et de Pologne. Henri, sans armée, sans secours, intercède auprès de Mayenne, qui ne veut pas lui pardonner; plus heureux dans sa prière à Henri de Navarre, qu'il persécutait naguère, il marche sur Paris avec l'armée de ce prince; la victoire sourit aux drapeaux réunis des deux monarques. Le poignard de Jacques Clément immole l'assassin des Guise; Henri IV est roi de France, et n'y possède qu'une faible armée, mais il a pour lui son courage, ses talents militaires et une grande âme. Cependant la nation le méconnaît, Rome lève des troupes contre lui, Philippe II nous fait la guerre, et seconde la vaillance de Mayenne, qui se range sous les bannières du peuple et de la ligue. En vain Henri montre la plus brillante valeur dans les combats et une constance à toute épreuve; en vain chaque jour révèle en lui les vertus d'un héros et la bonté d'un roi populaire, la religion seule peut asseoir sur le trône un prince qui doit être le bienfaiteur de ses sujets. Henri cède à la puissance de Rome, et entre dans le sein de l'Église catholique. Enfin la nation adopte son libérateur; un signe de la volonté du roi de France chasse à jamais les troupes ennemies; l'affabilité gagne les cœurs de ceux que la clémence a désarmés; la sagesse obtient la réunion des partis, la fermeté impose aux mécontents; l'ordre, les principes de l'administration, les bonnes lois reparaissent avec la paix.

L'économie, si longtemps méprisée, l'économie, qui entre comme un talent et une vertu dans l'art de gouverner, préside au conseil; Henri la met en honneur, Sully la pratique, en arrêtant même les prodigalités que la faiblesse du maître répandait sur des femmes avides. La France se rétablit par une espèce d'enchantement, et se voit déjà l'arbitre de l'Europe; mais le fanatisme, que le temps seul peut guérir, vivait encore dans quelques âmes; un meurtre interrompt le cours de nos prospérités; Henri IV est assassiné; la France en deuil pleure la perte d'un grand roi : Marie de Médicis se montre insensible au malheur public, et ne pense qu'à saisir le pouvoir; Sully se retire. Les vertus, les qualités qui manquaient au Béarnais, la nature les avait données à Sully; longtemps compagnons de guerre, de gloire et d'adversités, unis par une amitié héroïque et peut-être plus tendre dans le maître que dans le sujet, ces deux hommes formaient ensemble le meilleur et le plus grand des rois; aucun dessein ne devait être au-dessus de leur constance et de leur volonté.

Henri IV, comme ses prédécesseurs, eut pour adversaire Philippe II, génie sombre et profond, fanatique et cruel, despote impérieux, et pourtant effrayé par l'Inquisition; plus ambitieux que son père, dont il avait résolu d'accomplir les vastes projets. Philippe II, quoique le plus puissant des monarques de son siècle, éprouva cependant, parmi ses autres revers, une humiliation qui dut porter le coup le plus sensible à son orgueil démesuré. Une poignée d'hommes épars dans un pays pauvre et à peine aperçu au milieu des États de Charles-Quint, résista à son fils; une race de pêcheurs de harengs triompha du dominateur de l'Europe. Les Hollandais étaient une nation quand Guillaume le Taciturne mourut assassiné par un scélérat dont Philippe eut l'audace d'anoblir la famille.

La fortune tenait une autre humiliation toute prête pour le démon du Midi. Genève, aidée des seuls canons de Zurich et de Berne, ainsi que des trois cents soldats envoyés par Henri IV, brava l'armée que Philippe avait envoyée à Charles-Emmanuel, duc de Savoie pour réduire la ville rebelle. Mais par une triste compensation, le Portugal, naguère couvert de gloire sous Emmanuel le Grand, heureux depuis sous son fils Jean III, qui se fit pardonner l'établissement de l'Inquisition, tombé, par la mort du téméraire et glorieux Sébastien Ier, entre les mains du cardinal duc Henri, qui résigna le pouvoir à cinq lâches gouverneurs, passa sous le joug de Philippe II. La nation trahie, indignée, accueillit l'usurpateur avec le silence de la haine; l'amour de la patrie était dans tous les cœurs; il produira l'indépendance du Portugal.

Henri IV, plus heureux que François Ier et ses successeurs, auxquels l'Angleterre avait fait une guerre si acharnée, trouva au contraire du secours dans cette puissance. Il eut pour amie et pour admiratrice une reine qui, seule de tous les princes de l'Europe, consentit à l'aider dans l'entreprise de remettre la paix au sein d'un État désolé par trente ans de guerres civiles. Cette reine, sortie du même sang que cette barbare Marie, fille de Henri VIII et femme de Philippe II, qui surpassa en despotisme et en cruauté son père et son mari, se nommait Élisabeth. Tolérante en fait de religion par supériorité d'esprit, habile dans les affaires, capable de gouverner, pleine de cette conscience de soi, de cet orgueil légitime qui inspirent les grandes choses et soutiennent la constance dans les périls extraordinaires d'une haute fortune, faisant plier sous sa volonté absolue les ministres du culte, la magistrature et les parlements, ordonnant à la chaire évangélique de prêcher l'infaillibilité et presque la divinité du pouvoir, Élisabeth éleva son pays au plus haut degré de gloire et de prospérité. L'Angleterre ne peut et ne doit pas méconnaître les immortels services d'Élisabeth ; mais le contre-poison de son intolérable despotisme, de sa politique corruptrice et de ses cruautés, est dans le règne d'Alfred le Grand, guerrier illustre, législateur habile, et prince soumis lui-même à la sainte autorité de lois.

Que faisait l'esprit humain au milieu de toutes ces vicissitudes de la fortune des peuples ? Il s'élançait avec enthousiasme vers tous les genres d'illustration, de connaissances et de progrès. Le siècle voyait surgir de tous côtés une race de guerriers habiles, les dignes précurseurs de l'école de Gustave-Adolphe et de tous les capitaines qui attendaient le moment de paraître au jour, et de se mesurer à forces égales de lumières et de génie, en élevant l'art militaire à toute la hauteur d'une science. Pendant que les princes se disputent l'empire de la terre en Occident, des Portugais, des Espagnols, des Anglais, des Italiens, des Français, tous pressés à la fois du même besoin de connaître, de la même ambition de conquérir, s'élancent, comme à un signal donné, pour aller découvrir de nouvelles terres, de nouveaux peuples, de nouvelles richesses, et mettre les différentes parties de la terre en communication les unes avec les autres. Magellan fait le premier voyage autour du monde, et s'avance vers les terres australes ; Fernel, astronome et médecin, mesure l'arc du méridien ; Paul Toscanelli corrige les tables alphonsines ainsi que celles des Arabes, et approuve le projet de Christophe Colomb pour la découverte du Nouveau-Monde ; Scaliger invente la période julienne ; un Hollandais crée les télescopes ou met à profit la découverte de Genson ; Ticho-Brahé publie son système astronomique.

Héritière de la Grèce, plus brillante et plus éclairée qu'elle, l'Italie était alors la terre promise des arts, des sciences et des lettres. A Naples, Alphonse Ier ; la maison d'Est à Ferrare ; les Montefeltro, à Urbin ; à Mantoue, les Gonzague ; les Sforce et les Visconti, à Milan ; les Bentivoglio, à Bologne ; les Médicis à Florence, se disputaient l'honneur de réunir autour d'eux et d'honorer les hommes de talent et de savoir. Cinq papes, parmi lesquels il faut compter Alexandre VI, succédèrent aux projets de Nicolas V, pour faire de la capitale du monde chrétien le siège de la littérature et l'objet de la curiosité du monde ; mais il était réservé à Jules II et à Léon X d'achever ces projets en les agrandissant. Alors parurent dans tout leur éclat le Bramante, Michel-Ange et Raphaël. Le premier donna à Jules II la basilique de Saint-Pierre et le plus grand peintre du siècle ; le second, chargé de continuer l'ouvrage suspendu par la mort du Bramante, conçut la pensée hardie de jeter un monument sur un monument, pour surpasser les plus grandes compositions des anciens, et joignit à cette heureuse audace le mérite de ne pas outrepasser les proportions que l'œil humain peut mesurer sans fatigue et admirer avec plaisir. Architecte, sculpteur et peintre, il eut du génie comme Homère et Phidias, et ressembla quelquefois à Dante et à Shakspeare. Pour rendre justice à Raphaël, il ne suffirait pas de le regarder comme le Virgile de la peinture. Sans doute les cartons du célèbre et savant Léonard de Vinci, les travaux de la chapelle Sixtine par Michel-Ange, frappèrent d'une lumière imprévue l'auteur des tableaux du Vatican ; mais la nature avait mis en lui le talent sublime qui devait créer la *Transfiguration*. Digne rival de l'antique, Raphaël a inventé un beau idéal qui est le type particulier de ses ouvrages : les vierges de ce peintre sont les images d'un modèle céleste, dont aucun artiste grec n'a pu entrevoir ou soupçonner l'expression. Toute une génération d'artistes immortels sortit de l'école de ces grands maîtres en architecture : outre les deux grands artistes que nous avons nommés, l'Italie, théâtre de tant de merveilles, citait, après Léo Alberti, appelé aussi Ridolfo Fioravanti, le peintre Baltazar Perruzzi, auquel le pape Paul III avait confié la construction de la basilique de Saint-Pierre, en lui associant Antoine San-Gallo ; Ligorio, compagnon de Michel-Ange et de Vignole, lequel devint le successeur de cet homme immortel et passe pour l'un des maîtres de l'art parmi les modernes. Toutefois, d'après le témoignage unanime des juges de la matière, Palladio, le précurseur de Winkelmann et des Visconti, dans la description des monuments antiques, et peut-être le premier architecte de l'Europe, surpasse beaucoup Vignole, et paraît avoir posé des bornes que personne n'a pu dépasser jusqu'ici. Boschini l'a nommé le Titien, et Algorothi le Raphaël de l'architecture.

La gravure avait aussi ses prodiges. Au nombre des artistes qui cultivaient avec succès un art qui s'associait à toutes les grandeurs de l'architecture, de la peinture et de la sculpture, on distingue François Mazzuoli, dit le Parmesan, peintre illustre, auquel l'Italie attribuait l'invention de la gravure à l'eau-forte, tandis que les Allemands revendiquaient l'honneur de cette découverte pour Albert Durer ; mais il paraît certain aujourd'hui qu'elle est due à Venceslas d'Olomutz. Albert Durer était le protégé de Charles Quint, l'ami d'Érasme, de Mélanchton et de Raphaël. Deux célèbres graveurs, Marc-Antoine et Marc de Ravenne, qui ont illustré l'Italie par leurs travaux, se sentirent saisis d'admiration à la vue des œuvres de Durer, et leur vocation fut décidée. Le plus illustre des deux, Marc-Antoine Raimondi, qui exécuta les gravures des œuvres de Raphaël, sous les yeux du maître, se fit remarquer par la précision du contour et la correction du dessin. Ces gravures qui, en général, reproduisent heureusement les grandes qualités du peintre de la *Transfiguration*, obtinrent, à leur apparition, l'estime des connaisseurs, et la conservent encore.

Nous ne ferons que nommer ici l'Arioste et le Tasse, dont la place est réservée dans la préface du second volume, consacré tout entier à la poésie. Il en est de même pour la Sophonisbe du Trissino, la Mandragore de Machiavel, qui devancèrent les compositions de Corneille et de Molière. Nous nous contenterons également de dire ici que la satire, la pastorale, tous les genres de poésie et d'études, étaient cultivés à Naples, à Pavie, à Ferrare, à Bologne, à Florence et à Rome. La littérature classique, les langues grecque et latine, celles de l'Orient, occupaient presque tous les esprits. On peut comparer l'Italie de cette époque à une immense école où les rois, les grands, les peuples allaient puiser avidement une abondante instruction. Ils avaient pour maîtres les savants philologues André Navagero, Beroalde, Marc Musurus, et leur ami le célèbre imprimeur Alde Manuce, Thésée Ambrogio, Ange Canini, Bellarmin; ils pouvaient prendre pour modèles les poëtes latins Bembo, Sadolet, Politien, Frascator et Jérôme Vida. A côté de ces habiles instituteurs d'un peuple enthousiaste, auprès de ces rivaux de l'élégance virgilienne, on voyait des femmes illustres, qui répétaient avec transport les beaux vers qu'une passion ardente et malheureuse ou des souvenirs de gloire avaient inspirés à la lyre du Tasse, se livrer auculte des muses. Dans le même temps florissaient Alciat et cette grande école de droit qui a donné à toute l'Europe des disciples dignes d'un tel maître. L'histoire n'était point négligée par la docte Italie. Paolo Giovio, narrateur assez souvent exact, mais capable de trafiquer du mensonge et de la vérité; Guichardin, homme d'État et citoyen, censeur sévère, mais juste, de la cour de Rome, racontaient les guerres et les révolutions de leur patrie; après eux, Adriani, juge plein de candeur et de franchise; Nardi, le soutien de la liberté publique: le sénateur Nerli, créature dévouée aux Médicis; le sage Varchi, toujours constant à défendre les malheureux républicains de Florence contre une injuste persécution; le Vénitien Bruto, suivirent avec succès les traces de leurs devanciers. Venise, Gênes, Naples, trouvèrent aussi des annalistes fidèles. N'oublions pas de citer ici le père Maffey, auteur d'une Histoire des Indes, remarquable par l'importance et la singularité des événements qu'elle retrace. Les sciences n'étaient pas moins en honneur que les lettres et les arts dans leur ancienne patrie. L'art de guérir marchait entouré de toutes les connaissances qui pouvaient le ramener de l'empyrisme à l'expérience. Dans l'histoire naturelle, Mattioli, Prosper Alpin, Cesalpini, et le savant et laborieux Aldrovandi; dans l'anatomie, la médecine et la chirurgie, Vesale, Bérenger de Carpi, Falloppe, Barthélemy, Eustache, l'Aquapendente, toute l'école de Padoue; dans les mathématiques, Tartaglia, Maurolico, l'oracle des savants de son siècle; dans l'astronomie, le Danti, le poëte Fracastor, réformateur d'un système erroné des anciens, et Galilée, qui commençait à éclater, obtinrent des réputations dont quelques-unes n'ont fait que grandir, et passeront à la dernière postérité.

En politique, comme en tout autre genre de connaissances, les actions et les exemples ont précédé les récits et les préceptes; avant que Machiavel étudiât les principes de l'art de gouverner, l'Europe voyait sur le trône des modèles de la détestable politique réduite en maximes dans le livre du Prince. On peut regarder Louis XI, Ferdinand le Catholique, Philippe II, les Médicis, Alexandre VI et César Borgia, comme les véritables auteurs de ce livre; Machiavel a été leur interprète, et cette raison pourrait lui servir d'excuse légitime, si les cris de la conscience et l'indignation de la vertu interrompaient quelquefois les récits de l'historien fidèle. Machiavel justifie toutes les entreprises et même les crimes par les succès; il n'est point de pardon pour cette odieuse morale: le traité du Prince, malgré le beau génie qui en a dicté plusieurs pages, malgré les sages maximes qu'on y trouve souvent, mérite la réprobation des gens de bien. Suivant une opinion qui a du poids, les savantes études que Machiavel avait faites de l'art militaire chez les Romains, auraient contribué à la perfection de cet art parmi les peuples du continent. L'histoire florentine (storie florentine), dans laquelle l'auteur décrit d'abord les causes de la ruine de l'empire romain, parait avoir inspiré Bossuet dans son discours sur l'histoire universelle, et rappelle cette manière originale, indépendante, de considérer les événements, et cette habitude de planer sur un sujet après en avoir creusé les profondeurs, qui caractérisent Tacite et surtout Montesquieu. Les conséquences que Machiavel tire de l'autorité des faits observés de siècle en siècle, deviennent souvent des oracles infaillibles de la politique. C'est avec la connaissance du passé que Machiavel prédit souvent l'avenir. Ce dernier mérite éclate dans les discours sur Tite-Live qui ne devraient jamais sortir des mains du publiciste et de l'homme d'État. Avec Machiavel, on apprend la science du gouvernement, mais lorsqu'on est roi, et par conséquent exposé aux mauvais conseils que le pouvoir donne presque toujours, il faut apporter à cette lecture, comme à celle du Prince, une conscience que rien ne puisse ébranler, car le beau génie, la haute raison, l'indépendance de Machiavel, n'ont pu le préserver d'une certaine corruption de l'esprit qui semble inhérente à l'Italie comme elle l'était jadis à quelques parties de la Grèce. Toutefois, Machiavel aimait sa patrie et la liberté, il invoquait les armées nationales comme le seul rempart que l'Italie pût opposer aux barbares qui venaient la dévorer tour à tour. Machiavel attribuant la grandeur de l'ancienne Rome au culte de Numa, en même temps qu'à la politique profonde du sénat, toujours appliquée à la nature de chaque événement, semble avoir devancé Montesquieu. La liberté philosophique avec laquelle il censurait la religion catholique et ses ministres infidèles aux principes du Christ et aux vertus de l'Église primitive, annonçait un précurseur de Luther. Le grand écrivain politique du siècle eut pour disciples Donato Gianotti, Uberto Foglietto, le Tasse, Paolo Parutto et Giovani. Botero, le plus remarquable de ces rivaux de leur maître, traita comme lui de l'art militaire, et donna les mêmes conseils aux peuples de la malheureuse Italie. Censeur judicieux de la conduite de Philippe II envers les Maures et les Flamands, rempli des maximes d'une sage tolérance au milieu du fanatisme général, Botero possédait encore sur les diverses branches de l'économie politique, des connaissances fort rares de son temps, et assez étendues pour que le nôtre n'y ait pas beaucoup ajouté.

Parmi les autres peuples de l'Europe, les uns suivaient, à des distances plus ou moins éloignées, les progrès de l'Italie, les autres lui donnaient des exemples qu'elle était bien loin de pouvoir imiter. Le Portugal, destiné à s'élever si haut et à tomber si vite, le Portugal qui était fier de ses Albuquerque et de ses Vasco de Gama, s'enorgueillissait aussi de son Camoëns, le poëte auquel il a été donné de voir les plus étonnants spectacles du monde, d'égaler Homère en génie comme en malheurs, de ne jamais céder à la mauvaise fortune et de mourir victime de l'amour le plus touchant pour une ingrate patrie, dont il ne put supporter la décadence. Ce même pays, gouverné par des princes amis des lettres et des arts, voyait Jean III rétablir l'université de Coïmbre, à la tête de laquelle il appelait le célèbre André Gouvea, l'un des élèves du collège de Sainte-Barbe, de Paris. Fondateur d'un cours d'études sur le plan des écoles françaises, il avait amené avec lui, de France, George Buchanan, Nicole Grouchi, Elie Vinet, Arnould Fabrice, et quelques autres de leurs émules renommés par le savoir. André était le frère du célèbre jurisconsulte Antoine Gouvea, ami des lettres, professeur de philosophie et d'humanités à Lyon, à Toulouse, puis à Paris, et l'un des adversaires de l'infortuné Ramus contre lequel il défendait Aristote. Le président Fabre compare Antoine à Cujas, et lui trouve un génie plus profond. Gravina, qui partage ce sentiment n'accorde la prééminence à Cujas que pour l'immensité des travaux. Les arts et les lettres florissaient sous des monarques aussi habiles que sages, et jaloux de mettre la prospérité du Portugal au niveau de la gloire, dont le couvraient des héros qui étendaient sa puissance, son commerce et sa renommée jusque dans les contrées les plus lointaines.

L'Espagne pouvait déjà montrer, avec Fernandès le Muet, le Titien de son pays, Herrera, graveur habile, peintre rempli de fécondité, fondateur d'une nouvelle école de peinture d'où allaient sortir Murillo et Velasquez. L'Espagne, couverte de tant de gloire par ses ambitieux monarques, voyait aussi fleurir les lettres dans son sein, témoin Garcilasso de la Véga, le disciple de Pétrarque; Montémayor, auteur de la *Diane*, pastorale estimée; Ferdinand Herrera, qui s'efforçait de devenir l'Horace de son pays; Heustado de Mendoza, à la fois le général, le ministre, le complice de Charles Quint, en même temps qu'un poëte élégant, un romancier plein de verve comique, et un historien judicieux. La Péninsule, en louant les travaux de ces émules de l'antiquité, ne se lassait pas de relire Michel Cervantes, dont la vie rappelle les vertus, les épreuves, l'héroïsme et la philosophie de Camoëns; Cervantes, le premier peintre de la nature chez un peuple qui vivait d'orgueil, de gloire et de fictions; mais l'enthousiasme public révérait, comme une merveille, Lope de Véga, qui créait alors un théâtre pour son pays et pour tout le reste de l'Europe. Quelques savants honoraient aussi l'Espagne à cette époque où l'inquisition, le pouvoir absolu, le fanatisme, enchaînaient le vol de la pensée. En parcourant les productions littéraires du temps, on serait tenté de croire que Charles-Quint et Philippe II avaient défendu de prononcer ou d'écrire le nom de la liberté sous leurs règnes, cependant l'historien Mariana osa publier en 1598, son fameux traité *de Rege et de Regis institutione*, ouvrage dont la hardiesse causa beaucoup de chagrins à l'auteur en Espagne, malgré l'approbation qu'il donnait au crime de Jacques Clément.

La Hollande, en soutenant avec tant de gloire la cause de son indépendance, cultivait les lettres avec éclat; elle avait des auteurs tragiques, des critiques d'une profonde érudition, et des favoris des muses latines qui étaient en même temps des hommes d'État.

L'Angleterre commençait à estimer les beaux-arts, et pouvait mettre Henri VIII, Édouard VI, la reine Marie et sa sœur Élisabeth, au nombre des auteurs. La reine Catherine Parr traduisit un livre; Jeanne Gray, eu égard à son âge, à son sexe et à son rang, doit être considérée comme un prodige en littérature. Élisabeth composa plusieurs ouvrages; elle connaissait parfaitement les langues grecque et latine; elle traduisit les *Consolations* de Boëce, dans l'intention, disait-elle, de se consoler de l'apostasie de Henri IV. La cour de ces princes avait le goût de l'instruction; les langues anciennes et modernes étaient familières à leurs ministres. La république des lettres, où chaque siècle nouveau diminue, par un examen sévère, la liste des noms qui méritent de vivre, cite encore le vieux Spencer, Philippe Sidney, le satirique Donne et plusieurs autres; mais l'original et sublime Shakspeare forme à lui seul un titre d'honneur pour la patrie qui l'a placé au premier rang de ses grands hommes. L'Angleterre possédait aussi des Boyle, des Willys, un Thomas Morus, homme de vertu et de courage, célèbre dans presque tous les genres de littérature, et auteur d'un livre qui a pour titre *l'Utopie*, expression dont on se sert aujourd'hui pour désigner une forme de gouvernement chimérique et impossible à réaliser. A ces célébrités s'associait encore un certain nombre d'écrivains voués au culte des sciences. La politique était stérile, la liberté muette; les écrivains gémissaient sous une inquisition très-sévère; la loi martiale d'Élisabeth, toujours prête à les saisir et à les frapper, étendait ses menaces de mort jusque sur ceux qui introduiraient dans les trois royaumes des bulles, des livres défendus et même des pamphlets. Cette rigueur, attestée par l'histoire, rend difficiles à expliquer la hardiesse et l'impunité du célèbre Buchanan, qui ne craignit pas de montrer des principes républicains, et d'avancer que le pouvoir du peuple assemblé est au-dessus des lois. Mais pendant que l'impérieuse Élisabeth essayait en vain d'enfermer la pensée dans un cercle aussi étroit que celui de Popilius, le grand génie qui s'élevait auprès du trône, Bacon, se préparait en silence à ouvrir des voies nouvelles et une carrière indéfinie à l'esprit humain.

La France avait ses écoles de médecine, son Collége de France; elle voyait à la tête de ses belles imprimeries les deux Badius, Michel de Vascosan, le célèbre Henri Étienne, et son frère Robert, auteur du *Trésor de la langue latine*. Nommé imprimeur du roi pour le latin et l'hébreu, Robert obtint de ce prince un ordre de faire fondre par Garamond, le premier et le plus célèbre graveur du temps, ces beaux types que nous possédons encore. Deux femmes, d'un rare savoir : l'une, fille de Badius, l'autre, de Charles Étienne, aidaient leurs maris dans leurs travaux typographiques. La dernière parlait et écrivait en plusieurs langues avec autant de facilité que de grâce, et composait des vers agréables; elle a laissé en manuscrit une *Apologie pour les femmes contre ceux qui en médisent*. Dans l'art de guérir, et dans les connaissances qui s'y rattachent, nous possédions Charles-Étienne Dulaurent, de Montpellier, Jean Ruel; le savant Fernel, qui abandonna l'astronomie pour l'art de guérir, aussi attentif à la santé du pauvre qu'à celle du roi; l'un de ces hommes rares qui sacrifient leur fortune, leurs plaisirs, leur santé, leur repos au soulagement de leurs semblables et au perfectionnement des sciences; venait ensuite Ambroise Paré, médecin et ami de trois rois, savant d'une candeur antique, courageux à soutenir l'innocence accusée d'un crime capital, aussi estimé de la cour que du peuple, écrivain plein de politesse et de pureté, regardé de son temps comme un des plus grands opérateurs connus et un bienfaiteur de l'humanité souffrante.

L'érudition, la science, les lettres, presque toujours cultivées à la fois par les mêmes hommes, citaient avec orgueil Érasme, qui ne fut pas seulement un profond philologue, mais encore le précurseur de Bayle, de Rousseau et de Voltaire; comme le premier, il professa le doute; avant le second, il avait imposé aux mères la douce et sainte obligation de nourrir leurs enfants; ainsi que le philosophe de Ferney, et le grec Lucien, il mettait un esprit immense aux ordres d'une raison supérieure, mais non pas exempte d'injustice et de passion. Érasme fut l'admirateur et l'ami de Guillaume Budée, qu'il appelait notre prodige, d'accord en cela avec Charles Dumoulin et Scaliger, qui voyaient en Budée le plus savant helléniste de l'Europe. Un docteur, nommé Beda, attaquait alors le grec comme une langue anti-chrétienne et qui conduisait au paganisme; Budée, en la défendant, semblait avoir entrevu quelques vérités qui seront fécondées plus tard; malgré son enthousiasme pour l'antiquité, Budée, malheureusement, trop porté à se servir du latin, ne négligea pas la langue nationale qui commençait à se former. Son *Traité de l'institution d'un prince*, écrit en français, ne parle guère que du devoir de la munificence des princes à l'égard des savants; mais un cœur généreux et un esprit éclairé ont pu inspirer le livre de Budée, vraiment digne d'apprécier l'importance du service que Léon X et les princes de l'Europe, en général, rendaient à la société en favorisant le progrès des lumières. Frondeur comme Érasme, philosophe à la manière de Montaigne, ainsi que plusieurs de ses doctes contemporains, d'abord régent au collége de Bourbon, puis nommé précepteur de Jacques VI, par les états d'Écosse, Buchanan obtint une grande réputation en France, en Angleterre, en Écosse, en Portugal, en Italie, enfin dans toute l'Europe littéraire; ce fut à la fois un maître habile, un poëte élégant et un historien des plus distingués, au jugement de Robertson. Ici doit prendre place, suivant l'ordre des idées, l'infortuné Ramus, astronome, géomètre, orateur, érudit, le premier antagoniste d'Aristote, le réformateur de l'instruction publique, le père des pauvres élèves, et la victime de la Saint-Barthélemy. On admirait alors d'excellents philologues. Denis Lambin, qui s'était fait Grec ou Latin, parmi nous, et qu'on vit mourir de douleur après la mort de Ramus, son ami; ensuite Adrien Turnèbe, dont Montaigne, qui toutefois n'est pas toujours une autorité infaillible en ces matières, a dit : « Turnebus savoit plus et savoit mieux ce qu'il savoit, que homme qui fut de son siècle in loing au delà. » Puis Muret, l'un des précepteurs de Montaigne, et homme de beaucoup de doctrine, qui donna un exemple peu suivi, en prêtant à l'enseignement du droit civil tout l'agrément et l'intérêt qu'il pouvait recevoir du commerce des lettres; protégé par le cardinal d'Este et par le pape Grégoire IX, Muret eut le malheur de faire, à Rome, un magnifique éloge de la Saint-Barthélemy, dans l'oraison funèbre de Charles IX. Alors le fameux Hollandais Juste-Lipse avait pour élève Maurice, prince d'Orange, et voyait l'archiduc Albert et l'infante Isabelle venir, avec leur cour, écouter ses leçons. Moins occupé des mots que ses prédécesseurs, Juste-Lipse interrogea l'histoire, les institutions religieuses et civiles, le droit et la politique, avec un grand esprit d'observation. Il est presque de notre pays, par adoption, à cause du triumvirat qu'il formait avec Jules Scaliger et Casaubon, dans la république des lettres. Balzac a dit : « Les deux Scaliger, père et fils, ont été deux merveilles des derniers temps ; et, sans leur faire faveur, on peut les opposer à la plus savante antiquité. Ils étaient dignes du nom de *héros*, qui leur a été donné en France, aux Pays-Bas, en Allemagne. » Joseph Scaliger avait un savoir immense : langues orientales, mathématiques, médecine, jurisprudence, théologie, il embrassait tout. On cite pour preuve de sa facilité merveilleuse, qu'il apprit seul le grec, lut et entendit Homère en vingt et un jours, et dans quatre nuits, tous les autres poëtes grecs. Casaubon, l'ami et l'admirateur de Joseph Scaliger, hérita de sa science et de sa réputation. Singulièrement aimé de Henri IV, qui le fit son bibliothécaire et l'admit aux conférences de Fontainebleau, entre le cardinal Duperron et Duplessis-Mornay, le tolérant Casaubon passa en Angleterre, où, après avoir obtenu l'éclatante protection de Jacques Ier, il fut enterré à Westminster, et en quelque sorte naturalisé Anglais, après sa mort. Suivant Pithou, Heinsius et de Thou, Casaubon était un théologien pacifique et conciliant, un savant du premier ordre, un bon traducteur, un excellent critique. Toutefois Duperron disait de Casaubon : « Quand il parle français, il semble que ce soit un paysan ; quand il parle latin, on dirait qu'il parle sa langue. » Cette observation nous conduit à déplorer que presque toute la savante école des philologues et des critiques des quinzième et seizième siècles ait caché, pour ainsi dire, son érudition, sa science, ses études historiques, ses opinions philosophiques et religieuses, ses jugements sur l'antiquité, dans une langue deux fois morte. Que de trésors renferment tant d'écrits, qui ne sont plus consultés que par des humanistes et des érudits de profession ! Que de leçons perdues et qui devraient servir à l'instruction de tous ! Comme la gloire de ces hommes, auxquels nous avons cependant des obligations immenses et trop oubliées peut-être, serait populaire parmi nous, si leurs livres se trouvaient à la portée de tous les lecteurs capables de lire et d'entendre un ouvrage écrit dans l'idiome national ! Que de progrès leurs efforts réunis auraient fait faire à notre idiome ! J'irai plus loin, et je dirai que s'ils eussent pratiqué le français, qui est éminemment la langue de la raison, et qui semble avoir été créé pour dissiper toutes les ténèbres de la pensée, plusieurs des défauts de leurs ouvrages ne s'y trouveraient pas. Le grec et le latin permettent, surtout à des modernes qui les corrompent, malgré leur habileté, des sophismes, des subtilités, de folles conjectures, des suppositions téméraires qui jamais n'auraient osé paraître au grand jour dans notre langue. Sans cesser d'être aussi profondément instruits, ces hommes de savoir auraient été davantage et presque toujours des hommes de lumières.

Pourquoi faut-il avoir à regretter ici que le président de Thou n'ait pas cru devoir écrire son histoire du seizième siècle dans la langue d'Amyot et de Montaigne ! quel tort fait à l'instruction historique des Français, en général, par la privation de la connaissance d'un livre que nous devrions tous savoir par cœur, si l'auteur n'eût pas employé la langue de Tite-Live, interdite au plus grand nombre ! Que de richesses nouvelles aurait ajouté à notre idiome un homme capable de rivaliser avec les modèles du siècle d'Auguste, et pourtant original et Français sous tous les rapports, magistrat, négociateur, mûri par le commerce de ses semblables et par le maniement des affaires, sujet fidèle du prince et citoyen dévoué aux intérêts de son pays, conciliateur et tolérant comme L'Hospital, habile et sincère explorateur des faits, impartial au milieu du choc de tant de partis déchaînés, n'écoutant que sa conscience et la voix de Dieu qui l'inspire et le soutient, assez hardi, assez sûr de lui-même pour oser présenter aux grands, aux rois, aux pontifes, aux ligueurs et aux protestants le tableau de leurs fautes, de leur injustice et de leurs fureurs. Ce tableau est triste sans doute ; aussi le sage et candide écrivain se plaît-il à nous consoler par son attention à retracer les belles actions, le génie et les hautes vertus de ses contemporains. Tous les auteurs qui ont écrit l'histoire de France regardent l'ouvrage du président de Thou comme la source la plus sûre où l'on doive puiser pour la connaissance du seizième siècle. En effet, l'ouvrage du président représente ce siècle tout entier, ses institutions, ses mœurs, ses grandes découvertes, ses travaux, toute sa culture intellectuelle, enfin toute sa civilisation. Bayle proclame l'histoire de notre Tite-Live un chef-d'œuvre ; Bossuet invoque continuellement l'autorité *du grand auteur, du fidèle historien.*

Parmi les auteurs qui confiaient à notre langue le soin d'exprimer leur pensée, Rabelais, disciple de Lucien et d'Aristophane, malin satirique comme eux, et non moins hardi dans la libre émission de sa pensée sur les hommes et sur les choses, a mis dans son style, le grec, le latin et le gaulois, il s'est composé ainsi une langue particulière qui demande quelque étude, mais qui plaît singulièrement à ceux qui lui ont ôté, pour ainsi dire, son étrangeté par un certain commerce. Quand Rabelais veut être élégant et pur dans sa diction, il l'est avec une grâce et un bonheur extrêmes, et parfois il s'élève à la haute éloquence. Moins occupé de nous donner des mots grecs, Amyot est plus créateur dans ses imitations de l'antique, plus pur et de meilleur goût dans son néologisme. Avec lui Plutarque, transformé, devient Gaulois et Français ; il acquiert une naïveté qui n'est pas en lui et qu'on ne trouve dans aucun écrivain grec, pas même dans l'Odyssée d'Homère. Ouvrage véritablement original, la traduction de Plutarque, par Amyot, doit être regardée comme un monument de notre langue ; on peut prendre un singulier plaisir à étudier la marche et les progrès de cette langue dans le Plutarque d'Amyot, parce que l'intérêt qu'inspire la vie des grands hommes ajoute un vif attrait à la lecture de l'ouvrage, et que les faits, semés dans le récit, facilitent singulièrement l'intelligence des mots qui expriment la pensée.

Au reste, la langue romane, que nous avons dû montrer dans ses premiers rudiments, et suivre de progrès en progrès jusqu'à l'époque si importante de Montaigne, a été parlée en Angleterre par Guillaume le Conquérant, en Calabre avec les Normands, à la cour des rois, en Sicile. Après les Croisades, cette langue fut parlée en Syrie et en Palestine, comme le français, de nos jours, l'est en Égypte, depuis la conquête de Napoléon. Enfin il reste aujourd'hui, dans l'Archipel, des débris de cette même langue, connue sous le nom de langue des Francs.

Personne ne peut mieux nous enseigner notre langue des quinzième et seizième siècles qu'Amyot, et c'est par lui qu'on doit arriver à Montaigne, écrivain de génie, le père de la philosophie en France, à Montaigne que Mézeray appelle le Sénèque chrétien, expression remarquable et vraiment originale. Il ne faut pas s'y tromper, plusieurs des morceaux de nos anciens auteurs n'ont été surpassés depuis par personne, et conservent un caractère inimitable. Fénelon regrettait la langue faite par Amyot et Montaigne ; aussi l'on peut dire que quiconque ne se rendra pas familiers ces deux auteurs ne connaîtra jamais le véritable génie de notre idiome, que Fénelon, Bossuet, Molière et La Fontaine avaient interrogé avec tant de soin dans les anciens monuments de notre littérature. Ce sont ces grands hommes qu'on doit prendre pour maîtres dans l'étude du passé. Pour les bien comprendre eux-mêmes, il faut aller puiser aux sources où ils ont puisé, il faut rétablir en tout le culte des ancêtres. Il y eut alors un grand événement dans la politique,
dans la religion et dans les lettres, c'est-à-dire la réforme de Luther. Sur la fin du dix-huitième siècle, les écrivains se sont accordés à élever au plus haut degré les heureuses conséquences de cette réforme, qu'ils ont célébrée comme un bienfait pour la civilisation. De nos jours, il semble s'être formé une espèce de ligue pour reprocher au réformateur d'avoir substitué un culte austère, sans enthousiasme et sans tendresse, au culte d'amour et de reconnaissance, qui a enfanté tant de vertus au-dessus de l'humanité, tant de productions sublimes dans les arts. Ce n'est point ici la place de prendre parti entre ces deux opinions ; mais la France, du moins, ne saurait méconnaître que Luther et son école n'aient suscité parmi nous pour défenseurs à la religion les beaux génies qui ont jeté tant de lumière en se heurtant les uns contre les autres, comme des corps enflammés qui se rencontreraient dans l'espace.

Le seizième siècle, à la fois libre et imitateur, original et savant, religieux et sceptique, indépendant et soumis à l'autorité, respectant l'autorité des princes et défendant les droits des peuples, fanatique d'un côté, philosophe de l'autre, doué d'une haute raison et encore plein de préjugés, fut l'âge d'or des savants, des artistes et des lettres. On a vu quelle rivalité de protection s'était établie en leur faveur, dans la moderne Italie, ou plutôt dans la Grèce ressuscitée ; cette rivalité avait gagné presque toute l'Europe, et spécialement la France, que nos visites militaires à Florence, à Naples et à Rome, avaient frappée d'admiration pour les merveilles des arts. Fidèle aux exemples de Louis XII, et plus enthousiaste que lui de tous les genres d'illustration, François Ier, qui ne sut pas toujours défendre contre l'intolérance des Parlements et de la cour de Rome, les savants mêmes pour lesquels il avait de l'affection et la plus haute estime, les protégeait d'une manière éclatante lorsqu'il était libre de suivre son penchant. Il accueillit avec distinction Léonard de Vinci, et reçut les derniers soupirs de cet homme universel dans les arts, peintre, sculpteur, géomètre, architecte, et fécond en toutes sortes d'inventions, comme Michel-Ange, son contemporain. François Ier attira d'Italie et encouragea par ses bienfaits le fameux Primatice, qui nous enrichit de plusieurs chefs-d'œuvre ; à la vérité, il fut moins juste envers Benevuto Cellini, lapidaire plein de talent, sculpteur de génie, écrivain classique dans son pays, en même temps qu'homme d'armes intrépide. Mais en général, tous les écrivains, tous les artistes de l'époque obtinrent la faveur constante du prince qui s'égayait aux jeux des Muses entre sa sœur Marguerite de Navarre et le poëte Clément Marot, leur commun favori. Les savants trouvèrent auprès de cette princesse un appui courageux et une indépendance parfaite d'opinions : elle ne leur demandait que du talent. Reconnaissants de ses bienfaits, charmés de son accueil et de ses talents, ils l'appelèrent la dixième Muse et la quatrième Grâce. Marguerite a laissé plusieurs ouvrages qui attestent l'agrément et la facilité de son esprit, en même temps que la force de son caractère et son savoir. Henri II aima Lescot et lui confia des travaux importants, ainsi qu'à l'illustre Philibert Delorme, l'architecte de Catherine de Médicis. On doit, en partie, aux encouragements donnés par ce prince, les chefs-d'œuvre de Jean Goujon, le restaurateur de la sculpture parmi nous, et le rival des Grecs par la simplicité du style. Non-seulement Charles IX se plaisait à composer des vers naïfs et délicats que Marot n'eût pas désavoués, mais encore il recherchait avec empressement le commerce des gens de lettres, et se délassait dans leur entretien. François Ier a reçu le titre de *Père des lettres*, mais peut-être Henri IV pourrait-il revendiquer ce titre avec justice; Henri leur accorda une protection constante et sans faste, mais qui, par cela même, n'a point été célébrée comme elle méritait de l'être. Il défendit le livre de *la Sagesse*, de Charron, que l'on voulait proscrire, et sa personne que la persécution menaçait. On reconnaîtrait le Béarnais entre tous les princes du temps, à l'ordre qu'il donna de retrancher deux plats de sa table pour qu'il pût payer ses précepteurs du Collège de France. Ce prince aurait montré une grande ingratitude et un véritable aveuglement, s'il eût oublié de protéger les lettres; car il ne pouvait ignorer que la *Satire Ménippée* lui avait frayé la route du trône. Dans les fureurs de la guerre civile, une couronne ne se conquiert pas seulement par des victoires : désarmer les bras n'est presque rien, si l'on n'a point désarmé les esprits et les cœurs. Les Sully, les Crillon, les Mornay et toute la race héroïque et chevaleresque qui suivaient le panache de Henri comme un drapeau, n'auraient pas suffi à l'entreprise de leur maître; il fallait que la plume vînt au secours de l'épée : elle y vint; et c'est justice de nommer à côté des compagnons de guerre de Henri, l'élégant Passerat, Nicolas Rapin, Gilles Durand, Pierre Pithou, Florent Chrétien, auteurs de cette œuvre impérissable dans nos annales. Ces conjurés littéraires, tous hommes de profond savoir, doués d'un rare courage, habiles et mâles écrivains, réunis par un ardent amour de leur pays, par la pitié la plus profonde pour ses malheurs, et connaissant bien le caractère de notre nation, chez laquelle le ridicule exerça de tout temps un immense pouvoir, résolurent de traduire au grand jour, devant la France entière, les prétentions, les folies, les crimes de la Ligue et son alliance impie avec l'Espagne. Leur satire, d'autant plus redoutable qu'elle était vraie, et qu'elle ne pouvait manquer d'éclairer enfin la conscience publique, présente deux types qui lui sont particuliers: elle respire l'esprit malin et frondeur de nos pères, leur indépendance naturelle et le caractère imitateur et libre, original et savant du seizième siècle; elle est à la fois une ample comédie politique, à cent actes divers, l'un des monuments les plus curieux de notre langue, surtout pour ceux qui, à leur grand avantage, voudront la comparer avec Rabelais et Montaigne, et un acte de patriotisme qui tourne à la gloire des lettres. En effet, peut-on les honorer davantage qu'en consacrant ses veilles au dessein d'éteindre les torches du fanatisme, de rendre la paix à son pays, d'y rétablir le règne des lois, et d'assurer son indépendance par la réconciliation d'un peuple avec un prince digne et capable de gouverner? Respect aux hommes qui comprennent ainsi les devoirs, la dignité, la mission de l'écrivain !

Un dernier caractère achève de donner la physionomie littéraire du seizième siècle. L'érudition, la science, l'art de composer et d'écrire, le talent de la parole s'alliaient ou conduisaient à tout. Auprès de Henri VIII, d'Élisabeth, sous Léon X et sous Charles Quint, dans les États de Hollande, ainsi que dans toutes les cours d'Italie et au temps de Charles IX et de Henri IV, les écrivains étaient en même temps des guerriers, des magistrats, des ambassadeurs ou des ministres. Jamais les princes n'eurent de conseillers plus habiles, de serviteurs plus dévoués et pourtant plus attentifs à conserver leur indépendance et leur dignité. Ces hommes, que l'on pouvait montrer à ses ennemis comme à ses amis, suivant l'expression de Henri IV, avaient figuré dans les grands événements de leur temps. L'histoire qu'ils retraçaient en silence, ils l'avaient faite ou vu faire; les personnages qu'ils mettaient en scène avaient agi et parlé devant eux ou avec eux. De là, tant de vérité dans les récits et dans les portraits. Un autre mérite distingue encore les écrivains de cette époque et des siècles antérieurs. En général, l'ambition d'auteur ne domine pas chez eux. Devant le siècle qu'ils attestent de leur bonne foi, sous les regards du Dieu qui les inspire et les soutient (1), ils s'expriment avec naturel, avec simplicité, comme un témoin plein de candeur, appelé devant un tribunal qui attend de lui la vérité tout entière. Ceux mêmes qui, pareils au président de Thou, imitent curieusement l'antiquité, sont bien plus occupés du fond des choses que des ornements du discours, et gardent la simplicité du narrateur jusque dans leur plus parfaite élégance d'écrivain. Quant à Montaigne, qui paraît laisser aller sa plume au courant de son génie, personne n'est moins auteur que lui; mais peut-être sa facilité, son abandon, nous font-ils quelquefois une illusion semblable à celle que produit sur nous la lecture de La Fontaine; peut-être, ainsi que le fabuliste, le penseur Montaigne enfantait-il, dans le travail d'une méditation pro-

---

(1) Le président de Thou.

fonde, des beautés qui sortaient ensuite tout armées de son cerveau. Il n'a été donné à personne de produire d'un seul jet tant de merveilles dans le plus difficile de tous les arts (1).

(1) Je prends plaisir à rappeler ici, comme des travaux de conscience et de talent, le discours de M. Patin sur la vie et les ouvrages de Jacques-Auguste de Thou, ouvrage couronné par l'Institut; les deux discours de MM. Saint-Marc Girardin et Philarète Chasles, qui ont partagé le prix d'éloquence décerné par l'Académie au meilleur écrit sur la littérature française au seizième siècle: enfin le tableau historique de cette même littérature, aux quinzième et seizième siècles, par M. J.-P. Charpentier (de Saint-Prest), professeur de rhétorique au collége Saint-Louis.

Dix-septième Siècle.

MORCEAUX RELIGIEUX.

JEAN PIERRE CAMUS.

APOSTROPHE A LA NOBLESSE.

Je viens de ce pas à vous, ô noblesse, qui ne devez attendre de moy aucune blandice, puisque vous venez d'entendre avec quelle liberté je viens de traitter ceux de nostre ordre, emmy lesquels, bien qu'indigne d'un si insigne caractère, j'ay l'honneur de tenir quelque rang.

Le premier des trois principaux désordres que je remarque emmy vous, est ceste grande confusion qui vous pesle-mesle presque sans distinction.

Que sont devenues ces belles et relevées qualitez de seigneurs, barons, comtes, marquis, ducs, qui autresfois estoient les degrez qui différentioient vostre ordre? Quelle horrible décadence défigure tout cela! Comme tout y est altéré, changé, et si j'ose presque dire, anéanty? Marquez-moy en quoy consiste maintenant ceste différence? Toutes vos espées sont-elles pas de mesme mesure?

Or sus, gentils-hommes, dites-nous que sont devenues ces illustres qualitez, qui ne se donnoient qu'à des personnes signalées et principales, de capitaine de cinquante ou cent hommes d'ordonnance, quelle fumée est-ce maintenant?

Si vous dites que la paix ternit le lustre des qualitez guerrières, je le veux : mais à quel jeu avez-vous perdu tous les rangs et prééminences que vous aviez ès villes, pour n'en avoir plus qu'au vilage, emmy des paysans?

Pourquoy faut-il en corps d'estats que vostre ordre en précède un autre en gros, qui vous devance en détail, quand vous estes séparez?

Mais dictes, quel degré avez-vous ès villes principales? Quels offices tenez-vous? Où entrez-vous? Où séez-vous? où marchez-vous?

Et chez le roy, ne vous voyez-vous pas tous les

jours supplantez? Les chères personnes de nos roys vous vont échapper des mains, si vous n'y pensez de bonne heure, comme celle de Nostre-Seigneur des nostres, si nous n'y advisons, ô ecclésiastiques!

Où sont *ces soixante braves d'entre les forts d'Israël, qui environnent la couchette de nostre Salomon?*

Noblesse, pense à ta naissance; meurs, meurs plustost que de dégénérer de tes généreux ayeulx; ils ne t'ont pas enflé le cœur en t'eslevant à de si hauts faistes d'honneur et de gloire, pour te déprimer dans les abysmes de l'abjection : une fois en vostre vie, souvenez-vous que vous estes hommes, que vous estes les favoris de la royauté, le bras droict du prince, le soustien de l'estat, la fleur plus fine de la nation, la terreur des estrangers, et l'effroy des ennemis...

Jean-Pierre Camus, évêque de Belley, né à Paris, le 3 novembre 1582, mourut dans cette ville le 26 avril 1652. Élève de saint François de Sales, il se déclara avec violence contre les prêtres qui ne remplissaient pas exactement tous les devoirs de leur état. Pieux, humble, dévoué au service des pauvres, Camus ne tolérait pas le luxe, l'inconduite et l'orgueil des membres du clergé; il les reprenait par de mordantes épigrammes qui, malheureusement, se sentaient trop du mauvais goût qui régnait dans la chaire avant Bourdaloue. Doué d'une vivacité toute méridionale, Camus gardait son franc parler même devant ses supérieurs, et plus d'une de ses malignes réponses ont été répétées comme des chefs-d'œuvre d'à-propos plutôt que comme des modèles de bon ton.

Camus, dans ses nombreux écrits, manque souvent de jugement; il s'en accusait lui-même; son humilité à confesser ses propres défauts est cause qu'on les lui a peu reprochés. Connaissant toute l'avidité du public de son époque pour la lecture des romans, il en publia plusieurs dans une intention religieuse; ces étranges compositions eurent alors un grand succès. Voici le titre de quelques-unes des productions de l'évêque de Belley : *Le Rabat-Joie du triomphe monacal; La Désapprobation claustrale;* Les romans : *Dorothée, Alcine, Alexis*, etc. *Les Événements singuliers; L'Avoisinement des protestants de l'église romaine; L'esprit de saint François-de-Sales.* Nous avons cité l'apostrophe à la noblesse comme un exemple de cette verve et de cette vivacité qu'on ne rencontre plus tard, dans la chaire, que très-rarement.

VINCENT DE PAUL.

Or sus, mesdames, la compassion et la charité vous ont fait adopter ces petites créatures pour vos enfants. Vous avez été leurs mères selon la grâce, depuis que leurs mères selon la nature les ont abandonnés. Voyez maintenant si vous voulez aussi les abandonner pour toujours. Cessez à présent d'être leurs mères, pour devenir leurs juges ; leur vie et leur mort sont entre vos mains. Je m'en vais donc, sans délibérer, prendre les voix et les suffrages. Il est temps de prononcer leur arrêt, et de décider irrévocablement si vous ne voulez plus avoir pour eux des entrailles de miséricorde. Les voilà devant vous ! ils vivront, si vous continuez d'en prendre un soin charitable ; et, je vous le déclare devant Dieu, ils seront tous morts demain, si vous les délaissez.

Vincent de Paul naquit, le 24 avril 1576, à Ranquines, dans le diocèse d'Acqs. Il fit, chez les cordeliers d'Acqs, ses premières études, dont les progrès furent tellement rapides, qu'à seize ans, il servit de précepteur aux enfants du juge de Pouy. Le 20 décembre 1596, Vincent reçut la tonsure et les ordres mineurs ; l'année suivante, il commença, à Toulouse, un cours de théologie qu'il ne put achever à cause de la médiocrité de sa fortune. Ayant alors établi, à Buzet, un petit pensionnat, il parvint à gagner assez d'argent pour pouvoir se faire recevoir bachelier, ce qu'il fit le 12 octobre 1600. Ayant été, dès 1604, élevé au sacerdoce et nommé curé de Tilh, il avait refusé cette heureuse position pour achever ses études théologiques. En 1605, Vincent de Paul fut appelé à recueillir un héritage qu'on lui avait légué. Comme il se rendait par mer chez un de ses débiteurs, qui habitait Marseille, des brigands turcs, qui côtoyaient les bords du golfe de Lyon capturèrent le bâtiment qui le portait.

Vincent de Paul ne revit sa patrie qu'en juin 1607. Nommé curé de Clichy le 12 mai 1612, il quitta son troupeau en 1613, pour se consacrer à l'éducation des fils d'Emmanuel de Gondy. Le plus âgé de ses trois élèves devint le célèbre cardinal de Retz.

Les malheureux prisonniers trouvèrent dans Vincent un père et un sage directeur. Sa parole fit tant de merveilles, qu'il fut créé aumônier général des galères en 1619. En 1622, le saint prêtre, parcourant incognito le bagne de Marseille, fut si touché de la douleur d'un forçat désespéré de l'éloignement de sa femme et de ses enfants, que, dans un excès de zèle, il se substitua au coupable, avec l'agrément de l'officier de service. Dès cette époque, Vincent semble poussé par la main de Dieu dans la carrière du bien ; partout il soulage ceux qui souffrent, console les affligés et institue des confréries utiles à l'humanité. Rempli d'une noble hardiesse, il se jette un jour aux pieds du terrible cardinal de Richelieu en s'écriant : *Monseigneur, ayez pitié de nous ; donnez-nous la paix ; la paix à la France !* Le fougueux ministre n'osa laisser percer sa colère.

En 1648, Vincent établit, d'une manière définitive, ces temples de l'humanité, où l'on élève, de nos jours, les enfants trouvés. L'homme qui a rendu un tel service, qui a compris d'une manière si noble tout ce que doit être la charité, est un envoyé de Dieu sur la terre. Aussi, de son vivant, saint Vincent avait acquis le glorieux surnom d'*Intendant de la Providence*. Il mourut le 27 septembre 1660, admiré et pleuré de tous. Sa parole était noble, douce, touchante et remplie de ce feu divin qui brûlait dans son cœur. Le morceau que nous citons semble sorti des entrailles même de la charité. Vincent de Paul est un des plus grands hommes qu'ait eus la France.

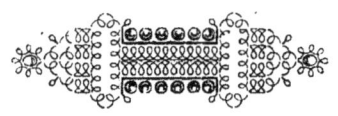

BOSSUET.

AVANTAGES DE L'UNITÉ RELIGIEUSE (1).

Où êtes-vous, dans cet auditoire, âmes simples, âmes cachées aux yeux des hommes, et cachées principalement à vos propres yeux, mais qui connaissez Dieu et que Dieu connoît, afin que je vous adresse ma parole? Ah! comment avez-vous pu éviter la contagion du siècle? Comment est-ce que cette face extérieure du monde ne vous a pas éblouies? quelle grâce vous a préservées de la vanité, de la vanité que nous voyons si universellement régner? Personne ne se connoît ; on ne connoît plus personne : les marques de condition sont confondues : on se détruit pour se parer ; on s'épuise à dorer un édifice dont les fondemens sont écroulés, et on appelle se soutenir que d'achever de se perdre. Ames humbles, âmes innocentes, que la grâce a désabusées de cette erreur et de toutes les illusions du siècle, c'est vous dont je demande les prières : en reconnoissance du don de Dieu dont le sceau est en vous, priez sans relâche pour son Église ; priez, fondez en larmes devant le Seigneur. Priez, justes ; mais priez, pécheurs ; prions tous ensemble : car si Dieu exauce les uns pour leur mérite, il exauce aussi les autres pour leur pénitence : c'est un commencement de conversion que de prier pour l'Église.

Priez donc tous ensemble, encore une fois, que ce qui doit finir finisse bientôt. Tremblez à l'ombre même de la division : songez au malheur des peuples qui, ayant rompu l'unité, se rompent en tant de morceaux, et ne voient plus dans leur religion que la confusion de l'enfer et l'horreur de la mort. Ah! prenons garde que ce mal ne gagne. Déjà nous ne voyons que trop parmi nous de ces esprits libertins qui, sans savoir ni la religion, ni ses fondemens, ni ses origines, ni sa suite, « blasphèment ce qu'ils ignorent, et se corrompent dans ce qu'ils savent : nuées sans eau, » poursuit l'apôtre saint Jude, docteurs sans doctrine, qui pour toute autorité ont leur hardiesse, et pour toute science, leurs décisions précipitées : « arbres deux fois morts et déracinés ; » morts premièrement parce qu'ils ont perdu la charité ; mais doublement morts, parce qu'ils ont encore perdu la foi ; et entièrement déracinés, puisque, déchus de l'une et de l'autre, ils ne tiennent à l'Église par aucune fibre : « astres errants » qui se glorifient dans leurs routes nouvelles et écartées, sans songer qu'il leur faudra bientôt disparoître. Opposons à ces esprits légers, et à ce charme trompeur de la nouveauté, la pierre sur laquelle nous sommes fondés, et l'autorité de nos traditions, où tous les siècles passés sont renfermés, et l'antiquité qui nous réunit à l'origine des choses. Marchons dans les sentiers de nos pères ; mais marchons dans les anciennes mœurs, comme nous voulons marcher dans l'ancienne foi.

Allez, chrétiens, dans cette voie d'un pas ferme : allons à la tête de tout le troupeau, messeigneurs, plus humbles et plus soumis que tout le reste : zélés défenseurs des canons ; autant de ceux qui ordonnent la régularité de nos mœurs, que de ceux qui ont maintenu l'autorité sainte de notre caractère ; et soigneux de les faire paroître dans notre vie, plus encore que dans nos discours : afin que quand le prince des pasteurs apparaîtra, nous puissions lui rendre un compte fidèle de nous et du troupeau qu'il nous a commis.

(1) Ce sermon fut prononcé dans l'assemblée générale du clergé de France.

Jacques-Bénigne Bossuet naquit à Dijon, le 27 mars 1627. Élève des jésuites, qui dirigeaient le collége de sa ville natale, il montra, dès l'âge de six ans, les plus heureuses dispositions, et fit dans ses études des progrès qui engagèrent son père à le placer au collége de Navarre, alors l'un des plus célèbres de Paris. Là, sous les auspices du savant Cornet, grand-maître de l'institution, le futur évêque apprit avec avidité le grec et la philosophie, sans négliger les Pères de l'Église et la sainte Bible, qui devaient tant féconder son beau génie. La méthode de Descartes plut à cet esprit juste et sérieux. A seize ans, Bossuet soutint sa première thèse ; elle répandit un tel éclat que le candidat passa bientôt pour un prodige. M. de Feuquières le conduisit à l'hôtel Rambouillet, où, après quelques moments de réflexion, il improvisa un sermon qui étonna toutes les personnes auxquelles sa réputation d'éloquence avait inspiré le plus vif désir de l'entendre. Le grand Condé, présent à cette épreuve, commença dès lors avec le jeune orateur une amitié qui n'a fini qu'avec leur vie. En 1652, Bossuet reçut l'ordre de prêtrise et le bonnet de docteur. Nommé ensuite chanoine de Metz, il s'enfonça plus que jamais dans les études sacrées. Les affaires du chapitre l'appelaient souvent à Paris, où sa réputation, toujours croissante, le conduisit à prêcher devant la reine-mère et le jeune roi; l'un et l'autre furent émerveillés de la hauteur et de l'autorité de sa parole. De 1660 à 1669, Bossuet parvint à la première réputation de l'Église, pour l'éloquence et la profonde doctrine. Il eut l'insigne bonheur de ramener Turenne à la foi catholique. Ce fut alors qu'il composa le livre célèbre de l'*Exposition de la doctrine catholique*, livre qui fut traduit en toutes les langues. A cette époque remontent ses rapports avec la savante et religieuse école de Port-Royal, avec Arnauld et Nicole, qui l'avaient demandé au roi pour censeur de leurs écrits contre les calvinistes. En 1669, il reçut l'évêché de Condom, qu'il n'avait ni souhaité ni demandé. Deux mois après, on l'entendit prononcer l'oraison funèbre de la reine d'Angleterre. Il avait déjà rempli ce douloureux office pour Anne d'Autriche. La première de ces deux oraisons obtint un succès immense. En 1671, le roi, de son propre mouvement, chargea le nouvel évêque de l'éducation du dauphin. Le désir d'instruire cet enfant, qui ne répondit pas aux efforts d'un si grand maître, donna naissance au livre de la *Politique de l'Écriture sainte*, au *Traité de la connaissance de Dieu et de soi-même* et au *Discours sur l'histoire universelle*. Malgré les justes reproches de la vraie critique, qui ne cède à aucune autre autorité que celle de la raison, ce dernier travail est resté au rang des chefs-d'œuvre.

Ses devoirs de prêtre, d'instituteur, ne l'empêchaient pas de trouver du temps pour de savantes luttes contre le protestantisme et ses plus célèbres écrivains. Il avait déjà réfuté le Catéchisme du ministre Ferry, sans que leurs dissentiments religieux eussent pu troubler les douceurs du commerce de leur étroite amitié. Le 8 juin 1671, l'Académie s'honora elle-même en admettant dans son sein le modèle des hommes religieux, l'infatigable controversiste, le puissant orateur; j'ai presque dit le grand poëte. En effet, nourri d'Homère, de la Bible et des prophètes, Bossuet est souvent leur rival dans les mouvements de sa divine éloquence. En 1681, l'éducation du dauphin étant faite, Louis XIV, pour récompenser les efforts, sinon le succès du trop savant maître, lui conféra l'évêché de Meaux. Dans ce nouveau poste religieux, il embrassa avec zèle les devoirs de l'épiscopat, et reprit la prédication pour les fidèles de son diocèse. Mais, outre les leçons qu'il donnait du haut de la chaire, son zèle se répandait encore en instructions particulières de toute espèce, pour éclairer, diriger et soutenir les personnes touchées de la foi, qui le consultaient comme un père, et l'écoutaient comme un oracle. Bossuet, à Meaux, est peut-être plus admirable et plus digne du ministère sacré que Bossuet à la cour, où les exigences de la politique, le despotisme de l'ascendant du grand roi et la tyrannie des convenances, qui avaient alors force de loi, imposaient à sa raison des sacrifices ou des erreurs, à sa vertu des ménagements, ou tout au moins un silence qui font quelque peine dans celui que le siècle, d'accord avec La Bruyère, appelait un père de l'Église. C'est en faisant allusion à cette circonstance qu'Arnaud, son antagoniste, qui, du reste, lui rendait une éclatante justice, a dit, dans une de ses lettres : « Bossuet a pourtant un *verum-tamen* dont je crains qu'il n'ait à rendre compte à Dieu : c'est qu'il n'a pas le courage de rien reprocher au roi. » Bossuet composa, dans son diocèse, pour de simples religieuses, auxquelles il parlait souvent le langage, tantôt paternel, tantôt sévère d'un directeur, les *Méditations sur l'Évangile* et les *Élévations sur les mystères*, ouvrage loué par Maury, avec une sorte d'excès peut-être, car on y cherche en vain quelquefois le génie de Bossuet. On le retrouve tout entier, ce génie, dans les défenses des libertés de l'Église gallicane contre les prétentions usurpatrices de la cour de Rome; mais en voulant mettre des bornes à l'autorité du saint-siége, Bossuet eut le malheur de soutenir la doctrine de la toute-puissance du prince dans le temporel. En général, ce grand écrivain, qui a parlé des républiques de Sparte, d'Athènes et de Rome en termes si magnifiques, se montre favorable au pouvoir absolu, pour lequel il ne connaît de limites que l'autorité de la religion. C'est pour cela sans doute que, craignant, au fond de sa conscience, les empiétements du pouvoir, il place sans cesse les princes sous la main souveraine de Dieu et devant le tribunal de sa justice inexorable à l'égard des oppresseurs et des tyrans. Plein des leçons de la philosophie, armé des foudres de la religion, Bossuet s'applique sans cesse à montrer aux maîtres de la terre l'abîme où leur grandeur ira s'engloutir avec le plus pauvre de leurs sujets; sans cesse il ouvre à leurs regards les gouffres de l'enfer; et, quoique chrétien et ministre d'un Dieu de miséricorde, il semble écrire devant eux, comme le Dante, sur les portes du fatal séjour : « Vous qui entrez ici, laissez toute espérance. » Cette excuse est belle mais ne suffit pas. Le contre-poison des doctrines de Bossuet se trouve dans la sagesse avec laquelle Fénelon, alarmé pour le prince et pour la France, voulait tempérer le pouvoir absolu par des conseils et des lois. Au reste, qu'on ne s'y trompe pas, rien de servile dans Bossuet; ses opinions politiques peuvent être des erreurs et non une lâche capitulation de conscience. Il était d'ailleurs ébloui, comme tout le siècle, par l'éclat et la grandeur du règne qui avait rétabli l'État, et porté la France au plus haut degré de la gloire humaine, dans la guerre, dans la politique, dans les sciences, dans les arts et dans les lettres. Toute une race de grands hommes, parmi lesquels Bossuet prenait place, sans prétendre à ce titre ambitieux, peut-être sans y penser, malgré les témoignages éclatants de l'estime publique, se prosternait d'admiration devant Louis XIV; et si Bossuet ployait quelquefois les genoux comme eux, il se relevait bientôt pour faire entendre du haut de son génie de puissantes vérités au fier monarque qui, au milieu des splendeurs du palais où il apparaissait comme une espèce d'idole, avait peine à soutenir seul à seul les regards d'un simple évêque. Les oraisons funèbres de Bossuet, dont nous parlerons plus tard, passent, suivant la commune renommée, pour le plus beau titre de la gloire littéraire de Bossuet; mais ses sermons renferment des beautés fortes, élevées et naïves, qu'on ne célèbre point assez : au contraire, tout le monde s'accorde à louer son *Histoire des Variations*, dans laquelle il se montre à la fois annaliste exact et savant, théologien du premier ordre, politique profond, écrivain d'une éloquence au-dessus de tout éloge. Ici éclate cette malheureuse querelle du quiétisme, qui troubla l'Église et mit aux mains deux rivaux faits pour être à jamais unis par les liens sacrés d'une affection mutuelle et le commerce du génie. Bossuet triompha, au nom de la raison qui condamne plus hautement que jamais les dangereuses rêveries dont l'âme tendre et l'imagination quelque peu romanesque de Fénelon s'étaient laissées surprendre; mais la religion murmura de la hauteur et de l'inflexibilité du vainqueur. Fénelon reconnut sa défaite, ou plutôt déclara sa soumission par une humilité sublime. A côté d'un si bel exemple, on éprouve une vraie satisfaction de pouvoir montrer le grand Bossuet occupé à faire le Catéchisme aux petits enfants de sa paroisse. En lisant l'ouvrage consacré par M. de Beausset à l'aigle de Meaux, on reste confondu d'étonnement devant cette vie si pleine de vertus, d'études, de savoir, de méditations, de travaux de toute espèce, de combats, de religion et d'éloquence. Bossuet avait presque atteint sa soixante-seizième année lorsqu'il mourut à Paris, le 12 avril 1704. Il ne vit pas le vide affreux de la cour de Louis XIV et les derniers malheurs qui remuèrent si profondément les entrailles de Fénelon.

Voici comment Thomas, le cardinal Maury et le cardinal Beausset ont parlé de Bossuet :

« On a dit que c'était le seul homme vraiment éloquent sous le siècle de Louis XIV. Ce jugement paraîtra sans doute extraordinaire : mais si l'éloquence consiste à s'emparer fortement d'un sujet, à en connaître les ressources, à en mesurer l'étendue, à enchaîner toutes les parties, à faire succéder avec impétuosité les idées aux idées et les sentiments aux sentiments, à être poussé par une force irrésistible qui vous entraîne, et à communiquer ce mouvement rapide et involontaire aux autres; si elle consiste à peindre avec des images vives, à agrandir l'âme, à l'étonner, à répandre dans le discours un sentiment qui se mêle à chaque idée et lui donne la vie; si elle consiste à créer des expressions profondes et vastes qui enrichissent les langues, à enchanter l'oreille par une harmonie majestueuse, à n'avoir ni un ton, ni une manière fixe, mais à prendre toujours le ton et la loi du moment; à marcher quelquefois avec une grandeur imposante et calme, puis tout à coup à s'élancer, à s'élever encore, imitant la nature qui est irrégulière et grande, et qui embellit quelquefois l'ordre de l'univers par le désordre même; si tel est le caractère de la sublime éloquence, qui parmi nous a jamais été aussi éloquent que Bossuet? Qui mieux que lui a parlé de la vie, de la mort, de l'éternité, du temps ?

» Ces idées, par elles-mêmes, inspirent à l'imagination une espèce de terreur qui n'est pas loin du sublime; elles ont quelque chose d'indéfini et de vaste, où l'imagination se perd; elles réveillent dans l'esprit une multitude innombrable d'idées; elles portent l'âme à un recueillement austère qui lui fait mépriser les objets et les passions comme indignes d'elle, et semble la détacher de l'univers. Bossuet tantôt s'arrête sur ces idées, tantôt, à travers une foule de sentiments qui l'entraînent, il ne fait que prononcer de temps en temps ces mots, et ces mots font frissonner, comme les cris interrompus que le voyageur entend quelquefois pendant la nuit, dans le silence des forêts, et qui l'avertissent d'un danger qu'il ne connaît pas.

» Bossuet n'a presque jamais de route certaine, ou plutôt il la cache. Il va, il vient, il retourne sur lui-même; il a le désordre d'une imagination forte et d'un sentiment profond. Quelquefois il laisse échapper une idée sublime, et qui, séparée, en a plus d'éclat; quelquefois il réunit plusieurs grandes idées, qu'il jette avec la profusion de la magnificence et l'abandon de la richesse. Mais ce qui le distingue la plus, c'est l'ardeur de ses mouvements, c'est son âme qui se mêle à tout. Il semble que du sommet d'un lieu élevé il découvre de grands événements qui se passent sous ses yeux, et qu'il les raconte à des hommes qui sont en bas. Il s'élance, il s'écrie, il s'interrompt : c'est une scène dramatique qui se passe entre lui et les personnes qu'il voit, et dont il partage ou les dangers ou les malheurs; quelquefois même le dialogue passionné de l'orateur s'étend jusqu'aux êtres inanimés, qu'il interroge comme complices ou témoins des événements qui le frappent.

» Comme le style n'est que la représentation des mouvements de l'âme, son élocution est rapide et forte. Il crée ses expressions comme ses idées. Il force impétueusement la langue à le suivre; et, au lieu de se plier à elle, il la domine et l'entraîne; elle devient l'esclave de son génie, mais c'est pour acquérir de la grandeur. Lui seul a le secret de sa langue; elle a je ne sais quoi d'antique et de fier, et d'une nature inculte, mais hardie. Quelquefois il attire même les choses communes à la hauteur de son âme, et les élève par la vigueur de l'expression; plus souvent il joint une expression familière à une idée grande; et alors il étonne davantage, parce qu'il semble même au-dessus de la hauteur de ses pensées. Son style est une suite de tableaux : on pourrait peindre ses idées, si la peinture était aussi féconde que son langage; toutes ses images sont des sensations vives ou terribles, il les emprunte des objets les plus grands de la nature, et presque toujours d'objets en mouvement.

» Tel est cet orateur célèbre qui, par ses beautés et ses défauts, a le plus grand caractère du génie, et avec lequel tous les orateurs anciens et modernes n'ont rien de commun. »

THOMAS.

« Au seul nom de Démosthène, mon admiration me rappelle celui de ses émules avec lequel il a le plus de ressemblance, l'homme le plus éloquent de notre nation. Que l'on se représente donc un de ces orateurs que Cicéron appelle véhéments, et en quelque sorte tragiques, qui, doués par la nature de la souveraineté de la parole, et emportés par une éloquence toujours armée de traits brûlants comme la foudre, s'élèvent au-dessus des règles et des modèles, et portent l'art à toute la hauteur de leurs propres conceptions; un orateur qui, par ses élans, monte jusqu'aux cieux; d'où il descend avec ses vastes pensées, agrandies encore par la religion, pour s'asseoir sur les bords d'un tombeau, et abattre l'orgueil des princes et des rois devant le Dieu qui, après les avoir distingués sur la terre, durant le rapide instant de la vie, les rend tous à leur néant, et les confond à jamais dans la poussière de notre commune origine; un orateur qui a montré, dans tous les genres qu'il invente ou qu'il féconde, le premier et le plus beau génie qui ait jamais illustré les lettres, et qu'on peut placer, avec une juste confiance, à la tête de tous les écrivains anciens et modernes qui ont fait le plus d'honneur à l'esprit humain; un orateur qui se crée une langue aussi neuve et aussi originale que ses idées, qui donne à ses expressions un tel caractère d'énergie qu'on croit l'entendre quand on le lit, et à son style une telle majesté d'élocution que l'idiome dont il se sert semble changer de caractère, et se diviniser en quelque sorte sous sa plume; un apôtre qui instruit l'univers en pleurant et en célébrant les plus illustres de ses contemporains, qu'il rend eux-mêmes, du fond de leurs cercueils, les premiers instituteurs et les plus imposants moralistes de tous les siècles; qui répand la consternation autour de lui, en rendant, pour ainsi dire, présents les malheurs qu'il raconte, et qui, en déplorant la mort d'un seul homme, montre à découvert tout le néant de la nature humaine; enfin, un orateur dont les discours, inspirés ou animés par la verve la plus ardente, la plus originale, la plus véhémente et la plus sublime, sont, en ce genre, des ouvrages absolument à part, des ouvrages où, sans guides et sans modèles, il atteint la limite de la perfection des ouvrages classiques, consacrés en quelque sorte par le suffrage unanime du genre humain, et qu'il faut étudier sans cesse, comme dans les arts on va former son goût et son talent à Rome, en méditant les chefs-d'œuvre de Raphaël et de Michel-Ange : voilà le Démosthène français ! voilà Bossuet ! On peut appliquer à ses écrits oratoires l'éloge mémorable que faisait Quintilien du Jupiter de Phidias, lorsqu'il disait que cette statue avait ajouté à la religion des peuples. »

MAURY.

« Bossuet se présente à l'imagination comme un de ces hommes prodigieux qu'il est facile d'admirer, et qu'il est difficile de montrer aussi grands qu'ils l'ont été.

» Son génie le place au premier rang des hommes qui ont le plus honoré l'esprit humain dans le siècle le plus éclairé. Ses ouvrages révèlent l'étendue et la profondeur de ses connaissances dans les genres les plus divers. C'est un père de l'Église par la parole et l'instruction : c'est le modèle et le vengeur de la morale chrétienne par la sainte austérité de ses mœurs. Né dans une condition ordinaire, il se place sans effort et sans orgueil à côté de tous les grands de la terre ; appelé à la cour des rois, il obtient l'estime et le respect de celui qui était le plus roi entre les rois. Il n'a ni la faveur ni le crédit, il est tout-puissant par le génie et la vertu. Instituteur de l'héritier du trône, il apprend à tous les rois la science de régner ; il soumet les peuples au frein des lois, et il fait trembler les puissances au nom d'un Dieu vengeur des lois. Il place leur trône dans le lieu le plus inaccessible aux révolutions, dans le sanctuaire de la religion et dans la conscience de leurs sujets. Pontife éclairé, citoyen zélé, sujet fidèle, il pèse d'une main ferme les droits des deux puissances ; il les unit sans les confondre. Plus habile défenseur de Rome que ses défenseurs même, il asseyait la grandeur du siège apostolique sur des fondements inébranlables, en donnant à son autorité la plénitude et les bornes que les canons de l'Église elle-même lui ont données. Il a des adversaires, et il n'a point d'ennemis ; il combat les ennemis de l'Église romaine, et il conquiert l'estime des protestants eux-mêmes ; simple évêque de l'une des églises les plus obscures de la catholicité, il est le conseil de l'Église tout entière. Sa vie publique offre le plus grand et le plus noble caractère, et sa vie privée, la facilité des mœurs les plus simples et les plus modestes. Après avoir été le grand homme d'un grand siècle, il prévoit et il dénonce les malheurs du siècle qui doit le suivre. Tant qu'il lui reste un souffle de vie, il est l'appui et le vengeur de la religion pour laquelle il a combattu cinquante ans. Mais il voit les orages et les tempêtes se former ; ses derniers jours sont troublés par la prévoyance d'un avenir menaçant ; et il fixe, en mourant, ses tristes regards sur cette Église gallicane dont il fut la gloire et l'oracle. »

BEAUSSET.

FRAGILITÉ DE LA GRANDEUR.

J'entends quelqu'un qui me dit qu'il se moque de tous les titres chimériques ; que pour lui il appuie sa famille sur des fondements plus certains, sur des charges puissantes et sur des richesses immenses qui soutiendront éternellement la fortune de sa maison. Écoute, ô homme sage, homme prévoyant, qui étends si loin aux siècles futurs les précautions de ta prudence, voici Dieu qui te va parler, et qui va confondre tes vaines pensées, sous la figure d'un arbre, par la bouche de son prophète Ézéchiel. « Assur, dit ce prophète, s'est élevé comme un grand arbre, comme les cèdres du Liban ; le ciel l'a nourri de sa rosée, la terre l'a engraissé de sa substance ; les puissances l'ont comblé de leurs bienfaits, et il suçoit le sang de son peuple. » C'est pourquoi il s'est élevé, superbe en sa hauteur, beau en sa verdure, étendu en ses branches, fertile en ses rejetons. « Les oiseaux faisoient leurs nids sur ses branches : » les familles de ses domestiques ; « les peuples se mettoient à couvert sous son ombre : » un grand nombre de créatures attachées à sa fortune. « Ni les cèdres ni les pins ne l'égaloient pas, et les arbres les plus hauts du jardin portoient envie à sa grandeur. »

Voilà une grande fortune, un siècle n'en voit pas deux de semblables ; mais voyez sa ruine et sa décadence. « Parce qu'il s'est élevé superbement, et qu'il a porté son faîte jusques aux nues, et que son cœur s'est enflé dans sa hauteur, » pour cela, dit le Seigneur, je le couperai par la racine, je l'abattrai d'un grand coup, et je le porterai par terre ; il viendra une disgrâce, et il ne pourra plus se soutenir, il tombera d'une grande chute ; on le verra tout de son long sur une montagne, fardeau inutile de la terre. « Tous ceux qui se reposoient sous son ombre se retireront de lui ; » de peur d'être accablés sous sa ruine. Ou s'il se soutient durant sa vie, il mourra au milieu de ses grands desseins, et laissera à des mineurs des affaires embrouillées qui ruineront sa famille ; ou Dieu frappera sur son fils unique, et le fruit de son travail passera en d'autres mains ; ou il lui fera succéder un dissipateur, qui, se trouvant tout d'un coup dans de si grands biens dont l'amas ne lui a coûté aucune peine, se jouera des sueurs d'un père insensé qui se sera damné pour le laisser riche ; et devant la troisième génération, le mauvais ménage, les dettes auront consumé tous ses héritages. « Les branches de ce grand arbre se trouveront dans toutes les vallées ; » je veux dire ces terres et ces seigneuries qu'il avoit ramassées avec tant de soin se partageront en mille mains ; et tous ceux qui verront ce grand changement, diront en haussant les épaules et regardant avec étonnement les restes de cette fortune délabrée : « Est-ce là que devoit aboutir toute cette pompe et cette grandeur formidable ? est-ce là ce grand fleuve qui devoit inonder toute la terre ? je ne vois plus qu'un peu d'écume. » Ne le voyons-nous pas tous les jours ?

O homme, que penses-tu faire ? pourquoi travailles-tu vainement sans savoir pour qui ?... Regarde qu'il n'y a rien d'assuré pour toi, non pas même un tombeau pour y graver dessus tes titres superbes, les seuls restes de ta grandeur abattue : l'avarice de tes héritiers le refusera à ta mémoire, tant on pensera peu à toi après ta mort ! Ce qu'il y aura d'assuré, ce sera la peine de tes rapines, la vengeance éternelle de tes concussions et de ton ambition désordonnée. O les beaux restes de ta grandeur ! ô les belles suites de ta fortune ! O folie ! ô illusion ! ô étrange aveuglement des enfants des hommes !

LA PROVIDENCE.

Que je méprise ces philosophes qui, mesurant les conseils de Dieu à leurs pensées, ne le font auteur que d'un certain ordre général, d'où le reste se développe comme il peut! comme s'il avoit, à notre manière, des vues générales et confuses, et comme si la souveraine intelligence pouvoit ne pas comprendre dans ses desseins les choses particulières qui seules subsistent véritablement! N'en doutons pas, Dieu a préparé dans son conseil éternel les premières familles qui sont la source des nations, et dans toutes les nations, les qualités dominantes qui devoient en faire la fortune. Il a aussi ordonné dans les nations les familles particulières dont elles sont composées, mais principalement celles qui devoient gouverner ces nations, et en particulier, dans ces familles, tous les hommes par lesquels elles devoient ou s'élever, ou se soutenir, ou s'abattre : jusqu'à quel degré, et jusqu'à quel temps? il le sait, et nous l'ignorons.

Ce long enchaînement des causes particulières qui font et défont les empires, dépend des ordres secrets de la divine Providence. Dieu tient, du plus haut des cieux, les rênes de tous les royaumes; il a tous les cœurs en sa main; tantôt il retient les passions, tantôt il leur lâche la bride, et par là il remue tout le genre humain. Veut-il faire des conquérants? il fait marcher l'épouvante devant eux, et il inspire à eux et à leurs soldats une hardiesse invincible. Veut-il faire des législateurs? il leur envoie son esprit de sagesse et de prévoyance; il leur fait prévenir les maux qui menacent les états, et poser les fondements de la tranquillité publique. Il connoît la sagesse humaine, toujours courte par quelque endroit : il l'éclaire, il étend ses vues, et puis il l'abandonne à ses ignorances : il l'aveugle, il la précipite, il la confond par elle-même, elle s'enveloppe, elle s'embarrasse dans ses propres subtilités, et ses précautions lui sont un piége. Dieu exerce par ce moyen ses redoutables jugements selon les règles de sa justice toujours infaillible. C'est lui qui prépare les effets dans les causes les plus éloignées, et qui frappe ces grands coups dont le contre-coup porte si loin.

LA MAJESTÉ ROYALE.

Je n'appelle pas majesté cette pompe qui environne les rois, ou cet éclat extérieur qui éblouit le vulgaire : c'est le rejaillissement de la majesté, et non la majesté elle-même. La majesté est l'image de la grandeur de Dieu dans le prince. Le prince, en tant que prince, n'est pas regardé comme un homme particulier; c'est un personnage public; tout l'état est en lui; la volonté de tout le peuple est renfermée dans la sienne. Quelle grandeur, qu'un seul homme en contienne tant! La puissance de Dieu se fait sentir, en un instant, de l'extrémité du monde à l'autre. La puissance royale agit en même temps dans tout le royaume; elle tient tout le royaume en état, comme Dieu y tient tout le monde. Que Dieu retire sa main, le monde retombera dans le néant. Que l'autorité cesse dans le royaume, tout sera en confusion. Ramassez tout ce qu'il y a de grand et d'auguste; voyez un peuple immense réuni en une seule personne; voyez cette puissance sacrée, paternelle et absolue; voyez la raison secrète qui gouverne tout le corps de l'État, renfermée dans une seule tête; vous voyez l'image de Dieu, et vous avez l'idée de la majesté royale. Oui, Dieu l'a dit : Vous êtes des dieux; mais, ô dieux de chair et de sang! ô dieux de boue et de poussière! vous mourrez comme des hommes. O rois! exercez donc hardiment votre puissance, car elle est divine et salutaire au genre humain; mais exercez-la avec humilité, car elle vous est appliquée par le dehors; au fond, elle vous laisse faibles, elle vous laisse mortels et elle vous charge devant Dieu d'un plus grand compte.

LA FRANCE SOUS LE RÈGNE DE LA FRONDE.

Que vois-je durant ce temps? quel trouble, quel affreux spectacle se présente ici à mes yeux? La monarchie ébranlée jusqu'aux fondements; la guerre civile, la guerre étrangère, a lieu au dedans et au dehors; les remèdes de tous côtés plus dangereux que les maux; les princes arrêtés avec grand péril, et délivrés avec un péril plus grand encore; ce prince que l'on regardoit comme le héros de son siècle, rendu inutile à sa patrie dont il avoit été le soutien, et ensuite, je ne sais comment, contre sa propre inclination, armé contre elle; un ministre persécuté et devenu nécessaire, non-seulement par l'importance de ses services, mais encore par les malheurs où l'autorité souveraine étoit engagée. Que dirai-je? étoient-ce là de ces tempêtes par où le Ciel a besoin de se décharger quelquefois? Et le calme profond de nos jours devoit-il être précédé par de tels orages? ou bien étoient-ce les derniers efforts d'une liberté remuante qui avoit cédé la place à l'autorité de Louis? Non, non, c'est Dieu qui vouloit montrer qu'il donne la mort, et qu'il ressuscite; qu'il plonge jusqu'aux enfers, et qu'il en retire; qu'il secoue la terre et la brise, et qu'il guérit en un instant toutes ses brisures.

JEAN CLAUDE.

DESTRUCTION DE JÉRUSALEM.

La destruction de Jérusalem et la désolation des Juifs furent l'œuvre de Dieu; et les Romains, dans cette sanglante expédition, ne furent que les instruments de sa vengeance : ce n'étoient ni Vespasien ni Tite qui les conduisoient, mais c'étoit Dieu lui-même qui étoit leur chef et leur empereur invisible; il présidoit dans leurs conseils, il y régloit les avis par les lumières de sa sagesse, il y aplanissoit les difficultés, il y formoit les résolutions, et après les avoir formées, il les faisoit heureusement réussir ; en sa qualité de Dieu des batailles, il ordonnoit tout parmi eux, il exécutoit tout, il animoit leurs courages, il leur inspiroit la fureur, il relevoit le cœur des timides, il fortifioit leurs bras, il soutenoit leurs épées, il dressoit lui-même leurs machines, il aiguisoit la pointe de leurs javelots; sa providence étoit partout, remplissant leurs rangs, commandant leurs bataillons, portant leurs grandes aigles, marchant à leur tête, et couvrant leurs corps de son bouclier ; il faisoit tomber devant eux les murailles des villes, il renversoit les forteresses, il disposoit des victoires en leur faveur; l'horreur et l'effroi marchoient devant lui ; la mort accompagnoit ses pas; le sang couloit de toute part sous l'épée de sa justice ; il désoloit tout, il consumoit tout. Alors il ne falloit plus dire que *les vents sont ses anges, et les flammes ses ministres,* car il étoit lui-même et son ange et son ministre, et ses vents et ses flammes de feu.

Jean Claude, ministre de l'Église réformée, est célèbre par les controverses qu'il soutint contre Bossuet et contre Arnaud. Ses écrits, qui sont en grand nombre, témoignent une grande facilité d'élocution et une grande force de raisonnement. On pourrait y désirer plus de chaleur et d'onction ; l'auteur, uniquement occupé de combattre ses adversaires, semble dédaigner le soin de les persuader.

Claude, né en 1619, dans l'Agénois, mourut en 1687, à La Haye, où la révocation de l'édit de Nantes l'avait forcé de se retirer.

BOURDALOUE.

DU SALUT.

On parle du salut comme d'une affaire souverainement importante, et on a raison d'en parler de la sorte. Mais c'est trop peu dire : il faut ajouter que c'est une affaire absolument nécessaire : et ce fut l'idée que le Sauveur des hommes en voulut donner à Marthe, dans cette grande leçon qu'il lui fit : « Marthe, vous vous inquiétez et vous vous embarrassez de bien des choses; mais une seule est nécessaire. »

Ce n'est donc point seulement une affaire d'une importance extrême, que le salut; mais une affaire d'une absolue nécessité. Entre l'un et l'autre la différence est essentielle. Qu'on me fasse entendre qu'une affaire m'est importante, et très-importante, je conçois précisément par là que je perdrai beaucoup en la perdant, sans qu'il s'ensuive néanmoins que dès lors tout sera perdu pour moi, et qu'il ne me restera plus rien. Mais que ce soit une affaire absolument nécessaire, et seule nécessaire, je conclus et je dois conclure que si je venois à la perdre, tout me seroit enlevé, et que ma perte seroit entière et sans ressource. Or, tel est le salut.

Affaire nécessaire, et seule nécessaire : nécessaire, puisque je ne puis me passer du salut; seule nécessaire, puisque, hors le salut, il n'y a rien dont je ne puisse me passer. Je dis nécessaire, puisque je ne puis me passer du salut : car c'est dans le salut que Dieu a renfermé toutes mes espérances, en me le proposant comme fin dernière; et c'est de là que dépend mon bonheur pendant toute l'éternité. Je dis seule nécessaire, puisqu'il n'y a rien, hors le salut, dont je ne me puisse passer : car je puis me passer de tout ce que je vois dans le monde; je puis me passer des richesses du monde; je puis me passer des honneurs et des grandeurs du monde; je puis me passer des aises et des récréations du monde. Tout cela, il est vrai, ou une partie de tout cela, peut m'être utile, par rapport à la vie présente, suivant l'état et la condition où je me trouve; mais enfin je puis me passer de cette vie présente et mortelle, et il faudra bien, tôt ou tard, que je la perde. Par conséquent je n'ai de fonds à faire que sur le salut : c'est là que je dois tendre incessamment, uniquement, nécessairement; à moins que, par un affreux désespoir, je ne consente à être immanquablement, pleinement, éternellement malheureux.

Terrible alternative! ou un malheur éternel, qui est la damnation; ou une éternelle béatitude, qui est le salut! Voilà sur quoi je suis obligé de me déterminer, sans qu'il y ait aucun tempérament à prendre.

Bourdaloue, né à Bourges, en 1632, fut membre de la société de Jésus. Le succès qu'obtinrent en province ses prédications le fit appeler à Paris, dans le cours de l'année 1669. Il y réussit tellement, que madame de Sévigné écrivit à sa fille qu'elle n'avait jamais rien entendu de plus beau, de plus noble que les sermons du père Bourdaloue. Il prêcha l'*avent* devant Louis XIV, en 1670, et le *carême* en 1672. Le roi fut tellement satisfait de son éloquence, qu'il le redemanda durant plusieurs années; c'est ce qui fit que Bourdaloue parut jusqu'à dix fois en chaire devant la cour, honneur que n'avait obtenu avant lui aucun prédicateur.

Bourdaloue possède deux mérites qui lui sont particuliers : l'*instruction* et la *pensée*; mais quelquefois, surtout dans ses panégyriques, il s'écarte trop de son sujet pour se livrer à des digressions morales. Il manque aussi de mouvements passionnés, de nombre, de grâce et de cette poésie d'expression qui est si vive dans Bossuet. Voici ce qu'a dit de lui Thomas dans son *Essai sur les éloges;* l'avis de cet écrivain vient confirmer nos paroles :

« On peut reprocher à Bourdaloue de n'avoir pas assez imité la manière de Bossuet. Bourdaloue prouve méthodiquement la grandeur de son héros, tandis que l'âme enflammée de Bossuet la fait sentir; l'un se traîne, et l'autre s'élance. Toutes les expressions de l'un sont des tableaux; l'autre, sans coloris, donne trop peu d'éclat à ses idées. Son génie austère, et dépourvu de sensibilité comme d'imagination, étoit trop accoutumé à la marche didactique et forte du raisonnement pour en changer; et il ne pouvoit répandre sur une oraison funèbre cette demi-teinte de poésie, qui, ménagée avec goût, et soutenue par d'autres beautés, donne plus de saillie à l'éloquence. »

Bourdaloue, cependant, montre souvent du nerf, de la précision, et une profondeur égale à l'élévation de Bossuet. On peut dire de lui qu'il débrouilla la chaire comme Corneille le théâtre, et que nulle part le christianisme ne paraît plus grand aux yeux de la raison que dans ses écrits. Enfin

Bourdaloue doit être regardé, malgré ses défauts, comme un beau modèle pour les orateurs chrétiens.

Il mourut en 1704, laissant quatorze volumes qui furent mis au jour, en 1707, par le père Bretonneau. Depuis cette époque, les œuvres de Bourdaloue ont été réimprimées un grand nombre de fois.

DE LA MÉDISANCE.

Je sais combien la calomnie, je dis la calomnie délibérée et préméditée, nous paroit odieuse; et je ne puis ignorer que pour peu qu'on ait de droiture d'âme et de probité, on ne voudroit pas imaginer des titres d'accusation contre le prochain, ni lui attribuer de pures fictions comme des faits réels et comme des vérités. Ce n'est pas que nous n'en ayons vu de nos jours, et que nous n'en voyions encore des exemples en certaines rencontres et sur certains sujets. Il n'y a rien qu'un faux zèle de religion n'ait employé et qu'il n'emploie pour décréditer, non point seulement quelques particuliers, mais des sociétés entières qui s'opposent à ses progrès. Les plus évidentes suppositions ne lui coûtent plus alors à soutenir, et lui semblent suffisamment justifiées dès-là qu'elles peuvent servir à ses desseins et favoriser ses entreprises. Cependant, chrétiens, je veux bien reconnoître que la médisance ne va pas toujours jusques là, et que ce sont des excès dont nous avons naturellement horreur. Mais voici en même temps ce que j'ose avancer, et de quoi le seul usage du monde doit pleinement nous convaincre; c'est qu'il n'y a guère de médisances où la vérité même, outre la justice et la charité, ne soit au moins blessée en quelque manière, où elle ne soit au moins altérée, déguisée, diminuée. Combien d'histoires se racontent dans les entretiens, comme des choses certaines et avérées, et ne sont néanmoins que de faux bruits et de simples imaginations! On les croit comme on les entend, et on les répète de même; elles deviennent communes par une démangeaison extrême qu'on a de les publier, et d'en informer toutes les personnes à qui elles ne sont point encore parvenues. S'il étoit question de les vérifier, quelle preuve en pourroit-on produire? point d'autre que le récit qu'on nous en a fait à nous-mêmes, récit aussi mal fondé que la croyance que nous y avons donnée. Mais tout s'éclaircit enfin avec le temps, et l'on a la confusion d'apercevoir l'erreur dont on s'étoit laissé prévenir et dont on a prévenu les autres. « Je le pensois ainsi, dit-on, et j'en avois ouï parler de la sorte. » Belle et solide excuse! Comme si c'étoit une raison suffisante pour former votre jugement et pour l'appuyer, que quelques rapports vagues et sans autorité; comme si vous ne deviez pas savoir qu'il n'est rien de plus incertain ni de plus trompeur; comme si la sagesse ne demandoit point d'autre examen, lorsqu'il s'agit de flétrir votre frère et de l'outrager! Ce qu'il y a de plus étrange, c'est que des gens, après y avoir été trompés cent fois, n'en sont, dans la suite, ni plus réservés, ni plus circonspects, et qu'on les trouve toujours également disposés à recevoir tous les mauvais discours qu'on leur tient, et à les répandre.

Accordons-leur néanmoins qu'ils ne disent rien qui, dans le fond, ne soit vrai; mais ce fond qui peut être véritable, combien l'exagère-t-on? Quelles circonstances y ajoute-t-on? Sous quelles couleurs empruntées le représente-t-on? De quels prétendus embellissements l'orne-t-on? On fait là-dessus mille raisonnements, on en tire des conséquences, on en veut pénétrer les motifs, les vues, les intentions, les principes les plus secrets; tout cela autant de fantômes qu'on se figure, et autant d'idées vaines et chimériques où l'esprit s'égare et se perd. Or n'est-ce pas là ce qui arrive presque sans cesse, dans ces conversations où l'on met si volontiers en jeu le prochain? et n'est-ce pas ainsi que, sans vouloir être calomniateur, et sans croire l'être, on l'est toutefois, sinon absolument, du moins en partie, et sur des points très-essentiels?

Voici comment Massillon a traité le même sujet :

« La médisance est un feu dévorant qui flétrit tout ce qu'il touche, qui exerce sa fureur sur le bon grain comme sur la paille, sur le profane comme sur le sacré; qui ne laisse, partout où il a passé, que la ruine et la désolation; qui creuse jusque dans les entrailles de la terre, et va s'attacher aux choses les plus cachées; qui change en de viles cendres ce qui nous avoit paru, il n'y a qu'un moment, si précieux et si brillant; qui, dans le temps même qu'il paroît couvert et presque éteint, agit avec plus de violence et de danger que jamais; qui noircit ce qu'il ne peut consumer, et qui sait plaire et briller quelquefois avant que de nuire.

» La médisance est un orgueil secret qui nous découvre la paille dans l'œil de notre frère, et nous cache la poutre qui est dans le nôtre; une envie basse, qui, blessée des talents ou de la prospérité d'autrui, en fait le sujet de sa censure, et s'étudie à obscurcir l'éclat de tout ce qui l'efface ; une haine déguisée, qui répand sur ses paroles l'amertume cachée dans le cœur ; une duplicité indigne, qui loue en face et déchire en secret ; une légèreté honteuse, qui ne sait pas se vaincre et se retenir sur un mot, et qui sacrifie souvent sa fortune et son repos à l'imprudence d'une censure qui sait plaire ; une barbarie de sang-froid, qui va percer notre frère absent ; un scandale pour ceux qui nous écoutent ; une injustice où vous ravissez à votre frère ce qu'il a de plus cher.

» La médisance est un mal inquiet qui trouble la société, qui jette la dissension dans les cités, qui désunit les amitiés les plus étroites, qui est la source des haines et des vengeances, qui remplit tous les lieux où elle entre de désordres et de confusion ; partout ennemie de la paix, de la douceur et de la politesse. Enfin, c'est une source pleine d'un venin mortel ; tout ce qui en part est infecté, et infecte tout ce qui l'environne ; ses louanges même sont empoisonnées, ses applaudissements malins, son silence criminel ; ses gestes, ses mouvements, ses regards, tout a son poison et le répand à sa manière. »

L'AMBITIEUX.

Qu'est-ce qu'un ambitieux ? c'est un homme rempli de lui-même, qui se flatte de pouvoir soutenir tout ce qu'il croit le pouvoir élever ; qui, selon les différents états où il est engagé, présume avoir assez de force pour se charger des soins les plus importants, assez de lumières pour conduire les affaires les plus délicates, assez d'intégrité pour juger des intérêts publics, assez de zèle et de perfection pour gouverner l'Église, assez de génie et de politique pour entrer, s'il y étoit appelé, dans le conseil des rois ; qui ne voit point de fonction au-dessus de lui, point de récompense qui ne lui soit due, point de faveur qu'il ne mérite ; en un mot, qui ne renonce à rien, ni ne s'exclut de rien.

Demandez-lui si dans cette charge dont l'éclat l'éblouit il pourra s'acquitter de tous les devoirs qui y sont attachés ; s'il aura toute la pénétration d'esprit, toute la droiture de cœur, toute l'assiduité nécessaire ; c'est-à-dire s'il sera assez éclairé pour faire le juste discernement du bon droit et de l'innocence ; s'il sera assez inflexible pour ne rien accorder au crédit contre l'équité et la justice ; s'il sera assez laborieux pour fournir à tous les soins et à toutes les affaires qui se présenteront ; s'il aura l'âme assez grande pour s'élever au-dessus du respect humain, au-dessus de la louange et de la censure ; faisant ce qu'il verra devoir être blâmé, et ne faisant pas ce qu'il verra devoir être approuvé, quand sa conscience lui dictera d'en user de la sorte ; si, après s'être défendu des autres, il pourra se défendre de soi-même, n'ayant point d'égards à ses avantages particuliers, ne profanant point sa dignité par des intérêts sordides et mercenaires, n'employant point l'autorité comme un bien dont il est le maître, mais la ménageant comme un dépôt dont il est responsable, et n'envisageant ce qu'il peut, que pour satisfaire à ce qu'il doit. Proposez-lui tout cela ; et après lui en avoir fait comprendre la difficulté extrême, interrogez-le pour savoir s'il pourra tout cela, et s'il le voudra. Comme il se promet tout de lui-même, il vous répondra sans hésiter : « Oui, je le puis, et je le ferai. » Mais moi je conclus de là même qu'il ne le fera pas : pourquoi ? parce que sa seule présomption est un obstacle à le faire, et encore plus à le bien faire.....

N'est-il pas étrange qu'un ambitieux se croie capable des plus grandes choses, sans s'être auparavant éprouvé, et sans avoir fait aucun essai de son esprit, de ses talents, de son naturel ? Or, il n'est rien de plus commun que ce désordre. Car où trouver aujourd'hui de ces prétendants aux honneurs du siècle, qui, avant que de faire les recherches où les engage leur ambition, aient soin de rentrer en eux-mêmes pour se connoître, et qui, dans la vue de leur condition future, se forment de bonne heure à ce qu'ils doivent être un jour, ou à ce qu'ils veulent devenir ? C'est assez qu'on ait de quoi acheter cette charge, pour croire qu'on est en état de la posséder et de l'exercer ; c'est assez qu'il soit de l'intérêt d'une famille de tenir un tel rang, pour ne pas douter que l'on n'y soit propre.

Massillon a également traité ce sujet. Il nous a paru curieux de rapprocher ses idées de celles de Bourdaloue. Voici ce que dit Massillon :

« L'ambition, ce désir insatiable de s'élever au-dessus et sur les ruines même des autres ; ce ver qui pique le cœur et ne le laisse jamais tranquille ; cette passion qui est le grand ressort des intrigues et de toutes les agitations des cours, qui forme les révolutions des États, et qui donne tous les jours à l'univers de nouveaux spectacles ; cette passion qui ose tout, et à laquelle rien ne coûte, rend malheureux celui qui en est possédé.

» L'ambitieux ne jouit de rien : ni de sa gloire, il la trouve obscure ; ni de ses places, il veut monter plus haut ; ni de sa prospérité, il sèche et dépérit au milieu de son abondance ; ni des hommages qu'on lui rend, ils sont empoisonnés par ceux qu'il est obligé de rendre lui-même ; ni de sa faveur, elle devient amère dès qu'il faut la partager avec ses concurrents ; ni de son repos, il est malheureux à mesure qu'il est obligé d'être plus tranquille : c'est un Aman, l'objet souvent des désirs et de l'envie publique, et qu'un seul honneur refusé à son excessive autorité rend insupportable à lui-même.

» L'ambition rend donc l'homme malheureux ; mais de plus elle l'avilit et le dégrade. Que de bassesses pour parvenir ! Il faut paraître, non pas tel qu'on est, mais tel qu'on nous souhaite. Bassesse d'adulation ; on encense et on adore l'idole qu'on méprise : bassesse de lâcheté : il faut savoir essuyer des dégoûts, dévorer des rebuts, et les recevoir presque comme des grâces ; bassesse de dissimulation : point de sentiments à soi, et ne penser que d'après les autres ; bassesse de dérèglement : devenir les complices et peut-être les ministres des passions de ceux de qui nous dépendons, et entrer en part de leurs désordres pour participer plus sûrement à leurs grâces ; enfin, bassesse même d'hypocrisie : emprunter quelquefois les apparences de la piété, jouer l'homme de bien pour parvenir, et faire servir à l'ambition la religion qui la condamne. Ce n'est point là une peinture imaginaire : ce sont des mœurs de cour, et l'histoire de la plupart de ceux qui y vivent. »

FLÉCHIER.

SERMON.

Quand on auroit autant de vie qu'on en souhaite, quand tous les desseins réussiroient selon les vœux qu'on a faits, croyez-vous qu'on suivît vivement la résolution qu'on auroit prise, et qu'on ne travaillât et qu'on ne pensât plus qu'à la pénitence qu'il faut faire? Hélas! ce repos, ces retraites, ces conversions prétendues ne sont souvent que des espérances de mensonge. Où voit-on qu'après une longue suite de désirs mondains, on vienne si aisément à la paix du cœur et à la tranquillité chrétienne? L'ambition se resserrera, mais elle ne se perdra pas. On n'aura pas les mêmes desseins, mais on aura les mêmes inquiétudes et les mêmes empressements; on n'aura plus de grandes espérances, on se retranchera sur les petites; on sera aussi vif et aussi sensible sur de petits intérêts de famille, qu'on l'aura été sur les grands. Toute la différence qu'il y aura, c'est qu'on ne croira plus avoir de passions, parce qu'on n'en aura que de médiocres, et qu'au lieu que dans les grandes agitations du monde on s'imaginoit au moins qu'on feroit un jour pénitence, on se persuadera qu'on est devenu assez homme de bien, et qu'on n'a pas besoin de la faire. Où voit-on des retraites du monde bien sincères? Le chagrin, la vanité, la bienséance font une partie des conversions qu'on voit aujourd'hui; car on s'est fait un art de se retirer à propos quand le crédit commence à diminuer, et qu'on cesse d'être à la mode; quand, par les disgrâces de la fortune, ou par sa mauvaise conduite, on s'est mis en état de ne pouvoir plus soutenir sa qualité; quand on est rebuté d'une vie souvent fâcheuse par ses accidents, et souvent même laborieuse dans ses plaisirs. Alors on commence à penser que tout ne convient pas à tout temps ni à tout état, que le luxe et les passions ont leurs bornes; qu'il y a un âge à donner à la modestie; qu'il faut affecter d'être sage, de peur de passer pour ridicule. On s'éloigne du monde parce que le monde commence lui-même à s'éloigner; on cherche à se venger du mépris que les autres font de soi, par le mépris qu'on fait semblant d'avoir pour les autres; on se défait de certains défauts, pour avoir droit de critiquer ceux qui les ont; on se jette dans des partis de dévotion, pour se consoler en quelque façon de n'être plus propre pour les intrigues du monde; on se fait un mérite de cette espèce de nécessité, comme si c'étoit désir de réforme, et non pas une règle de bienséance; et, changeant de manières sans changer de cœur ni d'inclinations, après avoir eu la vanité de suivre le monde, on veut encore avoir la vanité de le quitter. Voilà les exemples qu'on se propose; voilà les espérances, voilà les ressources imaginaires de dévotion qu'on se fait.

On a souvent comparé Fléchier avec Bossuet : je ne sais s'ils furent rivaux dans leur siècle, mais aujourd'hui ils ne le sont pas. Fléchier possède bien plus l'art et le mécanisme de l'éloquence qu'il n'en a le génie. Il ne s'abandonne jamais : il n'a aucun de ces mouvements qui annoncent que l'orateur s'oublie et prend parti dans ce qu'il raconte. Son défaut est de toujours écrire et de ne jamais parler. Je le vois qui arrange méthodiquement une phrase et en arrondit les sons. Il marche ensuite à une autre, il y applique le compas; et de là à une troisième. On remarque et l'on sent tous les repos de son imagination; au lieu que les discours de son rival, et peut-être tous les grands ouvrages d'éloquence, sont, ou paraissent du moins, comme ces statues de bronze que l'artiste a fondues d'un seul jet.

Après avoir vu les défauts de cet orateur, rendons justice à ses beautés. Son style, qui n'est jamais impétueux et chaud, est du moins toujours élégant. Au défaut de la force il a la correction et la grâce. S'il lui manque de ces expressions originales, et dont quelquefois une seule représente une masse d'idées, il a ce coloris toujours égal qui donne de la valeur aux petites choses, et qui ne dépare point les grandes. Il n'étonne presque jamais l'imagination, mais il la fixe. Il emprunte quelquefois de la poésie, comme Bossuet, mais il emprunte plus d'images, et Bossuet plus de mouvements. Ses idées ont rarement de la hauteur, mais elles sont toujours justes, et quelquefois ont cette finesse qui réveille l'esprit, et l'exerce sans le fatiguer. Il paraît avoir une connaissance profonde des hommes; partout il les juge en philosophe, et les peint en orateur. Enfin, il a le mérite de la double harmonie, soit de celle qui, par le mélange et l'heureux enchaînement des mots, n'est destinée qu'à flatter et à séduire l'oreille, soit de celle qui saisit l'analogie des nombres avec le caractère des idées, et qui, par la douceur et la force, la lenteur ou la rapidité des sons, peint à l'oreille en même temps que l'image peint à l'esprit.

En général, l'éloquence de Fléchier paraît être formée de l'harmonie et de l'art d'Isocrate, de la tournure ingénieuse de Pline, de la brillante imagination d'un poète, et d'une certaine lenteur imposante qui ne messied peut-être pas à la gravité de la chaire, et qui était assortie à l'organe de l'orateur.

THOMAS.

HUMANITÉ DE FLÉCHIER.

La charité qu'il exerçait envers la partie de son troupeau séparée de l'Église, se faisait encore plus sentir à celle qui, dans le sein de l'Église même, avait besoin de son indulgence et de ses secours. Une malheureuse fille, que des parents barbares avaient contrainte à se faire religieuse, avait eu le malheur de se permettre un sentiment que lui interdisait son état. Fléchier apprit que sa supérieure l'en avait punie de la manière la plus cruelle, en la faisant enfermer dans un cachot, où, couchée sur un peu de paille, réduite à un peu de pain qu'on lui donnait à peine, elle attendait et invoquait la mort, comme le terme de ses maux. L'évêque de Nîmes se transporta dans le couvent, et, après beaucoup de résistance, se fit ouvrir la porte du séjour affreux où cette infortunée se consumait dans le désespoir. Dès qu'elle aperçut son pasteur, elle lui tendit les bras, comme à un libérateur que daignait lui envoyer la miséricorde divine. Le prélat, jetant sur la supérieure un regard d'horreur et d'indignation : « Je devrais, lui dit-il, si je n'écoutais que la justice humaine, vous faire mettre à la place de cette malheureuse victime de votre barbarie ; mais le Dieu de clémence dont je suis le ministre, m'ordonne d'user, même envers vous, de l'indulgence que vous n'avez pas eue pour elle. Allez, et pour votre unique pénitence, lisez tous les jours dans l'Évangile le chapitre de la femme adultère. » Il fit aussitôt tirer la religieuse de cette horrible demeure, ordonna qu'on eût d'elle les plus grands soins, et veilla sévèrement à ce que ses ordres fussent exécutés. Mais ces ordres charitables, qui l'avaient arrachée à ses bourreaux, ne purent la rendre à la vie ; elle mourut après quelques mois de langueur, en bénissant le nom de son vertueux évêque, et en espérant de la bonté suprême le pardon que lui avait refusé la cruauté monastique.

D'ALEMBERT.

HUMILITÉ DANS LA VICTOIRE.

Il est difficile d'être victorieux et d'être humble tout ensemble ! Les prospérités militaires laissent dans l'âme je ne sais quel plaisir enivrant qui l'occupe et la remplit tout entière. On s'attribue une supériorité de puissance et de force ; on se couronne de ses propres mains ; on se dresse un triomphe secret à soi-même ; on regarde comme son propre bien ces lauriers qu'on cueille avec peine, et qu'on arrose souvent de son sang ; et lors même que l'on rend à Dieu de solennelles actions de grâces, et qu'on pend aux voûtes sacrées de ses temples des drapeaux déchirés et sanglants qu'on a pris sur les ennemis, qu'il est dangereux que la vanité n'étouffe une partie de la reconnaissance ! qu'on ne mêle aux hommages qu'on rend au Seigneur des applaudissements qu'on croit devoir à soi-même, et qu'on ne retienne au moins quelques grains de cet encens qu'on va brûler sur ses autels !

SUR LA MÉDISANCE.

L'envie est une passion désordonnée qui ne peut souffrir ni grâce ni vertu dans les âmes ; il n'y a point d'autorité, point de réputation, point de bonheur qu'elle n'étouffât, si elle pouvait, dès leur naissance ; comme elle n'a pas toujours la force en main, elle s'aide de tous les artifices de la langue : soit qu'elle cherche à détruire un crédit qui lui fait ombrage, à ternir une gloire qui brille un peu trop à son gré, à ruiner une fortune dont les débris peuvent servir à grossir la sienne, à décrier une probité qui lui fait obstacle dans ses prétentions, quoique injustes ; soit qu'elle veuille exhaler le chagrin que lui donne un mérite étranger ; le moyen ordinaire et le ressort presque universel dont elle se sert, c'est la médisance et la calomnie ; ce sont les préventions qu'elle donne, ce sont les pièges qu'elle tend, ce sont les coups qu'elle frappe contre l'honneur et le repos de ses rivaux.

Quelle joie secrète pour un ambitieux, d'entendre les mauvais discours qu'on tient de ceux dont il voudroit occuper la place! Quel triomphe pour une femme qui veut être la seule idole dans sa contrée, d'ouïr déchirer celles qui lui disputent la préférence de l'esprit et de la beauté! Quel plaisir même pour des dévots, qui, par crainte ou par bienséance, n'osent médire des personnes qu'ils n'aiment pas, de les entendre décrier, sans hasarder de se décrier eux-mêmes, et cacher, sous une feinte modestie, la maligne joie qu'ils ont de ce que le monde les humilie!

DE LA RUE.

DE LA VENGEANCE.

Grands du siècle, grands du siècle encore un coup; et sous ce titre prenez garde, mes frères, que je n'entends pas seulement les grands du monde, les rois, les princes, les souverains, mais un père et une mère dans sa famille, un magistrat dans son barreau, un juge dans sa ville, un seigneur dans sa terre, quelque petite qu'en soit l'étendue, quelques personnes que ce soient d'un rang supérieur aux autres, jusque dans les conditions les moins relevées; maîtres du siècle, si jaloux de votre autorité, et si ardents à la défendre; si sensibles aux moindres outrages, et si durs aux plaintes qu'on vous fait; si prompts à la vengeance, et si lents à pardonner; ce sont vos propres sentiments que je consulte, c'est à vous-mêmes que j'en appelle. A quoi vous porte tous les jours dans le monde une légère insulte reçue, un défaut de respect, un outrage de rien? De là quelles inimitiés, quels emportements, quels éclats de colère? On se ruine en procès, on se déchire par des calomnies, l'enfant lève la main sur son père, le mari abandonne sa femme, et le frère même va plonger le poignard jusque dans le sein de son frère. Vous êtes maître, dites-vous, vous voulez être obéi et respecté : je souscris à votre raison; mais au fond, dans les choses dont vous êtes le plus touché, dans ce qui vous pique le plus vivement, quel sujet avez-vous de vouloir ainsi vous venger? de quoi s'agit-il? d'un droit souvent douteux, et purement arbitraire, fondé tout au plus sur la naissance ou la fortune, et rarement sur le mérite; d'un frivole point d'honneur; d'une légère contestation; enfin quand on vient à l'examiner, on trouve qu'il y a peu de différence entre l'agresseur et l'offensé.

Vers de terre que nous sommes! cendre et poussière! viles créatures! il nous sied bien d'être si sensibles aux moindres injures, et de nous soulever pour un regard, pour une parole; tandis qu'on ne compte pour rien d'insulter au maître souverain de l'univers, qui a tout pouvoir et qui ne s'en venge pas; d'attenter à ses droits si sacrés et si légitimes, si justes et si incontestables, si nécessaires et si essentiels.

Charles De la Rue, né à Paris, en 1643, mourut au collége Louis le Grand, le 25 mai 1727. Élève des jésuites, il se distingua d'abord par de bonnes poésies et obtint ensuite une réputation brillante comme professeur. De la Rue eut le projet d'aller dans le Canada, prêcher l'Évangile; mais ses supérieurs l'engagèrent à rester en France, où l'on avait surtout besoin de bons prédicateurs. Il parut souvent devant le grand roi. La voix de l'orateur était superbe; son geste grave et noble, sa figure animée, aidaient puissamment à l'effet que produisait l'éloquence un peu prétentieuse du célèbre jésuite. Homme d'esprit et de sens, il soutenait, malgré ses succès, qu'il valait mieux lire un sermon que de le débiter de mémoire. Cette méthode, selon lui, n'aurait rien de préjudiciable à la chaleur de l'éloquence : rassuré par son cahier, l'orateur n'en mettrait que plus de feu dans son débit.

Missionnaire dans les Cévennes, De la Rue n'oublia pas que la religion voulait des conversions et non du sang. Aussi fut-il respecté de ces peuples malheureux, que Louis XIV abandonna, par une fausse idée de religion, au fer des dragons. Confesseur de la duchesse de Bourgogne, regardé comme un des plus grands sermonnaires de son temps, De la Rue ne renonça jamais au culte des muses. Il composa deux tragédies latines : *Lysimachus* et *Cyrus*; *Sylla*, en vers français, jouit d'une certaine estime et faillit avoir les honneurs de la représentation. Ami du comédien Baron, le Père De la Rue est généralement regardé comme ayant aidé le célèbre acteur dans la composition de *l'Andrienne*, imitée de Térence.

Les principaux ouvrages de De la Rue sont :
Panégyriques et oraisons funèbres, 4 vol.; une édition de *Virgile*, avec des notes, *ad usum Delphini*; *Des Sermons*; *Un Avent* et *un Carême*. Thomas parle de De la Rue avec beaucoup d'éloges; il le représente comme ayant approché quelquefois du grand Bossuet.

CHEMINAIS.

RÉSIGNATION DES HUMBLES.

Vous savez, messieurs, que les vertus n'ont pas toutes le même éclat : il y en a que la naissance ou la fortune relève ; la plupart des actions vertueuses que font les personnes constituées en dignité leur sont comptées. Il y en a qui éclatent par elles-mêmes aux yeux des hommes, et qui attirent leur estime ; un grand zèle pour le salut du prochain, une vie austère, des charités publiques, être de toutes les bonnes œuvres d'une ville, travailler à la réformation des mœurs, à l'avancement des affaires de la religion : on ne manque guères de rendre justice à ces vertus ; et si les louanges humaines n'en sont pas toujours le motif, elles soutiennent du moins l'homme, et le récompensent d'une partie de ses soins. Mais il est des vertus d'une espèce bien différente ; obscures d'elles-mesmes, et qui ne sont connues que de Dieu. Elles n'ont rien qui nourrisse l'amour-propre, ni qui flatte la nature ; elles vous laissent toute la peine d'une action sainte, sans espérance d'autre gloire que celle de l'éternité.

Combien de gens, par exemple, qui ne sont pas dans les premières places du royaume, mais dans des emplois subalternes, ont toute la fatigue et tous les désagréments des entreprises les plus glorieuses qui regardent la religion, sans en avoir nullement l'honneur ? Combien de personnes, dans une condition privée, pratiquent tous les devoirs du chrétien, sans qu'on fasse attention à leur conduite ? Combien de malades qui languissent depuis plusieurs années, ou tourmentés de douleurs aiguës, ou affligés de maux habituels et secrets, sans être plaints de personne ; qui n'ont pas seulement leur douleur à supporter, mais souvent, comme le saint homme Job, les reproches ou l'indifférence de leurs parents et de leurs amis ; et qui, dans une soumission entière aux ordres de Dieu, adorent ses rigoureux jugements ; tout prêts, non-seulement à lui sacrifier leur vie, ce seroit peu, et cela est facile alors ; mais à la traîner tant qu'il lui plaira, dans une langueur plus fâcheuse que la mort ? Combien de pauvres honteux, jusques dans les conditions les plus relevées, se voyent tous les jours à la veille de manquer du nécessaire, et en manquent effectivement quelquefois, sans autre ressource que leur résignation et leur patience ? Combien de fervents chrétiens, sous le dehors d'une vie commune et au milieu du grand monde, ont un commerce continuel avec Dieu, et lui font tous les jours mille sacrifices intérieurs de ce qu'ils ont de plus cher ? Ils adorent le Seigneur en esprit et en vérité, tout renfermés en eux-mesmes et semblables à ces grands fleuves qui, par des routes secrètes, coulent sous terre et se dérobent à nos yeux. Mais aussi comme ces fleuves, après s'être perdus pour quelque temps, reprennent leur premier cours, et recommencent à paroître avec plus de majesté ; ainsi ces âmes cachées, qui ne sont connues que de Dieu, sortiront enfin de l'obscurité, et paroîtront au grand jour dans toute la gloire qui leur est due.

Cheminais de Montaigu, issu d'une famille de robe, naquit à Paris, le 3 janvier 1652, et mourut le 15 septembre 1689. Élevé à Orléans, il ne tarda pas à se faire remarquer par son esprit et par l'imagination vive et brillante dont le Ciel l'avait doué. Sa parole douce, sa voix grave et sonore, étaient pleines d'émotions. On le comparait à Racine, dont il avait le charme : malheureusement des souffrances cruelles l'empêchèrent de travailler autant qu'il aurait fallu pour agrandir les qualités qu'il avait reçues de la nature. Son organe s'étant affaibli, il cessa de prêcher à Paris et à Versailles ; il portait alors la parole de Dieu dans les hameaux où il consolait par l'onction d'une morale pure et rassurante. Le Père Cheminais mourut à trente-huit ans.

Les sermons de Cheminais forment cinq volumes qui furent publiés par le Père Bretonneau, en 1690.

SERMON EN FAVEUR DES PRISONNIERS.

Les pauvres en faveur de qui je parle ne sont pas seulement recommandables par leur pauvreté : ils ont un titre qui doit encore vous encourager à les assister : ce sont de pauvres prisonniers, également dépouillés des biens de la fortune, et privés de la liberté qui seroit le seul remède à leurs disgrâces. Non, ce ne sont point de ces vagabonds dont la présence importune vient troubler vos prières jusques aux pieds des autels, ou qui étudient des moments pour vous surprendre dans des lieux écartés; ce sont des misérables dont le malheur est de ne pouvoir se présenter à vos yeux ; ils ont tout ce qu'il faut pour vous toucher de compassion, hors le pouvoir de vous approcher. Ce ne sont pas de ces gens oisifs qui trafiquent de leur misère et qui usurpent le patrimoine des véritables pauvres ; ils sont hors d'état de gagner leur vie et ne soupirent qu'après le travail. Semblables, si je puis me servir ici de cette comparaison, aux idoles des païens, qui sont sans mouvement, ils ont des mains ; mais elles sont liées et ne peuvent s'occuper ni à la culture de la terre, ni aux fonctions propres de leur vocation : *Manus habent, et non palpabunt.* Ils ont des pieds pour marcher ; mais ces pieds sont chargés de fers, et ils ne peuvent les porter en mille endroits où l'état de leurs enfants demanderoit leur présence et leur assiduité : *Pedes habent, et non ambulabunt.* Ils ont des yeux pour voir ; mais ces yeux, aveuglés par l'obscurité d'un cachot, ne percent pas au travers des murs, pour découvrir les pièges qu'on leur tend, les embûches qu'on leur dresse, les procédures qu'on fait contre eux : *Oculos habent, et non videbunt.* Ils ont une bouche pour parler ; mais à qui se faire entendre du fond de ces tristes demeures où ils sont enfermés ? Une parole pour sortir dehors paie le passage, et leur est vendue au prix de l'argent ; la réponse ne leur revient qu'aux mêmes conditions ; et ils ne sauroient rien demander par l'organe d'autrui, qui ne leur coûte plus que ce qu'ils pourroient obtenir : *Os habent, et non loquentur.* En un mot, ils ont des oreilles pour entendre ; mais ces oreilles sont fermées aux accusations qu'on forme, aux témoins qu'on suppose pour les perdre : *Aures habent, et non audient.*

Encore s'ils étoient insensibles comme ces idoles, et qu'ils n'eussent pas besoin de nourriture pour traîner une vie mourante. Hélas ! combien de fois faut-il les retirer du désespoir qui les fait soupirer après la mort ! Vous savez, chrétiens, combien ceux-là sont à plaindre qui ne peuvent s'aider eux-mêmes, et qui sont entre les mains d'autrui ; on ne compte presque plus sur ses proches dans le monde, dès qu'on n'est plus en état que de leur être à charge : cependant la naissance, le nom que vous avez, vous attirent encore de la considération dans vos disgrâces : quelquefois le mérite supplée à la naissance et trouve un asyle ; l'éducation des honnêtes gens leur tient lieu d'un cœur bien fait, et la vanité leur fait souvent faire, par un motif de gloire, des actions où le cœur n'a point de part. Nos prisonniers n'ont point ces ressources : leur nom est obscur ; comme ils sont la plupart sans naissance, leurs proches sont sans biens et sans éducation. Qui les assistera ? Sera-ce une femme désolée, pauvre, chargée d'enfants, réduite à la mendicité par l'absence d'un mari qui lui gagnoit sa vie ? Sera-ce des enfants écartés en divers lieux où le besoin les a conduits, qui la plupart ne connoissent plus leurs pères ? Des amis ? ces sortes de gens en ont-ils ? Quoi donc, messieurs ? Quoi ! des hommes, des chrétiens, nos frères, seront-ils plus abandonnés dans le centre de Paris que s'ils étoient dans une île déserte, ou sur la pointe d'un rocher inaccessible ?...

Si vous croyez que j'ajoute à leur misère, donnez-vous la peine de vous transporter dans ces lieux d'horreur : donnez-vous à vous-mêmes un spectacle si digne d'une âme chrétienne, vous qui, dans une comédie, dans un spectacle profane, avez le cœur si sensible à des malheurs imaginaires, que la fable met sur la scène et qui ne furent jamais. Quand vos yeux seront frappés de ces tristes images, d'une misère si réelle et si véritable, j'ose répondre de la compassion de votre cœur ; et je ferois plus pour nos prisonniers, si je pouvois vous persuader de leur rendre une visite, que si je faisois cent discours en leur faveur.

Ah ! si, du moins, parmi le bruit de la symphonie et des voix, je pouvois vous faire entendre les pitoyables accents de ces malheureux ; si leurs cris pouvoient percer jusqu'à vous, qu'auriez-vous à répondre à leurs reproches ? Vous passez bien agréablement des heures qui vous coûtent cher : vous ne sauriez, dites-vous, nous assister ; ce que vous venez de donner à votre plaisir auroit fait des heureux pour longtemps : mais vous n'auriez pas eu le plaisir que vous avez ; comptez-vous pour rien celui de soulager des misérables? Rendez-nous ce qui nous appartient. Est-il possible que des hommes soient nés pour être si malheureux, tandis que les autres seront dans l'abondance? ce n'est pas le dessein de Dieu. Que nous sert-il de vivre parmi vous, si nous sommes ainsi délaissés? Peut-être que le nom de *prisonniers* vous offense, messieurs; il porte avec soi l'idée d'un criminel; vous les croyez dignes du mal qu'ils endurent. Non, chrétiens, ce terme ne doit point ici vous choquer; ils sont plus pauvres que coupables : c'est l'indigence qui les met hors d'état de satisfaire à ce qu'on exige d'eux.

ABBADIE.

UTILITÉ DES BONNES ŒUVRES.

De nos prières et de nos aumônes, la meilleure part ne s'arrête point ici-bas ; elle monte devant Dieu. Le monde est une figure qui passe déjà, et les cieux doivent un jour disparaître avec un bruit de tempête ; mais les œuvres de la charité nous suivent après la mort, et elles doivent nous accompagner jusqu'au trône de Dieu, après la destruction des trônes de la terre. Faire du bien n'est donc pas seulement la vie des belles âmes ; c'est encore le moyen de perpétuer une belle vie ; c'est moissonner dans le temps pour l'éternité ; c'est jeter sur la terre une semence qui, germant au-delà du tombeau, nous produit dans le ciel une moisson de gloire et de bonheur ; c'est une divine manière de se perpétuer, un moyen de triompher de la mort, un art de ne mourir jamais.

Abbadie (Jacques), ministre calviniste, naquit en Béarn, en 1657. Lors de la révocation de l'édit de Nantes, il fut installé à Berlin comme pasteur de l'église française. Il passa ensuite en Angleterre, puis en Irlande ; il mourut, en 1727, doyen de Killalow.

Le plus remarquable de ses ouvrages est son *Traité de la vérité de la religion chrétienne*. Ses sermons renferment quelquefois des passages de mauvais goût ; mais souvent aussi des traits d'une haute éloquence. Madame de Sévigné affectionnait beaucoup l'*Histoire ecclésiastique* de cet écrivain. M. de Châteaubriand trouve dans son *Traité de la vérité de la religion chrétienne*, de la force et du raisonnement ; mais malheureusement, ajoute-t-il, le style en est faible Le court fragment des sermons d'Abbadie que nous venons de citer suffira pour donner une idée, sinon de la manière habituelle de cet écrivain, du moins de ses bonnes pages.

FÉNELON.

TABLEAU DE L'ÉGLISE CHRÉTIENNE.

Jetons les yeux sur l'Église, c'est-à-dire sur cette société visible des enfants de Dieu qui a été conservée dans tous les temps : c'est le royaume qui *n'aura point de fin.* Toutes les autres puissances s'élèvent et tombent ; après avoir étonné le monde, elles disparoissent. L'Église seule, malgré les tempêtes du dehors et les scandales du dedans, demeure immortelle. Pour vaincre, elle ne fait que souffrir ; et elle n'a pas d'autres armes que la croix de son époux.

Considérons cette société sous Moïse : Pharaon la veut opprimer ; les ténèbres deviennent palpables en Égypte ; la terre s'y couvre d'insectes ; la mer s'entr'ouvre, ses eaux suspendues s'élèvent comme deux murs, tout un peuple traverse l'abîme à pied sec ; un pain descendu du ciel le nourrit au désert ; l'homme parle à la pierre, et elle donne des torrents : tout est miracle pendant quarante années pour délivrer l'Église captive.

Hâtons-nous, passons aux Machabées : les rois de Syrie persécutent l'Église ; elle ne peut se résoudre à renouveler une alliance avec Rome et avec Sparte, sans déclarer en esprit de foi qu'elle ne s'appuie que sur les promesses de son époux. « Nous n'avons, disoit Jonathas, aucun besoin de tous ces secours, ayant pour consolation les saints livres qui sont dans nos mains. » Et en effet, de quoi l'Église a-t-elle besoin ici-bas ? Il ne lui faut que la grâce de son époux pour lui enfanter des élus ; leur sang même est une semence qui la multiplie. Pourquoi mendieroit-elle un secours humain, elle qui se contente d'obéir, de souffrir, de mourir ; son règne, qui est celui de son époux, n'étant point de ce monde, et tous ses biens étant au-delà de cette vie ?

Mais tournons nos regards vers l'Église, que Rome païenne, cette Babylone enivrée du sang des martyrs, s'efforce de détruire. L'Église demeure libre dans les chaînes, et invincible au milieu des tourments. Dieu laisse ruisseler, pendant trois cents ans, le sang de ses enfants bien-aimés. Pourquoi croyez-vous qu'il le fasse ? C'est pour convaincre le monde entier, par une si longue et si terrible expérience, que l'Église, comme suspendue entre le ciel et la terre, n'a besoin que de la main invisible dont elle est soutenue. Jamais elle ne fut si libre, si forte, si florissante, si féconde.

Que sont devenus ces Romains qui la persécutoient ? Ce peuple, qui se vantoit d'être le *peuple roi*, a été livré aux nations barbares ; l'empire éternel est tombé ; Rome est ensevelie dans ses ruines avec les faux dieux ; il n'en reste plus de mémoire que par une autre Rome sortie de ses cendres, qui, étant pure et sainte, est devenue à jamais le centre du royaume de Jésus-Christ.

Mais comment est-ce que l'Église a vaincu cette Rome victorieuse de l'univers ? Écoutons l'apôtre : « Ce qui est folie en Dieu est plus sage que tous les hommes : ce qui est foible en Dieu est plus fort qu'eux. Voyez, mes frères, votre vocation ; car il n'y a point parmi vous beaucoup de sages selon la chair, ni beaucoup d'hommes puissants, ni beaucoup de nobles. Mais Dieu a choisi ce qui est insensé selon le monde, pour confondre les sages ; et il a choisi ce qui est foible dans le monde, pour confondre ce qui est fort : il a choisi ce qui est bas et méprisable, et même ce qui n'est pas, pour détruire ce qui est, afin que nulle chair ne se glorifie devant lui. » Qu'on ne nous vante donc plus ni une sagesse convaincue de folie, ni une puissance fragile et empruntée : qu'on ne nous parle plus que d'une foiblesse simple et humble, qui peut tout en Dieu seul ; qu'on ne nous parle plus que de la folie de la croix. La jalousie de Dieu alloit jusqu'à sembler exclure de l'Église, pendant ces siècles d'épreuve, tout ce qui auroit paru un secours humain : Dieu, impénétrable dans ses conseils, vouloit renverser tout ordre naturel. De là vient que Tertullien a paru douter si les Césars pouvoient devenir chrétiens. Combien coûta-t-il de sang et de tourments aux fidèles, pour montrer que l'Église ne tient à rien ici-bas ! « Elle ne possède pour elle-même, dit saint Ambroise, que sa seule foi. » C'est cette foi qui vainquit le monde.

Fénelon (François de Salignac de Lamothe), issu d'une famille aussi distinguée par l'ancienneté que par l'illustration, naquit au château de Fénelon, en Périgord, le 6 avril 1651, trente-six ans après Bossuet. Élevé par un père vertueux qui cultiva cet enfant de sa vieillesse avec un soin et une affection extrêmes, instruit par un précepteur qui avait été nourri des principes de la bonne littérature, il acquit en peu d'années une connaissance plus approfondie des langues grecque et latine qu'un âge si tendre ne semblait le permettre. C'est au commerce assidu des écoles d'Athènes et de Rome que Fénelon dut cette perfection de style que l'on remarque même dans les écrits de sa première jeunesse. Au sortir de ses humanités, qu'il avait faites avec beaucoup d'éclat à l'université de Cahors, très-florissante à cette époque, Fénelon, appelé à Paris, fut placé par son oncle, le marquis de Fénelon, au collége du Plessis, pour y continuer son cours de philosophie et commencer celui de théologie. Comme Bossuet, Fénelon prêcha, dès l'âge de quinze ans, devant un brillant auditoire, dont il enleva tous les suffrages; mais son oncle, craignant les séductions du monde et l'enivrement de la gloire pour un cœur si généreux et une imagination si vive, le fit entrer au séminaire de Saint-Sulpice, où il reçut sous la direction du sage et savant M. Tronson, alors directeur de cette communauté, une instruction nouvelle. Pendant son séjour à Saint-Sulpice, il paraît avoir conçu le projet de consacrer sa vie aux pénibles travaux des missions du Canada. L'extrait suivant d'une lettre qu'il écrivit de Sarlat, à Bossuet, suivant toute apparence, donne la preuve de ce dessein. « A la vue de ce voyage, j'en médite un plus grand. La Grèce entière s'ouvre à moi, le sultan effrayé recule; déjà le Péloponèse respire en liberté, l'église de Corinthe va refleurir, la voix de l'apôtre s'y fera encore entendre; je me sens transporté dans ces beaux lieux et parmi ces ruines précieuses pour y recueillir les plus curieux monuments, l'esprit même de l'antiquité. Je cherche cet aréopage où saint Paul annonça aux sages du monde le dieu inconnu; mais le profane vient après le sacré, et je ne dédaigne pas de descendre au Pirée, où Platon a fait le plan de sa république. Je monte au double sommet du Parnasse; je cueille les lauriers de Delphes et je goûte les délices de Tempé... Quand est-ce que le sang des Turcs se mêlera avec celui des Perses sur les plaines de Marathon, pour laisser la Grèce entière à la religion, à la philosophie et aux beaux-arts qui la regardent comme leur patrie? » De nouvelles réflexions, et surtout la crainte d'affliger l'évêque de Sarlat, son oncle, qui le chérissait en père, suspendirent d'abord la résolution de Fénelon, que, bientôt, l'archevêque de Paris acheva de détourner de l'un de *ses enthousiasmes*, en lui confiant l'instruction des nouvelles catholiques. Sans rien ôter au respect que méritent les occupations de ce nouveau ministère, on peut regretter qu'elles aient absorbé dix années d'un temps qu'il pouvait employer à éclairer le monde. Son *Traité de l'Éducation des filles*, quoique digne de servir de manuel aux mères de famille, n'est pas un dédommagement suffisant de la privation des beaux ouvrages que l'humanité avait droit d'attendre d'un tel génie. Dès cette époque, le jeune Fénelon avait commencé avec Bossuet une amitié qui fut pendant plusieurs années un commerce de vertus, de lumières et de religion. Bossuet dirigeait Fénelon, qui, à son tour, payait par une admirable docilité, par une vénération filiale, les leçons du grand évêque qui lui ouvrait tous les trésors de science que son vaste génie et de longs travaux l'avaient mis à portée d'acquérir. Docile aux exemples d'un tel maître, et sans doute inspiré par lui, Fénelon fit paraître un ouvrage intitulé: *du Ministère des Pasteurs*. Dans ce livre, adressé au peuple de la réforme, aux esprits simples et peu éclairés des villes et des campagnes, il règne une modération et une douceur évangéliques qui ne sont que des apparitions dans Bossuet, tandis qu'elles forment le fond du caractère et du talent de son élève, destiné, sans le savoir, à devenir un rival de son maître.

La confiance intime de Bossuet, l'affection paternelle de M. Tronson, l'amitié du duc de Beauvilliers, des ouvrages en possession de l'estime publique, une vie exemplaire, pleine d'études, de savoir et de grâce, la séduction que sa personne et son éloquence exerçaient déjà sur une société composée d'hommes supérieurs, amenaient par degrés Fénelon sur la scène du monde. Bossuet le tira de sa solitude, en conseillant à Louis XIV de le charger des missions du Poitou. C'était après la révocation de l'édit de Nantes. Le grand roi, qui avait voulu convertir les âmes par la force, croyait encore à l'efficacité des remèdes violents; Fénelon commença par les écarter; au lieu de dragons, il voulut des prêtres de son choix qui se borneraient comme lui à instruire, émouvoir et persuader. Il convertissait sans persécuter, et fit aimer la croyance dont il était l'apôtre. Peut-être Bossuet lui-même, quoiqu'il sût au besoin se relâcher de sa sévérité habituelle, n'eût-il pas aussi bien réussi dans cet apostolat que son disciple à qui la nature avait mis du miel sur les lèvres. De retour à Paris, Fénelon, après avoir rendu compte de sa mission au roi en personne, reprit modestement les fonctions de supérieur des nouvelles catholiques, et resta plus de deux années sans se montrer à la cour. Mais enfin le moment vint où il devait paraître sur ce grand théâtre avec tout l'éclat du talent et de la vertu. M. de Beauvilliers, nommé gouverneur du duc de Bourgogne, choisit et fit agréer au roi l'abbé de Fénelon comme précepteur du jeune prince. Bossuet se montra comblé de joie *à un si grand éclat d'un mérite qui se cachait si bien*. Mais la lettre du vénérable Tronson à son ancien élève, est un chef-d'œuvre de raison, de morale et de philosophie; on croirait cette lettre sortie du cœur de l'archevêque de Cambrai. Jamais peut-être l'instituteur d'un prince ne développa autant de génie et de zèle que Fénelon, d'accord avec le vertueux Montausier, pour corriger les mauvais penchants d'un caractère indomptable, gâté par la flatterie et par des espérances qui lui inspiraient déjà le goût du pouvoir. Fénelon avait mérité les bénédictions de la France en inculquant à son royal élève les devoirs de la couronne, le respect de la justice, l'amour du bien public, la connaissance des droits de la nation, et en donnant pour sanction à tous ces enseignements, la religion qui fortifie l'empire des vertus, parce qu'elle met toujours l'homme, sujet ou roi, sous les yeux du souverain juge. L'ouvrage que tentait Fénelon, avec ses dignes complices dans une entreprise téméraire à la cour d'un roi despote par nature, et qui affectait encore plus de l'être, par un calcul politique, devenait d'autant plus difficile que Louis XIV ne put jamais revenir de ses préventions contre l'ami du sage Beauvilliers. Ce prince craignait l'autorité de Bossuet; mais il se refusait encore plus à l'ascendant de vertu, de grâce et de génie qui excitait dans le cœur des partisans de Fénelon une tendresse mêlée d'enthousiasme. Peut-être Louis, extrêmement jaloux de conserver et surtout de paraître conserver sa royale indépendance, avait-il pressenti d'abord, par un secret avertissement d'une passion toujours sur ses gardes, l'esprit dominateur qui s'unissait à la douceur du caractère dans le prélat. Louis rendait une éclatante justice aux talents supérieurs; il semblait distribuer la gloire à tous ceux qui l'avaient conquise à son service; mais il ne voulait se laisser imposer le joug d'aucune supériorité. D'ailleurs, peut-être une indiscrétion de madame de Maintenon, qui était aussi tout le charme de l'éloquent évêque, avait-elle laissé voir à Louis un passage d'une lettre, où le sujet avait osé dire de son maître, qu'il n'avait *aucune idée de ses devoirs de roi*. Telle était au fond l'opinion de Fénelon qui, lui-même, aurait eu peine à la concilier avec les éloges et les protestations de dévouement et d'admiration qu'il a prodigués en plusieurs circonstances à ce prince.

Cependant l'éducation du duc de Bourgogne frappait tout le monde par des succès qui étaient des prodiges;

Louis XIV voulut enfin les récompenser en nommant à l'archevêché de Cambrai le précepteur habile et désintéressé qui n'avait demandé ni reçu aucune faveur pendant l'exercice de ses pénibles fonctions; mais cette haute faveur était voisine d'un précipice. L'affaire du quiétisme éclata bientôt; elle troubla la conscience religieuse et timorée de Louis XIV; elle désunit deux grands hommes, et renvoya de la cour un des plus sages conseillers que le monarque pût approcher de sa personne, en tempérant toutefois par la droiture de son bon sens de roi, ce que l'imagination de Fénelon pouvait avoir de chimérique et d'exalté, qu'il semblait avoir pris dans Platon et dans sainte Thérèse. Le *Télémaque*, sur lequel nous émettrons une opinion utile peut-être, réveilla toute la colère du grand roi. Il aurait pardonné peut-être au défenseur des doctrines de madame Guyon, il ne voulut jamais rappeler de l'exil le peintre d'Idoménée.

Retiré dans son diocèse, Fénelon se consola de sa disgrâce en devenant, par ses bienfaits, l'ange consolateur des pauvres et des affligés. Beaucoup d'étrangers illustres vinrent visiter cet homme de bien entouré d'une auréole de génie et de sainteté. Parmi eux, les plus célèbres furent Ramsay, le maréchal Munich et le Stuart Jacques III. L'évêque de Cambrai aimait les lois anglaises; on osa lui en faire un crime et soupçonner son patriotisme. Il répondit à ses accusateurs : « J'aime mieux ma famille que moi-même; j'aime mieux ma patrie que ma famille; mais j'aime encore mieux le genre humain que ma patrie. » Fénelon montra un dévouement admirable en nourrissant à ses dépens notre armée pendant le désastreux hiver de 1709; rien ne saurait exprimer les douleurs et les déchirements d'entrailles que Fénelon ressentit alors; il y a là un amour immense de la patrie, attesté par des actions et par des paroles également éloquentes. La mort du duc de Bourgogne avait mis le deuil dans le cœur de Fénelon ; les malheurs de la France précipitèrent sa fin, qui arriva le 1er janvier 1715.

Les trois jours que ce vertueux évêque employa à mourir sont au nombre des plus beaux de sa vie.

Les ouvrages de Fénelon sont l'*Éducation des filles*, celui du *Ministère des pasteurs*, un admirable livre sur l'existence de Dieu; l'*Explication des maximes des saints*; les *Aventures de Télémaque*, suite du quatrième livre de l'*Odyssée* d'Homère; des *Dialogues des morts*, à l'exemple de Lucien; des *Dialogues sur l'éloquence en général, et sur celle de la chaire en particulier*, avec une lettre à l'Académie française; l'*Examen de la conscience d'un roi*; quelques sermons dont quelques-uns sont très-remarquables, et enfin un grand nombre de lettres, parmi lesquelles plusieurs se recommandent autant par la gravité des choses que par la grâce, la noblesse et la suavité du style. Le charme de ces lettres explique la magique influence de Fénelon sur tous ceux qui l'approchaient. Fénelon a inspiré un bel ouvrage à M. de Beausset.

Voici comment La Harpe parle de Fénelon.

« Son humeur était égale, sa politesse affectueuse et simple, sa conversation féconde et animée. Une gaieté douce tempérait en lui la dignité de son ministère, et le zèle de la religion n'eut jamais chez lui de sécheresse, ni amertume. Sa table était ouverte, pendant la guerre, à tous les officiers ennemis ou nationaux que sa réputation attirait en foule à Cambrai. Il trouvait encore des moments à leur donner, au milieu des devoirs et des fatigues de l'épiscopat. Son sommeil était court, ses repas d'une extrême frugalité, ses mœurs d'une pureté irréprochable. Il ne connaissait ni le jeu, ni l'ennui : son seul délassement était la promenade; encore trouvait-il le secret de la faire rentrer dans ses exercices de bienfaisance. Il rencontrait des paysans, il se plaisait à les entretenir. On le voyait assis sur l'herbe au milieu d'eux comme autrefois saint Louis sous le chêne de Vincennes. Il entrait même dans leur cabanes, et recevait avec plaisir tout ce qu'ils offrait leur simplicité hospitalière. Sans doute ceux qu'il honora de semblables visites racontèrent plus d'une fois à la génération qu'ils virent naître, que leur toit rustique avait reçu Fénelon. . . . .
. . . .

» Bossuet, né pour les luttes de l'esprit et les victoires du raisonnement, garda, même dans les écrits étrangers à ce genre, cette tournure mâle et nerveuse, cette vigueur de raison, cette rapidité d'idées, ces figures hardies et pressantes qui sont les armes de la parole. Fénelon, fait pour aimer la paix et pour l'inspirer, conserva sa douceur, même dans la dispute, mit de l'onction jusque dans la controverse, et parut avoir rassemblé dans son style tous les secrets de la persuasion.

» Les titres de Bossuet dans la postérité sont surtout ses *Oraisons funèbres* et son *Discours sur l'Histoire*. Mais Bossuet, historien et orateur, peut rencontrer des rivaux; le *Télémaque* est un ouvrage unique, dont nous ne pouvons rien rapprocher. Au livre des *Variations*, aux combats contre les hérétiques, on peut opposer le livre de l'*Existence de Dieu*, et les combats contre l'athéisme, doctrine funeste et destructive, qui dessèche l'âme et l'endurcit, qui tarit une des sources de la sensibilité et brise le plus grand appui de la morale, arrache au malheur sa consolation, à la vertu son immortalité, glace le cœur du juste, en lui ôtant un témoin et un ami, et ne rend justice qu'au méchant qu'elle anéantit. »

IMPRÉVOYANCE DE L'HOMME.

Hélas ! à quelque âge, mes frères, en quelque état que la mort nous prenne, elle nous surprend, elle nous trouve toujours dans des desseins qui supposent une longue vie. La vie, donnée uniquement pour s'y préparer, se passe entière dans un profond oubli du terme auquel elle doit aboutir. On vit comme si l'on devait toujours vivre. L'on ne songe qu'à se flatter soi-même par toutes sortes de plaisirs, lorsque la mort arrête soudainement le cours de ces folles joies. L'homme sage à ses propres yeux, mais insensé à ceux de Dieu, se donne mille inquiétudes pour amasser des biens dont la mort le va dépouiller. Cet autre, emporté par son ambition, perd tellement de vue sa mort, qu'il court au travers des dangers au-devant de la mort même. Tout devrait nous avertir, et tout nous amuse. Nous voyons, comme dit saint Cyprien, tomber tout le genre humain en ruine à nos propres yeux. Depuis que nous sommes nés, il s'est fait comme cent mondes nouveaux sur les ruines de celui qui nous a vus naître. Nos plus proches parents, nos amis les plus chers, tout se précipite dans le tombeau, tout s'abîme dans l'éternité. Nous sommes continuellement nous-mêmes entraînés par le torrent dans cet abîme, et nous n'y pensons pas.

La plus vive jeunesse, le plus robuste tempérament, ne sont que des ressources trompeuses. Elles servent moins à éloigner de nous la mort, qu'à rendre sa surprise plus imprévue et plus funeste. Elle flétrit le soir, dit l'Écriture, et foule aux pieds les plantes que nous avions vues fleurir le matin. Mais non-seulement quand on est sain, quand on est jeune, on se promet tout; chose bien plus déplorable! ni la vieillesse, ni l'infirmité ne nous disposent presque point à la mort. Ce malade la porte presque déjà dans son sein, et cependant, dès qu'il a le moindre intervalle, il espère qu'il échappera à la mort, ou du moins qu'elle le laissera encore languir longtemps. Ce vieillard tremblant, accablé sous le poids des années, chagrin de se voir inutile à tout, ramasse des exemples d'heureuses vieillesses pour se flatter : il regarde un âge plus avancé que le sien, espère d'y parvenir, y parvient effectivement, regarde encore au-delà, jusqu'à ce qu'enfin ses incommodités le lassent de vivre, sans qu'il puisse jamais se résoudre à mourir de bon cœur. Ainsi on s'avance toujours vers la fin de sa vie, sans pouvoir l'envisager de près ; et l'unique prétexte de cette conduite si bizarre et si imprudente, est que la pensée de la mort afflige, consterne, et qu'il faut bien chercher ailleurs de quoi se consoler.

« Quelle apparence, dit-on, de ne goûter aucun plaisir dans une vie d'ailleurs si traversée, que cette pensée affreuse ne vienne troubler par son amertume? Quoi, dit-on, si on y pensoit, auroit-on le courage de pourvoir à son établissement, à ses affaires, de goûter les douceurs de la société? Cette réflexion seule ne renverseroit-elle pas bientôt tout l'ordre du monde? » Si donc on y pense, ce n'est que par hasard, superficiellement ; et on se hâte de chercher quelque amusement qui nous dégage de cette réflexion importune.

O folie ! nous savons que la mort s'avance, et nous nous confions à cette misérable ressource de fermer les yeux pour ne pas voir le coup qu'elle va nous donner. Nous ne pouvons pas ignorer que plus nous nous attacherons à la vie, plus la fin en sera amère. Nous savons qu'il est de foi que tous ceux qui ne vivront pas dans la vigilance chrétienne, seront surpris par une ruine prompte et inévitable. Le fils de Dieu se sert dans l'Évangile des plus sensibles comparaisons pour nous effrayer. En ce point l'expérience et la foi sont d'accord ; nous le savons, et rien ne peut guérir notre stupidité.

On réserve tout à faire pour sa conversion au moment de la mort : restitution du bien d'autrui, paiement des dettes, détachement d'un intérêt sordide, réparation de scandales, pardon d'injures, rupture de mauvais commerce, éloignement des occasions, renoncement aux habitudes, précaution contre les rechutes, confession qui répare tant d'autres confessions mal faites : tout cela est remis jusqu'à la dernière heure, jusqu'au dernier moment.

UNION DE L'AME ET DU CORPS.

Comme l'Écriture nous représente Dieu qui dit : « Que la lumière soit, » et elle fut; de même la seule parole intérieure de mon âme, sans effort et sans préparation, fait ce qu'elle dit. Je dis en moi-même, par cette parole si intérieure, si simple et si momentanée : « Que mon corps se meuve, » et il se meut. A cette simple et intime volonté toutes les parties de mon corps travaillent; déjà tous les nerfs sont tendus, tous les ressorts se hâtent de concourir ensemble, et toute la machine obéit, comme si chacun de ses organes les plus secrets entendoit une voix souveraine et toute-puissante. Voilà sans doute la puissance la plus simple et la plus efficace que l'on puisse concevoir; il n'y en a aucun exemple dans tous les êtres que nous connoissons ; c'est précisément celle que tous les hommes persuadés de la Divinité lui attribuent dans tout l'univers. L'attribuerois-je à mon foible esprit ou à la puissance qu'il a sur mon corps, qui est si différent de lui? Croirai-je que ma volonté a cet empire suprême par son propre fond, elle qui est si foible et si impuissante? Mais d'où vient que parmi tant de corps elle n'a ce pouvoir que sur un seul ? Nul autre corps ne se remue selon les désirs de ma volonté. Qui lui a donné sur un seul corps ce qu'elle n'a sur aucun autre?

LES MISSIONNAIRES.

Peuples de l'extrémité de l'Orient, votre heure est venue. Alexandre, ce conquérant rapide que Daniel dépeint comme ne touchant pas la terre de ses pieds, lui qui fut si jaloux de subjuguer le monde entier, s'arrêta bien loin en-deçà de vous; mais la charité va plus loin que l'orgueil. Ni les sables brûlants, ni les déserts, ni les montagnes, ni la distance des lieux, ni les tempêtes; ni les écueils de tant de mers, ni l'intempérie de l'air, ni le milieu fatal de la ligne où l'on découvre un ciel nouveau; ni les flottes ennemies, ni les côtes barbares ne peuvent arrêter ceux que Dieu envoie. Qui sont ceux-ci qui volent comme les nuées? Vents, portez-les sur vos ailes. Que le midi, que l'orient, que les îles inconnues les attendent, et les regardent en silence venir de loin. Qu'ils sont beaux les pieds de ces hommes qu'on voit arriver du haut des montagnes, apporter la paix, annoncer les biens éternels, prêcher le salut, et dire : « O Sion! ton Dieu régnera sur toi! » Les voici, ces nouveaux conquérants qui viennent sans armes, excepté la croix du Sauveur. Ils viennent, non pour enlever les richesses et répandre le sang des vaincus, mais pour offrir leur propre sang et communiquer le trésor céleste. Peuples qui les vîtes venir, quelle fut d'abord votre surprise, et qui peut la représenter? Des hommes qui viennent à vous, sans être attirés par aucun motif, ni de commerce, ni d'ambition, ni de curiosité; des hommes qui, sans vous avoir jamais vus, sans savoir même où vous êtes, quittent tout pour vous, et vous cherchent à travers toutes les mers avec tant de fatigues et de périls, pour vous faire part de la vie éternelle qu'ils ont découverte ! Nations ensevelies dans l'ombre de la mort, quelle lumière sur vos têtes!

MASSILLON.

RAPIDITÉ DE LA VIE.

Que sont les hommes sur la terre ?..... Une fatale révolution, une rapidité que rien n'arrête, entraîne tout dans les abîmes de l'éternité. Les siècles, les générations, les empires, tout va se perdre dans ce gouffre : tout y entre et rien n'en sort. Nos ancêtres nous en ont frayé le chemin, et nous allons le frayer dans un moment à ceux qui viennent après nous. Ainsi les âges se renouvellent : ainsi la figure du monde change sans cesse : ainsi les morts et les vivants se succèdent et se remplacent continuellement. Rien ne demeure, tout s'use, tout s'éteint. Dieu seul est toujours le même, et ses années ne finissent point. Le torrent des âges et des siècles coule devant ses yeux, et il voit de foibles mortels, dans le temps même qu'ils sont entraînés par le cours fatal, l'insulter en passant, profiter de ce seul moment pour déshonorer son nom, et tomber au sortir de là entre les mains éternelles de sa justice.

Voici comme Massillon a traité ce sujet d'une manière différente dans le passage qui précède.

« Sur quoi vous rassurez-vous donc ? sur la force du tempérament ? Mais qu'est-ce que la santé la mieux établie ? une étincelle qu'un souffle éteint : il ne faut qu'un jour d'infirmité pour détruire le corps le plus robuste du monde. Je n'examine pas après cela si vous ne vous flattez point vous-mêmes là-dessus ; si un corps ruiné par les désordres de vos premiers ans ne vous annonce point au dedans de vous une réponse de mort ; si des infirmités habituelles ne vous ouvrent pas de loin les portes du tombeau ; si des indices fâcheux ne vous menacent pas d'un accident soudain. Je veux que vous prolongiez vos jours au-delà même de vos espérances. Hélas ! mes frères, ce qui doit finir doit-il vous paroître long ? Regardez derrière vous : où sont vos premières années ? Que laissent-elles de réel dans votre souvenir ? pas plus qu'un songe de la nuit : vous rêvez que vous avez vécu, voilà tout ce qui vous en reste. Tout cet intervalle qui s'est écoulé depuis votre naissance jusque aujourd'hui, ce n'est qu'un trait rapide qu'à peine vous avez vu passer. Quand vous auriez commencé à vivre avec le monde, le passé ne vous paroîtroit pas plus long ni plus réel. Tous les siècles qui se sont écoulés jusqu'à nous, vous les regarderiez comme des instant fugitifs ; tous les peuples qui ont paru et disparu dans l'univers, toutes les révolutions d'empires et de royaumes, tous ces grands événements qui embellissent nos histoires, ne seroient pour vous que les différentes scènes d'un spectacle que vous auriez vu finir en un jour. Rappelez seulement les victoires, les prises de places, les traités glorieux, les magnificences, les événements pompeux des premières années de ce règne. Vous y touchez encore, vous en avez été pour la plupart, non-seulement spectateurs, mais vous en avez partagé les périls et la gloire ; ils passeront dans nos annales jusqu'à vos derniers neveux ; mais pour vous, ce n'est plus qu'un songe, qu'un éclair qui a disparu, et que chaque jour efface même de votre souvenir. Qu'est-ce donc que le peu de chemin qui vous reste à faire ? Croyons-nous que les jours à venir aient plus de réalité que les jours passés ? Les années paroissent longues quand elles sont encore loin de nous : arrivées, elles disparoissent, elles nous échappent en un instant, et nous n'aurons pas tourné la tête que nous nous trouverons, comme par un enchantement, au terme fatal qui nous paroît encore si loin et ne devoir jamais arriver. Regardez le monde tel que vous l'avez vu dans vos premières années, et tel que vous le voyez aujourd'hui : une nouvelle cour a succédé à celle que vos premiers ans ont vue ; de nouveaux personnages sont montés sur la scène ; les grands rôles sont remplis par de nouveaux acteurs : ce sont de nouveaux événements, de nouvelles intrigues, de nouvelles passions, de nouveaux héros, dans la vertu comme dans le vice, qui font le sujet des louanges, des dérisions, des censures publiques : un nouveau monde s'est élevé insensiblement, et sans que vous vous en soyez aperçus, sur les débris du premier. »

Massillon (Jean-Baptiste) naquit le 24 juin 1663, de François Massillon, notaire, à Hières en Provence. Entré fort jeune au collège de l'Oratoire, il ne tarda point à révéler ses heureuses dispositions, et fut admis dans la Congrégation, en 1681. Il fit des essais qu'on trouva heureux, mais qui ne contentèrent pas son goût. Il ne se croyait pas né pour la prédication : cependant, après avoir entendu quelques-uns de ses panégyriques, ses supérieurs le destinèrent, malgré son avis, à la chaire évangélique. Craignant les séductions du démon de l'orgueil, contre lequel il fut en garde pendant toute sa vie, le modeste séminariste courut s'ensevelir dans le monastère des Sept-Fonts ; le cardinal de Noailles le tira de cette retraite. Après avoir professé les belles-lettres et la théologie à Pézenas, à Montbrison, à Vienne, et composé quelques oraisons funèbres, il fut appelé, en 1696, à Paris, comme directeur du séminaire de Saint-Magloire ; il y composa ses premières conférences ecclésiastiques. Massillon entendit les prédicateurs du temps et ne les approuva point. « Je leur trouve bien de l'esprit et du talent, disait-il, mais si je prêche, je ne prêcherai pas comme eux. » Il admira Bourdaloue et ne le prit point pour modèle; il eut raison. Bourdaloue était né pour convaincre et terrasser; lui, pour toucher et persuader. Chargé d'une mission à l'époque des controverses ouvertes par les ordres de Louis XIV, qui s'occupait alors autant de la religion que du gouvernement, il fut accueilli avec la plus grande faveur à Montpellier. Sa réputation le fit rappeler à Paris où il prêcha le carême, en 1699, dans l'église de l'Oratoire; devant Bourdaloue, qui vit avec joie s'élever quelque chose de plus grand que lui. Massillon avait achevé de purger la chaire de tous les défauts dont elle était infectée; il ne déclamait pas, comme beaucoup de ses prédécesseurs, avec une emphase et une exagération ridicules; il parlait avec simplicité, avec élégance, avec onction, ne s'élevant au ton de la haute éloquence que quand son sujet l'entraînait; aussi le fameux Baron, très-assidu aux sermons du jeune prédicateur, disait : « Voilà un orateur; nous ne sommes que des comédiens. » Cet éloge avait bien du prix dans la bouche d'un homme auquel Racine, après avoir donné aux autres acteurs les instructions les plus détaillées sur leurs rôles, disait : « Pour vous, je vous livre à vous-même ; votre cœur vous en apprendra plus que mes leçons. » Il serait curieux de trouver dans la bouche du Roscius de son siècle l'aveu des changements qu'il avait faits dans sa diction après avoir entendu l'orateur sacré. La Harpe raconte un autre genre de succès de Massillon. Un homme de cour, allant à un opéra nouveau, vit son carrosse arrêté par une file de voitures, dont les unes allaient pour l'Opéra, les autres pour les Quinze-Vingts, où prêchait Massillon. Impatient, il entre dans l'église par curiosité, et prend pour lui-même l'apostrophe *tu es ille vir*, du sermon sur la parole de Dieu. Retenu par une puissance, il écouta l'orateur jusqu'au bout, et sortit avec une conversion commencée.

Aucun talent ne pouvait échapper à Louis. Massillon fut appelé à Versailles pour prêcher l'*avent* de 1699, devant une cour qui ne s'entretenait que de la gloire et des prospérités du règne : l'orateur choisit pour texte de son premier sermon ces paroles de l'Écriture : « Heureux ceux qui pleurent. » Il flattait Louis XIV; ainsi l'ordonnait le siècle, encore plus peut-être que le monarque. Massillon commença donc par l'éloge pour arriver à la leçon qui devait étonner et confondre tant d'orgueil. Toute la liberté de la parole s'était réfugiée dans la chaire, et l'on s'étonne de tout ce qu'a pu entendre, des ministres de l'Évangile, le grand roi qui n'eût pas permis la plus légère censure dans toute autre bouche que celles de Bourdaloue et de Bossuet; mais le prince était vraiment touché de religion, et il y avait en lui deux hommes, dont l'un, comme un ami sévère, reprenait en secret les fautes, les vices et le désordre de l'autre. Sa conscience même venait en aide aux vertueux interprètes de la morale offensée. Ce fut ainsi que, devant toute la cour, après ce premier *avent*, il adressa à Massillon ces belles paroles : « Mon père, j'ai entendu plusieurs grands orateurs, j'en ai été content : pour vous, toutes les fois que je vous entends, je suis très-mécontent de moi-même. » Massillon ne réussissait pas moins à Paris qu'à Versailles, grâce au mérite de la clarté et de la simplicité qui relevaient encore le prix de son exquise élégance; il charmait également les esprits les plus délicats et le vulgaire; témoin ce mot d'une femme du peuple qui, se trouvant pressée par la foule en entrant à Notre-Dame, où elle voulait assister à un sermon de notre orateur, s'écriait avec humeur : « Ce diable de Massillon, quand il prêche, remue tout Paris. » Ce mot rappelle à la pensée le prodigieux effet produit par le sermon sur le petit nombre des élus, prononcé pour la première fois dans l'église Saint-Eustache. Au moment de la célèbre prosopopée de l'orateur que nous citerons plus bas, tout l'auditoire se leva transporté d'admiration et saisi d'effroi, comme si le souverain juge fût apparu pour séparer éternellement les méchants et les bons. Le même trait, quoique déjà célèbre, produisit le même effet à Versailles. Louis XIV fut profondément ému, comme un homme qui sentait que toute sa grandeur ne l'empêchait d'être sous la main de Dieu, et qui tremblait intérieurement de ne pas se trouver au nombre des dix justes à l'heure fatale du jugement irrévocable et sans pardon. Le prédicateur lui-même ne put résister à l'émotion générale; on le vit couvrir son front avec ses deux mains, et rester muet pendant quelques instants. Voltaire a dit, dans l'*Encyclopédie*, au sujet de la prosopopée de Massillon : « Cette figure, la plus hardie qu'on ait jamais employée, est en même temps la plus à sa place, c'est l'un des plus beaux traits d'éloquence qu'on puisse lire chez les anciens et les modernes; » et le reste du discours n'est pas indigne de cet endroit si saillant. Massillon prêcha un second carême à la cour, et avec un succès tel, que Louis XIV lui dit avec un ton qui donnait tant de prix à ses moindres paroles, qu'il voulait l'entendre tous les deux ans; cependant le prédicateur ne reparut plus dans la chaire de Versailles. En 1709, Massillon prononça l'oraison funèbre du prince de Conti; l'année suivante, il rendit les mêmes honneurs au duc de Bourgogne. Resté seul des orateurs du grand siècle, il fut chargé, en 1715, de payer les derniers tributs de la France à la mémoire du grand roi. Il avait pris pour texte ces paroles de Salomon : « Voici que je suis devenu grand. » Il prononça lentement ces paroles et se recueillit ; puis ses yeux se fixèrent sur l'assemblée en deuil; il promena ensuite ses regards autour de l'enceinte funèbre ; enfin, les ramenant sur le mausolée élevé au milieu du temple, après quelques moments de silence, il s'écria : « Dieu seul est grand, mes frères !... » Ce mot, digne de Bossuet, restera éternellement.

Après plus de vingt années de travaux, Massillon fut chargé par le régent de prêcher un nouveau carême devant le jeune roi Louis XV. Il composa en six semaines, à la campagne, les dix sermons connus sous le nom de *Petit Carême*. Partout dans les instructions qu'il donne au jeune prince sur la nature du pouvoir suprême, le prédicateur enseigne à son royal disciple la morale la plus pure, la religion la plus douce; partout il lui inspire le respect de ses devoirs d'homme et de prince, l'amour de la justice, la tendresse pour ses semblables. C'était Fénelon prononçant en chaire les doctrines du *Télémaque* puisées dans les Écritures, et revêtues, en quelque sorte, du sceau de la divinité. Le *Petit Carême* et le *Télémaque* sont à la fois deux beaux livres et deux bonnes actions. Il faut cependant remarquer que les leçons de Massillon contenaient des choses bien fortes pour la jeune intelligence du prince, et quelques-unes même qui auraient pu lui donner de dangereuses clartés s'il n'eût pas été dans un âge si tendre; mais alors l'orateur parlait évidemment au reste de l'auditoire, bien capable de comprendre, sinon de mettre à profit, des instructions si solides et si pénétrantes à la fois.

Le régent promut enfin Massillon à l'évêché de Clermont, mais il fut obligé de payer les bulles du nouveau prélat qui n'avait pas de quoi suffire à cette dépense. Le cardinal Fleury le sacra lui-même devant Louis XV. En 1719, il fut reçu à l'Académie française. On avait été surpris d'entendre à la cour un solitaire parler avec une si grande connaissance du monde et des passions du cœur humain, mais on n'aurait pas dû être étonné de trouver, dans un homme de communauté, un bel esprit, un bon ton, une bonne grâce dont n'approchait pas le langage des beaux esprits les plus distingués (1). Ce succès était écrit d'avance dans les sermons de Massillon; tous ses auditeurs devaient savoir qu'il possédait toutes les grâces de l'élocution, et qu'il savait aussi bien la langue de la cour que la langue de l'Académie.

(1) Expression de madame de Tencin.

Tout le reste de la vie de Massillon fut consacré à l'éloquence, aux devoirs de l'épiscopat, à l'enseignement religieux, et aux œuvres de charité. Il secourut les indigents de sa bourse, de son crédit et de sa plume. Ses lettres en faveur de l'infortune égalent les plus touchants de ses discours, et produisirent souvent de beaux mouvements d'humanité; personne ne pouvait résister à Massillon prêchant pour le malheur et la pauvreté. Une sage et aimable modération faisait le fond de son caractère. Il se plaisait à rassembler des oratoriens et des savants dans sa maison de campagne, et à leur faire jouer ensemble des parties d'échecs : « Mes frères, leur disait-il, jamais de guerre plus sérieuse. » Si l'on ne peut prouver que Massillon ait adressé des réclamations énergiques au cardinal de Fleury sur l'injustice de la guerre de 1741, on connaît du moins la lettre qu'il écrivit au ministre sur l'excès des impôts dans la province d'Auvergne, pour laquelle il obtint une diminution. C'est à regret que je découvre, dans une si belle vie, une tache que l'on voudrait pouvoir effacer : afaiblesse qui entraîna l'évêque de Clermont à une triste complaisance envers le cardinal Dubois qui osait vouloir occuper le siège de Fénelon. Massillon devait imiter l'inflexible refus de l'archevêque de Paris. Ce touchant orateur, ce vertueux évêque, cet excellent citoyen, mourut des suites d'une apoplexie, le 18 septembre 1752, dans les plus grands sentiments de religion, et n'ayant plus rien, parce qu'il avait tout donné.

Outre des sermons, des oraisons funèbres et des panégyriques, Massillon a laissé des discours synodaux, des conférences, que l'on réimprime encore souvent, parce qu'ils contiennent de précieuses leçons pour les ministres de la religion.

Le *Petit Carême*, qui fit donner à Massillon le nom de *Racine de la chaire*, est le plus populaire de ses ouvrages; il a joui chez nous d'une faveur méritée, dont il est encore en possession. Voltaire avait toujours sur son pupitre le *Petit Carême*, comme l'un des meilleurs modèles de l'éloquence en prose. Buffon, dans son *Discours sur le Style*, porte le même jugement de cet ouvrage, qui comptait, dans le siècle dernier, autant d'admirateurs que de lecteurs, et passait pour le chef-d'œuvre de l'auteur; mais il s'en faut de beaucoup que la critique, éclairée par le temps et par une étude patiente et réfléchie de ce grand maître, puisse ratifier ce jugement d'une opinion qui tient à une première séduction des juges même les plus éclairés.

L'abbé Maury, tout en professant une admiration profonde pour Massillon, dont il trace même un magnifique éloge, consacre cependant beaucoup de pages à le rabaisser. Il ne sent point assez que la parole de Massillon est attirante comme celle du Christ, qui voulait d'abord gagner les cœurs, et que, par un mérite bien rare, les grâces dont l'orateur pare le langage de son divin maître, n'en altèrent point la précieuse simplicité. Bossuet, avec tout son génie, n'est peut-être pas aussi propre que Massillon à enseigner une religion d'amour; il y a plus de Moïse en Bossuet, et plus du Christ en Massillon ; voilà ce que Maury aurait dû reconnaître en estimant à toute sa valeur le mérite de cette divine ressemblance. Il ne m'appartient pas de m'expliquer sur la doctrine; mais qu'elle ait été plus grande et plus profonde dans l'aigle de Meaux, Massillon n'en a pas moins la gloire d'avoir fondé, dans la chaire évangélique, une école de morale touchante jusque dans sa sévérité et très-propre à faire aimer la religion dont elle découle comme d'une source sacrée. Mais l'abbé Maury a parfaitement raison quand il élève le *Grand-Carême* et l'*Avent* de Massillon bien au-dessus du *Petit-Carême*; il y a quelquefois entre les ouvrages la différence de l'*Andromaque* de Racine à son *Athalie*. Le sermon sur la Passion, trop long peut-être, étincelle de beautés du premier ordre, parmi lesquelles l'agonie et la métamorphose du Christ, couronné d'une effroyable mort, *marque de royauté*, surpassent de beaucoup l'*Hector* de Virgile, qui semble s'être relevé tout sanglant et tout mutilé du théâtre même de sa mort pour apparaître à Énée comme un interprète de la volonté des dieux. Dans le même sermon, il faut remarquer la tendresse du Christ pour ses disciples, leur lâche sommeil pendant la douloureuse prière du maître, qui pardonne trois fois à leur infirmité, et *ses regards, déjà éteints, qui vont mourir sur sa mère* abimée de douleur. A côté de cette belle création, vient se placer le sermon sur la mort du pécheur, où règne quelque chose de la sombre horreur du Dante. Là, se retrouvent des imitations des anciens; mais, comme Bossuet, Massillon ne les imite que pour les agrandir. Il fait des tableaux tout entiers avec une esquisse d'Horace ; mais souvent il aurait pu tout dire en moitié moins de paroles. Plus abondant que Cicéron, il pousse la richesse jusqu'au luxe, et s'expose à des répétitions de pensées, de tours, de formes, que la plus rare élégance, et la diversité même de l'expression, viennent rendre plus saillantes. Je ne saurais trop inviter ceux qui veulent profiter dans le commerce d'un si grand écrivain, à relire attentivement ce sermon, à en séparer avec soin les éléments pour essayer ensuite de reconstruire la composition. Ils s'étonneront eux-mêmes, après ce travail, de voir combien elle deviendra belle de tous les judicieux sacrifices que Massillon aurait dû exécuter lui-même. On peut faire une semblable étude dans le sermon sur la prière, plus répréhensible encore pour l'abus des répétitions tantôt inférieures, tantôt supérieures à la manière première. Malgré de justes reproches, ce discours mérite encore les plus magnifiques éloges. Jamais aucun orateur sacré n'a rendu la prière plus aimable et plus facile; pour prier, il suffit d'aimer. Massillon représente Dieu comme un maître indulgent et bon, qui permet la familiarité à son serviteur, qui a toujours l'oreille ouverte pour l'entendre, mais qui *n'écoute que le cœur*.

Toute la doctrine de Massillon se résume dans ce peu de paroles : « La prière est le langage de l'amour, et nous ne savons pas prier, parce que nous ne savons pas aimer. » Personne n'avait parlé avec un pareil charme avant Massillon. Toutefois, il y a encore quelque chose de plus tendre, de plus suave et de plus mélodieux dans l'auteur du sermon sur sainte Madeleine surprise et attirée tout à coup par la doctrine et la présence du Christ. « Quel est cet homme, se dit-elle sans doute en secret, et quelle est cette nouvelle doctrine? Ne seroit-ce point un prophète qui connoît le secret du cœur? Ses regards tendres et divins m'ont mille fois démêlée dans la foule ; et, comme s'il eût vu les misères secrètes de mon cœur, sans que ses paroles inexplicables que ses paroles y opéroient, il a eu sur moi des attentions particulières; il n'a, ce me semble, parlé que de moi seule. Quand il convioit, avec des charmes si saints, les âmes qui sont lassées dans la voie de l'équité, et qui gémissent sous le poids de leurs chaines, de venir chercher un repos véritable auprès de lui : ah! sans doute, il m'adressoit le discours, et avoit en vue la triste situation où je me trouve. Lorsqu'il enseignoit que l'esprit impur ne pouvoit être chassé que par le jeûne et la prière, je sentois qu'il vouloit prescrire des remèdes à mes maux. Quand il déclaroit que les pécheresses précéderoient les pharisiens dans le royaume de Dieu, je voyois bien qu'il avait un dessein étoit d'encourager ma faiblesse par l'espérance du pardon. Toutes ses instructions avoient quelque rapport secret à mes besoins et à mes erreurs : ah! sans doute, c'est un prophète envoyé de Dieu pour me retirer de mes voies égarées. » Tout le reste du discours, dont la composition est sage, répond à ce style et le surpasse encore ; aucun poëte, pas même Racine, n'a fait une telle peinture des passions et n'a prévenu les dangers de l'image de leurs séductions par un plus éloquent tableau de toutes leurs misères. Observons bien que le vertueux évêque parlait ainsi devant toute une cour où il y avait tant de Madeleines qui attendaient ou différaient l'heure du vrai repentir, et à chaque instant des traits qui devaient toucher les cœurs malades ou leur faire de salutaires blessures. Un dernier mérite distingue encore ce sermon : il représente avec la dernière vivacité les choses qu'on se dit à soi-même dans les secrètes délibérations du cœur, et abonde en expressions du plus rare bonheur. Cependant Massillon nous offre encore un ouvrage d'un rang plus élevé que celui-ci.

Dans le sermon sur le petit nombre des élus, composition, ordonnance, art de proportionner la sévérité des menaces à la faiblesse humaine, et de prévenir le désespoir par la perspective du pardon accordé à la sincérité du repentir, argumentation pressante, profonde pitié pour le pécheur, grandeur toujours simple, richesse sans profusion, et enfin une prosopopée sublime et amenée avec art, voilà le chef-d'œuvre de Massillon. On a beaucoup admiré cette prosopopée, mais peut-être n'a-t-on pas dit qu'habile à manier l'arme de la terreur, l'orateur la porte à son comble dans la fin du discours. Massillon ne pouvait mieux finir que par une prière, et celle qu'il met dans la bouche de chacun de ses auditeurs est encore un dernier trait d'éloquence.

Voici comment D'Alembert juge Massillon, dans le premier volume de l'*Histoire de l'Académie* (1779).

« Massillon excelle dans la partie de l'orateur, qui seule peut tenir lieu de toutes les autres, dans cette éloquence qui va droit à l'âme, mais qui l'agite sans la renverser, qui la consterne sans la flétrir, et qui la pénètre sans la déchirer. Il va chercher au fond du cœur ces replis cachés, où les passions s'enveloppent, ces sophismes secrets dont elles savent si bien s'aider pour nous aveugler et nous séduire. Pour combattre et détruire ces sophismes, il lui suffit presque de les développer avec une onction si affectueuse et si tendre, qu'il subjugue moins qu'il n'entraîne ; et qu'en nous offrant même la peinture de nos vices, il sait encore nous attacher et nous plaire.

» Sa diction, toujours facile, élégante et pure, est partout de cette simplicité noble, sans laquelle il n'y a ni bon goût, ni véritable éloquence ; simplicité qui, réunie dans Massillon à l'harmonie la plus séduisante et la plus douce, en emprunte encore des grâces nouvelles ; et, ce qui met le comble au charme que fait éprouver ce style enchanteur, on sent que tant de beautés ont coulé de source et n'ont rien coûté à celui qui les a produites. Il lui échappe même quelquefois, soit dans les expressions, soit dans les tours, soit dans la mélodie si touchante de son style, des négligences qu'on peut appeler heureuses, parce qu'elles achèvent de faire disparaître non-seulement l'empreinte, mais jusqu'au soupçon du travail. C'est par cet abandon de lui-même que Massillon se faisait autant d'amis que d'auditeurs ; il savait que plus un orateur paraît occupé d'enlever l'admiration, moins ceux qui l'écoutent sont disposés à l'accorder, et que cette ambition est l'écueil de tant de prédicateurs qui, chargés, si on se peut exprimer ainsi, des intérêts de Dieu même, veulent y mêler les intérêts si minces de leur vanité. »

LA PRIÈRE.

La prière ne suppose pas dans l'âme qui prie de grandes lumières, des connaissances rares, un esprit plus élevé et plus cultivé que celui des autres hommes : elle suppose seulement plus de foi, plus de componction, plus de désir d'être délivré de ses tentations et de ses misères. La prière n'est pas un secret ou une science qu'on apprenne des hommes, un art et une méthode inconnue, sur laquelle il soit besoin de consulter des maîtres habiles pour en savoir les règles et les préceptes. Les moyens, les maximes qu'on a voulu nous donner là-dessus en nos jours, sont, ou des voies singulières qu'il ne faut jamais proposer pour modèles, ou les spéculations vaines d'un esprit oiseux, ou un fanatisme qui mène à tout, et qui, loin d'édifier l'Église, a mérité ses censures, a fourni aux impies des dérisions contre elle, et au monde de nouveaux prétextes de mépris et de dégoût de la prière. La prière est un devoir sur lequel nous naissons tous instruits : les règles de cette science divine ne sont écrites que dans nos cœurs ; et l'esprit de Dieu est le seul maître qui l'enseigne.

Une âme simple et innocente, qui est pénétrée de la grandeur de Dieu, frappée de la terreur de ses jugements, touchée de ses miséricordes infinies, qui ne sait presque que s'anéantir en sa présence, confesser dans la simplicité de son cœur ses bontés et ses merveilles, adorer les ordres de sa providence sur elle, accepter devant lui les croix et les peines que la sagesse de ses conseils lui impose ; qui ne connaît pas de prière plus sublime que de sentir devant Dieu toute la corruption de son cœur, gémir sur sa dureté, et sur son opposition à tout bien ; lui demander avec une foi vive qu'il la convertisse, qu'il détruise en elle cet homme de péché, qui, malgré ses plus fermes résolutions, lui fait faire tous les jours tant de faux pas dans les voies de Dieu : une âme de ce caractère est mille fois plus instruite sur la science de la prière, que les maîtres et les docteurs eux-mêmes, et peut dire avec le prophète : *Super omnes docentes me intellexi.* Elle parle à son Dieu comme un ami à son ami ; elle s'afflige de lui avoir déplu : elle se reproche de n'avoir pas encore la force de renoncer à tout pour lui plaire : elle ne s'élève pas dans la sublimité de ses pensées ; elle laisse parler son cœur, elle s'abandonne à toute sa tendresse devant l'objet qu'elle aime uniquement. Dans le temps même que son esprit s'égare, son cœur veille et parle pour elle ; ses dégoûts même deviennent une prière par les sentiments qui se forment alors dans son cœur : elle s'attendrit; elle soupire; elle se déplaît; elle est à charge à elle-même; elle sent la pesanteur de ses liens; elle se ranime comme pour s'en dégager et les rompre; elle renouvelle mille fois ses protestations de fidélité; elle rougit et se confond, de promettre toujours, et de se retrouver toujours infidèle : voilà tout le secret et toute la science de sa prière. Et qu'y a-t-il là qui ne soit à portée de toute âme fidèle?

Qui avoit instruit à prier notre pauvre femme chananéenne? une étrangère, une fille de Tyr et de Sidon, qui ignoroit les merveilles de la loi, et les oracles des prophètes; qui n'avoit pas encore entendu de la bouche du Sauveur les paroles de la vie éternelle; qui étoit encore assise dans les ténèbres de l'ignorance et de la mort : elle prie cependant; elle ne s'adresse pas aux apôtres, pour apprendre d'eux les règles de la prière; son amour, sa confiance, le désir d'être exaucée, lui apprennent à prier; son cœur touché fait tout le mérite et toute la sublimité de sa prière.

Et certes, si pour prier il falloit s'élever à ces éclats sublimes d'oraisons, où Dieu élève quelques âmes saintes; s'il falloit être ravi comme Paul jusque dans le ciel, pour y entendre ces secrets ineffables que Dieu ne découvre point à l'homme, et qu'il n'est pas permis à l'homme lui-même de révéler; ou comme Moïse, sur la montagne sainte, être placé sur une nuée de gloire, et voir Dieu face à face : c'est-à-dire, s'il falloit être arrivé à ce degré d'union intime avec le Seigneur, où l'âme, comme si elle étoit déjà dépouillée de son corps, s'élève jusque dans le sein de Dieu même; contemple à loisir ses perfections infinies; oublie, pour ainsi dire, ses membres qui sont sur la terre; n'est plus troublée, ni même divertie, par les fantômes des sens; est fixée et comme absorbée dans la contemplation des merveilles et des grandeurs de Dieu; et participant déjà à son éternité, ne compteroit un siècle entier passé dans cet état heureux, que comme un instant court et rapide : si, dis-je, pour prier, il falloit être favorisé de ces dons rares et excellents de l'Esprit saint, vous pourriez nous dire, comme ces nouveaux fidèles dont parle saint Paul, que vous ne les avez pas reçus et que vous ignorez même quel est l'Esprit qui les communique.

Mais la prière n'est pas un don particulier réservé à certaines âmes privilégiées; c'est un devoir commun imposé à tout fidèle : ce n'est pas seulement une vertu de perfection et réservée à certaines âmes plus pures et plus saintes : c'est une vertu indispensable, comme la charité; nécessaire aux parfaits, comme aux imparfaits; à la portée des savants comme des ignorants; ordonnée aux simples comme aux plus éclairés : c'est la vertu de tous les hommes; c'est la science de tout fidèle; c'est la perfection de toute créature. Tout ce qui a un cœur et qui peut aimer l'auteur de son être; tout ce qui a une raison capable de connoître le néant de la créature et la grandeur de Dieu, doit savoir prier, l'adorer, lui rendre grâces, recourir à lui; l'apaiser, lorsqu'il est irrité; l'appeler, lorsqu'il est éloigné; le remercier, lorsqu'il favorise; s'humilier, lorsqu'il frappe; lui exposer ses besoins, ou lui demander des grâces.

Aussi, lorsque les disciples demandent à Jésus-Christ qu'il leur apprenne à prier : *Doce nos orare*, il ne leur découvre pas la hauteur, la sublimité, la profondeur des mystères de Dieu : il leur apprend seulement que pour prier, il faut regarder Dieu comme un père tendre, bienfaisant, attentif; s'adresser à lui avec une familiarité respectueuse, avec une confiance mêlée de crainte et d'amour; lui parler le langage de notre foiblesse et de nos misères; ne prendre des expressions que dans notre cœur; ne vouloir pas nous élever jusqu'à lui, mais le rapprocher plutôt de nous; lui exposer nos besoins; implorer son secours; souhaiter que tous les hommes l'adorent et le bénissent; qu'il vienne établir son règne dans tous les cœurs; que le ciel et la terre soient soumis à ses volontés saintes; que les pécheurs rentrent dans les voies de la justice; que les infidèles arrivent à la connoissance de la vérité; qu'il nous remette nos offenses; qu'il nous préserve de nos tentations; qu'il tende la main à notre foiblesse; qu'il nous délivre de nos misères. Tout est simple, mais tout est grand, dans cette divine prière : elle rappelle l'homme à lui-même; et pour en suivre le modèle, il ne faut que sentir ses besoins, et en souhaiter la délivrance.

Et voilà pourquoi j'ai dit que la disposition injuste d'où partoit le prétexte fondé sur ce qu'on ne sait pas prier, est qu'on ne sait pas assez les besoins infinis de son âme. Car, je vous prie, mes frères, faut-il apprendre à un malade à demander sa guérison; à un homme pressé de la faim, à solliciter la nourriture; à un infortuné battu de la tempête et sur le point d'un triste naufrage, à implorer du secours? Hélas! la nécessité toute seule ne fournit-elle pas alors des expressions? ne trouve-t-on pas dans le sentiment tout seul des maux qu'on endure, cette éloquence vive, ces mouvements persuasifs, ces remontrances pressantes qui en sollicitent le remède? Un cœur qui souffre a-t-il besoin de maître, pour savoir comment il faut se plaindre? Tout parle en lui; tout exprime sa douleur; tout annonce sa peine; tout sollicite son soulagement : son silence même est éloquent.

Quand on aime, le cœur sait bientôt comment il faut s'y prendre pour entretenir et pour toucher ce qu'il aime : il ne va pas chercher bien loin ce qu'il doit dire : hélas! il ne sauroit même dire tout ce qu'il sent. Rétablissons l'ordre dans notre cœur, mes frères; substituons Dieu à la place du monde : alors notre cœur ne se trouvera plus étranger devant le Seigneur. C'est le déréglement de nos affections tout seul, qui fait notre incapacité de prier : on ne sait pas demander des biens éternels que l'on n'aime pas; on ne sait pas méditer des vérités que l'on ne goûte pas; on n'a rien à dire à un Dieu qu'on ne connoît presque pas ; on ignore comment solliciter des grâces que l'on ne souhaite pas ; on ne sait pas faire instance pour obtenir la délivrance des passions que l'on ne hait pas : en un mot, la prière est le langage de l'amour ; et nous ne savons pas prier, parce que nous ne savons pas aimer.

DU PETIT NOMBRE DES ÉLUS.

Il n'est peut-être personne ici qui ne puisse dire de soi : « Je vis comme le grand nombre, comme ceux de mon rang, de mon âge, de mon état ; je suis perdu, si je meurs dans cette voie. » Or, quoi de plus propre à effrayer une âme à qui il reste encore quelque soin de son salut? Cependant c'est la multitude qui ne tremble point; il n'est qu'un petit nombre de justes, qui opèrent à l'écart leur salut avec crainte ; tout le reste est calme : on sait en général que le grand nombre se damne ; mais on se flatte qu'après avoir vécu avec la multitude, on sera discerné à la mort; chacun se met dans le cas d'une exception chimérique ; chacun augure favorablement pour soi.

Et c'est pour cela que je m'arrête à vous, mes frères, qui êtes ici assemblés : je ne parle plus du reste des hommes ; je vous regarde comme si vous étiez seuls sur la terre : et voici la pensée qui m'occupe et qui m'épouvante. Je suppose que c'est ici votre dernière heure et la fin de l'univers ; que les cieux vont s'ouvrir sur vos têtes; Jésus-Christ paroître dans sa gloire au milieu de ce temple, et que vous n'y êtes assemblés que pour l'attendre, et comme des criminels tremblants, à qui l'on va prononcer, ou une sentence de grâce, ou un arrêt de mort éternelle : car, vous avez beau vous flatter, vous mourrez tels que vous êtes aujourd'hui ; tous ces désirs de changements qui vous amusent, vous amuseront jusqu'au lit de la mort; c'est l'expérience de tous les siècles : tout ce que vous trouverez alors en vous de nouveau sera peut-être un compte un peu plus grand que ce que vous auriez aujourd'hui à rendre ; et sur ce que vous seriez, si l'on venoit vous juger dans le moment, vous pouvez presque décider de ce qui vous arrivera au sortir de la vie.

Or, je vous demande, et je vous le demande frappé de terreur, ne séparant pas en ce point mon sort du vôtre, et me mettant dans la même disposition où je souhaite que vous entriez ; je vous demande donc : si Jésus-Christ paroissoit dans ce temple, au milieu de cette assemblée, la plus auguste de l'univers, pour nous juger, pour faire le terrible discernement des boucs et des brebis, croyez-vous que le plus grand nombre de tout ce que nous sommes ici fût placé à la droite? Croyez-vous que les choses du moins fussent égales? Croyez-vous qu'il s'y trouvât seulement dix justes, que le Seigneur ne put trouver autrefois en cinq villes tout entières? Je vous le demande ; vous l'ignorez, et je l'ignore moi-même : vous seul, ô mon Dieu! connoissez ceux qui vous appartiennent; mais si nous ne connoissons pas ceux qui lui appartiennent, nous savons du moins que les pécheurs ne lui appartiennent pas. Or, qui sont les fidèles ici assemblés? Les titres et les dignités ne doivent être comptés pour rien ; vous en serez dépouillés devant Jésus-Christ : qui sont-ils? beaucoup de pécheurs qui ne veulent pas se convertir ; encore plus qui le voudroient, mais qui diffèrent leur conversion ; plusieurs autres qui ne se convertissent jamais que pour retomber; enfin un grand nombre qui croient n'avoir pas besoin de conversion : voilà le parti des réprouvés. Retranchez ces quatre sortes de pécheurs de cette assemblée sainte; car ils en seront retranchés au grand jour : paroissez maintenant, justes; où êtes-vous? Restes d'Israël, passez à la droite : froment de Jésus-Christ, démêlez-vous de cette paille destinée au feu : ô Dieu ! où sont vos élus? et que reste-t-il pour votre partage?

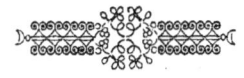

LA MORT DU PÉCHEUR.

Alors le pécheur mourant, ne trouvant plus dans le souvenir du passé que des regrets qui l'accablent ; dans tout ce qui se passe à ses yeux que des images qui l'affligent ; dans la pensée de l'avenir que des horreurs qui l'épouvantent : ne sachant plus à qui avoir recours, ni aux créatures qui lui échappent, ni au monde qui s'évanouit, ni aux hommes qui ne sauroient le délivrer de la mort, ni au Dieu juste qu'il regarde comme un ennemi déclaré dont il ne doit plus attendre d'indulgence ; il se roule dans ses propres horreurs, il se tourmente, il s'agite pour fuir la mort qui le saisit, ou du moins pour se fuir lui-même. Il sort de ses yeux mourants je ne sais quoi de sombre et de farouche qui exprime les fureurs de son âme ; il pousse du fond de sa tristesse des paroles entrecoupées de sanglots qu'on n'entend qu'à demi, et l'on ne sait si c'est le désespoir ou le repentir qui les a formées. Il jette sur un Dieu crucifié des regards affreux, et qui laissent douter si c'est la crainte ou l'espérance, la haine ou l'amour, qu'ils expriment ; il entre dans des saisissements où l'on ignore si c'est le corps qui se dissout, ou l'âme qui sent l'approche de son juge ; il soupire profondément, et l'on ne sait si c'est le souvenir de ses crimes qui lui arrache ces soupirs, ou le désespoir de quitter la vie. Enfin, au milieu de ces tristes efforts, ses yeux se fixent, ses traits changent, son visage se défigure, sa bouche livide s'entr'ouvre d'elle-même, tout son esprit frémit, et par ce dernier effort son âme infortunée s'arrache comme à regret de ce corps de boue, tombe entre les mains de Dieu, et se trouve seule au pied du tribunal redoutable.

LE ROI CONQUÉRANT

Sa gloire sera toujours souillée de sang. Quelque insensé chantera peut-être ses victoires ; mais les provinces, les villes, les campagnes en pleureront. On lui dressera des monuments superbes pour immortaliser ses conquêtes, mais les cendres encore fumantes de tant de villes autrefois florissantes, mais la désolation de tant de campagnes dépouillées de leur ancienne beauté, mais les ruines de tant de murs sous lesquels des citoyens paisibles ont été ensevelis, seront des monuments lugubres qui immortaliseront sa vanité et sa folie. Il aura passé comme un torrent pour ravager la terre, et non comme un fleuve majestueux pour y porter la joie et l'abondance. Son nom sera inscrit dans les annales de la postérité parmi les conquérants, mais il ne le sera pas parmi les bons rois ; et l'on ne rappellera l'histoire de son règne que pour rappeler le souvenir des maux qu'il a faits aux hommes. Ainsi son orgueil, dit l'Esprit de Dieu, sera monté jusqu'au ciel, sa tête aura touché dans les nues, ses succès auront égalé ses désirs, et tout cet amas de gloire ne sera plus à la fin qu'un monceau de boue qui ne laissera après lui que l'opprobre et l'infection.

Massillon se montra toujours sévère pour les puissants. Il ressemble parfois à un tribun parlant au nom d'un Dieu de justice et d'humanité. Voici deux fragments qui sont empreints de ce caractère de force et de hardiesse :

« Sire, rien n'est plus grand dans les souverains que de vouloir être détrompé, et d'avoir la force de convenir soi-même de sa méprise. Assuérus ne crut point déroger à la majesté de l'empire en déclarant, même par un édit public, que sa bonne foi avoit été surprise par les artifices d'Aman. C'est un mauvais orgueil de croire qu'on ne peut avoir tort ; c'est une foiblesse de n'oser reculer quand on sent qu'on nous a fait faire une fausse démarche. Les variations qui nous ramènent au vrai, affermissent l'autorité, loin de l'affoiblir. Ce n'est pas montrer au peuple l'inconstance du gouvernement, c'est lui en étaler l'équité et la droiture. Les peuples savent assez et voient assez souvent que les souverains peuvent se tromper ; mais ils voient rarement qu'ils sachent se désabuser et convenir de leurs méprises. Il ne faut pas craindre qu'ils respectent moins la puissance qui avoue son tort et qui se condamne elle-même : leur respect ne s'affoiblit qu'envers celle, ou qui ne le connoit pas, ou qui le justifie; et dans leur esprit, rien ne déshonore autant l'autorité que la foiblesse qui se laisse surprendre, et la mauvaise gloire, qui croiroit s'avilir en convenant de son erreur et de sa surprise. » . . . . . .

. . . .

« Sire, c'est le choix de la nation qui mit d'abord le sceptre entre les mains de vos ancêtres : c'est elle qui les éleva sur le bouclier militaire et les proclama souverains. Le royaume devint ensuite l'héritage de leurs successeurs; mais ils le durent originairement au consentement libre des sujets. Leur naissance seule les mit ensuite en possession du trône ; mais ce furent des suffrages publics qui attachèrent d'abord ce droit et cette prérogative à leur naissance. En un mot, comme la première source de leur autorité vient de nous, les rois n'en doivent faire usage que pour nous... Ce n'est donc pas le souverain, c'est la loi, sire, qui doit régner sur les peuples : vous n'en êtes que le ministre et le premier dépositaire ; c'est elle qui doit régler l'usage de l'autorité, et c'est par elle que l'autorité n'est plus un joug pour les sujets, mais une règle qui les conduit, un secours qui les protège, une vigilance paternelle qui ne s'assure leur soumission que parce qu'elle s'assure leur tendresse. Les hommes croient être libres quand ils ne sont gouvernés que par les lois : leur soumission fait alors tout leur bonheur, parce qu'elle fait toute leur tranquillité et toute leur confiance. Les passions, les volontés injustes, les désirs excessifs et ambitieux que les princes mêlent à l'autorité, loin de l'étendre, l'affoiblissent ; ils deviennent moins puissants dès qu'ils veulent l'être plus que les lois ; ils perdent en croyant gagner : tout ce qui rend l'autorité injuste et odieuse l'énerve et la diminue. »

LA BIENFAISANCE.

Pourriez-vous faire de votre élévation et de votre opulence un usage plus doux et plus flatteur? Vous attirer des hommages? mais l'orgueil lui-même s'en lasse. Commander aux hommes et leur donner des lois? mais ce sont là les soins de l'autorité; ce n'en est pas le plaisir. Voir autour de vous multiplier à l'infini vos serviteurs et vos esclaves? mais ce sont des témoins qui vous embarrassent et vous gênent, plutôt qu'une pompe qui vous décore. Habiter des palais somptueux? mais vous vous édifiez, dit Job, des solitudes où les soucis et les noirs chagrins viennent bientôt habiter avec vous. Y rassembler tous les plaisirs? ils peuvent remplir ces vastes édifices, mais ils laissent toujours votre cœur vide. Trouver tous les jours dans votre opulence de nouvelles ressources à vos caprices? la variété des ressources tarit bientôt; tout est bientôt épuisé, il faut revenir sur ses pas, et recommencer ce que l'ennui rend insipide, et ce que l'oisiveté a rendu nécessaire. Employez tant qu'il vous plaira vos biens et votre autorité à tous les usages que l'orgueil et les plaisirs peuvent inventer, vous serez rassasiés, mais vous ne serez pas satisfaits ; ils vous montreront la joie, mais ils ne la laisseront pas dans votre cœur. Employez-les à faire des heureux, à rendre la vie plus douce et plus supportable à des infortunés que l'excès de la misère a peut-être réduits mille fois à souhaiter, comme Job, que le jour de leur naissance eût été lui-même la nuit éternelle de leur tombeau ; vous sentirez alors le plaisir d'être né grand ; vous goûterez la véritable douceur de votre état : c'est le seul privilége qui le rende digne d'envie. Toute cette vaine montre qui vous environne est pour les autres : ce plaisir-là est pour vous seul ; tout le reste a ses amertumes : ce plaisir seul les adoucit toutes. La joie de faire du bien est tout autrement douce et touchante que la joie de le recevoir. Revenez-y encore, c'est un plaisir qui ne s'use point : plus on le goûte, plus on se rend digne de le goûter. On s'accoutume à sa prospérité propre, et on y devient insensible; mais on sent toujours la joie d'être l'auteur de la prospérité d'autrui ; chaque bienfait porte avec lui ce plaisir doux et secret ; et le long usage qui endurcit le cœur à tous les plaisirs le rend ici tous les jours plus sensible.

INCERTITUDE DE L'ESPRIT DE L'HOMME.

Si tout doit finir avec nous, si l'homme ne doit rien attendre après cette vie, et que ce soit ici notre patrie, notre origine, et la seule félicité que nous pouvons nous promettre, pourquoi n'y sommes-nous pas heureux? Si nous ne naissons que pour le plaisir des sens, pourquoi ne peuvent-ils nous satisfaire, et laissent-ils toujours un fonds d'ennui et de tristesse dans notre cœur? Si l'homme n'a rien au-dessus de la bête, que ne coule-t-il ses jours comme elle, sans souci, sans inquiétude, sans dégoût, sans tristesse, dans la félicité des sens et de la chair? Si l'homme n'a point d'autre bonheur à espérer qu'un bonheur temporel, pourquoi ne le trouve-t-il nulle part sur la terre? D'où vient que les richesses l'inquiètent, que les honneurs le fatiguent, que les plaisirs le lassent, que les sciences le confondent et irritent sa curiosité, loin de la satisfaire; que la réputation le gêne et l'embarrasse; que tout cela ensemble ne peut remplir l'immensité de son cœur, et lui laisse encore quelque chose à désirer? Tous les autres êtres, contents de leur destination, paroissent heureux, à leur manière, dans la situation où l'auteur de la nature les a placés. Les astres, tranquilles dans le firmament, ne quittent pas leur séjour pour aller éclairer une autre terre; la terre, réglée dans ses mouvements, ne s'élance pas en haut pour aller reprendre leur place; les animaux rampent dans les campagnes, sans envier la destinée de l'homme qui habite les villes et les palais somptueux; les oiseaux se réjouissent dans les airs, sans penser s'il y a des créatures plus heureuses qu'eux sur la terre. Tout est heureux, pour ainsi dire, tout est à sa place dans la nature: l'homme seul est inquiet, mécontent; l'homme seul est en proie à ses désirs, se laisse déchirer par des craintes, trouve son supplice dans ses espérances, devient triste et malheureux au milieu de ses plaisirs: l'homme seul ne rencontre rien ici-bas où son cœur puisse se fixer.

D'où vient cela? O homme, ne seroit-ce point parce que vous êtes ici-bas déplacé, que vous êtes fait pour le ciel; que votre cœur est plus grand que le monde; que la terre n'est pas votre patrie; et que tout ce qui n'est pas Dieu n'est rien pour vous?

SAURIN.

ENSEIGNEMENTS QU'OFFRE LA TOMBE.

La mort rend toutes les choses égales; elle laisse, du moins, si peu de différence entre les unes et les autres, qu'elle devient méconnoissable. Ainsi le motif le plus sensible, pour s'abstenir des passions, c'est la mort : le meilleur cours de morale, c'est le tombeau. Allez sur le tombeau de l'avare, allez apprendre à connoître l'avarice; voyez cet homme qui entassoit monceau sur monceau, et richesses sur richesses; allez le voir renfermé dans quelques planches, et dans quelques pouces de terre. Allez sur le tombeau de l'ambitieux, allez apprendre à connoître l'ambition; allez voir ces nobles desseins, ces vastes projets, ces espérances sans bornes, avortées et comme brisées à cet écueil fatal des choses humaines. Allez sur le tombeau de l'homme superbe, allez apprendre à connoître l'orgueil; allez voir cette bouche, qui prononçoit des choses magnifiques, condamnée à un éternel silence; ces yeux étincelants dont les formidables regards étoient la terreur de l'univers, couverts d'une sombre nuit, et ce bras redoutable qui faisoit la destinée des peuples, sans mouvement et sans vie. Allez sur le tombeau de l'homme noble, allez apprendre à connoître la noblesse; allez voir ces titres magnifiques, ces ancêtres majestueux, ces inscriptions pompeuses, ces généalogies recherchées; allez les voir confondus dans la même tombe. Allez sur le tombeau du voluptueux, allez apprendre à connoître la volupté; allez voir ces sens détruits, ces organes dissipés, ces *os épars sur la gueule du sépulcre*, et ce temple de la volupté sapé jusqu'aux fondements.

Jacques Saurin, le Bossuet de la chaire protestante, naquit à Nîmes, le 6 janvier 1677. Son père, secrétaire perpétuel de l'académie de cette ville, quitta la France lors de la malheureuse révocation de l'édit de Nantes. Jacques termina ses études à Genève. D'abord militaire, il renonça bientôt à la carrière des armes pour devenir pasteur. Après quatre ans de séjour à Londres, Saurin fut appelé à La Haye avec le titre de ministre extraordinaire des nobles, place qui avait été créée pour lui. Ce fut en cette qualité que, pendant vingt-cinq ans, l'éloquent pasteur déploya les talents qui l'ont placé parmi les orateurs sacrés du premier ordre. Souvent lourd, bizarre, diffus, incorrect, quelquefois, a un vol aussi élevé que celui de l'aigle de Meaux. Il a toute la profondeur, toute la majesté, tout l'élan du grand maître. Dans ses beaux sermons rien ne sent la recherche ni l'effort de l'art; tout y est verve, tout y semble d'inspiration, tout s'élance du cœur même de l'orateur. Il ne perd de vue ni son sujet ni son auditoire; il pousse avec hardiesse ses raisonnements, il est ému comme un orateur. Mais lorsqu'il n'est pas dominé par un grand sujet, élevé par des pensées d'un ordre supérieur, il devient étrange et trivial, et ne s'exprime pas toujours dans un français choisi. En général, le grand goût de Bossuet, le goût délicat de Massillon, et surtout sa pureté, lui manquent également.

Les sermons de Saurin sur *la sagesse de Salomon*, et *le Discours de saint Paul à Félix et à Drusille*; quelques fragments du sermon sur *la Différence entre les citoyens du ciel et ceux de la terre*, sont vraiment remarquables.

Ennemi de Louis XIV, Saurin a trouvé, pour peindre le despotisme de ce monarque, des images, des tours et des pensée oratoires de la plus haute énergie. Quel effet ne devait pas produire l'illustre sermonnaire, lorsqu'en parlant de *l'amour de la patrie*, il s'écriait : « Nous sommes dans les circonstances de Nohémie; la ville qui est le lieu du sépulcre de nos pères demeure encore désolée. Ses portes sont encore en feu! souffrez, mes frères, que nous vous conjurions de prier pour la paix de Jérusalem. Souffrez qu'au milieu d'un peuple comblé des faveurs du Ciel, d'un peuple que nous aimons comme nous-mêmes, nous fassions éclater ce cri, interprète de nos douleurs : « Jérusalem, si je t'oublie, que ma dextre s'oublie elle-même; que ma langue s'attache à mon palais, si je ne me souviens de toi! » Peut-être les sermons de Saurin n'ont-ils pas fait moins de mal en Europe, à Louis XIV, que les écrits de madame de Staël n'en ont fait à Napoléon. Aucun prêtre de l'Église chrétienne n'a tiré du crime et *du désespoir de Judas* d'aussi grandes et d'aussi fortes leçons, comme aucun ministre protestant n'a attaqué Louis XIV avec plus d'audace. Voici le portrait qu'il en trace dans son sermon sur les malheurs de l'Europe. « En général, vous connaissez Pilate. C'étoit un de ces hommes que Dieu, par les secrets profonds de sa providence, laisse parvenir aux postes les plus éminents, pour en faire les exécuteurs de ses desseins, lorsqu'ils ne pensent qu'à assouvir leurs passions propres. C'étoit un homme que beaucoup de cruauté, jointe à une extrême avarice, porta aux plus grands excès, rendit très-propre à être une verge dans la main de Dieu; et qui, selon les mouvements divers dont il fut agité, persécuta tantôt les Juifs pour plaire aux païens, tantôt les chrétiens pour plaire aux Juifs; immola le consommateur de notre foi, après avoir troublé la synagogue, et fut ainsi le tyran de l'une et l'autre Église ! »

Le choix des sujets que traitait Saurin est extrêmement remarquable ; tantôt il parle de *la nécessité des progrès, du véritable héroïsme*, sur *les exemples des gens de bien*, sur *l'égalité des hommes*, sur *la véritable liberté* ; tantôt il épouvante les réformés par *la peinture de la passion, des tourments de l'enfer, de l'éternité, de Dieu*.

La fin de l'illustre prédicateur fut remplie d'amertume. Deux synodes condamnèrent sa *Dissertation sur le mensonge officieux*. Saurin ne survécut pas longtemps à ce chagrin, et mourut le 30 décembre 1730. Il avait une âme belle, généreuse et remplie de bonté. Quoique violent ennemi de la foi catholique, il fut cependant plus modéré en général que ses confrères.

LA MORT EST LE TERME DE TOUTES LES GRANDEURS HUMAINES.

La mort est le terme où finissent les titres les plus spécieux, la gloire la plus éclatante, la vie la plus délicieuse ; et je rappelle ici à mon esprit l'action mémorable d'un prince, idolâtre à la vérité, mais plus sage que beaucoup de chrétiens ; je parle du grand Saladin. Après avoir asservi l'Égypte, après avoir passé l'Euphrate et conquis des villes sans nombre, après avoir repris Jérusalem et fait des actions au-dessus de l'homme, dans ces guerres que les chrétiens avoient entreprises pour le recouvrement des lieux saints, il finit sa vie par une action qui mérite d'être transmise à la postérité la plus reculée : un moment avant de rendre le dernier soupir, il appelle le héraut qui avoit coutume de porter la bannière devant lui dans toutes les batailles ; il lui commande d'attacher au bout d'une lance un morceau de ce drap dans lequel on devoit bientôt l'ensevelir, et lui dit : « Va, porte cette lance, déploie cet étendard, et crie en le déployant : *Voilà, voilà tout ce que le grand Saladin, vainqueur et maître de l'empire, emporte de toute sa gloire !* » Chrétiens, je fais aujourd'hui la fonction de ce héraut ; j'attache aujourd'hui au bout d'une lance les voluptés, les richesses, les plaisirs, les dignités ; je vous produis tout cela, réduit à cette pièce de toile dans laquelle on doit bientôt vous ensevelir ; je déploie à vos yeux cet étendard de la mort, et je vous crie : « Voilà, voilà tous les avantages que vous emporterez avec vous ; voilà tout ce qui vous restera de ce que vous préfériez au salut de votre âme ! »

Saurin a encore traité le même sujet et avec la même supériorité, dans un sermon sur *l'égalité des hommes*. Voici comment il s'exprime :

« Où vas-tu, pauvre qui traînes une vie languissante, qui mendies ton pain de maison en maison, qui es dans de continuelles alarmes sur les moyens de te procurer des aliments pour te nourrir et des habits pour te couvrir, toujours l'objet de la charité des uns et de la dureté des autres ? à la mort. Où vas-tu, noble qui te pares d'une gloire empruntée, qui comptes comme tes vertus les titres de tes ancêtres, et qui penses être formé d'une boue plus précieuse que le reste des humains ? à la mort. Où vas-tu, roturier qui te moques de la folie du noble, et qui extravagues toi-même d'une autre manière ? à la mort. Où vas-tu, guerrier qui ne parles que de gloire, que d'héroïsme, et qui te flattes de je ne sais quelle immortalité ? à la mort... Où allons-nous tous, mes chers auditeurs ? à la mort. La mort respecte-t-elle les titres, les dignités, les richesses ? Où est Alexandre ? où est César ? où sont les hommes dont le nom seul faisoit trembler l'univers ? Ils ont été, mais ils ne sont plus... »

ABAISSEMENT QUE CAUSE LA MORT.

Dans cet auditoire, quels cris n'entendroit-on point, si, au lieu de ces discours vagues que nous vous adressons, Dieu nous donnoit dans ce moment de pénétrer dans l'avenir, de lire dans ses décrets, d'y voir la destinée des personnes qui nous écoutent, et de vous dire à chacun ce qui vous intéresseroit dans cette révélation nouvelle ? Là, vous verriez cet homme superbe qui s'enfle par le vent de sa vanité, confondu dans la même poudre avec le plus vil d'entre les hommes. Ici, cette femme voluptueuse qui ne refuse rien à ses sens, vous la verriez couchée dans un lit d'infirmité, placée entre les douleurs d'une maladie mortelle, et la juste crainte de tomber entre les mains d'un Dieu vengeur.

Ailleurs, cet homme de guerre qui est couronné de lauriers, et qui en cherche une moisson nouvelle dans la campagne prochaine, vous le verriez couvert d'une tragique poussière, baigné dans son propre sang, et trouvant sa sépulture dans ce même lieu où son imagination lui offroit un champ de victoire.

Par tous les endroits de cet auditoire, à droite, à gauche, devant, derrière, à vos côtés, à votre place, je vous montrerois des cadavres; et dans cette supposition, celui qui nous écoute peut-être avec le plus d'indolence, et qui se moque en secret de ceux que notre voix épouvante, serviroit lui-même de preuve aux vérités que nous prêchons, et occuperoit la première place dans cette liste fatale.

L'AMITIÉ.

Comment sont les amis que nous nous faisons sur la terre? D'abord vifs, empressés, pleins d'ardeur ; mais sentant bientôt le goût pour nous s'émousser, par la facilité qu'ils ont à la satisfaire. D'abord doux, faciles, tout pleins de condescendance; mais bientôt maîtres, tyrans impérieux, faisant d'une assiduité qui ne devoit venir que de l'inclination, une dette exigée à toute rigueur; prétendant dominer sur notre raison, comme ils ont asservi notre goût. D'abord attentifs, dociles, pendant qu'un voile de préjugés nous dérobe leurs imperfections; prêts à acquiescer à notre sentiment, pendant qu'il est conforme à leurs penchants : mais bientôt indociles, rétifs; ne sachant ce que c'est que de plier, quand nous découvrons leur foible, et que nous entreprenons de le combattre. D'abord assidus, fidèles, généreux, pendant que ce qu'on appelle Fortune nous favorise de ses regards; mais bientôt déserteurs, ingrats, perfides, si elle nous trahit, et mille fois plus infidèles qu'elle. Quel fantôme a moins de constance que celui des amitiés humaines.

Ah! charmes de l'amitié, douces erreurs, belles chimères! vous êtes plus capables de nous tromper que de nous satisfaire, d'empoisonner notre vie que de l'adoucir, et de nous faire rompre avec le monde que de nous y attacher! Mon ami, veux-tu former des liaisons que rien ne soit capable d'altérer? Place ton amour avec ton trésor, aime Dieu, défère à sa sainte voix qui te crie du haut du ciel : « *Donne-moi ton cœur!* » En Dieu tu trouveras un amour constant et fidèle, un amour au-dessus des révolutions du siècle, un amour qui te suivra et qui te comblera de délices dans l'éternité !!

BALZAC.

DE LA RELIGION CHRÉTIENNE ET DE SES PREMIERS COMMENCEMENTS.

Rien ne paroît ici de l'homme, rien qui porte sa marque et qui soit de sa façon. Je ne vois rien qui ne me semble plus que naturel dans la naissance et dans le progrès de cette doctrine; les ignorants l'ont persuadée aux philosophes; de pauvres pêcheurs ont été érigés en docteurs des rois et des nations, en professeurs de la science du ciel. Ils ont pris dans leurs filets les orateurs et les poëtes, les jurisconsultes et les mathématiciens.

Cette république naissante s'est multipliée par la chasteté et par la mort : bien que ce soient deux choses stériles et contraires au dessein de multiplier. Ce peuple choisi s'est accru par les pertes et par les défaites ; il a combattu, il a vaincu étant désarmé. Le monde, en apparence, avoit ruiné l'Église, mais elle a accablé le monde sous ses ruines. La force des tyrans s'est rendue au courage des condamnés. La patience de nos pères a lassé toutes les mains, toutes les machines, toutes les inventions de la cruauté.

Chose étrange et digne d'une longue considération ! reprochons-la plus d'une fois à la lâcheté de notre foi et à la tiédeur de notre zèle : en ce temps-là, il y avoit de la presse à se faire déchirer, à se faire brûler pour Jésus-Christ. L'extrême douleur et la dernière infamie attiroient les hommes au christianisme; c'étoient les appas et les promesses de cette nouvelle secte. Ceux qui la suivoient et qui avoient faveur à la cour, avoient peur d'être oubliés dans la commune persécution ; ils s'alloient accuser eux-mêmes, s'ils manquoient de délateurs. Le lieu où les feux étoient allumés et les bêtes déchaînées, s'appeloit, en la langue de la primitive Église, la *place où l'on donne les couronnes*.

Voilà le style de ces grandes âmes, qui méprisoient la mort comme si elles eussent eu des corps de louage et une vie empruntée.

Je ne m'étonne point que les Césars aient régné, et que le parti qui a été le victorieux ait été le maître. Mais si c'eût été le vaincu à qui l'avantage fût demeuré ; si les déroutes eussent fortifié Pompée et rétabli sa fortune; si les persécutions eussent grossi la part d'un mort, et lui eussent fait naître des partisans ; si un mort lui-même, si une tête coupée eût donné des lois à toute la terre, véritablement il y auroit de quoi s'étonner d'un succès si éloigné du cours ordinaire des choses humaines. Je trouverois étrange qu'après la bataille de Pharsale, et plusieurs autres batailles décisives de l'empire, les amis de Pompée eussent été empereurs de Rome, à l'exclusion des héritiers de César. J'aurois de la peine à croire, quand le plus véritable et le plus religieux historien de Rome me le diroit, que des gens eussent triomphé autant de fois qu'ils furent battus; qu'une cause si souvent perdue eût toujours été suivie. Au moins me semble-t-il que ce n'est pas bien le droit chemin pour arriver à l'empire, et que d'ordinaire on se sert de tout autre moyen pour obtenir le triomphe. Ce n'est pas la coutume des choses du monde que les bons succès ne servent de rien, que la victoire soit décréditée, et que le gain aille au malheureux.

Nous voyons pourtant ici cet événement irrégulier et directement opposé à la coutume des choses du monde. Le sang des martyrs a été fertile, et la persécution a peuplé le monde de chrétiens. Les premiers persécuteurs, voulant éteindre la lumière qui naissoit, et étouffer l'Église au berceau, ont été contraints d'avouer leur foiblesse après avoir épuisé leurs forces. Les autres qui l'attaquèrent depuis ne réussirent pas mieux en leur entreprise. Et, bien qu'il y ait encore en la nature des choses des inscriptions qu'ils nous ont laissées, POUR AVOIR PURGÉ LA TERRE DE LA NATION DES CHRÉTIENS, POUR AVOIR ABOLI LE NOM CHRÉTIEN EN TOUTES LES PARTIES DE L'EMPIRE, l'expérience nous a fait voir qu'ils ont triomphé à faux, et leurs marbres ont été menteurs. Ces superbes inscriptions sont aujourd'hui des monuments de leur vanité, et non pas de leur victoire. L'ouvrage de Dieu n'a pu être défait par la main des hommes. Et disons hardiment à la gloire de notre Jésus-Christ, et à la honte de leur Dioclétien : « Les tyrans passent, mais la vérité demeure. »

Balzac (Jean-Louis) reçut le jour à Angoulême, en 1594. A l'âge de dix-sept ans, il fit un voyage en Hollande durant lequel il composa un *Discours politique sur l'état des Provinces-Unies*, qui ne fut imprimé que longtemps après. Attaché plus tard au cardinal de La Valette, il passa dix-huit mois à Rome, et écrivit à son retour la plupart de ses ouvrages.

Ses *Lettres* commencèrent sa réputation. « Elles causèrent une si grande admiration, dit Boileau, qu'on ne parlait pas de lui simplement comme du plus éloquent homme de son siècle, mais comme du seul éloquent. » Le succès de ce livre lui attira des inimitiés fort vives, auxquelles mit fin seulement la mort de son principal adversaire.

En 1634, Balzac fut reçu au nombre des membres de l'Académie française, qui venait d'être créée; mais au lieu de prononcer un discours pour sa réception, il se borna à envoyer à l'Académie quelques-uns de ses ouvrages pour qu'il en fût fait lecture.

Cet écrivain, qui le premier a donné du nombre et de l'harmonie à notre langue, fut le réformateur de notre prose comme Malherbe l'avait été de notre poésie. Il mourut le 18 février 1654. Thomas Jolly, en 1655, et M. Malitourne, en 1822, ont donné, l'un les *OEuvres complètes*, l'autre les *OEuvres choisies* de Balzac.

Voici le jugement que portait de lui La Bruyère : « Je ne » sais si l'on pourra mettre jamais dans les lettres plus d'es- » prit, plus de tour, plus d'agrément et plus de style que » l'on n'en voit dans celles de Balzac et de Voiture ; mais » elles sont vides de sentiments. Balzac et Ronsard ont eu, » chacun dans leur genre, assez de bon et de mauvais pour » former après eux de très-grands hommes en vers et en » prose. »

D'Aguesseau, dans son *Instruction quatrième*, dit que Balzac doit être lu avec précaution, et lui reproche, ainsi que Boileau, de l'enflure, un goût peu réglé, et de l'affectation ; mais il loue en lui la liaison des pensées, l'art des transitions, le choix des termes : enfin un nombre et une harmonie qui semblent avoir péri avec Fléchier, son imitateur. Voltaire, dans *le Temple du Goût*, dit que Balzac ne lui parut pas occuper le premier rang ; Palissot le regarde comme le précurseur de l'école de Port-Royal, et Dussault écrit, de Voiture et de lui, que ces *grands épistoliers* « étaient des prodigues qui usaient leurs *richesses sans con- » sulter les convenances et mettaient des diamants sur leurs » robes de chambre.* »

Nous croyons que Balzac a été beaucoup trop admiré pendant sa vie et beaucoup trop dédaigné après sa mort. On n'a point voulu comprendre que ses défauts seuls étaient restés saillants, tandis que ses bonnes qualités étaient devenues des propriétés communes. C'est ce qui fait qu'on a été injuste à son égard, et qu'on lui a presque refusé tout mérite. Pour nous, sans vouloir l'indiquer comme un modèle à imiter, nous le désignerons cependant comme un écrivain digne d'étude. Pour un esprit grave, en effet, Balzac n'offre plus, de notre temps, aucun danger : les vices de son style et de sa manière sont trop palpables pour être nuisibles ; ce qu'il a de bon, au contraire, peut encore être fort utile, et les morceaux du *Socrate chrétien*, que nous citerons, prouvent qu'il s'est élevé quelquefois jusqu'à une haute éloquence morale.

MORALE ET PHILOSOPHIE.

BALZAC.

LES FLÉAUX DE DIEU.

Le moyen de faire souvent injustice, est de juger toujours du mérite des conseils par la bonne fortune des évènements. Ne nous laissons pas éblouir à l'éclat des choses qui réussissent : ce que les Grecs, ce que les Romains, ce que nous-mêmes avons appelé une prudence admirable, c'est une heureuse témérité. Il y a eu des hommes dont la vie a été pleine de miracles, quoiqu'ils ne fussent pas saints, et qu'ils n'eussent pas dessein de l'être ; le ciel bénissoit toutes leurs fautes, le ciel couronnoit toutes leurs folies.

Il devoit périr cet homme fatal, il devoit périr, dès le premier jour de sa conduite, par une telle entreprise ; mais Dieu voulut se servir de lui pour punir le genre humain et tourmenter le monde : la justice de Dieu vouloit se venger, et avoit choisi cet homme pour être le ministre de ses vengeances. La raison concluoit qu'il tombât d'abord par les maximes qu'il a tenues ; mais il est demeuré longtemps debout par une raison plus haute qui l'a soutenu. Il a été affermi dans son pouvoir par une force étrangère et qui n'étoit pas de lui, par une force qui appuie la foiblesse, qui arrête les chutes de ceux qui se précipitent, qui n'a que faire des bonnes maximes pour conduire les bons succès. Cet homme a duré pour travailler au dessein de la Providence. Il pensoit exercer sa passion, il exécutoit les arrêts du ciel. Avant de se perdre, il a eu le loisir de perdre les peuples et les états, de mettre le feu aux quatre coins de la terre, de gâter le présent et l'avenir par les maux qu'il a faits, par les exemples qu'il a laissés.

Un peu d'esprit et beaucoup d'autorité, c'est ce qui a presque toujours gouverné le monde, quelquefois avec succès, quelquefois non, selon l'humeur du siècle, selon la disposition des esprits, plus farouches ou plus apprivoisés.

Mais il faut toujours en venir là. Il est très-vrai qu'il y a toujours quelque chose de divin, disons davantage, il n'y a rien que de divin dans les maladies qui travaillent les États. Ces dispositions, cette humeur, cette fièvre chaude de rébellion, cette léthargie de servitude, viennent de plus haut qu'on ne s'imagine. Dieu est le poëte, et les hommes ne sont que les acteurs.

Ces grandes pièces qui se jouent sur la terre ont été composées dans le ciel, et c'est souvent un faquin qui doit en être l'Atrée ou l'Agamemnon.

Quand la Providence a quelque dessein, il ne lui importe guère de quels instruments et de quels moyens elle se serve. Entre ses mains, tout est foudre, tout est tempête, tout est déluge, tout est Alexandre ou César.

Dieu dit lui-même de ces gens-là, « qu'il les envoie en sa colère, et qu'ils sont les verges de sa fureur. » Mais ne prenez pas ici l'un pour l'autre : les verges ne frappent ni ne blessent toutes seules ; c'est l'envie, c'est la colère, c'est la fureur qui rendent les verges terribles et redoutables.

Cette main invisible donne les coups que le monde sent ; il y a bien je ne sais quelle hardiesse qui menace de la part de l'homme ; mais la force qui accable est toute de Dieu.

A la suite de ce morceau, que l'on seroit tenté d'attribuer à Bossuet, nous croyons devoir rapporter la peinture que fait M. de Chateaubriand de l'invasion des barbares, dont l'un des chefs, Attila, se nomma lui-même le fléau de Dieu.

« Peuples et chefs remplissaient une mission qu'ils ne pouvaient eux-mêmes expliquer. Ils abordaient de tous côtés aux rivages de la désolation, les uns à pied, les autres à cheval ou en chariots, les autres traînés par des cerfs ou des rennes ; ceux-ci portés sur des chameaux, ceux-là flottant sur des boucliers ou sur des barques de cuir et d'écorce. Navigateurs intrépides parmi les glaces du nord et les tempêtes du Midi, ils semblaient avoir vu le fond de l'Océan à découvert. Les Vandales qui passèrent en Afrique avouaient céder moins à leur volonté qu'à une impulsion irrésistible.

» Ces conscrits du Dieu des armées n'étaient que les aveugles exécuteurs d'un dessein éternel. De là ce e fureur de détruire, cette soif de sang qu'ils ne pouvaient éteindre ; de là cette combinaison de toute chose pour leurs succès : bassesse des hommes, absence de courage, de vertu, de talent, de génie. Genseric était un prince sombre, sujet aux accès d'une noire mélancolie. Au milieu du bouleversement du monde, il paraissait grand, parce qu'il était monté sur des débris. Dans une expédition maritime, tout était prêt, lui-même embarqué : où allait-il ? il ne le savait pas. « Maître, lui dit le pilote, à quel peuple veux-tu faire la guerre ? — A ceux-là, répond le vieux Vandale, contre qui Dieu est irrité ! »

DESCARTES.

DE LA MÉTHODE.

Quand l'âge me permit de sortir de la sujétion de mes précepteurs, je quittai entièrement l'étude des lettres; et me résolvant à ne chercher plus d'autre science que celle qui se pourroit trouver en moi-même ou bien dans le grand livre du monde, j'employai le reste de ma jeunesse à voyager, à voir des cours et des armées, à fréquenter des gens de diverses humeurs et conditions, à recueillir diverses expériences, à m'éprouver moi-même dans les rencontres que la fortune me proposoit, et partout à faire telle réflexion sur les choses qui se présentoient, que j'en puisse tirer quelque profit. Car il me sembloit que je pourrois rencontrer beaucoup plus de vérité dans les raisonnements que chacun fait touchant les affaires qui lui importent, et dont l'événement le doit punir bientôt après, s'il a mal jugé, que dans ceux que fait un homme de lettres dans son cabinet, touchant des spéculations qui ne produisent aucun effet, et qui ne lui sont d'autre conséquence, sinon que peut-être il en tirera d'autant plus de vanité, qu'elles seront plus éloignées du sens commun, à cause qu'il aura dû employer d'autant plus d'esprit et d'artifice à tâcher de les rendre vraisemblables. Et j'avois toujours un extrême désir d'apprendre à distinguer le vrai d'avec le faux, pour voir clair en mes actions, et marcher avec assurance en cette vie.

Il est vrai que pendant que je ne faisois que considérer les mœurs des autres hommes, je n'y trouvois guère de quoy m'assurer, et que j'y remarquois quasi autant de diversité que j'avois fait auparavant entre les opinions des philosophes; en sorte que le plus grand profit que j'en retirois étoit que, voyant plusieurs choses qui, bien qu'elles nous semblent fort extravagantes et ridicules, ne laissent pas d'être communément reçues et approuvées par d'autres grands peuples, j'apprenois à ne rien croire trop fermement de ce qui ne m'avoit été persuadé que par l'exemple et par la coutume; et ainsi je me délivrois peu à peu de beaucoup d'erreurs, qui peuvent offusquer notre lumière naturelle, et nous rendre moins capables d'entendre raison. Mais après que j'eus employé quelques années à étudier ainsi dans le livre du monde, et à tâcher d'acquérir quelque expérience, je pris un jour résolution d'étudier aussi en moi-même, et d'employer toutes les forces de mon esprit à choisir les chemins que je devois suivre, ce qui me réussit beaucoup mieux, ce me semble, que si je ne me fusse jamais éloigné ni de mon pays ni de mes livres.....

Je me formai une morale par provision, qui ne consistoit qu'en trois ou quatre maximes, dont je veux bien vous faire part.

La première étoit d'obéir aux lois et aux coutumes de mon pays, retenant constamment la religion en laquelle Dieu m'a fait la grâce d'être instruit dès mon enfance, et me gouvernant en toute autre chose suivant les opinions les plus modérées, et les plus éloignées de l'excès, qui fussent communément reçues en pratique par les mieux sensés de ceux avec lesquels j'aurois à vivre. Car commençant dès lors à ne compter pour rien les miennes propres, à cause que je les voulois remettre toutes à l'examen, j'étois assuré de ne pouvoir mieux que de suivre celles des mieux sensés.

Ma seconde maxime étoit d'être le plus ferme et le plus résolu en mes actions que je pourrois, et de ne suivre pas moins constamment les opinions les plus douteuses, lorsque je m'y serois une fois déterminé, que si elles eussent été très-assurées. Imitant en ceci les voyageurs qui, se trouvant égarés en quelque forêt, ne doivent pas errer en tournoyant tantôt d'un côté tantôt d'un autre, ni encore moins s'arrêter en une place, mais marcher toujours le plus droit qu'ils peuvent vers un même côté, et ne le changer point pour de foibles raisons, encore que ce n'ait peut-être été au commencement que le hasard seul qui les ait déterminés à le choisir : car, par ce moyen, s'ils ne vont justement où ils désirent, ils arriveront au moins à la fin quelque part, où vraisemblablement ils seront mieux que dans le milieu d'une forêt.

Ma troisième maxime étoit de tâcher toujours plutôt à me vaincre que la fortune, et à changer mes désirs que l'ordre du monde : et généralement de m'accoutumer à croire qu'il n'y a rien qui soit entièrement en notre pouvoir que nos pensées; en sorte qu'après que nous avons fait notre mieux touchant les choses qui nous sont extérieures, tout ce qui nous manque de réussir est, au regard de nous, absolument impossible. Et ceci seul me sembloit être suffisant pour m'empêcher de rien désirer à l'avenir que je n'acquisse, et ainsi pour me rendre content: car, notre volonté ne se portant naturellement à désirer que les choses que notre entendement lui représente en quelque façon comme possibles, il est certain que si nous considérons tous les biens qui sont hors de nous comme également éloignés de notre pouvoir, nous n'aurons pas plus de regret de manquer de ceux qui semblent être dus à notre naissance, lorsque nous en serons privés sans notre faute, que nous avons de ne posséder pas les royaumes de Chine ou de Mexique; et que faisant, comme on dit, de nécessité vertu, nous ne désirerons pas davantage d'être sains étant malades, ou d'être libres étant en prison, que nous faisons maintenant d'avoir des corps d'une matière aussi peu corruptible que les diamants, ou des ailes pour voler comme les oiseaux.

Enfin, pour conclusion de cette morale, je m'avisai de faire une revue sur les diverses occupations qu'ont les hommes en cette vie, pour tâcher à faire le choix de la meilleure; et, sans que je veuille rien dire de celle des autres, je pensai que je ne pouvois mieux que de continuer en celle-là même où je me trouvois, c'est-à-dire, que d'employer toute ma vie à cultiver ma raison, et m'avancer, autant que je pourrois, en la connoissance de la vérité, suivant la méthode que je m'étois prescrite. J'avois éprouvé de si extrêmes contentements depuis que j'avois commencé à me servir de cette méthode, que ne croyois pas qu'on en pût recevoir de plus doux, ni de plus innocents, en cette vie: et découvrant tous les jours par son moyen quelques vérités qui me sembloient assez importantes, et communément ignorées des autres hommes, la satisfaction que j'en avois remplissoit tellement mon esprit que tout le reste ne me touchoit point. Outre que les trois maximes précédentes n'étoient fondées que sur le dessein que j'avois de continuer à m'instruire: car Dieu nous ayant donné à chacun quelque lumière pour discerner le vrai d'avec le faux, je n'eusse pas cru devoir me contenter des opinions d'autrui un seul moment, si je ne me fusse proposé d'employer mon propre jugement à les examiner lorsqu'il seroit temps: et je n'eusse su m'exempter du scrupule en les suivant, si je n'eusse espéré de ne perdre pour cela aucune occasion d'en trouver de meilleures, en cas qu'il y en eût: et enfin je n'eusse su borner mes désirs, ni être content, si je n'eusse suivi un chemin par lequel, pensant être assuré de l'acquisition de toutes les connoissances dont je serois capable, je le pensois être par même moyen de celle de tous les vrais biens qui seroient jamais en mon pouvoir: d'autant que, notre volonté ne se portant à suivre ni fuir aucune chose, que selon que notre entendement la lui représente bonne ou mauvaise, il suffit de bien juger pour bien faire, et de juger le mieux qu'on puisse, pour faire aussi tout son mieux; c'est-à-dire, pour acquérir toutes les vertus, et ensemble tous les autres biens, qu'on puisse acquérir, et lorsqu'on est certain que cela est, on ne sauroit manquer d'être content.

René Descartes naquit à La Haye en Touraine, le 31 mars 1596, d'une famille noble, originaire de Bretagne. Élevé au collège des Jésuites de La Flèche, ce fut en faisant son cours de philosophie que Descartes s'aperçut du vide des traditions serviles de l'école. Aussi se consacra-t-il exclusivement à l'étude des mathématiques. Au sortir des études, René Descartes, bien loin de veiller à la garde de ce qu'il avait pu apprendre dans ses classes, s'efforça d'oublier tout ce qui ne lui sembloit pas prouvé par le raisonnement et par les faits, et commença de cette manière un grand cours de philosophie telle que l'avait devinée Montaigne. Aujourd'hui, nous ne sentons pas bien quel effort de génie il fallut à Descartes pour secouer la tyrannie des doctrines d'Aristote; il suffit cependant de songer, pour la gloire de Descartes, que Ramus avait perdu la vie pour avoir douté de quelques points des livres du philosophe grec, révéré alors comme une divinité par un aveugle enthousiasme.

Celui qui entreprenait de changer la philosophie européenne était un jeune homme de dix-neuf ans, riche déjà d'admirables découvertes de géométrie qu'il ne voulait pas encore publier. René Descartes, pensant que les voyages lui fourniraient l'occasion de perfectionner et de compléter ses théories philosophiques, se mit à voyager et prit, en 1616, le parti des armes. Il servit comme volontaire dans les troupes de la Hollande et du duc de Bavière. En 1620, il combattit à Prague. Ce fut pendant son séjour à Bréda que le jeune soldat composa son *Compendium musicæ*. Dégoûté du métier des armes par les désastres dont il fut témoin en Hongrie, Descartes résolut de voyager comme simple particulier. Avide de voir et d'apprendre, il visita successivement la Hollande, la France, l'Italie, la Suisse, le Tyrol, Venise et la vieille Rome, ce grand sujet de philosophie. Galilée vivait alors, il venait de faire ses admirables découvertes. Descartes n'eut pas le bonheur de le voir. Dans ses voyages, René avait appris qu'il est périlleux de dire la vérité aux hommes: aussi, avant de proclamer le résultat de ses méditations et de ses expériences, il vendit ses biens, quitta la France, et se rendit en Hollande, d'où il espérait, comme d'une chaire libre, parler à tous les hommes occupés de science en Europe. Descartes étudia encore, avec une nouvelle ardeur, la métaphysique, l'anatomie, la chimie. Pressé par ses amis de mettre au jour ses découvertes en géométrie, il y consentit avec peine, parce qu'il estimait davantage ses spéculations philosophiques. Descartes dégagea l'algèbre des considérations étrangères qui la limitaient; il découvrit l'application de l'algèbre à la géométrie. Avec la nouvelle langue algébrique qu'il venait de créer, il résolut toutes les difficultés qui avaient arrêté les mathématiciens de l'antiquité.

Le discours de Descartes, sur la *Dioptrique*, renferme beaucoup d'applications géométriques ingénieuses, et la loi de la réfraction. Dans le *Traité des Météores*, Descartes n'est plus le même homme, et son beau génie s'abandonne à toutes les inconséquences d'un système; pourtant c'est dans cet ouvrage que le grand philosophe a donné la véritable théorie de l'arc-en-ciel.

En 1644, il publia ses *Principes de Philosophie*, ouvrage admirable, mais d'un esprit engagé dans une fausse voie. La philosophie de Descartes est celle d'un génie victorieux, original, indépendant, doué d'une énergie créatrice, mais porté aux combinaisons systématiques et incapable de se plier au joug de l'expérience. Comme méthode, comme art d'investigation, Descartes appartient à la grande école de Bacon; mais malheureusement cet esprit hardi et aventureux part trop souvent d'axiomes abstraits pour redescendre à des vérités particulières; il suit presque aveuglément une voie si dangereuse, dans laquelle se perd le grand fondateur de l'école du doute raisonné.

Dans le célèbre Discours de la Méthode, Descartes donne un plan d'instruction qui sera toujours considéré comme un chef-d'œuvre de logique, de bon sens et de génie. Sa *Démonstration de l'existence de Dieu* et de l'*Immortalité de l'âme* n'est pas moins remarquable. Il part de cette maxime fondamentale pour atteindre la vérité : il faut, *une fois dans sa vie, se défaire de toutes les opinions que l'on a reçues et reconstruire de nouveau, et dès le fondement, tout le système de ses connaissances*. Il se dépouille de toute croyance et réduit toute sa science à cette proposition : « Je pense, donc je suis. » Ce puissant génie apprenait ainsi à nos pères à substituer des idées à des mots, des notions élevées à de vaines formules, des bases larges et solides à des fondements fragiles; il enseignait enfin à l'homme la grande étude de l'homme même. L'influence de Descartes fut rapide et universelle. Pascal, Bossuet, Fénelon, Port-Royal, la congrégation de l'Oratoire, adoptèrent la philosophie Cartésienne. Gassendi, Locke combattirent plus tard Descartes par la méthode même de ce grand maître; le dépassèrent, en l'admirant, et achevèrent la grande révolution qui devait se faire dans l'entendement humain.

On ne jette pas de nouveaux principes sans blesser quelques hommes; Descartes fut persécuté. Les réformés le poursuivirent plus vivement que les prêtres catholiques; cependant à Rome, en 1643, un décret défendit les livres de Descartes. De tous les ennemis du grand homme, Gilbert Voet fut le plus acharné; il accusa Descartes d'athéisme devant les états d'Utrecht. Dans le danger, le philosophe s'adressa à l'ambassadeur de France et au prince d'Orange : avec leur aide et son génie, Descartes triompha de son ennemi et publia, pour l'achever, son grand ouvrage sur le *Système de l'Univers*. Attaqué de nouveau par les théologiens de Leyde, il abandonna son cher ermitage d'Egmond pour aller habiter la Suède, où l'appelait Christine, femme bizarre, mais grande reine. Dans sa nouvelle résidence, Descartes fut comblé d'égards, de prévenances et de faveurs; mais la température du Nord ne lui convenait pas. Souffrant, maladif, il fut atteint d'une fluxion de poitrine qui l'entraîna dans le tombeau, le 11 février 1650. Ses vertus étaient, comme son génie, dignes d'admiration. Disons à la gloire de notre pays que Descartes fut pensionné par la France, qui obtint l'honneur de posséder ses dépouilles mortelles.

L'article *Cartésianisme*, dans le *Dictionnaire philosophique* de Voltaire, trop sévère, sans doute, est rempli de raison et de philosophie. Les œuvres de Descartes ont été réunies sous le titre d'*Opera omnia*, Amst., 9 vol. in-4°.

Voici ce que D'Aguesseau, Guénard et Thomas ont dit de Descartes.

« A force de lire des ouvrages bien ordonnés, notre esprit prend insensiblement l'habitude et comme le pli de cette méthode parfaite, qui, par le seul arrangement des pensées et des preuves, opère infailliblement la conviction.

» Entre les ouvrages où l'on peut trouver de tels exemples, les *Méditations* de Descartes et le commencement de ses *Principes* peuvent tenir le premier rang. Il a été également le maître et le modèle de ceux mêmes qui l'ont combattu; et l'on dirait que ce soit lui qui ait inventé l'art de faire usage de la raison. Jamais homme, en effet, n'a su former un tissu plus géométrique, et en même temps plus ingénieux et plus persuasif, de pensées, d'images et de preuves; en sorte qu'on trouve en lui le fond de l'art des orateurs, joint à celui du géomètre et du philosophe. »

D'AGUESSEAU.

« Enfin parut en France un génie puissant et hardi, qui entreprit de secouer le joug du prince de l'école. Cet homme nouveau vint dire aux autres hommes, que, pour être philosophe, il ne suffisait pas de croire, mais qu'il fallait penser. A cette parole toutes les écoles se troublèrent; une vieille maxime régnait encore : *ipse dixit*, le maître l'a dit. Cette maxime d'esclave irrita tous les philosophes contre le père de la philosophie pensante; elle le persécuta comme novateur et impie, le chassa de royaume en royaume, et l'on vit Descartes s'enfuir, emportant avec lui la vérité, qui, par malheur, ne pouvait être ancienne en naissant. Cependant, malgré les cris et la fureur de l'ignorance, il refusa toujours de jurer que les anciens fussent la raison souveraine; il prouva même que ses persécuteurs ne savaient rien, et qu'ils devaient désapprendre ce qu'ils croyaient savoir. Disciple de la lumière, au lieu d'interroger les morts et les dieux de l'école, il ne consulta que les idées claires et distinctes, la nature et l'évidence. Par ses méditations profondes, il tira toutes les sciences du chaos; et, par un coup de génie plus grand encore, il montra le secours mutuel qu'elles devaient se prêter; il les enchaîna toutes ensemble, les éleva les unes sur les autres; et, se plaçant ensuite sur cette hauteur, il marcha, avec toutes les forces de l'esprit humain ainsi rassemblées, à la découverte de ces grandes vérités que d'autres, plus heureux, sont venus recueillir après lui, mais en suivant les sentiers de lumière que Descartes avait tracés.

» Ce furent donc le courage et la fierté d'un seul esprit qui causèrent dans les sciences cette heureuse et mémorable révolution dont nous goûtons aujourd'hui les avantages avec une superbe ingratitude. Il fallait aux sciences un homme qui osât conjurer tout seul avec son génie contre les anciens tyrans de la raison, qui osât fouler aux pieds ces idoles que tant de siècles avaient adorées. Descartes se trouvait enfermé dans le labyrinthe avec tous les autres philosophes; mais il se fit lui-même des ailes, et il s'envola, frayant ainsi une route nouvelle à la raison captive. »

GUÉNARD (1).

« Si on cherche les grands hommes modernes avec qui on peut comparer Descartes, on en trouvera trois : Bacon, Leibnitz et Newton... Si je rapproche Descartes de ces hommes célèbres, j'oserai dire qu'il avait des vues aussi nouvelles et bien plus étendues que Bacon; qu'il a eu l'éclat et l'immensité du génie de Leibnitz, avec bien plus de consistance et de réalité dans sa grandeur; qu'enfin il a mérité d'être mis à côté de Newton, et qu'il n'a été créé que par lui-même, parce que l'un a découvert plus de vérités, l'autre a ouvert la route à toutes les vérités; géomètre aussi sublime, quoiqu'il n'ait point fait un aussi grand usage de la géométrie; plus original par son génie, quoique ce génie l'ait souvent trompé : plus universel dans ses connaissances, comme dans ses talents, quoique moins sage et moins assuré dans sa marche; ayant peut-être en étendue ce que Newton avait en profondeur; fait pour concevoir en grand, mais peu fait pour suivre les détails, tandis que Newton donnait aux plus petits détails l'empreinte du génie; moins admirable, sans doute, pour la connaissance des cieux, mais bien plus utile pour le genre humain, par sa grande influence sur les esprits et sur les siècles. »

THOMAS.

(1) Nous n'avons pas besoin de faire remarquer la beauté de ce morceau écrit de main de maître.

ESPRIT.

DU DUEL.

Quand on considère la variété, l'inconstance et la bizarrerie des goûts, des opinions et des sentiments des hommes ; quand on rassemble toutes les parties de leur vie, et qu'on ne trouve jamais qu'elles se ressemblent, qu'on voit qu'elles passent successivement d'une vanité à une autre, et qu'il n'en est point de grossière, de sotte et d'extravagante, à laquelle ils ne soient sujets, l'on est tenté de croire que c'est avec légèreté qu'on les distingue, et qu'on dit qu'il y en a de fous et de sages ; et l'on est porté à ne reconnoître d'autre différence entr'eux, si ce n'est que les folies des sages sont graves et sérieuses, au lieu que les fous sont étourdis, et que leurs folies sont emportées.

Ce qui oblige principalement les personnes sensées et capables à faire ce jugement des hommes, c'est qu'elles voyent que la raison leur ayant été donnée pour les conduire, ils prennent de la coutume toutes les règles de leur conduite, et font dans tous les lieux du monde ce qu'on y fait, sans se soucier de ce qu'il faut faire ; de sorte qu'ils suivent les modes qu'ils trouvent établies, dans leurs mœurs et dans leurs opinions, comme ils la suivent dans leurs habits.

Mais ce n'est pas assez pour eux de vivre à la mode ; leur folie va bien plus loin ; ils ne seroient pas contents s'ils ne mouroient à la mode, et s'ils n'avoient pour elle une obéissance aveugle, lorsqu'elle leur ordonne de faire mourir les autres.

Nous allons voir que c'est justement ce que font ceux qui se battent en duel. Ils tuent ceux qui leur sont étroitement unis par la nature ; ce qui est une inhumanité. Ils se font justice à eux-mêmes, ce qui est une visible injustice. Ils font profession de renoncer à la pratique de la patience ; ce qui est renoncer au christianisme. Ils commettent ces divers crimes pour des sujets frivoles ; ce qui est une véritable folie ; et ils témoignent qu'ils ont du cœur dans des occasions qui regardent leurs intérêts particuliers, et non pas la cause publique ; ce qui est contre la véritable bravoure : et tout cela, parce qu'ils n'ont pas la force de résister à la mode.

L'homicide est un si grand crime, qu'il suffit lui seul, non-seulement pour faire condamner le duel, mais pour le faire abhorrer. Il est défendu par toutes les lois divines et humaines, ecclésiastiques et civiles, chrétiennes et païennes. Le commandement qui le défend est le premier et le plus ancien de tous ceux que Dieu a faits à l'homme, et la raison de la défense qu'il en a faite devoit la rendre à jamais inviolable, puisque c'est parce que les hommes sont faits à son image, qu'il ne veut pas qu'on les outrage et qu'on les détruise.

Esprit (Jacques), connu sous le nom de l'abbé Esprit, quoiqu'il n'ait jamais été dans les ordres, naquit à Béziers, en 1611. Il fit ses études au séminaire de l'Oratoire de Paris, s'attacha au duc de La Rochefoucauld, auteur des *Maximes*, et au chancelier Séguier. Membre de l'Académie et conseiller du roi, il se retira au séminaire de Saint-Magloire, qu'il quitta bientôt pour suivre la fortune de Conti ; ce prince le combla de bienfaits. Esprit se maria, eut trois filles et mourut à Béziers, le 6 juillet 1678.

Il est auteur de *Paraphrases sur les Psaumes* ; d'un livre intitulé : *Des Faussetés des Vertus humaines* ; on lui attribue aussi une traduction du *Panégyrique de Trajan*, et les *Maximes politiques mises en vers*. Homme brillant et d'une conversation élégante, Esprit est généralement un écrivain médiocre. Cependant le morceau que nous donnons de lui méritait d'être cité.

Voici comment J.-J. Rousseau a traité le même sujet qu'Esprit.

« Gardez-vous de confondre le nom sacré de l'honneur avec ce préjugé féroce qui met toutes les vertus à la pointe d'une épée, et n'est propre qu'à faire de braves scélérats.

» En quoi consiste ce préjugé ? dans l'opinion la plus extravagante et la plus barbare qui entra jamais dans l'esprit humain, savoir, que tous les devoirs de la société sont suppléés par la bravoure ; qu'un homme n'est plus fourbe, fripon, calomniateur ; qu'il est civil, humain, poli, quand il sait se battre ; que le mensonge se change en vérité, que le vol devient légitime, la perfidie honnête, l'infidélité louable, sitôt qu'on soutient tout cela le fer à la main ; qu'un affront est toujours bien réparé par un coup d'épée, et qu'on n'a jamais tort avec un homme, pourvu qu'on le tue. Il y a, je l'avoue, une autre sorte d'affaire où la gentillesse se mêle à la cruauté, et où l'on ne tue les gens que par hasard ; c'est celle où l'on se bat au premier sang. Au premier sang ! grand Dieu ! Et qu'en veux-tu faire de ce sang, bête féroce ? le veux-tu boire ?

» Les plus vaillants hommes de l'antiquité songèrent-ils jamais à venger leurs injures personnelles par les combats particuliers ? César envoya-t-il un cartel à Caton, ou Pompée à César, pour tant d'affronts réciproques ? Et le plus grand capitaine de la Grèce fut-il déshonoré pour s'être laissé menacer d'un bâton ? D'autres temps, d'autres mœurs, je le sais ; mais n'y en a-t-il que de bonnes, et n'oserait-on s'enquérir si les mœurs d'un temps sont celles qu'exige le solide honneur ? Non, cet honneur n'est point variable ; il ne dépend ni du temps, ni des lieux, ni des préjugés ; il ne peut ni passer, ni renaître ; il a sa source éternelle dans le cœur de l'homme juste, et dans la règle inaltérable de ses devoirs. Si les peuples les plus éclairés, les plus braves, les plus vertueux de la terre, n'ont point connu le duel, je dis qu'il n'est point une institution de l'honneur, mais une mode affreuse et barbare, digne de sa féroce origine. »

J.-J. ROUSSEAU.

« Lorsque Bridaine donna une mission dont le succès inouï parut un prodige à Grenoble, où il fit assister le parlement en robes rouges à la procession de clôture pour l'inauguration d'une nouvelle croix, la guerre de la France contre le duc de Savoie rassemblait dans cette ville une garnison très-nombreuse. Les troupes accouraient en foule aux sermons de Bridaine. Son zèle apostolique, enflammé, et souvent très-heureusement inspiré par leur présence, lui suggéra un nouvel aperçu, d'un très-grand effet oratoire, dans un sermon sur le pardon des ennemis. Après s'être élevé contre le duel avec l'éloquence la plus pathétique, il s'arrêta un moment ; et d'un ton de voix plus calme, il poursuivit ainsi son discours :

« Mais n'y aurait-il pas dans cet auditoire quelque brave
» militaire impatient de m'interrompre ici pour me dire :
» Père missionnaire, savez-vous bien ce que c'est qu'un
» soufflet, selon nos principes d'honneur ? — Oui, mon frère,
» je crois le savoir parfaitement. — Vous pourriez vous
» tromper, s'il vous plaît. Où l'avez-vous donc appris ? —
» Dans un livre qui m'enseigne tout ce qu'il importe le
» plus d'apprendre ; dans un livre qui me rend un pareil
» affront exécrable et pour le moins aussi infâme qu'il peut
» l'être à vos yeux : c'est dans l'Évangile. J'y trouve donc
» que Notre-Seigneur Jésus-Christ n'a jamais fait le moindre
» reproche à ses bourreaux et à ses juges, au milieu des
» tourments de sa passion, tant qu'il n'a été qu'insulté,
» calomnié, flagellé, crucifié ; et que l'attentat d'un soufflet
» est le seul outrage qu'il n'ait pu endurer sans se plaindre.
» Voilà l'idée que m'en donnent les livres saints : je doute
» que le monde vous en inspire plus d'horreur. Écoutez
» maintenant les propres paroles du texte sacré. *L'un des*
» *officiers qui étaient présents donna un soufflet à Jésus*
» *en lui disant : Est-ce ainsi que tu réponds au grand prê-*
» *tre ? Jésus lui répondit : Si j'ai mal parlé, faites voir le*
» *mal que j'ai dit ; mais si j'ai bien parlé pourquoi me*
» *frappez-vous ?* »

» Cette observation très-fine et très-juste de Bridaine est un trait sublime. »

MAURY.

ARNAULD.

DE L'EXACTITUDE DANS LE JUGEMENT.

C'est une opinion fausse et impie, que la vérité soit tellement semblable au mensonge, et la vertu au vice, qu'il soit impossible de les discerner : mais il est vrai que dans la plupart des choses, il y a un mélange d'erreur et de vérité, de vice et de vertu, de perfection et d'imperfection, et que ce mélange est une des plus ordinaires sources des faux jugements des hommes.

Car c'est par ce mélange trompeur que les bonnes qualités des personnes qu'on estime font approuver leurs défauts, et que les défauts de ceux qu'on n'estime pas font condamner ce qu'ils ont de bon, parce qu'on ne considère pas que les personnes les plus imparfaites ne le sont pas en tout, et que Dieu laisse aux plus vertueuses des imperfections, qui, étant des restes de l'infirmité humaine, ne doivent pas être l'objet de notre imitation, ni de notre estime.

La raison en est, que les hommes ne considèrent guère les choses en détail; ils ne jugent que selon leur plus forte impression, et ne sentent que ce qui les frappe davantage : ainsi, lorsqu'ils aperçoivent dans un discours beaucoup de vérités, ils ne remarquent pas les erreurs qui y sont mêlées ; et, au contraire, s'il y a des vérités mêlées parmi beaucoup d'erreurs, ils ne font attention qu'aux erreurs ; le fort emportant le foible, et l'impression la plus vive étouffant celle qui est plus obscure.

Cependant il y a une injustice manifeste à juger de cette sorte : il ne peut y avoir de juste raison de rejeter la raison ; et la vérité n'en est pas moins vérité, pour être mêlée avec le mensonge : elle n'appartient jamais aux hommes, quoique ce soient les hommes qui la proposent : ainsi, encore que les hommes par leurs mensonges méritent qu'on les condamne, les vérités qu'ils avancent ne méritent pas d'être condamnées.

C'est pourquoi la justice et la raison demandent que, dans toutes les choses qui sont ainsi mêlées de bien et de mal, on en fasse le discernement, et c'est particulièrement dans cette séparation judicieuse que paroît l'exactitude de l'esprit.

Arnauld (Antoine), né à Paris le 6 février 1612, fut le plus célèbre de la famille de ce nom qui a fourni tant de personnages célèbres. On lui fit d'abord étudier le droit ; mais il ne tarda pas à abandonner cette carrière pour la théologie. Son premier ouvrage fut son *Acte de tentative*, dédié au clergé de France ; il parut en 1636. Arnauld y soutint sur la grâce une doctrine contraire à celle de son maître l'abbé de Saint-Cyran.

Bien que reçu docteur en 1641, Arnauld ne fit partie de la Sorbonne qu'après la mort du cardinal de Richelieu ; ce fut entre ces deux époques qu'il mit fin à son Traité de la *Fréquente communion*, auquel un grand nombre d'évêques donnèrent leur approbation.

Malheureusement, la Société de Jésus se déclara contre ce livre, et Arnauld, persécuté, reçut ordre de la cour de partir pour Rome, où il devait rendre compte de sa croyance. Ayant refusé d'obéir, il fut obligé de se cacher. A la suite de ces contrariétés, il se retira à Port-Royal, en 1648. Du fond de cette retraite, l'illustre docteur ne cessa, jusqu'à son dernier soupir, de se livrer à des controverses religieuses, qui attestent ce qu'aurait pu attendre de lui, s'il se fût occupé de questions d'un autre ordre, et qui justifient ce mot du nonce de Clément IX : « Monsieur, vous avez une plume d'or. » Arnauld mourut à Bruxelles, en 1694, dans sa quatre-vingt-troisième année.

On a de lui un très-grand nombre d'ouvrages, parmi lesquels nous citerons seulement les principaux, qui sont : *la Logique* ou *l'Art de penser*, *la Grammaire raisonnée*, *les Éléments de géométrie*, *la Perpétuité de la Foi*, composé, ainsi que plusieurs autres, en compagnie de Nicole, etc., etc.

Un trait qui peint bien toute l'activité de l'esprit d'Arnauld est celui-ci : Un jour Nicole, fatigué de la vie aventureuse qu'ils menaient tous deux au milieu des persécutions, lui dit qu'il était temps de se reposer. *Vous reposer !* s'écria Arnauld, *eh ! n'aurez-vous pas pour vous reposer l'éternité tout entière ?*

On trouve dans les écrits d'Arnauld tout ce qui peut prouver et convaincre. Boileau a donné à cet écrivain le nom de GRAND. Il y a un peu d'exagération dans l'éloge, ainsi que dans ceux que lui prodiguaient ses autres amis, Santeuil et Racine. Aujourd'hui, les ouvrages d'Arnauld n'ont presque plus de lecteurs, et on les admire sur la foi du siècle où ils ont paru. Les compositions d'Arnauld se ressentent de la précipitation de son travail ; attaqué chaque jour, il répondait chaque jour. Sa dialectique est souvent victorieuse, son style plein d'énergie ; mais il manque parfois de correction, d'élégance et de goût.

« Un génie peut-être supérieur à celui du père Malebranche, et qui a passé avec raison pour le plus grand dialecticien de son siècle, pourrait suffire seul pour donner un modèle de la méthode avec laquelle on doit traiter, approfondir, épuiser une matière, et faire en sorte que toutes les parties du même tout tendent et conspirent également à produire une entière conviction.

» Il est aisé de reconnaître M. Arnauld à ce caractère. La logique la plus exacte, conduite et dirigée par un esprit naturellement géomètre, est l'âme de tous ses ouvrages : mais ce n'est pas une dialectique sèche et décharnée, qui ne se présente que comme un squelette de raisonnement; elle est accompagnée d'une éloquence mâle et robuste, d'une abondance et d'une variété d'images qui semblent naître d'elles-mêmes sous sa plume, et d'une heureuse fécondité d'expression; c'est un corps plein de suc et de vigueur, qui tire toute sa beauté de sa force, et qui fait servir ses ornements mêmes à la victoire. Il a d'ailleurs combattu pendant toute sa vie. Il n'a presque fait que des ouvrages polémiques; et l'on peut dire que ce sont comme autant de plaidoyers, où il a toujours eu en vue d'établir ou de réfuter, d'édifier ou de détruire, et de gagner sa cause par la seule supériorité du raisonnement. On trouve donc dans les écrits d'un génie si fort et si puissant, tout ce qui peut apprendre l'art d'instruire, de prouver et de convaincre. »

D'AGUESSEAU.

D'Aguesseau a fait ici comme Boileau : il s'est laissé entraîner trop loin en faveur d'Arnauld. Sur les trente volumes in-4° de cet infatigable théologien, il n'y en a pas quatre dont la lecture fût soutenable aujourd'hui pour le plus grand nombre; et cependant le lecteur attentif et patient qui saurait les étudier la plume à la main, suivant l'habitude de Bossuet, pourrait retirer beaucoup de fruit de ce travail consciencieux. Il y a des trésors cachés dans des livres qu'on néglige par une certaine paresse d'esprit que nos maîtres du dix-septième siècle ne connaissaient pas.

MADAME DE MOTTEVILLE.

LA COUR.

Le climat de ce pays qu'on appelle la cour est d'une étrange nature. Quelle n'est pas sa corruption, et combien se doit estimer heureux celui qui n'est pas destiné à l'habiter ? L'air n'y est jamais doux ni serein pour personne; ceux mêmes qui, dans l'apparence d'un bonheur tout entier, y sont adorés comme des dieux, sont ceux qui sont le plus menacés de l'orage. Le tonnerre y gronde incessamment, soit pour les grands, soit pour les petits ; et ceux mêmes que leurs compatriotes regardent avec envie ne connoissent point de calme. C'est une région sombre et pleine de tempêtes continuelles ; les hommes y vivent peu ; et le temps que la fortune les y laisse, ils sont toujours malades de cette contagieuse maladie de l'ambition, qui leur ôte le repos, leur ronge le cœur, et leur envoie des vapeurs à la tête, qui souvent leur ôtent la raison. Ce mal leur donne aussi un continuel dégoût pour les meilleures choses : ils ignorent le prix de l'équité, de la justice et de la bonté ; la douceur de la vie, les plaisirs innocents, et tout ce que les sages de l'antiquité ont estimé de bon, leur paroissent ridicules. Ils sont incapables de connoître la vertu et de suivre ses maximes, si ce n'est que le hasard les éloigne de cette terre. Alors, s'ils peuvent par l'absence se guérir de cette maladie, ils deviennent sages : et nul ne doit être si bon chrétien ni si bon philosophe qu'un courtisan détrompé.

Françoise Bertaut, dame de Motteville, fille de Pierre Bertaut, naquit vers 1621; elle épousa, en 1639, Nicolas Langlois, seigneur de Motteville, premier président de la chambre des comptes de Normandie. Elle était attachée à la régente Anne d'Autriche, qui, en mourant, récompensa son zèle par un legs de trente mille francs. Madame de Motteville résolut de raconter la vie de sa bienfaitrice, et nul historien du temps ne l'a fait avec plus de tact, d'esprit et de vérité. Henriette de France, femme du malheureux Charles Ier, l'admit dans son intimité, et ce fut dans le sein de cette amie que la reine infortunée versa les premières larmes qu'elle répandit en apprenant la mort du roi son mari. Madame de Motteville, aimée et respectée de tous, mourut le 29 décembre 1689. Les *Mémoires pour servir à l'histoire d'Anne d'Autriche* sont extrêmement remarquables ; ils font le plus grand honneur à l'esprit, au caractère et au cœur de celle qui les a écrits.

LAROCHEFOUCAULD.

MAXIMES.

Ce que les hommes ont nommé amitié, n'est qu'une société, qu'un ménagement réciproque d'intérêts, et qu'un échange de bons offices ; ce n'est enfin qu'un commerce, où l'amour-propre se propose toujours quelque chose à gagner.

—

Lorsque les grands hommes se laissent abattre par la longueur de leurs infortunes, ils font voir qu'ils ne les soutenoient que par la force de leur ambition, et non par celle de leur âme ; et qu'à une grande vanité près, les héros sont faits comme les autres hommes.

—

Le soleil ni la mort ne peuvent se regarder fixement.

—

La sincérité est une ouverture de cœur. On la trouve en fort peu de gens ; et celle que l'on voit d'ordinaire, n'est qu'une fine dissimulation pour attirer la confiance des autres.

—

L'aversion du mensonge est souvent une imperceptible ambition de rendre nos témoignages considérables, et d'attirer à nos paroles un respect de religion.

—

La vérité ne fait pas tant de bien dans le monde que ses apparences y font de mal.

—

Les grands noms abaissent, au lieu d'élever ceux qui ne les savent pas soutenir.

—

On s'est trompé lorsqu'on a cru que l'esprit et le jugement étaient deux choses différentes ; le jugement n'est que la grandeur de la lumière de l'esprit. Cette lumière pénètre le fond des choses ; elle y remarque tout ce qu'il faut remarquer, et aperçoit celles qui semblent imperceptibles. Ainsi il faut demeurer d'accord que c'est l'étendue de la lumière de l'esprit qui produit tous les effets qu'on attribue au jugement.

—

Il y a des reproches qui louent, et des louanges qui médisent.

—

Louer les princes des vertus qu'ils n'ont pas, c'est leur dire impunément des injures.

—

Quelque méchans que soient les hommes, ils n'oseroient paroître ennemis de la vertu ; et lorsqu'ils la veulent persécuter, ils feignent de croire qu'elle est fausse, ou ils lui supposent des crimes.

—

L'amour-propre est le plus grand de tous les flatteurs.

—

Le monde récompense plus souvent les apparences du mérite que le mérite même.

—

L'hypocrisie est un hommage que le vice rend à la vertu.

—

La véritable éloquence consiste à dire tout ce qu'il faut, et à ne dire que ce qu'il faut.

—

François VI, duc de Larochefoucauld, naquit en 1613, et mourut à Paris en 1680. Doué d'un esprit observateur et d'un heureux caractère, il suppléa aisément à ce qui lui manquait sous le rapport de l'éducation. Possédant de grands avantages naturels, haut placé par sa naissance, il fut appelé à jouer un rôle dans cette lutte d'intrigues qui troubla la fin du ministère du cardinal de Richelieu, et dans ces intrigues de cour qui marquèrent la minorité de Louis XIV. Lié avec la duchesse de Longueville et ami de presque tous les personnages qui se firent remarquer durant la Fronde, Larochefoucauld s'engagea sans réserve dans cette guerre de chansons. Plus tard pourtant, il appliqua aux soins de la vie privée et à la culture des lettres l'ardeur qu'il avait consacrée d'abord au service de madame de Longueville. Ce fut alors qu'après avoir étudié, dans son propre salon, tout ce que la ville et la cour avaient de plus distingué, Larochefoucauld composa ses *Maximes*, qui donneraient une triste idée de la société du temps, si l'on ne voyait dans l'ouvrage l'ambition de soutenir un système. Pour écrire non-seulement sur la morale, mais pour faire de la morale, il a manqué, en effet, à Larochefoucauld, une chose essentielle : de bien distinguer ce qui était vice et vertu. Voilà pourquoi il trompe et se trompe souvent lui-même ; ses erreurs sont d'autant plus dangereuses que son esprit avait plus de portée, et qu'il sait revêtir ses idées d'une enveloppe plus séduisante. Nous avons cherché à ne donner que ses maximes qui nous ont paru le moins calomnier l'espèce humaine.

Larochefoucauld nous a laissé un portrait de lui-même, fait par lui-même, qui paraît assez ressemblant. Voici quelques mots de celui qu'en a tracé le cardinal de Retz : « Il y » a toujours eu du *je ne sais quoi* en M. de Larochefoucauld ; » il a voulu se mêler d'intrigues dès son enfance, et en un » temps où il ne sentoit pas les petits intérêts qui n'ont » jamais été son foible, et où il ne connoissoit pas les » grands, qui, dans un autre sens, n'ont jamais été son » fort..... Sa vue n'étoit pas assez étendue, et il ne voyoit » pas même tout ensemble ce qui étoit à sa portée... Il a » toujours eu une irrésolution habituelle..... ce qui, joint à » ses maximes, qui ne marquent pas assez de foi à la vertu, » me fait conclure qu'il eût beaucoup mieux fait de se réduire à passer pour le courtisan le plus poli et le plus » honnête homme, à l'égard de la vie commune, qui eût » paru dans son siècle. »

Outre son livre des *Maximes*, Larochefoucauld a laissé des *Mémoires*, dont la première édition parut en 1662. Ses *Maximes* ont été imprimées ou revues par MM. Laroche, Suard, Fortia, Depping, Gaëtan de Larochefoucauld, et critiquées, avec autant de justesse que de raison, par M. Aimé Martin, qui en a donné une édition en 1822.

PASCAL.

PENSÉES.

Qu'on s'imagine un nombre d'hommes dans les chaînes, et tous condamnés à la mort, dont les uns étant chaque jour égorgés à la vue des autres, ceux qui restent voient leur propre condition dans celle de leurs semblables, et, se regardant les uns les autres avec douleur et sans espérance, attendent leur tour ; c'est l'image de la condition des hommes.

—

Qu'est-ce que l'homme dans la nature ?—Un néant à l'égard de l'infini.

—

L'homme n'est qu'un roseau, le plus foible de la nature ; mais c'est un roseau pensant. Il ne faut pas que l'univers entier s'arme pour l'écraser. Une vapeur, une goutte d'eau suffit pour le tuer. Mais quand l'univers l'écraseroit, l'homme seroit encore plus noble que ce qui le tue, parce qu'il sait qu'il meurt ; et l'avantage que l'univers a sur lui, l'univers n'en sait rien. Ainsi toute notre dignité consiste dans la pensée. C'est de là qu'il faut nous relever, non de l'espace et de la durée. Travaillons donc à bien penser : voilà le principe de la morale.

—

Il est dangereux de trop faire voir à l'homme combien il est égal aux bêtes, sans lui montrer sa grandeur. Il est encore dangereux de lui faire trop voir sa grandeur sans sa bassesse. Il est encore plus dangereux de lui laisser ignorer l'un et l'autre ; mais il est très-avantageux de lui représenter l'un et l'autre.

—

Je sens que je peux n'avoir point été : car le moi consiste dans ma pensée ; donc moi qui pense n'aurois point été, si ma mère eût été tuée avant que j'eusse été animé. Donc je ne suis pas un être nécessaire. Je ne suis pas aussi éternel, ni infini ; mais je vois bien qu'il y a dans la nature un être nécessaire, éternel, infini.

—

Cromwel alloit ravager toute la chrétienté : la famille royale étoit perdue, et la sienne à jamais puissante, sans un petit grain de sable qui se mit dans son urètre. Rome même alloit trembler sous lui ; mais ce petit gravier, qui n'étoit rien ailleurs, mis en cet endroit, le voilà mort, sa famille abaissée, et le roi rétabli.

—

On ne voit presque rien de juste et d'injuste, qui ne change de qualité en changeant de climat. Trois degrés d'élévation du pôle renversent toute la jurisprudence. Un méridien décide de la vérité. En peu d'années de possession, les lois fondamentales changent. Le droit a ses époques. Plaisante justice, qu'une rivière ou une montagne borne ! Vérité au-deçà des Pyrénées, erreur au-delà.

—

.....Se peut-il rien de plus plaisant qu'un homme ait le droit de me tuer, parce qu'il demeure au-delà de l'eau, et que son prince a querelle avec le mien, quoique je n'en aie aucune avec lui ?

—

Rien n'est plus capable de nous faire entrer dans la connoissance de la misère des hommes, que de considérer la cause véritable de l'agitation perpétuelle dans laquelle ils passent leur vie.

L'âme est jetée dans le corps pour y faire un séjour de peu de durée. Elle sait que ce n'est qu'un passage à un voyage éternel, et qu'elle n'a que le peu de temps que dure la vie pour s'y préparer. Les nécessités de la nature lui en ravissent une très-grande partie. Il ne lui en reste que très-peu dont elle puisse disposer. Mais ce peu qui lui reste l'incommode si fort et l'embarrasse si étrangement, qu'elle ne songe qu'à le perdre. Ce lui est une peine insupportable d'être obligée de vivre avec soi, et de penser à soi. Ainsi tout son soin est de s'oublier soi-même, et de laisser couler ce temps si court et si précieux sans réflexion, en s'occupant des choses qui l'empêchent d'y penser.

C'est l'origine de toutes les occupations tumultuaires des hommes, et de tout ce qu'on appelle divertissement ou passe-temps dans lesquels on n'a, en effet, pour but que d'y laisser passer le temps sans le sentir, ou plutôt sans se sentir soi-même, et d'éviter, en perdant cette partie de la vie, l'amertume et le dégoût intérieur qui accompagneroient nécessairement l'attention que l'on feroit sur soi-même durant ce temps-là. L'âme ne trouve rien en elle qui la contente; elle n'y voit rien qui ne l'afflige, quand elle y pense. C'est ce qui la contraint de se répandre au dehors, et de chercher dans l'application aux choses extérieures à perdre le souvenir de son état véritable. Sa joie consiste dans cet oubli; et il suffit, pour la rendre misérable, de l'obliger de se voir et d'être avec soi.....

Quand je me suis mis à considérer les diverses agitations des hommes, les périls et les peines où ils s'exposent, à la cour, à la guerre, dans la poursuite de leurs prétentions ambitieuses, d'où naissent tant de querelles, de passions et d'entreprises périlleuses et funestes, j'ai souvent dit que tout le malheur des hommes vient de ne savoir pas se tenir en repos dans une chambre. Un homme qui a assez de biens pour vivre, s'il savoit demeurer chez soi, n'en sortiroit pas pour aller sur la mer, ou au siège d'une place; et si on ne cherchoit simplement qu'à vivre, on auroit peu de besoin de ces occupations si dangereuses.

Mais quand j'y ai regardé de plus près, j'ai trouvé que cet éloignement que les hommes ont du repos, et de demeurer avec eux-mêmes, vient d'une cause bien effective, c'est-à-dire du malheur naturel de notre condition foible et mortelle, et si misérable que rien ne peut nous consoler lorsque rien ne nous empêche d'y penser, et que nous ne voyons que nous.

—

Les hommes, n'ayant pu guérir la mort, la misère, l'ignorance, se sont avisés, pour se rendre heureux, de ne point y penser : c'est tout ce qu'ils ont pu inventer pour se consoler de tant de maux. Mais c'est une consolation bien misérable, puisqu'elle va, non pas à guérir le mal, mais à le cacher simplement pour un peu de temps, et qu'en le cachant elle fait qu'on ne pense pas à le guérir véritablement.

—

Toutes les bonnes maximes sont dans le monde, on ne manque qu'à les appliquer.

—

Pourquoi me tuez-vous? — Eh quoi! ne demeurez-vous pas de l'autre côté de l'eau? Mon ami, si vous demeuriez de ce côté, je serois un assassin, cela seroit injuste de vous tuer de la sorte; mais puisque vous demeurez de l'autre côté, je suis un brave, et cela est juste.

—

Sans doute que l'égalité des biens est juste; mais, ne pouvant faire que l'homme soit forcé d'obéir à la justice, on l'a fait obéir à la force; ne pouvant fortifier la justice, on a justifié la force, afin que la justice et la force fussent ensemble, et que la paix fût : car elle est le souverain bien : *Summum jus, summa injuria.*

La pluralité est la meilleure voie, parce qu'elle est visible, et qu'elle a la force pour se faire obéir; cependant c'est l'avis des moins habiles.

Si on avoit pu, on auroit mis la force entre les mains de la justice; mais comme la force ne se laisse pas manier comme on veut, parce que c'est une qualité palpable, au lieu que la justice est une qualité spirituelle dont on dispose comme on veut, on a mis la justice entre les mains de la force, et ainsi on appelle *justice* ce qu'il est force d'observer.

—

Il est juste que ce qui est juste soit suivi : il est nécessaire que ce qui est le plus fort soit suivi : la justice sans la force est impuissante : la puissance sans la justice est tyrannique. La justice sans la force est contredite, parce qu'il y a toujours des méchants : la force sans la justice est accusée. Il faut donc mettre ensemble la justice et la force, et pour cela faire que ce qui est juste soit fort, et que ce qui est fort soit juste.

—

Il est dangereux de dire au peuple que les lois ne sont pas justes; car il n'obéit qu'à cause qu'il les croit justes. C'est pourquoi il faut lui dire en même temps qu'il doit obéir parce qu'elles sont lois, comme il faut obéir aux supérieurs, non parce qu'ils sont justes, mais parce qu'ils sont supérieurs..... Voilà tout ce que c'est proprement que la définition de la justice.

—

J'avois passé beaucoup de temps dans l'étude des sciences abstraites; mais le peu de gens avec qui on peut en communiquer m'en avoit dégoûté. Quand j'ai commencé l'étude de l'homme, j'ai vu que ces sciences abstraites ne lui sont pas propres, et que je m'égarois plus de ma condition en y pénétrant que les autres en les ignorant; et je leur ai pardonné de ne point s'y appliquer. Mais j'ai cru trouver au moins bien des compagnons dans l'étude de l'homme, puisque c'est celle qui lui est propre. J'ai été trompé. Il y en a encore moins qui l'étudient que la géométrie.

—

On n'apprend pas aux hommes à être honnêtes gens, et on leur apprend tout le reste ; et cependant ils ne se piquent de rien tant que de cela. Ainsi ils ne se piquent de savoir que la seule chose qu'ils n'apprennent point.

—

Condition de l'homme : inconstance, ennui, inquiétude.

—

Voulez-vous qu'on dise du bien de vous ? n'en dites point.

—

La mort est plus aisée à supporter sans y penser, que la pensée de la mort sans péril.

—

Ceux qui font des antithèses en forçant les mots sont comme ceux qui font de fausses fenêtres pour la symétrie. Leur règle n'est pas de parler juste, mais de faire des figures justes.

—

Quand on voit le style naturel, on est tout étonné et ravi ; car on s'attendoit de voir un auteur et on trouve un homme. Au lieu que ceux qui ont le goût bon, et qui, en voyant un livre, croient trouver un homme, sont tout surpris de trouver un auteur : *plus poetice quam humane locutus est.* Ceux-là honorent bien la nature, qui lui apprennent qu'elle peut parler de tout, et même de théologie.

—

La dernière chose qu'on trouve, en faisant un ouvrage, est de savoir celle qu'il faut mettre la première.

—

Les rivières sont des chemins qui marchent, et qui portent où l'on veut aller.

—

Je ne sais qui m'a mis au monde, ni ce que c'est que le monde, ni que moi-même. Je suis dans une ignorance terrible de toutes choses. Je ne sais ce que c'est que mon corps, que mes sens, que mon âme : et cette partie même de moi qui pense ce que je dis, et qui fait réflexion sur tout et sur elle-même, ne se connoit non plus que le reste. Je vois ces effroyables espaces de l'univers qui m'enferment, et je me trouve attaché à un coin de cette vaste étendue, sans savoir pourquoi je suis plutôt placé en ce lieu qu'en un autre, ni pourquoi ce peu de temps qui m'est donné à vivre m'est assigné à ce point plutôt qu'à un autre de toute l'éternité qui m'a précédé, et de toute celle qui me suit. Je ne vois que des infinités de toutes parts, qui m'engloutissent comme un atome, et comme une ombre qui ne dure qu'un instant sans retour. Tout ce que je connois, c'est que je dois bientôt mourir ; mais ce que j'ignore le plus, c'est cette mort même que je ne saurois éviter.

Comme je ne sais d'où je viens, aussi ne sais-je où je vais ; et je sais seulement qu'en sortant de ce monde je tombe pour jamais, ou dans le néant, ou dans les mains d'un Dieu irrité, sans savoir à laquelle de ces deux conditions je dois être éternellement en partage. Voilà mon état, plein de misère, de foiblesse, d'obscurité !

—

Quel homme eut jamais plus d'éclat que Jésus-Christ ? Le peuple juif tout entier le prédit avant sa venue. Le peuple gentil l'adore après qu'il est venu. Les deux peuples gentil et juif le regardent comme leur centre. Et cependant quel homme jouit jamais moins de tout cet éclat ? De trente-trois ans, il en vit trente sans paroître. Dans les trois autres, il passe pour un imposteur ; les prêtres et les principaux de sa nation le rejettent ; ses amis et ses proches le méprisent. Enfin il meurt d'une mort honteuse, trahi par un des siens, renié par l'autre, et abandonné de tous.

—

Jésus-Christ parle des plus grandes choses si simplement, qu'il semble qu'il n'y a pas pensé ; et si nettement néanmoins, qu'on voit bien ce qu'il en pensoit. Cette clarté, jointe à cette naïveté, est admirable.

—

L'éloquence est une peinture de la pensée ; et ainsi ceux qui, après avoir peint, ajoutent encore, font un tableau au lieu d'un portrait.

Blaise Pascal, né à Clermont en Auvergne, le 19 juin 1623, reçut le jour d'Étienne Pascal, premier président à la cour des aides, qui se chargea lui seul de l'éducation de son fils. Pour ne pas le quitter un instant, ce père tendre vendit sa charge en 1631, et vint s'établir à Paris. Étienne Pascal, lié avec les hommes les plus instruits de la capitale, introduisit dans leur société son jeune élève, déjà fort avancé dans la connoissance des langues anciennes, qu'il apprenait facilement, guidé par l'excellente méthode d'un pareil maître. Né avec l'instinct géométrique et avec un esprit porté à l'observation et à la méditation, entendant sans cesse parler de sciences, l'enfant se sentit naturellement porté vers l'étude des choses que son père sembloit vouloir lui dérober. Sur les instances de Blaise, qui vouloit au moins savoir de quoi traitoit la géométrie, Étienne lui dit que cette science enseignoit le moyen de tracer des figures par une construction exacte, de trouver leur mesure, et de déterminer les rapports de leurs parties, et il lui défendit de s'en occuper. Cette seule explication suffit pour éclairer Pascal. Seul, dans une chambre retirée, il étudia et parvint à la trente-deuxième proposition d'Euclyde par la seule force de son génie. Blaise Pascal n'avait que douze ans. Son père le surprit dans ces découvertes, et, vaincu et comme *épouvanté* de tant de sagacité, il courut chez un vieil ami de la famille raconter avec des larmes ce phénomène d'intelligence. Dès lors il ne gêna plus une vocation si décidée. A seize ans, l'immortel auteur des *Provinciales* avait composé le plus savant traité des sections coniques qui fût encore. Étienne Pascal, ayant encouru la disgrâce de Richelieu, rentra bientôt en faveur auprès du cardinal, qui lui donna l'intendance de Rouen. Étienne confiait tous les calculs de sa nouvelle charge à Blaise, qui inventa, à cette occasion, la *machine arithmétique*, dont la combinaison et la construction lui donnèrent d'incroyables peines. La machine de Pascal réussit parfaitement, et on a peine à croire qu'un jeune homme de dix-neuf ans ait été capable de la concevoir et de l'exécuter.

Après avoir, en 1654, trouvé son *triangle arithmétique*, Pascal s'engagea dans de profondes recherches sur la théorie des jeux de hasard. Cet ouvrage, dont on a voulu vainement rabaisser le mérite, fut bientôt suivi des fameux problèmes de la cycloïde. Notre intention n'est pas de suivre ce génie dans la carrière des sciences; cependant il ne nous est point permis d'omettre les belles expériences qu'il fit faire par son beau-frère sur le Puy-de-Dôme, pour déterminer la pesanteur de l'air, à l'aide du baromètre. Encouragé par le succès, Pascal répéta l'expérience en petit sur la tour de Saint-Jacques-de-la-Boucherie. L'illustre physicien, couvert de gloire par cette nouvelle découverte, publia son *Traité de la pesanteur de la masse de l'air*. Il y passe en revue tous les phénomènes attribués jusqu'alors à l'horreur du vide, et en donne l'explication par l'effet de la pression de l'air. Il écrivit, en 1653, son traité de l'*Équilibre des liquides*. Descendant quelquefois des régions élevées dans lesquelles son génie le poussait, Pascal inventa la brouette nommée *vinaigrette* et le *haquet*. Toutes ces découvertes, tous ces écrits, plaçaient l'inventeur de la roulette à la tête des physiciens et des grands géomètres. Il devait conquérir encore une autre gloire.

Dans ses écrits scientifiques, Pascal possède un style admirable de concision et de netteté. Sa méthode d'examen et de démonstration brille du plus vif éclat; sa logique, plus ferme que celle de Descartes, étonne par le choix, la vigueur des arguments, autant que par la pureté de la diction. Les grâces qu'il sait répandre sur les points les plus arides de la physique et de la géométrie annonçaient le talent qu'il devait déployer plus tard sur des sujets moins ingrats. Arnauld, attaqué par la Sorbonne, avait besoin d'un défenseur habile, et plus capable que lui de couvrir de ridicules les persécuteurs de Port-Royal et des jansénistes. Pascal, quoique toujours malade, accepta la tâche; il fit paraître, le 23 janvier 1656, la *Première Lettre de Louis de Montalte à un provincial de ses amis*. Le succès de cette épître rendit la Sorbonne furieuse; mais Pascal n'avait pas achevé les dix premières lettres, que ses adversaires désespérés se débattaient en vain sous la logique qui les accablait. « L'exposition rapide, plaisante, familière, dit M. Villemain, des principes erronés des jésuites sur les questions morales, avait égayé le public et frappé la puissante société de la plaie du ridicule. Ce fut alors que la discussion s'agrandit, et que Pascal changea, pour ainsi dire, de génie. Les jésuites, occupés surtout de faire interdire et supprimer les écrits de ce dangereux contradicteur, essayaient cependant de les réfuter, mais avec peu d'art, peu de logique, comme des gens déconcertés par la surprise d'une attaque si hardie. Il faut l'avouer d'ailleurs, la société n'avait pas alors dans son sein les hommes célèbres qui l'ont illustrée. Bourdaloue n'était point connu, et n'avait pas encore appris sa puissante dialectique dans Pascal lui-même. Les défenseurs de la société, faibles, maladroits, outrageux, et partant illisibles, ne servaient qu'à irriter le génie de son terrible adversaire. Ce fut en leur répondant que, sous cette forme de simples lettres, Pascal atteignit sans effort à la plus haute éloquence de la logique et de la colère. Vous avez lu cent fois le passage où Pascal, après avoir décrit avec une admirable énergie la longue et étrange guerre de la violence et de la vérité, « deux puissances, dit-il, qui ne peuvent rien l'une sur l'autre », prédit cependant le triomphe de la vérité, parce qu'elle est éternelle et puissante comme Dieu même. Démosthène, Chrysostôme ou Bossuet, inspirés sur la tribune, ont-ils rien de plus fort et de plus sublime que ces paroles jetées à la fin d'une lettre polémique?..... »

Fort de son génie, de son ressentiment et du mystère qui couvrait encore son nom, il s'écrie, en s'adressant à tous ses adversaires : « Vous vous sentez frappés par une main invisible; vous essayez en vain de m'attaquer en la personne de ceux auxquels vous me croyez uni. Je ne vous crains ni pour moi ni pour aucun autre. Tout le crédit que vous pouvez avoir est inutile à mon égard. Je n'espère rien du monde, je n'en appréhende rien, je n'en veux rien; je n'ai besoin, par la grâce de Dieu, ni du bien ni de l'autorité de personne. Ainsi, mes pères, j'échappe à toutes vos prises. »

Les *Provinciales* sont un chef-d'œuvre impérissable : grâce, ironie, allusion fine et mordante, véhémentes apostrophes, tout est beau, rempli de vie et riche de couleur. Un second titre de gloire littéraire pour Pascal est son livre des *Pensées*, toutes marquées du sceau du génie, gigantesques fragments d'un édifice que malheureusement Pascal n'eut pas le temps d'élever. Mais, dans ces pensées, l'on sent la souffrance, les angoisses d'une grande âme fatiguée de son savoir. Il était triste, parce que, placé au-dessus du vulgaire, toutes ses joies d'esprit étaient solitaires. Occupé à s'étudier lui-même, il combattit le doute qui le tourmentait avec une énergie dans laquelle il épuisa sa vie. Frappé d'une attaque de paralysie, en 1647, il était presque perclus. Bientôt après, privé de son père, qui mourut en 1651, et de sa sœur, qui se fit religieuse, Pascal chercha à rétablir sa santé par le repos. Son état semblait s'être amélioré, lorsqu'un malheureux événement, arrivé en octobre 1654, atteignit son cerveau. La voiture de Pascal avait failli être renversée dans la Seine, près du pont de Neuilly; ce grand homme crut que c'était un avertissement de Dieu; chaque jour sa dévotion s'accrut, et ce fut dans ces saintes dispositions qu'il mourut, le 19 août 1662 !!....

« Pascal n'a surpassé Montaigne ni en naïveté ni en imagination. Il l'a surpassé en profondeur, en finesse, en sublimité, en véhémence ; il a porté à sa perfection l'éloquence d'art que Montaigne ignorait entièrement, et n'a point été égalé dans cette vigueur de génie par laquelle on rapproche les objets et on résume un discours ; mais la chaleur et la vivacité de son esprit pouvaient lui donner des erreurs dont le génie ferme et modéré de Montaigne n'étoit pas aussi susceptible. »

VAUVENARGUES.

« Cet homme extraordinaire, qui remplit une vie si courte de tant de prodiges, sans parler de sa gloire dans les sciences, sans répéter l'éloge de ce chef-d'œuvre des *Provinciales*, pour qui la frivolité du sujet n'a point affaibli l'admiration, n'a-t-il pas marqué toute sa force dans les pages détachées de l'ouvrage qu'il préparait et dont Pope a su recueillir les grands traits épars ?

» Où se retrouve, où se retrouvera jamais le secret de ce style, qui, rapide comme la pensée, nous la montre si naturelle et si vivante, qu'il semble former avec elle un tout indestructible et nécessaire? L'expression de Pascal est à la fois audacieuse et simple, pleine et précise, sublime et naïve. Ne semble-t-il pas choisir à dessein les termes les plus familiers, bien sûr de les élever jusqu'à lui, et de leur imprimer toute la majesté de son génie? »

DE FONTANES.

« Il y avait un homme qui, à douze ans, avec des *barres* et des *ronds*, avait créé les mathématiques; qui, à seize, avait fait le plus savant traité des coniques qu'on eût vu depuis l'antiquité; qui, à dix-neuf, réduisit en machine une science qui existe tout entière dans l'entendement; qui, à vingt-trois, démontra les phénomènes de la pesanteur de l'air, et détruisit une des grandes erreurs de l'ancienne physique; qui, à cet âge où les autres hommes commencent à peine de naître, ayant achevé de parcourir le cercle des sciences humaines, s'aperçut de leur néant, et tourna toutes ses pensées vers la religion; qui, depuis ce moment jusqu'à sa mort, arrivée dans sa trente-neuvième année, toujours infirme et souffrant, fixa la langue qu'ont parlée Bossuet et Racine, donna le modèle de la plus parfaite plaisanterie, comme du raisonnement le plus fort; enfin qui, dans le court intervalle de ses maux, résolut, en se privant de tous les secours, un des plus hauts problèmes de géométrie, et jeta au hasard sur le papier des pensées qui tiennent autant de Dieu que de l'homme. Cet effrayant génie se nommait Blaise Pascal. »

CHATEAUBRIAND.

EXTRÊME VARIÉTÉ DE LA NATURE.

La première chose qui s'offre à l'homme quand il se regarde, c'est son corps, c'est-à-dire une certaine portion de matière qui lui est propre. Mais, pour comprendre ce qu'elle est, il faut qu'il la compare avec tout ce qui est au-dessus de lui et tout ce qui est au-dessous, afin de reconnoître ses justes bornes. Qu'il ne s'arrête donc pas à regarder simplement les objets qui l'environnent; qu'il contemple la nature entière dans sa haute et pleine majesté; qu'il considère cette éclatante lumière, mise comme une lampe éternelle pour éclairer l'univers; que la terre lui paroisse comme un point, au prix du vaste tour que cet astre décrit, et qu'il s'étonne de ce que ce vaste tour lui-même n'est qu'un point très-délicat, à l'égard de celui que les astres qui roulent dans le firmament embrassent. Mais si notre vue s'arrête là, que l'imagination passe outre, elle se lassera plutôt de concevoir, que la nature de fournir. Tout ce que nous voyons du monde n'est qu'un trait imperceptible dans l'ample sein de la nature : nulle idée n'approche de l'étendue de ses espaces. Nous avons beau enfler nos conceptions, nous n'enfantons que des atomes au prix de la réalité des choses. C'est une sphère infinie, dont le centre est partout et la circonférence nulle part.

Enfin, c'est un des plus grands caractères sensibles de la toute-puissance de Dieu, que notre imagination se perde dans cette pensée.

Mais pour présenter à l'homme un autre prodige aussi étonnant, qu'il recherche dans ce qu'il connoît les choses les plus délicates. Qu'un ciron, par exemple, lui offre dans la petitesse de son corps des parties incomparablement plus petites, des jambes avec des jointures, des veines, des humeurs dans ce sang, des vapeurs dans ces gouttes; que divisant encore ces dernières choses, il épuise ses forces et ses conceptions, et que le dernier objet où il peut arriver soit maintenant celui de notre discours; il pensera peut-être que c'est là l'extrême petitesse de la nature. Je veux lui peindre non-seulement l'univers visible, mais encore tout ce qu'il est capable de concevoir de l'immensité de la nature dans l'enceinte de cet atome imperceptible... qu'il se perde dans ces merveilles, aussi étonnantes par leur petitesse que les autres par leur étendue. Car qui n'admirera que notre corps, qui tantôt n'étoit pas perceptible dans l'univers, imperceptible lui-même dans le sein du tout, soit maintenant un colosse, un monde, ou plutôt un tout à l'égard de la dernière petitesse où l'on ne peut arriver?

DU DROIT DE VIE ET DE MORT.

Il est certain que Dieu seul a le droit d'ôter la vie, et que, néanmoins, ayant établi des lois pour faire mourir les criminels, il a rendu les rois ou les républiques dépositaires de ce pouvoir; et c'est ce que saint Paul nous apprend, lorsque, parlant du droit que les souverains ont de faire mourir les hommes, il le fait descendre du ciel, en disant que ce n'est pas en vain qu'ils portent l'épée, parce qu'ils sont ministres de Dieu, pour exécuter ses vengeances contre les coupables.

Mais comme c'est Dieu qui leur a donné ce droit, il les oblige à l'exercer ainsi qu'il le feroit lui-même, c'est-à-dire avec justice, selon cette parole de saint Paul, au même lieu : Les princes ne sont pas établis pour se rendre terribles aux bons, mais aux méchants. Qui veut n'avoir point sujet de redouter leur puissance n'a qu'à bien faire : car ils sont ministres de Dieu pour le bien. Et cette restriction rabaisse si peu leur puissance, qu'elle la relève au contraire, beaucoup davantage; parce que c'est la rendre semblable à celle de Dieu, qui est impuissant pour faire le mal, et tout-puissant pour faire le bien; et que c'est la distinguer de celle des démons, qui sont impuissants pour le bien, et n'ont de puissance que pour le mal. Il y a seulement cette différence entre Dieu et les souverains, que Dieu étant la justice et la sagesse même, il peut faire mourir sur-le-champ qui il lui plaît, quand il lui plaît et en la manière qu'il lui plaît. Car, outre qu'il est le maître souverain de la vie des hommes, il est sans doute qu'il ne la leur ôte jamais, ni sans cause, ni sans connoissance, puisqu'il est aussi incapable d'injustice que d'erreur. Mais les princes ne peuvent pas agir de la sorte, parce qu'ils sont tellement ministres de Dieu, qu'ils sont hommes néanmoins, et non pas dieux. Les mauvaises impressions pourroient les surprendre : les faux soupçons pourroient les aigrir : la passion pourroit les emporter; et c'est ce qui les a engagés eux-mêmes à descendre dans les moyens humains, et à établir, dans leurs États, des juges, auxquels ils ont communiqué ce pouvoir, afin que cette autorité que Dieu leur a donnée ne soit employée que pour la fin pour laquelle ils l'ont reçue.

Concevez donc que pour être exempt d'homicide, il faut agir tout ensemble, et par l'autorité de Dieu, et selon la justice de Dieu; et que si ces deux conditions ne sont jointes, on pèche, soit en tuant avec son autorité, mais sans justice; soit en tuant avec justice, mais sans son autorité. De la nécessité de cette union, il arrive, selon saint Augustin, que celui qui, sans autorité, tue un criminel, se rend criminel lui-même, par cette raison principale, qu'il usurpe une autorité que Dieu ne lui a pas donnée; et que les juges, au contraire, qui ont cette autorité, sont néanmoins homicides, s'ils font mourir un innocent contre les lois qu'ils doivent suivre.

Voilà les principes du repos et de la sûreté publique, qui ont été reçus dans tous les temps et dans tous les lieux, et sur lesquels tous les législateurs du monde, saints et profanes, ont établi leurs lois; sans que jamais les païens mêmes aient apporté d'exception à cette règle, sinon lorsqu'on ne peut autrement éviter la perte de la vie, parce qu'ils ont pensé, qu'alors, comme dit Cicéron, les lois mêmes semblent offrir leurs armes à ceux qui sont dans une telle nécessité.

Mais que hors cette occasion, dont je ne parle point ici, il y ait jamais eu de loi qui ait permis aux particuliers de tuer pour se garantir d'un affront, et pour éviter la perte de l'honneur ou du bien, quand on n'est point, en même temps, en péril de la vie; c'est ce que jamais les infidèles mêmes n'ont fait. Ils l'ont, au contraire, défendu expressément : car la loi des douze tables de Rome portoit : qu'il n'est pas permis de tuer un voleur de jour, qui ne se défend point avec les armes. (*Provinciales.*)

MALEBRANCHE.

DE LA MAGNIFICENCE DE L'UNIVERS.

Vous avez compris, Ariste, et peut-être même oublié, que l'Être infiniment parfait, quoyque suffisant à luy-même, a pu prendre le dessein de former cet univers : qu'il l'a créé pour luy, pour sa propre gloire : qu'il a mis Jésus-Christ à la teste de son ouvrage, à l'entrée de ses desseins ou de ses voyes, afin que tout fust divin : qu'il n'a pas dû entreprendre l'ouvrage le plus parfait qui fust possible, mais seulement le plus parfait qui pust être produit par les voyes les plus sages ou les plus divines ; de sorte que tout autre ouvrage produit par toute autre voye, ne puisse exprimer plus exactement les perfections que Dieu possède, et qu'il se glorifie de posséder. Voilà donc, pour ainsi dire, le créateur prest à sortir hors de luy-même, hors de son sanctuaire éternel ; prest à se mettre en marche par la production des créatures. Voyons quelque chose de sa magnificence dans son ouvrage : mais suivons-le de près dans les démarches majestueuses de sa conduite ordinaire.

Pour sa magnificence dans son ouvrage, elle y éclatte de toutes parts. De quelque côté qu'on jette les yeux dans l'univers, on y voit une profusion de prodiges. Et si nous cessons de les admirer, c'est assurément que nous cessons de les considérer avec l'attention qu'ils méritent. Car les astronomes qui mesurent la grandeur des astres, et qui voudroient bien sçavoir le nombre des étoiles, sont d'autant plus surpris d'admiration, qu'ils deviennent plus sçavans. Autrefois le soleil leur paroissoit grand comme le Péloponèse : mais aujourd'huy les plus habiles le trouvent un million de fois plus grand que la terre. Les anciens ne comptoient que mille vingt-deux étoiles : mais personne aujourd'huy n'ose les compter. Dieu même nous avoit dit autrefois que nul homme n'en sçauroit jamais le nombre : mais l'invention des télescopes nous force bien maintenant à reconnoître que les catalogues que nous en avons sont fort imparfaits. Ils ne contiennent que celles qu'on découvre sans lunettes ; et c'est assurément le plus petit nombre. Je croy même qu'il y en a beaucoup plus qu'on ne découvrira jamais, qu'il n'y en a de visibles par les meilleurs télescopes : et cependant il y a bien de l'apparence qu'une fort grande partie de ces étoiles ne le cède point, ni en grandeur, ni en majesté, à ce vaste corps qui nous paroit icy-bas le plus lumineux et le plus beau. Que Dieu est donc grand dans les cieux ! qu'il est élevé dans leur profondeur ! qu'il est magnifique dans leur éclat ! qu'il est sage, qu'il est puissant dans leurs mouvements réglez.

Mais, Ariste, quittons le grand. Notre imagination se perd dans ces espaces immenses, que nous n'oserions limiter, et que nous craignons de laisser sans bornes. Combien d'ouvrages admirables sur la terre que nous habitons, sur ce point imperceptible à ceux qui ne mesurent que les corps célestes ! Mais cette terre, que messieurs les astronomes comptent pour rien, est encore trop vaste pour moy : je me renferme dans votre parc. Que d'animaux, que d'oiseaux, que d'insectes, que de plantes, que de fleurs et que de fruits !

L'autre jour que j'étois couché à l'ombre, je m'avisay de remarquer la variété des herbes et des petits animaux que je trouvay sous mes yeux. Je comptay, sans changer de place, plus de vingt sortes d'insectes dans un fort petit espace, et pour le moins autant de diverses plantes. Je pris un de ces insectes, dont je ne sçay point le nom, et peut-être n'en a-t-il point : car les hommes, qui donnent divers noms, et souvent de trop magnifiques, à tout ce qui sort de leurs mains, ne croyent pas seulement devoir nommer les ouvrages du Créateur qu'ils ne sçavent point admirer. Je pris, dis-je, un de ces insectes. Je le consideray attentivement ; et je ne crains point de vous dire de luy ce que Jésus-Christ assure des lys champêtres, que Salomon dans toute sa gloire n'avoit point de si magnifiques ornemens. Après que j'eus admiré quelque temps cette petite créature si injustement méprisée, et même si indignement et si cruellement traitée par les autres animaux, à qui apparemment elle sert de pasture, je me mis à lire un livre que j'avois sur moi, et j'y trouvay une chose fort étonnante : c'est qu'il y a dans le monde un nombre infiny d'insectes pour le moins un million de fois plus petits que celuy que je venois de considérer, cinquante mille fois plus petits qu'un grain de sable.

Nicolas Malebranche naquit à Paris, le 6 août 1638. Élevé dans la maison de son père, secrétaire du roi, le goût de la retraite le fit entrer, en 1660, dans la congrégation de l'Oratoire. Le *Traité de l'Homme*, de Descartes, ouvrit les yeux de Malebranche, en lui montrant dans quelle voie l'appelait son génie. Il apprit et médita Descartes. Le fruit de cette étude fut le premier volume de la *Recherche de la vérité*. Cet ouvrage eut un succès immense ; Descartes avait établi d'une manière assez lumineuse l'union de l'âme et du corps : Malebranche agrandit l'idée de son maître. « La diction de l'auteur de la *Recherche de la vérité*, dit Fontenelle, est pure et châtiée ; elle a toute la dignité que la matière exige, et toute la grâce qu'elle peut souffrir. Sa doctrine, il est vrai, imposait des conditions fort dures : elle exigeait qu'on se dépouillât sans cesse de ses sens et de son imagination ; que, par l'effet d'une méthode suivie, on s'élevât à une certaine région d'idées dont l'accès est très-difficile. Cependant son système, quoique si intellectuel et si délié, se répandit insensiblement, surtout parmi les personnes qui avaient beaucoup d'esprit et qui faisaient profession de piété. Mais si l'ouvrage enleva des suffrages illustres, il excita aussi de très-vives critiques. Tout cela produisit une foule d'écrits, qui ne présentaient que les principes de la *Recherche de la vérité*, ou mal entendus ou déguisés d'une part, ou de l'autre, plus développés ou tournés différemment. »

Pour mettre son système à la portée de tout le monde, Malebranche composa, en 1677, ses *Conversations chrétiennes*. Bossuet écrivit sur l'exemplaire que l'auteur lui envoya : *Pulchra, nova, falsa* (*idées belles, nouvelles, fausses*). Il chercha à lui faire modifier son système ; mais Malebranche refusa constamment d'entrer dans aucune discussion de vive voix. « Vous voulez donc, lui dit ce prélat, que j'écrive contre vous ? — Je tiendrais à honneur, répondit l'oratorien, d'avoir un tel antagoniste. »

Bossuet pria le grand Arnauld de prendre sa place. De là naquit une lutte vive, ardente, spirituelle ; les questions furent, de part et d'autre, traitées avec la subtilité telle, que l'Europe entière n'eût pas fourni deux pareils athlètes. Malebranche publia, en 1686, ses *Méditations chrétiennes et métaphysiques*, « ouvrage écrit, dit Fontenelle, avec un certain sombre, auguste et mystérieux... » Le *Traité de morale*, ouvrage neuf et pensé avec fermeté, fait le plus grand honneur à l'oratorien. En 1687, il entreprit de réunir toutes les parties de son système dans les *Entretiens sur la métaphysique et sur la religion*, livre obscur et d'un intérêt moins grand aujourd'hui qu'autrefois.

En 1699, la dispute d'Arnauld avec Malebranche se réveilla. Malebranche eut le malheur de poursuivre la discussion, même après la mort de son noble adversaire, dont il ne respecta point assez la tombe.

En réponse au père Lamy, qui l'accusait d'être épicurien, le savant père de l'Oratoire répondit par son *Traité de l'Amour de Dieu*. Ce fut encore pour défendre son système que Malebranche fit imprimer ses *Réflexions sur la prémotion physique*, le *Traité de la Communication du mouvement*. Né avec une complexion très-faible, travaillant beaucoup, mais sobre, et refusant de prendre, lorsqu'il était malade, aucun médicament, Malebranche parvint à sa soixante-dix-septième année. Il mourut le 13 octobre 1715.

Voici ce que Bayle a dit du *Traité de morale* de Malebranche : « On n'a jamais vu aucun livre de philosophie qui montre si fortement l'union de tous les esprits avec la Divinité. On y voit le premier philosophe de ce siècle raisonner sur des principes qui supposent, de toute nécessité, un Dieu tout sage, tout-puissant, la source unique de tout bien, la cause immédiate de tous nos plaisirs et de toutes nos idées. C'est un plaidoyer plus puissant en faveur de la bonne cause que cent mille volumes de dévotion, par des auteurs de petit esprit. » Malebranche, en mourant, laissa la réputation d'avoir été le meilleur et le plus doux des hommes.

———

Nous croyons devoir citer aussi l'opinion de d'Aguesseau sur l'illustre oratorien ; la voici :

« On peut dire du père Malebranche :

» *Proximus, huic* (1), *longo sed proximus intervallo.*

» Mais comme il a su joindre l'imagination au raisonnement, ou, si l'on veut, le raisonnement à l'imagination qui dominoit chez lui, la lecture de ses ouvrages peut être avantageuse à ceux qui se destinent à un genre d'éloquence où l'on a souvent besoin de parler à l'imagination, pour mieux entendre la raison.

» Ce n'est donc pas ce qui est du ressort de la pure métaphysique que l'on doit chercher dans le père Malebranche ; c'est ce qui a plus de rapport à la morale ; comme plusieurs chapitres du livre de la *Recherche de la vérité*, où il traite de l'imagination, le livre des *Inclinations*, et celui des *Passions*, ou, si l'on veut quelque chose qui soit encore plus travaillé, ses *Entretiens métaphysiques*, qu'on peut regarder comme son chef-d'œuvre, soit pour l'arrangement des idées, soit pour le style et pour la manière d'écrire. »

(1) Descartes.

DISTINCTION DU DEVOIR ET DE LA VERTU.

Il ne faut pas confondre la vertu avec les devoirs par la conformité des noms. Cela trompe les hommes. Il y en a qui s'imaginent suivre la vertu, quoiqu'ils ne suivent que le penchant naturel qu'ils ont à rendre certains devoirs : et comme ce n'est nullement la raison qui les conduit, ils sont effectivement vicieux dans l'excès, lorsqu'ils pensent être des héros en vertu. Mais la plupart, trompés par cette même confusion de termes, et par la magnificence des noms, se confient en eux-mêmes, s'estiment sans sujet, et jugent souvent très-mal des personnes les plus vertueuses, parce qu'il ne se peut pas faire que les gens de bien suivent long-temps ce que l'ordre leur prescrit, sans manquer selon les apparences à quelque devoir essentiel. Car enfin, pour être prudent, honnête, charitable aux yeux des hommes, il faut quelquefois louer le vice, où presque toujours se taire, lorsqu'on l'entend louer. Pour être estimé libéral, il faut être prodigue. Si l'on n'est téméraire, on ne passe guère pour vaillant homme : et celui qui n'est ni superstitieux, ni crédule, quelque piété qu'il ait, passera peut-être pour un libertin dans l'esprit des autres.

POUVOIR DE L'IMAGINATION.

Un pastre dans sa bergerie raconte après souper à sa femme et à ses enfans les aventures du sabbat. Comme il est persuadé luy-mesme qu'il y a esté, et que son imagination est modérément échauffée par les vapeurs du vin, il ne manque pas d'en parler d'une manière forte et vive. Son éloquence naturelle estant donc accompagnée de la disposition où est toute sa famille pour entendre parler d'un sujet aussi nouveau et aussi effrayant, il n'est pas naturellement possible que des imaginations aussi foibles que le sont celles des femmes et des enfans ne demeurent persuadées. C'est un mari, c'est un père qui parle de ce qu'il a vu, de ce qu'il a fait; on l'aime, on le respecte, et pourquoy ne le croiroit-on pas? Ce pastre le répète donc en différens jours. L'imagination de la mère et des enfans en reçoit peu à peu des traces plus profondes; ils s'y accoutument, et enfin la curiosité les prend d'y aller. Ils se frottent, ils se couchent, leur imagination s'échauffe encore de cette disposition de leur cœur, et les traces que le pastre avoit formées dans leur cerveau s'ouvrent assez pour leur faire juger dans le sommeil, comme présentes, toutes les choses dont il leur avoit fait la description. Ils se lèvent, ils s'entredemandent et ils s'entredisent ce qu'ils ont vu. Ils se fortifient de cette sorte les traces de leur vision, et celuy qui a l'imagination la plus forte persuadant mieux les autres, ne manque pas de régler en peu de nuits l'histoire imaginaire du sabbat. Voilà donc des sorciers achevés, que le pastre a faits; et ils en feront un jour beaucoup d'autres, si, ayant l'imagination forte et vive, la crainte ne les retient pas de faire de pareilles histoires

LABRUYÈRE.

L'HOMME INÉGAL ET L'HOMME DISTRAIT.

Un homme inégal n'est pas un seul homme, ce sont plusieurs : il se multiplie autant de fois qu'il a de nouveaux goûts et de manières différentes : il est à chaque moment ce qu'il n'étoit point, et il va être bientôt ce qu'il n'a jamais été ; il se succède à lui-même : ne demandez pas de quelle complexion il est, mais quelles sont ses complexions ; ni de quelle humeur, mais combien il a de sortes d'humeurs. Ne vous trompez-vous point ? Est-ce Eutichrate que vous abordez ? Aujourd'hui quelle glace pour vous ! hier il vous cherchoit, il vous caressoit, vous donniez de la jalousie à ses amis ; vous reconnoît-il bien ? dites-lui votre nom.

Ménalque descend son escalier, ouvre sa porte pour sortir, il la referme : il s'aperçoit qu'il est en bonnet de nuit ; et venant à mieux s'examiner, il se trouve rasé à moitié, il voit que son épée est mise du côté droit, que ses bas sont rabattus sur ses talons, et que sa chemise est par-dessus ses chausses. S'il marche dans les places, il se sent tout d'un coup rudement frapper à l'estomac ou au visage ; il ne soupçonne point ce que ce peut être, jusqu'à ce qu'ouvrant les yeux et se réveillant, il se trouve, ou devant un limon de charrette, ou derrière un long ais de menuiserie que porte un ouvrier sur ses épaules. On l'a vu une fois heurter du front contre celui d'un aveugle, s'embarrasser dans ses jambes, et tomber avec lui chacun de son côté à la renverse. Il lui est arrivé plusieurs fois de se trouver tête pour tête à la rencontre d'un prince et sur son passage, se reconnoître à peine et n'avoir que le loisir de se coller à un mur pour lui faire place. Il cherche, il brouille, il crie, il s'échauffe, il appelle ses valets l'un après l'autre, on lui perd tout, on lui égare tout : il demande ses gants qu'il a dans ses mains, semblable à cette femme qui prenoit le temps de demander son masque, lorsqu'elle l'avoit sur son visage. Il entre à l'appartement, et passe sous un lustre où sa perruque s'accroche et demeure suspendue ; tous les courtisans regardent et rient, Ménalque regarde aussi et rit plus haut que les autres, il cherche des yeux dans toute l'assemblée où est celui qui montre ses oreilles, et à qui il manque une perruque. S'il va par la ville, après avoir fait quelque chemin, il se croit égaré, il s'émeut, et il demande où il est à des passants qui lui disent précisément le nom de sa rue : il entre ensuite dans sa maison, d'où il sort précipitamment, croyant qu'il s'est trompé. Il descend du palais, et trouvant au bas du grand degré un carrosse qu'il prend pour le sien, il se met dedans ; le cocher touche, et croit ramener son maître dans sa maison : Ménalque se jette hors de la portière, traverse la cour, monte l'escalier, parcourt l'antichambre, la chambre, le cabinet ; tout lui est familier, rien ne lui est nouveau ; il s'assit, il se repose, il est chez soi. Le maître arrive, celui-ci se lève pour le recevoir, il le traite fort civilement, le prie de s'asseoir, et croit faire les honneurs de sa chambre ; il parle, il rêve, il reprend la parole ; le maître de la maison s'ennuie et demeure étonné ; Ménalque ne l'est pas moins, et ne dit pas ce qu'il en pense ; il a affaire à un fâcheux, à un homme oisif, qui se retirera à la fin, il l'espère, et il prend patience ; la nuit arrive qu'il est à peine détrompé. Une autre fois, il rend visite à une femme, et se persuadant bientôt que c'est lui qui la reçoit, il s'établit dans son fauteuil, et ne songe nullement à l'abandonner ; il trouve ensuite que cette dame fait ses visites longues, il attend à tous moments qu'elle se lève et le laisse en liberté ; mais comme cela tire en longueur, qu'il a faim, et que la nuit est déjà avancée, il la prie à souper ; elle rit, et si haut, qu'elle le réveille. C'est lui encore qui entre dans une église, et prenant l'aveugle qui est collé à la porte pour un pilier, et sa tasse pour le bénitier, y plonge la main, la porte à son front, lorsqu'il entend tout d'un coup le pilier qui parle et qui lui offre des oraisons. Il s'avance dans la nef, il croit voir un prie-Dieu, il se jette lourdement dessus ; la machine plie, s'enfonce et fait des efforts pour crier ; Ménalque est surpris de se voir à genoux sur les jambes d'un fort petit homme, appuyé sur son dos, les deux bras passés sur ses épaules, et ses deux mains jointes et étendues qui lui prennent le nez et lui ferment la bouche; il se retire confus et va s'agenouiller ailleurs : il tire un livre pour faire sa prière, et c'est sa pantoufle qu'il a prise pour ses Heures, et qu'il a mise dans sa poche avant que de sortir. Il n'est pas hors de l'église qu'un homme de livrée court après lui, le joint, lui demande en riant s'il n'a point la pantoufle de monseigneur; Ménalque lui montre la sienne, et lui dit : « Voilà toutes les pantoufles que j'ai sur moi. » Il se fouille néanmoins et tire celle de l'évêque de *** qu'il vient de quitter, qu'il a trouvé malade auprès de son feu, et dont, avant de prendre congé de lui, il a ramassé la pantoufle comme l'un de ses gants qui étoit à terre : ainsi Ménalque s'en retourne chez soi avec une pantoufle de moins. Il a une fois perdu au jeu tout l'argent qui est dans sa bourse, et voulant continuer de jouer, il entre dans son cabinet, ouvre une armoire, y prend sa cassette, en tire ce qui lui plaît, croit la remettre où il l'a prise : il entend aboyer dans son armoire qu'il vient de fermer; étonné de ce prodige, il l'ouvre une seconde fois, et il éclate de rire d'y voir son chien qu'il a serré pour sa cassette. Il joue au trictrac, il demande à boire, on lui en apporte; c'est à lui à jouer, il tient le cornet d'une main et un verre de l'autre; et comme il a une grande soif, il avale les dés et presque le cornet, jette le verre d'eau dans le trictrac, et inonde celui contre lequel il joue : et dans une chambre où il est familier, il crache sur le lit et jette son chapeau à terre croyant faire tout le contraire. Il se promène sur l'eau, et il demande quelle heure il est : on lui présente une montre, à peine l'a-t-il reçue, que, ne songeant plus ni à l'heure ni à la montre, il la jette dans la rivière, comme une chose qui l'embarrasse. Lui-même écrit une longue lettre, met de la poudre dessus à plusieurs reprises, et jette toujours la poudre dans l'encrier : ce n'est pas tout, il écrit une seconde lettre, et après les avoir achevées toutes deux, il se trompe à l'adresse : un duc et pair reçoit l'une de ces deux lettres, et en l'ouvrant y lit ces mots : « Maître Olivier, ne manquez, sitôt la présente reçue, de m'envoyer ma provision de foin ..... » Son fermier reçoit l'autre, il l'ouvre et se la fait lire; on y trouve : « Monseigneur, j'ai reçu avec une soumission aveugle les ordres qu'il a plu à votre grandeur... » Lui-même encore écrit une lettre pendant la nuit, et après l'avoir cachetée, il éteint sa bougie; il ne laisse pas d'être surpris de ne voir goutte, et il sait à peine comment cela est arrivé. Ménalque descend l'escalier du Louvre, un autre le monte, à qui il dit : « C'est vous que je cherche : » il le prend par la main, le fait descendre avec lui, traverse plusieurs cours, entre dans les salles, en sort; il va, il revient sur ses pas : il regarde enfin celui qu'il traîne après soi depuis un quart d'heure : il est étonné que ce soit lui, il n'a rien à lui dire, il lui quitte la main et tourne d'un autre côté. Souvent il vous interroge, et il est déjà bien loin de vous quand vous songez à lui répondre : ou bien il vous demande en courant comment se porte votre père; et comme vous lui dites qu'il est fort mal, il vous crie qu'il en est bien aise. Il vous trouve quelque autre fois sur son chemin ; « il est ravi de vous rencontrer, il sort de chez vous pour vous entretenir d'une certaine chose; » il contemple votre main : « Vous avez là, dit-il, un beau rubis, est-il balais ? » il vous quitte et continue sa route : voilà l'affaire importante dont il avoit à vous parler. Se trouve-t-il en campagne, il dit à quelqu'un qu'il le trouve heureux d'avoir pu se dérober à la cour pendant l'automne, et d'avoir passé dans ses terres tout le temps de Fontainebleau; il tient à d'autres d'autres discours, puis, revenant à celui-ci, « Vous avez eu, lui dit-il, de beaux jours à Fontainebleau, vous y avez sans doute beaucoup chassé. » Il commence ensuite un conte qu'il oublie d'achever, il rit en lui-même, il éclate d'une chose qui lui passe par l'esprit, il répond à sa pensée, il chante entre ses dents, il siffle, il se renverse dans une chaise, il pousse un cri plaintif, il bâille, il se croit seul. S'il se trouve à un repas, on voit le pain se multiplier insensiblement sur son assiette : il est vrai que ses voisins en manquent, aussi bien que de couteaux et de fourchettes, dont il ne les laisse pas jouir longtemps. On a inventé aux tables une grande cuiller pour la commodité du service : il la prend, la plonge dans le plat, l'emplit, la porte à sa bouche, et il ne sort pas d'étonnement de voir répandre sur son linge et sur ses habits le potage qu'il vient d'avaler. Il oublie de boire pendant tout le dîner; ou s'il s'en souvient et qu'il trouve que l'on lui donne trop de vin, il en flaque plus de la moitié au visage de celui qui est à sa droite : il boit le reste tranquillement, et ne comprend pas pourquoi tout le monde éclate de rire de ce qu'il a jeté à terre ce qu'on lui a versé de trop. Il est un jour retenu au lit pour quelque incommodité, on lui rend visite, il y a un cercle d'hommes et de femmes dans sa ruelle, qui l'entretiennent, et en leur présence, il soulève sa couverture et crache dans ses draps. On le mène aux Chartreux, on lui fait voir un cloître orné d'ouvrages, tous de la main d'un excellent peintre : le religieux qui les lui explique parle de saint Bruno, du chanoine et de son aventure, en fait une longue histoire et la montre dans l'un de ces tableaux; Ménalque, qui, pendant la narration, est hors du cloître, et bien loin au-delà, y revient enfin, et demande au père si c'est le chanoine ou saint Bruno qui est damné. Il se trouve par hasard avec une jeune veuve, il lui parle de son défunt mari, lui demande comment il est mort; cette femme, à qui ce discours renouvelle ses douleurs, pleure, sanglote, et ne laisse pas de reprendre tous les détails de la maladie de son époux, qu'elle conduit depuis la veille de sa fièvre qu'il se portoit bien, jusqu'à l'agonie : « Madame, lui demande Ménalque, qui l'avoit apparemment écoutée avec attention, n'aviez-vous que celui-là? » Il s'avise un matin de faire tout hâter dans sa cuisine, il se lève avant le fruit, et prend congé de la compagnie : on le voit ce jour-là dans tous les endroits de la ville, hormis en celui où il a donné un rendez-vous précis, pour cette affaire qui l'a empêché de dîner, et l'a fait sortir à pied, de peur que son carrosse ne le fît attendre. L'entendez-vous crier, gronder, s'emporter contre l'un de ses domestiques? il est étonné de ne le point voir : « Où peut-il être? dit-il; que fait-il? qu'est-il devenu? qu'il ne se présente plus devant moi, je le chasse dès à cette heure : » le valet arrive, à qui il demande fièrement d'où il vient; il lui répond qu'il vient de l'endroit où il l'a envoyé, et lui rend un fidèle compte de sa commission. Vous le prendriez souvent pour tout ce qu'il n'est pas; pour un stupide, car il n'écoute point, et il parle encore moins; pour un fou, car outre qu'il parle tout seul, il est sujet à de certaines grimaces, et à des mouvements de tête involontaires; pour un homme fier et incivil, car vous le saluez, et il passe sans vous regarder, ou il vous regarde sans vous rendre le salut; pour un inconsidéré, car il parle de banqueroute au milieu d'une famille où il y a cette tache; d'exécution et d'échafaud devant un homme dont le père y a monté; de roture devant les roturiers qui sont riches et qui se donnent pour nobles. De même il a dessein d'élever auprès de soi un fils naturel, sous le nom et le personnage d'un valet; et quoiqu'il veuille le dérober à la connoissance de sa femme et de ses enfants, il lui échappe de l'appeler son fils dix fois le jour : il a pris aussi la résolution de marier son fils à la fille d'un homme d'affaires, et il ne laisse pas de dire de temps en temps, en parlant de sa maison et de ses ancêtres, que les Ménalque ne se sont jamais mésalliés. Enfin il n'est ni présent ni attentif, dans une compagnie, à ce qui fait le sujet de la conversation : il pense et il parle tout à la fois; mais la chose dont il parle est rarement celle à laquelle il pense; aussi ne parle-t-il guère conséquemment et avec suite : où il dit *non*, souvent il faut dire *oui*; et où il dit *oui*, croyez qu'il veut dire *non*; il a, en vous répondant si juste, les yeux fort ouverts, mais il ne s'en sert point; il ne regarde ni vous ni personne, ni rien qui soit au monde : tout ce que vous pouvez tirer de lui, et encore dans le temps qu'il est le plus appliqué et d'un meilleur commerce, ce sont ces mots : « Oui vraiment : C'est vrai : Bon ! Tout de bon ! Oui-dà : Je pense qu'oui : Assurément : Ah ciel ! » et quelques autres monosyllabes qui ne sont pas même placés à propos. Jamais aussi il n'est avec ceux avec qui il paroît être : il appelle sérieusement son laquais *monsieur*, et son ami il l'appelle *la Verdure* : il dit *votre révérence* à un prince du sang, et *votre altesse* à un jésuite. Il entend la messe, le prêtre vient à éternuer, il lui dit : « Dieu vous assiste ! » Il se trouve avec un magistrat; cet homme, grave par son caractère, vénérable par son âge et par sa dignité, l'interroge sur un événement et lui demande si cela est ainsi : Ménalque lui répond : « Oui, mademoiselle. » Il revient une fois de la campagne; ses laquais en livrée entreprennent de le voler et y réussissent; ils descendent de son carrosse, lui portent un bout de flambeau sous la gorge, lui demandent la bourse, et il la rend : arrivé chez soi, il raconte son aventure à ses amis qui ne manquent pas de l'interroger sur les circonstances, et il leur dit : « Demandez à mes gens ils y étoient. »

Jean de La Bruyère naquit près de Dourdan, en Normandie, en 1644. Il ne nous reste presque aucun détail sur la vie de cet homme illustre; on sait seulement qu'il fut trésorier de France à Caen, et chargé ensuite d'enseigner l'histoire au duc de Bourgogne, sous la direction de Bossuet. Reçu membre de l'Académie française, le 15 juin 1693, il mourut d'apoplexie, à Versailles, le 10 mai 1696.

L'abbé d'Olivet le peint comme un sage choisissant avec un égal discernement ses livres et ses amis. La cour le reconnaissait dans le portrait que lui-même a tracé du vrai sage. « Entrez, dit-il, chez ce philosophe, vous le trouverez sur les livres de Platon qui traitent de la spiritualité de l'âme, ou la plume à la main, pour calculer les distances de Saturne et de Jupiter. Vous lui apportez quelque chose de plus précieux que l'argent et l'or, c'est une occasion de faire du bien. » Heureux l'homme qu'une cour comme celle de Louis XIV reconnaît dans un semblable portrait!

Supérieurs à ceux de Théophraste, les portraits de La Bruyère appartiennent à tous les siècles; car nul moraliste n'a vu l'homme avec plus de sagacité. Son esprit, empreint d'une saine raison, juge les vices et les travers de l'esprit humain avec une finesse moqueuse, mais sans amertume. Il est bon, même lorsqu'il fronde. Le style de La Bruyère est brillant, animé, rempli d'images et de mouvement. Souvent narrateur, il ne s'écarte jamais des règles du goût et de la saine critique, qui doit modérer les hardiesses du génie. Cependant les *Caractères* ont des défauts qui en rendent l'imitation dangereuse pour la jeunesse. Le livre de La Bruyère manque de toute espèce de composition. L'auteur s'est malheureusement aussi exempté de l'une des difficultés de l'art, en négligeant le mérite des transitions. Le genre a d'ailleurs le défaut essentiel de mêler quelquefois des choses de fantaisie à l'image d'un modèle que l'auteur ne nomme pas, et qu'il s'est proposé de peindre.

Doué d'un cœur plus aimant que Larochefoucauld, La Bruyère a écrit un livre moins sévère et moins désespérant pour la faible humanité. Son observation, qui ne possède pas toujours beaucoup de profondeur, est fine, autant que délicate et judicieuse.

En 1810, l'Institut proposa l'éloge de La Bruyère. Le concours fut extrêmement brillant, et les honneurs de cette lutte appartinrent à Victorin Fabre, une des plus belles espérances de la littérature de cette époque.

Voici comment La Harpe parle de La Bruyère.

« La Bruyère est meilleur moraliste, et surtout bien plus grand écrivain que Larochefoucauld. Il y a peu de livres, en aucune langue, où l'on trouve une aussi grande quantité de pensées justes, solides, et un choix d'expressions aussi heureux et aussi varié. La satire est chez lui bien mieux entendue que dans Larochefoucauld ; presque toujours elle est particularisée, et remplit le titre du livre : ce sont des *Caractères* ; mais ils sont peints supérieurement. Ses portraits sont faits de manière que vous les voyez agir, parler, se mouvoir, tant son style a de vivacité et de mouvement. Dans l'espace de peu de lignes, il met ses personnages en scène de vingt manières différentes ; et en une page, il épuise tous les ridicules d'un sot, ou tous les vices d'un méchant, ou toute l'histoire d'une passion, où tous les traits d'une ressemblance morale. Nul prosateur n'a imaginé plus d'expressions nouvelles, n'a créé plus de tournures fortes ou piquantes. Sa concision est pittoresque, et sa rapidité lumineuse. Quoiqu'il aille vite, vous le suivez sans peine ; il a un art particulier pour laisser souvent dans sa pensée une espèce de réticence qui ne produit pas l'embarras de comprendre, mais le plaisir de deviner ; en sorte qu'il fait, en écrivant, ce qu'un ancien prescrivait pour la conversation ; il vous laisse encore plus content de votre esprit que du sien. »

MM. Suard et Delille ont écrit d'excellents morceaux sur La Bruyère : nous ferons plus tard connaître une partie du travail de Suard.

GITON ET PHÉDON.

Giton a le teint frais, le visage plein et les joues pendantes, l'œil fixe et assuré, les épaules larges, l'estomac haut, la démarche ferme et délibérée : il parle avec confiance, il fait répéter celui qui l'entretient, et il ne goûte que médiocrement tout ce qu'il lui dit : il déploie un ample mouchoir, et se mouche avec grand bruit ; il crache fort loin, et il éternue fort haut ; il dort le jour, il dort la nuit, et profondément ; il ronfle en compagnie. Il occupe à table et à la promenade plus de place qu'un autre ; il tient le milieu en se promenant avec ses égaux ; il s'arrête, et l'on s'arrête ; il continue de marcher, et l'on marche ; tous se règlent sur lui ; il interrompt, il redresse ceux qui ont la parole ; on ne l'interrompt pas, on l'écoute aussi longtemps qu'il veut parler, on est de son avis, on croit les nouvelles qu'il débite. S'il s'assied, vous le voyez s'enfoncer dans un fauteuil, croiser les jambes l'une sur l'autre, froncer le sourcil, abaisser son chapeau sur ses yeux pour ne voir personne, ou le relever ensuite et découvrir son front par fierté et par audace. Il est enjoué, grand rieur, impatient, présomptueux, colère, libertin, politique, mystérieux sur les affaires du temps ; il se croit des talents et de l'esprit. Il est riche.

Phédon a les yeux creux, le teint échauffé, le corps sec et le visage maigre : il dort peu et d'un sommeil fort léger ; il est abstrait, rêveur, et il a, avec de l'esprit, l'air d'un stupide : il oublie de dire ce qu'il sait, ou de parler d'événements qui lui sont connus ; et s'il le fait quelquefois, il s'en tire mal, il croit peser à ceux à qui il parle ; il conte brièvement, mais froidement ; il ne se fait pas écouter, il ne fait point rire ; il applaudit, il sourit à ce que les autres lui disent, il est de leur avis, il court, il vole pour leur rendre de petits services : il est complaisant, flatteur, empressé ; il est mystérieux sur ses affaires, quelquefois menteur ; il est superstitieux, scrupuleux, timide ; il marche doucement et légèrement, il semble craindre de fouler la terre ; il marche les yeux baissés, et il n'ose les lever sur ceux qui passent. Il n'est jamais du nombre de ceux qui forment un cercle pour discourir ; il se met derrière celui qui parle, recueille furtivement ce qui se dit, et il se retire si on le regarde. Il n'occupe point de lieu, il ne tient point de place ; il va les épaules serrées, le chapeau sur ses yeux pour n'être point vu ; il se replie et se renferme dans son manteau ; il n'y a point de rues ni de galeries si embarrassées et si remplies de monde, où il ne trouve moyen de passer sans effort, et de se couler sans être aperçu. Si on le prie de s'asseoir, il se met à peine sur le bord d'un siége ; il parle bas dans la conversation, et il articule mal : libre néanmoins sur les affaires publiques, chagrin contre le siècle, médiocrement prévenu des ministres et du ministère. Il n'ouvre la bouche que pour répondre : il tousse, il se mouche sous son chapeau, il crache presque sur soi, et il attend qu'il soit seul pour éternuer, ou si cela lui arrive, c'est à l'insu de la compagnie, il n'en coûte à personne ni salut, ni compliment. Il est pauvre.

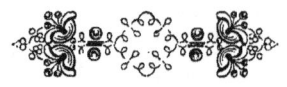

LES PARVENUS.

Ni les troubles, Zénobie, qui agitent votre empire, ni la guerre que vous soutenez virilement contre une nation puissante, depuis la mort du roi votre époux, ne diminuent rien de votre magnificence : vous avez préféré à toute autre contrée les rives de l'Euphrate, pour y élever un superbe édifice; l'air y est sain et tempéré; la situation en est riante; un bois sacré l'ombrage du côté du couchant; les dieux de Syrie, qui habitent quelquefois la terre, n'y auroient pu choisir une plus belle demeure; la campagne, autour, est couverte d'hommes qui taillent et qui coupent, qui vont et qui viennent, qui roulent ou qui charrient le bois du Liban, l'airain et le porphyre : les grues et les machines gémissent dans l'air, et font espérer à ceux qui voyagent vers l'Arabie, de revoir, à leur retour en leurs foyers, ce palais achevé et dans cette splendeur où vous désirez de le porter, avant de l'habiter vous et les princes vos enfants. N'y épargnez rien, grande reine : employez-y l'or, et tout l'art des plus excellents ouvriers : que les Phidias et les Zeuxis de votre siècle déploient toute leur science sur vos plafonds et sur vos lambris; tracez-y de vastes et délicieux jardins, dont l'enchantement soit tel qu'ils ne paroissent pas faits de la main des hommes; épuisez vos trésors et votre industrie sur cet ouvrage incomparable; et après que vous y aurez mis, Zénobie, la dernière main, quelqu'un de ces pâtres qui habitent les sables voisins de Palmyre, devenu riche par les péages de vos rivières, achètera un jour à deniers comptants cette royale maison, pour l'embellir, et la rendre plus digne de lui et de sa fortune.

LE FLEURISTE (1).

Le fleuriste a un jardin dans un faubourg; il y court au lever du soleil, et il en revient à son coucher. Vous le voyez planté, et qui a pris racine au milieu de ses tulipes et devant la *solitaire :* il ouvre de grands yeux, il frotte ses mains, il se baisse, il la voit de plus près, il ne l'a jamais vue si belle, il a le cœur épanoui de joie : il la quitte pour *l'orientale ;* de là il va à la *veuve ;* il passe au *drap-d'or ;* de celle-ci à *l'agate ;* d'où il revient enfin à la *solitaire,* où il se fixe, où il se lasse, où il s'assied, où il oublie de dîner : aussi est-elle nuancée, bordée, huilée, à pièces emportées; elle a un beau vase ou un beau calice : il la contemple, il l'admire. Dieu et la nature sont en tout cela ce qu'il n'admire point; il ne va pas plus loin que l'oignon de sa tulipe, qu'il ne livreroit pas pour mille écus, et qu'il donnera pour rien quand les tulipes seront négligées, et que les œillets auront prévalu. Cet homme raisonnable, qui a une âme, qui a un culte et une religion, revient chez soi, fatigué, affamé, mais fort content de sa journée : il a vu des tulipes.

(1) Vauvenargues a dit du *Fleuriste :* Il n'y a point de si petits caractères qu'on ne puisse rendre agréables par le coloris.

LA PERSONNE A LA MODE ET LA PERSONNE DE MÉRITE.

Une personne à la mode ressemble à une fleur bleue qui croît de soi-même dans les sillons, où elle étouffe les épis, diminue la moisson, et tient la place de quelque chose de meilleur; qui n'a de prix et de beauté que ce qu'elle emprunte d'un caprice léger; qui naît et qui tombe presque dans le même instant : aujourd'hui elle est courue, les femmes s'en parent : demain elle est négligée et rendue au peuple.

Une personne de mérite, au contraire, est une fleur qu'on ne désigne pas par sa couleur, mais que l'on nomme par son nom, que l'on cultive pour sa beauté ou pour son odeur; l'une des grâces de la nature, l'une de ces choses qui embellissent le monde; qui est de tous les temps, et d'une vogue ancienne et populaire; que nos pères ont estimée, et que nous estimons après nos pères; à qui le dégoût ou l'antipathie de quelques-uns ne sauroit nuire : un lis, une rose.

L'HOMME UNIVERSEL.

Arrias a tout lu, a tout vu; il veut le persuader ainsi; c'est un homme universel, et il se donne pour tel; il aime mieux mentir que de se taire ou de paroître ignorer quelque chose. On parle à table d'un grand d'une cour du Nord, il prend la parole et l'ôte à ceux qui alloient dire ce qu'ils en savent; il s'oriente dans cette région lointaine comme s'il en étoit originaire; il discourt des mœurs de cette cour, des femmes du pays, de ses lois et de ses coutumes; il récite des historiettes qui y sont arrivées; il les trouve plaisantes, et il en rit jusqu'à éclater. Quelqu'un se hasarde de le contredire, et lui prouve nettement qu'il dit des choses qui ne sont pas vraies; Arrias ne se trouble point, prend feu, au contraire, contre l'interrupteur : « Je n'avance, lui dit-il, je ne raconte rien que je ne sache d'original; je l'ai appris de Séthon, ambassadeur de France dans cette cour, revenu à Paris depuis quelques jours, que je connois familièrement, que j'ai fort interrogé, et qui ne m'a caché aucune circonstance. » Il reprenoit le fil de sa narration avec plus de confiance qu'il ne l'avoit commencée, lorsqu'un des conviés lui dit : « C'est Séthon lui-même à qui vous parlez, et qui arrive fraîchement de son ambassade. »

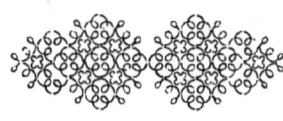

DUGUET.

DEVOIR DES PRINCES.

Dieu n'a pas donné aux princes le pouvoir d'attacher le mérite à qui il leur plaît. Il faut qu'ils le cherchent et qu'ils le trouvent, car ils ne sçauroient le produire. Il faut qu'ils connoissent ce qui convient à chaque place, et qu'ils examinent les rapports que certaines personnes y ont. L'harmonie de l'État est semblable à celle du corps. Chaque membre a son office, et chaque office demande certains ressorts et certains mouvements. De ce qu'un homme peut une chose, il ne s'ensuit pas qu'il soit capable d'une autre. C'est une mauvaise raison, pour lui confier les finances ou le commandement de l'armée, que d'aimer son caractère d'esprit, si l'expérience et la capacité lui manquent. Le mérite destiné à ces grands emplois est ailleurs, et c'est ailleurs qu'il faut le choisir; autrement le prince agit en aveugle et en enfant, et il se déshonore par cette espèce d'imbécillité.

L'indifférence pour le mérite est encore plus honteuse : car on plaint des aveugles, mais on ne sçauroit pardonner le mépris de la lumière ; et il y a une injustice bien plus manifeste à négliger la vertu connue, ou qu'il seroit aisé de connoître, qu'à l'ignorer. Il faut pour cela que le cœur soit encore plus corrompu que l'esprit; que l'amour des solides biens y soit éteint; qu'il soit insensible à tous les motifs dignes de le toucher; que toutes les grandes qualités que les sages estiment ne soient à l'égard du prince que des noms sans réalité; que son État lui soit absolument indifférent, et que ce soit pour lui la même chose de le bien conduire, ou de le laisser périr; d'être digne du trône, ou de mériter d'en descendre.

Je ne connois rien que je puisse mettre au-dessous de cette funeste disposition, que la haine de la vertu, et une amère jalousie contre le mérite. C'est le dernier malheur, et en même temps le plus humiliant, où puisse tomber un prince, qui rend malgré lui témoignage à la vertu, en la persécutant, et qui n'est irrité contre elle que parce qu'il désespère d'y atteindre, quoiqu'il l'admire.

Duguet Jacques-Joseph, théologien et moraliste célèbre, naquit à Montbrison, le 9 décembre 1649; il entra dans la congrégation de l'Oratoire en 1667. Professeur de théologie à Troyes, il vint à Paris, où il fut ordonné prêtre. En 1686, à l'occasion du décret rendu dans la congrégation pour proscrire le cartésianisme et le jansénisme, Duguet fut forcé de se réfugier à Bruxelles, près d'Arnauld. Il eut du moins la consolation de mourir à Paris, sa patrie, le 25 octobre 1733. Il fut un des plus zélés partisans de Jansénius.

Les ouvrages de l'oratorien sont très-nombreux. Nous ne citerons que les principaux : — *Traité de la Prière publique;* — *Traité des Scrupules;* — *Dissertation théologique;* — *Caractères de la charité;* — *Réflexions sur le mystère de la sépulture de Jésus-Christ;* — *Explication de la Genèse;* — *Institution d'un prince;* — *Conférences ecclésiastiques.* La plupart de ces ouvrages sont remarquables, et d'une morale à la fois douce et grave.

L'ABBÉ DE SAINT-PIERRE.

AVANTAGES DE LA PAIX PERPÉTUELLE.

Les souverains les plus puissans ont senti dans tous les siècles, comme les moins puissans, les avantages de la discontinuation de la guerre. Presque tous, et particulièrement les moins puissans, et ceux qui, sur la fin de leur règne, sont prêts de laisser leurs États à des régens, seroient fort aises d'assurer à leurs successeurs une paix inaltérable au dedans et au dehors, et une protection vive et toute-puissante contre les conspirations des sujets; il n'y a aucun d'eux qui n'ait senti le dommage que lui apportoit l'interruption du commerce et le poids d'une dépense prodigieuse; tous ont désiré, non une trêve, mais une véritable paix; une paix qui pût toujours durer; et de ceux-là ont toujours esté les plus sages d'entre les plus puissans, les princes les moins puissans, toutes les républiques et tous les États républicains.

Mais quels préservatifs ont-ils trouvés jusqu'à présent pour éviter la guerre? les seuls traités, c'est-à-dire, des traités dans lesquels ils se font mutuellement des promesses; préservatifs vains et entièrement inefficaces...

Entre ceux qui font des traités, plusieurs les signent malgré eux, et forcés par une grande crainte; c'est le plus foible qui cède contre son gré au plus fort, et qui n'attend que l'occasion favorable pour rompre le traité, et pour se dispenser de tenir sa promesse.

Quand les promesses auroient été faites sans aucune contrainte, souvent une des parties se trouve lésée et se repent; et comme elle peut impunément ne point exécuter le traité, sur le moindre prétexte le traité ne s'exécute plus.

Les souverains ont beau s'imposer des lois par leurs traités, pour les cas arrivés; il en arrive tous les jours d'autres qu'ils n'ont point prévus, et qu'ils n'ont pas même pu prévoir; et c'est un beau prétexte à celui qui se croit le plus fort de demander au-delà de l'équité, et de rentrer en guerre, parce qu'il la peut recommencer impunément.

Nous avons remarqué que les particuliers qui vivent dans une société permanente dont ils sont membres, ne sont pas dans un pareil inconvénient; leurs différends se règlent, ou par les promesses mutuelles écrites dans des traités, ou par des juges députés par la société pour régler les cas qui n'ont pas esté prévus dans leurs traités, et cela sans qu'aucun d'eux ose prendre les armes. Pourquoi exécutent-ils ponctuellement leurs promesses mutuelles? c'est que la société permanente en est garante, et qu'elle est prête de prêter sa force pour contraindre celuy qui voudroit se dispenser de tenir sa promesse. Pourquoi exécutent-ils ponctuellement les jugemens des députés de la société, je veux dire des juges? c'est qu'ils ne peuvent impunément faire sur cela la moindre résistance. Pourquoi le plus fort, le plus violent, le plus emporté n'ose-t-il prendre les armes? c'est qu'il sçait, à n'en pouvoir douter un seul moment, qu'il ne peut exercer aucune violence impunément, et qu'il y va, non-seulement de sa fortune, mais encore de sa vie, à causer la mort de quelqu'un, soit par lui-même, soit par ses gens; ainsi, point de guerre entre les membres d'une société permanente; il y a des différends, mais tous se terminent sans guerre, et le commerce va toujours son train.

Les souverains d'Europe, faute d'une société permanente entre eux, ont bien senti qu'ils estoient exposés nécessairement aux malheurs d'une guerre presque perpétuelle: dans cette situation, ils n'ont eu en vue que de se garantir des derniers malheurs, c'est-à-dire d'être chassés du trône par les vainqueurs.

Dans les temps de trêve, ils se sont tenus sur leurs gardes les uns à l'égard des autres, de peur des surprises: places fortifiées, munitions, magasins, gens de guerre sur pied; toutes choses qui coûtent une très-grande dépense; mais dépense absolument nécessaire, jusqu'à l'établissement d'une société permanente.

Les plus foibles ont cherché à faire des confédérations contre les plus forts, des traités de ligues offensives et défensives; mais traités peu durables, presque inutiles, parce que chacun des confédérés peut se détacher impunément de la confédération ; ainsi, de ce côté-là, nulle sûreté suffisante.

On voit combien une société permanente, qui s'établiroit entre les princes d'Europe, auroit d'avantages sur l'équilibre ; que cette société feroit exécuter ponctuellement les promesses, c'est-à-dire, les lois que s'imposeroient eux-mêmes les souverains par leurs traités ; qu'aucun ne pourroit s'en dispenser impunément ; qu'à l'égard des différends qui pourroient naître, ou pour des cas mal exprimés dans les traités, ou qui n'y auroient point esté prévus, ils seroient réglés par les souverains eux-mêmes, par l'organe de leurs députés, et que personne ne pourroit se dispenser d'exécuter ces jugemens ; qu'aucun ne pourroit prendre les armes, pour résister à la société ; qu'ainsi il n'y auroit plus de guerre à craindre, soit au dedans, soit au dehors ; qu'il n'y auroit plus d'interruption de commerce, et que chacun d'eux seroit délivré des grandes dépenses nécessaires, soit pour se tenir sur ses gardes en temps de trève, soit pour se défendre en temps de guerre.

Charles-Irénée Castel de Saint-Pierre, un des plus ardents amis de l'humanité, naquit le 18 février 1658, au château de Saint-Pierre-Église, près Barfleur, en Basse-Normandie. Il fit ses études au collège de Caen, et, d'après le vœu de ses parents, il embrassa l'état ecclésiastique. Saint-Pierre, ami fidèle du mathématicien Varignon, vint à Paris, où il fut reçu à l'Académie, en 1695. Vers 1697 il s'établit à Versailles, où il acheta, en 1702, la charge de premier aumônier de la duchesse d'Orléans. L'abbé de Polignac l'emmena avec lui au congrès d'Utrecht, en 1712. Témoin de la difficulté qu'avaient les plénipotentiaires pour s'entendre, le bon abbé conçut le projet de rendre la paix *perpétuelle*. Indifférent à toutes les objections, Saint-Pierre crut à la possibilité de son système. Dans la *Polysynodie*, il blâma sévèrement le gouvernement de Louis XIV. Le cardinal Polignac, on ne sait trop par quel lâche motif, dénonça le livre à l'Académie, qui, sans avoir voulu entendre l'auteur, l'exclut de son sein, le 5 mai. Une seule boule tomba dans l'urne pour l'absolution du philanthrope : ce fut celle de Fontenelle. Cet échec n'empêcha pas Saint-Pierre d'écrire avec courage et liberté sur tous les sujets politiques, et de poursuivre son plan de *paix perpétuelle*, rêve généreux d'un homme de bien. Riche avec une fortune médiocre, son bonheur le plus grand était de donner. Plein de foi dans les vertus des hommes, il croyait à la possibilité de les rendre heureux ; et ce sentiment doux et chaleureux a inspiré à l'abbé de Saint-Pierre des pages pleines d'une véritable éloquence. C'est lui qui a fait passer dans le commerce habituel de notre langue le mot de *bienfaisance*, enfoui jusqu'alors dans nos vieux poëtes. Il disait : « La vérité ne se noie jamais ; on a beau la plonger, elle surnage, elle revient toujours sur l'eau. » « Si la vie, écrivait-il le 13 février 1738, est une véritable loterie pour le bonheur, il se trouvera qu'à tout prendre, il m'est échu un des meilleurs lots, que je ne changerais pas contre un autre ; et il me reste une grande espérance de bonheur éternel. »

Il mourut le 29 avril 1743. Maupertuis, qui occupa le fauteuil de l'abbé de Saint-Pierre à l'Académie, n'eut pas le droit de prononcer son éloge. Jean-Jacques Rousseau, qui l'avait vu, honorait respectueusement sa mémoire. « C'était, disait-il, un homme rare, l'honneur de son siècle, et le seul peut-être qui, depuis l'existence du genre humain, ne fût que du parti de la raison. »

Les principaux ouvrages de cet excellent homme sont : l'*Histoire de la république des lettres* ; *Mémoire contre les duels* ; *Mémoire pour l'établissement d'une taille perpétuelle* ; *Projet d'une taille tarifée* (adoptée par le gouvernement) ; *Mémoire sur les pauvres mendiants* ; *Discours sur la différence d'un grand homme et d'un homme illustre* ; *Discours sur la Polysynodie*.

PANÉGYRIQUES

ET

ORAISONS FUNÈBRES.

BENNING.

ORAISON FUNÈBRE DE CRILLON.

Nous venons d'emmieller vos aureilles du narré de tant de vaillances et actes héroïques ; hélas ! il faut à présent les *enfieller* de ce mot triste et amer : *Abjectus est*, il est mort ! mais en l'année soixante et quatorziesme de son aage, ô faveur du ciel ! mais en son lit, de mort naturelle, après s'estre trouvé en tant et tant de siéges, en tant et tant de batailles rangées, ô merveille ? Car, croiriez-vous que de cinquante et neuf empereurs romains, en l'espace de trois cent cinquante ans, il n'y en a eu que neuf à qui l'ennemi ouvert ou l'ami fourré ait pardonné, et qu'aux autres cinquante la violence d'une mort précipitée a arraché l'âme du corps ? Pour l'ordinaire, qui passe sa vie au camp, il y laisse la vie. *Mors fortissimum quemque sibi oppigneratur*, dit l'orateur romain ; coustumièrement le plus fort demeure à la mort pour gage. Or, Dieu a dispensé de cette commune loi le très-vaillant Crillon ; le gratifiant de cette faveur que de mourir en paix, petit à petit, et avec une grande *marrison* de ses fautes, et muni de tous ses sacremens..... *Abjectus est clypeus fortium;* il est mort, il n'y a plus de Crillon ; nous ne le verrons plus faire volter son cheval, le manier à saults gaillards, à la carrière, à bride ronde, en long. *Abjectus est*, il est mort .. Où est celui qui jadis a donné la loi à la fortune, la vie à ses ennemis, la paix à la France, le royaume au roi, leur pays aux François, les tribunaux à la justice, les autels à la religion ? *Abjectus est*, il est mort. Où est celui qui a gravé son nom sur l'éternité, sa valeur sur le corps de ses ennemis, sa mémoire sur le cœur des François, sa libéralité sur les mains des pauvres? *Abjectus est*, il est mort. Où est celui à qui jamais homme ne fit quitter le gantelet, ni fuite le bouclier, ni crainte la douleur, ni fortune la constance ? *Abjectus est*, il est mort. Mort, as-tu bien osé mettre la main sur celui qui tant de fois t'a donné le cartel de défi en bataille rangée ? Celui qui a sauvé nos rois, n'a-t-il peu se sauver soi-même ? *Abjectus est*, il est mort. Saint Père, voilà vostre vassal et défenseur ; roi de France, voilà vostre bouclier ; noblesse, voilà vostre modèle ; soldats, voilà vostre père ; pauvres, voilà vostre despensier ; François, voilà vostre pavois ; Avignonois, voilà l'honneur de vostre ville ; religion, voilà ton protecteur : *Abjectus est*, il est mort ! La Briolle, Saint-Jean d'Angeli, Nismes, la Rochelle, voilà vostre foudre : Calais, Tours, Quillebeuf, voilà vostre mur... Daulphiné, comtat d'Avignon, Lepante, voilà le brave des braves : *Abjectus est*, il est mort !... Donc, adieu, Crillon, adieu ; adieu le capitaine des merveilles, adieu la merveille des capitaines ; adieu, mon brave ; adieu, brave Crillon, adieu, brave des braves : nous ne vous verrons plus; nous ne vous ouïrons plus. La grande perte qu'a faite toute la chrestienté ! le grand guerrier que vous avez perdu, Saint Père ! le grand serviteur que vous aviez là, mon roi ! l'inexpugnable boulevard que c'estoit pour vous, ô France ! mais que tu as perdu, Avignon ! Son ombre, comme celle du fraisne, chassoit loing de tes murs les serpents Huguenots... A quoi est-il réduit, ce grand héros ! cette hautesse de courage, à quoi est-elle abaissée ! *cette longueur, combien raccourcie ! cette largeur, combien restressie ! cette profondeur, combien aplanie !... Est-il possible que dans le creux et l'obscur de cette grotte soit encoffré ce grand Crillon* (1), la réputation duquel alloit joindre les nues, et les victoires outrepassoient les limites de la France ! et que cinq ou six pieds de terre suffisent à celui de qui le cœur estoit plus *large que toute l'Europe* (2) !... A quoi *en venons-nous*, messieurs? pour Dieu, éveillons-nous, et pensons à ceci : Crillon est mort et il nous faut mourir : il n'y a homme si haut monté, que la mort ne désarçonne ; si haut *perché*, qu'elle ne culbute en bas ; si bien *armé à blanc et à cru, qu'elle ne perce ;* si bien retranché et barricadé, qu'elle n'enfonce ; si ferme en son assiette, qu'elle ne renverse. La mort est cette Ate d'Homère, qui se promène et danse sur la *teste des hommes* (3) : la mort est le glaive de Damoclès, qui, lorsque nous banquetons et passons nos jours en plaisirs et en quelque joyeux déduit, nous pend sur la teste : la mort est le *rouleau* ou la faux que Zacharie voyoit voler par l'air, selon la version que suit saint Chrysostôme : la mort est la pierre qui, *dévallant* d'une montaigne, abattit cette superbe statue de Nabuchodonosor, composée d'or, d'argent, d'airain et de terre ; c'est-à-dire, la mort est un coup du ciel qui sape par le pied les quatre plus puissants monarques de l'univers (4).....

(1) Ces traits sont de bien mauvais goût.
(2) Cette pensée a été admirablement exprimée par Montaigne : « Il n'y a pas d'homme si grand que six pieds de terre ne lui fassent raison. » M. de Lamartine a dit en parlant de Napoléon dans sa tombe :

Il est là : sous trois pas un enfant le mesure.

(3) Ces traits semblent être de Montaigne.
(4) Cette énumération manque de goût.

L'oraison funèbre de Crillon, par le père Benning, membre de la compagnie de Jésus, fut prononcée dans l'église de Notre-Dame d'Avignon, en 1615. Elle a été imprimée, sous le titre singulier du *Bouclier d'honneur de Crillon*, dans un recueil devenu très-rare. Les différentes biographies qui ont paru jusqu'à ce jour ne nous apprennent rien sur son auteur, dont elles ne mentionnent pas même le nom. Cependant plusieurs passages de cette oraison auraient dû mériter à Benning l'honneur qu'ont obtenu deux de ses homonymes.

Bien que les fragments que nous donnons de cet orateur soient empreints d'une certaine verve et d'une grande chaleur, l'abus des figures et l'étrangeté des expressions qu'il emploie nous auraient empêché de le citer, si nous n'avions réfléchi que ce pouvait être une chose curieuse et utile que de rapprocher de Bossuet et de nos autres écrivains sacrés, ce que la chaire pouvait offrir de moins défectueux à leur époque. L'exemple unique de Benning suffira pour montrer à quelle hauteur Mascaron, Bossuet, Massillon, Bourdaloue, Fléchier, se sont élevés au-dessus de leurs prédécesseurs. Que serait-ce si, au lieu de donner un des morceaux les moins imparfaits du père Benning, nous eussions cité des passages comme celui-ci, où l'auteur dit, en parlant de Crillon: *Je le vois au siége de la Fère, feru, ferir; battu, battre ; choqué, choquer ; blessé, blesser*, etc.? Mais la plupart des contemporains du père Benning ont composé des sermons écrits dans un goût aussi dépravé. C'est ainsi que le fameux augustin réformé (Boulenger), plus connu sous le nom de *petit père André*, se livre, dans l'oraison funèbre de Marie de Lorraine , abbesse de Chelles, la seule de ses œuvres qui ait été imprimée, à d'incroyables jeux de mots. En voici la preuve : — *Oh ! que divinement le nom de Marie de Lorraine vous fut donné, puisque, par anagramme des lettres renversées du latin,* MARIA DE LOTARINGIA, *nous trouvons :* MAGNI LATIOR ARA DEI! Que penser de l'éloquence religieuse d'une époque où l'on se permettait dans la chaire de pareilles puérilités?

Comme le père André a joui longtemps d'une grande réputation, comme le souvenir de ses sermons, de ses coups de théâtre et de ses *farces* (qu'on nous passe le mot) lui a conservé jusqu'à nos jours, par tradition , une renommée populaire, nous croyons pouvoir nous permettre de citer l'exorde et la péroraison de l'Éloge de Marie de Lorraine. Nous espérons que ces exemples contribueront à éclairer les personnes qui ne peuvent recourir aux sources, et à leur donner une idée plus saine, plus juste, plus exacte, des immenses services qu'ont rendus à notre langue, autant sous le rapport linguistique que sous celui de la pensée et du goût, les grands maîtres du dix-septième siècle.

« ..... Pardonnez, chères cendres, si, violant les loix de vostre humilité, j'entre au jardin fermé des mérites du cœur qui vous donna jadis le mouvement et l'estre de la vie, pour y cueillir les roses, y moissonner les lys, et lever de la terre les violettes de ses vertus, d'autant plus fraîches, souëfves et doux-flairantes, que moins elles nous ont éventé leur parfum, et descouvert le sein de leur naïfve beauté...

« Sus donc, humilité, levez-vous ; il est temps de sortir de ce centre abyssal et du poinct invisible du néant. Sus, montez au zénith et au point vertical, au dernier apogée de la grandeur, digne salaire et très-juste guerdon de vostre petitesse. Il est vray, je le sçay, que vous vous estimiez comme un chaos sans forme, un sol aride et vuide de tout bien ; mais que diront nos langues, quand nos yeux auront vu la parole efficace de ce grand Dieu, mettre au parterre de vostre cœur du gris cendré des violettes d'humilité, des lys de l'innocence, des hyacinthes de la foy, des roses de charité, et le tout sursemé sur le tapis riant de la belle verdure de vostre espoir, et de la confiance que vous aviez en Dieu ?

« Sortez, sortez, belle âme, de ces cuisans brasiers, et vous allez plonger et baigner au milieu du fleuve de volupté. Allez, chère brebis, montez de ce lavoir, et courez au pasteur qui vous ouvre le gras et plantureux pascage du paradis. Sus, sus, chaste colombe, portée sur les aisles arguentées de vostre foy et les plumes dorées de vostre charité, prenez l'essor au ciel, et vous allez percher dessus l'arbre de vie, à jamais affranchie des serres impitoyables du vautour infernal. Biche timide, ne craignez plus les chiens ny les veneurs : vous estes en vostre fort, où vous vous reposez de vos pénibles courses, estanchant vostre soif en la fontaine de vie. N'oubliez pas vos faons, jettez-nous quelque œillade, entendez nos soupirs, et que vostre respit soit d'ouvrir les oreilles à nos humbles requestes. Tirez-nous après vous, ô céleste panthère, à l'air de vos parfums, et faites par vos mérites qu'insistant pas à pas sur toutes vos brisées, et en tenant la route que vous avez suivie, nous parvenions heureusement au terme de nostre pèlerinage. »

Louis de Balbe Crillon naquit à Mur en Provence, l'an 1541. Les soldats l'appelèrent *l'homme sans peur;* Charles IX, Henri III, le saluèrent du nom de *brave*, et Henri IV le surnomma le *brave des braves*. Le duc de Guise, à la fortune duquel il s'attacha d'abord, avait prévu la future destinée de l'ami de Henri IV. Après la prise de Calais et de Guines, le duc, présentant Crillon à Henri II, lui dit : *Ce gentilhomme n'a d'autre fortune que son épée ; mais je me fais fort qu'elle deviendra un jour redoutable aux ennemis de votre majesté.* Le roi donna un bénéfice à Crillon, qui posséda dans la suite l'archevêché d'Arles, les évêchés de Fréjus, de Toulon, de Sens, de Saint-Papoul, et l'ancienne abbaye de l'Ile-Barbe. En 1630, il attaqua et battit les conjurés d'Amboise. En 1652, il se couvrit de gloire au siège de Rouen. A la bataille de Dreux, Crillon aperçoit Condé renversé par terre ; il l'aide à se relever, en disant à d'Amville, fils du connétable de Montmorenci, qui venait d'être fait prisonnier par les protestants : *C'est à toi d'échanger ton père contre ce prince, et à moi de respecter le sang de nos rois.* Blessé à la bataille de Saint-Denis, à Jarnac, au siège de Poitiers, il le fut encore aux plaines de Montcontour. Crillon courut au soldat calviniste qui venait, dans cette dernière affaire, de lui casser un bras, et il allait le percer de son épée, lorsqu'il lui pardonna, en disant : *Rends grâce à ma religion, et rougis de n'en être pas : je te donne la vie.* A la célèbre bataille de Lépante, simple chevalier sur une galère en mauvais état, il sauva le commandant des vaisseaux de Malte, et conquit l'amitié de don Juan, qui le chargea d'aller annoncer à Rome la grande victoire remportée par la chrétienté sur les infidèles. De retour à la cour de France, Charles IX le salua par ces belles paroles : *Vous êtes Crillon partout!* Henri III ne fut pas moins touché d'estime pour Crillon que ne l'avait été le prince coupable qui eut le malheur d'attacher son nom à la Saint-Barthélemy, crime qu'on eut soin de lui cacher, parce qu'on le connaissait bien. Colonel des gardes de Henri III, il ne cessa de conseiller à ce prince plus de courage et une conduite plus digne du trône ; mais, livré à d'infâmes courtisans, Henri n'était plus capable d'écouter la voix d'un homme de cœur et de vertu. Crillon refusa d'assassiner Henri de Guise. *Ah! sire,* dit-il au roi qui lui en faisait la proposition, *n'achevez pas ; permettez que j'aille rougir loin de la cour d'avoir entendu mon prince pour qui je donnerais mille fois ma vie, me demander le sacrifice de ma gloire.*

Au pont de Tours, le héros sauva son roi, reçut deux coups d'épée et une balle à travers le corps. Henri de Navarre et Henri III allèrent le visiter. Ce fut dans cette occasion que le futur roi de France lui dit : « Je n'ai jamais craint que Crillon! »

Attaché à Henri IV comme il l'avait été au prince assassiné par Jacques Clément, Crillon, après la bataille d'Arques, reçut de son royal maître ce billet devenu fameux : *Pends-toi, brave Crillon ; nous avons combattu à Arques et tu n'y étais pas. Adieu, je l'aime à tort et à travers.* Sommé par Villars de rendre Quillebeuf, où il ne se trouvait qu'avec quarante-cinq soldats et dix gentilshommes, Crillon répondit : *Villars est dehors et Crillon est dedans !* En effet, il contraignit son adversaire à lever le siège, et justifia en ce jour cette réponse hardie : *Une place défendue par Crillon ne se rend que par composition.*

Devenu gouverneur de Provence, le *brave des braves* résidait à Marseille, délivrée de la tyrannie des décemvirs par Libertat, un des aïeux de Mirabeau. Le jeune duc de Guise, voulant imprudemment tenter le courage de Crillon, entra, avec d'autres jeunes seigneurs, dans la chambre où dormait le guerrier, et lui annonça que les Espagnols étaient dans la place, et qu'il fallait fuir. *Il vaut bien mieux*, répondit Crillon en s'armant, *mourir dans la ville.* Il descendait, lorsque le duc partit enfin d'un éclat de rire. *Jeune homme*, lui dit alors Crillon d'une voix forte et sévère, *ne joue jamais à sonder le cœur d'un homme de bien. Si tu m'avais trouvé faible, je te donnerais de mon poignard dans le cœur.* En 1600, Crillon, commandant une armée en Savoie, prit l'Écluse, Chambéry, Montmélian. Ce fut à cette époque que le roi dit, en mettant sa main sur l'épaule de Crillon pour le montrer aux courtisans : *Messieurs, voilà le premier capitaine du monde. — Vous en avez menti, sire,* répondit vivement Crillon ; *je ne suis que le second ; vous êtes le premier !* Détesté des favorites du faible Henri, Crillon fut forcé d'abandonner ses charges. Alors le terrible homme de guerre ne fut plus qu'un chrétien plein de charité ; le vieux soldat ne reparaissait en lui que lorsqu'on parlait de son prince assassiné par Ravaillac. Au nom chéri de son roi, Crillon n'était plus maître de son émotion, et deux larmes sillonnaient la figure du *brave des braves*.

Un jour que Crillon entendait prêcher la passion dans l'église de Saint-Agricole d'Avignon, vivement ému par le tableau des souffrances de Jésus-Christ, il se leva en sursaut, mit la main sur son épée, et, d'une voix forte, s'écria : « Où étais-tu, Crillon ! »

Crillon mourut le 2 décembre 1615. Son confesseur lui ayant dit : *Monsieur, il faut aller au ciel : — Allons! allons*, répondit Crillon, comme s'il fût parti pour un assaut. Ce fut en prononçant ces paroles qu'il rendit le dernier soupir. Avec une moralité plus sévère, Crillon avait la bravoure, la parole franche et l'éloquence familière de Henri IV. L'antiquité grecque et romaine n'offre point de type semblable dans ses caractères héroïques.

ANTOINE GODEAU.

ORAISON FUNÈBRE DE LOUIS XIII.

Voila que tu te plains, ô France, que l'on a tiré tout le sang de tes veines. Tu dis que l'on ne voit dans tes provinces que des villages ruinez, que des campagnes incultes, que des maisons abattues, que des hommes, ou plustost des phantosmes errans. Mais ne reproche pas tes malheurs à ton prince. Accuse-toy la première des péchez qui ont attiré le fléau de la guerre. Regarde quel usage tu as fait de la paix que t'avait laissée le grand Henry, et à quoi tu as employé ton abondance. Souviens-toi du luxe de tes habits, de la somptuosité de tes festins, de la cruauté de tes usures, de l'horreur de tes blasphèmes, et de l'abomination de tes délices. Penses-tu que l'Éternel s'endorme dans le ciel, et qu'il n'ait pas les yeux ouverts sur le royaume pécheur, pour lui faire sentir son ingratitude? qu'il n'ait pas en la main un calice plein d'un breuvage horrible, pour en faire boire jusques à la lie à ceux qui ne songent qu'à s'enivrer de plaisirs? Mais admire les richesses de sa miséricorde, qui a éloigné de ta teste les foudres qui sont tombés sur la Lorraine, sur l'Italie et sur l'Allemagne. Crois-tu estre plus innocente, parce que tu n'es pas si malheureuse? Te dois-tu plaindre de sentir la chaleur du feu qui les a dévorées? Considère, après, si on devoit laisser opprimer tes alliez et enchaîner tes voisins sans empescher leur ruine, qui eust esté bientost suivie de la tienne. Tu comptes ce que l'on a levé d'hommes et d'impôts; mais tu ne comptes ni les villes que l'on a deffendues, ni celles que l'on a conquises, ni les provinces entières adjoustées aux anciennes. Les particuliers, il est vray, voyent diminuer leurs revenus; mais la France est accreuë d'Arras et de Perpignan, de la Lorraine et de la Catalogne. Tu aurois sujet de te plaindre, si le roy avait employé les impositions pour fournir à son jeu, à ses bastimens, ou à ses débauches. Mais l'espargne a tousjours esté distincte de ses menus plaisirs; et jamais pour exercer sa magnificence il n'a fait des actions de rapine.

Je veux qu'il n'ait pas esté libéral à tous les particuliers; mais qui osera nier qu'il ne l'ait esté à tout son royaume? Oui, il a mieux aimé entretenir des armées, prendre des villes, que danser des ballets; secourir ses alliez, que de faire des festins magnifiques; estendre ses frontières, que bastir des palais ou des nouvelles villes. Ceux qui méritent le moins les bienfaits se plaignent d'ordinaire plus insolemment que le souverain ne donne pas assez; mais la libéralité, qui est la vertu des princes, ne doit pas avoir le bandeau sur les yeux comme la justice; il faut qu'elle ait la balance à la main.

Antoine Godeau, évêque de Grasse et de Vence, né à Dreux en 1605, fut un des premiers membres de l'Académie Française. Renommé d'abord par ses vers, il fut un des favoris de Julie de Rambouillet; mais Voiture se moqua de lui, et le petit abbé, renonçant aux muses galantes, dédia au grand Richelieu une paraphrase du cantique *Benedicite*. « Monsieur l'abbé, lui dit Richelieu flatté de cet hommage, vous me donnez *Benedicite*, et moi je vous donnerai Grasse. » En effet, peu de jours après, Antoine Godeau se trouvait évêque de Grasse. Un méchant poëte fit un excellent pasteur.

Godeau ne cessa point de cultiver les lettres; tantôt il paraphrasa quelques psaumes, tantôt il écrivit *sur l'Histoire de l'Église*, ou bien *sur la Morale*. Il a publié aussi beaucoup de *Panégyriques*, des *Églogues chrétiennes*, des *Éloges historiques des empereurs*. Toutes ces productions n'ont, en général, qu'un faible mérite littéraire. Godeau mourut le 12 avril 1672.

Louis XIII, fils de Henri IV et de Marie de Médicis, naquit à Fontainebleau, en 1601, épousa Anne d'Autriche, et mourut le 14 mai 1643. Placé, dans l'histoire, entre Henri IV et Louis XIV, il n'avait de son père que la vertu guerrière, sans laquelle il serait complètement indigne de figurer auprès de ces deux grandes renommées. Prince indolent, essentiellement despotique, tremblant sous un regard de Richelieu son ministre, infidèle ami, cœur sans pitié, fils sans tendresse, usurpateur du nom de Juste, il ne fut qu'une espèce de roi fainéant, sous un véritable maire du palais.

DE RETZ.

MORT DE SAINT LOUIS.

Je m'arrête, contre mes sentiments, pour voir mourir ce grand monarque, mais non pour parler de sa mort! On peut exagérer la mort des hommes ordinaires, parce qu'assez souvent on n'est ému qu'après de longues réflexions; mais celle des grands rois touche par la seule vue de leurs tombeaux. Saint Louis étendu privé de sentiment dans un pays ennemi, sur une terre étrangère, marque plus fortement la vanité du monde, que tous les discours qu'on pourrait faire sur ce sujet. Et à ce triste spectacle, je me contente de m'écrier avec le prophète : *Ubi gloria Israël?* Où est la gloire d'Israël? où est la grandeur de la France? où est cette florissante noblesse? où est cette puissante armée? où est ce grand monarque qui commandoit à tant de légions? Et au même moment que je fais ces demandes, il me semble que j'entends les voix confuses et ramassées de tous les hommes qui ont vécu dans les quatre siècles écoulés depuis sa mort, qui me répondent qu'il règne dans les cieux (1)!

(1) Ce dernier trait nous semble d'une haute éloquence.

Nous donnerons la notice biographique du cardinal de Retz à la suite de quelques fragments de ses Mémoires. Il est malheureux pour le chef de la Fronde que nous ne possédions aucun des sermons prononcés par lui dans le temps où la chaire évangélique se trouvait transformée en une tribune de révolte et d'insurrection. L'éloquent morceau que nous citons est extrait d'un sermon sur la fête de saint Louis, prononcé devant le roi, dans l'église de Saint-Louis des pères jésuites, le 25 août 1648.

MASCARON.

DÉSINTÉRESSEMENT DE TURENNE.

Ce grand homme étoit si bien sorti de lui-même et de ses propres intérêts, qu'il n'y est jamais rentré par le moindre retour. Dans l'impétuosité qui le portoit vers les grandes choses, il n'a jamais fait cette réflexion intéressée, que la belle idée de la gloire qui l'attiroit pût devenir sa gloire particulière ; et pour vous le représenter d'un seul trait tel qu'il a été, il faut dire de lui comme du plus sage des Romains, que l'amour-propre qui est tout borné en lui-même, n'eut jamais de part ni dans ses desseins ni dans ses actions.

Jugez, messieurs, si de cette élévation il a pu seulement jeter les yeux sur les richesses, et en faire le motif de ses actions, lui qui ne daignoit pas même les regarder comme des fruits honnêtes de ses travaux. Ce n'est pas qu'il affectât les manières de ces fameux capitaines dont Rome et Athènes ont tant célébré la glorieuse pauvreté. Sans avoir vécu comme eux, il a été ce qu'ils étaient ; et si l'on faisoit exactement l'anatomie du cœur de ces héros, peut-être trouveroit-on que les Fabrice, les Camille et les Phocion, se sont plus appliqués aux richesses par le soin laborieux de s'en priver, que M. de Turenne par la noble indifférence d'en avoir ou de n'en avoir pas (1)...

(1) Ici l'extrême simplicité de l'expression devient de la plus parfaite élégance.

Il regardoit, à la vérité, les richesses comme des moyens nécessaires pour soutenir la grandeur de sa naissance et celle de ses illustres emplois. Mais dégagé de l'erreur des autres hommes, qui cherchent sans cesse des moyens pour une fin qui ne vient jamais, il ne songeoit aux moyens que lorsque la fin qu'il s'étoit proposée le pressoit. C'étoit à la veille de ses glorieuses campagnes qu'il songeoit qu'il n'étoit pas riche : c'étoit dans la suite de l'emploi qu'il empruntoit des sommes considérables pour des nécessités imprévues. Prenez garde, messieurs, que votre amour-propre ne vous fasse quelque surprise en cet endroit, et que vous n'alliez donner un nom peu honnête à un oubli plus glorieux que la plus sage précaution. (2). Ce prince, assuré de l'amitié du roi et du secours de ses serviteurs, croyoit qu'il lui étoit permis d'être négligent sur un point où les autres pèchent par un excès de prévoyance ; et je puis dire que M. de Turenne avoit toute la gloire du désintéressement, sans avoir la honte de l'imprudence ; au lieu que les autres n'ont au-dehors la gloire de la prudence, que parce qu'ils sont poussés au-dedans par le motif d'un lâche et sordide intérêt.

(2) A force de réserve dans l'expression, cette phrase manque de clarté.

Jules Mascaron naquit à Marseille en 1634. Fils d'un avocat célèbre, il entra, dès 1650, dans l'Oratoire, où il se distingua par son talent et son goût pour les belles-lettres. Il prononça son premier sermon l'an 1663, à Angers, et parut, l'année suivante, à Saumur, où il fallut dresser des échafauds dans l'église, afin de contenir la foule qui se pressait pour entendre le prédicateur. Le savant Tanneguy-le-Fèvre fut un de ses auditeurs les plus assidus. Ce calviniste, enthousiasmé, écrivit à son ami Bohvel : « Rien de plus éloquent que ce jeune orateur ; tout son extérieur répond au ministère qu'il exerce ; ses discours sont écrits avec élégance ; l'expression en est propre ; le récit, les ornements, de bon goût ; il instruit, il plaît, il touche... Malheur aux prédicateurs qui viendront après lui !... »

L'éloquente voix se fit entendre successivement à Aix, Marseille, Nantes, et enfin à Paris, où il prêcha devant la cour l'Avent de 1666. Lorsqu'il alla prendre congé de Louis XIV, le roi lui dit : « Vos sermons m'ont charmé ; vous avez fait la chose du monde la plus difficile, qui est de contenter une cour aussi délicate. » Mascaron prêcha devant sa majesté le carême de 1667. En 1669, au temps où Louis XIV, plongé dans des voluptés indignes d'un roi et d'un chrétien, oubliait tous ses devoirs, Mascaron eut le noble courage d'élever la voix pour ramener à la pénitence le fils de Louis XIII. Des courtisans indignés voulurent exciter contre l'orateur la colère du prince, qui leur imposa silence par ces paroles : « Le prédicateur a fait son devoir ; c'est à nous à faire le nôtre. » Chargé, en 1670, de l'oraison funèbre d'Henriette d'Angleterre et du duc de Beaufort, il obtint un grand succès, que le roi récompensa, en 1671, par l'évêché de Tulle. Ce fut en 1675 que Mascaron prononça l'oraison funèbre de Turenne, regardée à bon droit comme son

son chef-d'œuvre. Devenu évêque d'Agen, et toujours pasteur, il se fit chérir de son troupeau, qu'il quitta en 1683, 1684 et 1694, pour venir se faire entendre à la cour, remplie encore du souvenir de sa parole. A cette dernière époque, Louis XIV lui dit avec tristesse: *Mon père, il n'y a que votre éloquence qui ne vieillit pas!* Mascaron termina, l'année suivante, sa carrière oratoire, en prononçant le discours d'ouverture de l'assemblée du clergé de France. Depuis ce temps, retiré dans son diocèse, le célèbre prédicateur ne parla plus qu'aux humbles et aux faibles. Il mourut à Agen, qu'il avait embelli de monuments utiles, le 16 novembre 1703.

Doué d'un physique avantageux, d'une voix pleine et sonore, Mascaron dut en partie le grand effet de ses prédications à ces heureux dons de la nature. Instruit, fécond, orné, mais malheureusement porté à l'exagération, aux rapprochements bizarres et aux prétentions du bel-esprit, Mascaron est souvent le Sénèque des orateurs chrétiens. « Mascaron, dit La Harpe, se surpassa dans l'oraison funèbre de Turenne; soit que le sujet eût exalté son génie, soit qu'il eût profité des progrès que faisait le bon goût, sous les auspices de Bossuet et de Fléchier. Il eut la gloire de lutter contre ce dernier, et même sans désavantage. Fléchier est plus pur, plus égal, plus touchant : Mascaron garde encore quelques traces de recherche et d'enflure. Mais d'abord elles sont bien plus légères et moins fréquentes; surtout elles sont couvertes par de grandes beautés, et il l'emporte sur Fléchier par la force, la rapidité, les mouvements. Il faut ajouter, à la louange de Mascaron, que, s'il a trop cité les anciens, il les connaît assez bien pour les imiter, et même les traduire quelquefois avec assez de bonheur. Il a surtout profité de quelques passages de Cicéron et de Tacite. On peut en dire autant de Bossuet et de Fléchier, chez qui l'on remarque souvent avec plaisir des traces de l'étude de l'antiquité. »

Voici comment Thomas parle du père Mascaron :

« Mascaron fut, dans le genre des oraisons funèbres, ce que Rotrou fut pour le théâtre. Rotrou annonça Corneille, et Mascaron, Bossuet. On peut dire que cet orateur marque dans l'éloquence le passage du siècle de Louis XIII à celui de Louis XIV. Il y a encore de la rudesse et du mauvais goût de l'un; il y a déjà de l'harmonie, de la magnificence de style et de la richesse de l'autre. Sa manière tient à celle des deux hommes célèbres qui, en le suivant, l'ont effacé. Il semble qu'il s'essaye à la vigueur de Bossuet et aux détails heureux de Fléchier; mais ni assez poli, ni assez grand, il est également loin et de la sublimité de l'un et de l'élégance de l'autre. Au reste, il ne faut pas confondre les derniers discours de cet orateur avec les premiers. A mesure qu'il avance, on voit que son siècle l'entraîne ; et de l'oraison funèbre d'Anne d'Autriche à celle de Turenne, il y a peut-être la même distance que de *Saint-Genêt* à *Venceslas* (1), ou de *Clitandre* à *Cinna*.

» En général, Mascaron étoit né avec plus de génie que de goût, et plus d'esprit encore que de génie. Quelquefois son âme s'élève ; mais, soit le défaut du temps, soit le sien, quand il veut être grand, il trouve rarement l'expression simple. Sa grandeur est plus dans les mots que dans les idées. Trop souvent il retombe dans la métaphysique de l'esprit, qui paroît une espèce de luxe, mais un luxe faux, qui annonce plus de pauvreté que de richesse. Il est alors plus ingénieux que vrai, plus fin que naturel. On lui trouve aussi de ces raisonnements vagues et subtils qui se rencontrent si souvent dans Corneille ; et l'on sait combien ce langage est opposé à celui de la vraie éloquence. Son plus grand mérite est d'avoir eu la connaissance des hommes. Il a, dans ce genre, des choses senties avec esprit, et rendues avec finesse. »

Examinant ensuite plus spécialement l'oraison funèbre de Turenne, prononcée par l'évêque d'Agen, Thomas s'exprime ainsi :

« On y trouve plus de beautés vraies et solides que dans toutes les autres ; le ton en est éloquent, la marche en est belle, le goût plus éclairé ; il s'y rencontre moins de comparaisons tirées du soleil levant et du soleil couchant, et des torrents et des tempêtes, et des rayons et des éclairs ; il y est moins question d'ombres et de nuages, d'astres fortunés, de fleuves féconds, d'océan qui se déborde, d'aigles, d'aiglons ; d'apostrophes au grand prince, ou à la grande princesse, ou à l'épée flamboyante du Seigneur, et de tous ces lieux communs de déclamation et d'ennui, qu'on a pris si long-temps et chez tant de peuples pour de la poésie et de l'éloquence. »

Turenne (Henri de La Tour-d'Auvergne), second fils de Henri de La Tour-d'Auvergne, duc de Bouillon, naquit à Sedan, le 16 septembre 1611. Sa famille était calviniste. Dans son enfance, le jeune Turenne n'aimait que les récits de guerre et de combats. César et Quinte-Curce se trouvaient sans cesse dans ses mains, et cependant le duc de Bouillon ne destinait pas Turenne à la carrière des armes. Mais le héros futur gagna sa mère, et fit, en 1625, ses premières armes, comme simple soldat, sous Maurice de Nassau, son oncle. Chef d'une compagnie, l'année suivante, il assista aux sièges de Klundert, de Groll, de Bois-le-Duc. Nommé, en France, colonel d'un régiment d'infanterie, il conquit par sa bravoure, dans la guerre de Lorraine, le brevet de maréchal de camp. Il nous est impossible de suivre Turenne dans sa carrière militaire : nous nous contenterons de raconter ses principaux faits d'armes. A l'assaut de Saverne, il reçoit glorieusement un coup de feu, bat l'ennemi à Jussey, concourt, en Flandre, à la prise de Landrecies, de Maubeuge et du château de Solre. Sous les ordres de Veymar, il s'empare de Brisach dans l'année 1639. En Piémont, il exécute la belle retraite de Quiers, et enlève les lignes de Casal. Après la reddition de Turin, le maréchal de camp fut promu au grade de lieutenant général. Dans cette qualité, il fit la guerre de 1642, en Roussillon. De retour à Paris, il n'accepta pas la main de la nièce de Richelieu, que ce grand ministre lui offrit. Ce refus n'indisposa pas le cardinal. Pourtant Turenne ne reçut le bâton de maréchal qu'après la mort du continuateur des plans politiques de Henri IV. Envoyé par Mazarin pour recueillir, en 1643, les débris d'une armée battue à Duttlingen, il fit si bien que Mercy trouva des troupes capables de lui tenir tête. Le duc d'Enghien, s'étant réuni à Turenne, prit le commandement général et gagna, en suivant, malheureusement un peu tard, les avis de Turenne, la bataille de Fribourg. Après cette victoire, le prince alla faire le siège de quelques forteresses sur le Rhin, et Turenne pénétra en Franconie, où il vint de nouveau se heurter contre les Bavarois et contre Mercy. Ayant éprouvé un échec à Mariendal, le général se disposait à prendre sa revanche, lorsque Mazarin lui ordonna d'attendre le prince de Condé. La mauvaise volonté du ministre était évidente ; mais Turenne obéit, et, sous les ordres de son rival, devint le véritable héros de Nordlingen. Laissé à lui-même, il prit Trèves. Par des campagnes savantes, il obtint l'admiration de l'Europe, et conquit le glorieux traité de Westphalie (24 octobre 1648). S'unissant, pendant la paix, aux ennemis de Mazarin, il vit ses troupes refuser de lui obéir. Turenne se retira en Hollande jusqu'à la convention de Ruel. Alors il rentra en France ; mais la cour ayant manqué à toutes ses promesses et osé faire arrêter les princes de Condé, la Fronde se réveilla. Le vicomte de Turenne prit le parti des rebelles, et osa signer un traité d'alliance avec l'Espagne; tache déplorable dans cette vie glorieuse ! Après plusieurs succès, il fut battu à Rethel, où il combattit en général et en soldat. Rentré dans les bonnes grâces de la cour, il la sauva au pont de Gergeau, en repous-

---

(1) Deux tragédies de Rotrou.

sant la cavalerie du prince de Condé, qu'il défit peu après. On sait qu'il eût achevé le parti des princes au faubourg Saint-Antoine, si le canon de la Bastille n'eût éloigné les troupes royales. Cette campagne de 1652 se termina par la fuite hors de France du prince de Condé, et couvrit de gloire Turenne, qui épousa, en 1653, la fille du duc de La Force.

Sur les Espagnols, dont Condé ne rougissait pas de demeurer l'auxiliaire, il prit Rethel et Mouzon. Pour couronner tant de succès, il fit lever le siége d'Arras, qu'il parvint à arracher à nos ennemis prêts à s'en emparer. Battu à Valenciennes par suite de l'impéritie du maréchal La Ferté, Turenne se retira en bon ordre sur Quesnoy. Vainqueur à la bataille des Dunes, il écrivit à sa femme, le jour de la victoire, ce billet devenu célèbre : « Les ennemis sont venus à nous ; ils ont été battus ; Dieu en soit loué ! J'ai un peu fatigué toute la journée ; je vous donne le bonsoir, et je vais me coucher. »

La paix de 1659 permit enfin à Turenne de prendre quelque repos. Il fut fait, en 1660, époque du mariage de Louis XIV, maréchal général des armées. Après la mort de sa femme, arrivée en 1666, Turenne, instruit par le grand Bossuet, abjura la foi de ses pères le 23 octobre 1668. Lieutenant de Louis XIV dans la guerre de 1672, lors du départ du roi, il se trouva en face de Montécuculli, qui ne put jamais franchir le Rhin. Peu après, il battit les alliés, les rejeta derrière le Mein, et, sur l'ordre de Louvois, ruina le Palatinat. Là se trouve l'incendie de trente villages, le crime de Louvois et le malheur de Turenne. La campagne de 1674 fut plus glorieuse pour ce général ; il triompha dans les plaines de Colmar, de Mulhausen, de Turckeim. Après cette époque, il voulut se retirer du monde et des affaires. Louis XIV s'opposa à cette résolution. De nouveau en présence de Montécuculli, Turenne se croyait certain de vaincre, lorsqu'un boulet vint le frapper au milieu de l'estomac, le 27 juillet 1675. Le même coup de canon emporta le bras de Saint-Hilaire, dont le fils se mit à fondre en larmes : « Ce n'est pas moi qu'il faut pleurer, dit le blessé ; c'est ce grand homme ! » Ce mot si simple, et que sa spontanéité rend admirable, est à lui seul une belle oraison funèbre. Enfin on aura une juste idée de Turenne en disant qu'il eut presque toutes les vertus dont l'antiquité se plaît à parer Scipion l'Africain.

HUMILITÉ DE TURENNE.

Certes, s'il y a une occasion au monde où l'âme, pleine d'elle-même, soit en danger d'oublier son Dieu, c'est dans ces postes éclatants où un homme, par la sagesse de sa conduite, par la grandeur de son courage, par la force de son bras, et par le nombre de ses soldats, devient comme le Dieu des autres hommes, et, rempli de gloire en lui-même, remplit tout le reste du monde d'amour, d'admiration ou de frayeur. Les dehors mêmes de la guerre, le son des instruments, l'éclat des armes, l'ordre des troupes, le silence des soldats, l'ardeur de la mêlée, le commencement, le progrès et la consommation de la victoire, les cris différents des vaincus et des vainqueurs attaquent l'âme par tant d'endroits, qu'enlevée à tout ce qu'elle a de sagesse et de modération, elle ne connoît plus ni Dieu ni elle-même (1). C'est alors que les impies Salmonées osent imiter le tonnerre de Dieu, et répondre par les foudres de la terre aux foudres du ciel ; c'est alors que les sacriléges Antiochus n'adorent que leurs bras et leurs cœurs, et que les insolents Pharaons, enflés de leur puissance, s'écrient : « C'est moi qui me suis fait moi-même (2).....

M. de Turenne n'a jamais plus vivement senti qu'il y avoit un Dieu au-dessus de sa tête que dans ces occasions éclatantes, où presque tous les autres l'oublient. C'étoit alors qu'il redoubloit ses prières ; on l'a vu même s'écarter dans les bois, où, la pluie sur la tête et les genoux dans la boue, il adoroit en cette humble posture ce Dieu devant qui les légions des anges tremblent et s'humilient !!!

(1) Cette énumération, qui rappelle toute la richesse de Cicéron parlant de la gloire militaire devant César qu'il vouloit émouvoir en faveur de Marcellus, se termine par un trait qui n'est pas dans l'éloquence antique. Pour elle, Dieu semble être absent du monde.

(2) Plus beau que Virgile dans le sixième livre.

MODESTIE DE TURENNE.

Il revenoit de ses campagnes triomphantes avec la même froideur et la même tranquillité que s'il fût revenu d'une promenade ; plus vide de sa propre gloire, que le public n'en étoit occupé. En vain les peuples s'empressoient pour le voir; en vain, dans les assemblées, ceux qui avoient l'honneur de le connoître le montroient des yeux, du geste et de la voix à ceux qui ne le connoissoient pas ; en vain sa seule présence, sans train et sans suite, faisoit sur les âmes cette impression presque divine qui attire tant de respect, et qui est le fruit le plus doux et le plus innocent de la vertu héroïque. Toutes ces choses, si propres à faire rentrer un homme en lui-même par une vanité raffinée, ou à le faire répandre au dehors par l'agitation d'une vanité moins réglée, n'altéroient en aucune manière la situation tranquille de son âme; et il ne tenoit pas à lui qu'on n'oubliât ses victoires et ses triomphes...

Dans le progrès même de la victoire, et dans ces moments d'amour-propre où un général voit qu'elle se déclare pour son parti, sa religion étoit en garde' pour l'empêcher d'irriter tant soit peu le Dieu jaloux, par une confiance trop précipitée de vaincre. En vain tout retentissoit autour de lui des cris de victoire; en vain les officiers se flattoient et le flattoient lui-même de l'assurance d'un heureux succès : il arrêtoit tous ces emportements de joie, où l'orgueil humain a tant de part, par ces paroles si dignes de sa piété : « Si Dieu ne nous soutient, et s'il n'achève son ouvrage, il y a encore assez de temps pour être battus. »

Aussi, comme il reconnoissoit que toutes les victoires venoient de Dieu, il s'efforçoit de les rendre dignes de Dieu. Après avoir vaincu les ennemis, il n'oublioit rien pour vaincre la victoire même. Vous savez que naturellement elle est cruelle, insolente, impie (1). M. de Turenne la rendoit douce, raisonnable et religieuse. Quels ordres ne donnoit-il pas ? quels efforts ne faisoit-il pas pour arrêter le carnage, qui après l'ardeur du combat n'est plus qu'un crime et une brutalité barbare ; pour empêcher la profanation des temples, l'incendie des maisons, les dégâts inutiles, et les abominations qui obligent si souvent les princes chrétiens à pleurer les plus justes et les plus glorieuses victoires.

(1) Il est glorieux pour Mascaron d'avoir trouvé de si belles choses qu'on ne rencontre pas dans Fléchier.

DOULEUR CAUSÉE PAR LA PERTE DE TURENNE.

La tristesse que la mort de M. de Turenne a causée n'est pas de la nature de celles qui s'évaporent avec les premières larmes et les premiers soupirs; elle a fait une impression trop durable sur tous les cœurs. La cour, les armées, la ville, les provinces, les peuples s'en sont fait une douleur qui ne passera jamais. Vous ne l'avez point oubliée, messieurs; cette funeste nouvelle se répandit par toute la France comme un brouillard épais qui couvrit la lumière du ciel, et remplit tous les esprits des ténèbres de la mort; la terreur et la consternation la suivoient. Personne n'apprit la mort de M. de Turenne qu'il ne crût d'abord l'armée du roi taillée en pièces, nos frontières découvertes, et les ennemis prêts à pénétrer dans le cœur de l'état; ensuite, oubliant l'intérêt général, on n'étoit sensible, qu'à la perte de ce grand homme : le récit de ce funeste accident tira des plaintes de toutes les bouches et des larmes de tous les yeux. Chacun à l'envi faisoit gloire de savoir et de dire quelque particularité de sa vie et de ses vertus : l'un disoit qu'il étoit aimé de tout le monde sans intérêt ; l'autre, qu'il étoit parvenu à être admiré sans envie ; un troisième, qu'il étoit redouté de ses ennemis sans en être haï. Mais enfin ce que le roi sentit sur sa perte, et ce qu'il dit à la gloire de cet illustre mort, est le plus grand et le plus glorieux éloge de sa vertu. Les peuples répondirent à la douleur de leur prince; on vit, dans les villes par où son corps a passé, les mêmes sentiments que l'on avoit vus autrefois dans l'empire romain, lorsque les cendres de Germanicus furent portées de la Syrie au tombeau des Césars. Les maisons étoient fermées; le triste et morne silence qui régnoit dans les places publiques n'étoit interrompu que par les gémissements des habitants; les magistrats en deuil eussent volontiers prêté leurs épaules pour le porter de ville en ville; les prêtres et les religieux, à l'envi, l'accompagnoient de leurs larmes et de leurs prières ; les villes, pour lesquelles ce triste spectacle étoit tout nouveau, faisoient paroître une douleur encore plus véhémente que ceux qui l'accompagnoient; et comme si, en voyant son cercueil, on l'eût perdu une seconde fois, les cris et les larmes recommençoient.

A la suite de ce morceau de Mascaron, qui nous fait assister à une douleur si pompeuse, nous citerons un fragment de l'oraison funèbre du duc de Beaufort, où le même orateur peint avec un accent très-simple, mais touchant et pénétré, le sentiment de tristesse que lui faisait éprouver l'insolence des infidèles. Il nous a paru bon de rapprocher ces deux extraits, écrits d'un style si différent.

« Quand je me souviens qu'il n'arrivoit point de vaisseau dans nos ports, qui ne nous apprît la perte de vingt autres ; quand je songe qu'il n'y avoit personne qui ne pleurât ou un parent massacré, ou un ami esclave, ou une famille ruinée ; quand je rappelle dans ma mémoire l'insolente hardiesse avec laquelle les barbares faisoient des descentes presque à la portée de notre canon, où ils enlevoient tout ce que le hasard leur faisoit rencontrer de personnes ou de butin ; que les promenades même sur mer n'étoient pas sûres ; qu'on craignoit toujours que de derrière les rochers il ne sortît quelque pirate ; quand je me représente les cachots horribles d'Alger et de Tunis remplis d'esclaves chrétiens, et de François plus que d'autres nations, exposés à tout ce que la cruauté de ces maîtres impitoyables leur faisoit souffrir, ou pour ébranler leur foi, ou pour les obliger à grossir le prix de leur rançon ; quand je rappelle dans ma mémoire toutes les railleries sacriléges et puissantes que faisoient ces insolents, d'un Dieu et d'un roi qui défendoient si mal, l'un ses adorateurs, et l'autre ses sujets ; mon imagination me rend ces temps malheureux si présens, que je ne puis m'empêcher de m'écrier : Jusqu'à quand, grand Dieu, les ennemis de votre nom insulteront-ils à votre gloire ? Quel terme mettrez-vous à leur puissance fatale et à nos malheurs ? »

DE LA RUE.

QUALITÉS GUERRIÈRES DE BOUFFLERS.

Luxembourg, Condé, Turenne, Créqui, noms immortels ! guerriers qui, durant cinquante ans, avez entretenu si constamment la chaîne de la gloire et du bonheur de la France, vous n'envierez point à Boufflers l'honneur d'approcher de vous dans l'ordre glorieux des défenseurs de l'état. Il vous a suivis de trop près dans la mêlée et dans le feu de vos plus célèbres combats ; il a trop souvent arrosé vos plus beaux lauriers de son sang, pour être privé de la part qu'il a eue à vos couronnes ; et ce seroit vous offenser que de refuser à sa mémoire les louanges que tant de fois vous avez cru devoir à sa valeur.

En effet, quel éclat ne donna point dans la guerre de Hollande, à l'audace de Luxembourg, la levée du siège de Voerden, où le prince d'Orange, enflé des premières espérances que lui donnoit son rétablissement dans la dignité de ses pères, reçut le présage malheureux du sort qui le devoit toujours suivre en présence de ce général ! Quelle part eut Boufflers à la gloire de cette action ! Colonel des dragons du roi, marchant à leur tête, il franchit les marais profonds et les digues fortifiées qui servoient de lignes aux ennemis ; et, couvert du sang qu'il perdoit par une profonde blessure, il ne sortit du combat qu'après avoir vu le prince en fuite, et la ville hors de péril.

Quel honneur ne fit point au profond génie de Turenne et à ses sages précautions le fameux combat d'Ensisheim ! Ce héros, au moment que les deux armées s'ébranloient, avoit subitement changé l'ordre du combat pour tourner ses premiers efforts contre un bois qui serroit sa droite, et qui cachoit les Impériaux retranchés sur notre flanc. Boufflers, à la vue de ce mouvement subit, entrant aussitôt dans la pensée de son chef, et comprenant le besoin qu'on y auroit de ses dragons, se détacha du poste où il étoit, et s'avança lui-même vers le bois. L'attaque, *opiniâtrée* et soutenue avec pareille vigueur, attira bientôt là les meilleurs corps, et le canon même des deux partis. Deux heures de combat n'avoient encore fait ni gagner ni perdre un pas de terrain, quand le généreux colonel, ranimant sa valeur à la vue d'une blessure qu'il venoit de recevoir, s'élança sur le retranchement, fut suivi de toute sa troupe, et, maître de l'entrée du bois, donna lieu au carnage que l'on y fit des ennemis, à la prise de leur canon, et à l'heureuse décision de cette célèbre journée (1).

(1) Ce morceau n'est pas de la portée de ceux que nous citons de Fléchier ou de Mascaron ; mais, outre que le commencement renferme des beautés réelles, nous avons pensé que les Français, jaloux de la gloire de leur patrie et reconnaissants pour les héros qui l'ont servie, verraient avec satisfaction le nom de Boufflers mêlé à ceux des grands hommes dont il a suivi les traces.

Louis-François, duc de Boufflers, pair et maréchal de France, né en 1644, servit avec la plus grande gloire sous Turenne et Créqui. Il s'immortalisa par la belle défense de Lille, en 1708. Sa valeureuse conduite lui fit obtenir le gouvernement de la riche province de Flandre et la dignité de pair. La retraite de Malplaquet permit encore à ce général de montrer ses talents militaires et son sang-froid. Saint-Simon, d'accord avec tous les historiens du temps, peint Boufflers comme un homme d'autant de cœur que de mérite. Sa bravoure n'était égalée que par sa magnificence. Il en donna la preuve lors du fameux camp de Compiègne, que Louis XIV avait ordonné pour l'enseignement du duc de Bourgogne. Boufflers mourut à Fontainebleau, en 1711.

« Le maréchal de Boufflers, dit Voltaire, était un homme de beaucoup de mérite, un général actif et appliqué, un bon citoyen, ne songeant qu'au bien du service, et ne ménageant pas plus ses soins que sa vie. »

VANITÉ DES TITRES QUI ORNENT LES CERCUEILS DES GRANDS.

Oublions ces titres vains, qui ne servent plus qu'à orner la surface d'un tombeau plein de vers et d'ossements. Ce n'est ni le marbre ni l'airain qui nous font révérer les grands; encore moins nous excitent-ils à prier pour leur repos. Tous ces superbes monuments ne font qu'attirer sur leurs cendres, et que réveiller dans les cœurs, l'envie attachée autrefois à leurs personnes et à leurs faits, à moins que la vertu ne consacre leur mémoire, et ne change pour eux en couronne de salut cette fausse immortalité que l'on cherche inutilement dans les colonnes et les statues.

C'est peut-être ici le lieu de rappeler ces vers qui commencent une ode de Saint-Évremont sur le pompeux catafalque du prince de Condé :

Que vous servent, Condé, ces tableaux de batailles,
Que vous sert ce pompeux orgueil
De pavillons et de murailles?
Ce chef-d'œuvre nouveau de tristesse et de deuil,
Tout ce grand art des funérailles,
Condé, que vous sert-il dans le fond du cercueil?

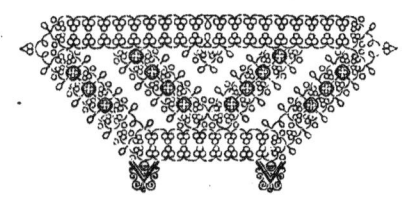

FLÉCHIER.

EXORDE DE L'ORAISON FUNÈBRE DE TURENNE.

Je ne puis, messieurs, vous donner d'abord une plus haute idée du triste sujet dont je viens vous entretenir, qu'en recueillant ces termes nobles et expressifs, dont l'Écriture sainte se sert pour louer la vie et pour déplorer la mort du sage et vaillant Machabée. Cet homme qui portoit la gloire de sa nation jusqu'aux extrémités de la terre ; qui couvroit son camp d'un bouclier, et forçoit celui des ennemis avec l'épée ; qui donnoit à des rois ligués contre lui des déplaisirs mortels, et réjouissoit Jacob par ses vertus et par ses exploits, dont la mémoire doit être éternelle.

Cet homme, qui défendoit les villes de Juda, qui domptoit l'orgueil des enfants d'Amnon et d'Ésaü, qui revenoit chargé des dépouilles de Samarie, après avoir brûlé sur leurs propres autels les dieux des nations étrangères ; cet homme que Dieu avoit mis autour d'Israël comme un mur d'airain, où se brisèrent tant de fois toutes les forces de l'Asie, et qui, après avoir défait de nombreuses armées, déconcerté les plus fiers et les plus habiles généraux des rois de Syrie, venoit tous les ans, comme le moindre des Israélites, réparer avec ses mains triomphantes, les ruines du sanctuaire, et ne vouloit d'autre récompense des services qu'il rendoit à sa patrie, que l'honneur de l'avoir servie.

Ce vaillant homme poussant enfin, avec un courage invincible, les ennemis qu'il avoit réduits à une fuite honteuse, reçut le coup mortel, et demeura comme enseveli dans son triomphe. Au premier bruit de ce funeste accident, toutes les villes de Judée furent émues ; des ruisseaux de larmes coulèrent des yeux de tous leurs habitants. Ils furent quelque temps saisis, muets et immobiles. Un effort de douleur rompant enfin ce long et morne silence, d'une voix entrecoupée de sanglots, que formoit dans leurs cœurs la tristesse, la piété et la crainte, ils s'écrièrent : « Comment est mort cet homme puissant qui sauvoit le peuple d'Israël ? » A ces cris, Jérusalem redoubla ses pleurs ; les voûtes du temple s'ébranlèrent ; le Jourdain se troubla, et tous ses rivages retentirent du son de ces lugubres paroles : « Comment est mort cet homme puissant, qui sauvoit le peuple d'Israël ? »

Chrétiens, qu'une triste cérémonie assemble en ce lieu, ne rappelez-vous pas à votre mémoire ce que vous avez vu, ce que vous avez senti il y a cinq mois ? ne vous reconnoissez-vous pas dans l'affliction que j'ai décrite ? et ne mettez-vous pas, dans votre esprit, à la place du héros dont parle l'Écriture, celui dont je viens vous parler ? La vertu et le malheur de l'un et de l'autre sont semblables ; et il ne manque aujourd'hui à ce dernier qu'un éloge digne de lui. Oh ! si l'esprit divin, esprit de force et de vérité, avoit enrichi mon discours de ces images vives et naturelles, qui représentent la vertu et qui la persuadent tout ensemble, de combien de nobles idées remplirois-je vos esprits, et quelle impression feroit sur vos cœurs le récit de tant d'actions édifiantes et glorieuses ?

Quelle matière fut jamais plus disposée à recevoir tous les ornements d'une grave et solide éloquence, que la mort de très-puissant prince Henri de la Tour d'Auvergne, vicomte de Turenne ? Où brillent avec plus d'éclat les effets glorieux de la vertu militaire ; conduites d'armées, sièges de places, prises de villes, passages de rivières, attaques hardies, retraites honorables, campements bien ordonnés, combats soutenus, batailles gagnées, ennemis vaincus par la force, dissipés par l'adresse, lassés et consumés par une sage et noble patience ? Où peut-on trouver tant et de si puissants exemples, que dans les actions d'un homme sage, modeste, libéral, désintéressé, dévoué au service du prince et de la patrie ; grand dans l'adversité par son courage, dans la prospérité par sa modestie, dans les difficultés par sa prudence, dans les périls par sa valeur, dans la religion par sa piété ?

Quel sujet peut inspirer des sentiments plus justes et plus touchants, qu'une mort soudaine et surprenante, qui a suspendu le cours de nos victoires, et rompu les plus douces espérances de la paix ? Puissances ennemies de la France, vous vivez, et l'esprit de la charité chrétienne m'interdit de faire aucun souhait pour votre mort. Puissiez-vous seulement reconnoître la justice de nos armes, recevoir la paix que, malgré vos pertes, vous avez tant de fois refusée, et dans l'abondance de vos larmes éteindre les feux d'une guerre que vous avez malheureusement allumée ! A Dieu ne plaise que je porte mes souhaits plus loin ! les jugements de Dieu sont impénétrables. Mais vous vivez, et je plains en cette chaire un sage et vertueux capitaine, dont les intentions étoient pures et dont la vertu sembloit mériter une vie plus longue et plus étendue.

Retenons nos plaintes, messieurs, il est temps de commencer son éloge, et de vous faire voir comment cet homme puissant triomphe des ennemis de l'état par sa valeur, des passions de l'âme par sa sagesse, des erreurs et des vanités du siècle par sa piété. Si j'interromps cet ordre de mon discours, pardonnez un peu de confusion dans un sujet qui nous a causé tant de trouble. Je confondrai peut-être quelquefois le général d'armée, le sage et le chrétien. Je louerai tantôt les victoires et tantôt les vertus qu'ils ont obtenues. Si je ne puis raconter tant d'actions, je les découvrirai dans leur principe, j'adorerai le Dieu des armées, j'invoquerai le Dieu de la paix, je bénirai le Dieu des miséricordes, et j'attirerai partout votre attention, non pas par la force de l'éloquence, mais par la vérité et par la grandeur des vertus dont je suis engagé de vous parler.

Esprit Fléchier, naquit, le 10 juin 1632, à Pernes, petite ville du diocèse de Carpentras. Élevé par Audifret, son oncle, général de la congrégation de la Doctrine chrétienne, il entra dans ce corps religieux. En 1659, Fléchier professait déjà la rhétorique à Narbonne, où il prononça l'oraison funèbre de l'archevêque. A Paris, d'abord simple cathéchiste, il se fit bientôt connaître par des poésies latines et françaises, et surtout par une description, en beaux vers latins, du carrousel dont Louis XIV donna le spectacle en 1662. Honoré, peu après, de l'amitié de M. de Montausier, il devint lecteur du dauphin.

Les sermons de Fléchier le rendirent bientôt célèbre, et ses oraisons funèbres mirent, peu après, le comble à sa renommée. Reçu à l'Académie en 1673, le même jour que Racine, il fut, dans son discours de réception, plus heureux et plus applaudi que le grand poëte. Abbé de Saint-Severin, aumônier de la dauphine, évêque de Lavaur, il voulut refuser l'évêché de Nîmes pour rester dans son premier diocèse, afin d'y achever l'ouvrage qu'il avait commencé en entretenant et augmentant les bonnes dispositions des nouveaux convertis. Dans les troubles des Cévennes, Fléchier fut un véritable ministre de miséricorde ; il adoucit, autant qu'il fut en son pouvoir, des ordres fanatiques et impitoyables. Dans la disette de 1709, Fléchier se montra aussi charitable et aumônieux qu'il avait été humain. Il mourut à Montpellier, le 16 février 1710. Nous avons déjà apprécié le talent de cet habile orateur.

Les principaux ouvrages de Fléchier sont : la *Vie du cardinal Commendon*, l'*Histoire de Théodose-le-Grand*, l'*Histoire du cardinal Ximenès*, les *Oraisons funèbres*, les *Panégyriques des saints*.

MORT DE TURENNE.

N'attendez pas, messieurs, que j'ouvre ici une scène tragique ; que je représente ce grand homme étendu sur ses propres trophées ; que je découvre ce corps pâle et sanglant, auprès duquel fume encore la foudre qui l'a frappé : que je fasse crier son sang comme celui d'Abel, et que j'expose à vos yeux les tristes images de la religion et de la patrie éplorée... Le cœur, pour être touché, n'a pas besoin que l'imagination soit émue.

Peu s'en faut que je n'interrompe ici mon discours. Je me trouble, messieurs : Turenne meurt, tout se confond, la fortune chancelle, la victoire se lasse, la paix s'éloigne, les bonnes intentions des alliés se ralentissent, le courage des troupes est abattu par la douleur, et ranimé par la vengeance ; tout le camp demeure immobile. Les blessés pensent à la perte qu'ils ont faite, et non aux blessures qu'ils ont reçues. Les pères mourants envoient leurs fils pleurer sur leur général mort. L'armée en deuil est occupée à lui rendre les devoirs funèbres, et la renommée, qui se plaît à répandre dans l'univers les accidents extraordinaires, va remplir toute l'Europe du récit glorieux de la vie de ce prince, et du triste regret de sa mort. Que de soupirs alors, que de plaintes, que de louanges retentissent dans les villes, dans la campagne ! L'un, voyant croître ses moissons, bénit la mémoire de celui à qui il doit l'espérance de sa récolte. L'autre, qui jouit encore en repos de l'héritage qu'il a reçu de ses pères, souhaite une éternelle paix à celui qui l'a sauvé des désordres et des cruautés de la guerre. Ici l'on offre le sacrifice adorable de Jésus-Christ pour l'âme de celui qui a sacrifié sa vie et son sang au bien public. Là on lui dresse une pompe funèbre, où l'on s'attendoit à lui dresser un triomphe. Chacun choisit l'endroit qui lui paroît le plus éclatant dans une si belle vie. Tous entreprennent son éloge; et chacun, s'interrompant lui-même par ses soupirs et par ses larmes, admire le passé, regrette le présent, et tremble pour l'avenir. Ainsi tout le royaume pleure la mort de son défenseur; et la perte d'un seul homme est une calamité publique.

BOSSUET.

EXORDE DE L'ORAISON FUNÈBRE DE LA REINE D'ANGLETERRE.

Celui qui règne dans les cieux, et de qui relèvent tous les empires, à qui seul appartient la gloire, la majesté et l'indépendance, est aussi le seul qui se glorifie de faire la loi aux rois, et de leur donner, quand il lui plaît, de grandes et terribles leçons. Soit qu'il élève les trônes, soit qu'il les abaisse ; soit qu'il communique sa puissance aux princes, soit qu'il la retire à lui-même et ne leur laisse que leur propre foiblesse, il leur apprend leurs devoirs d'une manière souveraine et digne de lui : car, en leur donnant sa puissance, il leur commande d'en user, comme il fait lui-même, pour le bien du monde ; et il leur fait voir, en la retirant, que toute leur majesté est empruntée, et que, pour être assis sur le trône, ils n'en sont pas moins sous sa main et sous son autorité suprême. C'est ainsi qu'il instruit les princes, non-seulement par des discours et par des paroles, mais encore par des effets et par des exemples. *Et nunc, reges, intelligite; erudimini, qui judicatis terram.*

Chrétiens, que la mémoire d'une grande reine, fille, femme, mère de rois si puissants, et souveraine de trois royaumes, appelle de tous côtés à cette triste cérémonie, ce discours vous fera paroître un de ces exemples redoutables, qui étalent aux yeux du monde sa vanité tout entière. Vous verrez dans une seule vie toutes les extrémités des choses humaines : la félicité sans bornes, aussi bien que les misères ; une longue et paisible jouissance d'une des plus nobles couronnes de l'univers ; tout ce que peuvent donner de plus glorieux la naissance et la grandeur accumulées sur une tête, qui ensuite est exposée à tous les outrages de la fortune ; la bonne cause d'abord suivie de bons succès, et depuis, des retours soudains, des changements inouïs ; la rébellion, longtemps retenue, à la fin tout à fait maîtresse ; nul frein à la licence ; les lois abolies ; la majesté violée par des attentats jusqu'alors inconnus ; l'usurpation et la tyrannie sous le nom de liberté ; une reine fugitive qui ne trouve aucune retraite dans trois royaumes, et à qui sa propre patrie n'est qu'un triste lieu d'exil ; neuf voyages sur mer, entrepris par une princesse, malgré les tempêtes ; l'Océan étonné de se voir traversé tant de fois en des appareils si divers, et pour des causes si différentes ; un trône indignement renversé et miraculeusement rétabli. Voilà les enseignements que Dieu donne aux rois : ainsi fait-il voir au monde le néant de ses pompes et de ses grandeurs. Si les paroles nous manquent, si les expressions ne répondent pas à un sujet si vaste et si relevé, les choses parleront assez d'elles-mêmes. Le cœur d'une si grande reine, autrefois élevé par une si longue suite de prospérités, et puis plongé tout à coup dans un abîme d'amertume, parlera assez haut ; et s'il n'est pas permis aux particuliers de faire des leçons aux princes sur des événements si étranges, un roi me prête ses paroles pour leur dire : « *Et nunc, reges, intelligite; erudimini, qui judicatis terram.* Entendez, ô grands de la terre ; instruisez-vous, arbitres du monde ! »

Henriette-Marie de France, reine d'Angleterre, fille de Henri IV et de Marie de Médicis, naquit à Paris en 1609. En 1625 elle épousa le prince de Galles, qui fut décapité sous le nom de Charles Ier. Les commencements de cette union ne furent pas heureux ; mais la reine parvint à désabuser le roi des préventions défavorables qu'on lui avait inspirées contre elle. Henriette, zélée catholique, chercha à étendre la religion qu'elle professait ; ce fut une des principales causes de la révolution d'Angleterre, qui se termina par la mort de Charles et l'élévation de Cromwell. Richelieu, Mazarin et la cour de France accueillirent avec assez de froideur la reine infortunée. Elle fut presque totalement oubliée pendant les troubles de la Fronde. Le cardinal de Retz, étant allé la visiter, trouva cette princesse dans la chambre de sa fille, depuis duchesse d'Orléans, et elle lui dit : « Vous voyez, je viens tenir compagnie à Henriette ; la pauvre enfant n'a pu se lever aujourd'hui faute de feu. » « La postérité aura peine à croire, ajoute le cardinal de Retz, que la petite-fille de Henri IV ait manqué d'un fagot pour se lever, dans le Louvre, au mois de janvier. » Après une longue misère, elle revit l'Angleterre, où elle trouva son fils assis sur le trône. Ne pouvant habiter les lieux témoins de la fin tragique de Charles Ier, son époux, Henriette revint en France. Elle mourut presque subitement, le 10 septembre 1669, dans une maison de campagne près de Combe. Louis XIV fit déposer sa dépouille mortelle dans les caveaux de Saint-Denis.

Voici le portrait que Hume a tracé de cette reine d'Angleterre : « L'unique passion de Charles était pour sa femme, à laquelle il était attaché par les plus inviolables nœuds de la confiance et de la fidélité. Cette tendresse se trouvait justifiée autant par l'esprit, par le jugement de la reine, que par sa beauté ; quelqu'on reconnaisse assez généralement que son naturel un peu trop passionné, précipita Charles dans quelques résolutions imprudentes. La religion à laquelle elle était fort attachée produisit aussi de fâcheux effets, puisqu'en l'engageant à procurer aux catholiques une indulgence très-désagréable à la nation, elle augmenta sa jalousie, qui n'était déjà que trop animée contre la cour. »

CROMWELL.

Un homme s'est rencontré d'une profondeur d'esprit incroyable ; hypocrite raffiné autant qu'habile politique ; capable de tout entreprendre et de tout cacher ; également actif et infatigable dans la paix et dans la guerre ; qui ne laissoit rien à la fortune de ce qu'il pouvoit lui ôter par conseil et par prévoyance, mais au reste si vigilant et si prêt à tout, qu'il n'a jamais manqué les occasions qu'elle lui a présentées ; enfin, un de ces esprits remuants et audacieux qui semblent être nés pour changer le monde.

Que le sort de tels esprits est hasardeux, et qu'il en paroît dans l'histoire à qui leur audace a été funeste ! Mais aussi que ne sont-ils pas, quand il plaît à Dieu de s'en servir ! Il fut donné à celui-ci de tromper les peuples et de prévaloir contre les rois. Car, comme il eut aperçu que, dans ce mélange infini de sectes qui n'avoient plus de règles certaines, le plaisir de dogmatiser, sans être repris ni contraint par aucune autorité ecclésiastique ni séculière, étoit le charme qui possédoit les esprits, il sut si bien les concilier par là, qu'il fit un corps redoutable de cet assemblage monstrueux.

Quand une fois on a trouvé le moyen de prendre la multitude par l'appât de la liberté, elle suit en aveugle, pourvu qu'elle en entende seulement le nom. Ceux-ci, occupés du premier objet qui les avoit transportés, alloient toujours, sans regarder qu'ils alloient à la servitude ; et leur subtil conducteur, qui, en combattant, en dogmatisant, en mêlant mille personnages divers, en faisant le docteur et le prophète, aussi bien que le soldat et le capitaine, vit qu'il avoit tellement enchanté le monde, qu'il étoit regardé de toute l'armée comme un chef envoyé de Dieu pour la protection de l'indépendance, commença à s'apercevoir qu'il pouvoit encore les pousser plus loin. C'étoit le conseil de Dieu d'instruire les rois. Quand ce grand Dieu a choisi quelqu'un pour être l'instrument de ses desseins, rien n'en arrête le cours ; ou il enchaîne, ou il aveugle, ou il dompte tout ce qui est capable de résistance. Tel a été le sort de l'Angleterre.

Ce morceau est tiré de la même oraison funèbre que le précédent.

MORT D'HENRIETTE D'ANGLETERRE.

J'étois donc encore destiné à rendre ce devoir funèbre à très-haute et très-puissante princesse Henriette-Anne d'Angleterre, duchesse d'Orléans. Elle que j'avois vue si attentive pendant que je rendois le même devoir à la reine sa mère, devoit être si tôt après le sujet d'un discours semblable, et ma triste voix étoit réservée à ce déplorable ministère. O vanité ! ô néant ! ô mortels ignorants de leurs destinées ! L'eût-elle cru il y a dix mois ? et vous, messieurs, eussiez-vous pensé, pendant qu'elle versoit tant de larmes en ce lieu, qu'elle dût si tôt vous y rassembler pour la pleurer elle-même ? Princesse, le digne objet de l'admiration de deux grands royaumes, n'étoit-ce pas assez que l'Angleterre pleurât votre absence, sans être encore réduite à pleurer votre mort ? et la France, qui vous revit avec tant de joie, environnée d'un nouvel éclat, n'avoit-elle plus d'autres pompes et d'autres triomphes pour vous, au retour de ce voyage fameux d'où vous aviez remporté tant de gloire, et de si belles espérances? *Vanité des vanités, et tout est vanité.* C'est la seule parole qui me reste; c'est la seule réflexion qui me permet, dans un accident si étrange, une si juste et si sensible douleur. Aussi n'ai-je point parcouru les livres sacrés pour y trouver quelque texte que je puisse appliquer à cette princesse. J'ai pris, sans étude et sans choix, les premières paroles que me présente l'Ecclésiaste, où, quoique la vanité ait été si souvent nommée, elle ne l'est pas encore assez à mon gré pour le dessein que je me propose. Je veux dans une seule mort faire voir la mort et le néant de toutes les grandeurs humaines. Ce texte qui convient à tous les états et à tous les événements de notre vie, par une raison particulière devient propre à mon lamentable sujet...

Considérez, messieurs, ces grandes puissances que nous regarderons de si bas. Pendant que nous tremblons sous leur main, Dieu les frappe pour nous avertir. Leur élévation en est la cause; et il les épargne si peu qu'il ne craint pas de les sacrifier à l'instruction du reste des hommes. Chrétiens, ne murmurez pas si Madame a été choisie pour nous donner une telle instruction. Il n'y a rien ici de rude pour elle, puisque, comme vous le verrez dans la suite, Dieu la sauve par le même coup qui nous instruit. Nous devrions être assez convaincus de notre néant : mais s'il faut des coups de surprise à nos cœurs enchantés de l'amour du monde, celui-ci est assez grand et assez terrible. O nuit désastreuse! ô nuit effroyable, où retentit tout à coup, comme un éclat de tonnerre, cette étonnante nouvelle : Madame se meurt! Madame est morte! Qui de nous ne se sentit frappé à ce coup, comme si quelque tragique accident avoit désolé sa famille? Au premier bruit d'un mal si étrange, on accourt à Saint-Cloud de toutes parts; on trouve tout consterné, excepté le cœur de cette princesse. Partout on entend des cris; partout on voit la douleur et le désespoir, et l'image de la mort. Le roi, la reine, Monsieur, toute la cour, tout le peuple, tout est abattu, tout est désespéré, et il me semble que je vois l'accomplissement de cette parole du prophète : « Le roi pleurera, le prince sera désolé, et les mains tomberont au peuple de douleur et d'étonnement.

Mais et les princes et les peuples gémissoient en vain. En vain Monsieur, en vain le roi même tenoit Madame serrée par de si étroits embrassements. Alors ils pouvoient dire l'un et l'autre, avec saint Ambroise : « Je serrois les bras, mais j'avois déjà perdu ce que je tenois. » La princesse leur échappoit parmi ces embrassements si tendres, et la mort plus puissante nous l'enlevoit entre ces royales mains. Quoi donc, elle devoit périr si tôt! Dans la plupart des hommes les changements se font peu à peu, et la mort les prépare ordinairement à son dernier coup; Madame cependant a passé du matin au soir, ainsi que l'herbe des champs. Le matin elle fleurissoit, avec quelles grâces, vous le savez : le soir nous la vîmes séchée; et ces fortes expressions, par lesquelles l'Écriture sainte exagère l'inconstance des choses humaines, devoient être pour cette princesse si précises et si littérales... La voilà, malgré son grand cœur, cette princesse si admirée et si chérie, la voilà telle que la mort nous l'a faite; encore, ce reste tel quel va-t-il disparoître : cette ombre de gloire va s'évanouir, et nous allons voir dépouillée même de cette triste décoration. Elle va descendre à ces sombres lieux, à ces demeures souterraines, pour y dormir dans la poussière avec les grands de la terre, comme parle Job; avec ces rois et ces princes anéantis, parmi lesquels à peine peut-on la placer, tant les rangs y sont pressés, tant la mort est prompte à remplir ces places. Mais ici notre imagination nous abuse encore. La mort ne nous laisse pas assez de corps pour occuper quelque place, et on ne voit là que les tombeaux qui fassent quelque figure. Notre chair change bientôt de nature, notre corps prend un autre nom; même celui de cadavre, dit Tertullien, parce qu'il nous montre encore quelque forme humaine, ne lui demeure pas longtemps : il devient un je ne sais quoi, qui n'a plus de nom dans aucune langue; tant il est vrai que tout meurt en lui, jusqu'à ces termes funèbres par lesquels on exprimoit ses malheureux restes.

C'est ainsi que la puissance divine, justement irritée contre notre orgueil, le pousse jusqu'au néant; et que pour égaler à jamais les conditions, elle ne fait de nous tous qu'une même cendre.

« On a dit que Bossuet était le seul homme vraiment éloquent sous le siècle de Louis XIV. Ce jugement paraîtra sans doute extraordinaire; mais si l'éloquence consiste à s'emparer fortement d'un sujet, à en connaître les ressources, à en mesurer l'étendue, à en enchaîner toutes les parties, à faire succéder avec impétuosité les idées aux idées et les sentiments aux sentiments, à être poussé par une force irrésistible qui vous entraîne, et à communiquer ce mouvement rapide et involontaire aux autres; si elle consiste à peindre avec des images vives, à agrandir l'âme, à l'étonner, à répandre dans le discours un sentiment qui se mêle à chaque idée et lui donne la vie; si elle consiste à créer des expressions profondes et vastes qui enrichissent les langues, à enchanter l'oreille par une harmonie majestueuse, à n'avoir ni un ton, ni une manière fixes, mais à prendre toujours le ton et la loi du moment, à marcher quelquefois avec une grandeur imposante et calme, puis tout à coup à s'élancer, à s'élever encore, imitant la nature qui est irrégulière et grande, et qui embellit quelquefois l'ordre de l'univers par le désordre même; si tel est le caractère de la sublime éloquence, qui parmi nous a jamais été aussi éloquent que Bossuet? Qui mieux que lui a parlé de la vie, de la mort, de l'éternité, du temps? »

THOMAS.

LA BATAILLE DE ROCROY.

Dieu nous a révélé que lui seul fait les conquérants, et que seul il les fait servir à ses desseins. Quel autre a fait Cyrus, si ce n'est Dieu qui l'avoit nommé deux cents ans avant sa naissance dans les oracles d'Isaïe? *Tu n'es pas encore*, lui disoit-il; *mais je te vois, et je t'ai nommé par ton nom; tu l'appelleras Cyrus. Je marcherai devant toi dans les combats; à ton approche je mettrai les rois en fuite; je briserai les portes d'airain. C'est moi qui étends les cieux, qui soutiens la terre, qui nomme ce qui n'est pas comme ce qui est*; c'est-à-dire, c'est moi qui fais tout, et moi qui vois, dès l'éternité, tout ce que je fais. Quel autre a pu former un Alexandre si ce n'est ce même Dieu qui en a fait voir de si loin, et par des figures si vives, l'ardeur indomptable à son prophète Daniel? *Le voyez-vous*, dit-il, *ce conquérant, avec quelle rapidité il s'élève de l'occident comme par bonds, et ne touche pas à terre!* Semblable, dans ses sauts hardis et dans sa légère démarche, à ces animaux vigoureux et bondissants, il ne s'avance que par vives et impétueuses saillies, et n'est arrêté ni par montagnes ni par précipices. Déjà le roi de Perse est entre ses mains; *à sa vue il s'est animé: efferatus est in eum*, dit le prophète; *il l'abat; il le foule aux pieds: nul ne le peut défendre des coups qu'il lui porte: ni lui arracher sa proie.* A n'entendre que ces paroles de Daniel, qui croiriez-vous voir, messieurs, sous cette figure? Alexandre, ou le prince de Condé (1)? Dieu donc lui avoit donné cette indomptable valeur pour le salut de la France, durant la minorité d'un roi de quatre ans. Laissez-le croître, ce roi chéri du Ciel; tout cédera à ses exploits: supérieur aux siens comme aux ennemis, il saura tantôt se servir, tantôt se passer de ses plus fameux capitaines; et seul, sous la main de Dieu, qui sera continuellement à son secours, on le verra l'assuré rempart de ses états... Mais Dieu avoit choisi le duc d'Enghien pour le défendre dans son enfance. Aussi, vers les premiers jours de son règne, à l'âge de vingt-deux ans, le duc conçut un dessein où les vieillards expérimentés ne purent atteindre; mais la victoire le justifia devant Rocroy. L'armée ennemie est plus forte, il est vrai; elle est composée de ces vieilles bandes vallonnes, italiennes et espagnoles, qu'on n'avoit pu rompre jusqu'alors. Mais pour combien fallait-il compter le courage qu'inspiroient à nos troupes le besoin pressant de l'état, les avantages passés, et un jeune prince du sang qui portoit la victoire dans ses yeux? Dom Francisco de Mellos l'attend de pied ferme; et sans pouvoir reculer, les deux généraux et les deux armées semblent avoir voulu se renfermer dans des bois et des marais, pour décider leur querelle, comme deux braves en champ clos. Alors, que ne vit-on pas? Le jeune prince parut un autre homme. Touché d'un si digne objet, sa grande âme se déclara tout entière, son courage croissoit avec les périls, et ses lumières avec son ardeur. A la nuit qu'il fallut passer en présence des ennemis, comme un vigilant capitaine, il reposa le dernier; mais jamais il ne reposa plus paisiblement. A la veille d'un si grand jour, et dès la première bataille, il est tranquille, tant il se trouve dans son naturel; et on sait que le lendemain, à l'heure marquée, il fallut réveiller d'un profond sommeil cet autre Alexandre. Le voyez-vous comme il vole, ou à la victoire où à la mort? Aussitôt qu'il eut porté de rang en rang l'ardeur dont il étoit animé, on le vit presque en même temps pousser l'aile droite des ennemis, soutenir la nôtre ébranlée, rallier le François à demi vaincu, mettre en fuite l'Espagnol victorieux, porter partout la terreur, et étonner de ses regards étincelants ceux qui échappoient à ses coups. Restoit cette redoutable infanterie de l'armée d'Espagne, dont les gros bataillons serrés, semblables à autant de tours, mais à des tours qui sauroient réparer leurs brèches, demeuroient inébranlables au milieu de tout le reste en déroute et lançoient des feux de toutes parts. Trois fois le jeune vainqueur s'efforça de rompre ces intrépides combattants; trois fois il fut repoussé par le valeureux comte de Fontaines, qu'on voyait porté dans sa chaise, et malgré ses infirmités, montrer qu'une âme guerrière est maîtresse du corps qu'elle anime; mais enfin il faut céder. C'est en vain qu'à travers des bois, avec sa cavalerie toute fraîche, Beck précipite sa marche pour tomber sur nos soldats épuisés: le prince l'a prévenu; les bataillons enfoncés demandent quartier; mais la victoire va devenir plus terrible pour le duc d'Enghien que le combat. Pendant qu'avec un air assuré il s'avance pour recevoir la parole de ces braves gens, ceux-ci, toujours en garde, craignent la surprise de quelque nouvelle attaque: leur effroyable

---

(1) Cette transition n'est pas heureuse, parce que la comparaison manque d'exactitude.

décharge met les nôtres en furie ; on ne voit plus que carnage, le sang enivre le soldat, jusqu'à ce que le grand prince, qui ne put voir égorger ces lions comme de timides brebis, calma les courages émus, et joignit au plaisir de vaincre celui de pardonner. Quel fut alors l'étonnement de ces vieilles troupes et de leurs braves officiers, lorsqu'ils virent qu'il n'y avoit plus de salut pour eux qu'entre les bras du vainqueur ! De quels yeux regardèrent-ils le jeune prince dont la victoire avoit relevé la haute contenance, à qui la clémence ajoutoit de nouvelles grâces ! Qu'il eût encore volontiers sauvé la vie au brave comte de Fontaines ! Mais il se trouva par terre, parmi ces milliers de morts dont l'Espagne sent encore la perte. Elle ne savoit pas que le prince qui lui fit perdre tant de ces vieux régiments à la journ'e de Rocroy, en devoit achever les restes dans les plaines de Lens. Ainsi la première victoire fut le gage de beaucoup d'autres. Le prince fléchit le genou, et dans le champ de bataille il rend au Dieu des armées la gloire qu'il lui envoyoit ; là on célébra Rocroy délivré, les menaces d'un redoutable ennemi tournées à sa honte, la régence affermie, la France en repos, et un règne qui devoit être si beau, commencé par un aussi heureux présage. L'armée commença l'action de grâces ; toute la France suivit ; on y élevoit jusqu'au ciel le coup d'essai du duc d'Enghien : c'en seroit assez pour illustrer une autre vie que la sienne ; mais pour lui, c'est le premier pas de sa course.

PÉRORAISON DE L'ÉLOGE FUNÈBRE DE CONDÉ.

Venez, peuples, venez maintenant ; mais venez plutôt, princes et seigneurs ; et vous qui jugez la terre, et vous qui ouvrez aux hommes les portes du ciel ; et vous plus que tous les autres, princes et princesses, nobles rejetons de tant de rois, lumières de la France, mais aujourd'hui obscurcies et couvertes de votre douleur comme d'un nuage : venez voir le peu qui nous reste d'une si auguste naissance, de tant de grandeur, de tant de gloire. Jetez les yeux de toutes parts : voilà tout ce qu'a pu faire la magnificence et la piété pour honorer un héros : des titres, des inscriptions, vaines marques de ce qui n'est plus ; des figures qui semblent pleurer autour d'un tombeau, et de fragiles images d'une douleur que le temps emporte avec tout le reste ; des colonnes qui semblent vouloir porter jusqu'au ciel le magnifique témoignage de notre néant : et rien enfin ne manque dans tous ces honneurs, que celui à qui on les rend. Pleurez donc sur ces foibles restes de la vie humaine, pleurez sur cette triste immortalité que nous donnons aux héros. Mais approchez en particulier, ô vous qui courez avec tant d'ardeur dans la carrière de la gloire, âmes guerrières et intrépides ! Quel autre fut plus digne de vous commander ? mais dans quel autre avez-vous trouvé le commandement plus honnête ? Pleurez donc ce grand capitaine, et dites en gémissant : « Voilà celui qui nous menoit dans les hasards ! Sous lui se sont formés tant de renommés capitaines que ses exemples ont élevés aux premiers honneurs de la guerre ; son ombre eût pu encore gagner des batailles ; et voilà que, dans son silence son nom même nous anime, et ensemble il nous avertit que pour trouver à la mort quelque reste de nos travaux, et n'arriver pas sans ressource à notre éternelle demeure, avec le roi de la terre, il faut encore servir le roi du ciel. » Servez donc ce roi immortel et si plein de miséricorde, qui vous comptera un soupir et un verre d'eau donné en son nom, plus que tous les autres ne feront jamais tout votre sang répandu ; et commencez à compter le temps de vos utiles services du jour que vous vous serez donnés à un maître si bienfaisant. Et vous, ne viendrez-vous pas à ce triste monument, vous, dis-je, qu'il a bien voulu mettre au rang de ses amis ? Tous ensemble, en quelque degré de sa confiance qu'il vous ait reçus, environnez ce tombeau ; versez des larmes avec des prières, et admirant dans un si grand prince une amitié si commode et un commerce si doux, conservez le souvenir d'un héros dont la bonté avoit égalé le courage. Ainsi puisse-t-il toujours vous être un cher entretien ! ainsi puissiez-vous profiter de ses vertus : et que sa mort, que vous déplorez, vous serve à la fois de consolation et d'exemple ! Pour moi, s'il m'est permis, après tous les autres, de venir rendre les derniers devoirs à ce tombeau, ô prince, le digne sujet de nos louanges et de nos regrets, vous vivrez éternellement dans ma mémoire : votre image y sera tracée, non point avec cette audace qui promettoit la victoire : non, je ne veux rien voir en vous de ce que la mort y efface. Vous aurez dans cette image des traits immortels : je vous y verrai tel que vous étiez à ce dernier jour sous la main de Dieu, lorsque sa gloire sembla commencer à vous apparoître. C'est là que je vous verrai plus triomphant qu'à Fribourg et à Rocroy ; et ravi d'un si beau triomphe, je dirai en actions de grâces ces belles paroles du bien-aimé disciple : « *Et hœc est victoria quæ vincit mundum, fides nostra :* La véritable victoire, celle qui met sous nos pieds le monde entier, c'est notre foi. » Jouissez, prince, de cette victoire; jouissez-en éternellement par l'immortelle vertu de ce sacrifice. Agréez ces derniers efforts d'une voix qui vous fut connue. Vous mettrez fin à tous ces discours. Au lieu de déplorer la mort des autres, grand prince, dorénavant je veux apprendre de vous à rendre la mienne sainte : heureux, si, averti par ces cheveux blancs du compte que je dois rendre de mon administration, je réserve au troupeau que je dois nourrir de la parole de vie, les restes d'une voix qui tombe, et d'une ardeur qui s'éteint!

Louis II de Bourbon, prince de Condé, naquit à Paris, le 8 septembre 1621. A l'âge de vingt-deux ans, il livra, malgré l'avis de son conseil, la célèbre bataille de Rocroy, où il battit complètement l'armée espagnole, le 19 mai 1643. Appelé en Allemagne, en 1644, il se réunit à Turenne pour défaire l'ennemi devant Fribourg. C'est, dit-on, à cette bataille que le prince, voyant les soldats hésiter, jeta son bâton de commandement dans les retranchements de nos adversaires. La victoire de Nortlingen, la prise de Dunkerque, ajoutèrent une nouvelle gloire à la renommée militaire du prince de Condé. On l'envoya bientôt en Catalogne où il conduisit au combat des soldats qui ne répondirent pas à l'attente de leur général. Pour la première fois Condé fut vaincu sous les murs de Lérida. Rappelé en Flandre, le prince prit une revanche éclatante dans les plaines de Lens, où fut défait l'archiduc Léopold et anéanti le reste de la terrible infanterie espagnole, échappé à la victoire de Rocroy.

La paix ayant été signée, Condé refusa d'abord de se réunir aux *frondeurs*, et employa son influence à ramener la concorde. Fier des services qu'il rendait à la cour, Condé se crut tout permis : traitant Mazarin, premier ministre, avec une superbe insolence, il lui fit plus d'un outrage public. Le prince fut arrêté le 18 janvier 1650, conduit à Vincennes, à Marcoussy et de là au Havre; il y demeura treize mois prisonnier. Devenu libre, le grand capitaine ne songea plus qu'à se venger. Après des succès très-importants, le rebelle se trouva en face de Turenne, qu'il ne parvint pas à vaincre, et qui finit par le battre lui-même au faubourg Saint-Antoine (2 juillet 1652). Condé eût été pris si Mademoiselle n'eût fait tirer le canon de la Bastille contre les troupes du roi. Passé dans les rangs espagnols, Condé voulut s'emparer d'Arras : Turenne s'y opposa; mais cet habile général ne put empêcher le prince de vaincre sous les murs de Valenciennes. Condé, dont on ne voulut pas écouter les avis, assista à la défaite de don Juan, à la célèbre bataille des Dunes. Rentré en France, à la paix des Pyrénées, en 1660, Condé ne fut employé qu'en 1663, époque à laquelle il conquit la Franche-Comté. La dernière bataille que gagna le prince fut à Senef, le 11 août 1674. Il prodigua le sang de nos soldats, dans cette affaire, avec une dureté que Louis XIV ne lui pardonna jamais. En 1675, il remplaça Turenne, qui venait d'être tué, arrêta Montécuculli, et finit par quitter bientôt le commandement des armées pour sa retraite de Chantilly, dont il fit un séjour de délices. Condé mourut à Fontainebleau, le 11 décembre 1686.

Voici le portrait qu'en a laissé Folard : « Incapable de céder, quelques obstacles qu'il pût rencontrer dans la poursuite de ses desseins; d'un esprit extrêmement vif, tout plein de feu, de lumières et de ressources, d'un coup d'œil admirable, impérieux, quelquefois violent dans le commandement, plus encore dans l'action, où l'on prétend qu'il suivait assez volontiers les voies meurtrières. » Plus brillant que Turenne, Condé, dans sa révolte, se rendit encore plus coupable que son émule. Premier prince du sang, il ne devait jamais oublier ce titre et consentir à guider les phalanges espagnoles contre sa patrie. Madame de Sévigné parle ainsi du grand Condé :

« Je suis charmée et transportée de l'oraison funèbre de M. le prince, faite par le père Bourdaloue. Il s'est surpassé lui-même, c'est beaucoup dire..... Il a fait voir que le cœur du prince était solide, droit et chrétien. Solide, parce que dans le haut de la plus glorieuse vie, qui fut jamais, il avait été au-dessus des louanges... Cela a été traité divinement.

» Un cœur droit. Et sur cela il s'est jeté sans balancer tout au travers de ses égarements et de la guerre qu'il a faite contre le roi. Cet endroit qui fait trembler, que tout le monde évite, qui fait qu'on tire les rideaux, qu'on passe des éponges, il s'y est jeté, lui, à corps perdu, et a fait voir par cinq ou six réflexions, dont l'une était le refus de la souveraineté de Cambray et de l'offre qu'il avait faite de renoncer à tous ses intérêts plutôt que d'empêcher la paix, et quelques autres encore, que son cœur dans ces dérèglements était droit, et qu'il était emporté par le malheur de sa destinée, et par des raisons qui l'avoient comme entraîné à une guerre et à une séparation qu'il détestait intérieurement, et qu'il avait réparée de tout son pouvoir après son retour... »

Le cardinal de Retz témoigne, dans ses mémoires, une déférence extrême pour le prince de Condé; mais, malgré des ménagements qui tiennent, d'un côté à une admiration sentie, et de l'autre à certaines préventions d'un homme de l'époque en faveur d'un prince, il ne dissimule point l'avidité, les erreurs de jugement, les fautes de conduite, l'orgueil et la présomption parfois insolente du vainqueur de Rocroy. Voici le portrait qu'il a laissé de ce capitaine :

« Monsieur le prince, né capitaine, ce qui n'est jamais arrivé qu'à lui, à César et à Spinola, a égalé le premier et surpassé le second. L'intrépidité est l'un des moindres traits de son caractère. La nature lui avait fait l'esprit aussi grand que le cœur : la fortune, en le donnant à un siècle de guerre, a laissé au second toute son étendue; la naissance, ou plutôt l'éducation dans une maison trop attachée et soumise au cabinet, a donné des bornes trop étroites au premier. On ne lui a pas inspiré d'assez bonne heure les grandes et générales maximes...... Ce défaut a fait qu'avec l'âme du monde la moins méchante, il a fait des injustices, qu'avec le cœur d'Alexandre, il n'a pas été exempt, non plus que lui, de foiblesses; qu'avec un esprit merveilleux, il est tombé dans des imprudences. »

BOSSUET SERMONNAIRE ET BOSSUET ORATEUR.

Les témoignages du grand siècle qui ont popularisé les oraisons funèbres de Bossuet parmi nous, n'ont pas exercé la même influence en faveur des sermons du grand prédicateur, et cependant ces discours ont ravi d'admiration Louis XIV, Condé, Turenne et tous les beaux génies du temps. Maury, dans son *Traité de l'éloquence de la chaire* ; M. de Beausset, dans sa *Vie de l'évêque de Meaux*, se sont efforcés de placer les sermons à un rang très-élevé; mais, malgré le poids de leurs suffrages éclairés, une sorte d'indifférence, née d'une prévention irréfléchie, semble condamner à l'oubli ces belles compositions. On ne répète pas, avec M. de La Harpe, qu'elles sont faibles; mais on les néglige comme si elles l'étaient, et l'on perd ainsi tout le fruit qu'on pourrait tirer de leur lecture. Il faut protester hautement contre une erreur et une injustice également nuisibles aux lettres et au progrès des fortes études.

Les sermons de Bossuet, écrits de verve, respirent la liberté de l'inspiration soudaine et involontaire qui s'empare d'un esprit fécond de sa nature et enrichi par une lecture immense. Les plans de l'orateur, quoique enfantés aussi dans un travail rapide de la pensée, sont judicieux et assez vastes pour laisser à son génie tout l'espace dont il a besoin afin de déployer ses forces et de franchir même les limites par des excursions sublimes qu'un autre n'oserait pas se permettre. La pompe de l'oraison funèbre qui célébrait des princes devant des rois et devant un auditoire de grands qui se croyaient presque tous des rois au milieu du peuple, condamnait Bossuet à une magnificence qu'il sait tempérer cependant par une aimable simplicité, quelquefois même par une grâce tantôt naïve et tantôt ornée, quoique sans apprêt. Mais, rendu à toute sa liberté, dans les sermons, il en fait souvent un de ces entretiens dans lesquels on prend tous les tons avec facilité. Aussi le voyons-nous s'élever et descendre tour à tour, reprendre son vol vers le ciel, et s'abaisser vers la terre. Il est sublime, il est simple, et au besoin, familier. Dans le récit des faits, dans la peinture des mœurs, Bossuet, devient naïf comme Homère, ou plutôt comme la Bible; et c'est alors qu'il fait un usage merveilleux de la langue vulgaire, qui partout est plus près de la nature que le langage créé par les écrivains polis ou par les délicats du monde pour l'éclat de leurs travaux ou le plaisir de leur esprit.

Les sermons de Bossuet ont des défauts faciles à reconnaître au premier aspect. L'inspiration qui fait leur première beauté, n'y laisse pas moins apercevoir l'absence du travail, qui seul perfectionne et achève le génie. La marche de l'orateur n'est pas sans irrégularité; il va par bonds et par saillies; quelquefois il fait entrer de force le texte sacré dans une composition; quelquefois il le néglige ou paraît le perdre de vue, après se l'être imposé. Il se permet jusqu'à des trivialités, et ne se donne pas même la peine de les effacer en relisant ses rapides improvisations. Ailleurs, cette haute et lumineuse raison dégénère en subtilité d'esprit, ou subit une éclipse totale, lorsque sa témérité s'enfonce dans des questions inaccessibles à notre intelligence, et que, pour cela même, il faut laisser reposer dans leurs inexplicables ténèbres. Mais à côté de ces justes sujets de reproches, quelle impétuosité de génie, quel jugement profond et supérieur, quelle science de l'homme, quelle autorité dans le conseil, quelle morale appropriée à toutes les conditions! La vie humaine est là tout entière, avec les leçons qu'elle peut donner par la voix d'un si habile interprète. Dans la pensée comme dans l'expression, quelle poésie, quelle variété, quelle richesse unie à une grande simplicité! quelle éloquence libre comme la vérité qui l'inspire, ardente comme le cœur brûlant dont elle sort! enfin quelle langue originale et nouvelle, même après Montaigne, même après Pascal!

L'orateur, tout plein de la doctrine du Christ, veut-il célébrer l'éminente dignité des pauvres dans l'Église, lui seul, parmi nos orateurs chrétiens, osera dire : « Qu'on ne méprise plus la pauvreté, et qu'on ne la traite plus de roturière. Il est vrai qu'elle était de la lie du peuple; mais le roi de gloire l'ayant épousée, il l'a ennoblie par cette alliance, et ensuite il accorde aux pauvres tous les priviléges de son empire. » Dans le sermon sur la loi de Dieu, après un magnifique tableau de la société civile, tableau tracé avec la verve d'un poëte, on trouve l'examen philosophique qu'un homme sensé doit faire pour parvenir à composer ses mœurs et sa vie. Descartes, en pensant les mêmes choses, ne les aurait pas dites de cette grande manière. Cherche-t-on des exemples de cette tendresse de cœur qui donne tant de charme à l'éloquence, notre sévère et grand orateur excelle par cette qualité dans ses deux sermons sur la charité fraternelle, semés d'ailleurs de beautés d'un ordre très-élevé. C'est là qu'on trouve ce passage : « Ah! vos ennemis, opiniâtres et insensibles à vos bienfaits, résistent à toutes ces douces contraintes que vous tâchez d'exercer sur eux, pour les forcer à vous aimer; allez à la puissance suprême, donnez votre requête à celui qui seul est capable de fléchir les cœurs; qu'il vous fasse justice. Priez pour ceux qui vous persécutent. » Et cet autre passage, encore bien plus touchant : « Si vous présentez votre don à l'autel, allez auparavant vous réconcilier avec votre frère ; devoir de la charité! Dieu ordonne que son culte soit interrompu, afin que la charité soit rétablie. Il nous fait entendre par là que l'offrande qui lui plaît le plus, c'est un cœur paisible et sans fiel, et une âme saintement réconciliée. » Ici le commentaire le plus éloquent, et des conseils pris dans notre nature même, sur le danger de tout retard dans l'accomplissement de cette admirable maxime : « Que le soleil ne se couche pas sur votre colère. » C'est encore dans le même sermon qu'à propos de David qui épargne les jours de Saül, son persécuteur, et se contente de couper un pan de sa robe, on trouve cette leçon de philosophie et d'humanité, qui devrait être écrite dans le cœur de tous les princes et en tête de tous les codes criminels : *Le meurtre d'un homme n'est pas un don de Dieu*. Beccaria, Filangieri, ont-ils fait autre chose que commenter cette belle parole?

Dans le sermon sur l'Église, ne croit-on pas entendre Descartes, ou plutôt la raison même, nous donner en ces termes une leçon de tolérance par la bouche de Bossuet : « L'homme ne sait rien et croit tout entendre, si bien que tout ce qu'on lui dit qu'il ne conçoit pas, il le prend pour un reproche de son ignorance, il ne le peut souffrir, il s'irrite; si la raison lui manque, il emploie la force, il emprunte les armes de la fureur pour se maintenir en possession de sa profonde et superbe ignorance. » N'est-ce pas ainsi qu'on a vu parfois tout un siècle, amoureux de ses ténèbres, s'élever contre un homme qui voulait lui dessiller les yeux? Ne peut-on pas faire de même une heureuse et facile application de cette apostrophe de l'orateur au maître de la loi nouvelle? « Qu'aviez-vous fait, ô divin Jésus, pour exciter contre vous ce scandale horrible? Pourquoi les peuples se troublent-ils? pourquoi frémissent-ils contre vous avec une rage si désespérée? » — « Chrétiens, voici le crime du Sauveur Jésus : il a enseigné la vérité de son père; ce qu'il a vu dans le sein de Dieu, il est venu l'enseigner aux hommes. Ces aveugles ne l'ont pas compris, et ils ne pouvaient le comprendre. » N'en est-il pas ainsi de tous les hommes de génie qui se donnent la périlleuse mission d'éclairer la terre? Ne vont-ils pas ravir pour nous le feu du ciel, c'est-à-dire la vérité, et ne les voit-on pas trop souvent menacés d'être mis en croix pour récompense du sublime présent qu'ils nous ont apporté?

Le sermon sur l'honneur, ou plutôt sur l'ambition, est une satire des mœurs du siècle, cent fois plus complète que les satires de Boileau; on y retrouve des accents du *Misantrope* de Molière, avec des peintures aussi fortes que celles de Juvénal, mais revêtues de la pudeur qui manque à ce grand poëte.

Bossuet abonde en images sublimes : « Le temps est comme un grand voile étendu devant l'éternité et qui nous la couvre. Pour aller à cette éternité, il faut passer par ce voile. » C'est Pascal, mais Pascal grand orateur, qui semble avoir composé le sermon sur la *Mort*, sermon d'autant plus admirable que le sévère ministre de la vérité n'a voulu adoucir en rien la sublime horreur du sujet, en le traitant devant un prince qui avait bâti sa royale demeure à Versailles pour ne point apercevoir des fenêtres de son palais les flèches de la basilique de Saint-Denis, le dernier temple de sa grandeur, si longtemps déifiée.

Il y a aussi une riche moisson à faire dans les Panégyriques de Bossuet. Rien de plus naïf que la peinture des merveilleux changements opérés en nous par l'amour qui surgit dans notre cœur au moment même où l'enfant apparaît à la vie (1). Bossuet excelle à peindre ce qu'il a vu. Quelle vérité d'observation dans le passage que nous allons citer : « Doux attrait de la cour, combien avez-vous corrompu d'innocents! combien en a-t-on vus qui se laissent entraîner à la cour, par force, sans dessein de s'y engager! Enfin l'occasion s'est présentée belle ; le moment fatal est venu : la vague les a poussés et les a emportés ainsi que les autres. Ils n'étaient venus, disaient-ils, que pour être les spectateurs de la comédie. A la fin, ils ont trouvé l'intrigue si belle, qu'ils ont voulu y jouer leur personnage. Souvent même l'on se servit de la piété pour s'ouvrir des entrées favorables ; et après que l'on a bu de cette eau, l'âme est toute changée par une espèce d'enchantement. C'est un breuvage charmé qui enivre les plus sobres. » Ne semble-t-il pas entendre ici l'ermite de La Fontaine, cherchant à dessiller les yeux du berger, que la cour engage et que le pouvoir enchante tout à coup. Voici un autre exemple et en même temps un beau contraste dans le même sermon. A ces hommes qui ont un germe d'ambition dans le cœur, et qui, amorcés par un secret appât, se jettent eux-mêmes dans les filets de la cour, Bossuet oppose ainsi le vertueux saint François de Paule : « Solitaire jusque dans la cour, et toujours recueilli en Dieu parmi ce tumulte, on ne peut presque pas le tirer de sa cellule, où cette âme pure et innocente embrasse son Dieu en secret..... La nuit l'invite au repos : il trouve un repos véritable à répandre son cœur devant Dieu ; le roi le demande en personne avec une extrême impatience (2) : il a affaire, il ne peut quitter, il est enfermé avec Dieu dans de secrètes communications... Il est accoutumé avec Dieu, il ne connaît que lui ; il est né, il a crû sous son aile ; il ne peut le quitter ni vivre un instant sans lui, privé des délices de son amour (3). » Voilà des beautés simples dont notre langue a surtout besoin pour rompre la monotonie de la dignité qu'elle aime, et lui donner quelque chose de plus populaire. Du reste, appliquez ce passage à l'amour filial, quand il l'emporte dans le cœur sur tous les autres amours ; prenez, si vous voulez, ces paroles pour une image du recueillement absolu, de la solitude intellectuelle, de cette habitude de se retirer *dans la plus haute partie de l'âme*, que demandent les grandes études et les profonds desseins, le peintre sera également vrai. Plus curieux encore, le Panégyrique de saint Bernard offre une peinture des quatre âges de l'homme, supérieure à celles d'Horace, de Boileau, de Pope et de Delille ; mais surtout un mélange de grandeur, de naïveté, de familiarité, que l'on désire souvent dans nos plus grands écrivains. Sous ce rapport, Bossuet ressemble à Montaigne, qu'ils ont trop oublié. N'est-on pas charmé de voir le plus magnifique des orateurs descendre à cette naïveté? « Bernard, Bernard, se disait-il à lui-même, cette verte jeunesse ne durera pas toujours ; cette heure fatale viendra, qui tranchera toutes les espérances trompeuses par une irrévocable sentence. La vie nous manquera, comme un faux ami, au milieu de toutes nos entreprises. Là, tous nos desseins tomberont par terre ; là s'évanouiront toutes nos ambitieuses pensées. Les riches de la terre, qui, durant cette vie, jouissent de la tromperie d'un songe agréable, et s'imaginent avoir de

(1) Panégyrique de saint François de Sales.
(2) Ce roi, c'était Louis XI.
(3) Panégyrique de Saint François de Paule. Non-seulement Bossuet, en traitant deux fois le même sujet, est inférieur à lui-même, mais encore il se gâte en se répétant et tombe même quelquefois dans le mauvais goût. Cependant la seconde comparaison de Louis XI avec saint Vincent de Paule me paraît plus belle que la première. Le lecteur fera bien de rapprocher l'une de l'autre ces deux versions de la même pensée.

grands biens, s'éveillant tout à coup dans ce grand jour de l'éternité, seront tout étonnés de se trouver les mains vides. » Bossuet a des idées qui n'appartiennent qu'à lui. Les justes de Fénelon se souviennent de la terre dans les Champs Élysées, et ressentent, au milieu de leur félicité, une tendre pitié pour les misères de l'humanité. Bossuet dit que les anges gardiens descendent sur la terre, parce qu'il manque quelque chose au ciel. « Eh! quoi donc, s'il vous plaît ? — Des pauvres que l'on assiste, des affligés que l'on console, des misérables que l'on soulage (4). » Bossuet s'est fait poëte pour célébrer sainte Thérèse, qui est elle-même un grand poëte par les pensées, par les sentiments et par l'expression. Bossuet méditait souvent les ouvrages de la sainte. On reconnaît à tout moment chez lui les traces d'un commerce de l'âme et de l'esprit avec cette femme si hautement inspirée. Fénelon a placé deux très-belles prières dans son *Traité sur l'Existence de Dieu* ; elles n'approchent pas des prières qui s'élancent à tout moment du cœur de la sainte d'Avila. Bossuet a laissé des *Méditations sur l'Évangile* ; elles ne sauraient entrer en comparaison avec les méditations que sainte Thérèse a faites sur l'*Oraison Dominicale*, et qui sont pleines de naïves images de la vie humaine.

Maintenant que nous avons essayé de mieux faire connaître Bossuet comme auteur de sermons qui, après avoir jeté tant d'éclat, à l'époque de ses prédications à Paris, semblent être trop négligés de nos jours, il nous resterait à parler du mérite de ses oraisons funèbres ; mais Dussault, dans un morceau cité avec éloge, et M. Villemain, dans son bel Essai sur ce genre de composition en littérature, ont épuisé la matière. Nous nous contenterons de renvoyer les lecteurs à ces deux écrits remarquables, et nous terminerons ce qui concerne le grand orateur par ce magnifique chapitre du *Génie du Christianisme*.

« Mais que dirons-nous de Bossuet comme orateur ? à qui le comparerons-nous ? et quels discours de Cicéron et de Démosthènes ne s'éclipsent point devant ses oraisons funèbres ? C'est pour l'orateur chrétien que ces paroles d'un roi semblent avoir été écrites : « L'or et les perles sont assez » communs ; mais les lèvres savantes sont un vase rare et » sans prix. » Sans cesse occupé du tombeau, et comme penché sur les gouffres d'une autre vie, Bossuet aime à laisser tomber de sa bouche ces grands mots de *temps* et de *mort*, qui retentissent dans les abîmes silencieux de l'éternité. Il se plonge, il se noie dans des tristesses incroyables, dans d'inconcevables douleurs. Les cœurs, après plus d'un siècle, retentissent encore du fameux cri : « Madame se meurt, Madame est morte ! » Jamais les rois ont-ils reçu de pareilles leçons ? Jamais la philosophie s'exprima-t-elle avec autant d'indépendance ? Le diadème n'est rien aux yeux de l'orateur ; par lui, le pauvre est égalé au monarque, et le potentat le plus absolu du globe est obligé de s'entendre dire, devant des milliers de témoins, que ses grandeurs ne sont que vanité, que sa puissance n'est que songe, et qu'il n'est lui-même que poussière.

» Trois choses se succèdent continuellement dans les discours de Bossuet : le trait de génie ou l'éloquence, la citation, si bien fondue avec le texte, qu'elle ne fait plus qu'un avec lui ; enfin la réflexion ou le coup d'œil d'aigle sur les causes de l'événement rapporté. Souvent aussi cette lumière de l'Église porte la clarté dans les discussions de la plus haute métaphysique ou de la théologie la plus sublime : rien ne lui est ténèbres. L'évêque de Meaux a créé une langue que lui seul a parlée, où souvent le terme le plus simple et l'idée la plus relevée, l'expression la plus commune et l'image la plus terrible, servent, comme

(4) Schiller, occupé des choses de l'autre monde, comme presque tous ses compatriotes, disait : « Il faut que les âmes qui sont aux cieux ne voient pas la terre ; car, sans cette condition, il n'existerait pas de Fénelon bienheureux. »

dans l'Écriture, à se donner des dimensions énormes et frappantes.

» Ainsi, lorsqu'il s'écrie en montrant le cercueil de Madame : *La voilà, malgré ce grand cœur, cette princesse si admirée et si chérie ! la voilà telle que la mort nous l'a faite !* Pourquoi frissonne-t-on à ce mot si simple : *telle que la mort nous l'a faite ?* C'est par l'opposition qui se trouve entre *ce grand cœur, cette princesse si admirée*, et cet inévitable accident de la mort, qui lui est arrivé comme à la plus misérable des femmes ; c'est parce que ce verbe *faire*, appliqué à la mort qui *défait* tout, produit une contradiction dans les mots et un choc dans la pensée, qui ébranlent l'âme ; comme si, pour peindre cet événement malheureux, les termes avaient changé d'acception, et que le langage fût bouleversé comme le cœur.

» Nous avons remarqué qu'à l'exception de Pascal, de Bossuet, de Massillon, de La Fontaine, les grands écrivains du siècle de Louis XIV, faute d'avoir assez vécu dans la retraite, ont ignoré cette espèce de sentiment mélancolique, dont on fait aujourd'hui un si étrange abus.

» Mais comment donc l'évêque de Meaux, sans cesse au milieu des pompes de Versailles, a-t-il connu cette profondeur de rêverie ? C'est qu'il a trouvé dans la religion une solitude ; c'est que son corps était dans le monde, et son esprit au désert ; c'est qu'il avait mis son cœur à l'abri dans les tabernacles secrets du Seigneur ; c'est, comme il l'a dit lui-même de Marie-Thérèse d'Autriche, *qu'on le voyait courir aux autels pour y goûter avec David un humble repos, et s'enfoncer dans son oratoire, où, malgré le tumulte de la cour, il trouvait le Carmel d'Élie, le désert de Jean, et la montagne si souvent témoins des gémissements de Jésus.*

» Les oraisons funèbres de Bossuet ne sont pas d'un égal mérite ; mais toutes sont sublimes par quelque côté. Celle de la reine d'Angleterre est un chef-d'œuvre de style et un modèle d'écrit philosophique et politique.

» Celle de la duchesse d'Orléans est la plus étonnante, parce qu'elle est entièrement créée de génie. Il n'y avait là ni ces tableaux des troubles des nations, ni ces développements des affaires publiques, qui soutiennent la voix de l'orateur. L'intérêt que peut inspirer une princesse expirant à la fleur de son âge semble se devoir épuiser vite. Tout consiste en quelques oppositions vulgaires de la beauté, de la jeunesse, de la grandeur et de la mort ; et c'est pourtant sur ce fonds stérile que Bossuet a bâti un des plus beaux monuments de l'éloquence ; c'est de là qu'il est parti pour montrer la misère de l'homme par son côté périssable, et sa grandeur par son côté immortel. Il commence par le ravaler au-dessous des vers qui le rongent au sépulcre, pour le peindre ensuite glorieux avec la vertu, dans des royaumes incorruptibles.

» On sait avec quel génie, dans l'oraison funèbre de la princesse palatine, il est descendu, sans blesser la majesté de l'art oratoire, jusqu'à l'interprétation d'un songe, en même temps qu'il a déployé, dans ce discours, sa haute capacité pour les abstractions philosophiques.

» Si, pour Marie-Thérèse et pour le chancelier de France, ce ne sont plus les mouvements des premiers éloges, les idées du panégyriste sont-elles prises dans un cercle moins large, dans une nature moins profonde ? — *Et maintenant*, dit-il, *ces deux âmes pieuses* (Michel Le Tellier et Lamoignon), *touchées, sur la terre, du désir de faire régner les lois, contemplent ensemble à découvert les lois éternelles dont les nôtres sont dérivées ; et si quelque légère trace de nos faibles distinctions paraît encore dans une si simple et si claire vision, elles adorent Dieu en qualité de justice et de règle.*

» Au milieu de cette théologie, combien d'autres genres de beauté, ou sublimes, ou gracieuses, ou tristes et charmantes ! Voyez le tableau de la Fronde : *La monarchie ébranlée jusqu'aux fondements, la guerre civile, la guerre étrangère, le feu au dedans et au dehors..... Était-ce là de ces tempêtes par où le ciel a besoin de se décharger quelquefois ?..... ou bien était-ce comme un travail de la France, prête à enfanter le règne miraculeux de Louis ?* Viennent des réflexions sur l'illusion des amitiés de la terre, qui s'en vont avec les années et les intérêts ; et sur l'obscurité du cœur de l'homme, qui ne sait jamais ce qu'il voudra, qui souvent ne sait pas bien ce qu'il veut, et qui n'est pas moins caché ni moins trompeur à lui-même qu'aux autres.

» Mais la trompette sonne, et Gustave paraît : *il paraît à la Pologne surprise et trahie, comme un lion qui tient sa proie dans ses ongles, tout prêt à la mettre en pièces. Qu'est devenue cette redoutable cavalerie qu'on voit fondre sur l'ennemi avec la rapidité d'un aigle ? Où sont ces âmes guerrières, ces marteaux d'armes tant vantés, et ces arcs qu'on ne vit jamais tendus en vain ? Ni les chevaux ne sont vites, ni les hommes ne sont adroits que pour fuir devant le vainqueur.*

» Je passe, et mon oreille retentit de la voix d'un prophète. Est-ce Isaïe, est-ce Jérémie, qui apostrophe l'île de la Conférence et les pompes nuptiales de Louis ?

» Fêtes sacrées, mariage fortuné, voile nuptial, bénédic-
» tion, sacrifice, puis-je mêler aujourd'hui vos cérémonies
» et vos pompes avec ces pompes funèbres, et le comble des
» grandeurs avec leurs ruines ? »

» Le poëte (on nous pardonnera de donner à Bossuet un titre qui fait la gloire de David), le poëte continue de se faire entendre ; il ne touche plus la corde inspirée ; mais, baissant sa lyre d'un ton jusqu'à ce mode dont Salomon se servit pour chanter les troupeaux du mont Galaad, il soupire ces paroles paisibles : « Dans la solitude de Sainte-
» Fare, autant éloignée des voies du siècle, que sa bienheu-
» reuse situation la sépare du commerce du monde ; dans
» cette sainte montagne que Dieu avait choisie depuis mille
» ans, où les épouses de Jésus-Christ faisaient revivre la
» beauté des anciens jours, où les joies de la terre étaient
» inconnues, où les vestiges des hommes du monde, des
» curieux et des vagabonds ne paraissaient pas ; sous la con-
» duite de la sainte abbesse, qui savait donner le lait aux
» enfants, aussi bien que le pain aux forts, les commence-
» ments de la princesse Anne étaient heureux. »

» Cette page, qu'on dirait extraite du livre de Ruth, n'a point épuisé le pinceau de Bossuet ; il lui reste assez de cette antique et douce couleur pour peindre une mort heureuse : « Michel Le Tellier, dit-il, commença l'hymne des
» divines miséricordes : *Misericordias Domini in æternum
» cantabo*, je chanterai éternellement les miséricordes du
» Seigneur. Il expire en disant ces mots, et il continue avec
» les anges le sacré cantique. »

» Nous avons cru pendant quelque temps que l'oraison funèbre du prince de Condé, à l'exception du mouvement qui la termine, était généralement trop louée ; nous pensions qu'il était plus aisé, comme il l'est en effet, d'arriver aux formes d'éloquence du commencement de cet éloge, qu'à celle de l'oraison de Madame Henriette : mais quand nous avons lu ce discours avec attention, quand nous avons vu l'orateur emboucher la trompette épique pendant la moitié de son récit, et donner, comme en se jouant, un chant d'Homère, quand, se retirant à Chantilly avec Achille en repos, il rentre dans le ton évangélique, et retrouve les grandes pensées, les vues chrétiennes qui remplissent les premières oraisons funèbres ; lorsqu'après avoir mis Condé au catafalque, il appelle les peuples, les princes, les prélats, les guerriers, au catafalque du héros ; lorsque enfin, s'avançant lui-même avec ses cheveux blancs, il fait entendre les accents du cygne, montre Bossuet au pied de la tombe, et le siècle de Louis, dont il a l'air de faire les funérailles, prêt à s'abîmer dans l'éternité ; à ces derniers efforts de l'éloquence humaine, les larmes de l'admiration ont coulé de nos yeux, et le livre est tombé de nos mains. »

Nous souscrivons sans peine à ce panégyrique, dans lequel M. de Châteaubriand semble avoir emprunté la plume du grand Bossuet pour le louer plus dignement; mais nous ne saurions omettre ici une réflexion que le devoir nous impose. L'histoire, mise en parallèle avec les oraisons funèbres, donnerait plus d'un démenti au trop complaisant orateur. En effet, Bossuet, tout en terrassant les grandeurs humaines, les flatte encore sur leurs cercueils. Parfois il déguise les fautes de ses héros, dissimule leurs vices, et va jusqu'à leur prêter des mérites et des vertus que leur siècle ne reconnut jamais en eux. On sait que le sentiment de la reconnaissance, une pitié profonde pour de grandes infortunes, l'enthousiasme pour une gloire immortelle, le regret de la perte irréparable d'une grande amitié, ont tour à tour entraîné l'orateur au delà des justes bornes; mais, historien, ministre de la religion, prêtre de la philosophie, prédicateur de morale à la cour des rois et devant le peuple, il se devait à lui-même de ne jamais sacrifier les droits de la vérité, même aux affections les plus légitimes. Du reste, Bossuet lui-même connaissait les dangers qu'il courait en se chargeant de louer des morts en présence de leur haute fortune ou de leur haute renommée encore debout, et d'une cour qui devait nécessairement faire quelque violence à la liberté de la parole évangélique. On lit dans l'oraison funèbre du père Bourgoing :

« Je vous avoue, chrétiens, que j'ai coutume de plaindre les prédicateurs lorsqu'ils font les panégyriques des princes et des grands du monde. Ce n'est pas que de tels sujets ne fournissent ordinairement de grandes idées. Il est beau de raconter les secrets d'une sublime politique, ou les sages tempéraments d'une négociation importante, ou les succès glorieux de quelque entreprise militaire. L'éclat de telles actions semble illuminer un discours, et le bruit qu'elles font déjà dans le monde aide celui qui parle à se faire entendre d'un ton plus ferme et plus magnifique. Mais la licence et l'ambition, compagnes inséparables des grandes fortunes, font qu'on marche parmi des écueils, et il arrive ordinairement que Dieu a si peu de part dans de telles vies, qu'on a peine à y trouver quelques actions qui méritent d'être louées par ses ministres... Ce sont là de ces discours où l'on ne parle qu'en tremblant, où il faut plutôt passer avec adresse que s'arrêter avec assurance, et où la prudence et la discrétion tiennent toujours en contrainte l'amour de la vérité. »

Bossuet ne pouvait avoir oublié ni ce passage ni ce qu'il dit dans son *Histoire universelle*, à propos des jugements de l'Égypte sur ses rois morts ; et, conformant sa conduite à ses paroles, il aurait dû mettre tous ses soins à se rapprocher de ces modèles de vérité, d'indépendance et de justice, qu'il avait proposés à notre admiration.

MASSILLON.

EXORDE DE L'ORAISON FUNÈBRE DE LOUIS XIV.

Dieu seul est grand, mes frères, et dans ces derniers moments surtout où il préside à la mort des rois de la terre; plus leur gloire et leur puissance ont éclaté, plus, en s'évanouissant alors, elles rendent hommage à sa grandeur suprême : Dieu paroît tout ce qu'il est; et l'homme n'est plus rien de tout ce qu'il croyoit être.

Heureux le prince dont le cœur ne s'est point élevé au milieu de ses prospérités et de sa gloire; qui, semblable à Salomon, n'a pas attendu que toute sa grandeur expirât avec lui au lit de la mort, pour avouer qu'elle n'étoit que vanité et affliction d'esprit; et qui s'est humilié sous la main de Dieu, dans le temps que l'adulation sembloit le mettre au-dessus de l'homme !

Oui, mes frères, la grandeur et les victoires du roi que nous pleurons ont été autrefois assez publiées : la magnificence des éloges a égalé celle des événements; les hommes ont tout dit, il y a long-temps, en parlant de sa gloire. Que nous reste-t-il ici, que d'en parler pour notre instruction ?

Ce roi, la terreur de ses voisins, l'étonnement de l'univers, le père des rois, plus grand que tous ses ancêtres, plus magnifique que Salomon dans toute sa gloire, à reconnu, comme lui, que tout étoit vanité. Le monde a été ébloui de l'éclat qui l'environnoit; ses ennemis ont envié sa puissance; les étrangers sont venus des îles les plus éloignées baisser les yeux devant la gloire de sa majesté; ses sujets lui ont presque dressé des autels, et le prestige qui se formoit autour de lui n'a pu le séduire lui-même.

Vous l'aviez rempli, ô mon Dieu, de la crainte de votre nom; vous l'aviez écrit sur le livre éternel, dans la succession des saints rois qui devoient gouverner vos peuples; vous l'aviez revêtu de grandeur et de magnificence. Mais ce n'étoit pas assez; il falloit encore qu'il fût marqué du caractère propre de vos élus : vous avez récompensé sa foi par des tribulations et par des disgrâces. L'usage chrétien des prospérités peut nous donner droit au royaume des cieux; mais il n'y a que l'affliction et la violence qui nous l'assurent.

Voyons-nous des mêmes yeux, mes frères, la vicissitude des choses humaines ? Sans remonter aux siècles de nos pères, quelles leçons Dieu n'a-t-il pas données au nôtre ?. Nous avons vu toute la race royale presque éteinte; les princes, l'espérance et l'appui du trône, moissonnés à la fleur de leur âge; l'époux et l'épouse auguste, au milieu de leurs plus beaux jours, enfermés dans le même cercueil, et les cendres de l'enfant suivre tristement et augmenter l'appareil lugubre de leurs funérailles; le roi, qui avoit passé d'une minorité orageuse au règne le plus glorieux dont il soit parlé dans nos histoires, retomber de cette gloire dans des malheurs presque supérieurs à ses anciennes prospérités, se relever encore plus grand de toutes ces pertes, et survivre à tant d'événements divers, pour rendre gloire à Dieu et s'affermir dans la foi des biens immuables.

Ces grands objets passent devant nos yeux comme des scènes fabuleuses : le cœur se prête pour un moment au spectacle; l'attendrissement finit avec la représentation; et il me semble que Dieu n'opère ici-bas tant de révolutions, que pour se jouer dans l'univers, et nous amuser plutôt que nous instruire.

Voici un jugement très-curieux de Saint-Simon sur Louis XIV.

« Il aimait la gloire, il voulait l'ordre et la règle; il était né sage, modéré, secret, maître de ses mouvements et de sa langue. Le croira-t-on ? il était né bon et juste, et Dieu lui avait donné assez pour être un bon roi, et peut-être même un assez grand roi. Tout le mal vient d'ailleurs...

» La vanité et l'orgueil, qui vont toujours croissant, furent nourris et augmentés sans cesse en lui, sans même qu'il s'en aperçut, et jusque dans les chaires, par les prédicateurs, en sa présence. Le poison abominable de la flatterie le déifia dans le sein même du christianisme. Ce poison ne fit que s'étendre; il parvint jusqu'à un comble incroyable dans un prince qui n'était pas dépourvu d'esprit et qui avait de l'expérience. »

HISTOIRE.

PONTCHARTRAIN.

MORT DE HENRI IV.

Hélas ! les hommes proposent et Dieu dispose ; voici un étrange changement, et d'autant plus étrange qu'il étoit inopiné.

Le lendemain du sacre et couronnement de la reine, vendredi 14 de mai, sur les trois heures après midi, le roi, ayant envoyé le sieur de Vitry, capitaine de ses gardes, et quelques archers de sa garde dans le palais, pour faire travailler et donner ordre à ce qui étoit nécessaire pour le festin royal qui s'y devoit faire le jour de l'entrée de la reine, et ayant avec lui quelque noblesse à cheval, partit du Louvre étant en carrosse, lui huitième, pour s'en aller vers l'Arsenal ; et étant en la rue de la Ferronnerie, quasi au bout du côté de la rue Saint-Denis, s'étant rencontrées quelques charrettes qui, par leur embarras, contraignirent le carrosse dans lequel étoit sa majesté de s'arrêter, un maudit et exécrable assassin et parricide, nommé François Ravaillac, natif d'Angoulême, mettant un pied sur la roue de derrière dudit carrosse, avança la main par dedans la portière, et avec un couteau qu'il tenoit, en frappa de deux coups sa majesté dans le côté gauche, dont le second coup fut mortel, étant donné dans la veine intérieure, vers l'oreille du cœur, entre la cinquième et la sixième côte de haut en bas, et pénétra jusque dans la veine cave qui fut entamée ; de sorte que ce prince, perdant tout à coup la parole, à cause de la grande abondance de sang qui lui sortoit de la bouche et par la plaie, perdit aussi bientôt la vie. Il expira étant dans le Louvre, où il fut ramené aussitôt qu'on le vit blessé, et rendit l'âme entre les mains de monseigneur l'archevêque d'Embrun, ayant témoigné par signes, des yeux et des mains, le recours qu'il avoit à Dieu pour lui faire pardon et le recevoir au nombre de ses élus.

On ne peut s'imaginer en quel état chacun se trouva, voyant ce coup si inopiné, et celui par le nom duquel toute la terre trembloit expiré en ce moment ; tout le monde accourut au Louvre avec effroi, cris, lamentations, pleurs et tristesse. La reine, qui étoit dans son cabinet, oyant le bruit, et avertie plutôt de la mort que de la blessure, se pâme, s'étonne, et sort hors d'elle-même. Sachant néanmoins qu'aux maux extrêmes il faut de prompts remèdes (1), elle entre dans son grand cabinet, commence à parler aux uns et aux autres, les prie, les conjure de l'assister sur cet étrange et misérable accident, et d'y apporter chacun ses soins ; entremêlant, avec ses pleurs, ses prières et ses exhortations.

Peu s'en falloit que tous les princes, cardinaux, gouverneurs de provinces et de villes de toute la France, ne fussent alors dans Paris, et par conséquent au Louvre, pour voir ce qu'ils avoient à faire. M. le connétable, M. le chancelier et M. de Villeroy, se rendirent des premiers auprès de la reine. M. de Guise, M. le maréchal de Fervaques, M. le maréchal de Lavardin, M. le maréchal de Brissac, furent priés d'aller, avec plusieurs gentilshommes, par toute la ville, pour empêcher qu'il n'y eût ni émeute ni désordre. M. d'Épernon (2) fit mettre le régiment des gardes en bataille, et mena quelques compagnies à la Grève, d'autres sur le Pont-Neuf et ailleurs, et le surplus aux environs du Louvre. M. le maréchal de

(1) Cette conduite de Marie de Médicis fut plus qu'extraordinaire.
(2) Il ne paraît pas tout à fait innocent de l'assassinat d'Henri IV. (CHATEAUBRIAND.)

Boisdauphin, avec les capitaines et archers des gardes, se posta dans le Louvre.

Le prévôt des marchands, averti de cet ordre, fit fermer les portes de la ville, et chargea tous les dixainiers et quarteniers, chacun dans son quartier, d'empêcher toute émotion populaire. Tout cela fut fait et exécuté si heureusement, qu'en moins de deux heures on vit toute la ville assurée et calme, sans autre bruit que celui des pleurs et des lamentations publiques. D'ailleurs, à l'instance de M. de Guise et de quelques particuliers, le parlement s'assembla pour aviser à ce qu'il étoit bon de faire. D'un autre côté, chacun abordoit au Louvre pour jurer obéissance au nouveau roi Louis XIII du nom, et à la reine sa mère. Il y eut quelques princes et seigneurs, qui avoient de vieilles querelles et inimitiés ensemble, qui se réconcilièrent alors, et s'embrassèrent volontairement, se jurant et promettant toute amitié et assistance pour s'opposer à tous ceux qui voudroient entreprendre de brouiller l'État.

Paul Phélypeaux, seigneur de Pontchartrain, né à Blois, en 1569, fut admis dans les bureaux de Villeroi dès l'âge de dix-huit ans, et devint très-habile dans les affaires. Nommé secrétaire des commandements de la reine Marie de Médicis, il obtint par son zèle toute la confiance de cette princesse, qui lui fit donner, en 1610, la place de secrétaire d'État. Pontchartrain est mort en 1621. On a de lui des mémoires curieux sur les affaires de France sous Marie de Médicis, ainsi qu'un *Journal des Conférences de Loudun*.

EXCÈS DU PEUPLE CONTRE LE CORPS DU MARÉCHAL D'ANCRE.

Or, le voilà maintenant par terre, en horreur et exécration, chacun le décriant, faisant connoître le mal qu'il avoit fait, louant et exaltant le courage du roi d'avoir conduit et exécuté ce dessein, bénissant ceux qui en avoient donné le conseil, et avoient conduit et exécuté l'œuvre. Et ici je dirai, en passant, un mot, que c'est une chose admirable et surnaturelle que ce dessein avoit été projeté, il y avoit plus de trois mois, conduit de temps en temps au su de plusieurs, et qu'il y avoit plus de quinze jours que douze ou quinze personnes le savoient, qui, hors deux ou trois, étoient gens de peu et de basse condition, et entre lesquels même il y en avoit deux ou trois qui n'avoient pas quinze ou dix-huit ans, et que cela se projetoit contre la reine-mère et contre le maréchal et la maréchale d'Ancre, sans que cela ait été aucunement découvert.

Revenons audit maréchal. Après sa mort, son corps fut mis au pied d'un escalier, proche du lieu où se mettent les portiers du roi, et y fut jusque vers le soir qu'on le porta secrètement en l'église de Saint-Germain de l'Auxerrois, où il fut enterré. Mais voyons maintenant jusqu'où la furie et la rage du peuple contre lui se portent. Le lendemain matin, 25 du mois d'avril, jour de Saint-Marc, sur les dix heures du matin, quelques enfants et femmes, dans l'église de Saint-Germain de l'Auxerrois, commencent à se dire les uns les autres, étant sur le lieu où on l'avoit enterré : « Voilà où ce tyran a été mis en terre; est-il raisonnable, lui qui a fait tant de mal, qu'il soit en terre sainte, et dans une église? Non, non, il le faut ôter; il le faut jeter à la voirie. » Et ainsi avec de semblables paroles s'émouvant les uns les autres, ils commencèrent, avec de méchants bâtons, à desceller la tombe sous laquelle étoit ce corps, les femmes y apportèrent des ciseaux et des couteaux, ensuite des hommes plus forts commencèrent à y mettre la main. En moins de demi-heure, voilà deux ou trois cents personnes assemblées; ils lèvent la tombe, ôtent le corps d'où il étoit, lui attachent des cordes au cou commencent à le traîner hors l'église, et de là par les rues, avec des cris et hurlements horribles, les uns disant qu'il le falloit jeter dans la rivière, d'autres qu'il le falloit brûler, d'autres qu'il le falloit mettre à un gibet; ainsi chacun faisoit à qui pis pis. De cette sorte, ils se trouvent au bout du Pont-Neuf, où il y avoit deux ou trois potences dressées; ils s'avisent de pendre ce corps par les pieds à une des potences, où il fut environ demi-heure et plus. Cependant le peuple croissoit en nombre, et leur rage et furie alloient toujours en croissant sur le corps, et tenoient des paroles indignes, insolentes et outrageuses, même contre l'honneur de la reine-mère. Ils ôtent le corps de cette potence, le traînent par toutes les rues de Paris et toutes les places publiques, le déchirent, le mettent en pièces. Cette grosse troupe, qui étoit de plus de cinq ou de six cents personnes, se sépare; chaque troupe en emporte avec soi un quartier ou morceau de ce corps, continuant à aller ainsi en tous les endroits, où la plupart font allumer des feux où l'on brûle avec ignominie les pièces de ce corps; d'autres les veulent faire manger aux chiens; d'autres les attachent à des gibets, et ainsi chacun selon sa passion en furie : et voilà comme se passa la journée parmi ce peuple, ce qui dura jusqu'à la nuit.

Voici un autre fragment de Pontchartrain, qui fait connaître l'arrogance et l'audace du malheureux maréchal d'Ancre, et ne justifie pas, mais explique la haine générale :

« Parlons du maréchal, qui avoit, comme nous avons dit, commandé et gouverné les affaires avec telle autorité et tyrannie, que quelque prince ou grand que ce fût dans le royaume, s'il ne dépendoit entièrement de lui, ne pouvoit être assuré en sa fortune, en ses biens, honneurs ou qualités, ni possible en sa vie. Il changeoit, destituoit et ordonnoit des charges et offices de l'état, selon son plaisir et volonté, s'attribuoit à soi les plus grandes charges et autorité, avoit établi dans Paris, et aux principales villes du royaume, des personnes qui n'avoient aucun soin de voir les actions des uns et des autres, considérer et reconnoître si quelqu'un parloit mal de lui ou du gouvernement, on lui vouloit quelque mal, pour le chasser, proscrire ou faire mourir, comme il avoit fait à quelques-uns; il avoit rempli tous les coins des rues de Paris de potences et gibets; enfin l'on n'osoit plus parler, ni les amis se voir et visiter les uns les autres, tant son oppression, sa tyrannie et arrogance étoient grandes et excessives. L'on remarqua même que, quelques jours auparavant, un personnage de qualité lui représentant qu'il devoit se contenter de sa grandeur et de l'autorité qu'il avoit dans l'état, et songer à son établissement et à se faire des amis, et ôter de dessus soi l'envie de tous les princes et des grands, et qu'il pouvoit mettre le royaume et les affaires en grand repos et tranquillité, il répondit arrogamment qu'il vouloit faire reconnoître en sa personne jusqu'où la fortune pouvoit élever un homme. »

Concino Concini, premier ministre de Louis XIII, maréchal d'Ancre, était fils d'un notaire de Florence. Concini dut son élévation à sa femme, Léonore Dori, dite Galigaï, fille de la nourrice de Marie de Médicis. Louis fit assassiner son premier ministre le 24 avril 1617. La maréchale, mise en jugement, condamnée comme sorcière, fut traînée au supplice le 8 juillet 1617. Ferme et courageuse devant ses juges, les flammes du bûcher ne la firent point pâlir. Pendant son procès, interrogée sur les moyens qu'elle avait employés pour obtenir un si grand ascendant sur les volontés de la reine, elle répondit : « Mon sortilége a été le pouvoir que doivent avoir les âmes fortes sur les esprits faibles. » Le rapporteur, Orlando Pagen, ainsi que cinq juges, refusèrent de signer l'arrêt qui condamnait la maréchale. Elle fut le premier mobile de la fortune de Richelieu, qui fit preuve, en cette circonstance, de la plus odieuse des ingratitudes.

En effet, instruit de l'assassinat qui devait se commettre sur la personne du maréchal d'Ancre, il ne le prévint pas. Voici comment le père de M. de Brienne, secrétaire d'État, lui racontait cette lâche ingratitude : « Il fallait, pour en venir à ses fins, que Richelieu laissât assassiner son ami, puisqu'aussi bien son heure était venue; et quoique, selon les règles de l'amitié et de la charité chrétienne, l'action de M. de Luçon (1) ne puisse se justifier, selon les maximes de Machiavel et de la politique humaine, je la crois bonne, encore que je ne l'approuve pas. Ainsi me parla mon père, dans un temps où j'étais bien plus soigneux de lire *le Prince* de Machiavel que l'Évangile. »

(1) Richelieu.

DE PONTIS.

PROCÈS ET EXÉCUTION DU DUC DE MONTMORENCY.

Le dessein du roy étoit de faire conduire monsieur de Montmorency à Paris, où, en qualité de pair de France, il devoit être jugé par le parlement des pairs, qui est celuy de Paris. Mais le cardinal de Richelieu, qui le regardoit comme son ennemy particulier, n'aimant pas les longues procédures, et craignant que la qualité, les alliances et le mérite de celuy qu'il haïssoit, ne fussent capables, avec le temps, de fléchir l'esprit du roy il aima mieux user de voyes abrégées; et passant par-dessus toutes les règles établies pour le jugement des pairs de France il persuada à sa majesté d'ordonner que le procès du duc de Montmorency seroit fait au parlement de Toulouse. Il n'étoit peut-être pas fâché aussi de le faire juger au milieu de son gouvernement, et à la vue de tout un peuple dont il étoit si fort honoré.

Sa majesté continua son chemin jusqu'à Toulouse, où monsieur de Montmorency fut aussi conduit par son ordre. Il y arriva le 27 d'octobre de l'année 1632, sur le midy. On le mena en la maison de ville, on le mit à la garde de monsieur de Launey lieutenant des gardes du corps. Les rues et les places publiques qui sont depuis la porte par où il entra jusques à l'Hôtel de ville, étoient bordées de soldats des gardes et de Suisses, et on avoit encore posé des corps-de-garde en divers endroits dans tout le reste de la ville; tant le cardinal appréhendoit que celuy qu'il regardoit comme son prisonnier ne luy échappast.

Toute la cour cependant étoit occupée à faire de très-instantes prières au roy, pour luy demander la grâce de M. de Montmorency; et tout le monde faisoit en même temps des prières à Dieu pour ce sujet. Car, outre qu'il étoit extrêmement aimable pour sa personne, les grandes alliances qu'il avoit avec la maison royale, et le nom illustre de sa maison qui a été connu en France en même temps que celuy de la religion, étoient cause que tout le royaume s'intéressoit dans sa conservation. Le cardinal de la Valette fit paroître par-dessus tous les autres un zèle extraordinaire en cette rencontre, et après avoir fait auprès du roy tout ce qu'il put, aussi bien que le nonce du pape et que tous les princes, il eut recours aux prières de l'Église, qu'il fit faire de tous côtez, y assistant luy-même avec plusieurs personnes de la cour, et n'oubliant rien de tout ce qu'une amitié aussi ardente et aussi généreuse qu'étoit la sienne peut inspirer dans ces rencontres. Les pénitents bleus firent aussi une procession, à laquelle il se mesla un grand nombre de personnes de qualité, chacun témoignant qu'il faisoit ses dévotions à l'intention de M. de Montmorency, dont il demandoit la vie à Dieu. Monsieur le duc d'Orléans luy-même, quoique complice de la révolte, ayant mis les armes bas et étant rentré dans son devoir, n'oublia pas le duc de Montmorency dans cet extrême péril où il le voyoit. Il envoya au roy un gentilhomme qui, s'étant jeté par trois fois à ses pieds, le supplia de sa part, avec toutes les instances possibles, de vouloir faire grâce à une personne qui avoit toujours témoigné une très-grande passion pour le service de sa majesté, et qui s'étoit engagée dans ce malheur, aussi bien que luy, plutost par légèreté que par une volonté mauvaise et criminelle.

Parmy tous ces grands qui sollicitoient la grâce de M. de Montmorency, M. de Saint-Preuil, mon capitaine, osa, par un manque de jugement presque incroyable, mesler sa sollicitation particulière, ayant demandé sa vie au roy en présence du cardinal de Richelieu; ce qui fut trouvé si ridicule qu'il fut le jouet de toute la cour. Le roy s'en mocqua : et le cardinal luy dit, par un compliment à la Richelieu, lorsqu'il entendit faire cette prière à sa majesté : « Saint-Preuil, si le roy vous faisoit justice, il vous feroit mettre la teste où vous avez les pieds. » J'entendis moy-même ce compliment, qui me parut un peu cavalier pour un évêque. Mais il est vray que ce n'étoit pas à un petit officier à demander une grâce que tant de princes et de grands seigneurs ne pouvoient point obtenir. Pour moi, j'étois touché beaucoup plus que je ne sçaurois exprimer, tant par mon propre sentiment que par la vue de la désolation presque générale qui paroissoit et dans la cour et parmy le peuple même; jusques-là qu'un jour, lorsque le roy étoit dans sa salle avec grand monde, on entendit tout d'un coup un grand tumulte causé par le peuple, qui, tout transporté de douleur et de tristesse, se mit à crier auprès du logis du roy : *Miséricorde, miséricorde! grâce, grâce!* Le roy demanda ce que c'étoit que tout ce grand bruit; et M. de Brézay lui ayant dit que si sa majesté vouloit prendre la peine de mettre la teste à la fenêtre, elle auroit compassion de ce pauvre peuple; le roy répondit assez fièrement, et suivant sans doute plutost les impressions que luy avoit données le cardinal que les siennes propres : « Si je voulois suivre les différentes inclinations d'un peuple, je n'agirois pas en roy. »

Pendant que toutes ces sollicitations et que toutes ces prières se faisoient pour la conservation de M. de Montmorency, et qu'il sembloit qu'il n'y eust qu'une seule voix de tous les grands et de tout le peuple, qui, d'un commun consentement demandoient à Dieu et au roy la vie d'un seul homme chéri uniquement de tout le monde, ce duc luy seul sembloit presque s'être oublié lui-même pour ce qui étoit de la vie du corps. La persuasion où il étoit de s'être rendu coupable de mort, et la connoissance particulière qu'il avoit du caractère, de son principal ennemy, luy ôtèrent toute pensée et toute inquiétude touchant sa grâce : et s'abandonnant entre les mains de Dieu, il pensa uniquement à se procurer une autre grâce que celle de cette vie, qu'il étoit tout résolu de quitter.....

Le 29 d'octobre, les chambres étant assemblées au parlement, M. le garde des sceaux s'y rendit, accompagné de six maîtres des requêtes, et l'on y examina son procès. La nuit suivante, tous les gens de guerre qui étoient aux environs de Toulouse eurent ordre d'entrer dans la ville, et se mirent en bataille dans toutes les places et carrefours, jusqu'au nombre de plus de douze mille hommes. Sur les sept ou huit heures du matin, M. le comte de Charlus alla prendre M. de Montmorency dans l'Hôtel de ville, et le mena au palais dans son carosse. Il le conduisit jusqu'à la chambre où Messieurs étoient assemblez et où M. le garde des sceaux avoit pris séance, et après l'avoir mis sur la sellette, il se retira. Les juges baissèrent tous les yeux lorsqu'il entra, et la pluspart tenoient leurs mouchoirs à leur visage, comme s'ils eussent voulu cacher leurs larmes, qu'ils ne pouvoient faire paroître en cette occasion avec bienséance. La sellette étoit placée au milieu du parquet, et on l'avoit extraordinairement élevée, en sorte qu'elle étoit presque à la hauteur des sièges des juges. Il étoit sur la sellette nue teste, sans être lié, contre l'usage du parlement de Toulouse, où nul ne paroist sur la sellette que les fers aux pieds... Il répondit à tout ce qu'on luy demanda avec tant de modération et d'honnesteté, et d'un ton de voix si charmant, que les juges ont avoué qu'ils eurent une extrême peine à se contenir, voyant ce grand homme dans cet état si touchant. A la fin de l'interrogatoire, M. le garde des sceaux luy demanda s'il ne reconnoissoit pas qu'il avoit fait une très-grande faute, et qu'il méritoit la mort : à quoi il répartit avec un grand sentiment, qu'il méritoit au-delà de tout ce qu'on pouvoit dire.

Lorsqu'il se fut retiré, et pendant qu'on le ramena à l'Hôtel de ville, le parlement étoit aux opinions; on ne pouvoit pas beaucoup délibérer sur ce sujet, et un homme qui avoit été pris ayant les armes à la main contre son prince ne pouvoit pas n'être point condamné à la mort. Ainsi l'un des commissaires forma le premier l'advis de mort, et on remarqua qu'en finissant il avoit les larmes aux yeux. Toute la compagnie ayant ôté le bonnet sans dire un seul mot, M. le garde des sceaux conclut de même, fit dresser et signa l'arrest avant que de sortir du palais. Alors tous les juges se retirèrent en grand hâte dans leurs maisons, pour donner toute la liberté à leurs larmes et à leurs soupirs, qu'ils avoient été contraints de retenir par cérémonie devant le siège de la justice. L'arrest ayant été porté au roy, sa majesté ne put elle-même s'empescher de s'attendrir, et elle changea deux articles de l'arrest : l'un, que l'exécution, qui devoit être faite dans les Halles, se feroit à huis-clos dans l'Hôtel de ville; et l'autre, que M. de Montmorency pourroit disposer de ses biens qui avoient été confisquez : ce qu'il fit ensuite par un testament qu'il donna à M. de Saint-Preuil pour le porter à sa majesté, le priant de luy demander pardon de sa part. Et il voulut, par une action digne d'un vray chrétien, témoigner encore à son plus grand ennemy, qu'il renonçoit en mourant à tout ressentiment et à toute haine, ayant chargé le même M. de Saint-Preuil d'offrir à M. le cardinal de Richelieu un tableau de saint François, pour marque qu'il mouroit son serviteur.

Sur le midy du même jour que l'arrest fut donné, les deux commissaires et le greffier criminel se rendirent dans la chapelle de l'Hôtel de ville, où l'on fit venir M. de Montmorency, lequel se mit à genoux au pied de l'autel, et ayant les yeux sur un crucifix, il ouït prononcer son arrest. S'étant ensuite levé, il dit à ceux qui étoient présents : « Priez Dieu, Messieurs, qu'il me fasse la grâce de souffrir chrétiennement l'exécution de ce qu'on vient de lire. » Les commissaires le laissant entre les mains de son confesseur, l'un d'eux luy dit : « Nous allons faire, Monsieur, ce que vous nous avez commandé; nous prions Dieu qu'il vous fortifie. » Comme il demeura dans la chapelle, et qu'il leva de nouveau ses yeux sur le crucifix, les ayant ensuite baissés sur ses habits qui étoient fort riches il jeta sa robe de chambre, et dit : « Oseray-je bien, étant criminel comme je suis, aller à la mort vêtu avec vanité, lorsque je vois mon Sauveur mourir innocent tout nud sur la croix! » Dans ce moment le comte de Charlus vint luy demander de la part du roy l'ordre du Saint-Esprit et le bâton de mareschal de France. Il employa tout le temps qui luy restoit à s'offrir à Dieu, à se fortifier contre la mort par la vue des souffrances de Jésus-Christ, et à le prier de vouloir lui pardonner ses péchez. S'étant informé de l'heure en laquelle il devoit être exécuté, il demanda comme une grâce de mourir à l'heure que Jésus-Christ étoit mort, c'est-à-dire environ deux heures plutost qu'il n'avoit été ordonné : ce qui fut laissé à son choix. Il écrivit, avant de mourir, à madame de Montmorency, sa femme, un billet par lequel il la conjuroit de vouloir se consoler, et d'offrir à Dieu, pour le repos de son âme, la douleur qu'elle ressentoit de sa mort, en modérant son ressentiment dans la vue de la miséricorde que Dieu luy faisoit.

Il se fit couper les cheveux par derrière ; et étant nud en caleçon et en chemise, il traversa, au milieu des gardes qui le saluèrent à son passage, une allée qui conduisoit dans la cour de l'Hôtel de ville, à l'entrée de laquelle il rencontra l'échafaud, qui pouvoit être de quatre pieds de hauteur. Lorsqu'il fut monté, accompagné de son confesseur et suivy de son chirurgien, il salua la compagnie, qui n'étoit que du greffier du parlement, du grand prévost et de ses archers, et des officiers du corps de ville, qui avoient eu ordre de s'y trouver. Il les pria de vouloir bien témoigner au roy qu'il mouroit son très-humble sujet et avec un regret extrême de l'avoir offensé, dont il lui demandoit pardon, aussi bien qu'à toute la compagnie. Il s'informa où étoit l'exécuteur, qui ne l'avoit point encore approché ; et ne voulant plus souffrir par humilité que son chirurgien le touchast, mais s'abandonnant absolument entre les mains du bourreau, afin qu'il l'ajustast, qu'il le liast, qu'il le bandast, et qu'il lui coupast encore les cheveux qui ne l'étoient pas assez, il dit avec un profond sentiment d'humilité, qu'un grand pécheur comme luy ne pouvoit mourir avec assez d'infamie. Enfin il se mit à genoux proche le billot, sur lequel il posa son cou en se recommandant à Dieu; et l'exécuteur à l'instant luy coupa la teste, chacun ayant détourné les yeux, tous fondant en larmes, et les gardes mêmes jetant les plus grands soupirs.

Ainsi mourut Henry de Montmorency, duc et pair mareschal et autrefois amiral de France, gouverneur de Languedoc, petit-fils de quatre connestables et de six mareschaux, premier chrétien et premier baron de France, beau-frère du premier prince du sang et oncle du fameux prince de Condé, après avoir gagné deux batailles, l'une navale contre les hérétiques, par laquelle il disposa la prise de la Rochelle ; et l'autre sur terre contre l'Empire, l'Italie et l'Espagne, par laquelle il força les Alpes et disposa la délivrance de Cazal, qui toutes deux ont contribué à cette grande gloire qui a élevé le roy de France au-dessus de tous les princes de l'Europe. Ceux qui assistèrent à sa mort luy ont rendu ce témoignage, qu'on ne vit jamais en une semblable occasion, et dans une personne de sa qualité, tant de piété ni de courage : aussi étoit-il juste que l'on vit en la personne du premier chrétien et du plus vaillant homme de France, des merveilles de la nature jointes avec des miracles de la grâce. Depuis la monarchie, il ne fut point de seigneur dans le royaume, à qui la nature et la fortune eussent fait de plus riches présents. Il naquit en 1595, le plus riche, le mieux fait et le plus noble seigneur du royaume. Sa conversation et sa parole étoient charmantes. Il avoit une honnesteté et un accueil qui le rendoient infiniment aimable. Il employa dans toute sa vie, pour les intérests de sa majesté, tout ce que son esprit, sa sagesse, sa naissance et tous ses autres grands avantages luy acquirent de crédit et de gloire, tant parmy les étrangers que parmy ceux de sa nation ; jusques-là qu'il a renoncé à ses propres intérests pour le service du roy et pour le bien des affaires publiques, et a fait la guerre à ses dépens, dans le Languedoc pendant dix années contre les rebelles. Enfin le roy a bien voulu luy-même, deux diverses fois, publier dans son royaume ses louanges en des termes si avantageux et si honorables, qu'on peut dire, en quelque sorte, de ce dernier engagement où il s'est trouvé, qu'il a paru un peu excusable, de n'avoir pu vivre en voyant la reine, mère du roy, chassée de France, le frère unique de sa majesté éloigné de la cour, et tant de grands ou exilez ou emprisonnez ou exécutez à mort par la violence d'un seul ministre ; et que c'a été un grand malheur pour luy, d'avoir cru pouvoir rendre un service considérable à son prince, en prenant les armes contre ce ministre.

Louis de Pontis, gentilhomme provençal, né en 1583, au château de Pontis, embrassa, dès l'âge de seize ans, la carrière des armes, et parvint, par son mérite et sa bravoure, au grade de maréchal de bataille. Après cinquante-quatre ans de service, il se retira dans la maison de Port-Royal, où il mourut en 1670. Ses *Mémoires* parurent en 1676. Voici comment les a jugés l'abbé Arnauld, fils aîné du célèbre Arnauld d'Andilly :

« J'en ai vu qui n'approuvoient pas les *Mémoires* de M. de
» Pontis, qui ont paru depuis quelque temps. « Il ne parle
» que de lui, disoient-ils ; et qu'avons-nous affaire de savoir » ce qui le regarde. » Mais je leur demanderois volontiers de qui ils veulent que parle un homme qui ne prétend écrire que ses Mémoires et non ceux des autres ; quoique, si l'on vouloit rendre justice à cet auteur, on ne laisseroit pas d'avouer qu'on trouve dans ses ouvrages beaucoup de particularités agréables, et des traits même de l'histoire de son temps, soit par rapport aux faits auxquels il a eu part, soit par le rapport à ceux qu'il rapporte des autres, selon les connaissances qu'il en a eues. Ce n'est pas mon dessein de faire ici l'apologie de M. de Pontis ; mais j'avouerai ingénument qu'ayant lu ses Mémoires avec plaisir, j'en ai conçu

la pensée de faire ceux-ci (les siens) dans un temps où, après une maladie de quelques mois, je ne me trouvois pas capable d'une plus grande application. »

Montmorency (Henri II, duc de), naquit à Chantilli, en 1595, Henri IV, qui était son parrain, ne l'appelait jamais que son fils. Louis XIII le fit amiral en 1612, à l'âge de dix-sept ans, et chevalier du Saint-Esprit en 1619. Doué de tous les dons de la nature, spirituel, brave autant que généreux, Montmorency combattit avec courage dans la guerre du protestantisme. Il se trouva au siège de Montauban et à celui de Montpellier; il prit les îles de Rhé et d'Oleron. En 1628, il lutta, en Languedoc, contre le fameux duc de Rohan, et sortit vainqueur de cette épreuve. Le 1 juillet 1629, Henri vainquit les impériaux au combat de Veillane, où il blessa Doria de sa propre main. Dès 1632, engagé dans une conspiration contre le cardinal de Richelieu, il essaya de soulever le Languedoc, et parvint à s'emparer de Lodève, Béziers, Lunel, Albi; mais vaincu par Schomberg, le 1er septembre 1632, il tomba entre les mains de l'implacable ministre. Dans son interrogatoire, Montmorency montra le plus noble et le plus touchant repentir. Guitaut, capitaine aux gardes, étant interpellé par les juges pour déclarer s'il avait reconnu le duc dans le combat : « Le feu, le sang et la fumée, répondit cet officier les larmes aux yeux, m'ont empêché d'abord de le distinguer; mais voyant un homme qui, après avoir rompu six de nos rangs , tuait encore des soldats au septième, j'ai jugé que ce ne pouvait être que M. de Montmorency. Je ne l'ai su certainement que lorsque je l'ai aperçu à terre, percé de coups, sous son cheval mort. » Après la condamnation du duc, les plus grands efforts furent tentés pour arracher sa grâce. « Le visage et les yeux de ceux qui sont devant vous, dit le maréchal de Châtillon à Louis XIII, font assez connaître à votre majesté qu'elle consolerait bien des personnes si elle daignait pardonner au duc de Montmorency. » On assure que Louis XIII, étant au lit de mort, déclara au prince de Condé l'extrême regret qu'il avait toujours eu de n'avoir pas fait grâce en cette circonstance.

REDDITION DE LA ROCHELLE.

Le temps arriva enfin que cette ville, qui étoit toute l'espérance et tout l'appuy du party des hérétiques, devoit tomber entre les mains de son prince légitime. L'extrémité où elle se trouva réduite par la famine fut telle, qu'un très-grand nombre de personnes mouroient de faim; et je diray ici sur cela ce que j'appris ensuite de la propre bouche de mon hôte, étant entré dans la Rochelle. Car voulant me faire connoître quelle avoit été l'extrémité de leur misère, il me protesta que, pendant huit jours , il s'étoit fait tirer de son sang, et l'avoit fait fricasser pour en nourrir son pauvre enfant; s'ôtant ainsi peu à peu la vie à soy-même pour conserver celle de son fils. L'éloquence du ministre Salbert, qui étoit un homme d'une grande considération parmy eux, servit beaucoup pour faire résoudre les Rochelois à souffrir de si grandes extrémitez. L'entestement de leur nouvelle religion les rendoit comme insensibles à tout ; et l'obstination jointe à la grande authorité et à la conduite héroïque de Guiton, maire de la ville, qui se rendit si fameux durant ce siége , sembloit leur donner de nouvelles forces , et leur inspirer à toute heure un nouveau courage. Il suffit de dire, pour donner quelque idée de sa fermeté, qu'un de ses amis lui montrant une personne de leur connoissance qui se mouroit de langueur et de faim, il luy répondit froidement : « Vous étonnez-vous de cela? Il faut bien que vous et moy en venions là. » Et comme un autre luy disoit que tout le monde mouroit de faim, il repartit avec la même froideur : « Pourvu qu'il en reste un pour fermer les portes, c'est assez. » Mais il parut trop visiblement que le Ciel se déclaroit en faveur des armes du roy. Les Rochelois le reconnurent eux-mêmes, et furent obligez d'avouer qu'il y avoit quelque chose d'étonnant, de voir que le temps fust si beau en une saison comme celle de l'automne, où l'orage et la mer avoient accoutumé de faire trembler toute La Rochelle et de s'étendre jusques dans les rues. Ce qui augmentoit encore l'étonnement de tout le monde et pouvoit passer pour un effet miraculeux de l'assistance de Dieu dans cette grande entreprise, fut que la peste étant alors furieuse dans les deux tiers du royaume, ce canton en demeura entièrement exempt au milieu des nécessitez épouvantables d'une ville réduite en un si pitoyable état, et de l'infection qui a accoutumé d'accompagner les grandes armées, principalement après un si long siège.

Les Rochelois voyant donc qu'il ne leur restoit aucune espérance du côté de l'Angleterre, dont la flotte avoit fait inutilement divers efforts pour les secourir, ils commencèrent à traiter de la capitulation de la ville; et l'un des articles fut que le maire Guiton seroit conservé dans tous les honneurs et dans tous les priviléges de sa dignité. Dix députez vinrent avec la ratification des articles, le 29 d'octobre de l'année 1628, se jeter aux pieds du roy dans sa chambre, où il étoit accompagné de M. le comte de Soissons, de MM. les cardinaux de Richelieu et de la Valette, de MM. de Chevreuse, de Bassompierre, de Schomberg, d'Effiat et autres ; et là ils implorèrent de nouveau la clémence de sa majesté, le sieur de la Gousse, avocat du roy au présidial, portant la parole pour eux. Au même temps les bourgeois se mirent sur les remparts et contrescarpes à crier : *vive le roy!* Quatre cents hommes furent nommez par sa majesté pour aller se rendre maîtres de la ville, préparer son logement, faire nettoyer les rues et les maisons, et mettre ordre à toutes choses pour son entrée. Elle choisit quatre capitaines et quatre lieutenants, dont j'étois un, pour les commander sous M. le duc d'Angoulesme, à qui elle nous ordonna d'obéir; et elle nous fit de très-expresses défenses de causer le moindre désordre dans la ville, menaçant de faire une punition exemplaire s'il entendoit quelques plaintes. Entre autres choses, le roy nous recommanda de ne point souffrir que les soldats vendissent le pain à ces pauvres affamez qui en manquoient depuis tant de temps, et de leur permettre seulement de recevoir quelques présents, en cas qu'ils leur en offrissent d'eux-mêmes. Nous entrâmes donc dans la Rochelle avec cet ordre du roy; nous nous rendîmes maîtres des portes, et plaçâmes en divers lieux des corps de garde. Nous trouvâmes cette ville en un état qui faisoit horreur et compassion à tous ceux qui y entrèrent. Les rues et les maisons étoient infectées des corps morts qui y étoient en grand nombre, sans être ensevelis ny enterrez. Car, sur la fin de ce siége, les Rochelois, ressemblant plutost à des squelettes qu'à des hommes vivants, étoient devenus si languissants et si foibles, qu'ils n'avoient pas le courage de creuser des fosses, ny d'emporter les corps morts hors des maisons. Le plus grand présent qu'on pouvoit faire à ceux qui restoient étoit de leur donner du pain, qu'ils préféroient à toutes choses, comme étant le remède infaillible qui pouvoit les empêcher de mourir; quoyque ce remède même devenoit à quelques-uns mortel, par la grande avidité avec laquelle ils le mangeoient et s'étouffoient en même temps.

BASSOMPIERRE.

ARRESTATION DE BASSOMPIERRE.

Le dimanche 23 février, je dînai chez M. le maréchal de Créqui, et de là m'en allant à la Place-Royale, chez M. de Saint-Luc, je m'accrochai avec le chariot qui portoit dans la Bastille le lit de l'abbé de Foix, qui y avoit été mené prisonnier le matin ; ce qui me fit savoir sa prise. Sur le soir, j'attendois l'heure d'aller à la comédie chez M. de Saint-Géran, qui la donnoit ce soir-là et le bal ensuite, quand M. d'Épernon m'envoya prier de venir jusque chez madame de Choisy où il étoit ; et y étant arrivé, il me dit que la reine-mère avoit été arrêtée le matin même à Compiègne, d'où le roi étoit parti pour venir coucher à Senlis ; et finalement qu'il savoit de bonne part qu'il avoit été mis sur le tapis de nous arrêter, lui, le maréchal de Créqui et moi, et qu'il n'avoit encore rien été conclu, mais qu'il avoit été arrêté que l'on me feroit prisonnier le mardi, à l'arrivée du roi à Paris ; dont il m'avoit voulu avertir, afin que je songeasse à moi. Je lui demandai ce qu'il me conseilloit de faire et ce que lui-même vouloit faire. Il me dit que s'il n'avoit que cinquante ans il ne seroit pas une heure à Paris, et qu'il se mettroit en lieu de sûreté, d'où, peu après, il pourroit faire sa paix ; mais qu'étant proche de quatre-vingts ans, il se sentoit bien encore assez fort pour faire une traite, mais qu'il craindroit de demeurer le lendemain. C'est pourquoi, puisqu'il avoit été si mal habile de venir encore faire le courtisan à son âge, il étoit bien employé qu'il en pâtit, et qu'il emploieroit toutes choses, et mettroit toute pièce en œuvre pour se rétablir tellement quellement, et puis de s'en aller finir ses jours en paix dans son gouvernement. Mais pour moi, qui étois encore jeune, en état de servir et d'attendre une meilleure fortune, il me conseilloit de m'éloigner et de conserver ma liberté, et qu'il m'offroit 50,000 écus pour passer deux mauvaises années, que je lui rendrois quand il en viendroit de bonnes. Je lui rendis premièrement très-humbles grâces de son bon conseil, et ensuite de son offre, et lui dis que ma modestie m'empêchoit d'accepter le dernier, et ma conscience d'effectuer l'autre, étant innocent de tout crime, et n'ayant jamais fait aucune action qui ne méritât plutôt louange et récompense que punition ; qu'il a paru que j'ai toujours plus recherché la gloire que le profit, et que, préférant mon honneur, non-seulement à ma liberté, mais à ma propre vie, je ne me mettrois jamais en compromis par une fuite qui pourroit faire soupçonner ma probité ; que depuis trente ans je servois la France, et m'y étois attaché pour y faire ma fortune ; que je ne voulois point, maintenant que j'approche l'âge de cinquante ans, en chercher une nouvelle, et qu'ayant donné au roi mon service et ma vie, je lui pouvois aussi bien donner ma liberté, qu'il me rendroit bientôt, quand il jetteroit les yeux sur mes services et ma fidélité ; qu'au pis aller, j'aimois mieux vieillir et mourir dans une prison, jugé d'un chacun innocent, et mon maître ingrat, que, par une fuite inconsidérée, me faire croire coupable et soupçonner méconnoissant des honneurs et charges que le roi m'a voulu départir ; que je ne me pouvois imaginer que l'on me veuille mettre prisonnier, n'ayant rien fait, ni m'y retenir quand on ne trouvera aucune charge contre moi ; mais quand on voudra faire l'un et l'autre, que je le souffrirai avec grande constance et modération ; et qu'au lieu de m'éloigner, je me résolvois, dès demain matin, de m'aller présenter au roi, à Senlis, ou pour me justifier si l'on m'accuse, ou pour entrer en prison si l'on me soupçonne, ou même pour mourir si l'on avère les doutes que l'on a pu prendre de moi ; et, quand on ne trouveroit rien à redire à ma vie ni à ma conduite, pour mourir aussi et généreusement et constamment, si ma mauvaise fortune ou la rage de mes ennemis me pousse jusqu'à cette extrémité.

Comme j'achevai ce discours, M. d'Épernon, les larmes aux yeux, m'embrassa et me dit : « Je ne sais ce qui vous arrivera, et je prie Dieu de tout mon cœur que ce soit tout bien ; mais je n'ai jamais connu gentilhomme mieux né que vous, ni qui mérite mieux toute bonne fortune. Vous l'avez eue jusques ici, Dieu vous la conserve ! Et bien que j'appréhende la résolution que vous avez prise, je l'approuve néanmoins, et vous conseille de la suivre, ayant ouï et pesé vos raisons. » Il me pria ensuite de n'éventer point cette nouvelle, qui bientôt seroit publique, et me pria qu'au sortir de la comédie il me donnât à souper chez madame de Choisy, où il l'avoit fait apprêter; et sur cela nous allâmes à la fête chez M. de Saint-Géran, où je trouvai M. le maréchal de Créqui, à qui M. d'Épernon le dit devant moi, et ce que je voulois faire, qui l'approuva et dit que pour lui feroit ce qu'il pourroit pour détourner l'orage, mais qu'il l'attendoit. Peu après, madame la comtesse divulgua l'arrêt de la reine-mère, et nous ouïmes la comédie, vîmes le bal, et à minuit vînmes souper chez madame de Choisy, où M. de Chevreuse vint, qui ne fut guère touché de l'éloignement de sa bonne sœur de la cour, et fut aussi gai que de coutume. Comme nous nous retirions, M. du Plessis-Praslin y arriva, qui dit à M. de Chevreuse, de la part du roi, que non par haine qu'il portoit à sa maison, mais que pour le bien de son service, il avoit éloigné madame sa sœur d'auprès de la reine sa mère.

Le lendemain, lundi 24 février, je me levai devant le jour et brûlai plus de six mille lettres que j'avois autrefois reçues, appréhendant que si on me prenoit prisonnier, on ne vînt chercher dans ma maison, et qu'on y trouvât quelque chose qui pût nuire, étant les seuls papiers que j'avois qui eussent pu nuire à quelqu'un. Je mandai à M. le comte de Grammont que je m'en allois trouver le roi à Senlis, et que, s'il y vouloit venir, je l'y mènerois, ce qu'il fit volontiers; et l'étant venu prendre en son logis, il monta en mon carrosse, et nous allâmes jusqu'au Louvre, où nous trouvâmes M. le comte, M. le cardinal de la Valette et M. de Bouillon, qui montoient en carrosse, après s'être chauffés, pour passer à Senlis. Il voulut que M. de Grammont et moi nous nous missions dans son carrosse pour y aller de compagnie, et me dit que je me vinsse chauffer; puis, en montant en la chambre quant et moi, il me dit : « Je sais assurément que l'on vous veut arrêter; si vous m'en croyez vous vous retirerez, et si vous voulez, voilà deux coureurs qui vous mèneront bravement à dix lieues d'ici. » Je le remerciai très-humblement, et lui dis que n'ayant rien sur ma conscience de sinistre, je ne craignois rien aussi, et que j'aurois l'honneur de l'accompagner à Senlis, où nous arrivâmes peu après, et trouvâmes le roi avec la reine, sa femme, dans sa chambre, et madame la princesse de Guéménée. Il vint à nous et nous dit : « Voilà bonne compagnie. » Puis, ayant un peu parlé à M. le comte et à M. le cardinal de la Valette, il m'entretint assez longtemps, me disant qu'il avoit fait ce qu'il avoit pu pour porter la reine sa mère à s'accommoder avec M. le cardinal, mais qu'il n'y avoit rien su gagner, et ne me dit rien de madame la princesse de Conti. Puis je lui dis que l'on m'avoit donné avis qu'il me vouloit faire arrêter, et que je l'étois venu trouver afin que l'on n'eût point de peine à me chercher, et que si je savois où c'est, je m'y en irois moi-même sans que l'on m'y menât. Il me dit là-dessus ces mêmes mots : « Comment, Bestein, aurois-tu la pensée que je le voulusse faire? tu sais bien que je t'aime! » Et certes, je crois qu'à cette heure-là il le disoit comme il le pensoit. Sur cela, on lui vint dire que M. le cardinal étoit dans sa chambre, et lors il prit congé de la compagnie et me dit que je fisse, le lendemain matin de bonne heure, marcher la compagnie qui étoit en garde, afin qu'elle la pût faire à Paris; puis me donna le mot. Nous demeurâmes quelque temps chez la reine, et puis nous vînmes tous souper chez M. de Longueville, et de là nous retournâmes chez la reine, où étoit venu le roi après souper. Je vis bien qu'il y avoit quelque chose contre moi ; car le roi baissoit toujours la tête, jouant de la guitare, sans me regarder, et en toute la soirée ne me dit jamais un mot. Je le dis à M. de Grammont, nous allant coucher ensemble en un logis que l'on nous avoit apprêté.

Le lendemain, mardi 25 février, je me levai à six heures du matin, et comme j'étois devant le feu avec ma robe, le sieur de Launay, lieutenant des gardes du corps, entra dans ma chambre et me dit : « Monsieur, c'est avec la larme à l'œil et le cœur qui me saigne, que moi, qui depuis vingt ans suis votre soldat et ai toujours été sous vous, suis obligé de vous dire que le roi m'a commandé de vous arrêter. » Je ne ressentis aucune émotion particulière à ce discours, et lui dis : « Monsieur, vous n'y aurez pas grand'peine, étant venu exprès à ce sujet, comme l'on m'en avoit averti. J'ai été toute ma vie soumis aux volontés du roi, qui peut disposer de moi et de ma liberté à sa volonté. » Sur quoi je lui demandai s'il vouloit que mes gens se retirassent; mais il me dit que non, et qu'il n'avoit autre charge que de m'arrêter, et puis de l'envoyer dire au roi, et que je pouvois parler à mes gens, écrire et mander tout ce que je voudrois, et que tout m'étoit permis. M. de Grammont alors se leva du lit et vint pleurant à moi, dont je me mis à rire, et lui dis que s'il ne s'affligeoit de ma prison non plus que moi, il n'en auroit aucun ressentiment, comme de vrai je ne me mis pas beaucoup en peine, ne croyant pas y demeurer longtemps. Launay ne voulut jamais qu'aucun des gardes qui étoient avec lui entrât dans ma chambre, et peu après arrivèrent devant mon logis un carrosse du roi, ses mousquetaires à cheval et trente de ses chevau-légers. Je me mis en carrosse avec Launay seul, et rencontrai, en sortant, madame la princesse, qui montra être touchée de ma disgrâce. Puis marchâmes, toujours deux cents pas devant le roi, jusques à la porte Saint-Martin, que je tournai à gauche; et passant par la Place-Royale, on me mena à la Bastille, où je mangeai avec le gouverneur, M. du Tremblay, et puis il me mena dans la chambre où étoit autrefois M. le prince, dans laquelle on m'enferma avec un seul valet.

François de Bassompierre, maréchal de France, colonel-général des Suisses, naquit en Lorraine, en 1579. Il servit avec beaucoup de zèle Henri IV, qui le traita comme un ami. Louis XIII créa Bassompierre maréchal de France en 1622, et l'employa dans diverses ambassades; mais Bassompierre ayant déplu à Richelieu, ce ministre le fit mettre à la Bastille, d'où il ne sortit qu'en 1643. Bassompierre a écrit ses *Mémoires* et la *Relation de ses ambassades*. Ce sont deux des monuments historiques les plus instructifs de ce temps-là. Voici une note curieuse de l'abbé Arnauld sur le brave compagnon de Henri IV :

« Le commencement du nouveau règne se fit estimer par des actions de clémence et de justice. La Bastille, qui avoit été remplie de prisonniers sous Louis XIII, en fut vidée sous le roi son fils. Parmi tous ceux qui en sortirent, on remarqua particulièrement la différence des humeurs des maréchaux de Vitry et de Bassompierre; car le premier ne perdit pas un moment à sortir dès que la porte lui fut ouverte; il ne capitula point, et s'en alla, sans marchander, à sa terre de Châteauvillain, où on l'envoyoit; au lieu que l'autre s'en fit beaucoup prier, voulant, avant toutes choses, qu'on le rétablît dans sa charge de colonel-général des Suisses. A la fin pourtant, à la prière de ses amis, il entendit raison et se retira pour quelque temps où on l'avoit relégué. Il disoit que tout le changement qu'il avoit trouvé dans le monde depuis douze ans de prison qu'il ne l'avoit vu, c'étoit que les hommes n'avoient plus de barbe, et les chevaux plus de queue. Mais on remarquoit en lui bien un autre changement; car cet homme si galant autrefois, et qui avoit passé pour la merveille de la vieille cour, paroissoit alors comme un Allemand, tant son air et ses manières avoient changé depuis qu'il ne l'avoit plus pratiquée. Ce qui fait bien voir que l'air de la cour est quelque chose qui ne se conserve que là, et qu'on a beau être bien fait et avoir de l'esprit, si on n'a pas ce je ne sais quoi qui ne s'acquiert que par l'usage et encore par un continuel usage, on ne réussira point à y être regardé comme de mise. »

RICHELIEU.

LA MARÉCHALE D'ANCRE.

Dès qu'elle entra en la prison, son esprit, qui étoit déjà blessé auparavant de tant d'imaginations mélancoliques, que, non-seulement personne ne pouvoit souffrir son humeur, mais elle étoit insupportable à elle-même, revint à soi si parfaitement, qu'elle n'eut jamais le sens meilleur qu'elle eut alors, et le conserva jusqu'à la fin, tant elle ressentit parfaitement véritable cette parole de l'Écriture, que l'affliction est le plus salutaire remède de l'esprit. Mais à ce point qui fut la catastrophe de toute sa mauvaise fortune, une grâce si particulière de Dieu lui fut donnée, que, surmontant l'impression naturelle de l'impatience qu'elle avoit eue toute sa vie, elle se montra d'un courage aussi constant et aussi ferme, comme si la mort lui eût été une récompense agréable, et que la vie lui eût tenu lieu d'un supplice cruel.

Sortant de sa prison, et voyant une grande multitude de peuple qui étoit amassée pour la voir passer : « Que de personnes, dit-elle, sont assemblées pour voir passer une pauvre affligée ! » Et, à quelque temps de là, voyant quelqu'un auquel elle avoit fait un mauvais office auprès de la reine, elle lui demanda pardon, tant la véritable et humble honte qu'elle avoit devant Dieu de l'avoir offensé, lui ôtoit parfaitement celle des hommes. Aussi y eut-il un si merveilleux effet de bénédiction de Dieu envers elle, que, par un subit changement, tous ceux qui assistèrent au triste spectacle de sa mort devinrent tout autres hommes, noyèrent leurs yeux de larmes de pitié de cette désolée, au lieu d'assouvir leurs cœurs de son supplice, qu'ils avoient tant désiré : et au lieu qu'ils étoient accourus pour la voir comme une lionne qui, après avoir fait beaucoup de carnage, étoit prise dans les rets et prête à subir la punition des maux qu'elle avoit faits, elle leur parut comme une brebis qu'on menoit à la boucherie, et l'eussent voulu racheter de leur propre sang. Madame de Nevers même, qui, pour s'être vue, elle et son mari, poussés jusques sur le bord de leur ruine par elle, avoit le cœur le plus envenimé, ne se put tenir de fondre en larmes. De sorte qu'il est vrai de dire qu'elle fut autant regrettée à sa mort qu'elle avoit été enviée durant sa vie. La seule vérité m'oblige à faire cette remarque et non aucun désir de favoriser cette femme, aussi malheureuse qu'innocente, vu qu'il n'y a personne si odieuse, qui, finissant ses jours en public, avec résolution et modestie, ne change la haine en pitié, et ne tire des larmes de ceux mêmes qui auparavant eussent désiré de voir répandre son sang.

Armand-Jean du Plessis, cardinal duc de Richelieu, naquit au château de Richelieu, en Poitou, le 5 septembre 1585. Il mourut le 4 décembre 1642. En apprenant sa mort, le roi se contenta de dire : *Voilà un grand politique mort.*

Voici comment Fléchier et M. de Fontanes ont jugé le cardinal ; tous deux ont oublié de protester, au nom de l'humanité, contre les cruautés du ministre.

« Déjà, pour l'honneur de la France, était entré dans l'administration des affaires un homme plus grand par son esprit et par ses vertus que par ses dignités et sa fortune ; toujours employé et toujours au-dessus de ses emplois ; capable de régler le présent et de prévoir l'avenir, d'assurer les bons événements et de réparer les mauvais ; vaste dans ses desseins, pénétrant dans ses conseils, juste dans ses choix, heureux dans ses entreprises, et, pour tout dire en peu de mots, rempli de ces dons excellents que Dieu fait à certaines âmes qu'il a créées pour être maîtresses des autres et pour faire mouvoir ces ressorts dont la Providence se sert pour élever ou pour abattre, selon ses décrets éternels, la fortune des rois et des royaumes. »

FLÉCHIER.

« Si l'on s'obstine à admirer Louis XI pour avoir abattu les grands vassaux et étendu les prérogatives de la royauté, je répondrai qu'il est un homme dont la gloire en ce genre a fait disparaître celle de Louis XI. Cet homme est Richelieu. En effet, l'orgueil des seigneurs féodaux ne fut pas tellement humilié par Louis XI qu'il ne troublât longtemps la France après lui. Richelieu seul affermit le trône sur les débris de l'anarchie féodale. Mais que sa marche est plus grande et plus imposante ! comme ses moyens sont plus hardis, ses ressources plus fécondes et ses coups plus assurés ! Il ne craint pas d'annoncer sa vengeance avant de frapper ses victimes. Ses artifices mêmes ont quelque chose de grand qui suppose le courage. D'ailleurs Richelieu, qu'un seul coup d'œil peut précipiter au fond des cachots où il plonge ses ennemis, nous intéresse, comme un homme fort et courageux qui se livre à tous les dangers et se confie à sa fortune. Sa vie est un combat éternel; toutes les scènes en sont animées, et tous les tableaux en contraste. Il est forcé de combattre à la fois la puissance de ses nombreux ennemis et la faiblesse de son maître. Toujours près de sa chute en préparant celle des autres, il a besoin d'être courtisan, même lorsqu'il est roi.

» Ce mélange de souplesse et d'audace, ces dangers qu'il éprouve et cette terreur qu'il inspire, sans jamais la ressentir; l'énergie de son âme qui résiste aux souffrances d'un corps usé par les maladies, cette ambition qui ne trouve aucune gloire ni au-dessus ni au-dessous d'elle-même; tout dans Richelieu imprime l'étonnement ou commande l'admiration. Un tel caractère est précisément l'opposé de celui de Louis XI. »

DE FONTANES.

FONTRAILLES.

JUGEMENT ET EXÉCUTION DE CINQ-MARS ET DE THOU.

Le chancelier fut visiter M. de Cinq-Mars, et le traita fort civilement, lui disant qu'il n'avoit point sujet d'appréhender, mais bien d'espérer toute chose à son avantage; qu'il savoit bien qu'il avoit affaire à un bon juge, qui n'avoit garde d'être méconnoissant des faveurs qu'il avoit reçues de son bienfaiteur; qu'il savoit très-bien que c'étoit par ses bontés et son pouvoir que le roi ne l'avoit pas dépossédé de sa charge; que cette faveur étoit si grande qu'elle ne méritoit pas seulement un souvenir immortel, mais des reconnoissances infinies; et que c'étoit dans les occasions qu'il les y feroit paroître. Le sujet de ce compliment étoit pris de ce que M. le Grand (1) avoit adouci une fois le roi, qui étoit en grande colère contre M. le chancelier; mais la véritable raison de ces civilités étoit qu'il ne le refusât pour juge, et la crainte qu'il avoit qu'il n'appelât au parlement de Paris, pour être délivré par le peuple, qui l'aimoit passionnément.

M. le Grand lui répondit que cette civilité le remplissoit de honte et de confusion : « Mais pourtant, dit-il, je vois bien que, de la façon que l'on procède à mon affaire, l'on en veut à ma vie. C'est fait de moi, monsieur, le roi m'a abandonné; je ne me considère que comme une victime qu'on va immoler à la passion de mes ennemis et à la facilité du roi. » A quoi M. le chancelier repartit que ses sentiments n'étoient pas justes, et qu'il en avoit des expériences toutes contraires. « Dieu le veuille ! dit M. le Grand, mais je ne le puis croire. »

Le 12, tous les juges séant dans la chambre du présidial de Lyon, M. le Grand y fut amené, dans un carrosse du château, environ les huit heures du matin, conduit par le chevalier du guet et sa compagnie. Et étant introduit, il fut mis sur la sellette, répondit et confessa tout ce qu'il avoit déclaré à M. le chancelier en la conférence qu'il avoit eue avec lui le 7, avec tant de tranquillité d'esprit et de douceur, que les juges, se regardant l'un l'autre, saisis d'étonnement et d'admiration, furent contraints d'avouer qu'ils n'avoient jamais ouï ni vu parler d'une constance plus forte, ni d'un esprit plus ferme et plus clair.

Après quoi on le fit retirer dans une autre chambre, où, dès aussitôt que M. le chancelier eut recueilli les voix et que la condamnation fut écrite, on lui vint prononcer son arrêt de mort, et qu'auparavant l'exécution d'icelui il seroit appliqué à la question ordinaire et extraordinaire, pour avoir plus ample déclaration de ses complices.

Durant cette triste lecture, qui tiroit des larmes des yeux des juges et des gardes, il ne changea jamais de couleur ni de contenance, et ne perdit jamais rien de sa gaieté ordinaire, toute pleine de majesté, de laquelle il accompagnoit toutes ses actions; mais sur la fin ayant ouï parler de la question, il dit à ses juges avec cette même douceur : « Messieurs, cela me semble bien rude : une personne de mon âge et de ma condition ne devoit pas être sujette à toutes ces formalités. Je sais que c'est que des formes de justice; mais je sais aussi que c'est que ma condition. J'ai tout dit, et je dirai encore tout; je prends la mort à gré et de grand cœur; et après cela, messieurs, la question n'est point nécessaire. J'avoue ma foiblesse, et que cette gêne met mon esprit en peine. » Il poursuivit son discours pendant quelque temps avec tant de grâce et de douceur, que la pitié ne permettoit pas à ses juges de lui répliquer ni de lui contredire, et de lui refuser tout ce qu'il pouvoit espérer d'eux.

Le père Malavalette, survint alors, lui demandant qu'est-ce qu'il demandoit de ces messieurs; et lui disant qu'ils étoient civils, qu'il pouvoit autant espérer d'eux que du roi. « Ce n'est rien, dit-il, mon père : je leur avoue une de mes foiblesses, et que j'ai bien de la peine à me soumettre à la question; cela travaille mon esprit : non pas l'appréhension du mal, car je serai à la mort avec joie et résolution; mais c'est que j'ai tout dit, et qu'il n'est pas besoin de question. »

Le père l'embrassant, lui dit : « Monsieur, soyez

---

(1) Cinq-Mars, ainsi nommé parce qu'il était grand-écuyer.

hors de peine; vous n'avez pas affaire à des juges impitoyables, puisqu'ils donnent déjà des larmes à votre affliction. » Et puis tirant à part deux maîtres des requêtes, le père leur dit qu'ils ne connoissoient pas cet esprit; qu'il voyoit bien l'extrême violence qu'il faisoit à son naturel; qu'il ne falloit pas si fort ébranler sa vertu pour la renverser. Comme il continuoit ces discours, deux autres juges survinrent, qui dirent en secret au père que M. le Grand ne souffriroit pas la question; mais qu'ils l'y conduiroient pour garder les formalités de justice. A l'instant le révérend père aborda M. de Cinq-Mars, et le tirant d'auprès des gardes, lui dit : « Êtes-vous capable de secret important? » Sur quoi il lui dit : « Mon père, je vous prie de croire que je n'ai jamais été infidèle à personne qu'à Dieu. — Et bien! dit ce père, vous n'aurez pas la question, et même vous n'y serez pas présenté; prenez seulement la peine d'aller à la chambre, où je vous accompagnerai, pour être caution de la parole que je vous donne. » Ils y furent donc tous deux; et M. le Grand vit seulement les cordes et les malheureux instruments de la torture.

Cependant, sur les dix heures, M. de Thou fut conduit du château de Pierre-Encise au palais, et fut présenté aux juges pour être interrogé sur la sellette; et après les demandes ordinaires, M. le chancelier lui demanda si M. d'Effiat ne lui avoit pas déclaré la conspiration; à quoi il répondit en ces termes : « Messieurs, je vous pourrois bien nier que je l'eusse sue, et vous ne me pouvez pas convaincre de faux, parce que vous ne pouvez savoir que par M. de Cinq-Mars tout seul que je l'aie sue; car je n'en ai parlé ni écrit à homme du monde. Or un accusé ne peut validement en accuser un autre, et on ne peut condamner un homme à la mort que par le témoignage de deux hommes irréprochables. Ainsi, vous voyez que ma vie, ma mort, ma condamnation et mon absolution sont dans ma bouche; pourtant, messieurs, j'avoue et je confesse que j'ai su la conspiration. Je l'avoue franchement pour deux raisons : la première est que durant les trois mois de ma prison j'ai si bien envisagé la mort et la vie, que j'ai connu clairement que de quelque vie que je pusse jamais jouir, elle ne peut être que malheureuse; et que la mort me sera bien plus avantageuse, puisque je la tiens pour le plus assuré témoignage que je puisse avoir de ma prédestination, et telle, que je suis prêt à mourir, et ne me puis jamais trouver en meilleure disposition de le faire. C'est pourquoi je ne veux plus échapper cette occasion de mon salut. La seconde, encore que mon crime soit méritoirement punissable de mort, néanmoins, messieurs, vous voyez qu'il n'est ni noir, ni énorme, ni étrange. Je l'avoue, j'ai su la conspiration; j'ai fait tout mon possible pour l'en détourner. Il m'a cru son ami unique et fidèle, et je n'ai pas voulu le trahir; c'est pourquoi je mérite la mort, et je me condamne moi-même par la loi *quisquis*. »

Ce discours, qu'il prononça avec une vivacité d'esprit merveilleuse, ravit tellement tous les juges, qu'ils avoient peine de se ravoir de l'étonnement où ils avoient été jetés; il n'en étoit pas un qui n'eût passion extrême de le sauver, et de conserver à la France la plus grande espérance de la cour : c'est ainsi qu'il étoit appelé par la bouche de ses ennemis mêmes. Là-dessus il fut condamné à la mort, comme M. le Grand; et sortant de la salle, le révérend père Mambrun, jésuite, qui l'avoit confessé à Pierre-Encise, auquel il dit, tout transporté de joie : « Allons, père; allons à la mort et au ciel! allons à la véritable gloire! Qu'ai-je fait en ma vie pour Dieu, qui m'ait pu obtenir la faveur qu'il me fait aujourd'hui d'aller à la mort avec ignominie, pour aller plus tôt à la véritable vie? » Et répétant incessamment cette pensée, il fut conduit à la chambre où étoit M. de Cinq-Mars, qui, dès qu'il l'eut aperçu, courut à lui, disant : « Ami, ami, que je regrette ta mort! » Mais M. de Thou, l'embrassant et baisant, lui disoit : « Ah! que nous sommes heureux de mourir de la sorte! » L'un demandoit pardon à l'autre : ils s'embrassèrent cinq ou six fois de suite avec des étreintes d'un amour incomparable, qui faisoient fondre en larmes les gardes mêmes; et ce spectacle étoit capable d'amollir les rochers.

Tandis qu'ils étoient dans ces embrassements, trois ou quatre de leurs juges vinrent : ce qui les obligea de se retirer au fond de la chambre, où ils s'entretinrent pendant demi-heure avec une grande affection; ce qu'ils témoignèrent sans cesse par leurs gestes et exclamations. Pendant cela, le père Malavalette pria les juges qui étoient là de lui promettre qu'ils ne seroient point liés, et qu'ils ne verroient point le bourreau que sur l'échafaud : ce qu'il obtint, après quelques petites difficultés. Sur ce temps M. le Grand embrassa M. de Thou, et finit son entretien par cette parole : « Cher ami, allons penser à Dieu; allons employer le reste de notre vie à notre salut. — C'est bien dit, » répliqua M. de Thou, qui, prenant son confesseur par la main, le mena en un coin de la chambre : où il se confessa. M. de Cinq-Mars supplia les gardes de lui donner une autre chambre : ce qu'ils lui refusèrent, lui disant que celle-là étoit assez grande, et que s'il lui plaisoit d'aller à l'autre coin, il se pourroit confesser commodément; mais il redoubla ses prières avec tant de douceur et de bonne grâce qu'il obtint enfin ce qu'il demandoit...

Cependant M. de Thou s'étoit confessé et avoit écrit deux lettres avec une promptitude merveilleuse; après quoi, se promenant dans la chambre à grands pas, il récitoit à haute voix le psaume *Miserere mei, Deus*, etc., avec une ardeur d'esprit incroyable, et des tressaillements de tout son corps si violents, qu'on eût dit qu'il ne touchoit pas la terre, et qu'il alloit sortir de lui-même. Il répétoit plusieurs fois les mêmes versets avec de fortes exclamations, en forme d'oraison jaculatoire, et y mêlant quelque passage de saint Paul et de l'Écriture ; puis, revenant au *Miserere*, il disoit neuf fois ensuite, *secundum magnam misericordiam tuam*. Durant ces prières, plusieurs gentilshommes le voulurent venir saluer ; mais il leur faisoit signe avec les bras, leur disant : « Je ne pense qu'à Dieu ; ne m'interrompez pas, s'il vous plaît : je ne pense qu'au Ciel, je ne suis plus de ce monde. » Nonobstant cette extase, un gentilhomme le vint aborder de la part de madame sa sœur, la présidente Pontac, qui étoit venue à Lyon pour intercéder pour lui, et lui demanda de sa part s'il n'avoit besoin de rien ; auquel il répondit : « De rien, monsieur ; si ce n'est de ses prières et des vôtres ; si ce n'est de la mort pour aller à la vie et à la gloire. »

Cependant un des juges arriva, qui demanda qu'est-ce qu'on attendoit encore, et où étoit M. le Grand. On alla heurter à la chambre où il étoit avec son confesseur, et M. de Cinq-Mars répondit avec une douceur admirable que ce seroit bientôt fait ; et tira encore le père en un coin, où il parla de sa conscience avec de si grands sentiments de la bonté de Dieu et de l'énormité de ses offenses, que le père ne put s'empêcher de l'embrasser et d'adorer en sa personne la force des grâces de Dieu, et d'admirer celle de l'esprit de l'homme ; puis ils se mirent en devoir de sortir.

M. le Grand et M. de Thou s'étant rencontrés sur les degrés et s'étant salués, ils s'encouragèrent l'un l'autre. Sur le bas des degrés ils trouvèrent leurs juges, auxquels ils firent chacun un beau compliment, les remerciant de la douceur dont ils les avoient traités.

Quand ils furent sur le perron au dehors, ils regardèrent avec attention une grande foule de peuple qui étoit assemblée depuis le palais jusque dessus les Terreaux. Ils les saluèrent de tous côtés profondément, avec une grâce non pareille. M. de Thou, voyant qu'on les vouloit mener au supplice, dit à haute voix au peuple : « Messieurs, quelle espèce de bonté de conduire des criminels à la mort dans un carrosse, nous qui méritons d'être charriés dans un tombereau et traînés sur des claies, le fils de Dieu, qui étoit l'innocence même, y ayant été mené pour nous avec tant de honte et de scandale ! »

Et après cela ils entrèrent dans le carrosse qui étoit préparé. MM. de Cinq-Mars et de Thou se placèrent au fond d'icelui ; les deux compagnons des confesseurs sur le devant dudit carrosse, et les deux confesseurs aux portières ; les gardes qui les accompagnoient, environ cent du chevalier du guet, et trois cents cuirassiers, avec les officiers de justice et le grand-prévôt venant après. Ils commencèrent ce pitoyable voyage par le récit des Litanies de la sainte Vierge, après quoi M. de Thou embrassa M. le Grand par quatre fois, lui disant sans cesse avec une ardeur de séraphin : « Cher ami, qu'avons-nous fait de si agréable à Dieu pendant notre vie, qui l'ait obligé à nous faire cette grâce que nous mourions ensemble ; d'effacer tous nos crimes par un peu d'infamie, et de conquérir le ciel et tant de gloire par un peu de honte ? Hélas ! n'est-il pas vrai que nous n'avons jamais mérité une faveur pareille ? Fendons donc nos cœurs, épuisons nos forces en remerciments de ses grâces, et agréons la mort avec toutes les affections de nos âmes. »

A quoi M. le Grand répondit avec tant d'actes de vertus, de foi, de charité et de résignation, qu'ils ravissoient leurs confesseurs, et ne faisant autre chose le long du chemin. Le peuple étoit si épais par les rues que le carrosse avoit peine de rouler, et la désolation si grande qu'il ne s'en est jamais vu de semblable sur le visage des hommes pour un sujet pareil. Quand ils furent arrivés sur la descente du pont de Saône, M. de Thou dit à M. de Cinq-Mars : « Eh bien ! cher ami, qui mourra le premier ? — Celui que vous jugerez plus à propos, répondit-il. » Le père Malavalette, prenant la parole, dit à M. de Thou : « Vous êtes le plus vieux. — Il est vrai, » dit M. de Thou, qui, s'adressant à M. le Grand, lui dit : « Vous êtes le plus généreux ; vous voulez bien montrer le chemin de la gloire et du ciel. — Hélas ! dit M. de Cinq-Mars, je vous ai ouvert celui du précipice ; mais précipitons-nous dans la mort généreusement, et nous surgirons dans la gloire et le bonheur du ciel. »

Quand ils furent arrivés sur les Terreaux, le père Malavalette descendit le premier, prenant M. le Grand par la main ; et M. de Thou, l'embrassant, lui dit encore ces belles paroles : « Allez, monsieur : un moment va nous séparer maintenant ; mais nous serons bientôt réunis en la présence de Dieu pour toute l'éternité. Ne plaignez point ce que vous allez perdre : vous avez été grand sur la terre, vous le serez bien plus dans le ciel, et votre grandeur ne périra jamais. » Et après s'être baisés l'un l'autre, et donné des témoignages d'amitié réciproque, M. le Grand descendit du carrosse ; et comme quelques soldats insolents lui vouloient arracher le manteau, il se tourna vers M. Thomé, grand-prévôt, et lui demanda à qui il le donneroit. Il lui répondit qu'il étoit en sa disposition et qu'il en pouvoit faire ce qui lui plairoit, et à l'instant il le donna au compagnon de son confesseur, le priant de le donner aux pauvres ; puis après, un autre soldat lui ayant enlevé son chapeau, il le lui demanda fort civilement, lequel le lui rendit, et monta sur l'échafaud la tête couverte, avec adresse toute pleine de gaieté, et souriant baisa la main, et la donna au père Malavalette pour l'aider à monter. Étant sur l'échafaud, il fit un tour la tête couverte, regardant de tous côtés avec un maintien grave et gracieux, et puis il en fit un autre le chapeau à la main, saluant le peuple de tous côtés avec des souris et une face majestueuse et charmante; puis il jeta son chapeau par terre, et se mit à genoux, levant les yeux au ciel, adorant Dieu et lui recommandant sa fin; puis, s'approchant du billot, il essayoit de s'ajuster dessus, demandant comme il le falloit faire, et s'il seroit bien comme cela. Il prit le crucifix de la main du prêtre, l'adora à genoux, l'embrassa et le baisa avec des tendresses inconcevables. Comme il le baisoit et rebaisoit mille fois, le père cria au peuple de prier Dieu pour lui; et M. le Grand, ouvrant les bras, joignant les mains, tenant toujours son crucifix, fit la même demande au peuple.

Sur ce, le bourreau s'approchant, le père le fit retirer et détourna M. le Grand, son compagnon lui aidant à dévêtir son pourpoint; puis il embrassa l'un et l'autre, et s'étant mis à genoux, ils récitèrent ensemble *Ave, maris stella*, en la fin duquel il reçut l'absolution; puis se jetant au cou du père, il le tint embrassé l'espace d'un *Miserere*, et le baisa. Le bourreau se présentant encore pour couper ses cheveux, M. de Cinq-Mars demanda les ciseaux. Le père les prit de la main du bourreau et les donna à M. le Grand, qui, appelant le compagnon du père, le pria de les lui couper: ce qu'il fit. Après il ajusta encore une fois sa tête sur le poteau; puis le père, lui donnant une médaille, lui fit gagner les indulgences et baiser le crucifix. Enfin s'étant mis à genoux avec une tranquillité d'esprit incroyable, priant le compagnon du père de lui tenir toujours le crucifix devant les yeux, qu'il ne voulut point avoir bandés afin de le voir jusques à la mort, il embrassa le poteau, mit le cou dessus, et reçut le coup mortel d'un gros couteau de boucher, fait à la façon des haches anciennes ou bien de celles d'Angleterre, dont il fut tué d'un coup, encore qu'il restât un peu de peau au gosier.

Le bourreau, qui étoit un vieil gagne-denier tout drilleux, fut étourdi en coupant ce peu de peau qui restoit, et laissant rouler la tête sur l'échafaud, elle tomba jusques à terre.

Le peuple qui étoit nombreux, tant en la place qu'aux fenêtres et sur les tours, rompit le profond silence qu'il avoit gardé pendant toute l'action par un cri effroyable, quand il vit lever la hache. Les plaintes et les gémissements firent un bruit et un tumulte si horribles qu'on ne savoit où l'on en étoit.

Après quoi M. de Thou, qui étoit demeuré dans le carrosse qu'on avoit fermé, en sortit généreusement, et monta sur l'échafaud avec tant de promptitude qu'on eût dit qu'il y voloit; où étant monté il fit deux tours, le chapeau à la main, saluant le peuple de tous côtés; puis jeta son chapeau et son manteau en un coin, et le bourreau s'étant approché de lui, il l'embrassa fort étroitement et le baisa, l'appelant son frère; puis il se dépouilla en un moment.

Le père Mambrun, qui étoit monté avec lui, ne pouvoit proférer une seule parole, tant il étoit touché de ce spectacle. Il pria le père Malavalette, qui étoit descendu quand on dépouilloit M. de Cinq-Mars, de remonter: ce qu'il fit. Ils récitèrent par ensemble le psaume *Credidi* à haute voix; et après avoir poussé mille exclamations d'une voix forte, avec des transports et des ferveurs de séraphin, et des saillies si violentes qu'il sembloit que son âme volant vers le ciel y devoit élever son corps, il reçut l'absolution et gagna l'indulgence; et après avoir fait tous les actes d'un vrai chrétien, il adora le crucifix avant que de mettre la tête sur le poteau. Il baisa le sang de M. de Cinq-Mars qui y étoit resté, et puis se banda les yeux lui-même avec un mouchoir. S'étant ajusté sur le plot, il reçut un coup sur l'os de la tête, qui ne fit que l'écorcher, où il porta la main tombant à la renverse. Le bourreau redoubla un autre coup, qui ne fit encore que l'écorcher au-dessus de l'oreille et abattre sur le théâtre, et qui lui fit jeter les pieds en l'air avec grand force. Le bourreau lui donna un troisième coup au gosier, qui le fit mourir; et il en reçut encore deux autres pour achever de lui couper la tête, tant ce misérable bourreau étoit étourdi. Il fut aussitôt dépouillé; et les deux corps étant mis dans un carrosse furent emportés dans l'église des Feuillants.

Ainsi finirent ces deux grands hommes, et ils expièrent par de grandes actions de religion et de constance la grandeur de leur crime.

Louis d'Astarac, marquis de Fontrailles, d'une ancienne maison de l'Armagnac, reçut du faible Gaston, duc d'Orléans, et de Cinq-Mars, la mission de se rendre en Espagne, pour concerter avec le duc d'Olivarez les moyens de perdre Richelieu. Le traité fut signé le 13 mars 1642; mais cette conspiration ayant été découverte, Fontrailles, décrété d'accusation, parvint à s'enfuir en Angleterre, d'où il ne revint qu'après la mort de l'implacable cardinal. Fontrailles mourut en 1677. Il n'a écrit qu'une *Relation des choses particulières de la cour pendant la faveur de Cinq-Mars*, relation dont on vient de lire un extrait. Elle est fidèle, exacte, quelquefois éloquente; malheureusement le style en est souvent dur et rocailleux.

La mort de MM. de Cinq-Mars et de Thou est un des événements les plus lugubres de la longue carrière politique de Richelieu. Cinq-Mars coupable méritait une généreuse indulgence, puisqu'il avait pour complice le roi lui-même, et jamais la hache du bourreau n'aurait dû approcher de la tête du vertueux de Thou.

« Mais Richelieu, dit madame de Motteville, fit servir à sa

vengeance le malheur de ses ennemis, qu'il amena du lieu où ils étaient, à Lyon. Il attacha leur bateau au sien quand il remonta le Rhône, malade et mourant, de la même manière, et non pas avec la même gloire, que les consuls romains attachoient à leur char les rois prisonniers qu'ils avoient vaincus. Cette action, qui tenoit d'un païen, et qu'un païen qui auroit suivi les lois de la vertu morale n'auroit pas faite, déshonora sa vie par sa cruauté, et fit voir en lui le mépris qu'il faisoit de la loi de Dieu, qui défend au chrétien, non-seulement la *vengeance,* mais encore de goûter le plaisir de se *venger,* quand même on se *vengeroit* avec justice. » Si cette morale grande et belle fait justement le procès à Richelieu, que penser de la conduite de Louis XIII? Voici un fait historique rapporté par Montglat, qui achève de caractériser ce malheureux roi : « Louis étoit à Saint-Germain lors de cette exécution (celle de Cinq-Mars et de de Thou); et, sachant le jour et l'heure qu'on les devoit faire mourir, il regardoit sa montre et disoit : « Dans un tel » temps, M. le Grand passera mal son temps, » ne se souvenant plus de l'amitié qu'il lui avoit portée, et sans aucun sentiment de compassion ! »

———

Voici comment, dans son beau roman de *Cinq-Mars,* M. de Vigny explique la haine du cardinal contre de Thou :

« Richelieu n'aimait pas de Thou; et comme ses haines avaient toujours une source mystérieuse, on en cherchait la cause vainement. Elle se dévoila par un mot cruel qui lui échappa. Ce motif d'inimitié était une phrase des histoires du président de Thou, père de celui-ci, où il flétrit aux yeux de la postérité un grand-oncle du cardinal, moine d'abord, puis apostat et souillé de tous les vices humains.
» Richelieu, se penchant à l'oreille du père Joseph, lui dit : « Tu vois bien cet homme; c'est lui dont le père a mis » mon nom dans son histoire : eh bien! je mettrai le sien » dans la mienne. »
Puisque notre sujet nous amène naturellement à citer l'ouvrage de M. de Vigny, en voici un second fragment, dans lequel l'auteur met en scène Corneille et Milton.

« Quoi! encore à Paris, monsieur, dit Corneille à Milton; je vous croyais à Londres. — Entendez-vous ce peuple, monsieur? l'entendez-vous? Quel est ce refrain terrible :

Les rois sont passés :

— » Ce n'est rien encore, monsieur; faites attention à leurs propos:
» Le parlement est mort, disait l'un; les seigneurs sont » morts; dansons : nous sommes les maîtres; le vieux cardi-» nal s'en va; il n'y a plus que le roi et nous. »
» — Entendez-vous ce misérable, monsieur, reprit Corneille? tout est là; toute notre époque est dans ce mot.
» — Eh quoi! est-ce l'œuvre de ce ministre qu'on appelle grand parmi vous, et même chez les autres peuples? Je ne comprends pas cet homme.

» — Je vous l'expliquerai tout à l'heure; mais avant cela, écoutez la fin de cette lettre que j'ai reçue aujourd'hui. Approchons-nous de cette lanterne, sous la statue du feu roi. Nous sommes seuls; la foule est passée : écoutez (*Corneille lit le récit de la mort de Cinq-Mars, et reprend*) : Telle vient d'être la fin de deux jeunes gens que vous vîtes naguère si puissants. Leur dernier soupir a été celui de l'ancienne monarchie. Il ne peut plus régner ici qu'une cour dorénavant : les grands et les sénats sont anéantis.
» — Et voilà donc ce prétendu grand homme, reprit Milton. Qu'a-t-il donc voulu faire? Il veut donc créer des républiques dans l'avenir, puisqu'il détruit les bases de votre monarchie?
» — Ne le cherchez pas si loin, dit Corneille; il n'a voulu que régner jusqu'à la fin de sa vie. Il a travaillé pour le moment et non pour l'avenir; il a continué l'œuvre de Louis XI.
» L'Anglais se prit à rire. — Je croyais, dit-il, que votre génie avait une autre marche. Cet homme a ébranlé ce qu'il devait soutenir, et on l'admire! Je plains votre nation.
» — Ne la plaignez pas, s'écria vivement Corneille : un homme passe, mais un peuple se renouvelle. Celui-ci, monsieur, est doué d'une immortelle énergie que rien ne peut éteindre. Souvent son imagination l'égarera; mais une raison supérieure finira toujours par dominer ses désordres mêmes d'où elle sortira peut-être. Oui, je vois tous les soirs avec quelle vitesse une pensée généreuse retentit dans les cœurs français, et tous les soirs je me retire heureux de l'avoir vu. La reconnaissance prosterne les pauvres devant cette statue d'un bon roi. Qui sait quel autre monument élèverait une autre passion auprès de celui-ci? qui sait où l'amour de la gloire conduirait notre peuple? qui sait si, au lieu même où nous sommes, ne s'élèvera par une pyramide arrachée à l'Orient?
» — Ce sont les secrets de l'avenir, dit Milton. J'admire comme vous votre peuple passionné; mais je le crains pour lui-même. Je le comprends mal aussi, et je ne reconnais pas son esprit, quand je le vois prodiguer son admiration à des hommes tels que celui qui le gouverne. L'amour du pouvoir est bien puéril, et cet homme en est dévoré sans avoir la force de le saisir tout entier. Chose risible! il est tyran sous un maître. Ce colosse, toujours sans équilibre, vient d'être presque renversé sous le doigt d'un enfant (Cinq-Mars). Est-ce là le génie? Non! non! Lorsqu'il daigne quitter ses hautes régions pour une passion humaine, du moins doit-il tout envahir. Je vais trouver un homme qui n'a pas encore paru, et que je vois dominé par cette misérable ambition; mais je crois qu'il ira plus loin : c'est Cromwell. »

Nous n'avons pas besoin d'insister sur ce que présente d'original comme œuvre littéraire et comme scène dramatique, cette rapide appréciation de Richelieu, mise dans la bouche de deux hommes tels que Corneille et Milton.

SARRASIN.

WALSTEIN.

Il n'y a point de doute que la conspiration de Walstein n'ait été une des plus fameuses entreprises des derniers siècles, et que les personnes qui se plaisent au récit des grandes actions, et qui veulent profiter des vertus ou des défauts des hommes célèbres, n'en trouvent l'histoire très-nécessaire et très-agréable. C'est à mon avis ce qui a obligé beaucoup de gens d'esprit à nous en laisser diverses relations, que j'estimerois parfaites, si elles n'étoient intéressées. Mais certes l'animosité des partis contraires dans lesquels la plupart des auteurs se sont rencontrés s'est encore insensiblement trouvée dans leurs livres; et de cette sorte, les invectives ou les flatteries y ont pris la place que la vérité seule devoit occuper. Quelques-uns ont accusé l'empereur de cruauté, plusieurs ont loué sa prudence et sa justice; ceux-cy ont parlé de Walstein comme d'un monstre, ceux-là comme d'un héros, selon que le mépris des morts, les faveurs de la cour de Vienne, la haine de la maison d'Autriche, et le dessein de plaire ou de nuire, leur ont ôté la liberté de parler.

Voilà pourquoi il me semble que, n'étant prévenu d'aucun de ces mouvements, et me sentant également éloigné de la crainte et de l'espérance, je ne ferai rien contre la modestie, si, après tant d'habiles gens, j'écris encore l'histoire de cette conspiration selon la vérité, au moins autant qu'il me sera possible. Mais il faut premièrement parler et des mœurs et de la puissance de cet homme.

Albert Walstein eut l'esprit grand et hardi, mais inquiet et ennemi du repos; le corps vigoureux et haut, le visage plus majestueux qu'agréable. Il fut naturellement fort sobre, ne dormant quasi point, travaillant toujours, supportant aisément le froid et la faim, fuyant les délices, et surmontant les incommodités de la goutte et de l'âge par la tempérance et par l'exercice; parlant peu, pensant beaucoup, écrivant lui-même toutes ses affaires; vaillant et judicieux à la guerre, admirable à lever et à faire subsister les armées, sévère à punir les soldats, prodigue à les récompenser, pourtant avec choix et dessein; toujours ferme contre le malheur; civil dans le besoin, ailleurs orgueilleux et fier; ambitieux sans mesure; envieux de la gloire d'autrui, jaloux de la sienne; implacable dans la haine, cruel dans la vengeance, prompt à la colère; ami de la magnificence, de l'ostentation et de la nouveauté; extravagant en apparence, mais ne faisant rien sans dessein, et ne manquant jamais du prétexte du bien public, quoiqu'il rapportât tout à l'accroissement de sa fortune; méprisant la religion, qu'il faisoit servir à la politique; artificieux au possible, et principalement à paroître désintéressé; au reste, très-curieux et très-clairvoyant dans les desseins des autres, très-avisé à conduire les siens, surtout adroit à les cacher, et d'autant plus impénétrable, qu'il affectoit en public la candeur et la liberté, et blâmoit en autrui la dissimulation dont il se servoit en toutes choses. Cet homme, ayant étudié soigneusement les maximes et la conduite de ceux qui, d'une condition privée, étoient arrivés à la souveraineté, n'eut jamais que des pensers vastes et des espérances trop élevées, méprisant ceux qui se contentoient de la médiocrité. En quelque état que la fortune l'eût mis, il songea toujours à s'accroître davantage; et enfin, étant venu à un tel point de grandeur, qu'il n'y avoit que les couronnes au-dessus de lui, il eut le courage de songer à usurper celle de Bohême sur l'empereur; et quoiqu'il sût que ce dessein étoit plein de péril et de perfidie, il méprisa le péril qu'il avoit toujours surmonté, et crut toutes les actions honnêtes, quand, outre le soin de se conserver, on les faisoit pour régner. Il est vrai que l'ambition et la conjoncture des affaires et des accidents de sa fortune, lui représentant son entreprise juste et facile, le poussèrent ensuite à la vouloir exécuter.

Sarrasin, Jean François, naquit à Hermanville, près de Caen, en 1603. Il mena une vie assez malheureuse, quoiqu'il eût été d'abord protégé par le ministre Chavigny, et secrétaire des commandements du prince de Conti. Ses écrits ne manquent point de grâce et d'un certain laisser aller, qui était un progrès. La *Pompe funèbre de Voiture*, mélange heureux de prose et de vers, se lit encore avec plaisir. Sarrasin mourut à Pézénas, en décembre 1654; Pellisson, traversant cette ville, quatre ans après, alla visiter sa tombe. Quoique protestant, il fonda un service pour le repos de l'âme du défunt, et écrivit cette épitaphe sur sa tombe :

> Pour écrire en styles divers,
> Ce rare esprit surpassa tous les autres.
> Je n'en dis plus rien ; car ses vers
> Lui font plus d'honneur que les nôtres.

Les principaux ouvrages de Sarrasin sont : l'*Histoire du siége de Dunkerque;* — la *Conspiration de Walstein;* — la *Vie d'Atticus;* — une *Ode sur la bataille de Lens*, dont nous citerons des extraits dans notre volume de poésie. Boileau disait : « Il y a dans Sarrasin la matière d'un excellent esprit ; mais la forme n'y est pas. »

Les OEuvres choisies de Sarrasin ont été publiées, en 1826, avec une notice de M. Charles Nodier.

Albert-Venceslas-Eusèbe de Waldstein, plus célèbre sous le nom de Wallenstein ou Walstein, naquit en Bohême, le 14 septembre 1583. Placé d'abord comme page auprès du margrave de Burgau, il embrassa la religion catholique, quitta l'Allemagne, et, de retour dans sa patrie, épousa une riche veuve, qui mourut quatre ans après. Devenu d'abord colonel des milices de Moravie, Walstein servit sous l'archiduc Ferdinand, alors en guerre contre Venise. Plus tard, il battit les Bohémiens et les Moraves insurgés. Mandé à Vienne pour se justifier de certaines accusations, Walstein gagna les membres les plus influents de la cour, et épousa la fille du comte d'Harrach, favori de l'empereur. Devenu major-général, il combattit en cette qualité à la bataille de Prague, le 8 novembre 1620. Bientôt, général en chef d'une armée de cinquante mille hommes, qu'il était parvenu à lever lui-même, il défit Mansfeld au pont de Dessau. Après une expédition malheureuse en Hongrie, sa réputation était cependant si bien établie, qu'il vit accourir sous ses drapeaux cent mille soldats non soldés par l'empereur. Duc de Friedland et de Mecklembourg, il joua dans le Nord le rôle d'un dictateur. On fait monter à plus de deux cents millions les contributions qu'il leva pendant les sept années de sa toute-puissance.

L'empereur l'ayant destitué, il tint tête à la mauvaise fortune et se retira dans ses terres de Bohême (septembre 1630), où il déploya un luxe qui dépassait celui de la plupart des souverains. Effrayé de l'ascendant de Gustave-Adolphe, Ferdinand s'humilia devant le seul homme capable d'arrêter les progrès du vainqueur de Tilly.

Walstein, qui avait d'abord refusé de reprendre son épée, n'accepta qu'à condition d'être nommé généralissime d'Autriche et d'Espagne, d'avoir une principauté héréditaire, de gouverner exclusivement les pays conquis, d'être indépendant dans son commandement suprême, etc. Ces concessions faites, il s'empara de Prague. Bientôt les deux armées ennemies furent en présence : elles s'observèrent trois mois. Gustave, victorieux jusqu'alors, éprouva un revers le 24 août 1632. Leipzick tomba au pouvoir des Impériaux, qui à leur tour furent battus le 26 novembre 1632, à Lutzen. Les Suédois, privés de leur grand roi, éprouvèrent de graves échecs. Il paraît que Walstein se préparait à se joindre à eux, et que les articles d'un traité honteux pour cet homme extraordinaire étaient signés, lorsque les soldats refusèrent de suivre le généralissime. Mis au ban de l'Empire, Walstein fut assassiné, le 25 janvier 1634, par le capitaine irlandais Deveroux.

Schiller et Benjamin Constant ont pris chacun pour sujet d'un drame la vie de cet homme extraordinaire. Quelques scènes de l'illustre Allemand peignent avec une vérité et une couleur admirables la vie guerrière des peuples du Nord de ce temps-là.

HARDOUIN DE PÉRÉFIXE.

HENRI IV A LA BATAILLE D'IVRY.

On y admira sa rare intelligence, son merveilleux génie et son activité infatigable dans le métier de la guerre : on y admira comme il sut donner les ordres sans s'embarrasser, et avec aussi peu de confusion que s'il eût été en son cabinet ; comme il sut parfaitement ranger ses troupes, et comme, ayant reconnu le dessein des ennemis, il changea toute l'ordonnance de son armée en un quart d'heure ; comme dans le combat il étoit partout, remarquoit toutes choses, et y donnoit ordre de même que s'il eût eu cent yeux et autant de bras : le bruit, l'embarras, la poussière et la fumée lui augmentaient le jugement et la connoissance, plutôt que de le troubler.

Les armées étant en présence, prêtes à donner, il leva les yeux au ciel, et joignant les mains, appela Dieu à témoin de son intention et invoqua son assistance, le priant de réduire les rebelles à reconnoître celui que l'ordre de la succession leur avoit donné pour légitime souverain : « Mais, Seigneur disoit-il, s'il vous a plu en disposer autrement, ou que vous voyiez que je dusse être du nombre des rois que vous donnez en votre colère, ôtez-moi la vie avec la couronne ; agréez que je sois aujourd'hui la victime de vos saintes volontés ; faites que ma mort délivre la France des calamités de la guerre, et que mon sang soit le dernier qui soit répandu en cette querelle. »

Aussitôt il se fit donner son habillement de tête, sur la pointe duquel il y avoit un panache de trois plumes blanches : et l'ayant pris, avant de baisser la visière, il dit à son escadron : « Mes compagnons, si vous courez aujourd'hui ma fortune, je cours aussi la vôtre : je veux vaincre ou mourir avec vous. Gardez bien vos rangs, je vous prie : si la chaleur du combat vous les fait quitter, pensez aussitôt au ralliement, c'est le gain de la bataille. Vous le ferez entre ces trois arbres que vous voyez là-haut, à main droite ; et si vous perdez vos enseignes, cornettes et guidons, ne perdez point de vue mon panache blanc : vous le trouverez toujours au chemin de l'honneur et de la victoire. »

La décision de la journée ayant été assez longtemps incertaine, lui fut enfin favorable. La principale gloire lui en étoit due : d'autant qu'il donna impétueusement dans ce formidable gros du comte d'Egmont, et que s'étant mêlé dans cette forêt de lances, l'épée à la main, il les rendit inutiles et les contraignit d'en venir à de courtes armes, à quoi les siens avoient beaucoup d'avantages, parce que les François sont plus agiles et plus adroits que les Flamands : tellement qu'en moins d'un quart d'heure, il le perça, le dissipa et le mit en déroute ; ce qui causa le gain entier de la bataille.

De seize mille hommes qu'avoit le duc, à peine s'en sauva-t-il quatre mille. Il demeura plus de mille chevaux sur la place, avec le comte d'Egmont, quatre cents prisonniers de marque et toute l'infanterie ; car les lansquenets furent tous taillés en pièces. On lui prit tout son bagage, canon, enseignes et cornettes, savoir : vingt cornettes de cavalerie, la cornette blanche du duc, la colonelle de ses reîtres, le grand étendard du comte d'Egmont, et soixante enseignes de gens de pied.

Le roi s'étant mêlé, durant la déroute, dans un escadron de Wallons, courut si grand risque de sa personne, que son armée le crut mort durant quelque temps. Sur quoi le maréchal de Biron, accoutumé à parler librement, et qui n'avoit point combattu, mais s'étoit tenu à quartier avec un gros de réserve, pour empêcher le ralliement des ennemis, ne put s'empêcher de lui dire : « Ah ! sire, cela n'est pas juste ; vous avez fait aujourd'hui ce que Biron devoit faire, et il a fait ce que devoit faire le roi. »

Cette remontrance fut approuvée de tous ceux qui l'entendirent ; et les principaux chefs prirent la liberté de supplier le roi de ne plus ainsi exposer sa personne, et de considérer que Dieu ne l'avoit pas destiné pour être carabin (1), mais pour être roi de France ; que tous les bras de ses sujets devoient combattre pour lui ; mais qu'ils demeureroient tous perclus, s'ils perdoient la tête qui les faisoit mouvoir.

(1) Ancien chevau-légers, armés d'une petite arme à feu qui se tiroit avec un rouet.

Péréfixe (Hardouin de Beaumont de), le plus louangeur des historiens qu'ait eus Henri IV. Né en 1605, il fut nommé précepteur de Louis XIV en 1644, évêque de Rodez en 1648, membre de l'Académie-Française en 1654, et archevêque de Paris en 1662; il mourut en 1670.

Quoiqu'il ait administré l'Église dans des temps de troubles et de divisions, il fut vivement regretté, à cause de la pureté de ses mœurs et de son esprit sage et conciliant. Il avait composé, à l'usage de son royal élève, un livre intitulé : *Institutio principis;* mais son premier titre littéraire est la *Vie de Henri Quatre,* long panégyrique, écrit quelquefois avec assez de bonheur.

MÉZERAY.

MATIGNON AU CONNÉTABLE DE BOURBON.

Si la fidélité que je vous ai toujours témoignée par mes très-humbles services, et qu'il vous a plu honorer de tant de récompenses, mérite d'être écoutée en vos propres intérêts, je ne puis plus vous celer, monseigneur, qu'il est étrange que ceux qui projettent de certains traités secrets, sous couleur de fidélité et d'affection, hasardent ainsi votre honneur et votre personne pour se rendre considérables au désavantage de leur maître. Je sais bien qu'il n'importe guère à des gens qui n'ont plus ni conscience ni foi, de ruiner leur patrie, et de bouleverser un royaume où ils ne sont point considérés; mais quelqu'uns de vos bons serviteurs peut-il souffrir que leurs intrigues se fassent sous votre nom, et qu'ils engagent un connétable et un prince du sang dans leurs attentats ? Voyez, s'il vous plaît, monseigneur, de quelle affection ils sont portés à votre service, qu'ils veulent que l'appréhension de perdre une partie de vos biens vous les fasse tous perdre; que vous quittiez la France pour vous venger d'une injure que vous n'avez point encore reçue, et que vous preniez la fuite devant une femme, de peur de lui céder. Certes, ils vous offensent bien plus que ne font vos ennemis mêmes; le procès qu'on a intenté contre vous ne sauroit vous ôter que des terres; mais ces gens veulent vous ôter tout l'honneur, que les âmes nobles estiment plus que tous les sceptres du monde; la gloire que vos ancêtres vous ont laissée, et que vous avez portée vous-même au plus haut point, en chassant deux grands empereurs, l'un d'Italie, et l'autre des frontières de France; votre charge, avec laquelle vous commandez aux armées victorieuses des François; enfin les espérances de parvenir à la couronne, dont vous n'êtes éloigné que de trois degrés; et pour vous dédommager de toutes ces pertes irréparables, ils vous proposent, sous la foi espagnole, sous la parole d'un prince qui désavouera ses agents quand il lui plaira, un mariage peu assuré, dont la dot est une injuste guerre contre votre patrie, et les avances un honteux bannissement. Il est vrai que la régente a fort maltraité votre altesse, et qu'elle lui fait souffrir d'énormes injustices; mais quel déplaisir vous a fait la France, elle qui vous a si chèrement nourris, vous et vos ancêtres; elle qui vous a élevé dans un si haut éclat, et qui a rendu votre grandeur si puissante qu'elle peut aujourd'hui lui être funeste? Oui, monseigneur, votre puissance est seule capable de la détruire; mais votre vertu est trop grande pour se rendre complice d'un si étrange dessein. Vous n'exposerez pas ce royaume en proie à ceux mêmes contre lesquels vous l'avez vigoureusement défendu; vous n'entreprendrez point de ruiner un héritage qui peut quelque jour vous appartenir, pour le partager avec des étrangers; vous ne deviendrez pas le gendre des ennemis de votre roi, dont vous êtes déjà le cousin, et dont vous pouvez être le beau-frère. Au reste, comme sa majesté est généreuse et magnanime, et que les offenses que vous avez souffertes ne sont pas venues de son propre mouvement, il ne faut pas douter qu'elle les réparera avec d'autant plus de générosité que vous lui aurez témoigné de patience. Enfin, la force du sang et la raison seront plus puissantes dans son esprit que les mauvais conseils; un peu de constance vous fera triompher de tous vos envieux; et la justice de votre cause, jointe à la gloire de vos belles actions, l'obligera, malgré l'envie, à vous donner la jouissance de tous vos souhaits. Mais quand le roi ne se porteroit pas de lui-même à vous accorder ce que votre rang, votre souveraine vertu et vos services lui demandent, assurez-vous que la nécessité pressante de ses affaires l'y forcera. Car si ses ennemis n'espèrent point de le pouvoir surmonter sans votre moyen, aussi ne leur sauroit-il faire tête sans votre invincible valeur.

François Eudes de Mézeray naquit, en 1610, près d'Argenton, dans le village de Rye. Son père était chirurgien et eut trois fils. Le premier fut Jean-Eudes, fondateur de la congrégation des Eudistes; le second, François, appelé *Mézeray*, d'un hameau de la paroisse de Rye; le troisième se fit chirurgien et prit le surnom de Douay. François fit avec succès ses études à l'université de Caen. Il voulut d'abord être poëte; mais le rimeur Des Yveteaux l'engagea à renoncer à cette carrière, et lui fit obtenir un brevet de commissaire des guerres. Bientôt dégoûté de cet emploi, Mézeray vint à Paris, où il publia quelques écrits satiriques sur les affaires du temps. Pendant qu'il frondait le présent, il se livra à l'étude du passé avec une ardeur qui faillit lui devenir funeste: mais le cardinal Richelieu, ayant appris qu'au collége de Sainte-Barbe mourait un jeune homme, victime de son zèle pour l'étude, lui envoya deux cents écus, avec des paroles d'encouragement et d'espérance. Le premier volume de sa grande *Histoire de France* ne tarda pas à paraître. Le succès couronna les efforts de l'historien, qui fit oublier Gaguin, du Haillan, N. Gilles et d'autres compilateurs. Le second volume des histoires parut en 1646, le troisième en 1651. Mézeray, devenu frondeur, écrivit contre Mazarin des pamphlets qui parurent sous le nom de Sandricourt. En 1668, il publia l'abrégé de son *Histoire*, qui mit le comble à sa réputation.

La manière dont il envisageait dans son livre l'origine des impôts déplut à Colbert, qui menaça l'écrivain de supprimer sa pension de 4,000 fr. On assure qu'il avait composé une *Histoire de la Maltôte*, qui n'a pas été publiée. Le mécontentement de Colbert avait été un peu calmé par la promesse que lui avait faite Mézeray de retoucher, dans une seconde édition, les passages dont le pouvoir se plaignait; mais il le fit avec tant de ménagement que le contrôleur général, se croyant joué, retrancha la moitié de la pension, qui fut, peu après, tout à fait supprimée. Mézeray devint le successeur de Voiture à l'Académie, dont il fut nommé secrétaire perpétuel, en remplacement de Conrart. Tombé dans la bizarrerie, Mézeray préférait, sur la fin de ses jours, la société du cabaretier Lefaucheur à toutes les autres. Il l'institua son légataire universel, en le qualifiant de «mon cher compère, fidèle et véritable ami, homme de bien et loyal.» Mézeray mourut le 10 juillet 1683. Colbert intervint dans l'inventaire des papiers; ceux qui parurent avoir rapport à l'histoire furent portés à la Bibliothèque du roi, où ils se trouvent encore.

Outre son *Histoire*, on a de Mézeray: un *Traité sur l'origine des Français*; une traduction de l'*Histoire des Turcs*; une traduction française de Jean de Salisbury; *la Vanité de la cour*; un *Traité de la Vérité de la religion chrétienne*, traduit du latin, de Grotius; *Histoire de la mère et du fils* (Marie de Médicis et Louis XIII), que d'autres attribuent au cardinal Richelieu.

Voici ce que dit de lui M. Augustin Thierry:

« Quand Mézeray publia son *Histoire*, il y avait dans le public français peu de science, mais une certaine force morale, résultat des guerres civiles qui remplirent tout le seizième siècle et les premières années du dix-septième. Le public, élevé dans des situations graves, ne pouvait plus se contenter des romans d'amour et de féerie, que le siècle précédent avait décorés du nom d'histoire : il lui fallait, sous ce titre, non plus de saints miracles ou des aventures chevaleresques, mais des événements nationaux et la peinture de cette antique et fatale discorde de la puissance et du bon droit. Mézeray voulut répondre à ce nouveau besoin; il fit de l'histoire une tribune pour plaider la cause du parti politique toujours le meilleur et le plus malheureux; de ce parti qui jamais ne triomphe, et qui, en dépit des plus grands efforts, retombe toujours sous la main des gens en place et des *maltôtiers*. Mézeray, pour me servir de ses propres expressions, entreprit de *faire souvenir aux hommes des droits anciens et naturels contre lesquels il n'y a point de prescription.....* Il se piqua d'aimer les vérités qui déplaisent aux grands, et d'avoir la force de les dire; il ne visa point à la profondeur, ni même à l'exactitude historique : son siècle n'exigeait pas de lui ces qualités, dont il était mauvais juge. Aussi notre historien confesse-t-il naïvement que l'étude des sources lui avait donné trop de fatigues pour peu de gloire. Le goût du public fut sa seule règle, et il ne chercha point à dépasser la portée commune des esprits pour lesquels il travaillait. Plutôt moraliste qu'historien, il parsema de réflexions énergiques des récits légers et souvent faux. La masse du public, malgré les savants qui le dédaignaient, malgré la cour qui le détestait, malgré le ministre Colbert qui lui ôta sa pension, fit à Mézeray une renommée qui n'a point encore péri. »

M. de Barante, dans les lignes qui suivent, a également apprécié Mézeray avec justesse.

« Mézeray ne fut pas écrivain tendre ni beau diseur, comme quelques-uns de ses contemporains; son livre fut simple et naturel. Pour le composer, il fit peu ou point de recherches, et prit pour bonnes les chroniques demi-fabuleuses qui avaient été faites avant lui. Il laissa aux premières races et aux anciens temps la fausse couleur dont on les avait peints. A une époque où l'esprit de la monarchie absolue commençait à prendre possession de l'histoire, et voulait voir dans le passé une consécration et une légitimité pour le présent, le mérite de Mézeray fut d'avoir conservé le vieil esprit français, l'esprit des jurisconsultes du seizième siècle. Mézeray a pour l'autorité royale ce respect bourgeois qui n'a rien de courtisan et compatit à merveille avec le sentiment du bon droit. Son *Histoire* a la franchise des remontrances du parlement; elle sait vénérer la source de l'autorité et en blâmer l'usage. On se plaît aux phrases rudes qu'il jette de temps en temps contre les abus et les iniquités. Plus tard, l'indépendance eut d'autres soucis et d'autres apparences. C'est ce caractère qui donne à l'histoire de Mézeray un ensemble et une fermeté qu'on ne trouve pas dans des livres écrits depuis avec plus de science. »

Charles de Bourbon naquit en 1489. Il reçut à vingt-six ans l'épée de connétable. Une injustice l'enleva à la France, il eut le malheur de contribuer, dans les rangs des troupes de Charles-Quint, à la défaite de Pavie.

Après avoir vu toutes ses espérances trompées par l'astucieux monarque auquel il s'était confié, il ne dissimula pas sa colère, et fit trembler l'Italie. Ne pouvant plus suffire à la paye de ses soldats, il les mena au siège de Rome, dont il leur promit le pillage; mais il fut frappé d'un coup mortel en montant le premier à la brèche, le 6 mai 1537.

PROSE.

DISCOURS DE BIRON A HENRI IV (1).

« C'est tout de bon, sire, qu'on vous conseille de monter sur mer, comme s'il n'y avoit pas d'autre moyen de conserver votre royaume que de le quitter! Si vous n'étiez pas en France, il faudroit percer au travers de tous les hasards et de tous les obstacles pour y venir; et maintenant que vous y êtes, on voudroit que vous en sortissiez; et vos amis seroient d'avis que vous fissiez de votre bon gré ce que les plus grands efforts de vos ennemis ne sauroient vous contraindre de faire. En l'état où vous êtes, sortir seulement de la France pour vingt-quatre heures, c'est s'en bannir pour jamais.

» Le péril, au reste, n'est pas si grand qu'on vous le dépeint : ceux qui nous pensent envelopper sont, mêmes que nous avons tenus enfermés si lâchement à Paris, ou gens qui ne valent pas mieux, et qui auront plus d'affaires entre eux-mêmes que contre nous. Enfin, sire, nous sommes en France, il nous y faut enterrer; s'il s'agit d'un royaume, il faut l'emporter ou y perdre la vie; et quand même il n'y auroit point d'autre sûreté pour votre personne sacrée que la fuite, je sais bien que vous aimeriez mieux mille fois mourir de pied ferme, que de vous sauver par ce moyen. Votre majesté ne souffriroit jamais qu'on dît qu'un cadet de la maison de Lorraine (2) lui auroit fait perdre terre, encore moins qu'on la vît mendier à la porte d'un prince étranger.

» Non, sire, il n'y a ni couronne ni honneur pour vous au-delà de la mer. Si vous allez au-devant du secours de l'Angleterre, il reculera; si vous vous présentez au port de La Rochelle en homme qui se sauve, vous n'y trouverez que des reproches et du mépris. Je ne puis croire que vous deviez plutôt fier votre personne à l'inconstance des flots et à la merci de l'étranger, qu'à tant de braves gentilshommes et tant de vieux soldats qui sont prêts à lui servir de rempart et de bouclier; et je suis trop serviteur de votre majesté, pour lui dissimuler que si elle cherchoit sa sûreté ailleurs que dans leur vertu, ils seroient obligés de chercher la leur dans un autre parti que dans le sien. »

Par de semblables paroles le maréchal ferma la bouche à ceux qui avoient ouvert cet avis, et le roi, dont le courage suivoit toujours les plus hardies résolutions et se déterminoit facilement dans les plus pressantes rencontres, se résolut d'attendre l'ennemi dans un poste avantageux.

(1) Mayenne, avec beaucoup plus de monde que Henri IV, espérait l'envelopper, et croyait qu'il ne lui échapperait pas. Les amis mêmes du roi étaient tellement effrayés, qu'ils lui conseillaient de laisser ses troupes dans des endroits fortifiés et de passer en Angleterre ou à la Rochelle. Biron, irrité de ce conseil, prit la parole, à ce que suppose Mézeray, et d'une voix animée essaya de dissuader le roi. Ce discours appartient à Mézeray.

(2) Mayenne.

JACQUES MOLAY A SES JUGES.

N'attendez pas, messieurs, que, gentilhomme et chevalier, j'aille noircir, par une atroce calomnie, la réputation de tant de gens de bien, à qui si souvent j'ai vu faire des actions d'honneur. Ils ne sont coupables ni de lâcheté, ni de trahison; et si vous en voyez ici deux qui perdent leur honneur et leur âme, pour sauver une misérable vie, vous en avez vu mille périr constamment dans les gênes, et confirmer par leur mort l'innocence de leur vie. Je vous demande donc pardon, victimes illustres et généreuses, si, par une lâche complaisance, je vous ai faussement accusées de quelques crimes devant le roi à Poitiers; j'ai été un calomniateur; tout ce que j'ai dit est faux et controuvé : j'ai été un sacrilège moi-même et un impie, de proférer de si exécrables mensonges contre un ordre si saint, si pieux et si catholique. Je le reconnais pour tel, et innocent de tous les crimes dont la malice des hommes a osé le charger; et parce que je ne saurois assez réparer de paroles le crime que j'ai commis en le calomniant, il est juste que je meure, et je m'offre de bon cœur à tous les tourments qu'on me voudra faire souffrir. Sus donc (en se tournant vers les cardinaux), inventez-en de nouveaux pour moi, qui suis le seul coupable : achevez sur ce misérable corps, achevez les cruautés que vous avez exercées sur tant d'innocents. Allumez vos bûchers ; faites-y conduire le dernier des Templiers, et rassasiez enfin votre cupidité des richesses qui font tout leur crime, et qui ne sont que le prix glorieux de leurs travaux pour la protection de la foi et la défense des saints lieux.

Mézeray, selon sa mauvaise habitude de prêter aux personnages des discours qu'ils n'ont pas tenus, fait parler le grand-maître autrement que l'histoire ne le rapporte. Molay fut jugé sans être interrogé, sans qu'on lui permît d'user du droit naturel et sacré de proposer ses défenses. La commission nommée par le pape, le 11 des kalendes de janvier 1313, consulta seulement les premières procédures de l'interrogatoire subi à Chinon par le grand-maître, en août 1308, interrogatoire dont Molay avait désavoué la rédaction lorsqu'il avait comparu devant la commission papale. Comme le roi voulait un spectacle d'apparat pour imposer au peuple et à la France, il donna lieu au dernier acte de cette grande catastrophe. Le 18 mars 1313, parurent en public, sur un échafaud dressé au parvis de Notre-Dame, les trois commissaires du pape, auxquels avaient été adjoints Philippe de Marigny, archevêque de Sens, et d'autres prélats. Le grand-maître et les trois autres chefs de l'ordre entendirent la sentence qui les condamnait à la réclusion perpétuelle. Les juges comptaient sans doute sur le silence de ces infortunés ; mais le grand-maître saisit avec un courageux empressement cette dernière occasion de s'expliquer devant la France et la postérité. Il s'écria :

« Il est bien juste que dans un si terrible jour et dans les derniers moments de ma vie, je découvre toute l'iniquité du mensonge, et que je fasse triompher la vérité. Je déclare donc, à la face du ciel et de la terre, et j'avoue, quoique à ma honte éternelle, que j'ai commis le plus grand des crimes ; mais ce n'a été qu'en convenant de ceux qu'on impute avec tant de noirceur à mon ordre. J'atteste, et la vérité m'oblige d'attester qu'il est innocent. Je n'ai même fait la déclaration contraire que pour suspendre les douleurs excessives de la torture et pour fléchir ceux qui me les faisaient souffrir. Je sais les supplices qu'on a infligés à tous les chevaliers qui ont eu le courage de révoquer une pareille confession ; mais l'affreux spectacle qu'on me présente n'est pas capable de me faire confirmer un premier mensonge par un second : à une condition si infâme, je renonce de bon cœur à la vie. »

Le conseil de Philippe le Bel se réunit, et sans faire prononcer aucun tribunal ecclésiastique, condamna lui-même aux flammes le grand-maître et l'illustre chevalier qui avait fait une déclaration semblable à celle de Molay. On dressa le bûcher à la pointe d'une petite île de la Seine, à l'endroit même où depuis a été placée la statue de Henri IV.

Ces détails sont extraits d'un savant travail que M. Raynouard a fait imprimer à la suite de sa belle tragédie des *Templiers*.

DE RETZ.

ÉVASION DU CARDINAL DE RETZ.

Cependant, je me résolus tout de bon à me sauver. M. le premier président, à qui la cour avoit déjà fait une manière de tentative, m'en pressoit, et Montrésor me fit donner un petit billet, par le moyen d'une dame de Nantes, où il y avoit : *Vous devez être conduit à Brest dans la fin du mois, si vous ne vous sauvez.* Je m'ouvris à M. de Brissac, qui faisoit de temps en temps des voyages à Nantes, et qui me promit de me servir. Comme il avoit un fort grand équipage, il marchoit toujours avec beaucoup de mulets. Cette quantité de coffres me donna la pensée qu'il ne seroit pas impossible que je me fourrasse dans l'un de ces bahuts. On le fit faire exprès un peu plus grand qu'à l'ordinaire. On fit un trou par le dessous, afin que je pusse respirer : je l'essayai même, et il me parut que ce moyen étoit praticable et simple. M. de Brissac fit un voyage de trois ou quatre jours à Machecoul qui le changea absolument. Il s'ouvrit de ce projet à madame de Retz, et à monsieur son beau-père ; ils l'en dissuadèrent : celle-là par la haine qu'elle avoit pour moi ; et celui-ci par le tour de son esprit, qui alloit toujours au mal. M. de Brissac revint donc à Nantes, convaincu, à ce qu'il disoit, que j'étoufferois dans ce bahut, et touché, à la vérité, du scrupule qu'on lui avoit donné que, s'il faisoit une action de cette nature, il violeroit le droit de l'hospitalité trop ouvertement. Je n'oubliai rien pour lui persuader qu'il violeroit aussi beaucoup celui de l'amitié, s'il ne me laissoit transférer à Brest. Il en convint et il me donna parole qu'il me serviroit pour ma liberté en tout ce qui ne regarderoit pas le dedans du château : nous prîmes toutes nos mesures sur un plan que je fis moi-même, aussitôt que le premier m'eut manqué.

Je vous ai déjà dit que je m'allois quelquefois promener sur une manière de ravelin qui donnoit sur la rivière, et j'avois observé que, comme nous étions au mois d'août, elle ne battoit pas contre la muraille, et laissoit un petit espace de terre jusqu'au bastion. J'avois aussi remarqué qu'entre le jardin, qui étoit sur ce bastion, et la terrasse sur laquelle mes gardes demeuroient quand je me promenois, il y avoit une porte que Chaluchet y avoit fait mettre pour empêcher les soldats d'y aller. Je formai sur ces observations mon dessein, qui fut de tirer, sans faire semblant de rien, cette porte après moi, qui, étant à jour par des treillis, n'empêcheroit pas les gardes de me voir, mais qui les empêcheroit au moins de pouvoir venir à moi ; de me faire descendre par une corde que mon médecin et l'abbé Rousseau, frère de mon intendant, me tiendroient ; et de faire trouver des chevaux au bas du ravelin, et pour moi et pour quatre gentilshommes que je faisois état de mener avec moi. Ce projet étoit d'une exécution très-difficile : il étoit extraordinaire, et tout ce qui l'est ne paroît possible qu'après l'exécution à ceux qui ne sont capables que de l'ordinaire. Enfin, il n'y eût rien eu de plus remarquable en notre siècle que le succès d'une évasion comme la mienne, s'il se fût terminé à me rendre maître de la capitale du royaume en brisant mes fers. Caumartin me donna cette pensée : je l'embrassai avec ardeur ; M. le président de Bellièvre l'approuva, et aussitôt que M. le chancelier et Servien, qui étoient à Paris, surent que je marchois, ils ne pensèrent qu'à me quitter la place et à se sauver. Ce fut le premier mot que Servien, qui n'étoit pas timide, proféra quand il reçut la lettre de M. le maréchal de la Meilleraye. Joignez à cela le *Te Deum* qui fut chanté pour ma liberté à Notre-Dame, et les feux de joie qui furent faits en beaucoup de quartiers de la ville, quoique l'on ne me vît pas, et jugez de l'effet que j'avois lieu d'espérer de ma présence. En voilà assez pour répondre à ceux qui ont blâmé mon entreprise, et je les supplie de s'examiner eux-mêmes, et de se demander dans leur intérieur s'ils eussent cru que la déclaration que je fis en plein parlement contre M. le cardinal Mazarin, le lendemain de la bataille de Rhetel, eût réussi comme elle fit, si on la leur eût proposée un quart d'heure avant qu'elle réussît. Je suis persuadé que presque tout ce qui s'est entrepris de grand est de cette espèce ; je le suis de plus qu'il est souvent nécessaire de le hasarder ; mais je le suis encore qu'il étoit judicieux dans l'occasion dont il s'agit, parce que le pis du pis étoit de faire une action de grand éclat, que j'eusse poussée, si j'y eusse trouvé lieu, et à laquelle j'eusse donné un air de modération et de sagesse, si le terrain ne m'eût paru aussi ferme que je me l'étois imaginé ; car mon projet étoit de n'entrer à Paris qu'avec toutes les apparences d'un esprit de paix ; de déclarer, et au Parlement et à l'Hôtel-de-Ville, que je n'y allois que pour prendre possession de mon archevêché ; de prendre effectivement cette possession dans mon église ; de voir ce que ce spectacle produiroit dans l'esprit d'un peuple échauffé par l'état des choses ; car Arras étoit assiégé par M. le prince. Le roi, qui m'eût vu dans Paris, n'eût pas apparemment fait attaquer les lignes comme il fit ; les serviteurs de M. le prince, qui étoient en bon nombre dans la ville, se seroient certainement joints à mes amis ; la fuite de M. le chancelier et de M. Servien auroit fait prendre cœur aux mazarins ; la collusion de M. le premier président de Bellièvre m'auroit été d'un avantage signalé. M. Nicolaï, premier président de la chambre des comptes, a dit depuis, que, comme il n'y avoit pas eu contre moi une seule ombre de formalité observée, sa compagnie n'auroit pas hésité un moment à faire, à l'égard de ma possession, tout ce qui dépendoit d'elle. J'aurois connu, en faisant ces premières démarches, jusqu'où j'aurois dû et pu porter les secondes. Si, comme je l'ai dit ci-dessus, j'eusse rencontré le chemin plus embarrassé que je ne l'aurois cru, je n'aurois eu qu'à faire un pas en arrière, à traiter purement l'affaire en ecclésiastique, et me retirer, après ma prise de possession, à Mézières, où deux cents chevaux m'eussent passé avec toute facilité, toutes les troupes du roi étant éloignées. Le vicomte de Lamet étoit dedans ; et Noirmoutier même, quoique accommodé sous main à la cour, comme vous avez vu ci-devant, eût été obligé de garder de grandes mesures avec moi pour ne pas se déshonorer tout-à-fait dans le monde, et par la considération même de son intérêt particulier ; parce que Charleville et Mont-Olimpe ne sont que comme un rien sans Mézières. Il avoit de plus renoué en quelque façon avec moi depuis que j'étois sorti de Vincennes ; et comme il croyoit que j'aurois au premier jour ma liberté, il avoit pris cet instant pour se raccommoder avec moi, et pour m'envoyer Blanchecour, capitaine d'infanterie dans la garnison de Mézières. Il m'apporta une lettre signée de lui et du vicomte de Lamet, et ils m'écrivoient tous deux comme étant et ayant toujours été dans mes intérêts, et y voulant vivre et mourir. Un billet séparé, du vicomte, me marquoit que M. le duc de Noirmoutier affectoit de faire le zélé pour moi plus que jamais, pour couvrir le passé par un éclat qui, dans l'état où étoient les choses, ne le pouvoit plus, au moins selon son opinion, commettre avec la cour. Cependant, comme Mézières n'est pas considérable sans Charleville et sans Mont-Olimpe, je n'y eusse pu rien faire de grand, dans la défiance où j'étois de Noirmoutier ; mais j'y eusse toujours trouvé de quoi me retirer, et c'étoit justement ce dont j'avais le plus besoin dans l'occasion de laquelle je vous parle.

Tout ce plan fut renversé en un moment, quoique aucune des machines sur lesquelles il étoit bâti n'eût manqué. Je me sauvai le samedi 8 août 1654, à cinq heures du soir ; la porte du petit jardin se referma après moi presque naturellement, je descendis très-heureusement au bas du bastion, qui avoit quarante pieds de haut, la corde entre les jambes. Un valet de chambre, qui est encore à moi, amusa mes gardes en les faisant boire. Ils s'amusèrent eux-mêmes à regarder un jacobin qui se baignoit, et qui de plus se noyoit. La sentinelle, qui étoit à vingt pas de moi, n'osa me tirer, parce que, lorsque je le vis compasser la mèche, je lui criai que je le ferois pendre s'il tiroit ; et il avoua à la question qu'il crut, sur cette menace, que le maréchal étoit de concert avec moi. Deux petits pages, qui se baignoient, et qui, me voyant suspendu à la corde, crièrent que je me sauvois, ne furent pas écoutés ; parce que tout le monde s'imagina qu'ils appeloient les gens au secours du jacobin qui se baignoit. Mes quatre gentilshommes se trouvèrent à point nommé au bas du ravelin, où ils avoient fait semblant de faire abreuver leurs chevaux : je fus à cheval moi-même avant qu'il y eût eu seulement la moindre alarme, et, comme j'avois quarante relais posés entre Nantes et Paris, je serois arrivé infailliblement le mardi à la pointe du jour, sans un accident que je puis dire avoir été le fatal et le décisif du reste de ma vie.

Aussitôt que je fus à cheval, je pris la route de Mauve, qui est, si je ne me trompe, à cinq lieues de Nantes, sur la rivière, et où nous étions convenus que M. de Brissac et M. le chevalier de Sévigné m'attendroient avec un bateau pour la passer. Laralde, écuyer de M. le duc de Brissac, qui marchoit devant moi, me dit qu'il falloit galoper d'abord pour ne pas donner le temps aux gardes du maréchal de fermer la porte d'une petite rue du faubourg où étoit leur quartier, et par laquelle il falloit nécessairement passer. J'avois un des meilleurs chevaux du monde, et qui avoit coûté mille écus à M. de Brissac. Je ne lui abandonnai pas toutefois la main, parce que le pavé étoit trop mauvais et très-glissant ; mais un de mes gentilshommes, nommé Boisguérin, ayant crié de mettre le pistolet à la main, parce qu'il voyoit deux gardes du maréchal qui ne songeoient pourtant pas à nous, je l'y mis effectivement, en le présentant à la tête de celui de ces gardes qui étoit le plus près de moi, pour l'empêcher de se saisir de la bride de mon cheval. Le soleil, qui étoit encore haut, donna dans la platine, la réverbération fit peur à mon cheval qui étoit vif et vigoureux. Il fit un grand sursaut et il retomba des quatre pieds. J'en fus quitte pour l'épaule gauche, qui se rompit contre la borne d'une porte. Un autre de mes gentilshommes, nommé Beauchesne, me releva et me remit à cheval, et, quoique je souffrisse des douleurs effroyables, et que je fusse obligé de me tirer les cheveux de temps en temps, pour m'empêcher de m'évanouir, j'achevai ma course de cinq lieues avant que le grand maître, qui, si l'on veut en croire la chanson de Marigni, me suivoit à toute bride avec tous les coureurs de Nantes, m'eût pu rejoindre. Je trouvai, au lieu désigné, M. de Brissac et le chevalier de Sévigné avec le bateau. Je m'évanouis en y entrant. On me fit revenir en me jetant un verre d'eau sur le visage. Je voulus remonter à cheval quand nous eûmes passé la rivière; mais les forces me manquèrent, et M. de Brissac fut obligé de me faire mettre dans une grosse meule de foin, où il me laissa avec un de mes gentilshommes qui me tenoit entre ses bras. Il emmena avec lui Joli, et il tira droit à Beaupréau à dessein d'y assembler la noblesse pour me venir tirer de ma meule de foin. J'y demeurai caché plus de sept heures avec une incommodité que je ne puis vous exprimer. J'avois l'épaule rompue et démise; j'y avois une contusion terrible. La fièvre me prit sur les neuf heures du soir, et l'altération qu'elle me donnoit étoit encore cruellement augmentée par la chaleur du foin nouveau. Quoique je fusse sur le bord de la rivière, je n'osois boire, parce que, si nous fussions sortis de la meule, Montet et moi, nous n'eussions eu personne pour raccommoder le foin qui eût paru remué, et qui eût donné lieu par conséquent à ceux qui couroient après moi d'y fouiller. Nous n'entendions que des cavaliers qui passoient à droite et à gauche. Nous reconnûmes même Coulon à sa voix. L'incommodité de la soif est incroyable et inconcevable à qui ne l'a pas éprouvée. M. de la Poise Saint-Offanges, homme de qualité du pays, que M. de Brissac avoit averti en passant chez lui, vint sur les deux heures après minuit me prendre dans cette meule après qu'il eut remarqué qu'il n'y avoit plus de cavaliers aux environs. Il me mit sur une civière, et il me fit porter par deux paysans dans la grange d'une maison qui étoit à lui, à une lieue de là. Il m'y ensevelit encore dans le foin, mais comme j'y avois de quoi boire, je m'y trouvai mieux.

M. et madame de Brissac me vinrent prendre au bout de sept ou huit heures, avec quinze ou vingt chevaux, et ils me menèrent à Beaupréau, où je ne demeurai qu'une nuit, jusqu'à ce que là noblesse fût assemblée. M. de Brissac étoit fort aimé dans tout le pays; il mit ensemble, dans ce peu de temps, plus de deux cents gentilshommes: M. de Retz, qui l'étoit encore plus dans son quartier, le joignit à quatre lieues de là avec trois cents. Nous passâmes presque à la vue de Nantes, d'où quelques gardes du maréchal sortirent pour escarmoucher. Ils furent repoussés vigoureusement jusque dans la barrière, et nous arrivâmes heureusement à Machecoul, qui est dans le pays de Retz, avec toute sorte de sûreté.

Jean-François-Paul de Gondi, cardinal de Retz, naquit à Montmirail, en Brie, en octobre 1614. Il était le second fils d'Emmanuel de Gondi, général des galères de France, et petit-neveu de Pierre de Gondi, cardinal de Retz et archevêque de Paris. Jaloux de conserver cette dignité dans la famille, le père du héros futur de la Fronde le destina, dès sa naissance, à l'épiscopat; mais, devenu chanoine, Gondi répondait fort mal au zèle apostolique de saint Vincent de Paule, son précepteur; il voulait, par l'éclat de ses galanteries et de ses duels, forcer sa famille à renoncer à ses desseins. Trompé dans cet espoir, il s'adonna sérieusement à l'étude de la théologie et de l'antiquité profane. C'est sous l'inspiration des brigues du Forum et de la conjuration de Catilina qu'il écrivit, à dix-huit ans, la *Conspiration du comte de Fiesque*, calquée sur l'immortel écrit de Salluste. Richelieu la lut, et s'écria : *Voilà un dangereux esprit!* Le jeune prêtre, qui avait plusieurs fois refusé d'être présenté au grand ministre, disputa le premier rang à l'un de ses protégés, dans les exercices publics de la Sorbonne, vainquit ce rival et s'enfuit à Venise. La perspective de l'archevêché le ramena à Paris, où il prêcha bientôt avec succès son premier sermon. Il n'avait alors que vingt-deux ans. Ami du comte de Soissons, Gondi entra dans un projet d'assassinat, tramé contre Richelieu. Heureusement l'occasion manqua aux meurtriers. Consulté sur la levée de boucliers du duc de Soissons, il n'y vit qu'une *illustre issue* pour échapper à l'Église. La mort du duc mit fin à tous ces extravagants desseins. Gondi reprit ses études, et s'attacha peu à peu tout le clergé de Paris; il eut même avec un ministre protestant des conférences qui furent couronnées par la conversion d'un gentilhomme poitevin. Louis XIII le désigna, en mourant, pour la coadjutorerie de Paris. La régente confirma ce choix. Gondi exerça d'abord ses fonctions avec beaucoup de zèle; mais l'empire qu'il prenait sur les esprits porta ombrage à Mazarin, qui le traversa dans ses projets de réforme ecclésiastique. Le rôle que joua le coadjuteur à l'assemblée du clergé, en 1645, et quelques autres démarches le brouillèrent avec la cour. Alors, par une adroite conduite, il se créa une position indépendante. Le moment était propice : grands, peuple, magistrats, tout le monde était mécontent; *Gondi vit dans tout cela la possibilité pratique des grandes choses dont la spéculation l'avait touché beaucoup dès son enfance.* Cependant il résista un peu d'abord à ses amis, avertit la cour de l'exaspération des esprits, mais ses avis furent mal reçus. Il offrit de nouveau ses bons offices, le jour des barricades, et Mazarin, qui n'était pas fâché de compromettre le coadjuteur, le força de promettre aux séditieux la liberté du conseiller Broussel, qu'on n'avait pas l'intention de relâcher. Blessé d'un coup de pierre, et, venant de sauver Paris du pillage, il n'obtint de la reine que ces paroles amères : *Allez vous reposer, monsieur; vous avez bien travaillé!* Instruit qu'il devait être arrêté le lendemain, Gondi furieux devint un factieux décidé, que la reine et Mazarin cherchèrent alors inutilement à calmer. Nous ne raconterons pas toutes les intrigues du coadjuteur, intrigues dans lesquelles il montra une habileté, une adresse, une vivacité vraiment prodigieuses.

C'est en lisant les *Mémoires* du cardinal que l'on voit toutes les ressources de son génie, tout ce qu'il déploya de ruse et de présence d'esprit pour lutter, au parlement, contre la pénétration du président de Mesmes et l'ascendant de Molé; hors le parlement, contre les prétentions, les rivalités des gentilshommes, la tiédeur ou l'égoïsme des bourgeois et les violences de la populace. Doué d'un bon cœur, il sauva de la fureur populaire le chevalier de La Valette, qui avait ordre de l'assassiner, et obtint du parlement un secours pour la veuve de Charles Ier d'Angleterre, que la cour oubliait à Paris. Une partie des frondeurs traita avec l'Espagne; le coadjuteur refusa de se joindre à eux, et sut se maintenir dans une neutralité menaçante pour tous les partis. Accusé par le prince de Condé, jouet de Mazarin, d'avoir fait tirer sur la voiture de ce prince, de Retz parut inopinément devant les chambres du parlement assemblé, où il se fit aisément absoudre. Menacé par la noblesse qui formait le cortège du prince, le coadjuteur ne marcha plus qu'à la tête de cent cinquante gentilshommes. Condé, toujours dupe, fut arrêté par ordre de Mazarin; mais le coadjuteur, fatigué de ses rapports avec une imprudente cour qui ne savait pas le ménager, s'unit étroitement à la princesse Palatine, et la liberté des princes de Condé, malgré la victoire de Rhetel, fut le chef-d'œuvre de cette union politique. Cromwell ayant fait sonder les intentions du coadjuteur, Gondi repoussa avec une hauteur telle l'envoyé britannique, que le protecteur dit publiquement : *Il n'y a qu'un homme en Europe qui me méprise ; c'est le cardinal de Retz!...* Après avoir été tour à tour l'appui et la terreur de la régente, l'ami et l'ennemi de Condé, qui manqua totalement de caractère, de Retz fut arrêté au Louvre, le 19 décembre 1652. D'abord transféré à Vincennes, on le conduisit de là au château de Nantes, où il n'obtint sa translation qu'en donnant sa démission de l'archevêché de Paris. Il se sauva avec la résolution d'aller, dans cette ville, s'unir aux partisans de M. le prince. La bonne étoile de Mazarin sauva la cour de ce péril. Une chute de cheval força le cardinal de Retz à se réfugier en Espagne, d'où il partit pour Rome. Là, il se conduisit avec une rare adresse, et décida, au conclave, l'élection d'Alexandre VII. Il habita longtemps la Hollande et les Pays-Bas, et traita enfin avec la cour pour assurer les intérêts de ses amis politiques. Louis XIV lui donna l'abbaye de Saint-Denis. Il participa à l'exaltation de Clément X, vendit ses propriétés pour satisfaire aux quatre millions de dettes qu'il avait faites, et ne garda que vingt mille livres de rente. Devenu pieux, tranquille, modeste, d'un commerce sûr, ce grand agitateur du peuple mourut à Paris, le 25 août 1679, honoré des larmes de ses amis et béni par ses domestiques et par les pauvres.

Les *Mémoires de Retz* sont écrits, dit Voltaire, avec un air de grandeur, une impétuosité de génie et une inégalité qui sont l'image de sa conduite ; son expression, quelquefois incorrecte, souvent négligée, mais presque toujours originale, rappelle sans cesse à ses lecteurs ce qu'on a répété tant de fois des Commentaires de César : *Eodem animo scripsit quo bellavit*. A ce jugement si favorable joignons l'opinion de M. de Barante :

« Le cardinal de Retz, plus que personne, donna du charme et de la vie à l'histoire écrite avec des impressions personnelles. Jusqu'au moment où une bien autre activité politique et de bien plus grands intérêts vinrent agiter les peuples, le cardinal de Retz faisait concevoir, mieux qu'aucun écrivain, le mouvement et les passions qui se développent dans les crises populaires. Depuis on a joué plus gros jeu ; et l'on a trouvé un peu petite la partie où il s'animait si spirituellement. »

PORTRAIT DU CARDINAL DE RICHELIEU.

Le cardinal de Richelieu avoit de la naissance : sa jeunesse jeta des étincelles de son mérite ; il se distingua en Sorbonne. On remarqua de fort bonne heure qu'il avoit de la force et de la vivacité dans l'esprit ; il prenoit d'ordinaire très-bien son parti ; il étoit homme de parole où un grand intérêt ne l'obligeoit pas au contraire ; et, en ce cas, il n'oublioit rien pour sauver les apparences de la bonne foi. Il n'étoit pas libéral ; mais il donnoit plus qu'il ne promettoit, et assaisonnoit admirablement ses bienfaits. Il aimoit la gloire beaucoup plus que l'exacte morale ne le permet ; mais il faut avouer qu'il n'abusoit qu'à proportion de son mérite de la dispense qu'il avoit prise sur l'excès de son ambition. Il n'avoit ni l'esprit, ni le cœur au-dessus des périls ; il n'avoit ni l'un ni l'autre au-dessous ; et l'on peut dire qu'il en prévint davantage par sa capacité, qu'il n'en surmonta par sa fermeté. Il étoit bon ami, il eût même souhaité être aimé du peuple ; mais, quoiqu'il eût de la civilité à l'extérieur, et beaucoup d'autres parties propres à cet effet, il n'en eut jamais le je ne sais quoi, qui est encore plus nécessaire en cette matière qu'en toute autre. Il anéantissoit, par son pouvoir et son faste royal, la majesté personnelle du roi ; mais il remplissoit avec tant de dignité les fonctions de la royauté, qu'il falloit n'être pas du vulgaire pour ne pas confondre le bien et le mal en ce fait. Il distinguoit plus judicieusement qu'homme du monde entre le mal et le pis, entre le bien et le mieux ; ce qui est une grande qualité pour un ministre. Il s'impatientoit trop facilement dans les petites choses qui étoient préalables de grandes ; mais ce défaut, qui vient de la sublimité de l'esprit, est toujours joint à des lumières qui le suppléent. Il avoit assez de religion pour le monde : il alloit au bien ou par inclination ou par bon sens, toutes les fois que son intérêt ne le portoit point au mal, qu'il connoissoit parfaitement quand il le faisoit. Il ne considéroit l'état que pour sa vie ; mais jamais ministre n'a eu plus d'application à faire croire qu'il en ménageoit l'avenir. Enfin, il faut convenir que tous ses vices ont été de ceux que la grande fortune rend aisément illustres, parce qu'ils ont été de ceux qui ne peuvent avoir pour instrument que de grandes vertus. Vous jugerez facilement qu'un homme qui a eu d'aussi grandes qualités, et autant d'apparences de celles mêmes qu'il n'avoit pas, se conserve aisément dans le monde cette sorte de respect qui démêle le mépris de la haine, et qui, dans un état où il n'y a plus de lois, supplée, au moins pour quelque temps, à leur défaut.

M. de Vigny a tracé ainsi le portrait physique du cardinal :

« Il avait le front large et quelques cheveux fort blancs, une figure pâle et effilée, à laquelle une petite barbe blanche et pointue donnait cet air de finesse que l'on remarque dans tous les portraits du siècle de Louis XIII; une bouche presque sans lèvres, et nous sommes forcé d'avouer que Lavater regarde ce signe comme indiquant la méchanceté, à n'en pouvoir douter; une bouche pincée, disons-nous, était encadrée par deux moustaches grises et une royale, ornement dont nous avons déjà parlé, que nos officiers de hussards se laissent croître encore entre la lèvre inférieure et le menton, et qui ressemble assez à une virgule. »

Ce qu'en dit Montrésor complétera le portrait de Richelieu.

« ..... Il mourut à cinquante-huit ans, dans le palais qu'il avoit fait bâtir dans Paris, à la vue presque de son roi, qui ne fut jamais si satisfait de chose qui fût arrivée dans son règne. Ce cardinal eut beaucoup de bien et de mal. Il avoit de l'esprit, mais du commun ; aimoit les belles choses sans les bien connoître, et n'eut jamais la délicatesse du discernement pour les productions de l'esprit. Il avoit une effroyable jalousie contre tous ceux qu'il voyoit en réputation : les grands hommes, de quelque profession qu'ils aient été, ont été ses ennemis ; et tous ceux qui l'ont choqué ont senti la rigueur de ses vengeances. Tout ce qu'il n'a pu faire mourir a passé sa vie dans le bannissement. Il y a eu plusieurs conspirations faites pendant son administration pour le détruire : son maître lui-même y est entré ; et cependant, par un excès de sa bonne fortune, il a triomphé de la vie de ses ennemis, et a laissé le roi lui-même à la veille de sa mort. Enfin on l'a vu dans un lit de parade, pleuré de peu, méprisé de plusieurs, et regardé de tous les badauds avec une telle foule, qu'à peine un jour entier put-on aborder du Palais-Cardinal. »

PORTRAIT DU CARDINAL MAZARIN.

Le cardinal de Mazarin étoit d'un caractère tout contraire à celui du cardinal de Richelieu. Sa naissance étoit basse, son éducation honteuse. Au sortir du collège, il apprit à tromper au jeu, ce qui lui attira des coups de bâton d'un orfèvre de Rome appelé Moretto. Il fut capitaine d'infanterie dans la Valteline, et Bagny, qui étoit son général, m'a dit qu'il ne passa dans la guerre, qui ne fut que de trois mois, que pour un escroc. Il eut la nonciature extraordinaire en France par la faveur du cardinal Antoine, qui ne s'acquéroit pas en ce temps-là par de bons moyens. Il plut à Chavigny par les contes libertins d'Italie ; et par Chavigny à Richelieu, qui le fit cardinal par le même esprit, à ce que l'on croit, qui obligea Auguste à laisser à Tibère la succession de l'empire. La pourpre ne l'empêcha pas de demeurer valet sous Richelieu. La reine l'ayant choisi, faute d'autre, ce qui est vrai quoi qu'on en dise, il parut d'abord l'original de *Trivelino principe*. La fortune l'ayant ébloui et tous les autres, il s'érigea et on l'érigea en Richelieu ; mais il n'en eut que l'impudence. Il se fit de la honte de tout ce dont l'autre s'étoit fait de l'honneur ; il se moqua de la religion, et promit tout ce qu'il ne vouloit pas tenir. Il ne fut ni doux ni cruel, parce qu'il ne se ressouvenoit ni des bienfaits ni des injures. Il s'aimoit trop, ce qui est le naturel des âmes lâches ; il se craignoit trop peu, ce qui est le caractère de ceux qui n'ont pas le soin de leur réputation. Il prévoyoit assez bien le mal, parce qu'il avoit souvent peur ; mais il n'y remédioit pas à proportion, parce qu'il n'avoit pas tant de prudence que de peur. Il avoit de l'esprit, de l'enjouement, des manières, mais le vilain cœur paroissoit toujours à travers, et au point que ses qualités eurent dans l'adversité tout l'air de ridicule, et ne perdirent pas dans la prospérité celui de la fourberie. Il porta le filoutage dans le ministère, ce qui n'est jamais arrivé qu'à lui ; et ce filoutage faisoit que le ministère même, heureux et absolu, ne lui séoit pas bien, et que le mépris s'y glissa, ce qui est la maladie la plus dangereuse dans un état, et dont la contagion se répand le plus aisément et le plus promptement du chef dans les membres.

Il n'est pas mal aisé de concevoir, par ce que je viens de vous dire, qu'il peut et qu'il doit y avoir eu beaucoup de contre-temps fâcheux dans une administration qui a suivi d'aussi près celle du cardinal de Richelieu, et qui en étoit aussi différente.

Mazarin ou Mazarini (Jules), cardinal et premier ministre de France, naquit, en 1602, à Rome ou, suivant l'opinion plus commune, à Piscina, dans les Abruzzes. Il fit ses études dans la capitale du monde chrétien, et passa en Espagne ;

il y suivit les cours des célèbres écoles d'Alcala et de Salamanque. De retour à Rome, Mazarin quitta la jurisprudence pour la carrière des armes. Envoyé dans la Valteline, en 1625, en qualité de capitaine de l'armée papale, il déploya déjà son talent pour les négociations. A la paix, le futur ministre fut reçu docteur en droit. Ayant, en qualité d'internonce, accompagné le cardinal Saccheti, envoyé du pape à la cour de Turin, il fit preuve de beaucoup de finesse. Peu après, s'étant attaché au cardinal Barberini, il le suivit à Lyon, où se trouvait le grand Richelieu, qui, ayant conçu la plus haute estime pour le nouveau diplomate, réussit à le gagner à la France. Mazarin, de retour à Rome, contribua beaucoup à faire signer le traité de Cherasco (1631), et parvint par ruse à assurer à la France la place de Pignerol. Il prit l'habit ecclésiastique et reçut, en 1633, un bénéfice et une charge de référendaire dans la chancellerie pontificale. Plus tard, il fut nommé vice-légat d'Avignon, puis nonce extraordinaire à Paris. Après avoir rendu les services les plus signalés à la cour de France, il reçut de Louis XIII la barette, le 25 février 1642. Vivement recommandé à ce prince par Richelieu, Mazarin prit la place du ministre. Après la mort de Louis XIII, Mazarin, d'abord en butte à la mauvaise volonté d'Anne d'Autriche, fut ensuite poursuivi avec fureur par la Fronde. Ayant rétabli l'ordre, il régna sans obstacle depuis 1654. Auteur du traité de Westphalie et de celui des Pyrénées, signé le 7 novembre 1659, Mazarin, par ces deux actes politiques, prépara la grandeur de Louis XIV. A ses derniers moments, il recommanda au roi Le Tellier, Lionne, Colbert, et lui donna, dit-on, le conseil de régner par lui-même. Mazarin mourut à Vincennes, le 9 mars 1661.

Voici comment Voltaire a parlé de ce ministre :

« On n'entreprendra pas ici d'examiner si le cardinal Mazarin a été un grand ministre ou non ; c'est à ses actions de parler, et à la postérité de juger. Le vulgaire suppose quelquefois une étendue d'esprit prodigieuse et un génie presque divin dans ceux qui ont gouverné des empires avec quelque succès. Ce n'est point une pénétration supérieure qui fait les hommes d'État ; c'est leur caractère. Les hommes, pour peu qu'ils aient de bon sens, voient tous à peu près leurs intérêts. Un bourgeois d'Amsterdam ou de Berne en sait autant, sur ce point, que Séjan, Ximénès, Buckingham, Richelieu ou Mazarin. Mais notre conduite et nos entreprises dépendent uniquement de la trempe de notre âme, et nos succès dépendent de la fortune... On peut juger du caractère des hommes par leurs entreprises. On peut bien assurer que l'âme de Richelieu respirait la hauteur et la vengeance, que Mazarin était sage, souple et avide de biens. Mais pour connaître à quel point un ministre a de l'esprit, il faut ou l'entendre souvent parler ou lire ce qu'il a écrit. Il arrive souvent parmi les hommes d'État ce qu'on voit tous les jours parmi les courtisans : celui qui a le plus d'esprit échoue, et celui qui a dans le caractère le plus de patience, de force, de souplesse et de suite, réussit..... Le monument qui immortalise le cardinal Mazarin est l'acquisition de l'Alsace. Il donna cette province à la France dans le temps que la France était déchaînée contre lui ; et, par une fatalité singulière, il fit plus de bien au royaume lorsqu'il y était persécuté que dans la tranquillité d'une puissance absolue. »

MADAME DE MOTTEVILLE.

SECONDE JOURNÉE DES BARRICADES.

Quand les Parisiens eurent perdu de vue leur Broussel, les voilà tous comme des forcenés, criant par les rues qu'ils sont perdus, qu'ils veulent qu'on leur rende leur protecteur, et qu'ils mourront tous de bon cœur pour sa querelle. Ils s'assemblent, ils tendent toutes les chaînes des rues, et, en peu d'heures, ils mirent des barricades dans tous les quartiers de la ville. La reine, avertie de ce désordre, envoie le maréchal de la Meilleraye par les rues, pour apaiser le peuple et lui parler de son devoir. Le coadjuteur de Paris, qui, par une ambition démesurée, avoit des inclinations bien éloignées de vouloir travailler à remédier à ce mal, y fut envoyé aussi; mais voulant cacher cette pente qu'il avoit à souhaiter quelque nouveauté, il sortit à pied avec son camail et son rochet; et, se mêlant parmi la foule, prêche le peuple, leur crie la paix, et leur remontre l'obéissance qu'ils doivent au roi, avec toutes les marques d'une affection à son service tout-à-fait désintéressée. Peut-être même qu'il agissait de bonne foi en cette rencontre; car, comme son désir étoit seulement d'avoir part aux grandes affaires par quelque voie que ce pût être, si, par celle-ci, il eût pu entrer dans les bonnes grâces de la reine, et se rendre nécessaire à l'État, son ambition étoit satisfaite, il n'en auroit pas pris une autre. Le peuple, à toutes les paroles qu'il leur dit, répondit avec respect pour sa personne, mais avec audace et emportement contre ce qu'ils devoient au nom du roi, demandant toujours leur protecteur, avec protestation de ne s'apaiser jamais qu'on ne le leur rende; et, sans trop considérer ce qu'ils devoient au grand maître, le maréchal de la Meilleraye, ils lui jetèrent des pierres, le chargèrent de mille injures, et, en le menaçant, firent des imprécations horribles contre la reine et son ministre. Ils lâchèrent contre lui des insolences qui eussent mérité le gibet, si le roi eût été le maître, et si la reine, par une vengeance particulière, eût été capable de faire mourir quelqu'un. Ces deux hommes revinrent au Palais-Royal consulter ce qui se devoit faire dans cette occasion, où les paroles paroissoient un remède trop foible pour un si grand mal; mais comme on jugea qu'il ne falloit point encore, dans cette première chaleur, aigrir davantage le peuple, il fut conclu qu'ils retourneroient s'exposer aux coups de pierres et aux injures. Ils le firent de bonne grâce, quoique le maréchal de la Meilleraye eût les gouttes et ne pût marcher sans l'aide d'un bâton, et que le coadjuteur eût une santé assez foible. On y envoya aussi des soldats, pour voir si les armes ne feroient point de peur à cette furieuse troupe; mais après que quelques coups les eurent un peu écartés, leur colère augmenta davantage, et leur rage en devint plus forte. Cette médecine, qu'on ne leur donna que par force, et pour essayer si les apparences seroient utiles à leur guérison, n'ayant pas eu d'effet, on cessa de la pratiquer, et on crut que le mieux étoit de ne rien faire d'extraordinaire, de peur de faire connoître aux Parisiens le danger où leur folie exposoit la France. On passa toute cette journée dans l'espérance que ce tumulte pourroit s'apaiser, mais avec beaucoup de crainte qu'il ne s'augmentât. On tint conseil au Palais-Royal à l'ordinaire, et nous y demeurâmes paisiblement, riant et causant, selon notre coutume, de mille fariboles; car, outre qu'en telles occasions personne ne peut dire ce qu'il pense et ne veut pas paroître avoir peur, nul aussi ne veut être le premier à pronostiquer le mal. Plusieurs personnes, en effet, vinrent trouver la reine, qui, légèrement et sur de fausses apparences, lui dirent que ce n'étoit rien, et que toutes choses s'apaisoient. Les rois se flattent aisément: notre régente étoit de même, qui, étant née avec un courage intrépide, se moquoit des émotions populaires, et ne pouvoit croire qu'elles pussent causer de mal considérable. Sur le soir, le coadjuteur revint trouver la reine de la part du peuple, forcé de prendre cette commission pour lui demander encore une fois leur prisonnier, résolus, à ce qu'ils disoient, si on le leur refusoit, de le ravoir par force. Comme le cœur de la reine n'étoit pas susceptible de foiblesse, qu'il paroissoit en elle un courage qui auroit pu faire honte aux plus vaillants, et que d'ailleurs le cardinal ne trouvoit pas son avantage à être toujours battu, elle se moqua de cette harangue, et le coadjuteur s'en retourna sans réponse. Un de ses amis et un peu des miens, qui, peut-être aussi bien que lui, n'étoit pas dans son âme au désespoir des mauvaises aventures de la cour, et qui ne l'avoit pas quittée de toute la journée, me dit à l'oreille que tout étoit perdu; qu'on ne s'amusât point à croire que ce n'étoit rien; que tout étoit à craindre de l'insolence du peuple; que déjà les rues étoient pleines de voix qui crioient contre la reine, et qu'il ne croyoit pas que cela se pût apaiser aisément.

La nuit qui survint là-dessus les sépara tous, et confirma la reine dans sa créance, que l'aventure du jour n'étoit nullement à craindre. Elle tourna la chose en raillerie, et me demanda au sortir du conseil, comme elle vint se déshabiller, si je n'avois pas eu grand'peur. Cette princesse me faisoit une continuelle guerre de ma poltronnerie: si bien qu'elle me fit l'honneur de me dire gaiement qu'à midi, peu après son retour du *Te Deum*, quand on lui étoit venu dire le bruit que le peuple commençoit à faire, elle avoit aussitôt pensé à moi et à la frayeur que j'aurois au moment que j'entendrois cette nouvelle si terrible, et ces grands mots de *chaînes tendues* et de *barricades*. Elle avoit bien deviné: car j'avois pensé mourir d'étonnement quand on me vint dire que Paris étoit en armes, ne croyant pas que jamais dans ce Paris, le séjour des délices et des douceurs, on pût voir la guerre ni des barricades autre part que dans l'histoire et la vie d'Henri III. Enfin, cette plaisanterie dura tout le soir; et, comme j'étois la moins vaillante de la compagnie, toute la honte de cette journée tomba sur moi.

Ce même jour le premier président étoit venu au bruit des exilés trouver la reine, pour lui demander ses confrères; mais elle l'avoit renvoyé sans réponse. Le peuple, qui le soupçonnoit d'être d'accord avec la cour, alla chez lui; des coquins remplis de rage crièrent contre lui qu'il étoit un traître, et qu'il avoit vendu sa compagnie: si bien qu'il fut contraint, pour les apaiser, de sortir à pied dans les rues, et se présenter à ces mutins pour se justifier à eux. Sans cette fermeté, ils eussent été peut-être plus loin dans leur insolence. Sa douceur calma leur furie, et ils reçurent ses justifications à condition qu'il retourneroit demander Broussel: ce qu'il fit avec aussi peu de succès que la première fois.

Le lendemain, selon qu'il avoit été résolu au conseil le jour précédent, le chancelier eut ordre d'aller au palais pour y présider, pour calmer les esprits et empêcher les désordres qui pourroient arriver sur le prétexte de cette affaire. La sédition avoit donné de la terreur à tout le monde, et les amis du chancelier lui dirent que cette occasion leur paroissoit infiniment périlleuse pour lui. Il vit des mêmes yeux que les autres le danger où il s'exposoit; mais cette âme, trop attachée à la faveur, ne le fut point à l'amour de la vie : il préféra à cette crainte l'avantage de faire une action qui fût au-dessus du commun; et, comme la reine même l'avoit jugé nécessaire, il voulut y aller sans montrer aucune marque de foiblesse. Il partit à cinq heures du matin, et s'en alla au palais, ou, pour mieux dire, il partit de sa maison dans ce dessein. L'évêque de Meaux, son frère, voulut aller avec lui, et la duchesse de Sully, sa fille, belle, jeune et courageuse, se jeta dans son carrosse, quoi qu'il pût faire pour l'empêcher de s'y mettre. Comme il fut sur le Pont-Neuf, trois ou quatre grands pendards abordèrent son carrosse, et lui demandèrent insolemment qu'il leur rendît leur prisonnier, lui disant que, s'il ne le faisoit, ils le tueroient à l'heure même. Ces désespérés ayant commencé le bruit, il en arriva d'autres qui l'environnèrent, et qui le menacèrent de la même chose. Lui, ne sachant comment faire pour s'échapper doucement de cette canaille, commanda à son cocher de passer outre, et d'aller devers les Augustins, où étoit la maison du duc de Luynes, son ami, pour y entrer au cas qu'il y fût contraint par la multitude, ou pour s'acheminer plus sûrement, par le pont Notre-Dame, au palais : car il crut que les bons bourgeois ne le laisseroient pas au pillage de ces mutins. Étant arrivé auprès des Augustins, ce peuple commença de s'écarter : de sorte qu'il prit résolution de s'en aller de là à pied au palais, et de mettre son carrosse chez le duc de Luynes; mais il n'eut pas fait trois pas, qu'un grand maraud, vêtu de gris, commença à crier tout de nouveau contre lui : « Aux armes ! aux armes ! Tuons-le, et vengeons-nous sur lui de tous les maux que nous souffrons. » A ceci le tumulte s'échauffe et s'augmente, et le chancelier fut contraint de se jeter dans l'hôtel de Luynes, pour s'y sauver tout de bon. Guère de gens n'étoient encore éveillés dans cette maison; il fut reçu seulement d'une bonne vieille femme, qui, voyant un chancelier de France lui demander du secours, le prit par la main et le mena dans un petit cabinet fait d'ais de sapin, qui était au bout d'une salle. Il n'y fut pas plus tôt entré, lui et sa troupe, que voici cette canaille qui vint, avec des cris effroyables, demander où il étoit, et dirent, avec mille serments, qu'ils le vouloient avoir. Les uns disoient : « Ce sera prisonnier pour prisonnier; et nous en ferons un échange avec notre cher protecteur. » Les autres, plus méchants, disoient qu'il le falloit démembrer et mettre par quartiers, afin d'en mettre les morceaux par les places publiques, et montrer leur ressentiment par leur vengeance. Ils allèrent enfin le chercher jusqu'à ce petit cabinet; et, comme ils virent ce lieu abandonné, ils se contentèrent seulement de donner quelques coups contre les ais, et d'écouter s'ils n'entendoient point de bruit; puis allèrent ailleurs le chercher. Il est à croire que ce ministre, dans le temps qu'ils étoient à sa porte, n'étoit pas à son aise, et qu'il sentit qu'il étoit homme. Il se confessa dans ce cabinet, à son frère l'évêque de Meaux, et se prépara tout-à-fait à la mort. Il avoit envoyé au Palais-Royal demander du secours ; et, dès qu'on sut le péril où il étoit, on envoya commander aux gendarmes et aux chevau-légers d'y aller. Le maréchal de la Meilleraye s'achemina pour l'aller quérir avec deux compagnies de Suisses ; et cet illustre prisonnier fut tiré de ce péril par la venue du grand-maître. Il le fit prendre sous les bras pour l'amener à pied au Palais-Royal ; car dans cet embarras, on ne put trouver son carrosse, et toutes choses étoient bonnes, hormis d'être exposé à la furie du peuple.

Le lieutenant civil vint aussi donner de l'aide au chancelier ; et, le rencontrant en chemin, il le mit dans son carrosse, avec sa fille la duchesse de Sully et l'évêque de Meaux. Comme ils passèrent devant la place Dauphine, au milieu du Pont-Neuf, le peuple, qui étoit en colère d'avoir perdu sa proie, fit une décharge sur eux, dont il y eut quelques soldats de tués de ceux qui environnoient leur carrosse. La duchesse de Sully reçut un coup de mousquet au bras, d'une balle qui avoit déjà perdu sa force, car ils tirèrent de loin : par conséquent, elle ne la blessa que par une grande contusion. Un exempt du roi, celui qui est toujours à la suite du chancelier, fut tué par cette canaille, de même qu'un des gardes qui l'accompagnent. Ils arrivèrent chez le roi assez alarmés de cette aventure, et le chancelier y demeura quelques jours, n'osant pas retourner chez lui, de peur que la populace, animée, ne fît dessein d'aller piller sa maison.

Voilà comme se passa le matin de la seconde journée, qui ne fut pas meilleure que la première. Au réveil de la reine, sur les neuf heures du matin, on lui apprit cette nouvelle. Elle en fût fâchée infiniment, non-seulement par la pitié qu'elle eut d'une personne de cette qualité qui, pour son service, avoit été deux heures entre les mains de mille coquins dignes de la corde, mais encore par la blessure que son autorité recevoit de ce coup, qui devoit être d'une dangereuse conséquence à l'État, et avoir de mauvais effets par le bruit qu'elle feroit chez les étrangers. Elle connut qu'ils reprendroient de grandes forces sur cette nouvelle, et qu'un chancelier de France, sans respect dans Paris, que le peuple avoit voulu tuer dans les rues, son roi présent, étoit une marque certaine que la puissance du prince étoit anéantie, et l'amour des sujets envers leur souverain apparemment éteint en eux.

Après que la reine eut essuyé ce chagrin, dont la cause lui faisoit voir, malgré sa fermeté à ne s'ébranler de rien, qu'elle devoit tout craindre, il fallut qu'elle se levât pour recevoir le parlement, qui la vint trouver en corps à pied, pour lui demander le prisonnier. Elle leur parla vigoureusement, de bon sens et sans s'émouvoir, car en cette occasion, elle agissoit selon ses propres sentiments et d'elle-même. Entre beaucoup de choses qu'elle leur dit, ces mots me restèrent dans la mémoire, qui me parurent dignes d'être remarqués : « Que cela étoit étrange et bien honteux pour eux d'avoir vu, du temps de la feue reine sa belle-mère, M. le prince en prison à la Bastille, sans en avoir montré aucun ressentiment ; et que, pour Broussel, eux et le peuple fissent tant de choses ; que la postérité regarderoit avec horreur la cause de tant de désordres, et que le roi son fils auroit un jour sujet de se plaindre de leur procédé, et de les en punir. Le premier président lui répondit peu de chose ; et le président de Mesmes, l'interrompant, prit aussi la parole, et lui dit : « Oserai-je, madame, vous dire qu'en l'état où sont les peuples, il ne faut penser qu'au remède, et que votre majesté doit, ce me semble, éviter la douleur de rendre ce prisonnier par force, en nous le redonnant de sa propre volonté et de bonne grâce. » La reine lui répliqua qu'il étoit impossible de faire ce tort à l'autorité royale, et laisser impuni un homme qui l'avoit attaquée avec tant d'insolence ; qu'ils devoient bien voir par la douceur de sa régence quelles étoient ses intentions, et qu'en son particulier, elle étoit toute disposée à lui pardonner ; mais qu'ils savoient bien qu'il y avoit une certaine sévérité à quoi les rois étoient obligés, pour contenir les peuples dans quelque crainte. Après ces sortes de disputes, elle quitta...

Néanmoins, à leur retour, la reine, forcée par l'état où se trouvoit Paris, leur accorda leur prisonnier, et leur donna dès cet instant une lettre de cachet pour le faire revenir avec les carrosses du roi, qui furent commandés pour l'aller quérir en diligence.

Cette grâce, extorquée et colorée seulement par une apparente et très-courte obéissance qui, à proprement parler, n'étoit qu'une victoire qu'ils remportoient sur la royauté, fit de la peine à la reine, et en dut faire au cardinal. Elle causa même du chagrin dans l'âme des bons François, dont le nombre étoit petit ; car ceux qui composoient la cour l'avoient ulcérée par la haine, ou occupée du désir de voir changer la fortune du ministre : si bien qu'on peut dire que les malheurs de la reine étoient grands, et que peu de personnes y prenoient part.

Après que le parlement eut eu son audience, toute cette compagnie sortit du Palais-Royal, et s'en retourna aussi triomphante que la reine étoit humiliée. Le peuple et les bourgeois leur vinrent demander ce qu'ils avoient fait pour Broussel. Ils leur répondirent qu'ils avoient obtenu sa liberté ; et un de ses neveux, qui étoit en leur compagnie, parut avec la lettre de cachet, et leur promit qu'il seroit à Paris le lendemain à huit heures du matin. Cette promesse leur donna quelque consolation et un peu de repos ; mais, au moindre doute qu'ils avoient, ils recommençoient leurs imprécations ; et, parmi leur colère, ce grand déchaînement qu'ils avoient contre la personne de la reine et du ministre étoit une chose étonnante. Ils ne feignoient pas de dire que, si on les trompoit, ils iroient saccager le Palais-Royal, chasseroient cet étranger ; et ils crioient incessamment : *Vive le roi tout seul, et M. de Broussel !*

La nuit fut assez fâcheuse ; car en de telles rencontres, on doit tout craindre. L'alarme fut grande au Palais-Royal : la reine même, avec toute sa fermeté, eut de l'inquiétude ; les bourgeois tiroient incessamment, et ils étoient si près de la maison du roi que les sentinelles du régiment des gardes et celles de la rue Saint-Honoré se regardoient de fort près. Les menaces qu'ils faisoient ne furent pas cachées au cardinal, et, malgré la gaieté qu'il avoit affectée en public, il ne laissa pas de se précautionner en homme qui avoit peur. Il ne se coucha point de toute la nuit, étant toujours botté et prêt de monter à cheval, en cas qu'il y eût été contraint par la rage et la folie du peuple. Il y avoit un corps-de-garde chez lui, un à sa porte, et dans son écurie un grand amas de mousquets, pour se défendre s'il eût été attaqué. Il fit tenir dans le bois de Boulogne quelque cavalerie pour l'escorter, s'il étoit contraint de sortir ; et ceux qui étoient attachés à lui ne le quittèrent point qu'il ne fût jour. Un Italien qui étoit à lui, qui avoit autant de poltronnerie que d'esprit, et qui avoit peu de tendresse pour son maître, me dit le lendemain que, pour tout le royaume de France, il ne voudroit pas passer une nuit pareille à celle qu'il avoit eue.

Le lendemain, les mutins, en attendant la venue de leur prisonnier, continuèrent leurs menaces, disant tout haut qu'ils vouloient envoyer quérir le duc de Beaufort et le mettre à leur tête. Cette insolence s'augmenta quand on leur dit qu'on avoit vu de la cavalerie dans le bois de Boulogne. Ne pouvant deviner ce que c'étoit, ils s'imaginèrent qu'il y avoit dix mille hommes dans cette embuscade, et que c'étoit pour les châtier de leur révolte. Lorsqu'ils entendirent huit heures sonner, et que leur prisonnier n'étoit point encore venu, ce fut de si grands redoublements de cris, et de si terribles menaces, que Paris dans cet instant étoit quelque chose d'effroyable. Enfin ce tribun du peuple étant arrivé à dix heures, les exclamations de joie furent infinies : les chaînes furent détendues, les barricades rompues pour le laisser passer ; et jamais triomphe de roi, ou d'empereur romain, n'a été plus grand que celui de ce pauvre petit homme, qui n'avoit rien de recommandable que d'être entêté du bien public et de la haine des impôts : ce qui en effet étoit une chose louable, si elle eût été réglée par une bonne et prudente conduite, et si sa vertu eût été tout-à-fait exempte de l'esprit de cabale ; car je sais que pendant toute la guerre les esprits factieux, et qui n'agissoient que par des motifs d'intérêt, avoient de grandes liaisons et de grandes conférences avec lui. C'est pourquoi ses bonnes qualités n'étoient pas pures ni exemptes de corruption. Il fut mené à Notre-Dame, où le peuple voulut qu'on chantât un *Te Deum ;* mais ce pauvre homme, honteux de tant de bruit, s'échappa de leurs mains, et, sortant par une petite porte de l'église, s'en alla chez lui, où beaucoup de gens de la cour le furent voir par curiosité.

Voici comment s'exprime Montglat, historien contemporain, sur le retour de Broussel :

« Le président de Blancménil, qui étoit à Vincennes, revint ce soir-là coucher à Paris ; mais celui qui touchoit tant le cœur du peuple ne put revenir que le lendemain matin, parce qu'on avoit mandé à Saint-Germain qu'on le menât dans une place frontière ; et on le rattrapa au Ménil-Madame-Rance, d'où il arriva le vendredi matin à Paris. On ne sauroit exprimer la joie qu'eurent les Parisiens à son arrivée ; les uns baisoient sa robe, les autres se jetoient à ses pieds pour lui embrasser les genoux, les autres l'appeloient leur protecteur ; et devant son logis il y eut une si grande affluence de peuple, qu'il fut contraint de sortir dans la rue pour se faire voir. On fit faire son portrait en taille-douce, qu'on vendoit par les rues, où il y avoit écrit : *Pierre Broussel, père du peuple.* Les barricades ne laissèrent pas de durer toute la nuit, durant laquelle le cardinal Mazarin, Créqui et Jarzé sortirent déguisés ; le manteau sur le nez, pour les visiter, et tous trois revinrent sans être connus. »

MORT DE LA REINE ANNE D'AUTRICHE.

Le roi regardoit en silence celle qui lui avait donné la vie perdre doucement la sienne ; et ce funeste objet, dans ces terribles moments, lui prouvoit, par des marques trop sensibles, que la vie de l'homme n'est qu'une vapeur qui s'élève de la terre, et se dissipe en un moment. Ce grand prince, apparemment occupé à cette méditation, vit que tout d'un coup la reine sa mère, s'affoiblissant, laissa pencher sa tête du côté gauche. Alors il se fit un grand cri dans la ruelle de son lit, à cause que beaucoup de ceux qui étoient auprès d'elle, ayant vu cette convulsion, crurent qu'elle alloit expirer. Ces cris la réveillèrent. Elle ouvrit les yeux, qui dans leur langueur me parurent avoir encore de la beauté : elle nous regarda même avec un air de douceur où sa bonté parut vouloir nous dire, pour notre consolation : « Je vis encore. » Après être revenue de cette foiblesse, elle se remit dans sa posture ordinaire, à demi sur son séant, sa tête appuyée sur de petits oreillers. De cette manière, elle nous fit voir en elle une gravité et une paix qui nous marquoient visiblement qu'après avoir fait toutes les actions d'une humble chrétienne et d'une véritable pénitente, elle vouloit aussi mourir avec la majesté d'une reine, dont le courage vouloit soutenir sans foiblesse les funestes angoisses de la mort. Le roi étoit accouru au bruit qui se fit auprès de la reine sa mère lorsqu'elle s'étoit comme évanouie ; et l'ayant vue dans cet état, il souffrit ce que la nature et la bonté de son cœur l'obligèrent de sentir. Toute l'amitié qu'il avoit eue pour elle dans sa jeunesse, où elle se manifeste davantage ; tout ce qu'il sentoit alors par l'affection solide et véritable qu'il avoit encore pour elle, et tout ce que le sang et le sentiment naturel peuvent causer de douleur, ce grand prince l'éprouva sensiblement. Ce que le temps et les différentes passions du cœur humain avoient eu le pouvoir d'assoupir dans son âme n'empêcha point en lui l'effet d'une tendresse extraordinaire. Il pâlit à la vue de cette précieuse mère, qu'il vit presque mourir devant ses yeux. Les jambes lui manquèrent, et il fallut le soutenir, de peur qu'il ne tombât. Il étoit lié à elle par des chaînes bien fortes, et par une longue habitude de confiance que les personnes de ce rang n'ont guère accoutumé de connoître ni de pratiquer, mais dont la perte, par cette même raison, doit être dure à ceux qui ont joui d'un bonheur si rare. J'entendis dans cet instant beaucoup de bruit auprès de moi, qui étois à terre dans un coin auprès du lit de la reine mourante, tellement absorbée dans la pensée de ce que je voyois en elle, que je ne pus m'occuper de ce qui se passoit en la personne de son illustre fils. J'aperçus seulement qu'il y avoit du trouble autour de lui, et que beaucoup de personnes s'empressèrent de le secourir. La douleur de ce grand prince étoit juste et louable ; et, par la part que je prenois à sa gloire, je ne pus me fâcher de le voir en cet état. Alors on le força de se retirer. Il entra dans le cabinet des bains, où il fallut lui jeter de l'eau sur le visage : et voilà la dernière fois qu'il vit cette admirable mère qui l'avoit aimé si chèrement.

Monsieur, ne pouvant se résoudre de quitter cette illustre personne qui lui étoit si chère, et considérant l'état où elle étoit, se tourna vers moi qui avois l'honneur d'être à ses pieds, et me dit, avec un cri qui sortoit de son cœur : « Ah ! madame de Motteville, est-ce là la reine ma mère ? » L'archevêque d'Auch récitant des psaumes à genoux auprès du lit de cette grande princesse, qui quasi n'étoit plus, tomba sur ce verset :

Nolite confidere in principibus.

Alors, la regardant fixement, il dit : « Hélas ! qu'il est bien vrai ! » et nous laissant voir en notre perte le néant de la grandeur des grands de la terre, nous obligea de penser que celui-là seul est heureux qui attend son secours du Dieu de Jacob, et de qui toute l'espérance est au Seigneur qui a fait le ciel et la terre. Pendant que par un si grand objet nous méditions sur notre misère commune, et que nous pleurions notre chère et admirable princesse, nous vîmes que, quittant doucement la terre où elle avoit régné si glorieusement, elle passa de cette vie à l'immortalité, et fut paroître devant son juste juge, où sans doute elle a trouvé, dans sa miséricorde, le pardon de ses péchés, la récompense de ses vertus, et la fin de ses souffrances. Ce fut le mercredi vingtième jour de janvier 1666, entre quatre et cinq heures du matin.

Madame de Motteville dit encore autre part en parlant d'Anne d'Autriche :

« Je n'ai de ma vie connu une personne moins avide de gloire ni d'applaudissement. Elle ne faisoit nulle parade de ses belles qualités ; elle parloit rarement d'elle-même et de ses sentiments, et il falloit les tirer de son cœur et de son âme par la force des actions qui l'obligeoient quelquefois de parler. Son humilité a été cause que la beauté de son esprit et la bonté de son jugement n'ont pas eu tout l'éclat et toute l'estime qu'elle auroit pu en recevoir du public. »

Si elle eût pris plus de soin d'en faire paroître la grandeur, elle en auroit été plus louée pendant sa vie ; mais on n'auroit pu dire d'elle avec vérité ce verset du psaume 44, qui a servi de texte à une des plus belles oraisons funèbres qui aient été faites pour elle après sa mort :

» *Omnis gloria ejus filiæ regis ab intus.* »

L'histoire n'a pas ratifié tous les éloges donnés à sa maîtresse par madame de Motteville.

LENET.

PORTRAIT DU PRINCE DE CONDÉ.

On sut que j'étois arrivé à Bourges en poste : tous les serviteurs du prince, qui y sont en fort grand nombre, accoururent en mon logis. M. le prince son père en avoit été longtemps gouverneur ; il y a même passé une partie de ses plus belles années, pendant celles qu'il s'étoit retiré de la cour. Il y entretenoit deux excellentes troupes de comédiens françois et italiens, de grands équipages de fauconnerie et de vénerie. La bonne chère, le jeu, les bals, les ballets, et la conversation douce et familière avec ses amis, lui faisoient passer une vie agréable, qui lui avoit acquis l'amitié du général et du particulier de cette ville et de toute la province. Il prenoit un soin non pareil à entretenir le repos des familles, en terminant à l'amiable les procès et les querelles. Il employoit son crédit envers les ministres pour faire modérer les tailles et les impôts : il faisoit vivre chacun dans l'ordre ; il contenoit les gens de guerre dans l'observation exacte des réglemens. Il avoit su allier sa débonnaireté nouvelle avec l'autorité que sa naissance lui donnoit ; en telle sorte qu'il étoit également aimé, craint et respecté. Il se servoit de son pouvoir pour faire obéir ceux qui ne se soumettoient point à sa douceur ; et sa prudence lui faisoit obtenir à la cour ce que la politique vouloit qu'on refusât à son autorité. Il a peu entrepris d'affaires qu'il n'ait fait réussir en temporisant, quand il ne pouvoit en venir à bout d'autre sorte. Il étoit réglé dans sa dépense, mais ponctuel à payer ce qu'il promettoit. Ses ennemis l'accusoient d'être avare, et en effet il le paroissoit ; mais c'étoit plutôt économie et bonne conduite qu'avarice : je l'ai vu quelquefois prodigue dans les grandes choses. Il aimoit la justice, et suivoit la raison : il étoit charitable et aumônier. Il parloit autant bien et éloquemment en public, qu'agréablement et plaisamment en particulier. Il connoissoit le mérite et la naissance d'un chacun ; il avoit des égards proportionnés pour les uns et pour les autres. Il étoit officieux, et prenoit plaisir à obliger ; et ponctuel à donner ses audiences, à répondre aux requêtes qu'on lui présentoit. Il ne recevoit point de lettres sans y faire réponse, et ne signa jamais rien en toute sa vie (quelque confiance qu'il eût en ses secrétaires) sans l'avoir lu auparavant : et je lui ai souvent ouï dire qu'il n'avoit jamais rien écrit ni signé dont il pût se repentir. Il savoit les lois du royaume et l'ordre de la justice ; il les pratiquoit dans toute sa conduite et dans ses affaires domestiques : il appuyoit toujours les unes et les autres du sceau du roi ou des arrêts des parlements. On le blâmoit d'avoir à la cour une conduite trop basse pour un homme de son élévation ; et en vérité ceux qui le voyoient aller et venir chez les ministres et chez les gens de faveur n'en pouvoient guère faire d'autre jugement. Il avoit fait la guerre au roi avec peu de succès ; il avoit été plus de trois ans prisonnier, et souvent trahi de ses amis : cela lui donnoit une application perpétuelle à ne donner aucun soupçon au roi, et à ne s'attirer point d'ennemis à la cour qui lui pussent nuire. Il avoit l'esprit vif sans être étourdi ; il étoit prudent sans être austère ; il étoit d'un profond jugement sans être rêveur. Il étoit grand catholique sans être superstitieux ; il entendoit la religion, et savoit en tirer avantage : il étoit également éloigné du libertinage et de la bigoterie ; il étoit grand ennemi de l'hypocrisie, et c'étoit une des plus agréables matières de ses railleries. Il étoit savant sans affecter de le paroître, connoissoit tous les replis du cœur humain autant qu'homme que j'aie connu, et jugeoit en un moment par quel intérêt on agissoit en toutes sortes de rencontres. Il savoit se précautionner contre l'artifice des hommes sans le faire connoître. Il aimoit à profiter ; mais il vouloit qu'on fît d'honnêtes gains sous son autorité, et proportionnés au mérite de ceux avec qui il traitoit. Il étoit prompt et colère, mais il revenoit en un moment ; et je lui ai vu demander pardon à un bourgeois qu'il aimoit et qu'il avoit offensé. Il est vrai qu'il faisoit plus d'amitié à ceux desquels il avoit affaire qu'à ceux qui lui étoient inutiles, quelque avantage de vertu et de naissance qu'eussent ceux-ci sur les autres : la crainte qu'il avoit qu'on ne rapportât ce qu'il disoit dans ses belles humeurs lui faisoit affecter des compagnies particulières pour ses divertissemens. Il n'avoit pas toujours égard à sa qualité ni à son âge dans le choix des lieux où il mangeoit avec ses amis. Le vin, qu'il aimoit assez, ne troubloit jamais sa raison; mais il lui donnoit souvent des gaietés qui n'étoient pas dans toutes les règles de la bienséance. Il aimoit naturellement la liberté et la plaisanterie, et ne pouvoit s'empêcher de délasser son esprit de son application continuelle aux affaires dans des repas familiers, qu'on appeleroit débauche en un autre. Il étoit agréable même en sa colère. Ses discours étoient solides et instructifs; ses railleries étoient quelquefois piquantes, et ses manières peu galantes. Il a été malheureux à la guerre: aussi confessoit-il qu'il n'y avoit jamais pris plaisir, et qu'il ne s'étoit pas appliqué à l'entendre. Il savoit contenir une armée dans la discipline, et la faire subsister: il se fioit du reste à ses lieutenans-généraux, qu'il savoit bien choisir quand cela dépendoit de lui. Il n'étoit ni brave, ni timide, comme ceux qui ne l'aimoient pas le publioient. Il alloit partout où le devoir d'un général l'appeloit, sans affectation et sans crainte: jamais on ne lui a vu éviter un péril à l'ombre de sa qualité; et pour qu'il eût eu de bons succès à la guerre, il y eût acquis plus de réputation que ceux de sa naissance qui étoient ses contemporains. Il savoit maintenir son rang par autorité ou par adresse, suivant les temps, et suivant les personnes avec lesquelles il avoit quelque chose à démêler. Il savoit éviter les occasions de rien perdre de ce qui étoit dû, et profiter de celles qui pouvoient l'augmenter en quelque chose; et s'il n'eût été petit-fils et père de deux grands princes de Condé, on ne lui auroit rien ôté de ce que ses belles qualités devoient lui faire mériter dans l'estime des hommes: je parle pour les vertus héroïques; car pour les autres, je doute qu'il y ait jamais eu prince dans sa maison qui en ait eu de plus grandes ni en plus grand nombre que lui. Enfin, il m'a semblé un grand homme, et fort extraordinaire.

Pierre Lenet succéda, le 22 septembre 1637, à son père, Claude Lenet, conseiller au parlement de Bourgogne, et devint, en 1641, procureur général auprès de la même cour. Il y réunit, en 1646, la charge de procureur général à la Table de Marbre de Dijon. Lenet était très-lié avec Bussy-Rabutin, et connu de madame de Sévigné, qui écrivait de lui: *Il a de l'esprit comme douze*. Malheureusement pour la réputation de Lenet, il abandonna Bussy dans sa disgrâce. Celui-ci, irrité, ne lui pardonna jamais. La famille de Lenet était attachée à la maison de Condé. C'est ce qui fit que Anne d'Autriche le choisit pour l'un des intendants de justice, de police et finances. Les princes de Condé et de Conti ayant été arrêtés avec le duc de Longueville, le 18 janvier 1650, Lenet, qui était en Bourgogne, commença à travailler sourdement. De retour à Paris, il eut ordre de la régente de quitter cette ville; il se rendit à Chantilli, où il devint le chef du conseil des princesses de Condé et du jeune duc de Bourbon. Lenet mourut à Paris, le 3 juillet 1671. Lenet n'est pas un auteur élégant; mais ses *Mémoires* sont écrits avec une naïveté et une franchise précieuses pour l'histoire.

Voici un parallèle de Condé et de Turenne, fait par Bossuet:

« C'a été, dans notre siècle, un grand spectacle de voir, dans le même temps et dans les mêmes campagnes, ces deux hommes que la voix commune de toute l'Europe égaloit aux plus grands capitaines des siècles passés, tantôt à la tête de corps séparés, tantôt unis, plus encore par le concours des mêmes pensées, que par les ordres que l'inférieur recevoit de l'autre; tantôt opposés front à front, et redoublant, l'un dans l'autre, l'activité et la vigilance, comme si Dieu, dont souvent, selon l'Écriture, la sagesse se joue dans l'univers, eût voulu nous les montrer en toutes les formes, et nous montrer ensemble tout ce qu'il peut faire des hommes. Que de campements, que de belles marches, que de hardiesses, que de précautions, que de périls, que de ressources! Vit-on jamais en deux hommes les mêmes vertus, avec des caractères si divers, pour ne pas dire si contraires?

» L'un paroit agir par des réflexions profondes, et l'autre par de soudaines illuminations: celui-ci par conséquent plus vif, mais sans que son feu eût rien de précipité; celui-là d'un air froid, sans jamais avoir rien de lent, plus hardi à faire qu'à parler, résolu et déterminé au dedans, lors même qu'il paroissoit embarrassé au dehors. L'un, dès qu'il paroît dans les armées, donne une haute idée de sa valeur, et fait attendre quelque chose d'extraordinaire, mais toutefois s'avance par ordre et vient comme par degrés aux prodiges qui ont fini le cours de sa vie; l'autre, comme un homme inspiré, dès sa première bataille s'égale aux maîtres les plus consommés. L'un, par de vifs et continuels efforts, emporte l'admiration du genre humain, et fait taire l'envie; l'autre jette d'abord une si vive lumière, qu'elle n'osoit l'attaquer. L'un, enfin, par la profondeur de son génie et les incroyables ressources de son courage, s'élève au-dessus des plus grands périls, et sait même profiter de toutes les infidélités de la fortune; l'autre, et par l'avantage d'une si haute naissance, et par ces grandes pensées que le ciel envoie, et par une espèce d'instinct admirable dont les hommes ne connoissent pas le secret, semble né pour entraîner la fortune dans ses desseins, et forcer les destinées.

» Et afin que l'on vît toujours dans ces deux hommes de grands caractères, mais divers, l'un, emporté d'un coup soudain, meurt pour son pays, comme Judas le Machabée; l'armée le pleure comme un père, et la cour et tout le peuple gémissent; sa piété est louée comme son courage, et sa mémoire ne se flétrit point par le temps: l'autre, élevé par les armes au comble de la gloire comme un David, comme lui meurt dans son lit, en publiant les louanges de Dieu et instruisant sa famille, et laisse tous les cœurs remplis tant de l'éclat de sa vie que de la douceur de sa mort. Quel spectacle de voir et d'étudier ces deux hommes, et d'apprendre de chacun d'eux, toute l'estime que méritoit l'autre.

» C'est ce qu'a vu notre siècle: et ce qui est encore plus grand, il a vu un roi se servir de ces deux grands chefs et profiter du secours du ciel; et après qu'il en est privé par la mort de l'un et les maladies de l'autre, concevoir de plus grands desseins, exécuter de plus grandes choses, s'élever au-dessus de lui-même, surpasser l'espérance des siens et l'attente de l'univers, tant est haut son courage, tant ses destinées sont glorieuses!»

FLÉCHIER.

PRISE D'ORAN.

La flotte se mit en mer, composée de dix galères, de vingt-quatre gros navires et de quantité de barques et de chaloupes. Elle portoit dix mille fantassins, quatre mille chevaux, huit cents volontaires qui avoient voulu suivre le cardinal Ximenès avec des milices que quelques-uns de ses amis particuliers lui avoient amenées; et, le vent étant favorable, elle aborda le lendemain dix-septième de mai, jour de l'Ascension de Notre-Seigneur, au port de Maçarquivir, à soleil couchant. Les sentinelles maures aperçurent l'armée chrétienne dès le midi, et l'on vit aussitôt fumer tous les sommets de leurs montagnes, signal qui marquoit que l'ennemi arrivoit, et qu'il falloit courir aux armes. Le gouverneur du grand port vint recevoir le cardinal sur le rivage, et quelques heures après, on l'avertit que toute la flotte étoit dans le port, sans qu'aucun bâtiment eût été ni perdu ni endommagé.

Ximenès passa cette nuit sans dormir, et donna ses ordres pour le lendemain. Il fit venir le comte Navarre, et lui dit devant tout le monde que cette affaire rouloit sur lui, et qu'il travailloit pour sa propre gloire; qu'à son égard, il ne prétendoit autre avantage que de fournir aux frais de la guerre, d'exhorter les troupes à bien faire, et d'informer le roi de tout ce qui se passeroit. Il parla aux autres officiers, et les anima tellement, qu'ils étoient d'avis d'aller aux ennemis cette nuit-là même. Le cardinal, qui jugeoit que l succès de cette entreprise dépendoit de la diligence, conclut aussi qu'il n'y avoit point de temps à perdre. Aussitôt que le jour commença à paroitre, on connut qu'il falloit se saisir d'une hauteur qui est entre Oran et Maçarquivir; qu'il étoit important d'attaquer ce poste que les Maures gardoient encore négligemment; qu'autrement il seroit difficile de le gagner, parce qu'il leur viendroit du secours de toutes parts, sur le signal qu'ils avoient donné; qu'il étoit à propos de faire avancer les galères et les gros navires vers Oran, afin qu'on battît la ville avec le canon, au même temps qu'on attaqueroit ce poste; et que les ennemis, ne sachant à quoi s'en tenir, abandonnassent l'un ou l'autre.

L'infanterie sortit des vaisseaux le même jour; et Navarre, côtoyant le rivage avec la flotte, s'approcha d'Oran sans se mettre en peine de faire débarquer les chevaux. Il n'avoit jamais approuvé qu'on menât un si grand corps de cavalerie en un pays où il disoit qu'il n'y avoit que des lieux difficiles et raboteux. Ximenès, ayant su cela, sortit indigné de la citadelle où il étoit allé prendre un peu de rafraîchissement, et commanda qu'on fît promptement mettre en terre la cavalerie. Comme il s'étoit exactement informé de la situation des lieux, et qu'il savoit que la nation punique est fourbe et artificieuse, il fit poser de grandes gardes du côté de la mer, et dans les détroits des vallons qui sont au pied de la colline qu'on avoit dessein d'attaquer. Cette précaution contribua plus que tout le reste à la conservation des troupes et à la victoire qu'on remporta; car les Maures qui y étoient en embuscade n'osèrent rien entreprendre; et si le général, selon ses ordres, eût mis à terre les quatre mille chevaux de l'armée, tous les secours qu'on envoyoit de toutes parts aux infidèles auroient été sans doute taillés en pièces.

La présence du cardinal donna ce jour-là beaucoup de courage à l'armée. Il sortit de la citadelle de Maçarquivir, revêtu de ses habits pontificaux, monté sur une mule, entouré d'une troupe de prêtres et de religieux à qui il avoit commandé de prendre les armes, et qui chantoient l'hymne de la croix de Jésus-Christ avec beaucoup de dévotion. Frère Fernand, de l'ordre de Saint-François, monté sur un cheval blanc, avec le baudrier et l'épée sur l'habit de cordelier, alloit devant et portoit la croix archiépiscopale comme l'étendard sous lequel l'armée devoit combattre. Un spectacle si nouveau frappa les soldats et les officiers d'un certain étonnement qui redoubla leur ardeur et leur religion. On fit mettre l'infanterie en bataille dans une grande plaine qui est devant la forteresse; et parce que, dans cette précipitation les soldats n'avoient pas eu le temps de manger, et que c'étoit un vendredi, ce prélat leur permit de manger de la viande: après cela, montant sur un lieu un peu élevé, il leur parla de la sorte:

« Si de braves gens comme vous avoient besoin d'être animés par des discours et par des personnes de profession militaire, je n'entreprendrois pas de vous parler, moi qui n'ai ni éloquence, ni habitude au métier des armes. Je laisserois ce soin à quelqu'un de ces vaillants capitaines qui vous ont souvent exhortés à vaincre, et qui ont accoutumé de combattre avec vous. Mais, dans une expédition où il s'agit du salut de l'État et de la cause de Dieu, j'ai cru que vous m'écouteriez, et j'ai voulu, sur le point du combat, être ici le témoin de votre résolution et de votre courage. Vous vous plaigniez depuis long-temps que les Maures ravageoient nos côtes, qu'ils traînoient vos enfants en servitude, qu'ils déshonoroient vos filles et vos femmes, et que nous étions tous sur le point de devenir leurs esclaves. Vous souhaitiez qu'on vous conduisît sur ces rivages pour venger tant de pertes et tant d'affronts. Je l'ai souvent demandé au nom de toute l'Espagne, et j'ai enfin résolu d'assembler des gens choisis tels que vous êtes. Les mères de famille, qui nous ont vus passer dans les villes, ont fait des vœux pour notre retour; elles s'attendent à nous revoir victorieux, et croient déjà que nous rompons les cachots, et que nous mettons leurs enfants en liberté, et qu'elles vont les embrasser. Vous avez désiré ce jour. Voyez cette région barbare, voilà devant vos yeux les ennemis qui vous insultent encore et qui ont soif de votre sang. Que cette vue excite votre valeur. Faites voir à tout l'univers qu'il ne vous manquoit jusqu'ici qu'une occasion de vous signaler en cette guerre. Je veux bien m'exposer le premier aux dangers pour avoir part à votre victoire. J'ai encore assez de force et de zèle pour aller planter cette croix, étendard royal des chrétiens, que vous voyez porter devant moi, au milieu des bataillons ennemis, heureux de combattre et de mourir même avec vous. Un évêque ne peut mieux employer sa vie qu'à la défense de sa religion. Plusieurs de mes prédécesseurs ont eu cette gloire, et j'aurai l'honneur de les imiter. »

A ces mots, il voulut se mettre à la tête de l'armée. Rien n'étoit plus touchant que de voir un archevêque septuagénaire, fatigué de soins et de veilles, ranimer sa vieillesse par un zèle de religion. La vénération, la piété, l'étonnement, saisirent les troupes; et tout cela ensemble réveilla leur courage. Les soldats firent un grand cri pour marquer l'intérêt qu'ils prenoient à sa conservation, et les officiers se jetèrent autour de lui, et le conjurèrent de leur ôter l'inquiétude qu'ils auroient pour sa personne, de les laisser combattre, et de croire que l'affaire étoit en tel état qu'il ne se repentiroit pas de l'avoir entreprise. Il céda enfin aux instances qu'on lui fit; et, considérant son âge et sa dignité, il laissa tout le soin du combat à Navarre. Alors toutes les troupes s'étant prosternées, il leur donna sa bénédiction, et se retira dans la citadelle de Maçarquivir. Il se renferma dans une chapelle dédiée à saint Michel; et, les mains levées au ciel, on entendit qu'il faisoit cette prière: « Seigneur, ayez pitié de votre peuple, et n'abandonnez point votre héritage à des barbares qui vous méconnoissent. Assistez-nous, puisque nous ne mettons notre confiance qu'en vous, et que nous n'adorons que vous. Quoique nous n'ayons, ô mon Dieu, d'autre pensée ni d'autre dessein que d'étendre votre sainte foi et de faire honorer votre saint nom, nous ne pouvons rien toutefois si vous ne nous prêtez la force de votre bras tout-puissant. Qu'est-ce que peut la fragilité humaine sans votre secours? La puissance, l'empire, la vertu, n'appartiennent qu'à vous. Faites connoître à ceux qui vous haïssent que vous nous protégez, et ils seront confondus. Envoyez le secours d'en haut; brisez la force de vos ennemis et dissipez-les, afin qu'ils sachent qu'il n'y a que vous, qui êtes notre Dieu, qui combattez pour nous. »

Cependant le comte de Navarre, voyant qu'une grande multitude de Maures et de Numides avoient occupé les collines, craignoit que les troupes, nouvellement débarquées et fatiguées du travail de cette journée, ne fussent pas en état de soutenir une grande action, et qu'un mauvais succès dans le commencement ne les rebutât et ne relevât le cœur des infidèles. D'ailleurs, le jour étoit déjà bien avancé; et, la nuit survenant au milieu du combat, l'affaire auroit peut-être changé de face. Il délibéra un peu de temps s'il remettroit l'attaque au lendemain, ou s'il profiteroit de la gaieté qu'il voyoit dans toute l'armée; et, dans cette irrésolution, il alla promptement demander à Ximenès ce qu'il trouvoit le plus à propos. Le cardinal ne l'écouta presque pas; et s'étant un peu recueilli : « Allez, comte, lui dit-il, et combattez; Jésus-Christ, fils du Père, et le séducteur Mahomet vont donner la bataille; tout retardement est non-seulement désavantageux, mais encore injurieux à la religion. Attaquez l'ennemi, et ayez confiance que vous vaincrez. » On reconnut depuis que ce conseil lui avoit été inspiré de Dieu; car le *messuar* (c'est ainsi qu'on nomme la première dignité du royaume), arriva, trois heures après la prise de la ville, avec une puissante armée; et, voyant qu'il n'avoit plus rien à faire, s'en retourna porter chez lui la nouvelle de la victoire des Espagnols.

Navarre étant donc retourné à l'armée qu'il avoit divisée en quatre bataillons, de deux mille cinq cents hommes chacun, fit avancer l'artillerie que Ximenès avoit fait descendre en diligence, et laissa un petit corps de réserve où il mit la cavalerie pour s'en servir selon les besoins. Après cela toutes les trompettes sonnèrent la charge; et tous les soldats criant *saint Jacques! saint Jacques!* comme c'est la coutume de la nation, il commanda d'attaquer les ennemis, et de les chasser des hauteurs qu'ils avoient occupées. Les troupes marchèrent incontinent par des endroits rudes et escarpés avec beaucoup de fierté. Les Maures, de leur côté, défendoient la montée à coups de flèches et de pierres qu'ils jetoient d'en haut. Comme ils étoient assurés de leur retraite, les plus hardis se détachoient de temps en temps pour venir escarmoucher avec les chrétiens. Les capitaines avoient ordonné, sur toutes choses, aux Espagnols de ne point quitter leurs bataillons jusqu'à ce qu'ils fussent maîtres de ce poste; mais quelques braves de Guadalajara, ne pouvant souffrir l'insolence de ces infidèles, et voulant se distinguer par quelque action de valeur, s'avancèrent et furent bientôt punis de leur témérité. Louis Contréras fut tué en cette rencontre; et les Maures, lui ayant coupé la tête, l'envoyèrent dans la ville. Tout le peuple s'empressoit pour la voir, et les enfants s'en jouoient et la rouloient dans les rues. On fit un si grand bruit de cette tête coupée, qu'on disoit être la tête de l'*alfaqui* des chrétiens, c'est-à-dire de l'archevêque, que les pauvres esclaves, dans leurs cachots souterrains, en furent extrêmement affligés. Ils demandèrent, par grâce, qu'on leur montrât cette tête; et ils reconnurent, avec beaucoup de joie, que ce n'étoit pas celle du cardinal.

Cependant les Espagnols faisoient tous leurs efforts pour se rendre maîtres de la montagne. Ils grimpoient à la faveur d'un brouillard épais qui s'éleva vers le sommet, et qui les couvroit aux ennemis; et ils parvinrent enfin à une fontaine d'eau claire que les Maures défendoient avec beaucoup d'opiniâtreté, et d'où ils furent enfin obligés de se retirer. Navarre fit amener quatre couleuvrines que le cardinal lui avoit envoyées; et ayant fait dresser une batterie entre des jardins et des maisons de campagne, il incommoda fort les ennemis, et les chargea si vigoureusement avec quelques soldats choisis, qu'il les chassa de cette montagne, après en avoir fait un grand carnage. Les troupes, voyant fuir ces infidèles, les poursuivirent sans ordre, et se répandirent dans toute la plaine qui est au-dessus d'Oran. Cette confusion, qui pouvoit leur être funeste, leur fut avantageuse, parce que les Maures crurent l'armée plus nombreuse qu'elle n'étoit, et voulurent se retirer dans la ville; mais la cavalerie les suivit de si près, qu'on n'osa leur ouvrir les portes. Ainsi la plus grande partie de la garnison fut dispersée.

En ce même temps la flotte battoit la ville de plusieurs pièces de canon, et les ennemis y répondirent par une batterie assez bien servie; mais un canonnier espagnol ayant démonté leur principale pièce, ils ne tirèrent plus que mollement, et les troupes de mer eurent moyen de se joindre à celles de terre. Alors les uns gardoient les avenues de la ville, afin que les fuyards n'y pussent entrer; les autres donnoient l'assaut et grimpoient le long de leurs piques avec une légèreté incroyable; de sorte qu'en moins d'une demi-heure, on vit six drapeaux chrétiens sur les murailles, et peu de temps après il en parut sur les tours. Ceux mêmes qui étoient ainsi montés ne pouvoient le croire quand ils furent de sang-froid, et tentèrent plusieurs fois en vain de remonter. Sosa, qui commandoit la compagnie des gardes du cardinal, ayant gagné le premier la muraille, cria *saint Jacques et Ximenès!* et montrant son enseigne, où étoit un crucifix d'un côté et les armes de Cisneros de l'autre, il donna le premier signal de la victoire. Plusieurs sautèrent dans la ville et ouvrirent les portes aux troupes chrétiennes.

La place se trouvant prise sans savoir comment, et la garnison ayant été taillée en pièces, les habitants tâchèrent de se sauver comme ils purent. Les uns se réfugièrent dans les mosquées, les autres se retranchèrent dans les principales maisons; quelques-uns se mirent en bataille dans les rues pour vendre chèrement leur vie. Mais comme toute l'armée entroit confusément dans la ville, ils coururent aux portes pour voir si, dans cette confusion, ils trouveroient quelque moyen de s'échapper. Villaroël, jugeant qu'ils ne pouvoient fuir que par le chemin de Trémesen, se posta avec deux cents chevaux en cet endroit-là, résolu de les passer tous au fil de l'épée. Mais quelque cavalerie arabe, qui s'étoit mise en embuscade dans les jardins pour piller amis et ennemis indifféremment, ayant tiré quelques coups, les cavaliers chrétiens prirent tous la fuite, croyant que c'étoit l'armée de Trémesen, et Villaroël lui-même n'eut pas plus de fermeté que les autres. Cependant la ville étoit au pillage; on n'épargnoit ni condition, ni sexe, ni âge; comme c'étoient des ennemis de la religion, on croyoit qu'on pouvoit perdre toute sorte d'humanité. La nuit interrompit un peu le carnage, et les chefs ayant fait sonner la retraite, chacun eut ordre d'aller à son poste; mais il ne fut pas possible de contenir les soldats. Ils retournèrent tous au pillage, tuèrent tout ce qui se présenta à eux, mangèrent ce que les Maures avoient préparé pour leur souper; et le sommeil et le vin les ayant accablés, on les trouva la plupart couchés et endormis sur des corps morts dans les places d'Oran, jusqu'à ce qu'il fût grand jour.

Navarre, qui étoit bon capitaine, et qui craignoit les embuscades des Maures, ne dormit point, posa des corps de garde dans tous les quartiers, et, dès le point du jour, visita la ville et donna des ordres nécessaires pour la garder. Les soldats, s'étant éveillés et voyant de tous côtés tant de morts étendus et percés de coups, eurent honte des cruautés qu'ils avoient exercées dans la chaleur du combat. La pitié succéda à la fureur, et ils offrirent quartier à ceux qui s'étoient sauvés dans les mosquées; Navarre les somma de se rendre, et fit forcer ceux qui voulurent résister. Il visita même tous les dehors, afin que le cardinal, arrivant, trouvât la ville non-seulement rendue, mais encore tranquille. Il y eut, du côté des Maures, quatre mille morts et huit mille prisonniers. Les chrétiens ne perdirent que trente hommes, tous presque à l'attaque de la montagne. Le butin fut estimé cinq cent mille écus d'or. Tous les soldats s'enrichirent, et l'on rapporte qu'un officier seul eut pour sa part dix mille ducats.

Gracias de Villaroël fut incontinent député pour porter la nouvelle de la victoire au cardinal, qui la reçut avec une joie modeste, et passa toute la nuit à réciter des hymnes et à rendre à Dieu des actions de grâces. Le lendemain il se rendit à Oran, par mer, pour éviter les mauvais chemins. Il voyoit avec plaisir ces murailles, ces tours, ces balcons qui règnent le long du rivage, et qui marquent la grandeur et la richesse de la ville. Étant mis à terre, il fit porter devant lui sa croix archiépiscopale, et chanta le *Te Deum* avec les prêtres et les religieux qui l'accompagnoient. Les soldats étoient venus en foule pour le recevoir, et il leur donna des marques d'approbation qui leur firent plus de plaisir que leur victoire. Pendant qu'ils le conduisoient en criant : « C'est vous qui avez vaincu ces nations barbares ! » il leur donna sa bénédiction, et répétoit tout le long du chemin ces paroles de David : « Ce n'est pas à nous, Seigneur, ce n'est pas à nous, c'est à votre saint nom qu'il en faut donner la gloire. » Il alla droit à l'Alcazave, c'est-à-dire à la grande forteresse; et le gouverneur, qui avoit protesté qu'il ne se rendroit qu'au cardinal, vint le recevoir à la porte, lui remit les clefs de la place et celles des cachots souterrains, où il y avoit trois cents esclaves chrétiens que Ximenès eut le plaisir de mettre lui-même en liberté.

On lui présenta le butin comme au premier chef de l'armée; et quoiqu'il y eût des choses riches et curieuses qui eussent pu tenter un homme moins désintéressé, il les fit réserver pour le roi ou pour l'entretien des troupes, selon l'accord fait avec Navarre, et ne voulut rien prendre pour lui. Il fit ensuite appeler les officiers de l'armée; et après avoir fait publiquement l'éloge de leur valeur, il les remercia très-obligeamment des services qu'ils avoient rendus, et leur fit, selon le mérite de chacun, des présents de colliers d'or, de bagues ou de housses en broderies. On trouva dans la ville soixante gros canons, et grand nombre d'autres intruments de guerre à tirer des flèches ou des pierres; et l'on fut étonné que cette place si bien munie, où l'on se disposoit à faire un siège de plusieurs mois, eût été prise en quelques heures.

Jusqu'ici on n'avait jamais considéré Fléchier comme historien. Le morceau qui précède, écrit dans un style d'une sagesse fort remarquable, de la part d'un des écrivains qui, au dix-septième siècle, ont le plus recherché la symétrie et l'antithèse, prouve que Bossuet ne fut pas, à cette époque, le seul qui s'occupât de l'histoire avec succès. Fléchier, dans ce genre, pas plus que dans l'oraison funèbre, n'a la profondeur ni la hardiesse de l'évêque de Meaux; mais il occupe encore, après lui, un rang honorable. Fléchier a composé aussi, outre son *Histoire du cardinal Ximenès*, une *Histoire de Théodose le Grand*, qui contient de fort belles pages.

BOSSUET.

L'EMPIRE ROMAIN A LA VENUE DU CHRIST.

Les Romains passèrent l'Euphrate; mais leur général, invincible contre l'ennemi, ne put tenir dans le devoir ses propres soldats. Mithridate, souvent battu sans jamais perdre courage, se relevoit; et le bonheur de Pompée sembloit nécessaire à terminer cette guerre. Il venoit de purger les mers des pirates qui les infestoient depuis la Syrie jusqu'aux colonnes d'Hercule, quand il fut envoyé contre Mithridate. Sa gloire parut alors élevée au comble. Il achevoit de soumettre ce vaillant roi, l'Arménie où il s'étoit réfugié, l'Ibérie et l'Albanie qui le soutenoient, la Syrie déchirée par ses factions, la Judée où la division des Asmonéens ne laissa à Hircan II, fils d'Alexandre Jannée, qu'une ombre de puissance, et enfin tout l'Orient : mais il n'eût pas eu où triompher de tant d'ennemis sans le consul Cicéron, qui sauvoit la ville des feux que lui préparoit Catilina, suivi de la plus illustre noblesse de Rome. Ce redoutable parti fut ruiné par l'éloquence de Cicéron plutôt que par les armes de C. Antonius, son collègue.

La liberté du peuple romain n'en fut pas plus assurée. Pompée régnoit dans le sénat, et son grand nom le rendoit maître absolu de toutes les délibérations. Jules César, en domptant les Gaules, fit à sa patrie la plus utile conquête qu'elle eût jamais faite. Un si grand service le mit en état d'établir sa domination dans son pays. Il voulut premièrement égaler, et ensuite surpasser Pompée.

Les immenses richesses de Crassus lui firent croire qu'il pourroit partager la gloire de ces deux grands hommes, comme il partageoit leur autorité. Il entreprit témérairement la guerre contre les Parthes, funeste à lui et à sa patrie. Les Arsacides vainqueurs insultèrent par de cruelles railleries à l'ambition des Romains et à l'avarice insatiable de leur général.

Mais la honte du nom romain ne fut pas le plus mauvais effet de la défaite de Crassus. Sa puissance contre-balançoit celle de Pompée et de César qu'il tenoit comme unis malgré eux. Par sa mort, la digue qui les retenoit fut rompue. Les deux rivaux, qui avoient en main toutes les forces de la république, décidèrent leur querelle à Pharsale par une bataille sanglante : César, victorieux, parut en un moment par tout l'univers, en Égypte, en Asie, en Mauritanie, en Espagne : vainqueur de tous côtés, il fut reconnu comme maître à Rome et dans tout l'empire. Brutus et Cassius crurent affranchir leurs concitoyens en le tuant comme un tyran, malgré sa clémence.

Rome retomba entre les mains de Marc-Antoine, de Lépide et du jeune César Octavien, petit-neveu de Jules César, et son fils par adoption : trois insupportables tyrans dont le triumvirat et les proscriptions font encore horreur en les lisant. Mais elles furent trop violentes pour durer long-temps. Ces trois hommes partagent l'empire. César garde l'Italie; et changeant incontinent en douceurs ses premières cruautés, il fait croire qu'il y a été entraîné par ses collègues. Les restes de la république périssent avec Brutus et Cassius. Antoine et César, après avoir ruiné Lépide, se tournent l'un contre l'autre. Toute la puissance romaine se met sur la mer.

César gagne la bataille Actiaque : les forces de l'Égypte et de l'Orient, qu'Antoine menoit avec lui, sont dissipées : tous ses amis l'abandonnent, et même sa Cléopâtre, pour laquelle il s'étoit perdu. Hérode, Iduméen, qui lui devoit tout, est contraint de se donner au vainqueur, et se maintient par ce moyen dans la possession du royaume de Judée, que la foiblesse du vieux Hircan avoit fait perdre entièrement aux Asmonéens. Tout cède à la fortune de César : Alexandrie lui ouvre ses portes. L'Égypte devient une province romaine. Cléopâtre, qui désespère de la pouvoir conserver, se tue elle-même après Antoine : Rome tend les bras à César, qui demeure, sous le nom d'Auguste et sous le titre d'empereur, seul maître de tout l'empire. Il dompte, vers les Pyrénées, les Cantabres et les Asturiens révoltés : l'Éthiopie lui demande la paix : les Parthes, épouvantés, lui renvoient les étendards pris sur Crassus avec tous les prisonniers romains : les Indes recherchent son alliance : ses armes se font sentir aux Rhètes ou Grisons, que leurs montagnes ne peuvent défendre : la Pannonie le reconnoît : la Germanie le redoute, et le Wéser reçoit ses lois. Victorieux par mer et par terre, il ferme le temple de Janus. Tout l'univers vit en paix sous sa puissance, et Jésus-Christ vient au monde.

« C'est dans le *Discours sur l'Histoire universelle* que l'on peut admirer l'influence du génie du Christianisme sur le génie de l'Histoire. Politique comme Thucydide, moral comme Xénophon, éloquent comme Tite-Live, aussi profond et aussi grand peintre que Tacite, l'évêque de Meaux a, de plus, une parole grave et un tour sublime dont on ne trouve ailleurs aucun exemple, hors dans l'admirable début du livre des Machabées.

» Bossuet est plus qu'un historien ; c'est un père de l'Église, c'est un prêtre inspiré, qui souvent a le rayon de feu sur le front, comme le législateur des Hébreux. Quelle revue il fait de la terre ! Il est en mille lieux à la fois : patriarche sous le palmier de Tophel, ministre à la cour de Babylone, prêtre à Memphis, législateur à Sparte, citoyen à Athènes et à Rome, il change de temps et de place à son gré ; il passe avec la rapidité et la majesté des siècles. La verge de la loi à la main, avec une autorité incroyable, il chasse pêle-mêle devant lui et juifs et gentils au tombeau ; il vient enfin lui-même à la suite du convoi de tant de générations ; et, marchant appuyé sur Isaïe et sur Jérémie, il élève ses lamentations prophétiques à travers la poudre et les débris du genre humain. »
CHATEAUBRIAND.

MORT D'ALEXANDRE.

Au commencement d'une diversion qui déjà inquiétoit toute la Grèce, Memnon mourut, et Alexandre mit tout à ses pieds.

Ce prince fit son entrée à Babylone avec un éclat qui surpassoit tout ce que l'univers avoit jamais vu : et après avoir vengé la Grèce, après avoir subjugué avec une promptitude incroyable toutes les terres de la domination persienne, pour assurer de tous côtés son nouvel empire, ou plutôt pour contenter son ambition et rendre son nom plus fameux que celui de Bacchus, il entra dans les Indes, où il poussa ses conquêtes plus loin que ce célèbre vainqueur. Mais celui que les déserts, les fleuves et les montagnes n'étoient pas capables d'arrêter, fut contraint de céder à ses soldats rebutés qui lui demandoient du repos. Réduit à se contenter des superbes monuments qu'il laissa sur les bords de l'Araspe, il ramena son armée par une autre route que celle qu'il avoit tenue, et dompta tout le pays qu'il trouva sur son passage. Il revint à Babylone craint et respecté, non pas comme un conquérant, mais comme un dieu.

Mais cet empire formidable qu'il avoit conquis ne dura pas plus long-temps que sa vie, qui fut fort courte. A l'âge de trente-trois ans, au milieu des plus vastes desseins qu'un homme eût jamais conçus, et avec les plus justes espérances d'un heureux succès, il mourut sans avoir eu le loisir d'établir solidement ses affaires (1), laissant un frère imbécile et des enfants en bas âge, incapables de soutenir un si grand poids. Mais ce qu'il y avoit de plus funeste pour sa maison et pour son empire, est qu'il laissoit des capitaines à qui il avoit appris à ne respirer que l'ambition et la guerre. Il prévit à quels excès ils se porteroient quand il ne seroit plus au monde : pour les retenir, et de peur d'en être dédit, il n'osa nommer ni son successeur, ni le tuteur de ses enfans; il prédit seulement que ses amis célébreroient ses funérailles avec des batailles sanglantes, et il expira dans la fleur de son âge, plein des tristes images de la confusion qui devoit suivre sa mort.

En effet, vous avez vu le partage de son empire, et la ruine affreuse de sa maison : son ancien royaume, la Macédoine, tenu par ses ancêtres depuis tant de siècles, fut envahi de tous côtés comme une succession vacante ; et après avoir été long-temps la proie du plus fort, il passa enfin à une autre famille. Ainsi ce grand conquérant, le plus renommé et le plus illustre qui fut jamais, a été le dernier roi de sa race. S'il fût demeuré paisible dans la Macédoine, la grandeur de son empire n'auroit pas tenté ses capitaines, et il eût pu laisser à ses enfants le royaume de ses pères ; mais parce qu'il avoit été trop puissant, il fut cause de la perte de tous les siens : et voilà le fruit glorieux de tant de conquêtes (2) !

(1) On peut remarquer ici la simplicité de l'expression, au sujet d'une aussi grande chose que l'établissement de l'empire d'Alexandre.

(2) On lit dans la dixième satire de Juvénal : « Un seul monde ne suffit pas au jeune Alexandre. Le malheureux ! Il étouffe dans les bornes de la terre, trop étroites pour lui. Mais, une fois entré dans Babylone, il se contentera d'un cercueil bientôt vide. La mort seule avoue combien l'homme est peu de chose. »

Sa mort fut la seule cause de cette grande révolution : car il faut dire à sa gloire que si jamais homme a été capable de soutenir un si vaste empire, quoique nouvellement conquis, c'a été sans doute Alexandre, puisqu'il n'avoit pas moins d'esprit que de courage.

« Alexandre, dans la rapidité de ses actions, dans le feu de ses passions même, avoit, si j'ose me servir de ce terme, une saillie de raison qui le conduisoit, et que ceux qui ont voulu faire un roman de son histoire, et qui avoient l'esprit plus gâté que lui, n'ont pu nous dérober.

» Il ne partit qu'après avoir assuré la Macédoine contre les peuples barbares qui en étoient voisins, et achevé d'accabler les Grecs ; il ne se servit de cet accablement que pour l'exécution de son entreprise ; il rendit impuissante la jalousie des Lacédémoniens ; il attaqua les provinces maritimes, et fit suivre à son armée de terre les côtes de la mer, pour n'être point séparé de sa flotte ; il se servit admirablement bien de la discipline contre le nombre ; et, s'il est vrai que la victoire lui donna tout, il fit ce qu'il fallut pour se procurer la victoire.

» Dans le commencement de son entreprise, c'est-à-dire dans un temps où un échec pouvoit le renverser, il mit peu de choses au hasard : quand la fortune le mit au-dessus des événements, la témérité fut quelquefois un de ses moyens... Lorsqu'il s'agit de combattre les forces maritimes des Perses, c'est plutôt Parménion qui a de l'audace, c'est plutôt Alexandre qui a de la sagesse. Son industrie fut de séparer les Perses des côtes de la mer, et de les réduire à abandonner eux-mêmes leur marine, dans laquelle ils étoient supérieurs. Tyr étoit, par principe, attachée aux Perses, qui ne pouvoient se passer de son commerce et de sa marine ; Alexandre la détruisit. Il prit l'Égypte, que Darius avoit laissée dégarnie de troupes, pendant qu'il assembloit des armées innombrables dans un autre univers.

» Le passage du Granique fit qu'Alexandre se rendit maître des colonies grecques ; la bataille d'Issus lui donna Tyr et l'Égypte ; la bataille d'Arbelles lui donna toute la terre.

» Après la bataille d'Issus, il laisse fuir Darius et ne s'occupe qu'à affermir et à régler ses conquêtes : après la bataille d'Arbelles, il le suit de si près, qu'il ne lui laisse aucune retraite dans son empire. Darius n'entre dans ses villes et dans ses provinces que pour en sortir ; les marches d'Alexandre sont si rapides, que vous croyez voir l'empire de l'univers plutôt le prix de la course, comme dans les jeux de la Grèce, que le prix de la victoire.

» C'est ainsi qu'il fit ses conquêtes : voyons comment il les conserva.

» Il résista à ceux qui vouloient qu'il traitât les Grecs comme maîtres, et les Perses comme esclaves. Il ne songea qu'à unir les deux nations, et à faire perdre les distinctions du peuple conquérant et du peuple vaincu ; il abandonna après la conquête tous les préjugés qui lui avoient servi à la faire ; il prit les mœurs des Perses, pour ne point désoler les Perses en leur faisant prendre les mœurs des Grecs..... Il ne laissa pas seulement aux peuples vaincus leurs mœurs ; il leur laissa encore leurs lois civiles, et souvent même les rois et les gouverneurs qu'il avoit trouvés. Il mettoit les Macédoniens à la tête des troupes et les gens du pays à la tête du gouvernement, aimant mieux courir le risque de quelque infidélité particulière (ce qui lui arriva quelquefois) que d'une révolte générale. Il respecta les traditions anciennes et tous les monuments de la gloire et de la vanité des peuples. Les rois de Perse avoient détruit les temples des Grecs, des Babyloniens et des Égyptiens, il les rétablit : peu de nations se soumirent à lui sur les autels desquels il ne fit des sacrifices. Il sembloit qu'il n'eût conquis que pour être le monarque particulier de chaque nation et le premier citoyen de chaque ville. Les Romains conquirent tout pour tout détruire ; il voulut tout conquérir pour tout conserver : et quelque pays qu'il parcourût, ses premières idées, ses premiers desseins furent toujours de faire quelque chose qui pût en augmenter la prospérité et la puissance. Il en trouva les premiers moyens dans la grandeur de son génie ; les seconds, dans sa frugalité et son économie particulière ; les troisièmes, dans son immense prodigalité pour les grandes choses. Sa main se fermoit pour les dépenses privées : elle s'ouvroit pour les dépenses publiques. Falloit-il régler sa maison, c'étoit un Macédonien. Falloit-il payer les dettes de ses soldats, faire part de sa conquête aux Grecs, faire la fortune de chaque homme de son armée, il étoit Alexandre.

» Il fit deux mauvaises actions : il brûla Persépolis et tua Clitus. Il les rendit célèbres par son repentir, de sorte qu'on oublia ses actions criminelles pour se souvenir de son respect pour la vertu..... Mais qu'est-ce donc que ce conquérant qui est plaint de tous les peuples qu'il a soumis ? Qu'est-ce que cet usurpateur, sur la mort duquel la famille qu'il a renversée du trône verse des larmes ? »

MONTESQUIEU.

« Je vis alors cet Alexandre, qui depuis a rempli la terre d'admiration et de deuil. Il avoit dix-huit ans, et s'étoit déjà signalé dans plusieurs combats. A la bataille de Chéronée, il avoit enfoncé et mis en fuite l'aile droite de l'armée ennemie. Cette victoire ajoutoit un nouvel éclat aux charmes de sa figure. Il a les traits réguliers, le teint beau et vermeil, le nez aquilin, les yeux grands, pleins de feu, les cheveux blonds et bouclés, la tête haute, mais un peu penchée vers l'épaule gauche, la taille moyenne, fine et dégagée, le corps bien proportionné et fortifié par un exercice continuel. On dit qu'il est très-léger à la course, et recherché dans sa parure. Il entra dans Athènes sur un cheval superbe qu'on nommoit Bucéphale, que personne n'avoit pu dompter jusqu'à lui, et qui avoit coûté treize talents.

Bientôt on ne s'entretint que d'Alexandre. La douleur où j'étois plongé ne me permit pas de le suivre de près. J'interrogeai dans la suite un Athénien qui avoit longtemps séjourné en Macédoine ; il me dit : « Ce prince joint à beau-
» coup d'esprit et de talents un désir insatiable de s'in-
» truire, et du goût pour les arts qu'il protége sans s'y
» connoître. Il a de l'agrément dans la conversation, de la
» douceur et de la fidélité dans le commerce de l'amitié,
» une grande élévation dans les sentiments et dans les idées.
» La nature lui donna le germe de toutes les vertus, et
» Aristote lui en développa les principes. Mais au milieu de
» tant d'avantages, règne une passion funeste pour lui, et
» peut-être pour le genre humain : c'est une envie exces-
» sive de dominer, qui le tourmente jour et nuit. Elle s'an-
» nonce tellement dans ses regards, dans son maintien,
» dans ses paroles et les moindres actions, qu'en l'appro-
» chant on est pénétré de respect et de crainte. Il voudroit
» être l'unique souverain de l'univers, et le seul dépositaire
» des connoissances humaines. L'ambition et toutes ces
» qualités brillantes que l'on admire dans Philippe, se trou-
» vent dans son fils, avec cette différence que chez l'un
» elles sont mêlées avec des qualités qui les tempèrent, et
» que chez l'autre la fermeté dégénère en obstination, l'a-
» mour de la gloire en frénésie, le courage en fureur : car
» toutes ses volontés ont l'inflexibilité du destin, et se sou-
» lèvent contre les obstacles, de même qu'un torrent s'é-
» lance en mugissant au-dessus d'un rocher qui s'oppose à
» son cours. »

BARTHÉLEMY.

L'ABBÉ DE SAINT-RÉAL.

LE CAPITAINE RENAULT AUX CONJURÉS.

Comme la journée du lendemain étoit nécessaire pour se disposer à l'exécution de la nuit, Renault et le capitaine jugèrent à propos de se consulter dès la veille avec leurs compagnons pour la dernière fois, et le capitaine laissa à Renault le soin de leur représenter l'état des choses et de leur donner les avis nécessaires. Quoi qu'on sçût faire, ils ne purent être tous assemblés qu'il ne fût presque nuit... Après les précautions ordinaires dans ces rencontres, Renault prit la parole. Il commença par une narration simple et étendue de l'état des affaires, des forces de la république et des leurs, de la disposition de la ville et de la flotte, des préparatifs de D. Pèdre et du duc d'Ossone, des armes et autres provisions de guerre qui étoient chez l'ambassadeur d'Espagne, des intelligences qu'il avoit dans le sénat et parmi les nobles, enfin de la connoissance exacte qu'on avoit prise de tout ce qu'il pouvoit être nécessaire de savoir. Après s'être attiré l'approbation de ses auditeurs par le récit de ces choses, dont ils savoient la vérité comme lui, et qui étoient presque toutes les effets de leurs soins, aussi bien que des siens : « Voilà, mes compagnons, continua-t-il, quels sont les moyens destinés à vous conduire à la gloire que vous cherchez. Chacun de vous peut juger s'ils sont suffisants et assurés. Nous avons des voies infaillibles pour introduire dix mille hommes de guerre dans une ville qui n'en a pas deux cents à nous opposer; dont le pillage joindra avec nous tous les étrangers que la curiosité ou le commerce y a attirés, et dont le peuple même nous aidera à dépouiller les grands, qui l'ont dépouillé tant de fois, aussitôt qu'il verra sûreté à le faire. Les meilleurs vaisseaux de la flotte sont à nous, et les autres portent dès à présent avec eux ce qui les doit réduire en cendres. L'arsenal, ce fameux arsenal, la merveille de l'Europe et la terreur de l'Asie, est presque déjà en notre pouvoir. Les neufs vaillants hommes qui sont ici présents, et qui sont en état de s'en emparer depuis près de six mois, ont si bien pris leurs mesures pendant ce retardement, qu'ils ne croient rien hasarder en répondant sur leur tête de s'en rendre maîtres. Quand nous n'aurions ni les troupes du lazaret, ni celles de terre-ferme, ni la petite flotte de Haillot, pour nous soutenir, ni les cinq cents hommes de D. Pèdre, ni les vingt navires vénitiens de notre camarade, ni les grands vaisseaux du duc d'Ossone, ni l'armée espagnole de Lombardie, nous serions assez forts avec les intelligences et les mille soldats que nous avons. Néanmoins, tous ces différents secours que je viens de nommer, sont disposés de telle sorte, que chacun d'eux pourroit manquer, sans porter le moindre préjudice aux autres. Ils peuvent bien s'entr'aider, mais ils ne sauroient s'entre-nuire. Il est presque impossible qu'ils ne réussissent pas tous, et un seul nous suffit. Que si après avoir pris toutes les précautions que la prudence humaine peut suggérer, on peut juger du succès que la fortune nous destine, quelle marque peut-on avoir de sa faveur, qui ne soit au-dessous de celles que nous avons ? Oui, mes amis, elles tiennent manifestement du prodige. Il est inouï dans toutes les histoires qu'une entreprise de cette nature ait été découverte en partie sans être entièrement ruinée; et la nôtre a essuyé cinq accidents, dont le moindre, selon toutes les apparences humaines, devoit la renverser. Qui n'eût cru que la perte de Spinosa, qui tramoit la même chose que nous, seroit l'occasion de la nôtre? que le licenciement des troupes de Lievestein, qui nous étoient toutes dévouées, divulgueroit ce que nous tenions caché ? que la dispersion de la petite flotte romproit toutes nos mesures, et seroit une source féconde de nouveaux inconvénients ? que la découverte de Creme, que celle de Maran, attireroit nécessairement après elle la découverte de tout le parti? Cependant toutes ces choses n'ont point eu de suite. On n'en a point suivi la trace qui auroit mené jusqu'à nous. On n'a point profité des lumières qu'elles donnoient. Jamais repos si profond ne précéda un trouble si grand. Le sénat, nous en sommes fidèlement instruits, le sénat est dans une sécurité parfaite. Notre bonne destinée a aveuglé les plus clairvoyants de tous les hommes, rassuré les plus timides, endormi les plus soupçonneux, confondu les plus subtils. Nous vivons encore, mes chers amis; nous sommes plus puissants que nous n'étions avant ces désastres : ils n'ont servi qu'à éprouver notre constance. Nous vivons, et notre vie sera bientôt mortelle aux tyrans de ces lieux. Un bonheur si extraordinaire, si obstiné, peut-il être naturel? et n'avons-nous pas sujet de présumer qu'il est l'ouvrage de quelque puissance au-dessus des choses humaines? Et en vérité, mes compagnons, qu'est-ce qu'il y a sur la terre qui soit digne de la protection du Ciel, si ce que nous faisons ne l'est pas? Nous détruisons le plus horrible de tous les gouvernements. Nous rendons le bien à tous les pauvres sujets de cet État, à qui l'avarice des nobles le raviroit éternellement sans nous; nous sauvons l'honneur de toutes les femmes qui naîtroient quelque jour sous leur domination avec assez d'agrément pour leur plaire. Nous rappelons à la vie un nombre infini de malheureux, que leur cruauté est en possession de sacrifier à leurs moindres ressentiments, pour les sujets les plus légers. En un mot, nous punissons les plus punissables de tous les hommes, également noircis des vices que la nature abhorre, et de ceux qu'elle ne souffre qu'avec pudeur. Ne craignons donc point de prendre l'épée d'une main et le flambeau de l'autre, pour exterminer ces misérables. Et quand nous verrons ces palais, où l'impiété est sur le trône, brûlant d'un feu, plutôt le feu du ciel que le nôtre; ces tribunaux souillés tant de fois des larmes et de la substance des innocents, consumés par les flammes dévorantes; le soldat furieux retirant ses mains fumantes du sein des méchants; la mort errante de toutes parts, et tout ce que la nuit et la licence militaire pourront produire de spectacles plus affreux, souvenons-nous alors, mes chers amis, qu'il n'y a rien de pur parmi les hommes, que les plus louables actions sont sujettes aux plus grands inconvénients, et qu'enfin au lieu des diverses fureurs qui désoloient cette malheureuse terre, les désordres de la nuit prochaine sont les seuls moyens d'y faire régner à jamais la paix, l'innocence et la liberté! »

Ce discours fut reçu de toute l'assemblée avec la complaisance que les hommes ont d'ordinaire pour les sentiments qui sont conformes aux leurs.

L'abbé de Saint-Réal, né, en 1639, à Chambéri, peut être, malgré son origine, regardé comme Français, ses écrits lui en ayant conquis le titre. Envoyé à Paris à l'âge de seize ans, il y fit ses études chez les jésuites, et profita beaucoup de la science et de l'habileté de ses maîtres. Lié avec Varillas, il se livra, comme lui, à la composition historique, et y réussit mieux. Malheureusement il ne se défendit pas assez contre la tentation d'animer l'histoire par des incidents romanesques. C'est ce qu'on remarque même dans son meilleur ouvrage, la *Conspiration des Espagnols contre Venise.*

Accueilli, en 1676, par Emmanuel II avec beaucoup de faveur, Saint-Réal sembla vouloir se fixer dans les États de ce prince; mais Hortense de Mancini, nièce du cardinal Mazarin, résidait alors à Chambéri. Il lui plut, s'attacha à elle et la suivit à Londres, où il devint, avec Saint-Évremont, l'un des ornements de la maison de cette femme aussi spirituelle qu'élégante. De retour à Paris, il fut chargé par le duc de Savoie, Victor-Amédée, de diverses négociations secrètes auprès du duc d'Orléans, et publia quelques ouvrages qui soulevèrent contre lui une vive polémique. Il mourut à Chambéri en 1692, âgé de cinquante-trois ans, laissant un assez bon nombre d'ouvrages, parmi lesquels on distingue la *Conjuration des Gracques*, un Traité sur l'*Usage de l'histoire*, un *Discours sur la Valeur*, une *Histoire du Concile de Trente*, etc.

Voltaire a dit de la *Conjuration contre Venise*, qu'il met au nombre des chefs-d'œuvre de notre langue : « Le style en » est comparable à celui de Salluste. On voit que l'abbé de » Saint-Réal l'avait pris pour modèle, et peut-être l'a-t-il » surpassé... » Autre part, le même juge dit encore : « Ne » condamnez point avec dureté tout ce qui ne sera point » aussi parfait que la *Conjuration de Venise.* » Enfin, dans une lettre à l'abbé d'Olivet, Voltaire place Saint-Réal après Bossuet, comme historien.

La Harpe, en jugeant plus froidement la *Conjuration de Venise*, est peut-être plus près de la vérité.

« L'abbé de Saint-Réal, dit-il, est le seul écrivain du der-
» nier siècle qui ait su donner à l'histoire cette espèce de
» forme dramatique qu'elle comporte lorsqu'on sait y met-
» tre la mesure convenable, et qui nous attache dans les
» historiens grecs et romains. Je n'irai pas jusqu'à l'égaler
» à Salluste, dont il n'a pas la concision nerveuse; mais il
» est sûr qu'il se rapproche beaucoup de ce modèle qu'il
» s'était proposé, et qu'il sait, comme lui, donner une phy-
» sionomie à ses personnages, et jeter dans une narra-
» tion vive et rapide des réflexions qui occupent le lec-
» teur sans le distraire du récit. » On voit que La Harpe n'est point du même avis que Voltaire; mais le discours du capitaine Renault peut excuser l'enthousiasme de ce dernier.

Voici à quelle occasion eut lieu la conspiration des Espagnols.

Le marquis de Bedmar, ambassadeur de Philippe III auprès de la république de Venise, s'unit, en 1618, avec don Pedro de Tolède, gouverneur de Milan, et le duc d'Ossuna, vice-roi de Naples, pour la renverser. Homme habile et dangereux, le marquis de Bedmar, après avoir longtemps médité ses plans, résolut de les mettre à exécution. Il s'attacha d'abord les hommes dévoués à l'Espagne, et commença par jeter les yeux, dit Saint-Réal, pour négocier cette affaire, « sur un vieux gentilhomme françois, nommé Nicolas de
» Renault, homme de savoir et de tête, et qui était réfugié
» à Venise pour quelque sujet qu'on n'a jamais pu décou-
» vrir. Le marquis de Bedmar l'avoit vu depuis longtemps
» chez l'ambassadeur de France, où il demeuroit. Dans
» quelques conversations que le hasard leur fit avoir ensem-
» ble, Renault le connut pour aussi habile homme qu'il en
» avoit le bruit; et le marquis, qui étoit bien aise d'avoir à
» lui, chez l'ambassadeur de France, un ami de ce carac-
» tère, avoit fait une liaison étroite avec Renault. Quoique
» cet homme fût extrêmement pauvre, il estimoit plus la
» vertu que les richesses; mais il aimoit plus la gloire que
» la vertu; et, faute de voies innocentes pour parvenir à la
» gloire, il n'en est point de si criminelles qu'il ne fût capa-
» ble de prendre. Il avoit appris, dans les écrits des anciens,
» cette indifférence si rare pour la vie et pour la mort, qui
» est le premier fondement de tous les desseins extraordi-
» naires; et il regrettoit toujours ces temps célèbres où le
» mérite des particuliers faisoit la destinée des États, et où
» tous ceux qui en avoient ne manquoient jamais de moyens
» ni d'occasions de le faire paroître. Le marquis de Bedmar,

» qui l'avoit étudié à fond, et qui avoit besoin d'un homme
» à qui il pût confier entièrement la conduite de son en-
» treprise, lui dit, en la lui déclarant, qu'il avoit compté
» sur lui dès la première pensée qu'il en avoit eue. Renault
» se tint plus obligé de cette assurance qu'il n'auroit fait de
» toutes les louanges imaginables. L'âge avancé où il étoit
» ne le détourna point de cet engagement. Moins il avoit
» à vivre, moins il avoit à risquer. Il ne crut pas pouvoir
» mieux employer quelques tristes années qui lui res-
» toient à passer, qu'en les hasardant pour rendre son nom
» immortel. »

Une fois assuré du concours de Renault et de plusieurs autres personnes également résolues, le marquis de Bedmar voulut exécuter ses desseins. Ils échouèrent, selon l'historien de cette conjuration, parce qu'un nommé Jaffier, frappé de la description qu'avait faite Renault, dans son discours, de la nuit de l'exécution, ne put modérer sa pitié. « Son imagination, dit Saint-Réal, lui représentoit exacte-
» ment et avec les plus vives couleurs toutes les cruautés
» et les injustices inévitables en ces occasions. Depuis ce
» moment il n'entendoit plus de tous côtés que des cris
» d'enfants qu'on foule aux pieds, des gémissements de
» vieillards qu'on égorge, des hurlements de femmes qu'on
» déshonore. Il ne voyoit que palais tombants, temples en
» feu, lieux saints ensanglantés. Venise, la triste, la déplo-
» rable Venise, se présentoit partout devant ses yeux non
» plus triomphante, comme autrefois, de la fortune otto-
» mane et de la fierté espagnole, mais en cendres ou dans
» les fers, et plus noyée dans le sang de ses habitants que
» dans les eaux qui l'environnent. Cette funeste image l'ob-
» sède nuit et jour, le sollicite, le presse, l'ébranle. En vain
» il fait effort pour la chasser : plus obstinée que toutes les
» furies des fables, elle l'occupe au milieu des repas, elle
» trouble son repos, elle s'introduit jusque dans ses songes.
» Mais trahir tous ses amis! et quels amis! intrépides, in-
» telligents, uniques en mérite dans le talent où chacun
» d'eux excelle. C'est l'ouvrage de plusieurs siècles de join-
» dre ensemble une seconde fois un aussi grand nombre
» d'hommes extraordinaires. Dans le point qu'ils se vont
» rendre mémorables à la dernière postérité, faut-il leur
» ravir le fruit prêt à cueillir de la plus grande résolution
» qui soit jamais tombée dans l'esprit d'un particulier ? Et
» comment périront-ils ? par des tourments plus singuliers
» et plus recherchés que tous ceux que les tyrans des siè-
» cles passés ont inventés. Qui ne sçait qu'il y a telle sorte
» de prison à Venise, plus capable d'ébranler la constance
» d'un homme de courage que les plus affreux supplices
» des autres pays? Ces dernières réflexions, qui attaquoient
» Jaffier par son foible, le raffermissoient dans ses premiers
» sentiments. La pitié qu'il sentoit pour ses compagnons
» balançoit dans son âme celle que la désolation de Venise
» y excitoit; et il continua dans cette incertitude jusqu'au
» jour de l'Ascension, auquel l'exécution avoit été re-
» mise. »

Jaffier alla tout dénoncer au sénat, espérant sauver sa vie et celle de ses complices; mais il ne sauva que la sienne. La plupart des conjurés furent arrêtés et périrent dans les supplices.

Saint-Réal a tracé de celui qui fut l'âme de cette conspiration (le marquis de Bedmar) l'admirable portrait suivant, que nous ne pouvons nous empêcher de citer :

« Le marquis de Bedmar est l'un des plus puissants génies
» que l'Espagne ait jamais produits. On voit, par les écrits
» qu'il a laissés, qu'il possédoit tout ce qu'il y a dans les
» historiens anciens et modernes qui peut former un homme
» extraordinaire. Il comparoit les choses qu'il racontoit
» avec celles qui se passoient dans son temps. Il observoit
» exactement les différences et les ressemblances des affai-
» res, et combien ce qu'elles ont de différent change ou
» qu'elles ont de semblable. Il portoit d'ordinaire son juge-
» ment sur l'issue d'une entreprise, aussitôt qu'il en savoit
» le plan et les fondements. S'il trouvoit par la suite qu'il
» n'eût pas deviné, il remontoit à la source de son erreur,
» et tâchoit de découvrir ce qui l'avoit trompé. Par cette
» étude, il avoit compris quelles sont les voies sûres, les
» véritables moyens et les circonstances capitales qui pré-
» sagent un bon succès aux grands desseins, et qui les font
» presque toujours réussir. Cette pratique continuelle de
» lecture, de méditation et d'observation des choses du
» monde, l'avoit élevé à un tel point de sagacité, que ses
» conjectures sur l'avenir passoient presque, dans le con-
» seil d'Espagne, pour des prophéties.

» A cette connoissance profonde de la nature des grandes
» affaires, étoient joints des talents singuliers pour les ma-
» nier; une facilité de parler et d'écrire avec un agrément
» inexprimable; un instinct merveilleux pour se connoître
» en hommes; un air toujours gai et ouvert, où il paroissoit
» plus de feu que de gravité, éloigné de la dissimulation
» jusqu'à approcher de la naïveté; une humeur libre et
» complaisante, d'autant plus impénétrable, que tout le
» monde croyoit la pénétrer; des manières tendres, insi-
» nuantes et flatteuses, qui attiroient le secret des cœurs
» les plus difficiles à s'ouvrir; toutes les apparences d'une
» extrême liberté d'esprit dans les plus cruelles agitations. »

LE PÈRE D'ORLÉANS.

BATAILLE DE GUADALETÉ.

Les deux armées s'étant déployées, Rodrigue, selon la coutume des rois goths, parut à la tête de la sienne, vêtu d'un habit tout brillant d'or et monté sur un char d'ivoire, d'où il harangua ainsi ses soldats :

« Je me réjouis avec vous, leur dit-il, que ce jour heureux soit venu, qui nous donne une si belle occasion de venger notre religion, notre nation, notre patrie, des injures que leur a faites un tas de rebelles sans foi, et de barbares sans humanité. Vous ne pouvez douter de la raison qui porte les infidèles à nous faire la guerre. Ils ont formé le dessein de nous imposer le joug honteux sous lequel nous voyons gémir tant de nations chrétiennes soumises à leurs lois, de s'emparer de nos biens, de renverser nos autels, de nous réduire à l'esclavage. Ce qu'ils ont déjà fait montre ce qu'ils ont envie de faire. Les ruines de nos villes, dans les provinces que les traitres leur ont livrées, ont fait un bruit qui nous avertit de ce que nous avons à craindre de leur fureur. Il faut qu'ils apprennent aujourd'hui qu'on n'assujétit pas les Goths avec la même facilité qu'on assujétit des Asiatiques ou des Africains sans valeur. Les Maures défirent l'an passé une petite poignée de nos troupes : ce léger avantage les a aveuglés ; si nous savons nous servir du nôtre, ils se sont avancés en des lieux d'où ils ne nous peuvent échapper. Ainsi la justice divine, qui les poursuit pour punir leurs crimes, les a livrés entre nos mains. Autrefois nous allions attaquer ces barbares jusque dans leur pays ; nous repoussions les François de nos frontières : aujourd'hui nos ennemis nous insultent jusque dans le cœur de nos États. Telle est l'inconstance de la fortune ; mais c'est en même temps une occasion de montrer notre vertu. J'ai fait, pour nous mettre en état de vaincre, tout ce qui a dépendu de moi ; j'ai mis sur pied une armée qu'à peine cette vaste plaine peut contenir ; j'ai choisi de bons chefs, j'ai donné de bons ordres, j'ai imaginé des moyens de nous rendre les plus forts, dont l'effet vous apprendra le secret : le reste dépend de vous. Osez vaincre, et je vous réponds de la victoire : pensez que vous combattez pour votre gloire, pour celle de vos ancêtres, pour le sang des Goths, dont les barbares sont depuis si long-temps altérés, pour le nom chrétien, et pour la sûreté de toutes les nations qui le portent, dont le sort est entre vos mains ; leur salut dépend du succès de ce jour, et il en doit décider. »

Pendant que Rodrigue parloit ainsi, Tarif représentoit aux siens que dans la situation où ils se trouvoient, il falloit ou vaincre ou périr. « De tous côtés, disoit-il, nous sommes entourés de la mer : il ne s'agit plus ici de la gloire, ni de faire des conquêtes, mais il y va de nos vies et de notre salut : nous n'avons point de retraite à espérer ; nous ne saurions éviter la mort que par la victoire ; ce jour nous rendra maîtres de l'Europe, ou nous ensevelira en Espagne ; la mort mettra fin à nos maux, si la victoire ne comble pas nos triomphes. Vainqueurs de l'Asie et de l'Afrique, pourriez-vous trouver un obstacle au cours heureux de tant de succès, dans l'Espagne seule, déjà demi vaincue, défendue par le ramas confus d'un peuple timide assemblé en tumulte, dépourvu d'expérience et d'art, la plupart sans discipline et sans cœur ? La meilleure partie des Goths combat pour nous, ou a péri par nos armes : ce reste, nombreux à la vérité, mais d'autant plus aisé à mettre en désordre, peut-il échapper à votre valeur ? Je vois dans vos yeux une ardeur qui me répond de la victoire ; suivez-la, Dieu et son prophète donneront une nouvelle force à vos bras. Le moindre fruit de vos efforts sera de changer les arides déserts de l'Afrique que vous habitez, pour les belles et fertiles campagnes que vous avez devant les yeux. »

Quand les chefs eurent cessé de parler, les trompettes du côté des Goths et les tymbales du côté des Maures donnèrent le signal du combat. Alors les premiers escadrons s'ébranlèrent, et l'on se chargea de part et d'autre avec une égale fureur.

D'Orléans (Pierre-Joseph), auteur des *Révolutions d'Espagne*, des *Révolutions d'Angleterre* et de plusieurs autres ouvrages, naquit à Bourges, en 1644, et mourut à Paris, en 1698. Entré dans la compagnie de Jésus, il professa d'abord les belles-lettres dans plusieurs établissements, se livra ensuite à la chaire, et se consacra enfin à l'histoire. Il obtint plus de succès dans cette dernière spécialité que dans les deux autres, et si la mort ne l'eût pas enlevé au moment où son esprit était dans toute sa force et toute sa maturité, il nous aurait probablement laissé quelques bons ouvrages de plus. On trouve dans ses *Révolutions*, de l'impartialité, de l'exactitude, et parfois une chaleur de sentiment qui fait oublier la froideur habituelle du style de l'écrivain. La bataille de Guadalete, dont nous donnons la relation, eut lieu en 711. Rodrigue, roi des Visigoths, y fut tué par Tarif ou Tarick-Ben-Zéiad, général arabe, qui le premier pénétra en Espagne, et la soumit en grande partie. Après avoir obtenu de grands succès dans ses entreprises et encouru la colère de Mousa, gouverneur d'Afrique, Tarick mourut dans l'obscurité.

RICHARD IER A L'EMPEREUR HENRI VI.

Richard se leva, et prenant un ton convenable à sa fortune présente, mais qui ressentoit toujours quelque chose de son caractère et de sa dignité : « Je suis né, lui dit-il, dans un rang à ne rendre compte de mes actions qu'à Dieu ; mais elles sont d'une telle nature, qu'elles ne craignent pas même le jugement des hommes, et particulièrement, seigneur, d'un prince aussi juste que vous. Mes liaisons avec le roi de Sicile n'ont rien qui vous ait dû fâcher ; j'ai pu ménager un homme dont j'avois affaire, sans offenser un prince dont j'étois ami. Pour le roi de France, je ne sache rien qui m'ait dû attirer son chagrin, que d'avoir été plus heureux que lui. Soit l'occasion, soit la fortune, j'ai fait des choses qu'il eût voulu avoir faites ; voilà tout mon crime à son égard. Quant au tyran de Chypre, chacun sait que je n'ai fait que venger les injures que j'avois reçues le premier : en me vengeant de lui, j'ai affranchi ses sujets du joug sous lequel il les accabloit. J'ai disposé de ma conquête : c'étoit mon droit ; et si quelqu'un avoit eu à y trouver à redire, c'étoit l'empereur de Constantinople, avec lequel ni vous ni moi n'avons pas de grandes mesures à garder. Le duc d'Autriche s'est trop vengé de l'injure dont il se plaint, pour la compter encore parmi mes crimes. Il avoit manqué le premier en faisant arborer son drapeau dans un lieu où nous commandions, le roi de France et moi en personne : je l'en punis trop sévèrement ; il a eu sa revanche au double : il n'en doit plus rien avoir sur le cœur que le scrupule d'une vengeance que le christianisme ne permet pas. L'assassinat du marquis de Montferrat est aussi éloigné de mes mœurs que mes intelligences prétendues avec Saladin sont peu vraisemblables : je n'ai pas témoigné jusqu'ici craindre assez mes ennemis pour qu'on me croie capable d'attaquer leur vie autrement que l'épée à la main ; et j'ai fait assez de mal à Saladin pour faire juger que, si je ne l'ai point trahi, je n'ai pas été son ami. Mes actions parlent pour moi, et me justifient mieux que mes paroles : Acre pris, deux batailles gagnées, des partis défaits, des convois enlevés, avec tant de riches dépouilles dont toute la terre est témoin que je ne me suis pas enrichi, marquent assez, sans que je le dise, que je n'ai pas épargné Saladin. J'en ai reçu de petits présents, comme des fruits et choses semblables, que ce Sarrasin, non moins recommandable par sa politesse et sa générosité que par sa valeur et sa conduite, m'a de temps en temps envoyés : le roi de France en a reçu comme moi ; et ce sont de ces honnêtetés que les braves gens dans la guerre se font les uns aux autres sans conséquence. On dit que je n'ai pas pris Jérusalem : je l'aurois prise, si on m'en eût donné le temps ; c'est la faute de mes ennemis, non la mienne : et je ne crois pas qu'aucun homme équitable me puisse blâmer d'avoir différé une entreprise qu'on peut toujours faire, pour apporter à mes peuples un secours qu'ils ne pouvoient plus long-temps attendre. Voilà seigneur, quels sont mes crimes. Juste et généreux comme vous êtes, vous reconnoissez sans doute mon innocence ; et, si je ne me trompe, je m'aperçois que vous êtes touché de mon malheur. »

Richard, surnommé *Cœur de Lion*, naquit à Oxford en 1157, et annonça dès son enfance des dispositions belliqueuses. Ayant enlevé la couronne à son père, en 1189, il eut bientôt horreur de sa conduite, et, afin de l'expier, partit pour la terre sainte. Abandonné, après la prise de Ptolémaïs, par Philippe-Auguste, qui vouloit revenir en France, il se couvrit de gloire à la bataille d'Ascalon ; mais le massacre de deux mille infidèles, motivé par le refus que fit, dit-on, Saladin de remplir les conditions auxquelles il avoit souscrit lors de la prise de Ptolémaïs, n'en est pas moins une grande tache pour le nom du prince anglais.

Débarqué à Jaffa avec quatre cents arbalètriers et dix chevaux seulement, il attaqua les musulmans, les mit en déroute, les poursuivit jusqu'au camp de Saladin, fort de quinze mille cavaliers, soutint le choc de cette armée, et finit par la vaincre. Tel était le renom qu'il laissa parmi ces barbares, que Joinville raconte que de son temps (1253), lorsque les femmes arabes voulaient faire peur à leurs enfants, elles s'écriaient : *Prends garde ! voilà le roi Richard !*

Reconnu, lors de son retour en Angleterre, au moment où il traversait les terres de Léopold, duc d'Autriche, son ennemi, Richard fut chargé de chaînes et livré à l'empereur Henri VI, qui lui fit subir une longue captivité et exigea, dit-on, une rançon de 250,000 marcs d'argent. Rendu à la liberté, il fut tué d'un coup de flèche, en 1199, à l'âge de quarante-deux ans, devant le château de Chalus.

Les aventures de ce prince ont excité la verve des romanciers et des poëtes. Walter Scott, dans *Ivanhoé*, a tracé avec talent le portrait de ce prince, et tout le monde connaît la vieille tradition, aussi fausse probablement que populaire, du trouvère Blondel, qui vint chanter au pied de la tour où son maître était retenu.

DANIEL.

BATAILLE DE LUTZEN.

Les deux armées demeurèrent en bataille pendant toute la nuit. Le roi de Suède, résolu d'engager le lendemain un combat général, coucha dans son carrosse. Le duc de Veymar et les autres officiers-généraux qui étoient avec lui, couchèrent sur la paille au milieu de la campagne.

Walstein occupoit une plaine séparée de l'armée ennemie par un double fossé assez profond, qu'il fit creuser encore davantage. Il avoit un ruisseau à sa gauche, et à sa droite le village de Lutzen. Il mit sa cavalerie aux deux ailes, et son infanterie au centre, partagée en quatre grands corps disposés en forme de croix, avec un espace vide au milieu.

Toute l'armée suédoise étoit rangée sur deux lignes parallèles, l'infanterie au centre, la cavalerie sur les deux ailes.

Le roi de Suède ayant dit à ses officiers-généraux qu'il comptoit donner bataille le lendemain à la pointe du jour, quelques-uns d'eux lui représentèrent que l'armée ennemie étoit nombreuse et qu'elle occupoit un poste avantageux; que les troupes suédoises étoient fatiguées par les longues marches qu'elles avoient faites, et qu'il seroit plus à propos d'attendre l'armée de l'électeur de Saxe, pour attaquer l'ennemi avec plus d'avantage. Gustave ne goûta point leurs raisons. Il leur répondit que les Impériaux étoient accoutumés à fuir devant les Suédois; que leur armée étoit diminuée par l'absence de Pappenheim; qu'il ne falloit pas leur donner le temps de se fortifier davantage dans le poste qu'ils occupoient; qu'enfin il vouloit voir ce que Walstein savoit faire en rase campagne, et qu'il mettoit son espérance dans la valeur de ses troupes, dans la protection du Ciel et dans la justice de sa cause. Le 16 novembre, dès que le jour parut, Gustave fit apporter ses armes. Le duc de Veymar et les autres officiers-généraux qui étoient auprès de lui, le conjurèrent de prendre le casque et la cuirasse; mais il leur dit que depuis la blessure qu'il avoit reçue à l'épaule la cuirasse l'incommodoit, et il ne prit qu'un habit de peau simple et sans ornements. Il avoit compté que l'action commenceroit à la pointe du jour; mais il s'éleva un brouillard si épais, qu'il fallut attendre que le soleil l'eût dissipé. Gustave ne laissa pas de monter à cheval, et de parcourir tous les rangs pour animer les soldats et les officiers à soutenir la réputation qu'ils avoient acquise : « Mes amis et camarades, disoit-il aux Suédois, c'est aujourd'hui que vous ferez paroître ce que vous êtes : montrez-vous gens de bien, gardez vos rangs et combattez courageusement pour vous et pour votre roi. Si vous le faites, vous trouverez à la pointe de votre épée la bénédiction d'en haut, l'honneur et la récompense de votre valeur : au contraire, si vous pensez tourner le dos et vous sauver, vous y trouverez l'infamie, ma disgrâce et votre ruine. »

En passant devant les troupes allemandes des princes ses alliés, il leur disoit : « Mes amis, officiers et soldats, je vous conjure de faire aujourd'hui votre devoir : vous combattez non-seulement pour moi, mais avec moi; mon sang et ma vie vous marqueront le chemin de l'honneur : ne rompez pas vos rangs, et secondez-moi avec courage. Si vous le faites, la victoire est à vous avec tous ses avantages; vous et votre postérité vous en jouirez; mais si vous reculez, c'est fait de votre liberté et de vos vies. » Le brouillard, qui empêchoit les deux armées de se voir et de se combattre, ne fut entièrement dissipé que sur les onze heures du matin : alors le roi de Suède fit avancer un corps d'infanterie pour charger l'ennemi.

Walstein avoit garni de mousquetaires le fossé large et profond qui le séparoit des Suédois, quoiqu'il fût déjà défendu par sept pièces de canon. Les Suédois furent obligés de franchir cette barrière. Les décharges terribles que l'on fit sur eux ne les arrêtèrent pas : ils se jettent dans le fossé avec une intrépidité surprenante : ils chassent les mousquetaires qui le gardoient, et s'emparent du canon qui étoit sur les bords; de là ils vont attaquer le corps de bataille des Impériaux. Ceux-ci ne peuvent résister à une attaque si vive et si courageuse; ils plient, ils s'ébranlent. Walstein les rallie; ils reviennent à la charge, et après un combat sanglant et opiniâtre les Suédois furent repoussés au-delà du fossé, et le canon fut repris.

Le roi de Suède, qui étoit à l'aile droite, s'étant aperçu de ce désordre, s'avança aussitôt à la tête du régiment de Smalande; d'autres disent de Steinbock. Il franchit le fossé, suivi de quelques cavaliers des mieux montés : et sans attendre le reste de sa troupe, il chargea lui-même un corps de vingt-quatre compagnies de cuirassiers, qui étoient regardées comme l'élite de l'armée impériale. Dans l'instant il reçut un coup de pistolet qui lui cassa l'os du bras. Un de ceux qui l'accompagnoient, voyant couler son sang, s'écria aussitôt : « Le roi est blessé! » Gustave lui ordonna de se taire, d'un air chagrin, dans la crainte que la nouvelle de sa blessure ne ralentît l'ardeur de ses troupes. Ensuite, prenant un visage gai : « Courage, dit-il, camarades, ce n'est rien : gardez vos rangs, et retournons à la charge. » Les Suédois le suivent et font de nouveaux efforts pour repousser l'ennemi; mais Gustave ayant perdu beaucoup de sang, ses forces et sa voix commençant à s'affoiblir, il ne put plus supporter sa douleur, et dit tout bas au duc de Saxe-Lauvembourg : « Mon cousin, tirez-moi hors d'ici, car je suis fort blessé. » A peine avoit-il fait quelques pas pour quitter le champ de bataille, qu'un des cuirassiers de l'empereur, qui le reconnut, s'avança au galop et lui déchargea sa carabine dans le dos, en disant : « Es-tu donc ici? Il y a long-temps que je te cherchois. » Gustave tomba de cheval; mais lorsqu'on s'empressoit de le relever, les ennemis revinrent à la charge avec plus de fureur que jamais : le combat recommence; chacun songe à défendre sa vie; le roi de Suède est abandonné. Les ennemis s'approchent; l'un lui donne encore un coup de pistolet dans la tête; l'autre deux coups d'épée au travers du corps. On le dépouille, et dans le tumulte plusieurs chevaux lui passent sur le corps. Son valet de chambre, qui ne l'avoit pas quitté, fut tué à ses côtés. . . . .

Les Suédois furent bientôt avertis de la mort de leur roi : ils reconnurent son cheval qui couroit au hasard, et dont la selle étoit teinte de son sang. Le bruit se répandit dans toute l'armée que Gustave étoit tué. Le duc de Veymar, ne pouvant plus cacher aux soldats cette triste nouvelle, leur crioit de rang en rang :

« Mes amis, souvenez-vous de votre pauvre maître qui vient d'être tué ; il faut venger sa mort. » Ces paroles firent une telle impression sur eux, qu'ils chargèrent l'ennemi avec une sorte de fureur. Ce n'étoit plus la valeur et le désir de vaincre ; c'étoit la colère et le désespoir qui les animoient. L'aile gauche des Impériaux fut mise en déroute : le duc de Veymar fit plier leur aile droite ; il se rendit maître d'une batterie de canon, qui avoit fort incommodé les Suédois. Ils s'emparèrent pour la seconde fois des sept pièces qui défendoient le fossé ; on les tourna contre l'ennemi, dont les bataillons furent éclaircis en un moment par de furieuses décharges. Les Impériaux commençoient à prendre la fuite, lorsque l'arrivée subite de Pappenheim, qui leur amenoit des troupes fraîches, leur inspira un nouveau courage : ils revinrent à la charge, et les Suédois furent repoussés de toutes parts. Pappenheim leur enleva les canons qu'ils avoient pris ; mais une blessure dont il mourut le lendemain l'obligea de se retirer. Les Impériaux commencèrent à reculer, et la nuit qui survint fit cesser le combat. Le champ de bataille demeura aux Suédois avec le canon des ennemis. On s'étoit battu de part et d'autre avec tant d'acharnement et d'opiniâtreté que la perte fut presque égale dans les deux armées. On trouva près de dix mille morts sur le champ de bataille, sans compter les blessés. Les Impériaux emportèrent environ soixante enseignes qu'ils avoient prises aux ennemis. Les Suédois cherchèrent le corps du grand Gustave, qui fut trouvé nu, couvert de sang et de poussière, et tellement défiguré qu'à peine étoit-il reconnoissable. On le mit dans un cercueil, et pendant quinze jours il fut porté comme en triomphe au milieu de ses troupes victorieuses, environné de ses deux régiments des gardes. Après l'avoir gardé quelque temps en Allemagne, on le fit transporter en Suède. Ce prince étoit monté sur le trône à l'âge de quatorze ans, et il n'en avoit que trente et un lorsqu'il fut, pour ainsi dire, enseveli au milieu de ses triomphes.

Sa mort affligea les Suédois ; mais elle ne leur fit pas perdre courage. Gustave leur avoit laissé des lieutenants-généraux formés de sa main, et capables de soutenir la réputation de ses armes... Avec de tels généraux, les Suédois entreprirent de suivre les projets de Gustave, de conserver leurs conquêtes, et de continuer la guerre en Allemagne.

« En l'année 1721, le père Gabriel Daniel, jésuite, fit paraître une nouvelle Histoire de France, précédée de deux dissertations sur les premiers temps de cette histoire et d'une préface sur la manière de la traiter. Daniel prononça d'un seul mot la condamnation de son prédécesseur. « Mézeray, dit-il, ignoroit ou négligeoit les sources. » Pour lui, sa prétention fut d'écrire d'après elles, de suivre les témoignages et de revêtir la couleur des historiens originaux. Le but principal de Daniel étoit l'exactitude historique : non pas cette exactitude vulgaire qui se borne à ne point déplacer les faits de leur vrai temps ou de leur vrai lieu, mais cette exactitude, d'un ordre plus élevé, par laquelle l'aspect et la langue de chaque époque sont scrupuleusement reproduits. Il est le premier qui ait fait de ce talent de peindre la principale qualité de l'historien, et qui ait soupçonné les erreurs sans nombre où entraîne l'usage irréfléchi de la phraséologie politique des temps modernes. Les convenances historiques étaient, aux yeux de Daniel, les seules qu'il dût aveuglément respecter; aucune convenance sociale ne lui semblait digne de l'emporter sur elles. On peut voir la réponse dédaigneuse qu'il fit à une accusation de lèse-majesté intentée contre lui par un critique imbécile, pour avoir méchamment retranché, disait le critique, quatre rois à la première race, et soixante-neuf ans d'antiquité à la monarchie française. Sans tenir compte, ni de la forme du gouvernement établi, ni de la prétention de ce gouvernement à une transmission héréditaire immémoriale; sans s'inquiéter s'il déplaisait et aussi sans affecter de plaire, le père Daniel prouva l'ancienne élection des rois, et renversa les fausses généalogies qu'on avait forgées, après coup, en faveur du chef de la troisième race. Mais cet écrivain, qui avait assez de science pour éclairer quelques points de notre histoire, n'en avait pas assez pour l'embrasser tout entière. Son intrépidité d'esprit ne se soutint pas; elle s'affaiblit peu à peu, à mesure qu'il s'éloigna des époques anciennes, les seules sur lesquelles il eût fortement travaillé. En face de ce qu'il savait nettement, il était inaccessible aux influences de son siècle et de son état.

Quand il en vint à traiter les temps modernes, qu'il n'avait point étudiés avec le même intérêt scientifique, il se laissa surprendre, à son insu, par l'esprit de son ordre et les mœurs de son époque. Il prit parti dans ses narrations, et s'y montra fanatique et servile. Sans excuser les crimes des hommes puissants, il ne les représenta pas sous leurs véritables traits, et surtout il se garda bien de peindre les maux causés par leur ambition et leur égoïsme. Son succès révéla, dans ses lecteurs, une première lueur de ce qu'on pouvait appeler le vrai sentiment de l'histoire. Sa chute prouva que la moralité du public l'emportait sur son goût pour la science.

» Le père Daniel a le premier enseigné la vraie méthode de l'histoire de France, bien qu'il ne l'ait pas mise en pratique dans toutes les parties de son ouvrage; c'est une gloire qui lui appartient et que peu de personnes lui accordent. De tous ceux qui ont écrit après lui, pas un ne s'est efforcé, je ne dis pas seulement d'acquérir une science égale à la sienne, mais même de profiter de l'exemple et des leçons que présente son livre. »   Augustin Thierry.

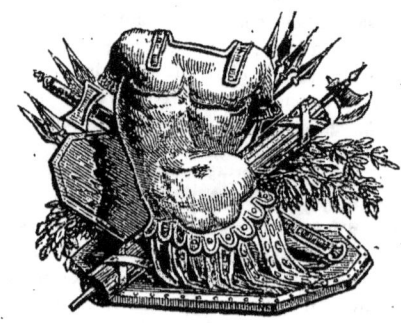

SAINT-SIMON.

UN TRAIT DU CZAR PIERRE.

Le czar avoit déjà commencé ses voyages. Il a tant et si justement fait de bruit dans le monde, que je serai succinct sur un prince si grand et si connu, et qui le sera sans doute de la postérité la plus reculée, pour avoir rendu redoutable à toute l'Europe, et mêlé nécessairement dans les affaires de toute cette partie du monde, une cour qui n'en avoit jamais été une, et une nation méprisée et entièrement ignorée pour sa barbarie. Ce prince étoit en Hollande à apprendre lui-même et à pratiquer la construction des vaisseaux. Bien qu'incognito, suivant sa pointe, et ne voulant point s'incommoder de sa grandeur ni de personne, il se faisoit pourtant tout rendre, mais à sa mode et à sa façon.

Il trouva sourdement mauvais que l'Angleterre ne se fût pas assez pressée de lui envoyer une ambassade dans ce proche voisinage, d'autant que, sans se commettre, il avoit fort envie de lier avec elle pour le commerce. Enfin l'ambassade arriva : il différa de lui donner audience, puis donna le jour et l'heure, mais à bord d'un gros vaisseau hollandais qu'il devoit aller examiner. Il y avoit deux ambassadeurs qui trouvèrent le lieu sauvage ; mais il fallut bien y passer. Ce fut bien pis quand ils furent arrivés à bord. Le czar leur fit dire qu'il étoit à la hune, et que c'étoit là où il les verroit. Les ambassadeurs qui n'avoient pas le pied assez marin pour hasarder les échelles de corde, s'excusèrent d'y monter : le czar insista, et voilà les ambassadeurs fort troublés d'une proposition si étrange et si opiniâtre ; à la fin, à quelques réponses brusques aux derniers messages, ils sentirent bien qu'il falloit sauter ce fâcheux bâton, et ils montèrent. Dans ce terrain si serré et si fort au milieu des airs, le czar les reçut avec la même majesté que s'il eût été sur son trône : il écouta la harangue, répondit obligeamment pour le roi et sa nation, puis se moqua de la peur qui étoit peinte sur le visage des ambassadeurs, et leur fit sentir en riant que c'étoit la punition d'être arrivés trop tard auprès de lui.

Saint-Simon (Louis de Rouvroy, duc de), pair de France, né, en 1675, d'une ancienne famille, fut tenu sur les fonts baptismaux par Louis XIV et Marie-Thérèse d'Autriche. Saint-Simon fit ses premières armes sous Luxembourg, se trouva au siège de Namur, à la bataille de Fleurus et à celle de Nerwinde, succéda à son père dans le gouvernement de Blaye, dans ses titres de duc et pair, et borna sa fortune militaire au grade de maréchal de camp de cavalerie. La diplomatie, l'observation des intrigues de la cour, remplirent le reste de sa vie. Appelé au conseil de régence par le duc d'Orléans, il devint l'âme du parti qui fit tête au parlement et aux princes légitimés par le feu roi. En 1721, envoyé en Espagne par le duc d'Orléans, il négocia le mariage de Louis XV avec une infante, et l'union d'une des filles du régent avec le prince des Asturies. Sa mission remplie, il revint dans sa famille. A la mort du duc d'Orléans, Saint-Simon perdit son crédit et se retira alors dans ses terres, où il écrivit ses *Mémoires*. Revenu plus tard à Paris, il y mourut en 1755.

Saint-Simon est un des hommes qui ont le mieux rempli la triste mission de faire connaître les ridicules, les travers, les intrigues et les petites passions de la cour de Louis XIV. Son style, qui pèche souvent par la négligence, offre presque toujours du naturel, et se fait remarquer par un certain tour qui sent le grand seigneur et l'homme de cour.

PORTRAIT DE LA DUCHESSE DE BOURGOGNE.

Jamais princesse arrivée si jeune ne vint si bien instruite, et ne sut mieux profiter des instructions qu'elle avoit reçues. Son habile père, qui connoissoit à fond notre cour, la lui avoit peinte, et lui avoit appris la manière unique de s'y rendre heureuse. Beaucoup d'esprit naturel et facile l'y seconda, et beaucoup de qualités aimables lui attachèrent les cœurs, tandis que sa situation personnelle avec son époux, avec le roi, avec madame de Maintenon, lui attira les hommages de l'ambition. Elle avoit su travailler à s'y mettre dès les premiers moments de son arrivée; elle ne cessa tant qu'elle vécut, de continuer un travail si utile, et dont elle recueillit sans cesse tous les fruits. Douce, timide, mais adroite, bonne jusqu'à craindre de faire la moindre peine à personne, et, toute légère et vive qu'elle étoit, très-capable de vues et de suites de la plus longue haleine, la contrainte jusqu'à la gêne dont elle sentoit tout le poids, sembloit ne lui rien coûter. La complaisance lui étoit naturelle, couloit de source ; elle en avoit jusque pour sa cour.

Régulièrement laide, les joues pendantes, le front trop avancé, un nez qui ne disoit rien, de grosses lèvres mordantes, des cheveux et des sourcils châtains bruns fort bien plantés, des yeux les plus parlants et les plus beaux du monde, le plus beau teint et la plus belle peau, le cou long avec un soupçon de goitre qui ne lui seyoit point mal, un port de tête galant, gracieux, majestueux, et le regard de même, le sourire le plus expressif, un taille longue, ronde, menue, aisée, parfaitement coupée, une marche de déesse sur les nues ; elle plaisoit au dernier point. Les grâces naissoient d'elles-mêmes de tous ses pas, de toutes ses manières, et de ses discours les plus communs. Un air simple et naturel toujours, naïf assez souvent, mais assaisonné d'esprit, charmoit, avec cette aisance qui étoit en elle, jusqu'à la communiquer à tout ce qui l'approchoit.

Elle vouloit plaire même aux personnes les plus inutiles et les plus médiocres, sans qu'elle parût le rechercher. On étoit tenté de la croire toute et uniquement à celles avec qui elle se trouvoit. Sa gaieté, jeune, vive, active, animoit tout, et sa légèreté de nymphe la portoit partout comme un tourbillon qui remplit plusieurs lieux à la fois, et qui y donne le mouvement et la vie. Elle ornoit tous les spectacles, étoit l'âme des fêtes, des plaisirs, des bals, y ravissoit par les grâces, la justesse et la perfection de sa danse. Elle aimoit le jeu, s'amusoit au petit jeu, car tout l'amusoit ; elle préféroit le gros, y étoit nette, exacte, la plus belle joueuse du monde, et en un instant faisoit le jeu de chacun ; également gaie et amusée à faire les après-dînées des lectures sérieuses, à converser dessus, et à travailler avec ses dames sérieuses; on appeloit ainsi ses dames du palais les plus âgées. Elle n'épargna rien jusqu'à sa santé, elle n'oublia pas jusqu'aux plus petites choses, et sans cesse pour gagner madame de Maintenon, et le roi par elle. Sa souplesse, à leur égard, étoit sans pareille et ne se démentit jamais d'un moment. Elle l'accompagnoit de toute la discrétion que lui donnoit la connoissance d'eux, que l'étude et l'expérience lui avoient acquise, pour les degrés d'enjouement ou de mesure qui étoient à propos. Son plaisir, ses agréments, je le répète, sa santé même, tout leur fut immolé. Par cette voie elle s'acquit une familiarité avec eux, dont aucun des enfants du roi n'avoit pu approcher.

En public, sérieuse, mesurée, respectueuse avec le roi, et en timide bienséance avec madame de Maintenon, qu'elle n'appeloit jamais que *ma tante*, pour confondre joliment le rang et l'amitié. En particulier, causante, sautante, voltigeante autour d'eux, tantôt perchée sur le bras du fauteuil de l'un ou de l'autre, tantôt se jouant sur leurs genoux, elle leur sautoit au cou, les embrassoit, les baisoit, les caressoit, les chiffonnoit, leur tiroit le dessous du menton, les tourmentoit, fouilloit leurs tables, leurs papiers, leurs lettres, les décachetoit, les lisoit quelquefois malgré eux, selon qu'elle les voyoit en humeur d'en rire, et parlant quelquefois dessus. Admise à tout, à la réception des courriers qui apportoient les nouvelles les plus importantes, entrant chez le roi à toute heure, même des moments pendant le conseil, utile et fatale aux ministres mêmes, mais toujours portée à obliger, à servir, à excuser, à bien faire, à moins qu'elle ne fût violemment poussée contre quelqu'un. Si libre, qu'entendant un soir le roi et madame de Maintenon parler avec affection de la cour d'Angleterre dans les commencements qu'on espéra la paix par la reine Anne : « Ma tante, se mit-elle à dire, il faut convenir qu'en Angleterre les reines gouvernent mieux que les rois, et savez-vous bien pourquoi, ma tante? » et toujours courant et gambadant, « c'est que sous les rois ce sont les femmes qui gouvernent, et ce sont les hommes sous les reines. » L'admirable est qu'ils en rirent tous deux et qu'ils trouvèrent qu'elle avoit raison.

....Jamais femme ne parut se soucier moins de sa figure, ni y prendre moins de précaution et de soin; sa toilette étoit faite en un moment, le peu même qu'elle duroit n'étoit que pour la cour; elle ne se soucioit de parure que pour les bals et fêtes, et ce qu'elle en prenoit en tout autre temps, et le moins encore qu'il lui étoit possible, n'étoit que par complaisance pour le roi. Avec elle s'éclipsèrent joie, plaisirs, amusements même, et toutes espèces de grâces; les ténèbres couvrirent toute la surface de la cour; elle l'animoit tout entière, elle en remplissoit tous les lieux à la fois, elle y occupoit tout, elle en pénétroit tout l'intérieur. Si la cour subsista après elle, ce ne fut plus que pour languir. Jamais princesse ne fut si regrettée, jamais il n'en fut de si digne de l'être : aussi les regrets n'en ont-ils pu passer, et l'amertume involontaire et secrète en est constamment demeurée, avec un vide affreux qui n'a pu être diminué.

Marie-Adélaïde de Savoie épousa, en 1697, Louis, duc de Bourgogne, né à Versailles, en 1682, et élève de Fénelon. Elle mourut en 1712, et l'on crut d'abord qu'elle avait été empoisonnée. Le portrait que Saint-Simon a tracé de cette princesse manque de correction et d'élégance dans le style. On ne peut le citer comme un modèle à imiter; et cependant il y règne tant de vérité, tant d'aisance et d'abandon; la physionomie revit si bien dans la peinture, qu'elle a beaucoup de prix. Après le magnifique discours de Bossuet, on ne connaît qu'imparfaitement la duchesse de Bourgogne : Saint-Simon nous la révèle tout entière, sa personne, son esprit, son caractère, ses mœurs et son irrésistible ascendant sur tout ce qui l'environnait.

HARANGUES POLITIQUES
ET
ÉLOQUENCE DU BARREAU.

RICHELIEU (1).

Sire,

On célébroit autrefois à Rome une fête annuelle, en laquelle, par l'espace de plusieurs jours, il étoit permis aux serviteurs de parler librement de toutes choses à leurs maîtres, jusqu'à leur reprocher, sans crainte, le mauvais traitement qu'ils auroient reçu d'eux, et les peines qu'ils avoient souffertes pendant toute l'année.

Votre Majesté ayant assemblé tous ses sujets en la capitale de son royaume, Rome de la France, siége ordinaire de ses rois, et ne leur permettant pas seulement, mais leur commandant de déposer aujourd'hui toute contrainte, et prendre une honnête hardiesse, pour lui déclarer les maux qui les pressent et les accablent, il semble que son intention soit d'introduire une fête semblable en son État.

Il le semble de prime face; mais son dessein va plus avant, et cette journée surpasse de beaucoup la fête des Romains.

Cette fête étoit accordée aux serviteurs pour relâcher et non pour la délivrance de leurs peines, puisque la solennité passée ils retournoient en leur première servitude. Elle leur donnoit lieu de se plaindre, mais non d'espérer guérison, là où cette célèbre journée n'a autre fin que la délivrance absolue de nos mi-

sères. Ensuite de nos plaintes, vous nous commandez de proposer des remèdes à nos maux, de vous conseiller pour notre guérison, et qui plus est, vous vous obligez à recevoir nos conseils, les embrasser et les suivre, en tant que vous les connoîtrez utiles à notre soulagement et au bien général de cette monarchie.

Ces avantages sont fort grands; aussi y a-t-il grande différence entre les maîtres et serviteurs romains, et Votre Majesté qui seule est notre maître et nous ses serviteurs.

Ces maîtres étoient païens; et Votre Majesté est premier roi des chrétiens.

Leurs serviteurs étoient esclaves, et ceux qui naissent vos sujets ne le sont pas : leur nom témoigne leur franchise.

Cette différence nous oblige à nous gouverner en la liberté que vous nous donnez, tout autrement qu'ils ne faisoient en celle qu'on leur accordoit. Maintenant, pour ne point perdre temps, sans différer davantage, nous viendrons à nos plaintes, et vous découvrirons nos maux, afin de donner lieu à Votre Majesté d'accomplir les desseins y apportant remède.

Il faut avouer que la plupart des maux de toutes les communautés du monde, et particulièrement de cet État, tirent leur origine des excessives dépenses, et des dons immenses qui se distribuent sans règle et sans mesure.

Si nous jetons premièrement les yeux sur le peuple, dont l'Église, qui est mère des pauvres et des affligés,

---

(1) Les fragments qui suivent sont tirés de la harangue pour la présentation des cahiers ou clôture de l'assemblée aux états, prononcée par l'évêque de Luçon, depuis cardinal de Richelieu, orateur du clergé, en 1615.

doit avoir soin, nous connoîtrons aussitôt que sa misère procède principalement de cette cause, puisqu'il est clair que l'augmentation des mises fait par nécessité croître les recettes, et que plus on dépense plus on est contraint de tirer des peuples, qui sont les seules mines de la France.

Après avoir énuméré les griefs des trois ordres, après s'être surtout appesanti sur la nécessité d'appeler les évêques dans le conseil du roi, l'orateur résume et termine sa harangue en ces termes :

Voilà, sire, pour ce qui est de nos maux et de nos plaintes, ce que nous aurons ici à mettre devant les yeux de Votre Majesté, que j'ai réduit au moins de chefs, et traité le plus succinctement qu'il m'a été possible.

Or, d'autant qu'en une maladie en vain un médecin ordonne-t-il ce qui a déjà été prescrit par un autre, nous vous supplions de considérer que, pour nous soulager de nos misères, il n'est pas tant question de faire de nouvelles ordonnances, comme de tenir la main à l'observation des anciennes.

Que si on en vient là, toutes choses se feront avec poids et juste mesure. On verra le règne de la raison puissamment établi; la justice recouvrera l'intégrité qui lui est due; les dictatures ne seront plus perpétuelles en des familles, les états héréditaires, par cette invention pernicieuse du droit annuel ; la vénalité des offices, qui en rend l'administration vénale, et que l'antiquité a remarquée pour signe de la décadence et chute des empires, sera abolie selon nos désirs, les charges supernuméraires supprimées, le mérite aura prix; le mal recevant punition, le bien ne sera pas sans récompense ; les lettres et les arts fleuriront; les finances, vrais nerfs de l'État, seront ménagées avec épargne; les dépenses retranchées, les pensions réduites, ainsi que nous le demandons, aux termes où ce grand Henri les avoit établies. La religion fleurira de nouveau. L'Église reprendra son lustre, étant rétablie en son autorité, ses biens et ses honneurs. La noblesse rentrera en jouissance des prérogatives et des honneurs qu'elle s'est acquis par ses services. Les duels étant abolis, son sang (qu'elle est toujours prête de répandre pour le service de son Dieu, de son roi et de son pays) sera épargné. . . . . . .

. . . .

Le peuple sera délivré des oppressions qu'il souffre par la corruption de quelques officiers, préservé des outrages qu'il reçoit de plus puissants que lui, et soulagé en ses impôts à mesure que les nécessités de l'État le pourront permettre. En un mot, toute la France sera remise au meilleur état où nos vœux puissent porter, et, ce qui est à noter avec autant de facilité que je puis dire, sa réformation étant aussi aisée que pleine de gloire pour Votre Majesté. Elle est aisée, sire, puisqu'en la plupart des choses bonnes, il en est des rois comme de Dieu, auquel le vouloir est le faire.

On ne s'attendrait guère à trouver des paroles de liberté, des sentiments de pitié pour le peuple dans la bouche du plus despotique et du plus implacable des hommes. Le contraste entre les discours et les actions du cardinal nous a porté à citer ce morceau, mieux pensé qu'il n'est écrit, mais dans lequel on trouve quelque chose de la naïveté du seizième siècle.

Voici les titres des écrits qu'a laissés le célèbre cardinal : *Principaux points de la foi catholique*, un vol. in-8°, Poitiers, 1617; *Instruction du chrétien*, ibid., 1621, in-8o. Cet ouvrage a eu plus de vingt-quatre éditions. La *Méthode la plus facile de convertir ceux qui sont séparés de l'Église*, Paris, 1651, in-fol.; ouvrage solide, écrit avec beaucoup de modération. La *Perfection du chrétien*, Paris, 1646. On s'accorde aujourd'hui à lui attribuer l'*Histoire de la Mère et du Fils*, que d'autres accordaient à Mézerai. Enfin un *Testament politique*, dont Voltaire a récusé l'authenticité, et que notre siècle restitue aujourd'hui au cardinal. Labruyère a dit, au sujet de ce testament, qui lui paraissait porter l'empreinte du caractère et de l'esprit du ministre-roi : « Celui qui a fait de si grandes choses, ou n'a jamais écrit, ou a écrit comme il l'a fait. »

OMER TALON.

NÉCESSITÉ DE LA LIBERTÉ DE CONSCIENCE.

Lorsque l'édit de Nantes a été publié, il y avoit cinquante ans, ou environ, que la nouvelle doctrine, qui s'appelle maintenant religion prétendue réformée, s'enseignoit dans le royaume, et que, en plusieurs endroits, elle s'étoit autorisée. La plupart, surpris de la pensée d'une réformation véritable, et du rétablissement des anciennes mœurs; d'autres, curieux d'une doctrine nouvelle, et qui leur étoit inconnue, avoient embrassé cette croyance; mais, par-dessus tout, les différents partis qui étoient alors dans l'État, et qui ne s'autorisent jamais plus puissamment que dans un différend de religion, y avoient engagé plusieurs familles illustres, et des provinces tout entières à leur imitation. Pour concilier les esprits, diverses voies furent tentées, diverses conférences et traités avoient été faits; mais parce que dans toutes les rencontres les hommes agissent par leur conduite particulière, par un esprit d'intérêt, par des desseins domestiques de famille ou d'état, les mêmes motifs, qui avoient donné lieu aux édits et déclarations premières de nos rois, furent la cause de la rupture et de l'inexécution; enfin, le prétexte de la religion fut l'occasion d'une émotion générale dans le royaume, d'une division et maladie tellement universelle, que, selon les apparences ordinaires, elle devoit être la fin ou le changement de l'État, si la Providence supérieure, qui se moque des desseins des hommes, n'en eût autrement disposé, conservant en la personne du défunt roi Henri-le-Grand l'État et la religion tout ensemble.

Ce prince, qui possédoit, à titre de succession et de conquête, l'héritage des fleurs-de-lis; qui savoit que la violence avoit été et seroit toujours inutile dans les différends de la religion; qui n'ignoroit pas que l'union et la paix étoient mères de la vraie piété, et désirant faire vivre ses sujets en repos et tranquillité publique, nonobstant la différence des religions, dont le remède doit être réservé à Dieu seul, fit dresser l'édit de Nantes par deux ou trois des plus grands personnages du royaume. Établissant, dans cet édit, une différence perpétuelle entre l'intérieur et l'extérieur, le for de la conscience et celui de la police civile, l'obligation envers Dieu et l'obligation envers les hommes, il y a conservé toutes les maximes générales de l'État, n'a point donné atteinte aux lois publiques du royaume, aux ordonnances et aux coutumes qui concernent la justice particulière; mais il a été indulgent à la nécessité, il a toléré ce qu'il ne pouvoit empêcher, et a seulement relâché ce qui étoit de son intérêt, qui est l'intérêt du public. Et comme Dieu seul est scrutateur des cœurs et des consciences des hommes, il lui en a laissé le jugement et la vérité, comme il laissoit à ses sujets la liberté de conscience, sans inquisition pour l'intérieur, mais avec différence tout entière entre la religion catholique, qui est la foi de nos ancêtres et la religion de l'État, d'avec celle qui s'appelle prétendue réformée.

Pour cela, observez l'économie de l'édit de Nantes : il conserve et rétablit l'exercice de la religion catholique dans tous les lieux et endroits du royaume, sans exception ni distinction quelconque, réintègre les ecclésiastiques en tous leurs biens occupés par qui et depuis quelque temps que ce soit, ordonne que les fêtes de l'Église seront observées universellement, et les dîmes partout payées aux ecclésiastiques. D'autre part, il permet la liberté de conscience universellement, mais l'exercice dans certains lieux seulement, comme les bailliages des fiefs d'haubert et villes de sûreté; et les écoles publiques, ainsi que l'impression des livres de controverse, permises aux mêmes lieux seulement, sont défendues partout ailleurs. En un mot, toute recherche sur l'intérieur, sur la conscience, sur l'esprit et sur la volonté des hommes, est interdite; mais au surplus, les règles publiques de l'État, de la police extérieure, de la sûreté des familles, sont conservées.

Au commencement de l'année 1630, Jacques Talon, fatigué de sa charge d'avocat général, qu'il exerçait depuis dix ans, l'offrit à son frère, Omer Talon, qui entra en fonctions le 15 novembre 1631. A la mort de Louis XIII, cet avocat général appuya les prétentions de la reine-mère, au sein du parlement, qui déclara la reine régente sans restriction, *nonobstant la très-expresse volonté de Louis XIII*. Une taxe onéreuse ayant été établie par Mazarin sur les maisons nouvellement bâties, et les plaintes des propriétaires ayant été portées au parlement, il se rendit en corps chez la reine pour lui demander le jour où elle voudrait bien recevoir ses remontrances. Omer Talon porta la parole. Interrompu par la reine, qui lui dit avec colère : « Cela n'est pas ! » L'avocat général répondit avec dignité : « Madame, les soldats disposés en haie, sous les armes, sont assis le long des rues, donnant grande frayeur aux pauvres gens, lesquels se plaignent non-seulement du toisé, lequel leur est douloureux, mais aussi de la manière, laquelle leur est insupportable. Messieurs du parlement pouvoient, en cette occasion, user de l'autorité du roi, qu'ils ont entre les mains... Ils n'ont pas pourtant estimé devoir user de ce remède. La seule considération du respect qu'ils portent à Votre Majesté les a retenus. » Omer Talon contribua beaucoup, par sa fermeté, à faire relâcher Broussel. Dans le lit de justice tenu en 1649, l'avocat général prononça ces énergiques paroles : « Il y a, sire, dix ans que la campagne est ruinée, les paysans réduits à coucher sur la paille, leurs meubles vendus pour le paiement des impositions auxquelles ils ne peuvent satisfaire; et pour entretenir le luxe de Paris, des millions de créatures innocentes sont obligées de vivre de pain de son et d'avoine, et n'espèrent d'autre protection que de leur impuissance. Ces malheureux ne possèdent aucun bien en propriété que leurs âmes, parce qu'elles n'ont pu être vendues à l'encan. »

A la journée des barricades, Omer Talon proposa cependant au parlement d'user de son influence sur le peuple pour apaiser la sédition. Plus tard, l'avocat général donna au parlement des conclusions conformes à l'arrêt qui enjoignait à Mazarin de sortir du royaume. Ce fut lui qui porta la parole lorsque le parlement sollicita de la reine un édit qui excluait du conseil du roi tous les étrangers, et même les cardinaux français, comme trop soumis à l'influence de Rome. Quand l'affaire du prince de Condé fut soumise au parlement, Omer Talon réclama avec énergie la mise en liberté du vainqueur de Rocroi.

Cet homme de bien porta la parole pour la dernière fois au lit de justice tenu, en 1651, pour la majorité de Louis XIV. On aurait dit qu'il avait lu l'avenir que le despotisme de ce prince préparait aux Français, lorsqu'il lui adressa ces sévères paroles : « Sire, tous les hommes naissent pour commander sur la terre, ou du moins pour être libres. Ces noms de domination et d'obéissance sont barbares dans leur origine, et contraires aux principes et à l'essence de notre nature : l'audace des hommes les plus forts les a introduits ; le temps et la nécessité les ont rendus légitimes. »

Malade d'une hydropisie, Omer Talon mourut le dimanche après Noël de l'année 1652.

PATRU.

LES MOEURS NOUVELLES COMPARÉES AUX ANCIENNES.

Le monde, dit un ancien, s'est contenté de haïr ou de condamner la plupart des vices, sans les réprimer ni les punir. Peut-être que c'étoit assez en des siècles plus proches du siècle d'or que n'est le nôtre. Mais aujourd'hui que le luxe a tout confondu, aujourd'hui que la licence a renversé toutes ses digues; que la pudeur, que la générosité, que la révérence du public ne sont plus que de vains noms et de vaines décorations de théâtre, c'est fait de la discipline, c'est fait des lois, si, pour arrêter cette gangrène, vous n'employez le fer et le feu, et des remèdes aussi violents que le mal. N'attendez pas que la France, au milieu de cette guerre si funeste que lui fait sa propre prospérité, revienne jamais à ses anciennes mœurs, à l'innocence de ses premiers jours. Il faut que la force, il faut que l'autorité des magistrats et la terreur des châtiments fassent désormais ce que l'honneur, ce que l'amour de la vertu ne peut faire.

On sait qu'autrefois les femmes ne renonçoient à la communauté qu'avec la même infamie, ou à peu près, qui suit encore aujourd'hui la banqueroute ou la cession. Elles mettoient sur le cercueil du défunt, leur ceinture, leur bourse et leurs clefs, et cela, messieurs, au milieu de la pompe des funérailles, à la vue des parents, à la vue de tout le peuple. Nos ancêtres, qui, dans la vie domestique, n'estimoient rien tant que le bon ménage, y attachèrent cette ignominie, pour leur apprendre à souffrir même la perte de tout leur bien, pour conserver la mémoire de leurs maris nette et sans tache. On triomphe maintenant de ce qui fut un opprobre du temps de nos pères. Renoncer à la communauté, c'est, dit-on, une œuvre de bonne mère; c'est ce que font les princesses, les grandes dames, et tout ce qu'il y a de plus illustre dans le royaume. Il n'y a rien que l'avidité, que l'ingratitude de ce sexe ne pervertisse. Laissez-les faire, elles se riront bientôt des veuves qui se fâchent d'être veuves; et pour un je ne sais quel intérêt, pour un rien, elles fouleront aux pieds tout ce qu'il y a de plus saint ou de plus inviolable parmi les hommes.

Patru (Olivier), naquit à Paris, en 1604. Il fut élevé avec trop de mollesse par une mère idolâtre de la grâce, de l'esprit et de la figure de son fils. Veuve d'un procureur de Paris, elle cédait à tous les caprices du futur avocat, brûlait ses livres d'étude, et lui donnait à lire des romans, au lieu d'ouvrages plus sérieux. Un jour par semaine elle invitait quelques-unes de ses voisines, devant lesquelles l'enfant rendait compte de ses lectures. Olivier narrait avec une facilité infinie; toutes les femmes sortaient charmées, et en peu de temps l'auditoire grossit à un tel point, qu'il n'y avait plus d'appartement assez vaste pour contenir toutes les personnes avides d'entendre le jeune orateur. Les assemblées furent rompues. A l'âge de dix-neuf ans, Patru entreprit un voyage d'Italie; en traversant le Piémont, il se lia avec d'Urfé, le célèbre auteur de l'*Astrée*. Ce bel esprit, charmé de la grâce de son naïf admirateur, l'invita à venir le voir au retour d'Italie; promettant de lui donner la clef de toutes les allusions de l'*Astrée*. Malheureusement lorsque Patru revint en France, il apprit à Lyon que d'Urfé venait de mourir. A son arrivée à Paris, Patru embrassa la carrière du barreau. Ses succès furent éclatants; mais le soin extrême qu'il mettait dans les moindres compositions ne lui permit pas d'acquérir de la fortune. Doué d'un extérieur peu agréable, sans noblesse et presque sans voix, Patru renonça peu à peu à la carrière du barreau pour se livrer à son goût pour les occupations littéraires. Une épître dédicatoire lui ouvrit les portes de l'Académie, où il fut admis en 1640. Il prononça un discours de remerciement qui plut tellement à ses collègues, que l'on fit depuis un devoir aux nouveaux élus de l'imiter. Patru savait parfaitement notre langue, et son suffrage, difficile à conquérir, eut, de son temps, un très-grand prix. On cite quelques grandes erreurs de sa critique, telles que d'avoir cherché à détourner La Fontaine du projet d'écrire des fables en vers, et Boileau de composer l'*Art poétique*.

Absorbé dans les jouissances d'une solitude remplie seulement par l'amitié et l'étude, Patru négligea totalement le soin de sa fortune. Il allait être réduit à faire le sacrifice de sa bibliothèque, s'il n'eût trouvé dans Boileau un acquéreur généreux qui lui en laissa l'usage. Indépendant de caractère, il désirait voir repousser un grand seigneur qui, sans titres littéraires, prétendait à l'héritage académique de Conrart. Voici quel fut son avis : « Un ancien Grec avait une lyre à laquelle se rompit une corde; au lieu d'en ajouter une de boyau, il en voulut une d'argent, et sa lyre perdit son harmonie. » Cet apologue produisit tout l'effet qu'en attendait le sévère académicien. Patru mourut le 16 janvier 1681.

Le caractère général du talent de cet orateur est l'ordre. Le premier, dans notre barreau, il élagua de ses plaidoyers la plupart des dissertations oiseuses et des citations sans fin que l'on prodiguait avant lui. Sa narration, un peu froide, est simple; mais le plus grand mérite de Patru est dans le style. Cet avocat célèbre a beaucoup contribué à former la langue française. Vaugelas confessait devoir à l'étude des discours de Patru la connaissance des principaux secrets de la grammaire.

PÉLISSON.

PLAIDOYER EN FAVEUR DE FOUQUET.

Sire,

Ce n'est pas une des moindres marques de la puissance et de la sacrée majesté de nos rois ; ce n'est pas une des choses qui donnent le moins de respect et de vénération pour eux, que cet éclat, cette dignité, cette fortune qu'ils ont répandue dans tout temps sur ceux qui ont eu l'honneur de les servir et de leur plaire : et quand on fera réflexion sur tant de grandes et illustres maisons, aujourd'hui des principales de l'État, qui n'ont point eu d'autre origine ; quand on se souviendra, sire, de ce que les grâces et les bontés de Votre Majesté même ont fait avec tant de justice pour feu M. le cardinal Mazarin, et de cette pompe, de cette grandeur, de cette gloire qui l'ont accompagné jusque dans les bras de la mort, on s'étonnera peut-être bien moins qu'un particulier qui a de l'élévation dans l'esprit et dans le cœur, qui sent un zèle extrême pour le service de Votre Majesté, qui ne trouve en elle que faveur et que bonté, espère mieux qu'il ne devoit de sa fortune, passe quelquefois dans ses pensées les justes bornes que la plus exacte raison leur devroit prescrire. Je ne prétends pas toutefois, sire, louer en M. Fouquet ce qu'il a toujours condamné en lui-même. Il y a plusieurs personnes d'honneur qui l'ont entendu souvent se reprocher ses bâtiments comme des foiblesses, qui lui ont entendu dire souvent qu'il auroit imité ce fameux Romain dont j'ai parlé, si désormais il n'eût trouvé plus de prodigalité à abattre qu'à achever ; mais que si son ardeur pour toutes les belles choses ; si les propositions et les conseils toujours engageants des personnes les plus célèbres dans les arts ; si la facilité d'avoir de l'argent sur son crédit ; si l'espérance d'un plus heureux avenir ; si son ascendant enfin et son étoile, qui, n'étant que maître des requêtes, lui faisoit commencer des plans de surintendant ; si toutes ces choses, dis-je, l'avoient porté plus avant qu'il n'avoit cru lui-même devoir aller, il étoit résolu de corriger ses fautes, et d'en faire un bon usage, en donnant à Votre Majesté ce qu'il trouvoit trop beau et trop grand pour lui. En effet, sire, on sait qu'il a fait porter parole par M. de Brancas à cette sage, cette grande et incomparable reine, mère de Votre Majesté, de donner Vaux à monseigneur le dauphin aussitôt qu'il seroit né ; et Votre Majesté sait elle-même la supplication très-humble qu'il lui a faite de prendre Belle-Isle ; et, quant à cette dernière, sire, je ne doute point que Votre Majesté ne soit aussi informée qu'il en fit l'acquisition par ordre exprès de feu M. le cardinal Mazarin, qui fut bien aise, en ce temps-là, d'ôter cette place à une maison puissante, et alors suspecte, ayant de plus quelque dessein de s'en accommoder lui-même, dans la pensée qu'on lui avoit donné pour le gouvernement de Bretagne ; que ce fut lui enfin qui fit expédier des ordres pour fortifier cette place, et que jusqu'à sa mort il a laissé en incertitude s'il ne la prendroit point pour lui-même ou pour Votre Majesté ; de sorte qu'à bien parler, M. Fouquet ne l'a jamais regardée, ni possédée, ni fortifiée comme une chose qui fût à lui, d'autant plus que, par la nature de cette acquisition, qui a autrefois appartenu à la couronne, Votre Majesté est en droit de la retirer pour de l'argent, toutes les fois qu'il lui plairoit ; et cela étant, sire, si Vaux et Belle-Isle faisoient son infortune, la postérité se souviendroit-elle jamais sans pitié et sans douleur, qu'il fut criminel pour avoir donné de nouveaux ornements à la France, encore qu'il se fût contenté de la peine de les faire, et du plaisir de les remettre à son roi ?

Pélisson Fontanier (Paul), naquit à Béziers, en 1624. Sa mère, femme pieuse, très-attachée au protestantisme, communiqua de très-bonne heure à son fils le goût des belles-lettres. Pélisson reconnaissant joignit le nom de cette chère institutrice à celui qu'il avait reçu de son père. Le jeune Paul publia, en 1645, tandis qu'il faisait son cours de droit à Toulouse, une paraphrase latine du premier livre des Institutes. Il commençait, au barreau de Castres, à justifier les espérances de ses amis, lorsqu'atteint d'une manière terrible par la petite vérole, il se vit contraint à se retirer à la campagne, où il traduisit plusieurs livres de l'*Odyssée*. Lié avec divers membres de l'Académie, entre autres avec le secrétaire perpétuel Conrart, Pélisson fit paraître, dans le premier temps de son séjour à Paris, une relation de l'établissement de l'Académie et de ses premiers travaux, qui charma tellement les membres de ce corps savant, que l'auteur fut déclaré surnuméraire et désigné pour occuper le premier fauteuil laissé vacant par le décès d'un des quarante. Pélisson acheta une charge de secrétaire du roi, et fit preuve de tant d'aptitude, que Fouquet le choisit pour son premier commis et lui laissa toute la gestion des finances. Il était conseiller d'État, lorsqu'en 1661 son bienfaiteur fut arrêté. Pélisson fut fidèle au malheur. Enveloppé dans la disgrâce du surintendant, conduit à la Bastille, il refusa de faire aucune déclaration capable d'aggraver la position du ministre. Ce fut dans les fers, et grâce à une adroite ruse, qu'il parvint à rédiger et à publier les trois mémoires pour la défense de Fouquet. L'apparition de l'éloquente apologie irrita Louis XIV, qui, dès ce jour, ordonna que l'on tînt Pélisson au secret. Dès que cet ordre sévère fut levé, le courageux ami de Fouquet reçut les félicitations de M. de Montausier, des ducs de Saint-Aignan et de la Feuillade. Les gens de lettres ne se montrèrent pas moins courageux que les grands seigneurs. Pélisson, rentré en grâce et devenu catholique, fut nommé historiographe de Louis XIV. Il mourut presque subitement, le 7 février 1693.

Il avait su conquérir et garder de solides amitiés et la plus haute considération. « Il est bien laid, disait madame de Sévigné ; mais qu'on le dédouble, et l'on trouvera une belle âme. » — « Je sais, écrivait Bussy-Rabutin, le meilleur gré au roi des grâces qu'il a faites à Pélisson ; car il est encore plus honnête homme que bel-esprit. »

Voici le jugement que La Harpe a porté sur les mémoires de Pélisson en faveur de Fouquet :

« Ce que l'éloquence judiciaire a produit de plus beau dans le dernier siècle n'appartient pas proprement au barreau, ne fut pas l'ouvrage d'un légiste, ni la plaidoirie d'un avocat, ni même un mémoire juridique ; ce fut le travail de l'amitié courageuse défendant un infortuné qui avait été puissant ; ce fut le fruit d'un vrai talent oratoire, animé par le zèle et le danger, et signalé dans une occasion éclatante. On voit bien que je veux parler du procès de Fouquet et des défenses publiées en sa faveur par Pélisson et adressées au roi. Voltaire les compare aux plaidoyers de Cicéron ; et au moment où Voltaire écrivait ce jugement, ces apologies de Fouquet étaient sans contredit tout ce que les modernes pouvaient, en ce genre, opposer aux anciens, et ce qui se rapprochait le plus de leur mérite. Ce n'est pas qu'elles soient encore tout à fait exemptes de cet abus de figures qui sent le déclamateur ; qu'il n'y ait aussi quelques incorrections dans le langage, quelques défauts dans la diction, comme la longueur des phrases, l'embarras de quelques constructions et la multiplicité des parenthèses ; mais les beautés prédominent, et il n'y a plus ici de vices essentiels. Tout va au but, et rien ne sort du sujet. On y admire la noblesse du style, des sentiments et des idées, l'enchaînement des preuves, leur exposition lumineuse, la force des raisonnements, et l'art d'y mêler sans disparate une sorte d'ironie aussi convenable que les raisons ; l'adresse d'intéresser sans cesse la gloire du roi à l'absolution de l'accusé, de réclamer la justice de manière à ne renoncer jamais à la clémence, et de rejeter sur les malheurs des temps et la nécessité des conjonctures, ce qu'il n'est pas possible de justifier ; une égale habileté à faire valoir tout ce qui peut servir l'accusé, tout ce qui peut rendre ses adversaires odieux, tout ce qui peut émouvoir ses juges ; des détails de finance très-curieux par eux-mêmes, par les rapports qu'ils offrent avec l'étude de cette science telle qu'elle est en nos jours, et par la nature des principes qui établissent un certain désordre comme inévitable, nécessaire et même salutaire dans les finances d'un grand empire. On y admire enfin des pensées sublimes et des mouvements pathétiques, et principalement une péroraison adressée à Louis XIV, que je vais citer, quoiqu'un peu étendue, parce que ce seul morceau suffit pour confirmer tout ce que j'ai dit à la louange de Pélisson, et les reproches qu'on peut lui faire. »

Les principaux ouvrages de Pélisson sont : l'*Histoire de l'Académie Française jusqu'en* 1652 ; l'*Abrégé de la vie d'Anne d'Autriche* ; l'*Histoire de Louis XIV*, totalement dépourvue de critique ; des *Lettres choisies*, publiées par M. Campenon ; les *Prières pendant la messe*, ouvrage qui eut un succès prodigieux ; la *Préface des Œuvres de Sarrazin*.

Voici une lettre curieuse de Louis XIV, annonçant à sa mère, Anne d'Autriche, l'arrestation de Fouquet ; elle est tirée de l'*Histoire de France* du père Daniel.

« A Nantes, le 5 septembre 1661.

» Madame ma mère, je vous ai déjà écrit ce matin l'exécution des ordres que j'avois donnés pour faire arrêter le surintendant ; mais je suis bien aise de vous mander le détail de cette affaire. Vous savez qu'il y a longtemps que je l'avois sur le cœur ; mais il a été impossible de la faire plus tôt, parce que je voulois qu'il fît payer auparavant trente mille écus pour la marine, et que d'ailleurs il falloit ajuster diverses choses qui ne se pouvoient faire en un jour, et vous ne sauriez vous imaginer la peine que j'ai eue seulement à trouver le moyen de parler en particulier à d'Artagnan ; car je suis accablé tous les jours par une infinité de gens fort alertes, et qui, à la moindre apparence, auroient pu pénétrer bien avant. Néanmoins il y avoit deux jours que je lui avois commandé de se tenir prêt et de se servir de Duclavant et de Maupertuis, au défaut des maréchaux-de-logis et brigadiers de mes mousquetaires, dont la plupart sont malades. J'avois la plus grande impatience du monde que cela fût achevé, n'y ayant plus autre chose qui me retient en ce pays. Enfin, ce matin, le surintendant étant venu travailler avec moi à l'accoutumée, je l'ai entretenu tantôt d'une matière et tantôt d'une autre, et fait semblant de chercher des papiers, jusqu'à ce que j'aie aperçu par la fenêtre de mon cabinet Artagnan dans la cour du château ; et aussitôt j'ai laissé aller le surintendant, qui, après avoir causé un peu au bas de l'escalier avec La Feuillade, a disparu dans le temps qu'il saluoit le sieur Le Tellier ; de sorte que le pauvre Artagnan croyoit l'avoir manqué, et m'a envoyé dire par Maupertuis qu'il soupçonnoit que quelqu'un lui avoit dit de se sauver ; mais il le rattrapa dans la place de la grande église, et l'a arrêté de ma part, environ sur le midi. Il lui a demandé les papiers qu'il avoit sur lui, dans lesquels on m'a dit que je trouverois l'état au vrai de Bellisle ; mais j'ai tant d'autres affaires que je n'ai pu les voir encore. Cependant j'ai commandé au sieur Boucherat d'aller sceller chez le surintendant, et au sieur Pellisson, chez Pélisson, que j'ai fait arrêter aussi.

» J'avois témoigné que je voulois aller ce matin à la chasse, et sous ce prétexte fait préparer mes carrosses et monter à cheval mes mousquetaires. J'avois aussi commandé les compagnies des gardes qui sont ici, pour faire l'exercice dans la prairie, afin de les avoir toutes prêtes à marcher à Bellisle. Incontinent donc l'affaire a été faite. L'on a mis le surintendant dans l'un de mes carrosses, suivi de mes mousquetaires, qui le mènent au château d'Angers, et m'y attendront en relais, tandis que sa femme, pour mon ordre, s'en va à Limoges. Fourille a marché à l'instant avec mes compagnies des gardes, et a ordre de s'avancer à la rade de Bellisle, d'où il détachera Chavigny, capitaine, pour commander dans la place avec cent François et soixante Suisses, qu'il lui donnera ; et si par hasard celui que le surintendant y a mis vouloit faire résistance, je lui ai commandé de le forcer. J'avois d'abord résolu d'en attendre des nouvelles; mais tous les ordres sont si bien donnés, que selon toutes les apparences la chose ne peut manquer; et aussi je m'en retourne sans différer davantage, et celle-ci est la dernière lettre que je vous écrirai de ce voyage. »

PÉRORAISON DE LA DÉFENSE DE FOUQUET.

Et vous, grand prince (car je ne puis m'empêcher de finir ainsi que j'ai commencé, par Votre Majesté même), c'est un dessein digne sans doute de sa grandeur, ce n'est pas un petit dessein que de réformer la France : il a été moins long et moins difficile à Votre Majesté de vaincre l'Espagne. Qu'elle regarde de tous côtés, tout a besoin de sa main; mais d'une main douce, tendre, salutaire, qui ne tue point pour guérir, qui secoure, qui corrige, et répare la nature sans la détruire. Nous sommes tous hommes, sire; nous avons tous failli; nous avons tous désiré d'être considérés dans le monde; nous avons vu que sans bien on ne l'étoit pas : il nous a semblé que sans lui toutes les portes nous étoient fermées, que sans lui nous ne pouvions pas même montrer notre talent et notre mérite, si Dieu nous en avoit donné, non pas même servir Votre Majesté, quelque zèle que nous eussions pour son service. Que n'aurions-nous pas fait pour ce bien, sans qui il nous étoit impossible de rien faire? Votre Majesté, sire, vient de donner au monde un siècle nouveau, où ses exemples, plus que ses lois mêmes ni que ses châtiments, commencent à nous changer. Nous serons tous gens d'honneur pour être heureux, et nous courrons après la gloire, comme nous courions après l'argent, mourant de honte si nous n'étions pas dignes sujets d'un si grand roi, par là véritablement, et après cette seconde formation de nos esprits et de nos mœurs, le père de tous ses peuples. Mais quant à notre conduite passée, sire, que Votre Majesté s'accommode, s'il lui plaît, à la foiblesse, à l'infirmité de ses enfants. Nous n'étions pas nés dans la république de Platon, ni même sous les premières lois d'Athènes, écrites de sang, ni sous celles de Lacédémone, où l'argent et la politesse étoient un crime; mais dans la corruption des temps, dans le luxe inséparable de la prospérité des États, dans l'indulgence françoise, dans la plus douce des monarchies, non seulement pleine de liberté, mais de licence. Il ne nous étoit pas aisé de vaincre notre naissance et notre mauvaise éducation. Nous aimons tous Votre Majesté : que rien ne nous rende auprès d'elle si odieux et si détestables, et que, s'empêchant de faillir comme si elle ne pardonnoit jamais, elle pardonne néanmoins comme si elle faisoit tous les jours des fautes. Et quant au particulier de qui j'ai entrepris la défense, particulier maintenant et des moindres et des plus foibles, *la colère de Votre Majesté, Sire, s'emporteroit-elle contre une feuille sèche que le vent emporte* (1)? Car à qui appliqueroit-on plus à propos ces paroles que disoit autrefois à Dieu même l'exemple de la patience et de la misère, qu'à celui qui, par le courroux du Ciel et de Votre Majesté, s'est vu enlever en un seul jour, et comme d'un coup de foudre, biens, honneur, réputation, serviteurs, famille, amis et santé, sans consolation et sans commerce, qu'avec ceux qui viennent pour l'interroger et l'accuser? Encore que ces accusations soient incessamment aux oreilles de Votre Majesté, et que ses défenses n'y soient qu'un moment; encore qu'on n'ose presque espérer qu'elle voie dans un si long discours ce qu'on peut dire pour lui sur ces abus des finances, sur ces millions, sur ces avances, sur ce droit de donner des commissaires, dont on entretient à toute heure Votre Majesté contre lui, je ne me rebuterai point; car je ne veux point douter auprès d'elle s'il est coupable, mais je ne saurois douter s'il est malheureux. Je ne veux point savoir ce qu'on dira s'il est puni; mais j'entends déjà avec espérance, avec joie, ce que tout le monde doit dire de Votre Majesté si elle fait grâce. J'ignore ce que veulent et que demandent, trop ouvertement néanmoins pour le laisser ignorer à personne, ceux qui ne sont pas satisfaits encore d'un si déplorable malheur; mais je ne puis ignorer, sire, ce que souhaitent ceux qui ne regardent que Votre Majesté, et qui n'ont pour intérêt et pour passion que sa seule gloire. Il n'est pas jusqu'aux lois, sire (c'est un grand saint (2) qui l'a dit), il n'est pas jusqu'aux lois qui, tout insensibles, tout inexorables qu'elles sont de leur nature, ne se réjouissent, lorsque, ne pouvant se fléchir d'elles-mêmes, elles se sentent fléchir d'une main toute-puissante, telle que celle de Votre Majesté, en faveur des hommes dont elles cherchent toujours le salut, lors même qu'elles semblent demander leur ruine. Le plus sage, le plus juste même des rois crie encore à Votre Majesté,

(1) Job.
(2) Saint Augustin.

comme à tous les rois de la terre : « Ne soyez point si juste. » C'est un beau nom que la *chambre de justice*; mais le temple de la clémence, que les Romains élevèrent à cette vertu triomphante en la personne de Jules César, est un plus grand et un plus beau nom encore. Si cette vertu n'offre pas un temple à Votre Majesté, elle lui promet du moins l'empire des cœurs, où Dieu même désire de régner, et en fait toute sa gloire. Elle se vante d'être la seule entre ses compagnes, qui ne vit et ne respire que sur le trône. Courez hardiment, sire, dans une si belle carrière : Votre Majesté n'y trouvera que des rois, comme Alexandre le souhaitoit quand on lui parla de courir aux jeux Olympiques. Que Votre Majesté nous permette un peu d'orgueil et d'audace : comme elle, sire, quoique non autant qu'elle, nous serons justes, vaillants, prudents, tempérants, libéraux même; mais comme elle, nous ne saurions être cléments. Cette vertu, toute douce et tout humaine qu'elle est, plus fière, (qui le croiroit?) que toutes les autres, dédaigne nos fortunes privées, d'autant plus chère aux grands et aux magnanimes princes, tels que Votre Majesté, qu'elle ne se donne qu'à eux; qu'en toutes les autres, quoiqu'au-dessus des lois, ils suivent les lois, et qu'en celle-ci ils n'ont point d'autre loi qu'eux-mêmes. Je me trompe, sire, je me trompe : s'il y a tant de lois de justice, il y a du moins, pour Votre Majesté, une générale, une auguste, une sainte loi de clémence, qu'elle ne peut violer, parce qu'elle l'a faite elle-même, pour elle-même, comme le Jupiter des fables faisoit la destinée, comme le vrai Jupiter fit les lois invariables du monde, je veux dire en la prononçant. Votre Majesté s'en étonne sans doute, et n'entend point encore ce que je lui dis : qu'elle rappelle, s'il lui plait, pour un moment en sa mémoire ce grand et beau jour que la France vit avec tant de joie; que ses ennemis, quoiqu'enflés de mille vaines prétentions, quoiqu'armés et sur nos frontières, virent avec tant de douleur et d'étonnement; cet heureux jour, dis-je, qui acheva de nous donner un grand roi, en répandant sur la tête de Votre Majesté, si chère et si précieuse à ses peuples, l'huile sainte et descendue du ciel. En ce jour, sire, avant que Votre Majesté reçût cette onction divine; avant qu'elle eût revêtu ce manteau royal qui ornoit bien moins Votre Majesté qu'il n'étoit orné de Votre Majesté même; avant qu'elle eût pris de l'autel, c'est-à-dire de la propre main de Dieu, cette couronne, ce sceptre, cette main de justice, cet anneau qui faisoit l'indissoluble mariage de Votre Majesté et de son royaume, cette épée nue et flamboyante, toute victorieuse sur les ennemis, toute-puissante sur ses sujets : nous vîmes, nous entendîmes Votre Majesté, environnée des pairs et des premières dignités de l'État, au milieu des prières, entre les bénédictions et les cantiques, à la face des autels, devant le ciel et la terre, les hommes et les anges, proférer de sa bouche sacrée ces belles et magnifiques paroles, dignes d'être gravées sur le bronze, mais plus encore dans le cœur d'un si grand roi : « Je jure et promets de garder et faire garder l'équité et miséricorde en tous jugements, afin que Dieu, clément et miséricordieux, répande sur moi et sur vous sa miséricorde. »

Si quelqu'un, sire (nous ne le pouvons penser) s'opposoit à cette miséricorde, à cette équité royale, nous ne souhaitons pas même qu'il soit traité sans miséricorde et sans équité. Mais pour nous qui l'implorons pour M. Fouquet, qui ne l'implore pas seulement, mais qui y espère, mais qui s'y fonde, quel malheur en détourneroit les effets? Quelle autre puissance si grande et si redoutable dans les États de Votre Majesté l'empêcheroit de suivre et ce serment solennel, et sa gloire et ses inclinations toutes grandes, toutes royales, puisque, sans leur faire violence et sans faire tort à ses sujets, elle peut exercer toutes ces vertus ensemble? L'avenir, sire, peut être prévu, réglé par de bonnes lois. Qui oseroit encore manquer à son devoir, quand le prince fait si dignement le sien? Que personne ne soit plus excusé : personne n'ignore maintenant qu'il est éclairé des propres yeux de son maître. C'est là que Votre Majesté fera voir avec raison jusqu'à sa sévérité même, si ce n'est pas assez de sa justice. Mais pour le passé, sire, il est passé, il ne revient plus, il ne se corrige plus. Votre Majesté nous avoit confiés à d'autres mains que les siennes : persuadés qu'elle pensoit moins à nous, nous pensions bien moins à elle; nous ignorions presque nos propres offenses, dont elle ne sembloit pas s'offenser. C'est là, sire, le digne sujet, la propre et véritable matière, le beau champ de sa clémence et de sa bonté.

Le bon La Fontaine, obligé par Fouquet, prit aussi courageusement sa défense; elle lui inspira des vers dignes de passer à la postérité, et comme une œuvre littéraire et comme une belle action. Voici un fragment de son *Élégie aux nymphes de Vaux* :

Les destins sont contents, Oronte (1) est malheureux.
Vous l'avez vu naguère au bord de vos fontaines,
Qui, sans craindre du sort les faveurs incertaines,
Plein d'éclat, plein de gloire, adoré des mortels,

(1 Fouquet.

Recevoit des honneurs qu'on ne doit qu'aux autels.
Hélas! il est déchu de ce bonheur suprême!
Que vous le trouveriez différent de lui-même!
Pour lui les plus beaux jours sont de secondes nuits;
Les soucis dévorants, les regrets, les ennuis,
Hôtes infortunés de sa triste demeure,
En de gouffres de maux le plongent à toute heure.
Voilà le précipice où l'ont enfin jeté
Les attraits enchanteurs de la prospérité.
Dans les palais des rois cette plainte est commune;
On n'y connoît que trop les jeux de la Fortune,

Ses trompeuses faveurs, ses appas inconstants;
Mais on ne les connoît que quand il n'est plus temps.
Lorsque sur cette mer on vogue à pleines voiles,
Qu'on croit avoir pour soi le vent et les étoiles,
Il est bien malaisé de régler ses désirs;
Le plus sage s'endort sur la foi des zéphyrs.
Jamais un favori ne borne sa carrière;
Il ne regarde pas ce qu'il laisse en arrière;
Et tout ce vain amour des grandeurs et du bruit
Ne le sauroit quitter après l'avoir détruit.
   Tant d'exemples fameux que l'histoire raconte
Ne suffisoient-ils pas sans la perte d'Oronte?
Ah! si ce faux éclat n'eût pas fait ses plaisirs,
Si le séjour de Vaux eût borné ses désirs,
Qu'il pouvoit doucement laisser couler son âge!
   Vous n'avez pas chez vous ce brillant équipage,
Cette foule de gens qui s'en vont chaque jour
Saluer à longs flots le soleil de la cour;
Mais la faveur du ciel vous donne en récompense
Du repos, du loisir, de l'ombre et du silence,
Un tranquille sommeil, d'innocents entretiens;
Et jamais à la cour on ne trouve ces biens.

Le procès de Fouquet est un événement tellement mémorable du règne de Louis XIV, que nous nous croyons obligé d'en dire quelques mots.

Le surintendant, héritier malheureux de Mazarin, l'un des plus mauvais financiers qui aient administré le trésor, fut en quelque sorte une victime expiatoire des fautes de son prédécesseur. Riche, puissant par sa charge, magnifique jusqu'à la folie, imprudent jusqu'à la témérité, Fouquet succomba sous les coups de Colbert et de Michel Le Tellier, secrétaire d'État. Quelqu'un blâmait devant Turenne l'acharnement de Colbert et la modération de Le Tellier: « Oui, répondit ce sage et grand capitaine, je crois que Colbert a plus d'envie qu'il soit pendu, et que M. Le Tellier a plus peur qu'il ne le soit pas. » Ce fameux procès ne fut jugé qu'en 1664, trois ans après l'arrestation du surintendant. De vingt-deux juges qui opinèrent, il n'y en eut que neuf qui conclurent à la mort, et les treize autres au bannissement à perpétuité. Le roi, par un abus de pouvoir, ordonna que Fouquet serait enfermé au château de Pignerol. « S'il avait été condamné à mort, dit-il à mademoiselle de La Vallière, je l'aurais laissé mourir. » Cependant il paraît que, dans sa vieillesse, Louis XIV se repentit de ce qu'il avait fait, car lorsque le petit-fils d'Olivier Lefebvre d'Ormesson lui fut présenté, il lui adressa ces paroles: *Je vous exhorte à être aussi honnête homme que le rapporteur de M. Fouquet.* M. d'Ormesson n'avait opiné que pour le bannissement. « M. d'Ormesson, dit madame de Sévigné, a couronné par là sa réputation. » Un des juges, qui s'était montré favorable à l'accusé, fut envoyé en exil.

Fouquet mourut le 23 mars 1680, à l'âge de soixante-cinq ans, dont il avait passé dix-neuf dans les fers. Son procès et sa captivité seront toujours une tache pour la mémoire de Louis XIV.

LETTRES.

BALZAC.

LETTRE A M. DE LA MOTTE-AIGRON.

Il fit hier un de ces beaux jours sans soleil, que vous dites qui ressemblent à cette belle aveugle dont Philippe II étoit amoureux. En vérité je n'eus jamais tant de plaisir à m'entretenir moi-même; et quoique je me promenasse en une campagne toute nue, et qui ne sauroit servir à l'usage des hommes que pour être le champ d'une bataille, néanmoins, l'ombre que le ciel faisoit de tous côtés m'empêchoit de désirer celle des grottes et des forêts. La paix étoit générale depuis la plus haute région de l'air jusque sur la face de la terre; l'eau de la rivière paroissoit aussi *plate* que celle d'un lac, et si en pleine mer un tel calme surprenoit pour toujours les vaisseaux, ils ne pourroient jamais ni se sauver, ni se perdre. Je vous dis ceci afin que vous regrettiez un jour si heureux que vous avez perdu à la ville, et que vous descendiez quelquefois de votre Angoulême, où vous allez de pair avec nos tours et nos clochers, pour venir recevoir les plaisirs des anciens rois, qui se désaltéroient dans les fontaines, et se nourrissoient de ce qui tombe des arbres. Nous sommes ici en un petit rond, tout couronné de montagnes, où il reste encore quelques grains de cet or dont les premiers siècles ont été faits. Quand le feu s'allume aux quatre coins de la France, et qu'à cent pas d'ici la terre est toute couverte de troupes, les armées ennemies, d'un commun consentement, pardonnent toujours à notre village; et le printemps, qui commence les sièges et les autres entreprises de la guerre, et qui depuis douze ans a été moins attendu pour le changement des saisons que pour celui des affaires, ne nous fait rien voir de nouveau que des violettes et des roses. Notre peuple ne se conserve dans son innocence ni par la crainte des lois, ni par l'étude de la sagesse; mais pour bien faire, il suit simplement la bonté de sa nature, et tire plus d'avantage de l'ignorance du vice, que nous n'en avons de la connoissance de la vertu. De sorte qu'en ce royaume d'une demi-lieue on ne sait que c'est de tromper que les oiseaux et les bêtes; et le style du palais est une langue ausi inconnue que celle de l'Amérique ou de quelqu'autre nouveau monde qui s'est sauvé de l'avarice de Ferdinand et de l'ambition d'Ysabelle. Les choses qui nuisent à la santé des hommes ou qui offensent leurs yeux, en sont généralement bannies : il ne s'y vit jamais de lézards, ni de couleuvres; et de toutes les sortes de reptiles, nous ne connoissons que les melons et les fraises. Je ne veux pas vous faire le portrait d'une maison, dont le dessin n'a pas été conduit selon les règles de l'architecture, et la matière n'est pas si précieuse que le marbre et le porphyre. Je vous dirai seulement qu'à la porte il y a un bois, où en plein midi il n'entre de jour que ce qu'il en faut pour n'être pas nuit, et pour empêcher que toutes les couleurs ne soient noires. Tellement que de l'obscurité et de la lumière il se fait un troisième temps qui peut être supporté des yeux des malades, et cacher les défauts de femmes qui sont fardées. Les arbres y sont verts jusqu'à la racine, tant de leurs propres feuilles que de celles du lierre qui les embrasse, et pour le fruit qui leur manque, leurs branches sont chargées de tourtres et de faisans en toutes les saisons de l'année. De là j'entre en une prairie où je marche sur les tulipes et les anémones, que j'ai fait mêler avec les autres fleurs, pour me confirmer en l'opinion que j'ai apportée de mes voyages, que les Françoises ne sont pas si belles que les étrangères. Je descends aussi quelquefois dans cette vallée, qui est la plus secrète partie de mon désert, et qui jusqu'ici n'avoit été connue de personne. C'est un pays à souhaiter et à peindre, que j'ai choisi pour vaquer à mes plus chères occupations, et passer les plus douces heures de ma vie. L'eau et les arbres ne le laissent jamais manquer de frais et de vert. Les cygnes, qui couvroient autrefois toute la rivière, se sont retirés en ce lieu de sûreté, et vivent dans un canal qui fait rêver les plus grands parleurs aussitôt qu'ils s'en approchent, et au bord duquel je suis toujours heureux, soit que je sois joyeux, soit que je sois triste. Pour peu que je m'y arrête, il me semble que je retourne en ma première innocence. Mes désirs, mes craintes et mes espérances cessent tout d'un coup : tous les mouvements de mon âme se relâchent et je n'ai point de passions, ou si j'en ai, je les gouverne comme des bêtes apprivoisées. Le soleil envoie bien de la clarté jusque-là, mais il n'y fait jamais aller de chaleur : le lieu est si bas, qu'il ne sauroit recevoir que les dernières pointes de ses rayons, qui sont d'autant plus beaux qu'ils ont moins de force, et que leur lumière est toute pure.

LETTRE AU CARDINAL DE LA VALETTE.

Monseigneur,

L'espérance qu'on me donne depuis trois mois que vous devez passer tous les jours en ce pays, m'a empêché jusqu'ici de vous écrire, et de me servir de ce seul moyen qui me reste de me rapprocher de votre personne.

A Rome, vous marcherez sur des pierres qui ont été les dieux de César et de Pompée ; vous considérerez les ruines de ces grands ouvrages, dont la vieillesse est encore belle, et vous vous promènerez tous les jours parmi les histoires et les fables ; mais ce sont des amusements d'un esprit qui se contente de peu, et non pas les occupations d'un homme qui prend plaisir à naviguer dans l'orage. Quand vous aurez vu le Tibre, au bord duquel les Romains ont fait l'apprentissage de leurs victoires, et commencé ce long dessein qu'ils n'achevèrent qu'aux extrémités de la terre ; quand vous serez monté au Capitole, où ils croyoient que Dieu étoit aussi présent que dans le ciel, et qu'ils avoient enfermé le destin de la monarchie universelle ; après que vous aurez passé au travers de ce grand espace qui étoit dédié aux plaisirs du peuple, je ne doute point qu'après avoir regardé encore beaucoup d'autres choses, vous ne vous lassiez à la fin du repos et de la tranquillité de Rome.

Il est besoin, pour une infinité de considérations importantes, que vous soyez au premier conclave, et que vous vous trouviez à cette guerre qui ne laisse pas d'être grande, pour être composée de personnes désarmées. Quelque grand objet que se propose votre ambition, elle ne sauroit rien concevoir de si haut, que de donner en même temps un successeur aux consuls, aux empereurs et aux apôtres, et d'aller faire de votre bouche celui qui marche sur la tête des rois, et qui a la conduite de toutes les âmes.

LETTRE A M. DE PRIÉSAC.

Monsieur,

La demoiselle qui vous rendra cette lettre m'a assuré que je suis votre favori, et se promet de grandes choses de ma faveur, si je vous recommande son procès. Pour moi, je crois volontiers ce que je désire extrêmement, et il ne faut pas beaucoup d'éloquence à me persuader que vous me faites l'honneur de m'aimer.

Si cela est, monsieur, je vous supplie de témoigner à cette pauvre plaideuse que votre amitié n'est pas un bien inutile, et que ma recommandation ne gâte pas une bonne cause.

Elle est tourmentée par le plus fameux chicaneur

de notre province, et je ne pense pas que la Normandie en ait jamais porté un si redoutable. Son nom seul fait trembler les veuves et met en fuite les orphelins. Il n'y a pièce de pré ni de vigne à trois lieues de lui, qui soit assurée à celui qui la possède. Il pense faire grâce aux enfants quand il se contente de vouloir partager avec eux la succession de leur père. Il habite les parquets et les autres lieux destinés à l'exercice de la discorde; et, s'il vous plaît que je me serve des termes de notre bon Plaute, on le voit en ces lieux-là plus souvent que le préteur. Voulez-vous que j'achève son éloge? C'est Attila en petit, c'est le fléau de Dieu dans son voisinage; et la plus cruelle persécution qu'ait soufferte le monde, et que raconte l'histoire, est venue peut-être d'un moindre principe de tyrannie.

Vous ferez une œuvre méritoire, ou plutôt une action de charité héroïque, si vous contribuez en quelque chose au châtiment de cet ennemi public. Vous obligerez en une seule personne mille personnes intéressées. Mais je ne laisserai pas de vous en avoir autant d'obligation que si vous ne considériez que moi, qui vous en supplie, et qui suis passionnément, etc.

VOITURE.

LETTRE A MADEMOISELLE DE RAMBOUILLET.

Je voudrois que vous m'eussiez pu voir aujourd'hui dans un miroir, en l'état où j'étois. Vous m'eussiez vu dans les plus effroyables montagnes du monde, au milieu de douze ou quinze hommes les plus horribles que l'on puisse voir, dont le plus innocent en a tué quinze ou vingt autres, qui sont tous noirs comme des diables, et qui ont des cheveux qui leur viennent jusqu'à la moitié du corps, chacun deux ou trois balafres sur le visage, et deux pistolets et deux poignards à la ceinture ; ce sont les bandits qui vivent dans les montagnes des confins du Piémont et de Gênes. Vous eussiez eu peur, sans doute, Mademoiselle, de me voir entre ces messieurs-là, et vous eussiez cru qu'ils m'alloient couper la gorge. De peur d'en être volé, je m'en étois fait escorter; j'avois écrit, dès le soir, à leur capitaine, de me venir accompagner, et de se trouver en mon chemin : ce qu'il a fait et j'en ai été quitte pour trois pistoles. Mais surtout je voudrois que vous eussiez vu la mine de mon neveu et de mon valet, qui croyoient que je les avois menés à la boucherie.

Au sortir de leurs mains, je suis passé par des lieux où il y avoit garnison espagnole, et là, sans doute, j'ai couru plus de dangers. On m'a interrogé : j'ai dit que j'étois Savoyard ; et, pour passer pour cela, j'ai parlé, le plus qu'il m'a été possible, comme M. de Vaugelas : sur mon mauvais accent ils m'ont laissé passer. Regardez si je ferai jamais de beaux discours qui me valent tant ; et s'il n'eût pas été bien mal à propos qu'en cette occasion, sous ombre que je suis de l'Académie, je me fusse piqué de parler bon françois. Au sortir de là je suis arrivé à Savone, où j'ai trouvé la mer un peu plus émue qu'il ne falloit pour le petit vaisseau que j'avois pris ; et néanmoins je suis, Dieu merci, arrivé ici à bon port.

Voyez, Mademoiselle, combien de périls, j'ai courus dans un jour. Enfin je suis échappé des bandits, des Espagnols et de la mer...

Vincent Voiture, né à Amiens en 1598, passa son enfance à la cour, et fut élevé aux collèges de Calvi et de Boncours. Dès 1612, il commença à se faire distinguer par quelques pièces de vers latins, et en 1614, par des stances adressées à Monsieur (Gaston), frère du roi. Ce furent les seules pièces de Voiture publiées de son vivant. Cet homme, à la parole élégante, reçu dans la société de l'hôtel de Rambouillet, ne tarda pas à en être l'idole ; car il possédait un talent merveilleux pour amuser les grands, *qui te chérissoient et l'honoraient au delà de sa condition*. Admis dans l'intimité du jeune duc d'Enghien, du maréchal de Schomberg, du cardinal de La Valette, du comte d'Avaux, il devint bientôt introducteur des ambassadeurs de Gaston, qu'il suivit en Lorraine. Chargé d'une mission en Espagne, il sut conquérir, par le charme de sa conversation, l'esprit du ministre Olivarez. Lorsqu'il prit congé de lui, ce ministre lui dit : « N'oubliez pas de m'écrire ; si ce n'est d'affaires, ce sera du moins de belles choses. » Après avoir voyagé en Angleterre, Voiture revint en France, où bientôt Gaston se réconcilia avec le cardinal Richelieu, qui goûta les louanges du plus bel esprit de son temps. Richelieu et Louis XIII étant morts, il se concilia la faveur de Mazarin et d'Anne d'Autriche. Successivement maître-d'hôtel du roi, premier commis du comte d'Avaux, et contrôleur des finances, il toucha jusqu'à vingt mille francs de traitement, c'est-à-dire autant à lui seul que tous les grands génies du siècle de Louis XIV. Voiture a fait lui-même son portrait, qui est parvenu jusqu'à nous. « Ma taille, dit-il, est deux ou trois doigts au-dessous de la médiocre. J'ai la tête assez belle, avec beaucoup de cheveux gris : les yeux doux, mais un peu égarés, et le visage assez niais. » Voici une anecdote qui nous fait connaître Voiture comme un grand joueur, mais en même temps comme un ami éprouvé. Un soir il perdit quatorze cents louis chez Monsieur. Ayant besoin de deux cents louis pour compléter cette somme, il écrit en ces termes à son ami Costas : « Envoyez-moi, je vous prie, promptement deux cents louis dont j'ai besoin pour achever la somme de quatorze cents que je perdis hier au jeu. Vous savez que je ne joue pas moins sur votre parole que sur la mienne. Si vous ne les avez pas, empruntez-les ; si vous ne trouvez personne qui veuille vous les prêter, vendez tout ce que vous avez, jusqu'à votre bon ami Paucquet ; car absolument il me faut deux cent louis. Voyez avec quel empire parle mon amitié : c'est qu'elle est forte ; la vôtre, qui est encore foible, diroit : Je vous supplie de me prêter deux cents louis, si vous le pouvez sans vous incommoder. Je vous demande pardon si j'en use si librement. » Costas répondit : « Je n'aurois jamais cru avoir tant de plaisir pour si peu d'argent. Puisque vous jouez sur ma parole, je garderai toujours un fonds pour le dégager. Je vous assure, de plus, qu'un de de mes parents a toujours mille louis dont je puis disposer comme s'ils étoient dans votre cassette. Je ne voudrois cependant pas vous exposer par là à quelque perte considérable. Un de mes amis me dit hier que *feu son bien* avoit été le meilleur ami qu'il eût au monde : je vous conseille de garder le vôtre. Je vous renvoie votre promesse : je suis surpris que vous en usiez ainsi avec moi, après ce que je vous vis faire l'autre jour pour M. Balzac. »

Pour comprendre la fin de cette lettre, dictée par une si généreuse amitié, il faut savoir que Balzac avait, quelques jours auparavant, envoyé demander à Voiture quatre cents écus à emprunter. Celui-ci s'empressa de remettre la somme; et prenant la promesse souscrite de Balzac, il écrivit au bas : « Je soussigné, confesse devoir à M. Balzac la somme de huit cents écus pour le plaisir qu'il m'a fait de m'en emprunter quatre cents... »

On peut regarder Voiture comme un des hommes qui ont le plus contribué à fixer notre langue, à lui donner de l'élégance et du nombre. Il ne faut jamais oublier en lisant les lettres de cet écrivain, qu'il les écrivit trente ans avant les *Provinciales*. Voiture entra à l'Académie en 1634. Il possédait le génie des langues. Il composa en espagnol, des stances qui furent attribuées à Lopez de Véga. Il ne réussit pas moins heureusement dans la poésie italienne. Dans notre volume de poésie, nous reparlerons de Voiture, qui mourut en 1648. L'Académie porta le deuil de cet écrivain.

Voltaire et La Harpe ont trop oublié peut-être les services que Voiture rendit à la littérature, soit en modifiant notre langue avec une heureuse influence, soit en montrant qu'un homme sans noblesse pouvait, par son seul mérite, devenir l'égal des plus grands seigneurs.

LETTRE AU DUC D'ENGHIEN, SUR LA BATAILLE DE ROCROI.

Monseigneur,

A cette heure que je suis loin de votre altesse, et qu'elle ne peut pas me faire de charge, je suis résolu de lui dire tout ce que je pense d'elle il y a longtemps, et que je n'avois osé lui déclarer... Oui, Monseigneur, vous en faites trop pour le pouvoir souffrir en silence; et vous seriez injuste si vous pensiez faire les actions que vous faites sans qu'il en fût autre chose, ni qu'on prit la liberté de vous en parler. Si vous saviez de quelle sorte tout le monde est déchaîné dans Paris à discourir de vous, je suis assuré que vous en auriez honte, et que vous seriez étonné de voir avec combien peu de respect et peu de crainte de vous déplaire tout le monde s'entretient de tout ce que vous avez fait. A dire la vérité, Monseigneur, je ne sais à quoi vous avez pensé, et c'a été, sans mentir, trop de hardiesse à vous, d'avoir, à votre âge, choqué deux ou trois vieux capitaines que vous deviez respecter, quand ce n'eût été que pour leur ancienneté; faire tuer le pauvre comte de Fontaines, qui étoit un des meilleurs hommes de Flandre, et à qui le prince d'Orange n'avoit jamais osé toucher; pris seize pièces de canon qui appartenoient à un prince qui est oncle du roi et frère de la reine, avec qui vous n'aviez jamais eu de différend; et mis en désordre les meilleures troupes des Espagnols, qui vous avoient laissé passer avec tant de bonté!...

LETTRE A M. LE MARQUIS DE PISANY.

Monsieur,

Je me réjouis de ce que vous êtes devenu le plus fort homme du monde, et que le travail, les veilles, les maladies, le plomb ni le fer des Espagnols ne vous peuvent faire de mal. Je ne croyois pas qu'un homme nourri de tisane et d'eau d'orge pût avoir la peau si dure, ni qu'il y eût des caractères qui pussent faire cet effet. Par quelque voie que cela arrive, je sais bien qu'elle ne peut être naturelle, et je ne m'en saurois formaliser. Car j'aime encore mieux que vous soyez sorcier, que de vous voir en l'état du pauvre Attichi ou de Grinville, quelque bien embaumé que vous puissiez être. A vous parler franchement, pour quelque cause que l'on meure, il me semble qu'il y a toujours quelque chose de bas à être mort. Empêchez-vous-en donc, Monsieur, le plus que vous pourrez, et hâtez-vous, je vous supplie, de revenir. Car je ne me saurois plus passer de vous voir, etc...

ÉLOGE DE RICHELIEU.

Lorsque, dans deux cents ans, ceux qui viendront après nous liront en notre histoire que le cardinal de Richelieu a démoli La Rochelle et abattu l'hérésie, et que par un seul traité, comme par un seul coup de rets, il a pris trente ou quarante de ses villes pour une fois ; lorsqu'ils apprendront que du temps de son ministère les Anglois ont été battus et chassés, Pignerol conquis, Cazal secouru, toute la Lorraine jointe à cette couronne, la plus grande partie de l'Alsace mise sous notre pouvoir, les Espagnols défaits à Veillane et à Avein ; et qu'ils verront que tant qu'il a présidé à nos affaires la France n'a pas un voisin sur lequel elle n'ait gagné des places ou des batailles : s'ils ont quelques gouttes de sang françois dans les veines, pourront-ils lire ces choses sans s'affectionner à lui, et, à votre avis, l'aimeront-ils ou l'estimeront-ils moins, à cause que de son temps les rentes de l'hôtel-de-ville se seront payées un peu plus tard, ou que l'on aura mis quelques nouveaux officiers dans la chambre des comptes.

Le royaume n'avoit que deux sortes d'ennemis qu'il dût craindre, les huguenots et les Espagnols. Monsieur le cardinal, entrant dans les affaires se mit en l'esprit de ruiner tous les deux. Pouvoit-il former de plus glorieux ni de plus utiles desseins ? Il est venu à bout de l'un, et il n'a pas achevé l'autre. Mais voyons s'il s'en est fallu beaucoup qu'il n'ait renversé ce grand arbre de la maison d'Autriche (1), et s'il n'a pas ébranlé jusqu'aux racines ce tronc qui de deux branches couvre le septentrion et le couchant, et qui donne de l'ombrage au reste de la terre. Il fut chercher jusques sous le pôle ce héros qui sembloit être destiné à y mettre le fer et à l'abattre ; mais quand cet orage fut dissipé et que la fortune en eût détourné le coup, s'arrêta-t-il pour cela, et ne mit-il pas encore une fois l'empire dans un plus grand hasard qu'il n'avoit été par la perte de la bataille de Leipsick et celle de Lutzen ? Son adresse et ses pratiques nous firent avoir tout d'un coup une armée de quarante mille hommes dans le cœur de l'Allemagne, avec un chef qui avoit toutes les qualités qu'il faut pour faire un changement dans un État.

Pour sauver la maison d'Autriche, et pour détourner ses desseins, que l'on dit à cette heure avoir été si téméraires, il a fallu que la fortune ait fait trois miracles, c'est-à-dire trois grands événements qui vraisemblablement ne devoient pas arriver : la mort du roi de Suède (2), celle du duc de Fridlandt, et la perte de la bataille de Norlinghen. Vous me direz qu'il ne se peut pas plaindre de la fortune pour l'avoir traversé en cela, puisqu'elle l'a servi si fidèlement dans toutes les autres choses ; que c'est elle qui lui a fait prendre des places, sans qu'il en eût jamais assiégé auparavant ; qui lui a fait commander heureusement des armées sans aucune expérience ; qui l'a mené toujours comme par la main, et sauvé d'entre les précipices où il étoit jeté, et enfin qui l'a souvent fait paroître hardi, sage et prévoyant. Voyons-le donc dans la mauvaise fortune, et examinons s'il y a eu moins de hardiesse, de sagesse et de prévoyance.

Nos affaires n'alloient pas trop bien en Italie, et comme c'est le destin de la France de gagner des batailles et de perdre des armées, la nôtre étoit fort dépérie depuis la dernière victoire qu'elle avoit emportée sur les Espagnols. Nous n'avions guères plus de bonheur devant Dole, où la longueur du siège nous en faisoit attendre une mauvaise issue. Quand on sut que les ennemis étoient entrés en Picardie ; qu'ils avoient pris d'abord La Capelle, Le Castelet et Corbie, et que ces trois places, qui les devoient arrêter pendant plusieurs mois, les avoient à peine arrêtés huit jours, tout prit feu ; jusque sur les bords de la rivière d'Oise, nous pouvons voir de nos faubourgs la fumée des villages qu'ils nous brûlent ; tout le monde prend l'alarme, et la ville capitale du royaume est en effroi. Sur cela, on a avis de Bourgogne que le siège de Dole étoit levé, et de Saintonge, qu'il y a quinze mille paysans révoltés qui tiennent la campagne, et que l'on craint que le Poitou et la Guyenne ne suivent cet exemple. Les mauvaises nouvelles viennent en foule ; le ciel est couvert de tous côtés ; l'orage nous bat de toutes parts et il ne nous luit pas, de quelque endroit que ce soit, un rayon de bonne fortune. Dans ces ténèbres, monsieur le cardinal a-t-il vu moins clair ? Durant cette tem-

---

(1) Par le traité du 23 janvier 1631, conclu entre la France et la Suède.

(2) Gustave-Adolphe II, dit le Grand, né à Stockolm, en 1594, mort, le 16 novembre 1632, à la bataille de Lutzen, percé de deux balles et de deux coups d'épée. Nous avons donné le récit que le père Daniel a tracé de la fin de ce grand capitaine.

pête, n'a-t-il pas toujours tenu le gouvernail d'une main, et la boussole de l'autre? S'est-il jeté dans l'esquif pour se sauver? Et si le grand vaisseau qu'il conduisoit avoit à se perdre, n'a-t-il pas témoigné qu'il y vouloit mourir devant les autres? Est-ce la fortune qui l'a tiré de ce labyrinthe, ou si c'a été sa prudence, sa constance et sa magnanimité? Nos ennemis sont à quinze lieues de Paris, et les siens sont dedans. Il a tous les jours avis que l'on y fait des pratiques pour le perdre. La France et l'Espagne, par manière de dire, sont conjurées contre lui seul.

Quelle contenance a tenu parmi tout cela cet homme que l'on disoit qui s'étonneroit au moindre mauvais succès, et qui avoit fait fortifier le Hâvre pour s'y jeter à la première mauvaise fortune? Il n'a pas fait une mauvaise démarche en arrière pour cela. Il a songé aux périls de l'État, et non pas aux siens; et tout le changement que l'on a vu en lui durant ce temps-là, est qu'au lieu qu'il n'avoit accoutumé de sortir qu'accompagné de deux cents gardes, il se promène tous les jours suivi seulement de cinq ou six gentilshommes.

Il faut avouer qu'une adversité soutenue de si bonne grâce et avec tant de force, vaut mieux que beaucoup de prospérités et de victoires. Il ne me sembla pas si grand ni si victorieux, le jour qu'il entra dans La Rochelle qu'il me le parut alors; et les voyages qu'il fit de sa maison à l'Arsenal me semblent plus glorieux pour lui que ceux qu'il a faits delà les monts, et desquels il est revenu avec Pignerol et Suze.

De Paris, ce 24 décembre 1636, après que la ville de Corbie eut été reprise sur les Espagnols par l'armée du roi.

LETTRE AU DUC D'ENGHIEN (1).

Hé bonjour, mon compère le brochet! bonjour, mon compère le brochet! Je m'étois toujours bien doutée que les eaux du Rhin ne vous arrêteroient pas, et connoissant votre force et combien vous aimez à nager en grande eau, j'avois bien cru que celles-là ne vous feroient point de peur, et que vous les passeriez aussi glorieusement que vous avez achevé d'autres aventures. Je me réjouis pourtant de ce que cela s'est fait plus heureusement encore que nous ne l'avions espéré, et que, sans que vous ni les vôtres y ayent perdu une seule écaille, le seul bruit de votre nom ait dissipé tout ce qui se devoit opposer à vous. Quoique vous ayez été excellent jusques ici à toutes les sauces où l'on vous a mis, il faut avouer que la sauce d'Allemagne vous donne un grand goût, et que les lauriers qui y entrent vous relèvent merveilleusement. Les gens de l'empereur, qui vous pensoient frire et vous manger avec un grain de sel, en sont venus à bout comme j'ai le dos, et il y a du plaisir de voir que ceux qui se vantoient de défendre les bords du Rhin, ne sont pas à cette heure assurés de ceux du Danube. Tête d'un poisson, comme vous y allez! Il n'y a point d'eau si trouble, si creuse, ni si rapide, où vous ne vous jettiez à corps perdu. En vérité, mon compère, vous faites bien mentir le proverbe, qui dit : jeune chair et vieux poisson; car, n'étant qu'un jeune brochet comme vous êtes, vous avez une fermeté que les plus vieux esturgeons n'ont pas, et vous achevez des choses qu'ils n'oseroient avoir commencées. Aussi vous ne sauriez vous imaginer jusques où s'étend votre réputation. Il n'y a point d'étangs, de fontaines, de ruisseaux, de rivières ni de mers, où vos victoires ne soient célébrées; point d'eau dormante où l'on ne songe à vous; point d'eau bruyante où il ne soit bruit de vous. Votre nom pénètre jusqu'au centre des mers, et vole sur la surface des eaux; et l'Océan, qui borne le monde, ne borne pas votre gloire. L'autre jour que mon compère le turbot et mon compère le grenaut, avec quelques autres poissons d'eau douce, soupions ensemble chez mon compère l'éperlan, on nous présenta, au second, un vieux saumon qui avoit fait deux fois le tour du monde, qui venoit fraîchement des Indes-Occidentales, et avoit été pris comme espion en France en suivant un bateau de sel. Il nous dit qu'il n'y avoit point d'abymes si profonds sous les eaux, où vous ne fussiez connu et redouté, et que les baleines de la mer Atlantique suoient à grosses gouttes et étoient toutes en eau, dès qu'elles vous entendoient seulement nommer. Il nous en eût dit davantage, mais il étoit au court-bouillon, et cela étoit cause qu'il ne parloit

(1) Cette lettre, que nous citons à cause de la réputation que lui a value sa bizarrerie, et parce qu'elle montre jusqu'à quel point Voiture pouvait céder au mauvais goût, demande une explication. Dans une société qui donnait un surnom à chacun de ses membres, celui du *Brochet* fut appliqué au duc d'Enghien, et c'est de cette circonstance que Voiture tira l'idée de sa singulière missive.

qu'avec beaucoup de difficultés. Plusieurs choses à peu près semblables nous furent dites par une troupe de harengs frais, qui venoient devers les parties de Norwège. Ceux-là nous assurèrent que la mer de ces pays-là s'étoit glacée cette année deux mois plus tôt que de coutume, par la peur que l'on y avoit eue, sur les nouvelles que quelques macreuses y avoient apportées, que vous dressiez vos pas vers le Nord; et ils nous dirent que les gros poissons, lesquels comme vous savez, mangent les petits, avoient peur que vous fissiez d'eux comme ils font des autres; que la plupart d'entre eux s'étoient retirés jusques sous l'Ourse, jugeant que vous n'iriez pas là; que les forts et les foibles sont en alarme et en trouble, et particulièrement certaines anguilles de mer, qui crient déjà comme si vous les écorchiez, et font un bruit qui fait retentir tout le rivage. A dire le vrai, mon compère, vous êtes un terrible brochet. Et n'en déplaise aux hippopotames, aux loups marins, ni aux dauphins même,

les plus grands et les plus considérables hôtes de l'Océan ne sont que de pauvres cancres au prix de vous; et si vous continuez comme vous avez commencé, vous avalerez la mer et les poissons. Cependant votre gloire se trouvant à un tel point, qu'il est assuré qu'elle ne peut aller plus loin ni plus haut, il est, ce me semble, bien à propos qu'après tant de fatigues, vous veniez vous rafraîchir dans l'eau de la Seine, et vous récréer joyeusement avec beaucoup de jolies tanches, de belles perches, et d'honnêtes truites, qui vous attendent ici avec impatience. Quelque grande pourtant que soit la passion qu'elles ont de vous voir, elle n'égale pas la mienne, ni le désir que j'ai de vous pouvoir témoigner combien je suis,

Votre très-humble et très-obéissante servante et commère,

LA CARPE.

SAINT-ÉVREMOND.

LETTRE A M. LE MARQUIS DE CRÉQUY [1].

Après avoir vécu dans la contrainte des cours, je me console d'achever ma vie dans la liberté d'une république, où, s'il n'y a rien à espérer, il n'y a pour le moins rien à craindre. Quand on est jeune, il seroit honteux de ne pas entrer dans le monde, avec le dessein de faire sa fortune. Quand nous sommes sur le retour, la nature nous rappelle à nous; et revenus des sentiments de l'ambition au désir de notre repos nous trouvons qu'il est doux de vivre dans un pays où les lois nous mettent à couvert des volontés des hommes; et où, pour être sûrs de tout, nous n'ayons qu'à être sûrs de nous-mêmes.

Ajoutons à cette douceur que les magistrats sont fort autorisés dans leurs charges pour l'intérêt du public, et peu distingués en leurs personnes par des avantages particuliers. Vous ne voyez donc point de différences odieuses dont les honnêtes gens soient blessés; point de dignités inutiles, de rangs incommodes; point de ces fâcheuses grandeurs qui gênent la liberté, sans contribuer à la fortune. Ici les magistrats procurent notre repos, sans attendre de reconnoissance, ni de respect même pour les services qu'ils nous rendent. Ils sont sévères dans les ordres de l'État, fiers dans l'intérêt de leur pays avec les nations étrangères, doux et commodes avec leurs citoyens, faciles avec toutes sortes de personnes privées; le fond de l'égalité demeure toujours malgré la puissance; et par là le crédit ne devient point insolent, la conduite jamais fière.

Pour les contributions, véritablement elles sont grandes; mais elles regardent sûrement le bien public, et laissent à chacun la consolation de ne contribuer que pour soi-même. Ainsi l'on ne doit pas s'étonner de l'amour que l'on a pour la patrie, puisqu'à le bien prendre c'est un véritable amour-propre. C'est trop parler du gouvernement sans rien dire de celui qui paroît y avoir le plus de part [2]. A lui faire justice, rien n'est égal à sa suffisance, que son désintéressement et sa fermeté.

Les choses spirituelles sont conduites avec une pareille modération. La différence de religion, qui excite ailleurs tant de troubles, ne cause pas ici la moindre altération dans les esprits. Chacun cherche le ciel par ses voies; et ceux qu'on croit égarés, plus plaints que haïs, s'attirent une charité pure, et dégagée de l'indiscrétion d'un faux zèle.....

Je ne vous parlerai guère de la Haye; il suffit de vous dire que les voyageurs en sont charmés, après avoir vu les magnificences de Paris et les raretés d'Italie. D'un côté, vous allez à la mer, par un chemin digne de la grandeur des Romains : de l'autre, vous entrez dans un bois, le plus agréable que j'aie vu de ma vie. Dans le même lieu, vous trouverez assez de maisons pour former une grande et superbe ville; assez de bois et d'allées pour faire une solitude délicieuse. Aux heures particulières, on y trouve l'innocence des plaisirs des champs : aux heures publiques, on y voit tout ce que la foule des villes les plus peuplées sauroit fournir. Les maisons y sont plus libres qu'en France, aux temps destinés à la société; plus resserrées qu'en Italie, lorsqu'une régularité trop exacte fait retirer les étrangers, et remet la famille dans un domestique étroit. De temps, en temps nous allons faire notre cour au jeune prince [3], à qui je laisserai sujet de se plaindre, si je dis seulement que jamais personne de sa qualité n'a eu l'esprit si bien fait que lui à son âge. A dire tout, j'écrirois des vérités qu'on ne croiroit point; et, par un secret mouvement d'amour-propre, j'aime mieux taire ce que je connois, que manquer à être cru de ce que vous ne connoissez pas.

[1] Cette lettre a été écrite de Hollande, en 1665.

[2] M. le grand-pensionnaire de Witt.

[3] Le prince d'Orange, qui n'avait que quatorze ans.

Charles Margueritel de Saint-Denis, seigneur de Saint-Évremont, naquit à Saint-Denis-le-Guast, le 1er avril 1613. Entré au service dès l'âge de seize ans, il se distingua par sa brillante bravoure, autant que par son esprit. Ce furent ces deux qualités réunies qui lui valurent l'amitié du duc d'Enghien. Ce prince lui donna la lieutenance de ses gardes, qu'il guida noblement aux champs de bataille de Rocroi, de Fribourg et de Nortlingen, où il fut blessé. Ayant osé attaquer son bienfaiteur par une parole satirique, celui-ci, trop sensible à ce trait, exigea que Saint-Évremont se démît de la lieutenance des gardes. Pendant les troubles de la Fronde, il resta attaché au parti de Mazarin, qu'il servit de sa plume et de son épée. Cette conduite lui valut le grade de maréchal de camp (1652). Quelques sarcasmes imprudents lancés contre le cardinal firent mettre le spirituel frondeur sous les verroux de la Bastille, où il demeura trois mois. Rentré dans les bonnes grâces du ministre, il fut choisi par lui pour l'accompagner lors de la conclusion de la paix des Pyrénées, en 1659. Ami de Fouquet, Saint-Évremont se prononça généreusement en faveur de l'opprimé, mais, sur le point d'être arrêté pour cet acte de courage, il parvint à s'enfuir et à gagner l'Angleterre. Dès lors, éloigné de son pays, tantôt en Hollande, tantôt à Londres, il se fit regarder partout comme un type brillant des grâces et de l'élégance des mœurs françaises. Saint-Évremont a laissé un assez grand nombre d'opuscules qui ont eu une grande vogue dans le temps de leur publication, et dont le mérite n'a pas survécu à l'à-propos qui leur avait donné naissance.

Ses principaux écrits sont: *Observations sur Salluste et sur Tacite*; *Observations sur les divers génies du peuple romain*; *Jugement sur Sénèque, Plutarque et Pétrone*; *Défense de quelques pièces du théâtre de Corneille*; *Réflexions sur les tragédies et les comédies française, espagnole, italienne, anglaise; sur les opéras*; *Dissertation sur le mot Vaste*; *Discours des Belles-Lettres et de la Jurisprudence*; *Discours sur la Vieillesse*; *Comédie des Académistes*; *Conversation du père Canaye avec le maréchal d'Hocquincourt*, etc.

MADAME DE SÉVIGNÉ.

MORT DE TURENNE.

Il monta à cheval le samedi à deux heures, après avoir mangé : et comme il y avoit bien des gens avec lui, il les laissa tous à trente pas de la hauteur où il vouloit aller, et dit au petit d'Elbeuf : « Mon neveu, demeurez là ; vous ne faites que tourner autour de moi, vous me feriez reconnoitre. M. d'Hamilton, qui se trouvoit près de l'endroit où il alloit, lui dit : « Monsieur, venez par ici, on tirera du côté où vous allez.—Monsieur, lui dit-il, vous avez raison, je ne veux point du tout être tué aujourd'hui ; cela sera le mieux du monde. » Il eut à peine tourné son cheval, qu'il aperçut Saint-Hilaire, le chapeau à la main, qui lui dit : « Monsieur, jetez les yeux sur cette batterie que je viens de faire placer là. » M. de Turenne revint, et dans l'instant, sans être arrêté, il eut le bras et le corps fracassés du même coup qui emporta le bras et la main qui tenoit le chapeau de Saint-Hilaire. Ce gentilhomme, qui le regardoit toujours, ne le voit point tomber ; le cheval l'emporte où il avoit laissé le petit d'Elbeuf ; il étoit penché le nez sur l'arçon. Dans ce moment le cheval s'arrête, le héros tombe entre les bras de ses gens ; il ouvre deux fois de grands yeux et la bouche, et demeure tranquille pour jamais. Songez qu'il étoit mort, et qu'il avoit une partie du cœur emportée. On crie, on pleure : M. d'Hamilton fait cesser ce bruit, et ôter le petit d'Elbeuf qui s'étoit jeté sur ce corps, qui ne vouloit pas le quitter, et qui se pâmoit de crier. On couvre le corps d'un manteau, on le porte dans une haie, on le garde à petit bruit. Un carrosse vient, on l'emporte dans sa tente : ce fut là où M. de Lorges, M. de Roye, et beaucoup d'autres, pensèrent mourir de douleur ; mais il fallut se faire violence, et songer aux grandes affaires qu'on avoit sur les bras.

On lui a fait un service militaire dans le camp, où les larmes et les cris faisoient le véritable deuil : tous les officiers avoient pourtant des écharpes de crêpe ; tous les tambours en étoient couverts ; ils ne battoient qu'un coup, les piques traînantes et les mousquets renversés ; mais ces cris de toute une armée ne peuvent pas se représenter sans que l'on soit ému.

Ses deux neveux étoient à cette pompe dans l'état que vous pouvez penser. M. de Roye, tout blessé, s'y fit porter ; car cette messe ne fut dite que quand ils eurent passé le Rhin. Je pense que le pauvre chevalier de Grignan étoit bien abîmé de douleur. Quand ce corps a quitté son armée, c'a encore été une désolation ; et partout où il a passé, on n'entendoit que des clameurs. Mais à Langres ils se sont surpassés ; ils allèrent au-devant de lui en habits de deuil, au nombre de plus de deux cents, suivis du peuple ; tout le clergé en cérémonie. Il y eut un service solennel dans la ville ; en un moment ils se cotisèrent tous pour cette dépense, qui monta à cinq mille francs, parce qu'ils reconduisirent le corps jusqu'à la première ville, et voulurent défrayer tout le train. Que dites-vous de ces marques naturelles d'une affection fondée sur un mérite extraordinaire ? Il arriva à Saint-Denis ce soir ; tous ses gens l'allèrent reprendre à deux lieues d'ici. Il sera dans une chapelle en dépôt ; on lui fera un service à Saint-Denis, en attendant celui de Notre-Dame qui sera solennel....

Ne croyez point que son souvenir soit déjà fini dans ce pays-ci : ce fleuve qui entraîne tout n'entraîne pas sitôt une telle mémoire ; elle est consacrée à l'immortalité. J'étois l'autre jour chez M. de Larochefoucauld, avec madame de Lavardin, madame de La Fayette, et M. de Marsillac. M. le prince y vint ; la conversation dura deux heures sur les diverses qualités de ce véritable héros ; tous les yeux étoient baignés de larmes, et vous ne sauriez croire combien la douleur de sa perte est profondément gravée dans les cœurs... Nous remarquions une chose, c'est que ce n'est pas depuis sa mort que l'on admire la grandeur de son cœur, l'étendue de ses lumières et l'élévation de son âme ; tout le monde en étoit plein pendant sa vie, et vous pouvez penser ce qu'y ajoute sa perte... Pour son âme, c'est encore un miracle qui vient de l'estime parfaite qu'on avoit pour lui ; il n'est pas tombé dans la tête d'aucun dévot qu'elle ne fût pas en bon état ; on ne sauroit comprendre que le mal et le péché pussent être dans son cœur ; sa conversion si sincère nous a paru comme un baptême ; chacun conte l'innocence de ses mœurs, la pureté de ses intentions, son humilité éloignée de toute sorte d'affectation, la solide gloire dont il étoit plein, sans faste et sans ostentation, aimant la vertu pour elle-même, sans se soucier de l'approbation des hommes, une charité généreuse et chrétienne.

Marie de Rabutin-Chantal, marquise de Sévigné, naquit le 5 février 1627. Suivant l'opinion la plus commune, cette femme célèbre vit le jour dans le vieux château de Bourbilly, près du bourg d'Époisses. Elle n'avait guère que cinq ans lorsqu'elle perdit son père, qui fut tué en défendant l'île de Rhé contre les Anglais. Privée de sa mère, Marie fut placée sous la tutelle de l'abbé de Coulanges, son oncle maternel, qu'elle appelle, dans ses lettres, le *bien bon*. Les premières années de cette jeune fille s'écoulèrent dans le village de Sucy, près de Paris. Elle reçut les doctes avis de Ménage et de Chapelain, et parut à la cour, où elle ne pouvait manquer d'être recherchée pour son esprit, l'éclat d'une physionomie fine et gracieuse et sa fortune considérable. A peine âgée de dix-huit ans, Marie épousa le 1er août 1644, Henri de Sévigné, maréchal de camp, qui, en 1651, fut tué en duel par le chevalier d'Albret. Madame de Sévigné, quoique jeune encore, ne songea pas à contracter une seconde alliance ; elle se consacra tout entière à l'éducation de sa fille et au soin de rétablir sa fortune, compromise par les folles dépenses de son mari.

Madame de Sévigné ne reparut dans le monde qu'en 1654. Elle fut le plus bel ornement de l'hôtel de Rambouillet, dont l'esprit peut-être a été trop calomnié. Entourée d'adorations, objet des soins de Turenne, de Conti, de Fouquet, de Ménage, de Bussy, madame de Sévigné garda tout son cœur pour sa famille. Elle fut vivement touchée des malheurs du cardinal de Retz, son parent, et de la disgrâce de Fouquet. Madame de Sévigné, « qui n'avait jamais rien voulu chercher ni trouver dans la bourse du surintendant, » se montra pleine de courage en ne dissimulant point la conviction qu'elle avait de l'innocence de l'accusé, objet de la haine d'un roi tel que Louis XIV. Par les lettres qu'elle écrivit à ce sujet, elle sembla s'associer à la gloire de Pélisson et de La Fontaine. Mais c'est dans sa correspondance avec madame de Grignan, qu'il faut chercher le véritable titre de gloire de cette mère devenue immortelle en causant avec sa fille. Du reste, les lettres de madame de Sévigné sont pleines des choses de son temps, elle a parlé de la mort de Turenne dans plusieurs endroits de ses lettres. Voici ce qu'elle écrivait à ce sujet à Bussy-Rabutin :

« Vous êtes un très-bon almanach : vous avez prévu en homme du métier tout ce qui est arrivé du côté de l'Allemagne ; mais vous n'avez pas vu la mort de M. de Turenne, *ni ce coup de canon tiré au hasard, qui le prend seul entre dix ou douze*. Pour moi qui vois en tout la Providence, je vois ce canon chargé de toute éternité ; je vois que tout y conduit M. de Turenne, et je n'y vois rien de funeste pour lui, en supposant sa conscience en état. Que lui faut-il ? Il meurt au milieu de sa gloire ; sa réputation ne pouvoit plus augmenter ; il jouissoit même en ce moment du plaisir de voir retirer les ennemis, et goûtoit le fruit de sa conduite depuis trois mois. »

Madame de Sévigné mourut le 18 avril 1696. La Harpe a porté des ses *Lettres* le jugement qui suit :

« Si le plus grand éloge d'un livre est d'être beaucoup relu, qui a été plus loué que ces *Lettres*? Elles sont de toutes les heures : à la ville, à la campagne, en voyage, on lit madame de Sévigné. N'est-ce pas un livre précieux que celui qui vous amuse, vous intéresse et vous instruit presque sans vous demander d'attention ? C'est l'entretien d'une femme très-aimable, dans lequel on n'est point obligé de mettre du sien ; ce qui est un grand attrait pour les esprits paresseux, et presque tous les hommes le sont, au moins la moitié de la journée.

» Je sais bien que les détails historiques d'un siècle et d'une cour qui ont laissé une grande renommée, font une partie de l'intérêt qu'on prend à cette lecture. Mais la cour d'Anne d'Autriche et la Fronde sont aussi des objets piquants pour la curiosité, et madame de Motteville est un peu moins lue que madame de Sévigné. Il y a donc ici un avantage personnel ; et qui pourroit l'ignorer ou le méconnoître ? C'est le mélange heureux du naturel, de la sensibilité et du goût. C'est une manière de narrer qui lui est propre. Rien n'est égal à la vivacité de ses tournures et au bonheur de ses expressions. Elle est toujours affectée de ce qu'elle dit et de ce qu'elle raconte ; elle peint comme si elle voyoit, et l'on croit voir ce qu'elle peint. Une imagination active et mobile, comme l'est ordinairement celle des femmes, l'attache successivement à tous les objets : dès qu'elle s'en occupe, ils prennent un grand pouvoir sur elle. Voyez dans ses *Lettres* la mort de Turenne : personne ne l'a pleuré de si bonne foi ; mais aussi personne ne l'a tant fait pleurer. C'est la plus attendrissante des oraisons funèbres de ce grand homme (1) ; mais ce n'est pas seulement, il faut l'avouer, parce que tout est vrai et senti ; c'est qu'on ne se mêle pas d'une lettre comme d'un panégyrique. C'est une terrible tâche que de dire : Écoutez-moi, je vais louer : écoutez-moi, et vous allez pleurer. Alors précisément on pleure et on admire le moins qu'on peut ; et lorsque l'orateur nous y a forcés, l'orateur a fait son métier, et l'on peut mettre sur le compte de son art une partie de ses larmes. Il en est tout autrement d'un récit. Voyez Bossuet sur la mort de la reine d'Angleterre ou sur celle de Condé, et voyez madame de Sévigné sur la mort de Turenne. Je ne mets pas en parallèle Bossuet et madame de Sévigné : il est inutile de dire lequel des deux l'emporte par la force des pensées, et par cette éloquence qui ne peut être que dans le génie du plus grand de nos orateurs ; mais il se peut que madame de Sévigné fasse couler plus de pleurs sur le héros de son héros. Madame de Sévigné probablement n'auroit pas fait le beau discours de Fléchier ; et si elle produit plus d'impression, c'est qu'elle s'entretient plus familièrement avec nous, qu'elle n'a point de mission à remplir, que son âme parle à la nôtre, sans annoncer le dessein de parler, et qu'elle nous communique tout ce qu'elle sent.

» Ceux qui aiment à réfléchir et à tirer une instruction de leur plaisir même, peuvent trouver dans ses *Lettres* un autre avantage ; c'est d'y voir sans nuage l'esprit de son temps, les opinions qui régnoient, ce qu'étoit le nom de Louis XIV, ce qu'étoit la cour, ce qu'étoit la dévotion, ce qu'étoit un prédicateur de Versailles, ce qu'étoit le confesseur du roi, le jésuite Lachaise, chez qui Luxembourg accusé alloit faire une retraite ; cette assemblage de foiblesses, de religion et d'agrément qui caractérisoit les femmes les plus célèbres ; cette délicatesse d'esprit qui, dans les courtisans, se mêloit à l'adulation ; ce ton qui étoit encore un peu celui de la chevalerie et de l'héroïsme, et qui n'excluoit pas le talent de l'intrigue. Il est peu de livres qui

(1) Madame de Sévigné, dans un très-court passage sur la mort de Louvois, s'est élevée, par la hauteur de la pensée, par l'énergie et la rapidité du style, au ton de l'oraison funèbre. On dirait le début d'un discours de Bossuet. Voici ce fragment :

« .... Le voilà donc mort ce grand ministre, cet homme si considérable, qui tenoit une si grande place, dont le *moi*, comme dit M. Nicole, étoit si étendu ; qui étoit le centre de tant de choses ! Que d'affaires, que de desseins, que de secrets, que d'intérêts à démêler, que de guerres commencées, que d'intrigues, que de beaux coups d'échecs à faire et à conduire ! — Ah, mon Dieu ! donnez-moi un peu de temps ; je voudrois bien donner un échec au duc de Savoie, un mat au prince d'Orange ! — Non, non ! n'aurez pas un seul, un seul moment ! etc. »

donnent plus à penser à ceux qui lisent pour réfléchir et non pas seulement pour s'amuser.

» Une autre remarque à faire sur madame de Sévigné, c'est qu'on peut montrer beaucoup de goût dans son style et fort peu dans ses jugements, parce que notre style est notre esprit, et que nos jugements sont souvent l'esprit des autres, surtout dans ce qu'on appelle le monde. Les gens de lettres sont sujets à mal juger, par un intérêt qui va jusqu'à la passion. Les gens du monde, d'abord par une indifférence qui leur fait adopter légèrement l'avis qu'on leur donne, ensuite par un entêtement qui leur fait soutenir le parti qu'ils ont embrassé. Voilà ce qui fait durer plus ou moins les préventions de la société, source de tant d'injustices : de là celles de madame de Sévigné envers Racine, dont elle a dit qu'*il passera comme le café*. Elle se défendoit de l'admirer, pour ne pas avoir l'air de revenir sur Corneille (1)....

» On a fait à madame de Sévigné un reproche plus grave, mais qui n'est nullement fondé : on a prétendu qu'elle faisoit parade, dans ses *Lettres*, d'un sentiment qui n'étoit point dans son âme; qu'en un mot, elle n'aimoit point sa fille. Cette accusation est non-seulement dénuée de preuve, mais de probabilité : on n'affecte pas ce ton-là; et si madame de Sévigné ne sentoit rien, qui donc l'obligeoit à cette effusion de tendresse ? A quoi bon cette pénible hypocrisie? Heureusement elle est impossible. On contreferoit plutôt le ton d'un amant que le cœur d'une mère; et madame de Sévigné ne pouvoit puiser que dans le sien cette prodigieuse abondance d'expressions qui ne pouvoit se sauver d'une ennuyeuse monotonie qu'à force de vérité.

Le faux est toujours fade, ennuyeux, languissant;
Mais la nature est vraie, et d'abord on la sent.

» C'est Boileau qui l'a dit; et si ce n'étoit pas lui, ce seroit la raison. »

(1) Il n'est pas certain que madame de Sévigné ait dit le mot que La Harpe lui reproche.

« Athènes et Rome n'ont jamais eu rien de comparable au naturel ingénieux, sensible, animé et plein de grâces de madame de Sévigné; au naturel plus précieux encore de ce bon La Fontaine, qui a laissé Phèdre si loin de lui. Dans les *Lettres de Sévigné*, l'on voit distinctement ce que l'esprit de société avoit acquis de politesse, d'élégance, de mobilité, de souplesse, d'agrément dans sa négligence, de finesse dans sa malice, de noblesse dans sa gaieté, de grâce et de décence dans son abandon même et dans toute sa liberté. On y voit les progrès rapides que le bon esprit avoit fait faire au goût, depuis le temps peu éloigné où Balzac et Voiture étoient les merveilles du siècle. Dans les *Fables de la Fontaine*, on voit tout ce que l'art avoit appris à faire, sans se déceler un moment, et sans cesser de ressembler au pur instinct de la nature. Madame de Sévigné a laissé douter si elle avoit le goût des grandes choses; mais celui des petites ne fut jamais plus pur, plus délicat que dans ses *Lettres*; elles en sont un modèle achevé. La Fontaine a persuadé qu'il n'y avoit rien dans son talent qu'une simplicité naïve, et jamais la sagacité de l'intelligence n'a été à un plus haut point. Le goût, dans madame de Sévigné, étoit le sentiment exquis des convenances sociales; le goût, dans La Fontaine, étoit le sentiment profond des convenances naturelles. »

MARMONTEL.

« Madame de Sévigné, avec des lettres écrites au hasard, fait, sans y penser, un ouvrage enchanteur. Dans son style plein d'imagination, elle crée presque une langue nouvelle; elle jette à tout moment de ces expressions que l'esprit ne sent pas, et qu'une âme sensible seule peut trouver; elle donne aux mots les plus communs une physionomie et une âme. Tous ses tours de phrases sont des mouvements, mais des mouvements abandonnés, qui n'en ont que plus de grâce........

» Comme elle s'accuse, se loue, se plaint ! Comme sa joie est douce ! Que sa tristesse a de charmes ! Comme elle intéresse toute la nature à sa tendresse ! S'il y avoit un être qui ignorât ce que c'est que la sensibilité, et qu'on voulût lui donner une idée de cette espèce de sens qu'il n'a pas, il faudroit lui lire les *Lettres* de madame de Sévigné. »

THOMAS.

LETTRE A MADAME DE GRIGNAN.

L'archevêque de Reims revenoit fort vite de Saint-Germain : c'étoit comme un tourbillon. S'il se croit grand seigneur, ses gens le croient encore plus que lui. Il passoit au travers de Nanterre, tra, tra, tra; ils rencontrent un homme à cheval, gare, gare; ce pauvre homme se veut ranger, son cheval ne le veut pas, et enfin le carrosse et les six chevaux renversent cul par-dessus tête le pauvre homme et le cheval, et passent par-dessus, et si bien par-dessus, que le carrosse en fut versé et renversé; en même temps l'homme et le cheval, au lieu de s'amuser à être roués, se relèvent miraculeusement, remontent l'un sur l'autre, et s'enfuient et courent encore, pendant que les laquais et le cocher et l'archevêque lui-même se mettent à crier : « Arrête, arrête ce coquin, qu'on lui donne cent coups ! » L'archevêque en racontant ceci, disoit : « Si j'avois tenu ce maraud-là je lui aurois rompu les bras et coupé les oreilles. »

Françoise-Marguerite de Sévigné, fille de Henri de Sévigné et de Marie de Rabutin, née en 1648, était d'une beauté remarquable. Sa réputation l'avait devancée à la cour de Louis XIV, lorsque sa mère l'y présenta, en 1663. Aussi *la plus jolie fille de France,* ainsi que la nommait madame de Sévigné, fut chantée par les meilleurs poëtes du temps.

Marguerite épousa, en janvier 1669, François-Adhémar de Monteil, comte de Grignan, gouverneur de Provence. Madame de Grignan mourut à Paris, le 13 août 1705. On lui a reproché, peut-être à tort, de n'avoir pas chéri sa mère en proportion de la tendresse que celle-ci avait pour elle.

MADAME DE SÉVIGNÉ A SA FILLE.

Voici un terrible jour, ma chère enfant; je vous avoue que je n'en puis plus. Je vous ai quittée dans un état qui augmente ma douleur. Je songe à tous les pas que vous faites, et à tous ceux que je fais; et combien il s'en faut qu'en marchant toujours de cette sorte, nous puissions jamais nous rencontrer! Mon cœur est en repos quand il est auprès de vous : c'est son état naturel, et le seul qui peut lui plaire.

Ce qui s'est passé ce matin me donne une douleur sensible, et me fait un déchirement dont votre philosophie sait les raisons. Je les ai senties et les sentirai longtemps. J'ai le cœur et l'imagination tout remplis de vous, je n'y puis penser sans pleurer, et j'y pense toujours; de sorte que l'état où je suis n'est pas une chose soutenable : comme il est extrême, j'espère qu'il ne durera pas dans cette violence. Je vous cherche toujours, et je trouve que tout me manque, parce que vous me manquez. Mes yeux qui vous ont tant rencontrée depuis quatorze mois, ne vous trouvent plus. Le temps agréable qui est passé rend celui-ci douloureux, jusqu'à ce que je sois un peu accoutumée; mais ce ne sera jamais pour ne pas souhaiter ardemment de vous revoir et de vous embrasser.

Je ne dois pas espérer mieux de l'avenir que du passé; je sais ce que votre absence m'a fait souffrir, je serai encore plus à plaindre, parce que je me suis fait imprudemment une habitude nécessaire de vous voir. Il me semble que je ne vous ai pas assez embrassée en partant. Qu'avois-je à ménager? Je ne vous ai point assez dit combien je suis contente de votre tendresse; je ne vous ai point assez recommandée à M. de Grignan; je ne l'ai point assez remercié de toutes ses politesses et de toute l'amitié qu'il a pour moi : j'en attendrai les effets sur tous les chapitres.

Je suis déjà dévorée de curiosité; je n'espère de consolation que de vos lettres, qui me feront encore bien soupirer. En un mot, ma fille, je ne vis que pour vous. Dieu me fasse la grâce de l'aimer quelque jour comme je vous aime! Jamais un départ n'a été si triste que le nôtre; nous ne disions pas un mot. Adieu, ma chère enfant; plaignez-moi de vous avoir quittée. Hélas! nous voilà dans les lettres!

LETTRE A BUSSY RABUTIN.

Je suis venue ici achever les beaux jours, et dire adieu aux feuilles; elles sont encore toutes aux arbres, elles n'ont fait que changer de couleur : au lieu d'être vertes, elles sont aurores, et de tant de sortes d'aurores, que cela compose un brocart d'or riche et magnifique, que nous voulons trouver plus beau que du vert, quand ce ne seroit que pour changer. Je suis logée à l'hôtel de Carnavalet. C'est une belle et grande maison; je souhaite d'y être longtemps, car le déménagement m'a beaucoup fatiguée. J'y attends la belle comtesse, qui sera fort aise de savoir que vous l'aimez toujours. J'ai reçu ici votre lettre de Bussy. Vous me parlez fort bien en vérité de Racine et de Despréaux. Le roi leur a dit il y a quatre jours : « Je suis fâché que vous ne soyez venus à cette dernière campagne; vous auriez vu la guerre, et votre voyage n'eût pas été long. » Racine lui répondit : « Sire, nous n'avions que des habits de ville, nous en commandâmes de campagne; mais les places que vous attaquiez furent plutôt prises que nos habits ne furent faits. » Cela fut reçu agréablement.

Bussy-Rabutin, cousin de madame de Sévigné, homme de beaucoup d'esprit, a eu une correspondance suivie avec cette femme illustre. Il écrivit aussi de nombreuses lettres à madame de Grignan, qui avait l'élégance, mais non la simplicité de sa mère. Voici une lettre de Bussy et une réponse de madame de Grignan.

« Vous m'avez écrit d'une encre si blanche, madame, que je n'ai lu que dix ou douze mots par-ci par-là de votre lettre, et ce n'a été que votre bon sens et le mien qui m'ont fait deviner le reste. C'est une vraie encre à écrire des promesses qu'on ne voudroit pas tenir : de l'heure qu'il est, tout est effacé; mais enfin il me souvient bien que vous m'y avez dit des choses obligeantes. J'espère que ces bontés auront fait plus d'impression sur votre cœur que sur votre papier. Si cela étoit égal, vous seriez la plus légère amie du monde. Pour l'amitié que je vous ai promise, madame, elle est écrite dans mon cœur avec des caractères qui ne s'effaceront jamais. Voilà de grandes paroles! »

« En vérité, monsieur, vous feriez bien mieux d'épargner votre encre et votre papier et de nous venir voir, puisque vous me faites le plaisir de m'assurer que mon séjour à Paris ne vous est pas indifférent. Venez donc profiter d'un bien qui vous sera enlevé à la première hirondelle. Si je vous écrivois ailleurs que dans une lettre de ma mère, je vous dirois que c'est même beaucoup retarder mes devoirs qui m'appellent en Provence; mais elle trouveroit mauvais de n'être pas comptée au nombre de ceux qui doivent régler ma conduite. Elle en est présentement la maîtresse; et j'ai le chagrin de n'éprouver son autorité qu'en des choses où ma complaisance et mon obéissance seront soupçonnées d'être d'intelligence avec elle. Je ne sais pas pourquoi je m'embarque à tout ce discours. Il ne me paroît pas que j'aie besoin d'apologie auprès de vous ; c'est donc seulement par le seul plaisir de parler à quelqu'un qui écoute avec plus d'attention et qui répond plus juste que tout ce qui est ici. »

Bussy-Rabutin naquit en 1618 et mourut en 1693. Sa jactance, sa vanité, ses mœurs déréglées, ont gâté son esprit et ses agréments naturels.

LETTRE A BUSSY RABUTIN.

Il est vrai que j'eusse été ravie de me faire tirer trois palettes de sang du bras de ma nièce. Elle me l'offrit de fort bonne grâce; et je suis persuadée que pourvu qu'une Marie de Rabutin eût été saignée, j'en eusse reçu un notable soulagement. Mais la folie des médecins les fit opiniâtrer à vouloir que celle qui avoit un rhumatisme sur le bras gauche fût saignée du bras droit; de sorte que l'ayant interrogée sur sa santé, et sa réponse et la mienne ayant découvert la personne convaincue d'une fluxion assez violente, il fallut que je payasse en personne le tribut de mon infirmité, et d'avoir été la marraine de cette jolie créature. Ainsi, mon cousin, je ne pus recevoir aucun soulagement de sa bonne volonté. Pour moi, qui m'étois senti autrefois affoiblie, sans savoir pourquoi, d'une saignée qu'on vous avoit faite le matin, je suis encore persuadée que si on vouloit s'entendre dans les familles, le plus aisé à saigner sauveroit la vie aux autres, et à moi par exemple, la crainte d'être estropiée...

LETTRE A MONSIEUR DE COULANGES.

Je m'en vais vous mander la chose la plus étonnante, la plus surprenante, la plus merveilleuse, la plus miraculeuse, la plus triomphante, la plus étourdissante, la plus inouïe, la plus singulière, la plus extraordinaire, la plus incroyable, la plus imprévue, la plus grande, la plus petite, la plus rare, la plus commune, la plus éclatante, la plus secrète jusqu'à aujourd'hui, la plus brillante, la plus digne d'envie : enfin, une chose dont on ne trouve qu'un exemple dans les siècles passés, encore cet exemple n'est-il pas juste; une chose que nous ne saurions croire à Paris, comment la pourroit-on croire à Lyon? Une chose qui fait crier miséricorde à tout le monde; une chose qui comble de joie madame de Rohan et madame d'Hauterive; une chose enfin qui se fera dimanche, où ceux qui la verront croiront avoir la berlue; une chose qui se fera dimanche et qui ne sera peut-être pas faite lundi. Je ne puis me résoudre à vous la dire, devinez-là, je vous la donne en trois; *jetez-vous votre langue aux chiens?* Hé bien ! il faut donc vous la dire :

M. de Lauzun épouse dimanche au Louvre, devinez qui? Je vous le donne en quatre, je vous le donne en cent. Madame de Coulanges dit : —Voilà qui est bien difficile à deviner! c'est madame de la Vallière. —Point du tout, madame.—C'est donc mademoiselle de Retz?—Point du tout, vous êtes bien provinciale.—Oh! vraiment, nous sommes bien bêtes, dites-vous, c'est mademoiselle Colbert.—Encore moins.—C'est assurément mademoiselle de Créqui.—Vous n'y êtes pas. Il faut donc, à la fin, vous le dire : il épouse dimanche, au Louvre, avec la permission du Roi, mademoiselle, mademoiselle de..., mademoiselle..., devinez le nom ; il épouse MADEMOISELLE! ma foi, par ma foi! ma foi jurée! MADEMOISELLE, la grande MADEMOISELLE, MADEMOISELLE, fille de feu MONSIEUR (1), MADEMOISELLE, petite-fille de Henri IV, Mademoiselle d'Eu, Mademoiselle de Dombes, Mademoiselle de Montpensier, Mademoiselle d'Orléans, MADEMOISELLE, cousine-germaine du Roi; MADEMOISELLE, destinée au trône, MADEMOISELLE, le seul parti de France qui fût digne de MONSIEUR. Voilà un beau sujet de discourir. Si vous criez, si vous êtes hors de vous-même, si vous dites que nous avons menti, que cela est faux, qu'on se moque de vous, que voilà une belle raillerie, que cela est bien fait à imaginer ; si enfin vous nous dites des injures, nous trouverons que vous avez raison; nous en avons fait autant que vous. Adieu ; les lettres qui seront portées par cet ordinaire vous feront voir si nous disons vrai ou non.

(1) Anne-Marie-Louise d'Orléans-Montpensier, connue sous le nom de Mademoiselle, fille de Gaston d'Orléans, fils de Henri IV, frère de Louis XIII.

LETTRE A MADAME DE GRIGNAN.

A propos de Corbinelli, il m'écrivit l'autre jour un fort joli billet; il me rendoit compte d'une conversation et d'un dîner chez M. de Lamoignon : les acteurs étoient les maîtres du logis, M. de Troyes, M. de Toulon, le père Bourdaloue, son compagnon, Despréaux et Corbinelli. On parla des ouvrages des anciens et des modernes; Despréaux soutint les anciens, à la réserve d'un seul moderne qui surpassoit, à son goût, et les vieux et les nouveaux. Le compagnon de Bourdaloue, qui faisoit l'entendu, et qui s'étoit attaché à Despréaux et à Corbinelli, lui demanda quel étoit donc ce livre si distingué dans son esprit. Despréaux ne voulut pas lui dire. Corbinelli se joint au jésuite, et conjure Despréaux de nommer ce livre, afin de le lire toute la nuit. Despréaux lui répondit en riant : « Eh! Monsieur, vous l'avez lu plus d'une fois, j'en suis assuré. » Le jésuite reprend d'un air dédaigneux, *un cotal riso amaro*, et presse Despréaux de nommer cet auteur si merveilleux. Despréaux lui dit : « Mon père, ne me pressez point tant. » Le père continue. Enfin, Despréaux le prend par le bras, et le serrant bien fort, lui dit : « Mon père, vous le voulez ; hé bien ! morbleu, c'est Pascal.— Pascal, dit le père, tout rouge, tout étonné, Pascal est beau autant que le faux peut l'être. — Le faux, reprit Despréaux, le faux! sachez qu'il est aussi vrai qu'inimitable; on vient de le traduire en trois langues. » Le père répond : « Il n'en est pas plus vrai. » Despréaux s'échauffe, et criant comme un fou : « Quoi mon père, direz-vous qu'un des vôtres n'ait pas fait imprimer dans un de ses livres, qu'un chrétien n'est pas obligé d'aimer Dieu ? Osez-vous dire que cela est faux?—Monsieur, dit le père en fureur, il faut distinguer. — Distinguer, dit Despréaux, distinguer! morbleu! distinguer, distinguer si nous sommes obligés d'aimer Dieu ! » Et prenant Corbinelli par le bras, il s'enfuit au bout de la chambre ; puis, revenant et courant comme un forcené, il ne voulut jamais se rapprocher du père, et s'en alla rejoindre la compagnie qui étoit demeurée dans la salle où l'on mange.

MORT DE VATEL.

Le roi arriva jeudi au soir; la promenade, la collation dans un lieu tapissé de jonquilles, tout cela fut à souhait. On soupa; il y eut quelques tables où le rôti manqua, à cause de plusieurs dîners auxquels on ne s'étoit point attendu. Cela saisit Vatel; il dit plusieurs fois : « Je suis perdu d'honneur; voici une affaire que je ne supporterai pas. » Il dit à Gourville : « La tête me tourne; il y a douze nuits que je n'ai dormi; aidez-moi à donner des ordres. » Gourville le soulagea en ce qu'il put. Le rôti qui avoit manqué, non pas à la table du roi, mais à la vingt-cinquième, lui revenoit toujours à l'esprit. Gourville le dit à M. le prince. M. le prince alla jusque dans la chambre de Vatel, et lui dit : « Vatel, tout va bien; rien n'étoit plus beau que le souper du roi. » Il répondit : « Monseigneur, votre bonté m'achève; je sais que le rôti a manqué à deux tables. — Point du tout, dit M. le prince, ne vous fâchez point; tout va bien. » Minuit vient : le feu d'artifice ne réussit point; il fut couvert d'un nuage; il coûtoit seize mille francs. A quatre heures du matin, Vatel s'en va partout; il trouve tout endormi. Il rencontre un petit pourvoyeur, qui lui apportoit seulement deux charges de marée. Il lui demande : « Est-ce là tout? — Oui, monsieur. » Il ne savoit pas que Vatel avoit envoyé à tous les ports de mer. Vatel attend quelque temps; les autres pourvoyeurs ne vinrent point. Sa tête s'échauffoit; il crut qu'il n'y auroit point d'autre marée. Il trouva Gourville; il lui dit : « Monsieur, je ne survivrai point à cet affront-ci. » Gourville se moqua de lui. Vatel monte à sa chambre, met son épée contre la porte, et se la passe au travers du cœur; mais ce ne fut qu'au troisième coup (car il s'en donna deux qui n'étoient pas mortels) qu'il tomba mort. La marée cependant arrive de tous côtés; on cherche Vatel pour la distribuer; on va à sa chambre, on heurte, on enfonce la porte, on le trouve noyé dans son sang. On court à M. le prince, qui fut au désespoir. M. le duc pleura; c'étoit sur Vatel que tournoit tout son voyage de Bourgogne. M. le prince le dit au roi fort tristement. On dit que c'étoit à force d'avoir de l'honneur à sa manière. On le loua fort; on loua et blâma son courage.

MADAME DE MAINTENON.

LETTRE A NINON DE L'ENCLOS.

Mademoiselle,

Voici des vers que M. Scarron a faits pour vous, après avoir très-inutilement tenté d'en faire contre vous. Je n'ai pas voulu lui permettre de vous les envoyer; et voyez combien je compte sur vous, je lui ai dit que vous les recevriez de ma main avec plus de plaisir que de la sienne. Tous vos amis soupirent après votre retour. Depuis votre absence ma cour s'en est grossie; mais c'est un foible dédommagement pour eux : ils causent, ils jouent, ils bâillent. Le marquis a l'air tout aussi ennuyé que les premiers jours de votre départ : il ne s'y fait point, c'est une constance héroïque...

Revenez, belle Ninon, et nous ramenez les plaisirs et les grâces.

Françoise d'Aubigné, marquise de Maintenon, naquit le 27 novembre 1635, dans une prison où son père était retenu captif. Elle faillit mourir en passant l'Océan avec sa famille, qui allait à la Martinique, chercher une fortune plus prospère. Là, elle vit son père mourir, fut séparée de son excellente mère, et ne revint en France que pour y trouver encore le malheur. Rentrée dans le sein de l'Église catholique, qu'on lui avait fait abjurer pendant son enfance, Françoise d'Aubigné devint la femme du poëte Scarron, qui la laissa veuve en 1660. Liée avec les principaux personnages du temps, qu'elle rencontrait chez la maréchale d'Albret, mais peu fortunée, madame Scarron eut le noble courage de refuser la main d'un homme de cour riche, mais perdu de débauches. Quelque temps après, madame de Montespan appela auprès d'elle madame Scarron, qui se chargea de veiller sur les enfants naturels du roi. Bientôt Louis XIV trouva un plaisir véritable dans la conversation de la veuve Scarron, qui, dans le principe, lui déplaisait souverainement. Elle acheta, en 1674, des libéralités du roi, la terre de Maintenon, qui fut érigée en marquisat, en 1688. Au mariage du dauphin, en 1680, le roi nomma madame de Maintenon seconde dame d'atours de madame la dauphine. La reine, que l'on avait vainement tenté d'exciter contre madame de Maintenon, mourut entre ses bras, le 30 juillet 1683. Le roi, dès lors, fut tout entier à madame de Maintenon, qu'il épousa secrètement en 1685, suivant l'opinion le plus généralement reçue.

Au comble de la faveur et d'une prospérité trop ardemment désirée peut-être, madame de Maintenon ne se servit pas toujours de son influence comme elle aurait dû le faire; elle ne sut pas se tenir constamment en garde contre ses préventions, et de grands malheurs en furent la suite. C'est elle qui éleva l'inhabile Chamillard, et Villeroi, indigne successeur de Catinat; qui sollicita la révocation de l'édit de Nantes, et qui dicta enfin l'imprudent testament de Louis XIV. Cependant madame de Maintenon ne craignit pas de s'opposer à plusieurs reprises aux prodigalités qu'arrachait au roi son goût pour les bâtiments ; elle sentit souvent le vide immense de la grandeur, et répandit plus d'une larme sur les ennuis de sa haute destinée. A la mort de Louis XIV, en 1715, elle se retira à Saint-Cyr, où elle vécut dans la solitude. Madame de Maintenon mourut le 15 avril 1719.

Les *Lettres* de madame de Maintenon, quoique écrites froidement, sont dignes d'être lues; leur style est plein de naturel et de vérité. En voici une, adressée à M. d'Aubigné, que nous croyons devoir citer ici, comme contenant des détails de la vie privée du temps, qui nous ont semblé curieux.

« Versailles, samedi soir, fin de 1678. »

« ... Je vous ferai voir un laquais. Vous avez bien raison d'en demander un grand; les petits ne sont bons à rien. Si celui qui vous viendra ne vous accommode pas, il faut ne pas se lasser jusqu'à ce que vous en ayez trouvé un bon; et pour cela, il faut faire serrer leurs haillons, afin de les leur remettre sur le corps, et qu'il ne vous en coûte rien... Je vous dis tout ce qui me vient à la tête, non pas pour que vous vous en contraigniez, mais pour que vous preniez ce qui vous paroîtra bon. Dans ce même esprit, je vous envoie un projet de dépense, tel que je ferois si j'étois loin de la cour, et sur lequel on peut encore ménager..... Je trouve que c'est trop de dépense, 500 écus pour une maison. Songez que c'est pour vous tout seul, et que je n'y coucherai pas dix fois en une année... Tout le quartier de Richelieu, tout celui du Palais-Royal et du Louvre et de la rue Saint-Honoré conviennent également.

PROJET DE DÉPENSE PAR JOUR, POUR DOUZE PERSONNES.

»Monsieur et madame, trois femmes, quatre laquais, deux cochers et un valet de chambre.

	liv.	s.
Quinze livres de viande, à 5 sous la livre	3	15
Deux pièces de rôti 2		10
Pour du pain 1		10
Pour du vin 2		10

REPORT.	10 liv.	5 s.
Pour du bois.	2	»
Pour du fruit.	1	10
Pour de la chandelle.	»	8
Pour de la bougie.	»	10
TOTAL.	14 liv.	13 s.

» Voilà à peu près votre dépense, qui ne doit pas passer 15 livres par jour, la semaine 100 livres, et le mois 500 livres. Vous voyez que j'augmente; car, à 100 livres, ce ne seroit que 400 livres par mois; mais en y joignant le blanchissage, les flambeaux du poing, le sel et le vinaigre, le verjus, les épices e de petits achats de bagatelles, cela ira bien là. Je compte 4 sous environ pour vos quatre laquais et vos deux cochers. Madame de Montespan donne cela aux siens; et si vous aviez du vin en cave, il ne vous en coûteroit pas 3. J'en mets 6 pour votre valet de chambre, et 20 sous pour vous qui n'en buvez pas pour 3; mais j'ai pris tout au pis. Je mets une livre de chandelle par jour; c'en sont huit, une dans l'antichambre, une pour les femmes, une pour les cuisines, une pour l'écurie. Je ne vois guère que ces quatre endroits où il en faille. Cependant, comme les jours sont courts, j'en mets huit; et si Aimée est ménagère et sache serrer les bouts, cette épargne ira à une livre par semaine. Je mets pour 40 sous de bois, que vous ne brûlerez que deux ou trois mois de l'année. Il ne faut que deux feux, et que le vôtre soit grand. Je mets 10 sous en bougie, et il y en a six à la livre, qui durera trois jours. Je mets pour le fruit 1 livre 10 sous. Le sucre ne coûte que 11 sous la livre, et il n'en faut pas un quarteron pour une compote. Du reste, on fonde un plat de pommes et de poires, qui passe la semaine, en renouvelant quelques vieilles feuilles qui sont dessous; et cela n'ira pas à 10 sous par jour. Je mets deux pièces de rôti, dont on épargne une le matin, quand monsieur dine à la ville, et une le soir, quand madame ne soupe pas; mais aussi j'ai oublié une volaille bouillie sur le potage. Tout cela bien considéré, vous verrez que nous entendons le ménage. Vous aurez un potage avec une volaille. Il faut se faire apporter dans un grand plat tout le bouilli, qui est admirable dans ce désordre-là. On peut fort bien faire passer les 15 livres : avoir une entrée de saucisses un jour, une fraise de veau un autre, de langue de mouton, et qu'on ait sur l'épaule, avec deux bons poulets. J'ai oublié le rôti du matin, qui est un bon chapon, ou telle autre pièce que l'on veut, la pyramide éternelle et la compote. Tout ce que je vous dis là posé, et que j'apprends à la cour, votre dépense de bouche ne doit pas passer 6,000 livres par an. J'en mets 1,000 pour habiller madame d'Aubigné : et, avec ce que je lui donne, elle en aura assurément de reste. Elle a une année d'avance, et elle n'a rien acheté depuis qu'elle est mariée, au moins si je n'en suis pas la dupe. Je mets ensuite 1,000 livres pour les gages et les habits des gens; 1,000 livres pour le louage de la maison : ce qui n'ira pas à 3,000 livres pour vos habits et pour d'autres dépenses. Tout cela n'est-il pas honnête? et le reste de votre revenu ne peut-il pas suffire à certains extraordinaires que l'on ne peut prévoir, comme l'achat de quelque cheval, l'entretien de deux carrosses, un meuble, le paiement de quelques petites dettes? Vous voyez que nous entrons dans tout. Si, de ce que je vous dis, un mot peut vous être utile, je n'aurai pas de regret à ma peine, et du moins je vous aurai fait voir que je sais quelque chose sur le ménage. »

LETTRE A MADAME DE MONTESPAN [1].

MADAME,

Voici le plus jeune des auteurs qui vient vous demander protection pour ses ouvrages. Il auroit bien voulu, pour les mettre au jour, attendre qu'il eût huit ans accomplis; mais il a eu peur qu'on ne le soupçonnât d'ingratitude, s'il eût été plus de sept ans au monde sans vous donner des marques publiques de sa reconnoissance. En effet, madame, il vous doit une bonne partie de tout ce qu'il est. Quoiqu'il ait eu une naissance assez heureuse, et qu'il y ait peu d'auteurs que le Ciel ait regardés aussi favorablement que lui, il avoue que votre conversation a beaucoup aidé à perfectionner en sa personne ce que la nature avoit commencé. S'il pense avec quelque justesse, s'il s'exprime avec quelque grâce, et s'il sait faire un assez juste discernement des hommes, ce sont autant de qualités qu'il a tâché de vous dérober. Pour moi, madame, qui connois ses plus secrètes pensées, je sais avec quelle admiration il vous écoute; et je puis vous assurer avec vérité qu'il vous étudie beaucoup plus volontiers que tous ses livres. Vous trouverez dans l'ouvrage que je vous présente quelques traits assez beaux de l'histoire ancienne; mais il craint que, dans la foule des événements merveilleux qui sont arrivés de nos jours, vous ne soyiez guère touchée de tout ce qu'il pourra vous apprendre des siècles passés : il craint cela avec d'autant plus de raison qu'il a éprouvé la même chose en lisant les livres. Il trouve quelquefois étrange que les hommes se soient fait une nécessité d'apprendre par cœur des auteurs qui vous disent des merveilles si fort au-dessous de celles que nous voyons. Comment pourroit-il être frappé des victoires des Grecs et de Romains, et de tout ce que Florus et Justin lui racontent? Ses nourrices, dès le berceau, ont accoutumé ses oreilles à de plus grandes choses. On lui parle, comme d'un prodige, d'une ville que les Grecs prirent en dix ans : il n'a que sept

---

[1] Cette lettre accompagnait quelques-unes des compositions du jeune duc du Maine, fils de Louis XIV et de madame de Montespan, dont madame de Maintenon était l'institutrice.

ans, et il a déjà vu chanter en France des *Te Deum* pour la prise de plus de cent villes. Tout cela, madame, le dégoûte un peu de l'antiquité. Il est fier naturellement ; je vois bien qu'il se croit de bonne maison ; et avec quelques éloges qu'on lui parle d'Alexandre et de César, je ne sais s'il voudroit faire quelque comparaison avec les enfants de ces grands hommes. Je m'assure que vous ne désapprouverez pas en lui cette petite fierté, et que vous conviendrez qu'il ne se connoît pas mal en héros ; mais vous avouerez aussi que je ne me connois pas mal à faire des présents, et que, dans le dessein que j'avois de vous dédier un livre, je ne pouvois choisir un auteur à qui vous prissiez plus d'intérêt qu'à celui-ci. Je suis, madame, votre très-humble et très-obéissante servante.

LETTRE A MADAME LA COMTESSE DE SAINT-GÉRAN.

J'établis ma nièce, la chose est faite ; ainsi dépêchez-vous, il me faut vite un compliment. Il en coûte à mon frère cent mille francs, à moi ma terre, au roi huit cent mille livres ; vous voyez que la gradation est assez bien observée. M. le duc de Noailles donne à son fils vingt mille livres de rente, et lui assure le double après sa mort. Le roi, qui ne sait pas faire les choses à demi, donne à M. d'Ayen la survivance des gouvernements de son père. Voilà une belle alliance : le maréchal en mourra de joie. Son fils est sage, il aime le roi et en est aimé ; il craint Dieu, et il en sera béni ; il a un beau régiment, et on y joindra des pensions ; il aime son métier, et il s'y distinguera. Enfin je suis fort contente de cette affaire : Quand mademoiselle d'Aubigné naquit, je ne prévis pas tant de bonheur. Elle est bien élevée ; elle a plus de prudence qu'on n'en a à son âge ; elle a de la piété ; elle est riche ; trouvez-vous que M. de Noailles fasse un mauvais marché ? Je crois qu'on est fort content de part et d'autre, et qu'on s'avoue en secret qu'on l'auroit été à moins. Adieu, ma chère comtesse ; vous voyez bien que je n'ai pas le temps d'écrire de longues lettres ; ou du moins il ne convient pas que je paroisse l'avoir.

LETTRE A MADAME DE DANGEAU.

Si vous vous portez bien, si vous n'avez pas arrangé votre journée, si vous n'êtes point nécessaire à madame la duchesse de Bourgogne, si vous ne craignez point le chant, s'il ne pleut point, si vous avez envie de prier Dieu dans un oratoire, si vous voulez vous promener dans l'allée de l'Institutrice (1), si vous voulez rêver un moment dans celle des Réflexions, si Saint-Cyr vous plaît encore, si vous ne vous lassez point de faire les délices de ma vie, si connoître ce que vous valez donne quelque droit à jouir de vous, vous viendrez dans mon carrosse, qui ramène à Versailles madame Petit.

(1) Allée du jardin de Saint-Cyr, ainsi nommé par Louis XIV, qui donna aussi un nom à toutes les autres allées.

LETTRE AU COMTE D'AUBIGNÉ.

On n'est malheureux que par sa faute : ce sera toujours mon texte et ma réponse à vos lamentations. Songez, mon cher frère, au voyage d'Amérique, aux malheurs de notre père, aux malheurs de notre enfance, à ceux de notre jeunesse, et vous bénirez la Providence, au lieu de murmurer contre la fortune. Il y a dix ans que nous étions bien éloignés l'un et l'autre du point où nous sommes aujourd'hui. Nos espérances étoient si peu de chose, que nous bornions nos vœux à trois mille livres de rente. Nous en avons à présent quatre fois plus, et nos souhaits ne seroient pas encore remplis ! Nous jouissons de cette heureuse médiocrité que vous vantiez si fort. Soyons contents. Si les biens nous viennent, recevons-les de la main de Dieu ; mais n'ayons pas de vues trop vastes. Nous avons le nécessaire et le commode ; tout le reste n'est que cupidité. Tous les désirs de grandeur partent du vide d'un cœur inquiet. Toutes vos dettes sont payées ; vous pouvez vivre délicieusement sans en faire de nouvelles. Que désirez-vous de plus ! Faut-il que des projets de richesse et d'ambition vous coûtent la perte de votre repos et de votre santé ? Lisez la Vie de saint Louis ; vous verrez combien les grandeurs de ce monde sont au-dessous des désirs du cœur de l'homme. Il n'y a que Dieu qui puisse le rassasier. Je vous le répète : vous n'êtes malheureux que par votre faute. Vos inquiétudes détruisent votre santé, que vous devriez conserver, quand ce ne seroit que parce que je vous aime. Travaillez sur votre humeur ; si vous pouvez la rendre moins bilieuse et moins sombre, ce sera un grand point de gagné. Ce n'est point l'ouvrage des réflexions seules : il faut de l'exercice, de la dissipation, une vie unie et réglée. Vous ne penserez pas bien tant que vous vous porterez mal : dès que le corps est dans l'abattement, l'âme est sans vigueur. Adieu. Écrivez-moi plus souvent, et sur un ton moins lugubre.

ROMAN.

FÉNELON.

COMBAT D'HYPPIAS ET DE TÉLÉMAQUE.

Phalante avoit un frère nommé Hyppias, célèbre dans toute l'armée par sa valeur, par sa force et par son adresse ; Pollux, disoient les Tarentins, ne combattoit pas mieux du ceste ; Castor n'eût pu le surpasser pour conduire un cheval. Il avoit presque la taille et la force d'Hercule. Toute l'armée le craignoit ; car il étoit encore plus querelleur et plus brutal qu'il n'étoit fort et vaillant.

Hyppias, ayant vu avec quelle hauteur Télémaque avoit menacé son frère, va à la hâte prendre les prisonniers pour les amener à Tarente, sans attendre le jugement de l'assemblée. Télémaque, à qui on vint le dire en secret, sortit en frémissant de rage. Tel qu'un sanglier écumant qui cherche le chasseur par lequel il a été blessé, on le voyoit errer dans le camp, cherchant des yeux son ennemi, et branlant le dard dont il le vouloit percer ; enfin il le rencontre, et, en le voyant, sa fureur se redouble. Ce n'étoit plus ce sage Télémaque, instruit par Minerve sous la figure de Mentor : c'étoit un frénétique ou un lion furieux.

Aussitôt il crie à Hyppias : Arrête, ô le plus lâche de tous les hommes ! arrête, nous allons voir si tu pourras m'enlever les dépouilles de ceux que j'ai vaincus. Tu ne les conduiras point à Tarente ; va, descends tout à l'heure aux rives sombres du Styx. Il dit, et il lança son dard ; mais il le lança avec tant de fureur qu'il ne put mesurer son coup : le dard ne toucha point Hyppias. Aussitôt Télémaque prend son épée, dont la garde étoit d'or, et que Laërte lui avoit donnée, quand il partit d'Ithaque, comme un gage de sa tendresse. Laërte s'en étoit servi, avec beaucoup de gloire, pendant qu'il étoit jeune ; et elle avoit été teinte du sang de plusieurs fameux capitaines des Épirotes, dans une guerre où Laërte fut victorieux. A peine Télémaque eut tiré cette épée, qu'Hyppias, qui vouloit profiter de l'avantage de sa force, se jeta pour l'arracher des mains du jeune fils d'Ulysse ; l'épée se rompt dans leurs mains ; ils se saisissent et se serrent l'un l'autre : les voilà comme deux bêtes cruelles qui cherchent à se déchirer. Le feu brille dans leurs yeux ; ils se raccourcissent, ils s'allongent, ils s'abaissent, ils se relèvent, ils s'élancent, ils sont altérés de sang. Les voilà aux prises, pieds contre pieds, mains contre mains : ces deux corps entrelacés sembloient n'en faire qu'un. Mais Hyppias, d'un âge plus avancé, paroissoit devoir accabler Télémaque, dont la tendre jeunesse étoit moins nerveuse. Déjà Télémaque, hors d'haleine, sentoit ses genoux chancelants : Hyppias, le voyant ébranlé, redoubloit ses efforts. C'étoit fait du fils d'Ulysse, il alloit porter la peine de sa témérité et de son emportement, si Minerve, qui veilloit de loin sur lui, et qui ne le laissoit dans cette extrémité de péril que pour l'instruire, n'eût déterminé la victoire en sa faveur.

Elle ne quitta point le palais de Salente ; mais elle envoya Iris, la prompte messagère des Dieux. Celle-ci, volant d'une aile légère, fendit les espaces immenses des airs, laissant après elle une longue trace de lumière qui peignoit un nuage de mille diverses couleurs ; elle ne se reposa que sur le rivage de la mer où étoit campée l'armée innombrable des alliés : elle voit de loin la querelle, l'ardeur et les efforts des deux combattants ; elle frémit à la vue du danger où étoit le jeune Télémaque ; elle s'approche enveloppée d'un nuage clair qu'elle avoit formé de vapeurs subtiles. Dans le moment où Hyppias, sentant toute sa force, se crut victorieux, elle couvrit le jeune nourrisson de Minerve de l'égide que la sage déesse lui avoit confiée. Aussitôt Télémaque, dont les forces étoient épuisées, commença à se ranimer. A mesure qu'il se ranime, Hyppias se trouble : il sent je ne sais quoi de divin qui l'étonne et qui l'accable. Télémaque le presse, et l'attaque tantôt dans une situation, tantôt dans une autre ; il l'ébranle, il ne lui laisse aucun moment pour se rassurer ; enfin il le jette par terre, et tombe sur lui. Un grand chêne du mont Ida, que la hache a coupé par mille coups dont toute la forêt a retenti, ne fait pas un plus horrible bruit en tombant : la terre en gémit, tout ce qui l'environne en est ébranlé.

Cependant la sagesse étoit revenue avec la force au dedans de Télémaque. A peine Hyppias fut-il tombé sous lui, que le fils d'Ulysse comprit la faute qu'il avoit faite d'attaquer ainsi le frère d'un des rois alliés qu'il étoit venu secourir ; il rappela en lui-même avec confusion les sages conseils de Mentor : il eut honte de sa victoire, et comprit combien il avoit mérité d'être vaincu. Cependant Phalante, transporté de fureur, accouroit au secours de son frère : il eût percé Télémaque d'un dard qu'il portoit, s'il n'eût craint de percer aussi Hyppias que Télémaque tenoit sous lui dans la poussière. Le fils d'Ulysse eût pu sans peine ôter la vie à son ennemi ; mais sa colère étoit apaisée, et il ne songeoit plus qu'à réparer sa faute en montrant de la modération. Il se lève en disant : « O Hyppias ! il me suffit de vous avoir appris à ne mépriser jamais ma jeunesse : vivez ; j'admire votre force et votre courage. Les dieux m'ont protégé ; cédez à leur puissance ; ne songeons plus qu'à combattre ensemble contre les Dauniens. »

Pendant que Télémaque parloit ainsi, Hyppias se relevoit couvert de poussière et de sang, plein de honte et de rage. Phalante n'osoit ôter la vie à celui qui venoit de la donner si généreusement à son frère ; il étoit en suspens et hors de lui-même. Tous les rois alliés accourent ; ils mènent d'un côté Télémaque, et de l'autre Phalante et Hyppias, qui, ayant perdu sa fierté, n'osoit lever les yeux. Toute l'armée ne pouvoit assez s'étonner que Télémaque, dans un âge si tendre, où les hommes n'ont point encore toute leur force, eût pu renverser Hyppias, semblable en force et en grandeur à ces géants, enfants de la terre, qui tentèrent autrefois de chasser de l'Olympe les Immortels.

LES JUSTES AUX CHAMPS ÉLYSÉES.

Comme les méchants princes souffroient, dans le Tartare, des supplices infiniment plus rigoureux que les autres coupables d'une condition privée, aussi les bons rois jouissoient, dans les Champs-Élysées, d'un bonheur infiniment plus grand que celui du reste des hommes qui avoient aimé la vertu sur la terre.

Télémaque s'avança vers ces rois, qui étoient dans des bocages odoriférants, sur des gazons toujours renaissants et fleuris ; mille petits ruisseaux d'une onde pure arrosoient ces beaux lieux, et y faisoient sentir une délicieuse fraîcheur : un nombre infini d'oiseaux faisoient résonner ces bocages de leurs doux chants. On voyoit tout ensemble les fleurs du printemps qui naissoient sous les pas, avec les plus riches fruits de l'automne, qui pendoient des arbres. Là, jamais on ne ressentit les ardeurs de la furieuse canicule : là, jamais les noirs aquilons n'osèrent souffler, ni faire sentir les rigueurs de l'hiver. Ni la guerre altérée de sang, ni la cruelle envie qui mord d'une dent venimeuse, et qui porte des vipères entortillées dans son sein et autour de ses bras, ni les jalousies, ni les défiances, ni la crainte, ni les vains désirs n'approchent jamais de cet heureux séjour de la paix. Le jour n'y finit point, et la nuit avec ses sombres voiles y est inconnue : une lumière pure et douce se répand autour des corps de ces hommes justes, et les environne de ses rayons comme d'un vêtement. Cette lumière n'est point semblable à la lumière sombre qui éclaire les yeux des misérables mortels, et qui n'est que ténèbres ; c'est plutôt une gloire céleste qu'une lumière : elle pénètre plus subtilement les corps les plus épais que les rayons du soleil ne pénètrent le plus pur cristal ; elle n'éblouit jamais : au contraire, elle fortifie les yeux, et porte dans le fond de l'âme je ne sais quelle sérénité : c'est d'elle seule que les hommes bienheureux sont nourris ; elle sort d'eux et elle y entre ; elle les pénètre et s'incorpore à eux comme les aliments s'incorporent à nous. Ils la voient, ils la sentent, ils la respirent ; elle fait naître en eux une source intarissable de paix et de joie : ils sont plongés dans cet abîme de délices comme les poissons dans la mer; ils ne veulent plus rien; ils ont tout sans rien avoir; car le goût de lumière pure apaise la faim de leur cœur. Tous leurs désirs sont rassasiés, et leur plénitude les élève au-dessus de tout ce que les hommes vides et affamés cherchent sur la terre : toutes les délices qui les environnent ne leur sont rien, parce que le comble de leur félicité, qui vient du dedans, ne leur laisse aucun sentiment pour ce qu'ils voient de délicieux au dehors. Ils sont tels que les dieux, qui, rassasiés de nectar et d'ambroisie, ne daigneroient pas se nourrir des viandes grossières qu'on leur présenteroit à la table la plus exquise des hommes mortels. Tous les maux s'enfuient loin de ces lieux tranquilles : la mort, la maladie, la pauvreté, la douleur, les regrets, les remords, les craintes, les espérances même qui coûtent souvent autant de peine que les craintes, les divisions, les dégoûts, les dépits, ne peuvent y avoir aucune entrée.

Les hautes montagnes de Thrace, qui, de leurs fronts couverts de neige et de glace depuis l'origine du monde, fendent les nues ; seroient renversées de leurs fondements posés au centre de la terre, que les cœurs de ces hommes justes ne pourroient pas même être émus : seulement ils ont pitié des misères qui accablent les hommes vivants dans le monde; mais c'est une pitié douce et paisible qui n'altère en rien leur immuable félicité. Une jeunesse éternelle, une félicité sans fin, une gloire toute divine est peinte sur leur visage; mais leur joie n'a rien de folâtre ni d'indécent : c'est une joie douce, noble, pleine de majesté; c'est un goût sublime de la vérité et de la vertu qui les transporte. Ils sont, sans interruption, à chaque moment, dans le même saisissement de cœur où est une mère qui revoit son cher fils qu'elle avoit cru mort; et cette joie, qui échappe bientôt à la mère, ne s'enfuit jamais du cœur de ces hommes : jamais elle ne languit un instant; elle est toujours nouvelle pour eux : ils ont le transport de l'ivresse, sans en avoir le trouble et l'aveuglement.

Ils s'entretiennent ensemble de ce qu'ils voient et de ce qu'ils goûtent; ils foulent à leurs pieds les molles délices et les vaines grandeurs de leur ancienne condition qu'ils déplorent; ils repassent avec plaisir ces tristes, mais courtes années, où ils ont eu besoin de combattre contre eux-mêmes et contre le torrent des hommes corrompus, pour devenir bons; ils admirent les secours des dieux qui les ont conduits, comme par la main, à la vertu, au milieu de tant de périls.

Je ne sais quoi de divin coule sans cesse au travers de leurs cœurs, comme un torrent de la divinité même qui s'unit à eux; ils voient, ils goûtent qu'ils sont heureux, et sentent qu'ils le seront toujours. Ils chantent les louanges des dieux, et ils ne font tous ensemble qu'une seule voix, une seule pensée, un seul cœur : une même félicité fait comme un flux et reflux dans ces âmes unies.

Dans ce ravissement divin, les siècles coulent plus rapidement que les heures parmi les mortels; et cependant mille et mille siècles écoulés n'ôtent rien à leur félicité toujours nouvelle et toujours entière. Ils règnent tous ensemble, non sur des trônes que la main des hommes peut renverser, mais en eux-mêmes avec une puissance immuable; car ils n'ont plus besoin d'être redoutables par une puissance empruntée d'un peuple vil et misérable. Ils ne portent plus ces vains diadèmes, dont l'éclat cache tant de craintes et de noirs soucis : les dieux mêmes les ont couronnés de leurs propres mains avec des couronnes que rien ne peut flétrir.

Le *Télémaque*, quelque nom que la critique veuille lui donner, est à la fois une inspiration de la vertu et l'œuvre d'un beau génie. Il contient les plus sages leçons pour les rois assis sur le trône et pour les jeunes princes qui doivent y monter un jour. Fénelon n'a pas voulu faire la satire du règne de Louis XIV, mais l'éducation du duc de Bourgogne. Si le grand monarque a pu se reconnaître dans Idoménée, c'est l'orgueil rebelle aux reproches secrets de la conscience qui a formé aux yeux de Louis tout le crime de son prétendu peintre. On trouve dans le *Télémaque* l'imagination des Grecs, embellie par celle du Platon moderne. Voyez combien la Calypso de Fénelon et sa riante demeure surpassent les descriptions d'Homère! Image d'Orphée, de Linus et des autres poëtes religieux de la Grèce antique, le Termorisis du *Télémaque* a plus de grâce et de majesté qu'eux tous. Minerve, cachée sous la figure de Mentor, est une création achevée, dont on n'aperçoit que l'esquisse dans l'*Odyssée*. Un roi semblable à Sésostris n'apparaît ni dans ce poëme ni dans l'*Iliade*. Le combat d'Hyppias et de Télémaque surpasse en chaleur, en intérêt, toutes les luttes du même genre, décrites par Homère ou par Virgile. La douleur de Télémaque sur le tombeau de ce même Hyppias attache par quelque chose de plus pénétrant que les regrets d'Énée sur Lausus ou sur Pallas. L'enfer du *Télémaque*, plus dramatique, plus terrible que celui de Virgile, mais non pas exagéré comme celui du Dante, offre aux princes de la terre qui abusent de leur pouvoir les plus effrayants exemples des sévérités de la justice éternelle. Quant aux Champs Élysées, Fénelon a puisé dans la tendresse de son cœur, dans sa passion pour la vertu, dans un commerce de tous les jours avec le ciel, auquel il aspirait sans cesse, des beautés dont lui seul pouvait enrichir la peinture du bonheur des justes. Si l'on veut assimiler le *Télémaque* à une composition épique, au lieu de le prendre pour une suite d'instructions enfermées dans un cadre emprunté aux formes homériques, on ne peut s'empêcher d'y reconnaître de la prolixité, de la diffusion, défauts qui produisent la langueur, surtout dans les derniers chants; mais en même temps on ne pourra nier que cet ouvrage n'étincelle pourtant de beautés d'un ordre supérieur. Un mérite particulier, et qui n'a point été recherché par l'auteur, caractérise le *Télémaque*. En effet, par la manière dont il imite, corrige et embellit les anciens, Fénelon a donné, sans le savoir, le précepte et l'exemple de la plus saine et de la plus délicate critique des modèles qu'il reproduit avec tant de bonheur, d'indépendance et de liberté.

THÉATRE.

MOLIÈRE.

LES PRÉCIEUSES RIDICULES.

MAROTTE.
Monsieur, voilà mes maîtresses qui vont venir tout à l'heure.

MASCARILLE, *étendu dans un fauteuil* (1).
Qu'elles ne se pressent point; je suis ici posté commodément pour attendre.

MAROTTE.
Les voici.

MASCARILLE, *après avoir salué.*
Mesdames, vous serez surprises sans doute de l'audace de ma visite; mais votre réputation vous attire cette méchante affaire, et le mérite a pour moi des charmes si puissants, que je cours partout après lui.

MADELON.
Si vous poursuivez le mérite, ce n'est pas sur nos terres que vous devez chasser.

CATHOS.
Pour voir chez nous le mérite il a fallu que vous l'y ayez amené.

MASCARILLE.
Ah! je m'inscris en faux contre vos paroles. La renommée accuse juste en contant ce que vous valez; et vous allez faire pic, repic et capot tout ce qu'il y a de galant dans Paris.

MADELON.
Votre complaisance pousse un peu trop avant la libéralité de ses louanges, et nous n'avons garde, ma cousine et moi, de donner de notre sérieux dans le doux de votre flatterie.

(1) On ne doit pas oublier que Mascarille n'est qu'un valet voulant prendre les grands airs du beau monde.

CATHOS.
Ma chère, il faudroit faire donner des sièges.

MADELON.
Holà! Almanzor.

ALMANZOR.
Madame.

MADELON.
Vite, voiturez-nous ici les commodités de la conversation.

(Almanzor sort.)

MASCARILLE.
Mais, au moins, y a-t-il ici sûreté pour moi?

CATHOS.
Que craignez-vous?

MASCARILLE.
Quelque vol de mon cœur, quelque assassinat de ma franchise. Je vois ici des yeux qui ont la mine d'être de fort mauvais garçons, de faire insulte aux libertés, et de traiter une âme de Turc à Maure. Comment diable! D'abord qu'on les approche, ils se mettent sur leurs gardes meurtrières. Ah! par ma foi, je m'en défie! et je m'en vais gagner au pied, ou je veux caution bourgeoise qu'ils ne me feront point de mal.

MADELON.
Ma chère, c'est le caractère enjoué.

CATHOS.
Je vois bien que c'est un Amilcar.(1).

MADELON.
Ne craignez rien : nos yeux n'ont point de mauvais

(1) Personnage du roman de *Clélie*.

desseins, et votre cœur peut dormir en assurance sur leur prud'homie.

CATHOS.

Mais de grâce, monsieur, ne soyez pas inexorable à ce fauteuil qui vous tend les bras il y a un quart d'heure ; contentez un peu l'envie qu'il a de vous embrasser.

MASCARILLE, *après s'être peigné, et avoir ajusté ses canons.*

Eh bien! mesdames, que dites-vous de Paris?

MADELON.

Hélas! qu'en pourrions-nous dire? Il faudroit être l'antipode de la raison pour ne pas confesser que Paris est le grand bureau des merveilles, le centre du bon goût, du bel esprit et de la galanterie.

MASCARILLE.

Pour moi, je tiens que, hors de Paris, il n'y a point de salut pour les honnêtes gens.

CATHOS.

C'est une vérité incontestable.

MASCARILLE.

Il y fait un peu crotté ; mais nous avons la chaise.

MADELON.

Il est vrai que la chaise est un retranchement merveilleux contre les insultes de la boue et du mauvais temps.

MASCARILLE.

Vous recevez beaucoup de visites? Quel bel-esprit est des vôtres?

MADELON.

Hélas! nous ne sommes pas encore connues ; mais nous sommes en passe de l'être ; et nous avons une amie particulière qui nous a promis d'amener ici tous ces messieurs du Recueil des pièces choisies.

CATHOS.

Et certains autres qu'on nous a nommés aussi pour être les arbitres souverains des belles choses.

MASCARILLE.

C'est moi qui ferai votre affaire mieux que personne ; ils me rendent tous visite ; et je puis dire que je ne me lève jamais sans une demi-douzaine de beaux esprits.

MADELON.

Hé! mon Dieu! nous vous serons obligées de la dernière obligation, si vous nous faites cette amitié ; car enfin il faut avoir la connoissance de tous ces messieurs-là, si l'on veut être du beau monde. Ce sont eux qui donnent le branle à la réputation dans Paris ; et vous savez qu'il y en a tel dont il ne faut que la seule fréquentation pour vous donner bruit de connoisseuse, quand il n'y auroit rien autre que cela. Mais pour moi, ce que je considère particulièrement, c'est que, par le moyen de ces visites spirituelles, on est instruit de cent choses qu'il faut savoir de nécessité, et qui sont de l'essence d'un bel-esprit. On apprend par là chaque jour les petites nouvelles galantes, les jolis commerces de prose ou de vers. On sait à point nommé : un tel a composé la plus jolie pièce du monde sur un tel sujet ; une telle a fait des paroles sur un tel air ; celui-ci a fait un madrigal sur une jouissance : celui-là a composé des stances sur une infidélité ; monsieur un tel écrivit hier au soir un sixain à mademoiselle une telle, dont elle lui a envoyé la réponse ce matin sur les huit heures ; un tel auteur a fait un tel dessein ; celui-là en est à la troisième partie de son roman ; cet autre met ses ouvrages sous la presse. C'est là ce qui vous fait valoir dans les compagnies ; et si l'on ignore ces choses, je ne donnerois pas un clou de tout l'esprit qu'on peut avoir.

CATHOS.

En effet, je trouve que c'est renchérir sur le ridicule, qu'une personne se pique d'esprit, et ne sache pas jusqu'au moindre petit quatrain qui se fait chaque jour ; et pour moi, j'aurois toutes les hontes du monde, s'il falloit qu'on vînt à me demander si j'aurois vu quelque chose de nouveau que je n'aurois pas vu.

MASCARILLE.

Il est vrai qu'il est honteux de n'avoir pas des premiers tout ce qui se fait. Mais ne vous mettez pas en peine : je veux établir chez vous une académie de beaux esprits, et je vous promets qu'il ne se fera pas un bout de vers dans Paris que vous ne sachiez par cœur avant tous les autres. Pour moi, tel que vous me voyez, je m'en escrime un peu quand je veux ; et vous verrez courir de ma façon, dans les belles ruelles de Paris, deux cents chansons, autant de sonnets, quatre cents épigrammes et plus de mille madrigaux, sans compter les énigmes et les portraits.

MADELON.

Je vous avoue que je suis furieusement pour les portraits : je ne vois rien de si galant que cela.

MASCARILLE.

Les portraits sont difficiles, et demandent un esprit profond : vous en verrez de ma manière qui ne vous déplairont pas.

CATHOS.

Pour moi, j'aime terriblement les énigmes.

MASCARILLE.

Cela exerce l'esprit, et j'en ai fait quatre encore ce matin, que je vous donnerai à deviner.

MADELON.

Les madrigaux sont agréables quand ils sont bien tournés.

MASCARILLE.

C'est mon talent particulier ; et je travaille à mettre en madrigaux toute l'histoire romaine.

MADELON.

Ah! certes, cela sera du dernier beau! j'en retiens un exemplaire, au moins, si vous le faites imprimer.

MASCARILLE.

Je vous en promets à chacune un, et des mieux

reliés. Cela est au-dessous de ma condition ; mais je le fais seulement pour donner à gagner aux libraires qui me persécutent.

MADELON.

Je m'imagine que le plaisir est grand de se voir imprimer.

MASCARILLE.

Sans doute. Mais, à propos, il faut que je vous die un impromptu que je fis hier chez une duchesse de mes amies que je fus visiter ; car je suis diablement fort sur les impromptu.

CATHOS.

L'impromptu est justement la pierre de touche de l'esprit.

MASCARILLE.

Écoutez donc.

MADELON.

Nous y sommes de toutes nos oreilles.

MASCARILLE.

Oh ! oh ! je n'y prenois pas garde :
Tandis que, sans songer à mal, je vous regarde,
Votre œil, en tapinois, me dérobe mon cœur ;
Au voleur ! au voleur ! au voleur ! au voleur !

CATHOS.

Ah ! mon Dieu ! voilà qui est poussé dans le dernier galant.

MASCARILLE.

Tout ce que je fais a l'air cavalier ; cela ne sent point le pédant.

MADELON.

Il en est éloigné de plus de deux mille lieues.

MASCARILLE.

Avez-vous remarqué ce commencement, *oh ! oh !* voilà qui est extraordinaire, *oh ! oh !* comme un homme qui s'avise tout d'un coup, *oh ! oh !* La surprise, *oh ! oh !*

MADELON.

Oui, je trouve ce *oh ! oh !* admirable.

MASCARILLE.

Il semble que cela ne soit rien.

CATHOS.

Ah ! mon Dieu ! que dites-vous ? ce sont là de ces sortes de choses qui ne se peuvent payer.

MADELON.

Sans doute ; et j'aimerois mieux avoir fait ce *oh ! oh !* qu'un poëme épique.

MASCARILLE.

Tudieu ! vous avez le goût bon.

MADELON.

Hé ! je ne l'ai pas tout à fait mauvais.

MASCARILLE.

Mais n'admirez-vous pas aussi *je n'y prenois pas garde ? je n'y prenois pas garde,* je ne m'aperçevois pas de cela ; façon de parler naturelle, *je n'y prenois pas garde. Tandis que, sans songer à mal,* tandis qu'innocemment, sans malice, comme un pauvre mouton, *je vous regarde,* c'est-à-dire je m'amuse à vous considérer, je vous observe, je vous contemple ; *votre œil en tapinois...* que vous semble de ce mot *tapinois ?* n'est-il pas bien choisi ?

CATHOS.

Tout à fait bien.

MASCARILLE.

Tapinois, en cachette ; il semble que ce soit un chat qui vienne de prendre une souris, *tapinois.*

MADELON.

Il ne se peut rien de mieux.

MASCARILLE.

Me dérobe mon cœur, me l'emporte, me le ravit ; *au voleur ! au voleur ! au voleur ! au voleur !* ne diriez-vous pas que c'est un homme qui crie et court après un voleur pour le faire arrêter ? *Au voleur ! au voleur ! au voleur ! au voleur !*

MADELON.

Il faut avouer que cela a un tour spirituel et galant.

MASCARILLE.

Je veux vous dire l'air que j'ai fait dessus.

CATHOS.

Vous avez appris la musique ?

MASCARILLE.

Moi ? point du tout.

CATHOS.

Comment donc cela se peut-il ?

MASCARILLE.

Les gens de qualité savent tout sans avoir jamais rien appris.

MADELON.

Assurément, ma chère.

MASCARILLE.

Écoutez si vous trouverez l'air à votre goût : *hem, hem, la, la, la, la, la.* La brutalité de la saison a furieusement outragé la délicatesse de ma voix ; mais il n'importe, c'est à la cavalière.

(Il chante.)
Oh ! oh ! je n'y prenois pas garde, etc.

CATHOS.

Ah ! que voilà un air qui est passionné ! Est-ce qu'on n'en meurt point ?

MADELON.

Il y a de la chromatique là-dedans.

MASCARILLE.

Ne trouvez-vous pas la pensée bien exprimée dans le chant ? *Au voleur !...* Et puis, comme si l'on crioit bien fort, *au, au, au, au, au voleur !* Et tout d'un coup, comme une personne essoufflée, *au voleur !*

MADELON.

C'est là savoir le fin des choses, le grand fin, le fin du fin. Tout est merveilleux, je vous assure ; je suis enthousiasmée de l'air et des paroles.

CATHOS.

Je n'ai encore rien vu de cette force-là.

MASCARILLE.

Tout ce que je fais me vient naturellement, c'est sans étude.

MADELON.

La nature vous a traité en vraie mère passionnée, et vous en êtes l'enfant gâté.

MASCARILLE.

A quoi donc passez-vous le temps ?

CATHOS.

A rien du tout.

MADELON.

Nous avons été jusqu'ici dans un jeûne effroyable de divertissements.

MASCARILLE.

Je m'offre à vous mener l'un de ces jours à la comédie, si vous voulez; aussi bien, on en doit jouer une nouvelle que je serai bien aise que nous voyions ensemble.

MADELON.

Cela n'est pas de refus.

MASCARILLE.

Mais je vous demande d'applaudir comme il faut, quand nous serons là ; car je me suis engagé de faire valoir la pièce, et l'auteur m'en est venu prier encore ce matin. C'est la coutume ici qu'à nous autres gens de condition les auteurs viennent lire leurs pièces nouvelles, pour nous engager à les trouver belles, et leur donner de la réputation : et je vous laisse à penser si, quand nous disons quelque chose, le parterre ose nous contredire. Pour moi, j'y suis fort exact ; et quand j'ai promis à quelque poète, je crie toujours : Voilà qui est beau ! devant que les chandelles soient allumées.

MADELON.

Ne m'en parlez point : c'est un admirable lieu que Paris ; il s'y passe cent choses tous les jours qu'on ignore dans les provinces, quelque spirituelle qu'on puisse être.

CATHOS.

C'est assez : puisque nous sommes instruites, nous ferons notre devoir de nous écrier comme il faut sur tout ce qu'on dira.

MASCARILLE.

Je ne sais si je me trompe, mais vous avez toute la mine d'avoir fait quelque comédie.

MADELON.

Hé ! il pourroit être quelque chose de ce que vous dites.

MASCARILLE.

Ah ! ma foi ! il faudra que nous la voyions. Entre nous, j'en ai composé une que je veux faire représenter.

CATHOS.

Hé ! à quels comédiens la donnerez-vous ?

MASCARILLE.

Belle demande ! Aux grands comédiens ; il n'y a qu'eux qui soient capables de faire valoir les choses ; les autres sont des ignorants qui récitent comme l'on parle ; ils ne savent pas faire ronfler les vers, et s'arrêter au bel endroit. Et le moyen de connoître où est le beau vers, si le comédien ne s'y arrête pas, et ne nous avertit par là qu'il faut faire le brouhaha ?

CATHOS.

En effet, il y a manière de faire sentir aux auditeurs les beautés d'un ouvrage ; et les choses ne valent que ce qu'on les fait valoir.

MASCARILLE.

Que vous semble de ma petite oie (1)? La trouvez-vous congruente à l'habit?

CATHOS.

Tout à fait.

MASCARILLE.

Le ruban est bien choisi.

MADELON.

Furieusement bien. C'est Perdrigeon (2) tout pur.

MASCARILLE.

Que dites-vous de mes canons (3) ?

MADELON.

Ils ont tout à fait bon air.

MASCARILLE.

Je puis me vanter au moins qu'ils ont un grand quartier de plus que tous ceux qu'on fait.

MADELON.

Il faut avouer que je n'ai jamais vu porter si haut l'élégance de l'ajustement.

MASCARILLE.

Attachez un peu sur ces gants la réflexion de votre odorat.

MADELON.

Ils sentent terriblement bon.

CATHOS.

Je n'ai jamais respiré une odeur mieux conditionnée.

MASCARILLE.

Et celle-là ?

(Il donne à sentir les cheveux poudrés de sa perruque.)

MADELON.

Elle est tout à fait de qualité; le sublime en est touché délicieusement.

MASCARILLE.

Vous ne me dites rien de mes plumes ! Comment les trouvez-vous ?

CATHOS.

Effroyablement belles.

MASCARILLE.

Savez-vous que le brin me coûte un louis d'or ?

(1) La *petite oie* se disait des rubans qui ornaient le chapeau, le nœud de l'épée, les gants, les bas et les souliers.
(2) Nom d'un marchand fort en vogue alors.
(3) Bande d'étoffe très-large, ornée de dentelles, qu'on attachait au-dessus du genou.

Pour moi, j'ai cette manie de vouloir donner généralement sur tout ce qu'il y a de plus beau.

MADELON.

Je vous assure que nous sympathisons vous et moi. J'ai une délicatesse furieuse pour tout ce que je porte; et, jusqu'à mes chaussettes, je ne puis rien souffrir qui ne soit de la bonne ouvrière.

MASCARILLE, s'écriant brusquement.

Ahi! ahi! ahi! doucement. Dieu me damne, mesdames! c'est fort mal en user; j'ai à me plaindre de votre procédé : cela n'est pas honnête.

CATHOS.

Qu'est-ce donc? qu'avez-vous?

MASCARILLE.

Quoi! toutes deux contre mon cœur, en même temps! M'attaquer à droite et à gauche! Ah! c'est contre le droit des gens : la partie n'est pas égale, et je m'en vais crier au meurtre.

CATHOS.

Il faut avouer qu'il dit les choses d'une manière particulière.

MADELON.

Il a un tour admirable dans l'esprit.

CATHOS.

Vous avez plus de peur que de mal, et votre cœur crie avant qu'on l'écorche.

MASCARILLE.

Comment, diable! il est écorché depuis la tête jusqu'aux pieds.

Nous ne plaçons point dans notre volume de prose la notice de Molière. C'est après avoir cité les belles scènes du *Misanthrope*, du *Tartufe*, et des *Femmes savantes*, que nous pourrons parler à la fois de sa haute intelligence des passions et du théâtre, ainsi que de son admirable talent comme poëte.

DON JUAN.

LA VIOLETTE.

Monsieur, voilà votre marchand, M. Dimanche, qui demande à vous parler.

SGANARELLE.

Bon! voilà ce qu'il nous faut, qu'un compliment de créancier! De quoi s'avise-t-il de nous venir demander de l'argent? Et que ne lui disois-tu que monsieur n'y est pas?

LA VIOLETTE.

Il y a trois quarts d'heure que je le lui dis; mais il ne veut pas le croire, et s'est assis là-dedans pour attendre.

SGANARELLE.

Qu'il attende tant qu'il voudra.

DON JUAN.

Non; au contraire, faites-le entrer. C'est une fort mauvaise politique que de se faire celer aux créanciers. Il est bon de les payer de quelque chose; et j'ai le secret de les renvoyer satisfaits, sans leur donner un double.

(Entre M. Dimanche.)

DON JUAN.

Ah! monsieur Dimanche, approchez. Que je suis ravi de vous voir! et que je veux de mal à mes gens de ne vous pas faire entrer d'abord! J'avois donné ordre qu'on ne me fît parler à personne; mais cet ordre n'est pas pour vous, et vous êtes en droit de ne jamais trouver de porte fermée chez moi.

M. DIMANCHE.

Monsieur, je vous suis fort obligé.

DON JUAN, *parlant à ses laquais.*

Parbleu! coquins, je vous apprendrai à laisser M. Dimanche dans une antichambre, et je vous ferai connoître les gens.

M. DIMANCHE.

Monsieur, cela n'est rien.

DON JUAN, *à M. Dimanche.*

Comment! vous dire que je n'y suis pas! à M. Dimanche! au meilleur de mes amis!

M. DIMANCHE.

Monsieur, je suis votre serviteur. J'étois venu...

DON JUAN.

Allons vite, un siége pour M. Dimanche.

M. DIMANCHE.

Monsieur, je suis bien comme cela.

DON JUAN.

Point, point; je veux que vous soyez assis contre moi.

M. DIMANCHE.

Cela n'est point nécessaire.

DON JUAN.

Otez ce pliant, et apportez un fauteuil.

M. DIMANCHE.
Monsieur, vous vous moquez, et...
DON JUAN.
Non, non; je sais ce que je vous dois, et je ne veux point qu'on mette de différence entre nous deux.
M. DIMANCHE.
Monsieur...
DON JUAN.
Allons, asseyez-vous.
M. DIMANCHE.
Il n'est pas besoin, monsieur, et je n'ai qu'un mot à vous dire. J'étois...
DON JUAN.
Mettez-vous là, vous dis-je.
M. DIMANCHE.
Non, monsieur, je suis bien; je viens pour...
DON JUAN.
Non, je ne vous écoute point, si vous n'êtes assis.
M. DIMANCHE.
Monsieur, je fais ce que vous voulez. Je...
DON JUAN.
Parbleu! monsieur Dimanche, vous vous portez bien.
M. DIMANCHE.
Oui, monsieur, pour vous rendre service. Je suis venu...
DON JUAN.
Vous avez un fonds de santé admirable, des lèvres fraîches, un teint vermeil, et des yeux vifs.
M. DIMANCHE.
Je voudrois bien...
DON JUAN.
Comment se porte madame Dimanche, votre épouse?
M. DIMANCHE.
Fort bien, monsieur, Dieu merci.
DON JUAN.
C'est une brave femme.
M. DIMANCHE.
Elle est votre servante, monsieur. Je venois...
DON JUAN.
Et votre petite fille Claudine, comment se porte-t-elle?
M. DIMANCHE.
Le mieux du monde.
DON JUAN.
La jolie petite fille que c'est! Je l'aime de tout mon cœur.
M. DIMANCHE.
C'est trop d'honneur que vous lui faites, monsieur. Je vous...
DON JUAN.
Et le petit Colin, fait-il toujours bien du bruit avec son tambour?
M. DIMANCHE.
Toujours de même, monsieur. Je...

DON JUAN.
Et votre petit chien Brusquet, gronde-t-il toujours aussi fort, et mord-il toujours bien aux jambes les gens qui vont chez vous?
M. DIMANCHE.
Plus que jamais, monsieur, et nous ne saurions en chevir (1).
DON JUAN.
Ne vous étonnez pas si je m'informe des nouvelles de toute la famille; car j'y prends beaucoup d'intérêt.
M. DIMANCHE.
Nous vous sommes, monsieur, infiniment obligés. Je..
DON JUAN, *lui tendant la main*.
Touchez donc là, monsieur Dimanche. Êtes-vous bien de mes amis?
M. DIMANCHE.
Monsieur, je suis votre serviteur.
DON JUAN.
Parbleu! je suis à vous de tout mon cœur.
M. DIMANCHE.
Vous m'honorez trop. Je...
DON JUAN.
Il n'y a rien que je ne fisse pour vous.
M. DIMANCHE.
Monsieur, vous avez trop de bonté pour moi.
DON JUAN.
Et cela sans intérêt, je vous prie de le croire.
M. DIMANCHE.
Je n'ai point mérité cette grâce, assurément. Mais, monsieur...
DON JUAN.
Or çà, monsieur Dimanche, sans façon, voulez-vous souper avec moi?
M. DIMANCHE.
Non, monsieur, il faut que je m'en retourne tout à l'heure. Je...
DON JUAN, *se levant*.
Allons vite, un flambeau pour conduire M. Dimanche; et que quatre ou cinq de mes gens prennent des mousquetons pour l'escorter.
M. DIMANCHE, *se levant aussi*.
Monsieur, il n'est pas nécessaire, et je m'en irai bien tout seul. Mais...
(Sganarelle ôte les siéges promptement.)
DON JUAN.
Comment! je veux qu'on vous escorte, et je m'intéresse trop à votre personne. Je suis votre serviteur, et, de plus, votre débiteur.
M. DIMANCHE.
Ah! monsieur...
DON JUAN.
C'est une chose que je ne cache pas, et je le dis à tout le monde.

(1) En venir à chef, en jouir, le posséder.

M. DIMANCHE.
Si....

DON JUAN.
Voulez-vous que je vous reconduise?

M. DIMANCHE.
Ah! monsieur, vous vous moquez. Monsieur...

DON JUAN.
Embrassez-moi donc, s'il vous plaît. Je vous prie encore une fois d'être persuadé que je suis tout à vous, et qu'il n'y a rien au monde que je ne fisse pour votre service.

(Il sort.)

SGANARELLE.
Il faut avouer que vous avez en monsieur un homme qui vous aime bien.

M. DIMANCHE.
Il est vrai; il me fait tant de civilités et tant de compliments, que je ne saurois jamais lui demander de l'argent.

SGANARELLE.
Je vous assure que toute sa maison périroit pour vous, et je voudrois qu'il vous arrivât quelque chose, que quelqu'un s'avisât de vous donner des coups de bâton, vous verriez de quelle manière...

M. DIMANCHE.
Je le crois; mais, Sganarelle, je vous prie de lui dire un petit mot de mon argent.

SGANARELLE.
Oh! ne vous mettez pas en peine; il vous paiera le mieux du monde.

M. DIMANCHE.
Mais vous, Sganarelle, vous me devez quelque chose en votre particulier.

SGANARELLE.
Fi! ne parlez pas de cela.

M. DIMANCHE.
Comment! je...

SGANARELLE.
Ne sais-je pas bien que je vous dois?

M. DIMANCHE.
Oui, mais...

SGANARELLE.
Allons, monsieur Dimanche, je vais vous éclairer.

M. DIMANCHE.
Mais mon argent?

SGANARELLE, *prenant M. Dimanche par le bras.*
Vous moquez-vous?

M. DIMANCHE.
Je veux...

SGANARELLE, *le tirant*
Hé!

M. DIMANCHE.
J'entends...

SGANARELLE, *le poussant vers la porte.*
Bagatelle!

M. DIMANCHE.
Mais...

SGANARELLE, *le poussant encore.*
Fi!

M. DIMANCHE.
Je...

SGANARELLE, *le poussant tout à fait hors du théâtre.*
Fi! vous dis-je.

L'AVARE.

HARPAGON.
Allons, venez çà tous, que je vous distribue mes ordres pour tantôt, et règle à chacun son emploi. Approchez, dame Claude; commençons par vous. Bon, vous voilà les armes à la main. Je vous commets au soin de nettoyer partout; et surtout prenez garde de ne point frotter les meubles trop fort, de peur de les user. Outre cela, je vous constitue, pendant le souper, au gouvernement des bouteilles; et s'il s'en écarte quelqu'une, et qu'il se casse quelque chose, je m'en prendrai à vous et le rabattrai sur vos gages.

MAÎTRE JACQUES, *à part.*
Châtiment politique!

HARPAGON.
Vous, Brindavoine, et vous, la Merluche, je vous établis dans la charge de rincer les verres et de donner à boire; mais seulement lorsque l'on aura soif, et non pas suivant la coutume de certains impertinents de laquais, qui viennent provoquer les gens, et les faire aviser de boire lorsqu'on n'y songe pas. Attendez qu'on vous en demande plus d'une fois, et vous ressouvenez de porter toujours beaucoup d'eau.

MAÎTRE JACQUES, *à part.*
Oui, le vin pur monte à la tête.

LA MERLUCHE.
Quitterons-nous nos souquenilles, monsieur?

HARPAGON.

Oui, quand vous verrez venir les personnes ; et gardez bien de gâter vos habits.

BRINDAVOINE.

Vous savez bien, monsieur, qu'un des devants de mon pourpoint est couvert d'une grande tache de l'huile de la lampe.

LA MERLUCHE.

Et moi, monsieur, que j'ai mon haut-de-chausses tout troué par derrière, et qu'on me voit, révérence parler...

HARPAGON, *à la Merluche.*

Paix. Rangez cela adroitement du côté de la muraille, et présentez toujours le devant au monde.

(A Brindavoine, en lui montrant comme il doit mettre son chapeau au-devant de son pourpoint, pour cacher la tache d'huile.)

Et vous, tenez toujours votre chapeau ainsi, lorsque vous servirez.

(Dame Claude, Brindavoine et la Merluche sortent.)

HARPAGON.

Valère, aide-moi à ceci. Oh çà ! maître Jacques, approchez-vous : je vous ai gardé pour le dernier.

MAÎTRE JACQUES.

Est-ce à votre cocher, monsieur, ou bien à votre cuisinier que vous voulez parler ? car je suis l'un et l'autre.

HARPAGON.

C'est à tous les deux.

MAÎTRE JACQUES.

Mais à qui des deux le premier ?

HARPAGON.

Au cuisinier.

MAÎTRE JACQUES.

Attendez donc, s'il vous plaît.

(Maître Jacques ôte sa casaque de cocher, et paroît en cuisinier.)

HARPAGON.

Quelle diantre de cérémonie est-ce là ?

MAÎTRE JACQUES.

Vous n'avez qu'à parler.

HARPAGON.

Je me suis engagé, maître Jacques, à donner ce soir à souper.

MAÎTRE JACQUES, *à part.*

Grande merveille !

HARPAGON.

Dis-moi un peu, nous feras-tu bonne chère ?

MAÎTRE JACQUES.

Oui, si vous me donnez bien de l'argent.

HARPAGON.

Que diable ! toujours de l'argent ! Il semble qu'ils n'aient rien autre chose à dire ; de l'argent ! de l'argent ! de l'argent ! Ah ! ils n'ont que ce mot-là à la bouche, de l'argent ! Toujours parler d'argent ! Voilà leur épée de chevet, de l'argent !

VALÈRE.

Je n'ai jamais vu de réponse plus impertinente que celle-là. Voilà une belle merveille que de faire bonne chère avec bien de l'argent ! c'est une chose la plus aisée du monde, et il n'y a si pauvre esprit qui n'en fît autant. Mais pour agir en habile homme, il faut parler de faire bonne chère avec peu d'argent.

MAÎTRE JACQUES.

Bonne chère avec peu d'argent ?

VALÈRE.

Oui.

MAÎTRE JACQUES, *à Valère.*

Par ma foi, monsieur l'intendant, vous nous obligerez de nous faire voir ce secret, et de prendre mon office de cuisinier : aussi bien vous mêlez-vous céans d'être le factotum.

HARPAGON.

Taisez-vous. Qu'est-ce qu'il nous faudra ?

MAÎTRE JACQUES.

Voilà monsieur votre intendant qui vous fera bonne chère pour peu d'argent.

HARPAGON.

Haye ! je veux que tu me répondes.

MAÎTRE JACQUES.

Combien serez-vous de gens à table ?

HARPAGON.

Nous serons huit ou dix ; mais il ne faut prendre que huit. Quand il y a à manger pour huit, il y en a bien pour dix.

VALÈRE.

Cela s'entend.

MAÎTRE JACQUES.

Eh bien ! il faudra quatre grands potages et cinq assiettes. Potages... Entrées...

HARPAGON.

Que diable ! voilà pour traiter toute une ville entière !

MAÎTRE JACQUES.

Rôt...

HARPAGON, *mettant la main sur la bouche de maître Jacques.*

Ah ! traître, tu manges tout mon bien.

MAÎTRE JACQUES.

Entremets...

HARPAGON, *mettant encore la main sur la bouche de maître Jacques.*

Encore !

VALÈRE, *à maître Jacques.*

Est-ce que vous avez envie de faire crever tout le monde ? et monsieur a-t-il invité les gens pour les assassiner à force de mangeaille ! Allez-vous en lire un peu les préceptes de la santé, et demander aux médecins s'il y a rien de plus préjudiciable à l'homme que de manger avec excès.

HARPAGON.

Il a raison.

VALÈRE.

Apprenez, maître Jacques, vous et vos pareils, que c'est un coupe-gorge qu'une table remplie de trop de viandes; que, pour se bien montrer ami de ceux que l'on invite, il faut que la frugalité règne dans les repas qu'on donne, et que, suivant le dire d'un ancien, *il faut manger pour vivre, et non pas vivre pour manger.*

HARPAGON.

Ah! que cela est bien dit! approche que je t'embrasse pour ce mot. Voilà la plus belle sentence que j'aie entendu de ma vie: *Il faut vivre pour manger, et non pas manger pour vi...* Non, ce n'est pas cela. Comment est-ce que tu dis?

VALÈRE.

Qu'*il faut manger pour vivre, et non pas vivre pour manger.*

HARPAGON, *à maître Jacques.*

Oui. Entends-tu? (*A Valère.*) Qui est le grand homme qui a dit cela?

VALÈRE.

Je ne me souviens pas maintenant de son nom.

HARPAGON.

Souviens-toi de m'écrire ces mots. Je les veux faire graver en lettres d'or sur la cheminée de ma salle.

VALÈRE.

Je n'y manquerai pas; et pour votre souper, vous n'avez qu'à me laisser faire, je réglerai tout cela comme il faut.

HARPAGON.

Fais donc.

MAÎTRE JACQUES.

Tant mieux! j'en aurai moins de peine.

HARPAGON, *à Valère.*

Il faudra de ces choses dont on ne mange guère, et qui rassasient d'abord: quelque bon haricot bien gras, avec quelque pâté en pot, bien garni de marrons.

VALÈRE.

Reposez-vous sur moi.

HARPAGON.

Maintenant, maître Jacques, il faut nettoyer mon carrosse.

MAÎTRE JACQUES.

Attendez. Ceci s'adresse au cocher.

(Maître Jacques remet sa casaque.)

Vous dites?...

HARPAGON.

Qu'il faut nettoyer mon carrosse, et tenir mes chevaux tout prêts pour conduire à la foire...

MAÎTRE JACQUES.

Vos chevaux, monsieur! Ma foi, ils ne sont point du tout en état de marcher. Je ne vous dirai point qu'ils sont sur la litière, les pauvres bêtes n'en ont point, et ce seroit fort mal parler: mais vous leur faites observer des jeûnes si austères, que ce ne sont plus rien que des idées ou des fantômes, des façons de chevaux.

HARPAGON.

Les voilà bien malades! ils ne font rien.

MAÎTRE JACQUES.

Et pour ne rien faire, monsieur, est-ce qu'il ne faut rien manger? Il leur vaudroit bien mieux, les pauvres animaux, de travailler beaucoup et de manger de même. Cela me fend le cœur, de les voir ainsi exténués. Car enfin, j'ai une tendresse pour mes chevaux, qu'il me semble que c'est moi-même, quand je les vois pâtir. Je m'ôte tous les jours pour eux les choses de la bouche; et c'est être, monsieur, d'un naturel trop dur, que de n'avoir nulle pitié de son prochain.

HARPAGON.

Le travail ne sera pas grand d'aller jusqu'à la foire.

MAÎTRE JACQUES.

Non, je n'ai point le courage de les mener, et je ferois conscience de leur donner des coups de fouet en l'état où ils sont. Comment voudriez-vous qu'ils traînassent un carrosse, qu'ils ne peuvent pas se traîner eux-mêmes.

VALÈRE.

Monsieur, j'obligerai le voisin Picard à se charger de les conduire; aussi bien nous fera-t-il ici besoin pour apprêter le souper.

MAÎTRE JACQUES.

Soit. J'aime mieux encore qu'ils meurent sous la main d'un autre que sous la mienne.

CRITIQUE LITTÉRAIRE.

HUET.

DE L'ORIGINE DES ROMANS.

Enfin, monsieur, nous voici à ce livre fameux des faits de Charlemagne que l'on attribue fort mal à propos à l'archevêque Turpin, quoiqu'il lui soit postérieur de plus de deux cents ans. Le Pigna et quelques autres ont cru ridiculement que les romans ont pris leur nom de la ville de Rheims, dont il étoit archévêque, parce que son livre, au rapport du premier, a été la source où les romanciers de Provence ont le plus puisé, et qu'il a été, selon les autres, le principal entre les faiseurs de romans. Quoi qu'il en soit, l'on vit plusieurs autres histoires de la vie de Charlemagne, pleines de fables à perte de vue, et semblables à celle qui porte le nom de Turpin. Telles étoient les histoires attribuées à Hancon et à Solcon Forteman, à Sivard-le-Sage, à Adel Adeling, et à Jean, fils d'un roi de Frise, tous cinq Frisons, et qu'on dit aussi avoir vécu du temps de Charlemagne. Telle étoit encore l'histoire attribuée à Occon, qui, selon l'opinion commune, fut contemporain de l'empereur Othon-le-Grand, et petit-neveu de ce Solcon que je viens de nommer; et l'histoire de Geoffroi de Montmout, qui écrivit les faits du roi Arthur et la vie de Merlin. Ces histoires, faites à plaisir, plurent à des lecteurs simples, et plus ignorants encore que ceux qui les composoient. On ne s'amusa donc plus à chercher de bons mémoires et à s'instruire de la vérité pour écrire l'histoire : on en trouvoit la matière dans sa propre tête et dans son invention. Ainsi, les historiens dégénérèrent en de véritables romanciers. La langue latine fut méprisée dans ce siècle plein d'ignorance, comme la vérité l'avoit été. Les troubadours, les chanterres, les conteurs et les jongleurs de Provence, et enfin ceux de ce pays qui exerçoient ce qu'on appeloit la *science gaie*, commencèrent, dès le temps de Hugues Capet, à romaniser tout de bon, et à courir la France, débitant leurs romans et leurs *fabliaux*, composés en langage romain; car alors les Provençaux avoient plus d'usage des lettres et de la poésie que tout le reste des François. Ce langage romain étoit celui que les Romains introduisirent dans les Gaules, après les avoir conquises, et qui, s'étant corrompu avec le temps, par le mélange du langage gaulois qui l'avoit précédé, et du franc ou tudesque qui l'avoit suivi, n'étoit ni latin, ni gaulois, ni franc, mais quelque chose de mixte, où le romain pourtant tenoit le dessus, et qui, pour cela, s'appeloit toujours *roman*, pour le distinguer du langage particulier et naturel de chaque pays, soit le franc, soit le gaulois ou le celtique, soit l'aquitanique, soit le belgique; car César écrit que ces trois langues étoient différentes entre elles, ce que Strabon explique d'une différence qui n'étoit que comme entre di vers dialectes d'une même langue. Les Espagnols se servent du mot de *roman* en même signification que nous, et ils appellent leur langage ordinaire *romance*. Le roman étant donc plus universellement entendu, les conteurs de Provence s'en servirent pour écrire leurs contes, qui de là furent appelés *romans*. Les trouvères allant ainsi par le monde, étoient bien payés de leurs peines et bien traités des seigneurs qu'ils visitoient, dont quelques-uns étoient si ravis du plaisir de les entendre, qu'ils se dépouilloient quelquefois de leurs robes pour les en revêtir. Les Provençaux ne furent pas les seuls qui se plurent à cet agréable exercice : presque toutes les provinces de France eurent leurs romanciers, jusqu'à la Picardie, où l'on composoit des *servantois*, pièces amoureuses et quelquefois satiriques : et de là nous sont venus tant et tant de vieux romans, dont une partie est imprimée, une autre pourrit dans les bibliothèques, et le reste a été consumé par la longueur des années.

Pierre-Daniel Huet, évêque d'Avranches, naquit en 1630, à Caen, dont il fonda l'académie, en 1670. Sa réputation le fit nommer précepteur du dauphin. Il se trouva ainsi adjoint à Bossuet, et dirigea l'exécution des belles éditions des classiques latins *ad usum delphini.* En 1674, il fut élu membre de l'Académie française; en 1685, le roi le nomma évêque de Soissons, ville qu'il quitta bientôt pour l'évêché d'Avranches; mais cette haute dignité l'empêchant de s'adonner à ses travaux, Huet vint se fixer dans la maison professe des jésuites, à Paris, où il mourut en 1721.

Daniel Huet a beaucoup écrit, et ses savants ouvrages sont dignes de la réputation de leur auteur.

Voici le titre des principaux écrits de l'illustre évêque : *Lettre sur l'Origine des romans*; — *Démonstratio evangelica*; — *Censura philosophicæ cartesianæ*; — *Nouveau Mémoire pour servir à l'histoire du Cartésianisme*; — *Carmina* (grecs et latins); — *Histoire du Commerce et de la Navigation des anciens*; — *Traité philosophique de la Faiblesse de l'esprit*; — *Origines de Caen*; — *Lettres latines*, etc.

FÉNELON.

DE LA VÉRITÉ DANS LES ARTS ET LES OUVRAGES D'ESPRIT.

Un bel esprit méprise une histoire *nue* : il veut l'habiller, l'orner de broderie, et la *friser* : c'est une erreur. L'homme judicieux et d'un goût exquis désespère d'ajouter rien de beau à cette nudité si noble et si majestueuse.

Le point le plus nécessaire et le plus rare pour un historien est qu'il sache exactement la forme du gouvernement et le détail des mœurs de la nation dont il écrit l'histoire, pour chaque siècle. Un peintre qui ignore ce qu'on nomme *le costume* ne peint rien avec vérité. Les peintres de l'école lombarde, qui ont d'ailleurs si naïvement représenté la nature, ont manqué de science en ce point : ils ont peint le grand-prêtre des Juifs comme un pape, et les Grecs de l'antiquité comme les hommes qu'ils voyoient en Lombardie. Il n'y auroit rien de plus faux et de plus choquant que de peindre les François du temps de Henri II avec des perruques et des cravates, ou de peindre les François de notre temps avec des barbes et des fraises. Chaque nation a ses mœurs très-différentes de celles des peuples voisins. Chaque peuple change souvent pour ses propres mœurs. Les Perses, pendant l'enfance de Cyrus, étoient aussi simples que les Mèdes leurs voisins étoient mous et fastueux. Les Perses prirent dans la suite cette mollesse et cette vanité. Un historien montreroit une ignorance grossière s'il représentoit les repas de Curius ou de Fabricius comme ceux de Lucullus ou d'Apicius. On riroit d'un historien qui parleroit de la magnificence de la cour des rois de Lacédémone, ou de celle de Numa. Il faut peindre la puissante et l'heureuse pauvreté des anciens Romains. Il ne faut pas oublier combien les Grecs étoient simples et sans faste du temps d'Alexandre, en comparaison des Asiatiques : le discours de Caridème à Darius le fait assez voir. Il n'est point permis de représenter la maison très-simple où Auguste vécut quarante ans, avec la maison d'or que Néron fit faire bientôt après.

Notre nation ne doit point être peinte d'une façon uniforme : elle a eu des changements continuels. Un historien qui représentera Clovis environné d'une cour polie, galante et magnifique, aura beau être vrai dans les faits particuliers, il sera faux pour le fait principal des mœurs de toute la nation. Les Francs n'étoient alors qu'une troupe errante et farouche, presque sans lois et sans police, qui ne faisoit que des ravages et des invasions ; il ne faut pas confondre les Gaulois polis par les Romains avec ces Francs si barbares. Il faut laisser voir un rayon de politesse naissante sous l'empire de Charlemagne ; mais elle doit s'évanouir d'abord. La prompte chute de sa maison replongea l'Europe dans une affreuse barbarie. Saint Louis fut un prodige de raison et de vertu dans un siècle de fer. A peine sortons-nous de cette longue nuit. La résurrection des lettres et des arts a commencé en Italie, et a passé en France fort tard. La mauvaise subtilité du bel-esprit en a retardé le progrès.

Les changements dans la forme du gouvernement d'un peuple doivent être observés de près. Par exemple, il y avoit d'abord chez nous les terres saliques, distinguées des autres terres, et destinées aux militaires de la nation. Il ne faut jamais confondre les comtés bénéficiaires du temps de Charlemagne, qui n'étoient que des emplois personnels, avec les comtés héréditaires, qui devinrent sous ses successeurs des établissements de famille. Il faut distinguer les parlements de la seconde race, qui étoient les assemblées de la nation, d'avec les divers parlements établis dans les provinces par les rois de la troisième race pour juger les procès des particuliers. Il faut connoître l'origine des fiefs, le service des feudataires, l'affranchissement des serfs, l'accroissement des communautés, l'élévation du tiers-état, l'introduction des clercs praticiens pour être les conseillers des nobles peu instruits des lois, et l'établissement des troupes à la solde du roi pour éviter les surprises des Anglois, établis au milieu du royaume. Les mœurs et l'état de tout le corps de la nation ont changé d'âge en âge. Sans remonter plus haut, le changement des mœurs est presque incroyable depuis le règne de Henri IV. Il est cent fois plus important d'observer ces changements de la nation entière, que de rapporter simplement des faits particuliers.

Si un homme éclairé s'appliquoit à écrire sur les règles de l'histoire, il pourroit joindre les exemples aux préceptes; il pourroit juger des historiens de tous les siècles; il pourroit remarquer qu'un excellent historien est peut-être encore plus rare qu'un grand poète.

Hérodote, qu'on nomme le père de l'histoire, raconte parfaitement; il a même de la grâce par la variété des matières : mais son ouvrage est plutôt un recueil de relations de divers pays, qu'une histoire qui ait de l'unité avec un véritable ordre.

Xénophon n'a fait qu'un journal dans sa *Retraite des dix mille* : tout y est précis et exact, mais uniforme. Sa *Cyropédie* est plutôt un roman de philosophie, comme Cicéron l'a cru, qu'une histoire véritable.

Polybe est habile dans l'art de la guerre et dans la politique; mais il raisonne trop, quoiqu'il raisonne très-bien. Il va au-delà des bornes d'un simple historien : il développe chaque événement dans sa cause; c'est une anatomie exacte. Il montre par une espèce de mécanique, qu'un tel peuple doit vaincre un tel autre peuple, et qu'une telle paix faite entre Rome et Carthage ne sauroit durer.

Thucydide et Tite-Live ont de très-belles harangues; mais, selon les apparences, ils les composent au lieu de les rapporter. Il est très-difficile qu'ils les aient trouvées dans les originaux du temps. Tite-Live savoit beaucoup moins exactement que Polybe la guerre de son siècle.

Salluste a écrit avec une noblesse et une grâce singulières : mais il s'est trop étendu en peintures des mœurs et en portraits des personnes dans deux histoires très-courtes.

Tacite montre beaucoup de génie, avec une profonde connoissance des cœurs les plus corrompus : mais il affecte trop une brièveté mystérieuse; il est trop plein de tours poétiques dans ses descriptions; il a trop d'esprit; il raffine trop; il attribue aux plus subtils ressorts de la politique ce qui ne vient souvent que d'un mécompte, que d'une humeur bizarre, que d'un caprice. Les plus grands événements sont souvent causés par les causes les plus méprisables. C'est la foiblesse, c'est l'habitude, c'est la mauvaise honte, c'est le dépit, c'est le conseil d'un affranchi qui décide, pendant que Tacite creuse pour découvrir les plus grands raffinements dans les conseils de l'empereur. Presque tous les hommes sont médiocres et superficiels pour le mal, comme pour le bien. Tibère, l'un des plus méchants hommes que le monde ait vus, étoit plus entraîné par ses craintes que déterminé par un plan suivi.

D'Avila se fait lire avec plaisir; mais il parle comme s'il étoit entré dans les conseils les plus secrets. Un seul homme ne peut jamais avoir eu la confiance de tous les partis opposés. De plus, chaque homme avoit quelque secret qu'il n'avoit garde de confier à celui qui a écrit l'histoire. On ne sait la vérité que par morceaux. L'historien qui veut m'apprendre ce que je vois qu'il ne peut savoir, me fait douter sur les faits mêmes qu'il sait.

Les jugements de Fénelon sont extrêmement remarquables pour l'époque à laquelle ils ont paru, car la critique n'était point aussi éclairée que de nos jours. Le génie, le bon sens et le goût de l'immortel archevêque devançaient son siècle. On verra, dans notre volume de Poésie, avec quelle indépendance et en même temps quelle justice, Fénelon apprécie ses contemporains, et comment il sait, sous l'admiration qui les environne, découvrir leurs défauts et les signaler. Observons en passant que la critique de l'auteur de *Télémaque* s'attaque spécialement à Corneille et à Racine, deux grands maîtres.

REVUE.

Le génie des révolutions, la fureur des conquêtes, la lutte des rois avec les peuples, n'ont cessé d'agiter le dix-septième siècle. Partout des bouleversements, des guerres, des victoires ou des désastres, les progrès du despotisme ou le triomphe de la liberté. En Orient, Sophi Ier surpasse Néron en cruauté; Abbas II n'est pas moins barbare, mais, qui le croirait? il honore les sciences, aime la justice, protége le christianisme et respecte la liberté de conscience. Dans le Mogol, Aureng-Zeb immole tout ce qui lui porte ombrage, détrône son père, égorge trois de ses frères; mais après ces sanglants débuts, il cesse de verser le sang, devient juste, humain, et à force de respect et de déférence, obtient la bénédiction paternelle. De 1608 à 1644, la dynastie chinoise du nom de Ming, commencée par un valet de bonze, qui se montra pieux et juste, s'éteint à la mort funeste de Niao-Tsong, abandonné de ses sujets et réduit à se pendre à côté de sa femme, dans son propre palais. Les grands, trop familiers avec ce crime, dans tous les pays, avaient appelé l'étranger à leurs secours, et la Chine fut soumise aux Tartares Mantchoux, dont la domination fit naître des troubles et des malheurs sans nombre.

La jalousie des Hollandais contre les Portugais suscita la grande persécution des chrétiens dans le Japon, où les premiers n'obtinrent la faveur de commercer qu'à la condition déshonorante de marcher et de cracher sur l'image de la Vierge Marie.

En Afrique, l'Abyssinie, le Congo, le royaume d'Angola, furent témoins de scènes cruelles. Dans le dernier de ces États, la célèbre Zingha, couverte du sang des siens, apprit aux Portugais qu'il y avait en elle un roi digne de préférer la mort à l'esclavage. A Constantinople, les janissaires nomment, déposent, rétablissent et déposent encore les sultans. L'incapacité, la mollesse, le favoritisme, les revers, la dissolution, étaient autant de crimes punis de mort. Dix-neuf frères étranglés, dix concubines de son père jetées à la mer malgré leur grossesse, un fils immolé à la jalousie paternelle, trois révoltes de janissaires, dont deux furent apaisées par le sacrifice des ministres du prince, trop de confiance dans les femmes, une excessive indifférence pour les affaires, tel fut le règne de Mahomet III. Les incendies de Constantinople, signes affreux du mécontentement des Turcs, la résignation des grands à se livrer au fatal cordon, sur un ordre du maître, datent du victorieux Achmet Ier. Après l'imbécile Mustapha, qui quitte et reprend les insignes du pouvoir, Amurat règne dix-sept ans. On trouvait de la grandeur, de la popularité avec des inclinations basses, des caprices de clémence et des accès de bonté, dans ce despote, doué d'ailleurs des vertus du guerrier et de l'homme d'État. Son frère Ibrahim fut massacré.

Mahomet IV devint célèbre par la prise de l'île de Candie et ses victoires sur l'Autriche. Renversé par une révolte des janissaires, il eut pour successeur Soliman, spectateur indolent des excès du peuple, qui, pendant huit mois, se livra aux fureurs d'une licence impunie. Mustapha-Kiupergli rétablit les affaires, réunit une armée, prit Bellegrade, plaça Achmet II sur le trône, et trouva une mort glorieuse dans de nouveaux triomphes. Mustapha II, qui obtint pourtant des succès sur les ennemis du dehors, se vit contraint de résigner la couronne à son frère Achmet III. Toutes ces révolutions affaiblirent l'empire ottoman, sans le rendre encore moins redoutable pour les destinées de l'Europe.

En Russie, après le règne de Boris, vint l'inutile Fédor II, son fils; à sa place, la fortune éleva bientôt Dmitri V, dit l'*Imposteur*, quoiqu'il fût peut-être le czar légitime. A ne consulter que l'ensemble de son règne, Dmitri méritait la couronne; mais les étrangers l'avaient porté au trône, les nobles russes conspirèrent. L'ambitieux et ingrat Chouisky renversa son prince et fut égorgé à son tour par le peuple, qui l'accusait des maux de la patrie. L'intérrègne dura trois mortelles années; la nation lassée nomma czar Michel Thédorowitch, qui, aidé de son épouse Eudoxie, fit régner les lois et rendit ses peuples heureux. Mais les ennemis du dehors causèrent encore beaucoup de mal à l'empire. Les Suédois lui dictèrent une paix humiliante, et Ladislas, roi de Pologne, fut sur le point de prendre Moskou. La fortune conjura ce malheur; la prudence acheva d'assurer le salut de l'empire. A Michel succéda Alexis, l'un des plus grands souverains dont s'honore la Russie. Fédor Alexiowitch eut l'ambition de marcher sur les traces de son père. Le nom de Fédor est surtout célèbre par la résolution qu'il prit de mettre fin aux querelles dangereuses qui naissaient des prérogatives héréditaires du rang parmi les Russes. Il se fit apporter les registres publics des services, ainsi que les généalogies particulières des nobles, et les jeta au feu en leur présence et avec leur consentement. De ce règne nous passons à une affreuse révolte des strélitz et à la domination de la princesse Sophie, qui gouverna au nom de Ivan V et de Pierre Ier. Cette femme dompta la turbulente milice russe, et signa, contre les Turcs, un traité avec la Pologne, Vienne et Venise. Sophie fut détrônée par une misérable conspiration.

En Pologne, Casimir V, de jésuite devenu roi, vainquit les Ottomans, mais fut moins heureux contre la Suède. Après vingt ans d'agitations, ce prince se retira en France pour y jouir du repos. Michel Coribut, descendant des Jagellons, fut élevé, malgré lui, sur un trône chancelant, qu'il défendit sans succès contre les Russes, les Tartars et les Turcs. La noblesse, qui avait mal servi dans cette guerre, rejeta la honte d'une paix désavantageuse sur le roi, qui en mourut de chagrin. Deux règnes avaient suffi pour faire décliner la puissance des Polonais. La bataille de Choczin les affranchit du malheur d'être devenus les tributaires des Turcs, et mérita la couronne à Sobieski. Ce prince rendit son nom immortel par la délivrance de Vienne. Mais, au retour d'une glorieuse expédition, en butte à la haine des grands, il emporta au tombeau la triste certitude que les états ne laisseraient pas le trône à sa famille.

En Danemarck, où les seigneurs avaient forcé le sage Christiern III à leur abandonner la plus grande partie des biens du clergé, un changement se préparait au profit de la royauté. Frédéric III, uni avec le peuple par la communauté des périls et de la gloire, venait de sauver Copenhague assiégée par les Suédois. Bientôt, aidé de ce même peuple, de l'évêque Jean Suane et du négociant Nausen, il abattit les prétentions d'une noblesse avide et orgueilleuse, qui ne voulait pas payer sa parts des impôts. Il se saisit du pouvoir absolu par des moyens peu dignes d'un souverain. Cependant la sagesse de son gouvernement effaça presque le crime de son usurpation.

Éric, fils de Gustave Vasa, le libérateur de la Suède, fut déposé, sur une accusation publique, par les états, qui, d'abord complices de sa tyrannie, donnèrent la couronne à son fils Jean. Des revers, l'intolérance religieuse, le crime de la mort d'Éric, troublèrent le règne du roi Jean. Le roi de Pologne, Sigismond, dut la couronne de Suède aux suffrages des états, et la perdit par des fautes, après l'avoir conquise par des victoires. Charles IX, à force d'intrigues, enleva la couronne de Suède à son neveu, trop distrait par d'autres soins pour songer à reprendre le bien qu'il avait perdu. Charles eut des vertus de monarque; mais sa gloire est d'avoir donné le jour à Gustave-Adolphe. Ce jeune prince, né avec le génie de la guerre, triomphe d'abord du Danemarck et de la Russie. Sigismond, roi de Pologne et son compétiteur au trône de Suède, l'occupe plus longtemps. L'Autriche appuyait les prétentions de Sigismond, et voulait encore enlever à la Suède la Livonie, sa conquête. Ferdinand, sans avoir vu un champ de bataille, et grâce à Waldstein, était alors au comble de la puissance; il triomphait partout; la ligue protestante semblait perdue. Tout à coup Gustave fond sur l'Allemagne, à la tête de vingt mille Macédoniens formés par un nouvel Alexandre. La fortune change; le héros qu'elle adopte court de victoire en victoire, soumet l'Allemagne, et revient mourir à Lutzen, enseveli dans un nouveau triomphe. On doit regarder Gustave-Adolphe comme le créateur de l'école guerrière du dix-septième siècle. Les Tilly, Waldstein lui-même, les Veymar, les Horn, les Torstenson, ses successeurs, profitèrent des leçons de cet illustre capitaine. La Grèce vit les lieutenants d'Alexandre déchirer son empire: ceux de Gustave-Adolphe soutinrent l'éclat de la puissance de leur patrie; mais ce fut parce qu'il restait à la Suède un grand ministre pour continuer un grand roi. Oxenstiern fit des prodiges dans la lutte que son génie eut à soutenir contre l'Allemagne. Instruite par les exemples de ce directeur suprême du royaume, naturellement ambitieuse et portée à la domination, Christine, fille de Gustave, gouverna avec gloire, mais en reine qui impose ses volontés à l'État. Après avoir présidé au glorieux traité de Westphalie, cette femme, plus puissante que son père, admirée de toute l'Europe, descendit du trône à vingt-sept ans, malgré les pleurs de ses sujets, qui voulaient la retenir. Aucun prince de son temps ne l'égalait en savoir; aucun ne possédait un esprit aussi philosophique, aussi libre de préjugés. Elle parcourut l'Europe dans un superbe incognito, blâma sévèrement la révocation de l'édit de Nantes; le sort des victimes parut la toucher; mais elle fit assassiner Monaldeschi à Fontainebleau, dans le palais de nos rois, et menaça le savant Bayle. Charles-Gustave, présenté par Christine et nommé roi par les états, se montra prêt à renouveler en Allemagne le rôle du héros de Leipzig, et fut arrêté par la mort. Charles XI, qui lui succéda, établit en Suède le pouvoir absolu, en se déshonorant par l'indigne surprise qu'il fit à une nation qui méritait une autre récompense, après tant de glorieux travaux.

Depuis la paix de Passau, la puissance des empereurs avait décliné : celle de l'empire s'était accrue; Ferdinand Ier, Maximilien, Rodolphe, n'avaient pu se soustraire à la nécessité d'obtenir les suffrages des princes électeurs. Le dernier de ces trois empereurs, éprouvés par des fortunes diverses, se vit dépouiller de la couronne par l'archiduc Mathias, son frère, qui fut élu à l'empire d'un suffrage unanime, et néanmoins avec une capitulation plus sévère que celle de Charles-Quint. Le nouvel empereur parvint à faire reconnaître Ferdinand II pour son successeur au royaume de Hongrie. Un traité de famille, négocié par lui en faveur du même prince, mécontenta les Bohémiens et les Hongrois; une confédération se forma entre les protestants et les catholiques de Bohême; le comte de Turme, leur chef, porta la guerre jusques aux portes de Vienne. Quand Mathias mourut, la Bohême, la Moravie, la Silésie, la Lusace, les protestants d'Autriche, prêts à la révolte, semblaient écarter Ferdinand du trône impérial : il gagna tous les suffrages; mais pendant son élection, les états de Bohême nommèrent roi l'électeur palatin, gendre du roi d'Angleterre. On courut aux armes; la bataille de Prague détrôna l'électeur, et commença le cours d'un carnage de trente ans, auquel l'empereur préludait en couvrant la Bohême d'échafauds. Malgré les efforts du duc de Jagendorff, du prince de Brunswick et de l'intrépide Mansfeld, Ferdinand triompha partout. Tilly, Waldstein, arrêtèrent les progrès d'une ligue nouvelle. Investi de l'autorité absolue, l'empereur leva le masque et voulut rendre la religion catholique dominante, ou plutôt établir le despotisme. Ce fut alors que Gustave s'élança, comme nous l'avons vu, au secours du protestantisme. Sa mort n'arrêta point le cours des succès de son armée. L'assassinat de Waldstein donna de nouveaux alliés aux Suédois; la bataille de Nordlingen rendit quelque espoir de salut à Ferdinand. Ici Richelieu succède à Oxenstiern, qui dictait des lois à l'empire; la France prend le rôle de la Suède; enfin, après une lutte affreuse, l'empereur, forcé de s'accommoder avec les États protestants, descendit au tombeau, dévoré par la douleur d'avoir vu le colosse de la puissance autrichienne ébranlé jusque dans ses fondements. Ferdinand III resta vingt ans sur le trône pour voir l'Allemagne ravagée par la guerre et forcée de subir les lois de la France et de la Suède. L'immortel service de Sobieski payé d'une odieuse ingratitude, des cruautés envers les seigneurs hongrois, armés pour reprendre leurs droits; les ravages de la peste, un odieux despotisme réduit en système, et une suite de prospérités inouïes, caractérisent le règne de Léopold, qui n'était qu'une ombre de prince, mais qui trouva de grands généraux et d'habiles ministres pour balancer la fortune de Louis XIV, héritier des projets de la domination universelle que l'Europe avait tant redoutée dans Charles-Quint.

Il suffit de regarder l'histoire des papes que ce siècle vit passer sur le trône pontifical depuis Sixte-Quint jusques à Innocent XI, pour juger combien la réforme et les lumières répandues par elle avaient heureusement modifié les mœurs, l'influence, la domination de la cour de Rome. Clément VIII, Paul V, Grégoire XV et Urbain VIII, quoique conservant encore des prétentions inconciliables avec les droits des nations et des princes, furent des hommes vertueux, modérés, amis de la paix, et qui savaient céder au temps. La bulle du faible Innocent X contre les cinq propositions du jansénisme, reçue par le clergé de France, sous les auspices du cardinal Mazarin, parut rendre la paix à l'Église gallicane; mais le feu couvait sous la cendre. Le premier soin d'Alexandre VII fut de renouveler la censure contre les fameuses propositions. L'histoire parle peu favorablement de ce pontife que Louis XIV força d'une manière si hautaine à réparer l'insulte faite par la garde corse au duc de Créquy, notre ambassadeur. Les deux Clément laissèrent le gouvernement à des mains étrangères; mais le second de ces princes eut la sagesse d'abandonner la querelle des jansénistes. L'obstination d'Innocent XI, qui secourut la Pologne et tint tête à Louis XIV, faillit séparer la France de la communion de Rome. Au temps de Richelieu, on avait déjà parlé d'élire un patriarche. Alexandre VIII en combattant les libertés de l'Église gallicane fit voir plus de modération qu'Odescalchi. Innocent XII donna le même exemple; vertueux, économe, ne connaissant d'autres parents que les pauvres; il se fit remarquer par sa longue résistance à Louis XIV et à Bossuet, qui voulaient absolument voir condamner le livre des Maximes des saints. La tendresse du pape pour l'archevêque de Cambrai, son respect pour une vertu si pure, éclatèrent jusque dans la sentence du sacré collège. Sous tous ces papes, les peuples, gouvernés avec douceur, semblaient oublier, au milieu des jouissances des arts, leur misère et la perte de leur liberté.

Florence, non moins célèbre que Rome par le culte des arts, mais enrichie par le commerce qui manquait à sa rivale, se reposait de ses longues agitations sous des princes vertueux. Elle obéissait à Côme II de Médicis assez puissant pour envoyer vingt mille hommes au secours du duc de Mantoue; même prince prêta de l'argent à un empereur d'Allemagne. Genève, toujours digne de la liberté, triomphait pour la seconde fois de Charles-Emmanuel qui, dupe d'une fausse politique, mourut de douleur d'avoir, par sa faute, ouvert la Savoie aux Français et aux Espagnols. La mort de Victor-Amédée laissa ce pays en proie à des troubles inévitables. Christine, mère et tutrice des deux fils de ce prince, sœur de Louis XIII, surmontant les obstacles que lui suscitait la politique de Richelieu et de Mazarin, prépara un règne prospère à son fils Emmanuel. La république de Venise, riche et puissante encore, bravait les foudres du Vatican, chassait les jésuites et forçait le saint-siége à un traité qui eut Henri IV pour médiateur. Peu de temps après, l'État échappait à une conspiration ourdie par le duc d'Ossonne, vice-roi de Naples et le marquis de Bedmar, ambassadeur d'Espagne ; bientôt on vit la sérénissime république lutter contre toutes les forces de l'empire Ottoman. Candie fut enfin arrachée, par le célèbre Achmet-Kiupergli, aux soldats du doge, après soixante-neuf assauts, quatre-vingts sorties et mille huit cent-soixante-quatre explosions de la mine.

L'île demeura dans les mains des vainqueurs ; mais Venise, qui conservait ses conquêtes en Dalmatie gardait aussi l'honneur de ses armes. La république, victorieuse dans dix batailles navales, s'était vue sur le point d'écraser la marine des Turcs ; la résistance de Candie avait coûté cent mille hommes à l'ennemi, et contenu le torrent qui menaçait de déborder sur l'Europe. Lorsque les Turcs attaquèrent l'Autriche, Venise jugea le moment favorable de faire payer cher à la Porte ses agressions passées. J. Morosini, oubliant l'indigne affront par lequel on avait payé ses services passés, s'empara de Sainte-Maure, d'Athènes, de toute la Morée, et conclut une paix qui reconnaissait la conquête.

A Gênes, le plébéien Vacheron, aidé du duc de Savoie, faillit étouffer les nobles sous les ruines de l'État. Le supplice de Vacheron ne découragea pas Raphaël de la Torre. Ce misérable voulut faire sauter la salle du conseil par une machine infernale, et mourut d'un coup de poignard à Venise. La république opprimait la Corse, et préparait l'indépendance de cette île par l'excès même de l'oppression. A Gênes l'amour de la patrie s'affaiblissait chaque jour, et avec lui tombèrent la force et la puissance. Le Milanais se trouvait au pouvoir de la branche espagnole de la maison d'Autriche qui tenait Naples sous sa domination. Le moine Campenella essaye de délivrer sa patrie et ne réussit point. La cour de Madrid, insatiable dans ses demandes, écrase le pays sous le poids des impôts. Le peuple soulevé prend Masaniello pour chef, et obtient du vice-roi le rétablissement des priviléges de la ville. L'esprit du tribun s'égara. Quatre assassins payés par le duc d'Arcos le tuèrent dans une église. Le peuple souffrit, sans la venger, la mort de son chef ; mais le vice-roi et ses partisans se comportèrent en vainqueurs insolents ; le tumulte recommença, le peuple fit de magnifiques obsèques à Masaniello ; sous le canon même d'une flotte ennemie, Naples proclama la république ; Gannero Annèse, nouveau tribun, soutint l'effort des Espagnols, tandis que les Napolitains abolirent les gabelles. La tentative du duc de Guise, qui voulut être roi de Naples, et développa d'admirables talents dans une position que tout autre que lui aurait regardée comme désespérée, la paix du perfide Annèse, et l'échafaud des citoyens crédules qui s'étaient fiés aux promesses du monarque, terminèrent ces violentes scènes. La peste succéda à tant de maux. Naples dépeuplée se vit encore soumise à l'impôt du sang sous le cardinal Pascal d'Aragon, qui demandait toujours des soldats pour l'Espagne. Pendant cette oppression, Messine s'insurgea contre un gouvernement tyrannique qui affamait la capitale et voilait son crime par le secret. Les partisans du sénat, se croyant près de succomber, appelèrent les Français. Aucune autre ville n'ouvrit ses portes.

Sous Philippe III, l'Espagne eut un roi qu'on appelait le duc de Lerme ; ce roi fit la paix avec l'Angleterre, la France, et conclut une trève de douze ans avec la république de Hollande. Remplacé par un fils ingrat, le duc de Lerme mourut en disgrâce. Sous Philippe IV, la hauteur, la présomption, les maximes despotiques du ministre Olivarès, révoltèrent la Catalogne ; dans le même temps, les Hollandais enlevaient à Philippe le Brésil ; le duc de Bragance lui arrachait le Portugal. Les duc de Lerme et d'Olivarès ne furent ni cruels ni vindicatifs ; mais ils laissèrent tomber un État que la grandeur de ses possessions devait placer au premier rang. En effet malgré sa décadence et la faiblesse du gouvernement, l'Espagne donna encore beaucoup d'embarras à la France jusqu'à la paix des Pyrénées. Sous le jésuite Nitard, tout tombait en ruines et l'insurrection allait éclater, lorsque la reine-mère fut obligée de renvoyer un misérable qui était à la fois son confesseur et son ministre. On sait que Charles II, incapable de régner par lui-même, tourmenté par une mère ambitieuse, livré à une noire mélancolie, eut la douleur de voir les rivalités qui briguaient sa succession auprès de lui, et d'apprendre que les puissances du continent partageaient déjà ses États. Ce prince légua en mourant sa couronne au petit-fils de Louis XIV. Quel sort que celui de l'Espagne, sans agriculture, sans industrie, sans commerce, dépouillée de ses droits, et transmise à un prince étranger, sous un roi faible d'esprit, qui ne sait pas même ce que c'est que l'amour de la patrie ! Il est curieux de comparer à l'Espagne dégénérée sous le despotisme, au Portugal relevé tout à coup par l'indépendance, un peuple que l'amour de la patrie a porté au faîte de la grandeur, et qui, par malheur, trouve dans ses Timoléons des ambitieux capables d'alarmer la liberté naissante. Le stathouder Maurice de Nassau, successeur de Guillaume I, eut les talents d'un grand capitaine, et même quelques-unes des vertus du citoyen ; il perfectionna l'art militaire et fit des Hollandais les meilleures troupes de l'Europe ; son pays acheta bien cher de pareils services. Pendant quarante années on vit le défenseur de l'indépendance batave miner sourdement la liberté publique, jusqu'au moment où il leva le masque en présidant à l'assassinat juridique de Barnevelt, qui mourut comme Socrate. Le supplice de ce grand citoyen abattit le courage de ses amis; les états, oubliant la salutaire jalousie qui est une vertu de l'homme libre, accrurent le pouvoir de Frédéric-Henri, et poussèrent la faiblesse jusqu'à lui donner la charge de général de la cavalerie à l'âge de trois ans. Le stathouder abusa bientôt de cette faute, et conclut avec Charles Ier une alliance de famille qui devait offenser et alarmer la république ; mais il obtint de glorieux avantages sur terre, tandis que l'amiral Tromp établissait la domination du pavillon hollandais sur toutes les mers. Guillaume II marcha sur les traces de son père, et porta plusieurs graves atteintes à la liberté. A sa mort, la Hollande libre abolit le stathoudérat. La guerre éclate entre l'Angleterre et les Provinces-Unies, Tromp et Ruyter la soutiennent avec gloire ; les états la terminent par une paix honorable. Depuis cette paix, le commerce refleurit de toutes parts, la navigation de la Méditerranée est protégée contre les Barbaresques par Ruyter, qui porte la terreur sur les côtes d'Afrique et délivre encore Dantzick assiégé par le roi de Suède. L'amiral Opdam court forcer le passage du Sund. Ruyter devient l'arbitre du Nord. Les Portugais chassés de Ceylan, l'établissement du cap de Bonne-Espérance, la conquête de l'île Macassar; la bataille des Dunes qui dura trois jours, l'expédition hardie de la Tamise, se rapportent à cette immortelle époque. Jaloux de tant de succès, Louis XIV uni à Charles II surprend d'abord les Provinces-Unies qui, cédant aux sages conseils du grand-pensionnaire de Witt, signent la paix : mais elles commettent la faute de rétablir le stathoudérat, et à peine revêtu de cette nouvelle dignité, Guillaume III suscite contre les frères de Witt une tempête populaire qui fit périr ces deux hommes de vertu, de patriotisme et de talent. Guillaume III, du reste, fut un homme habile, qui contribua puissamment au triomphe de la république par sa constance unie à celle des magistrats et au courage invincible de la nation. Encore plus dangereux par ses négociations que par ses armes, Guillaume forma en peu de temps l'orage qui éclata sur la tête de Louis. Mais la république fut sauvée par la Hollande et non par un homme ; elle donnera bientôt un roi à l'Angleterre. Dès que le fils de Marie Stuart se fut assis sur le trône d'Élisabeth, il crut être roi de droit divin, et prit le titre de sacrée majesté. Obstiné dans ses volontés despotiques, sans considération à l'étranger, Jacques perdit promptement l'estime des Anglais, en se livrant à des favoris. Ses paroles au parlement : « Qu'est-ce que vos privilèges ? de simples licences de nos ancêtres ; rappelez-vous mieux qui vous êtes et qui nous sommes : vous avez des devoirs et nous avons des droits, » révoltèrent tout le monde. Ce prince, que Henri IV appelait maître Jacques, se fit en outre un tort immense par ses controverses religieuses avec ses sujets. Dans la lutte qui ne tarda point à s'élever entre la couronne et les deux chambres, Jacques déploya toute l'obstination, toute l'imprudence, toutes les prétentions d'un homme qui ne reconnaît de loi que sa volonté ; il prétendit même au droit de punir les membres du parlement pendant et après la session. Ceux-ci lui résistèrent par un mélange de respect, de fermeté, d'esprit de conciliation, par un accord de sentiments dignes de servir de modèle à tous les défenseurs de la liberté d'un peuple menacé de la tyrannie à tout moment. Enfin, après une lutte opiniâtre, en 1624, les communes assemblées accordèrent des subsides pour la guerre, à la condition proposée par le roi lui-même, que les sommes votées seraient employées par des commissaires du parlement, sans jamais passer par d'autres mains. Cette assemblée, à laquelle l'Angleterre doit une reconnaissance éternelle, consacra le principe de la liberté illimitée du citoyen dans toutes les actions qui ne nuisent pas à autrui, et fonda ainsi la constitution nationale sur une base inébranlable. La vie de Charles Ier, éprouvée par tant d'orages, terminée sur l'échafaud, impose de grands égards à l'ami de l'humanité. Une si profonde infortune va chercher la pitié jusqu'au fond du cœur ; mais on n'est pas moins forcé de reconnaître que le second des Stuarts creusa de sa propre main l'abîme dans lequel il disparut. Une femme héroïque le défendit avec un courage extraordinaire ; mais elle lui avait suscité de grands dangers, en le mettant en opposition avec les croyances religieuses du peuple anglais. Charles se perdit surtout en signant, par une indigne faiblesse, la condamnation du comte de Strafford, de ce ministre courageux, l'ami, le défenseur et pour ainsi dire la providence de son maître. Richelieu contribua beaucoup à la perte de Charles Ier.

Un hypocrite habile, qui avait en lui du Louis XI, du Richelieu et du Mazarin, un capitaine, un profond politique, un homme de génie, un grand prince et un tyran couvert du sang d'un roi réunis dans le seul Cromwell, succèdent à Charles premier. Les princes de l'Europe semblent baiser la main du meurtrier de leur frère, et adorent sa fortune. L'Angleterre monte au premier rang des puissances et perd toutes ses libertés, mais sans abdiquer ses droits devant l'usurpateur, qui l'élève au plus haut degré de gloire et de prospérité. Le protecteur en mourant, laisse à un fils un pouvoir dont sa faiblesse s'empresse de déposer le fardeau. Monck rétablit Charles II.

Rien de plus triste à regarder que la vie de ce roi sans patrie et sans honneur, incessamment à la solde de la France, payé pour rétablir le pouvoir absolu dans un pays qui possédait une charte si saintement jurée. Entre la duchesse de Portsmouth, sa maîtresse, le comte Rochester et le duc de Buckingham, Charles ne paraît qu'un prince enjoué, facile, irréligieux, libre de tout scrupule; mais ce même homme, qui ne bataillla point, gardait encore en face de ses souvenirs les projets qui avaient perdu son père. Il choisit ses ministres parmi les Jefferies, abandonne tout un royaume à leurs fureurs; les plus généreux efforts pour mettre un frein au despotisme et rétablir l'autorité des lois, conduisent à la mort les auteurs d'une si sainte entreprise. Lord Russel et Algernon Sidney meurent sur l'échafaud. Jacques II, illustré par quelques succès à la guerre, avait été l'instigateur des fautes de Charles II, qui s'était vu forcé lui-même d'éloigner un prince suspect à la nation. Cependant, malgré les bills d'exclusion portés contre lui par la nation, Jacques parvint à la couronne. Sa destinée l'appelait à ruiner sans retour la maison des Stuarts. Le stathouder Guillaume III conçut le dessein de régner sur l'Angleterre, en paraissant lui rapporter la liberté. Il parvint sans peine à son but, et prit la place de Jacques avec une fille impie qui occupa sans pudeur le trône de son père. Guillaume régna avec une autorité qu'il chercha vainement à rendre illimitée. Rien de plus sage et de plus habile que la conduite du parlement, qui, convaincu de la grandeur des services de Guillaume, mit autant d'ardeur à le soutenir que de constance à lui refuser tous les moyens d'opprimer la liberté. C'est ainsi que les chambres, au lieu de lui accorder l'augmentation de l'armée, la réduisirent à dix mille hommes, et le forcèrent à renvoyer ses gardes hollandaises, dont la présence offensait une nation jalouse de ses droits. Ce prince était nécessaire à l'Angleterre : la nation le sentit; mais elle ne se précipita point dans la servitude par l'excès d'une imprudente reconnaissance. L'usurpateur, près de mourir, excita, après une harangue noble et touchante, l'admiration des Anglais, en s'empressant de sanctionner plusieurs bills favorables aux droits des citoyens. L'ennemi des hommes qui ne voulaient pas se laisser corrompre, le prince soupçonné d'être parvenu au stathoudérat par un crime, le rival constant de Louis XIV, le politique capable de remuer toute l'Europe, l'ambitieux qui n'avait pu se passer d'une couronne, et qu'on avait vu détrôner son beau-père par la force des armes, mourut tranquille, puissant et heureux, si on peut l'être avec un caractère tel que le sien.

En France, Marie de Médicis est régente; on la voit signer un traité d'alliance avec l'Espagne, renvoyer Sully, le grand homme du règne de Henri IV, et prodiguer les honneurs à un aventurier italien. Concini, tout-puissant par sa femme, tombe assassiné. En étant réduit à se défaire d'un parvenu de la veille par un assassinat, comme Henri III avait fait pour Henri de Guise, on montrait ce que l'autorité royale était devenue dans des mains faibles et incertaines. Les querelles et les raccommodements de Marie de Médicis avec Louis XIII, l'insolence des grands qui sont des rois dans les provinces; le soulèvement des protestants, commandés par Benjamin de Rohan; les affronts des armes royales sous le favori de Luynes, devenu connétable et chancelier, c'est-à-dire successeur de Duguesclin et de l'Hôpital; une paix achetée, plutôt que conquise, occupent quelques années. Marie de Médicis reparaît à la tête des affaires; Richelieu, qui la gouverne, se glisse furtivement dans la route que sa protectrice lui fraye vers le pouvoir. Louis XIII, retenu par son aversion pour le cardinal, refuse d'abord de se donner un maître; mais sa faiblesse le soumet au joug qu'on lui présente. Richelieu, chef du gouvernement, impose à la cour de Rome, accorde aux réformés une paix qui n'est qu'une trêve, brave les grands, et profite d'une nouvelle révolte de Rohan pour abattre le boulevard du calvinisme. La Rochelle, défendue par un maire héroïque, mais abandonnée de Buckingham et du trop faible Charles Ier, qui commit alors une double trahison, cède aux tourments d'une famine affreuse, encore plus qu'aux armes de Louis XIII et de Richelieu. Le grand ministre déjoue les intrigues d'une cour frémissante sous une domination de fer, fonde l'Académie française, pour détourner de la politique les esprits indépendants; traite avec Gustave-Adolphe, soutient les protestants, fait arrêter sa bienfaitrice, Marie de Médicis qui brouillait l'État, et chasse de France Gaston, frère du roi, le plus lâche des rebelles. Bientôt tous les adversaires du premier ministre sont morts dans l'exil. Plus libre et plus hardi dans sa marche, il veut exécuter les plans de Henri IV, déclare la guerre à l'Autriche, et devient l'arbitre de l'Allemagne.

Mais la fortune change; des revers, des complots, mettent en danger la gloire et les jours du cardinal; l'audace du crime manque à Gaston : son ennemi échappe au poignard; la France triomphe en Picardie et en Alsace; une autre révolte, un autre projet d'assassinat échouent. Couvert du sang des Montmorency, des Marillac, Richelieu assouvit sa vengeance par la mort du favori Cinq-Mars, lâchement trahi par Louis XIII, et du vertueux de Thou, coupable de n'avoir pas révélé une confidence de l'amitié. Tel fut le dernier plaisir de l'implacable cardinal : les deux victimes immolées, il mourut paisible et satisfait, comme un juste qui n'aurait pas un compte à rendre devant le Dieu de clémence qu'il avait outragé par tant de barbaries. Ce grand coupable inspire souvent de l'horreur; mais il a rendu pourtant les plus grands services à la patrie. Louis XIII n'eut guère que le temps de se réjouir de la mort du tyran devant lequel il avait si humblement abaissé la majesté royale. Ce prince despotique, distingué toutefois par le courage guerrier, ne fut que l'esclave de son ministre.

De grands changements devaient suivre le règne violent du cardinal-roi; mais Mazarin se laissa maladroitement enlever toutes ses positions. La régence fut méprisée, malgré les triomphes du génie de Condé. Les dilapidations et le contrôleur des finances Eymery rendirent le gouvernement si odieux, que l'année même du traité de Munster vit naître les barricades et la Fronde. Il n'y eut rien d'élevé dans cette révolte des *talons rouges*. Qu'attendre, en effet, d'un Gaston livré à des conseils corrompus; d'un Longueville, gouverné par sa femme; d'un Conti, *espèce de zéro qui ne multipliait que parce qu'il était prince du sang*; d'un Beaufort, *digne en tout du titre de roi des halles*. Le grand Condé lui-même fut au-dessous de sa renommée : l'homme rabaissa singulièrement le héros. Des femmes célèbres par leurs galanteries et dominées par le démon de l'intrigue, eurent seules le mérite de la fidélité politique, lorsque tant de gens étaient à vendre. Le parlement, où régnaient encore quelques vertus antiques, mais peuplé d'esclaves secrets de la faveur et de la crainte, cherchait à se populariser en refusant d'enregistrer les impôts. Au milieu de cette corruption, Mathieu Molé, plus brave peut-être que le vainqueur de Rocroi, aimait sa patrie comme un Romain aimait la sienne; mais il ne sut la servir ni en homme d'État qui veut modérer le pouvoir dont il est l'appui, ni en citoyen qui aide une nation à faire des conquêtes légitimes. Pour jouer ce beau rôle, la vertu seule manquait au cardinal de Retz. Gondi unissait le génie, l'audace et les talents variés d'un chef de parti, à l'esprit des affaires. Il pouvait être le sauveur de la France; mais il oubliait sa patrie pour sa faction : il prit du bruit pour de la gloire, et ne fut qu'un courtisan rebelle, qui devait expier tôt ou tard le crime d'avoir fait trembler ses maîtres. Mazarin, malgré toute sa finesse italienne, n'eut pas le temps de se mettre en garde; il ne sut opposer que de maladroites fourberies à l'audace de la conspiration et à la colère du peuple, qui marchait sous les enseignes du coadjuteur. La cour par d'autres fautes grossières, fit de Condé un nouveau connétable de Bourbon; elle jeta le héros de Lens dans les rangs espagnols. Pendant huit mortelles années, le sang des deux nations coula, parce que l'une d'elles avait pour ennemi un héros mécontent, pour régente une femme perfide, pour ministre un homme faible et décrié. Les traités de Westphalie et l'acquisition de l'Alsace demandent grâce pour toutes les bassesses de ce ministre, l'élève, la créature et quelquefois le rival de Richelieu. Il n'y eut point de Louis XIV sous Mazarin. Le roi ne paraît qu'à la mort du ministre; mais il paraît tout entier. On voit tout à coup un jeune prince qui est le dieu d'une cour magnifique, une étiquette sévère, des fêtes à côté de la misère publique, les savants de l'Europe adoptés par une munificence jusqu'alors sans exemple, la fondation des académies destinées à célébrer ou à représenter les merveilles du nouveau règne, la violation audacieuse du sanctuaire des lois, des adultères consacrés par une espèce de culte, et mêlés au respect des bienséances religieuses. Malgré son amour ardent pour les plaisirs, le prince ne se montre pas moins appliqué aux affaires. L'industrie commence à être en honneur; la marine militaire prend des accroissements inattendus; à côté de la création de la police, instrument d'ordre et de tyrannie, de sages ordonnances se publient; l'invasion de la Franche-Comté, bientôt soumise, ajoute un nouveau fleuron à la couronne de Condé. L'Europe étonnée s'éveille; l'Espagne, la Hollande, l'Angleterre, se réunissent; le fier monarque effrayé s'arrête et reçoit la paix du bourgmestre hollandais Van-Beuning, qui force la France à rendre l'un des fruits de sa conquête. Telle est l'histoire des sept premières années du grand règne.

S'il s'éleva jamais une guerre injuste, ce fut celle de Hollande; Louis y prodigua son or et le sang de ses sujets, et fit preuve de calme, d'activité, de ressources. Heureux ce prince, s'il avait pu se contenter alors de la gloire d'être devenu l'arbitre de l'Europe! Le traité de Nimègue ne fut qu'une trêve qui servit de prétexte à des usurpations. Deux ans ne s'étaient pas écoulés que l'attitude hostile de Louis XIV avait réuni toutes les puissances contre lui. Comment ne pas s'alarmer, lorsqu'on le voyait s'emparer de Strasbourg et de Trèves, fonder Brest et Toulon, parcourir les mers avec cent vaisseaux de ligne, faire trembler la Méditerranée, Alger, Gênes, la cour de Rome; ôter Avignon au pape? Malheureusement Louis XIV commençait à dégénérer, et un million de Français, chassés de France par la révocation de l'édit de Nantes, allaient cimenter la ligue d'Augsbourg, tandis que la nation malheureuse voyait de loin avec douleur les fêtes de Marli et de Trianon.

Un moment la mer fut à nous, grâce à Tourville, à Du Quesne, au maréchal d'Estrés, à Jean Bart; sur le continent, les flammes du Palatinat éclairaient les premiers succès des quatre cent cinquante mille soldats conduits par Turenne, les deux Vendôme, Boufflers, Luxembourg et Catinat. La guerre n'est qu'un enchaînement de victoires; mais bientôt Louis ne paraît plus à la tête de son armée; nous avons perdu Luxembourg; Louvois manque à l'administration; nos ports sont insultés et bombardés par les Anglais; des échecs compromettent l'honneur de notre marine : l'étoile de la France pâlit; la famine dévore ce que la guerre a épargné; on cherche en vain un Colbert pour réparer la misère publique; enfin la paix de Riswick, non moins nécessaire aux vainqueurs qu'aux vaincus, arrête l'effusion du sang. Le monarque, placé désormais sous l'influence de la veuve de Scarron, devenue marquise de Maintenon, et, à ce que l'on croit, marié secrètement avec cette femme, qui n'avait point les qualités nécessaires pour relever et soutenir cette âme un moment abattue, mais non pas sans ressort, se vit obligé de reconnaître le roi Guillaume, d'abandonner Jacques II, son trop indigne compétiteur, et de restituer des conquêtes achetées par des flots de sang, sur tous les champs de bataille de l'Europe.

Pendant le cours de ces grands débats entre les princes que la guerre occupait presque tout entiers, les paisibles progrès de la science ouvrirent par les plus belles découvertes une route nouvelle au génie du calcul, de la physique et de l'astronomie. L'Anglais François Bacon, l'un des esprits les plus vastes qui aient jamais existé, conçut la pensée hardie de refondre le système des connaissances humaines, et posa les bases d'une classification que d'Alembert et Diderot ont développée dans le discours préliminaire de l'Encyclopédie. Père de la philosophie expérimentale, Bacon entrevit toutes les découvertes qui devaient illustrer les Galilée, les Torricelli, et Newton lui-même. Moraliste profond, antiquaire érudit, écrivain toujours énergique, mais souvent obscur, ce *serviteur de la postérité*, comme il s'appelait lui-même, mourut en laissant après lui un nom illustre, mais obscurci par quelques taches qui s'effacent chaque jour dans l'éclat d'une gloire que le consentement unanime des siècles ne cessera pas d'accompagner dans l'avenir.

En Italie, Galilée Galilei démontrait les lois de la pesanteur, inventait le thermomètre et le compas de proportion, faisait de brillantes découvertes sur les propriétés des aimants, et semblait voir de nouveaux cieux avec le télescope dont il était l'inventeur. Galilée annonça le mouvement de la terre autour du soleil immobile. Pour prix de cette admirable révélation, on jeta des fers à cet homme auquel on devait offrir des couronnes. Rome, où il fut entraîné, le força d'abjurer en ces termes : « *Moi, Galilée, dans la soixante-dixième année de mon âge, étant constitué prisonnier, et à genoux devant vos éminences, ayant devant mes yeux les saints Évangiles que je touche de mes propres mains... j'abjure, je maudis et je déteste l'erreur et l'hérésie du mouvement de la terre...* » Rendu à une tardive liberté, devenu aveugle, ce grand martyr de la science eut le bonheur de se voir revivre dans de célèbres disciples; son bien-aimé Castelli, Viviani, le modeste Torricelli, inventeur du baromètre. Parmi nous un beau génie marchait dans la même voie que Bacon et Galilée. En proclamant la puissance féconde du doute raisonné, Descartes frappait d'un coup mortel la philosophie défigurée d'Aristote, écrivait son livre de la Méthode, et publiait ses admirables découvertes en mathématiques. Emporté par l'ardeur de son génie, perdu dans les tourbillons, il eut cependant la gloire unique d'être le maître de Pascal, de Bossuet, de la savante école de Port-Royal, et d'avoir jalonné la route par laquelle devait s'avancer l'esprit humain.

C'est au milieu de ce siècle que l'Angleterre enfanta Isaac Newton. Dès son enfance il laissa voir clairement ce qu'il deviendrait un jour. « On pouvait, dit Fontenelle, appliquer à Newton ce que Lucien dit du Nil, dont les anciens ne connaissaient point la source, puisqu'il n'a pas été permis aux hommes de voir le Nil faible et naissant. » Ce mot heureux, quoiqu'il contienne une hyperbole, approche toutefois de la vérité. Après avoir lu Descartes, Keppler, Wallis, Newton découvrit le binôme auquel il a donné son nom; la réfraction de la décomposition de la lumière. Il mit le comble à sa gloire par la découverte du système du monde, qu'il publia en cédant aux instances de Halley. Un accident déplorable (1) porta une atteinte affreuse à ce grand et immortel génie qui cessa de produire à quarante-cinq ans! L'illustre ami de Halley, le chef de la grande société des sciences de Londres, revenu à la santé, eut de violentes et tristes discussions avec le savant Leibnitz, l'un des plus grands et des plus beaux génies dont puisse s'honorer l'Allemagne. Aussi modeste qu'il était grand, Newton disait de lui-même : « Il me semble » que je n'ai pas été autre chose qu'un enfant jouant » sur les bords de la mer et trouvant tantôt un caillou » un peu plus poli, tantôt une coquille un peu plus » agréablement variée qu'une autre, tandis que le » grand océan de la vérité s'étendait inexploré. » A côté de cet homme incomparable la Hollande plaçait Huygens; l'Allemagne, Wolf, Keppler et Leibnitz; la Suisse, les deux Bernoully; la France Descartes, le père de presque toute l'école scientifique; Descartes bientôt suivi de Pascal, ce profond et sublime génie qui, à l'âge de douze ans, avec des barres et des ronds, avait créé les mathématiques. Dans ce temps la sérieuse et méditative Allemagne, encore tout agitée du mouvement d'indépendance imprimé aux esprits par Luther, combattait à la fois avec la plume et avec l'épée les doctrines religieuses des catholiques romains et l'ambition de Louis XIV. Alors, en Hollande, le réfugié Saurin, irrité de l'idolâtrie de la France pour ce prince, et devenu plus éloquent par le sentiment des malheurs de sa patrie adoptive si injustement attaquée par l'orgueilleux monarque, le représentait comme un fléau de Dieu, tandis que le savant et généreux Grotius, autre ennemi de Louis, publiait, parmi plusieurs productions importantes, et sous le titre de *Droit de la guerre et de la paix*, un véritable traité du droit de la nature et des gens que Pufendorf, son disciple, n'a point surpassée. Retiré dans la patrie de ces deux illustres publicistes,

(1) L'incendie d'un de ses manuscrits.

véritable arsenal de toutes les armes politiques forgées contre Louis XIV, Pierre Bayle sapait par le doute les fondements de ce qui ne lui semblait pas démontré. Les deux premiers préparaient la venue de Montesquieu; l'autre était le précurseur de l'école encyclopédique du dix-huitième siècle.

Le théâtre reconnaissait les lois de cinq hommes de génie, Lope de Vega, Shakespeare, Corneille, Racine et Molière. Le premier, véritable prodige de fécondité et reconnu pour maître par l'école allemande, fonda le théâtre espagnol; le second eut un génie inculte et puissant, barbare et sublime; le troisième a créé la scène française, et a fait ce que Shakespeare n'aurait jamais pu faire, des chefs-d'œuvre où la raison marche toujours d'accord avec le génie. Sans Corneille, peut-être nous n'aurions pas eu de Racine, et par conséquent ni *l'Iphigénie en Aulide*, ni *Athalie*. Qu'on juge de la hauteur du rang occupé par le maître, puisque, malgré ces deux belles productions, l'élève est accusé d'avoir diminué les proportions de la tragédie. Philosophe comme Montaigne, contemplateur comme Pascal, mais sans vertiges, plus habile observateur du cœur humain que La Bruyère, Molière, au jugement même de Boileau, l'emporta sur tout son siècle. Au temps de ces grands hommes et avant l'éclat de leur gloire, la Hollande possédait Vondel, à la fois célèbre dans la tragédie, l'ode et la satire; Vondel, le créateur de la langue poétique et du théâtre dans son pays.

L'Angleterre n'avait ni La Bruyère ni Pascal; elle ne possédait ni le Molière du *Tartufe*, ni cet autre Molière qu'on nomme Lafontaine; mais elle mettait en face de Boileau, le législateur de notre Parnasse, deux aristarques habiles et un émule d'Homère dans Addison et Pope; si le Français surpassait ces deux oracles de la critique, ces deux favoris des Muses par la pureté du jugement, l'excellence du goût, et aussi par la désespérante perfection du style dans certaines parties de ses ouvrages, leur patrie était justement fière de son Dryden; mais surtout elle pouvait nous porter le défi de lui présenter un poète épique digne d'entrer en parallèle avec Milton, le frère du Dante par la profondeur du génie, le rival d'Homère, qu'il surpasse quelquefois, avec la Bible et les Prophètes.

L'éloquence avait eu de grands orateurs en Allemagne, en Hollande, en Angleterre pendant le dix-septième siècle : représentée chez nous par quelques avocats célèbres, elle ne produisait vraiment des miracles qu'à la tribune évangélique, qui empruntait au ciel le droit de tout dire aux maîtres de la terre. Même dans son *Télémaque*, où il introduit les divinités de la fable, Fénelon est encore un ministre de la religion qui instruit les rois. Bossuet, son rival, a donné à l'histoire une majesté, un ton d'autorité qu'elle n'a pas même dans Tacite. Sans atteindre les hautes proportions du génie, Mainbourg, Balzac, Hardouin de Péréfixe, le père d'Orléans, le savant Boulainvilliers, Daniel, Rapin Thoiras, Mézeray, Lemaire, Tilmont, Fleury, auteur de *l'Histoire de l'Église*, le cardinal de Retz, Saint-Réal, n'en ont pas moins marqué leur place et obtenu l'estime publique. A côté d'eux, les deux Arnaud, De Sacy, Lancelot, Lemaistre et d'autres encore illustrèrent cette grande et sévère école de Port-Royal qui a doté l'instruction publique de tant de beaux ouvrages, formé tant d'écrivains parmi lesquels il faut citer Racine. L'érudition avait des obligations immenses à dom Calmet, à Mabillon, à Ducange, à Montfaucon; la langue et la grammaire à Balzac, à Leven de Templery, précurseur de Dumarsais, à Girard, l'auteur des *Synonymes*, à l'abbé d'Olivet, à Saint-Évremont même, malgré ses défauts qu'on a trop exagérés, et à tous les grands écrivains de l'époque; les lettres reconnaissantes citaient le père Bouhours, Dacier et son illustre compagne, fille du savant Lefèvre, Le Bossu, l'abbé Dubos, Lamotte-Houdard, engagé avec Perrault dans la fameuse querelle de la supériorité des anciens sur les modernes. La philosophie avait pour représentants Mallebranche, le plus profond des esprits méditatifs qui ait jamais écrit, Gassendi et Bernier, qui renouvelaient la philosophie d'Épicure, et formaient une école fréquentée par Lafontaine, par Chaulieu et entrevue par Voltaire. Sur la fin du siècle, Locke, en Angleterre, consommait la révolution commencée par Gassendi et Bacon; l'Espagne admirait et persécutait Quévédo y Villegas, homme presque universel en littérature, et le premier des romanciers de son pays, après l'immortel Cervantes.

L'Italie, comme épuisée par ses enfantements du seizième siècle, ne tenait plus le sceptre de la poésie et des beaux-arts; elle n'avait plus d'Arioste, ni de Tasse, ni Raphaël, ni Michel-Ange, mais elle possédait encore des peintres éminents. Salvator-Rosa, génie sombre et hardi, représentait l'incrédule saint Thomas, la pythonisse d'Endor et l'ombre de Catilina redemandant à ses conjurés le serment fatal; le Guerchin montrait l'ardent et fougueux saint Jérôme qui se réveille au bruit de la trompette du jugement dernier; le trop fécond Ribera, dit l'Espagnolet, retraçait le martyre de saint Janvier; l'Espagnol Murillo, élève de Michel-Ange, de Caravage, égalait peut-être Raphaël dans *Sainte Élisabeth de Hongrie* et *l'Adoration des Bergers*. Dans les Pays-Bas, Rubens fondait l'école flamande, prodiguait les chefs-d'œuvre, parmi lesquels l'admiration générale élève au premier rang une *Descente de croix*, que les connaisseurs placent à côté de *la Transfiguration*; Rubens mourant léguait à sa patrie des élèves dignes de lui, le grand peintre Van-Dyck, Diepenbeck, Sneyders, Jacques Jordaens, Érasme Quittinus, Gérard Seghers. Sans être aussi riche en artistes du premier ordre, la France possédait Lebrun, auteur de compositions de la plus belle ordonnance; Lesueur, que l'on dirait un cénobite inspiré par le cloître pour reproduire avec une admirable vérité les merveilles de la vie de saint Bruno, et enfin le philosophe des peintres, le Poussin, qui osait représenter sur une toile étroite l'immensité de la scène du déluge. Dans un genre moins élevé, Mignard a laissé une réputation. Antérieur à tous ces peintres français, plus naïf et plus simple, Philippe de Champagne a peint des portraits dignes d'être placés à côté des toiles de Van-Dyck.

Au moment où la sculpture dégénérait en Italie, la France produisait Pierre Puget, peintre, sculpteur, constructeur de vaisseaux, architecte, admiré par le chevalier Bernin. Le ciseau créateur du Puget enfantait le groupe colossal de *Milon*. Prié par Louvois, au nom de Louis XIV, de faire un pendant à ce chef-d'œuvre, Puget répondit au ministre : « Je suis dans ma soixantième année; mais j'ai des forces et de la vigueur, Dieu merci! pour servir encore longtemps. Je suis nourri aux grands ouvrages; je nage quand j'y travaille, et le marbre tremble devant moi. »

Puget, quoique vieux, mourut avec son génie tout entier. Le bas-relief de la peste de Milan semble sorti de la main d'un jeune homme dans la fougue du génie. Après le Puget, brillaient Girardon, auteur du tombeau de Richelieu, et Coustou, auquel on doit quelques beaux marbres qui révèlent malheureusement la décadence de l'art. Dans la gravure, les connaisseurs mettent hors de ligne Gérard Edeling, graveur de génie, Audran (Gérard), l'artiste qui a le mieux conservé à l'histoire toute sa sévérité; Picard (Bernard), qui excellait à reproduire le style de Rembrant et du Guide, et Nanteuil (Robert), célèbre par d'admirables portraits. De simples orfèvres, tels que Claude Ballin et Pierre Germain, ont mérité d'être mis au rang des plus célèbres artistes par la beauté de leur exécution et par l'élégance de leur dessin. Dans l'architecture, les deux Mansard et Perrault, auteur de la colonnade du Louvre, vivent et vivront dans la mémoire des artistes. Lenôtre et La Quintinie perfectionnaient en même temps l'art des jardins.

La France du dix-septième siècle avait pris, comme on en peut juger, le rôle de l'Italie au seizième siècle; la France donnait l'impulsion à toute l'Europe dans la culture des arts du génie; mais ses grands écrivains ont surtout mérité une louange particulière. Tous aimaient l'art avec passion, étudiaient la nature avec bonne foi; les yeux toujours fixés sur la postérité, ils travaillaient avec conscience, et, comme Alexandre, ils voulaient mériter la gloire et non la dérober.

Dix-huitième Siècle.

MORCEAUX RELIGIEUX.

DE NEUVILLE.

INCONVÉNIENTS DE LA GRANDEUR.

La grandeur humaine n'est qu'un brillant esclavage, qu'une servitude déguisée. Homme ambitieux, insatiable d'honneurs et de crédit, quel démon ennemi de votre repos guide vos pas dans la carrière pénible où vous marchez ? Qu'il vous en coûtera pour parvenir à ces rangs élevés que la cupidité souhaite ! Il vous en coûtera bien davantage pour en soutenir le poids. Victime dévouée aux besoins publics, à la conservation de votre fatale grandeur, dans quel tumulte, dans quel agitation couleront vos jours toujours enviés et toujours à plaindre? Vous vous donnez presque autant de maîtres et d'ennemis que vous acquérez de sujets et d'esclaves; ils vous importuneront par leur assiduité; ils vous fatigueront de leurs demandes et de leurs vœux intéressés; ils vous rebuteront par leur indocilité, par leurs caprices; ils vous alarmeront par leurs intrigues. Des rivaux et des concurrents à redouter par leurs vices, encore plus à craindre par leur mérite et par leurs talents; des maîtres, des protecteurs que quelquefois on contente d'autant moins qu'on les sert mieux; des courtisans, des flatteurs dont la feinte amitié, toujours prête à trahir la vôtre, aspire à vos bienfaits et dédaigne votre cœur. Cour des rois, centre de la grandeur mondaine ; là règnent cette cupidité insatiable qui, du bonheur d'un seul, fait une infortune publique; les défiances timides qui changent le jour le plus pur, le plus serein ,.dans un jour de nuage et de tempête ; les joies fausses et commandées , plus pénibles, plus douloureuses que les chagrins qu'elles cachent. Autour du trône se rassemblent de toutes parts les soupçons dévorants, les craintes pâles et tremblantes, les espérances inquiètes, les repentirs amers, les ennuis sombres, les haines dissimulées, les amitiés perfides.

Pressé par les flots tumultueux de tant de passions qui l'environnent, le grand paie bien cher les hommages qu'il reçoit par les soins qui l'agitent ; jusque sur l'autel où cette idole est honorée par tant de sacrifices, elle n'est pas plus tranquille que le sacrificateur et les victimes. Écouter tout, pourvoir à tout, remédier à tout, prévenir tout, toujours penser, toujours agir, toujours craindre et trembler, c'est ainsi qu'il faut acheter la grandeur aux dépens de son repos, et renoncer à soi-même, pour avoir la vaine satisfaction de commander aux autres.

Anne-Joseph-Claude Frey de Neuville, jésuite, naquit, en 1693, au diocèse de Coutances. Estimé de bonne heure pour sa piété, il perfectionna son éducation en se consacrant dix-huit ans à l'instruction de la jeunesse, et parut avec éclat dans la chaire, en 1736. Pendant trente ans il obtint les plus beaux succès, et se plaça ainsi au rang des premiers prédicateurs du dix-huitième siècle. Quand la société de Jésus fut dissoute, le père de Neuville se retira à Saint-Germain-en-Laye, où il mourut en 1774. Les œuvres de cet éloquent jésuite renferment des sermons, des panégyriques, des oraisons funèbres, des méditations, etc. L'abbé Maury a apprécié avec bonheur le talent de cet orateur. Voici ce qu'il en dit :

« Je ne saurais résister ici à l'occasion d'arrêter un moment mes regards sur le plus remarquable et le plus célèbre prédicateur de cette époque, sur celui qu'on regardait, je ne sais pourquoi, comme l'héritier de Massillon, avec lequel il n'avait absolument rien de commun, et qui a joui dans cette capitale d'une vogue extraordinaire, pendant quarante années consécutives. C'est du père de Neuville que je veux parler. On croyait assez généralement alors, et peut-être n'était-ce pas sans quelque fondement, qu'il était né avec du génie. Je ne le contesterai point, pourvu qu'on avoue que ce n'était certainement pas celui de l'éloquence. Il connaissait très-bien la religion : il la voyait même quelquefois en grand ; et quoiqu'il nous ait laissé très-maladroitement, comme un tour de force peut-être, un sermon peu digne de lui, sur l'*Humeur*, il eut la sagesse et la gloire d'échapper à la contagion presque universelle, en traitant tous les anciens et vrais sujets de la chaire chrétienne. Il avait de l'étendue, quelquefois même assez d'élévation dans l'esprit, des aperçus nouveaux, du trait et même de la précision, comme par exemple quand il dit, dans son oraison funèbre du cardinal de Fleury, où il fit un portrait ingénieux de la cour, que *les heureux n'y ont point d'amis, puisqu'il n'en reste point aux malheureux :* il montrait aussi de la clarté et quelque profondeur dans le raisonnement : mais c'est pour avoir eu trop la manie de l'esprit, qu'il n'a que de l'esprit, un esprit sautillant et discord, si l'on peut parler ainsi, et qui fatigue ses lecteurs par une superfétation de pléonasmes, autant que la rapidité étouffante de son débit et ses interminables énumérations suffoquaient son auditoire, auquel il ne laissait pas le temps de respirer. »

BRIDAINE.

EXORDE D'UN SERMON PRONONCÉ A SAINT-SULPICE, EN 1751.

A la vue d'un auditoire si nouveau pour moi, il semble, mes frères, que je ne devrois ouvrir la bouche que pour vous demander grâce en faveur d'un pauvre missionnaire, dépourvu de tous les talents que vous exigez quand on vient vous parler de votre salut. J'éprouve cependant aujourd'hui un sentiment bien différent ; et si je me sens humilié, gardez-vous de croire que je m'abaisse aux misérables inquiétudes de la vanité : comme si j'étois accoutumé à me prêcher moi-même ! A Dieu ne plaise qu'un ministre du Seigneur pense jamais avoir besoin d'excuse auprès de vous ! Car, qui que vous soyez, vous n'êtes tous comme moi, au jugement de Dieu, que des pécheurs. C'est donc uniquement devant votre Dieu et le mien que je me sens pressé en ce moment de frapper ma poitrine. Jusqu'à présent j'ai publié les justices du Très-Haut dans les temples couverts de chaume. J'ai prêché les rigueurs de la pénitence à des infortunés dont la plupart manquoient de pain ! J'ai annoncé aux bons habitants des campagnes les vérités les plus effrayantes de ma religion ! Qu'ai-je fait, malheureux ! J'ai contristé les pauvres, les meilleurs amis de mon Dieu, j'ai porté l'épouvante et la douleur dans ces âmes simples et fidèles que j'aurois dû plaindre et consoler ! C'est ici, où mes regards ne tombent que sur des grands, sur des riches, sur des oppresseurs de l'humanité souffrante ou sur des pécheurs audacieux et endurcis, ah ! c'est ici seulement, au milieu de tant de scandale, qu'il falloit faire retentir la parole sainte dans toute la force de son tonnerre, et placer avec moi dans cette chaire, d'un côté, la mort qui vous menace, et de l'autre, mon grand Dieu qui doit vous juger. Je tiens déjà dans ce moment votre sentence à la main. Tremblez donc devant moi, hommes superbes et dédaigneux qui m'écoutez ! L'abus ingrat de toutes les espèces de grâces, la nécessité du salut, la certitude de la mort, l'incertitude de cette heure si effroyable pour vous, l'impénitence finale, le jugement dernier, le petit nombre des élus, l'enfer, et pardessus tout l'éternité ! l'éternité ! voilà les sujets dont je viens vous entretenir, et que j'aurois dû sans doute réserver pour vous seuls. Eh ! qu'ai-je besoin de vos suffrages, qui me damneroient peut-être avec vous sans vous sauver ? Dieu va vous émouvoir, tandis que son indigne ministre vous parlera ; car j'ai acquis une longue expérience de ses miséricordes. C'est lui-même, c'est lui seul, qui, dans quelques instants, va remuer le fond de vos consciences. Frappés aussitôt d'effroi, pénétrés d'horreur pour vos iniquités passées, vous viendrez vous jeter entre les bras de ma charité, en versant des larmes de componction et de repentance ; et à force de remords vous me trouverez assez éloquent.

Jacques Bridaine, plus connu sous le nom du père Bridaine, naquit, en 1701, près d'Uzès, dans le petit village de Chuselam. Ses parents, qui le destinaient à la prêtrise, le placèrent au collége des jésuites d'Avignon. Au sortir de ses humanités, Bridaine fut chargé d'apprendre le catéchisme aux enfants dans plusieurs églises, et le zèle qu'il déploya dans cette humble fonction lui valut bientôt le diaconat. Après une première mission dans quelques villages, l'évêque d'Uzès l'envoya tout à coup, malgré ses refus, à Aigues-Mortes, ville du diocèse de Nîmes, qui manquait alors de prédicateur. Bridaine y arriva à pied, un bâton à la main, portant avec lui un peu de linge, trois sermons écrits, et son bréviaire.

A la vue de ce jeune homme si pauvre, les habitants d'Aigues-Mortes témoignèrent leur mécontentement, et refusèrent de l'écouter. Le mercredi des Cendres, Bridaine attendit vainement des auditeurs dans la principale église ; il n'en vint qu'un très-petit nombre. Alors, saisi d'un zèle dont on n'avait pas eu d'exemple encore, il sort du temple, en commandant aux assistants de le suivre, et, saisissant une sonnette qu'il agite avec violence, il parcourt ainsi les rues et les carrefours. A ce spectacle, chacun s'arrête, la foule s'amasse, se précipite sur ses pas, et rentre avec lui dans l'église. Alors Bridaine monte en chaire, il entonne un cantique sur la mort, et pour toute réponse aux éclats de rire qu'il excite, il se met à paraphraser le terrible sujet de son cantique avec une telle énergie, qu'il fait bientôt succéder à la dérision le silence et l'épouvante.

Une autre fois, à la fin de l'un de ses discours, Bridaine fait placer ses auditeurs sur deux rangs ; puis, se mettant à leur tête : « Maintenant, mes frères, leur dit-il, je vais vous conduire chacun chez vous. » Entonnant alors un cantique, il sort de l'église, conduisant ainsi la foule processionnellement. Cependant chacun d'eux, voyant dépasser sa demeure, se demande : « Où allons-nous?... » Le père Bridaine marche toujours. Enfin, après avoir traversé plusieurs places et plusieurs rues, on arrive subitement à un cimetière. Bridaine fait ouvrir les portes, et, montant sur une éminence : « Je vous l'avais bien dit, chrétiens, s'écria-t-il, que j'allais vous conduire chez vous. Vous êtes en ce moment dans votre inévitable domicile, etc., etc. » On conçoit combien, dans un pareil lieu, une semblable allocution, prononcée d'une voix tonnante, devait produire d'effet. Aussi, durant plus de deux cent cinquante missions prêchées dans tous les lieux de la France, Bridaine vit-il les populations accourir sur ses pas.

Voici l'appréciation du talent de cet orateur par M. Saint-Marc Girardin, dans son cours de la Sorbonne :

« A côté de ce que j'appellerai l'éloquence lettrée et classique des sermonnaires, tels que Bossuet, Bourdaloue, Massillon, il serait facile de trouver en France une série de prédicateurs populaires et familiers, qui ont prêché la religion avec plus d'autorité, d'efficacité peut-être même, que les sermonnaires que nous admirons. Cette chaîne, que je ferai commencer au quatorzième siècle, avec les prédications familières et souvent burlesques de Maillard, de Ménot et de Barlete, en Italie, se continue, au dix-septième siècle, dans le petit père André, et se termine enfin, au dix-huitième siècle, avec le père Bridaine.

» Si nous cherchons quelle est la source de l'éloquence de ces hommes du peuple, de ces hommes qui ne se sont que rarement élevés à l'éloquence lettrée, classique, nous trouverons que c'est l'inspiration perpétuelle, le commerce de tous les jours avec l'Écriture sainte. Personne n'a vécu dans le christianisme, dans l'Écriture, dans l'Évangile, aussi profondément, aussi familièrement, aussi intimement que les missionnaires. C'est là leur lecture, leur bréviaire, leur nourriture de tous les jours. Ils en sont en quelque sorte nourris. L'Évangile s'exhale de toutes leurs paroles; on le sent de tous les côtés, et c'est là justement ce qui fait leur mérite et leur supériorité. Le père Bridaine, au dix-huitième siècle, est le dernier représentant de la force et de la grandeur de l'Église. Il lutte avec succès, par sa seule parole, contre tous les écrits de l'école philosophique. C'est le dernier grand homme du clergé; c'est un homme tout à fait à part, un homme fait pour le peuple. Ce n'est pas un orateur chrétien, un prédicateur tel que ceux que nous connaissons dans la chaire; ce n'est pas un prédicateur lettré, qui de temps en temps paraît, soit à Versailles, soit dans les églises de la capitale, prononçant un discours depuis longtemps appris, depuis longtemps célèbre, dont les différentes parties sont, pour ainsi dire, notées d'avance ; c'est un homme qui puise son éloquence, son ascendant dans l'auditoire même, dans le moment, dans la circonstance ; c'est un homme qui s'inspire à la vue d'un immense auditoire ; car ce qu'il voit, ce sont, non pas des hommes qui vont applaudir plus ou moins à sa parole, mais des âmes souffrantes, dont il est responsable, qu'il doit conduire, et que sa parole peut perdre ou sauver, conduire au bonheur ou au malheur éternel. Aussi ce que j'aime dans Bridaine, c'est que c'est un missionnaire de village, de bourg, de petite ville, de campagne, et non un missionnaire de capitale et de fête solennelle. Bridaine est l'homme de tous les jours, de toutes les heures, de tous les dévouements, de toutes les souffrances, et surtout des plus triviales, des plus basses, des plus subalternes. Ce sont celles-là qu'il va chercher, qu'il va consoler; c'est à celles-là qu'il va porter un remède. Tel est le mérite particulier de Bridaine. Au dix-huitième siècle, il aime le peuple, lui : non pas qu'alors ce soit un mérite particulier, un privilége pour Bridaine, d'aimer le peuple ; car à cette époque commence la création de cette abstraction, de cette utopie, qu'on appelle le peuple. Mais ce qu'aime le père Bridaine,

PROSE.

ce n'est pas le mot vague, la personnification, l'idée abstraite ; c'est l'individu ; ce n'est pas le peuple : ce sont les hommes souffrants et malheureux qui composent le peuple ; ce sont les chaumières, qui ne sont visitées que par la misère et rarement par l'aumône. Voilà ce qu'aime Bridaine, voilà ce qu'il va chercher, voilà ce qui lui mérite notre admiration...

» Cet homme a fait deux cent cinquante missions dans sa vie; d'un bout de la France à l'autre, pas un bourg, pas une province qui n'ait retenti de la voix de Bridaine : partout il a consolé, partout il a porté l'aumône et le goût de la prière, partout il a guéri quelques souffrances. Telles ont été les actions de Bridaine.

Voici maintenant ce que l'abbé Maury a écrit de Bridaine, dans son *Essai sur l'Éloquence* :

« L'homme de ce siècle le plus justement prôné parmi les missionnaires français, M. Bridaine, était né avec une éloquence populaire, pleine de verve, d'images et de mouvement. Nul n'a possédé aussi éminemment que lui le rare talent de s'emparer d'une multitude assemblée. Il avait un si puissant et si heureux organe, qu'il rendait croyables tous les prodiges que l'histoire nous raconte de la déclamation des anciens, et il se faisait entendre aussi aisément de dix mille personnes, en plein air, que s'il eût parlé sous la voûte du temple le plus sonore. On remarquait dans tout ce qu'il disait une éloquence naturelle, qui jaillissait des sources du génie ; des élans dont la vigueur agreste découvrait plus de talent et plus d'idée que l'indigence superbe de l'imitation ; des tours naturellement oratoires, des métaphores très-hardies, des pensées brusques, neuves et frappantes ; une élocution très-simple, mais assez noble dans sa popularité ; un art parfait d'exciter et de soutenir l'attention du peuple, qui ne se lassait jamais de l'entendre ; des apologues ingénieux, attachants et quelquefois sublimes; le secret merveilleux d'égayer plaisamment ses auditeurs, et de les faire pleurer à volonté ; l'accent de l'indulgence mêlé aux cris déchirants d'une indignation douloureuse ; tous les caractères d'une riche imagination, des beautés originales et inconnues, que les règles des rhéteurs n'ont jamais devinées ; quelques traits ravissants, parfois même des morceaux entiers traités avec un soin qui tempérait son imagination, et dans lesquels la régularité de sa composition attiédissait heureusement sa chaleur ordinaire...

» Qui ne sent, en lisant et après avoir lu un pareil morceau (l'exorde que nous venons de citer) combien cette éloquence de l'âme est au-dessus des froides prétentions du bel-esprit moderne ? En s'excusant, pour ainsi dire, d'avoir prêché sur l'enfer dans les villages, Bridaine regrettait apostoliquement d'avoir été trop menaçant ou trop sévère au milieu des pauvres et bons habitants des campagnes. Il se mettait, par ce zèle courageux, à sa véritable place ; il prenait hautement sur son imposant auditoire tout l'ascendant qu'il avait à craindre lui-même ; il exerçait, dès son début, toute l'autorité qui appartenait à son ministère, et il préparait ainsi tous les cœurs aux terribles vérités qu'il se proposait d'annoncer. Ce ton mâle et fier avec mesure lui donnait droit de tout dire. Plusieurs personnes dignes d'en juger ont encore présents à leur mémoire quelques traits de son sermon sur l'éternité, où il avait pris pour texte ce verset des psaumes: *Annos œternos in mente habui*, et qui était divisé en trois points : Il y a une éternité ; nous touchons à l'éternité ; nous sommes les maîtres de notre éternité ! Une tradition récente nous a conservé le souvenir de l'effroi prodigieux qu'il répandait dans l'assemblée lorsque, mêlant, selon son usage, des comparaisons frappantes et populaires à des conceptions sublimes, il s'écriait : « Eh ! » sur quoi vous fondez-vous donc, mes frères, pour croire » votre dernier jour si éloigné ? Est-ce sur votre jeunesse ? » — Oui, répondez-vous ; je n'ai encore que vingt ans, que » trente ans. — Ah ! vous vous trompez du tout au tout.

« Non, ce n'est pas vous qui avez vingt ou trente ans : c'est
» la mort qui a déjà vingt ans, trente ans d'avance sur
» vous, trente ans de grâce que Dieu a voulu vous accor-
» der en vous laissant vivre, que vous lui devez, et qui
» vous ont rapproché d'autant du terme où la mort doit
» vous achever. Prenez-y donc garde, l'éternité marque
» déjà sur votre front l'instant fatal où elle va commencer
» pour vous. Eh! savez-vous ce que c'est que l'éternité?
» c'est une pendule dont le balancier dit et redit sans cesse
» ces deux mots seulement, dans le silence des tombeaux :
» Toujours, Jamais! jamais, toujours! Et pendant ces ef-
» froyables révolutions, un réprouvé s'écrie : « Quelle heure
» est-il? » et la voix d'un autre misérable lui répond : « L'é-
» ternité! »

PARABOLE DE LA MORT DU CHRIST.

Dieu réveille en ce moment dans mon esprit le souvenir d'une histoire édifiante, dont vous avez tout autant besoin que moi pour soulager votre piété du récit et du poids de ces horribles profanations. Il y avoit donc, mes frères, très-loin d'ici, dans une ville que je ne dois point nommer, pour ne pas vous faire connoître la partie intéressée; il y avoit, dis-je, un jeune homme d'une très-grande famille, d'une parfaite conduite, de la plus belle espérance, et qui jouissoit dans tout le pays de la meilleure réputation. C'étoit un fils unique connu par son excellent cœur, et qui faisoit la gloire et les délices de ses parents. Il arriva que d'autres jeunes gens de son âge, avec lesquels il n'avoit aucune liaison, se compromirent, de la manière la plus grave, dans une très-mauvaise affaire avec sa propre famille, qui voulut en avoir justice. On leur fit donc leur procès, qui fournit bientôt assez de preuves pour les pouvoir tous condamner à mort. La désolation étoit universelle dans la ville où ils devoient subir leur triste sort au milieu de la place publique. Notre charitable jeune homme en fut touché; et ne voyant point d'autre moyen d'obtenir leur grâce, poussé par son bon naturel, il sut si bien s'y prendre que, par un effort de la générosité la plus extraordinaire, il survint comme partie principale dans ce procès criminel, en se substituant ui-même à cette troupe de malheureux. Ce n'est pas tout : il faut vous dire encore qu'il étoit le fils du seigneur du lieu; il poussa donc la charité jusqu'à se faire charger juridiquement, et à se charger pour son propre fait de la responsabilité du crime qu'ils avoient commis, paroissant ainsi l'unique criminel aux yeux de la justice; de sorte que les juges ne virent plus et ne durent effectivement plus voir que lui seul à poursuivre et à punir.

On l'admira, on le plaignit. Mais la rigueur des formes et la lettre de la loi obligèrent les magistrats de prononcer contre lui, quoiqu'à regret, un arrêt de mort. Ce fut une consternation générale. Le jour de l'exécution est fixé au lendemain. Par une disposition de la Providence, au moment où le bourreau arrive sur la place pour préparer l'échafaud, il est frappé lui-même de mort subite en présence de tout le peuple. On s'écrie sur-le-champ de tous les côtés que c'est une déclaration manifeste du Ciel, et qu'il faut absolument faire grâce au pauvre patient, victime volontaire du dévouement le plus héroïque. Tous les cœurs déchirés poussent à la fois le même cri en sa faveur. Mais tout à coup un autre jeune homme fait entendre sa voix, au milieu de la multitude : c'étoit précisément l'un des complices impliqués dans le même procès criminel, et auquel un si beau sacrifice venoit de sauver la vie. « Personne ne se présente, dit-il, pour dresser l'échafaud : eh bien! je prends sur moi ce soin. Il n'y a point de bourreau! j'en ferai les fonctions, et je me charge du supplice. » Tout le monde frissonna d'horreur, comme nous tous tant que nous sommes ici présents, en entendant une proposition si barbare, que les juges n'étoient pas en droit de rejeter. Il se mit donc à l'œuvre, et la sentence fut exécutée. Vous frémissez, mes frères! A la bonne heure! Mais je suppose que vous me comprenez. Ce jeune homme si intéressant qui vient de mourir en quelque sorte devant vous pour le salut de ses frères, c'est Jésus-Christ en son état de victime toujours vivante dans le sacrement de l'Eucharistie! Et ce bourreau d'office, ce bourreau volontaire, qui est-il? C'est vous tous, pécheurs sacriléges qui m'écoutez. Jésus-Christ votre rédempteur et le mien, s'étoit donné pour vous une seconde vie par le testament, et par le prodige de son amour. Il sembloit pour toujours à l'abri d'une nouvelle mort dans ce tabernacle. C'est vous tous, malheureux Judas, c'est vous qui avez renouvelé son supplice après sa résurrection; c'est vous qui, par vos communions en état de péché mortel, avez dit, sinon en paroles, au moins par le fait, ce qui est pis encore : « Tirez Jésus-Christ du fond de ce sanctuaire où il est caché sous les voiles eucharistiques : livrez-le-moi sur cette table sainte : c'est moi qui vais le crucifier de nouveau ; c'est moi qui veux élever de mes propres mains la croix sur un autre calvaire; c'est moi qui me charge d'être son bourreau. »

Voici le commentaire de l'abbé Maury sur ce morceau :
« Bridaine trouvait dans son zèle même l'art merveilleux de se concilier, de soutenir et de ranimer l'attention de la multitude pendant toute la durée de ses plus longs sermons. Il savait en varier sans cesse le ton et la couleur, pour mieux fixer l'intérêt de son auditoire. A la suite de ses tirades les plus véhémentes et les plus pathétiques, il prenait tout à coup un air calme ; il changeait de marche et de route pour arriver à son but, et ce relâche apparent n'était qu'un nouveau moyen oratoire d'enfoncer plus avant, et de retourner dans tous les sens le trait dont son éloquence cachait et augmentait ainsi la force, en le poussant au fond de tous les cœurs. On verra dans un moment sa théorie en action. Cette espèce de délassement de l'orateur missionnaire préparait ainsi l'auditoire, par un court intervalle de repos, au récit très-adroit et très-intéressant d'une allégorie parfaitement adaptée à son sujet, sans qu'on pût soupçonner jamais son intention, avant le dénoûment de l'espèce de drame dont il se réservait le secret. C'étaient des apologues qu'il tirait d'une allusion ou d'une parabole de l'Écriture, des voyages des missions étrangères, de la *Vie des Saints*, de l'*Histoire ecclésiastique*, de son imagination ou de sa mémoire toujours inépuisable en ce genre si propre à piquer la curiosité des auditeurs, et dans lequel il savait être familier avec éloquence.

» Je peux en citer un exemple qui ne manquait jamais de produire un très-grand effet dans sa conférence sur la communion indigne. Après avoir tonné avec toute la puissance de son zèle et de son organe, contre les sacriléges, il s'arrêtait, il se séparait, pour ainsi dire, de son auditoire, il regardait fixement l'autel en levant ses deux mains jointes ; il semblait absorbé dans le respect et dans la douleur devant le tabernacle. Ce silence frappait encore plus que ses paroles. Il l'interrompait tout à coup, en disant lentement, les yeux fermés, avec cette demi-voix qu'il savait si bien affaiblir, au lieu de la rendre plus sonnante, quand il voulait commander une grande attention : « Les aveugles ! » les ingrats !... que leur dirai-je de plus, s'ils ne partagent » pas d'eux-mêmes les transes de ma foi! ». . . . . . .

» Un prédicateur à la mode se donnerait bien de garde de hasarder un pareil mouvement d'éloquence, si son talent lui en suggérait l'idée ; mais heureusement Bridaine osait être sublime. Ces suppositions oratoires réussissent toujours, et font un merveilleux effet dans la chaire. C'est l'une des parties les plus brillantes de l'abbé Poulle, qui s'enrichissait à propos de ces hypothèses si favorables aux orateurs. Entre autres exemples de son art et de ses succès dans l'heureux emploi de cette figure, on peut voir, dans son sermon sur la parole de Dieu, le parti qu'il sait en tirer, en se demandant à lui-même et en développant ce que pourrait penser du ministère évangélique un sauvage à qui notre religion et notre langue seraient inconnues et qui entrerait tout à coup dans le temple, s'il voulait deviner l'objet du discours par l'émotion du prédicateur et par l'indifférence de l'auditoire : « Cet infidèle, dit-il, ne s'imaginerait- » il pas, en voyant le prédicateur si ému et les auditeurs si » tranquilles, que c'est ici un criminel déjà condamné, » qui tâche par toutes sortes de moyens d'attendrir et de » fléchir une multitude de juges insensibles à son infor- » tune ? » Cet apologue, rendu en quelque sorte magique par l'action de l'orateur, excitait une commotion d'enthousiasme dans l'assemblée. J'en indique ici le trait principal, sans oser en rapporter l'ensemble, si près de la véhémence dramatique de Bridaine, qui en éclipserait trop l'éclat. »

POULLE.

L'INFORTUNE FAIT CONNAITRE LES VRAIS AMIS.

Dans la prospérité, connoît-on les hommes? Je le demande aux grands de la terre. Leur exemple est plus frappant, et donnera plus de force à cette vérité. Vous avez du crédit; le vent de la faveur vous porte, vous élève, vous soutient : n'attendez des hommes que complaisances, soins assidus, louanges éternelles, envie de vous plaire. Vous les prenez pour autant d'amis? Ne précipitez pas votre jugement. Dans peu vous lirez au fond de leur cœur, mais il vous en coûtera votre fortune. Ce moment critique arrive; un revers imprévu hâte votre chute : tout s'ébranle, tout s'agite, tout fuit, tout vous abandonne. — Quoi! ces esclaves toujours attachés à mes pas? — Ils punissent de leurs humiliations passées. — Quoi! ces flatteurs qui canonisoient toutes mes actions? — Vous n'avez pas de quoi payer leur encens : vous n'êtes plus digne qu'ils vous trompent. — Quoi! ces ingrats que j'avois comblés de bienfaits? — Ils n'espèrent plus rien de vous, ils vont vendre ailleurs leur présence et leurs hommages. — Quoi! ces confidents, les dépositaires de mes secrets? — Ils ont abusé de votre confiance pour travailler plus sûrement à votre ruine. Comptez à présent tous ceux qui sont restés autour de vous, et qui vous demeurent fidèles après l'orage : voilà vos amis! Vous n'en eûtes jamais d'autres. Le monde n'est rempli que de ces âmes basses et vénales qui se livrent au plus puissant; de ces courtisans mercenaires, prostitués à la fortune, et toujours courbés devant l'autel où se distribuent les grâces. Renversez l'idole qu'ils adorent : ils la maudiront. Mettez à sa place telle autre idole qu'il vous plaira : ils l'adoreront. O honte de l'humanité! Dans le siècle où nous sommes, on pardonne plus aisément des injustices qu'une disgrâce. Un homme perdu d'honneur, s'il est puissant, trouvera mille approbateurs : un homme vertueux et sans tache, s'il est malheureux, ne trouvera pas un seul consolateur.

Louis Poulle, né à Avignon, fit ses études d'une manière très-distinguée, et publia, dans sa jeunesse, deux poëmes couronnés, en 1732 et en 1733, à l'Académie des Jeux Floraux. Ayant abandonné la carrière de la magistrature, il embrassa le sacerdoce, et vint à Paris, à la fin de 1733, pour se consacrer à la prédication. Les débuts de l'abbé Poulle eurent un éclat extraordinaire. Malheureusement le goût commençait à se corrompre, et le prédicateur adopta une manière qui n'avait plus la majestueuse gravité de la parole de Dieu, prêchée par Bossuet et ses rivaux du siècle de Louis XIV. Un immense défaut s'opposait encore à ce que l'abbé Poulle devînt un orateur consommé : c'était un amour-propre qui ne lui permit pas d'étudier profondément tous les secrets de l'art oratoire. Né avec des qualités très-brillantes, l'abbé Poulle ne se surpassa que dans deux discours. Devenu riche possesseur de l'abbaye de Notre-Dame de Nogent et prédicateur du roi, l'abbé Poulle ne se fit plus entendre que très-rarement. Il mourut le 8 novembre 1781, à l'âge de soixante-neuf ans.

Outre les deux morceaux que nous citons de l'abbé Poulle, voici deux autres fragments de ses exhortations de charité, prononcées au Grand-Châtelet, qui nous ont semblé dignes de trouver place ici.

« Si vous me demandez, dit l'orateur, d'où sont venus la plupart de ces enfants (1) qui peuplent le nouvel asyle que nous visitons, je vous répondrai : De la hauteur de leurs châteaux menaçants, des seigneurs insatiables ont fondu avec la rapidité de l'aigle sur des vassaux sans défense, abattus par la crainte; ces tyrans altérés ont disparu tout à coup, emportant avec eux vers cette capitale des dépouilles dégouttantes des pleurs de tant de misérables; elles servirent d'ornements au triomphe barbare de leur luxe. Ces vassaux désespérés ont été forcés d'envoyer leurs enfants en Égypte, pour les dérober au glaive de la misère. Les voilà, etc. »

Il joint à ce tableau celui de l'état de dénûment où sont réduits les hospices de charité, qui deviennent, faute de secours suffisants, des gouffres de destruction, et alors il s'écrie :

« Malheur! malheur! Que les réjouissances et les fêtes cessent parmi les hommes, s'ils sont encore susceptibles de quelque impression de sensibilité. Malheur! malheur! Que cette parole formidable retentisse partout aux oreilles des riches, et les poursuive sans cesse. Malheur! malheur! Que la nature consternée s'abîme dans le deuil; et qu'elle ne se relève que lorsque la charité, plus généreuse et parfaitement secourable, aura réparé cet outrage fait à l'humanité. »

Ce mouvement sublime peut être mis à côté de ce que l'on connaît de plus beau dans le genre pathétique.

---

(1) Les enfants trouvés.

« L'abbé Poulle éblouit beaucoup plus qu'il ne persuade, mais il entraîne, dans certains moments, par la vivacité des tours et des figures. Ses deux meilleurs discours, sans aucune comparaison, sont ceux qu'il prononça sous le titre d'*Exhortations de charité*, en faveur des pauvres prisonniers et des enfants trouvés, et c'est l'éloge de son âme comme de son talent, qu'il n'ait jamais été plus éloquent qu'en faveur de l'infortune. L'effet et le bruit de ces *Exhortations* fut prodigieux, et d'autant plus que l'orateur avait toutes les grâces et tous les moyens du débit. Paris et Versailles retentirent de ses succès, et c'était peu de chose; mais l'auditoire ne lui résista pas, et ce fut là le vrai triomphe, celui qu'il remporta sur l'avarice et l'insensibilité, qui croient trop souvent avoir payé en applaudissant l'avocat des pauvres sans rien faire pour ses clients. Ici l'orateur put entendre un bruit plus doux à ses oreilles que celui des applaudissements : c'était l'or et l'argent, tombant de tous côtés avec une abondance qui prouvait une émulation de charité. Beaucoup de personnes donnèrent ce qu'elles avaient sur elles, et c'étaient des sommes; en un mot, on ne se souvenait pas d'avoir rien vu de semblable. Ce sont là les spectacles de la religion : il me semble qu'ils en valent bien d'autres, et que ceux qui ont tant besoin des illusions du théâtre pour se procurer de douces larmes, ne font pas le choix le plus heureux. »

LA HARPE.

EXORDE ET PÉRORAISON D'UN DISCOURS SUR L'AUMONE EN FAVEUR DES PRISONNIERS, PRÊCHÉ DANS LA SALLE D'AUDIENCE DU CHATELET.

Allons ensemble à ces prisons ténébreuses, image en tout sens de l'enfer ; entrons dans ces cachots affreux où l'on ne voit qu'exécration, où l'on n'entend que blasphèmes. Forts de votre présence, et la croix à la main, nous élèverons notre voix au milieu de ces imprécations et de ces horreurs, et nous dirons à ces furieux : « Malheureux ! pourquoi vous défiez-vous de la Providence? Vous outragez votre Dieu au moment où il vous envoie un bon ange pour être votre consolateur. » A ces mots, vous briserez les chaînes des uns, vous rendrez les autres à leur famille éplorée, vous répandrez sur tous des secours abondants. Témoin alors des prodiges de votre charité, nous ajouterons avec assurance : « Adorez le Seigneur qui vient vous visiter dans votre affliction, et ne cessez de le glorifier; » et nous trouverons tous les esprits soumis et tous les cœurs dociles; et ces lieux de désolation ne retentiront plus, ainsi que la fournaise de Babylone, que des cantiques du Seigneur. Ne nous séparons pas; il y va du salut de nos frères; volons à la conquête des âmes. Ne vous laissez point rebuter par l'horreur des habitations ; prisons, cabanes, hôpitaux, qu'importe? Est-il demeure si affreuse qui ne devienne aimable lorsqu'on est assuré d'y trouver Jésus-Christ? Allons ensemble partout où il y a des misérables qui maudissent la Providence; nous leur parlerons hardiment de la bonté de Dieu qui veille à la conservation de tous les hommes; et ce que nos discours ne feront qu'annoncer, vos libéralités plus persuasives le prouveront.

.... Il me semble en ce moment entendre la voix de Dieu qui me dit comme autrefois au prophète : Prêtre du Dieu vivant, que voyez-vous? — Seigneur, je vois, et je vois avec consolation un nombre prodigieux de grands, de riches, émus, touchés pour la première fois du sort des misérables. — Passez à un autre spectacle; percez ces murs, percez ces voûtes. Que voyez-vous? — Une foule d'infortunés, plus malheureux peut-être que coupables. Ah ! j'entends leurs murmures confus, ces plaintes de la misère délaissée, ces gémissements de l'innocence méconnue, ces hurlements de désespoir. Qu'ils sont perçants! mon âme en est déchirée. — Descendez. Que trouvez-vous? — Une clarté funèbre, des tombeaux pour habitation, l'enfer au-dessous; une nourriture qui sert autant à prolonger les tourments que la vie ; un peu de paille éparse çà et là, quelques haillons, des cheveux hérissés, des regards farouches, des voix sépulcrales, qui, semblables à la voix de la Pythonisse, s'exhalent en sanglots, comme de dessous terre ; les contorsions de la rage ; des fantômes hideux se débattant dans les chaînes ; des hommes, l'effroi des hommes. — Suivez ces victimes désolées jusqu'au lieu de leur immolation. Que découvrez-vous ? — Au milieu d'un peuple immense, la mort sur un échafaud, armée de tous les instruments de la douleur et de l'infamie. Elle frappe. Quelle consternation de toutes parts! quelle terreur! Un seul cri, le cri de l'humanité entière, et point de larmes. — Comparez à présent ce que vous avez vu de part et d'autre, et concluez vous-même. — Seigneur, plus je considère attentivement, et plus je trouve que la compensation est exacte. Je vois un protecteur pour chaque opprimé; un riche pour chaque pauvre ; un libérateur pour chaque captif; ils sont même presqu'en présence les uns des autres, il n'y a qu'un mur entre eux et le cœur des riches. Un prodige de votre grâce, ô mon Dieu ; et la charité ne fera bientôt plus qu'une seule vision de ces deux visions. Le prodige s'opère : les riches nous abandonnent; ils se précipitent vers les prisons ; ils fondent dans les cachots : il n'y a plus de malheureux, il n'y a plus de débiteurs, il n'y a plus de pauvres. Restent seulement quelques criminels dévoués au glaive de la justice pour l'intérêt général de la société, dont ils ont violé les lois les plus sacrées; mais du moins consolés, mais soulagés, mais disposés à recevoir leurs supplices en esprit de pénitence, et leur mort même en sacrifice d'expiation, ces monstres vont mourir en chrétiens. C'en est fait : aux approches de la charité, tous ces objets lugubres qui affligeoient l'humanité ont disparu, et je ne vois plus que les cieux ouverts, où seront admises ces âmes véritablement divines, puisqu'elles sont miséricordieuses, dignes de régner éternellement avec vous, ô le rédempteur des captifs! ô le consolateur des affligés! ô le père des pauvres! ô le Dieu des miséricordes!

« Ce morceau n'est pas exempt de taches : il y a des fautes de plus d'une espèce. La plus légère, c'est le mot *contorsions*, qui n'est pas du style noble : le mot propre était *convulsions*. C'est un petit défaut de goût ; mais les défauts de jugement sont plus répréhensibles. Il fallait bien se garder de représenter ces grands, ces riches, *émus*, *touchés pour la première fois du sort des misérables*. Qui lui a dit que c'était *pour la première fois* ? C'est une espèce d'injure à son auditoire. Il suffisait de remarquer un attendrissement qui pouvait n'être que passager, comme il n'arrive que trop souvent, mais que sans doute la grâce de Dieu allait rendre efficace. C'était une préparation convenable à ce *prodige de la charité*, par lequel il va si heureusement finir, au lieu qu'en les montrant déjà si *émus* et si *touchés*, il n'y a plus réellement de *prodige* dans ce qui suit. L'auteur eût évité une autre espèce de contradiction, dans ces mots d'ailleurs si heureux : *Il n'y a qu'un mur entre eux et le cœur des riches*. Non, ce cœur n'est plus un *mur* de séparation, puisqu'il est *ému* et *touché*. Il ne fallait pas dire non plus : *Ils nous abandonnent*. A-t-il oublié ce beau mouvement qui précède, *Allons ensemble*, etc.; et n'est-ce pas à lui de leur montrer le chemin ? Il devait donc dire : Ils vont nous suivre. Toutes ces remarques ne tendent qu'à faire voir combien la suite et le rapport des idées sont nécessaires partout, et combien il importe que l'imagination, soit oratoire, soit poétique, mais principalement la première, soit toujours surveillée par la raison. »

LA HARPE.

DISCOURS POUR LES ENFANTS TROUVÉS.

Il faudroit étaler ici cette foule prodigieuse de nourrissons de la patrie : ils n'ont pas de meilleurs intercesseurs que leur présence et leur nombre. Pourquoi les cacher? c'est le jour de leur moisson, c'est la fête de leur adoption. Où sont-ils? Appréhenderoit-on de les introduire dans ce temple? Jésus-Christ les aime; il vous exhorte à ne pas les empêcher d'aller jusqu'à lui : *Sinite parvulos venire ad me*. Il vous les propose comme des modèles que vous devez imiter : *Estote sicut infantes*. Que craindriez-vous vous-mêmes de ces enfants timides ? Leur présence n'a rien qui puisse offenser votre délicatesse; ils ne vous importuneront pas de leurs gémissements ni de leurs plaintes; ils ne savent pas qu'ils sont pauvres : puissent-ils ne le savoir jamais ! Ils ne vous reprocheront ni la dureté de vos cœurs, ni vos prodigalités insensées, ni vos superfluités ruineuses. Ils ignorent les droits qu'ils ont sur vous, et tout ce que leur coûtent vos passions et votre luxe. Vous les verrez se jouer dans le sein de la Providence, incapables également de reconnoissance et d'ingratitude. Toujours contents dès que les premiers besoins de la nature sont satisfaits, leurs désirs ne s'étendent pas plus loin. Présentez-leur l'or et l'argent que vous leur destinez, ils le saisiront d'abord avec empressement comme un objet d'amusement et de curiosité; ils s'en dégoûteront bientôt, et vous le laisseront reprendre avec indifférence.

Ces prémices intéressantes de la vie, la foiblesse et les grâces de leur âge, leur ingénuité, leur candeur, leur innocence, leur insensibilité même à leur propre infortune, vous attendriroient jusqu'aux larmes. Eh ! qu'il vous seroit alors aisé d'achever leur triomphe sur vous !

« Il y a beaucoup d'art à produire ainsi sur la scène ces enfants délaissés, et à suppléer leur absence par la vérité des peintures. Il paraît que l'orateur a cherché ses effets plutôt dans le charme naturel de l'enfance que dans le détail de ses besoins et de ses misères, qui eût été, ce me semble, d'un pathétique plus profond. Peut-être a-t-il craint de rebuter la délicatesse de son auditoire, composé généralement de personnes à qui l'habitude des jouissances donne une sorte d'aversion pour le tableau des besoins extrêmes ; et pourtant, qui aurait dû savoir le relever par les couleurs de l'art, mieux que l'écrivain qui a su en employer en ce même endroit de si délicatement nuancées ? « Ils ne

» savent pas qu'ils sont pauvres... Vous les verrez se jouer » dans le sein de la Providence, etc. » Ce ne sont pas là des beautés vulgaires ; c'est un mérite d'expression vraiment admirable.

Mais il renforce ses pinceaux, et semble emprunter quelque chose de l'éloquente indignation des prophètes, quand il remonte aux causes premières de cette misère publique, qui produit tant d'orphelins et d'infortunés. »

LA HARPE.

DE BOISMONT.

LE CURÉ DE CAMPAGNE.

Le pasteur, sur lequel la politique peut-être ne daigne pas abaisser ses regards, ce ministre relégué dans la poussière et l'obscurité des campagnes, voilà l'homme de Dieu qui les éclaire, et l'homme d'état qui les calme. Simple comme eux, pauvre avec eux, parce que son nécessaire même devient leur patrimoine, il les élève au-dessus de l'empire du temps, pour ne leur laisser ni le désir de ses trompeuses promesses, ni le regret de ses fragiles félicités. A sa voix, d'autres cieux, d'autres trésors s'ouvrent pour eux; à sa voix, ils courent en foule aux pieds de ce Dieu qui compte leurs larmes, ce Dieu, leur éternel héritage, qui doit les venger de cette exhérédation civile à laquelle une Providence qu'on leur apprend à bénir les a dévoués. Les subsides, les impôts, les lois fiscales, les éléments même, fatiguent leur triste existence; dociles à cette voix paternelle qui les rassemble, qui les ramine, ils tolèrent, ils supportent, ils oublient tout. Je ne sais quelle onction puissante s'échappe de nos tabernacles; le sentiment toujours actif de cette autre vie qui nous attend, adoucit dans les pauvres toute l'amertume de la vie présente. Ah! la foi n'a point de malheureux : ces mystères de miséricorde dont on les environne, ces ombres, ces figures, ce traité de paix et de protection qui se renouvelle, dans la prière publique, entre le ciel et la terre, tout les remue, tout les attendrit dans nos temples; ils gémissent, mais ils espèrent, et ils en sortent consolés.

Ce n'est pas tout. Garant des promesses divines, ce pasteur, cet ange tutélaire, les réalise en quelque sorte dès cette vie, par les secours, par les soins les plus généreux, les plus constants. Je dis les soins; et peut-être, hommes superbes, n'avez-vous jamais compris la force et l'étendue de cette expression! Peignez-vous les ravages d'un mal épidémique, ou plutôt placez-vous dans ces cabanes infectes, habitées par la mort seule, incertaine sur le choix de ses victimes : hélas! l'objet le moins affreux qui frappe vos regards est le mourant lui-même; épouse, enfants, tout ce qui l'environne semble être sorti du cercueil pour y rentrer pêle-mêle avec lui. Si l'horreur du dernier moment est si pénétrante au milieu des pompes de la vanité, sous le dais de l'opulence, qui couvre encore de son faste l'orgueilleuse proie que la mort lui arrache, quelle impression doit-elle produire dans les lieux où toutes les misères et toutes les horreurs sont rassemblées ! Voilà ce que bravent le zèle et le courage pastoral. La nature, l'amitié, les ressources de l'art, le ministre de la religion seul remplace tout; seul au milieu des gémissements et des pleurs, livré lui-même à l'activité du poison qui dévore tout à ses yeux, il l'affoiblit, il le détourne; ce qu'il ne peut sauver, il le console, il le porte jusque dans le sein de Dieu. Nuls témoins, nuls spectateurs; rien ne le soutient : ni la gloire, ni le préjugé, ni l'amour de la renommée, ces grandes foiblesses de la nature, auxquelles on doit tant de vertus; son âme, ses principes, le ciel qui l'observe, voilà sa force et sa récompense. Le monde, cet ingrat qu'il faut plaindre et servir, ne le connoit pas : s'occupe-t-il, hélas! d'un citoyen utile, qui n'a d'autre mérite que celui de vivre dans l'habitude d'un héroïsme ignoré?

Boismont (Nicolas Thyrel de) naquit près de Rouen, vers 1715. Après avoir passé une partie de sa jeunesse dans la dissipation et fait d'assez mauvaises études, le jeune de Boismont vint à Paris, en 1749. Il demeura d'abord inconnu pendant plusieurs années; mais bientôt ses prédications commencèrent à révéler son talent, et l'on rendit justice à sa brillante imagination, ainsi qu'à l'éclat et à l'élégance de ses pensées. L'abbé Boismont remplaça à l'Académie, Boyer, évêque de Mirepoix. Il auroit pu obtenir une grande réputation, s'il eût voulu augmenter par l'étude la puissance de son talent naturel. On n'a de l'abbé Boismont, devenu prédicateur ordinaire du roi, qu'un petit nombre de discours, parmi lesquels un Panégyrique de saint Louis; l'Oraison funèbre du dauphin, fils de Louis XV; celles de la reine de France, de Louis XV, de l'impératrice Marie-Thérèse, et un discours très-beau, qu'il prononça, en 1782, à Dijon, dans une assemblée extraordinaire des dames de charité. La quête faite à la suite de ce discours rapporta 150,000 francs.

Aux talents de l'orateur, Boismont joignait ceux du poëte. on raconte aussi qu'il jouait très-bien la comédie, *Crispin* était le rôle dans lequel il excellait. Un prêtre n'aurait pas dû rechercher ce genre de succès. Boismont mourut à Paris, le 20 décembre 1786.

« La vieillesse de l'abbé de Boismont, dit La Harpe, fut marquée par une singularité bien extraordinaire : c'est dans l'âge où l'on ne peut plus guère se corriger ni acquérir, c'est à soixante-dix ans qu'il fit un ouvrage où il paraît tout différent de ce qu'il avait été. Il fut chargé de prononcer un sermon pour l'établissement d'un hôpital militaire et ecclésiastique ; et ce sermon, infiniment supérieur à ses oraisons funèbres, est, sans aucune comparaison, ce qu'il a laissé de plus beau, ou plutôt c'est le seul monument de véritable éloquence qui reste de lui, le seul titre qui recommande sa mémoire aux connaisseurs. Là, tous ses défauts ont presque entièrement disparu, et sont remplacés par tous les mérites qui lui manquaient : il a de l'onction, de la vérité, du pathétique ; ses moyens sont bien conçus et supérieurement développés ; ses vues sont justes et grandes, ses expressions heureuses ; il parle au cœur, à la raison, à l'imagination : en un mot, il est orateur. »

MORALE ET PHILOSOPHIE.

FONTENELLE.

LA NUIT.

Nous allâmes un soir après souper nous promener dans le parc. Il faisoit un frais délicieux, qui nous récompensoit d'une journée fort chaude que nous avions essuyée. La lune étoit levée il y avoit peut-être une heure, et ses rayons, qui ne venoient à nous qu'entre les branches des arbres, faisoient un agréable mélange d'un blanc fort vif, avec tout ce vert qui paroissoit noir. Il n'y avoit pas un nuage qui dérobât ou qui obscurcît la moindre étoile; elles étoient toutes d'un or pur et éclatant, et qui étoit encore relevé, par le fond bleu où elles sont attachées. Ce spectacle me fit rêver, et peut-être sans la marquise eussé-je rêvé assez longtemps; mais la présence d'une si aimable dame ne me permit pas de m'abandonner à la lune et aux étoiles. — Ne trouvez-vous pas, lui dis-je, que le jour même n'est pas si beau qu'une belle nuit? — Oui, me répondit-elle, la beauté du jour est comme une beauté blonde qui a plus de brillant; mais la beauté de la nuit est comme une beauté brune qui est plus touchante. Avouez que le jour ne vous eût jamais jeté dans une rêverie aussi douce que celle où je vous ai vu près de tomber tout à l'heure, à la vue de cette belle nuit. D'où cela vient-il? — C'est apparemment, répondis-je, qu'il n'inspire point je ne sais quoi de triste et de passionné. Il semble, pendant la nuit, que tout soit en repos. On s'imagine que les étoiles marchent avec plus de silence que le soleil; les objets que le ciel présente sont plus doux, la vue s'y arrête plus aisément; enfin, on rêve mieux, parce qu'on se flatte d'être alors dans toute la nature la seule personne occupée à rêver. Peut-être aussi que le spectacle du jour est trop uniforme, ce n'est qu'un soleil et une voûte bleue; mais il se peut que la vue de toutes ces étoiles semées confusément, et disposées au hasard en mille figures différentes, favorise la rêverie, et un certain désordre de pensées où l'on ne tombe point sans plaisir. — J'ai toujours senti ce que vous me dites, reprit-elle, j'aime les étoiles, et je me plaindrois volontiers du soleil qui nous les efface. — Ah! m'écriai-je, je ne puis lui pardonner de me faire perdre de vue tous ces mondes. — Qu'appelez-vous tous ces mondes? me dit-elle en me regardant et en se tournant vers moi. — Je vous demande pardon, répondis-je; vous m'avez mis sur ma folie, et aussitôt mon imagination s'est échappée. — Quelle est donc cette folie? reprit-elle. — Hélas! repliquai-je, je suis bien fâché qu'il faille vous l'avouer, je me suis mis dans la tête que chaque étoile pourroit bien être un monde. Je ne jurerois pourtant pas que cela fût vrai; mais je le tiens pour vrai, parce qu'il me fait plaisir à croire. C'est une idée qui me plaît, et qui s'est placée dans mon esprit d'une manière riante. Selon moi, il n'y a pas jusqu'aux vérités à qui l'agrément ne soit nécessaire. — Eh bien! reprit-elle, puisque votre folie est si agréable, donnez-la-moi; je croirai sur les étoiles tout ce que vous voudrez, pourvu que j'y trouve du plaisir. — Ah! madame, répondis-je bien vite, ce n'est pas un plaisir comme celui que vous auriez à une comédie de Molière: c'en est un qui est je ne sais où dans la raison, et qui ne fait rire que l'esprit. — Quoi donc? reprit-elle, croyez-vous qu'on soit incapable des plaisirs qui ne sont que dans la raison? Je veux tout à l'heure vous faire voir le contraire; apprenez-moi vos étoiles. — Non répliquai-je; il ne me sera point reproché que j'aie parlé de philosophie à la plus aimable personne que je connoisse. Cherchez ailleurs vos philosophes.

J'eus beau me défendre encore quelque temps sur ce ton-là, il fallut céder. Je lui fis du moins promettre pour mon honneur qu'elle me garderoit le secret; et quand je fus hors d'état de m'en pouvoir dédire, et que je voulus parler, je vis que je ne savois par où commencer mon discours : car, avec une personne comme elle, qui ne savoit rien en matière de physique, il falloit prendre les choses de bien loin, pour lui prouver que la terre pouvoit être une planète, et les planètes autant de terres, et toutes les étoiles autant de soleils qui éclairoient des mondes. A la fin cependant, pour lui donner une idée générale de la philosophie, voici par où je commençai :

Toute la philosophie, lui dis-je, n'est fondée que sur deux choses, sur ce qu'on a l'esprit curieux et les yeux mauvais : car si vous aviez les yeux meilleurs que vous ne les avez, vous verriez bien si les étoiles sont des soleils qui éclairent autant de mondes, ou si elles n'en sont pas : et si d'un autre côté vous étiez moins curieuse, vous ne vous soucieriez pas de le savoir, ce qui reviendroit au même; mais on veut savoir plus qu'on ne voit, c'est là la difficulté. Encore, si ce qu'on voit, on le voyoit bien, ce seroit toujours autant de connu; mais on le voit tout autrement qu'il n'est. Ainsi les vrais philosophes passent leur vie à ne point croire ce qu'ils voient, et à tâcher de deviner ce qu'ils ne voient point; et cette condition n'est pas, ce me semble, trop à envier. Sur cela je me figure toujours que la nature est un grand spectacle qui ressemble à celui de l'Opéra. Du lieu où vous êtes, à l'Opéra, vous ne voyez pas le théâtre tout-à-fait comme il est; on a disposé les décorations et les machines pour faire de loin un effet agréable, et on cache à votre vue ces roues et ces contrepoids qui font tous les mouvements. Aussi ne vous embarrassez-vous guère de deviner comment tout cela joue. Il n'y a peut-être que quelque machiniste caché dans le parterre, qui s'inquiète d'un vol qui lui aura paru extraordinaire, et qui veut absolument démêler comment ce vol a été exécuté. Vous voyez bien que ce machiniste-là est assez fait comme les philosophes. Mais ce qui, à l'égard des philosophes, augmente la difficulté, c'est que dans les machines que la nature présente à nos yeux, des cordes sont parfaitement bien cachées; et elles le sont si bien, qu'on a été long-temps à deviner ce qui causoit les mouvements de l'univers. Car représentez-vous tous les sages à l'Opéra, ces Pythagore, ces Platon, ces Aristote, et tous ces gens dont le nom fait aujourd'hui tant de bruit à nos oreilles; supposons qu'ils voyoient le vol de Phaëton que les vents enlèvent, qu'ils ne pouvoient découvrir les cordes, et qu'ils ne savoient point comment le derrière du théâtre étoit disposé. L'un d'eux disoit : « C'est une certaine vertu secrète qui enlève Phaëton. » L'autre : « Phaëton est composé de certains nombres qui le font monter. » L'autre : « Phaëton a une certaine amitié pour le haut du théâtre; il n'est point à son aise quand il n'y est pas. » L'autre : « Phaëton n'est pas fait pour voler, mais il aime mieux voler que de laisser le haut du théâtre vuide; » et cent autres rêveries que je m'étonne qui n'aient perdu de réputation toute l'antiquité. A la fin, Descartes et quelques autres modernes sont venus, qui ont dit : « Phaëton monte, parce qu'il est tiré par des cordes, et qu'un poids plus pesant que lui descend. » Ainsi on ne croit plus qu'un corps se remue, s'il n'est tiré, ou plutôt poussé par un autre corps; on ne croit plus qu'il monte ou qu'il descende, si ce n'est par l'effet d'un contrepoids ou d'un ressort; et qui verroit la nature telle qu'elle est, ne verroit que le derrière du théâtre de l'Opéra. — A ce compte, dit la marquise, la philosophie est devenue bien mécanique. — Si mécanique, répondis-je, que je crains qu'on en ait bientôt honte.... Mais, madame, continuai-je, vous êtes si bien disposée à entrer dans tout ce que je veux vous dire, que je crois que je n'ai qu'à tirer le rideau, et à vous montrer le monde.

De la terre où nous sommes, ce que nous voyons de plus éloigné, c'est ce ciel bleu, cette grande voûte où il semble que les étoiles sont attachées comme des clous. On les appelle fixes, parce qu'elles ne paroissent avoir que le mouvement de leur ciel, qui les emporte avec lui d'orient en occident. Entre la terre et cette dernière voûte des cieux, sont suspendus, à différentes hauteurs, le soleil, la lune, et les cinq autres astres qu'on appelle des planètes, Mercure, Vénus, Mars, Jupiter et Saturne. Ces planètes n'étant point attachées à un même ciel, ayant des mouvements inégaux, elles se regardent diversement et figurent diversement ensemble; au lieu que les étoiles fixes sont toujours dans la même situation les unes à l'égard des autres : le Chariot, par exemple, que vous voyez qui est formé de ces sept étoiles, a toujours été fait comme il est, et le sera encore long-temps; mais la lune est tantôt proche du soleil, tantôt elle en est éloignée, et il en va de même des autres planètes. Voilà comme les choses parurent à ces anciens bergers de Chaldée, dont le grand loisir produisit les premières observations qui ont été le fondement de l'astronomie; car l'astronomie est née dans la Chaldée, comme la géométrie naquit, dit-on, en Égypte, où les inondations du Nil, qui confondoient les bornes des champs, furent cause que chacun voulut inventer des mesures exactes pour reconnoître son champ d'avec celui de son voisin. Ainsi l'astronomie est fille de l'oisiveté, la géométrie est fille de l'intérêt; et s'il étoit question de la poésie, nous trouverions apparemment qu'elle est fille de l'amour.

Fontenelle naquit à Rouen, le 11 février 1657, et mourut à Paris, le 9 janvier 1757. Il se fit d'abord connaître par quelques pièces insérées dans *le Mercure*, par des poésies légères, des pastorales et des pièces de théâtre. Il agrandit sa réputation par la publication des *Entretiens sur la Pluralité des mondes* et son *Histoire des Oracles*. Nommé membre de l'Académie des sciences en 1691, puis secrétaire perpétuel de cette Académie en 1699, Fontenelle s'illustra encore par ses Éloges, dans lesquels il a atteint le double but de mettre les vérités les plus abstraites à la portée de tous les lecteurs, et de faire chérir et estimer les savants. La carrière littéraire et la position sociale de Fontenelle furent des plus brillantes de son temps. Les œuvres de cet homme célèbre forment onze volumes in-12.

« Fontenelle, dit La Harpe, était neveu de Corneille. Quand il vint à Paris, en 1679, c'était justement le temps où une cabale très-envenimée se servait du nom d'un grand homme, sans son aveu, pour déprécier et tourmenter Racine qui, de son côté avait de très-nombreux partisans, et Boileau à leur tête. Les querelles de parti étaient extrêmement échauffées, et avaient éclaté surtout, peu de temps auparavant (en 1677), dans le triomphe honteux de la *Phèdre* de Pradon; et quoique la véritable *Phèdre* eût déjà repris sa place, Racine, vivement blessé, et regardant d'ailleurs cette injustice des hommes comme une leçon du ciel qui l'éloignait du théâtre, y avait solennellement renoncé. Les gens de goût en gémissaient sans doute : mais la cabale s'en réjouissait tout haut ; et ne demandait qu'à substituer à Racine quelqu'un qui pût occuper la scène, et distraire de cette perte ce public qui oublie si facilement ce qu'il n'a plus, et s'accommode toujours de ce qu'il a. Dans ces circonstances, on peut imaginer comment ce parti dut accueillir un neveu du grand Corneille, un jeune homme dont la réputation naissante avait déjà passé de Rouen à Paris par la voix des journaux, où l'on préconisait quelques essais poétiques, accueillis avec l'indulgence qu'on accorde volontiers à la jeunesse et aux petites choses. Fontenelle, son *Aspar* à la main, fut un moment l'espérance et le héros d'une cabale qui l'annonçait avec emphase comme le successeur de son oncle ; et il ne se défendait pas assez de cet accueil si dangereusement flatteur, qui tourna bientôt en humiliation par la chute complète d'*Aspar*. Racine qu'on avait menacé, ne se refusa pas une épigramme et une chanson qui firent plus fortune que la pièce. Fontenelle, malgré toute la modération philosophique dont il se piqua toute sa vie, et qui apparemment n'était pas encore bien affermie contre les tentations de l'amour-propre, voulut se venger avec les mêmes armes, et fit contre *Esther* et *Athalie* des épigrammes qui ne valaient pas mieux qu'*Aspar*. Ce ne fut pas tout. Bientôt arriva la fameuse dispute des anciens et des modernes, qui divisa la littérature et l'Académie, précisément comme la musique les a divisées de nos jours, et Fontenelle ne manqua pas d'y prendre parti contre les anciens : de là une animosité n'était pas près de s'éteignit point. Racine et Despréaux ne cessèrent pas de repousser Fontenelle de l'Académie, où il ne fut reçu qu'après avoir été refusé quatre fois ; et Fontenelle, dont les paroles ne tombaient pas, ne cessa de dire que *Boileau était dévot et méchant, et Racine plus dévot et plus méchant*. Toutes ces *méchancetés* n'étaient au fond que de la malice d'esprit et des picoteries d'amour-propre ; et ce que les haines littéraires sont devenues dans ce siècle, à dater des couplets de Rousseau jusqu'aux pamphlets de Voltaire et par delà, a fait regretter ce qu'elles étaient dans le siècle dernier. »

. . . .

« La longue vie de Fontenelle embrassa la dernière moitié du siècle passé et la première du nôtre, et, de l'une à l'autre de ces époques, sa réputation a singulièrement varié....

» S'il faut s'en rapporter à ce qui est dit dans la Vie de l'auteur, placée en tête de ses écrits, *il surpassa de beaucoup, dans ses Dialogues des morts, Lucien, qu'il avait pris pour modèle.* Mais ce n'est guère dans ces morceaux historiques et critiques dont on charge les éditions posthumes qu'il faut chercher la vérité. L'amitié ne s'en fait pas un devoir, et c'est elle qui d'ordinaire tient la plume. Fontenelle est fort loin de surpasser Lucien, dont il n'a ni la gaieté, ni la morale, ni la verve satirique. Il semble n'avoir fait de ses *Dialogues* qu'un jeu, ou, si l'on veut, un effort d'esprit ; un jeu par la frivolité des résultats, un effort par les rapprochements forcés et la recherche des pensées et du style. Il y a des pensées ingénieuses et fines, mais tout au moins autant qui ne sont que subtiles et fausses. Trois ou quatre de ces *Dialogues* offrent de la bonne philosophie : le plus grand nombre n'est qu'une débauche d'esprit, mêlée de saillies heureuses...

» Pour ce qui est des *Pastorales*, les amateurs des anciens ne pouvaient pas goûter beaucoup celles de Fontenelle : ils lui reprochaient, avec raison, d'avoir trop peu de cette simplicité qui sied aux amours champêtres, et de cette élégance facile que le talent poétique, comme l'a prouvé Virgile, sait unir à la naïveté, sans trop la farder. Ils auraient voulu qu'il mît à mieux faire ses vers tout le soin qu'il emploie à donner son esprit à ses bergers ; qu'il songeât plus à flatter l'oreille par les sons gracieux de la flûte pastorale, et moins à aiguiser ses pensées par la gentillesse, ou plutôt, s'il est permis de s'exprimer ainsi, par la coquetterie de ses agréments... On est également blessé, et de la négligence de ses vers, et du travail de ses idées.

Ce n'est pas que de ces défauts qui dominent dans ses églogues, on dût conclure qu'elles ne méritent aucune estime : plusieurs se lisent avec plaisir, et il y a dans toutes une délicatesse spirituelle qui peut plaire, pourvu qu'on oublie que la scène est au village, et surtout que l'on fasse souvent grâce à la versification. Mais c'est ce qu'il n'était pas possible d'obtenir de Racine et de Boileau, et il faut avouer qu'ils avaient le droit d'être difficiles, et que les lecteurs apprenaient avec eux à le devenir. Ils avaient toute raison de n'estimer nullement les opéras de Fontenelle, *Thétis et Pélée*, *Endymion* et *Énée et Lavinie*. Le premier eut du succès et même de la réputation assez longtemps, et le suffrage de Voltaire dut y contribuer. Il le loua dans *le Temple du Goût*, ou par une déférence excusable pour la vieillesse de Fontenelle, ou pour ne pas heurter assez inutilement une opinion vulgaire sur un objet de peu d'importance, ou peut-être pour mortifier Rousseau, qui avait échoué dans ses opéras.

» L'on conviendra que les maîtres dans l'art d'écrire, qui donnaient le ton à leur siècle, étaient très-autorisés à ne pas voir dans les ouvrages dont je viens de parler des titres littéraires fort imposants. Mais aussi, dans le même temps, il avait donné son *Histoire des Oracles* et sa *Pluralité des mondes*, qui furent les premiers fondements de sa réputation de philosophe et d'écrivain. »

———

Voici comment Vauvenargues, antérieurement à La Harpe, avait jugé Fontenelle :

« M. de Fontenelle mérite d'être regardé par la postérité comme un des plus grands philosophes de la terre. Son *Histoire des Oracles*, son petit traité de *l'Origine des Fables*, une grandes partie de ses *Dialogues*, sa *Pluralité des mondes*, sont des ouvrages qui ne devraient jamais périr, quoique le style en soit froid et peu naturel en beaucoup d'endroits. On ne peut refuser à l'auteur de ces ouvrages d'avoir donné de nouvelles lumières au genre humain. Personne n'a mieux fait sentir que lui cet amour immense que les hommes ont pour le merveilleux, cette pente extrême qu'ils ont à respecter les vieilles traditions et l'autorité des anciens. C'est à lui, en grande partie, qu'on doit cet esprit philosophique qui fait mépriser les déclamations et les autorités, pour discuter le vrai avec exactitude. Le désir qu'il a eu, dans tous ses écrits, de rabaisser l'antiquité, l'a conduit à en découvrir tous les faux raisonnements, tout le fabuleux, les déguisements des histoires anciennes et la vanité de leur philosophie. Ainsi la querelle des anciens et des modernes, qui n'était pas fort importante en elle-même, a produit des dissertations sur les traditions et sur les fables de l'antiquité, qui ont découvert le caractère de l'esprit des hommes, détruit les superstitions, et agrandi les vues de la morale. M. de Fontenelle a excellé encore à peindre la faiblesse et la vanité de l'esprit humain; c'est dans cette partie, et dans les vues qu'il a eues sur l'*Histoire ancienne* et sur la *Superstition*, qu'il me paraît véritablement original. Son esprit fin et profond ne l'a trompé que dans les choses de sentiment; partout ailleurs il est admirable. »

SYSTÈME DE COPERNIC.

Figurez-vous un Allemand, nommé Copernic, qui fait main-basse sur tous ces cercles différents, et sur tous ces cieux solides qui avoient été imaginés par l'antiquité. Il détruit les uns, il met les autres en pièces. Saisi d'une noble fureur d'astronome, il prend la terre et l'envoie bien loin du centre de l'univers où elle s'étoit placée, et dans ce centre il met le soleil, à qui cet honneur étoit bien mieux dû. Les planètes ne tournent plus autour de la terre, et ne l'enferment plus au milieu du cercle qu'elles décrivent. Si elles nous éclairent c'est en quelque sorte par hasard, et parce qu'elles nous rencontrent en leur chemin. Tout tourne présentement autour du soleil; la terre y tourne elle-même; et pour la punir du long repos qu'elle s'étoit attribué, Copernic la charge le plus qu'il peut de tous les mouvements qu'elle donnoit aux planètes et aux cieux. Enfin, de tout cet équipage céleste dont cette petite terre se faisoit accompagner et environner, il ne lui est demeuré que la lune qui tourne encore autour d'elle. — Attendez un peu, dit la marquise, il vient de vous prendre un enthousiasme qui vous a fait expliquer les choses si promptement, que je ne crois pas les avoir entendues. Le soleil est au centre de l'univers, et là il est immobile; après lui, qu'est-ce qui suit? — C'est Mercure, répondis-je, il tourne autour du soleil, en sorte que le soleil est à peu près le centre du cercle que Mercure décrit. Au-dessus de Mercure est Vénus, qui tourne de même autour du soleil. Ensuite vient la terre, qui, étant plus élevée que Mercure et Vénus, décrit autour du soleil un plus grand cercle que ces planètes. Enfin suivent Mars, Jupiter, Saturne, selon l'ordre où je vous les nomme, et vous voyez bien que Saturne doit décrire autour du soleil le plus grand cercle de tous, aussi emploie-t-il plus de temps qu'aucune autre planète à faire sa révolution. — Et la lune? vous l'oubliez, interrompit-elle. — Je la retrouverai bien, repris-je. La lune tourne autour de la terre, et ne l'abandonne point; mais comme la terre avance toujours dans le cercle qu'elle décrit autour du soleil, la lune la suit, en tournant autour d'elle; et si elle tourne autour du soleil, ce n'est que pour ne point quitter la terre. — Je vous entends, répondit-elle; et j'aime la lune, de nous être restée lorsque toutes les autres planètes nous abandonnoient. Avouez que si votre Allemand eût pu nous la faire perdre, il l'auroit fait volontiers; car je vois dans tout son procédé qu'il étoit bien mal intentionné pour la terre. — Je lui sais bon gré, répliquai-je, d'avoir rabattu la vanité des hommes, qui s'étoient mis à la plus belle place de l'univers; et j'ai du plaisir à voir présentement la terre dans la foule des planètes. — Bon, répondit-elle; croyez-vous que la vanité des hommes s'étende jusqu'à l'astronomie? Croyez-vous m'avoir humiliée, pour m'avoir appris que la terre tourne autour du soleil? Je vous jure que je ne m'en estime pas moins. — Mon Dieu, madame, repris-je, je sais bien qu'on sera moins jaloux du rang qu'on tient dans l'univers, que de celui qu'on croit devoir tenir dans une chambre, et que la préséance de deux planètes ne sera jamais une si grande affaire que celle de deux ambassadeurs. Cependant la même inclination qui fait qu'on veut avoir la place la plus honorable dans une cérémonie, fait qu'un philosophe, dans un système, se met au centre du monde, s'il peut. Il est bien aise que tout soit fait pour lui; il suppose, peut-être sans s'en apercevoir, ce principe qui le flatte; et son cœur ne laisse pas de s'intéresser à une affaire de pure spéculation. — Franchement, répliqua-t-elle, c'est là une calomnie que vous avez inventée contre le genre humain. On n'auroit donc jamais dû recevoir le système de Copernic, puisqu'il est si humiliant. — Aussi, repris-je, Copernic lui-même se défioit-il fort du succès de son opinion. Il fut très-long-temps à ne la vouloir pas publier. Enfin il s'y résolut, à la prière de gens très-considérables; mais aussi, le jour qu'on lui apporta le premier exemplaire imprimé de son livre, savez-vous ce qu'il fit? il mourut. Il ne voulut point essuyer toutes les contradictions qu'il prévoyoit, et se tira habilement d'affaire. — Écoutez, dit la marquise, il faut rendre justice à tout le monde. Il est sûr qu'on a de la peine à s'imaginer qu'on tourne autour du soleil ; car enfin on ne change point de place, et on se retrouve toujours le matin où l'on s'étoit couché le soir. Je vois, ce me semble, à votre air, que vous m'allez dire que comme la terre tout entière marche..... — Assurément, interrompis-je ; c'est la même chose que si vous vous endormiez dans un bateau qui allât sur la rivière ; vous vous retrouveriez, à votre réveil, dans la même place et dans la même situation à l'égard de toutes les parties du bateau....

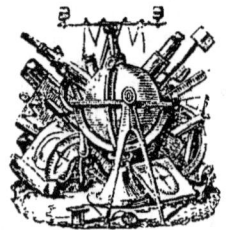

VAUVENARGUES.

RÉFLEXIONS ET MAXIMES.

On dit peu de choses solides, lorsqu'on cherche à en dire d'extraordinaires.

—

Les grandes pensées viennent du cœur.

—

Pour exécuter de grandes choses, il faut vivre comme si on ne devoit jamais mourir.

—

La clémence vaut mieux que la justice.

—

L'ingratitude la plus odieuse, mais la plus commune et la plus ancienne, est celle des enfants envers leurs pères.

—

On n'est pas né pour la gloire, lorsqu'on ne connoît pas le prix du temps.

—

Le fruit du travail est le plus doux des plaisirs.

—

O soleil! ô cieux! qu'êtes-vous? Nous avons surpris le secret et l'ordre de vos mouvements. Dans la main de l'Être des êtres, instruments aveugles et ressorts peut-être insensibles, le monde sur qui vous régnez mériteroit-il nos hommages? Les révolutions des empires, la diverse face des temps, les nations qui ont dominé, et les hommes qui ont fait la destinée de ces nations mêmes, les principales opinions et les coutumes qui ont partagé la créance des peuples dans la religion, les arts, la morale et les sciences, tout cela, que peut-il paroître? — Un atome presque invisible, qu'on appelle l'homme, qui rampe sur la face de la terre, et qui ne dure qu'un jour, embrasse en quelque sorte d'un coup d'œil le spectacle de l'univers dans tous les âges.

—

La patience est l'art d'espérer.

—

Le sot est comme le peuple, qui se croit riche de peu.

—

Il est aisé de critiquer un auteur, mais il est difficile de l'apprécier.

—

Nos actions ne sont ni si bonnes, ni si vicieuses que nos volontés.

—

On ne peut avoir l'âme grande ou l'esprit un peu pénétrant sans quelque passion pour les lettres. Les arts sont consacrés à peindre les traits de la belle nature; les sciences, à enseigner la vérité. Les arts ou les sciences embrassent tout ce qu'il y a, dans les objets de la pensée, de noble ou d'utile : de sorte qu'il ne reste à ceux qui les rejettent, que ce qui est indigne d'être peint ou enseigné.

—

Pour savoir si une pensée est nouvelle, il n'y a qu'à l'exprimer bien simplement.

—

Le courage est la lumière de l'adversité.

—

Les feux de l'aurore ne sont pas si doux que les premiers regards de la gloire.

—

On ne s'élève point aux grandes vérités sans enthousiasme; le sang-froid discute et n'invente point. Il faut peut-être autant de feu que de justesse, pour faire un véritable philosophe.

Il faut permettre aux hommes d'être un peu inconséquents, afin qu'ils puissent retourner à la raison quand ils l'ont quittée, et à la vertu quand ils l'ont trahie.

—

L'utilité de la vertu est si manifeste, que les méchants la pratiquent par intérêt.

—

On doit se consoler de n'avoir pas les grands talents, comme on se console de n'avoir pas les grandes places. On peut être au-dessus de l'un et de l'autre par le cœur.

—

La servitude avilit l'homme au point de s'en faire aimer.

—

Luc de Clapiers, marquis de Vauvenargues, naquit à Aix, le 6 août 1715, époque de la mort de Louis XIV. Il entra au service en 1734, et fit la campagne d'Italie comme sous-lieutenant d'infanterie. En 1741, il servit dans l'armée d'Allemagne, et rentra en France avec une santé détruite par la fatigue, une fortune épuisée par les dépenses de la guerre, et un grade de capitaine, sans le moindre espoir d'avancement.

En 1744, il donna sa démission, et sollicita du ministère des affaires étrangères une place qui pût lui ouvrir la carrière des négociations. Il se croyait près de réussir, quand il fut subitement atteint de la petite-vérole qui défigura ses traits, et le laissa dans un état d'infirmité continuelle et sans remède.

Ayant alors pour toute ressource une heureuse philosophie et un vif amour des lettres et de l'étude, il s'occupa à mettre en ordre les réflexions qu'il avait tracées au milieu des agitations de sa vie, et publia, en 1746, son *Introduction à la connoissance de l'esprit humain*, ouvrage qui donna immédiatement une haute idée de son auteur.

Vauvenargues n'avait reçu qu'une éducation négligée; durant sa vie militaire, il n'avait pu remédier à ce malheur. Mais retiré du monde, il apprit beaucoup dans le recueillement et la solitude. Lié d'une amitié sérieuse avec Voltaire, l'homme de France peut-être qui avait alors le plus de goût, Vauvenargues profita de ce commerce pour éclairer son propre jugement et rectifier quelques idées fausses. Chose étrange! ce fut à ce jeune officier et à Voltaire que l'on dut le rétablissement de la réputation de Racine. Quant à Corneille, Vauvenargues ne put jamais se résoudre à lui rendre complètement justice. D'un caractère sensible et peu exalté, ayant une grande douceur de mœurs, et n'aimant que les sentiments paisibles, il ne comprit rien à la rudesse et à la vertueuse rigidité des personnages que mettait en scène le vieux Romain du dix-septième siècle. La poésie tendre et, pour ainsi dire, élégiaque de Racine lui allait beaucoup mieux. Aussi pouvons-nous dire qu'il jugea Corneille plutôt avec son cœur qu'avec son esprit.

Mademoiselle Pauline de Meulan, devenue depuis madame Guizot, a défini ainsi le talent de Vauvenargues : « La Bruyère, a-t-elle dit, a peint de l'homme l'effet qu'il produit dans le monde; Montaigne, les impressions qu'il en reçoit, et Vauvenargues, les dispositions qu'il y porte. » Ce jugement est d'une parfaite justesse. Vauvenargues a essayé d'enseigner à connaître les hommes, et cela dans leur intérêt. Ses *Maximes* (génie à part, et comme but d'utilité pratique) nous paraissent pouvoir, sans paradoxe, être mises au-dessus de celles de Pascal; car le héros de Port-Royal, voué à la solitude, a examiné les hommes sans chercher à en tirer parti; et, selon l'observation de Voltaire, ses pensées ne peuvent servir qu'à un solitaire *qui cherche de nouvelles raisons pour haïr et mépriser le genre humain.* Vauvenargues, au contraire, n'a montré aux hommes leurs faiblesses que pour les engager à excuser celles des autres, et leur apprendre moins à surmonter leurs passions qu'à les diriger vers un but salutaire. Il pensait sans doute, avec Sénèque, ce grand modèle en philosophie, qu'*apprendre la vertu, c'est désapprendre le vice.*

Entre les *Maximes* de Larochefoucauld et celles de Vauvenargues, il n'y a pas le moindre parallèle à établir. Moins prétentieux que son devancier, Vauvenargues se montre toujours plus juste, et n'est jamais dangereux, comme écrivain ni comme penseur. Son style paraît peut-être moins brillant, ses antithèses moins éblouissantes; mais sa pensée est toujours plus vraie, et il ne calomnie pas l'humanité. On pourrait appliquer à certaines portions de ce qu'il a écrit cette maxime qui est l'une des premières de son livre: « La clarté orne toujours les pensées profondes. »

Après avoir langui dans les souffrances durant quelques années, Vauvenargues mourut en 1747, presque inconnu de ses contemporains, mais honoré de l'amitié de Marmontel, de Voltaire et de plusieurs autres hommes célèbres. Ses *Dialogues*, qui n'ont été publiés que fort tard (1819), sont au-dessus des ses autres écrits; mais ses *Maximes* mériteraient, selon nous, d'être appréciées par un plus grand nombre de lecteurs.

Voici une lettre que Vauvernargues reçut en 1746, et dont l'enthousiasme concis peint bien ce que devait être l'homme à qui elle était adressée : — « Je vais lire vos portraits. Si jamais je veux faire celui du génie le plus naturel, de l'homme du plus grand goût, de l'âme la plus haute et la plus simple, je mettrai votre nom au bas. Je vous embrasse tendrement. VOLTAIRE. »

D'AGUESSEAU.

DE LA SOCIÉTÉ.

Tous les hommes sont sortis égaux des mains de la nature, ou plutôt de celles de son auteur; et malgré la différence des conditions, ils demeurent égaux aux yeux de celui devant qui les rois mêmes ne sont pas plus grands que leurs sujets. Tous ont un corps entièrement semblable : tous ont une âme qui renferme également en elle-même une intelligence et une volonté. La différence des talents, l'éducation et les réflexions peuvent y mettre une espèce d'inégalité; mais il n'y en a point dans leur essence, et on ne les considère ici que par rapport à cette essence, sans parler des qualités qui les unissent plus étroitement, telles que celles de pères et d'enfants, entre lesquels il y a une supériorité dans l'ordre même de la nature.

Tous les hommes, ainsi considérés, doivent se regarder comme des frères, comme les enfants d'un même père, comme une seule famille composée de tout le genre humain, qui a un droit égal à l'héritage paternel, c'est-à-dire, à la suprême félicité attachée à la possession de Dieu même.

S'il y a donc une règle qui exige naturellement leur soumission, elle doit avoir ces deux caractères : l'un, d'être commune à tous, puisque tous sont égaux ; l'autre, d'être l'effet d'une intelligence et d'une volonté supérieure, qui impose à tous la même loi, et qui la leur manifeste par une révélation naturelle, c'est-à-dire, par la manifestation que Dieu nous fait lui-même de sa volonté, avec des signes qui ne nous permettent pas de douter que ce ne soit Dieu même qui a parlé.

Tous les hommes ont un plaisir naturel à voir leurs semblables, encore plus à vivre en société avec eux. Une solitude entière et de longue durée leur est pénible, ou plutôt insupportable ; le spectacle même de toutes les beautés que la nature offre à leurs yeux a quelque chose de languissant et presque d'inanimé à leur égard, jusqu'à ce qu'ils voient des êtres semblables à eux, avec qui ils puissent en jouir.

On aperçoit, dans une partie des brutes mêmes, comme une image de la société, et une espèce d'instinct et de mécanique naturelle qui les porte à vivre avec leurs semblables.

L'usage de la parole, qui n'a été accordé qu'à l'homme, suffiroit seul pour montrer qu'il est né pour la société. C'est le canal par lequel Dieu lui a donné le moyen de communiquer ses pensées et ses sentiments à ses semblables : et à quoi lui serviroit ce don précieux, dont il tire de si grands avantages, s'il n'étoit pas fait pour converser avec eux?

A cette inclination commune qui forme la première liaison naturelle entre les hommes, il a plu à l'auteur de leur être de joindre un autre lien, qui naît du besoin réciproque qu'ils ont les uns des autres. Si on les considère du côté du corps, combien manque-t-il de choses à chaque homme considéré séparément et hors de toute société, soit pour sa nourriture, pour son vêtement, pour se mettre à l'abri des injures de l'air, pour conserver ou pour rétablir sa santé et ses forces; soit pour se garantir et se mettre à couvert des insultes auxquelles il seroit continuellement exposé s'il vivoit dans la solitude.

Si on l'envisage du côté de l'esprit, on reconnoît aisément qu'il n'a pas moins besoin du secours de ses semblables, pour s'éclairer par une communication mutuelle de lumières, pour étendre la sphère de son intelligence, pour apprendre à diriger utilement les mouvements de sa volonté ; en un mot, pour corriger les défauts et augmenter la perfection de son être spirituel.

Pourrois-je douter, après cela, que Dieu n'ait voulu unir l'homme à ses semblables par son imperfection, par son indigence même? Incapable de suffire seul à ses besoins corporels ou spirituels, il est comme forcé d'y suppléer par le secours de ceux qui ont ce qui lui manque. Tel est l'ordre et, pour ainsi dire, le secret de la Providence, que la pauvreté naturelle de l'homme, et cette espèce de nudité dans laquelle nous naissons, devient la cause de notre abondance, par les ressources que nous trouvons dans la société.

(Instructions à son fils.)

Aguesseau (Henri François d'), chancelier de France, naquit à Limoges, le 7 novembre 1668, d'une famille déjà célèbre dans la robe. Reçu, en 1690, avocat du roi au Châtelet, François devint, peu de mois après, avocat général au parlement de Paris, à l'âge de vingt-deux ans. Denis Talon, qui avait obtenu une si belle réputation dans ces fonctions, dit publiquement qu'il voudrait finir comme ce jeune homme commençait. Pénétré de la gravité du rôle qu'il était appelé à jouer, d'Aguesseau se montra toujours magistrat intègre autant qu'éclairé. Sur la fin du règne de Louis XIV, d'Aguesseau parut menacé d'une disgrâce absolue, à cause de sa résistance à l'enregistrement de la fameuse bulle *Unigenitus*. Lorsque le grand roi mourut, d'Aguesseau, jouit au milieu de la corruption du temps, de tout le crédit que méritaient ses vertus. En 1717, il succéda au chancelier Voisin, mais il quitta bientôt cette haute dignité. Le régent l'exila, pour s'être opposé au système trop célèbre de Law. D'Aguesseau, rappelé par le prince, reprit les sceaux en 1720. Le régent, guidé par l'ambition du scandaleux Dubois, qui voulait devenir cardinal, fit tous ses efforts pour faire enregistrer la bulle. D'Aguesseau eut la faiblesse d'appuyer alors ce qu'il avait combattu du temps de Louis XIV. La cour suprême ayant repoussé toutes les propositions du régent, fut exilée à Pontoise. Alors le duc d'Orléans imagina de faire enregistrer la déclaration au grand conseil. Dans la séance solennelle qui eut lieu, un trait mordant fut dirigé contre d'Aguesseau. Un des magistrats de cette cour, Perelle s'opposant avec vigueur à l'enregistrement, le chancelier lui demanda où il avait puisé toutes les maximes dont il appuyait son avis : *Dans les plaidoyers de feu M. le chancelier d'Aguesseau*, répondit-il froidement. La cour ayant menacé d'envoyer le parlement à Blois, le chancelier offrit la remise des sceaux, que ne voulut pas accepter le régent. Ne pouvant pas se plier aux volontés de Dubois, d'Aguesseau quitta la chancellerie en 1727, et n'y rentra qu'en 1737. Dès cette époque, d'Aguesseau, éloigné de toutes les intrigues de la cour, ne chercha qu'à régler notre législation, si confuse et si incomplète. En 1750, son grand âge le contraignit à abandonner ses hautes fonctions. Il mourut le 9 février 1751. Saint-Simon, qui n'est pas louangeur, a dit de cet homme illustre : « Beaucoup d'esprit, d'application, de pénétration, de savoir en tout genre, de gravité, d'équité, de piété, d'innocence de mœurs, faisaient le fond du caractère de M. d'Aguesseau. » Écrivain de talent, moraliste sévère, orateur quelquefois éloquent, d'Aguesseau a conquis, par une vie honorable et laborieuse, la grande réputation dont il jouit aujourd'hui. Les *OEuvres de d'Aguesseau* composent treize volumes in-4o. Le chancelier, dans ses *Instructions à son fils*, a montré qu'il possédait cette philosophie pratique qui naît dans une âme vertueuse par le contact du monde.

CONDILLAC.

DU COLORIS.

Ces rayons de lumière tombent sur les corps, et réfléchissent les uns sur les autres. Par là les objets se renvoient mutuellement leurs couleurs. Il n'en est point qui n'emprunte des nuances; il n'en est point qui n'en prête : et aucun d'eux, lorsqu'ils sont réunis, n'a exactement la couleur qui lui seroit propre, s'ils étoient séparés. De ces reflets naît cette dégradation de lumière qui, d'un objet à l'autre, conduit la vue par des passages imperceptibles. Les couleurs se mêlent sans se confondre ; elles contrastent sans dureté; elles s'adoucissent mutuellement; elles se donnent mutuellement de l'éclat ; et tout s'embellit : l'art du peintre est de copier cette harmonie.

C'est ainsi que nos pensées s'embellissent mutuellement : aucune n'est par elle-même ce qu'elle est avec le secours de celles qui la précèdent et qui la suivent. Il y a en quelque sorte entre elles des reflets qui portent des nuances de l'une sur l'autre, et chacune doit à celles qui l'approchent tout le charme du coloris. L'art de l'écrivain est de saisir cette harmonie : il faut qu'on aperçoive dans son style ce ton qui plaît dans un beau tableau. Les périphrases, les comparaisons, et en général toutes les figures sont très-propres à cet effet; mais il faut un grand discernement. Quels que soient les tours dont on fait usage, la liaison des idées doit toujours être la même ; cette liaison est la lumière dont les reflets doivent tout embellir..... La beauté d'une comparaison dépend de la vivacité dont elle peint : c'est un tableau dont l'ensemble veut être saisi d'un coup d'œil et sans effort. Il faut donc qu'un écrivain aperçoive toujours en même temps les deux termes qu'il rapproche; car il ne lui suffit pas de dire ce qui convient à chacun séparément, il doit dire ce qui convient à tous deux à la fois : encore même ne s'arrêtera-t-il pas sur toutes les qualités qui appartiennent également à l'un et à l'autre; il se bornera au contraire à celles qui se rapportent au but dans lequel il les envisage.

Étienne Bonnot de Condillac, abbé de Mureaux, naquit à Grenoble, en 1715. Il était frère de l'illustre abbé de Mably. Son goût et le désir d'être utile lui firent de bonne heure diriger ses études vers la métaphysique. Ami de la retraite, admirateur de Locke, qui alors était peu connu en France, Condillac adopta, après de longues méditations, une partie des théories philosophiques de l'illustre Anglais. Les mœurs de Condillac étaient graves sans austérité : il pratiqua toujours la vertu et la sagesse qu'il ne cessa de prêcher par ses écrits. Quoique le talent du philosophe ne fût pas de nature à vivement intéresser les masses, cependant, lorsqu'il fallut choisir un précepteur pour l'infant don Ferdinand, duc de Parme, petit-fils de Louis XV, l'opinion générale désigna l'auteur de l'*Essai sur l'Origine des connaissances humaines*. Il fut reçu à l'Académie française en 1768, à la place de l'abbé d'Olivet. L'*Essai sur l'Origine des connaissances humaines* est un des beaux livres de philosophie. Pour rendre ses idées, Condillac se fit une langue d'une clarté admirable. Il possédait au plus haut degré cette logique qui préside à l'emploi des mots, pour éviter toute fausse conséquence comme toute fausse appréciation. Condillac, dans cet ouvrage, a fécondé avec un talent à la fois solide et ingénieux les pensées de Locke. Le *Traité des Systèmes* à renversé les idées innées du cartésianisme, les idées en Dieu de Mallebranche, l'harmonie et les monades de Leibnitz, ainsi que la substance unique de Spinosa. A peine eut-il fait pénétrer la lumière dans ces obscures théories qu'elles s'évanouirent. Le *Traité des Sensations*, qui parut en 1754, est l'ouvrage d'un esprit méthodique et pénétrant. On a accusé à tort le philosophe de prêcher le matérialisme : cette pensée n'existe nulle part dans ses écrits. Le *Traité des Animaux* est plein d'aperçus nouveaux. Enfin son grand ouvrage, le *Cours d'Études*, qui renfermait une *Grammaire*, un *Art d'écrire*, un *Art de raisonner*, un *Art de penser* et une *Histoire générale des hommes et des empires*, mit le sceau à sa réputation. En 1776, parut l'ouvrage intitulé : *Le Commerce et le Gouvernement considérés relativement l'un à l'autre*. Les deux derniers ouvrages de Condillac furent la *Logique*, et la *Langue des calculs* qui est tout à la fois une logique et un traité de calcul. Le philosophe mourut à sa terre de Flux, près de Baugenci, le 3 août 1780, à l'instant où ses facultés semblaient prendre un nouvel essor. Condillac a fait école parmi nous ; son style élégant et clair doit être adopté par tous les hommes qui s'occupent de métaphysique. De notre temps, Condillac a eu un admirable élève dans M. Destutt de Tracy, que la France vient de perdre.

HELVÉTIUS.

CAUSES DE L'INÉGALITÉ DANS LES ESPRITS.

L'unique cause de l'inégalité dans les esprits se trouve dans le moral. Alors, pour rendre compte de la disette ou de l'abondance des grands hommes dans certains siècles ou certains pays, on n'a plus recours aux influences de l'air, aux différents éloignements où les climats sont du soleil, ni à tous les raisonnements pareils, qui, toujours répétés, ont toujours été démentis par l'expérience et l'histoire.

Si la différente température des climats avoit tant d'influence sur les âmes et sur les esprits, pourquoi ces Romains, si magnanimes, si audacieux sous un gouvernement républicain, seroient-ils aujourd'hui si mous et si efféminés? Pourquoi ces Grecs et ces Égyptiens, qui, jadis recommandables par leur esprit et leur vertu, étoient l'admiration de la terre, en sont-ils aujourd'hui le mépris? Pourquoi ces Asiatiques, si braves sous le nom d'Éléamites, si lâches et si vils du temps d'Alexandre sous celui de Perses, seroient-ils, sous celui de Parthes, devenus la terreur de Rome, dans un siècle où les Romains n'avoient encore rien perdu de leur courage et de leur discipline? Pourquoi les Lacédémoniens, les plus braves et les plus vertueux des Grecs tant qu'ils furent religieux observateurs des lois de Lycurgue, perdirent-ils l'une et l'autre de ces réputations, lorsqu'après la guerre du Péloponèse ils eurent laissé introduire l'or et le luxe? Pourquoi ces anciens Cattes, si redoutables aux Gaulois, n'auroient-ils plus le même courage? Pourquoi ces Juifs, si souvent défaits par leurs ennemis, montrèrent-ils, sous la conduite des Machabées, un courage digne des nations les plus belliqueuses? Pourquoi les sciences et les arts, tour à tour cultivés et négligés chez différents peuples, ont-ils successivement parcouru presque tous les climats?

Dans un dialogue de Lucien : « Ce n'est point en Grèce, dit la Philosophie, que je fis ma première demeure. Je portai d'abord mes pas vers l'Indus; et l'Indien, pour m'écouter, descendit humblement de son éléphant. Des Indes, je tournai vers l'Éthiopie; je me transportai en Égypte : d'Égypte, je passai à Babylone, je m'arrêtai en Scythie, je revins par la Thrace. Je conversai avec Orphée, et Orphée m'apporta en Grèce. »

Pourquoi la philosophie a-t-elle passé de la Grèce dans l'Hespérie, de l'Hespérie à Constantinople et dans l'Arabie? Et pourquoi, repassant d'Arabie en Italie, a-t-elle trouvé des asiles dans la France, l'Angleterre, et jusques dans le nord de l'Europe? Pourquoi ne trouve-t-on plus de Phocion à Athènes, de Pélopidas à Thèbes, de Décius à Rome? La température de ces climats n'a point changé : à quoi donc attribuer la transmigration des arts, des sciences, du courage et de la vertu, si ce n'est à des causes morales?

Helvétius (Claude-Adrien), fils d'un médecin célèbre, naquit à Paris, en janvier 1713. Après avoir, dans les premières années de ses études, passé pour un esprit peu intelligent, il devint un des meilleurs élèves du père Porée. Destiné aux emplois de la finance et nommé, par la protection de la reine Marie Leczinska, fermier général, le jeune financier, à son entrée dans le monde, cherchait partout le mérite malheureux, et le secourait avec une générosité pleine de délicatesse. Saurin recevait de sa main une pension de trois mille francs ; Marivaux touchait sur la cassette du millionnaire un traitement annuel de deux mille francs. Dans une discussion qu'il eut avec son bienfaiteur, cet homme de lettres s'emporta plus loin que ne le permettaient les convenances et sortit tout furieux. Helvétius se contenta de dire : « Comme je lui aurais répondu, si je ne lui avais pas l'obligation d'accepter mes bienfaits! » Doué de l'extérieur le plus avantageux, estimé des gens de lettres, adoré des pauvres, auxquels il prodiguait des secours d'une main inépuisable, il semblait qu'un livre de philosophie, riche d'illusions, d'espérance et de grandes idées philanthropiques, devait être le complément d'une aussi belle vie : il n'en fut pas malheureusement ainsi. Tourmenté du désir d'émettre, non une idée nouvelle sans doute, mais une idée qu'il pensait rajeunir dans le livre de l'*Esprit*, Helvétius proclama la toute-puissance de l'*Amour de soi*. Cette maxime est vraie telle que l'avait conçue dans son cœur un homme aussi honorable que l'était l'illustre fermier général; mais sa doctrine pouvait être mal interprétée et devenir dangereuse. Tout le monde le sentit ; et les écrivains les plus remarquables du temps se préparaient à combattre le livre d'Helvétius, lorsque le pouvoir se prit à attaquer cet ouvrage. Le discrédit du malheureux gouvernement de Louis XV était tel, que dès lors l'auteur du livre de *l'Esprit* eut cause gagnée, malgré les arrêts et le bûcher du parlement.

Estimé de Voltaire, de Buffon, de Montesquieu, de Diderot et de Fontenelle, longtemps avant la publication de son livre, Helvétius, satisfait de sa haute fortune, avait renoncé à sa place et épousé mademoiselle de Ligneville, nièce de madame de Graffigny. Il faisait, à cette époque, une cour assidue à Fontenelle. Le jour du mariage d'Helvétius le doyen des gens de lettres, presque centenaire, laissa échapper une de ces réponses charmantes qui lui étaient familières. Il venait de dire mille choses aimables et spirituelles à la nouvelle mariée, lorsque, pour se mettre à table, il passa devant elle sans l'apercevoir. « Quel cas dois-je faire de vos galanteries, lui demanda en souriant madame Helvétius? vous passez devant moi sans me regarder. — Madame, repartit le vieillard, si je vous eusse regardée je n'aurais point passé. »

A la première apparition du livre de *l'Esprit*, Buffon dit, en parlant d'Helvétius : « Il aurait dû faire un livre de moins et un bail de plus avec les fermes. » Ce jugement est trop sévère. Le livre d'Helvétius n'est point, malgré tous ses défauts, l'ouvrage d'un homme ordinaire; la diction en est correcte, quoique l'écrivain, trop souvent poëte en prose, recherche aussi parfois des ornements puérils. Accueilli en Angleterre avec la plus grande distinction, logé, en Prusse, dans le palais de Frédéric, il jouissait de tous les honneurs que peuvent donner le talent et une fortune considérable et noblement employée, lorsqu'au retour de ces deux voyages, il mourut subitement, le 26 décembre 1771. En 1772, on publia un ouvrage posthume, ayant pour titre : *De l'Homme, de ses Facultés intellectuelles et de son Éducation*, qui n'est qu'un commentaire du livre de *l'Esprit*.

DESMAHIS.

LE FAT.

C'est un homme dont la vanité seule forme le caractère ; qui ne fait rien par goût, qui n'agit que par ostentation, et qui, voulant s'élever au-dessus des autres, est descendu au-dessous de lui-même. Familier avec ses supérieurs, important avec ses égaux, impertinent avec ses inférieurs, il tutoie, il protége, il méprise. Vous le saluez, il ne vous voit pas ; vous lui parlez, il ne vous écoute pas ; vous parlez à un autre, il vous interrompt. Il lorgne, il persiffle, au milieu de la société la plus respectable et de la conversation la plus sérieuse. Il dit à l'homme vertueux de venir le voir, et lui indique l'heure du brodeur et du bijoutier. Il n'a aucune connoissance, et il donne des avis aux savants et aux artistes. Il en eût donné à Vauban sur les fortifications, à Le Brun sur la peinture, à Racine sur la poésie.

Il fait un long calcul de ses revenus ; il n'a que soixante mille livres de rente, il ne peut vivre. Il consulte la mode pour ses travers comme pour ses habits, pour son médecin comme pour son tailleur. Vrai personnage de théâtre, à le voir, vous croiriez qu'il a un masque ; à l'entendre, vous diriez qu'il joue un rôle : ses paroles sont vaines, ses actions sont des mensonges, son silence même est menteur. Il manque aux engagements qu'il a ; il en feint quand il n'en a pas. Il ne va pas où on l'attend ; il arrive tard où il n'est point attendu. Il n'ose avouer un parent pauvre ou peu connu. Il se glorifie de l'amitié d'un grand à qui il n'a jamais parlé, ou qui ne lui a jamais répondu. Il a du bel-esprit la suffisance et les mots satiriques ; de l'homme de qualité les talons rouges, le coureur et les créanciers.

Pour peu qu'il fût fripon, il seroit en tout le contraste de l'honnête homme : en un mot, c'est un homme d'esprit pour les sots qui l'admirent ; c'est un sot pour les gens sensés qui l'évitent. Mais si vous connoissiez bien cet homme, ce n'est ni un homme d'esprit, ni un sot ; c'est un fat, c'est le modèle d'une infinité de jeunes sots mal élevés.

Desmahis naquit à Sully-sur-Loire, en 1722, et mourut à Paris, en 1761. Il est auteur d'un grand nombre de pièces fugitives qui jouirent d'un succès incontesté, d'une comédie en vers intitulée *l'Impertinent*, et de deux autres qui n'ont jamais été représentées : *le Triomphe du sentiment* et *la Veuve coquette*. Desmahis a fourni à la grande Encyclopédie les articles *fat* et *femme*. Outre un véritable mérite comme littérateur, il possédait toutes les qualités d'un homme de bien. C'est lui qui a dit : « Quand mon ami rit, c'est à lui à m'apprendre le sujet de sa joie ; quand il pleure, c'est à moi à découvrir la cause de son chagrin. » Les œuvres de Desmahis forment deux volumes in-douze.

GUÉNARD.

DÉCADENCE DES BEAUX-ARTS ET DE L'ÉLOQUENCE.

Je pourrois, en parcourant tous les genres, montrer partout les beaux-arts en proie à l'esprit philosophique; mais il faut se borner. Plaignons cependant ici la triste destinée de l'éloquence, qui dégénère et périt tous les jours, à mesure que la philosophie s'avance à la perfection. Il est vrai que la passion des faux-brillants et de la vaine parure a flétri sa beauté naturelle, à force de la farder. Il est vrai que le bel-esprit a ravagé presque toutes les parties de l'empire littéraire; mais voici un autre fléau bien plus terrible encore : je dis cette raison géométrique, qui dessèche, qui brûle, pour ainsi dire, tout ce qu'elle ose toucher. Elle renouvelle aujourd'hui la tyrannie de ce faux atticisme qui calomnioit autrefois l'orateur romain, et dont la lime sévère persécutoit l'éloquence, déchirant tous ses ornemens, et ne lui laissant qu'un corps décharné, sans coloris, sans grâces et presque sans vie. Une justesse superstitieuse qui s'examine sans cesse, et compose toutes ses démarches; une fière précision qui se hâte d'exposer froidement ses vérités, et ne laisse sortir de l'âme aucun sentiment, parce que les sentimens ne sont pas des raisons; l'art de poser des principes et d'en exprimer une longue suite de conséquences également claires et glaçantes; des idées neuves et profondes qui n'ont rien de sensible et de vivant, mais qu'on emporte avec soi pour les méditer à loisir : voilà l'éloquence de nos orateurs formés à l'école de la philosophie. D'où vient encore cette métaphysique distillée, que la multitude dévore sans pouvoir se nourrir d'une substance si déliée, et qui devient pour les lecteurs les plus intelligents eux-mêmes un exercice laborieux où l'esprit se fatigue à courir après des pensées qui ne laissent aucune prise à l'imagination? Tous ces discours, pleins, si l'on veut, d'une sublime raison, mais où l'on ne trouve point cette chaleur et ce mouvement qui viennent de l'âme, ne sortent-ils point manifestement de ce génie de discussion et d'analyse accoutumé à tout décomposer et à tout réduire en abstractions idéales, à dépouiller les objets de leurs qualités particulières pour ne leur laisser que des qualités vagues et générales, qui ne sont rien pour le cœur humain? Je le dirai : ce n'est pas corrompre l'éloquence, comme a fait le bel-esprit, c'est lui arracher le principe même de sa force et de sa beauté. Ne sait-on pas qu'elle est presque tout entière dans le cœur et l'imagination, et que c'est là qu'elle va prendre ses charmes, sa foudre même et son tonnerre?

Lisons les anciens : nous y trouverons des peintures vives et frappantes qui semblent faire entrer les objets eux-mêmes dans l'esprit; des tours hardis et véhémens qui donnent aux pensées des ailes de feu, et les jettent comme des traits brûlants dans l'âme des lecteurs; une expression touchante des sentiments et des mœurs qui se répand dans tout le discours, comme le sang dans les veines, et lui communique, avec une chaleur douce et continue, un air naturel et toujours animé; une variété charmante de couleurs et de tons qui représentent les nuances et les divers changements du sujet. Or, tous ces grands caractères de l'antique éloquence, pourroit-on les retrouver aujourd'hui dans les discours si pensés, si méthodiques, si bien raisonnés, dont l'esprit philosophique est le père et l'admirateur? Défendons-lui donc de sortir de la sphère des sciences, de porter dans les arts de goût sa tristesse et son austérité naturelle, son style aride et affamé.

Bossuet auroit estimé un tableau aussi riche de couleurs; il auroit surtout applaudi à la magnificence de style que fait briller l'apologiste des vrais principes littéraires, dans ce morceau plein de raison et d'intérêt.

Le *Journal de l'Empire* du 22 février 1806 est le seul ouvrage périodique dans lequel la mort de Guénard ait été annoncée : « Antoine Guénard, disait le journaliste, né à Damblin, village du département des Vosges, près Bourmont, vient de terminer sa carrière, dans sa quatre-vingtième année. Il était né le 15 décembre 1726. C'est lui qui a remporté le prix d'éloquence à l'Académie française, en 1755; et c'est son discours que La Harpe, dans son *Cours de litté-*

rature, cite comme un chef-d'œuvre, en regrettant qu'un si beau génie ait depuis gardé le silence le plus absolu. Il ignorait que M. l'abbé Guénard, chapelain du château de Fléville, près Nancy, passait sa vie au milieu d'une belle bibliothèque, qu'il tenait de madame de Beauvau Désarmoises, et que tous les jours il donnait plusieurs heures à une réfutation des articles de l'Encyclopédie qui tendaient à miner la religion. Cet ouvrage volumineux joignait la solidité au style brûlant et vraiment sublime du discours couronné par l'Académie. Il venait d'y mettre la dernière main quand, en 1793, frappé de la même terreur qui planait alors sur la France entière, il brûla son manuscrit. Il ne répondait depuis à la demande qu'on lui faisait de la communication de quelques articles *que par une larme et un soupir*. Sa piété, sa modestie, son désintéressement, son aménité, le faisaient chérir et révérer. Il aimait la retraite; mais un beau visage toujours serein, l'abandon et la vivacité dans la conversation, prouvaient que l'étude seule, dont il faisait ses délices, l'enlevaient à la société. Il laisse autant d'amis que de personnes qui ont eu l'occasion de le connaître. Il a conservé toute sa tête, toute son énergie et toutes ses vertus jusqu'au dernier moment. »

BORNES A IMPOSER A L'ESPRIT EN MATIÈRE DE RELIGION.

C'est dans la religion surtout que cette parole de saint Paul, *non plus sapere quàm oportet*, doit servir de frein à la raison, et tracer autour d'elle un cercle étroit d'où le philosophe ne s'échappe jamais. Il est vrai que la sagesse incarnée n'est pas venue défendre à l'homme de penser, et qu'elle n'ordonne point à ses disciples de s'aveugler eux-mêmes. Aussi réprouvons-nous ce zèle amer et ignorant qui crie d'abord à l'impiété, et qui se hâte toujours d'appeler la foudre et l'anathème, quand un esprit éclairé, séparant les opinions humaines des vérités sacrées de la religion, refuse de se prosterner devant les fantômes sortis d'une imagination foible et timide à l'excès, qui veut tout adorer, et, comme dit un ancien, mettre Dieu dans les moindres bagatelles. Croire tout sans discernement, c'est donc stupidité, je l'avoue; mais un autre excès plus dangereux encore, c'est l'audace effrénée de la raison; c'est cette curiosité inquiète et hardie, qui n'attend pas, comme la crédulité stupide, que l'erreur vienne la saisir, mais qui s'empresse d'aller au-devant des périls, qui se plait à rassembler des nuages, à courir sur le bord des précipices, à se jeter dans les filets que la justice divine a tendus, pour ainsi dire, de toutes parts aux esprits téméraires. Là vient ordinairement se perdre l'esprit philosophique.

Libre et hardi dans les choses naturelles, et pensant toujours d'après lui-même, flatté depuis longtemps par le plaisir délicat de goûter des vérités claires et lumineuses, qu'il voyoit sortir comme autant de rayons de sa propre substance, ce roi des sciences humaines se révolte aisément contre cette autorité qui veut captiver toute intelligence sous le joug de la foi, et qui ordonne aux philosophes mêmes, à bien des égards, de redevenir enfants. Il voudroit porter dans un nouvel ordre d'objets sa manière de penser ordinaire; il voudroit encore ici marcher de principe en principe, et former de toute la religion une chaîne d'idées générales et précises que l'on pût saisir d'un coup d'œil; il voudroit trouver en réfléchissant, en creusant lui-même, en interrogeant la nature, des vérités que la raison ne sauroit révéler, et que Dieu a cachées dans les abîmes de sa sagesse; il voudroit même ôter, pour ainsi dire, aux événements leur propre nature, et que des choses dont l'histoire seule et la tradition peuvent être des garants fussent revêtues d'une espèce d'évidence dont elles ne sont point susceptibles, de cette évidence toute rayonnante de lumière qui brille à l'aspect d'une idée, pénètre tout d'un coup l'esprit et l'enlève rapidement. Quelle absurdité! quel délire! Mais c'est une raison ivre d'orgueil, qui s'évanouit dans ses pensées, et que Dieu livre à ses illusions. Craignons une intempérance si funeste, et retenons dans une exacte sobriété cette raison qui ne connoît plus de retour, quand une fois elle a franchi les bornes.

Quelles sont donc, en matière de religion, les bornes où doit se renfermer l'esprit philosophique? Il est aisé de le dire : la nature elle-même l'avertit à chaque instant de sa foiblesse, et lui marque en ce genre les étroites limites de son intelligence. Ne sent-il pas à chaque instant, quand il veut avancer trop avant, ses yeux s'obscurcir et son flambeau s'éteindre? C'est là qu'il faut s'arrêter. La foi lui laisse tout ce qu'il peut comprendre : elle ne lui ôte que les mystères et les objets impénétrables. Ce partage doit-il irriter la raison? Les chaînes qu'on lui donne ici sont aisées à porter, et ne doivent paroître trop pesantes qu'aux esprits vains et légers. Je dirai donc aux philosophes : Ne vous agitez point contre ces mystères que la raison ne sauroit percer; attachez-vous à l'examen de ces vérités qui se laissent approcher, qui se laissent en quelque sorte toucher et manier, et qui vous répondent de toutes les autres. Ces vérités sont des faits éclatants et sensibles dont la religion s'est comme enveloppée tout entière, afin de frapper également les esprits grossiers et subtils. On livre ces faits à votre curiosité; voilà les fondements de la religion. Creusez donc autour de ces fondements, essayez de les ébranler, descendez avec le flambeau de la philosophie jusqu'à cette pierre antique, tant de fois rejetée par les incrédules, et qui les a tous écrasés; mais lorsque, arrivés à une certaine profondeur, vous aurez trouvé la main du Tout-Puissant, qui soutient depuis l'origine du monde ce grand et majestueux édifice toujours affermi par les orages mêmes et le torrent des années, arrêtez-vous enfin, et ne creusez pas jusqu'aux enfers! La philosophie ne sauroit vous mener plus loin sans vous égarer : vous entrez dans les abimes de l'infini : elle doit ici se voiler les yeux comme le peuple, adorer sans voir, et remettre l'homme avec confiance entre les mains de la foi. La religion ressemble à cette nuée miraculeuse qui servoit de guide aux enfants d'Israël dans le désert : le jour est d'un côté, et la nuit de l'autre. Si tout étoit ténèbres, la raison, qui ne verroit rien, s'enfuiroit avec horreur loin de cet affreux objet; mais on vous donne assez de lumière pour satisfaire un œil qui n'est pas curieux à l'excès. Laissez donc à Dieu cette nuit profonde où il lui plaît de se retirer avec sa foudre et ses mystères.

« A l'époque où parut ce discours, son auteur, si digne d'inspirer de justes regrets aux amis des lettres, le père Guénard s'annonçait dans la carrière de l'éloquence par le plus grand talent qu'il y eût parmi les jésuites et même dans toute la jeune littérature. Il n'est cependant guère connu aujourd'hui que des gens de lettres, dont j'ai peut-être éveillé l'admiration par le zèle avec lequel j'ai dès longtemps rappelé une si belle composition oratoire, dont on n'osait, pour ainsi dire, parler pendant la vie de Thomas, soit par une prudente réticence d'esprit de parti, soit même de peur de déprimer peut-être ce respectable académicien par le souvenir d'une rivalité si redoutable. On ne conçoit pas qu'un écrivain dont le début autorisait de si hautes espérances, et proclamait un orateur qui semblait consacré à la chaire, où alors il n'eût point trouvé de rivaux, ne se soit plus ensuite signalé par de nouveaux succès, ni dans le même genre, ni dans aucun autre. C'est une vraie calamité pour notre littérature qu'il ait vécu entièrement ignoré dans sa retraite en Lorraine, pendant quarante années; et c'est aussi une étrange fatalité qu'il soit mort dans l'obscurité la plus profonde, après avoir illustré sa jeunesse par un triomphe si mémorable.....

» Le beau morceau qu'on vient de lire aurait obtenu le plus grand succès, je dis trop peu, un véritable triomphe en chaire : il produisit aussi beaucoup d'effet dans la séance publique de l'Académie. J'aime à croire que Voltaire, absent déjà de Paris en 1755, ne lut pas ce discours. Je ne saurais imaginer que ses préventions anti-religieuses eussent assez aveuglé la clairvoyance de son goût pour lui faire méconnaître un si heureux talent. Je ne puis encore moins supposer qu'il eût cet ouvrage en vue quand il écrivait, en 1766, à Thomas, pour le féliciter de son *Éloge* de Descartes, qui venait, après de longs débats, de partager à peine le prix de ce concours, malgré son incontestable supériorité sur le discours consacré au même sujet par Gaillard. « Autrefois nous donnions pour sujets des prix des textes faits pour le séminaire de Saint-Sulpice ; aujourd'hui les sujets sont dignes de vous. » Personne alors ne réclama contre un si étrange oubli du programme publié au nom de l'Académie et de l'ouvrage couronné onze ans auparavant. On aurait pu appliquer à cette injustice du public envers le père Guénard, durant plus d'un demi-siècle, la mémorable observation de Tacite, quand il dit qu'aux obsèques de Junie, sœur de Brutus et épouse de Cassius : *Les images de ces deux grands hommes brillaient par-dessus toutes les autres, précisément parce qu'on ne les y voyait pas.* »

MAURY.

ALLIANCE DE L'ESPRIT PHILOSOPHIQUE ET DU GÉNIE DES LETTRES.

Par rapport aux ouvrages de goût, si j'osois dire que le génie des beaux-arts est tellement ennemi de l'esprit philosophique qu'il ne peut jamais se réconcilier avec lui, combien d'ouvrages immortels, où brille une savante raison parée de mille attraits enchanteurs, élèveroient ici la voix de concert, et pousseroient un cri contre moi? Je l'avouerai donc : les grâces accompagnant quelquefois la philosophie, et répandent sur ses traces les fleurs à pleines mains. Mais qu'il me soit permis de répéter une parole de la sagesse au philosophe sublime qui possède l'un et l'autre talent : Craignez d'être trop sage : craignez que l'esprit philosophique n'éteigne, ou du moins n'amortisse en vous le feu sacré du génie. Sans cesse il vient accuser de témérité et lier par de timides conseils la noble hardiesse du pinceau créateur : naturellement scrupuleux, il pèse et mesure toutes ses pensées, et les attache les unes aux autres par un fil grossier qu'il veut toujours avoir à la main : il voudroit ne vivre que de réflexions, ne se nourrir que d'évidences; il abattroit, comme ce tyran de Rome, la tête des fleurs qui s'élèvent au-dessus des autres : observateur éternel, il vous montrera tout autour de lui des vérités, mais des vérités sans corps, pour ainsi dire, qui sont uniquement pour la raison, et qui n'intéresseroient ni les sens ni le cœur humain. Rejetez donc ces idées, ou changez-les en images ; donnez-leur une teinte plus vive : libre des opinions vulgaires, et pensant d'une manière qui n'appartient qu'à lui seul, il parle un langage vrai dans le fond, mais nouveau et singulier, qui blesseroit l'oreille des autres hommes ; vaste et profond dans ses vues, et s'élevant toujours par ses notions abstraites et générales qui sont pour lui comme des livres abrégés, il échappe à tout moment aux regards de la foule, et s'envole fièrement vers les régions supérieures. Profitez de ces idées originales et hardies, c'est la source du grand et du sublime ; mais donnez des corps à ces pensées trop subtiles ; adoucissez par le sentiment la fierté de ces traits ; abaissez tout cela jusqu'à la portée de nos sens. Nous voulons que les objets viennent se mettre sous nos yeux : nous voulons un vrai qui nous saisisse d'abord, et qui remplisse notre âme de lumière et de chaleur. Il faut que la philosophie, quand elle veut vous plaire dans un ouvrage de goût, emprunte le coloris de l'imagination, la voix de l'harmonie, la vivacité de la passion. Les beaux-arts, enfants et pères du plaisir, ne demandent que la fleur et la plus douce substance de votre sagesse.

Maury caractérise ainsi ce morceau :

« Ne reconnaît-on pas le langage et l'inspiration d'un talent du premier ordre sous le pinceau d'un écrivain qui sait exalter avec tant de raison, d'enthousiasme et de goût, les triomphes du génie et de la vérité ? On peut croire, en admirant un pareil style, entendre, durant plusieurs pages de ce discours, les sublimes accents de Jean-Jacques Rousseau. »

DUCLOS.

CARACTÈRE DES FRANÇAIS.

On ne doit se permettre aucun parallèle injurieux et téméraire; mais s'il est permis de remarquer les défauts de sa nation, il est de devoir d'en relever le mérite, et le François en a un distinctif.

C'est le seul peuple dont les mœurs peuvent se dépraver sans que le fond du cœur se corrompe, ni que le courage s'altère; il allie les qualités héroïques avec le plaisir, le luxe et la mollesse : ses vertus ont peu de consistance, ses vices n'ont point de racines. Le caractère d'Alcibiade n'est pas rare en France. Le déréglement des mœurs et de l'imagination ne donne point atteinte à la franchise, à la bonté naturelle du François : l'amour-propre contribue à le rendre aimable; plus il croit plaire, plus il a de penchant à aimer. La frivolité qui nuit au développement de ses talents et de ses vertus le préserve en même temps des crimes noirs et réfléchis. La perfidie lui est étrangère, et il est bientôt fatigué de l'intrigue. Le François est l'enfant de l'Europe. Si l'on a quelquefois vu parmi nous des crimes odieux, ils ont disparu plutôt par le caractère national que par la sévérité des lois.

« Peu d'hommes étaient nés avec plus d'esprit que Duclos, non-seulement de celui que l'on met dans un livre, mais de celui dont on se fait honneur dans la société. Ce rapport de la conversation avec les écrits, d'autant plus remarqué dans quelques écrivains célèbres, qu'on le cherchait vainement dans quelques autres, était frappant dans Duclos. Son entretien ressemblait à son style : une précision tranchante, des saillies fréquentes, une tournure travaillée, mais piquante; des phrases arrangées comme pour être retenues; en un mot, ce qu'on appelle du trait : voilà ce qui lui donnait, dans ses écrits et dans le monde, une physionomie particulière. Porté, dès sa jeunesse, dans la bonne compagnie, il sut à la fois en goûter les agréments en homme de plaisir, l'observer en homme de sens, et en tirer parti pour sa fortune....

Il cultiva l'amitié de ses protecteurs avec une suite et une solidité qui était dans son caractère, et dont on lui savait d'autant plus de gré, que le brillant de son esprit semblait y donner plus de valeur; car, pendant un certain temps, la vogue de ses ouvrages et le crédit de ses sociétés l'avaient mis tellement à la mode, qu'il passait pour le plus bel-esprit de Paris, quoique Fontenelle vécût encore, et que Voltaire fût dans toute sa force. Mais Fontenelle était si vieux, qu'on le regardait comme un homme de l'autre siècle, et l'on ne voulait pas encore que Voltaire fût l'homme du sien, quoiqu'il le fût déjà par son génie, et que depuis il ne l'ait été que trop par la contagion de ses erreurs. »

LA HARPE.

DIDEROT.

DE L'AUTORITÉ DANS LE DISCOURS.

J'entends, par *autorité dans le discours*, le droit qu'on a d'être cru dans ce qu'on dit : ainsi, plus on a le droit d'être cru sur sa parole, plus on a d'*autorité*. Ce droit est fondé sur le degré de science et de bonne foi qu'on reconnoît dans la personne qui parle. La science empêche qu'on ne se trompe soi-même, et écarte l'erreur qui pourroit naître de l'ignorance. La bonne foi empêche qu'on ne trompe les autres, et réprime le mensonge que la malignité chercheroit à accréditer. Les lumières et la sincérité sont donc la vraie mesure de l'autorité dans le discours. Ces deux qualités sont essentiellement nécessaires. Le plus savant et le plus éclairé des hommes ne mérite plus d'être cru dès qu'il est fourbe; non plus que l'homme le plus pieux et le plus saint, dès qu'il parle de ce qu'il ne sait pas; de sorte que saint Augustin avoit raison de dire que ce n'étoit pas le nombre, mais le mérite des auteurs qui devoit emporter la balance. Au reste, il ne faut pas juger du mérite par la réputation, surtout à l'égard des gens qui sont membres d'un corps, ou portés par une cabale. La vraie pierre de touche, quand on est capable et à portée de s'en servir, c'est une comparaison judicieuse du discours avec la matière qui en est le sujet, considérée en elle-même : ce n'est pas le nom de l'auteur qui doit faire estimer l'ouvrage, c'est l'ouvrage qui doit obliger à rendre justice à l'auteur.

L'autorité n'a de force et n'est de mise, à mon sens, que dans les faits, dans les matières de religion et dans l'histoire. Ailleurs elle est inutile et hors d'œuvre. Qu'importe que d'autres aient pensé de même ou autrement que nous, pourvu que nous pensions juste, selon les règles du bon sens et conformément à la vérité? Il est assez indifférent que votre opinion soit celle d'Aristote, pourvu qu'elle soit selon les règles du syllogisme. A quoi bon ces fréquentes citations, lorsqu'il s'agit de choses qui dépendent uniquement du témoignage de la raison et du bon sens? A quoi bon m'assurer qu'il est jour, quand j'ai les yeux ouverts, et que le soleil luit? Les grands noms ne sont bons qu'à éblouir le peuple, à tromper les petits esprits, et à fournir du babil aux demi-savants. Le peuple, qui admire tout ce qu'il n'entend pas, croit toujours que celui qui lui parle le plus, et le moins naturellement, est le plus habile. Ceux à qui il manque assez d'étendue dans l'esprit pour penser eux-mêmes, se contentent des pensées d'autrui, et comptent les suffrages. Les demi-savants, qui ne sauroient se taire, et qui prennent le silence et la modestie pour des symptômes d'ignorance ou d'imbécillité, se font des magasins inépuisables de citations.

Je ne prétends pas néanmoins que l'autorité ne soit absolument d'aucun usage dans les sciences. Je veux seulement faire entendre qu'elle doit servir à nous appuyer, et non pas à nous conduire; et qu'autrement elle entreprendroit sur les droits de la raison : celle-ci est un flambeau allumé par la nature, et destiné à nous éclairer; l'autre n'est tout au plus qu'un bâton fait de la main des hommes, et bon pour nous soutenir, en cas de foiblesse, dans le chemin que la raison nous montre.

Denis Diderot naquit à Langres, en 1712. La vie privée de cet homme célèbre n'a rien de bien remarquable. Son père, qui était coutelier, voulait faire de lui un homme de loi; mais Diderot, n'aimant que la littérature, vint à Paris, où il chercha tous les moyens de s'instruire. Le père irrité cessa d'envoyer à son fils la modique pension qu'il lui avait accordée. Cette rigueur portait le plus grand préjudice à Diderot, qui venait de se marier. Il trouva d'abord des ressources dans la connaissance parfaite de la langue anglaise, dont il se mit à faire des traductions. Bientôt il put se livrer au travail de la composition. Lié avec tous les écrivains de son temps, Diderot avait déjà conquis une juste réputation lorsqu'il entreprit l'*Encyclopédie*. On a voulu, dans ces derniers temps, représenter Diderot comme un méchant homme, comme un auteur dont l'esprit était sans portée : on a eu tort. Diderot possédait à la fois un bon cœur et presque toutes les qualités qui font le grand écrivain. Il avait du feu, de l'éclat et était capable d'enthousiasme comme de générosité. Malheureusement il dépensa quelquefois ces belles facultés dans des polémiques religieuses et politiques qui ne convenaient point à la nature de son talent. Tout en conservant une forte individualité, Diderot suivit trop peut-être l'impulsion de son temps. On reproche au style de ce philosophe de l'enflure et du faux goût; mais lorsqu'il est dominé par un sentiment vrai, on trouve en lui une grandeur véritable et une simplicité pleine d'agrément. Diderot avait une grande adoration pour sa femme et pour sa fille, qui devint une personne très-distinguée. Le fougueux auteur de tant d'écrits remplis d'attaques contre la religion aimait à voir la Bible entre les mains de son enfant chéri. Enthousiaste des arts et surtout de la peinture et de la sculpture, dont pourtant il ne parla jamais en vrai connaisseur ; en relation avec tous les hommes célèbres de son temps ; comblé des bienfaits de la grande Catherine de Russie, Diderot mourut à Paris, en 1784. Il était trop passionné pour être un vrai philosophe, et ne parvint point à se placer au premier rang des écrivains, parce que sa pensée sortait de sa tête comme la lave sort d'un volcan, et qu'il dépensa tout son génie dans des improvisations qui ne laissaient à son esprit aucun moyen de mûrir ses enfantements. Les principaux ouvrages de Diderot sont : l'*Essai sur le Mérite et la Vertu* — les *Pensées philosophiques* ; — l'*Introduction aux grands principes* — *Lettre sur les Aveugles* ; — *Pensées sur l'interprétation de la nature* ; — *Supplément au Voyage de Bougainville* ; — deux pièces de théâtre, *le Fils Naturel*, *le Père de Famille*, dans lesquelles Diderot semble entrevoir le théâtre allemand que devaient créer Schiller et Goëthe ; — l'*Essai sur les règnes de Claude et de Néron* ; — *Danger de se mettre au-dessus des lois*, etc. Il a fait un grand nombre d'articles dans l'*Encyclopédie*, et beaucoup aidé Helvétius dans son livre de l'*Esprit*. M. Ch. Nodier a écrit des choses curieuses sur Diderot.

J.-J. ROUSSEAU.

BONHEUR DE J.-J. ROUSSEAU DANS LA SOLITUDE.

Quand mes douleurs me font tristement mesurer la longueur des nuits, que l'agitation de la fièvre m'empêche de goûter un seul instant de sommeil, souvent je me distrais de mon état présent, en songeant aux divers événements de ma vie ; et les repentirs, les doux souvenirs, les regrets, l'attendrissement, se partagent le soin de me faire oublier, quelques moments, mes souffrances. Quel temps croyez-vous, monsieur, que je me rappelle le plus souvent et le plus volontiers dans mes rêves ? Ce ne sont point les plaisirs de ma jeunesse ; ils furent trop rares, trop mêlés d'amertume, et sont déjà trop loin de moi : ce sont ceux de ma retraite, ce sont mes promenades solitaires, ce sont ces jours rapides, mais délicieux, que j'ai passés tout entiers avec moi seul, avec ma bonne et simple gouvernante, avec mon chien bien-aimé, ma vieille chatte, les oiseaux de la campagne, les biches de la forêt, avec la nature entière et son inconcevable auteur. En me levant avant le soleil pour aller voir, contempler son lever dans mon jardin ; quand je voyois commencer une belle journée, mon premier souhait étoit que ni lettres, ni visites n'en vinssent troubler le charme. Après avoir donné la matinée à divers soins, que je remplissois tous avec plaisir, parce que je pouvois les remettre à un autre temps, je me hâtois de dîner pour échapper aux importuns, et me ménager une plus longue après-midi. Avant une heure, même les jours les plus ardents, je partois par le grand soleil, avec le fidèle Achate, pressant le pas dans la crainte que quelqu'un ne vînt s'emparer de moi avant que je pusse m'esquiver ; mais quand une fois j'avois pu doubler un certain coin, avec quel battement de cœur, avec quelle petillement de joie, je commençois à respirer en me sentant sauvé, en me disant : Me voilà maître de moi, le reste de ce jour ! J'allois alors d'un pas plus tranquille chercher quelque lieu sauvage dans la forêt, quelque lieu désert, où rien me montrant la main de l'homme, ne m'annonçât la servitude et la domination, quelque asile où je pusse croire avoir pénétré le premier, et où nul tiers importun ne vînt s'interposer entre la nature et moi ; c'étoit là qu'elle sembloit déployer à mes yeux une magnificence toujours nouvelle. L'or des genêts et la pourpre des bruyères frappoient mes yeux d'un luxe qui touchoit mon cœur ; la majesté des arbres qui me couvroient de leur ombre, la délicatesse des arbustes que je foulois sous mes pieds, tenoient mon esprit dans une alternative continuelle d'observation et d'admiration ; le concours de tant d'objets intéressants qui se disputoient mon attention, m'attirant sans cesse de l'un à l'autre, favorisoit mon humeur rêveuse et paresseuse, et me faisoit souvent redire à moi-même : non, Salomon dans toute sa gloire ne fut jamais vêtu comme l'un d'eux.

Mon imagination ne laissoit pas long-temps déserte la terre ainsi parée ; je la peuplois bientôt d'êtres selon mon cœur ; et, chassant bien loin l'opinion, les préjugés, toutes les passions factices, je transportois dans les asiles de la nature des hommes dignes de les habiter ; je m'en formois une société charmante, dont je ne me sentois pas indigne ; je me faisois un siècle d'or à ma fantaisie, et remplissant ces beaux jours de toutes les scènes de ma vie qui m'avoient laissé de doux souvenirs, et de toutes celles que mon cœur désiroit encore, je m'attendrissois jusqu'aux larmes sur les vrais plaisirs de l'humanité ; plaisirs délicieux, si près de nous, et qui sont désormais si loin des hommes. Oh ! si dans ce moment, quelque idée de Paris, de mon siècle, et de ma petite gloriole d'auteur, venoit troubler mes rêveries, avec quel dédain je la chassois à l'instant pour me livrer sans distraction aux sentiments exquis dont mon âme étoit pleine ! Cependant, au milieu de tout cela, je l'avoue, le néant de mes chimères venoit quelquefois me contrister tout à coup : quand tous mes rêves se seroient tournés en réalité, ils ne m'auroient pas suffi ; j'aurois imaginé, rêvé, désiré encore : je trouvois en moi un vide inexplicable que rien n'auroit pu remplir, un certain élancement de mon cœur vers une autre sorte de jouissance dont je n'avois pas l'idée et dont pourtant je sentois le besoin : hé bien, monsieur, cela même étoit une jouissance, puisque j'en étois pénétré d'un sentiment très-vif, et d'une tristesse attirante que je n'aurois pas voulu ne pas avoir.

Bientôt de la surface de la terre j'élevois mes idées à tous les êtres de la nature, au système universel des choses, à l'Être suprême qui embrasse tout ; alors, l'esprit perdu dans cette immensité, je ne pensois pas, je ne raisonnois pas, je ne philosophois pas : je me sentois avec une sorte de volupté accablé du poids de cet univers ; je me livrois avec attendrissement à la confusion des grandes idées ; j'aimois à me perdre en imagination dans l'espace ; mon cœur resserré même dans les bornes des êtres s'y trouvoit trop à l'étroit, j'étouffois dans l'univers. J'aurois voulu m'élancer dans l'infini : je crois que si j'eusse dévoilé tous les mystères de la nature, je me serois senti dans une situation moins délicieuse que cette étourdissante extase à laquelle mon esprit se livroit sans retenue, et qui, dans l'agitation de mes transports, me faisoit écrier quelquefois : *O grand Être ! O grand Être !* sans pouvoir dire ni penser rien de plus.

Ainsi s'écouloient dans un délire continuel les journées les plus charmantes que jamais créature humaine ait passées ; et quand le coucher du soleil me faisoit songer à la retraite, étonné de la rapidité du temps, je croyois n'avoir pas mis assez à profit ma journée ; je pensois en pouvoir jouir davantage encore, et, pour réparer le temps perdu, je me disois : *Je reviendrai demain.*

Je revenois à petits pas, la tête un peu fatiguée, mais le cœur content. Je me reposois agréablement au retour en me livrant à l'impression des objets, mais sans penser, sans imaginer, sans rien faire autre chose que sentir le calme et le bonheur de ma situation. Je trouvois mon couvert mis sur la terrasse, je soupois de grand appétit ; dans mon petit domestique, nulle image de servitude et de dépendance ne troubloit la bienveillance qui nous unissoit tous : mon chien lui-même étoit mon ami, non mon esclave ; nous avions toujours la même volonté, mais jamais il ne m'a obéi ; ma gaieté durant toute la soirée témoignoit que j'avois vécu seul tout le jour : j'étois bien différent quand j'avois une compagnie ; j'étois rarement content des autres, et jamais de moi ; le soir, j'étois grondeur et taciturne : cette remarque est de ma gouvernante ; et, depuis qu'elle me l'a dite, je l'ai toujours trouvée juste en m'observant. Enfin, après avoir fait encore, le soir, quelques tours dans mon jardin, ou chanté quelque air sur mon épinette, je trouvois dans mon lit un repos de corps et d'âme cent fois plus doux que le sommeil.

Ce sont là les jours qui ont fait le vrai bonheur de ma vie : bonheur sans amertume, sans ennui, sans regrets, et auquel j'aurois borné volontiers tout celui de mon existence. Oui, monsieur, que de pareils jours remplissent pour moi l'éternité, je n'en demande point d'autres, et n'imagine pas que je sois beaucoup moins heureux dans ces ravissantes contemplations que les intelligences célestes ; mais un corps qui souffre ôte à l'esprit sa liberté : désormais je ne suis plus seul, j'ai un hôte qui m'importune ; il faut m'en délivrer pour être à moi ; et l'essai que j'ai fait de ces douces jouissances ne sert plus qu'à me faire attendre avec moins d'effroi le moment de les goûter sans distraction.

Jean-Jacques Rousseau naquit à Genève, le 28 juin 1721. Son père exerçait la profession d'horloger. Les premières années de Jean-Jacques se passèrent à dévorer des romans, qu'il commentait avec son ardente et précoce sensibilité. A la lecture des romans succéda celle de Plutarque : en sorte qu'après avoir été enthousiaste des héros créés par l'imagination des romanciers, il le devint des demi-dieux d'Athènes et de Rome. En sortant de sa pension, de Bossy, où il avait appris quelque peu de latin, Rousseau entra chez un greffier, par lequel il fut déclaré inepte. Du greffe, il passa dans l'atelier d'un graveur, homme brutal, qui l'accablait de coups et de mauvais traitements. Il s'évada de cette maison funeste à son innocence, et vint à Annecy. C'est là qu'âgé de seize ans et sous l'influence de madame de Warens, qui s'intéressait vivement à lui, il prit la résolution d'abjurer la religion protestante, ce qu'il fit à Turin. Les plus tristes vicissitudes suivirent ce changement de culte. Bientôt des disgrâces méritées réduisirent le nouveau converti à retourner vers l'excellente madame de Warens, qui lui prodigua les soins d'une mère, et prit le soin de l'initier à la connaissance des grands écrivains de la langue française. Elle fit plus, elle voulut lui ouvrir la carrière ecclésiastique ; mais Rousseau déserta bientôt le séminaire, avec un brevet d'incapacité en bonne forme, et revint encore auprès de *sa chère maman*, qui le plaça chez un maître de musique. A Lyon, l'élève, ou plutôt l'écolier quitte le maître pour courir de nouveau à Annecy, où il ne trouve plus sa bienfaitrice. Sans refuge, sans protection, il tombe dans la misère, et s'imagine d'aller à Lausanne enseigner la musique qu'il ne savait pas. On ne peut s'empêcher de rire en lisant le récit qu'il a fait lui-même du charivari musical qu'il osa présenter pour une cantate à grand orchestre dans un concert d'amateurs. Neufchâtel parut offrir quelques ressources au professeur improvisé. Il apprenait la musique en l'enseignant ; mais *le désir de voir et l'humeur inquiète,* comme dit le bon La Fontaine, l'emportèrent à Soleure et ensuite à Paris, où il fit de belles connaissances et ne réussit à rien. Bientôt rebuté, il repart pour la Suisse, dans le dessein d'y retrouver madame de Warens. Il apprend qu'elle habite Chambéry, il y vole, et obtint, par son entremise, une place dans le cadastre, auquel on travaillait par les ordres du roi de Sardaigne. Il se dégoûte de cette place, et le voilà de nouveau enseignant la musique. Le désir d'apprendre la composition sous le maître de musique de la cathédrale l'entraîne à Besançon, Un accident tout à fait imprévu le ramène auprès de madame de Warens, qui lui prodigue la même affection, sans se décourager de l'inconstance d'humeur et des incartades d'un jeune homme qui se sentait déplacé dans chacun des emplois dont il essayait. Tourmenté au dedans, s'ignorant lui-même, ne connaissant ni les hommes ni les choses, possédé du besoin d'apprendre et ne faisant pas de progrès, Rousseau qui devait jouer plus tard le rôle d'un grand écrivain, n'était propre à rien, ne pouvait s'accommoder avec personne, ni être deviné par personne. Son génie n'était pas encore venu le visiter, ou plutôt il demeurait caché en lui comme un mystère pour tout le monde.

Rousseau recherche encore madame de Warens, pour la quitter de nouveau, et entrer, en qualité de précepteur, chez M. de Mably, grand prévôt de Lyon; mais le futur auteur d'*Émile* n'avait aucune des qualités nécessaires à l'instruction de la jeunesse: lui-même sentit son insuffisance et s'éloigna. La maison de madame de Warens devint une dernière fois son asile. Bientôt le désir de publier une nouvelle invention, celle de noter la musique par chiffres, le conduisit à Paris. Rameau découvrit tout d'un coup le vice de la méthode, et déconcerta, par de justes critiques, le trop confiant auteur, qui du moins retira de son séjour dans la capitale l'avantage de connaître plusieurs hommes célèbres de l'époque, Marivaux, Fontenelle, Diderot. La maison de madame Dupin, fille du fameux Samuel Bernard, auquel le fier Louis XIV prodiguait les caresses, lui fut ouverte. Il y vit pour la première fois Voltaire et Buffon. Rousseau conçut pour sa nouvelle protectrice une folle passion. Dans le but de s'en distraire, il se rejeta avec fureur dans la musique. Sa position devenait difficile; ses amis le placèrent auprès du comte de Montaigu, ambassadeur à Venise. Un excès d'orgueil lui fit perdre ce poste honorable. De nouvelles disgrâces musicales l'attendaient à Paris. Dégoûté par deux chutes, il se retira du théâtre, et devint commis à neuf cents francs, chez M. Dupin, fermier général. Alors commença sa liaison avec Thérèse Levasseur, femme peu digne de lui; mais par compensation il se vit admis chez madame d'Épinay et chez madame d'Houdetot, qui achevèrent de l'introduire dans le monde littéraire. D'Alembert, Condillac et surtout Diderot, ranimèrent en lui l'amour des lettres, que semblaient avoir éteint l'inconstance de ses goûts et l'extrême agitation de sa vie. Il conçut l'idée de créer, avec le dernier de ces écrivains, un journal intitulé le *Persifleur*. La *Lettre sur les Aveugles* ayant fait mettre Diderot à Vincennes, Rousseau fit les plus vives démarches en faveur de son ami, auquel il rendait de fréquentes visites. C'est en remplissant ce devoir qu'il fut saisi d'une espèce d'illumination, à la lecture du programme de l'Académie de Dijon, qui proposait cette question: *Le progrès des sciences et des arts a-t-il contribué à corrompre ou à épurer les mœurs?* Dès ce jour son génie d'écrivain lui fut révélé. On sait qu'il prit parti contre les sciences et les arts et qu'il obtint le prix; mais ce ne fut pas sans exciter, par un éloquent paradoxe, un grand tumulte dans la république des lettres.

Un meilleur avenir se présentait pour Rousseau; mais la passion de l'indépendance, l'espoir de gagner plus que les 1,200 francs qu'il recevait de M. Dupin, le déterminèrent à l'étrange résolution de s'annoncer comme copiste de musique. Il voulut bientôt devenir compositeur, et donna *le Devin du village*. Le plus brillant succès accueillit, à Fontainebleau, cette naïve production. Louis XV donna son suffrage, et Paris jugea comme le monarque. Après *le Devin*, Rousseau publia sa *Lettre sur la Musique*, lettre qui produisit une grande sensation et une espèce de guerre civile entre les *dilettanti* et nos compositeurs nationaux. Rousseau fut moins heureux dans la comédie de *Narcisse*, donnée au Théâtre-Français. La pièce tomba sous les yeux de l'auteur. En 1753, il fit paraître un *Discours sur l'Origine de l'inégalité parmi les hommes*, nouvelle question proposée par l'Académie de Dijon; ce *Discours* beaucoup plus remarquable que le premier, pour les pensées comme pour le style, est empreint d'une passion pour la vie sauvage et d'une haine injuste pour la civilisation, sentiments très-peu dignes d'un philosophe et d'un esprit éclairé. Il y avait pourtant de très-grands progrès dans cette seconde composition, dont la dédicace aux magistrats de Genève est un chef-d'œuvre de diction, de convenance et d'élévation. Un de ses amis conduisit alors Jean-Jacques à Genève. En passant par Chambéry, il retrouva madame de Warens réduite à la misère, suite inévitable d'une excessive libéralité. Arrivé à Genève, Rousseau abjura la religion catholique pour celle de ses pères, et forma le projet de fixer sa demeure dans cette ville; mais la crainte du voisinage de Voltaire et de son influence le fit revenir à Paris. Il eut le bonheur d'y trouver en madame d'Épinay une amie qui lui fit construire, dans la vallée de Montmorenci, une maison solitaire, devenue célèbre sous le nom de l'*Ermitage*. Rousseau s'y installa avec ses deux *gouverneuses* (Thérèse et sa mère), le 9 avril 1756. Ce fut dans cette solitude qu'il composa *le Contrat Social* et *la Nouvelle Héloïse*. Après vingt mois de séjour, Rousseau quitte l'*Ermitage* pour aller habiter une petite maison à Montmorenci, et là il ne vit plus que pièges et embûches autour de lui; tous ses anciens amis lui devinrent suspects; mais il fut assez heureux pour en trouver d'autres. L'illustre Malesherbes, qui était directeur général de la librairie, lui témoignait la plus grande bienveillance, tandis que le maréchal de Luxembourg lui donnait un appartement au petit château de Montmorenci; le prince de Conti vint aussi le visiter.

Bientôt l'*Émile* paraît, et le même prince de Conti fait avertir Jean-Jacques qu'il est décrété de prise de corps par le parlement; madame de Luxembourg protège son évasion; il arrive en Suisse, il y apprend que son livre a été brûlé à Genève par la main du bourreau, et qu'on a lancé contre l'auteur un décret de prise de corps. Il veut se fixer à Iverdun; l'aristocratie de Berne le menace; il s'enfuit à Neufchâtel, où George Keith, plus connu sous le nom de milord Maréchal, devient son protecteur et son ami. C'est dans sa retraite de Motier qu'il enfanta l'un de ses plus beaux ouvrages, sa *Réponse* au Mandement de l'archevêque. A la même époque se rapportent les *Lettres* écrites de la Montagne, et destinées à le venger du décret rendu contre lui par le conseil de Genève. Il se plaignit, à la suite de cette publication, d'être en butte aux attaques des habitants fanatisés de ce pays, qu'il quitta pour la petite île de Saint-Pierre, au milieu du lac de Bienne. Forcé par le sénat de Berne de renoncer à ce coin de terre qu'il aimait avec passion, il partit pour l'Angleterre, traversa publiquement Paris, où il demeura quelque temps (1766), au milieu des visites que lui attirait la persécution. Hume établit, peu après, son nouvel ami dans le comté de Derby à Wootton. Malheureusement Jean-Jacques, toujours ombrageux, vint à se brouiller avec l'historien anglais. Cette querelle, difficile à expliquer, décida notre misanthrope à quitter brusquement sa retraite, le 1er mai 1767. Il revint alors en France, où il fut accueilli comme un homme illustre par tout ce que la société de Paris avait de plus distingué. Le prince de Conti lui donna un asile à Trie-le-Château; par une suite des susceptibilités de son caractère, il n'y demeura que deux mois. Alors il se rendit à Lyon, de cette ville à Grenoble, ensuite à Chambéry, d'où il revint à Bourgoin. Ce fut près de là qu'il parut se fixer, et faire un effort pour se séparer de Thérèse; mais il ne put rompre sa chaîne, et se décida au contraire à épouser celle qu'il voulait quitter.

Il quitta les environs de Bourgoin pour Lyon, où il souscrivit pour la statue de Voltaire, en 1770. « Puisque tous les auteurs, dit-il, ont le droit de souscrire, j'ai payé ce droit assez cher pour oser y prétendre. » Voltaire fut peut-être mécontent de cet hommage d'un rival qu'il avait peu ménagé dans un poëme sur Genève. Revenu à Paris, Rousseau vit le monde; mais déclara qu'il avait terminé sa carrière littéraire et qu'il ne reprendrait plus la plume. Il se contentait de lire aux personnes de sa société intime quelques fragments d'un livre tristement célèbre, les *Confessions*. Toujours passionné pour la musique et admirateur sincère de Gluck, il soutenait par son suffrage cet homme de génie, en butte aux attaques de Marmontel et de La Harpe. Sa misanthropie faisait chaque jour de nouveaux progrès, et un accident déplorable augmenta encore cette funeste maladie. Un chien qui courait devant la voiture du président de Saint-Fargeau renversa notre philosophe. Désespéré de cet accident, M. de Saint-Fargeau mit pied à terre, releva Rousseau, voulut le reconduire dans sa voiture, mais ne put jamais parvenir à faire accepter son offre à l'auteur de l'*Émile*, qui s'en retourna seul, à pied.

Dès ce moment la santé de Jean-Jacques, atteint d'une maladie noire qui ressemblait à une monomanie, parut profondément altérée. M. de Girardin lui offrit une retraite dans sa charmante maison d'Ermenonville. Rousseau accepta, et goûta une telle satisfaction dans ce dernier asile que ses douleurs parurent s'apaiser; elles reprirent le 2 juillet, puis se dissipèrent. Il passa la nuit fort tranquillement. Le lendemain, il se leva de bonne heure, se promena dans le parc et revint déjeuner. Il se sentait si bien, qu'il voulut s'habiller pour aller faire une visite au château. Au moment où il allait sortir, il fut saisi d'un grand froid, et se plaignit d'un violent mal de tête. Sa femme lui faisait prendre des calmants. Tout à coup il tomba le visage contre terre, et expira sans prononcer une parole.

La vie de Rousseau fut orageuse et soumise à de cruelles épreuves; il eut même à dévorer l'humiliation de servir. Son humeur était mobile, son caractère à la fois confiant et inquiet, son cœur tendre et passionné jusqu'au délire. Une imagination exaltée, romanesque, le transportait sans cesse hors du monde social; contre lequel il prit de bonne heure des préventions incurables. Voyant toujours les hommes tels qu'il les voulait, et non pas tels qu'ils sont véritablement, il était sujet à se désenchanter d'eux; alors il les fuyait, sans leur vouloir aucun mal, surtout sans leur nuire. Séparé d'eux, il ne leur demandait que la paisible possession de lui-même. On peut lui reprocher des fautes, dont quelques-unes assez graves, puisqu'elles lui ont causé de vifs remords. Au reste, à l'exemple de saint Augustin, il s'en est accusé sans aucun ménagement, se peignant lui-même avec une franchise mêlée d'orgueil, mais aussi en nous donnant comme Montaigne, une utile et profonde étude du cœur humain. Rousseau n'aimait pas les grands, ou plutôt la grandeur, c'est-à-dire les distinctions sociales qui mettent un homme au-dessus de ses semblables, souvent sans qu'il ait aucun droit à cette distinction. Il fuyait le monde par une sorte de sauvagerie naturelle, et aussi parce qu'une invincible timidité l'empêchait d'y jouer un rôle convenable. Sans être ingrat au fond, il craignait les bienfaits et surtout les bienfaiteurs, et cependant il a gardé la plus tendre reconnaissance pour ceux d'entre eux qui, comme M. de Malesherbes, mêlant les égards au respect de sa liberté, n'ont pas voulu lui imposer des chaines. Son désintéressement était digne des siècles antiques. Il sut constamment modérer ses désirs et vivre de peu. Les plus petites choses lui faisaient du bonheur. On ne vit jamais paraître en lui la moindre indice de jalousie contre ceux de ses contemporains qui joignaient à la célébrité toutes les faveurs de la fortune. Il louait Buffon avec enthousiasme; il admirait Voltaire; il pleura de joie en apprenant le triomphe décerné à ce grand poëte sur la scène française; il se prosternait devant le génie de Montesquieu; il aima constamment la personne et le talent de Bernardin de Saint-Pierre, qui avait tant de rapports avec le sien. Longtemps méconnu, il supporta l'obscurité sans se plaindre, et quand la gloire vint à lui, il n'en conserva pas moins ses goûts et son amour de la retraite.

Plus son génie d'écrivain avait été lent à se révéler, plus il jeta d'éclat. Ses écrits, en lui suscitant des ennemis acharnés, lui donnèrent aussi des partisans passionnés; les femmes surtout portèrent au plus haut degré leur enthousiasme pour un homme qui, tout en les censurant avec sévérité, semblait élever des autels à leur sexe. Par suite de ce nouvel enthousiasme, il y eut bientôt dans l'empire des lettres deux souverains, Rousseau et Voltaire. Accoutumé à une longue possession de l'empire, le patriarche de Ferney ne put, dit-on, souffrir ce partage: son école se déclara contre Jean-Jacques, que d'ailleurs elle accusait de faiblesse et de superstition, parce qu'il associait la religion à la philosophie dans des ouvrages empreints de la plus haute éloquence. Ce dissentiment, qu'il prit pour une haine implacable, affligea profondément Rousseau, et finit par le jeter dans des accès de misanthropie qui devinrent par degrés une maladie incurable de l'imagination. Il ne voyait autour de lui que des ennemis, des piéges, des conspirations; en un mot, il était fou sous un certain rapport, quoique son génie et sa raison habitassent encore en lui.

Les ouvrages de Rousseau vivront autant que notre langue; mais l'estime de la postérité consacrera surtout l'*Émile*, comme un présent fait à l'humanité; l'enfance rattachée au sein maternel, les liens de la famille resserrés, la réforme d'une partie des vices de l'éducation publique et privée, une foule de conseils regardés comme des rêves de Platon et devenus des vérités pratiques, attestent en lui la puissante influence d'un talent supérieur.

Le style de ce grand écrivain n'est point exempt de défauts; on y trouve de l'ambition, de l'enflure, des expressions de mauvais goût, parfois une fausse chaleur et l'abus des formes oratoires. Mais que de progrès notre langue a faits sous cette main habile et patiente! quelle magnificence dans les descriptions animées par une verve qui manque, peut-être à Buffon! Comme il sait passionner la vérité pour la faire entrer dans le cœur! Quelle irrésistible éloquence quand il célèbre les plus grandes choses de l'univers, Dieu, la nature, la religion et la vérité! Quelle harmonie nouvelle il trouve dans le plus parfait accord de la pensée avec les expressions qui la représentent! Quelle vigueur de plume quand il presse ses adversaires dans les arguments d'une dialectique victorieuse! et, puis tout à coup l'écrivain, saisi lui-même par le charme des objets qu'il a sous les yeux, ou qu'il retrouve dans son cœur avec la fraîcheur de la première impression, semble se délasser en parlant à son lecteur comme on parle à un ami, avec un abandon, avec une grâce, avec une facilité qui viennent de l'inspiration du moment. Plusieurs des morceaux écrits par Rousseau dans le calme de la retraite et dans la douce chaleur de son imagination tempérée par le bonheur, font couler de ces larmes que l'on répand avec délice, parce qu'elles viennent d'une douce joie. Rousseau avait beaucoup étudié Montaigne; il en est plein: cependant il ne l'a point copié; il lui ressemble sans cesser d'être original. Pour bien connaître le génie de notre langue, ses ressources, ses progrès, il faut comparer sans cesse Montaigne, Bossuet, Fénelon, Massillon, Montesquieu et Buffon, avec Rousseau.

PROSOPÉE DE FABRICIUS.

O Fabricius! qu'eût pensé votre grande âme, si, pour votre malheur, rappelé à la vie, vous eussiez vu la face pompeuse de cette Rome sauvée par votre bras, et que votre nom respectable avoit plus illustrée que toutes ses conquêtes? « Dieux! eussiez-vous dit, que sont devenus ces toits de chaume et ces foyers rustiques qu'habitoient jadis la modération et la vertu? Quelle splendeur funeste a succédé à la simplicité romaine! Quel est ce langage étranger? Quelles sont ces mœurs efféminées? Que signifient ces statues, ces tableaux, ces édifices? Insensés! qu'avez-vous fait? Vous, les maîtres des nations, vous vous êtes rendus les esclaves des hommes frivoles que vous avez vaincus : ce sont des rhéteurs qui vous gouvernent; c'est pour enrichir des architectes, des peintres, des statuaires et des histrions que vous avez arrosé de votre sang la Grèce et l'Asie. Les dépouilles de Carthage sont la proie d'un joueur de flûte.

» Romains, hâtez-vous de renverser ces amphithéâtres, brisez ces marbres, brûlez ces tableaux, chassez ces esclaves qui vous subjuguent, et dont les funestes arts vous corrompent. Que d'autres mains s'illustrent par de vains talents : le seul talent digne de Rome, est celui de conquérir le monde, et d'y faire régner la vertu. Quand Cynéas prit notre sénat pour une assemblée de rois, il ne fut ébloui, ni par une pompe vaine, ni par une élégance recherchée; il n'y entendit point cette éloquence frivole, l'étude et le charme des hommes utiles. Que vit donc Cynéas de majestueux? O citoyens! il vit un spectacle que ne donneront jamais vos richesses ni vos arts, le plus beau spectacle qui ait jamais paru sous le ciel : l'assemblée de deux cents hommes vertueux, dignes de commander à Rome et de gouverner la terre. »

Voici comment Jean-Jacques rend compte lui-même de la manière dont fut composée cette admirable prosopopée :

« J'allois voir Diderot, alors prisonnier à Vincennes; j'avois dans ma poche un *Mercure de France*, que je me mis à feuilleter le long du chemin. Je tombe sur la question de l'Académie de Dijon, qui a donné lieu à mon premier écrit. Si jamais quelque chose a ressemblé à une inspiration subite, c'est le mouvement qui se fit en moi à cette lecture : tout à coup je me sens l'esprit ébloui de mille lumières; des foules d'idées vives s'y présentent à la fois avec une force et une confusion qui me jeta dans un trouble inexprimable; je sens ma tête prise par un étourdissement semblable à l'ivresse. Une violente palpitation m'oppresse, soulève ma poitrine; ne pouvant plus respirer en marchant, je me laisse tomber sous un des arbres de l'avenue, et j'y passe une demi-heure dans une telle agitation qu'en me relevant j'aperçus tout le devant de ma veste mouillé de mes larmes, sans avoir senti que j'en répandois. O monsieur! si j'avois pu écrire le quart de ce que j'ai vu et senti sous cet arbre, avec quelle clarté j'aurois fait voir toutes les contradictions du système social; avec quelle force j'aurois exposé tous les abus de nos institutions; avec quelle simplicité j'aurois démontré que l'homme est bon naturellement, et que c'est par ces institutions seules que les hommes deviennent méchants! Tout ce que j'ai pu retenir de ces foules de grandes vérités, qui dans un quart d'heure m'illuminèrent sous cet arbre, a été bien foiblement épars dans les trois principaux de mes écrits, savoir, ce premier discours, celui de *l'Égalité*, et le *Traité de l'Éducation*; lesquels trois ouvrages sont inséparables, et forment ensemble un même tout. Tout le reste a été perdu; et il n'y eut d'écrit sur le lieu même que la *Prosopopée de Fabricius*. Voilà comment, lorsque j'y pensois le moins, je devins auteur presque malgré moi. »

L'ÉVANGILE.

La majesté des Écritures m'étonne; la sainteté de l'Évangile parle à mon cœur. Voyez les livres des philosophes avec toute leur pompe, qu'ils sont petits près de celui-là! Se peut-il qu'un livre à la fois si sublime et si simple soit l'ouvrage des hommes? Se peut-il que celui dont il fait l'histoire ne soit qu'un homme lui-même? Est-ce là le ton d'un enthousiaste ou d'un ambitieux sectaire? Quelle douceur! quelle pureté dans ses mœurs ! quelle grâce touchante dans ses instructions ! quelle élévation dans ses maximes ! quelle profonde sagesse dans ses discours ! quelle présence d'esprit, quelle finesse et quelle justesse dans ses réponses ! quel empire sur ses passions ! Où est l'homme, où est le sage qui sait agir, souffrir et mourir sans faiblesse et sans ostentation ? Quand Platon peint son juste imaginaire couvert de tout l'opprobre du crime, et digne de tous les prix de la vertu, il peint trait pour trait Jésus-Christ ; la ressemblance est si frappante, que tous les pères l'ont sentie, et qu'il n'est pas possible de s'y tromper.

Quels préjugés, quel aveuglement ne faut-il point avoir pour oser comparer le fils de Sophronisque au fils de Marie ! Quelle distance de l'un à l'autre ! Socrate, mourant sans douleur, sans ignominie, soutint aisément jusqu'au bout son personnage ; et si cette facile mort n'eût honoré sa vie, on douteroit si Socrate, avec tout son esprit, fut autre chose qu'un sophiste. Il inventa, dit-on, la morale ; d'autres avant lui l'avoient mise en pratique ; il ne fit que dire ce qu'ils avoient fait, il ne fit que mettre en leçons leurs exemples. Aristide avoit été juste avant que Socrate eût dit ce que c'étoit que la justice ; Léonidas étoit mort pour son pays avant que Socrate eût fait un devoir d'aimer la patrie; Sparte étoit sobre avant que Socrate eût loué la sobriété ; avant qu'il eût loué la vertu, la Grèce abondoit en hommes vertueux. Mais où Jésus avoit-il pris parmi les siens cette morale élevée et pure dont lui seul a donné les leçons et l'exemple ? Du sein du plus furieux fanatisme la plus haute sagesse se fit entendre, et la simplicité des plus héroïques vertus honora le plus vil de tous les peuples. La mort de Socrate, philosophant tranquillement avec ses amis, est la plus douce qu'on puisse désirer ; celle de Jésus expirant dans les tourments, injurié, raillé, maudit de tout un peuple, est la plus horrible qu'on puisse craindre. Socrate, prenant la coupe empoisonnée, bénit celui qui la lui présente et qui pleure : Jésus, au lieu d'un affreux supplice, prie pour ses bourreaux acharnés. Oui, si la vie et la mort de Socrate sont d'un sage, la vie et la mort de Jésus sont d'un Dieu.

LES PLAISIRS DE ROUSSEAU S'IL HABITAIT LA CAMPAGNE.

Comme je serois peuple avec le peuple, je serois campagnard aux champs ; et quand je parlerois d'agriculture, le paysan ne se moqueroit pas de moi. Je n'irois pas me bâtir une ville en campagne, et mettre au fond d'une province les Tuileries devant mon appartement. Sur le penchant de quelque agréable colline bien ombragée, j'aurois une petite maison rustique, une maison blanche avec des contrevents verts ; et quoique une couverture de chaume soit en toute saison la meilleure, je préférerois magnifiquement, non la triste ardoise, mais la tuile, parce qu'elle a l'air plus propre et plus gai que le chaume, qu'on ne couvre pas autrement les maisons dans mon pays, et que cela me rappelleroit un peu l'heureux temps de ma jeunesse. J'aurois pour cour une basse-cour, et pour écurie une étable avec des vaches, afin d'avoir du laitage que j'aime beaucoup. J'aurois un potager pour jardin, et pour parc un joli verger semblable à celui dont il sera parlé ci-après. Les fruits, à la discrétion des promeneurs, ne seroient ni comptés ni cueillis par mon jardinier ; et mon avare magnificence n'étaleroit point aux yeux des espaliers superbes auxquels à peine on osât toucher. Or, cette petite prodigalité seroit peu coûteuse, parce que j'aurois choisi mon asile dans quelque province éloignée où l'on voit peu d'argent et beaucoup de denrées, et où règnent l'abondance et la pauvreté.

Là, je rassemblerois une société, plus choisie que nombreuse, d'amis aimant le plaisir et s'y connoissant, de femmes qui pussent sortir de leur fauteuil et se prêter aux jeux champêtres, prendre quelquefois, au lieu de la navette et des cartes, la ligne, les gluaux, le râteau des faneuses, et le panier des vendangeurs. Là, tous les airs de la ville seroient oubliés; et, devenus villageois au village, nous nous trouverions livrés à des foules d'amusements divers qui ne nous donneroient chaque soir que l'embarras du choix pour le lendemain. L'exercice et la vie active nous feroient un nouvel estomac et de nouveaux goûts. Tous nos repas seroient des festins, où l'abondance plairoit plus que la délicatesse. La gaieté, les travaux rustiques, les folâtres jeux, sont les premiers cuisiniers du monde, et les ragoûts fins sont bien ridicules à des gens en haleine depuis le lever du soleil. Le service n'auroit pas plus d'ordre que d'élégance ; la salle à manger seroit partout, dans le jardin, dans un bateau, sous un arbre ; quelquefois au loin, près d'une source vive, sur l'herbe verdoyante et fraîche, sous des touffes d'aunes et de coudriers ; une longue procession de convives porteroit en chantant l'apprêt du festin ; on auroit le gazon pour table et pour chaise, les bords de la fontaine serviroient de buffet, et le dessert pendroit aux arbres. Les mets seroient servis sans ordre, l'appétit dispenseroit des façons ; chacun, se préférant ouvertement à tout autre, trouveroit bon que tout autre se préférât de même à lui : de cette familiarité cordiale et modérée naîtroit, sans grossièreté, sans fausseté, sans contrainte, un conflit badin plus charmant cent fois que la politesse, et plus fait pour lier les cœurs. Point d'importun laquais épiant nos discours, critiquant tout bas nos maintiens, comptant nos morceaux d'un œil avide, s'amusant à nous faire attendre à boire, et murmurant d'un trop long dîner. Nous serions nos valets pour être nos maîtres ; chacun seroit servi par tous ; le temps passeroit sans le compter ; le repas seroit le repos, et dureroit autant que l'ardeur du jour. S'il passoit près de nous quelque paysan retournant au travail, ses outils sur l'épaule, je lui réjouirois le cœur par quelques bons propos, par quelques coups de bon vin qui lui feroient porter plus gaiement sa misère ; et moi j'aurois aussi le plaisir de me sentir émouvoir un peu les entrailles, et de me dire en secret : Je suis encore homme.

Si quelque fête champêtre rassembloit les habitants du lieu, j'y serois des premiers avec ma troupe ; si quelques mariages, plus bénis du ciel que ceux des villes, se faisoient à mon voisinage, on sauroit que j'aime la joie, et j'y serois invité. Je porterois à ces bonnes gens quelques dons simples comme eux, qui contribueroient à la fête, et j'y trouverois, en échange, des biens d'un prix inestimable, des biens si peu connus de mes égaux, la franchise et le vrai plaisir. Je souperois gaiement au bout de leur longue table ; j'y ferois chorus au refrain d'une vieille chanson rustique, et je danserois dans leur grange de meilleur cœur qu'au bal de l'Opéra.

LE BONHEUR.

Il faut être heureux, cher Émile ; c'est la fin de tout être sensible ; c'est le premier désir que nous imprima la nature, et le seul qui ne nous quitte jamais. Mais où est le bonheur ? qui le sait ? Chacun le cherche, et nul ne le trouve. On use la vie à le poursuivre, et l'on meurt sans l'avoir atteint. Mon jeune ami, quand à ta naissance je te pris dans mes bras, et qu'attestant l'Être suprême de l'engagement que j'osai contracter je vouai mes jours au bonheur des tiens, savois-je moi-même à quoi je m'engageois ? non : je savois seulement qu'en te rendant heureux j'étois sûr de l'être. En faisant pour toi cette utile recherche, je la rendois commune à tous deux.

Tant que nous ignorons ce que nous devons faire, la sagesse consiste à rester dans l'inaction. C'est de toutes les maximes celle dont l'homme a le plus grand besoin, et celle qu'il sait le moins suivre. Chercher le bonheur sans savoir où il est, c'est s'exposer à le fuir ; c'est courir autant de risques contraires qu'il y a de routes pour s'égarer. Mais il n'appartient pas à tout le monde de savoir ne point agir. Dans l'inquiétude où nous tient l'ardeur du bien-être, nous aimons mieux nous tromper à le poursuivre, que de ne rien faire pour le chercher ; et, sortis une fois de la place où nous pouvons le connoître, nous n'y savons plus revenir.

Avec la même ignorance j'essayai d'éviter la même faute. En prenant soin de toi, je résolus de ne pas faire un pas inutile et de l'empêcher d'en faire. Je me tins dans la route de la nature, en attendant qu'elle me montrât celle du bonheur. Il s'est trouvé qu'elle étoit la même, et qu'en n'y pensant pas je l'avois suivie.

Sois mon témoin, sois mon juge ; je ne te récuserai jamais. Tes premiers ans n'ont point été sacrifiés à ceux qui les devoient suivre ; tu as joui de tous les biens que la nature t'avoit donnés. Des maux auxquels elle t'assujettit, et dont j'ai pu te garantir, tu n'as senti que ceux qui pouvoient t'endurcir aux autres. Tu n'en as jamais souffert aucun que pour en éviter un plus grand. Tu n'as connu ni la haine, ni l'esclavage. Libre et content, tu es resté juste et bon ; car la peine et le vice sont inséparables, et jamais l'homme ne devient méchant que lorsqu'il est malheureux. Puisse le souvenir de ton enfance se prolonger jusqu'à tes vieux jours ! Je ne crains pas que jamais ton bon cœur se la rappelle sans donner quelques bénédictions à la main qui la gouverna.

Quand tu es entré dans l'âge de raison, je t'ai garanti de l'opinion des hommes ; quand ton cœur est devenu sensible, je t'ai préservé de l'empire des passions. Si j'avois pu prolonger ce calme intérieur jusqu'à la fin de ta vie, j'aurois mis mon ouvrage en sûreté, et tu serois toujours heureux autant qu'un homme peut l'être : mais, cher Émile, j'ai eu beau tremper ton âme dans le Styx, je n'ai pu la rendre partout invulnérable; il s'élève un nouvel ennemi que tu n'as pas encore appris à vaincre, et dont je n'ai pu te sauver. Cet ennemi, c'est toi-même. La nature et la fortune t'avoient laissé libre. Tu pouvois endurer la misère ; tu pouvois supporter les douleurs du corps, celles de l'âme t'étoient inconnues; tu ne tenois à rien qu'à la condition humaine, et maintenant tu tiens à tous les attachements que tu t'es donnés ; en apprenant à désirer, tu t'es rendu l'esclave de tes désirs. Sans que rien change en toi, sans que rien t'offense, sans que rien touche à ton être, que de douleurs peuvent attaquer ton âme! que de maux tu peux sentir sans être malade! que de morts tu peux souffrir sans mourir! Un mensonge, une erreur, un doute peut te mettre au désespoir.

Tu voyois au théâtre les héros, livrés à des douleurs extrêmes, faire retentir la scène de leurs cris insensés, s'affliger comme des femmes, pleurer comme des enfants, et mériter ainsi les applaudissements publics. Souviens-toi du scandale que te causoient ces lamentations, ces cris, ces plaintes, dans des hommes dont on ne devoit attendre que des actes de constance et de fermeté. « Quoi! disois-tu tout indigné, ce sont là les exemples qu'on nous donne à suivre, les modèles qu'on nous offre à imiter! A-t-on peur que l'homme ne soit pas assez petit, assez malheureux, assez foible, si l'on ne vient encore encenser sa foiblesse sous la fausse image de la vertu? » Mon jeune ami, sois plus indulgent désormais pour la scène : te voilà devenu l'un de ses héros.

Tu sais souffrir et mourir ; tu sais endurer la loi de la nécessité dans les maux physiques : mais tu n'as point encore imposé de lois aux appétits de ton cœur ; et c'est de nos affections, bien plus que de nos besoins, que naît le trouble de notre vie. Nos désirs sont étendus, notre force est presque nulle. L'homme tient par ses vœux à mille choses, et par lui-même il ne tient à rien, pas même à sa propre vie; plus il augmente ses attachements, plus il multiplie ses peines. Tout ne fait que passer sur la terre : tout ce que nous aimons nous échappera tôt ou tard, et nous y tenons comme s'il devoit durer éternellement.

.... Ainsi soumis à tes passions déréglées, que tu vas rester à plaindre ! Toujours des privations, toujours des pertes, toujours des alarmes; tu ne jouiras pas même de ce qui te sera laissé. La crainte de tout perdre t'empêchera de rien posséder ; pour n'avoir voulu suivre que tes passions, jamais tu ne les pourras satisfaire. Tu chercheras toujours le repos, il fuira toujours devant toi ; tu seras misérable, et tu deviendras méchant. Et comment pourrois-tu ne pas l'être, n'ayant de loi que tes désirs effrénés ! Si tu ne peux supporter des privations involontaires, comment t'en imposeras-tu volontairement ? Comment sauras-tu sacrifier le penchant au devoir, et résister à ton cœur pour écouter ta raison ?

Mon enfant, il n'y a point de bonheur sans courage, ni de vertu sans combat. Le mot de *vertu* vient de *force*; la force est la base de toute vertu. La vertu n'appartient qu'à un être foible par sa nature, et fort par sa volonté ; c'est en cela seul que consiste le mérite de l'homme juste ; et quoique nous appelions Dieu bon, nous ne l'appelons pas vertueux, parce qu'il n'a pas besoin d'efforts pour bien faire. Pour t'expliquer ce mot si profané, j'ai attendu que tu fusses en état de m'entendre. Tant que la vertu ne coûte rien à pratiquer, on a peu besoin de la connoître. Ce besoin vient quand les passions s'éveillent : il est déjà venu pour toi.

En t'élevant dans toute la simplicité de la nature, au lieu de te prêcher de pénibles devoirs, je t'ai garanti des vices qui rendent ces devoirs pénibles ; je t'ai moins rendu le mensonge odieux qu'inutile ; je t'ai moins appris à rendre à chacun ce qui lui appartient, qu'à ne te soucier que de ce qui est à toi ; je t'ai fait plutôt bon que vertueux. Mais celui qui n'est que bon ne demeure tel qu'autant qu'il a du plaisir à l'être : la bonté se brise et périt sous le choc des passions humaines; l'homme qui n'est que bon n'est bon que pour lui.

Qu'est-ce donc que l'homme vertueux ? C'est celui qui sait vaincre ses affections ; car alors il suit sa raison, sa conscience ; il fait son devoir, il se tient dans l'ordre, et rien ne peut l'en écarter. Jusqu'ici tu n'étois libre qu'en apparence ; tu n'avois que la liberté précaire d'un esclave à qui l'on n'a rien commandé. Maintenant sois libre en effet ; apprends à devenir ton propre maître : commande à ton cœur, ô Émile, et tu seras vertueux.

UNE NUIT DE JEAN-JACQUES A LYON.

Je me souviens même d'avoir passé une nuit délicieuse hors de la ville, dans un chemin qui côtoyoit le Rhône ou la Saône, car je ne me rappelle pas lequel des deux. Des jardins élevés en terrasse bordoient le chemin du côté opposé. Il avoit fait très-chaud ce jour-là ; la soirée étoit charmante, la rosée humectoit l'herbe flétrie ; point de vent, une nuit tranquille ; l'air étoit frais sans être froid : le soleil après son coucher avoit laissé dans le ciel des vapeurs rouges dont la réflexion rendoit l'eau couleur de rose ; les arbres des terrasses étoient chargés de rossignols qui se répondoient l'un à l'autre. Je me promenois dans une sorte d'extase livrant mes sens et mon cœur à la jouissance de tout cela, absorbé dans ma douce rêverie, je prolongeai fort avant dans la nuit ma promenade sans m'apercevoir que j'étois las. Je m'en aperçus enfin. Je me couchai voluptueusement sur la tablette d'une espèce de niche ou d'arcade enfoncée dans un mur de terrasse : le ciel de mon lit étoit formé par les têtes des arbres; un rossignol étoit précisément au-dessus de moi ; je m'endormis à son chant ; mon sommeil fut doux, mon réveille fut davantage. Il étoit grand jour ; mes yeux en s'ouvrant virent le soleil, l'eau, la verdure, un paysage admirable. Je me levai, me secouai. La faim me prit, je m'acheminai gaiement vers la ville.

Voici comment un critique de notre époque, M. Jules Janin, a parlé de cette nuit que Rousseau décrit ici avec tant de charme :

« Arrivé à une certaine distance, le vieillard s'arrêta, et s'asseyant sur une pierre du rivage. « Voyez-vous, dit-il à » son compagnon, voyez-vous cette voûte à moitié ouverte » au haut de la montagne : *Aspice ut antrum*, comme dit » Virgile... Savez-vous qui est le maître de cette grotte? » savez-vous à qui elle appartient, et qui l'a découverte » le premier, mon fils? savez-vous qui a été le Christophe » Colomb de ce petit monde de ténèbres et de lumières, » de bruit et de silence, suspendu ainsi entre la terre et le » ciel ?

» C'est Jean-Jacques Rousseau, mon fils. »

» A ce grand nom de Jean-Jacques Rousseau, qui lui paraissait d'autant plus grand qu'il ne l'avait jamais entendu prononcer qu'avec des imprécations et des blasphèmes, Christophe regarda le vieux prêtre ; et, ne trouvant sur ce doux visage ni indignation ni colère, mais au contraire une douce et sainte pitié, Christophe prit place aux côtés du vieillard, et là, le regard levé moins haut que le ciel, il regardait de toute son âme cette grotte mystérieuse, cet antre fatal, d'où sont sortis plus de vérités et plus de sophismes qu'il n'en sortit jamais de l'antre de la Pythonisse.

» Oui, reprenait le vieillard, voyant que Christophe était » plus que jamais attentif, c'est là que Rousseau, jeune » encore, mais déjà tout rempli de cette éloquence qui a » tant contribué à changer les opinions humaines, est venu » reposer toute une nuit, faute d'un asile dans cette im» mense ville qui dormait tranquillement à ses pieds, sans » se douter quel grand révolutionnaire était là-haut! Oui, » c'est de là que l'auteur de l'*Émile* put rêver pour la pre» mière fois et à son aise à l'inégalité des conditions parmi » les hommes, et se demander tout haut, dans son cœur, » pourquoi en effet, il était là, couché sur le sable, comme » un vagabond ou comme un proscrit, pendant que tant » d'autres autour de lui, dormaient dans le duvet ou dans » la soie? O quelle nuit pour cette intelligence qui se ré» veillait enfin ! quelle nuit pour cette parole qui allait » éclater si haut dans le monde ! pour cette philosophie qui » allait remettre en question tant de choses ! quelle nuit » pour cet homme de génie, qui s'en allait, pauvre et nu, » à la destruction d'un trône et d'une croyance, du trône » le plus solide et de la croyance la plus sainte ! quelle nuit » pour ce citoyen de Genève, qui pouvait mourir là-haut de » faim et de froid, et y rester mort des mois entiers sans » sépulture ! »

LE LEVER DU SOLEIL.

On le voit s'annoncer de loin par les traits de feu qu'il lance au-devant de lui. L'incendie augmente ; l'orient paroit tout en flammes : à leur éclat, on attend l'astre longtemps avant qu'il se montre ; à chaque instant on croit le voir paroître : on le voit enfin. Un point brillant part comme un éclair, et remplit aussitôt tout l'espace ; le voile des ténèbres s'efface et tombe ; l'homme reconnoît son séjour, et le trouve embelli. La verdure a pris, pendant la nuit, une vigueur nouvelle ; le jour naissant qui l'éclaire, les premiers rayons qui la dorent, la montrent couverte d'un brillant réseau de rosée, qui réfléchit à l'œil la lumière et les couleurs. Les oiseaux, en chœur, se réunissent et saluent de concert le père de la vie : en ce moment pas un seul ne se tait. Leur gazouillement, foible encore, est plus lent et plus doux que dans le reste de la journée : il se sent de la langueur d'un paisible réveil. Le concours de tous ces objets porte aux sens une impression de fraîcheur qui semble pénétrer jusqu'à l'âme. Il y a là une demi-heure d'enchantement auquel nul homme ne résiste : un spectacle, si grand, si beau, si délicieux, n'en laisse aucun de sang-froid.

LE SUICIDE.

Tu veux cesser de vivre ? mais je voudrois bien savoir si tu as commencé. Quoi ! fus-tu placé sur la terre pour n'y rien faire ? Le Ciel ne t'imposa-t-il point avec la vie une tâche pour la remplir ? Si tu as fait ta journée avant le soir, repose-toi le reste du jour, tu le peux ; mais voyons ton ouvrage. Quelle réponse tiens-tu prête au juge suprême qui te demandera compte de ton temps ?.... Malheureux ! trouve-moi ce juste qui se vante d'avoir assez vécu : que j'apprenne de lui comment il faut avoir porté la vie pour être en droit de la quitter.

Tu comptes les maux de l'humanité, et tu dis : « La vie est un mal. » Mais regarde, cherche dans l'ordre des choses si tu y trouves quelques biens qui ne soient point mêlés de maux. Est-ce donc à dire qu'il n'y ait aucun bien dans l'univers ! et peux-tu confondre ce qui est mal par sa nature, avec ce qui ne souffre le mal que par accident ? La vie passive de l'homme n'est rien, et ne regarde qu'un corps dont il sera bientôt délivré ; mais sa vie active et morale, qui doit influer sur tout son être, consiste dans l'exercice de sa volonté. La vie est un mal pour le méchant qui prospère, et un bien pour l'honnête homme infortuné ; car ce n'est pas une modification passagère, mais son rapport avec son objet, qui la rend ou bonne ou mauvaise.

Tu t'ennuies de vivre, et tu dis : « La vie est un mal. » Tôt ou tard tu seras consolé, et tu diras : « La vie est un bien. » Tu diras plus vrai sans mieux raisonner ; car rien n'aura changé que toi... Change donc dès aujourd'hui ; et puisque c'est dans la mauvaise disposition de ton âme qu'est tout le mal, corrige tes affections déréglées, et ne brûle pas ta maison pour n'avoir pas la peine de la ranger...

Que font dix, vingt, trente ans pour un être immortel ? La peine et le plaisir passent comme une ombre : la vie s'écoule en un instant ; elle n'est rien par elle-même ; son prix dépend de son emploi. Le bien seul qu'on a fait demeure, et c'est par lui qu'elle est quelque chose. Ne dis donc plus que c'est un mal pour toi de vivre, puisqu'il dépend de toi seul que ce soit un bien, et que si c'est un mal d'avoir vécu, c'est une raison de plus pour vivre encore. Ne dis pas non plus qu'il t'est permis de mourir : car autant vaudroit dire qu'il t'est permis de n'être pas homme, qu'il t'est permis de te révolter contre l'auteur de ton être, et de tromper ta destination...

Une mort telle que tu la médites est honteuse et furtive ; c'est un vol fait au genre humain. Avant de le quitter, rends-lui ce qu'il a fait pour toi. — Mais je ne tiens à rien... Je suis inutile au monde... — Philosophe d'un jour ! ignores-tu que tu ne saurois faire un pas sur la terre sans trouver quelque devoir à remplir, et que tout homme est utile à l'humanité, par cela seul qu'il existe ?

Jeune insensé ! s'il te reste au fond du cœur le moindre sentiment de vertu, viens que je t'apprenne à aimer la vie. Chaque fois que tu seras tenté d'en sortir, dis en toi-même : « Que je fasse encore une bonne action avant que de mourir ; » puis, va chercher quelque indigent à secourir, quelque infortuné à consoler, quelque opprimé à défendre..... Si cette considération te retient aujourd'hui, elle te retiendra demain, après-demain, toute ta vie : si elle ne te retient pas, meurs, tu n'es qu'un méchant.

VOLTAIRE.

NOTION DE LA JUSTICE.

La notion de quelque chose de juste me semble si naturelle, si universellement acquise par tous les hommes, qu'elle est indépendante de toute loi, de tout pacte, de toute religion. Que je redemande à un Turc, à un Guèbre, à un Malabare, l'argent que je lui ai prêté pour se nourrir et pour se vêtir, il ne lui tombera jamais dans la tête de me répondre : « Attendez que je sache si Mahomet, Zoroastre ou Brama, ordonnent que je vous rende votre argent. » Il conviendra qu'il est juste qu'il me paie ; et s'il n'en fait rien, c'est que sa pauvreté ou son avarice l'emporteront sur la justice qu'il reconnaît.

Je mets en fait qu'il n'y a aucun peuple chez lequel il soit juste, beau, convenable, honnête, de refuser la nourriture à son père et à sa mère quand on peut leur en donner ; que nulle peuplade n'a jamais pu regarder la calomnie comme une bonne action, non pas même une compagnie de bigots fanatiques.

L'idée de justice me paraît tellement une vérité de premier ordre, à laquelle tout l'univers donne son assentiment, que les plus grands crimes qui affligent la société humaine sont tous commis sous un faux prétexte de justice. Le plus grand des crimes, du moins le plus destructif, et par conséquent le plus opposé au but de la nature, est la guerre ; mais il n'y a aucun agresseur qui ne colore ce forfait du prétexte de la justice.

Les déprédateurs romains fesaient déclarer toutes leurs invasions justes par des prêtres nommés *féciales*. Tout brigand qui se trouve à la tête d'une armée commence ses fureurs par un manifeste, et implore le Dieu des armées. Les petits voleurs eux-mêmes, quand ils sont associés, se gardent bien de dire : « Allons voler, allons arracher à la veuve et à l'orphelin leur nourriture ; » ils disent : « Soyons justes, allons reprendre notre bien des mains des riches, qui s'en sont emparés. » Ils ont entre eux un dictionnaire, qu'on a même imprimé dès le seizième siècle, et dans ce vocabulaire qu'ils appellent *argot*, les mots de *vol*, *larcin*, *rapine*, ne se trouvent point ; ils se servent de termes qui répondent à *gagner*, *reprendre*.

Le mot d'injustice ne se prononce jamais dans un conseil d'État où l'on propose le meurtre le plus injuste ; les conspirateurs, même les plus sanguinaires, n'ont jamais dit : « Commettons un crime. » Ils ont tous dit : « Vengeons la patrie des crimes du tyran ; punissons ce qui nous paraît une injustice. » En un mot, flatteurs lâches, ministres barbares, conspirateurs odieux, voleurs, plongés dans l'iniquité, tous rendent hommage, malgré eux, à la vertu même qu'ils foulent aux pieds.

J'ai toujours été étonné que, chez les Français, qui sont éclairés et polis, on ait souffert sur le théâtre ces maximes aussi affreuses que fausses qui se trouvent dans la première scène de *Pompée*, et qui sont beaucoup plus outrées que celles de Lucain, dont elles sont imitées :

> La justice et le droit sont de vaines idées....
> Le droit des rois consiste à ne rien épargner.

Et on met ces abominables paroles dans la bouche de Photin, ministre du jeune Ptolémée. Mais c'est précisément parce qu'il est ministre qu'il devait dire tout le contraire ; il devait représenter la mort de Pompée comme un malheur nécessaire et juste.

Je crois donc que les idées du juste et de l'injuste sont aussi claires, aussi universelles que les idées de santé et de maladie, de vérité et de fausseté, de convenance et de disconvenance. Les limites du juste et de l'injuste sont très-difficiles à poser ; comme l'état mitoyen entre la santé et la maladie, entre ce qui convenable et la disconvenance des choses, entre le faux et le vrai, est difficile à marquer. Ce sont des nuances qui se mêlent ; mais les couleurs tranchantes frappent tous les yeux. Par exemple, tous les hommes avouent qu'on doit rendre ce qu'on nous a prêté ; mais si je sais certainement que celui à qui je dois deux millions s'en servira pour asservir ma patrie, dois-je lui rendre cette arme funeste? Voilà où les sentiments se partagent, mais en général je dois observer mon serment quand il n'en résulte aucun mal; c'est de quoi personne n'a jamais douté.

La note biographique de Voltaire et notre jugement sur son génie, seront placés dans le volume de poésie, à la suite du premier morceau de cet homme célèbre.

NÉCESSITÉ DU MAL PHYSIQUE ET MORAL.

Voyons s'il était possible que l'homme eût été immortel.

Pour qu'un corps tel que le nôtre fût indissoluble, impérissable, il faudrait qu'il ne fût point composé de parties : il faudrait qu'il ne naquît point, qu'il ne prît ni nourriture ni accroissement, qu'il ne pût éprouver aucun changement. Qu'on examine toutes ces questions, que chaque lecteur peut étendre à son gré, et l'on verra que la proposition de l'homme immortel est contradictoire.

Si notre corps organisé était immortel, celui des animaux le serait aussi : or il est clair qu'en peu de temps le globe ne saurait suffire à nourrir tant d'animaux ; ces êtres immortels qui ne subsistent qu'en renouvelant leur corps par la nourriture périraient donc faute de pouvoir se renouveler : tout cela est contradictoire. On en pourrait dire beaucoup davantage ; mais tout lecteur vraiment philosophe verra que la mort était nécessaire à tout ce qui est né, que la mort ne peut être une erreur de Dieu, ni un mal, ni une injustice, ni un châtiment de l'homme.

L'homme, né pour mourir, ne pouvait pas plus être soustrait aux douleurs qu'à la mort. Pour qu'une substance organisée et douée de sentiment n'éprouvât jamais de douleurs, il faudrait que toutes les lois de la nature changeassent, que la matière ne fût plus divisible, qu'il n'y eût plus ni pesanteur, ni action, ni force, qu'un rocher pût tomber sur un animal sans l'écraser, que l'eau ne pût le suffoquer, que le feu ne pût le brûler. L'homme impassible est donc aussi contradictoire que l'homme immortel.

Ce sentiment de douleur était nécessaire pour nous avertir de nous conserver, et pour nous donner des plaisirs autant que le comportent les lois générales auxquelles tout est soumis.

Si nous n'éprouvions pas la douleur, nous nous blesserions à tout moment sans le sentir. Sans le commencement de la douleur, nous ne ferions aucune fonction de la vie, nous n'aurions aucun plaisir. La faim est un commencement de douleur qui nous avertit de prendre de la nourriture ; l'ennui, une douleur qui nous force à nous occuper....

Tout désir, en un mot, est un besoin, une douleur commencée. La douleur est donc le premier ressort de toutes les actions des animaux. Tout animal doué de sentiment doit être sujet de la douleur, si la matière est divisible. La douleur est donc aussi nécessaire que la mort. Elle ne peut donc être ni une erreur de la Providence, ni une malice, ni une opinion. Si nous n'avions vu souffrir que les brutes, nous n'accuserions pas la nature ; si, dans un état impassible, nous étions témoins de la mort lente et douloureuse d'une colombe sur laquelle fond un épervier qui dévore à loisir ses entrailles, et qui ne fait que ce que nous faisons, nous serions loin de murmurer ; mais de quel droit nos corps seraient-ils moins sujets à être déchirés que ceux des brutes ? Est-ce parce que nous avons une intelligence supérieure à la leur ? mais qu'a de commun ici l'intelligence avec une matière divisible ? Quelques idées de plus ou de moins dans un cerveau doivent-elles, peuvent-elles empêcher que le feu ne nous brûle, et qu'un rocher ne nous écrase ?

SERVAN.

AUX JUGES CRIMINELS.

Le moment critique est arrivé où l'accusé va paroître aux yeux de ses juges. Je me hâte de le demander, quel est l'accueil que vous lui destinez? Le recevrez-vous en magistrat ou bien en ennemi? Prétendez-vous l'épouvanter ou vous instruire? Que deviendra cet homme enlevé subitement à son cachot, ébloui du jour qu'il revoit, et transporté tout à coup au milieu des hommes qui vont traiter de sa mort? Déjà tremblant, il lève à peine un œil incertain sur les arbitres de son sort, et leurs sombres regards épouvantent et repoussent les siens. Il croit lire d'avance son arrêt sur les replis sinistres de leurs fronts; ses sens, déjà troublés, sont frappés par des voix rudes et menaçantes; le peu de raison qui lui reste achève de se confondre; ses idées s'effacent; sa voix faible pousse à peine une parole hésitante; et pour comble de maux, ses juges imputent peut-être au trouble du crime un désordre que produit la terreur seule de leur aspect. Quoi! vous vous méprenez sur la consternation de cet accusé, vous qui n'oseriez peut-être parler avec assurance devant quelques hommes assemblés! Éclaircissez ce front sévère, laissez lire dans vos regards cette tendre inquiétude pour un homme qu'on désire trouver innocent; que votre voix, douce dans sa gravité, semble ouvrir avec votre bouche un passage à votre cœur; contraignez cette horreur secrète que vous inspire la vue de ses fers et les dehors affreux de la misère. Gardez-vous de confondre ces signes équivoques du crime avec le crime même, et songez que ces tristes apparences cachent peut-être un homme vertueux. Quel objet! levez les yeux, et voyez sur vos têtes l'image de votre Dieu, qui fut un innocent accusé. Vous êtes homme, soyez humain; vous êtes juge, soyez modéré; vous êtes chrétien, soyez charitable. Homme, juge, chrétien, qui que vous soyez, respectez le malheur: soyez doux et compatissant pour un homme qui se repent, et qui peut-être n'a point à se repentir.

Servan (Joseph-Michel-Antoine), avocat général au parlement de Grenoble, né à Romans, en 1737, était âgé de vingt-sept ans seulement lorsqu'il fut appelé à cette haute fonction de la magistrature. Il eut l'honneur de signaler avec une grande énergie les innombrables défauts de la législature qui régissait encore la France. Il perdit la popularité dont il jouissait pour avoir pris le parti d'un grand seigneur dans une cause scandaleuse, et déclara publiquement qu'il renonçait à la carrière publique. Cette noble retraite lui laissa le temps de signaler et de mettre au grand jour tous les vices de notre organisation judiciaire. Au commencement de la révolution, nommé député aux états généraux par deux bailliages, il s'excusa sur sa mauvaise santé, et continua d'étudier notre jurisprudence. En 1800, il communiqua le fruit de ses travaux aux personnes chargées de la réforme des codes. Il mourut dans la retraite en 1807.

Les principaux ouvrages de Servan sont: *Discours sur l'Administration criminelle;* — *Discours sur les Mœurs;* — *Discours d'un ancien avocat général dans la cause du comte de Suze et de la demoiselle Bon;* — *Réflexions sur quelques points de nos lois;* — *Réflexions sur les Confessions de Jean-Jacques;* — *Apologie de la Bastille;* — *Essai sur la Formation des assemblées nationales;* — *Adresse aux amis de la paix* (contre Mirabeau), etc.

PANÉGYRIQUES

ET

ORAISONS FUNÈBRES.

ÉLISÉE.

EXORDE DE L'ORAISON FUNÈBRE DE STANISLAS, ROI DE POLOGNE.

N'attendez pas, messieurs, que j'expose à vos yeux les tristes images de la patrie, de la vertu, versant des larmes sur le tombeau d'un prince qui a fait le bonheur des hommes; que je vous rappelle ce jour de deuil, où un peuple abattu, consterné, suivoit la pompe funèbre de son roi, le cherchoit encore dans les ombres de la mort, et s'arrachoit avec effort à ses déplorables restes; que je vous fasse entendre les cris du pauvre, de la veuve, de l'orphelin, qui demandent encore leur père, leur consolateur, leur appui. Dans une calamité si générale, chacun trouve en soi la source de son affliction, et il faudroit plutôt songer à calmer votre vive douleur qu'à l'augmenter par des images si fortes. Un plus grand objet se présente à ma pensée; la mort d'un roi bienfaisant est autant une instruction qu'un malheur pour l'humanité. Quand Dieu frappe ce coup terrible, il veut détacher nos cœurs de la terre en arrêtant le cours de nos prospérités; il ôte à tout ce qui nous séduit ce charme secret qui fait oublier le Ciel; il nous fait voir, après quelques vaines douceurs, que les maux du monde sont toujours plus réels que ses biens, et ses chagrins plus vifs que ses joies; il nous apprend que le présent n'est rien, que notre destinée est dans l'avenir, qu'il faut servir le Roi tout-puissant, parce qu'on ne trouve de félicité durable que sous son empire, *unus est altissimus et dominus Deus*. Venez donc, vous qui pleurez le meilleur des maîtres, peuple qu'il rendoit heureux, grands qu'il honoroit de sa confiance et de son estime; venez tous, environnez ce triste monument, percez ce voile lugubre, considérez ce qui reste d'une vie si belle : des inscriptions qui rappellent quelques actions de ce prince, des titres qui font souvenir qu'il a existé en faisant penser qu'il n'est plus, des images fragiles que le temps ne tardera pas à détruire. Dites, en voyant les débris de tant de grandeurs, en admirant peut-être, à la lueur des torches funèbres, les tristes décorations de ce temple : Voilà donc ce qui reste de ces puissances qui semblent nous écraser de leur poids, un tombeau qui n'occupe plus d'espace que pour renfermer un plus grand vide; voilà tout ce que la magnificence, la piété, la tendresse peuvent faire pour honorer un monarque chéri, rappeler le souvenir de ses bienfaits, proposer l'exemple de ses vertus, louer ce qui n'existe plus dans le temps, et terminer l'éloge le plus pompeux par l'aveu du néant et de la fragilité de son objet.

Jean-François Copel Élisée naquit à Besançon, le 21 septembre 1726. Il fit, dans cette ville, ses premières études au collége des jésuites, dont il prit l'habit en 1745. Bientôt son ordre, appréciant le beau talent du prédicateur, le fit partir pour Paris, où il prêcha d'abord sans succès. Sa voix était faible, son débit plein de simplicité ; il ne possédait aucune de ces qualités qui frappent et éblouissent le vulgaire ; mais par hasard Diderot l'entendit, et le philosophe fit la réputation du jésuite. Grâce à l'admiration de l'enthousiaste Diderot, l'église où prêchait Élisée ne fut bientôt plus assez vaste pour contenir tous ceux qui se pressaient pour l'entendre. Les sermons d'Élisée sont composés avec peu d'art, mais beaucoup de charme et de simplicité ; il ne brillent ni par les figures ni par le mouvement ; mais on y sent une conviction chaleureuse et un sentiment de mélancolie qui attirent.

Le sermon *sur la Mort* et celui *sur les Affections* sont, dans leur ensemble, les meilleurs productions du père Élisée, qui passa sa vie au milieu des pratiques les plus saintes de la religion et de la vertu. Il mourut à Pontarlier, le 11 juin 1783.

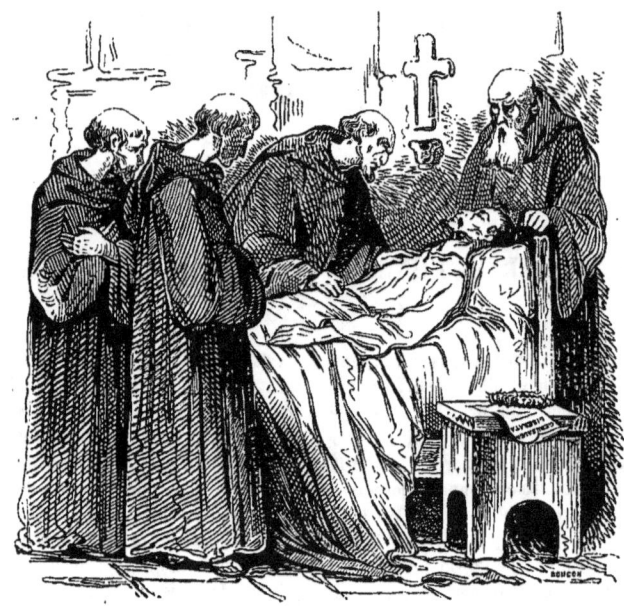

D'AGUESSEAU.

ÉLOGE DE LOUIS XIV.

Que d'autres comptent, s'ils le peuvent, bien moins les années que les merveilles d'un règne qui auroit pu faire la gloire de plusieurs rois, et qui n'est que la gloire d'un seul! Ces faveurs immenses de la fortune, cette plénitude de jours et de gloire, cette rare félicité, dont les ombres mêmes n'ont fait qu'augmenter l'éclat, peuvent bien être des récompenses de la vertu, mais elles ne sont pas la vertu même : et le monarque que nous avons perdu étoit plus digne de nos éloges, lorsque, dans un royaume tranquille, il nous faisoit voir la tyrannie du faux honneur abattu et la noblesse sauvée de sa propre fureur, le foible protégé contre le puissant, la loi contre la violence, la religion contre l'impiété, le roi toujours au-dessus de tout, et Dieu toujours au-dessus du roi, que lorsque la terreur marchoit devant lui, que les plus fermes remparts tomboient au seul bruit de son nom, et que toute la terre se taisoit en sa présence, par admiration ou par crainte. Plus heureux d'avoir senti la vanité de cette grandeur que d'en avoir joui, plus grand encore dans les revers que les succès ne nous l'avoient fait voir, la fortune contraire a plus fait pour lui que la fortune favorable. C'est elle qui a caractérisé sa véritable grandeur; et la main même de la mort y a mis le dernier trait. On eût dit qu'elle l'attaquoit lentement, et qu'elle en approchoit par degrés, comme pour faire durer plus longtemps l'utile, le grand spectacle d'une vertu ferme sans effort, magnanime sans faste, sublime par sa simplicité même, et vraiment héroïque par la religion.

D'ALEMBERT.

VOLTAIRE ET CRÉBILLON.

Crébillon était comme oublié depuis longtemps, et presque mort pour la nation, lorsqu'on s'avisa enfin de penser qu'il existait, et de lui rendre justice. Il entra à l'Académie, et il obtint des grâces de la cour. Mais quelque bien placées que fussent ces récompenses, il ne faut pas s'empresser d'en faire honneur à l'équité de ses contemporains. Cette même haine qui l'avait frustré des distinctions littéraires dans le temps où il en était le plus digne, aurait alors voulu l'en accabler, si elle avait pu, pour humilier un autre écrivain dont la gloire méritait depuis longtemps toute l'attention de l'envie. L'auteur d'*OEdipe*, de *Brutus* et de *Zaïre* avait pris un essor effrayant pour ceux qui, croyant alors tenir le sceptre de la littérature, n'étaient pas disposés à le voir entre les mains d'un autre. Ils allèrent chercher au fond de sa retraite le vieux et délaissé Crébillon, qui, muet et solitaire depuis trente années, ne pouvait plus être redoutable pour eux, mais qu'ils se flattaient d'opposer, comme une espèce de fantôme, à l'écrivain illustre par lequel ils se voyaient éclipsés : à peu près, si nous osons comparer les petites choses aux grandes, comme autrefois les ligueurs allèrent tirer un vieux cardinal de l'obscurité où il vivait, pour lui donner le vain titre de roi en régnant sous son nom, et pour enlever la couronne au digne roi qu'ils forcèrent de la conquérir. Les partisans de Crébillon le proclamèrent de même comme le vrai et le seul héritier du sceptre de Corneille et de Racine, et le placèrent de leur autorité sur le trône de ces deux grands hommes. Ils firent plus : ils fixèrent à ces trois auteurs leur partage, et, pour ainsi dire, leur domaine dramatique ; et comme le moyen le plus sûr d'accréditer une opinion auprès de la frivolité française, est d'inventer quelques phrases que tous les sots puissent répéter en croyant dire quelque chose, la cabale imagina et fit passer cette formule : *Corneille grand, Racine tendre, Crébillon tragique,* comme si Corneille et Racine n'avaient été tragiques ni l'un ni l'autre. Il ne restait plus de place pour un quatrième, eût-il été *grand, tendre et tragique* tout à la fois.

Les justes admirateurs de Voltaire trouvaient en lui ces trois qualités ; mais ils le disaient tout bas et à petit bruit : la faction contraire leur imposait silence, par le ton qu'elle donnait alors à toutes les sociétés ; et tel écrivain qui eût osé, nous ne dirons pas préférer l'auteur de *Mahomet* à celui d'*Atrée*, mais seulement les placer sur la même ligne, eût été sûr de se voir décrié par cette faction redoutable, et par les échos qu'elle avait à ses ordres. Ces juges éclairés et suprêmes, aussi pleins de confiance que s'ils eussent été justes, ne se contentèrent pas de faire revivre la gloire de Crébillon, et reverdir ses anciens lauriers ; ils voulurent qu'il en ajoutât de nouveaux, pour flétrir, ainsi qu'ils l'espéraient, ceux de son concurrent, et ils crurent, comme dans l'*Énéide*, mettre un nouvel Entelle aux prises avec un nouveau Darès. Ils pressaient le poète ressuscité d'achever sa tragédie de *Catilina*, qu'il avait commencée depuis trente ans, dont il avait lu des morceaux à quelques amis, et dont on parlait comme d'une merveille dramatique. Le public, qui depuis si longtemps entendait louer cette pièce et ne la voyait jamais, quoiqu'on la lui promît toujours, s'écriait quelquefois avec Cicéron : *Jusques à quand abuserez-vous de notre patience, Catilina ?* Enfin, l'accueil que Crébillon recevait de toutes parts, les sollicitations de Paris et de Versailles, les prières de l'Académie, les ordres même du roi, tout le détermina à finir et à donner sa tragédie ; mais l'événement fit voir qu'il eût mieux fait de continuer à écouter sa paresse, que de céder à ses amis et à ses prôneurs. Cette production, peu digne de l'auteur de *Rhadamiste*, et qui n'a jamais reparu depuis sa nouveauté, eut cependant une sorte de succès momentané, ou plutôt un assez grand nombre de représentations sans aucune estime ; elle fut redevable de cette indulgence à l'intérêt qu'on avait su inspirer au public pour la vieillesse de l'auteur, et surtout à la ligue nombreuse et puissante déchaînée contre celui qu'elle voulait immoler. Voltaire, sans se rabaisser à vexer son rival par des satires indignes de l'un et de l'autre, prit un moyen aussi noble qu'efficace pour mettre les vrais connaisseurs à portée de décider la querelle. Il entreprit de traiter la plupart des sujets où Crébillon avait échoué, et quelques-uns de ceux même où il avait été le plus heureux. Il ne craignit point que le public équitable lui reprochât d'avoir imité Sophocle, qui, avec l'applaudissement des Athéniens, osa lutter contre le vieux Eschyle, et qui vit ensuite Euripide traiter avec succès les mêmes sujets que lui. Comme la vérité est la base de nos éloges, et que notre premier devoir est d'être juste, pourquoi craindrions-nous d'avouer, dans l'éloge même de Crébillon, que la nouvelle *Sémiramis*, pleinement victorieuse après les plus rudes attaques, est aujourd'hui regardée comme une de nos plus belles tragédies? qu'*Oreste*, longtemps déchiré par la satire, partage maintenant avec *Électre* les honneurs de la scène, et lui enlève ceux de la lecture? qu'enfin *Catilina* a disparu devant *Rome sauvée*; qu'on croit entendre dans ce bel ouvrage le même Cicéron qui tonnait pour la patrie dans la tribune aux harangues, et que César s'y montre avec cette supériorité d'âme et de génie qui devait bientôt lui soumettre les vainqueurs de l'univers? Pourquoi craindrions-nous même d'être démentis par les juges respectables qui nous écoutent, en fixant, d'après leur propre suffrage, le rang que ces deux auteurs tragiques doivent obtenir, ou plutôt qu'ils ont déjà irrévocablement obtenu? N'est-ce pas en effet dans la carrière dramatique que les rangs sont les plus nettement décidés, puisque le public, assemblé tous les jours au théâtre, y prononce ses arrêts en corps, à haute voix, sans équivoque et sans appel? Celui des deux écrivains dont les pièces sont le plus souvent représentées, attirent le plus de spectateurs, ont le plus de mouvement et d'effet, reçoivent le plus d'applaudissements et font couler le plus de larmes, celui-là est sans contredit resté maître du champ de bataille. La mort de l'un et de l'autre a fait taire l'amitié et la haine, et ne laisse plus parler que la justice; ce n'est ni dans des sociétés ni dans des brochures qu'on peut apprendre à juger ces deux athlètes, c'est dans la salle du spectacle que leur place est fixée pour jamais; et s'il pouvait y avoir encore quelque contestation sur ce sujet, on peut la terminer en deux mots, *venez et voyez*. Sans insister sur ce parallèle, nous aimons mieux, pour la gloire de Crébillon et pour celle de son illustre vainqueur, rappeler aux gens de lettres un trait de Voltaire, bien digne de leur être proposé pour exemple. Dans son discours de réception à l'Académie, il avait bien mieux loué Crébillon que n'avaient fait tous ses partisans; c'était à César qu'il appartenait de célébrer dignement Pompée. « Le théâtre, avait-il dit dans ce beau discours, est menacé, je l'avoue, d'une chute prochaine; mais au moins je vois parmi vous, messieurs, ce génie qui m'a servi de maître quand j'ai fait quelques pas dans la carrière; je le regarde avec une satisfaction mêlée de douleur, comme on voit sur les ruines de sa patrie un héros qui l'a défendue. » Nous ajouterons à ce bel éloge le trait honnête et sage de Crébillon lui-même qui, demandé par Voltaire pour censeur de la tragédie d'*Oreste*, dit en la lui rendant : J'ai été content du succès de mon *Électre*; je souhaite que le frère vous fasse autant d'honneur que le sœur m'en a fait. » Tels étaient les vrais sentiments réciproques de deux hommes qu'une cabale odieuse cherchait à désunir; elle n'aurait dû les approcher, pour emprunter ici une belle expression de Bossuet, qu'afin d'apprendre de l'un d'eux toute l'estime que méritait l'autre.

Jean-le-Rond d'Alembert, l'un des hommes les plus remarquables du dix-huitième siècle, naquit à Paris, le 16 novembre 1717, et fut exposé sur les marches de Saint-Jean-le-Rond, église située près de Notre-Dame et détruite maintenant. L'existence de cet enfant parut si frêle, que le commissaire de police qui le recueillit, au lieu de l'envoyer aux Enfants-Trouvés, crut nécessaire de lui faire donner des soins particuliers, et le confia, dans cette vue de pitié, à la femme d'un pauvre vitrier. Ramenés à de meilleurs sentiments par la charité du commissaire de police, les parents du pauvre abandonné ne tardèrent pas à lui assurer 1,200 livres de rente. On sait aujourd'hui que d'Alembert était le fils de madame de Tencin, femme célèbre par son esprit, et de Destouches, commissaire provincial d'artillerie. Les premières années de d'Alembert révélèrent ce qu'il serait un jour. A treize ans, il faisait sa rhétorique au collège Mazarin, où ses compagnons, d'accord avec ses maîtres, le regardaient comme un nouveau Pascal. En sortant du collège, d'Alembert fut reçu avocat, mais il ne cessa pas de se livrer à l'étude des mathématiques. Il allait, seul et sans maître, fouiller dans les bibliothèques; il cherchait à comprendre les hautes théories des mathématiques; souvent il réussissait et parvenait même à découvrir des propositions nouvelles. Les amis qui dirigeaient la conduite de d'Alembert, craignant que ces occupations et ces études ne le menassent pas à la fortune, l'engagèrent à embrasser l'état de médecin. Il y consentit d'abord: mais bientôt il revint à ses livres de mathématiques, auxquels il voua tout son temps. En 1739 et 1740, il présenta à l'Académie des sciences un Mémoire *sur le Mouvement des corps solides à travers un fluide*, et un second *sur le Calcul intégral*. Ces deux beaux travaux le firent nommer à cette illustre compagnie, en 1741. En 1743, il publia son *Traité de Dynamique*, ouvrage hautement loué par le célèbre Lagrange. En 1744, d'Alembert fit paraître son *Traité des Fluides*. En 1746, il fut couronné par l'Académie de Berlin pour son bel ouvrage sur la *Théorie des Vents*. L'Académie prussienne adopta d'Alembert par acclamation. En 1747, il fit paraître une Solution du *Problème des trois corps*, problème dont le but est de déterminer les dérangements que les attractions des planètes causent dans le mouvement elliptique qu'elles exécuteraient autour du soleil, si elles n'obéissaient qu'à leur pesanteur vers cet astre. D'Alembert publia successivement : *Recherches sur différents points importants du Système du monde*; *Recherches sur la Précession des équinoxes*; *Essai sur la Résistance des fluides*. C'est par le *Discours préliminaire de l'Encyclopédie* que d'Alembert ouvrit sa carrière littéraire. Cet ouvrage demeurera un modèle du style qu'on doit employer lorsque l'on veut unir aux sciences et à la philosophie l'élégance et le goût. Il rédigea la partie mathématique de l'*Encyclopédie*. Lancé dans la carrière littéraire et soutenu par les partisans de Diderot et de Voltaire, d'Alembert fut bientôt reçu à l'Académie française. Les travaux de l'homme de lettres ne furent pas indignes de ceux du savant. *L'Essai sur les Gens de Lettres* les rappelle au respect qu'ils se doivent à eux-mêmes; *l'Élément de Philosophie* est un livre clair et savant. Les *Réflexions sur l'Élocution oratoire et le Style*, les *Observations sur l'Art de traduire*, les *Mémoires de Christine, reine de Suède*, etc., sont d'excellents morceaux, pensés avec sagesse et écrits sous une bonne inspiration. La vie de d'Alembert fut honorable pour lui, pour les lettres et les sciences. Tous les actes de sa conduite portent le cachet d'une raison supérieure, de l'amour de la justice et d'une modération à la fois forte et éclairée. Il refusa la présidence de l'Académie de Berlin, et résista aux sollicitations de Catherine, qui lui écrivit de sa main pour l'engager à vouloir bien se charger de l'éducation du futur empereur. Content d'un revenu modeste, il demeura trente ans chez la femme du bon vitrier qui lui avait servi de père. « D'Alembert avait de la malice dans l'esprit et de la bonté dans le cœur. » Ce jugement de La Harpe est un bel éloge. Le crédit de d'Alembert, son amitié pour Voltaire, la supériorité de son esprit, lui attirèrent de nombreux ennemis, qui n'ont cependant pas osé poursuivre sa mémoire. D'Alembert mourut de la pierre, le 29 octobre 1783. Il institua pour ses exécuteurs testamentaires Condorcet et Wattelet. Condorcet et Marmontel ont peint d'Alembert sous les couleurs les plus vraies, les plus nobles et les plus touchantes. Il a été aussi savamment apprécié par Lacroix. Les œuvres philosophiques, historiques et littéraires de d'Alembert, publiées par Bastien, Paris, 1805, forment dix-huit volumes.

DESTOUCHES ET DUFRESNY.

Les succès si multipliés de Destouches étaient d'autant plus flatteurs pour lui, qu'ils ne furent ni arrêtés, ni affaiblis par ceux d'un rival redoutable, du célèbre Dufresny, qui brillait à peu près dans le même temps sur la scène. Tous deux s'y distinguaient par des qualités différentes et presque opposées : Destouches, naturel et vrai, sans être jamais ignoble ou négligé ; Dufresny, original et neuf sans cesser d'être vrai et naturel ; l'un s'attachant à des ridicules plus apparents, l'autre saisissant des ridicules plus détournés ; le pinceau de Destouches plus égal et plus sévère, la touche de Dufresny plus spirituelle et plus libre ; le premier dessinant avec plus de régularité la figure entière, le second donnant plus de traits et de jeu à la physionomie ; Destouches, plus réfléchi dans ses plans, plus intelligent dans l'ensemble ; Dufresny, animant par des scènes piquantes sa marche irrégulière et décousue ; l'auteur du *Glorieux* sachant plaire également à la multitude et aux connaisseurs ; son rival ne faisant rire la multitude qu'après que les connaisseurs l'ont avertie ; tous deux enfin occupant au théâtre une place qui leur est propre et personnelle ; Dufresny, par un mélange heureux de verve et de finesse, par un genre de gaieté qui n'est qu'à lui, et qu'il trouve néanmoins sans le chercher, par un style qui réveille toujours sans qu'on ose le prendre pour modèle, et qu'on ne doit ni blâmer ni imiter ; Destouches, par une sagesse de composition et de pinceau qui n'ôte rien à la vie et à l'action de ses personnages, par un sentiment d'honnêteté et de vertu qu'il sait répandre au milieu du comique même, par le talent de lier et d'opposer les scènes entre elles ; enfin, par l'art plus grand encore d'exciter à la fois le rire et les larmes, sans qu'on se repente d'avoir ri, ni qu'on s'étonne d'avoir pleuré.

Il ne manquait à ces deux rivaux, pour mettre le comble à leur gloire, que le genre de mérite, le plus rare à la vérité dans des rivaux, celui d'être amis, et de se rendre l'un à l'autre la même justice que leur rendait la voix publique.

BEAUVAIS.

EXORDE DE L'ORAISON FUNÈBRE DE CHARLES DE BROGLIE, ÉVÊQUE, COMTE DE NOYON.

Fidèles amis, tendre et magnanime frère du pontife que cette église a perdu, vous avez donc voulu vous réunir en ce jour autour de ses cendres chéries, pour le pleurer encore au milieu de son église et de son peuple? vous voulez que l'un des témoins de sa vie et des confidents de son cœur soit l'interprète de votre douleur et de votre tendresse; et qu'après avoir recueilli avec vous ses derniers soupirs, je rende encore à sa mémoire ce dernier hommage.

Pourquoi réveiller une douleur que le temps sembloit avoir assoupie? Pourquoi renouveler en ce jour des funérailles qui nous ont déjà coûté tant de larmes? Ah! que ceux qui ont perdu l'espérance de l'immortalité cherchent à oublier les morts, et qu'ils s'épargnent l'inutile douleur de pleurer sur une poussière insensible; mais nous, qui croyons à l'immortalité; mais nous, qui avons les présages les plus consolants sur la destinée éternelle de l'ami que nous pleurons, comment voudrions-nous oublier celui que nous avons aimé, celui qui est vivant et immortel devant Dieu, celui dont le souvenir doit nous remplir de consolation? Doux souvenir d'un ami qui a expiré au sein de la foi et de la vertu! larmes délicieuses, aimable tristesse, plus chère aux âmes vertueuses et sensibles que toutes les joies du siècle!

Et moi-même, messieurs, qui suis obligé de remplir une fonction si douloureuse pour l'amitié, cessez de me plaindre. Je sens combien elle doit affliger mon cœur; mais mon cœur se complaît dans son affliction : et si ces souvenirs renouvellent ma douleur, ils soulageront mon âme. Dans les anciennes mœurs, n'étoit-ce donc pas l'ami le plus fidèle qui rendoit ce triste devoir? Voyez les fleurs dont saint Jérôme orna la tombe de son cher Népotien; écoutez les Ambroise, les Grégoire, les Bernard, dont le cœur étoit si sensible; écoutez les louanges dont ils font retentir les funérailles de leurs frères. Cherchons, comme eux, dans notre douleur même, un remède à notre douleur. Répandons aussi des fleurs avec nos larmes sur la tombe de notre illustre ami. Consolons-nous mutuellement par le souvenir de sa vertu, et par la foi de l'immortalité.

Quel étonnant contraste avoit partagé la destinée de celui que nous pleurons! Les espérances et les qualités les plus brillantes, tout sembloit préparer en lui l'un des personnages les plus heureux et les plus illustres de son siècle. Hélas! à peine est-il entré dans la carrière des honneurs, qu'une langueur irrémédiable vient dessécher autour de lui toute sa gloire et sa postérité. Mais aussi, avec quelle constance il a soutenu cette rigoureuse épreuve, et avec quel courage il a fait servir une mortelle infirmité au salut immortel de son âme! Faisons reparoître un instant sur son tombeau les grandes espérances qu'il avoit données à cette église et à toute l'Église de France, et gémissons sur la fragilité des choses humaines. Déplorons ses malheurs, mais bénissons le ciel des grâces et des consolations dont il l'a comblé dans ses souffrances. Tels sont les deux objets du discours que nous consacrons à la mémoire de Charles de Broglie, évêque, comte de Noyon, pair de France, désigné cardinal de la sainte Église romaine.

« *Doleo super te, frater mi Jonatha.* » Ainsi David exprimoit sa douleur, à la mort d'un jeune prince qu'il chérissoit comme son frère. « *Doleo super te, frater mi Jonatha, decore nimis et amabilis.* » O mon respectable ami! ô mon aimable frère *frater mi*, qu'il me soit permis de vous donner aussi ce tendre nom : l'amitié avoit rempli l'intervalle qui nous séparoit, « *frater mi, decore nimis et amabilis!* Ce n'est point à une ombre vaine que j'adresse mes soupirs. Hélas! mes yeux ne vous voient plus; mais ma raison, mais ma foi m'assurent que vous vivez toujours dans une âme immortelle; mais je puis croire qu'en ce moment vous nous voyez, vous nous entendez, et que votre âme est comme présente à vos obsèques. Regardez les personnes qui vous furent les plus chères, rassemblées auprès de votre sépulcre : recevez les hommages et les larmes que nous vous offrons en présence de votre peuple. O vous! dans qui j'existois plus que dans moi-même; vous, dont la gloire et la vertu devoient faire le bonheur de ma vie ! ô vous, qui m'avez donné jusqu'à la fin des témoignages si touchants de votre affection ; vous que j'aimois comme David aimoit Jonathas, comme une mère aime son fils unique : un éloge funèbre, étoit-ce là le monument que je devois vous dédier de ma reconnoissance et de ma tendresse ? Et comment ma voix pourroit-elle prononcer ce déplorable discours ?

Mon Dieu, vous ne condamnez pas mon trouble et ma désolation sur le tombeau d'un ami si cher : Jésus lui même a frémi, il s'est troublé, il a pleuré sur le tombeau de celui qu'il avoit aimé.

Mais daignez secourir ma foiblesse ; ne permettez pas que j'oublie dans ma douleur la sainte constance qui doit soutenir toujours un ministre de votre divine parole.

Beauvais (de) naquit à Cherbourg, en 1731. De bonne heure il embrassa l'état ecclésiastique, et ne tarda pas à devenir célèbre par le succès de ses prédications, qui le firent appeler à la cour. Là, sans s'effrayer de la corruption des courtisans pleins des traditions de l'école de Louis XV, il fit entendre de dures vérités. Nommé évêque de Senez, il se démit de ce siége épiscopal en 1781. Élu député du bailliage de Paris aux états généraux, il mourut en 1790, assez tôt pour échapper au fer de la terreur. L'entraînement, la simplicité, et surtout l'énergie, étaient les caractères principaux de l'éloquence de l'évêque de Senez. Ses *Sermons, Panégyriques* et *Oraisons funèbres* ont été imprimés à Paris en 1807.

Dans son bel *Essai sur l'Oraison funèbre*, M. Villemain cite plusieurs fragments des Pères de l'Église naissante. Souvent ces orateurs sacrés, émus, comme le prélat de Beauvais, par des douleurs personnelles, cherchaient eux-mêmes à se consoler en appelant à leur secours les ressources de la foi et d'une divine philosophie. Ce procédé oratoire, qui serait très-habile s'il n'était pas naturel, produit toujours le plus grand effet.

Nous donnons quelques morceaux des Pères de l'Église, traduits par M. Villemain. On verra que le mouvement et la marche des idées y sont à peu près les mêmes que dans Beauvais.

Césarius venait de mourir ; saint Grégoire, son frère, voulut prononcer son oraison funèbre, en voici quelques parties : « De combien Césarius nous a-t-il devancés ? Combien aurons-nous de temps encore pour pleurer sa perte ? Ne marchons-nous pas vers la même demeure ? N'allons-nous pas entrer tout à l'heure sous la même pierre ? Ne serons-nous pas bientôt une même cendre ? Que gagnerons-nous à ce surcroît de peu de jours ? Quelques maux de plus à voir, à souffrir, et peut-être à faire, pour payer ensuite à la nature la dette commune et inévitable, suivre ceux-ci, précéder ceux-là, pleurer les uns, être pleurés par les autres et recevoir de nos successeurs le tribut de larmes que nous avons apporté à nos devanciers. Telle est la vie de nous autres mortels ; tel est le jeu de la scène du monde. Nous sortons du néant pour vivre : vivants, nous sommes détruits. Que sommes-nous ? Un songe inconstant, un fantôme qu'on ne peut saisir, le vol de l'oiseau qui passe, le vaisseau qui fuit sur la mer et ne laisse point de trace, la poussière, une vapeur, la rosée du matin, la fleur aujourd'hui naissante, aujourd'hui desséchée...

» Au jour de la résurrection, je verrai Césarius, non plus exilé, non plus enseveli ; non plus objet de larmes et de pitié, mais triomphant, glorieux et couronné, tel que souvent, ô le plus tendre et le plus chéri de tous les frères, tu m'as apparu en songe, soit par une illusion de mes désirs, soit dans la réalité même. Mais aujourd'hui, laissant les regrets, je m'examinerai moi-même, je chercherai si je ne porte pas en moi, sans le savoir, quelque grand sujet de douleur. Fils des hommes, car il est temps de vous adresser la parole, jusques à quand aurez-vous les cœurs insensibles et des esprits grossiers ?... Ne saurons-nous jamais connaître et dédaigner les objets qui frappent les yeux, et ne regarder que les grandeurs visibles à l'intelligence ; et s'il faut nous affliger, ne nous plaindrons-nous pas plutôt que notre exil se prolonge ici-bas ; que nous sommes retenus dans ces tombeaux vivants que nous portons avec nous. Pour moi, voilà ma douleur, voilà le soin qui me tourmente jour et nuit, et ne me laisse point respirer... »

L'éloge de saint Basile a aussi fourni à saint Grégoire des mouvements pleins d'éloquence. Plusieurs orateurs avaient déjà déploré la perte de saint Basile, lorsque saint Grégoire entreprit l'éloge de son ami. Dans son exorde, il s'excuse de ce retard. « Saisi du même effroi que les fidèles qui s'approchent des saints mystères, je craignais, dit-il, de toucher à l'éloge de cet homme sacré, avant d'avoir purifié ma voix et mon cœur !... »

Saint Ambroise célébra par de touchantes paroles la mort de son frère Satyrus. On reconnaît dans le début de son discours le prélat qui s'est immortalisé en osant punir Théodose coupable.

« Chrétiens, nous avons conduit ici la victime de ma foi, la victime pure et sans tache, la victime agréable à Dieu, Satyrus, mon guide et mon frère. Je savais qu'il était mortel : mes craintes ne m'ont point trompé ; mais l'abondance de la grâce a surpassé mon espoir. Ainsi je n'ai point de plainte à faire ; je dois même remercier le Seigneur, qui satisfait le vœu que j'avais formé. Si quelque grand désastre devait frapper ou l'Église ou ma tête, je souhaitais qu'il tombât de préférence sur ma famille et sur moi. Si donc, au milieu des dangers de tous, lorsque les mouvements des barbares inquiètent de tous côtés la patrie, j'ai prévenu les douleurs publiques par ma douleur particulière, et vu tourner contre moi les malheurs que je redoutais pour l'État, fasse le Ciel que tout soit accompli, et que mon deuil rachète aujourd'hui le deuil de la patrie. »

DE BOISMONT.

PORTRAIT DE FRÉDÉRIC LE GRAND.

Environné de cette foule d'ennemis triomphants, considérez le lion du Nord qui s'éveille : ses regards ardents semblent dévorer la proie que lui marque la fortune : génie impatient de s'offrir à la renommée, vaste, pénétrant, exalté par le malheur et par ces pressentiments secrets qui dévouent impérieusement à la gloire certains êtres privilégiés qu'elle a choisis, je le vois se précipiter sur ce théâtre sanglant, avec une puissance mûrie par de longues combinaisons et des talents agrandis par la réflexion et la prévoyance. Soldat et général, conquérant et politique, ministre et roi, ne connoissant d'autre faste qu'une milice nombreuse, seule magnificence d'un trône fondé par les armes. Je le vois, aussi rapide que mesuré dans ses mouvements, unir la force de la discipline à la force de l'exemple; communiquer à tout ce qui l'approche cette vigueur, cette flamme inconnue au reste des hommes; être partout, réparer tout, diriger lui-même avec art tous les coups qu'il porte; attaquer ce trône chancelant sur lequel son ennemi paroît s'appuyer, en détacher brusquement les rameaux les plus féconds, et s'élevant bientôt au-dessus de l'art même par la fermeté de ce coup d'œil que rien ne trouble, montrer déjà le secret de ces ressources qui doivent étonner la victoire même et tromper la fortune, lorsqu'elle lui sera contraire.

THOMAS.

ÉLOGE DE DUGUAY-TROUIN.

Pour porter des secours aux ennemis de Philippe V, l'Angleterre équipe une puissante flotte; Duguay-Trouin a été choisi pour la combattre. Il a joint ses vaisseaux à ceux d'un homme célèbre, qui était, comme lui, la gloire de la marine française, mais qui avait un mérite différent. Forbin, né d'un sang illustre, avait soutenu la gloire de sa naissance; Duguay-Trouin avait fait disparaître l'obscurité de la sienne; le premier avait donné un nouvel éclat à ses aïeux, le second avait créé un nom pour ses descendants; l'un avait mis à profit tous les avantages, l'autre avait vaincu tous les obstacles : tous deux intrépides, avides de périls, bravant la mort, prompts à se décider, féconds en ressources. Mais Forbin, né pour être un général de mer, ne fit le plus souvent que des exploits d'armateur; Duguay-Trouin, né pour être un simple armateur, fit presque toujours des actions d'un grand capitaine. Le premier, en servant l'État, pensait à la récompense; le second, pensait à la gloire. Forbin vendait ses services; Duguay-Trouin eût acheté l'honneur d'être utile. Faut-il que ces deux hommes célèbres aient été désunis par ce qui aurait dû former entre eux un lien éternel, l'honneur d'avoir combattu ensemble pour le bien de l'État ? Déjà les deux escadres réunies sont près de la flotte anglaise. Forbin, soit circonspection, soit lenteur, soit qu'il méditât à loisir le plan de son attaque (car il n'est permis de soupçonner aucun motif indigne d'un grand homme), Forbin a tout à coup ralenti sa marche, et tarde à donner le signal du combat. Duguay-Trouin, habitué à compter les moments, jugea qu'il est des circonstances où l'on est au-dessus des lois, et qu'il valait mieux prévenir l'ordre que de manquer la victoire. Si c'est une faute, c'est celle d'un bon citoyen et d'un héros; il n'avait pas même besoin du succès pour être innocent. Il s'avance, la victoire le suit. La ruse et l'audace, l'impétuosité de l'attaque et l'habileté de la manœuvre l'ont rendu maître du vaisseau commandant. Cependant on combat de tous les côtés; sur une vaste étendue de mer règne le carnage. On se mêle : les proues heurtent contre les proues; les manœuvres sont entrelacées dans les manœuvres; les foudres se choquent et retentissent. Duguay-Trouin observe d'un œil tranquille la face du combat, pour porter des secours, réparer des défaites, ou achever des victoires. Il aperçoit un vaisseau de cent canons, défendu par une armée entière; c'est là qu'il porte ses coups. Il préfère à un triomphe facile l'honneur d'un combat dangereux. Deux fois il ose l'aborder, deux fois l'incendie qui s'allume dans le vaisseau ennemi, l'oblige de s'écarter. Le *Devonshire*, semblable à un volcan allumé, tandis qu'il est consumé au-dedans, vomit au-dehors des feux encore plus terribles. Les Anglais, d'une main lancent des flammes, de l'autre tâchent d'éteindre celles qui les environnent. Duguay-Trouin n'eût désiré les vaincre que pour les sauver. Ce fut un horrible spectacle, pour un cœur tel que le sien, de voir ce vaisseau immense brûlé en pleine mer; la lueur de l'embrasement réfléchie au loin sur les flots, tant d'infortunés errants en furieux, ou palpitants immobiles au milieu des flammes, s'embrassant les uns les autres, ou se déchirant eux-mêmes, levant vers le ciel des bras consumés, ou précipitant leurs corps fumants dans la mer; d'entendre le bruit de l'incendie, les hurlements des mourants, les vœux de la religion mêlés aux cris du désespoir et aux imprécations de la rage, jusqu'au moment terrible où le vaisseau s'enfonça; l'abîme se referme, et tout disparaît. Puisse le génie de l'humanité mettre souvent de pareils tableaux devant les yeux des rois qui ordonnent les guerres ! Cependant Duguay-Trouin poursuit la flotte épouvantée. Tout fuit, tout se disperse. La mer est couverte de débris; nos ports se remplissent de dépouilles; et tel fut l'événement de ce combat, qu'aucun des vaisseaux qui portaient du secours ne passa chez les ennemis. Les fruits de la bataille d'Almanza furent assurés, l'archiduc vit échouer ses espérances, et Philippe V put dès lors se flatter que son trône serait un jour affermi.

Thomas (Antoine-Léonard) naquit à Clermont-Ferrand, le 1er octobre 1732. Il vint à Paris à l'âge de dix ans, et ne tarda pas à se faire remarquer par son application, par son amour pour l'étude, autant que par l'intelligence de son esprit. Après le cours de philosophie, Thomas étudia le droit. Son imagination brillante l'empêchait de se plaire dans le dédale de nos lois, et malgré les supplications de sa mère, il ne put résister au penchant qui l'entraînait vers le culte des muses. Il renonça au barreau pour une chaire de cinquième au collège de Beauvais.

Les *Réflexions philosophiques et littéraires sur le poëme de la Religion Naturelle*, publiée en 1756, furent le début littéraire de Thomas. Cette réfutation n'est pas une des moins solides que l'on ait opposées à Voltaire, Cependant l'auteur des *Éloges* condamna, quelques années après, cette production à l'oubli. En 1756, Thomas, au nom du corps auquel il appartenait, adressa une ode à M. Moreau de Séchelles, contrôleur général des finances. Lorsque les désastres de Lisbonne jetaient l'effroi dans tous les cœurs, Thomas écrivit un *Mémoire sur les causes des tremblements de terre*, qui remporta un accessit à l'Académie de Rouen. En 1759, Thomas publia *Jumonville*, poëme en quatre chants, plus remarquable par la pureté des sentiments que par l'art du poëte. Cependant l'ouvrage renfermait de très-beaux vers, et le public applaudit le jeune auteur pour lequel Fréron lui-même se montra plein de bienveillance. L'année 1759 vit Thomas couronné par l'Académie, pour l'*Éloge du maréchal comte de Saxe*. Ce morceau littéraire, écrit avec fermeté, n'a ni verve ni abandon. « Les grands mots, disait-il dans cet *Éloge*, expriment faiblement les grandes douleurs. » Cette pensée si juste ne présida pas malheureusement à la composition de l'écrivain, souvent plein d'enflure et d'exagération. L'année suivante, Thomas fit l'*Éloge de d'Aguesseau*; la même année, l'*Épitre au peuple* eut le premier accessit du prix de vers, remporté par Marmontel. Duclos, secrétaire de l'Académie, déclara que l'illustre compagnie n'avait éprouvé qu'un regret, celui de ne pouvoir accorder deux prix. Un curé de campagne fit imprimer à ses frais l'œuvre de Thomas, en y supprimant quelques déclamations contre les grands; et, après l'avoir lue en chaire, il en distribua les exemplaires aux villageois, ses paroissiens. Ce touchant hommage fit un plaisir extrême à Thomas. L'*Éloge de Duguay-Trouin*, couronné par l'Académie, en 1761, précéda d'une année l'ode sur le *Temps*. On a de Thomas une autre ode *sur les Devoirs de la société*. Le seul mérite de cette pièce lyrique est d'être très-purement écrite. Thomas, qui continuait à professer, était forcé de passer une partie des nuits dans des veilles laborieuses; aussi sa santé en reçut-elle une atteinte fatale. Enfin il lui fallut renoncer à sa chaire, où il enseignait avec beaucoup de savoir et de bonté. Le duc de Praslin, ministre des affaires étrangères, lui offrit une place de secrétaire particulier qu'il accepta. Ce fut alors qu'il composa l'*Éloge de Sully*, couronné en 1763. Grimm, qui jusque-là s'était montré l'ennemi du talent de Thomas, applaudit à ce nouveau travail, inférieur cependant aux autres Éloges, quoique la troisième partie du discours contienne de très-belles choses; le parallèle de Sully et de Colbert est un morceau plein de talent et de savoir. Le duc de Praslin ne se montra pas blessé par le ton général de l'œuvre de son protégé, auquel il s'efforça d'ouvrir les portes de l'Académie française. Afin que l'élection ne souffrît aucun obstacle, il le fit nommer secrétaire-interprète des cantons suisses. Ce seigneur, croyant avoir à se plaindre de Marmontel, voulait écarter cet écrivain d'une place vacante dans cette compagnie, en facilitant à Thomas tous les moyens d'obtenir le fauteuil. Celui-ci refusa de seconder les vues de son protecteur, dont il encourut l'indifférence. » J'ai été quelque temps auprès d'un ministre; j'aurais pu, en y restant, avoir peut-être un jour dix ou douze mille livres de rente; mais il a exigé de moi une action que je ne voulais ni ne devais faire. Je me suis retiré, et suis resté pauvre sans peine et sans regret. » Cette noble conduite de Thomas, qui conserva toujours la même générosité de sentiments, nous a valu l'*Éloge de Descartes*, couronné en 1765. L'auteur partagea le prix avec Gaillard, qui sut s'honorer en proclamant la supériorité de l'œuvre d'un rival, auquel Voltaire, oubliant son cruel jeu de mots sur ce qu'il appelait le *galithomas*, applaudit avec bonne foi. La composition de Thomas méritait cette haute approbation littéraire. Le fils de Louis XV étant mort, Thomas publia son *Éloge* en mars 1766. Diderot dont nous citerons le jugement, aurait dû, après avoir blâmé les flatteries prodiguées à la mémoire d'un enfant, rendre justice au style de cette nouvelle production, plus simple et plus touchante que toutes les autres qu'avait couronnées l'Académie. Thomas prononça son discours de réception dans cette illustre compagnie le 22 janvier 1767. Après trois ans de silence et la chute d'un mauvais opéra, *Amphion*, dont il avait composé les paroles, Thomas lut à ses confrères son chef-d'œuvre, l'*Éloge de Marc-Aurèle*. Le bonheur de la forme, la sublimité de la morale, l'élégante simplicité du style, tout semble faire de ce discours une composition antique. En 1772, Thomas publia l'*Essai sur le Caractère, les Mœurs et l'Esprit des femmes*, ouvrage qui, malgré des vues ingénieuses, n'eut qu'un succès très-contesté. L'*Essai sur les Éloges*, travail considérable, plein d'érudition et de modestie, révèle de grands progrès de style et l'envie bien arrêtée de se corriger du défaut de naturel qui fait tant de tort à ses *Éloges*. Thomas consacra un *Hommage à la mémoire de madame Geoffrin*. Il n'a rien écrit de plus touchant et de mieux senti. Les mémoires du temps lui attribuent l'honneur d'avoir fait une grande part du discours prononcé par son ami Ducis à l'Académie, en succédant à Voltaire. L'excès de travail avait usé dans Thomas les ressorts de la vie. Il mourut à Ullins, petit hameau situé entre Saint-Genix et Lyon, le 17 septembre 1785. Pendant sa maladie, il conserva toute le calme d'un honnête homme qui souffre avec douleur de quitter ses amis, mais qui n'a rien à craindre au delà de la vie. Thomas, en effet, fut toujours un modèle de vertu et de probité. Après sa mort, on a publié les fragments de la *Pétréide*, poëme qu'il composait sur Pierre le Grand. Nous chercherons à apprécier, dans notre volume de poésie, cette production, qui manque d'intérêt, mais dans laquelle on trouve de belles tirades. Il y a du danger à prendre Thomas pour modèle; c'est un écrivain qu'il faut étudier avec précaution, comme tous les hommes qui se jettent dans une voie périlleuse et incertaine, d'où ils ne sortent qu'à force de talent.

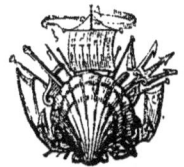

PÉRORAISON DE L'ÉLOGE DE DUGUAY-TROUIN.

Faut-il qu'il nous ait été enlevé si tôt! Faut-il qu'usé par les maladies, il ait succombé lorsqu'il aurait pu encore remplir une longue carrière! Ah! si le Ciel eût prolongé ses jours, même dans sa vieillesse il aurait encore pu servir l'État. Ainsi Duquesne, affaibli par les années, rendait la France respectable sur les mers; ainsi Villars remportait des victoires à l'âge où les autres hommes vivent à peine. Que du moins son âme respire encore parmi nous! Que son exemple perpétue dans notre marine et la valeur et les talents!

Dans ces entretiens si profonds qu'il avait avec Philippe, il parlait sans cesse à ce prince de l'importance et de l'utilité de la marine. Ah! s'il revivait aujourd'hui, s'il errait parmi nos ports et nos arsenaux, quelle serait sa douleur! « Français, s'écrierait-il, que sont devenus ces vaisseaux que j'ai commandés, ces flottes victorieuses qui dominaient sur l'Océan? Mes yeux cherchent en vain : je n'aperçois que des ruines. Un triste silence règne dans vos ports. Hé quoi! n'êtes-vous plus le même peuple? N'avez-vous plus les mêmes ennemis à combattre? Allez tarir la source de leurs trésors. Ignorez-vous que toutes les guerres de l'Europe ne sont plus que des guerres de commerce, qu'on achète des armées et des victoires, et que le sang est à prix d'argent? Les vaisseaux sont aujourd'hui les appuis des trônes.

» Portez vos regards au delà des mers; les habitants de vos colonies vous tendent les bras : les abandonnerez-vous aux premiers ennemis qui voudront descendre sur leurs côtes? Les ferez-vous repentir de leur fidélité? En vain la nature leur a donné la valeur et le zèle. Leur vie, leur sûreté, leur existence est dans vos ports; vos vaisseaux sont leurs remparts; ils n'en ont point d'autres. Êtes-vous citoyens? ce sont vos frères. Êtes-vous avides de richesses? vous les trouverez dans ce Nouveau-Monde; vous y trouverez un bien plus précieux : la gloire.

» Vous avez versé tant de sang pour maintenir la balance de l'Europe; l'ambition a changé d'objet. Portez, portez cette balance sur les mers; c'est là qu'il faut établir l'équilibre du pouvoir : si un seul peuple y domine, il sera tyran, et vous serez esclaves. Il faudra que vous achetiez de lui les aliments de votre luxe, dont vos malheurs ne vous guériront pas. Français, considérez ces mers, qui, de trois côtés, baignent votre patrie; voyez vos riches provinces qui vous offrent à l'envi tout ce qui sert à la construction; voyez ces ports creusés pour recevoir vos vaisseaux. La gloire, l'intérêt, la nécessité, la nature, tout vous appelle. Français, soyez grands comme vos ancêtres : régnez sur la mer; et mon ombre, en apprenant vos triomphes sur les peuples que j'ai vaincus, se réjouira encore dans son tombeau. »

ÉLOGE DE DESCARTES.

La philosophie, née dans l'Égypte, dans l'Inde et dans la Perse, avait été, dans le principe, presque aussi barbare que les hommes. Dans la Grèce, aussi féconde que hardie, elle avait créé tous ces systèmes qui expliquaient l'univers, ou par le principe des éléments, ou par l'harmonie des nombres, ou par les idées éternelles, ou par les combinaisons de masses, de figures et de mouvements, ou par l'activité de la forme qui vient s'unir à la matière. Dans Alexandrie, et à la cour des rois, elle avait perdu ce caractère original et ce principe de fécondité que lui avait donné un pays libre. A Rome, parmi des maîtres et parmi des esclaves, elle avait été également stérile; elle s'y était occupée, ou à flatter la curiosité des princes, ou à lire dans les astres la chute des tyrans. Dans les premiers siècles de l'Église, vouée aux enchantements et aux mystères, elle avait cherché à lier commerce avec les puissances célestes ou infernales. Dans Constantinople, elle avait tourné autour des idées des anciens Grecs, comme autour des bornes du monde. Chez les Arabes, chez ce peuple doublement esclavé et par sa religion et par son gouvernement, elle avait eu ce même caractère d'esclavage, bornée à commenter un homme, au lieu d'étudier la nature. Dans les siècles barbares de l'Occident, elle n'avait été qu'un jargon absurde et insensé, que consacrait le fanatisme et qu'adorait la superstition. Enfin, à la renaissance des lettres, elle n'avait profité de quelques lumières que pour se remettre par choix dans les chaînes d'Aristote. Ce philosophe, depuis plus de cinq siècles, combattu, proscrit, adoré, excommunié, et toujours vainqueur, dictait aux nations ce qu'elles devaient croire. Ses ouvrages étant plus connus, ses erreurs étaient plus respectées. On négligeait pour lui l'univers; et les hommes, accoutumés depuis longtemps à se passer de l'évidence, croyaient tenir dans leurs mains les premiers principes des choses, parce que leur ignorance hardie prononçait des mots obscurs et vagues qu'ils croyaient entendre.

Voilà les progrès que l'esprit humain avait fait pendant trente siècles. On remarque, pendant cette longue révolution de temps, cinq ou six hommes qui ont pensé et créé des idées, et le reste du monde a travaillé sur ces pensées, comme l'artisan, dans sa forge, travaille sur les métaux que lui fournit la mine. Il y a eu plusieurs siècles de suite où l'on n'a point avancé d'un pas vers la vérité; il y a eu des nations qui n'ont pas contribué d'une idée à la masse des idées générales. Du siècle d'Aristote à celui de Descartes, j'aperçois un vide de deux mille ans. Là, la pensée originale se perd, comme un fleuve qui meurt dans les sables, ou qui s'ensevelit sous terre, et qui ne reparaît qu'à mille lieues de là, sous de nouveaux cieux et sur une terre nouvelle. Quoi donc, y a-t-il pour l'esprit humain des temps de sommeil et de mort, comme il y en a de vie et d'activité? Ou le don de penser par soi-même est-il réservé à un petit nombre d'hommes? Ou les grandes combinaisons d'idées sont-elles bornées par la nature et s'épuisent-elles avec rapidité? Dans cet état de l'esprit humain, dans cet engourdissement général, il fallait un homme qui remontât l'espèce humaine; qui ajoutât de nouveaux ressorts à l'entendement; qui se ressaisît du don de penser; qui vît ce qui était fait, ce qui restait à faire, et pourquoi les progrès avaient été suspendus pendant tant de siècles; un homme qui eût assez d'audace pour renverser, assez de génie pour reconstruire, assez de sagesse pour poser des fondements sûrs, assez d'éclat pour éblouir son siècle et rompre l'enchantement des siècles passés; un homme qui étonnât par la grandeur de ses vues; un homme en état de rassembler tout ce que les sciences avaient imaginé ou découvert dans tous les siècles, et de réunir toutes ces forces dispersées pour en composer une seule force, avec laquelle il remuât, pour ainsi dire, l'univers; un homme d'un génie actif, entreprenant, qui sût voir où personne ne voyait, qui désignât le but et qui traçât la route, qui, seul et sans guide, franchît, par-dessus les précipices, un intervalle immense, et entraînât après lui le genre humain : cet homme devait être Descartes.

ÉLOGE DU DAUPHIN.

La mort d'un homme vertueux est un malheur pour l'humanité entière; non qu'il puisse toujours être fort utile aux hommes, quelquefois il vit et meurt obscur; mais il n'est pas moins vrai qu'il orne la terre, et donne plus de dignité à la nature humaine. Ce sont ces âmes qui réconcilient les regards de Dieu avec la terre; mais si l'homme vertueux qui meurt était un prince, s'il est mort à la fleur de son âge, s'il devait faire un jour le bonheur d'une nation, quelle doit être alors la douleur publique! La mort du dauphin a intéressé la France, et les ennemis mêmes de la France. La cour, qui l'a vu de près, en a été consternée. Les vastes palais de Fontainebleau ont été baignés de larmes : on arrache la famille royale à un séjour désolé; on fuit; ces palais immenses deviennent déserts, et la mort seule y habite; mais tous les cœurs restent attachés à cet appartement funèbre; ils errent autour de ce lit de mort, et fixés près d'une vaine cendre, redemandent au Ciel ce qui n'est plus. Quel retour! Presque jusqu'au dernier moment on avait espéré. On revoit ces chemins par où il avait passé, où la douce espérance le soutenait encore. La nouvelle arrive à Paris; en un instant elle est répandue dans les maisons, dans les places publiques. *Il est mort!* à ce mot, qui de nous n'a été attendri? Notre froide indifférence s'est émue; nos vains plaisirs ont été suspendus; tous les vrais citoyens ont pleuré : le riche s'est étonné de se trouver si sensible ; le pauvre a senti qu'il pouvait être plus malheureux. Le peuple, ce bon peuple, toujours vrai dans sa douleur comme dans sa joie, a formé des regrets sincères ; il a gémi de cette mort, comme d'une calamité personnelle pour lui. Les soldats, en pleurant, ont renversé leurs drapeaux : on a pris le deuil dans les provinces éloignées. L'amour de la patrie, qui y est plus vif, y a rendu la douleur plus touchante. Plus on aime la vertu, et plus on a regretté ce prince. Tous les temples ont été revêtus de deuil : le deuil s'est étendu sur la France ; mais le cri de la nature s'élève au milieu de la douleur générale de la nation. Quel moment que celui où un roi qui vient de perdre son fils déjà formé pour le trône, pénétré de douleur, se fait amener les princes ses petits-fils, saisit avec transport l'aîné de ces jeunes enfants, l'enlève entre ses bras, le presse contre ses joues mouillées de larmes, et s'écrie plusieurs fois en pleurant : « Vous êtes donc mon successeur. » A ce spectacle, personne ne peut retenir ses larmes ; et toute la cour, en silence, crut perdre le dauphin une seconde fois. Ainsi, ô révolution des temps ! ainsi, après la mort du célèbre duc de Bourgogne, on vit Louis XIV, en cheveux blancs, penché sur le berceau de Louis XV, le caresser de ses mains royales, et regarder avec attendrissement, dans ce jeune enfant, l'espérance d'un grand peuple.

Voici des fragments d'un jugement très-sévère de Diderot sur l'*Éloge du dauphin* par Thomas. Le fond des idées de Diderot est juste ; la forme est peut-être trop véhémente, quoique pleine d'éloquence :

« Vous me demandez, mon ami, ce que je pense de l'*Éloge du dauphin*, par M. Thomas. Je ne vous répondrai pas autre chose que ce que je lui en ai dit à lui-même, lorsqu'il m'en fit la lecture. Jamais l'art de la parole n'a été si indignement prostitué. Vous avez pris tous les grands hommes passés, présents et à venir, et vous les avez humiliés devant un enfant qui n'a rien dit et rien fait. Votre prince valait-il mieux que Trajan? Eh bien! monsieur, sachez que Pline s'est déshonoré par son *Éloge de Trajan*. Vous avez un caractère de vérité et d'honnêteté à soutenir, et vous allez le perdre. Si c'est un Tacite qui écrive un jour notre histoire, vous y serez marqué d'une flétrissure. Vous me faites jeter au feu tous les Éloges que vous avez faits, et vous me dispensez de lire tous ceux que vous ferez désormais. Je ne vous demande pas de prendre le cadavre du dauphin, de l'étendre sur la rive de la Seine, et de lui faire, à l'exemple des Égyptiens, sévèrement son procès ; mais je ne vous permettrai jamais d'être un vil et maladroit courtisan....

» Je ne suis pas venu, comme César, avec la condamnation de Ligarius signée ; mais il eût fallu s'y prendre autrement pour me la faire tomber des mains. Si votre prince méritait la centième partie des éloges que vous lui prodiguez, qui est-ce qui lui a ressemblé ? qui est-ce qui lui ressemblera? Le passé ne l'a point égalé, et l'avenir ne montrera rien qui l'égale... Si j'avais, comme vous, cette voix qui sait évoquer les mânes, j'évoquerais celle de d'Aguesseau, de Sully, de Descartes ; vous entendriez leurs reproches, et vous ne les soutiendriez pas. Mais croyez-vous qu'un père qui connaissait apparemment son fils puisse approuver un amas d'hyperboles dont il ne pourra se dissimuler le mensonge ? Que voulez-vous qu'il pense des Lettres et de ceux qui les cultivent, lorsqu'un des plus honnêtes d'entre eux se résout à mentir à toute une nation avec aussi peu de pudeur? Et ses sœurs, et sa femme ? Pour ses valets, ils en riront. Si j'étais votre frère, je me lèverais pendant la nuit, j'enlèverais cet *Éloge* de votre portefeuille, je le brûlerais, et je croirais vous avoir montré combien je vous aime. »

Diderot se devait à lui-même et à l'équité de ménager davantage un des écrivains les plus vertueux du temps.

PARALLÈLE DE COLBERT ET DE SULLY.

Destinés tous deux à de grandes choses, ils furent élevés au ministère à peu près dans les mêmes circonstances. Sully parut après les horribles déprédations des favoris et les désordres de la ligue ; Colbert eut à réparer les maux qu'avait causés le règne orageux et faible de Louis XIII, les opérations brillantes mais forcées de Richelieu, les querelles de la Fronde, l'anarchie des finances sous Mazarin. Tous deux trouvèrent le peuple accablé d'impôts, et le roi privé de la plus grande partie de ses revenus ; tous deux eurent le bonheur de rencontrer deux princes qui avaient le génie du gouvernement, capables de vouloir le bien, assez courageux pour l'entreprendre, assez fermes pour le soutenir, désirant faire de grandes choses, l'un pour la France, et l'autre pour lui-même. Tous deux commencèrent par liquider les dettes de l'État, et les mêmes besoins firent naître les mêmes opérations ; tous deux travaillèrent ensuite à accroître la fortune publique. Ils surent également combiner la nature des divers impôts ; mais Sully ne sut pas en tirer tout le parti possible ; Colbert perfectionna l'art d'établir entre eux de justes proportions. Tous deux diminuèrent les frais énormes de la perception, bannirent le trafic honteux des emplois, qui enrichissait et avilissait la cour, ôtèrent aux courtisans tout intérêt dans les fermes ; tous deux firent cesser la confusion qui régnait dans les recettes et les gains immenses que faisaient les receveurs ; mais dans toutes ces parties, Colbert n'eut que la gloire d'imiter Sully, et de faire revivre les anciennes ordonnances de ce grand homme. Le ministre de Louis XIV, à l'exemple de celui de Henri IV, assura des fonds pour chaque dépense ; à son exemple, il réduisit l'intérêt de l'argent. Tous deux travaillèrent à faciliter les communications ; mais Colbert fit exécuter le canal de Languedoc, dont Sully n'avait eu que le projet. Ils connurent également l'art de faire tomber sur les riches et sur les habitants des villes les remises accordées aux campagnes ; mais on leur reproche à tous deux d'avoir gêné l'industrie par des taxes. Le crédit, cette partie importante des richesses publiques, qui fait circuler celles qu'on a, et qui supplée à celles qu'on n'a pas, paraît n'avoir pas été assez connu par Sully, et assez ménagé par Colbert. Les gains excessifs des traitants furent réprimés par tous les deux ; mais Sully connut mieux de quelle importance il est pour un État de rapprocher les gains des finances de ceux qu'on peut faire dans les entreprises de commerce ou d'agriculture. Les monnaies attirèrent leur attention ; mais Sully n'aperçut que les maux, ou ne trouva que des remèdes dangereux ; Colbert porta dans cette partie une supériorité de lumières qu'il dut à son siècle autant qu'à lui-même.

On leur doit à tous deux l'éloge d'avoir vu que la réforme du barreau pouvait influer sur l'aisance nationale ; mais l'avantage des temps fit que Colbert exécuta ce que Sully ne put que désirer : l'un, dans un temps d'orage et sous un roi soldat, annonça seulement à une nation guerrière qu'elle devait estimer les sciences ; l'autre, ministre d'un roi qui portait la grandeur jusque dans les plaisirs de l'esprit, donna au monde l'exemple, trop oublié peut-être, d'honorer, d'enrichir et de développer tous les talents. Sully entrevit le premier l'utilité d'une marine ; c'était beaucoup en sortant de la barbarie ; nous nous souvenons que Colbert eut la gloire d'en créer une.

Le commerce fut protégé par les deux ministres ; mais l'un voulait le tirer presque tout entier du produit des terres, l'autre des manufactures ; Sully préférait, avec raison, celui qui, étant attaché au sol, ne peut être partagé ni envahi, et qui met les étrangers dans une dépendance nécessaire ; Colbert ne s'aperçut pas que l'autre n'est fondé que sur des besoins de caprice ou de goût, et qu'il peut passer avec les artistes dans tous les pays du monde. Sully fut donc supérieur à Colbert dans la connaissance des véritables sources du commerce ; mais Colbert l'emporta sur lui du côté des soins, de l'activité et des calculs politiques ; dans cette partie il l'emporta par son attention à diminuer les droits intérieurs du royaume, que Sully augmenta quelquefois ; par son habileté à combiner les droits d'entrée et de sortie, opération qui est peut-être un des plus savants ouvrages d'un législateur, et où la plus petite erreur de combinaison peut coûter des millions à l'État.

Il sera difficile d'égaler Colbert dans les détails et les grandes vues du commerce ; il sera difficile de surpasser Sully dans les encouragements qu'il donna à l'agriculture. Ce n'est pas que Colbert ait négligé entièrement cette partie importante ; n'exagérons pas les fautes des grands hommes, et n'ayons pas la manie d'être toujours extrêmes dans nos censures comme dans nos éloges. Colbert, à l'exemple de Sully, voulut faire naître l'aisance dans les campagnes ; il diminua les tailles ; il prévint, autant qu'il put, les maux attachés à une imposition arbitraire ; il protégea, par des règlements utiles, la nourriture des troupeaux, il encouragea la population par des récompenses ; mais, faute d'avoir permis le commerce des grains, tant d'opérations admirables furent presque inutiles ; il n'y avait point de richesse réelle ; l'État parut brillant et le peuple fut malheureux ; l'or, que le trafic faisait circuler ne parvenait point jusqu'à la classe des cultivateurs ; le prix des grains baissa sans cesse, et l'on finit par la disette. Tels furent les principes et les succès différents de ces deux grands hommes. Si maintenant nous comparons leurs caractères et leurs talents, nous trouverons que tous deux eurent de la justesse et de l'étendue dans l'esprit, de la grandeur dans les projets, de l'ordre et de l'activité dans l'exécution ; mais Sully, peut-être, saisit mieux la masse entière du gouvernement, Colbert en développa mieux les détails. L'un avait plus de cette politique moderne qui calcule ; l'autre de cette politique des anciens législateurs qui voyaient tout dans un grand principe. Le plan de Colbert était une machine vaste et compliquée, où il fallait sans cesse remonter de nouvelles roues ; le plan de Sully était simple et uniforme comme celui de la nature. Colbert attendait plus des hommes, Sully attendait plus des choses. L'un créa les ressources inconnues à la France ; l'autre employa mieux les ressources qu'elle avait. La réputation de Colbert dut avoir d'abord plus d'éclat, et celle de Sully dut acquérir plus de solidité.

A l'égard du caractère, tous deux eurent le courage et la vigueur d'âme sans laquelle on ne fit jamais ni beaucoup de bien, ni beaucoup de mal dans un État ; mais la politique de l'un se sentit de l'austérité de ses mœurs, celle de l'autre du luxe de son siècle. Ils eurent la triste conformité d'être haïs ; mais l'un des grands, l'autre du peuple. On reproche de la dureté à Colbert, de la hauteur à Sully ; mais si tous deux choquèrent des particuliers, tous deux aimèrent la nation. Enfin, si l'on examine leurs rapports avec les rois qu'ils servaient, on trouvera que Sully faisait la loi à son maître, et que Colbert recevait la loi du sien ; que le premier fut plus le ministre du peuple, et le second plus ministre du roi ; enfin, d'après les talents des deux princes, on jugera que Sully dut quelque chose de sa gloire à Henri IV, et que Louis XIV dut une grande partie de la sienne à Colbert.

Voici comment Thomas, dans l'*Oraison funèbre de Sully*, qui nous a fourni le parallèle de ce grand homme et de Colbert, trace brillamment le tableau de l'Europe et de la cour de Henri IV :

« Lorsque la mort du dernier Valois eut ouvert à Henri IV le chemin du trône, ce prince jeta ses regards au dedans et au dehors de la France pour voir ce qu'il y avait à craindre ou à espérer. L'Angleterre, ébranlée par les caprices tyranniques de Henri VIII, faible sous Édouard IV, inondée de sang sous Marie, florissante et tranquille sous Élisabeth, jetait alors les fondements de sa grandeur, et paraissait disposée à soutenir en France un roi protestant; la Hollande combattait contre ses tyrans, et voyait dans leur ennemi un allié nécessaire; l'Allemagne, avilie sous Rodolphe, redoutait tout des Ottomans, et n'avait que peu d'influence sur ses voisins; la Suisse, libre et guerrière, avait besoin, par sa pauvreté, de vendre ses citoyens et son sang; l'Espagne, agrandie d'un nouveau monde, avait englouti le Portugal, menaçait l'Angleterre, et désolait la France; la Savoie observait la France embrasée; Rome avait lancé ses foudres; la Suède et le Danemarck n'étaient pas encore liés aux affaires du midi; la Pologne n'était qu'un séjour de barbares; la Russie n'existait pas; au dedans du royaume était cette ligue protégée par l'Espagne, autorisée par les papes, et qui combattait au nom de Dieu contre les rois; on voyait d'un côté ce Mayenne, sage dans les conseils, lent dans l'exécution, excellent chef de parti, plus habile qu'heureux guerrier; d'Aumale, ardent, impétueux bravant les rois et la mort; Nemours, assez grand pour que Mayenne en fût jaloux; Mercœur, philosophe au sein de la révolte, et humain dans les guerres civiles; Brissac, esprit romanesque et singulier, voulant créer l'ancienne Rome sur les débris de la France; le cardinal de Bourbon qui, par sa faiblesse, avait été forcé de devenir roi; Guise, redoutable par son nom seul; d'Épernon, qui n'avait que de l'orgueil, et n'inspira jamais que la crainte; Villars, fier et emporté, plein de franchise et de valeur; Joyeuse, dévot par caprice et guerrier par fanatisme; Villeroy, honnête homme d'État; enfin ce président Jeannin, trop vertueux pour un rebelle, aimant son pays, ennemi de l'Espagne, haï des Seize, l'âme du parti, malgré le parti même dont il modérait la passion et la fureur : on voyait de l'autre côté d'Aumont, sujet fidèle et intrépide guerrier; Biron, qui avait commandé en chef dans sept batailles; son fils, à qui il ne manqua, pour être grand, que d'être toujours vertueux; Givry, aussi habile dans les lettres que dans la guerre; Crillon, dont le nom était celui de la valeur; Lesdiguières, de simple soldat devenu connétable, dans des temps où tous les hommes, par leur propre poids, se mettent à leur place; Montmorency, digne de porter un si grand nom; Mornay, le seul peut-être qui ait été extrême dans la religion sans être fanatique; Sancy, magistrat, guerrier, négociateur et ministre; Harlay, qui eut la gloire de souffrir pour son roi; Bouillon, génie inquiet et ardent, qui joignait toute l'activité de l'ambition à tout le flegme de la politique; le comte d'Auvergne, avide de cabales et de plaisirs; le comte de Soissons, brave, mais inconstant, peu attaché à son maître, jaloux de sa gloire, aveugle dans ses désirs, ayant besoin d'être agité, se tourmentant sans objet : tels étaient, au dedans et au dehors, les dispositions, les talents, les vices ou les vertus de ceux qui combattaient ou servaient Henri IV. Pour réunir tant d'intérêts, calmer tant de passions, c'était peu de vaincre, il fallait encore négocier. Sully, guerrier et politique, secondait le roi par ses talents, comme il le servait par sa valeur.

SONGE DE MARC-AURÈLE.

Je voulus méditer sur la douleur; la nuit était déjà avancée; le besoin du sommeil fatiguait ma paupière; je luttai quelque temps; enfin je fus obligé de céder, et je m'assoupis; mais dans cet intervalle je crus avoir un songe; il me sembla voir dans un vaste portique une multitude d'hommes rassemblés; ils avaient tous quelque chose d'auguste et de grand. Quoique je n'eusse jamais vécu avec eux, leurs traits pourtant ne m'étaient pas étrangers; je crus me rappeler que j'avais souvent contemplé leurs statues dans Rome. Je les regardais tous, quand une voix terrible et forte retentit sous le portique : *Mortels, apprenez à souffrir.* Au même instant, devant l'un je vis s'allumer des flammes, et il y posa la main; on apporta à l'autre du poison, il but, et fit une libation aux dieux; le troisième était debout, auprès d'une statue de la Liberté brisée; il tenait d'une main un livre, de l'autre il prit une épée dont il regardait la pointe; plus loin, je distinguai un homme tout sanglant, mais calme et plus tranquille que ses bourreaux, je courus à lui en m'écriant : « O Régulus! est-ce toi? » Je ne pus soutenir le spectacle de ses maux, et je détournai mes regards. Alors j'aperçus Fabricius dans la pauvreté, Scipion mourant dans l'exil, Épictète écrivant dans les chaînes, Sénèque et Thraséas les veines ouvertes, et regardant d'un œil tranquille leur sang couler. Environné de tous ces grands hommes malheureux, je versais des larmes; ils parurent étonnés. L'un d'eux, ce fut Caton, approcha de moi et me dit : « Ne nous plains pas, mais imite-nous; et toi aussi, apprends à vaincre la douleur. » Cependant il me parut prêt à tourner contre lui le fer qu'il tenait à la main; je voulus l'arrêter, je frémis, et je m'éveillai. Je réfléchis sur ce songe, et je conçus que ces prétendus maux n'avaient pas le droit d'ébranler mon courage : je résolus d'être homme, de souffrir et de faire le bien.

HOMMAGES RENDUS A MARC-AURÈLE.

Quand le dernier terme approcha, dit le philosophe Apollonius, il ne fut point étonné. Je me sentais élevé par ses discours. Romains, le grand homme mourant a je ne sais quoi d'imposant et d'auguste. Il semble qu'à mesure qu'il se détache de la terre, il prend quelque chose de cette nature divine et inconnue qu'il va rejoindre. Je ne touchais ses mains défaillantes qu'avec respect; et le lit funèbre où il attendait la mort me semblait une espèce de sanctuaire.

Cependant l'armée était consternée, le soldat gémissait sous les tentes; la nature elle-même semblait en deuil. Le ciel de la Germanie était plus obscur; des tempêtes agitaient la cime des forêts qui environnaient le camp : et ces objets lugubres semblaient ajouter encore à notre désolation.

Il voulut quelque temps être seul, soit pour repasser sa vie en présence de l'Être Suprême, soit pour méditer encore une fois avant que de mourir. Enfin, il nous fit appeler. Tous les amis de ce grand homme et les principaux de l'armée vinrent se ranger autour de lui; il était pâle, les yeux presque éteints, et les lèvres à demi-glacées; cependant nous remarquâmes tous une tendre inquiétude sur son visage. Prince, il parut se ranimer un moment pour toi. Sa main mourante se présenta à tous ces vieillards qui avaient servi sous lui. Il leur recommanda ta jeunesse. « Servez-lui de père, leur dit-il;, ah! servez-lui de père! » Alors il te donna des conseils tels que Marc-Aurèle mourant devait les donner; et bientôt après Rome et l'univers le perdirent.

A ces mots, tout le peuple romain demeura morne et immobile. Apollonius se tut, ses larmes coulèrent. Il se laissa tomber sur le corps de Marc-Aurèle, il le serra longtemps entre ses bras; et, se relevant tout à coup :

Mais toi qui vas succéder à ce grand homme, ô fils de Marc-Aurèle! ô mon fils, permets ce nom à un vieillard qui t'a vu naître, et qui t'a tenu enfant dans ses bras; songe au fardeau que t'ont imposé les dieux; songe aux devoirs de celui qui commande, aux droits de ceux qui obéissent. Destiné à régner, il faut que tu sois le plus juste ou le plus coupable des hommes. Le fils de Marc-Aurèle aurait-il à choisir?

On te dira bientôt que tu es tout-puissant; on te trompera : les bornes de ton autorité sont dans la loi. On te dira encore que tu es grand, que tu es adoré de tes peuples. Écoute : Quand Néron eut empoisonné son frère, on lui dit qu'il avait sauvé Rome; quand il eut fait égorger sa femme, on loua devant lui sa justice; quand il eut assassiné sa mère, on baisa sa main parricide, et l'on courut aux temples remercier les dieux..... Ne te laisse pas non plus éblouir par des respects : si tu n'as des vertus, on te rendra des hommages, et l'on te haïra. Crois-moi, on n'abuse point les peuples. La justice outragée veille dans les cœurs. Maître du monde, tu peux m'ordonner de mourir, mais non de t'estimer. O fils de Marc-Aurèle ! pardonne : je te parle au nom des dieux, au nom de l'univers qui t'est confié; je te parle pour le bonheur des hommes et pour le tien. Non, tu ne seras point insensible à une gloire si pure. Je touche au terme de ma vie; bientôt j'irai rejoindre ton père. Si tu dois être juste, puissé-je vivre encore assez pour contempler tes vertus ! Si tu devais un jour...

Tout à coup Commode, qui était en habit de guerrier, agita sa lance d'une manière terrible. Tous les Romains pâlirent. Apollonius fut frappé des malheurs qui menaçaient Rome. Il ne put achever. Ce vénérable vieillard se voila le visage. La pompe funèbre, qui avait été suspendue, reprit sa marche. Le peuple suivit, consterné et dans un profond silence : il venait d'apprendre que Marc-Aurèle était tout entier dans le tombeau.

Dans cette assemblée du peuple romain, était une foule d'étrangers et de citoyens de toutes les parties de l'empire. Les uns se trouvaient depuis longtemps à Rome; les autres avaient suivi de différentes provinces le char funèbre, et l'avaient accompagné par honneur. Tout à coup l'un d'eux (c'était le premier magistrat d'une ville au pied des Alpes) éleva la voix :

Orateur, dit-il, tu nous as parlé du bien que Marc-Aurèle a fait à des particuliers malheureux; parle-nous de celui qu'il a fait à des villes et à des nations entières. Souviens-toi de la famine qui a désolé l'Italie. Nous entendions les cris de nos enfants qui nous demandaient du pain; nos campagnes stériles et nos marchés déserts ne nous offraient plus de ressources : nous avons invoqué Marc-Aurèle, et la famine a cessé.—Alors il approcha, il toucha la tombe, et dit : J'apporte à la cendre de Marc-Aurèle les hommages de toute l'Italie.

Un autre homme parut. Son visage était brûlé par un soleil ardent ; ses traits avaient je ne sais quoi de fier, et sa tête dominait toute l'assemblée : c'était un Africain. Il éleva la voix et dit :

Je suis né à Carthage ; j'ai vu un embrasement général dévorer nos maisons et nos temples. Échappés de ces flammes, et couchés plusieurs jours sur des ruines et des monceaux de cendres, nous avons invoqué Marc-Aurèle ; Marc-Aurèle a réparé nos malheurs. Carthage a remercié une fois les dieux d'être romaine. — Il approcha, toucha la tombe, et dit : J'apporte à la cendre de Marc-Aurèle les hommages de l'Afrique.

Trois des habitants de l'Asie s'avancèrent. Ils tenaient d'une main de l'encens, et de l'autre des couronnes de fleurs. L'un d'eux prit la parole :

Nous avons vu dans l'Asie le sol qui nous portait s'écrouler sous nos pas, et nos trois villes renversées par un tremblement de terre. Du milieu de ces débris nous avons invoqué Marc-Aurèle, et nos villes sont sorties de leurs ruines. — Ils posèrent sur la tombe l'encens et les couronnes, et dirent : Nous apportons à la cendre de Marc-Aurèle les hommages de l'Asie.

Enfin, il parut un homme des rives du Danube. Il portait l'habillement des barbares, et tenait une massue à la main. Son visage cicatrisé était mâle et terrible ; mais ses traits à demi-sauvages semblaient adoucis en ce moment par la douleur. Il s'avança et dit :

Romains, la peste a désolé nos climats ; on dit qu'elle avait parcouru l'univers, et qu'elle était venue des frontières des Parthes jusqu'à nous. La mort était dans nos cabanes, elle nous poursuivait dans nos forêts ; nous ne pouvions plus ni chasser, ni combattre : tout périssait. J'éprouvais moi-même ce fléau terrible, et je ne soutenais plus le poids de mes armes. Dans cette désolation, nous avons invoqué Marc-Aurèle ; Marc-Aurèle a été notre dieu conservateur.— Il approcha, posa sa massue sur la tombe, et dit : J'apporte à ta cendre l'hommage de vingt nations que tu as sauvées.

— Vous entendez, Romains, reprit Appollonius ; ses soins s'étendaient sur toutes les parties du monde. Dans l'espace de vingt ans, la terre éprouva tous les fléaux ; mais la nature avait donné Marc-Aurèle à la terre (1).

(1) Tout ce morceau est sublime.

SCIENCES NATURELLES.

BUFFON.

LE CYGNE.

Dans toute société, soit des animaux, soit des hommes, la violence fit les tyrans, la douce autorité fait les rois. Le lion et le tigre sur la terre, l'aigle et le vautour dans les airs, ne règnent que par la guerre, ne dominent que par l'abus de la force et par la cruauté, au lieu que le cygne règne sur les eaux à tous les titres qui fondent un empire de paix : la grandeur, la majesté, la douceur, avec des puissances, des forces, du courage, et la volonté de n'en pas abuser, et de ne les employer que pour la défense. Il sait combattre et vaincre, sans jamais attaquer : roi paisible des oiseaux d'eau, il brave les tyrans de l'air; il attend l'aigle, sans le provoquer, sans le craindre; il repousse ses assauts, en opposant à ses armes la résistance de ses plumes, et les coups précipités d'une aile vigoureuse qui lui sert d'égide; et souvent la victoire couronne ses efforts. Au reste, il n'a que ce fier ennemi; tous les oiseaux de guerre le respectent, et il est en paix avec toute la nature; il vit en ami plutôt qu'en roi, au milieu des nombreuses peuplades des oiseaux aquatiques, qui toutes semblent se ranger sous sa loi; il n'est que le chef, le premier habitant d'une république tranquille, où les citoyens n'ont rien à craindre d'un maître qui ne demande qu'autant qu'il leur accorde, et ne veut que calme et liberté.

Les grâces de la figure, la beauté de la forme, répondent dans le cygne à la douceur du naturel; il plaît à tous les yeux; il décore, embellit tous les lieux qu'il fréquente; on l'aime, on l'applaudit, on l'admire; nulle espèce ne le mérite mieux. La nature, en effet, n'a répandu sur aucune autant de ces grâces nobles et douces qui nous rappellent l'idée de ses plus charmants ouvrages : coupe de corps élégante, formes arrondies, gracieux contours, blancheur éclatante et pure, mouvements flexibles et ressentis, attitudes tantôt animées, tantôt laissées dans un mol abandon, tout dans le cygne respire la volupté, l'enchantement que nous font éprouver les grâces et la beauté; tout nous l'annonce, tout le peint comme l'oiseau de l'Amour; tout justifie la spirituelle et riante mythologie d'avoir donné ce charmant oiseau pour père à la plus belle des mortelles.

A sa noble aisance, à la facilité, la liberté de ses mouvements sur l'eau, on doit le reconnaître non-seulement comme le premier des navigateurs ailés, mais comme le plus beau modèle que la nature nous ait offert pour l'art de la navigation. Son cou élevé et sa poitrine relevée et arrondie semblent en effet figurer la proue du navire fendant l'onde; son large estomac en représente la carène; son corps, penché en avant pour cingler, se redresse à l'arrière, et se relève en poupe; sa queue est un vrai gouvernail; ses pieds sont de larges rames, et ses grandes ailes demi-ouvertes au vent, et doucement enflées, sont les voiles qui poussent le vaisseau vivant, navire et pilote à la fois.

Fier de sa noblesse, jaloux de sa beauté, le cygne semble faire parade de tous ses avantages; il a l'air de chercher à recueillir des suffrages, à captiver les regards, et il les captive en effet, soit que, voguant en troupe, on voie de loin, au milieu des grandes eaux, cingler la flotte ailée; soit que, s'en détachant et s'approchant du rivage aux signaux qui l'appellent, il vienne se faire admirer de plus près, en étalant ses beautés, et développant ses grâces par mille mouvements doux, ondulants et suaves.

Aux avantages de la nature le cygne réunit ceux de la liberté; il n'est pas du nombre de ces esclaves que nous puissions contraindre ou renfermer; libre sur nos eaux, il n'y séjourne, ne s'y établit qu'en y jouissant d'assez d'indépendance pour exclure tout sentiment de servitude et de captivité; il veut à son gré parcourir les eaux, débarquer au rivage, s'éloigner au large, ou venir, longeant la rive, s'abriter sous les bords, se cacher dans les joncs, s'enfoncer dans les anses les plus écartées, puis, quittant sa solitude, revenir à la société, et jouir du plaisir qu'il paroit prendre et goûter en s'approchant de l'homme, pourvu qu'il trouve en nous ses hôtes et ses amis, et non ses maîtres et ses tyrans.

Chez nos ancêtres, trop simples ou trop sages pour remplir leurs jardins des beautés froides de l'art, en place des beautés vives de la nature, les cygnes étoient en possession de faire l'ornement de toutes les pièces d'eau; ils animoient, égayoient les tristes fossés des châteaux; ils décoroient la plupart des rivières, et même celle de la capitale; et l'on vit l'un des plus sensibles et des plus aimables de nos princes mettre au nombre de ses plaisirs celui de peupler de ces beaux oiseaux les bassins de ses maisons royales...

Les anciens ne s'étoient pas contentés de faire du cygne un chantre merveilleux; seul entre tous les êtres qui frémissent à l'aspect de leur destruction, il chantoit encore au moment de son agonie, et préludoit par des sons harmonieux à son dernier soupir. C'étoit, disoient-ils, près d'expirer, et faisant à la vie un adieu triste et tendre, que le cygne rendoit ces accents si doux et si touchants, et qui, pareils à un léger et doux murmure, d'une voix basse, plaintive et lugubre, formoient son chant funèbre. On entendoit ce chant lorsqu'au lever de l'aurore les vents et les flots étoient calmes; on avoit même vu des cygnes expirant en musique et chantant leurs hymnes funéraires. Nulle fiction en histoire naturelle, nulle fable chez les anciens n'a été plus célébrée, plus répétée, plus accréditée; elle s'étoit emparée de l'imagination vive et sensible des Grecs: poëtes, orateurs, philosophes même, l'ont adoptée comme une vérité trop agréable pour vouloir en douter. Il faut bien leur pardonner leurs fables: elles étoient aimables et touchantes; elle valoient bien de tristes, d'arides vérités; c'étoient de doux emblèmes pour les âmes sensibles. Les cygnes sans doute ne chantent point leur mort; mais toujours, en parlant du dernier essor et des derniers élans d'un beau génie prêt à s'éteindre, on rappellera avec sentiment cette expression touchante: *C'est le chant du cygne !*

George-Louis Leclerc, comte de Buffon, naquit à Montbard le 7 septembre 1707. Buffon fit ses études au collège de Dijon, où il montra une facilité extrême et la plus grande aptitude au travail. Les mathématiques furent son étude favorite; il eut, comme Pascal, la faculté de comprendre les éléments d'Euclide dans un âge qui d'ordinaire commence à peine à trouver quelque plaisir dans la lecture des livres faits pour intéresser les enfants. Aussi Buffon, que son père destinait à la magistrature, se trouva-t-il naturellement entraîné dans la carrière des sciences, où son nom devait un jour briller de tant d'éclat. Ce fut au collège de Dijon que Buffon se lia d'amitié avec le jeune lord Kingston, dont le précepteur, homme d'une profonde instruction, contribua, par ses conseils, à développer dans l'âme de son élève le goût des sciences naturelles.

Buffon vint avec Kingston faire un voyage à Paris, et peu après ils parcoururent ensemble l'Italie. Il serait difficile de peindre l'impression profonde que produisit sur le futur écrivain cette terre poétique. Il admira ces restes antiques de la puissance passagère de l'homme, à laquelle survivent les œuvres du génie. Ce qui le frappa surtout, ce fut la vue des traces des révolutions physiques dont l'Italie a été le théâtre. Buffon crut sentir qu'il prenait la nature sur le fait. Il passa ensuite, avec son jeune compagnon, en Angleterre, où il se perfectionna dans la langue du pays. De retour à Paris, il traduisit le *Traité du Calcul infinitésimal* de Newton et la *Statistique des Végétaux* de Hales. Ces deux ouvrages attirèrent sur le savant traducteur l'attention du public, qui accueillit avec beaucoup de faveur plusieurs mémoires de physique, de géométrie et d'économie rurale, lesquels, en 1733, valurent à leur auteur l'honneur d'être nommé, à l'âge de vingt-six ans, membre de l'Académie royale des sciences, section de mécanique. Dans ces premières années, Buffon ne savait pas encore d'une manière bien positive à quelle étude spéciale il se livrerait. Sa nomination à la place d'intendant des jardins du roi détermina sa vocation. Buffon conçut alors le projet de son immortel ouvrage. Il s'associa, pour ce grand travail, son ami, le modeste Daubenton. En 1749, après dix ans de recherches et d'études, parurent les premiers livres de l'*Histoire naturelle*. Les vingt-quatre premiers volumes ne furent achevés qu'en 1783. Daubenton se sépara de son ami, qui prit alors pour l'aider Guéneau de Montbelliard, et après lui l'abbé Bexon. L'illustre intendant ne cessa de travailler jusqu'à sa mort, arrivée à Paris, le 16 avril 1788. Comme écrivain, le mérite de Buffon, malgré les critiques de Voltaire et de d'Alembert, est incontestable. Sans doute l'auteur de l'*Histoire des animaux* n'a point de cet abandon que l'on nomme laisser-aller; il manque peut-être de grâce naturelle et surtout de naïveté; mais par combien de dons supérieurs il rachète les défauts qu'on peut lui reprocher.

« L'histoire des sciences, a dit Condorcet, dans son éloge académique de Buffon, ne présente que deux hommes qui, par la nature de leurs ouvrages, paraissent se rapprocher de M. de Buffon: Aristote et Pline. Tous deux, infatigables comme lui dans le travail, étonnants par l'immensité de leurs connaissances et par celles des plans qu'ils ont conçus et exécutés; tous deux, respectés pendant leur vie et honorés après leur mort par leurs concitoyens, ont vu leur gloire survivre aux révolutions des opinions et des empires, aux nations qui les ont produits, et même aux langues qu'ils ont employées, et ils semblent, par leur exemple, promettre à M. de Buffon une gloire non moins durable.

» Aristote porta sur le mécanisme des opérations de l'esprit humain, sur les principes de l'éloquence et de la poésie, le coup d'œil juste et perçant d'un philosophe; dicta au goût et à la raison des lois auxquelles ils obéissent encore, et donna le premier exemple, trop tôt oublié, d'étudier la nature dans la seule vue de la connaître, et de l'observer avec précision comme avec méthode.

» Placé dans une nation moins savante, Pline fut plutôt

un compilateur de relations qu'un philosophe observateur ; mais comme il avait embrassé dans son plan tous les travaux des arts et tous les phénomènes de la nature, son ouvrage renferme les mémoires les plus précieux et les plus étendus que l'antiquité nous ait laissés pour l'histoire des progrès de l'espèce humaine.

» Dans un siècle plus éclairé, M. de Buffon a réuni ses propres observations à celles que ses immenses lectures lui ont fournies. Son plan, moins étendu que celui de Pline, est exécuté d'une manière plus complète ; il présente et discute les résultats qu'Aristote n'avait osé qu'indiquer. Le philosophe grec n'avait mis dans son style qu'une précision méthodique et sévère, et n'a parlé qu'à la raison.

» Pline, dans un style noble, énergique et grave, laisse échapper des traits d'une imagination forte, mais sombre, et d'une philosophie souvent profonde, mais toujours austère et mélancolique.

» M. de Buffon, plus varié, plus brillant, plus prodigue d'images, joint la facilité à l'énergie, les grâces à la majesté ; sa philosophie, avec un caractère moins prononcé, est plus vraie et moins affligeante. Aristote semble n'avoir écrit que pour les savants, Pline pour les philosophes, M. de Buffon pour tous les hommes éclairés.

» Aristote a souvent été égaré par cette vaine métaphysique des mots, vices de la philosophie grecque, dont la supériorité de son esprit ne put entièrement le garantir.

» La crédulité de Pline a rempli son ouvrage de fables qui jettent de l'incertitude sur les faits qu'il rapporte, lors même qu'on n'est pas en droit de les reléguer dans la classe des prodiges.

» On n'a reproché à M. de Buffon que ses hypothèses. Ce sont aussi des espèces de fables, mais des fables produites par une imagination active qui a besoin de créer, et non par une imagination passive qui cède à des impressions étrangères. On admirera toujours dans Aristote le génie de la philosophie ; on étudiera dans Pline l'art et l'esprit des anciens ; on y cherchera ces traits qui frappent l'âme d'un sentiment triste et profond ; mais on lira M. de Buffon pour s'intéresser comme pour s'instruire ; il continuera d'exciter un enthousiasme utile ; et les hommes lui devront longtemps et les doux plaisirs que procurent à une âme jeune encore les premiers regards jetés sur la nature, et ces consolations qu'éprouve une âme fatiguée des orages de la vie, en reposant sa vue sur l'immensité des êtres paisiblement soumis à des lois éternelles et nécessaires. »

La Harpe, dans son *Cours de Littérature*, a dit aussi de Buffon :

« Le milieu du dix-huitième siècle fut marqué par trois grandes entreprises, l'*Esprit des lois*, l'*Histoire Naturelle* et l'*Encyclopédie*, trois mémorables productions qui parurent presque en même temps, mais qui n'avaient pas, à beaucoup près, le même caractère ni le même dessein, quoique appartenant toutes trois à l'esprit philosophique. La seconde de ces trois productions, qui par elle-même appartient aux sciences physiques, nous serait ici étrangère, si l'auteur, qui sut réunir aux connaissances du naturaliste le talent de l'écrivain, n'exigeait pas de nous, sous ce rapport, le tribut d'honneur que tout Français doit à un homme tel que Buffon, dont le nom est un des titres de la gloire nationale. Je laisse aux savants à examiner ce qu'il a été dans la science ; mais on convient qu'il en a embelli la langue ; et ses hypothèses, qui depuis longtemps ne séduisent plus, n'ôtent rien au mérite de son style, qui, dans la partie descriptive et historique de ses ouvrages, a toujours charmé ses lecteurs, dont la plupart ne peuvent guère savoir, ou même s'embarrassent peu s'il les a trompés. Il est du petit nombre des écrivains originaux qui ont donné à l'idiome qu'ils maniaient le caractère de leur génie, en même temps qu'ils l'appropriaient à des sujets nouveaux. Beaucoup d'auteurs avaient écrit sur la physique ; mais Buffon fut le premier qui des immenses richesses de cette science ait fait celles de la langue française, sans corrompre ou dénaturer l'une ni l'autre. Son livre est, en ce genre, un trésor de beautés inconnues avant lui. Il y règne un ton d'élévation soutenue. Sa phrase a du nombre, et son expression de la force. Ce sont les qualités de son talent, auquel il n'a manqué, ce me semble, qu'un peu plus de souplesse et de flexibilité. L'historien de la nature est noble, fécond, majestueux comme elle ; il s'élève sans effort et sans secousse ; il sait ensuite descendre aux petits détails sans y paraître étranger ; mais il nous y attacherait encore davantage, si le travail qui soigne toujours sa composition ne lui ôtait pas la grâce de la simplicité. Ce n'est pas qu'il soit jamais ni roide comme Thomas, ni apprêté comme Fontenelle ; mais la noblesse de sa diction, toujours travaillée, ne lui permet guère le gracieux que les lecteurs délicats peuvent désirer, parce que le sujet le comportait. D'ailleurs, sublime quand il déploie à nos yeux l'immensité des êtres, quand il peint les bienfaits ou les rigueurs de la nature, les productions de la terre et les influences des climats, il est peut-être moins intéressant lorsqu'il nous raconte les mœurs de ces animaux devenus nos amis et nos bienfaiteurs, qu'il n'est énergique et terrible quand il trace ceux que leur férocité sauvage a mis contre nous en état de guerre. Juste envers les anciens qui l'ont précédé dans le même genre, il loue de bonne foi Pline et Aristote, et, dans l'opinion générale, il est plus grand écrivain que tous les deux. »

Le savant Cuvier, dans la *Biographie universelle*, a publié un très-bel article sur Buffon.

LE CHIEN.

Le chien, indépendamment de la beauté de sa forme, de la vivacité, de la force, de la légèreté, a par excellence toutes les qualités intérieures qui peuvent lui attirer les regards de l'homme. Un naturel ardent, colère, même féroce et sanguinaire, rend le chien sauvage redoutable à tous les animaux, et cède dans le chien domestique aux sentiments les plus doux, au plaisir de s'attacher et au désir de plaire ; il vient en rampant mettre aux pieds de son maître son courage, sa force, ses talents ; il attend ses ordres pour en faire usage ; il le consulte, il l'interroge, il le supplie ; un coup d'œil suffit, il entend les signes de sa volonté : sans avoir, comme l'homme, la lumière de la pensée, il a toute la chaleur du sentiment; il a de plus que lui la fidélité, la constance dans ses affections; nulle ambition, nul intérêt, nul désir de vengeance, nulle crainte que celle de déplaire; il est tout zèle, tout ardeur et tout obéissance; plus sensible au souvenir des bienfaits qu'à celui des outrages, il ne se rebute pas par les mauvais traitements; il les subit, les oublie, ou ne s'en souvient que pour s'attacher davantage; loin de s'irriter ou de fuir, il s'expose de lui-même à de nouvelles épreuves; il lèche cette main, instrument de douleur, qui vient de le frapper, il ne lui oppose que la plainte, et la désarme enfin par la patience et la soumission.

Plus docile que l'homme, plus souple qu'aucun des animaux, non-seulement le chien s'instruit en peu de temps, mais il se conforme aux mouvements, aux manières, à toutes les habitudes de ceux qui lui commandent; il prend le ton de la maison qu'il habite; comme les autres domestiques, il est dédaigneux chez les grands, et rustre à la campagne: toujours empressé pour son maître et prévenant pour ses seuls amis, il ne fait aucune attention aux gens indifférents, et se déclare contre ceux qui par état ne sont faits que pour importuner; il les connoît aux vêtements, à la voix, à leurs gestes, et les empêche d'approcher. Lorsqu'on lui a confié pendant la nuit la garde de la maison, il devient plus fier, et quelquefois féroce; il veille, il fait la ronde; il sent de loin les étrangers; et pour peu qu'ils s'arrêtent ou tentent de franchir les barrières, il s'élance, s'oppose, et, par des aboiements réitérés, des efforts et des cris de colère, il donne l'alarme, avertit et combat: aussi furieux contre les hommes de proie que contre les animaux carnassiers, il se précipite sur eux, les blesse, les déchire, leur ôte ce qu'ils s'efforçoient d'enlever; mais, content d'avoir vaincu, il se repose sur les dépouilles, n'y touche pas même pour satisfaire son appétit, et donne en même temps des exemples de courage, de tempérance et de fidélité.

L'OISEAU-MOUCHE.

De tous les êtres animés, voici le plus élégant pour la forme, et le plus brillant pour les couleurs. Les pierres et les métaux polis par notre art ne sont pas comparables à ce bijou de la nature; elle l'a placé, dans l'ordre des oiseaux, au dernier degré de l'échelle de grandeur: *maximè miranda in minimis*. Son chef-d'œuvre est le petit oiseau-mouche; elle l'a comblé de tous les dons qu'elle n'a fait que partager aux autres oiseaux: légèreté, rapidité, prestesse, grâce et riche parure, tout appartient à ce petit favori. L'émeraude, le rubis, la topaze, brillent sur ses habits; il ne les souille jamais de la poussière de la terre, et, dans sa vie tout aérienne, on le voit à peine toucher le gazon par instants: il est toujours en l'air, volant de fleurs en fleurs; il a leur fraîcheur comme il a leur éclat; il vit de leur nectar, et n'habite que les climats où sans cesse elles se renouvellent.

C'est dans les contrées les plus chaudes du Nouveau-Monde que se trouvent toutes les espèces d'oiseaux-mouches. Elles sont assez nombreuses, et paroissent confinées entre les deux tropiques; car ceux qui s'avancent en été dans les zones tempérées n'y font qu'un court séjour; ils semblent suivre le soleil, s'avancer, se retirer avec lui, et voler sur l'aile des zéphyrs à la suite d'un printemps éternel.

Les Indiens, frappés de l'éclat et du feu que rendent les couleurs de ces brillants oiseaux, leur avoient donné les noms de *rayons* ou *cheveux du soleil*. Pour le volume, les petites espèces de ces oiseaux sont au-dessous de la grande mouche asile (le taon) pour la grandeur, et du bourdon pour la grosseur. Leur bec est une aiguille fine, et leur langue un fil délié; leurs petits yeux noirs ne paroissent que deux points brillants; les plumes de leurs ailes sont si délicates qu'elles en paroissent transparentes. A peine aperçoit-on leurs pieds, tant ils sont courts et menus: ils en font peu d'usage; ils ne se posent que pour passer la nuit, et se laissent, pendant le jour, emporter dans les airs; leur vol est continu, bourdonnant et rapide: on compare le bruit de leurs ailes à celui d'un rouet. Leur battement est si vif, que l'oiseau, s'arrêtant dans les airs, paroît non-seulement immobile, mais tout à fait sans action. On le voit s'arrêter ainsi quelques instants devant une fleur, et partir comme un trait pour aller à une autre; il les visite toutes, plongeant sa petite langue dans leur sein, les flattant de ses ailes, sans jamais s'y fixer, mais aussi sans les quitter jamais. Il ne presse ses inconstances que pour mieux suivre ses amours et multiplier ses jouissances innocentes, car cet amant léger des fleurs vit à leurs dépens sans les flétrir; il ne fait que pomper leur miel, et c'est à cet usage que sa langue paroît uniquement destinée: elle est composée de deux fibres creuses, formant un petit canal divisé au bout en deux filets;

elle a la forme d'une trompe, dont elle fait les fonctions: l'oiseau la darde hors de son bec, et la plonge jusqu'au fond du calice des fleurs pour en tirer les sucs.

Rien n'égale la vivacité de ces petits oiseaux, si ce n'est leur courage, ou plutôt leur audace. On les voit poursuivre avec furie des oiseaux vingt fois plus gros qu'eux, s'attacher à leur corps, et, se laissant emporter par leur vol, les becqueter à coups redoublés jusqu'à ce qu'ils aient assouvi leur petite colère. Quelquefois même ils se livrent entre eux de très-vifs combats : l'impatience paroit être leur âme; s'ils s'approchent d'une fleur et qu'ils la trouvent fanée, ils lui arrachent les pétales avec une précipitation qui marque leur dépit. Ils n'ont d'autre voix qu'un petit cri, *screp, screp*, fréquent et répété; ils le font entendre dans les bois dès l'aurore, jusqu'à ce qu'aux premiers rayons du soleil tous prennent l'essor, et se dispersent dans les campagnes.

L'ARABIE PÉTRÉE.

Qu'on se figure un pays sans verdure et sans eaux, un soleil brûlant, un ciel toujours sec, des plaines sablonneuses, des montagnes encore plus arides, sur lesquelles l'œil s'étend et le regard se perd sans pouvoir s'arrêter sur aucun objet vivant; une terre morte, et pour ainsi dire écorchée par les vents, laquelle ne présente que des ossements, des cailloux jonchés, des rochers debout ou renversés; un désert entièrement découvert, où le voyageur n'a jamais respiré sous l'ombrage, où rien ne l'accompagne, rien ne lui rappelle la nature vivante : solitude absolue, mille fois plus affreuse que celle des forêts; car les arbres sont encore des êtres pour l'homme qui se voit seul : plus isolé, plus dénué, plus perdu dans ces lieux vides et sans bornes, il voit partout l'espace comme son tombeau; la lumière du jour, plus triste que l'ombre de la nuit, ne renaît que pour éclairer sa nudité, son impuissance, et pour lui présenter l'horreur de sa situation, en reculant à ses yeux les barrières du vide, en étendant autour de lui l'abîme de l'immensité qui le sépare de la terre habitée; immensité qu'il tenteroit en vain de parcourir : car la faim, la soif et la chaleur brûlante pressent tous les instants qui lui restent entre le désespoir et la mort.

Voici comment M. de Châteaubriand, dans *les Martyrs*, a traité le même sujet, en y joignant le tableau si pittoresque d'un ouragan dans le désert :

« Figurez-vous des plages sablonneuses, labourées par les pluies de l'hiver, brûlées par les feux de l'été, d'un aspect rougeâtre et d'une nudité affreuse. Quelquefois seulement des nopals épineux couvrent une petite partie de l'arène sans bornes; le vent traverse ces forêts armées sans pouvoir courber leurs inflexibles rameaux : çà et là des débris de vaisseaux pétrifiés étonnent les regards, et des monceaux de pierre, élevés de loin en loin, servent à marquer le chemin aux caravanes.

» Nous marchâmes tout le jour dans cette plaine. Nous franchîmes une autre chaîne de montagnes, et nous découvrimes une seconde plaine plus vaste et plus désolée que la première.

» La nuit vint; la lune éclairait le désert vide : on n'apercevait sur une solitude sans ombre que l'ombre immobile de notre dromadaire et l'ombre errante de quelques troupeaux de gazelles. Le silence n'était interrompu que par le bruit des sangliers qui broyaient des racines flétries, ou par le chant du grillon qui demandait en vain, dans ce sable inculte, le foyer du laboureur.

» Nous reprimes notre route avant le retour de la lumière. Le soleil se leva dépouillé de ses rayons; semblable à une meule de fer rougi. La chaleur augmentait à chaque instant. Vers la troisième heure du jour, le dromadaire commença à donner des signes d'inquiétude; il enfonçait ses naseaux dans le sable et soufflait avec violence. Par intervalle, l'autruche poussait des sons lugubres; les serpents et les caméléons se hâtaient de rentrer dans le sein de la terre. Je vis le guide regarder le ciel et pâlir; je lui demandai la cause de son trouble.

« Je crains, dit-il, le vent du midi : sauvons-nous. »

» Tournant le visage au nord, il se mit à fuir de toute la vitesse de son dromadaire. Je le suivis : l'horrible vent qui nous menaçait était plus léger que nous.

» Soudain de l'extrémité du désert accourt un tourbillon. Le sol emporté devant nous manque à nos pas, tandis que d'autres colonnes de sable, enlevées derrière nous, roulent sur nos têtes. Égaré dans un labyrinthe de tertres mouvants et semblables entre eux, le guide déclare qu'il ne reconnaît plus sa route; pour dernière calamité, dans la rapidité de notre course, nos outres remplies d'eau s'écoulent. Haletants, dévorés d'une soif ardente, retenant fortement notre haleine, dans la crainte d'aspirer des flammes, la sueur ruisselle à grands flots de nos membres abattus. L'ouragan redouble de rage; il creuse jusqu'aux antiques fondements de la terre, et répand dans le ciel les entrailles brûlantes du désert. Enseveli dans une atmosphère de sable embrasé, le guide échappe à ma vue. Tout à coup j'entends son cri, je vole à sa voix : l'infortuné, foudroyé par le vent de feu, était tombé mort sur l'arène, et son dromadaire avait disparu.

» En vain j'essayai de ranimer mon malheureux compagnon; mes efforts furent inutiles. Je m'assis à quelque distance, tenant mon cheval en main, et n'espérant plus que dans celui qui changea les feux de la fournaise d'Azarias en un vent frais et une douce rosée. Un acacia qui croissait en ce lieu me servit d'abri. Derrière ce frêle rempart, j'attendis la fin de la tempête. Vers le soir, le vent du nord reprit son cours; l'air perdit sa chaleur cuisante; les sables tombèrent du ciel et me laissèrent voir les étoiles : inutiles flambeaux, qui me montrèrent seulement l'immensité du désert. »

LE PAON.

Si l'empire appartenoit à la beauté et non à la force, le paon seroit, sans contredit, le roi des oiseaux; il n'en est point sur qui la nature ait versé ses trésors avec plus de profusion : la taille grande, le port imposant, la démarche fière, la figure noble, les proportions du corps élégantes et sveltes, tout ce qui annonce un être de distinction lui a été donné. Une aigrette mobile et légère, peinte des plus riches couleurs, orne sa tête et l'élève sans la charger : son incomparable plumage semble réunir tout ce qui flatte nos yeux dans le coloris tendre et frais des plus belles fleurs, tout ce qui les éblouit dans les reflets petillants des pierreries, tout ce qui les étonne dans l'éclat majestueux de l'arc-en-ciel; non-seulement la nature a réuni sur le plumage du paon toutes les couleurs du ciel et de la terre pour en faire le chef-d'œuvre de sa magnificence, elle les a encore mêlées, assorties, nuancées, fondues de son inimitable pinceau, et en a fait un tableau unique, où elles tirent de leur mélange avec des nuances plus sombres, et de leurs oppositions entre elles, un nouveau lustre et des effets de lumière si sublimes que notre art ne peut ni les imiter ni les décrire.

Tel paroit à nos yeux le plumage du paon, lorsqu'il se promène paisible et seul, dans un beau jour de printemps; mais si sa femelle vient tout à coup à paroître, si les feux de l'amour, se joignant aux secrètes influences de la saison, le tirent de son repos, lui inspirent une nouvelle ardeur et de nouveaux désirs, alors toutes ses beautés se multiplient, ses yeux s'animent et prennent de l'expression; son aigrette s'agite sur sa tête, et annonce l'émotion intérieure; les longues plumes de sa queue déploient, en se relevant, leurs richesses éblouissantes; sa tête et son cou, se renversant noblement en arrière, se dessinent avec grâce sur ce fond radieux, où la lumière du soleil se joue en mille manières, se perd et se reproduit sans cesse, et semble prendre un nouvel éclat plus doux et plus moelleux, de nouvelles couleurs plus variées et plus harmonieuses; chaque mouvement de l'oiseau produit des milliers de nuances nouvelles, des gerbes de reflets endoyants et fugitifs, sans cesse remplacées par d'autres reflets et d'autres nuances toujours diverses et toujours admirables.

Mais ces plumes brillantes, qui surpassent en éclat les plus belles fleurs, se flétrissent aussi comme elles, et tombent chaque année. Le paon, comme s'il sentoit la honte de sa perte, craint de se faire voir dans cet état humiliant, et cherche les retraites les plus sombres pour s'y cacher à tous les yeux, jusqu'à ce qu'un nouveau printemps, lui rendant sa parure accoutumée, le ramène sur la scène pour y jouir des hommages dus à sa beauté : car on prétend qu'il en jouit en effet; qu'il est sensible à l'admiration; que le vrai moyen de l'engager à étaler ses belles plumes, c'est de lui donner des regards d'attention et des louanges; et qu'au contraire, lorsqu'on paroit le regarder froidement et sans beaucoup d'intérêt, il replie tous ses trésors, et les cache à qui ne sait point les admirer.

LA FAUVETTE.

Le triste hiver, saison de mort, est le temps du sommeil, ou plutôt de la torpeur de la nature : les insectes sans vie, les reptiles sans mouvement, les végétaux sans verdure et sans accroissement, tous les habitants de l'air détruits ou relégués, ceux des eaux renfermés dans des prisons de glace, et la plupart des animaux terrestres confinés dans les cavernes, les antres et les terriers, tout nous présente les images de la langueur et de la dépopulation. Mais le retour des oiseaux au printemps est le premier signal et la douce annonce du réveil de la nature vivante ; et les feuillages renaissants, et les bocages revêtus de leur nouvelle parure, sembleroient moins frais et moins touchants sans les nouveaux hôtes qui viennent les animer.

De ces hôtes des bois, les fauvettes sont les plus nombreuses, comme les plus aimables : vives, agiles, légères, et sans cesse remuées, tous leurs mouvements ont l'air du sentiment, et tous leurs accents le ton de la joie. Ces jolis oiseaux arrivent au moment où les arbres développent leurs feuilles et commencent à laisser épanouir leurs fleurs ; ils se dispersent dans toute l'étendue de nos campagnes : les uns viennent habiter nos jardins, d'autres préfèrent les avenues et les bosquets ; plusieurs espèces s'enfoncent dans les grands bois, et quelques-unes se cachent au milieu des roseaux. Ainsi les fauvettes remplissent tous les lieux de la terre, et les animent par les mouvements et les accents de leur tendre gaieté.

A ce mérite des grâces naturelles nous voudrions réunir celui de la beauté ; mais en leur donnant tant de qualités aimables, la nature semble avoir oublié de parer leur plumage. Il est obscur et terne : excepté deux ou trois espèces qui sont légèrement tachetées, toutes les autres n'ont que des teintes, plus ou moins sombres, de blanchâtre, de gris et de roussâtre.

L'ÉCUREUIL.

L'écureuil est un joli petit animal qui n'est qu'à demi sauvage, et qui, par sa gentillesse, par sa docilité, par l'innocence même de ses mœurs, mériteroit d'être épargné ; il n'est ni carnassier ni nuisible, quoiqu'il saisisse quelquefois des oiseaux ; sa nourriture ordinaire sont des fruits, des amandes, des noisettes, de la faîne et du gland ; il est propre, leste, vif, très-alerte, très-éveillé, très-industrieux ; il a les yeux pleins de feu, la physionomie fine, le corps nerveux, les membres très-dispos : sa jolie figure est encore rehaussée, parée par une belle queue en forme de panache, qu'il relève jusque dessus sa tête, et sous laquelle il se met à l'ombre. Il est, pour ainsi dire, moins quadrupède que les autres ; il se tient ordinairement assis presque debout, et se sert de ses pieds de devant, comme d'une main, pour porter à sa bouche ; au lieu de se cacher sous terre, il est toujours en l'air. Il approche des oiseaux par sa légèreté ; il demeure comme eux sur la cime des arbres, parcourt les forêts en sautant de l'un à l'autre, y fait son nid, cueille les graines, boit la rosée, et ne descend à terre que quand les arbres sont agités par la violence des vents. On ne le trouve point dans les champs, dans les lieux découverts, dans les pays de plaine ; il n'approche jamais des habitations ; il ne reste point dans les taillis, mais dans les bois de hauteur, sur les vieux arbres des plus belles futaies. Il craint l'eau plus encore que la terre, et l'on assure que lorsqu'il faut la passer, il se sert d'une écorce pour vaisseau, et de sa queue pour voile et pour gouvernail. Il ne s'engourdit pas, comme le loir, pendant l'hiver ; il est en tout temps très-éveillé ; et pour peu que l'on touche au pied de l'arbre sur lequel il repose, il sort de sa petite bauge, fuit sur un autre arbre, ou se cache à l'abri d'une branche. Il ramasse des noisettes pendant l'été, en remplit les troncs, les fentes d'un vieux arbre, et a recours, en hiver, à sa provision ; il les cherche aussi sous la neige, qu'il détourne en grattant. Il a la voix éclatante, et plus perçante encore que celle de la fouine ; il a, de plus, un murmure à bouche fermée, un petit grognement de mécontentement qu'il fait entendre toutes les fois qu'on l'irrite. Il est trop léger pour marcher ; il va ordinairement par petits sauts, et quelquefois par bonds ; il a les ongles si pointus et les mouvements si prompts, qu'il grimpe en un instant sur un hêtre, dont l'écorce est fort lisse.

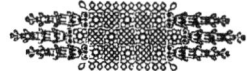

LE CHEVAL.

La plus noble conquête que l'homme ait jamais faite est celle de ce fier et fougueux animal, qui partage avec lui les fatigues de la guerre et la gloire des combats : aussi intrépide que son maître, le cheval voit le péril et l'affronte ; il se fait au bruit des armes, il l'aime, il le cherche, et s'anime de la même ardeur. Il partage aussi ses plaisirs : à la chasse, aux tournois, à la course, il brille, il étincelle. Mais, docile autant que courageux, il ne se laisse point emporter à son feu ; il sait réprimer ses mouvements : non-seulement il fléchit sous la main de celui qui le guide, mais il semble consulter ses désirs ; et, obéissant toujours aux impressions qu'il en reçoit, il se précipite, se modère, ou s'arrête, et n'agit que pour y satisfaire. C'est une créature qui renonce à son être pour n'exister que par la volonté d'un autre, qui sait même la prévenir ; qui, par la promptitude et la précision de ses mouvements, l'exprime et l'exécute ; qui sent autant qu'on le désire, et ne rend qu'autant qu'on veut ; qui, se livrant sans réserve, ne se refuse à rien, sert de toutes ses forces, s'excède, et même meurt pour mieux obéir.

« Voyez ce cheval ardent et impétueux, pendant que son écuyer le conduit et le dompte ; que de mouvements irréguliers ! C'est un effet de son ardeur, et son ardeur vient de sa force, mais d'une force mal réglée. Il se compose, il devient plus obéissant sous l'éperon, sous le frein, sous la main qui le manie à droite et à gauche, le pousse, le retient comme elle veut. A la fin il est dompté : il ne fait que ce qu'on lui demande : il sait aller le pas, il sait courir, non plus avec cette avidité qui l'épuisoit, par laquelle son obéissance étoit encore désobéissante. Son ardeur s'est changée en force, ou plutôt, puisque cette force étoit en quelque façon dans cette ardeur, elle s'est réglée. Remarquez : elle n'est pas détruite, elle se règle ; il ne faut plus d'éperon, presque plus de bride ; car la bride ne fait plus l'effet de dompter l'animal fougueux ; par un petit mouvement, qui n'est que l'indication de la volonté de l'écuyer, elle l'avertit plutôt qu'elle ne la force, et le paisible animal ne fait plus, pour ainsi dire, qu'écouter ; son action est tellement unie à celle de celui qui le mène, qu'il ne s'ensuit plus qu'une seule et même action. » BOSSUET.

« Les juments arabes, selon la noblesse de leur race, sont traitées avec plus ou moins d'honneur, mais toujours avec une rigueur extrême. On ne met point les chevaux à l'ombre ; on les laisse exposés à toute l'ardeur du soleil, attachés en terre à des piquets par les quatre pieds, de manière à les rendre immobiles ; on ne leur ôte jamais la selle ; souvent ils ne boivent qu'une seule fois et ne mangent qu'un peu d'orge en vingt-quatre heures. Un traitement si dur, loin de les faire dépérir, leur donne la sobriété, la patience et la vitesse. J'ai souvent admiré un cheval arabe ainsi enchaîné dans le sable brûlant, les crins descendant épars, la tête baissée entre les jambes pour trouver un peu d'ombre, et laissant tomber de son œil sauvage un regard oblique sur son maître. Avez-vous dégagé ses pieds des entraves, vous êtes-vous élancé sur son dos, *il écume, il frémit, il dévore la terre; la trompette sonne, il dit : Allons !* et vous reconnaissez le cheval de Job. »

CHATEAUBRIAND.

LE PREMIER HOMME RACONTE SES PREMIÈRES SENSATIONS.

Je me souviens de cet instant plein de joie et de trouble où je sentis, pour la première fois, ma singulière existence : je ne savois ce que j'étois, où j'étois, d'où je venois. J'ouvris les yeux : quel surcroît de sensation ! la lumière, la voûte céleste, la verdure de la terre, le cristal des eaux, tout m'occupoit, m'animoit, et me donnoit un sentiment inexprimable de plaisir. Je crus d'abord que tous ces objets étoient en moi, et faisoient partie de moi-même. Je m'affermissois dans cette pensée naissante, lorsque je tournai les yeux vers l'astre de la lumière ; son éclat me blessa ; je fermai involontairement la paupière, et je sentis une légère douleur. Dans ce moment d'obscurité, je crus avoir perdu tout mon être.

Affligé, saisi d'étonnement, je pensois à ce grand changement, quand tout à coup j'entends des sons :

le chant des oiseaux, le murmure des airs, formoient un concert dont la douce impression me remuoit jusqu'au fond de l'âme; j'écoutai longtemps, et je me persuadai bientôt que cette harmonie étoit moi.

Attentif, occupé tout entier de ce nouveau genre d'existence, j'oubliois déjà la lumière, cette autre partie de mon être que j'avois connue la première, lorsque je rouvris les yeux. Quelle joie de me retrouver en possession de tant d'objets brillants! Mon plaisir surpassa tout ce que j'avois senti la première fois, et suspendit pour un temps le charmant effet des sons.

Je fixai mes regards sur mille objets divers; je m'aperçus bientôt que je pouvois perdre et retrouver ces objets, et que j'avois la puissance de détruire et de reproduire à mon gré cette belle partie de moi-même; et, quoiqu'elle me parût immense en grandeur, et par la quantité des accidents de lumière, et par la variété des couleurs, je crus reconnoitre que tout étoit contenu dans une portion de mon être.

Je commençois à voir sans émotion et à entendre sans trouble, lorsqu'un air léger, dont je sentis la fraîcheur, m'apporta des parfums qui me causèrent un épanouissement intime, et me donnèrent un sentiment d'amour pour moi-même.

Agité par ces sensations, pressé par les plaisirs d'une si belle et si grande existence, je me levai tout d'un coup, et je me sentis transporté par une force inconnue. Je ne fis qu'un pas; la nouveauté de ma situation me rendit immobile, ma surprise fut extrême; je crus que mon existence fuyoit : le mouvement que j'avois fait avoit confondu les objets; je m'imaginois que tout étoit en désordre.

Je portai la main sur ma tête, je touchai mon front et mes yeux, je parcourus mon corps : ma main me parut être alors le principal organe de mon existence. Ce que je sentois dans cette partie étoit si distinct et si complet, la jouissance m'en paroissoit si parfaite, en comparaison du plaisir que m'avoient causé la lumière et les sons, que je m'attachai tout entier à cette partie solide de mon être, et je sentis que mes idées prenoient de la profondeur et de la réalité.

Tout ce que je touchois sur moi sembloit rendre à ma main sentiment pour sentiment, et chaque attouchement produisoit dans mon âme une double idée.

Je ne fus pas longtemps à m'apercevoir que cette faculté de sentir étoit répandue dans toutes les parties de mon être; je reconnus bientôt les limites de mon existence, qui m'avoit paru d'abord immense en étendue.

J'avois jeté les yeux sur mon corps; je le jugeai d'un volume énorme, et si grand, que tous les objets qui avoient frappé mes yeux ne me paroissoient, en comparaison, que des points lumineux.

Je m'examinai longtemps; je me regardois avec plaisir, je suivois ma main de l'œil, j'observois ses mouvements. J'eus sur tout cela les idées les plus étranges : je croyois que le mouvement de ma main n'étoit qu'une espèce d'existence fugitive, une succession de choses semblables; je l'approchai de mes yeux; elle me parut alors plus grande que tout mon corps, et elle fit disparoître à ma vue un nombre infini d'objets.

Je commençai à soupçonner qu'il y avoit de l'illusion dans cette sensation qui me venoit par les yeux. J'avois vu distinctement que ma main n'étoit qu'une petite partie de mon corps, et je ne pouvois comprendre qu'elle fût augmentée au point de me paroître d'une grandeur démesurée. Je résolus donc de ne me fier qu'au toucher, qui ne m'avoit pas encore trompé, et d'être en garde sur toutes les autres façons de sentir et d'être.

Cette précaution me fut utile : je m'étois remis en mouvement, et je marchois la tête haute et levée vers le ciel; je me heurtai légèrement contre un palmier; saisi d'effroi, je portai ma main sur ce corps étranger; je le jugeai tel, parce qu'il ne me rendit pas sentiment pour sentiment. Je me détournai avec une espèce d'horreur, et je connus, pour la première fois, qu'il y avoit quelque chose hors de moi.

Plus agité par cette nouvelle découverte que je ne l'avois été par toutes les autres, j'eus peine à me rassurer; et, après avoir médité sur cet événement, je conclus que je devois juger des objets extérieurs comme j'avois jugé des parties de mon corps, et qu'il n'y avoit que le toucher qui pût m'assurer de leur existence.

Je cherchois donc à toucher tout ce que je voyois : je voulois toucher le soleil; j'étendois les bras pour embrasser l'horizon, et je ne trouvois que le vide des airs.

A chaque expérience que je tentois, je tombois de surprise en surprise; car tous les objets paroissoient être également près de moi; et ce ne fut qu'après une infinité d'épreuves que j'appris à me servir de mes yeux pour guider ma main; et comme elle me donnoit des idées toutes différentes des impressions que je recevois du sens de la vue, mes sensations n'étoient pas d'accord entre elles, mes jugements n'en étoient que plus imparfaits, et le total de mon être n'étoit encore pour moi-même qu'une existence en confusion.

Profondément occupé de moi, de ce que j'étois, de ce que je pouvois être, les contrariétés que je venois d'éprouver m'humilièrent. Plus je réfléchissois, plus il se présentoit de doutes. Lassé de tant d'incertitudes, fatigué des mouvements de mon âme, mes genoux fléchirent, et je me trouvai dans une situation de repos. Cet état de tranquillité donna de nouvelles forces à mes sens.

J'étois assis à l'ombre d'un bel arbre; des fruits d'une couleur vermeille descendoient, en forme de grappe, à la portée de la main. Je les touchois légèrement : aussitôt ils se séparent de la branche, comme la figue s'en sépare dans le temps de sa maturité.

J'avois saisi un de ces fruits; je m'imaginai avoir fait une conquête, et me glorifiai de la faculté que je me sentois de pouvoir contenir dans ma main un autre être tout entier. Sa pesanteur, quoique peu sensible, me parut une résistance animée, que je me faisois un plaisir de vaincre. J'avois approché ce fruit de mes yeux; j'en considérois la forme et les couleurs. Une odeur délicieuse me le fit approcher davantage; il se trouva près de mes lèvres; je tirois à longues aspirations le parfum, et je goûtois à longs traits les plaisirs de l'odorat. J'étois intérieurement rempli de cet air embaumé. Ma bouche s'ouvrit pour l'exhaler; elle se rouvrit pour en reprendre : je sentis que je possédois un odorat intérieur plus fin, plus délicat encore que le premier; enfin, je goûtai.

Quelle saveur! quelle nouveauté de sensation! Jusque-là je n'avois eu que des plaisirs; le goût me donna le sentiment de la volupté. L'intimité de la jouissance fit naître l'idée de la possession. Je crus que la substance de ce fruit étoit devenue la mienne, et que j'étois le maître de transformer les êtres.

Flatté de cette idée de puissance, incité par le plaisir que j'avois senti, je cueillis un second et un troisième fruit, et je ne me lassois pas d'exercer ma main pour satisfaire mon goût; mais une langueur agréable, s'emparant peu à peu de tous mes sens, appesantit mes membres, et suspendit l'activité de mon âme. Je jugeai de mon inaction par la mollesse de mes pensées; mes sensations émoussées arrondissoient tous les objets, et ne me présentoient que des images faibles et mal terminées. Dans cet instant, mes yeux, devenus inutiles, se fermèrent; et ma tête, n'étant plus soutenue par la force des muscles, pencha pour trouver un appui sur le gazon. Tout fut effacé, tout disparut. La trace de mes pensées fut interrompue; je perdis le sentiment de mon existence. Ce sommeil fut profond; mais je ne sais s'il fut de longue durée, n'ayant point encore l'idée du temps, et ne pouvant le mesurer. Mon réveil ne fut qu'une seconde naissance, et je sentis seulement que j'avois cessé d'être. Cet anéantissement que je venois d'éprouver me donna quelque idée de crainte, et me fit sentir que je ne devois pas exister toujours.

J'eus une autre inquiétude : je ne savois si je n'avois pas laissé dans le sommeil quelque partie de mon être. J'essayai mes sens; je cherchai à me reconnoître.

Dans cet instant, l'astre du jour, sur la fin de sa course, éteignit son flambeau. Je m'aperçus à peine que je perdois le sens de la vue; j'existois trop pour craindre de cesser d'être; et ce fut vainement que l'obscurité où je me trouvai me rappela l'idée de mon premier sommeil.

Buffon ainsi que l'immortel auteur du *Paradis perdu* ont puisé des inspirations dans le *Narcisse* d'Ovide. (Fable VII du 3ᵉ livre des *Métamorphoses*.)

RAYNAL.

L'OURAGAN DANS LES ANTILLES.

L'ouragan est un vent furieux, le plus souvent accompagné de pluie, d'éclairs, de tonnerre, quelquefois de tremblements de terre, et toujours des circonstances les plus terribles, les plus destructives que les vents puissent rassembler. Tout à coup, au jour vif et brillant de la zone torride, succède une nuit universelle et profonde; à la parure d'un printemps éternel, la nudité des plus tristes hivers. Des arbres aussi anciens que le monde sont déracinés et disparaissent. Les plus solides édifices n'offrent en un moment que des décombres. Où l'œil se plaisait à regarder des coteaux riches et verdoyants, on ne voit plus que des plantations bouleversées et des cavernes hideuses. Des malheureux, dépouillés de tout, pleurent sur des cadavres, ou cherchent leurs parents sous des ruines. Le bruit des eaux, des bois, de la foudre et des vents qui tombent et se brissent contre les rochers ébranlés et fracassés; les cris et les hurlements des hommes et des animaux, pêle-mêle emportés dans un tourbillon de sable, de pierres et de débris : tout semble annoncer les dernières convulsions et l'agonie de la nature.

Les premiers habitants des Antilles croyaient avoir de sûrs pronostics de ce phénomène effrayant. Lorsqu'il doit arriver, disaient-ils, l'air est trouble, le soleil rouge, et cependant le temps est calme et le sommet des montagnes clair. On entend sous terre, ou dans les citernes, un bruit sourd comme s'il y avait des vents enfermés. Le disque des étoiles semble obscurci d'une vapeur qui les fait paraître plus grandes. Le ciel est au nord-ouest d'un sombre menaçant. La mer rend une odeur forte, et se soulève même au milieu du calme. Le vent tourne subitement de l'est à l'ouest, et souffle avec violence par des reprises qui durent deux heures chaque fois.

Guillaume-Thomas-François Raynal, l'un des écrivains les plus célèbres du dernier siècle, reçut, comme Voltaire, son éducation chez les jésuites. Il était né à Saint-Geniez dans le Rouergue, en 1713, et ce ne fut que vers 1748 qu'il abandonna la compagnie de Jésus et parut dans le monde : il avait trente-cinq ans. Peu favorisé des dons de la fortune, Raynal chercha dans la culture des lettres d'honorables moyens d'existence; et, ce qui est rare à toutes les époques, il eut le bonheur de les trouver. Quelques-uns de ses premiers ouvrages, les *Anecdotes littéraires* et les *Mémoires de Ninon de Lenclos,* fournirent à ses besoins, et firent peu pour sa renommée. Ce sont des compilations qui n'ont laissé qu'un faible souvenir.

Il n'en fut pas ainsi de l'*Histoire du Stathoudérat.* Cet ouvrage attira l'attention des connaisseurs; ils crurent y voir la promesse d'un talent distingué. En retraçant l'histoire des Provinces-Unies, Raynal se rangea du parti de la liberté. L'un des premiers il combattit le préjugé qui attachait une sorte de dégradation au caractère et à la profession de commerçant. Malheureusement ce livre n'est qu'une ébauche. L'abbé Raynal traita l'*Histoire du Parlement d'Angleterre* avec aussi peu de critique et de soin que celle du Stathoudérat. Cette *Histoire du Parlement* est aujourd'hui oubliée, et cet oubli n'est qu'un acte de justice. Les jugements de Raynal sur les révolutions d'Angleterre sont ou superficiels ou faux. Lié avec tous les grands personnages littéraires de son temps, Raynal fut chargé de la rédaction du *Mercure de France.* A cette époque il conçut l'idée d'écrire l'*Histoire philosophique et politique des établissements et du commerce des Européens dans les deux Indes.* En considérant cet ouvrage, on est d'abord frappé de l'étendue et de la hardiesse du plan et des grandes difficultés de l'exécution. Que de travaux préparatoires! que de recherches étaient nécessaires! Que de matériaux l'auteur devait rassembler et mettre en ordre avant sa composition! Méditer tout ce que les anciens ont écrit sur le commerce, suivre sa marche et ses révolutions dans les diverses parties du monde; marquer leur naissance, leurs progrès et leur résultat sur les destinées des peuples; interroger les navigateurs qui, en promenant sur les deux mers leur pavillon, tantôt paisible, tantôt menaçant, ont ouvert des routes nouvelles à l'industrie; rendre compte des productions utiles de tant de climats divers; décrire les habitudes, les mœurs, les arts de leurs habitants; rapprocher tous ces objets, les éclairer les uns par les autres; montrer dans l'accroissement du commerce une ère nouvelle de civilisation et de prospérité : telle était la tâche, faiblement exprimée, que Raynal avait à remplir...

Dès que le livre parut, son succès ne fut pas douteux; il portait l'empreinte d'un siècle éclairé : il fut applaudi par les philosophes, condamné par la Sorbonne et brûlé par un arrêt du parlement. Raynal se vit condamner sans avoir été entendu. Heureusement que le philosophe n'avait pas cru convenable d'attendre l'arrêt : il était parti pour les eaux de Spa, où se réunissait la meilleure compagnie de l'Europe. Il y trouva des admirateurs et, ce qui vaut encore mieux, des amis. Raynal visita Frédéric II, et l'historien a déclaré que ses entretiens avec ce grand roi avaient été pour lui une source de lumières et d'instruction.

On a prétendu que Raynal n'était pas le seul auteur de son ouvrage, et que plusieurs écrivains, entre autres Diderot, avaient partagé ses travaux; on attribue même à ce dernier les pages les plus éloquentes de l'*Histoire philosophique*. Cette opinion, accréditée par la haine et l'envie, n'est pas accompagnée de preuves suffisantes; on ne connaît aucune réclamation de Diderot à cet égard. Il est possible, il est probable même que Raynal, lié avec l'écrivain encyclopédique, ait reçu de lui des conseils dont il ne fut jamais avare. On sait que Diderot, sur le seul titre d'un livre, se livrait au luxe de son imagination, qu'il traçait un plan, indiquait les parties principales, et que la lumière rayonnait de toutes parts dans ses brillantes improvisations. Nul doute que Raynal n'ait beaucoup profité de ces entretiens remplis de chaleur et d'intérêt; mais d'une telle coopération au travail matériel et pénible de la composition, la distance est infinie.

La manière de Raynal est remarquable; il aime à procéder par l'énumération, et affecte souvent les formes dramatiques. Il y a de la clarté, de la noblesse et une élévation soutenue dans son style comme dans sa pensée. Il est peut-être trop prodigue de mouvements et d'oppositions; mais l'intérêt n'est jamais absent; le lecteur est entraîné, et les plus généreux sentiments se réveillent au fond de son cœur...

Raynal revit sa patrie lors de notre crise révolutionnaire; il adressa même à l'assemblée une lettre où il lui parlait des dangers de l'exagération, et lui marquait la route qu'elle aurait dû tenir... Raynal survécut peu à cette lettre : il mourut le 6 mars 1796.

Nous avons extrait ce morceau d'une appréciation du talent de Raynal, par M. Jay, auteur de l'*Histoire du cardinal de Richelieu*. Il ne nous reste qu'un regret, c'est de n'avoir pu citer plus longuement ce beau travail.

Voici comment Bernardin de Saint-Pierre, dans son style admirablement descriptif, a traité le même sujet que Raynal.

« Un de ces étés qui désolent de temps à autre les terres situées entre les tropiques vint étendre ici ses ravages. C'était vers la fin de décembre, lorsque le soleil au Capricorne échauffe pendant trois semaines l'Ile-de-France de ses feux verticaux. Le vent du sud-est, qui y règne presque toute l'année, n'y soufflait plus. De longs tourbillons de poussière s'élevaient sur les chemins, et restaient suspendus en l'air. La terre se fendait de toutes parts; l'herbe était brûlée, des exhalaisons chaudes sortaient du flanc des montagnes, et la plupart de leurs ruisseaux étaient desséchés. Aucun nuage ne venait du côté de la mer. Seulement, pendant le jour, des vapeurs rousses s'élevaient de dessus ses plaines, et paraissaient, au coucher du soleil, comme les flammes d'un incendie. La nuit même n'apportait aucun rafraîchissement à l'atmosphère embrasée. L'orbe de la lune, tout rouge, se levait dans un horizon embrumé, d'une grandeur démesurée. Les troupeaux abattus sur les flancs des collines, le cou tendu vers le ciel, aspirant l'air, faisaient retentir les vallons de tristes mugissements : le Caffre même qui les conduisait se couchait sur la terre, pour y trouver de la fraîcheur. Partout le sol était brûlant, et l'air étouffant retentissait du bourdonnement des insectes qui cherchaient à se désaltérer dans le sang des hommes et des animaux.

» Cependant ces chaleurs excessives élevèrent de l'Océan des vapeurs qui couvrirent l'île comme dans un vaste parasol. Les sommets des montagnes les rassemblaient autour d'eux, et de longs sillons de feu sortaient de temps en temps de leurs pitons embrumés. Bientôt des tonnerres affreux firent retentir de leurs éclats les bois, les plaines et les vallons : des pluies épouvantables, semblables à des cataractes, tombèrent du ciel. Des torrents écumeux se précipitaient le long des flancs de cette montagne : le fond de ce bassin était devenu une mer; le plateau où sont assises les cabanes, une petite île : et l'entrée de ce vallon, une écluse par où sortaient pêle-mêle, avec les eaux mugissantes, les terres, les arbres et les rochers. Sur le soir, la pluie cessa, le vent alisé du sud-est reprit son cours ordinaire : les nuages orageux furent jetés vers le nord-ouest, et le soleil couchant parut à l'horizon. »

LES TREMBLEMENTS DE TERRE DANS LE PÉROU.

Les tremblements de terre, si rares ailleurs, que les générations se succèdent souvent sans en voir un seul, sont si ordinaires dans le Pérou, qu'on y a contracté l'habitude de les compter comme une suite d'époques d'autant plus mémorables que leur retour fréquent n'en diminue pas la violence. Ce phénomène, toujours irrégulier dans ses retours inopinés, s'annonce cependant par des avant-coureurs sensibles. Lorsqu'il doit être considérable, il est précédé d'un frémissement dans l'air dont le bruit est semblable à celui d'une grosse pluie qui tombe d'un nuage dissous et crevé tout à coup. Ce bruit paraît l'effet d'une vibration dans l'air qui s'agite en sens contraires. Les oiseaux volent alors par élancement. Leur queue ni leurs ailes ne leur servent plus de rames ou de gouvernail pour nager dans le fluide des cieux. Ils vont s'écraser contre les murs, les arbres, les rochers : soit que ce vertige de la nature leur cause des éblouissements, ou que les vapeurs de la terre leur ôtent les forces et la faculté de maîtriser leurs mouvements.

A ce fracas des airs se joint le murmure de la terre, dont les cavités et les antres sourds gémissent comme autant d'échos. Les chiens répondent par des hurlements extraordinaires à ce pressentiment d'un désordre général. Les animaux s'arrêtent, et par un instinct naturel écartent les jambes pour ne pas tomber. A ces indices, les hommes fuient de leurs maisons, et courent chercher dans l'enceinte des places ou dans la campagne un asile contre la chute de leurs toits. Les cris des enfants, les lamentations des femmes, les ténèbres subites d'une nuit inattendue, tout se réunit pour agrandir les maux trop réels d'un fléau qui renverse tout, par les maux de l'imagination qui se trouble, se confond, et perd dans la contemplation de ce désordre l'idée et le courage d'y remédier.

BERNARDIN DE SAINT-PIERRE.

LE LIS ET LA ROSE.

Pour me montrer le caractère d'une fleur, les botanistes me la font voir sèche, décolorée et étendue dans un herbier. Est-ce dans cet état que je reconnaîtrai un lis? N'est-ce pas sur le bord d'un ruisseau, élevant au milieu des herbes sa tige auguste, et réfléchissant dans les eaux ses beaux calices plus blancs que l'ivoire que j'admirerai le roi des vallées? Sa blancheur incomparable n'est-elle pas encore plus éclatante quand elle est mouchetée, comme des gouttes de corail, par de petits scarabées écarlates, hémisphériques, piquetés de noir, qui y cherchent presque toujours un asile? Qui est-ce qui peut reconnaître dans une rose sèche la reine des fleurs? Pour qu'elle soit à la fois un objet d'amour et de philosophie, il faut la voir lorsque, sortant des fentes d'un rocher humide, elle brille sur sa propre verdure, que le zéphyr la balance sur sa tige hérissée d'épines, que l'aurore l'a couverte de pleurs, et qu'elle appelle par son éclat et par ses parfums la main des amants. Quelquefois une cantharide, nichée dans sa corolle, en relève le carmin par son vert d'émeraude : c'est alors que cette fleur semble nous dire que, symbole du plaisir par ses charmes et par sa rapidité, elle porte comme lui le danger autour d'elle, et le repentir dans son sein.

Jacques-Henri Bernardin de Saint-Pierre naquit au Havre, le 19 janvier 1737. Son père, Nicolas de Saint-Pierre, avait la prétention de descendre d'une famille noble, et de compter au nombre de ses aïeux Eustache de Saint-Pierre, l'illustre bourgeois de Calais. De bonne heure Henri aimait par-dessus tout à contempler la nature ; on aurait dit qu'il découvrait dans une fleur entr'ouverte, dans le murmure des eaux ou des bois, des charmes et une mélodie inaperçus par tout autre que lui. Il ne fut, pendant sa longue carrière, enthousiaste que des merveilles sorties de la main de Dieu. Bernardin acheva ses études au collége de Rouen, où il obtint, en 1757, le premier prix de mathématiques. Ce succès semblait indiquer la vocation du jeune de Saint-Pierre : aussi le fit-on entrer à l'école des ponts et chaussées, où il ne put achever ses cours, parce qu'une mesure d'économie, prise par le gouvernement, fit réformer les fonds destinés à l'école, en sorte que la plupart des ingénieurs et tous les élèves furent remerciés. Bernardin résolut de solliciter un emploi dans la carrière militaire. Ce ne fut qu'à la faveur d'un malentendu qu'il obtint son brevet, six cents livres de gratification et cent louis d'appointements.

Il servit en Allemagne, sous les ordres du comte de Saint-Germain. Quelque temps après, à la suite de la défaite de Warbourg, Bernardin fut suspendu de ses fonctions. Vers le commencement de l'année 1760, le Grand-Turc menaça l'île de Malte ; on craignit un siége, et plusieurs ingénieurs furent envoyés au service de l'Ordre ; M. de Saint-Pierre se trouva du nombre ; mais, accueilli par la calomnie et l'envie, il revint à Paris, et vécut assez malheureux. Ce fut dans un pauvre réduit que cet homme, qui sembla toujours, pendant sa jeunesse, vivre plus d'avenir que de présent, rêva la fondation d'une république basée sur les lois les plus saintes de la morale et de la religion. Il visita la Hollande, qui lui offrit vainement une heureuse position ; il préféra courir en Russie, où il espérait obtenir de Catherine les moyens d'exécuter son rêve de philanthropie. Il arriva à Moscou, et bientôt il obtint, grâce au maréchal Munich, à M. de Villebois, la faveur d'être présenté à la czarine, à laquelle il n'osa jamais révéler le rêve qu'il avait écrit et pensé à la manière de Platon. Après avoir, en quelque sorte, refusé les faveurs qui s'offraient à lui, il abandonna bientôt la Russie pour la cause de la Pologne. Peu après, Bernardin de Saint-Pierre quitta la Pologne pour la Saxe ; mais le séjour de Dresde lui étant devenu odieux, il prit congé de son inutile protecteur, M. de Bellegarde, et partit pour Berlin ; le hasard lui offrit un ami qui voulait lui donner en mariage la plus belle de ses filles, Virginie. L'amour de la patrie le ramena en France. Son père n'était plus, et depuis longtemps il avait perdu sa mère. Après avoir revu le Havre et visité sa sœur qui s'était retirée dans un couvent, Bernardin, réduit à vivre de peu, vint habiter une petite chambrette chez le curé de Ville-d'Avray ; il y mit en ordre ses *Voyages dans le Nord*, qui furent égarés par M. Durand, premier commis des affaires étrangères. Peut-être cette négligence fut-elle intéressée. M. de Breteuil fit obtenir à Saint-Pierre un brevet d'ingénieur pour l'Ile-de-France... Toutes les rêveries philanthropiques de Bernardin prirent une nouvelle énergie ; mais son espoir fut bientôt déçu, et le chef de l'expédition lui apprit, dans la traversée, que le seul projet réel était de faire la traite. Saint-Pierre indigné refusa de continuer sa route ; il prit terre à l'Ile-de-France, où il séjourna quelque temps. En 1771, Bernardin, de retour à Paris, fut introduit par d'Alembert dans la société de mademoiselle de Lespinasse. Alors il publia son *Voyage à l'Ile-de-France*, et lia connaissance avec l'illustre auteur de l'*Émile*. Unis par la même sensibilité, tous deux vivaient en solitaires, loin d'un monde où ils ne trouvaient que des sujets d'irritation et de mépris. Un secours annuel du roi mettait hors de la misère, et non du besoin, Bernardin de Saint-Pierre, qui ne savait pas encore toute sa vocation. Avec l'amitié de Jean-Jacques, il passait souvent de ces heures durant lesquelles on oublie les orages du passé et l'incertitude du présent et de l'avenir. Un jour qu'ils étaient allés se promener au Mont-Valérien, ils entrèrent dans l'église pour y prier. Les ermites récitaient alors les litanies. Jean-Jacques Rousseau dit avec attendrissement à son poétique compagnon : « Maintenant j'éprouve ce qui est dit dans l'Évangile : *Quand plusieurs d'entre vous seront rassemblés en mon nom, je me trouverai au milieu d'eux.* — Si Fénelon vivait, lui répondit Bernardin, vous vous seriez fait catholique. — Oh ! si Fénelon vivait, s'écria Rousseau les larmes aux yeux, je chercherais à être son laquais pour mériter de devenir son valet-de chambre. »

Les *Études* parurent en 1784, et leur succès consola Bernardin de toutes ses disgrâces passées. En 1788, il publia *Paul et Virginie*, petit chef-d'œuvre de grâce, d'éloquence et de cette sensibilité qui fait, avec des mots simples, répandre de douces larmes. Avant de publier ce roman, Saint-Pierre l'avait lu chez madame Necker. Personne ne sentait le charme de cette naïve production ; Buffon s'ennuya, Thomas s'endormit, et lorsque Bernardin eut achevé sa lecture, il ne restait presque personne dans le salon. Le peintre Vernet, qui vint un jour visiter le malheureux auteur, lui rendit le courage. « Mon ami ! s'écria-t-il lorsqu'il eut entendu la lecture du petit livre si déprécié par un illustre aréopage, oh ! mon ami ! vous avez fait un chef-d'œuvre ! » Vernet avait mieux jugé que Buffon. En 1791 parut *la Chaumière indienne*, critique sans fiel de notre vieille société. En 1792, Bernardin de Saint-Pierre fut appelé par Louis XVI à l'intendance du Jardin des Plantes. Il s'occupait à agrandir ce bel établissement, lorsqu'arriva la tempête révolutionnaire qui l'arracha d'un poste où il ne pouvait faire que le bien. Il vécut alors avec son épouse, mademoiselle Didot, dans une petite maison à Essone, où il passa les hivers de 93 et de 94. A la fin de cette année, il fut nommé professeur de morale à l'école Normale que l'on venait de fonder à Paris. L'année suivante, il s'assit à l'Institut. Après la mort de sa première femme, Bernardin épousa mademoiselle de Pellepore. Le soir de la vie de Bernardin fut plein de douceur. Aimé de Ducis, estimé de ses ennemis, riche d'une pension que lui faisait Joseph Bonaparte et de la pension attachée à la croix de la Légion d'honneur, Bernardin quitta la vie en espérant retrouver au ciel ceux qu'il avait aimés sur la terre. « Ce n'est qu'une séparation de quelques heures, dit-il en mourant ; ne me la rendez pas douloureuse. Je sens que je quitte la terre et non la vie. » Il expira le 21 janvier 1814. M. Aimé Martin, qui a publié en 1815 une édition des *Harmonies de la nature*, par Bernardin de Saint-Pierre, a écrit sur cet homme célèbre des pages pleines d'âme et d'admiration. Louer ainsi les grands écrivains, c'est déjà commencer à les suivre.

LES NUAGES.

Lorsque j'étais en pleine mer, et que je n'avais d'autre spectacle que le ciel et l'eau, je m'amusais quelquefois à dessiner les beaux nuages blancs et gris, semblables à des groupes de montagnes, qui voguaient à la suite les uns des autres sur l'azur des cieux. C'était surtout vers la fin du jour qu'ils développaient toute leur beauté en se réunissant au couchant, où ils se revêtaient des plus riches couleurs et se combinaient sous les formes le plus magnifiques.

Un soir, environ une demi-heure avant le coucher du soleil, le vent alizé du sud-est se ralentit, comme il arrive d'ordinaire vers ce temps. Les nuages, qu'il voiture dans le ciel à des distances égales comme son souffle, devinrent plus rares, et ceux de la partie de l'ouest s'arrêtèrent et se groupèrent entre eux sous les formes d'un paysage. Ils représentaient une grande terre formée de hautes montagnes, séparées par des vallées profondes, et surmontées de rochers pyramidaux. Sur leurs sommets et leurs flancs apparaissaient des brouillards détachés, semblables à ceux qui s'élèvent des terres véritables. Un long fleuve semblait circuler dans leurs vallons et tomber çà et là en cataractes ; il était traversé par un grand pont, appuyé sur des arcades à demi ruinées. Des bosquets de cocotiers, au centre desquels on entrevoyait des habitations, s'élevaient sur les croupes et les profils de cette île aérienne. Tous ces objets n'étaient point revêtus de ces riches teintes de pourpre, de jaune doré, de nacarat, d'émeraude, si communes le soir dans les couchants de ces parages ; ce paysage n'était point un tableau colorié : c'était une simple estampe, où se réunissaient tous les accords de la lumière et des ombres. Il représentait une contrée éclairée, non en face des rayons du soleil, mais, par derrière, de leurs simples reflets. En effet, dès que l'astre du jour se fut caché derrière lui, quelques-uns de ses rayons décomposés éclairèrent les arcades demi-transparentes du pont d'une couleur ponceau, se réflétèrent dans les vallons et au sommet des rochers, tandis que des torrents de lumière couvraient ses contours de l'or le plus pur, et divergeaient vers les cieux comme les rayons d'une gloire ; mais la masse entière resta dans sa demi-teinte obscure, et on voyait autour des nuages, qui s'élevaient de ses flancs, les lueurs des tonnerres dont on entendait les roulements lointains. On aurait juré que c'était une terre véritable, située environ à une lieue et demie de nous. Peut-être était-ce une de ces réverbérations célestes de quelque île très-éloignée, dont les nuages nous répétaient la forme par leurs reflets, et les tonnerres par leurs échos. Plus d'une fois des marins expérimentés ont été trompés par de semblables aspects. Quoi qu'il en soit, tout cet appareil fantastique de magnificence et de terreur, ces montagnes surmontées de palmiers, ces orages qui grondaient sur leurs sommets, ce fleuve, ce pont, tout fondit et disparut à l'arrivée de la nuit, comme les illusions du monde à l'approche de la mort. L'astre des nuits, la triple Hécate, qui répète par des harmonies plus douces celles de l'astre du jour, en se levant sur l'horizon, dissipa l'empire de la lumière et fit régner celui des ombres. Bientôt des étoiles innombrables et d'un éclat éternel brillèrent au sein des ténèbres. Oh! si le jour n'est lui-même qu'une image de la vie, si les heures rapides de l'aube, du matin, du midi et du soir, représentent les âges si fugitifs de l'enfance, de la jeunesse, de la virilité et de la vieillesse, la mort, comme la nuit, doit nous découvrir aussi de nouveaux cieux et de nouveaux mondes.

LES FORÊTS AGITÉES PAR LE VENT.

Qui pourrait décrire les mouvements que l'air communique aux végétaux? Combien de fois, loin des villes, dans le fond d'un vallon solitaire couronné d'une forêt, assis sur le bord d'une prairie agitée des vents, je me suis plu à voir les mélilots dorés, les trèfles empourprés, et les vertes graminées former des ondulations semblables à des flots, et présenter à mes yeux une mer agitée de fleurs et de verdure! Cependant les vents balançaient sur ma tête les cimes majestueuses des arbres. Le retroussis de leur feuillage faisait paraître chaque espèce de de deux verts différents. Chacun a son mouvement. Le chêne au tronc roide ne courbe que ses branches, l'élastique sapin balance sa haute pyramide, le peuplier robuste agite son feuillage mobile, et le bouleau laisse flotter le sien dans les airs comme une longue chevelure. Ils semblent animés de passions. L'un s'incline profondément auprès de son voisin, comme devant un supérieur; l'autre semble vouloir l'embrasser comme un ami; un autre s'agite en tous sens, comme auprès d'un ennemi. Le respect, l'amitié, la colère semblent passer tour à tour de l'un à l'autre comme dans le cœur des hommes, et ces passions versatiles ne sont au fond que les jeux des vents. Quelquefois un vieux chêne élève au milieu d'eux ses longs bras dépouillés de feuilles et immobiles. Comme un vieillard, il ne prend plus de part aux agitations qui l'environne; il a vécu dans un autre siècle. Cependant ces grands corps insensibles font entendre des bruits profonds et mélancoliques. Ce ne sont point des accents distincts : ce sont des murmures confus, comme ceux d'un peuple qui célèbre au loin une fête par des acclamations. Il n'y a point de voix dominante : ce sont des sons monotones, parmi lesquels se font entendre des bruits sourds et profonds, qui nous jettent dans une tristesse pleine de douceur. Ainsi les murmures d'une forêt accompagnent les accents du rossignol, qui de son nid adresse des vœux reconnaissants aux amours. C'est un fond de concert qui fait ressortir les chants éclatants des oiseaux, comme la douce verdure est un fond de couleurs sur lequel se détache l'éclat des fleurs et des fruits.

Ce bruissement des prairies, ces gazouillements des bois, ont des charmes que je préfère aux plus brillants accords; mon âme s'y abandonne, elle se berce avec les feuillages ondoyants des arbres, elle s'élève avec leur cime vers les cieux, elle se transporte dans les temps qui les ont vus naître et dans ceux qui les verront mourir; ils étendent dans l'infini mon existence circonscrite et fugitive. Il me semble qu'ils me parlent, comme ceux de Dodone, un langage mystérieux; ils me plongent dans d'ineffables rêveries, qui souvent ont fait tomber de mes mains les livres des philosophes. Majestueuses forêts, paisible solitude, qui plus d'une fois avez calmé mes passions, puissent les cris de la guerre ne troubler jamais vos résonnantes clairières! N'accompagnez de vos religieux murmures que les chants des oiseaux, ou les doux entretiens des amis et des amants qui veulent se reposer sous vos ombrages.

LA TEMPÊTE DANS LES MERS DE L'INDE.

Quand nous eûmes doublé le cap de Bonne-Espérance, et que nous vîmes l'entrée du canal de Mozambique, le 25 de juin, vers le solstice d'été, nous fûmes assaillis par un vent épouvantable du sud. Le ciel était serein, on n'y voyait que quelques petits nuages cuivrés, semblables à des vapeurs rousses, qui le traversaient avec plus de vitesse que celle des oiseaux. Mais la mer était sillonnée par cinq ou six vagues longues et élevées, semblables à des chaînes de collines, espacées entre elles par de larges et profondes vallées. Chacune de ces collines aquatiques était à deux ou trois étages. Le vent détachait de leurs sommets anguleux une espèce de crinière d'écume, où se peignaient çà et là les couleurs de l'arc-en-ciel. Il en emportait aussi des tourbillons d'une poussière blanche qui se répandait au loin dans leurs vallons, comme celle qu'il élève sur les grands chemins en été... Ce qu'il y avait de plus redoutable, c'est que quelques sommets de ces collines, poussés en avant de leurs bases par la poussière du vent, se déferlaient en énormes voûtes, qui se roulaient sur elles-mêmes en mugissant et en écumant, et eussent englouti le plus grand vaisseau s'il se fût trouvé sous leurs ruines. L'état de notre vaisseau concourait avec celui de la mer à rendre notre situation affreuse. Notre grand mât avait été brisé la nuit par la foudre, et le mât de misaine, notre unique voile, avait été emporté le matin par le vent. Le vaisseau, incapable de gouverner, voguait en travers, jouet du vent et des lames. J'étais sur le gaillard d'arrière, me tenant accroché aux haubans du mât d'artimon, tâchant de me familiariser avec ce terrible spectacle. Quand une de ces montagnes approchait de nous, j'en voyais le sommet à la hauteur de nos huniers, c'est-à-dire à plus de cinquante pieds au-dessus de ma tête : mais la base de cette effroyable digue venant à passer sous notre vaisseau, elle le faisait tellement pencher que ses grandes vergues trempaient à moitié dans la mer qui mouillait le pied de ses mâts; de sorte qu'il était au moment de chavirer. Quand il se trouvait sur sa crête, il se redressait et se renversait tout à coup en sens contraire sur la pente opposée avec non moins de danger, tandis qu'elle s'écoulait de dessous lui avec la rapidité d'une écluse, en large nappe d'écume.

Il était alors impossible de recevoir quelque consolation d'un ami, ou de lui en donner. Le vent était si violent qu'on ne pouvait entendre les paroles mêmes qu'on se disait en criant à l'oreille à tue-tête. L'air emportait la voix, et ne permettait d'ouïr que le sifflement aigu des vergues et des cordages, et les bruits rauques des flots, semblables aux hurlements des bêtes féroces. Nous restâmes ainsi entre la vie et la mort depuis le lever du soleil jusqu'à trois heures après midi.

GUÉNEAU DE MONTBELLIARD.

LE ROSSIGNOL.

Il n'est point d'homme bien organisé à qui ce nom ne rappelle quelqu'une de ces belles nuits de printemps où, le ciel étant serein, l'air calme, toute la nature en silence, et, pour ainsi dire, attentive, il a écouté avec ravissement le ramage de ce chantre des forêts. On pourrait citer quelques autres oiseaux chanteurs, dont la voix le dispute, à certains égards, à celle du rossignol : les alouettes, le serin, le pinson, les fauvettes, la linotte, le chardonneret, le merle commun, le merle solitaire, le moqueur d'Amérique se font écouter avec plaisir, lorsque le rossignol se tait : les uns ont d'aussi beaux sons, les autres ont le timbre aussi pur et plus doux, d'autres ont des tours de gosier aussi flatteurs ; mais il n'en est pas un seul que le rossignol n'efface par la réunion complète de ces talents divers, et par la prodigieuse variété de son ramage ; en sorte que la chanson de chacun de ces oiseaux, prise dans toute son étendue, n'est qu'un couplet de celle du rossignol.

Le rossignol charme toujours, et ne se répète jamais, du moins jamais servilement ; s'il redit quelque passage, ce passage est animé d'un accent nouveau embelli par de nouveaux agréments. Il réussit dans tous les genres, il rend toutes les expressions, il saisit tous les caractères, et de plus il sait en augmenter l'effet par les contrastes. Ce coryphée du printemps se prépare-t-il à chanter l'hymne de la nature, il commence par un prélude timide, par des tons faibles, presque indécis, comme s'il voulait essayer son instrument et intéresser ceux qui l'écoutent ; mais ensuite, prenant de l'assurance, il s'anime par degrés, il s'échauffe, et bientôt il déploie dans leur plénitude toutes les ressources de son incomparable organe : coups de gosier éclatants ; batteries vives et légères ; fusées de chants, où la netteté est égale à la volubilité ; murmure intérieur et sourd qui n'est point appréciable à l'oreille, mais très-propre à augmenter l'éclat des tons appréciables ; roulades précipitées, brillantes et rapides, articulées avec force, et même avec une dureté de bon goût ; accents plaintifs cadencés avec mollesse ; sons filés sans art, mais enflés avec âme ; sons enchanteurs et pénétrants, vrais soupirs d'amour et de volupté qui semblent sortir du cœur et font palpiter tous les cœurs, qui causent à tout ce qui est sensible une émotion si douce, une langueur si touchante. C'est dans ces tons passionnés que l'on reconnaît le langage du sentiment qu'un époux heureux adresse à une compagne chérie et qu'elle seule peut lui inspirer ; tandis que dans d'autres phrases plus étonnantes peut-être, mais moins expressives, on reconnaît le simple projet de l'amuser et de lui plaire, ou bien de disputer devant elle le prix du chant à des rivaux jaloux de sa gloire et de son bonheur. Ces différentes phrases sont entremêlées de silences, de ces silences qui, dans tout genre de mélodie, concourent si puissamment aux grands effets. On jouit des beaux sons que l'on vient d'entendre, et qui retentissent encore dans l'oreille : on en jouit mieux, parce que la jouissance est plus intime, plus recueillie, et n'est point troublée par des sensations nouvelles : bientôt on attend, on désire une autre reprise ; on espère que ce sera celle qui plaît : si l'on est trompé, la beauté du morceau que l'on entend ne permet pas de regretter celui qui n'est que différé, et l'on conserve l'intérêt de l'espérance pour les reprises qui suivront. Au reste, une des raisons pourquoi le chant du rossignol est plus remarqué et produit plus d'effet, c'est parce que chantant la nuit, qui est le temps le plus favorable, et chantant seul, sa voix a tout son éclat, et n'est offusquée par aucune autre voix.

Philibert Guéneau de Montbelliard naquit, en 1720, à Semur en Auxois. Après avoir successivement étudié à Dijon et à Paris, il revint se fixer dans sa patrie. Il se fit connaître par sa continuation de la *Collection académique* de Dijon, commencée par Berryat. Mais Guéneau, n'ayant pas été secondé par ses collaborateurs, fut forcé d'abandonner cet ouvrage. Buffon, qui avait compris toutes les facultés de Guéneau, son ami, l'associa à ses beaux travaux, « comme l'homme du monde dont la façon de voir, de juger et d'écrire avait le plus de rapport avec la sienne. » On doit cependant reconnaître que Guéneau ne posséda jamais le savoir et le style de son maître. Nous avons indiqué, dans la notice sur Buffon, la partie de l'*Histoire naturelle* que l'on doit attribuer à Guéneau; on possède encore de lui plusieurs autres ouvrages, tels, par exemple, que deux discours, l'un sur l'*Inoculation*, l'autre sur la *Mort*. Il est aussi l'auteur du mot *Étendue* dans l'*Encyclopédie méthodique*. Guéneau de Montbeillard mourut le 28 novembre 1785.

« Si le rossignol est le chantre des bois, le serin est le musicien de la chambre : le premier tient tout de la nature ; le second participe à nos arts. Avec moins de force d'organe, moins d'étendue dans la voix, moins de variété dans les sons, le serin a plus d'oreille, plus de facilité d'imitation, plus de mémoire ; et comme la différence du caractère (surtout dans les animaux) tient de très-près à celle qui se trouve entre leurs sens, le serin, dont l'ouïe est plus attentive, plus susceptible de recevoir et de conserver les impressions étrangères, devient plus sociable, plus doux, plus familier ; il est capable de reconnaissance, et même d'attachement ; ses caresses sont aimables, ses petits dépits innocents, et sa colère ne blesse ni n'offense. Ses habitudes naturelles le rapprochent encore de nous : il se nourrit de graines comme nos autres oiseaux domestiques ; on l'élève plus aisément que le rossignol, qui ne vit que de chair ou d'insectes, et qu'on ne peut nourrir que de mets préparés.

Son éducation, plus facile, est aussi plus heureuse ; on l'élève avec plaisir, parce qu'on l'instruit avec succès ; il quitte la mélodie de son chant naturel pour se prêter à l'harmonie de nos voix et de nos instruments ; il applaudit, il accompagne, et nous rend au delà de ce qu'on peut lui donner. Le rossignol, plus fier de son talent, semble vouloir le conserver dans toute sa pureté ; au moins paraît-il faire assez peu de cas des nôtres : et ce n'est qu'avec peine qu'on lui apprend à répéter quelques-unes de nos chansons. Le serin peut parler et siffler ; le rossignol méprise la parole autant que le sifflet, et revient sans cesse à son brillant ramage. Son gosier, toujours nouveau, est un chef-d'œuvre de la nature, auquel l'art humain ne peut rien changer, rien ajouter ; celui du serin est un modèle de grâce d'une trempe moins ferme, que nous pouvons modifier. L'un a donc bien plus de part que l'autre aux agréments de la société : le serin chante en tout temps, il nous récrée dans les jours les plus sombres, il contribue même à notre bonheur : car il fait l'amusement de toutes les jeunes personnes, les délices des recluses ; il charme au moins les ennuis du cloître, et porte de la gaieté dans les âmes innocentes et captives...

« C'est dans le climat heureux des Hespérides que cet oiseau charmant semble avoir pris naissance, ou du moins avoir acquis toutes ses perfections : car nous ne connaissons en Italie qu'une espèce de serin plus petite que celle des Canaries, et en Provence qu'une autre espèce presque aussi grande, toutes deux plus agrestes, et qu'on peut regarder comme les tiges sauvages d'une race civilisée. »

BUFFON.

L'HIRONDELLE.

Le vol est l'état naturel, je dirais presque l'état nécessaire de l'hirondelle. Elle mange en volant, elle boit en volant, se baigne en volant, et quelquefois donne à manger à ses petits en volant... Elle sent que l'air est son domaine, elle en parcourt toutes les dimensions et dans tous les sens, comme pour en jouir dans tous les détails ; et le plaisir de cette jouissance se marque par de petits cris de gaieté. Tantôt elle donne la chasse aux insectes voltigeants, et suit avec une agilité souple leur trace oblique et tortueuse ; tantôt elle rase légèrement la surface de la terre, pour saisir ceux que la pluie ou la fraîcheur y rassemble ; tantôt elle échappe elle-même à l'impétuosité de l'oiseau de proie par la flexibilité preste de ses mouvements ; toujours maîtresse de son vol dans sa plus grande vitesse, elle en change à tout instant la direction ; elle semble décrire au milieu des airs un dédale mobile et fugitif, dont les routes se croisent, s'entrelacent, se fuient, se rapprochent, se heurtent, se roulent, montent, descendent, se perdent et reparaissent pour se croiser, se rebrouiller encore en mille manières, et dont le plan, trop compliqué pour être représenté aux yeux par l'art du dessin, peut à peine être indiqué à l'imagination par le pinceau de la parole.

LACÉPÈDE.

LE LÉZARD GRIS.

Le lézard gris paraît être le plus doux, le plus innocent, et l'un des plus utiles des lézards. Ce joli petit animal, si commun dans le pays où nous écrivons, et avec lequel tant de personnes ont joué dans leur enfance, n'a pas reçu de la nature un vêtement aussi éclatant que plusieurs autres quadrupèdes ovipares; mais elle lui a donné une parure élégante: sa petite taille est svelte, son mouvement agile, sa course si prompte, qu'il échappe à l'œil aussi rapidement que l'oiseau qui vole. Il aime à recevoir la chaleur du soleil; ayant besoin d'une température douce, il cherche les abris; et lorsque, dans un beau jour du printemps, une lumière pure éclaire vivement un gazon en pente, ou une muraille qui augmente la chaleur en la réfléchissant, on le voit s'étendre sur ce mur, ou sur l'herbe nouvelle, avec une espèce de volupté. Il se pénètre avec délices de cette chaleur bienfaisante, il marque son plaisir par de molles ondulations de sa queue déliée; il fait briller ses yeux vifs et animés; il se précipite comme un trait pour saisir une petite proie, ou pour trouver un abri plus commode. Bien loin de s'enfuir à l'approche de l'homme, il paraît le regarder avec complaisance; mais au moindre bruit qui l'effraye, à la chute seule d'une feuille, il se roule, tombe, et demeure pendant quelques instants comme étourdi par sa chute: ou bien il s'élance, disparaît, se trouble, revient, se cache de nouveau, reparaît encore, et décrit en un instant plusieurs circuits tortueux que l'œil a de la peine à suivre, se replie plusieurs fois sur lui-même, et se retire enfin dans quelque asile, jusqu'à ce que sa crainte soit dissipée.

Lacépède (Bernard-Germain-Étienne Laville, comte de) est né à Agen, le 16 décembre 1756, d'une famille noble. Destiné d'abord à la carrière des armes, il quitta bientôt le service pour se livrer à l'étude des sciences et surtout de l'histoire naturelle. Grâce à l'appui de Buffon et de Daubenton, Lacépède obtint la place de garde des cabinets au Jardin du roi à Paris, emploi qu'il occupait lorsque la révolution éclata. Avant cette grande crise, le comte de Lacépède avait déjà publié l'*Histoire naturelle des Quadrupèdes ovipares et des Serpents*, et l'*Histoire naturelle des Poissons*. Élu par la ville de Paris à l'assemblée législative, il fut appelé à y occuper le fauteuil de la présidence, le 28 novembre 1791. Après la session, Lacépède reprit ses occupations littéraires, et traversa sans accident notre grand orage politique. En 1796, il fut nommé membre de l'Institut. En 1799, le premier consul Bonaparte le fit entrer au sénat conservateur. En 1803, lors de la création de la Légion d'honneur, il fut nommé grand chancelier de cet ordre. Comblé des faveurs de Napoléon, le comte de Lacépède devint titulaire de la sénatorerie de Paris et fut décoré du grand-aigle de la Légion d'honneur. Lors de la restauration de 1814, Lacépède prit place parmi les pairs de France. Exclu de la chambre haute en 1815, il y rentra en 1819. Ce savant mourut le 18 septembre 1825, à Épinay.

Voici les titres des principaux ouvrages de M. le comte de Lacépède: *Essai sur l'Électricité*; — *Physique générale*; — *Poétique de la musique*; — *Histoire naturelle des Quadrupèdes ovipares*, — *des Reptiles*, — *des Poissons*, — *des Cétacées*; — *Synonymie des auteurs modernes*; — *Histoire générale, physique et civile de l'Europe, depuis le cinquième siècle jusque vers le milieu du dix-huitième*; — deux romans: *Ellival et Caroline* et la *Suite d'Ellival*; — *Éloge historique de Daubenton*; — une *Notice sur Dolomieu*.

HISTOIRE.

ROLLIN.

CINCINNATUS ÉLU CONSUL.

Cependant les principaux du sénat délibérèrent secrètement sur le choix qu'ils devaient faire, et prirent leur résolution. Le jour de l'élection étant arrivé, toute la première classe, composée des plus riches et des premiers de la ville, qui formaient dix-huit centuries de cavalerie et quatre-vingts de gens de pied, nomma pour consul L. Quintius Cincinnatus, père de Céson Quintius, dont nous avons vu la condamnation et l'exil. Les autres classes ne furent pas même appelées pour donner leur suffrage, parce que, comme nous l'avons déjà remarqué, la première seule étant d'accord faisait la pluralité.

Ce choix causa un chagrin inexprimable au peuple, qui allait avoir un consul justement irrité, puissant d'ailleurs et considérable par la faveur du sénat, par son mérite personnel, et par trois enfants dont aucun ne cédait en grandeur d'âme à Céson, mais qui avaient par-dessus lui un caractère de prudence et de modération qui les rendait maîtres d'eux-mêmes dans les disputes les plus vives, et leur laissait la liberté de prendre toutes les mesures et d'apporter tous les tempéraments propres à faire réussir les affaires.

Dès que ce choix fut fait, le sénat dépêcha vers Quintius pour l'inviter à venir prendre possession de la magistrature. Il était alors occupé à labourer son champ. Il conduisait lui-même la charrue, n'étant vêtu que depuis les reins jusqu'aux genoux, avec un bonnet qui lui couvrait la tête. Lorsqu'il vit venir les députés qu'on lui avait envoyés, il arrêta ses bœufs, fort surpris de cette foule de monde, et ne sachant ce qu'on lui voulait. Un de la troupe s'avança, et l'avertit de se mettre dans un état plus convenable. Il entra dans sa cabane, où il prit ses habits, et se présenta ensuite devant ceux qui l'attendaient. Il fut aussitôt salué consul. On le revêtit de la pourpre, les licteurs se rangèrent devant lui avec leurs faisceaux, et on le pria de se rendre à Rome. Quintius, troublé et affligé, se tut quelque temps, et répandit des larmes. Puis, rompant le silence, il ne dit que ces paroles : « Mon champ ne sera donc point ensemencé cette année. » Il prit congé de sa femme, et l'ayant chargée du soin du ménage, il s'achemina vers la ville.

Heureux temps! simplicité admirable! La pauvreté pour lors n'était pas pratiquée généralement, mais elle était estimée, elle était en honneur, et ne paraissait point un obstacle aux premières dignités de l'État. La conduite que Quintius gardera pendant son consulat nous fera bientôt voir quelle noblesse, quelle fermeté, quelle grandeur d'âme étaient cachées dans une vile et pauvre cabane.

Quintius rétablit l'exercice des jugements, interrompu depuis un temps très-considérable. Il rendait la justice à tous ceux qui se présentaient; il terminait lui-même à l'amiable la plupart des contestations. Assidu tout le jour à son tribunal, on le trouvait toujours d'un accès facile, et, quelque affaire qu'on eût à démêler, il avait pour chacun beaucoup de douceur et de bonté. Par une conduite si sage, il rendit le gouvernement des grands si agréable, que les pauvres, le menu peuple, et les citoyens les plus faibles par leur état n'avaient plus besoin ni d'avoir recours aux tribuns contre l'oppression des puissants, ni de demander de nouvelles lois pour établir l'égalité des jugements, tant on se trouvait content de

PROSE.

celle que l'équité du consul mettait entre tous, et de l'impartialité qu'il montrait dans toutes les affaires.

Un gouvernement si paisible ne pouvait manquer d'être applaudi : aussi le peuple en témoigna-t-il en toutes manières sa satisfaction. Mais ce qui le charma davantage, fut que Quintius, ayant fait son temps, refusa aussi constamment d'être continué dans sa charge qu'il avait eu de peine à l'accepter d'abord. En effet, le sénat n'oublia rien pour l'engager à consentir qu'on le continuât dans le consulat; et il l'en pressa d'autant plus vivement, que les tribuns s'étant fait continuer eux-mêmes pour la troisième fois, il était bien aise d'avoir à leur opposer un homme capable de leur imprimer du respect et de la crainte, et de les empêcher de poursuivre leurs tentatives au sujet des nouvelles lois.

Quintius n'avait point encore parlé avec tant de force et de véhémence qu'il le fit en cette occasion. « Est-il étonnant, dit-il en s'adressant aux sénateurs, que votre autorité soit méprisée par le peuple? C'est vous-mêmes qui la rendez méprisable. Quoi! parce qu'il viole votre décret en continuant ses magistrats, vous voulez en faire autant, pour ne point céder au peuple en témérité? comme si c'était avoir plus de pouvoir dans la ville, que de montrer plus de légèreté et de licence : car il y en a plus certainement à violer ses propres décrets qu'à enfreindre ceux des autres. Imitez, j'y consens, pères conscrits, cette populace indiscrète ; et vous, qui devez servir d'exemple aux autres, faites mal en suivant le leur, plutôt que de leur apprendre à bien faire en se conformant au vôtre. Pour moi, je suis bien résolu de ne point imiter les tribuns, et je vous déclare que je ne souffrirai point qu'au mépris de votre ordonnance, on me nomme consul. » Adressant ensuite la parole à son collègue : « Je vous conjure, Claudius, lui dit-il, d'empêcher le peuple romain de se porter à cette licence ; et, pour ce qui me concerne, d'être bien persuadé que, loin d'être choqué de votre opposition, comme si elle me privait d'un surcroît d'honneur, je la regarderai comme une marque d'amitié de votre part, comme un rehaussement de gloire pour moi par la manifestation de mon désintéressement, et comme un bienfait singulier qui me déchargera de l'envie et de la honte que m'auraient attirées la continuation du consulat. » Il fallut céder à une résolution si marquée. Il fut publié au nom des deux consuls une défense à tout citoyen de nommer Quintius pour consul, avec déclaration que tout suffrage qui tomberait sur lui serait tenu pour caduc. Il ne fut point nommé.

Comblé de louanges et de bénédictions, devenu l'objet de l'estime, de l'admiration, de l'amour de tous ses concitoyens, Quintius dépouilla avec joie la pourpre, se hâta de retourner à ses bœufs, à sa charrue, à sa cabane, et y vécut, comme auparavant, du travail de ses mains.

Manque-t-il quelque chose à la gloire de Quintius? Les plus grandes richesses, les plus superbes palais, les plus somptueux équipages oseraient-ils entrer en lice avec la pauvre chaumine et l'attirail rustique de notre illustre laboureur? Laissent-ils dans l'esprit de ceux qui en sont témoins les mêmes sentiments que cause au lecteur le simple récit de ce qui regarde Quintius? Est-on maître de lui refuser son estime et son admiration, quelque prévenu que l'on soit d'ailleurs pour la vanité et pour le faste? Il y a donc quelque chose en effet de grand, de noble, et de véritablement estimable dans les dispositions de ce Romain.

Quel bonheur pour un État, pour une province, pour une ville, quand ceux qui y sont chargés du gouvernement approchent, même de loin, des sentiments qu'on admire dans Quintius! une ferme constance pour maintenir l'ordre et la discipline, tempérée par une douceur propre à gagner les peuples; un art et une habileté merveilleuse à connaître et à manier les esprits; une conduite uniforme, toujours réglée par la raison, jamais par l'humeur ni par le caprice; un amour du bien public supérieur à toutes les passions; un désintéressement général, et qui ne se dément en rien; une application infatigable au travail et à ses devoirs; une fermeté à toute épreuve dans l'administration de la justice, et surtout un zèle tendre et vif pour la défense des pauvres et des faibles injustement opprimés. Quintius, par ces excellentes et rares qualités, apaisa le tumulte et arrêta la licence pendant son consulat, ce que d'autres n'avaient pu faire. Les peuples seront toujours tranquilles quand ils seront gouvernés par des hommes prudents, modérés, équitables.

Rollin (Charles), naquit à Paris, le 30 janvier 1661. Son père, qui était coutelier, le destinait à cette profession ; mais un bénédictin, ayant remarqué des dispositions naturelles dans le jeune Rollin, lui fit obtenir une bourse au collège des Dix-Huit, dont les élèves suivaient les cours du collège du Plessis. Là le hasard lui donna pour condisciples les deux fils aînés de M. Le Pelletier, alors ministre. Après de brillantes études, Rollin, n'ayant encore que vingt-deux ans, occupa la chaire de seconde au collège du Plessis. En 1688, il fut appelé à la chaire d'éloquence au Collège royal. Rollin est le premier qui ait en France donné des soins particuliers à la langue française, indignement mise en oubli dans les maisons d'éducation. Il ranima aussi l'étude du grec. Après huit ou dix ans de professorat, nommé recteur, il rétablit la discipline et soutint avec énergie les droits de l'Université. Lorsqu'il quitta le rectorat, Rollin devint coadjuteur du collège de Beauvais, qu'il fit refleurir. Il fut expulsé de cette maison pour avoir pris la défense des membres de Port-Royal, dispersés par une haine religieuse que l'on ne saurait trop blâmer. A cette époque il donna l'édition de Quintilien. En 1726, parut le *Traité des Études*, ouvrage très-supérieur aux idées d'enseignement que l'on suivait alors. Encouragé par le succès de son livre, Rollin publia, de 1730 à 1738, les treize volumes de l'*Histoire ancienne*. Peu de productions littéraires ont eu une fortune plus rapide et plus brillante. « Je ne sais, disait le grand Frédéric en lisant cet ouvrage, comment fait Rollin; partout ailleurs les réflexions m'ennuient : elles me charment dans son livre, et je n'en perds pas un mot. » L'*Histoire-romaine* suivit l'*Histoire ancienne*. Rollin n'eut malheureusement le temps que d'achever cinq volumes de son nouvel ouvrage, écrits d'un style aussi élégant que clair et correct. Il mourut le 14 septembre 1741.

Montesquieu, Voltaire, Boileau, le poëte Rousseau, Chateaubriand, Fontanes, ont rendu un éclatant hommage au talent et à la bonté du modeste Rollin. On a mis au bas de son portrait ces quatre vers :

> A cet air vif et doux, à ce sage maintien,
> Sans peine de Rollin on reconnaît l'image ;
> Mais, crois-moi, cher lecteur, médite son ouvrage,
> Pour connaître son cœur et pour former le tien.

En 1818, l'Académie française a proposé l'Éloge de Rollin. Le prix a été décerné à M. Berville, l'un des écrivains les plus polis de notre temps ; son discours est placé en tête de la belle édition des œuvres de Rollin en trente volumes in-8°, que nous devons à M. Letronne.

VERTOT.

GUSTAVE VASA AUX DALÉCARLIENS.

Gustave se rendit à Mora le jour qu'on lui avait marqué ; il trouva les paysans de ce village prévenus de son arrivée et dans l'impatience de voir un homme illustre par sa valeur, et plus célèbre encore par les persécutions de Christiern que par la faveur de Sténon. Il reprit des habits conformes à sa condition avant que de se montrer en public, afin de se concilier l'attention du peuple, qui est toujours sensible à ces marques de grandeur. Il parut ensuite dans l'assemblée avec un air plein d'une noble fierté, qui, étant tempérée par la douleur qu'il faisait paraître de la mort de son père et de tous les sénateurs, attirait tout ensemble le respect et la compassion de ces paysans.

Il leur représenta d'une manière vive et touchante les derniers malheurs de leur patrie ; que tous les sénateurs et les principaux seigneurs du royaume venaient d'être massacrés par les ordres barbares de Christiern ; que ce prince cruel avait fait égorger les magistrats et la plupart des bourgeois de Stockholm ; que ses troupes, répandues ensuite dans les provinces, y commettaient tous les jours mille violences ; qu'il avait résolu, pour assurer sa domination, d'exterminer indifféremment tous ceux qui étaient capables de défendre la liberté de sa patrie ; qu'on n'ignorait pas combien ce prince haïssait les Dalécarliens, dont il avait éprouvé la valeur et le courage sous le règne du dernier administrateur ; qu'ils lui étaient trop redoutables pour n'avoir pas tout à craindre d'un prince si perfide et si cruel ; qu'on avait appris que sous prétexte de quartiers d'hivers, il devait faire passer des troupes dans leur province, pour les désarmer, et qu'ils verraient au premier jour leurs ennemis maîtres de leurs villages, disposer insolemment de leur vie et de leur liberté, s'ils ne les prévenaient par une généreuse résolution ; que leurs pères et leurs ancêtres avaient toujours préféré la liberté à la vie, que toute la Suède jetait les yeux sur eux pour voir s'ils marcheraient sur leurs traces, et s'ils en avaient hérité la haine qu'ils avaient toujours fait paraître pour la domination étrangère ; qu'il était venu leur offrir sa vie et son bien pour la défense de leur liberté ; que ses amis et les véritables Suédois se joindraient à eux au premier mouvement qu'ils feraient paraître ; qu'il était assuré d'ailleurs d'un secours considérable des anciens alliés de la Suède : mais que quand même ils n'auraient pas des troupes égales en nombre à celles des Danois, ils étaient encore trop forts, ayant la mort de leurs compatriotes à venger, et leur propre vie à défendre ; et que pour lui, il aimait mieux la perdre l'épée à la main, que de l'abandonner lâchement à la discrétion d'un ennemi perfide et cruel.

Les Dalécarliens répondirent à ce discours par mille cris pleins de fureur et de menaces contre Christiern et contre tous les Danois ; il semblait que ce fussent les premières nouvelles qu'ils apprissent du massacre de Stockholm, tant le discours et la présence de Gustave avaient excité leur douleur, et de ressentiment dans leurs esprits. Ils jurèrent hautement de venger la mort de leurs compatriotes. On courut de tous côtés aux armes, et ces paysans prièrent Gustave de les commander, charmés de sa bonne mine et pleins d'admiration pour la grandeur de sa taille, et pour la force apparente de son corps.

René Aubert de Vertot naquit le 25 novembre 1655, au château de Benetot, dans le pays de Caux. Il était fils d'un gentilhomme assez pauvre. René Vertot, qui avait fait ses études aux Jésuites de Rouen, entra au séminaire. Il y était depuis deux ans lorsqu'il disparut soudainement. Ce ne fut qu'au bout de six mois que ses parents le retrouvèrent aux Capucins d'Argentan. En vain essaya-t-on de combattre son zèle pieux ; il fit profession sous le nom de frère Zacharie. Après une douloureuse maladie, on parvint cependant à forcer le jeune capucin de renoncer à cet ordre sévère. Il entra dans l'abbaye des Prémontrés à Valsery. Colbert, qui était général de cette pieuse congrégation, ayant entendu parler des talents du nouveau frère, l'appela vers lui, le nomma son secrétaire, et lui conféra le prieuré de Joyenval, qu'il quitta pour une simple cure dépendante de l'ordre, celle de Croissy-la-Garenne. Ce fut là qu'il commença à cultiver les lettres. En 1689, il fit imprimer son premier ouvrage, *Histoire de la Conjuration de Portugal*. A la lecture de ce livre, Bossuet dit : « C'est une plume taillée pour écrire l'histoire de Turenne. » Sept ans après sa première publication, l'abbé Vertot, devenu riche, publia une *Histoire des Révolutions de Suède*. Le succès de cet ouvrage fut aussi complet que l'avait été celui du précédent. En 1701, Vertot, élu membre associé de l'Académie des inscriptions et belles-lettres de Paris, y prit, en 1705, place comme académicien pensionné. L'année 1710 vit paraître un *Traité de la Mouvance de Bretagne*, par Vertot ; mais son œuvre favorite, celle qui l'occupa le plus longtemps, fut l'*Histoire des Révolutions de la république romaine*, qu'il écrivit, non pas avec de nouvelles données, avec des études mieux faites, mais seulement avec un style plus animé et plus correct. Ce livre, lorsqu'il parut, en 1719, obtint un immense succès. Après ce travail plus estimé sous le rapport littéraire que sous le rapport historique, Vertot, dans sa vieillesse, écrivit l'*Histoire de l'Ordre de Malte*, ouvrage qui ne manque ni d'indépendance ni de sagesse. La connaissance approfondie des faits n'a jamais été le mérite de l'abbé de Vertot ; le style, en histoire semblait tout à ses yeux. Vertot mourut le 15 juin 1735. C'est un des hommes qui ont le mieux écrit dans notre langue. Voici ce qu'a dit Mably de ses *Révolutions de Suède* :

« Dans son *Histoire de la révolution de Gustave Vasa*, l'abbé Vertot fait son exposition avec toute la brièveté qu'on peut désirer, et cependant n'oublie rien de ce qui est nécessaire pour l'intelligence des événements. Aussi sa narration marche-t-elle avec une rapidité admirable. Tout se développe sans effort, et pour peu que je sache me rendre compte du plaisir que j'éprouve, je sais gré à l'historien qui ne me permet pas de m'égarer ; et qui m'a mis à portée d'apercevoir la chaîne qui lie les causes aux effets. »

La Harpe ne l'a pas jugé moins favorablement :

« Vertot, dit-il, connut bien le style de l'histoire, il sait écrire et narrer avec élégance et intérêt. Ses ouvrages sont encore lus, et ses *Révolutions romaines* sont fort estimées. Cependant je leur préférerais ses *Révolutions de Portugal*, quoiqu'il n'ait pas toujours écrit sur des mémoires fidèles, et surtout celles de Suède, s'il eût apporté autant de soins à la connaissance des mœurs et du gouvernement, qu'à embellir le récit des faits par les grâces de l'élocution... Quant à ce qu'il a écrit sur les Romains, la supériorité des auteurs anciens, qu'il traduit le plus souvent, fait trop sentir à ceux qui les connaissent ce qui reste à désirer chez lui. Il n'a su s'approprier ni l'esprit judicieux de Polybe, qui instruit toujours, ni le pinceau de Salluste, qui nous fait connaître les caractères. Quelquefois même Vertot, entre deux originaux qu'il peut suivre, ne choisit pas le meilleur, et traduit Denys d'Halicarnasse lorsqu'il pourrait prendre les plus beaux morceaux de Tite-Live.

» Son *Histoire de Malte* tient un peu du roman, soit par les longues et poétiques descriptions de combats et d'assauts, soit par les embellissements de pure imagination qu'il se permettait d'y ajouter, avec si peu de scrupule, qu'ayant reçu de nouveaux mémoires très-authentiques sur le siège de Malte, il n'en fit aucun usage, et se contenta de dire : « C'est trop tard, mon siège est fait. »

CONSPIRATION DE PINTO.

Enfin le jour parut où le succès allait décider si le duc de Bragance méritait le titre de roi et de libérateur de la patrie, ou le nom de rebelle et d'ennemi de l'État.

Les conjurés se rendirent de grand matin chez don Michel d'Almeïda et chez les autres seigneurs ; où ils devaient s'armer. Ils y parurent tous avec tant de résolution et de confiance, qu'ils semblaient aller à une victoire certaine. Ce qui est remarquable, c'est que dans un si grand nombre, composé de prêtres, de bourgeois et de gentilshommes, qui étaient la plupart animés par des intérêts différents, il n'y en eut pas un qui manquât à sa parole et à la fidélité qu'il avait promise. Chacun pressait le moment de l'exécution, comme s'il avait été le chef et l'auteur de l'entreprise, et que la couronne dût être la récompense des périls où il s'exposait. Plusieurs femmes même voulurent avoir part à la gloire de cette journée. L'histoire conserve la mémoire de dona Philippe de Villenes, qui arma de ses propres mains ses deux fils ; et après leur avoir donné leurs cuirasses :

« Allez, mes enfants, leur dit-elle, éteindre la tyrannie et nous venger de nos ennemis ; et soyez sûrs que si le succès ne répond pas à nos espérances, votre mère ne survivra pas un moment au malheur de tant de gens de bien. »

Tout le monde étant armé, ils se rendirent au palais par différents chemins, et la plupart en litière, afin de mieux cacher leur nombre et les armes qu'ils portaient. Ils se partagèrent en quatre bandes, comme on en était convenu, attendant avec bien de l'impatience que huit heures sonnassent, qui était le moment marqué pour l'exécution. Jamais le temps ne leur avait paru si long. La crainte qu'on ne s'aperçût de leur grand nombre, et que l'heure extraordinaire où ils paraissaient au palais ne fît soupçonner au secrétaire quelque chose de leur dessein, leur causait de cruelles inquiétudes. Enfin huit heures sonnèrent ; et Pinto ayant aussitôt tiré un coup de pistolet pour signal, comme on en était convenu, ils se virent en liberté d'agir.

Ils se poussèrent en même temps brusquement,

chacun du côté qui lui était assigné. Don Michel d'Almeïda tomba sur la garde allemande, qui, prise au dépourvu, fut bientôt défaite.

Le grand veneur, Mello son frère, et don Estevan d'Acugna chargèrent la compagnie espagnole qui était en garde devant un endroit du palais qu'on appelait le Fort. Mais personne ne se distingua davantage qu'un prêtre du bourg d'Agembuza. Il marchait à la tête des conjurés, tenant un crucifix d'une main et une épée de l'autre : il animait le peuple avec une voix terrible à mettre en pièces ses ennemis; au milieu de ses plus vives exhortations, il chargeait lui-même les Espagnols. Tout fuyait devant lui : car, paraissant armé d'un objet que la religion nous apprend à révérer, personne n'osait l'attaquer ni se défendre; en sorte qu'après quelque résistance l'officier espagnol, avec ses soldats, fut obligé de se rendre, et, pour sauver sa vie, de crier comme les autres : Vive le duc de Bragance, roi de Portugal!

Voici comment Vertot a peint le caractère de Vasconcellos contre lequel était dirigée la conspiration de Pinto, dans laquelle le tyran perdit la vie :

« Telle fut la fin de Michel Vasconcellos, Portugais de naissance, mais ennemi juré de son pays et tout Espagnol d'inclination. Il était né avec un génie admirable pour les affaires : habile, appliqué à son emploi, d'un travail inconcevable, et fécond à inventer de nouvelles manières de tirer de l'argent du peuple, et par conséquent impitoyable, inflexible et dur jusqu'à la cruauté; sans parents, sans amis, sans égards, personne n'avait de pouvoir sur son esprit. Insensible même aux plaisirs et incapable d'être touché par les remords de sa conscience, il avait amassé des biens immenses dans l'exercice de sa charge, dont une partie fut pillée dans la chaleur de la sédition. Le peuple se fit justice lui-même, et se paya par ses mains des torts qu'il prétendait avoir reçus pendant le ministère du proscrit. »

De nos jours M. N. Lemercier a donné au Théâtre-Français un drame intitulé *Pinto*, qui, lors de son apparition, excita de violents orages dans un public surpris par la hardiesse d'une heureuse innovation.

SERVILIUS SE DÉFEND DEVANT LE PEUPLE ROMAIN.

« Si on m'a fait venir ici pour me demander compte de ce qui s'est passé dans la dernière bataille où je commandais, je suis prêt à vous en instruire; mais si ce n'est qu'un prétexte pour me faire périr, comme je le soupçonne, épargnez-moi des paroles inutiles : voilà mon corps et ma vie que je vous abandonne, vous pouvez en disposer. »

Quelques-uns des plus modérés d'entre le peuple lui ayant crié qu'il prît courage, qu'il continuât sa défense : — « Puisque j'ai affaire à des juges, et non pas à des ennemis, ajouta-t-il, je vous dirai, Romains, que j'ai été fait consul avec Virginius dans un temps où les ennemis étaient maîtres de la campagne, et où la dissension et la famine étaient dans la ville. C'est dans une conjoncture si fâcheuse que j'ai été appelé au gouvernement de l'État. J'ai marché aux ennemis, que j'ai défaits en deux batailles, et que j'ai contraints de se renfermer dans leurs places; et, pendant qu'ils s'y tenaient comme cachés par la terreur de vos armes, j'ai ravagé à mon tour leur territoire, j'en ai tiré une quantité prodigieuse de grains, que j'ai fait apporter à Rome, où j'ai rétabli l'abondance.

» Quelle faute ai-je commise jusqu'ici? Me veut-on faire un crime d'avoir remporté deux victoires? Mais j'ai, dit-on, perdu beaucoup de monde dans le dernier combat. Peut-on donc livrer des batailles contre une nation aguerrie, qui se défend courageusement, sans qu'il y ait de part et d'autre du sang de répandu?

» Quelle divinité s'est engagée envers le peuple romain de lui faire remporter des victoires sans aucune perte? Ignorez-vous que la gloire ne s'acquiert que par de grands périls? J'en suis venu aux mains avec des troupes plus nombreuses que celles que vous m'aviez confiées, et je n'ai pas laissé, après un combat opiniâtre, de les enfoncer; j'ai mis en déroute leurs légions, qui, à la fin, ont pris la fuite. Pouvais-je me refuser à la victoire qui marchait devant moi? Était-il même en mon pouvoir de retenir vos soldats, que leur courage emportait, et qui poursuivaient avec ardeur un ennemi effrayé? Si j'avais fait sonner la retraite, si j'avais ramené nos soldats dans leur camp, vos tribuns ne m'accuseraient-ils pas aujourd'hui d'intelligence avec les ennemis? Si vos ennemis se sont ralliés, s'ils ont été soutenus par un corps de troupes qui s'avançait à leur secours; enfin s'il a fallu recommencer tout de nouveau le combat; et si dans cette dernière action, j'ai perdu quelques soldats, n'est-ce pas le sort ordinaire de la guerre? Trouverez-vous des généraux qui veuillent se charger du commandement de vos armées, à condition de ramener à Rome tous les soldats qui en seraient sortis sous leur conduite? N'examinons donc point si à la fin de la bataille j'ai perdu quelques soldats, mais jugez de ma conduite par ma victoire. S'il est vrai que j'ai chassé les ennemis de votre territoire, que je leur ai tué beaucoup de monde dans deux combats, que j'ai forcé les débris de leurs armées de s'enfermer dans leurs places, que j'ai enrichi Rome et vos soldats du butin qu'ils ont fait dans le pays ennemi, que vos tribuns se lèvent, et qu'ils me reprochent en quoi j'ai manqué contre les devoirs d'un bon général.

Mais ce n'est pas ce que je crains : ces accusations ne servent que de prétexte pour pouvoir exercer impunément leur haine et leur animosité contre le sénat et contre l'ordre des patriciens. Mon véritable crime, aussi bien que celui de l'illustre Ménénius, c'est de n'avoir pas nommé, l'un et l'autre, pendant nos consulats, ces décemvirs après lesquels vous soupirez depuis si longtemps. Mais le pouvions-nous faire dans l'agitation et le tumulte des armes, et pendant que les ennemis étaient à nos portes, et la division dans la ville? Et quand nous l'aurions pu, sachez, Romains, que Servilius n'aurait jamais autorisé une loi qu'on ne peut observer sans exciter un trouble général dans toutes les familles, sans causer une infinité de procès, et sans ruiner les premières maisons de la république, qui en sont le plus ferme soutien.

Faut-il que vous ne demandiez jamais rien au sénat qui ne soit préjudiciable au bien commun de la patrie, et que vous ne le demandiez que par des séditions? Si un sénateur ose vous représenter l'injustice de vos prétentions, si un consul ne parle pas le langage séditieux de vos tribuns, s'il défend avec courage la souveraine puissance dont il est revêtu, on crie *au tyran*. A peine est-il sorti de charge, qu'il se trouve accablé d'accusations. C'est ainsi que par votre injuste plébiscite, vous avez ôté la vie à Ménénius, aussi grand capitaine que bon citoyen. Ne devriez-vous pas mourir de honte d'avoir persécuté si cruellement le fils de ce Ménénius Agrippa, à qui vous devez vos tribuns, et ce pouvoir qui vous rend à présent si furieux!

On trouvera peut-être que je parle avec trop de liberté dans l'état présent de ma fortune : mais je ne crains pas la mort; condamnez-moi si vous l'osez; la vie ne peut être qu'à charge à un général qui est réduit à se justifier de ses victoires : après tout, un sort pareil à celui de Ménénius ne peut me déshonorer.

HÉNAULT.

LE SIÈCLE D'AUGUSTE ET LE SIÈCLE DE LOUIS XIV.

On a remarqué, avec raison, que les règnes d'Auguste et de Louis XIV se ressemblaient par le concours des grands hommes de tous les genres qui ont illustré leurs règnes. Mais on ne doit pas croire que ce soit l'effet seul du hasard; et si ces deux règnes ont de grands rapports, c'est qu'ils ont été accompagnés à peu près des mêmes circonstances. Ces deux princes sortaient des guerres civiles, de ce temps où les peuples armés, nourris sans cesse au milieu des périls, entêtés des plus hardis desseins, ne voient rien où ils ne puissent atteindre; de ce temps où les événements heureux et malheureux, mille fois répétés, étendent les idées, fortifient l'âme à force d'épreuves, augmentent son ressort, et lui donnent ce désir de gloire qui ne manque jamais de produire de grandes choses.

Voilà comme Auguste et Louis XIV trouvèrent le monde. César s'en était rendu le maître, et avait devancé Auguste; Henri IV avait conquis son propre royaume, et fut l'aïeul de Louis XIV. Même fermentation dans les esprits; les peuples, de part et d'autre, n'avaient été pour la plupart que des soldats, et les capitaines, des héros. A tant d'agitation, à tant de troubles intestins, succède le calme que produit l'autorité réunie. Les prétentions des républicains et les folles entreprises des séditieux détruites laissent le pouvoir entre les mains d'un seul; et ces deux princes, devenus les maîtres (quoiqu'à des titres bien différents), n'ont plus à s'occuper qu'à rendre utile à leurs États cette même chaleur qui jusqu'alors n'avait servi qu'au malheur public. Leur génie et leur caractère particulier se ressemblaient encore par là, ainsi que leurs siècles.

L'ambition et l'ardeur de la gloire avaient été égales entre eux: héros sans être téméraires, entreprenants sans être aventuriers, tous deux avaient été exposés aux orages de la guerre civile, tous deux avaient commandé leurs armées en personne, l'un et l'autre avaient su vaincre et pardonner. La paix les trouva encore semblables par un certain air de grandeur, par leur magnificence et leur libéralité. Chacun d'eux possédait ce goût naturel, cet instinct heureux qui sert à démêler les hommes. Leurs ministres pensaient comme eux, et Mécène protégeait auprès d'Auguste, ainsi que Colbert auprès de Louis XIV, tout ce que Rome et la France avaient de génies distingués. Enfin, le hasard les ayant fait naître l'un et l'autre dans le même mois, tous deux moururent presque au même âge; et ce qui contribue à rendre ces règnes célèbres, aucuns princes ne régnèrent si longtemps.

Par combien de moyens il fallait que la nature préparât deux siècles si beaux! Le même fonds qui avait produit des hommes illustres dans la guerre produisit des génies sublimes dans les lettres, dans les arts et dans les sciences: l'émulation prit la place de la révolte; les esprits accoutumés à l'indépendance, ne la cherchèrent plus que dans les vues saines de la philosophie. Il n'était plus question d'entreprendre sur ses pareils, il fallut s'en faire admirer; la supériorité acquise par les armes fut remplacée par celle que donnent les talents de l'esprit; en un mot, les mêmes circonstances réunies donnèrent à l'univers les règnes d'Auguste et de Louis XIV.

Charles-Jean-François Hénault, président au parlement de Paris, surintendant de la maison de la reine, naquit à Paris le 8 février 1685, et mourut dans la même ville le 24 novembre 1770. Il fit ses études à l'Oratoire, connut Racine, et reçut des conseils de Massillon. Dès qu'il eut achevé son éducation, on lui acheta la lieutenance des chasses et le gouvernement de Corbeil. Il parut avec avantage à la cour, où il se fit remarquer par des vers faciles, par d'ingénieuses et spirituelles chansons. Il s'essaya de bonne heure dans la carrière littéraire, remporta un prix à l'Académie française; et, en traitant une question proposée par l'Académie des Jeux-Floraux, il eut l'honneur de l'emporter sur La Motte. Hénault a donné deux médiocres tragédies, un drame historique, des comédies, des poésies diverses. Nommé membre de l'Académie française et de celle des inscriptions et belles-lettres, il établit solidement sa réputation par l'*Abrégé chronologique de l'Histoire de France*. Cet ouvrage eut huit éditions du vivant de l'auteur, occupé sans relâche à perfectionner son livre. Hénault, qui avait embrassé la magistrature, devint président au parlement en 1706, ensuite président de la première chambre des enquêtes en 1710. Comme surintendant de la maison de la reine, il avait un libre accès auprès de cette princesse, qui lui témoigna toujours autant d'estime que d'amitié. Un jour, la reine, entrant chez une duchesse, la trouva occupée à écrire au président Hénault; elle mit de sa propre main au bas du billet : « Devinez la main qui vous souhaite ce petit bonjour. » Le président Hénault répondit :

 Ces mots, tracés par une main divine,
 Ne m'ont causé que trouble et qu'embarras ;
 C'est trop oser, si mon cœur la devine ;
 C'est être ingrat que ne deviner pas.

Voltaire a adressé au président Hénault des vers charmants. Les principaux ouvrages de Hénault sont : l'*Abrégé chronologique* ; — l'*Histoire critique de l'Établissement des Français dans les Gaules*, qu'on lui attribue ; — Les *Lettres* du président Hénault à l'abbé Velly ; — *Id.* à Marmontel ; — *Pièces de théâtre* en vers et en prose ; — *Mémoire sur les abrégés chronologiques* ; — *Recueil de chansons*. Walkenaer, a fait, dans la *Biographie Universelle*, un excellent article sur le président Hénault.

« Le siècle de Louis XIV fut le superbe catafalque de nos libertés, éclairé par mille flambeaux de gloire, qu'élevait à l'entour un cortége de grands hommes. Louis XIV, comme Napoléon, chacun avec la différence de leur temps et de leur génie, substituèrent l'ordre à la liberté.

» La monarchie absolue de Louis XIV était une nécessité, un fait amené par les faits précédents ; elle était inévitable. Le peuple disparut de nouveau, comme au temps de la féodalité ; mais il était créé, il existait, il dormait et se réveilla à son heure. Pendant son sommeil, il eut de beaux songes, sous Louis le Grand. Il ne fut exclu ni de la haute administration ni du commandement des armées..... Il y eut monarchie absolue sous Louis XIV, parce que l'ancienne liberté aristocratique était morte, et que l'égalité démocratique vivait à peine. Dans l'absence de la liberté et de l'égalité, l'une moissonnée, l'autre encore en germe, il y eut despotisme, et il ne pouvait y avoir que cela. »

CHATEAUBRIAND.

LEBEAU.

LE ROI HORMISDAS DANS LES FERS A SES SUJETS RÉVOLTÉS.

Témoins et auteurs de mes maux, votre prisonnier est votre roi. Je ne vois plus que l'insulte dans ces regards où je voyais le respect et la crainte. Adoré jusqu'à ce jour, revêtu de la pourpre la plus éclatante, maître du plus puissant empire qu'éclaire le soleil, le dieu suprême de la Perse, me voilà chargé de fers, couvert d'opprobres, réduit à la plus affreuse misère. Je vous suis odieux, et votre haine vous persuade que je mérite ces horribles traitements; mais qu'ont mérité mes ancêtres, ces monarques victorieux, fondateurs de cet empire, qui ont transmis à leur postérité les droits qu'ils ont acquis à vos respects par leurs actions immortelles? Les outrages dont vous m'accablez retombent sur eux : oui, tous les Sassanides gémissent avec moi dans un cachot ténébreux : ils sont avec moi couchés dans la poussière. Les Artaxercès, les Sapor, les Chosroës, tremblent avec moi sous les regards d'un geôlier impitoyable ; ils attendent le bourreau.

Mais si les droits les plus sacrés sont effacés de vos cœurs, si les lois n'ont plus de pouvoir, si vous foulez aux pieds la majesté souveraine, la justice, la reconnaissance, écoutez encore une fois votre prince, écoutez mon amour pour la Perse; il respire malgré vos outrages, et il ne s'éteindra qu'avec moi. Satrapes et seigneurs, vous tenez entre vos bras les colonnes du plus noble, du plus puissant, du plus ancien empire de l'univers : la révolte les ébranle aujourd'hui, c'est à vous de les affermir; c'est à vous de soutenir ce vaste édifice, dont la chute vous écraserait. Que deviendra votre pouvoir, s'il ne reste plus d'obéissance? Serez-vous plus grands, si tout se dérobe sous vos pieds ? La sédition confond les rangs; elle élève la poussière des États; elle rompt cette chaîne politique qui descend du prince jusqu'au dernier de ses sujets. Il faut qu'un vaisseau périsse, si chacun des matelots s'érige en pilote, et ne prend l'ordre que de son caprice. Vous êtes maintenant agités d'une violente tempête ; Varame a les armes à la main; il débauche vos troupes, il soulève vos provinces, il menace d'envahir, de mettre à feu et à sang la Perse entière. Quel moment choisissez-vous pour vous défaire de votre roi? jamais un chef ne vous fut plus nécessaire. Et ce chef, sera-ce Chosroës? Je sais que vous jetez les yeux sur lui : croyez-en celui qui l'a vu naître, celui qui a vu croître ses inclinations perverses que les soins paternels n'ont pu réformer. Faut-il que j'accuse mon fils! mais ce fils malheureux serait le fléau de la Perse. Jamais je n'aperçus en lui aucun des caractères de la majesté royale : sans génie, sans élévation dans l'âme, esclave de ses passions, impétueux dans ses désirs, livré sans réflexion à tous ses caprices, emporté, intraitable, inhumain, aussi avide d'argent qu'indifférent pour l'honneur et la gloire, ennemi de la paix, également incapable de se gouverner et d'écouter un bon conseil; jugez des qualités de son cœur par cet air sombre et farouche qu'il porte dans ses regards !

Si vous êtes obstinés à changer de prince, si vous ne pouvez souffrir Hormisdas, il vous offre un roi : c'est un frère de Chosroës; mais il ne l'est pas d'esprit et de caractère. Plus heureux qu'Hormisdas, plus digne de régner que Chosroës, il fera revivre ces monarques sages et généreux dont la mémoire vous est précieuse. Hélas ! j'ai marché sur leurs traces. N'ai-je pas étendu leurs conquêtes? Interrogez les Turcs, qui vous payent aujourd'hui le tribut qu'ils vous avaient jadis imposé; interrogez les Dilimnites, que j'ai forcés dans leurs montagnes à plier sous le joug qu'ils refusaient de porter ; interrogez les Romains, qui pleurent la perte de Martyropolis.

Mais oubliez tous mes triomphes; ce n'est plus à mes yeux qu'un songe brillant, qui ne me laisse que la misère et l'attente d'une mort cruelle. Je consens à m'oublier moi-même. C'est à vous à prendre un parti dont la Perse n'ait pas à se repentir.

Lebeau (Charles) naquit à Paris, le 15 octobre 1701. Il commença ses études au collége de Sainte-Barbe, et vint les achever au Plessis, où, âgé de vingt-six ans, il occupa la chaire de seconde. Un mariage qu'il contracta dans l'année 1736 ne lui permettant pas de rester dans cette place, il la quitta pour la chaire de rhétorique du collége des Grassins. Après la mort du cardinal de Polignac, ce fut lui qui revit et édita l'*Anti-Lucrèce*. Admis à l'Académie des inscriptions et belles-lettres en 1748, dès l'année suivante il y remplissait les fonctions de secrétaire perpétuel. En 1752, Lebeau succéda à Piat dans la chaire d'éloquence au Collége de France. Lebeau mourut le 13 mars 1778. Les principaux ouvrages de cet écrivain qui possédait un goût sûr, un style fort correct, mais peu d'imagination, sont des *Poésies latines*, des *Éloges* de quelques savants et de quelques hommes de lettres; l'*Histoire du Bas-Empire*, commençant à Constantin le Grand.

MABLY.

PHOCION.

Il serait téméraire à moi de vouloir écrire ici la vie de ce grand homme ; en essayant d'égaler Plutarque, je sens combien mes efforts seraient inutiles. Je me contenterai de rapporter quelques traits de la vie de Phocion propres à faire connaître ses mœurs et son caractère.

Il passe des écoles que Socrate avait formées à l'armée de Chabrias, sous lequel il fit ses premières armes ; et tandis que le jeune disciple de Platon apprenait l'art de la guerre de ce générale habile, mais quelquefois paresseux ou emporté, il lui enseignait à son tour à commander avec la diligence, l'exactitude et la modération dignes d'un grand capitaine. Chabrias démêla sans peine tous les talents de son élève et de son maître, et à la bataille de Naxe il lui confia le commandement de son aile gauche, qui décida de la victoire.

Athènes n'avait plus de ces citoyens à la fois hommes d'État dans la place publique ou dans le sénat, et capitaines à la tête des armées. Les uns se destinaient aux emplois militaires, les autres aux fonctions civiles ; et depuis ce partage, les talents et la république étaient également dégradés. Phocion fit revivre l'ancien usage ; réunir les talents, c'était en quelque sorte multiplier les citoyens, les ressources de l'État et les grands magistrats. Il croyait que toutes les connaissances se prêtent un secours mutuel. Il gagna des batailles, traita de la paix, et fut le rival de Démosthène, qui l'appelait *la hache de ses discours*, et ne craignit que lui de tous les orateurs dont Athènes était alors remplie. En se rendant digne de tous les emplois de la république, Phocion n'en brigua jamais aucun. Quoique sûr de commander les armées si on faisait la guerre, il conseilla toujours la paix ; et le peuple, à qui il reprocha sans cesse ses vices tantôt avec force, tantôt avec une plaisanterie fine et piquante, le proclama quarante-cinq fois son capitaine général. Il gagna une bataille considérable sur les Macédoniens dans l'Eubée, chassa Philippe de l'Hellespont, dégagea Mégare qu'il attacha aux Athéniens, et défit le général Micion, qui ravageait l'Attique. Toujours occupé à réparer les pertes que les autres capitaines avaient faites, et à rétablir, tantôt par sa prudence, tantôt par son courage, les affaires désespérées d'une république toujours trop lente ou trop précipitée dans ses démarches, il ne travaillait pas moins à faire des alliés à sa patrie qu'à la rendre redoutable à ses ennemis. Les peuples, accoutumés depuis longtemps à fuir avec leurs effets les plus précieux des pays dont les armées d'Athènes approchaient, les voyaient traverser leurs terres sans terreur, lorsque Phocion les commandait ; elles semblaient en effet reprendre leur ancien esprit en marchant sous les ordres de ce nouvel Aristide. On venait au-devant de lui en habits de fête, et avec des couronnes de fleurs ; on lui apportait des rafraîchissements. Il rendait les soldats aussi humains que braves ; sa vertu était le gage de la sûreté et de la foi publiques ; aucune ville, aucun port ne lui était fermé.

Phocion avait, dans Athènes corrompue, les mœurs simples et frugales de l'ancienne Lacédémone. Né avec une fortune très-médiocre, sa pauvreté lui était chère. Il regarda les richesses comme un fardeau incommode pour le sage qui sait s'en passer, et comme un écueil pour la vertu qui n'est pas parvenue à les mépriser. Il refusa constamment les dons qu'Alexandre et Antipater voulurent lui faire. Condamné, comme Socrate, par une assemblée du peuple, à boire de la ciguë, il n'eut pas de quoi payer le poison qu'on lui préparait. « Puisqu'il faut acheter la mort à Athènes, dit-il à un de ses amis, acquittez-moi de cette dette, et donnez douze drachmes à l'exécuteur. »

Lui seul fut tranquille dans cette assemblée tumultueuse qui le condamna, et dont on n'exclut ni les esclaves, ni les étrangers, ni les hommes notés d'infamie. Les gens de bien n'y portèrent que leur consternation. Découragés par un spectacle si propre à intimider la vertu, s'il ne lui inspirait un généreux désespoir, ils gémirent et baissèrent les yeux, en voyant Phocion accusé et chargé de fers. « Nous reprochons à nos pères la mort de Socrate ; la postérité, durent-ils dire, nous reprochera éternellement celle de Phocion. Nous ne le jugeons pas, nous l'assassinons. Malheureux Athéniens ! quel sort funeste nous attend, puisque c'est là le prix que nous gardons à la vertu ! »

En allant à sa prison après avoir entendu son jugement, Phocion, dit Plutarque, conserva le même visage que quand il sortait de l'assemblée de la place, aux acclamations du peuple, pour aller se mettre à la tête de l'armée, ou qu'il reparaissait dans le sénat, après avoir vaincu les ennemis. Il eut la générosité de pardonner sa mort à ses concitoyens, et ordonna à son fils de ne jamais penser à le venger. Les Athéniens ouvrirent bientôt les yeux sur leur injustice, et connurent la perte qu'ils avaient faite. Il allèrent chercher à Mégare les cendres d'un homme à qui ses ennemis avaient fait refuser les honneurs de la sépulture dans l'Attique. On lui éleva un tombeau et une statue aux dépens de la république, et on fit mourir ses accusateurs, ou du moins leur chef Agnonides.

Gabriel Bonnot de Mably naquit à Grenoble, le 14 mars 1709. Après avoir fait ses études à Lyon, il vint à Paris. Le cardinal de Tencin le fit entrer au séminaire de Saint-Sulpice, où l'on formait alors les ecclésiastiques qui pouvaient aspirer à l'épiscopat. Mais le séminariste se contenta de recevoir le sous-diaconat, et lorsqu'il fut maître de suivre son goût, il abandonna la théologie pour la *Vie des hommes illustres* de Plutarque, l'*Histoire* de Thucydide et les *Décades* de Tite-Live. Avant que Mably eût rien produit, les salons auguraient bien de son talent et ne se trompaient pas. Le *Parallèle des Romains et des Français*, publié en 1740, fit une longue sensation. En 1749, Mably mit au jour ses *Observations sur les Grecs*. Il les reproduisit plus tard avec de grands changements et un titre nouveau. Ses *Principes des négociations* parurent en 1757, et ses *Entretiens de Phocion* en 1763. Ce dernier ouvrage eut, dès son apparition, une grande vogue, qu'il méritait par la pureté de la morale, par l'attrait d'une argumentation socratique, et par l'élégance de la diction. En 1765, Mably fit imprimer les *Observations sur l'histoire de France*, ouvrage de haute critique, qui fut suivi de quelques autres du même genre.

La conversation de Mably était savante. Gibbon a dit de lui : « Il aimait la vertu et la liberté ; mais sa vertu était austère, et sa liberté ne pouvait souffrir d'égal. »

Le 12 juin 1795, les exécuteurs testamentaires de Mably se présentèrent à la barre de la Convention, et réclamèrent pour le philosophe les *honneurs du Panthéon*. Cette demande soutenue par le vénérable député Dussaulx, fut adoptée.

GAILLARD.

PASSAGE DES ALPES PAR FRANÇOIS Ier.

On part ; un détachement reste et se fait voir sur le Mont-Cenis et sur le Mont-Genèvre, pour inquiéter les Suisses et leur faire craindre une attaque ; le reste de l'armée passe à gué la Durance, et s'engage dans les montagnes, du côté de Guillestre ; trois mille pionniers la précédent. Le fer et le feu lui ouvrent une route difficile et périlleuse à travers des rochers ; on remplit des vides immenses avec des fascines et de gros arbres ; on bâtit des ponts de communication ; on traîne, à force d'épaules et de bras, l'artillerie dans quelques endroits inaccessibles aux bêtes de somme : les soldats aident les pionniers ; les officiers aident les soldats ; tous indistinctement manient la pioche et la cognée, poussent aux roues, tirent les cordages ; on gravit sur les montagnes, on fait des efforts plus qu'humains ; on brave la mort, qui semble ouvrir mille tombeaux dans ces vallées profondes que l'Argentière arrose, et où des torrents de glaces et de neiges fondues par le soleil se précipitent avec un fracas épouvantable. On ose à peine les regarder de la cime des rochers sur lesquels on marche en tremblant par des sentiers étroits, glissants et raboteux, où chaque faux pas entraîne une chute, et d'où l'on voit souvent rouler au fond des abîmes et les hommes et les bêtes avec toute leur charge. Le bruit des torrents, les cris des mourants, les hennissements des chevaux fatigués et effrayés, étaient horriblement répétés par tous les échos des bois et des montagnes, et venaient redoubler la terreur et le tumulte.

On arriva enfin à une dernière montagne, où l'on vit avec douleur tant de travaux et tant d'efforts prêts à échouer. La sape et la mine avaient renversé tous les rochers qu'on avait pu aborder et entamer ; mais que pouvaient-elles contre une seule roche vive, escarpée de tous côtés, impénétrable au fer, presque inaccessible aux hommes ? Navarre, qui l'avait plusieurs fois sondée, commençait à désespérer du succès, lorsque des recherches plus heureuses lui découvrirent une veine assez tendre qu'il suivit avec la dernière précision ; le rocher fut entamé par le milieu, et l'armée, introduite, au bout de huit jours, dans le marquisat de Saluces, admira ce que peuvent l'industrie, l'audace et la persévérance.

Gaillard, Gabriel-Henri, naquit à Ostel, en Picardie, le 26 mars 1726. Après avoir fait de brillantes études et obtenu le titre d'avocat, il quitta le barreau pour les lettres. Son premier ouvrage, publié en 1746, fut la *Rhétorique Française à l'usage des demoiselles*, ouvrage excellent pour ce temps. Quatre ans après, Gaillard fit paraître la *Poétique française à l'usage des dames*. En 1750, Gaillard composa un *Parallèle des quatre Électre*, et six ans après, les *Mélanges littéraires*, dans lesquels il révéla les études historiques qui l'occupaient. En 1757, parut l'*Histoire de Marie de Bourgogne* ; en 1766, l'*Histoire de François premier*, ouvrage qui, mal divisé, n'en renferme pas moins de belles parties. L'*Histoire de Charlemagne* obtint les suffrages de deux grands écrivains, Gibbon et Hegewisch. En 1771 parut l'*Histoire de la Rivalité de la France et de l'Angleterre*, ouvrage bien composé et bien écrit. L'*Histoire de la Rivalité de l'Espagne et de la France* fut publiée en 1801, et mit le sceau à la réputation de Gaillard. Il partagea avec Thomas le prix d'éloquence pour l'*Éloge de Descartes*. Il écrivit aussi ceux de Charles V, de Henri IV, de Corneille, de Molière, etc. En 1760, Gaillard fut reçu à l'Académie des inscriptions : en 1771, à l'Académie française ; en l'an IV, à la classe d'histoire et de littérature ancienne de l'Institut. Cet écrivain laborieux possédait une mémoire prodigieuse. Il mourut le 13 février 1806.

A côté du passage si vanté de François Ier plaçons celui de Bonaparte.

« Pour frapper les grands coups qu'il prépare, Napoléon a les hautes Alpes à franchir ; et le grand Saint-Bernard, qui de tous les points de la vaste chaîne lui livrerait de plus près le cœur de l'Italie, est aussi celui où la nature a semblé réunir le plus de difficultés insurmontables pour défendre ses forteresses contre les conquérants. Il est inaccessible à une armée... On l'a cru jusqu'à ce jour ; les soldats français le croient encore. Les têtes de colonne, en se rencontrant à Martigny, s'arrêtent, étonnées, aux pieds de ces gigantesques boulevards. Comment pousser plus avant dans ces gorges, qui semblent murées par ces abîmes sans fond ! Il faudrait longer les précipices effroyables, gravir les glaciers immenses, surmonter les neiges éternelles, vaincre l'éblouissement, le froid, la lassitude ; vivre dans cet autre désert, plus aride, plus sauvage, plus désolant que celui de l'Arabie, et trouver des passages au travers de ces rocs entassés jusqu'à dix mille pieds au-dessus du niveau des mers. Il y a bien entre les escarpements et les abîmes, suspendu sur les torrents, dominé par les crêtes d'où roulent à flots les neiges homicides, et taillé dans les anfractuosités de la roche vive, un sentier qui monte pendant plusieurs lieues, roide, inégal, étroit jusqu'à n'avoir parfois que deux pieds à peine, tournant à angles si aigus, qu'on marche droit au gouffre, et glissant, chargé de frimas, perdu, d'intervalle en intervalle, sous les avalanches. Chemin si terrible, qu'il a fallu préposer de charitables cénobites à la garde de cette rampe meurtrière, afin d'enhardir le voyageur isolé par la promesse de lui donner un chien pour guide, un fanal pour secours, un hospice pour repos et une prière pour aide ou pour funéraille. Là passera aussi une armée : Bonaparte l'a dit ; il a marqué du doigt la route, Martigny et Saint-Pierre sont encombrés d'apprêts qui attestent aux soldats que leur chef a pensé à tout. Aux mulets rassemblés de toute la Suisse ont été ajoutés les traineaux, les brancards, tous les moyens de transport que le génie de l'administration française ou les habitudes de la contrée ont pu fournir. Pendant trois jours l'armée démonte ses canons, ses forges de campagne, ses caissons. Marmont et Gassendi placent leurs bouches à feu dans des troncs d'arbres creusés, les cartouches dans des caisses légères, les affûts, les provisions, les magasins sur des traineaux faits à la hâte ou sur ceux du pays ; puis, le 17 mai, tout s'élance ; les soldats montent, au cri de *Vive le premier consul !* à l'assaut des Alpes ; la musique des corps marche en tête de chaque régiment. Quand le glacier est trop escarpé, le pas trop périlleux, le labeur trop rude, même pour ces fanatiques de gloire et de patrie, les tambours battent la charge, et les retranchements de l'Italie sont emportés. C'est ainsi que la colonne s'étend, monte, s'attache aux crêtes des Alpes, les étreint de ses anneaux mouvants. C'est un seul corps qui n'a qu'une pensée, qu'une âme ; une même ardeur, une même joie court dans les rangs ; les mêmes chants apprennent aux échos de ces monts la présence, la gaieté, la victoire de nos soldats : la victoire ! car voilà le sommet atteint, le drapeau tricolore arboré, le grand Saint-Bernard vaincu !..... Le premier consul a promis par pièce mille francs aux soldats qui se sont dévoués à cette tâche : tous refusent ; ils n'acceptent pour récompense que les périls et l'Italie. »

SALVANDY.

DE SAINTE-CROIX.

HÉRODOTE.

Grand imitateur d'Homère, il adopta la forme épique, en transportant tout d'un coup ses lecteurs au règne de Crésus, et en enchaînant les faits à une action principale, la lutte des Grecs contre les barbares, dont la défaite de Xercès est le dénoûment. Cette idée était belle et hardie : il l'exécuta avec autant d'habileté que de succès. Géographie, mœurs, usages, religion, histoire des peuples connus, tout fut enchâssé dans cet heureux cadre. Il arracha en quelque sorte le voile qui couvrait l'univers aux yeux des Grecs, trop prévenus en leur faveur pour chercher à connaître d'autres nations. Aux beautés de l'ordonnance, Hérodote joignit les charmes inimitables de la diction et du coloris. Ses tableaux sont animés et pleins de cette douceur qui le distingue éminemment; mais elle a quelquefois une teinte mélancolique que lui donne le spectacle des calamités humaines.

Ses digressions sont des épisodes toujours variés, plus ou moins attachés au sujet principal, sans lui être jamais étrangères. Que de naïveté, de grâces, de clarté, d'éloquence, et même d'élévation, n'a pas cet écrivain inimitable! Enfin il chante plus qu'il ne raconte, tant son style a d'harmonie et de ressemblance avec la poésie.

Sainte-Croix (Joseph Guilhem de Clermont-Lodève, baron de) naquit à Mormoiron, dans le comtat Venaissin, le 5 janvier 1747. Après avoir pris le parti des armes, il y renonça, à la mort d'un de ses oncles, pour se livrer entièrement à la culture des lettres et aux recherches historiques. En 1772, il remporta un prix à l'Académie des inscriptions et belles-lettres. Le triomphe dut d'autant plus flatter Sainte-Croix que la question était plus difficile à traiter. Cette première couronne remportée fut bientôt suivie de deux autres. L'*Examen critique des historiens d'Alexandre* précéda la *Recherche des Noms et des Attributs de Minerve*, et celle des *Noms et des Attributs divers de Cérès et de Proserpine*. En 1784, Sainte-Croix publia ses *Mémoires pour servir à l'histoire de la religion secrète des anciens peuples*. Élu associé-libre-étranger à l'Académie des inscriptions, en 1777, il prit, en 1802, la place due à ses travaux, dans la classe d'histoire et littérature ancienne de l'Institut. Après avoir failli devenir victime de la tourmente révolutionnaire, Sainte-Croix mourut le 11 mars 1809. Ses principaux ouvrages sont : L'ÉZOUR-VEDAM, ou *Ancien Commentaire de Vedam*; — *De l'État et du Sort des colonies des anciens peuples*; — une dissertation latine : *De Triplici Theologia Mysterisque veterum*; — *Histoire des progrès de la puissance navale d'Angleterre*; — *Des Anciens Gouvernements fédératifs*. Dacier et Boissonade ont tous deux publié un *Éloge* du modeste Sainte-Croix.

MONTESQUIEU.

CHARLEMAGNE.

Charlemagne songea à tenir le pouvoir de la noblesse dans ses limites, et à empêcher l'oppression du clergé et des hommes libres. Il mit un tel tempérament dans les ordres de l'État, qu'ils furent contre-balancés, et qu'il resta le maître. Tout fut uni par la force de son génie. Il mena continuellement la noblesse d'expédition en expédition; il ne lui laissa pas le temps de former des desseins, et l'occupa tout entière à suivre les siens. L'empire se maintint par la grandeur du chef : le prince était grand, l'homme l'était davantage. Les rois ses enfants furent ses premiers sujets, les instruments de son pouvoir, et les modèles de l'obéissance. Il fit d'admirables règlements : il fit plus, il les fit exécuter. Son génie se répandit sur toutes les parties de l'empire. On voit dans les lois de ce prince un esprit de prévoyance qui comprend tout, et une certaine force qui entraîne tout. Les prétextes pour éluder les devoirs sont ôtés, les négligences corrigées, les abus réformés ou prévenus. Il savait punir, il savait encore mieux pardonner. Vaste dans ses desseins, simple dans l'exécution, personne n'eut à un plus haut degré l'art de faire les plus grandes choses avec facilité, et les difficiles avec promptitude. Il parcourait sans cesse son vaste empire, portant la main partout où il allait tomber. Les affaires renaissaient de toutes parts, il les finissait de toutes parts. Jamais prince ne sut mieux braver les dangers, jamais prince ne les sut mieux éviter. Il se joua de tous les périls, et particulièrement de ceux qu'éprouvent presque toujours les grands conquérants, je veux dire les conspirations. Ce prince prodigieux était extrêmement modéré ; son caractère était doux, ses manières simples; il aimait à vivre avec les gens de sa cour. Il fut peut-être trop sensible au plaisir des femmes : mais un prince qui gouverne toujours par lui-même, et qui passa sa vie dans les travaux, peut mériter plus d'excuses. Il mit une règle admirable dans sa dépense : il fit valoir ses domaines avec sagesse, avec attention, avec économie; un père de famille pourrait apprendre dans ses lois à gouverner sa maison. On voit dans ses Capitulaires la source pure et sacrée d'où il tira ses richesses. Je ne dirai plus qu'un mot : il ordonna qu'on vendit les œufs des basses-cours de ses domaines et les herbes inutiles de ses jardins ; et il avait distribué à ses peuples toutes les richesses des Lombards et les immenses trésors de ces Huns qui avaient dépouillé l'univers.

Charles de Secondat, baron de La Brède et de Montesquieu, naquit près de Bordeaux, le 18 janvier 1689, dans le château de La Brède, où il passa son enfance et composa des ouvrages qui lui ont acquis une gloire impérissable. Dès son enfance il annonça une vivacité d'esprit et une rectitude de jugement vraiment surprenantes : aussi son père le destina-t-il à la magistrature. Le goût du jeune Montesquieu pour la lecture était insatiable ; ce fut la source de sa gloire et de son bonheur. Il a avoué qu'il n'avait jamais eu de chagrin qu'une heure de lecture n'eût dissipé. Les ouvrages de l'antiquité le ravissaient. « Je suis toujours près de m'écrier avec Pline, disait-il : C'est à Athènes que vous allez ; respectez les dieux !... » Montesquieu fut reçu conseiller au parlement de Bordeaux le 24 février 1714. Le 13 juillet 1716 il siégea dans cette cour comme président à mortier. Les premières études publiées de Montesquieu prouvent qu'il s'occupait d'histoire naturelle; mais il abandonna bientôt cette sorte de travaux, et après avoir fait paraître le *Projet d'une Histoire physique de la terre ancienne* (1719), quelques années plus tard il lut à l'Académie de Bordeaux une *Dissertation sur la Politique des Romains dans la religion*, un *Éloge du duc de la Force*, une *Vie du Maréchal de Berwick*. En 1721 parurent les *Lettres Persanes*, ouvrage conçu par un philosophe et exécuté avec une richesse de coloris vraiment remarquable. C'est une satire animée, spirituelle de nos mœurs et de nos travers, écrite avec un style plein d'élégance et d'une ironie qui s'élève parfois jusqu'aux beaux mouvements de la plus haute éloquence. Le voile de l'anonyme dont Montesquieu se couvrit quelque temps augmenta encore la curiosité publique. Quatre ans après les *Lettres Persanes*, parut le *Temple de Gnide*, que madame du Deffant appelait avec esprit l'*Apocalypse de la Galanterie*. En 1726, Montesquieu vendit sa charge ; et libre désormais, il se présenta pour être élu à l'Académie française, où il fut reçu. Montesquieu prononça son discours de réception le 24 janvier 1728. L'illustre écrivain se mit en

PROSE.

suite à voyager ; il visita l'Allemagne, l'Italie, la Suisse, la Hollande et l'Angleterre, où il fut admis dans le sein de la Société Royale. Au retour de ce long voyage, il disait gaiement : « Quand je suis en France, je fais amitié à tout le monde ; en Angleterre, je n'en fais à personne ; en Italie, je fais des compliments à tout le monde ; en Allemagne, je bois avec tout le monde. » Dans son séjour en Hollande, Montesquieu publia un opuscule intitulé : *Réflexions sur la Monarchie universelle en Europe*, ouvrage presque perdu. Montesquieu nous donna en 1734 ses *Considérations sur les causes de la grandeur et de la décadence des Romains*, livre admirable, non pas le plus étonnant, mais le plus parfait qui soit sorti de sa plume. Le *Dialogue de Sylla et d'Eucrate* est un paradoxe quelquefois sublime. Dans *Lysimaque*, Montesquieu a peint en traits admirables la philosophie des stoïciens. Enfin, après avoir travaillé vingt années il se révéla tout entier par l'*Esprit des Lois*. Montesquieu dès lors fut considéré en Europe comme le législateur de l'avenir. C'est pour l'*Encyclopédie* qu'il composa l'*Essai sur le Goût*, petit traité imparfait, sans doute, mais qui prouve que l'esprit du grand écrivain pouvait découvrir aussi bien les principes de la vraie littérature que ceux de la vraie législation.

Montesquieu mourut le 10 février 1735. « Si nous voulions, a dit M. Walckenaer, chercher dans les anciens des exemples pour donner une idée de la manière de Montesquieu, comme écrivain, nous dirions qu'elle se compose de plusieurs des belles qualités de Tacite et de quelques-uns des brillants défauts de Sénèque. » Comme homme privé, Montesquieu fut toujours un modèle de bienfaisance et de probité.

M. Destutt de Tracy a fait un travail très-brillant sur l'*Esprit des Lois*, et rectifié quelques-unes des erreurs que contient ce beau livre.

Voici maintenant divers jugements sur les ouvrages de Montesquieu.

« Comme on aperçoit dans les *Lettres Persanes* le germe de l'*Esprit des Lois*, on croit voir aussi dans les *Considérations sur la grandeur et la décadence des Romains* une partie détachée de cet ouvrage immense, qui absorba la vie de Montesquieu. Il est probable qu'il se détermina à faire de ces *Considérations* un traité à part, parce que tout ce qui regarde les Romains offrant par soi-même un grand sujet, d'un côté, l'auteur, qui se sentait capable de le remplir, ne voulut rester ni au-dessous de sa matière ni au-dessous de son talent ; et de l'autre, il craignit que les Romains seuls ne tinssent trop de place dans l'*Esprit des Lois*, et ne rompissent les proportions de l'ouvrage C'est ce qui nous a valu cet excellent traité, dont nous n'avions aucun modèle dans notre langue, et qui durera autant qu'elle : c'est un chef-d'œuvre de raison et de style, qui laisse bien loin Machiavel, Gordon, Saint-Réal, Amelot de La Houssaie et tous les autres écrivains politiques qui avaient traité les mêmes objets. Jamais on n'avait encore rapproché dans un si petit espace une telle quantité de pensées profondes et de vues lumineuses. Le mérite de la concision dans les vérités morales, naturalisé dans notre langue par Larochefoucauld et La Bruyère, doit le céder à celui de Montesquieu, en raison de la hauteur et de la difficulté du sujet. Ceux-là n'avaient fait que circonscrire dans une mesure précise et une expression remarquable des idées dont le fond est dans tout esprit capable de réflexion, parce que tout le monde en a besoin ; celui-ci adapta la même précision à de grandes choses, hors de la portée et de l'usage de la plupart des hommes, et où il portait en même temps une lumière nouvelle : il faisait voir dans l'histoire d'un peuple qui a fixé l'attention de toute la terre ce que nul autre n'y avait vu, et ce que lui seul semblait capable d'y voir, par la manière dont il le montrait. Il sut démêler, dans la politique et le gouvernement des Romains, ce que nul de leurs historiens n'y avait aperçu. Celui d'eux tous qui eut le plus de rapport avec lui, et qu'il paraît même avoir pris pour modèle dans sa manière d'écrire, Tacite, qui fut comme lui grand penseur et grand peintre, nous a laissé un beau Traité sur les mœurs des Germains. Mais qu'il y a loin du portrait de peuplades à demi sauvages, tracé avec un art et des couleurs qui font de l'éloge des barbares la satire de la civilisation corrompue, à ce vaste tableau de vingt siècles, depuis la fondation de Rome jusqu'à la prise de Constantinople, renfermé dans un cadre étroit, où, malgré sa petitesse, les objets ne perdent rien de leur grandeur, et n'en deviennent même que plus saillants et plus sensibles ! Que peut-on comparer, en ce genre, à un petit nombre de pages où l'on a, pour ainsi dire, fondu et concentré tout l'esprit de vie qui animait et soutenait ce colosse de la puissance romaine, et en même temps tous les poisons rongeurs qui, après l'avoir longtemps consumé, le firent tomber en lambeaux sous les coups de tant de nations réunies contre lui ? C'est un monument unique dans notre siècle, que ce livre qui avec tant de substance a si peu d'étendue ; où la philosophie est si heureusement mêlée à la politique ; que l'auteur a pris de l'une la justesse des idées générales, et de l'autre celle des applications particulières, deux choses très-différentes, et qui, faute d'être réunies, ont produit si souvent ou des législateurs qui n'étaient nullement philosophes, ou des philosophes qui n'étaient nullement législateurs. Montesquieu a su joindre ici, comme dans l'*Esprit des Lois*, la brièveté des expressions à l'élévation des vues : il voit et fait voir beaucoup de conséquences dans un seul principe, et le lecteur qui est de force à réfléchir sur ces matières, peut s'instruire plus dans un seul volume que dans tous ceux où les anciens et les modernes ont traité de l'histoire romaine. »

LA HARPE.

« Montesquieu, nourri dans l'étude austère des lois, et revêtu d'une grave magistrature, publia, en essayant de cacher son nom, un ouvrage brillant et spirituel, où la hardiesse des opinions n'est interrompue que par les vives peintures de l'amour. Un nouveau siècle a remplacé le siècle de Louis XIV ; et le génie de cette époque naissante anime les *Lettres Persanes*. Vous le retrouverez la plus étincelant que dans les écrits mêmes de Voltaire : c'est le siècle des opinions nouvelles, le siècle de l'esprit. L'ennui d'une longue contrainte imposée par un grand monarque dont la piété s'attristait dans la vieillesse et le malheur, les folies d'un gouvernement corrupteur et d'un prince aimable, tout avait répandu dans la nation un goût de licence et de nouveauté, qui favorisait cette faculté heureuse à laquelle les Français ont donné, sans doute dans leur intérêt, le nom même de l'esprit, quoiqu'elle n'en soit que la partie la plus vive et la plus légère C'est le caractère dont brillent, au premier coup d'œil, les *Lettres Persanes*. C'est la superficie éblouissante d'un ouvrage quelquefois profond. Portraits satiriques, exagérations ménagées avec un air de vraisemblance, décisions tranchantes et appuyées sur des saillies, contrastes inattendus, expressions fines et détournées, langage familier, rapide et moqueur, toutes les formes de l'esprit s'y montrent et s'y renouvellent sans cesse. Ce n'est pas l'esprit délicat de Fontenelle, l'esprit élégant de La Mothe : la raillerie de Montesquieu est sentencieuse et maligne comme celle de La Bruyère ; mais elle a plus de force et de hardiesse. Montesquieu se livre à la gaieté de son siècle ; il la partage pour mieux la peindre, et le style de son ouvrage est à la fois le trait le plus brillant et le plus vrai du tableau qu'il veut tracer. »

. . . .

« Un grand homme, parmi les talents qu'il développe, est toujours dominé par une faculté particulière, que l'on peut appeler l'instinct de son génie. Les lois étaient pour Montesquieu cet objet de préférence où se portait naturellement sa pensée. Il n'a pas cherché dans cette étude un exercice pour le talent d'écrire; il l'a choisie parce qu'elle était conforme à toutes les vues de son esprit; il a tenté de l'approfondir, enfin, parce qu'une sorte de prédilection involontaire l'y ramenait sans cesse. C'est l'œuvre de son choix, c'était la méditation de sa vie; et, malgré les censures de la haine ou de la frivolité, ce fut le plus beau titre de sa gloire. On s'étonne d'abord des immenses souvenirs qui remplissent l'*Esprit des Lois*; mais il faut admirer bien plus encore ces divisions ingénieusement arbitraires, qui renferment tant de faits et d'idées dans un ordre exact et régulier. Peut-être, au premier abord, supposerait-on plus de génie dans un homme qui, sans s'arrêter aux lois positives, tracerait, d'après les règles de la justice éternelle, un code imaginaire pour le genre humain; mais cette idée, réalisée par un Anglais célèbre, est plus extraordinaire que grande. »

VILLEMAIN.

« L'histoire, ce flambeau des sciences morales, doit presque tout au dix-huitième siècle. Si l'érudition s'est affaiblie en France, elle s'est accrue et enrichie ailleurs. Le dix-huitième siècle a ouvert à l'érudition un monde nouveau. Williams Jones et Anquetil-Duperron ont révélé l'Orient à l'Europe. Enfin le dix-huitième siècle a imprimé à l'histoire un nouveau caractère, en lui demandant, avant tout, la peinture et le progrès de l'humanité. La science de la législation a commencé en Europe avec la réforme et la restauration anglaise; mais que sont tous les publicistes antérieurs, comparés à Montesquieu? Comme le chef de l'école historique du dix-huitième siècle est Voltaire, le chef de l'école politique de ce siècle est Montesquieu. Toute l'Europe éclairée s'est rangée sous sa bannière. »

COUSIN.

CHARLES XII.

Ce prince, qui ne fit usage que de ses seules forces, détermina sa chute en formant des desseins qui ne pouvaient être exécutés que par une longue guerre; ce que son royaume ne pouvait soutenir.

Ce n'était pas un État qui fût dans la décadence qu'il entreprit de renverser, mais un empire naissant. Les Moscovites se servirent de la guerre qu'il leur faisait comme d'une école. A chaque défaite, ils s'approchaient de la victoire; et, perdant au dehors, ils apprenaient à se défendre au dedans.

Charles se croyait le maître du monde dans les déserts de la Pologne, où il errait et dans lesquels la Suède était comme répandue, pendant que son principal ennemi se fortifiait contre lui, se serrait, s'établissait sur la mer Baltique, détruisait ou prenait la Livonie.

La Suède ressemblait à un fleuve dont on coupait les eaux dans sa source, pendant qu'on les détournait dans son cours.

Ce ne fut point Pultawa qui perdit Charles : s'il n'avait pas été détruit dans ce lieu, il l'aurait été dans un autre. Les accidents de la fortune se réparent aisément : on ne peut pas parer à des événements qui naissent continuellement de la nature des choses.

Mais la nature ni la fortune ne furent jamais si fort contre lui que lui-même.

Il ne se réglait point sur la disposition actuelle des choses, mais sur un certain modèle qu'il avait pris : encore le suivit-il très-mal. Il n'était point Alexandre, mais il aurait été le meilleur soldat d'Alexandre.

Arrêtons-nous un moment devant ce Charles XII, comme on s'arrête devant ces pyramides du désert, dont l'œil étonné contemple les énormes proportions avant que la raison ne se demande quelle est leur utilité. On aime à voir dans cet homme extraordinaire l'alliance si rare des vertus privées et des qualités héroïques, même avec cette exagération qui a fait de ce prince le phénomène des siècles civilisés. On admire ce profond mépris des voluptés et de la vie, et cette soif démesurée de la gloire, et cette extrême simplicité de mœurs, et cette étonnante intrépidité, et sa familiarité, et sa bonté envers les siens, et sa sévérité sur lui-même, et ses expéditions fabuleuses, entreprises avec tant d'audace; et cette défaite de Pultawa, soutenue avec tant de fermeté; et cette prison de Bender, où il montra tant de hauteur; et ce roi qui commande le respect à des barbares lorsqu'ils n'ont plus rien à craindre, l'amour à ses sujets lorsqu'ils ne peuvent plus rien en attendre, et, quoique absent, l'obéissance dans ces mêmes États où ses successeurs présents n'ont pas toujours pu l'obtenir; et à la vue de cette combinaison unique de qualités et d'événements, on est tenté d'appliquer à ce prince ce mot du père Daniel, en parlant de notre saint Louis : *Un des plus grands hommes et des plus singuliers qui aient été.*

BONNALD.

VOLTAIRE.

BATAILLE DE NERVA.

Il ne restait plus à Charles XII, pour achever sa première campagne, que de marcher contre son rival de gloire, Pierre Alexiowits. Il était d'autant plus animé contre lui, qu'il y avait encore à Stockholm trois ambassadeurs moscovites, qui venaient de jurer le renouvellement d'une paix inviolable. Il ne pouvait comprendre, lui qui se piquait d'une probité sévère, qu'un législateur, comme le czar, se fît un jeu de ce qui doit être si sacré. Le jeune prince, plein d'honneur, ne pensait pas qu'il y eût une morale différente pour les rois et pour les particuliers. L'empereur de Moscovie venait de faire paraître un manifeste qu'il eût mieux fait de supprimer. Il alléguait, pour raison de la guerre, qu'on ne lui avait pas rendu assez d'honneurs, lorsqu'il avait passé *incognito* à Riga, et qu'on avait vendu les vivres trop cher à ses ambassadeurs. C'étaient là des griefs pour lesquels il ravageait l'Ingrie avec quatre-vingt mille hommes.

Il parut devant Nerva à la tête de cette grande armée, le premier octobre, dans un temps plus rude en ce climat, que ne l'est le mois de janvier à Paris. Le czar, qui, dans de pareilles saisons, faisait quelquefois quatre cents lieues en poste à cheval, pour aller visiter lui-même une mine ou quelque canal, n'épargnait pas plus ses troupes que lui-même. Il savait d'ailleurs que les Suédois, depuis le temps de Gustave-Adolphe, faisaient la guerre au cœur de l'hiver, comme dans l'été : il voulut accoutumer aussi les Moscovites à ne point connaître de saisons, et les rendre, un jour, pour le moins, égaux aux Suédois. Ainsi, dans un temps où les glaces et les neiges forcent les autres nations, dans des climats tempérés, à suspendre la guerre, le czar Pierre assiégeait Nerva à trente degrés du pôle, et Charles XII s'avançait pour la secourir. Le czar ne fut pas plus tôt arrivé devant la place, qu'il se hâta de mettre en pratique ce qu'il venait d'apprendre dans ses voyages. Il traça son camp, le fit fortifier de tous côtés, éleva des redoutes de distance en distance, et ouvrit lui-même la tranchée. Il avait donné le commandement de son armée au duc de Croi, Allemand, général habile, mais peu secondé alors par les officiers russes. Pour lui, il n'avait dans ses troupes que le rang de simple lieutenant. Il avait donné l'exemple de l'obéissance militaire à sa noblesse, jusque-là indisciplinable, laquelle était en possession de conduire, sans expérience et en tumulte, des esclaves mal armés. Il n'était pas étonnant que celui qui s'était fait charpentier à Amsterdam pour avoir des flottes, fût lieutenant à Nerva pour enseigner à sa nation l'art de la guerre.

Les Russes sont robustes, infatigables, peut-être aussi courageux que les Suédois ; mais c'est au temps à aguerrir les troupes, et à la discipline à les rendre invincibles. Les seuls régiments dont on pût espérer quelque chose étaient commandés par des officiers allemands, mais ils étaient en petit nombre. Le reste était composé de barbares arrachés à leurs forêts, couverts de peaux de bêtes sauvages, les uns armés de flèches, les autres de massues : peu avaient des fusils ; aucun n'avait vu un siége régulier : il n'y avait pas un bon canonnier dans toute l'armée. Cent cinquante canons, qui auraient dû réduire la petite ville de Nerva en cendres, y avaient à peine fait brèche, tandis que l'artillerie de la ville renversait à tout moment des rangs entiers dans les tranchées. Nerva était presque sans fortifications : le baron de Horn, qui y commandait, n'avait pas mille hommes de troupes réglées ; cependant cette armée innombrable n'avait pu la réduire en dix semaines.

On était déjà au 15 novembre, quand le czar apprit que le roi de Suède, ayant traversé la mer avec deux cents vaisseaux de transport, marchait pour secourir Nerva. Les Suédois n'étaient que vingt mille. Le czar n'avait que la supériorité du nombre. Loin donc de mépriser son ennemi, il employa tout ce qu'il avait d'art pour l'accabler. Non content de quatre-vingt mille hommes, il se prépara à lui opposer encore une autre armée, et à l'arrêter à chaque pas. Il avait déjà mandé près de trente mille hommes, qui s'avançaient de Pleskow à grandes journées. Il fit alors une démarche qui l'eût rendu méprisable, si un législateur qui a fait de si grandes choses pouvait l'être. Il quitta son camp, où sa présence était nécessaire, pour aller chercher ce nouveau corps de troupes, qui pouvait très-bien arriver sans lui, et sembla, par cette démarche, craindre de combattre, dans un camp retranché, un jeune prince sans expérience, qui pouvait venir l'attaquer.

Quoi qu'il en soit, il voulait enfermer Charles XII entre deux armées. Ce n'était pas tout : trente mille hommes, détachés du camp devant Nerva, étaient postés à une lieue de cette ville, sur le chemin du roi de Suède ; vingt mille strélitz étaient plus loin, sur le même chemin ; cinq mille autres faisaient une garde avancée. Il fallait passer sur le ventre à toutes ces troupes avant que d'arriver devant le camp, qui était muni d'un rempart et d'un double fossé. Le roi de Suède avait débarqué à Pernaw, dans le golfe de Riga, avec environ seize mille hommes d'infanterie et un peu plus de quatre mille chevaux. De Pernaw il avait précipité sa marche jusqu'à Révél, suivi de toute sa cavalerie et seulement de quatre mille fantassins. Il marchait toujours en avant, sans attendre le reste de ses troupes. Il se trouva bientôt, avec ses huit mille hommes seulement, devant les premiers postes des ennemis. Il ne balança pas à les attaquer tous les uns après les autres, sans leur donner le temps d'apprendre à quel petit nombre ils avaient affaire. Les Moscovites, voyant arriver les Suédois à eux, crurent avoir toute une armée à combattre. La garde avancée de cinq mille hommes, qui gardait entre des rochers un poste où cent hommes résolus pouvaient arrêter une armée entière, s'enfuit à la première approche des Suédois. Les vingt mille hommes qui étaient derrière, voyant fuir leurs compagnons, prirent l'épouvante, et allèrent porter le désordre dans le camp. Tous les postes furent emportés en deux jours ; et ce qui, en d'autres occasions, eût été compté pour trois victoires, ne retarda pas d'une heure la marche du roi. Il parut donc enfin, avec ses huit mille hommes, fatigués d'une si longue marche, devant un camp de quatre-vingt mille Russes, bordé de cent cinquante canons. A peine ses troupes eurent-elles pris quelque repos, que, sans délibérer, il donna ses ordres pour l'attaque.

Le signal était deux fusées et le mot, en allemand, *Avec l'aide de Dieu*. Un officier lui ayant représenté la grandeur du péril : « Quoi ! vous doutez, dit-il, qu'avec mes huit mille braves Suédois je ne passe sur le corps à quatre-vingt-mille Moscovites ? » Un moment après, craignant qu'il n'y eût un peu de fanfaronnade dans ces paroles, il courut lui-même après cet officier : « N'êtes-vous donc pas de mon avis ? lui dit-il ; n'ai-je pas deux avantages sur les ennemis ? l'un, que leur cavalerie ne pourra leur servir, et l'autre, que le lieu étant resserré, leur grand nombre ne fera que les incommoder, et ainsi je serai réellement plus fort qu'eux. » L'officier n'eut garde d'être d'un autre avis, et l'on marcha aux Moscovites à midi, le 30 novembre 1700.

Dès que le canon des Suédois eut fait brèche aux retranchements, ils s'avancèrent, la baïonnette au bout du fusil, ayant au dos une neige furieuse, qui donnait au visage des ennemis. Les Russes se firent tuer pendant une demi-heure, sans quitter le revers des fossés. Le roi attaquait à la droite du camp, où était le quartier du czar : il espérait le rencontrer, ne sachant pas que l'empereur lui-même avait été chercher ces quarante mille hommes qui devaient arriver dans peu. Aux premières décharges de la mousqueterie ennemie, le roi reçut une balle à la gorge ; mais c'était une balle morte, qui s'arrêta dans les plis de sa cravate noire, et qui ne lui fit aucun mal. Son cheval fut tué sous lui. M. de Spaar m'a dit que le roi sauta légèrement sur un autre cheval, en disant : « Ces gens-ci me font faire mes exercices, » et continua de combattre et de donner les ordres avec la même présence d'esprit. Après trois heures de combat, les retranchements furent forcés de tous côtés. Le roi poursuivit la droite des ennemis jusqu'à la rivière de Nerva, avec son aile gauche, si l'on peut appeler de ce nom environ quatre mille hommes qui en poursuivaient près de quarante mille. Le pont rompit sous les fuyards ; la rivière fut en un moment couverte de morts. Les autres, désespérés, retournèrent à leur camp sans savoir où ils allaient : ils trouvèrent quelques baraques, derrière lesquelles ils se mirent. Là ils se défendirent encore, parce qu'ils ne pouvaient pas se sauver ; mais enfin leurs généraux Dolgorouki, Gollofkin, Fédérowitz, vinrent se rendre au roi, et mettre leurs armes à ses pieds. Pendant qu'on les lui présentait, arriva le duc de Croï, général de l'armée, qui venait se rendre lui-même avec trente officiers.

Charles reçut tous ces prisonniers d'importance avec une politesse aussi aisée et un air aussi humain que s'il leur eût fait, dans sa cour, les honneurs d'une fête. Il ne voulut garder que les généraux. Tous les officiers subalternes et les soldats furent conduits jusqu'à la rivière de Nerva : on leur fournit des bateaux pour la repasser et pour s'en retourner chez eux. Cependant la nuit s'approchait ; la droite des Moscovites se battait encore : les Suédois n'avaient pas perdu six cents hommes ; dix-huit mille Moscovites avaient été tués dans leurs retranchements ; un grand nombre était noyé : beaucoup avaient passé la rivière ; il en restait encore assez dans le camp pour exterminer jusqu'au dernier Suédois. Mais ce n'est pas le nombre des morts, c'est l'épouvante de ceux qui survivent qui fait perdre les batailles. Le roi profita du peu de jour qui restait pour saisir l'artillerie ennemie. Il se posta avantageusement entre leur camp et la ville : là il dormit quelques heures sur la terre, enveloppé dans son manteau, en attendant qu'il pût fondre, au point du jour, sur l'aile gauche des ennemis, qui n'avait point encore été tout à fait rompue. A deux heures du matin, le général Vède, qui commandait cette gauche, ayant su le gracieux accueil que le roi avait fait aux autres généraux, et comment il avait renvoyé tous les officiers subalternes et les soldats, l'envoya supplier de lui accorder la même grâce. Le vainqueur lui fit dire qu'il n'avait qu'à s'approcher à la tête de ses troupes, et venir mettre bas les armes et les drapeaux devant lui. Ce général parut bientôt après avec ses Moscovites, qui étaient au nombre d'environ trente mille. Ils marchèrent tête nue, soldats et officiers, à travers moins de sept mille Suédois. Les soldats, en passant devant le roi, jetaient à terre leurs fusils et leurs épées, et les officiers portaient à ses pieds les enseignes et les drapeaux. Il fit repasser la rivière à toute cette multitude, sans en retenir un seul soldat prisonnier. S'il les avait gardés, le nombre des prisonniers eût été au moins cinq fois plus grand que celui des vainqueurs.

Voici comment Mably a jugé l'*Histoire de Charles XII*.

« Je vous citerai l'exposition de l'*Histoire de Charles XII*, par Voltaire, qu'il faut se garder d'imiter. Que de choses inutiles qu'un historien ne se permet que quand il est fort ignorant! Étonné de ce qu'il vient d'apprendre, il ne doute point que ses lecteurs ne lui sachent gré de son érudition ; il ne veut rien perdre ; il prodigue tout ce qu'il sait. Cependant que m'importe d'apprendre qu'on ne connaît en Suède que deux saisons, l'hiver et l'été? A quoi bon m'entretenir vaguement des lois barbares et des mœurs sauvages des anciens Suédois? Elles avaient influé sur la révolution de Gustave Vasa ; mais il ne s'agissait plus de tout cela dans l'*Histoire de Charles XII*. Il fallait se borner à dire que la couronne, héréditaire depuis Vasa, sans que la Suède se fût sagement précautionnée contre le pouvoir arbitraire, était devenue despotique sous le père de Charles XII, et que ce prince, abusant des divisions de ses sujets pour les dégrader et les avilir, n'avait pu cependant étouffer tout à fait cette élévation et cette grandeur d'âme qu'ils doivent au règne de Gustave-Adolphe. Au lieu de l'exposition inutile que fait Voltaire, vous voyez qu'il aurait pu la rendre très-belle et très-intéressante, s'il eût su qu'elle doit servir à expliquer les causes des événements.

» Malheureusement Voltaire a fini tous ses ouvrages avant que d'avoir bien compris ce qu'il voulait faire. N'êtes-vous pas étonné qu'un historien qui oublie de vous exposer la situation actuelle de la Suède, et qui, ne prévoyant pas que le caractère extraordinaire de son héros doit causer une révolution dans les mœurs et le gouvernement des Suédois, ne s'occupe que du moment présent, porte tout d'un coup ses regards sur l'avenir, pour ne faire qu'une nouvelle faute? En effet, au lieu de me peindre, dans son exposition, le czar Pierre 1er tel qu'il était encore quand la guerre commençait, il le représente tel qu'il parut lorsque ses disgrâces, qui n'avaient pu l'abattre, eurent développé toutes les ressources de son génie. Il naît de tout cela un embarras dont certains lecteurs ne s'aperçoivent pas, mais qui gênent ceux qui cherchent à se rendre compte des événements. Après une exposition si vicieuse, vous auriez tort de vous attendre à une histoire raisonnable. Le héros agira sans savoir pourquoi, et l'historien marchera comme un fou à la suite d'un fou. »

CHARLES XII A BENDER.

On ne fut pas longtemps sans voir l'armée des Turcs et des Tartares qui venaient attaquer le petit retranchement avec dix pièces de canon et deux mortiers. Les queues de cheval flottaient en l'air, les clairons sonnaient, les cris de *Allah! Allah!* se faisaient entendre de tous côtés. Le baron de Grothusen remarqua que les Turcs ne mêlaient dans leurs cris aucune injure contre le roi, et qu'ils l'appelaient seulement *Demirbash* (tête de fer). Aussitôt il prend le parti de sortir seul, sans armes, des retranchements ; il s'avança dans les rangs des janissaires, qui presque tous avaient reçu de l'argent de lui. « Eh quoi! mes amis, leur dit-il en propres mots, venez-vous massacrer trois cents Suédois sans défense, vous, braves janissaires, qui avez pardonné à cent mille Russes, quand ils vous ont crié *amman* (pardon)? Avez-vous oublié les bienfaits que vous avez reçus de nous? et voulez-vous assassiner ce grand roi de Suède que vous aimez tant, et qui vous a fait tant de libéralités? Mes amis, il ne demande que trois jours, et les ordres du sultan ne sont pas si sévères qu'on vous le fait croire. »

Ces paroles firent un effet que Grothusen n'attendait pas lui-même. Les janissaires jurèrent sur leurs barbes qu'ils n'attaqueraient pas le roi, et qu'ils lui donneraient les trois jours qu'il demandait. En vain on donna le signal de l'assaut. Les janissaires, loin d'obéir, menacèrent de se jeter sur leurs chefs, si l'on n'accordait pas trois jours au roi de Suède : ils vinrent en tumulte à la tente du pacha de Bender, criant que les ordres du sultan étaient supposés. A cette sédition inopinée le pacha n'eut à opposer que la patience.

Il feignit d'être content de la généreuse résolution

des janissaires, et leur ordonna de se retirer à Bender. Le khan des Tartares, homme violent, voulait donner immédiatement l'assaut avec ses troupes; mais le pacha, qui ne prétendait pas que les Tartares eussent seuls l'honneur de prendre le roi, tandis qu'il serait puni peut-être de la désobéissance de ses janissaires, persuada au khan d'attendre jusqu'au lendemain.

Le pacha, de retour à Bender, assembla tous les officiers des janissaires et les plus vieux soldats; il leur lut et leur fit voir l'ordre positif du sultan et le *fetfa* (mandement) du mouphti. Soixante des plus vieux, qui avaient des barbes blanches vénérables, et qui avaient reçu mille présents des mains du roi, proposèrent d'aller eux-mêmes le supplier de se remettre entre leurs mains, et de souffrir qu'ils lui servissent de gardes.

Le pacha le permit : il n'y avait point d'expédient qu'il n'eût pris, plutôt que d'être réduit à faire tuer ce prince. Ces soixante vieillards allèrent donc le lendemain matin à Varnitza, n'ayant dans leurs mains que de longs bâtons blancs, seules armes des janissaires quand ils ne vont point au combat; car les Turcs regardent comme barbare la coutume des chrétiens de porter des épées en temps de paix, et d'entrer armés chez leurs amis et dans leurs églises.

Ils s'adressèrent au baron de Grothusen et au chancelier Mullern; ils lui dirent qu'ils venaient dans le dessein de servir de fidèles gardes au roi, et que, s'il voulait, ils le conduiraient à Andrinople, où il pourrait parler au grand-seigneur. Dans le temps qu'ils faisaient cette proposition, le roi lisait des lettres qui arrivaient de Constantinople, que Fabrice, qui ne pouvait plus le voir, lui avait fait tenir secrètement par un janissaire. Elles étaient du comte Poniatowski, qui ne pouvait le servir ni à Bender ni à Andrinople, étant retenu à Constantinople par ordre de la Porte. Il mandait au roi que les ordres du sultan, pour saisir ou massacrer sa personne royale en cas de résistance, n'étaient que trop réels; qu'à la vérité le sultan était trompé par ses ministres, mais que plus l'empereur était trompé dans cette affaire, plus il voulait être obéi; qu'il fallait céder au temps et plier sous la nécessité; qu'il prenait la liberté de lui conseiller de tout tenter auprès des ministres par la voie des négociations, de ne point mettre de l'inflexibilité où il ne fallait que de la douceur, et d'attendre de la politique et du temps le remède à un mal que la violence aigrirait sans ressource.

Mais ni les propositions de ces vieux janissaires, ni les lettres de Poniatowski, ne purent donner seulement au roi l'idée qu'il pouvait fléchir sans déshonneur. Il aimait mieux mourir de la main des Turcs que d'être en quelque sorte leur prisonnier. Il renvoya ces janissaires sans les vouloir voir, et leur fit dire que s'ils ne se retiraient, il leur ferait couper la barbe, ce qui est, dans l'Orient, le plus outrageant de tous les affronts.

Les vieillards, remplis de l'indignation la plus vive, s'en retournèrent en criant : « Ah! la tête de fer! puisqu'il veut périr, qu'il périsse! » Ils vinrent rendre compte au pacha de leur commission, et apprendre à leurs camarades, à Bender, l'étrange réception qu'on leur avait faite. Tous jurèrent alors d'obéir aux ordres du pacha sans délai, et eurent autant d'impatience d'aller à l'assaut qu'ils en avaient eu peu le jour précédent.

L'ordre est donné dans le moment. Les Turcs marchent aux retranchements; les Tartares les attendaient déjà, et les canons commençaient à tirer. Les janissaires d'un côté, et les Tartares de l'autre, forcent en un instant ce petit camp : à peine vingt Suédois tirèrent l'épée. Les trois cents soldats furent enveloppés et faits prisonniers sans résistance. Le roi était alors à cheval, entre sa maison et son camp, avec les généraux Hord, Dardoff et Sparre. Voyant que tous ses soldats s'étaient laissé prendre en sa présence, il dit de sang-froid à ces trois officiers : « Allons défendre la maison; nous combattrons, ajouta-t-il en souriant, *pro aris et focis.* »

Aussitôt il galope avec eux vers cette maison, où il avait mis environ quarante domestiques en sentinelle, et qu'on avait fortifiée du mieux qu'on avait pu.

Ces généraux, tout accoutumés qu'ils étaient à l'opiniâtre intrépidité de leur maître, ne pouvaient se lasser d'admirer qu'il voulût, de sang-froid et en plaisantant, se défendre contre dix canons et toute une armée : ils le suivent avec quelques gardes et quelques domestiques, qui faisaient en tout vingt personnes.

Mais quand ils furent à la porte, ils la trouvèrent assiégée de janissaires; déjà même près de deux cents Turcs ou Tartares entrés par une fenêtre, et s'étaient rendus maîtres de tous les appartements, à la réserve d'une grande salle où les domestiques du roi s'étaient retirés. Cette salle était heureusement près de la porte par où le roi voulait entrer avec sa petite troupe de vingt personnes. Il s'était jeté en bas de son cheval, le pistolet et l'épée à la main, et sa suite en avait fait autant.

Les janissaires tombent sur lui de tous côtés; ils étaient animés par la promesse qu'avait faite le pacha de huit ducats d'or à chacun de ceux qui auraient seulement touché son habit, en cas qu'on le pût prendre. Il blessait et il tuait tous ceux qui s'approchaient de sa personne. Un janissaire qu'il avait blessé lui appuya son mousqueton sur le visage : si le bras du Turc n'avait fait un mouvement causé par la foule qui allait et venait comme des vagues, le roi était mort; la balle glissa sur son nez, lui emporta un bout de l'oreille, et alla casser le bras au général Hord, dont la destinée était d'être toujours blessé à côté de son maître.

Le roi enfonça son épée dans l'estomac du janissaire; en même temps ses domestiques, qui étaient enfermés dans la grande salle, en ouvrent la porte : le roi entre comme un trait, suivi de sa petite troupe; on referme la porte dans l'instant, et on la barricade avec tout ce qu'on peut trouver. Voilà Charles XII dans cette salle, enfermé avec toute sa suite, qui consistait en près de soixante hommes, officiers, gardes, secrétaires, valets de chambre, domestiques de toute espèce.

Les janissaires et les Tartares pillaient le reste de la maison, et remplissaient les appartements. « Allons un peu chasser de chez moi ces barbares, dit-il; » et, se mettant à la tête de son monde, il ouvrit lui-même la porte de la salle qui donnait dans son appartement à coucher ; il entre, et fait feu sur ceux qui pillaient.

Les Turcs, chargés de butin, épouvantés de la subite apparition de ce roi qu'ils étaient accoutumés à respecter, jettent leurs armes, sautent par la fenêtre ou se retirent jusque dans les caves. Le roi, profitant de leur désordre, et les siens, animés par le succès, poursuivent les Turcs de chambre en chambre, tuent ou blessent ceux qui ne fuient point, et en un quart d'heure nettoient la maison d'ennemis.

Le roi aperçut, dans la chaleur du combat, deux janissaires qui se cachaient sous son lit : il en tua un d'un coup d'épée; l'autre lui demanda pardon en criant *Amman*. « Je te donne la vie, dit le roi au Turc, à condition que tu iras faire au pacha un fidèle récit de ce que tu as vu. » Le Turc promit aisément ce qu'on voulut, et on lui permit de sauter par la fenêtre comme les autres.

Les Suédois, étant enfin maîtres de la maison, refermèrent et barricadèrent encore les fenêtres. Ils ne manquaient point d'armes : une chambre basse, pleine de mousquets et de poudre, avait échappé à la recherche tumultueuse des janissaires ; on s'en servit à propos. Les Suédois tiraient à travers les fenêtres, presque à bout portant, sur cette multitude de Turcs, dont ils tuèrent deux cents en moins d'un demi-quart d'heure.

Le canon tirait contre la maison; mais les pierres étant fort molles, il ne faisait que des trous et ne renversait rien.

Le khan des Tartares et le pacha, qui voulaient prendre le roi en vie, honteux de perdre du monde et d'occuper une armée entière contre soixante personnes, jugèrent à propos de mettre le feu à la maison, pour obliger le roi de se rendre. Ils firent lancer sur le toit, contre les portes et contre les fenêtres, des flèches entortillées de mèches allumées. La maison fut en flammes en un moment. Le toit, tout embrasé, était près de fondre sur les Suédois. Le roi donna tranquillement ses ordres pour éteindre le feu. Trouvant un petit baril plein de liqueur, il prend le baril lui-même, et, aidé de deux Suédois, il le jette à l'endroit où le feu était le plus violent. Il se trouva que ce baril était rempli d'eau-de-vie; mais la précipitation inséparable d'un tel embarras empêcha d'y penser. L'embrasement redoubla avec plus de rage. L'appartement du roi était consumé; la grande salle où les Suédois se tenaient était remplie d'une fumée affreuse, mêlée de tourbillons de feu qui entraient par les portes des appartements voisins; la moitié du toit était abîmée dans la maison même, l'autre tombait en dehors, en éclatant dans les flammes.

Un garde, nommé Walberg, osa, dans cette extrémité, crier qu'il fallait se rendre. « Voilà un étrange homme, dit le roi, qui s'imagine qu'il n'est pas plus beau d'être brûlé que d'être prisonnier. » Un autre garde, nommé Rosen, s'avisa de dire que la maison de la chancellerie, qui n'était qu'à cinquante pas, avait un toit de pierre et était à l'épreuve du feu, qu'il fallait faire une sortie, gagner cette maison, et s'y défendre. « Voilà un vrai Suédois, s'écria le roi. » Il embrassa ce garde, et le créa colonel sur-le-champ. « Allons, mes amis, dit-il, prenez avec vous le plus de poudre et de plomb que vous pourrez; gagnons la chancellerie l'épée à la main. »

Les Turcs, qui cependant entouraient cette maison tout embrasée, voyaient avec une admiration mêlée d'épouvante que les Suédois n'en sortaient point; mais leur étonnement fut encore plus grand lorsqu'ils virent ouvrir les portes, et le roi et les siens fondre sur eux en désespérés. Charles et ses principaux officiers étaient armés d'épées et de pistolets : chacun tira deux coups à la fois à l'instant que la porte s'ouvrit, et dans le même clin d'œil, jetant leurs pistolets et s'armant de leurs épées, ils firent reculer les Turcs plus de cinquante pas. Mais le moment d'après, cette petite troupe fut entourée. Le roi, qui était en bottes, selon sa coutume, s'embarrassa dans ses éperons et tomba ; vingt-un janissaires se jettent aussitôt sur lui ; il jette en l'air son épée, pour s'épargner la douleur de la rendre ; les Turcs l'emmenèrent au quartier du pacha, les uns le tenant sous les jambes, les autres sous les bras, comme on porte un malade que l'on craint d'incommoder.

Au moment que le roi se vit saisi, la violence de son tempérament et la fureur où un combat si long et si terrible avaient dû le mettre firent place tout à coup à la douceur et à la tranquillité. Il ne lui échappa pas un mot d'impatience, pas un coup d'œil de colère. Il regardait les janissaires en souriant, et ceux-ci le portaient criant *Allah*, avec une indignation mêlée de respect. Ses officiers furent pris au même temps, et dépouillés par les Turcs et par les Tartares. Ce fut le 12 février de l'an 1713 qu'arriva cet étrange événement, qui eut encore des suites singulières.

RAYNAL.

LE PEUPLE HOLLANDAIS.

Quels sentiments de patriotisme ne devrait-on pas attendre d'un peuple qui peut se dire à lui-même : Cette terre que j'habite, c'est moi qui l'ai rendue féconde ; c'est moi qui l'ai embellie ; c'est moi qui l'ai créée. Cette mer menaçante, qui couvrait nos campagnes, se brise contre les digues puissantes que j'ai opposées à sa fureur. J'ai purifié cet air, que des eaux croupissantes remplissaient de vapeurs mortelles. C'est par moi que des villes superbes pressent la vase et le limon où flottait l'Océan. Les ports que j'ai construits, les canaux que j'ai creusés, reçoivent toutes les productions de l'univers, que je dispense à mon gré. Les héritages des autres peuples ne sont que des possessions que l'homme dispute à l'homme ; celui que je laisserai à mes enfants, je l'ai arraché aux éléments conjurés contre ma demeure ; et j'en suis resté le maître. C'est ici que j'ai établi un nouvel ordre physique, un nouvel ordre moral. J'ai tout fait où il n'y avait rien. L'air, la terre, le gouvernement, la liberté : tout est ici mon ouvrage. Je jouis de la gloire du passé ; et lorsque je porte mes regards sur l'avenir, je vois avec satisfaction que nos cendres reposeront tranquillement dans les mêmes lieux où nos pères voyaient se former des tempêtes ! . . . .

. . . .
Industrieux Bataves, autrefois si pauvres, si braves et si redoutés, aujourd'hui si opulents et si faibles, craignez de tomber sous le joug d'un pouvoir arbitraire que vous avez brisé et qui vous menace encore. Ce n'est pas moi qui vous le dis, ce sont vos généreux ancêtres qui vous crient du fond de leurs tombeaux :

« N'est-ce donc que pour cette ignominie que nous avons rougi les mers de notre sang, que nous en avons abreuvé cette terre ? La misère que nous n'avons pu supporter est celle que vous vous préparez. Cet or, que vous accumulez et qui vous est si cher, c'est lui qui vous a mis sous la dépendance d'un de vos ennemis. Vous tremblez devant lui, par la crainte de perdre les richesses que vous lui avez confiées. Il vous commande, et vous obéissez. Eh ! perdez-les, s'il le faut, ces perfides richesses, et recouvrez votre dignité. C'est alors que, plutôt que de subir un joug, quel qu'il soit, vous préférerez de renverser de vos propres mains les barrières que vous avez données à la mer, et de vous ensevelir sous les eaux, vous, et vos ennemis avec vous.

» Mais si, dans l'état d'abjection et de pusillanimité où vous êtes, si demain il arrivait que l'ambition ramenât une armée au centre de vos provinces ou sur les murs de votre capitale, parlez, que feriez-vous ? On vous annonce qu'il faut, dans un moment, ou se résoudre à ouvrir les portes de votre ville, ou à crever vos digues ; vous écrieriez-vous : *Les digues ! les digues !* Vous pâlissez. Ah ! nous ne le voyons que trop : il ne reste à nos malheureux descendants aucune étincelle de la vertu de leurs pères.

» Par quel étrange aveuglement se sont-ils donnés un maître ! Par quel aveuglement, plus étrange encore, ont-ils éternisé son autorité, en la rendant héréditaire ? Nous dirions : Malheur à ceux qui se promettaient de dominer le prince par la reconnaissance, et la république par l'appui du prince, s'ils n'avaient été les premières victimes de leur basse politique, et s'ils n'étaient plongés dans la retraite et l'obscurité, les plus cruels des châtiments pour des hommes intrigants et ambitieux. Un peuple libre, un peuple commerçant qui se donne un maître ! Lui, à qui la liberté doit paraître d'autant plus précieuse qu'il est à craindre que ses projets ne soient connus, ses spéculations suspendues, ses entreprises traversées, les places de l'État remplies par des traîtres, et celles de ses colonies procurées à d'indignes étrangers ! Vous vous confiez dans la justice et les sentiments du chef que vous avez aujourd'hui, et peut-être avez-vous raison. Mais qui vous a garanti que ses vertus seront transmises à son successeur, de celui-ci au sien, et ainsi d'âge en âge à tous ceux qui naîtront de lui ?

» O nos concitoyens ! ô nos enfants ! puisse l'avenir démentir un funeste pressentiment! Mais si vous y réfléchissiez un moment, et si vous preniez le moindre intérêt au sort de vos neveux, dès à présent vous verriez se forger sous vos yeux les fers qui leur sont destinés. Ce sont des étrangers qui composent et commandent vos armées. Ouvrez les annales des nations; lisez, et frémissez des suites nécessaires de cette imprudence. Cette opulence qui vous tient assoupis et sous les pieds d'une puissance rivale de la vôtre, c'est cette opulence même qui allumera la cupidité de la puissance que vous avez créée au milieu de vous. Vous en serez dépouillés, et en même temps de votre liberté. Vous ne serez plus rien : car vous chercherez en vous notre courage, et vous ne l'y trouverez point.

» Ne vous y trompez point. Votre condition présente est plus fâcheuse que la nôtre ne le fut jamais. L'avantage d'un peuple indigent qu'on opprime est de n'avoir à perdre qu'une vie qui lui est à charge. Le malheur d'un peuple énervé par la richesse, c'est de tout perdre faute de courage pour se défendre. Réveillez-vous donc. Regardez les progrès successifs de votre dégradation. Voyez combien vous êtes descendus de l'état de splendeur où nous nous étions élevés, et tâchez d'y remonter, si toutefois il en est temps encore. »

Voilà ce que vos illustres et braves aïeux vous disent par ma bouche. — Et que vous importent, me répondrez-vous, notre décadence actuelle et nos malheurs à venir? Êtes-vous notre concitoyen? Avez-vous une habitation, une femme, des enfants dans nos villes? — Et que vous importe à vous-mêmes où je suis né, qui je suis, où j'habite, si ce que je vous dis est la vérité! Les anciens demandèrent-ils jamais à l'augure dans quelle contrée il avait reçu le jour, sur quel chêne reposait l'oiseau fatidique qui leur annonçait une victoire ou une défaite? — Bataves, la destinée de toute nation commerçante est d'être riche, lâche, corrompue et subjuguée. Demandez-vous où vous en êtes.

BARTHÉLEMY.

MORT DE LÉONIDAS.

Pendant la nuit, Léonidas avait été instruit du projet des Perses par des transfuges échappés du camp de Xercès, et le lendemain matin, il le fut de leurs succès par des sentinelles accourues du haut de la montagne. A cette terrible nouvelle, les chefs des Grecs s'assemblèrent. Comme les uns étaient d'avis de s'éloigner des Thermopyles, les autres d'y rester, Léonidas les conjura de se réserver pour des temps plus heureux, et déclara que, quant à lui et à ses compagnons, il ne leur était pas permis de quitter un poste que Sparte leur avait confié. Les Thespiens protestèrent qu'ils n'abandonneraient point les Spartiates; les quatre cents Thébains, soit de gré, soit de force, prirent le même parti; le reste de l'armée eut le temps de sortir du défilé.

Cependant Léonidas se disposait à la plus hardie des entreprises : « Ce n'est point ici, dit-il à ses compagnons, que nous devons combattre : il faut marcher à la tente de Xercès, l'immoler, ou périr au milieu de son camp. » Ses soldats ne répondent que par un cri de joie. Il leur fait prendre un repas frugal, en ajoutant : « Nous en prendrons bientôt un autre chez Pluton. » Toutes ces paroles laissent une impression profonde dans les esprits. Près d'attaquer l'ennemi, il est ému sur le sort de deux Spartiates qui lui étaient unis par le sang et par l'amitié : il donne au premier une lettre, au second, une commission secrète pour les magistrats de Lacédémone. « Nous ne sommes pas ici, lui disent-ils, pour porter des ordres, mais pour combattre ; » et sans attendre sa réponse, ils vont se placer dans les rangs qu'on leur avait assignés.

Au milieu de la nuit, les Grecs, Léonidas à leur tête, sortent du défilé, avancent à pas redoublés dans la plaine, renversent les postes avancés, et pénètrent dans la tente de Xercès qui avait déjà pris la fuite : ils entrent dans les tentes voisines, se répandent dans le camp, se rassasient de carnage. La terreur qu'ils inspirent se reproduit à chaque pas, à chaque instant, avec des circonstances plus effrayantes. Des bruits sourds, des cris affreux annoncent que les troupes d'Hydarnès sont détruites ; que toute l'armée le sera bientôt par les forces réunies de la Grèce. Les plus courageux des Perses ne pouvant entendre la voix de leurs généraux, ne sachant où porter leurs pas, où diriger leurs coups, se jetaient au hasard dans la mêlée, et périssaient par les mains les uns des autres, lorsque les premiers rayons du soleil offrirent à leurs yeux le petit nombre des vainqueurs. Ils se forment aussitôt, et attaquent les Grecs de toutes parts. Léonidas tombe sous une grêle de traits. L'honneur d'enlever son corps engage un combat terrible entre ses compagnons et les troupes les plus aguerries de l'armée persane. Deux frères de Xercès, quantité de Perses, plusieurs Spartiates y perdirent la vie. A la fin les Grecs, quoique épuisés et affaiblis par leurs pertes, enlèvent leur général, repoussent quatre fois l'ennemi dans leur retraite, et, après avoir gagné le défilé, franchissent le retranchement, et vont se placer sur la petite colline qui est auprès d'Anthéla : ils s'y défendirent encore quelques moments, et contre les troupes qui les suivaient, et contre celles qu'Hydarnès amenait de l'autre côté du détroit.

Pardonnez, ombres généreuses, à la faiblesse de mes expressions. Je vous offrais un plus digne hommage, lorsque je visitais cette colline où vous rendites les derniers soupirs ; lorsque, appuyé sur un de vos tombeaux, j'arrosais de mes larmes les lieux teints de votre sang. Après tout, que pourrait ajouter l'éloquence à ce sacrifice si grand et si extraordinaire ? Votre mémoire subsistera plus longtemps que l'empire des Perses, auquel vous avez résisté ; et, jusqu'à la fin des siècles, votre exemple produira dans les cœurs qui chérissent leur patrie le recueillement ou l'enthousiasme de l'admiration.

Avant que l'action fût terminée, quelques Thébains, à ce qu'on prétend, se rendirent aux Perses. Les Thespiens partagèrent les exploits et la destinée des Spartiates, et cependant la gloire des Spartiates a presque éclipsé celle des Thespiens. Parmi les causes qui ont influé sur l'opinion publique, on doit observer que la résolution de périr aux Thermopyles, fut dans les premiers, un projet conçu, arrêté et suivi avec autant de sang-froid que de constance; au lieu que dans les seconds ce ne fut qu'une saillie de bravoure et de vertu excitée par l'exemple. Les Thespiens ne s'élevèrent au-dessus des autres hommes que parce que les Spartiates s'étaient élevés au-dessus d'eux-mêmes.

Lacédémone s'enorgueillit de la perte de ses guerriers. Tout ce qui les concerne inspire de l'intérêt. Pendant qu'ils étaient aux Thermopyles, un Trachinien, voulant leur donner une haute idée de l'armée de Xercès, leur disait que le nombre de ses traits suffirait pour obscurcir le soleil. « Tant mieux, répondit le Spartiate Diénécès, nous combattrons à l'ombre. » Un autre, envoyé par Léonidas à Lacédémone, était retenu au bourg d'Alpénus par une fluxion sur les yeux. On vient lui dire que le détachement d'Hydarnès était descendu de la montagne, et pénétrait dans le défilé : il prend aussitôt ses armes, ordonne à son esclave de le conduire à l'ennemi, l'attaque au hasard, et reçoit la mort qu'il en attendait.

Deux autres, également absents par ordre du général, furent soupçonnés, à leur retour, de n'avoir pas fait tous leurs efforts pour se trouver au combat. Ce doute les couvrit d'infamie : l'un s'arracha la vie, l'autre n'eut d'autre ressource que de la perdre quelque temps après à la bataille de Platée.

Le dévouement de Léonidas et de ses compagnons produisit plus d'effet que la victoire la plus brillante; il apprit aux Grecs le secret de leurs forces, aux Perses celui de leur faiblesse. Xercès, effrayé d'avoir une si grande quantité d'hommes et si peu de soldats, ne le fut pas moins d'apprendre que la Grèce renfermait dans son sein une multitude de défenseurs aussi intrépides que les Thespiens, et huit mille Spartiates semblables à ceux qui venaient de périr. D'un autre côté, l'étonnement dont ces derniers remplirent les Grecs se changea bientôt en un désir violent de les imiter. L'ambition de la gloire, l'amour de la patrie, toutes les vertus furent portées au plus haut degré, et les âmes à une élévation jusqu'alors inconnue. C'est là le temps des grandes choses; et ce n'est pas celui qu'il faut choisir pour donner des fers à des peuples animés de si nobles sentiments.

Jean-Jacques Barthélemy naquit à Cassis, près Aubagne, le 20 janvier 1716. Il fit à l'Oratoire de Marseille ses premières études, qu'il acheva chez les jésuites. Les langues anciennes furent l'objet de ses travaux. En 1744, il vint à Paris, où de Boze, garde du cabinet des médailles, l'accueillit avec beaucoup d'amitié, et le jugea digne de partager ses travaux. Barthélemy fit de rapides progrès. En 1747, l'Académie des inscriptions et belles-lettres l'appela dans son sein. En 1753, il remplaça de Boze, qui venait de mourir. Barthélemy, pour augmenter la collection qu'on lui avait confiée, parcourut l'Italie. Bientôt l'amitié de M. le duc de Choiseul lui permit de connaître quelques-uns des agréments de la fortune. « J'aurais bien pris, disait l'abbé Barthélemy, une voiture, si je n'avais pas craint de rougir en trouvant sur mon chemin des gens de lettres qui valaient mieux que moi. » Le *Voyage d'Anacharsis* parut en 1788. Il obtint, malgré les orages qui déjà paraissaient à l'horizon, un succès qui surpassa l'attente de l'auteur. Tous les hommes éclairés admirèrent la science et le style de ce bel ouvrage. En 1789, l'Académie française reçut dans son sein l'abbé Barthélemy. Cet homme illustre faillit être immolé pendant les mauvais jours de la révolution; des patriotes le sauvèrent. Il mourut le 30 avril 1795, en lisant la quatrième épitre du premier livre d'Horace. On a appliqué à l'abbé Barthélemy ce passage de Pline : *Probitate morum, ingenii elegantiâ, operum varietate monstrabilis*.

Sainte-Croix, Boufflers, Nivernois, Fontanes, ont tour à tour fait l'éloge de l'auteur du *Voyage d'Anacharsis*, qui a, de plus, écrit un grand nombre de *Mémoires* sur les Antiquités.

ÉLOQUENCE DE LA TRIBUNE ET DU BARREAU.

D'AGUESSEAU.

PORTRAIT DU VÉRITABLE MAGISTRAT.

Le cœur du sage magistrat est un asile sacré que les passions respectent, que les vertus habitent, que la paix, compagne inséparable de la justice, rend heureux par sa présence. Le cœur du magistrat ambitieux est un temple profane : il y place la fortune sur l'autel de la justice; et le premier sacrifice qu'elle lui demande est celui de son repos; heureux si elle veut bien ne pas lui demander celui de son innocence! Mais qu'il est à craindre que des yeux toujours ouverts à la fortune ne se ferment quelquefois à la justice, et que l'ambition ne séduise le cœur pour aveugler l'esprit!

Qu'est devenu ce temps où le magistrat, jouissant de ses propres avantages, renfermé dans les bornes de sa profession, trouvait en lui le centre de tous ses désirs, et se suffisait pleinement à lui-même? Il ignorait heureusement cette multiplicité de voies, entre lesquelles on voit souvent hésiter un cœur ambitieux; sa modération lui offrait une route plus simple et plus facile; il marchait sans peine sur la ligne indivisible de son devoir. Sa personne était souvent inconnue; mais son mérite ne l'était jamais. Content de montrer aux hommes sa réputation, lorsque la nécessité de son ministère ne l'obligeait pas de se montrer lui-même, il aimait mieux faire demander pourquoi on le voyait si rarement, que de faire dire qu'on le voyait trop souvent; et dans l'heureux état d'une vertueuse indépendance, on le regardait comme une espèce de divinité que la retraite et la solitude consacraient, qui ne paraissait que dans son temple, et qu'on ne voyait que pour l'adorer; toujours nécessaire aux autres hommes, sans jamais avoir besoin de leur secours, et sincèrement vertueux, sans en attendre d'autre prix que la vertu même. Mais la fortune semblait disputer à sa vertu la gloire de le récompenser; on donnait tout à ceux qui ne demandaient rien; les honneurs venaient s'offrir d'eux-mêmes au magistrat qui les méprisait; plus il modérait ses désirs, plus il voyait croître son pouvoir; et jamais son autorité n'a été plus grande que lorsqu'il vivait content de ne pouvoir rien pour lui-même, et de pouvoir tout pour la justice.

Mais depuis que l'ambition a persuadé au magistrat de demander aux autres hommes une grandeur qu'il ne doit attendre que de lui-même; depuis que ceux que l'Écriture appelle *les dieux de la terre* se sont répandus dans le commerce du monde, et ont paru de véritables hommes, on s'est accoutumé à voir de près, sans frayeur, cette majesté qui paraissait de loin si saintement redoutable. Le public a refusé ses hommages à ceux qu'il a vus confondus avec lui dans la foule des esclaves de la fortune; et ce culte religieux qu'on rendait à la vertu du magistrat s'est changé en un juste mépris de sa vanité.

Réduit, en cet état, à emprunter des secours étrangers pour soutenir les faibles restes d'une dignité chancelante, le magistrat a ouvert la porte à ses plus grands ennemis. Ce luxe, ce faste, cette magnificence, qu'il avait appelés pour être l'appui de son élévation, ont achevé de dégrader la magistrature et de lui arracher jusqu'au souvenir de son ancienne grandeur.

L'heureuse simplicité des anciens sénateurs, cette riche modestie qui faisait autrefois le plus précieux ornement du magistrat, contrainte de céder à la force de la coutume et à la loi injuste d'une fausse bienséance, s'est réfugiée dans quelques maisons patriciennes, qui retracent encore, au milieu de la corruption du siècle, une image fidèle de la sage frugalité de nos pères.

Si le malheur de leur temps leur avait fait voir ce nombre prodigieux de fortunes subites sortir en un moment du sein de la terre, pour répandre dans toutes les conditions, et jusque dans le sanctuaire de la justice, l'exemple contagieux de leur luxe téméraire; s'ils avaient vu ces bâtiments superbes, ces meubles magnifiques, et tous ces ornements ambitieux d'une vanité naissante, qui se hâte de jouir, ou plutôt d'abuser d'une grandeur souvent aussi précipitée dans sa chute que rapide dans son élévation, ils auraient dit, avec un des plus grands hommes que Rome vertueuse ait jamais produits, dans le temps qu'elle ne produisait que des héros : « Laissons aux Tarentins leurs dieux irrités; ne portons à Rome que des exemples de sagesse et de modestie, et forçons les plus riches nations de la terre de rendre hommage à la pauvreté des Romains. »

Heureux le magistrat qui, successeur de la dignité de ses pères, l'est encore plus de leur sagesse; qui, fidèle comme eux à tous ses devoirs, attaché inviolablement à son état, vit content de ce qu'il est, et ne désire que ce qu'il possède !

(*Mercuriales.*)

DUPATY.

NÉCESSITÉ D'UNE RÉFORME DANS LA LÉGISLATION CRIMINELLE.

Ne croyez point, Sire, ceux qui vous diront qu'il faut maintenir des lois rigoureuses, il est vrai, mais si anciennes, qui ont des siècles : Sire, la raison et l'humanité sont éternelles; — qui vous diront que les législations doivent être stables dans les empires, pour que les empires eux-mêmes se tiennent debout : comme si les hommes étaient faits pour les lois et non les lois pour les hommes; comme si les lois destinées à suivre les individus, les sociétés et l'espèce dans le cercle des révolutions qui les entraînent, ne doivent pas faire partie des choses humaines, et, comme elles, avoir un cours; — qui vous diront qu'il est dangereux de diminuer le respect dû aux lois par des critiques trop ouvertes et des réformations trop fréquentes : comme si rien pouvait les déshonorer davantage que cette rouille de la barbarie qui les couvre, ou le sang innocent dont elles dégouttent; — qui vous diront enfin que la confection d'un nouveau code criminel est une opération difficile, qui exige que le temps et la réflexion la mûrissent : comme si ce n'était pas une nouvelle raison de s'en occuper tout à l'heure.

Mais non, Sire, en implorant un autre code criminel, ce ne sont point des nouveautés que l'humanité vous demande, ni une opération difficile qu'elle vous propose. En effet, Sire, votre intention n'est-elle pas que les pauvres et les malheureux, les premiers sujets d'un bon roi, ne soient plus privés, par le défaut d'un conseil, de la ressource ouverte aux puissants et aux riches, d'appeler des tribunaux inférieurs, des tribunaux de vos sujets, à vos tribunaux souverains? Votre intention n'est-elle pas que vos Français recouvrent enfin le droit de la défense, que Dieu même a donné à tous les hommes avec la vie, et dont jouissaient à Rome même les esclaves? Votre intention n'est-elle pas que la justice mette autant de zèle et de diligence à rassembler les preuves de l'innocence qu'à recueillir celles du crime? à constater le *corps* de l'innocence qu'à constater le *corps* du délit? à sauver les traces de l'une et de l'autre des subornations et du temps? Votre intention n'est-elle pas que l'honneur et la vie des citoyens ne soient plus à la merci des passions et de l'ignorance de cette foule obscure des premiers juges? qu'ils ne soient plus les maîtres, dans les procédures criminelles qu'ils fabriquent dans les ténèbres, de blanchir le coupable ou de noircir l'innocent, comme il leur plaît, de marquer à leur gré, au glaive de votre justice criminelle, toutes les victimes? Votre intention n'est-elle pas que les ressources des malheureux accusés ne soient plus (comme le disait d'Aguesseau) les fautes inévitables des juges, dans l'instruction d'une procédure si barbare et si compliquée, mais plutôt l'impossibilité des fautes, dans une procédure et plus simple et plus humaine? Votre intention n'est-elle pas que la multitude des procès criminels ne soit plus, dans aucun tribunal de votre royaume, une cause, un prétexte et une excuse de la précipitation et de l'imperfection des jugements criminels? Votre intention n'est-elle pas que vos magistrats et vos sujets puissent, au milieu de cette forêt de lois tombantes de vieillesse ou de désuétude, distinguer celles qui vivent, celles qui meurent, celles qui sont mortes? Votre intention n'est-elle pas que les peines soient proportionnées aux crimes; que les peines, par leur atrocité, en engendrant l'impunité, ne multiplient plus les crimes; qu'en un mot, votre justice criminelle ne se venge point, mais punisse? Votre intention n'est-elle pas que la justice n'écoute plus désormais en déposition des témoins suspects, et par conséquent la douleur, le plus suspect de tous les témoins? que la douleur ne témoigne plus, dans vos tribunaux, interrogée par d'autre question préparatoire ou préalable que par la question du remords? Votre intention n'est-elle point que les prisons ne soient plus, dans votre royaume, des repaires ou des tombeaux? que le glaive de la justice criminelle ne soit pas réduit à frapper, dans les tribunaux, le reste des coupables échappés au glaive de la mort dans les prisons? que s'accomplisse enfin cette promesse, digne conseil d'un homme immortel, qui, au delà de votre cour et de votre noblesse, vous montrait toujours le peuple et vous en faisait adorer; cette promesse que vous fîtes, il y a plusieurs années, à l'humanité en pleurs, de faire descendre votre miséricorde dans vos prisons, de régner jusque dans le fond des cachots? car un roi tel que vous, Sire, doit être présent dans tout son royaume, comme Dieu l'est dans tout l'univers. Votre intention n'est-elle pas que des maximes absurdes et barbares de criminalistes n'usurpent pas plus longtemps, dans vos tribunaux criminels, une partie de la souveraineté? Car, Sire, il faut que vous le sachiez, ce n'est presque plus la justice de nos rois que l'on dispense dans vos tribunaux criminels : c'est la justice des criminalistes. Enfin, Sire, votre intention n'est-elle pas que le sceptre de votre clémence jouisse du même privilége dont jouit le sceptre de votre justice, de pouvoir s'étendre du haut de votre trône sur la tête de tous vos sujets? c'est-à-dire que si nul coupable ne peut fuir à votre sévérité, nul innocent ne puisse encore moins échapper à votre justice, nul malheureux à votre clémence?

Eh bien! Sire, toutes ces intentions humaines, ou pour mieux dire divines, que le Ciel s'est plu à rassembler dans votre âme pour le bonheur de vos sujets (car votre sagesse et votre bonté ne vous appartiennent pas, Sire : c'est la portion la plus sacrée du trésor public); eh bien! Sire, toutes ces intentions célestes, ce sont là les principales lois que demandent à Louis XVI le malheur et l'innocence. Vous le voyez donc, Sire, le code que nous implorons n'est point à faire : il est fait, il est écrit, il est gravé; Dieu lui-même l'a gravé dans votre âme; et il ne vous reste plus qu'à le faire traduire par le chef de votre magistrature, qui ne doit point avoir de peine à l'entendre, et à en donner incessamment un exemplaire à votre empire, à l'univers!

Sire, hâtez-vous; hâtez-vous, ô prince ami de la justice, de la vérité, de l'humanité! Donnez du moins dès demain un conseil à tous les accusés; dites à vos sujets libres ce qu'un grand empereur disait à ses sujets esclaves : « Si vous n'avez pas de défenseur, je vous en donnerai. » Hâtez-vous, Sire, car peut-être, dans quelque province éloignée de votre empire, vos lois criminelles, les lois surtout des criminalistes, poussent à l'échafaud, dans ce moment même, des hommes qui, dépourvus de tout conseil, languissent dans les prisons depuis des années, et sont les jouets de l'injustice et de l'ignorance des premiers juges. Vous êtes roi.

Dupaty (Charles-Marguerite-Jean-Baptiste Mercier) naquit à la Rochelle, en 1744, et mourut à Paris, en 1788. Il fut avocat général au parlement de Bordeaux, où plus tard il siéga comme président à mortier. Ses principaux écrits sont : un *Mémoire* publié en faveur de trois malheureux injustement condamnés au supplice de la roue : *Réflexions historiques sur les lois criminelles*; *Discours académiques* et *Lettres sur l'Italie* en 1785, publiées en 1788. Ce dernier livre, qui lui valut, à son apparition, de nombreux suffrages, est extrêmement spirituel, mais se rapproche un peu trop des *Concetti* italiens. Le véritable titre de Dupaty à la postérité est l'ouvrage des *Réflexions sur les Lois criminelles*. Voici un fragment d'une de ses *Lettres sur l'Italie*, qui ne prouve que trop bien la nécessité d'une réforme dans les lois criminelles, réforme qu'il sollicitait avec l'énergie d'un homme de bien et d'un magistrat éclairé.

« Le nombre des galériens est à peu près le même tous les ans, c'est-à-dire, il se commet tous les ans à peu près le même nombre de crimes. Ainsi il entre à peu près la même quantité d'eau par jour dans un vaisseau, et le travail de la pompe est égal; mais si le vaisseau était meilleur, si les bois étaient mieux joints, si la surveillance était plus grande, il entrerait par jour dans le vaisseau beaucoup moins d'eau.

» J'ai parcouru le registre des galères. Écoutez. Des enfants de treize ans, condamnés aux galères pour avoir été trouvés avec leurs pères, convaincus de contrebande! Je l'ai lu : *Pour avoir été trouvés avec leurs pères!* S'ils n'avaient pas été trouvés avec eux, on les eût mis à Bicêtre. Voilà le code du fisc; voilà l'indulgence pour le fisc : on lui a vendu le sang innocent! et on se tait!

» J'ai vu plusieurs de ces enfants, et des larmes ont coulé dans mes yeux, et l'indignation s'est allumée dans mon âme, et je ne me suis apaisé que dans l'espérance de ne pas mourir sans avoir dénoncé tous les crimes de notre législation criminelle. Ah! si je peux contribuer à délivrer ces jeunes et innocentes mains de ces fers abominables!... Je l'espère...

» J'ai lu sur le registre : *Pour crime de flouterie, et véhémentement soupçonné d'assassinat, aux galères perpétuelles.*

» J'ai lu aussi sur le registre : *Pour fourberie et avoir trompé une foule de gens honnêtes* (en propres termes), *à cent ans de galères.* C'est une sentence du tribunal de Deux-Ponts. La France prête à plusieurs souverains d'Allemagne ses supplices.

» J'ai lu encore sur le registre : *Véhémentement soupçonné d'un assassinat et d'un vol avec effraction, aux galères perpétuelles.*

» Je payerais cher un double des registres des galères. Que de lumières ils renferment! Ils peuvent servir à apprécier la moisson sanglante que fait chaque année en France, dans ses différents tribunaux, le glaive exterminateur de la justice criminelle. »

MIRABEAU.

DISCOURS SUR LA BANQUEROUTE.

Au milieu de tant de débats tumultueux, ne pourrai-je donc pas vous ramener à la délibération du jour par un petit nombre de questions bien simples? Daignez, messieurs, me répondre. Le ministre des finances ne vous a-t-il pas offert le tableau le plus effrayant de notre situation actuelle? Ne vous a-t-il pas dit que tout délai aggravait le péril; qu'un jour, une heure, un instant pouvait le rendre mortel? Avons-nous un plan à substituer à celui qu'il propose? (*Oui*, s'écria quelqu'un.) Je conjure celui qui répond *oui* de considérer que son plan n'est pas connu; qu'il faut du temps pour le développer, l'examiner, le démontrer; que, fût-il immédiatement soumis à notre délibération, son auteur peut se tromper; que, fût-il exempt de toute erreur, on peut croire qu'il ne l'est pas; que quand tout le monde a tort, tout le monde a raison; qu'il se pourrait donc que l'auteur de cet autre projet, même ayant raison, eût tort contre tout le monde, puisque, sans l'assentiment de l'opinion publique, le plus grand talent ne saurait triompher des circonstances. Et moi aussi, je ne crois pas les moyens de Necker les meilleurs possibles; mais le ciel me préserve, dans une situation très-critique, d'opposer les miens aux siens! vainement je les tiendrais pour préférables. On ne rivalise point en un instant avec une popularité prodigieuse, conquise par des services éclatants, une longue expérience, la réputation du premier talent de financier connu; et, s'il faut tout dire, une destinée telle qu'elle n'échut en partage à aucun mortel. Il faut donc en revenir au plan de M. Necker. Mais avons-nous le temps de l'examiner, de sonder ses bases, de vérifier ses calculs? Non, non, mille fois non. D'insignifiantes questions, des conjectures hasardées, des tâtonnements infidèles: voilà tout ce qui, dans ce moment, est en notre pouvoir. Qu'allons-nous donc faire par le renvoi de la délibération? Manquer le moment décisif, acharner notre amour-propre à changer quelque chose à un plan que nous n'avons pas même conçu; et diminuer, par notre intervention indiscrète, l'influence d'un ministre dont le crédit financier est et doit être plus grand que le nôtre. Messieurs, il n'y a là ni sagesse, ni prévoyance; mais du moins y a-t-il de la bonne foi? Oh! si les déclarations les plus solennelles ne garantissaient pas notre respect pour la foi publique, notre horreur pour l'infâme mot de *banqueroute*, j'oserais scruter les motifs secrets, et peut-être, hélas! ignorés de nous-mêmes, qui nous font si imprudemment reculer au moment de proclamer l'acte du plus grand dévouement, certainement inefficace s'il n'est pas rapide et vraiment abandonné! Je dirais à ceux qui se familiarisent peut-être avec l'idée de manquer aux engagements publics, par la crainte de l'excès des sacrifices, par la terreur de l'impôt; je leur dirais: « Qu'est-ce donc que la banqueroute, si ce n'est le plus cruel, le plus inique, le plus inégal, le plus désastreux des impôts?... » Mes amis, écoutez un mot, un seul mot: deux siècles de déprédations et de brigandages ont creusé le gouffre où le royaume est près de s'engloutir: il faut le combler, ce gouffre effroyable. Eh bien! voici la liste des propriétaires français: choisissez parmi les plus riches, afin de sacrifier moins de citoyens; mais choisissez; car ne faut-il pas qu'un petit nombre périsse pour sauver la masse du peuple? Allons, ces deux mille notables possèdent de quoi combler le déficit: ramenez l'ordre dans vos finances, la paix et la prospérité dans le royaume; frappez, immolez sans pitié ces tristes victimes; précipitez-les dans l'abime, il va se refermer... Vous reculez d'horreur!... Hommes inconséquents! hommes pusillanimes! eh! ne voyez-vous donc pas qu'en décrétant la banqueroute, ou, ce qui est plus odieux encore, en la rendant inévitable sans la décréter, vous vous souillez d'un acte mille fois plus criminel, et, chose inconcevable, gratuitement criminel? car enfin, cet horrible sacrifice ferait disparaître le déficit. Mais croyez-vous, parce que vous n'aurez pas payé, que vous ne devrez plus rien? Croyez-vous que les milliers, les millions d'hommes qui perdront en un instant, par l'explosion terrible ou par ses contre-coups, tout ce qui faisait la consolation de leur vie, et peut-être l'unique moyen de la sustenter, vous laisserez paisiblement jouir de votre crime? Contemplateurs stoïques des maux incalculables que cette catastrophe vomira sur la France, impassibles égoïstes, qui pensez que ces convulsions du désespoir passeront comme tant d'autres, et d'autant plus rapidement qu'elles seront plus violentes, êtes-vous bien sûrs que tant d'hommes sans pain vous laisseront tranquillement savourer ces mets dont vous n'aurez voulu diminuer ni le nombre ni la délicatesse? Non; vous périrez : et dans la conflagration universelle que vous ne frémirez pas d'allumer, la perte de votre honneur ne sauvera pas une seule de vos détestables jouissances. Voilà où nous marchons... J'entends parler de patriotisme, d'invocation du patriotisme, d'élans du patriotisme : ah! ne prostituez pas ces mots de *patrie* et de *patriotisme*. Il est donc bien magnanime, l'effort de donner une portion de son revenu pour sauver tout ce qu'on possède! Eh! messieurs, ce n'est là que de simple arithmétique; et celui qui hésitera ne peut désarmer l'indignation que par le mépris qu'inspirera sa stupidité. Oui, messieurs, c'est la prudence la plus ordinaire, la sagesse la plus triviale, c'est l'intérêt le plus grossier que j'invoque. Je ne vous dis plus comme autrefois : Donnerez-vous les premiers aux nations le spectacle d'un peuple assemblé pour manquer à la foi publique? Je ne vous dis plus :

Eh! quels titres avez-vous à la liberté, quels moyens vous resteront pour le maintenir, si, dès votre premier pas, vous surpassez les turpitudes des gouvernements les plus corrompus; si le besoin de votre concours et de votre surveillance n'est pas le garant de votre constitution? Je vous dis : Vous serez tous entraînés dans la ruine universelle; et les premiers intéressés au sacrifice que le gouvernement vous demande, c'est vous-mêmes. Votez donc ce subside extraordinaire; et puisse-t-il être suffisant! Votez-le, parce que si vous avez des doutes sur les moyens, doutes vagues et non éclaircis, vous n'en avez pas sur sa nécessité et sur notre impuissance à le remplacer; votez-le, parce que les circonstances publiques ne souffrent aucun retard, et que vous seriez comptables de tout délai. Gardez-vous de demander du temps : le malheur n'en accorde pas. Eh! messieurs, à propos d'une ridicule motion du Palais-Royal, d'une risible insurrection qui n'eut jamais d'importance que dans les imaginations faibles, ou dans les desseins pervers de quelques hommes de mauvaise foi, vous avez entendu naguère ces mots forcenés : *Catilina est aux portes, et l'on délibère!* et certainement il n'y avait autour de nous ni Catilina, ni périls, ni factions, ni Rome : mais aujourd'hui la banqueroute, la hideuse banqueroute est là; elle menace de consumer tout, vos propriétés, votre honneur, et vous délibérez!

« Des applaudissements unanimes et presque convulsifs témoignèrent l'impression qu'avait faite sur l'assemblée ce discours improvisé. Au moment d'aller aux voix, un seul membre osa s'écrier : « Je demande à répondre à M. Mirabeau... » Le silencieux étonnement que produisit une réclamation aussi inattendue fit sentir à ce téméraire orateur tout le poids de la tâche qu'il se proposait d'entreprendre; aussi, comme glacé d'épouvante et de confusion, le bras tendu, la bouche ouverte, demeurera-t-il immobile et muet. »

(*Choix de rapports, Opinions et Discours prononcés à la tribune nationale.*)

Qu'il nous soit permis, au lieu de donner une biographie de Mirabeau, biographie qui n'aurait pu être qu'incomplète, de citer du quatrième volume de notre *Histoire de la Révolution française* une page dans laquelle nous avons raconté les derniers instants de Mirabeau.

« Pressé par les courageuses questions du malade, le docteur Petit lui fit entendre qu'il fallait se résigner à mourir. Alors il voulut faire son testament. « J'ai des dettes, dit-il; je n'en connais pas bien la quotité précise; je ne connais pas mieux la situation de ma fortune; cependant j'ai plusieurs obligations impérieuses pour ma conscience et chères à mon cœur. » En apprenant ces nouvelles de la bouche de M. Frochot, l'ami intime du malade, M. Lamarck répondit : « Allez lui dire que si sa succession ne suffit pas aux legs qu'il fera, j'adopte ceux que son amitié voudra bien me recommander. » M. de Lamarck était digne de trouver cette généreuse inspiration; mais il servait en ce moment d'interprète des intentions de la cour désespérée, qui envoyait de moment en moment demander des nouvelles de son défenseur. La crainte de le perdre lui révélait tout le prix d'un homme qui n'avait point son pareil dans le siècle.

Enfin le dernier jour se leva pour Mirabeau; il fit ouvrir les fenêtres, et dit d'une voix calme et ferme : « Je mourrai aujourd'hui. Quand on en est là, il ne reste plus qu'une chose à faire, c'est de se parfumer, de se couronner de fleurs, et de s'environner de musique, afin d'entrer agréablement dans le sommeil. » Il appela son valet de chambre : « Allons, qu'on se prépare à me raser, à me laver, à me faire ma toilette tout entière. » Ce bon serviteur avait été fort malade : « Eh bien! mon pauvre Teisch, comment cela va-t-il aujourd'hui? » Le pauvre domestique se mit à pleurer, en disant : « Mon maitre, que je voudrais que vous fussiez à ma place! » Le malade réfléchit : « Tiens, je ne voudrais pas que tu fusses à la mienne. — Mon ami, dit-il à Cabanis, je mourrai dans quelques heures; donnez-moi votre parole que vous ne me quitterez plus. » Alors il se mit à parler comme dégagé de cette vie et déjà dans la mort. Il s'entretint de lui-même, de ses amis, de son fils adoptif, mais surtout de la chose publique..... Enfin il expira, emportant avec lui les destinées de la monarchie. La veille au soir, il avait entendu tirer le canon, et s'était écrié : « Sont-ce déjà les funérailles d'Achille?... Au moment où Mirabeau mourut, tout concourait à augmenter son influence. Il tenait à la force armée par le grade de chef de bataillon, à l'administration comme membre du directoire de département, à différents districts de la capitale par des intelligences préparées de longue main, qui avaient souvent inquiété Lafayette. Orateur et tribun, révolutionnaire et homme d'État, capable de tout, même d'un grand attentat, pour arriver à un grand but, membre de la représentation nationale, qu'il commençait à subjuguer; investi de la confiance du peuple, qu'il savait retenir après l'avoir poussé, lui seul pouvait étayer la royauté près de crouler. Le colosse, en tombant, entraîna la monarchie.

Honoré-Gabriel Riquetti, comte de Mirabeau, était né au Bignon, près de Nemours, le 9 mars 1749. Il mourut le 2 avril 1791. Voici les titres des principaux ouvrages de Mirabeau : *Lettre sur la Réforme politique des juifs* ; — *Lettre sur Cagliostro* ; — *Observations sur Bicêtre* ; — *Lettre à Gilbert sur son Éloge de Frédéric* ; — *De l'Usure* ; — *Aux Bataves* ; — *Conseils à un jeune prince* ; — *Théorie de la Royauté, d'après Milton* ; — *Lettres à un de ses amis en Allemagne* ; — *Lettres à Chamfort* ; — *Sur les Lettres de cachet* ; — *la Monarchie prussienne*.

DISCOURS POUR LE RENVOI DES TROUPES.

Des troubles agitaient Paris; le peuple avait forcé la prison de l'Abbaye Saint-Germain, et porté en triomphe deux soldats des gardes françaises, arrêtés pour n'avoir pas exécuté avec rigueur quelques ordres prescrits contre la multitude égarée. La fermentation était générale. L'assemblée nationale, priée d'interposer sa protection en faveur des prisonniers délivrés, s'en était rapportée à la sagesse du roi; mais les ministres, effrayés, saisirent dans ces événements un prétexte pour s'appuyer d'une armée de plus de quarante mille hommes. On eût dit que Paris et Versailles étaient en état de siége. Une menaçante consternation se peignait sur tous les visages.

Mirabeau monte à la tribune.

Veuillez, messieurs, vous replacer au moment où la violation des prisons de l'Abbaye Saint-Germain occasionna votre arrêté du premier de ce mois. En invoquant la clémence du roi pour les personnes qui pourraient s'être rendues coupables, l'assemblée décréta que le roi serait supplié *de vouloir bien employer, pour le rétablissement de l'ordre, les moyens infaillibles de la clémence et de la bonté, si naturels à son cœur, et de la confiance que son bon peuple méritera toujours.*

Le roi, dans sa réponse, a déclaré qu'il trouvait cet arrêté fort sage; il a donné des éloges aux sentiments que l'assemblée lui témoignait, et proféré ces paroles remarquables : « Tant que vous me donnerez des marques de votre confiance, j'espère que tout ira bien. »

...Cependant, quelle a été la suite de ces déclarations et de nos ménagements respectueux ? Déjà un grand nombre de troupes nous environnait; il en est arrivé davantage; il en arrive chaque jour; elles accourent de toutes parts; trente-cinq mille hommes sont déjà répartis entre Paris et Versailles; on en attend vingt mille; des trains d'artillerie les suivent; des points sont désignés pour des batteries; on s'assure de toutes les communications; on intercepte tous les passages: nos chemins, nos ponts, nos promenades sont changés en postes militaires; des événements publics, des faits cachés, des ordres secrets, des contre-ordres précipités, les préparatifs de la guerre, en un mot, frappent tous les yeux et remplissent d'indignation tous les cœurs.

Ainsi, ce n'était pas assez que le sanctuaire de la liberté eût été souillé par des troupes ! Ce n'était pas assez qu'on eût donné le spectacle inouï d'une assemblée nationale astreinte à des consignes militaires et soumise à une force armée ! Ce n'était pas assez qu'on joignît à cet attentat toutes les inconvenances, tous les manques d'égards, et, pour trancher le mot, la grossièreté de la police orientale ! Il a fallu déployer tout l'appareil du despotisme, et montrer plus de soldats menaçants à la nation, le jour où le roi lui-même l'a convoquée pour lui demander des conseils et des secours, qu'une invasion de l'ennemi n'en rencontrerait peut-être, et mille fois plus du moins qu'on n'en a pu réunir pour secourir des amis martyrs de leur fidélité envers nous, pour remplir nos engagements les plus sacrés, pour conserver notre considération politique, et cette alliance des Hollandais, si précieuse, mais si chèrement conquise, et surtout si honteusement perdue !

Messieurs, quand il ne s'agirait que de nous, quand la dignité de l'assemblée nationale serait seule blessée, il ne serait pas moins convenable, juste, nécessaire, important pour le roi lui-même, que nous fussions traités avec décence, puisque enfin nous sommes les députés de cette même nation qui seule fait sa gloire, qui seule constitue la splendeur du trône; de cette nation qui rendra la personne du roi honorable à proportion de ce qu'il l'honorera plus lui-même. Puisque c'est à des hommes libres qu'il veut commander, il est temps de faire disparaître ces formes odieuses, ces procédés insultants, qui persuadent trop facilement à ceux dont le prince est entouré que la majesté royale consiste dans les rapports avilissants du maître à l'esclave; qu'un roi légitime et chéri doit partout et en toute occasion ne se montrer que sous l'aspect des tyrans irrités, ou de ces usurpateurs tristement condamnés à méconnaître le sentiment si doux, si honorable de la confiance.

Et qu'on ne dise pas que les circonstances ont nécessité ces mesures menaçantes; car également inutiles et dangereuses, soit au bon ordre, soit à la pacification des esprits, soit à la sûreté du trône, loin de pouvoir être regardées comme le fruit d'un sincère attachement au bien public et à la personne du monarque, elles ne peuvent servir que des passions particulières et couvrir que des vues perfides...

Ajoutez, messieurs, que la présence des troupes, frappant l'imagination de la multitude, lui présentant l'idée du danger, se liant à des craintes, à des alarmes, excite une effervescence universelle; les citoyens paisibles sont, dans leurs foyers, en proie à des terreurs de toute espèce; le peuple, ému, agité, attroupé, se livre à des mouvements impétueux, se précipite aveuglément dans le péril, et la crainte ne calcule ni ne raisonne. Ici les faits déposent pour nous.

Quelle est l'époque de la fermentation? le mouvement des soldats, l'appareil militaire de la séance royale. Auparavant tout était tranquille; l'agitation a commencé dans cette triste et mémorable journée. Est-ce donc à nous qu'il faut s'en prendre, si le peuple, qui nous a observés, a murmuré; s'il a conçu des alarmes lorsqu'il a vu les instruments de la violence dirigés, non-seulement contre lui, mais contre une assemblée qui doit être libre, pour s'occuper avec liberté de toutes les causes de ses gémissements! Comment le peuple ne s'agiterait-il pas, lorsqu'on lui inspire des craintes contre le seul espoir qui lui reste! Ne sait-il pas que si nous ne brisons ses fers, nous les aurons rendus plus pesants, nous aurons cimenté l'oppression, nous aurons livré sans défense nos concitoyens à la verge impitoyable de leurs ennemis, nous aurons ajouté à l'insolence du triomphe de ceux qui les dépouillent et les insultent!

Que les conseillers de ces mesures désastreuses nous disent encore s'ils sont sûrs de conserver dans sa sévérité la discipline militaire, de prévenir tous les effets de l'éternelle jalousie entre les troupes nationales et les troupes étrangères, de réduire les soldats français à n'être que de purs automates, à les séparer d'intérêts, de pensées, de sentiments d'avec leurs concitoyens! Quelle imprudence dans leur système de les rapprocher du lieu de nos assemblées, de les électriser par le contact de la capitale, de les intéresser à nos discussions politiques! Non, malgré le dévouement aveugle de l'obéissance militaire, ils n'oublieront pas ce que nous sommes; ils verront en nous leurs parents, leurs amis, leur famille, occupée de leurs intérêts les plus précieux; car ils font partie de cette nation qui nous a confié le soin de sa liberté, de sa propriété, de son honneur. Non, de tels hommes, non, des Français ne feront jamais l'abandon du total de leurs facultés intellectuelles; ils ne croiront jamais que leur devoir est de frapper sans s'enquérir quelles sont les victimes.

Ces soldats, bientôt unis et séparés par des dénominations qui deviennent le signal des partis; ces soldats, dont le métier est de manier les armes, ne savent, dans toutes leurs rixes, que recourir au seul instrument dont ils connaissent la puissance. De là naissent des combats d'homme à homme, bientôt de régiment à régiment, bientôt des troupes nationales aux troupes étrangères; le soulèvement est dans tous les cœurs; la sédition marche tête levée; on est obligé, par faiblesse, de violer la loi militaire, et la discipline est énervée. Le plus affreux désordre menace la société; tout est à craindre de ces légions, qui, après être sorties du devoir, ne voient plus de sûreté que dans la terreur qu'elles inspirent.

Enfin, ont-ils prévu, les conseillers de ces mesures, ont-ils prévu les suites qu'elles entraînent pour la sécurité même du trône? Ont-ils étudié dans l'histoire de tous les peuples comment les révolutions ont commencé, comment elles se sont opérées? Ont-ils observé par quel enchaînement funeste de circonstances les esprits les plus sages se sont jetés hors de toutes les limites de la modération, et par quelle impulsion terrible un peuple enivré se précipite vers des excès dont la première idée l'eût fait frémir? Ont-ils lu dans le cœur de notre bon roi? Connaissent-ils avec quelle horreur il regarderait ceux qui auraient allumé les flammes d'une sédition, d'une révolte peut-être (je le dis en frémissant, mais je dois le dire), ceux qui l'exposeraient à verser le sang de son peuple, ceux qui seraient la cause première des rigueurs, des violences, des supplices, dont une foule de malheureux seraient les victimes?

Mais, messieurs, le temps presse; je me reproche chaque moment que mon discours pourrait ravir à vos délibérations, et j'espère que ces considérations, plutôt indiquées que présentées, mais dont l'évidence me paraît irrésistible, suffiront pour fonder la motion que j'ai l'honneur de vous proposer.

La proposition de Mirabeau fut adoptée à l'unanimité moins quatre voix.

Nous venons de voir Mirabeau déployant à la fois tout ce qu'il y avait de force et d'énergie dans son merveilleux talent d'orateur. Voici un morceau d'un genre tout différent, qui pourra montrer l'étonnante souplesse du génie de notre Démosthène.

On venait d'apprendre la mort de Franklin; Mirabeau, qui, tourmenté par une cruelle ophthalmie, n'avait pas paru à l'assemblée depuis quelques jours, s'y présente et dit:

« Messieurs, Franklin est mort... Il est retourné au sein de la Divinité, le génie qui affranchit l'Amérique et versa sur l'Europe des torrents de lumière.

» Le sage que les deux mondes réclament, l'homme que se disputent l'histoire des sciences et l'histoire des empires, tenait sans doute un rang élevé dans l'espèce humaine.

» Assez longtemps les cabinets politiques ont notifié la mort de ceux qui ne furent grands que dans leur éloge funèbre; assez longtemps l'étiquette des cours a proclamé des deuils hypocrites : les nations ne doivent porter que le deuil de leurs bienfaiteurs. Les représentants des nations ne doivent recommander à leur hommage que les héros de l'humanité.

» Le congrès a ordonné dans les quatorze états de la confédération un deuil de deux mois pour la mort de Franklin, et l'Amérique acquitte en ce moment ce tribut de vénération pour l'un des pères de sa constitution.

» Ne serait-il pas digne de nous, messieurs, de nous unir à cet acte religieux, de participer à cet hommage rendu, à la face de l'univers, et aux droits de l'homme et au philosophe qui a le plus contribué à en propager la conquête sur toute la terre? L'antiquité eût dressé des autels à ce vaste et puissant génie qui, au profit des mortels, embrassant dans sa pensée le ciel et la terre, sut dompter la foudre et les tyrans. La France, éclairée et libre, doit du moins un témoignage de souvenir et de regret à l'un des plus grands hommes qui aient jamais servi la philosophie et la liberté.

» Je propose qu'il soit décrété que l'assemblée nationale portera pendant trois jours le deuil de Benjamin Francklin. »

Les plus vifs applaudissements se font entendre, et la proposition est décrétée par acclamation.

MIRABEAU A SES ACCUSATEURS.

C'est une étrange manie, c'est un déplorable aveuglement que celui qui anime ainsi les uns contre les autres des hommes qu'un même but, un sentiment indestructible, devraient, au milieu des débats les plus acharnés, toujours rapprocher, toujours réunir; des hommes qui substituent ainsi l'irascibilité de l'amour-propre au culte de la patrie, et se livrent les uns les autres aux préventions populaires! Et moi aussi, on voulait, il y a peu de jours, me porter en triomphe, et maintenant on crie dans les rues : *La grande trahison de Mirabeau!* Je n'avais pas besoin de cette leçon pour savoir qu'il y a peu de distance du Capitole à la roche Tarpéienne. Mais l'homme qui combat pour la raison, pour la patrie, ne se tient pas si aisément pour vaincu. Celui qui a la conscience d'avoir bien mérité de son pays, et surtout de lui être encore utile; celui que ne rassasie pas une vaine célébrité, et qui dédaigne les succès d'un jour pour la véritable gloire; celui qui veut dire la vérité, qui veut faire le bien public, indépendamment des mobiles mouvements de l'opinion populaire : cet homme porte avec lui la récompense de ses services, le charme de ses peines et le prix de ses dangers. Il ne doit attendre sa moisson, sa destinée, la seule qui l'intéresse, la destinée de son nom, que du temps, ce juge incorruptible qui fait justice à tous. Que ceux qui prophétisaient depuis huit jours mon opinion sans la connaître, qui calomnient en ce moment mon discours sans l'avoir compris, m'accusent d'encenser des idoles impuissantes au moment où elles sont renversées, ou d'être le vil stipendié des hommes que je n'ai cessé de combattre; qu'ils dénoncent comme un ennemi de la révolution celui qui peut-être n'y a pas été inutile, et qui, cette révolution fût-elle étrangère à sa gloire, pourrait là seulement trouver sa sûreté; qu'ils livrent aux fureurs du peuple trompé celui qui, depuis vingt ans, combat toutes les oppressions, et qui parlait aux Français de liberté, de constitution, de résistance, lorsque ses vils calomniateurs suçaient le lait des cours, et vivaient de tous les préjugés dominants. Que m'importe? Ces coups de bas en haut ne m'arrêteront pas dans ma carrière. Je leur dirai : « Répondez, si vous pouvez; calomniez ensuite tant que vous voudrez. »

« Tous les partis regrettaient Mirabeau. La cour se flattait de l'avoir gagné; les amis de la liberté comptaient néanmoins sur son secours. Les uns se disaient qu'avec une telle hauteur de talent il ne pouvait désirer l'anarchie, puisqu'il n'avait pas besoin de confusion pour être le premier, et les autres étaient certains qu'il souhaitait des institutions libres, puisque la valeur personnelle n'est à sa place que là où elles existent. Enfin il mourut dans le moment le plus brillant de sa carrière, et les larmes du peuple qui accompagnait son enterrement, en rendirent la pompe très-touchante. C'était la première fois, en France, qu'un homme célèbre par ses écrits et par son éloquence recevait des honneurs qu'on n'accordait jadis qu'aux grands seigneurs et aux guerriers. Le lendemain de sa mort, personne, dans l'assemblée constituante, ne regardait sans tristesse la place où Mirabeau avait coutume de s'asseoir (1).

» Je me reproche d'exprimer ainsi des regrets pour un caractère peu digne d'estime ; mais tant d'esprit est si rare,

(1) Pendant très-longtemps, chaque jour on y déposait une couronne de chêne et de laurier.

et il est malheureusement si probable qu'on ne verra rien de pareil dans le cours de sa vie, qu'on ne peut s'empêcher de soupirer lorsque la mort ferme ses portes d'airain sur un homme naguère si éloquent, si animé, enfin si fortement en possession de la vie. »

MADAME DE STAEL.

VERGNIAUD.

APPEL AU CAMP.

Il est impossible de se défendre d'un sentiment profond d'inquiétude quand on a été au camp sous Paris. Les travaux avancent très-lentement; il y a beaucoup d'ouvriers, mais peu travaillent; un grand nombre se reposent : ce qui afflige surtout, c'est de voir que les bêches ne sont maniées que par des mains salariées, et point par des mains que dirige l'intérêt commun. D'où vient cette espèce de torpeur dans laquelle paraissent ensevelis les citoyens restés à Paris? Ne nous le dissimulons plus; il est temps enfin de dire la vérité. Les proscriptions passées, le bruit de proscriptions futures, les troubles intérieurs, ces haines particulières, ces délations infâmes, ces arrestations arbitraires, ces violations de la propriété, enfin cet oubli de toutes les lois a répandu la consternation et l'effroi. L'homme de bien se cache; il fuit avec horreur ces scènes de sang : et il faut bien qu'il se cache, l'homme vertueux, quand le crime triomphe! Il n'en a pas l'horrible sentiment, il se tait, il s'éloigne; il attend pour reparaître des temps plus heureux. Il est des hommes, au contraire, à la fois hypocrites et féroces, qui ne se montrent que dans les calamités publiques, comme il est des insectes malfaisants que la terre ne produit que dans les orages : ces hommes répandent sans cesse les soupçons, les méfiances, les jalousies, les haines, les vengeances; ils sont avides de sang; dans leurs propos séditieux, ils aristocratisent la vertu même, pour acquérir le droit de la fouler aux pieds; ils démocratisent le crime, pour pouvoir s'en rassasier sans avoir à redouter le glaive de la justice; tous leurs efforts tendent à déshonorer aujourd'hui la plus belle des causes, afin de soulever contre elle les nations amies de l'humanité!

O citoyens de Paris, je vous le demande avec la plus profonde émotion; ne démasquerez-vous jamais ces hommes pervers, qui n'ont pour obtenir votre confiance d'autres droits que la bassesse de leurs moyens et l'audace de leurs prétentions? Citoyens, vous les reconnaîtrez facilement : lorsque l'ennemi s'avance, et qu'un homme, avant de vous inviter à prendre l'épée pour le repousser, vous engage à égorger froidement des femmes ou des citoyens désarmés, celui-là est un ennemi de votre gloire, de votre bonheur; il vous trompe pour vous perdre : lorsqu'au contraire un homme ne vous parle de Prussiens que pour vous indiquer le cœur où vous devez frapper, lorsqu'il ne vous propose la victoire que par des moyens dignes de votre courage, celui-là est ami de votre gloire, ami de votre bonheur; il veut vous sauver! Citoyens, repoussez donc les traîtres; abjurez donc vos dissensions intestines... Allez tous au camp; c'est là qu'est votre salut!

J'entends dire chaque jour : Nous pouvons essuyer une défaite; que feront alors les Prussiens? Viendront-ils à Paris?... Non, ils n'y viendront pas; non, si Paris est dans un état de défense respectable, si vous préparez des postes d'où vous puissiez opposer une forte résistance; car alors l'ennemi craindrait d'être poursuivi et enveloppé par les débris mêmes des armées qu'il aurait vaincues, et d'en être écrasé, comme Samson sous les ruines du temple qu'il renversa : mais si une terreur panique ou une fausse sécurité engourdit notre courage et nos bras, si nous tournons nos bras contre nous-mêmes, si nous livrons sans défense les postes d'où l'on pourra bombarder la cité, il serait bien insensé, l'ennemi, de ne pas s'avancer vers une ville qui, par son inaction, aura paru l'appeler elle-même, qui n'aura pas su s'emparer des positions où elle aurait pu le vaincre! Il serait bien insensé de ne point nous surprendre dans nos discordes, de ne pas triompher sur nos ruines! Au camp donc, citoyens, au camp! Hé quoi! tandis que vos frères, que vos concitoyens, par un dévouement héroïque, abandonnent ce que la nature doit leur faire chérir le plus, leurs femmes, leurs enfants, demeurerez-vous plongés dans une molle et déshonorante oisiveté? N'avez-vous pas d'autre manière de prouver votre zèle qu'en demandant sans cesse, comme les Athéniens : *Qu'y a-t-il aujourd'hui de nouveau?* Ah! détestons cette avilissante mollesse. Au camp, citoyens, au camp! Tandis que nos frères, pour notre défense, arrosent peut-être de leur sang les plaines de la Champagne, ne craignons pas d'arroser de quelques sueurs les plaines de Saint-Denis pour protéger leur retraite. Au camp, citoyens, au camp! Oublions tout, excepté la patrie. Au camp, citoyens, au camp!

Pierre-Victorin Vergniaud, l'un des plus grands orateurs de nos assemblées politiques, naquit à Limoges, en 1759. Devenu avocat, il s'était d'abord fixé dans sa ville natale, qu'il abandonna bientôt comme un théâtre trop étroit pour lui. Vergniaud alla s'établir à Bordeaux, où il ne tarda pas à se placer, par son talent, à la tête du barreau. Indolent et paresseux au delà de toute expression, Vergniaud devait à la nature seule cette éloquence fleurie, cette abondance, cette richesse de paroles qui l'ont immortalisé. Doué d'une âme généreuse, capable de ressentir toutes les nobles passions, il embrassa la cause de la révolution. En 1791, le département de la Gironde le nomma député à l'assemblée législative. Dès lors la carrière de Vergniaud s'agrandit, et avec elle son talent. Malheureusement Vergniaud était peu fait, il faut le reconnaître, pour une lutte politique : c'était un homme de poésie, de loisir, de mœurs élégantes ; il se berçait de rêves et d'espérances, et c'était avec une peine infinie que ses amis le décidaient à s'emparer de la tribune. Aussi madame Roland lui reproche-t-elle avec amertume d'avoir été, par sa paresse, un de ceux qui ont le plus contribué à la perte de l'illustre députation de la Gironde. Après avoir été pendant quelque temps, non les idoles du peuple, mais les chefs de la révolution, Vergniaud et ses amis, qui cependant avaient montré un grand courage pendant que les Prussiens menaçaient Paris, se virent en butte aux attaques de la commune de la capitale. Le 31 mai 1793, les sections demandèrent à la convention la mise en accusation des vingt-deux députés qui formaient la tête du parti que l'on nommait la Gironde. Le 2 juin, une insurrection arracha à l'assemblée révolutionnaire un décret d'arrestation contre Vergniaud, Brissot, Barbaroux et les autres, qui, traduits, le 25 octobre, devant le tribunal, furent condamnés à la peine capitale... Nous devons déplorer amèrement le jour fatal, qui vit frapper tant de talents et de vertus. Le 31 octobre 1793, Vergniaud termina sur l'échafaud sa brillante, mais orageuse carrière.

Voici quelques-unes des dernières paroles que M. Charles Nodier suppose, dans son *Dernier Banquet des Girondins*, avoir été tenues par Vergniaud, la veille de sa mort :

« La conscience d'une vie utile et bienveillante est, en vérité, le plus doux privilège d'une bonne mort. Il ne nous est pas donné, comme à Scipion, de forcer un sénat injuste à nous suivre au Capitole ; mais la postérité nous y attend. Plus je réfléchis, moins je vois ce qui manquerait à la gloire de notre nom historique. Je déclare, quant à moi, que mon existence me paraît fort complète... Qu'importe la mesure des jours à qui meurt pour son pays ? Le trépas le plus prochain est le meilleur, quand il est glorieux. »

Qu'il nous soit permis de citer encore un fragment du beau livre de M. Nodier, fragment qui nous semble bien propre à faire sentir le genre d'éloquence du jeune Vergniaud :

« J'ai dit que cet orateur avait donné beaucoup de place dans le système, d'ailleurs peu calculé, de ses compositions, aux images naturelles, aux peintures de la campagne, aux émotions innocentes de la vie. Il a cela de commun avec les beaux génies qui sont arrivés à l'époque de la décadence des peuples ou de leur renouvellement. Leur caractère dominant est une mélancolie douce et timide, qui n'aspire qu'à la solitude rêveuse du désert ou au sommeil tranquille du tombeau. Ce trait suffirait pour marquer son impuissance à se mettre à la tête des affaires d'un grand pays, métier d'égoïsme, d'ambition et presque de cruauté, qui force le cœur le plus noble à l'oubli de ses jeunes sentiments, de ses affections familières, et qui réduit tel homme de cœur et de talent à devenir je ne sais quoi.

» Vergniaud est admirable, je le répète, dans l'expression de ces allégories gracieuses, dont le charme et l'harmonie s'embellissaient encore de l'implacable austérité des discussions ordinaires. C'est comme un hymne d'Apollon, apporté de la Grèce par Iphigénie, et chanté inutilement aux fêtes sanglantes de la Tauride. Veut-il peindre la liberté et l'égalité ? « c'est sous la figure de deux sœurs qui » s'embrassent, et non de deux tigres qui se dévorent, » s'il implore le jour de l'émancipation des peuples, il craint de le voir apparaître « dans les nuages ténébreux de la » tempête. » Il le demande « à l'orient d'un soleil sans nuages. »

» Si la nature lui avait donné la fougue de Mirabeau, il aurait dompté aisément la Montagne ; mais, pour en revenir à ses figures favorites, auxquelles une nouvelle lecture m'a accoutumé, il n'avait pas la foudre de Jupiter, et il combattait les Titans. C'était bien plus d'ailleurs qu'Ossa sur Pélion : c'était Vésuve sur Etna ; et on ne ferme pas la bouche des volcans en y jetant des fleurs !... »

APOLOGUES ET ALLÉGORIES.

L'ABBÉ BLANCHET.

L'ACADÉMIE SILENCIEUSE.

Il y avait à Amadan une célèbre académie, dont le premier statut était conçu en ces termes : *Les académiciens penseront beaucoup, écriront peu, et ne parleront que le moins qu'il sera possible.* On l'appelait *l'Académie silencieuse;* et il n'était point en Perse de vrai savant qui n'eût l'ambition d'y être admis. Le docteur Zeb, auteur d'un petit livre excellent, intitulé *le Bâillon,* apprit, au fond de sa province, qu'il vaquait une place dans l'académie silencieuse. Il part aussitôt, arrive à Amadan, et, se présentant à la porte de la salle où les académiciens sont assemblés, il prie l'huissier de remettre au président ce billet : *Le docteur Zeb demande humblement la place vacante.* L'huissier s'acquitta sur-le-champ de la commission; mais le docteur et son billet arrivaient trop tard : la place était déjà remplie.

L'Académie fut désolée de ce contre-temps. Elle avait reçu, un peu malgré elle, un bel esprit de la cour, dont l'éloquence vive et légère faisait l'admiration de toutes les ruelles, et elle se voyait réduite à refuser le docteur Zeb, le fléau des bavards, une tête si bien faite, si bien meublée ! Le président, chargé d'annoncer au docteur cette nouvelle désagréable, ne pouvait presque s'y résoudre, et ne savait comment s'y prendre. Après avoir un peu rêvé, il fit remplir d'eau une grande coupe, mais si bien remplir, qu'une goutte de plus eût fait déborder la liqueur; puis il fit signe qu'on introduisît le candidat. Il parut avec cet air simple et modeste qui annonce presque toujours le vrai mérite. Le président se leva, et, sans proférer une parole, il lui montra d'un air affligé la coupe emblématique, cette coupe si exactement pleine. Le docteur comprit de reste qu'il n'y avait plus de place à l'Académie; mais, sans perdre courage, il songeait à faire comprendre qu'un académicien surnuméraire n'y dérangerait rien. Il voit à ses pieds une feuille de rose ; il la ramasse, il la pose délicatement sur la surface de l'eau, et fait si bien qu'il n'en échappe pas une seule goutte. A cette réponse ingénieuse, tout le monde battit des mains; on laissa dormir les règles pour ce jour-là, et le docteur Zeb fut reçu par acclamation. On lui présenta sur-le-champ le registre de l'Académie, où les récipiendaires devaient s'inscrire eux-mêmes. Il s'y inscrivit donc ; et il ne lui restait plus qu'à prononcer, selon l'usage, une phrase de remercîment; mais, en académicien vraiment silencieux, le docteur Zeb remercia sans dire mot. Il écrivit en marge le nombre *cent,* c'était celui de ses nouveaux confrères; puis, en mettant un zéro devant le chiffre, il écrivit au-dessous : *Ils n'en vaudront ni moins, ni plus* (0100). Le président répondit au modeste docteur avec autant de politesse que de présence d'esprit. Il mit le chiffre *un* devant le nombre *cent,* et écrivit : *Ils en vaudront dix fois davantage* (1100).

François Blanchet naquit à Angerville, près de Chartres, le 26 janvier 1707. Homme de savoir, et d'un caractère plein de douceur, il parvint, par son mérite et l'estime générale qu'il avait su mériter, à la garde des livres du cabinet du rol. Mélancolique et sombre, il se tenait ordinairement loin de la société. « Tel que je suis, disait-il, il faut que je me supporte; mais les autres y sont-ils obligés? » L'abbé Blanchet mourut à Saint-Germain-en-Laye, le 29 janvier 1784. Dusaulx, son parent, a publié ses ouvrages, c'est-à-dire les *Variétés morales et amusantes* en deux volumes, et des *Apologues et Contes orientaux* en un volume. On a encore du bon abbé des *Vues sur l'éducation d'un prince*. Il traduisit aussi l'*Histoire touchante de la famille d'Hiéron*, par Tite-Live, et la *Conjuration de Pison contre Néron*, de Tacite.

Le style de l'abbé Blanchet ne manque pas de grâce. On voit dans tous ses travaux le soin scrupuleux avec lequel il relisait ses productions avant de les exposer au jugement du public. Malheureusement, les *Apologues* n'ont pas été choisis avec assez de discernement, et c'est au plus si dans son livre on en rencontrerait un autre que celui de l'*Académie silencieuse* qui fût digne d'être cité.

MONTESQUIEU.

LES TROGLODITES.

Il y avait en Arabie un petit peuple, appelé Troglodite, qui descendait de ces anciens Troglodites, qui, si nous en croyons les historiens, ressemblaient plutôt à des bêtes qu'à des hommes. Ceux-ci n'étaient point si contrefaits; ils n'étaient point velus comme des ours, ils ne sifflaient point, ils avaient deux yeux : mais ils étaient si méchants et si féroces, qu'il n'y avait parmi eux aucun principe d'équité ni de justice.

Ils avaient un roi d'une origine étrangère, qui, voulant corriger la méchanceté de leur naturel, les traitait sévèrement; mais ils conjurèrent contre lui, le tuèrent, et exterminèrent toute la famille royale.

Le coup étant fait, ils s'assemblèrent pour choisir un gouvernement; et, après bien des dissensions, ils créèrent des magistrats; mais à peine les eurent-ils élus, qu'ils leur devinrent insupportables; et ils les massacrèrent encore.

Ce peuple, libre de ce nouveau joug, ne consulta que son naturel sauvage. Tous les particuliers convinrent qu'ils n'obéiraient plus à personne; que chacun veillerait uniquement à ses intérêts, sans consulter ceux des autres.

Cette résolution unanime flattait extrêmement tous les particuliers. Ils disaient : « Qu'ai-je affaire d'aller me tuer à travailler pour des gens dont je ne me soucie point? Je penserai uniquement à moi. Je vivrai heureux; que m'importe que les autres le soient? Je me procurerai tous mes besoins; et pourvu que je les aie, je ne me soucie point que tous les autres Troglodites soient misérables. »

On était dans le mois où l'on ensemence les terres; chacun dit : « Je ne labourerai mon champ que pour qu'il me fournisse le blé qu'il me faut pour me nourrir; une plus grande quantité me serait inutile : je ne prendrai point de la peine pour rien. »

Les terres de ce petit royaume n'étaient pas de même nature : il y en avait d'arides et de montagneuses, et d'autres qui, dans un terrain bas, étaient arrosées de plusieurs ruisseaux. Cette année la sécheresse fut très-grande, de manière que les terres qui étaient dans les lieux élevés manquèrent absolument, tandis que celles qui purent être arrosées furent très-fertiles : ainsi les peuples des montagnes périrent presque tous de faim, par la dureté des autres, qui leur refusèrent de partager la récolte.

L'année ensuite fut très-pluvieuse : les lieux élevés se trouvèrent d'une fertilité extraordinaire, et les terres basses furent submergées. La moitié du peuple cria une seconde fois famine; mais ces misérables trouvèrent des gens aussi durs qu'ils l'avaient été eux-mêmes.

Cependant une maladie cruelle ravagea la contrée. Un médecin habile y arriva du pays voisin, et donna ses remèdes si à propos, qu'il guérit tous ceux qui se mirent dans ses mains. Quand la maladie eut cessé, il alla chez tous ceux qu'il avait traités demander son salaire; mais il ne trouva que des refus. Il retourna dans son pays, et y arriva accablé de fatigues d'un si long voyage. Mais bientôt après il apprit que la même maladie se faisait sentir de nouveau, et affligeait plus que jamais cette terre ingrate. Ils allèrent à lui cette fois, et n'attendirent pas qu'il vint chez eux. « Allez, leur dit-il, hommes injustes, vous avez dans l'âme un poison plus mortel que celui dont vous voulez guérir; vous ne méritez pas d'occuper une place sur la terre, parce que vous n'avez point d'humanité, et que les règles de l'équité vous sont inconnues : je croirais offenser les dieux qui vous punissent, si je m'opposais à la justice de leur colère. » Les Troglodites périrent donc par leur méchanceté même, et furent les victimes de leurs propres injustices. De tant de familles, il n'en resta que deux, qui échappèrent aux malheurs de la nation.

Il y avait dans ce pays deux hommes bien singuliers : ils avaient de l'humanité; ils connaissaient la justice; ils aimaient la vertu; autant liés par la droiture de leur cœur que par la corruption de celui des autres, ils voyaient la désolation générale, et ne la ressentaient que par la pitié : c'était le motif d'une union nouvelle. Ils travaillaient, avec une sollicitude commune, pour l'intérêt commun; ils n'avaient de différends que ceux qu'une douce et tendre amitié faisait naître : et, dans l'endroit du pays le plus écarté, séparés de leurs compatriotes indignes de leur présence, ils menaient une vie heureuse et tranquille : la terre semblait produire d'elle-même, cultivée par ces vertueuses mains.

Ils aimaient leurs femmes et en étaient tendrement chéris. Toute leur attention était d'élever leurs enfants à la vertu. Ils leur représentaient sans cesse les malheurs de leurs compatriotes, et leur mettaient devant les yeux cet exemple si triste. Ils leur faisaient surtout sentir que l'intérêt des particuliers se trouve toujours dans l'intérêt commun; que vouloir s'en séparer, c'est vouloir se perdre; que la vertu n'est point une chose qui doive nous coûter; qu'il ne faut point la regarder comme un exercice pénible; et que la justice pour autrui est une charité pour nous.

Ils eurent bientôt la consolation des pères vertueux, qui est d'avoir des enfants qui leur ressemblent. Le jeune peuple qui s'éleva sous leurs yeux s'accrut par d'heureux mariages : le nombre augmenta, l'union fut toujours la même; et la vertu, bien loin de s'affaiblir dans la multitude, fut fortifiée, au contraire, par un plus grand nombre d'exemples.

Qui pourrait représenter ici le bonheur de ces Troglodites? Un peuple si juste devait être chéri des dieux. Dès qu'il ouvrit les yeux pour les connaître, il apprit à les craindre; et la religion vint adoucir dans les mœurs ce que la nature y avait laissé de trop rude...

Un des Troglodites disait un jour : « Mon père doit demain labourer son champ : je me lèverai deux heures avant lui; et quand il ira à son champ, il le trouvera tout labouré. »

On entendait dire à un autre : « Il faut que j'aille au temple remercier les dieux; car mon frère, que mon père aime tant, et que je chéris si fort, a recouvré la santé. »

Ou bien : « Il y a un champ qui touche celui de mon père, et ceux qui le cultivent sont tous les jours exposés aux ardeurs du soleil : il faut que j'aille y planter deux arbres, afin que ces pauvres gens puissent aller quelquefois se reposer sous leur ombre. »

Un jour que plusieurs Troglodites étaient assemblés, un vieillard parla d'un jeune homme qu'il soupçonnait d'avoir commis une mauvaise action, et lui en fit des reproches. « Nous ne croyons pas qu'il ait commis ce crime, dirent les jeunes Troglodites : mais s'il l'a fait, puisse-t-il mourir le dernier de sa famille! »

On vint dire à un Troglodite que des étrangers avaient pillé sa maison, et avaient tout emporté.

« S'ils n'étaient pas injustes, répondit-il, je souhaiterais que les dieux leur en donnassent un plus long usage qu'à moi. »

Tant de prospérités ne furent pas regardées sans envie : les peuples voisins s'assemblèrent; et, sous un vain prétexte, ils résolurent d'enlever leurs troupeaux. Dès que cette résolution fut connue, les Troglodites envoyèrent au-devant d'eux des ambassadeurs, qui leur parlèrent ainsi : « Que vous ont fait les Troglodites? Ont-ils dérobé vos bestiaux, ravagé vos campagnes? Non : nous sommes justes, et nous craignons les dieux. Que demandez-vous donc de nous? Voulez-vous de la laine pour vous faire des habits? Voulez-vous du lait de nos troupeaux, ou des fruits de nos terres? Mettez bas les armes, venez au milieu de nous, et nous vous donnerons de tout cela. Mais nous jurons, par ce qu'il y a de plus sacré, que si vous entrez dans nos terres comme ennemis, nous vous regarderons comme un peuple injuste, et que nous vous traiterons comme des bêtes farouches. »

Ces paroles furent renvoyées avec mépris; ces peuples sauvages entrèrent armés dans la terre des Troglodites, qu'ils ne croyaient défendue que par leur innocence.

Mais ils étaient bien disposés à la défense : ils avaient mis leurs femmes et leurs enfants au milieu d'eux; ils furent étonnés de l'injustice de leurs ennemis, et non pas de leur nombre. Une ardeur nouvelle s'était emparée de leur cœur : l'un voulait mourir pour son père, un autre pour sa femme et ses enfants, celui-ci pour ses frères, celui-là pour ses amis, tous pour le peuple Troglodite : la place de celui qui expirait était d'abord prise par un autre, qui, outre la cause commune, avait encore une mort particulière à venger.

Tel fut le combat de l'injustice et de la vertu. Ces peuples lâches, qui ne cherchaient que le butin, n'eurent pas honte de fuir; et ils cédèrent à la vertu des Troglodites, même sans en être touchés.

Comme le peuple grossissait tous les jours, les Troglodites crurent qu'il était à propos de se choisir un roi. Ils convinrent qu'il fallait déférer la couronne à celui qui était le plus juste; et ils jetèrent tous les yeux sur un vieillard vénérable par son âge et par une longue vertu. Il n'avait pas voulu se trouver à cette assemblée; il s'était retiré dans sa maison, le cœur serré de tristesse.

Lorsqu'on lui envoya des députés pour lui apprendre le choix qu'on avait fait de lui : « A Dieu ne plaise, dit-il, que je fasse ce tort aux Troglodites, que l'on puisse croire qu'il n'y a personne parmi eux de plus juste que moi. Vous me déférez la couronne, et, si vous le voulez absolument, il faudra bien que je la prenne; mais comptez que je mourrai de douleur, d'avoir vu, en naissant, les Troglodites libres, et de les voir aujourd'hui assujettis. » A ces mots, il se mit à répandre un torrent de larmes. « Malheureux jour! disait-il, et pourquoi ai-je tant vécu? » Puis il s'écria d'une voix sévère : « Je vois bien ce que c'est, ô Troglodites! votre vertu commence à vous peser. Dans l'état où vous êtes, n'ayant point de chef, il faut que vous soyez vertueux malgré vous; sans cela, vous ne sauriez subsister, et vous tomberiez dans le malheur de vos premiers pères. Mais ce joug vous paraît trop dur : vous aimez mieux être soumis à un prince, et obéir à ses lois moins rigides que vos mœurs. Vous savez que pour lors vous pourrez contenter votre ambition, acquérir des richesses, et languir dans une lâche volupté; et que pourvu que vous évitiez de tomber dans les grands crimes, vous n'aurez pas besoin de la vertu. » Il s'arrêta un moment, et ses larmes coulèrent plus que jamais. « Et que prétendez-vous que je fasse? Comment se peut-il que je commande quelque chose à un Troglodite? Voulez-vous qu'il fasse une action vertueuse parce que je la lui commande, lui qui la ferait tout de même sans moi, et par le seul penchant de la nature? O Troglodites! je suis à la fin de mes jours; mon sang est glacé dans mes veines; je vais bientôt revoir vos sacrés aïeux : pourquoi voulez-vous que je les afflige, et que je sois obligé de leur dire que je vous ai laissés sous un autre joug que celui de la vertu? »

« Montesquieu sait intéresser et toucher, dans l'*Histoire des Troglodites*, et cet intérêt n'est pas celui d'aventures romanesques; c'en est un plus rare, plus original et plus difficile à produire, celui qui naît de la peinture des vertus sociales mises en action, et nous en fait sentir le charme et le besoin. »   LA HARPE.

LETTRES.

VOLTAIRE.

LETTRE A MILORD HARVEY.

Je fais compliment à votre nation, milord, sur la prise de Porto-Bello, et sur votre place de garde des sceaux. Vous voilà fixé en Angleterre; c'est une raison pour moi d'y voyager encore. Ne jugez point, je vous prie, de mon *Essai sur le Siècle de Louis XIV*. Je sais bien que Louis XIV n'a pas eu l'honneur d'être le maître ni le bienfaiteur d'un Bayle, d'un Newton, d'un Halley, d'un Addison, d'un Dryden; mais dans ce siècle qu'on nomme de Léon X, le pape Léon X avait-il tout fait? N'y avait-il pas d'autres princes qui contribuèrent à polir et à éclairer le genre humain? Cependant le nom de Léon X a prévalu, parce qu'il encouragea les arts plus qu'aucun autre. Eh! quel roi donc, en cela, a rendu plus de services à l'humanité que Louis XIV? Quel roi a répandu plus de bienfaits, a marqué plus de goût, s'est signalé par de plus beaux établissements? Il n'a pas fait tout ce qu'il pouvait faire, sans doute, parce qu'il était homme; mais il a fait plus qu'aucun autre, parce qu'il était un grand homme. Ma plus forte raison pour l'estimer beaucoup, c'est que, avec des fautes connues, il a plus de réputation qu'aucun de ses contemporains; c'est que, malgré un million d'hommes dont il a privé la France, et qui tous ont été intéressés à le décrier, toute l'Europe l'estime, et le met au rang des plus grands et des meilleurs monarques.

Nommez-moi donc, milord, un souverain qui ait attiré chez lui plus d'étrangers habiles, et qui ait plus encouragé le mérite dans ses sujets. Soixante savants de l'Europe reçurent à la fois des récompenses de lui, étonnés d'en être connus.

« Quoique le roi ne soit pas votre souverain, leur écrivait Colbert, il veut être votre bienfaiteur; il m'a commandé de vous envoyer la lettre de change ci-jointe, comme un gage de son estime. » Un Bohémien, un Danois, recevaient de ces lettres datées de Versailles. Guillemini bâtit une maison à Florence, des bienfaits de Louis XIV; il mit le nom de ce roi sur le frontispice, et vous ne voulez pas qu'il soit à la tête du siècle dont je parle!

Ce qu'il a fait dans son royaume doit servir à jamais d'exemple. Il chargea de l'éducation de son fils et de son petit-fils les plus éloquents et les plus savants hommes de l'Europe. Il eut l'attention de placer trois enfants de Pierre Corneille, deux dans les troupes, et l'autre dans l'Église. Il excita le mérite naissant de Racine par un présent considérable pour un jeune homme inconnu et sans bien; et quand ce génie se fut perfectionné, ses talents, qui souvent sont l'exclusion de la fortune, firent la sienne. Il eut plus que de la fortune, il eut de la faveur, quelquefois la familiarité d'un maître dont un regard était un bienfait. Il était, en 1688 et 1689, de ces voyages de Marly, tant brigués par les courtisans; il couchait dans la chambre du roi pendant ses maladies, et lui lisait ces chefs-d'œuvre d'éloquence et de poésie qui décoraient ce beau règne.

Louis XIV songeait à tout; il protégeait les académies, et distinguait ceux qui se signalaient. Il ne prodiguait point la faveur à un genre de mérite à l'exclusion des autres, comme tant de princes qui favorisent, non ce qui est bon, mais ce qui leur plaît: la physique et l'étude de l'antiquité attirèrent son attention. Elle ne se ralentit pas même dans les guerres qu'il soutenait contre l'Europe; car, en bâtisasnt trois cents citadelles, en faisant marcher quatre cent mille soldats, il fesait élever l'Observatoire et tracer une méridienne d'un bout du royaume à l'autre, ouvrage unique dans le monde. Il faisait imprimer dans son palais les traductions des bons auteurs grecs et latins; il envoyait des géomètres et des physiciens au fond de l'Afrique et de l'Amérique, chercher de nouvelles connaissances. Songez, milord, que, sans le voyage et les expériences de ceux qu'il envoya à Cayenne, en 1672, et sans les mesures de M. Picard, jamais Newton n'eût fait ses découvertes sur l'attraction. Regardez, je vous prie, un Cassini et un Huyghens, qui renoncent tous deux à leur patrie, qu'ils honorent, pour venir en France jouir de l'estime et des bienfaits de Louis XIV.

Et pensez-vous que les Anglais mêmes ne lui aient pas d'obligation? Dites-moi, je vous prie, dans quelle cour Charles II puisa tant de politesse et tant de goût? Les bons auteurs de Louis XIV n'ont-ils pas été vos modèles? N'est-ce pas d'eux que votre sage Addison, l'homme de votre nation qui avait le goût le plus sûr, a tiré souvent ses excellentes critiques? L'évêque Burnet avoue que ce goût, acquis en France par les courtisans de Charles II, réforma chez vous jusqu'à la chaire, malgré la différence de nos religions; tant la saine raison a partout d'empire! Dites-moi si les bons livres de ce temps n'ont pas servi à l'éducation de tous les princes de l'Europe? Dans quelle cour de l'Allemagne n'a-t-on pas vu le théâtre français? Quelle nation ne suivait pas alors les modes de la France?

Vous m'apportez, milord, l'exemple du czar Pierre le Grand, qui a fait naître les arts dans son pays, et qui est le créateur d'une nation nouvelle. Vous me dites cependant que son siècle ne sera pas appelé, dans l'Europe, le siècle du czar Pierre. Vous en concluez que je ne dois pas appeler le siècle passé le siècle de Louis XIV. Il me semble que la différence est bien palpable : le czar Pierre s'est instruit chez les autres peuples; il a porté leurs arts chez lui; mais Louis XIV a instruit les nations : tout, jusqu'à ses fautes, leur a été utile. Les protestants qui ont quitté ses États ont porté chez vous même une industrie qui faisait la richesse de la France. Comptez-vous pour rien tant de manufactures de soie et de cristaux? Ces dernières surtout furent perfectionnées chez vous par nos réfugiés, et nous avons perdu ce que vous avez acquis.

Enfin la langue française, milord, est devenue presque la langue universelle. A qui en est-on redevable? Était-elle aussi étendue du temps de Henri IV? Non, sans doute; on ne connaissait que l'italien et l'espagnol. Ce sont nos excellents écrivains qui ont fait ce changement. Mais qui a protégé, employé, encouragé ces excellents écrivains? C'était M. Colbert, me direz-vous; je l'avoue, et je prétends bien que le ministre doit partager la gloire du maître. Mais qu'eût fait un Colbert sous un autre prince; sous votre roi Guillaume, qui n'aimait rien; sous le roi d'Espagne Charles II; sous tant d'autres souverains?

Croiriez-vous bien, milord, que Louis XIV a réformé le goût de sa cour en plus d'un genre? Il choisit Lulli pour son musicien, et ôta le privilége à Cambert, parce que Cambert était un homme médiocre, et Lulli un homme supérieur. Il savait distinguer l'esprit du génie; il donnait à Quinault le sujet de ses opéras; il dirigeait les peintures de Le Brun, il soutenait Boileau, Racine et Molière contre leurs ennemis; il encourageait les arts utiles comme les beaux-arts, et toujours en connaissance de cause; il prêtait de l'argent à Van Robais pour établir ses manufactures; il avançait des millions à la compagnie des Indes, qu'il avait formée; il donnait des pensions aux savants et aux braves officiers. Non-seulement il s'est fait de grandes choses sous son règne, mais c'est lui qui les faisait. Souffrez donc, milord, que je tâche d'élever à sa gloire un monument que je consacre encore plus à l'utilité du genre humain.

LETTRE A MADAME LA BARONNE DE VERNA.

Nous nous écrivons, madame, d'un bord du Styx à l'autre. Nous sommes deux malades qui nous exhortons mutuellement à la patience; mais la différence entre vous et moi, c'est que vous êtes jeune et aimable; vous n'avez pas le petit doigt du pied dans l'eau du Styx, et j'y suis plongé jusqu'au menton.

Vous écrivez de votre main et avec la plus jolie écriture du monde, et moi je peux dicter à peine. Je vous suis très-redevable de votre recette. Il y a longtemps que j'ai épuisé tous les œufs de mes poules, et la couperose, et le nitre, et le sel, et l'eau fraiche, et l'eau-de-vie. Ayez la bonté de considérer, madame, que des yeux de soixante et onze ans ne sont pas comme les vôtres, et sont fort rebelles à la médecine. J'avoue, madame, qu'on a quelquefois la vie à d'étranges conditions; mais vous avez une recette dont j'use avec plus de succès que des blancs d'œufs : c'est de savoir souffrir, d'opposer la patience aux maux, de vivre aussi doucement qu'il est possible, et de tenir son âme dans la gaieté quand le corps est dans la souffrance. Je voudrais, madame, pouvoir venir avec mon bâton de quinze-vingts auprès de votre chaise longue. Je vous crois philosophe, puisque vous faites tant que de m'écrire. Il faut que vous ayez bien de la force dans l'esprit, puisque la faiblesse du corps en donne très-souvent à l'âme. Comptez, madame, que les vraies consolations sont dans la philosophie. Une malade pleine d'esprit et de raison est infiniment supérieure à une sotte qui crève de santé. Vous ne pouvez pas danser; mais vous pouvez penser : ainsi je vous félicite encore plus que je ne vous plains. Je souhaite cependant que vos yeux puissent vous voir usant de vos deux jambes.

J.-J. ROUSSEAU.

CONSEILS A UN JEUNE HOMME.

Vous ignorez, monsieur, que vous écrivez à un pauvre homme accablé de maux, et de plus fort occupé, qui n'est guère en état de vous répondre, et qui le serait encore moins d'établir avec vous la société que vous lui proposez. Vous m'honorez en pensant que je pourrais vous y être utile, et vous êtes louable du motif qui vous le fait désirer ; mais sur le motif même, je ne vois rien de moins nécessaire que de vous établir à Montmorency : vous n'avez pas besoin d'aller chercher si loin les principes de la morale.

Rentrez dans votre cœur, et vous les y trouverez ; et je ne pourrai rien vous dire à ce sujet que ne vous dise encore mieux votre conscience, quand vous la voudrez consulter. La vertu, monsieur, n'est pas une science qui s'apprend avec tant d'appareil : pour être vertueux, il suffit de vouloir l'être ; et si vous avez bien cette volonté, tout est fait ; votre bonheur est décidé.

S'il m'appartenait de vous donner des conseils, le premier que je voudrais vous donner serait de ne vous point livrer à ce goût que vous dites avoir pour la vie contemplative, et qui n'est qu'une paresse de l'âme, condamnable à tout âge, et surtout au vôtre. L'homme n'est point fait pour méditer, mais pour agir. La vie laborieuse que Dieu nous impose n'a rien que de doux au cœur de l'homme de bien qui s'y livre en vue de remplir son devoir, et la vigueur de la jeunesse ne vous a pas été donné pour la perdre à d'oisives contemplations.

Travaillez donc, monsieur, dans l'état où vous ont placé vos parents et la Providence : voilà le premier précepte de la vertu que vous voulez suivre ; et si le séjour de Paris, joint à l'emploi que vous remplissez, vous paraît d'un trop difficile alliage avec elle, faites mieux, monsieur, retournez dans votre province ; allez vivre dans le sein de votre famille ; servez, soignez vos vertueux parents : c'est là que vous remplirez véritablement les soins que la vertu vous impose.

Une vie dure est plus facile à supporter en province que la fortune à poursuivre à Paris, surtout quand on sait, comme vous ne l'ignorez pas, que les plus indignes manéges y font plus de fripons gueux que de parvenus. Vous ne devez point vous estimer malheureux de vivre comme fait monsieur votre père ; et il n'y a point de sort que le travail, la vigilance, l'innocence et le contentement de soi, ne rendent supportable, quand on s'y soumet en vue de remplir son devoir.

Voilà, monsieur, des conseils qui valent tous ceux que vous pourriez venir prendre à Montmorency : peut-être ne seront-ils pas de votre goût, et je crains que vous ne preniez pas le parti de les suivre ; mais je suis sûr que vous vous en repentirez un jour. Je vous souhaite un sort qui ne vous force jamais à vous en souvenir.

LETTRE AU MARÉCHAL DE LUXEMBOURG.

Vous voulez, monsieur le maréchal, que je vous décrive le pays que j'habite? Mais comment faire? Je ne sais voir qu'autant que je suis ému ; les objets indifférents sont nuls à mes yeux ; je n'ai de l'attention qu'à proportion de l'intérêt qui l'excite, et quel intérêt puis-je prendre à ce que je retrouve si loin de vous? Des arbres, des rochers, des maisons, des hommes même, sont autant d'objets isolés dont chacun en particulier donne peu d'émotion à celui qui le regarde; mais l'impression commune de tout cela, qui le réunit en un seul tableau, dépend de l'état où nous sommes en le contemplant. Ce tableau, quoique toujours le même, se peint d'autant de manières qu'il y a de dispositions différentes dans les cœurs des spectateurs; et ces différences, qui font celles de nos jugements, n'ont pas lieu seulement d'un spectateur à l'autre, mais dans le même, en différents temps. C'est ce que j'éprouve bien sensiblement en revoyant ce pays que j'ai tant aimé. J'y croyais trouver ce qui m'avait charmé dans ma jeunesse: tout est changé; c'est un autre paysage, un autre air, un autre ciel, d'autres hommes; et ne voyant plus mes compagnons avec des yeux de vingt ans, je les trouve beaucoup vieillis. On regrette le bon temps d'autrefois; je le crois bien: nous attribuons aux choses tout le changement qui s'est fait en nous; et lorsque le plaisir nous quitte, nous croyons qu'il n'est plus nulle part. D'autres voient les choses comme nous les avons vues, et les verront comme nous les voyons aujourd'hui. Mais ce sont des descriptions que vous me demandez, non des réflexions; et les miennes m'entraînent comme un vieux enfant qui regrette encore ses anciens jeux. Les diverses impressions que ce pays a faites sur moi à différents âges me font conclure que nos relations se rapportent toujours plus à nous qu'aux choses, et que, comme nous décrivons bien plus ce que nous sentons que ce qui est, il faudrait savoir comment était affecté l'auteur d'un voyage en l'écrivant, pour juger de combien ses peintures sont au delà ou en deçà du vrai. Sur ce principe, ne vous étonnez pas de voir devenir aride et froid sous ma plume un pays jadis si verdoyant, si vivant, si riant, à mon gré; vous sentirez trop aisément, dans ma lettre, en quel temps de ma vie et en quelle saison de l'année elle a été écrite.

Je sais, monsieur le maréchal, que pour vous parler d'un village, il ne faut pas commencer par vous décrire toute la Suisse, comme si le petit coin que j'habite avait besoin d'être circonscrit d'un si grand espace. Il y a pourtant des choses générales qui ne se devinent point, et qu'il faut savoir pour juger des objets particuliers. Pour connaître Motiers, il faut avoir quelque idée du comté de Neuchâtel, et pour connaître le comté de Neuchâtel, il faut en avoir de la Suisse entière.

Elle offre à peu près partout les mêmes aspects, des lacs, des prés, des bois, des montagnes; et les Suisses ont aussi tous à peu près les mêmes mœurs, mêlées de l'imitation des autres peuples et de leur antique simplicité. Ils ont des manières de vivre qui ne changent point, parce qu'elles tiennent, pour ainsi dire, au sol du climat, aux besoins divers, et qu'en cela les habitants sont toujours forcés de se conformer à ce que la nature des lieux leur prescrit. Telle est, par exemple, la distribution de leurs habitations, beaucoup moins réunies en villes et en bourgs qu'en France, mais éparses et dispersées çà et là sur le terrain avec beaucoup plus d'égalité. Ainsi, quoique la Suisse soit, en général, plus peuplée à proportion que la France, elle a de moins grandes villes et de moins gros villages: en revanche, on y trouve partout des maisons; le village couvre toute la paroisse, et la ville s'étend sur tout le pays. La Suisse entière est comme une grande ville divisée en treize quartiers, dont les uns sont sur les vallées, d'autres sur les coteaux, d'autres sur les montagnes. Genève, Saint-Gall, Neuchâtel, sont comme les faubourgs; il y a des quartiers plus ou moins peuplés; mais tous le sont assez pour marquer qu'on est toujours dans la ville: seulement les maisons, au lieu d'être alignées sont dispersées sans symétrie et sans ordre, comme on dit qu'étaient celles de l'ancienne Rome. On ne croit plus parcourir des déserts, quand on trouve des clochers parmi les sapins, des troupeaux sur des rochers, des manufactures dans des précipices, des ateliers sur des torrents. Ce mélange bizarre a je ne sais quoi d'animé, de vivant, qui respire la liberté, le bien-être, et qui fera toujours du pays où il se trouve, un spectacle unique en son genre, mais fait seulement pour des yeux qui sachent voir. . . . .

Il faut, monsieur le maréchal, avoir du courage pour décrire en cette saison le lieu que j'habite. Des cascades, des glaces, des rochers nus, des sapins noirs couverts de neige, sont les objets dont je suis entouré; et à l'image de l'hiver le pays ajoutant l'aspect de l'aridité, ne promet, à le voir, qu'une description fort triste. Aussi a-t-il l'air assez nu en toute saison; mais il est presque effrayant dans celle-ci. Il faut donc vous le représenter comme je l'ai trouvé en y arrivant, et non comme je le vois aujourd'hui, sans quoi l'intérêt que vous prenez à moi m'empêcherait de vous en rien dire.

Figurez-vous donc un vallon d'une bonne demi-lieue de large et d'environ deux lieues de long, au milieu duquel passe une petite rivière appelé la Reuse, dans la direction du nord-ouest au sud-est. Ce vallon, formé par deux chaînes de montagnes qui sont des branches du Mont-Jura et qui se resserrent par les deux bouts, reste pourtant assez ouvert pour laisser voir au loin ses prolongements, lesquels, divisés en rameaux par les bras des montagnes, offrent plusieurs belles perspectives. Ce vallon, appelé le Val-de-Travers, du nom d'un village qui est à son extrémité orientale, est garni de quatre ou cinq autres villages à peu de distance les uns des autres: celui de Motiers, qui forme le milieu, est dominé par un vieux château désert, dont le voisinage et la situation solitaire et sauvage m'attirent souvent dans mes promenades du matin, d'autant plus que je puis sortir de ce côté par une porte de derrière, sans passer par la rue ni devant aucune maison. On dit que les bois et les rochers qui environnent ce château sont fort remplis de vipères. Cependant, ayant beaucoup parcouru tous les environs et m'étant assis à toutes sortes de places, je n'en ai point vu jusqu'ici.

Outre ces villages, on voit vers le bas des montagnes plusieurs maisons éparses, qu'on appelle des *prises*, dans lesquelles on tient des bestiaux, et dont plusieurs sont habitées par les propriétaires, la plupart paysans. Il y en a une, entre autres, à mi-côte nord, par conséquent exposée au midi, sur une terrasse naturelle, dans la plus admirable position que j'aie jamais vue, et dont le difficile accès m'eût rendu l'habitation très-commode. J'en fus si tenté que dès la première fois je m'étais presque arrangé avec le propriétaire pour y loger; mais on m'a depuis tant dit de mal de cet homme, qu'aimant encore mieux la paix et la sûreté qu'une demeure agréable, j'ai pris le parti de rester où je suis. La maison que j'occupe est dans une moins belle position; mais elle est grande, assez commode; elle a une galerie extérieure où je me promène dans les mauvais temps, et, ce qui vaut mieux que tout le reste, c'est un asile offert par l'amitié.

La Reuse a sa source au-dessus d'un village appelé Saint-Sulpice, à l'extrémité occidentale du vallon; elle en sort au village de Travers, à l'autre extrémité, où elle commence à se creuser un lit, qui devient bientôt précipice, et la conduit enfin dans le lac de Neuchâtel. Cette Reuse est une très-jolie rivière, claire et brillante comme de l'argent, où les truites ont bien de la peine à se cacher dans des touffes d'herbes. On la voit sortir tout d'un coup de terre à sa source, non point en petite fontaine ou ruisseau, mais toute grande et déjà rivière, comme la fontaine de Vaucluse, en bouillonnant à travers les rochers. Comme cette source est fort enfoncée dans les roches escarpées d'une montagne, on y est toujours à l'ombre; et la fraîcheur continuelle, le bruit, les chutes, le cours de l'eau, m'attirant l'été à travers ces roches brûlantes, me font souvent mettre en nage pour aller chercher le frais près de ce murmure, ou plutôt près de ce fracas, plus flatteur à mon oreille que celui de la rue Saint-Martin.

L'élévation des montagnes qui forment le vallon n'est pas excessive; mais le vallon même est montagne, étant fort élevé au-dessus du lac; et le lac, ainsi que le sol de toute la Suisse, est encore extrêmement élevé sur les pays de plaines, élevés à leur tour au-dessus du niveau de la mer. On peut juger sensiblement de la pente totale par le long et rapide cours des rivières, qui, des montagnes de Suisse, vont se rendre, les unes dans la Méditerranée et les autres dans l'Océan. Ainsi quoique la Reuse, traversant le vallon, soit sujette à de fréquents débordements qui font des bords de son lit une espèce de marais, on n'y sent point le marécage; l'air n'y est point humide et malsain, la vivacité qu'il tire de son élévation l'empêchant de rester longtemps chargé de vapeurs grossières. Les brouillards, assez fréquents les matins, cèdent pour l'ordinaire à l'action du soleil, à mesure qu'il s'élève.

Comme entre les montagnes et les vallées la vue est toujours réciproque, celle dont je jouis ici dans un fond n'est pas moins vaste que celle que j'avais sur les hauteurs de Montmorency; mais elle est d'un autre genre: elle ne flatte pas, elle frappe; elle est plus sauvage que riante : l'art n'y étale pas ses beautés, mais la majesté de la nature en impose; et quoique le parc de Versailles soit plus grand que ce vallon, il ne paraîtrait qu'un colifichet en sortant d'ici. Au premier coup d'œil, le spectacle, tout grand qu'il est, semble un peu nu : on voit très-peu d'arbres dans la vallée; ils y viennent mal et ne donnent presque aucun fruit; l'escarpement des montagnes étant très-rapide, montre en divers endroits le gris des rochers; le noir des sapins coupe ce gris d'une nuance qui n'est pas riante; et ces sapins, si grands, si beaux quand on est dessous, ne paraissant au loin que des arbrisseaux, ne promettent ni l'asile ni l'ombre qu'ils donnent; le fond du vallon, presque au niveau de la rivière, semble n'offrir, à ses deux bords, qu'un large marais où l'on ne saurait marcher; la réverbération des rochers n'annonce pas, dans un lieu sans arbres, une promenade bien fraîche quand le soleil luit; sitôt qu'il se couche, il laisse à peine un crépuscule, et la hauteur des monts interceptant toute la lumière, fait passer presque à l'instant du jour à la nuit.

Mais si la première impression de tout cela n'est pas agréable, elle change insensiblement par un examen plus détaillé; et, dans un pays où l'on croyait avoir tout vu du premier coup d'œil, on se trouve avec surprise environné d'objets chaque jour plus intéressants. Si la promenade de la ville est un peu uniforme, elle est en revanche extrêmement commode; tout y est du niveau le plus parfait; les chemins y sont unis comme des allées de jardin; les bords de la rivière offrent par places de larges pelouses d'un plus beau vert que les gazons du Palais-Royal, et l'on s'y promène avec délices le long de cette belle eau, qui dans le vallon prend un cours paisible en quittant ses cailloux et ses rochers, qu'elle retrouve au sortir du Val-de-Travers. On a proposé de planter ses bords de saules et de peupliers pour donner, durant la chaleur du jour, de l'ombre au bétail désolé par les mouches. Si jamais ce projet s'exécute, les bords de la Reuse deviendront aussi charmants que ceux du Lignon, et il ne leur manquera plus que des Astrées, des Silvandres et un d'Urfé.

.... Au dessus de ce même village de Travers, il se fit, il y a deux ans, une avalanche considérable et de la façon du monde la plus singulière. Un homme qui habite au pied de la montagne avait son champ devant sa fenêtre, entre la montagne et sa maison. Un matin qui suivit une nuit d'orage, il fut bien surpris, en ouvrant sa fenêtre, de trouver un bois à la place de son champ ; le terrain, s'éboulant tout d'une pièce, avoit recouvert son champ des arbres d'un bois qui était au-dessus ; et cela, dit-on, fait entre les deux propriétaires le sujet d'un procès qui pourrait trouver place dans le recueil de Pitaval. L'espace que l'avalanche a mis à nu est fort grand et paraît de loin ; mais il faut en approcher pour juger de la force de l'éboulement, de l'étendue du creux, et de la grandeur des rochers qui ont été transportés. Ce fait récent et certain rend croyable ce que dit Pline d'une vigne qui avait été ainsi transportée d'un côté du chemin à l'autre.

Rousseau est l'un des écrivains qui ont le plus souvent et le mieux peint la nature. Voici comment, dans *la Nouvelle Héloïse*, il a décrit de nouveau la Suisse :

« Nous avançâmes en pleine eau ; puis, par une vivacité de jeune homme dont il serait temps de guérir, m'étant mis à nager (1), je dirigeai tellement au milieu du lac que nous nous trouvâmes bientôt à plus d'une lieue du rivage. Là, j'expliquais à Julie toutes les parties du superbe horizon qui nous entourait. Je lui montrais de loin les embouchures du Rhône, dont l'impétueux cours s'arrête tout à coup au bout d'un quart de lieue, et semble craindre de souiller de ses eaux bourbeuses le cristal azuré du lac. Je lui faisais observer les redans des montagnes, dont les angles correspondants et parallèles forment dans l'espace qui les sépare un lit digne du fleuve qui le remplit. En l'écartant de nos côtes, j'aimais à lui faire admirer les riches et charmantes rives du pays de Vaud, où la quantité des villes, l'innombrable foule du peuple, les coteaux verdoyants et parés de toutes parts, forment un tableau ravissant ; où la terre, partout cultivée et partout féconde, offre au laboureur, au pâtre, au vigneron, le fruit assuré de leurs peines, que ne dévore point l'avide publicain. Puis, lui montrant le Chablais sur la côte opposée, pays non moins favorisé de la nature, et qui n'offre pourtant qu'un spectacle de misère, je lui faisais sensiblement distinguer les différents effets des deux gouvernements, pour la richesse, le nombre et le bonheur des hommes. C'est ainsi, lui disais-je, que la terre ouvre son sein fertile, et prodigue ses trésors aux heureux peuples qui la cultivent pour eux-mêmes : elle semble sourire et s'animer au doux spectacle de la liberté ; elle aime à nourrir des hommes. Au contraire, les tristes masures, la bruyère et les ronces qui couvrent une terre à demi déserte, annoncent de loin qu'un maître absent y domine, et qu'elle donne à regret à des esclaves quelques maigres productions dont ils ne profitent pas.

» Tandis que nous nous amusions agréablement à parcourir ainsi des yeux les côtes voisines, un séchard, qui nous poussait de biais vers la rive opposée, s'éleva, fraîchit considérablement, et quand nous songeâmes à revirer, la résistance se trouva si forte qu'il ne fut plus possible à notre frêle bateau de la vaincre. Bientôt les ondes devinrent terribles ; il fallut regagner la rive de Savoie, et tâcher d'y prendre terre au village de Meillerie, qui était vis-à-vis de nous, et qui est presque le seul lieu de cette côte où la grève offre un abord commode. Mais le vent, ayant changé, se renforçait, rendait inutiles les efforts de nos bateliers, et nous faisait dériver plus bas, le long d'une file de rochers escarpés où l'on ne trouve plus d'asile...

» Enfin, à force de travail, nous remontâmes à Meillerie, et après avoir lutté plus d'une heure à dix pas du rivage, nous parvînmes à prendre terre. »

(1) Terme des bateliers du lac de Genève : c'est tenir la rame qui gouverne les autres.

DUPATY.

LE TOMBEAU DE CÉCILIA MÉTELLA.

Ma promenade, en sortant du Vélabre(1), me conduisit sur la voie Appia. J'y ai rencontré le tombeau de Cécilia Métella, de la fille de ce Crassus, qui balança, par son or, le nom de Pompée et la fortune de César.

Ce monument célèbre, consacré par un père tendre à la mémoire de sa fille, est une tour ronde : sa circonférence est détruite ; elle servit longtemps de forteresse dans les guerres civiles d'Italie ; elle est encore environnée de casernes qui sont en ruines.

Je suis entré dans le tombeau de Cécilia Métella, et je m'y suis assis sur l'herbe.

Ces fleurs qui, dans le coin d'un tombeau, dans l'ombre, pour ainsi dire, de la mort, faisaient briller leurs couleurs ; cet essaim d'abeilles réfugiées entre deux rangs de briques ; le miel qu'elles composaient là ; ce doux bourdonnement de leur vol léger, qui s'échappait du silence, et venait distraire ma pensée ; cet azur des cieux, formant au-dessus de ma tête une voûte magnifique, que des nuages d'argent et de pourpre peignaient tour à tour en fuyant ; le nom de Cécilia Métella, qui peut-être fut belle et sensible, et sans doute malheureuse ; le souvenir de Crassus ; l'image d'un père désolé, qui tâche, en amoncelant des pierres, d'éterniser sa douleur ; ces soldats, que mon imagination apercevait encore combattant du haut de cette tour : tout cela et mille autres impressions que je ne saurais ni démêler ni nommer, jetèrent peu à peu mon âme dans une rêverie délicieuse ; j'eus de la peine à sortir de ce tombeau.

(1) Un des faubourgs de Rome.

UN TABLEAU DE RAPHAEL.

Le feu prit hier, pendant la nuit, dans la place de Saint-Pierre, à côté du Vatican. Il prit à l'heure où les vieillards et les enfants dorment déjà, mais où les malheureux et les mères veillent encore.

Jamais incendie n'a été plus furieux : il a menacé de consumer Rome. Irrité par un vent impétueux, il s'enflamma tout à coup. La nuit la plus sombre semblait éclairer de ses ténèbres cet incendie.

Quels tableaux ont brillé affreusement à sa clarté ! Je vois tout, j'entends tout. Les cris des mères déchirent encore mes entrailles.

J'avais passé la soirée dans les environs du Vatican : je m'en revenais chez moi à la place d'Espagne. En entrant dans celle de Saint-Pierre, j'aperçois des flammes qui, s'élançant des toits du pauvre, qu'elles avaient déjà dévorés, montaient le long de vingt colonnes de marbre au sommet du Vatican.

J'étais seul ; je l'avoue, me croyant à un magnifique spectacle, je jouissais. Mais dans le moment il passa à vingt pas de moi un jeune homme qui portait un vieillard sur ses épaules. A la manière dont ce jeune homme regardait autour de lui, sondait sous ses pas la route, prenait garde de secouer en marchant le vieillard, je vis bien qu'il portait son père. Ce vieillard, arraché inopinément au sommeil et à la flamme, ne sachant où il est, d'où il vient, où il va, ce qui se passe, s'abandonnait : cependant un jeune enfant les précède, qui, tout troublé, de temps en temps les regards; une femme, vieille, presque nue, l'air indifférent, emportant les vêtements du vieillard, marchait derrière.

Je les suivais d'un œil attendri, lorsque je vis, à peu de distance, un autre jeune homme qui, tout nu, pressé de la flamme qui le suivait, les mains attachées en dehors à une fenêtre embrasée, et pendant de tout son corps le long de la muraille, choisissait de l'œil, sur le pavé, l'endroit le moins périlleux pour y tomber.

Le vrai jour pour voir tout le cœur d'une mère, c'est bien la clarté d'un incendie! Comme du haut d'une terrasse cette femme tendait à son mari, qui était en bas, le cher gage de leur union! elle s'avançait, elle se penchait encore : l'enfant tenait toujours dans ses bras, ou à son sein, ou à ses lèvres; mais enfin, entre les bras étendus de cette mère et les bras étendus de ce père, l'enfant endormi dans son berceau... J'ai détourné les yeux, et j'ai fui.

J'avais déjà traversé la place. Je rencontre, se sauvant d'un palais embrasé, toute parée encore et en larmes, vêtue d'habits magnifiques, et tenant par la main devant elle deux enfants nus, une femme grande, d'une beauté et d'une taille majestueuses. Le plus petit de ces enfants, en regardant crier et pleurer sa mère, criait et pleurait aussi. La sœur, d'une figure charmante, transie de froid, tâchait de vêtir et même de voiler son jeune et tendre corps de ses bras et de ses mains pudiques. Malheureuse mère! il lui manquait sûrement un enfant : elle en tenait deux par la main et elle pleurait.

Cependant, vieillards, enfants, soldats, prêtres, riches, pauvres, la foule incessamment s'amoncelle; elle roulait d'un bout de la place à l'autre, comme une mer agitée par la tempête. On entre dans l'église de Saint-Pierre, on en sort, on y rentre, on se précipite, on tombe. J'ai vu passer à côté de moi, emportée par quatre soldats, sur des sabres croisés, une jeune fille évanouie. Elle était belle! La clarté de l'incendie flottait sur son front pâle; elle brillait dans des larmes échappées de sa paupière et arrêtées sur ses joues.

Mais dans toute cette scène effroyable, ce qui me causait le plus d'horreur, c'était dans les intervalles où le vent se taisait, le silence. Alors il en sortait de toutes parts des soupirs étouffés, des gémissements profonds, le bruissement de la flamme qui dévore, le fracas des édifices qui, de moment en moment, croulent; les cris des mères.

Je sortais enfin de la place. Soudain, à une fenêtre du Vatican, à côté même de la flamme, voilà une croix, voilà des prêtres, voilà, en habits pontificaux, le souverain pontife.

La foule à l'instant pousse un cri, à l'instant est à genoux; à l'instant le pontife est environné dans les airs de cent mille regards en larmes, et de vingt mille bras en prière. Le pontife lève les yeux au ciel, et il prie : le peuple baisse les yeux à terre, et il prie... Figurez-vous, murmurant comme de concert dans ce profond et religieux silence, l'ouragan, l'incendie et la prière.

Comment rendre un tableau qui s'est offert en ce moment à mes regards?

Sur une des marches de l'église, seule, isolée, une mère pressait de ses mains les petites mains de son enfant à genoux à côté d'elle, les joignait avec complaisance, et les mettait en prière. Derrière eux, une jeune fille, les cheveux épars, éplorée, debout, tendait vers le pontife, de toute sa douleur (et sans doute de tout son amour), les mains les plus pathétiques; tandis qu'aux pieds de cette jeune fille, au contraire, assise le dos tourné au Vatican et au pontife, ne pleurant point, ne priant point, une femme, d'un air étonné, la regardait. Son enfant, en effet, jouait dans son sein.

Cependant le pontife a prié; il se lève : le peuple, dans une attente inexprimable, le regardait.

Alors, d'une voix pleine d'espérance, et le front calme, le pontife répand sur la foule prosternée les paroles religieuses qui la bénissent. Soudain, soit miracle, soit comme par miracle, les derniers mots de la bénédiction étaient encore dans les airs, les vents n'étaient plus dans les airs, la flamme retombe sur la flamme; la fumée en noirs tourbillons s'élève, enveloppe l'incendie, l'étouffe, et rend à la nuit toutes ses ténèbres.

Ah! que ce tableau de Raphaël, que l'on voit au Vatican, est admirable!

ROMAN.

BARTHÉLEMY.

UNE TEMPÊTE AU CAP SUNIUM.

On est frappé, quand on voyage dans l'Attique, du contraste que présentent les deux classes d'ouvriers qui travaillent à la terre. Les uns, sans crainte et sans dangers, recueillent sur sa surface le blé, le vin, l'huile, et les autres fruits auxquels il leur est permis de participer; ils sont en général bien nourris, bien vêtus; ils ont des moments de plaisir, et, au milieu de leurs peines, ils respirent un air libre, et jouissent de la clarté des cieux. Les autres, enfouis dans les carrières de marbre ou dans les mines d'argent, toujours près de voir la tombe se fermer sur leurs têtes, ne sont éclairés que par des clartés funèbres et n'ont autour d'eux qu'une atmosphère grossière et souvent mortelle. Ombres infortunées, à qui il ne reste de sentiment que pour souffrir, et de forces que pour augmenter le faste des maîtres qui les tyrannisent! Qu'on juge, d'après ce rapprochement, quelles sont les vraies richesses que la nature destinait à l'homme.

Nous n'avions pas averti Platon de notre voyage aux mines; il voulut nous accompagner au cap de Sunium, éloigné d'Athènes d'environ trois cent trente stades : on y voit un superbe temple consacré à Minerve, de marbre blanc, d'ordre dorique, entouré d'un péristyle, ayant, comme celui de Thésée, auquel il ressemble par sa disposition générale, six colonnes de front et treize de retour. Du sommet du promontoire, on distingue au bas de la montagne le port et le bourg de Sunium, qui est une des fortes places de l'Attique.

Mais un plus grand spectacle excitait notre admiration. Tantôt nous laissions nos yeux s'égarer sur les vastes plaines de la mer, et se reposer ensuite sur les tableaux que nous offraient les îles voisines; tantôt d'agréables souvenirs semblaient rapprocher de nous les îles qui se dérobaient à nos regards. Nous disions : De ce côté de l'horizon est Ténos où l'on trouve des vallées si fertiles, et Délos où l'on célèbre des fêtes si ravissantes... Platon, sur qui les grands objets faisaient toujours une forte impression, semblait attacher son âme sur les gouffres que la nature a creusés au fond des mers.

Cependant l'horizon se chargeait au loin de vapeurs ardentes et sombres; le soleil commençait à pâlir; la surface des eaux, unie et sans mouvement, se couvrait de couleurs lugubres, dont les teintes variaient sans cesse. Déjà le ciel, tendu et fermé de toutes parts, n'offrait à nos yeux qu'une voûte ténébreuse que la flamme pénétrait, et qui s'appesantissait sur la terre. Toute la nature était dans le silence, dans l'attente, dans un état d'inquiétude qui se communiquait jusqu'au fond de nos âmes. Nous cherchâmes un asile dans le vestibule du temple, et bientôt nous vîmes la foudre briser à coups redoublés cette barrière de ténèbres et de feu suspendue sur nos têtes; des nuages épais rouler par masse dans les airs, et tomber en torrents sur la terre; les vents déchaînés fondre sur la mer et la bouleverser dans ses abîmes. Tout grondait, le tonnerre, les vents, les flots, les antres, les montagnes; et de tous ces bruits réunis, il se formait un bruit épouvantable qui semblait annoncer la dissolution de l'univers. L'aquilon ayant redoublé ses efforts, l'orage alla porter ses fureurs dans les climats brûlants de l'Afrique. Nous le suivîmes des yeux, nous entendîmes mugir dans le lointain; le ciel brilla d'une clarté plus pure ; et cette mer, dont les vagues écumantes s'étaient élevées jusqu'aux cieux, traînait à peine ses flots jusque sur le rivage.

A l'aspect de tant de changements inopinés et rapides, nous restâmes quelque temps immobiles et muets. Mais bientôt ils nous rappelèrent ces questions sur lesquelles la curiosité des hommes s'exerce depuis tant de siècles : Pourquoi ces écarts et ces révolutions dans la nature? Faut-il les attribuer au hasard? mais d'où vient que, sur le point de se briser mille fois, la chaîne intime des êtres se conserve toujours? Est-ce une cause intelligente qui excite et apaise les tempêtes ? mais quel but se propose-t-elle? d'où vient qu'elle foudroie les déserts, et qu'elle épargne les nations coupables ? De là nous remontions à l'existence des dieux, au débrouillement du chaos, à l'origine de l'univers. Nous nous égarions dans nos idées, et nous conjurions Platon de les rectifier. Il était dans un recueillement profond ; on eût dit que la voix terrible et majestueuse de la nature retentissait encore autour de lui.

MARMONTEL.

BÉLISAIRE DANS UN CHATEAU DE LA THRACE.

Dans la vieillesse de Justinien, l'empire, épuisé par de longs efforts, approchait de sa décadence. Toutes les parties de l'administration étaient négligées; les lois étaient en oubli, les finances au pillage, la discipline militaire à l'abandon. L'empereur, lassé de la guerre, achetait de tous côtés la paix au prix de l'or, et laissait dans l'inaction le peu de troupes qui lui restaient, comme inutiles et à charge à l'État. Les chefs de ces troupes délaissées se dissipaient dans les plaisirs; et la chasse, qui leur retraçait la guerre, charmait l'ennui de leur oisiveté.

Un soir, après cet exercice, quelques-uns d'entre eux soupaient ensemble dans un château de la Thrace, lorsqu'on vint leur dire qu'un vieillard aveugle, conduit par un enfant, demandait l'hospitalité. La jeunesse est compatissante, ils firent entrer le vieillard. On était en automne; et le froid, qui déjà se faisait sentir, l'avait saisi : on le fit asseoir auprès du feu.

Le souper continue; les esprits s'animent; on commence à parler des malheurs de l'État. Ce fut un champ vaste pour la censure; et la vanité mécontente se donna toute liberté. Chacun exagérait ce qu'il avait fait et ce qu'il aurait fait encore, si l'on n'eût pas mis en oubli ses services et ses talents. Tous les malheurs de l'empire venaient, à les en croire, de ce qu'on n'avait pas su employer des hommes comme eux. Ils gouvernaient le monde en buvant, et chaque nouvelle coupe de vin rendait leurs vues plus infaillibles.

Le vieillard, assis au coin du feu, les écoutait, et souriait avec pitié. L'un d'eux s'en aperçut, et lui dit : « Bon homme, vous avez l'air de trouver plaisant ce que nous disons là? — Plaisant : non, dit le vieillard, mais un peu léger, comme il est naturel à votre âge. » Cette réponse les interdit : « Vous croyez avoir à vous plaindre, poursuivit-il, et je crois comme vous qu'on a tort de vous négliger; mais c'est le plus petit mal du monde. Plaignez-vous de ce que l'empereur n'a plus sa force et sa splendeur ; de ce qu'un prince, consumé de soins, de veilles et d'années, est obligé, pour voir et pour agir, d'employer des yeux et des mains infidèles. Mais dans cette calamité générale, c'est bien la peine de penser à vous ! — Dans votre temps, reprit l'un des convives, ce n'était donc pas l'usage de penser à soi? Hé bien ! la mode en est venue, et l'on ne fait plus que cela. — Tant pis, dit le vieillard; et s'il en est ainsi, en vous négligeant on vous rend justice. — Est-ce pour insulter les gens, lui dit le même, qu'on leur demande l'hospitalité? — Je ne vous insulte point, dit le vieillard; je vous parle en ami, et je paye mon asile en vous disant la vérité. »

Le jeune Tibère, qui depuis fut un empereur vertueux, était du nombre des chasseurs. Il fut frappé de l'air vénérable de cet aveugle à cheveux blancs. « Vous nous parlez, lui dit-il, avec sagesse, mais avec un peu de rigueur; et ce dévouement que vous exigez est une vertu, mais non pas un devoir. — C'est un devoir de votre état, reprit l'aveugle avec fermeté, ou plutôt c'est la base de vos devoirs et de toute vertu militaire. Celui qui se dévoue pour sa patrie doit la supposer insolvable; car ce qu'il expose pour elle est sans prix. Il doit même s'attendre à la trouver ingrate; car si le sacrifice qu'il lui fait n'était pas généreux, il serait insensé. Il n'y a que l'amour de la gloire, l'enthousiasme de la vertu qui soient dignes de vous conduire. Et alors que vous importe comment vos services seront reçus ? La récompense en est indépendante des caprices d'un ministre et du discernement d'un souverain. Que le soldat soit attiré par le vil appât du butin; qu'il s'expose à mourir pour avoir de quoi vivre : je le conçois. Mais vous, qui, nés dans l'abondance, n'avez qu'à vivre pour jouir, en renonçant aux délices d'une molle oisiveté pour aller essuyer tant de fatigues et affronter tant de périls, estimez-vous assez peu ce noble dévouement pour exiger qu'on vous le paye ? ne voyez-vous pas que c'est l'avilir ? Quiconque s'attend à un salaire est esclave : la grandeur du prix n'y fait rien; et l'âme qui s'apprécie un talent est aussi vénale que celle qui se donne pour une obole. Ce que je dis de l'intérêt, je le dis de l'ambition; car les honneurs, les titres, le crédit, la faveur du prince, tout cela est une solde, et qui l'exige se fait payer. Il faut se donner ou se vendre; il n'y a point de milieu. L'un est un acte de liberté, l'autre un acte de servitude : c'est à vous de choisir celui qui vous convient. — Ainsi, bon homme, vous mettez, lui dit-on, les souverains bien à leur aise. — Si je parlais aux souverains, reprit l'aveugle, je leur dirais que si votre devoir est d'être généreux, le leur est d'être justes. — Vous avouez donc qu'il est juste de récompenser les services? — Oui; mais c'est à celui qui les a reçus d'y penser : tant pis pour lui s'il les oublie. Et puis, qui de nous est sûr, en pesant les siens, de tenir la balance égale? Par exemple, dans votre état, pour que tout le monde se crût placé et fût content, il faudrait que chacun commandât, et que personne n'obéît : or cela n'est guère possible. Croyez-moi, le gouvernement peut quelquefois manquer de lumières et d'équité; mais il est encore plus juste et plus éclairé dans ses choix, que si chacun de vous en était cru sur l'opinion qu'il a de lui-même. — Et qui êtes-vous, pour nous parler ainsi, lui dit en haussant le ton le jeune maître du château?

« — Je suis Bélisaire, répondit le vieillard. »

Qu'on s'imagine, au nom de ce héros tant de fois vainqueur dans les trois parties du monde, quels furent l'étonnement et la confusion de ces jeunes gens. L'immobilité, le silence, exprimèrent d'abord le respect dont ils étaient frappés ; et oubliant que Bélisaire était aveugle, aucun d'eux n'osait lever les yeux sur lui. « O grand homme! lui dit enfin Tibère, que la fortune est injuste et cruelle! Quoi! vous, à qui l'empire a dû pendant trente ans sa gloire et ses prospérités, c'est vous que l'on ose accuser de révolte et de trahison, vous qu'on a traîné dans les fers, qu'on a privé de la lumière! Et c'est vous qui venez nous donner des leçons de dévouement et de zèle! — Et qui voulez-vous donc qui vous en donne? dit Bélisaire, les esclaves de la faveur? — Ah, quelle honte! ah, quel excès d'ingratitude! poursuivit Tibère. L'avenir ne le croira jamais. — Il est vrai, dit Bélisaire, qu'on m'a un peu surpris : je ne croyais pas être si mal traité. Mais je comptais mourir en servant l'État; et mort ou aveugle, cela revient au même. Quand je me suis dévoué à ma patrie, je n'ai pas excepté mes yeux. Ce qui m'est plus cher que la lumière et que la vie, ma renommée et surtout ma vertu, n'est pas au pouvoir de mes persécuteurs. Ce que j'ai fait peut être effacé de la mémoire de la cour; il ne le sera point de la mémoire des hommes : et quand il le serait, je m'en souviens, et c'est assez. »

Les convives, pénétrés d'admiration, pressèrent le héros de se mettre à table : « Non, leur dit-il : à mon âge, la bonne place est le coin du feu. » On voulut lui faire accepter le meilleur lit du château; il ne voulut que de la paille : « J'ai couché plus mal quelquefois, dit-il; ayez seulement soin de cet enfant qui me conduit, et qui est plus délicat que moi. »

Le lendemain, Bélisaire partit dès que le jour put éclairer son guide, et avant le réveil de ses hôtes, que la chasse avait fatigués. Instruits de son départ, ils voulaient le suivre et lui offrir un char commode, avec tous les secours dont il aurait besoin. « Cela est inutile, dit le jeune Tibère ; il ne nous estime pas assez pour daigner accepter nos dons. » C'était sur l'âme de ce jeune homme que l'extrême vertu, dans l'extrême malheur, avait fait le plus d'impression.

Jean-François Marmontel naquit à Bord, petite ville du Limousin, le 11 juillet 1728. Ses parents étaient fort pauvres: aussi ce furent des religieux qui, par charité, lui apprirent à lire. Un prêtre lui donna gratuitement les premières leçons de latin. Il fit ses humanités chez les jésuites, à Mauriac en Auvergne. Après avoir reçu la tonsure, il se rendit à Toulouse, avec le projet d'entrer dans la société des jésuites, qui s'efforçaient de l'attirer. Les larmes de sa mère l'arrêtèrent ; et à dix-huit ans, Marmontel suppléait déjà le professeur de philosophie aux Bernardins de Toulouse. Il voulut concourir pour un prix proposé par l'Académie des Jeux-Floraux. Indigné de n'avoir pas même obtenu une mention, il écrivit à Voltaire, qui lui fit une réponse charmante et lui envoya un exemplaire de ses œuvres, corrigé de sa propre main. Par la suite, Marmontel fut plus heureux dans ses luttes académiques. En 1746, Marmontel, sur l'invitation pressante de Voltaire, se rendit à Paris. Cette même année, l'Académie française lui accorda le prix de poésie. En 1747, il obtint le même honneur. Malgré ces glorieux succès, Marmontel était, pour vivre, forcé de veiller sur l'éducation du fils d'un directeur de la compagnie des Indes. En 1748, il fit représenter au Théâtre-Français *Denys le Tyran*, pièce d'un intérêt médiocre, mais qui obtint cependant un beau succès. Le 30 avril 1749, *Aristomène* réussit aussi ; mais l'année suivante, sa *Cléopâtre* n'agréa point au public ; elle n'eut que onze représentations.

La vie de Marmontel ne fut pas sans orage : il eut à craindre le courroux du maréchal de Saxe ; mais, fort de l'appui de madame de Pompadour, il devint secrétaire des bâtiments. Cette charge, qui lui laissait beaucoup de liberté, lui permit de travailler avec ardeur à l'*Encyclopédie* de Diderot et de d'Alembert. A cette même époque, il se mit à publier, dans le *Mercure*, ses *Contes Moraux*. Le premier qui parut, *Alcibiade*, fut attribué par les uns à Voltaire, par d'autres à l'auteur des *Lettres Persanes*. On ne pouvait faire un plus bel éloge de ce petit ouvrage. Après la mort de Boissy, en 1758, madame de Pompadour demanda le *Mercure* pour Marmontel : « Sire, dit-elle au roi, ne le donnerez-vous pas à celui qui l'a soutenu ? » Le brevet fut immédiatement expédié. Par suite d'un fatal malentendu, Marmontel se vit privé de sa pension et réduit de nouveau à vivre de sa plume. En 1760, l'Académie couronna son *Épître aux Poètes*, morceau plein de verve. Peu après, parut une traduction en prose de la *Pharsale*. La *Poétique Française*, ouvrage dont Marmontel reconnut lui-même l'imperfection, fut publiée en 1763. Enfin en 1763, il prit rang parmi les quarante. *Bélisaire* vit le jour en 1767. Cette belle fiction a inspiré à son auteur des choses touchantes. Il est malheureux que la fin de l'ouvrage ne réponde pas aux six premiers chapitres, remplis d'un intérêt vraiment dramatique. Marmontel fut complimenté par les cours d'Autriche, de Prusse et de Suède. Catherine II traduisit elle-même en langue russe le quinzième chapitre de *Bélisaire*. Le succès de cet ouvrage fit obtenir à l'élève de Voltaire la place d'historiographe de France. Six ans après, Marmontel publia les *Incas*, ouvrage dans lequel l'on trouve d'excellentes parties. Le théâtre lui doit plusieurs opéras, tels que *le Huron, Lucile, Sylvain, l'Ami de la maison, Zémire et Azor, la Fausse Magie, Didon, Pénélope,* etc. Il prit parti pour Piccini contre Gluck. Les *Éléments de Littérature* de Marmontel ne manquent ni de grâce ni de savoir. « Les jeunes littérateurs, disait Palissot, l'ennemi de cet homme de lettres comme de tant d'autres, y trouveront des lumières utiles à leurs progrès. » Marmontel succéda, dans la place de secrétaire perpétuel de l'Académie, à d'Alembert. Marié à la nièce de l'abbé Morellet, il ne joua aucun rôle pendant les jours de crise de notre révolution, et se vit réduit, par des pertes successives, à un état voisin de la misère. En 1797, nommé au conseil des Cinq-Cents, il vit sa carrière politique terminée au 18 fructidor, et mourut, le 31 décembre 1799, d'une attaque d'apoplexie.

LA CAVERNE DES SERPENTS.

Après une marche pénible, ils approchaient de l'équateur, et allaient passer un torrent qui se jette dans l'Émeraude, lorsque Alonzo vit ses deux guides, interdits et troublés, se parler l'un à l'autre avec des mouvements d'effroi. Il leur en demanda la cause : « Regarde, dit l'un d'eux, au sommet de la montagne : vois-tu ce point noir dans le ciel ? Il va grossir, et former un affreux orage. » En effet, peu d'instants après, ce point nébuleux s'étendit, et le sommet de la montagne fut couvert d'un nuage sombre.

Les sauvages se hâtent de passer le torrent. L'un d'eux le traverse à la nage, et attache au bord opposé un long tissu de liane, auquel Alonzo, suspendu dans une corbeille d'osier, passe rapidement ; l'autre Indien le suit ; et dans le même instant, un murmure profond donne le signal de la guerre que les vents vont se déclarer. Tout à coup leur fureur s'annonce par d'effroyables sifflements. Une épaisse nuit enveloppe le ciel, et le confond avec la terre ; la foudre, en déchirant ce voile ténébreux, en redouble la noirceur ; cent tonnerres qui roulent et semblent rebondir sur une chaîne de montagnes, en se succédant l'un à l'autre, ne forment qu'un mugissement qui s'abaisse et qui se renfle comme celui des vagues. Aux secousses que la montagne reçoit du tonnerre et des vents, elle s'ébranle, elle s'entr'ouvre ; et de ses flancs, avec un bruit horrible, tombent de rapides torrents. Les animaux épouvantés s'élançaient des bois dans la plaine ; et, à la clarté de la foudre, les trois voyageurs pâlissants voyaient passer à côté d'eux le lion, le tigre, le lynx, le léopard, aussi tremblants qu'eux-mêmes. Dans ce péril universel de la nature, il n'y a plus de férocité, et la crainte a tout adouci.

L'un des guides d'Alonzo avait, dans sa frayeur, gagné la cime d'une roche. Un torrent qui se précipite en bondissant la déracine et l'entraîne, et le sauvage qui l'embrasse, roule avec elle dans les flots. L'autre Indien croyait avoir trouvé son salut dans le creux d'un arbre ; mais une colonne de feu, dont le sommet touche à la nue, descend sur l'arbre, et le consume avec le malheureux qui s'y était sauvé.

Cependant Molina s'épuisait à lutter contre la violence des eaux ; il gravissait dans les ténèbres, saisissant tour à tour les branches, les racines des bois qu'il rencontrait, sans songer à ses guides, sans autre sentiment que le soin de sa propre vie : car il est des moments d'effroi où toute compassion cesse, où l'homme, absorbé en lui-même, n'est plus sensible que pour lui.

Enfin il arrive, en rampant, au bas d'une roche escarpée, et, à la lueur des éclairs, il voit une caverne dont la profonde et ténébreuse horreur l'aurait glacé dans tout autre moment. Meurtri, épuisé de fatigue, il se jette au fond de cet antre ; et là, rendant grâces au Ciel, il tombe dans l'accablement.

L'orage enfin s'apaise ; les tonnerres, les vents cessent d'ébranler la montagne ; les eaux des torrents, moins rapides, ne mugissent plus à l'entour ; et Molina sent couler dans ses veines le baume du sommeil. Mais un bruit, plus terrible que celui des tempêtes, le frappe, au moment même qu'il allait s'endormir.

Ce bruit, pareil au broiement des cailloux, est celui d'une multitude de serpents (les serpents à sonnettes) dont la caverne est le refuge. La voûte en est revêtue ; et, entrelacés l'un à l'autre, ils forment, dans leurs mouvements, ce bruit qu'Alonzo reconnaît. Il sait que le venin de ces serpents est le plus subtil des poisons ; qu'il allume soudain, et dans toutes les veines, un feu qui dévore et consume, au milieu des douleurs les plus intolérables, le malheureux qui en est atteint. Il les entend, il croit les voir rampants autour de lui, ou pendus sur sa tête, ou roulés sur lui. Son courage épuisé succombe; son sang se glace de frayeur; à peine il ose respirer. S'il veut se traîner hors de l'antre, sous ses mains, sous ses pas, il tremble de presser un de ces dangereux reptiles. Transi, frissonnant, immobile, environné de mille morts, il passe la plus longue nuit dans une pénible agonie, désirant, frémissant de revoir la lumière, se reprochant la crainte qui le tient enchaîné, et faisant sur lui-même d'inutiles efforts pour surmonter cette faiblesse.

Le jour, qui vint l'éclairer, justifia sa frayeur. Il vit réellement tout le danger qu'il avait pressenti; il le vit plus horrible encore. Il fallait mourir ou s'échapper. Il ramasse péniblement le peu de forces qui lui restent; il se soulève avec lenteur, se courbe, et, les mains appuyées sur ses genoux tremblants, il sort de la caverne, aussi défait, aussi pâle qu'un spectre qui sortirait de son tombeau. Le même orage qui l'avait jeté dans le péril l'en préserva; car les serpents en avaient eu autant de frayeur que lui-même; et c'est l'instinct de tous les animaux, dès que le péril les occupe, de cesser d'être malfaisants.

« Quand l'illustre Fénelon donna son *Télémaque*, l'ouvrage du dernier siècle où la prose française ait le plus de douceur et de charme, il ne l'appela ni poëme ni roman : il laissa aux lecteurs le soin d'intituler son livre, prenant sur lui le soin de le faire bon, et la postérité l'a nommé un ouvrage charmant.

» Cet exemple peut suffire pour justifier Marmontel, qui dit lui-même dans sa préface : « Quant à la forme de cet » ouvrage, considéré comme une production littéraire, je » ne sais, je l'avoue, comment le définir. Il y a trop de vé- » rité pour un roman, et pas assez pour une histoire. Je n'ai » certainement pas eu la prétention de faire un poëme. » Dans mon plan, l'action principale n'occupe que très-peu » d'espace; tout s'y rapporte, mais de loin. C'est donc moins » le tissu d'une fable que le fil d'un simple récit, dont tout » le fond est historique, et auquel j'ai entremêlé quelques » fictions compatibles avec la vérité des faits. »

» On peut donc regarder *les Incas* comme une espèce de roman poétique, qui a l'histoire pour fondement et la morale pour but. Ce serait une vaine chicane de lui demander précisément ce qu'il a voulu faire, et il lui suffirait de répondre : J'ai voulu instruire et intéresser. Nous ajouterons qu'on ne pouvait choisir un sujet plus riche et plus propre à remplir ces deux objets.

» Mais peut-être pourrait-on faire à l'auteur un reproche fondé, non pas sur la nature de son ouvrage, mais sur le plan. Il semble que la marche n'en est pas assez déterminée, ni la disposition assez nette. Le lecteur demande d'abord qu'on attache son attention à un objet qu'on lui indique, à un but vers lequel il doit tourner ses regards : de là naît cette unité d'intérêt si précieuse et si nécessaire dans tous les ouvrages où l'imagination entre pour quelque chose. Marmontel paraît avoir négligé cette règle dans *les Incas* : l'action principale ne s'annonce pas assez tôt, et les parties épisodiques n'y sont pas liées par un nœud assez marqué...

» On croit bien que le vertueux Las Cazas, qui mérita le titre de *Protecteur de l'Amérique*, est un des personnages les plus intéressants du livre des *Incas*. Le langage qu'il tient dans le conseil des Espagnols, avant l'expédition de Pizarre, est digne du caractère que l'histoire lui attribue. Il combat surtout ce droit prétendu de faire des esclaves, droit que s'arrogeaient les conquérants sur la donation du pontife de Rome.

« Et de quel titre s'autorise la fureur d'opprimer ? « *Con-* » *quérants pour la foi!* la foi ne vous demande que des cœurs » librement soumis. Qu'a-t-elle de commun avec notre ava- » rice, nos rapines, nos brigandages? Le Dieu que nous ser- » vons est-il affamé d'or? *Un pontife a partagé l'Inde.* » Mais l'Inde est-elle à lui? mais avait-il lui-même le droit » qu'on s'arroge en son nom? Il a pu confier ce monde à qui » prendrait soin de l'instruire, mais non pas le livrer en » proie à qui voudrait le ravager. Le titre de sa concession » est fait pour un peuple d'apôtres, non pour un peuple de » brigands. »

» Telle est la morale développée dans tout l'ouvrage, dont l'effet principal est de combattre le plus grand et le plus dangereux ennemi de l'humanité, le fanatisme. »

LA HARPE.

MONTESQUIEU.

LYSIMAQUE.

Lorsque Alexandre eut détruit l'empire des Perses, il voulut que l'on crût qu'il était fils de Jupiter. Les Macédoniens étaient indignés de voir ce prince rougir d'avoir Philippe pour père : leur mécontentement s'accrut lorsqu'ils lui virent prendre les mœurs, les habits et les manières des Perses, et ils se reprochaient tous d'avoir tant fait pour un homme qui commençait à les mépriser. Mais on murmurait dans l'armée, et on ne parlait pas.

Un philosophe, nommé Callisthène, avait suivi le roi dans son expédition. Un jour qu'il le salua à la manière des Grecs : « D'où vient, lui dit Alexandre, que tu ne m'adores pas? — Seigneur, lui dit Callisthène, vous êtes chef de deux nations : l'une, esclave avant que vous ne l'eussiez soumise, ne l'est pas moins depuis que vous l'avez vaincue; l'autre, libre avant qu'elle vous servit à remporter tant de victoires, l'est encore depuis que vous les avez remportées. Je suis Grec, seigneur; et ce nom vous l'avez élevé si haut, que, sans vous faire tort, il ne nous est plus permis de l'avilir. »

Les vices d'Alexandre étaient extrêmes comme ses vertus : il était terrible dans sa colère; elle le rendait cruel. Il fit couper les pieds, le nez et les oreilles à Callisthène, ordonna qu'on le mît dans une cage de fer, et le fit porter ainsi à la suite de l'armée.

J'aimais Callisthène; et de tout temps, lorsque mes occupations me laissaient quelques heures de loisir, je les avais employées à l'écouter; et si j'ai de l'amour pour la vertu, je le dois aux impressions que ses discours faisaient sur moi. J'allai le voir : — « Je vous salue, lui dis-je, illustre malheureux, que je vois dans une cage de fer, comme on enferme une bête sauvage, pour avoir été le seul homme de l'armée.

» — Lysimaque, me dit-il, quand je suis dans une situation qui demande de la force et du courage, il me semble que je me trouve presque à ma place. En vérité, si les dieux ne m'avaient mis sur la terre que pour y mener une vie voluptueuse, je croirais qu'ils m'auraient en vain donné une âme grande et immortelle. Jouir des plaisirs des sens est une chose dont tous les hommes sont aisément capables; et si les dieux ne nous ont faits que pour cela, ils ont fait un ouvrage plus parfait qu'ils n'ont voulu, et ils ont plus exécuté qu'entrepris. Ce n'est pas, ajouta-t-il, que je sois insensible. Vous ne me faites que trop voir que je ne le suis pas. Quand vous êtes venu à moi, j'ai trouvé d'abord quelque plaisir à vous voir faire une action de courage. Mais, au nom des dieux, que ce soit pour la dernière fois. Laissez-moi soutenir mes malheurs, et n'ayez point la cruauté d'y joindre les vôtres.

» — Callisthène, lui dis-je, je vous verrai tous les jours. Si le roi vous voyait abandonné des gens vertueux, il n'aurait plus de remords : il commencerait à croire que vous êtes coupable. Ah! j'espère qu'il ne jouira pas du plaisir de voir que ses châtiments me feront abandonner un ami. »

Un jour Callisthène me dit : — « Les dieux immortels m'ont consolé; et depuis ce temps, je sens en moi quelque chose de divin qui m'a ôté le sentiment de mes peines. J'ai vu en songe le grand Jupiter. Vous étiez auprès de lui; vous aviez un sceptre à la main et un bandeau royal sur le front. Il vous a montré à moi, et m'a dit : — « Il te rendra plus heureux. » L'émotion où j'étais m'a réveillé. Je me suis trouvé les mains élevées au ciel, et faisant des efforts pour dire : « Grand Jupiter, si Lysimaque doit régner, fais » qu'il règne avec justice ! » Lysimaque, vous règnerez : croyez un homme qui doit être agréable aux dieux, puisqu'il souffre pour la vertu. »

Cependant Alexandre ayant appris que je respectais la misère de Callisthène, que j'allais le voir, et que j'osais le plaindre, il entra dans une nouvelle fureur : « Va, dit-il, combattre contre les lions, malheureux qui te plais tant à vivre avec les bêtes féroces. » On différa mon supplice pour le faire servir de spectacle à plus de gens.

Le jour qui le précéda, j'écrivis ces mots à Callisthène : « — Je vais mourir. Toutes les idées que vous m'aviez données de ma future grandeur se sont évanouies de mon esprit. J'aurais souhaité d'adoucir les maux d'un homme tel que vous. »

Prexape, à qui je m'étais confié, m'apporta cette réponse : — « Lysimaque, si les dieux ont résolu que vous régniez, Alexandre ne peut pas vous ôter la vie : car les hommes ne résistent pas à la volonté des dieux. »

Cette lettre m'encouragea ; et, faisant réflexion que les hommes les plus heureux et les plus malheureux sont également environnés de la main divine, je résolus de me conduire, non pas par mes espérances, mais par mon courage, et de défendre jusqu'à la fin une vie sur laquelle il y avait de si grandes promesses.

On me mena dans la carrière. Il y avait autour de moi un peuple immense, qui venait être témoin de mon courage ou de ma frayeur. On me lâcha un lion. J'avais plié mon manteau autour de mon bras : je lui présentai ce bras ; il voulut le dévorer : je lui saisis la langue, la lui arrachai, et le jetai à mes pieds.

Alexandre aimait naturellement les actions courageuses : il admira ma résolution, et ce moment fut celui du retour de sa grande âme.

Il me fit appeler, et, me tendant la main : « — Lysimaque, dit-il, je te rends mon amitié : rends-moi la tienne. Ma colère n'a servi qu'à te faire faire une action qui manque à la vie d'Alexandre. »

Je reçus les grâces du roi. J'adorai les décrets des dieux, et j'attendais leurs promesses, sans les rechercher ni les fuir. Alexandre mourut, et toutes les nations furent sans maître. Les fils du roi étaient dans l'enfance ; son frère Aridée n'en était jamais sorti. Olympias n'avait que la hardiesse des âmes faibles ; et tout ce qui était cruauté était pour elle du courage ; Roxane, Eurydice, Statyre, étaient perdues dans la douleur. Tout le monde, dans le palais, savait gémir, et personne ne savait régner. Les capitaines d'Alexandre levèrent donc les yeux sur son trône ; mais l'ambition de chacun fut contenue par l'ambition de tous. Nous partageâmes l'empire, et chacun de nous crut avoir partagé le prix de ses fatigues.

Le sort me fit roi d'Asie ; et à présent que je puis tout, j'ai plus besoin que jamais des leçons de Callisthène. Sa joie m'annonce que j'ai fait quelque bonne action, et ses soupirs me disent que j'ai quelque mal à réparer. Je le trouve entre mon peuple et moi.

Je suis le roi d'un peuple qui m'aime. Les pères de famille espèrent la longueur de ma vie, comme celle de leurs enfants : les enfants craignent de me perdre, comme ils craignent de perdre leur père. Mes sujets sont heureux ; et je le suis.

FLORIAN.

UN COMBAT DE TAUREAUX.

Au milieu du champ est un vaste cirque environné de nombreux gradins : c'est là que l'auguste reine, habile dans cet art si doux de gagner les cœurs de son peuple en s'occupant de ses plaisirs, invite souvent ses guerriers au spectacle le plus chéri des Espagnols. Là, les jeunes chefs, sans cuirasse, vêtus d'un simple habit de soie, armés seulement d'une lance, viennent, sur de rapide coursiers, attaquer et vaincre des taureaux sauvages. Des soldats à pied, plus légers encore, les cheveux enveloppés dans des réseaux, tiennent d'une main un voile de pourpre, de l'autre des lances aiguës. L'alcade proclame la loi de ne secourir aucun combattant, de ne leur laisser d'autres armes que la lance pour immoler, le voile de pourpre pour se défendre. Les rois, entourés de leur cour, président à ces jeux sanglants; et l'armée entière, occupant les immenses amphithéâtres, témoigne par des cris de joie, par des transports de plaisir et d'ivresse, quel est son amour effréné pour ces antiques combats.

Le signal se donne, la barrière s'ouvre, le taureau s'élance au milieu du cirque; mais, au bruit de mille fanfares, aux cris, à la vue des spectateurs, il s'arrête, inquiet et troublé; ses naseaux fument; ses regards brûlants errent sur les amphithéâtres; il semble également en proie à la surprise, à la fureur. Tout à coup il se précipite sur un cavalier, qui le blesse et fuit rapidement à l'autre bout. Le taureau s'irrite, le poursuit de près, frappe à coups redoublés la terre, et fond sur le voile éclatant que lui présente un combattant à pied. L'adroit Espagnol, dans le même instant, évite à la fois sa rencontre, suspend à ses cornes le voile léger, et lui darde une flèche aiguë qui fait de nouveau couler son sang. Percé bientôt de toutes les lances, blessé de ces traits pénétrants dont le fer courbé reste dans la plaie, l'animal bondit dans l'arène, pousse d'horribles mugissements, s'agite en parcourant le cirque, secoue les flèches nombreuses enfoncées dans son large cou, fait voler ensemble les cailloux broyés, les lambeaux de pourpre sanglants, les flots d'écume rougie, et tombe enfin épuisé d'efforts, de colère et de douleur.

Ce fut dans un de ces combats que le téméraire Cortez pensa terminer une vie destinée à de si grands exploits. Brûlant de se signaler aux yeux de la belle Mendoze, qui depuis longtemps possède son cœur, Cortez, sur un andalous, blessait et fuyait un taureau furieux. Malgré le péril dont il est menacé, le jeune amant regarde toujours la beauté qui toujours l'occupe, lorsqu'il voit tomber dans l'arène la fleur d'oranger qui parait son sein. Cortez se précipite à terre, court, se baisse, et le taureau vole; il va frapper l'imprudent Cortez... Un cri de Mendoze l'avertit. Cortez, sans quitter la fleur, dirige d'un œil sûr sa lance à l'épaule de l'animal, qu'il jette expirant sur le sable.

Florian (Jean-Pierre Claris, chevalier de) naquit le 6 mars 1755, au château de Florian, que son père avait fait bâtir près de Sauve, dans les Basses-Cévennes. Sa famille était noble. Son oncle, le marquis de Florian, avait épousé une nièce de Voltaire, et allait souvent à Ferney. Cet oncle sollicita la permission de présenter son neveu au patriarche de Ferney, qui sourit aux dispositions, à la gaieté franche et naïve de l'aimable adolescent. Florian plut également au duc de Penthièvre, et fut reçu, à l'âge de quinze ans, parmi ses pages. Un goût décidé pour le métier des armes le fit entrer dans un régiment d'artillerie, qu'il quitta bientôt pour une lieutenance dans le régiment du duc de Penthièvre. Ce prince, dont il égayait la tristesse, l'admit à sa faveur particulière, et le chargea du soin de répandre ses pudiques bienfaits (1). Florian aimait et cultivait les lettres avec passion. Le premier ouvrage par lequel il s'annonça fut un hommage à Voltaire, intitulé *Voltaire et le Serf du Mont-Jura*. L'Académie couronna cette pièce en 1782, et l'année suivante, le jeune écrivain obtint un nouveau succès par la touchante églogue de *Ruth*, dédiée au prince son bienfaiteur et même son ami. Nous devons à la con-

(1) Gilbert a dit :

    Sous ce modeste habit déguisant sa naissance,
    Penthièvre quelquefois visite l'indigence,
    Et de trésors pieux dépouillant son palais,
    Porte à la veuve en pleurs, de pudiques bienfaits.

naissance profonde que Florian avait acquise de la langue espagnole, une imitation de la *Galatée* de Cervantes, la plus jolie pastorale de notre langue, au jugement de La Harpe. Dans cette pièce et dans *Estelle et Némorin*, qui la suivit, sans l'égaler, l'auteur avait à propos semé des romances que tout Paris chantait encore aux approches de la révolution. Les bergeries de Florian, où M. Thiard regrettait de ne pas trouver un loup, ont un caractère romanesque et une certaine douceur qui peuvent amollir les âmes; mais elles valent bien mieux que le poëme en prose de *Numa Pompilius* imitation malheureuse du *Télémaque*, et qui manque entièrement de vérité. *Gonzalve de Cordoue*, loué, sous certains rapports, par La Harpe, mérite plus d'éloges, et n'en a pas moins les défauts d'un genre essentiellement vicieux et faux, *Gonzalve* est précédé d'un *Précis sur les Maures*, qui fait mieux connaître cette intéressante nation que tout ce qu'on a écrit sur elle.

Suivant le même aristarque, un caractère de délicatesse et de finesse, qui n'exclut pas le goût, une bonhomie spirituelle, une douce sensibilité, distinguent les comédies données par Florian au Théâtre-Italien, et dont Arlequin est le héros. On sait quelle vogue elles obtinrent, grâce au jeu inimitable de ce Carlin, qui, consumé par la mélancolie, semblait prendre avec le masque de l'acteur la faculté d'exciter la gaieté la plus vive parmi les spectateurs, ou de leur tirer des larmes. Mais, malgré tout, l'éclat de ses succès dramatiques, le véritable titre littéraire de Florian est dans son recueil de fables, le meilleur peut-être qui ait paru depuis notre inimitable la Fontaine. Le bon prédomine dans ce recueil : vous y trouvez des fables d'un intérêt attendrissant, d'autres d'une gaieté douce et badine, d'autres d'un ton plus relevé. En général, la moralité est bien choisie, la narration vive et le dénoûment heureux. Le sensible Florian avait, dit-on, reçu de la nature un esprit satirique et mordant; mais sans doute il n'usait qu'avec modération de ce dangereux présent; car il comptait beaucoup d'amis dans tous les rangs de la société, à Sceaux, à Paris, au sein de l'Académie, qui l'avait admis, en 1788, au nombre de ses membres. Il n'en fut pas moins arrêté en 1793. Rendu à une tardive liberté, il mourut au mois de septembre 1794. Ducis et Arnault le pleurèrent comme un ami, les pauvres comme un bienfaiteur, les lettres comme un homme qui les avait honorées par son caractère et son talent. On a publié de lui, après sa mort, une traduction de *Don Quichotte*, qui ne fait pas bien connaître le héros de la Manche, et surtout le naïf et spirituel Sancho Pança.

THÉATRE.

BEAUMARCHAIS.

FIGARO.

L'avoir! monsieur le comte! Non! vous ne l'aurez pas. Parce que vous êtes un grand seigneur, vous vous croyez un grand génie!.... Noblesse, fortune, un rang, des places; tout cela rend si fier! Qu'avez-vous fait pour tant de biens? Vous vous êtes donné la peine de naître, et rien de plus : du reste, homme assez ordinaire; tandis que moi, morbleu! perdu dans la foule obscure, il m'a fallu déployer plus de science et de calculs pour subsister seulement, qu'on n'en a mis depuis cent ans à gouverner toutes les Espagnes; et vous voulez joûter... (*Il s'assied sur un banc.*) Est-il rien de plus bizarre que ma destinée! Fils de je ne sais qui; volé par des bandits, élevé dans leurs mœurs, je m'en dégoûte et veux courir une carrière honnête; et partout je suis repoussé! J'apprends la chimie, la pharmacie, la chirurgie; et tout le crédit d'un grand seigneur peut à peine me mettre à la main une lancette vétérinaire ! — Las du métier d'attrister des bêtes malades, et pour faire un métier contraire je me jette à corps perdu dans le théâtre : me fussé-je mis une pierre au cou! Je broche une comédie dans les mœurs du sérail; auteur espagnol, je crois pouvoir y fronder Mahomet sans scrupule : à l'instant, un envoyé de... de je ne sais où, se plaint que j'offense dans mes vers, la Sublime Porte, la Perse, une partie de la presqu'île de l'Inde, toute l'Égypte, les royaumes de Barca, de Tripoli, de Tunis, d'Alger et de Maroc; et voilà ma comédie flambée, pour plaire aux princes mahométans, dont pas un, je crois, ne sait lire, et qui nous meurtrissent l'omoplate, en nous disant : *Chiens de chrétiens!* — Ne pouvant avilir l'esprit, on se venge en le maltraitant. — Mes joues creusaient; mon terme était échu; je voyais arriver de loin l'affreux recors, la plume fichée dans sa perruque : en frémissant je m'évertue. Il s'élève une question sur la nature des richesses; et comme il n'est pas nécessaire de tenir les choses pour en raisonner, n'ayant pas un sou, j'écris sur la valeur de l'argent et sur son produit net; aussitôt je vois, du fond d'un fiacre, baisser le pont d'un château-fort, à l'entrée duquel je laissai l'espérance et la liberté. (*Il se lève.*) Que je voudrais bien tenir un de ces puissants de quatre jours, si légers sur le mal qu'ils ordonnent, quand une bonne disgrâce a cuvé son orgueil! Je lui dirais... que les sottises imprimées n'ont d'importance qu'aux lieux où l'on en gêne le cours; que sans la liberté de blâmer il n'est point d'éloge flatteur; et qu'il n'y a que les petits hommes qui redoutent les petits écrits. — (*Il se rassied.*) Las de nourrir un obscur pensionnaire, on me met un jour dans la rue; et comme il faut dîner, quoiqu'on ne soit plus en prison, je taille encore ma plume, et demande à chacun de quoi il est question : on me dit que pendant ma retraite économique; il s'est établi dans Madrid un système de liberté sur la vente des productions, qui s'étend même à celles de la presse ; et que, pourvu que je ne parle en mes écrits ni de l'autorité, ni du culte, ni de la politique, ni de la morale, ni des gens en place, ni des corps en crédit, ni de l'Opéra, ni des autres spectacles, ni de personne qui tienne à quelque chose, je puis tout imprimer librement, sous l'inspection de deux ou trois censeurs. Pour profiter de cette douce liberté, j'annonce un écrit périodique; et, croyant n'aller sur les brisées d'aucun autre, je le nomme *Journal Inutile*. Pou-ou! je vois s'élever contre moi mille pauvres diables à la feuille ; on me suppprime et me voilà derechef sans emploi. — Le désespoir m'allait saisir : on pense à moi pour une place, mais par malheur j'y étais propre ; il fallait un calculateur : ce fut un danseur qui l'obtint. Il ne me restait plus qu'à voler : je me fais banquier de pharaon. Alors, bonnes gens ! je soupe en ville, et les personnes dites *comme il faut* m'ouvrent poliment leur maison, en retenant pour elles les trois quarts du profit. J'aurais bien pu me remonter ; je commençais même à comprendre que pour gagner du bien, le savoir-faire vaut mieux que le savoir. Mais, comme chacun pillait autour de moi, en exigeant que je fusse honnête, il fallut bien périr encore. Pour le coup je quittai le monde ; et vingt brasses d'eau m'en allaient séparer, lorsqu'un Dieu bienfaisant m'appelle à mon premier état. Je reprends ma trousse et mon cuir anglais ; puis laissant la fumée aux sots qui s'en nourrissent, et la honte au milieu du chemin, comme trop lourde à un piéton, je vais rasant de ville en ville, et je vis enfin sans souci. . . . .

O bizarre suite d'événements ! Comment cela m'est-il arrivé ? Pourquoi ces choses et non pas d'autres ? Qui les a fixées sur ma tête ? Forcé de parcourir la route où je suis entré sans le savoir, comme j'en sortirai sans le vouloir, je l'ai jonchée d'autant de fleurs que ma gaieté me l'a permis : encore je dis ma gaieté, sans savoir si elle est plus à moi que le reste, ni même quel est ce *moi* dont je m'occupe : un assemblage informe de parties inconnues, puis un chétif être imbécile, un petit animal folâtre, un jeune homme ardent au plaisir, ayant tous les goûts pour jouir, faisant tous les métiers pour vivre ; maître ici, valet là, selon qu'il plaît à la fortune ; ambitieux par vanité, laborieux par nécessité, mais paresseux... avec délices ; orateur selon le danger, poète par délassement, musicien par occasion, amoureux par folles bouffées ; j'ai tout vu, tout fait, tout usé. Puis l'illusion s'est détruite...

Beaumarchais (Pierre-Auguste Caron) naquit à Paris, le 24 janvier 1732. Il était fils d'un horloger qui le destinait à sa profession. Il se passionna d'abord pour la musique, et devint un amateur distingué dans cet art. Introduit auprès des princesses, filles de Louis XV, pour leur donner des leçons de harpe et de guitare, et bientôt admis dans leur société, il profita de leur protection pour se lier avec le fameux Pâris Duverney. Grâce à l'appui de ce vieillard et au génie des affaires, ses entreprises le conduisirent par degrés à une brillante fortune, qu'il voulut honorer par des succès littéraires. *Eugénie* parut en 1767, et fut suivie des *Deux Amis*, en 1770. La première de ces deux pièces, assez médiocres, obtint un succès qui se soutient encore par une espèce d'intérêt pareil à celui du *Père de Famille* de Diderot. Beaumarchais, qui lui-même ignorait alors la nature de son talent, ne se révéla tout entier que dans le fameux procès contre MM. La Blache et le conseiller Goëzman. Ses Mémoires, où l'on trouve du Montaigne, du Rabelais, du Swift, attirèrent l'attention de la France et de l'Europe sur l'auteur, que des ennemis avaient illuminé de crimes (1). Voltaire disait de lui : « Quel homme ! il réunit tout, la plaisanterie, le sérieux, la raison, la gaieté, la force, tous les genres d'éloquence, et il n'en recherche aucun, il confond tous ses adversaires, et il donne des leçons à ses juges. » La vogue extraordinaire de ses Mémoires, souvent marqués au cachet de la bonne comédie, apprirent à Beaumarchais que la gaieté était son élément, et donna naissance au *Barbier de Séville*. Cette pièce, jouée pour la première fois en 1775, est la mieux conçue et la mieux faite de ses œuvres dramatiques. L'opposition du ministère, de la cour et du roi, à la représentation des *Noces de Figaro*, les exigences de l'opinion qui la voulut impérieusement, appartiennent à l'histoire du temps ; mais la pièce elle-même annonçait une révolution près d'éclore : et sous ce rapport, elle est cent fois plus remarquable que par le talent dont elle porte l'empreinte, non pas sans blesser trop souvent le goût, la langue et la morale. Après les *Noces du Barbier*, le Théâtre français nous donna *la Mère Coupable*. Cet ouvrage, destiné à terminer l'espèce de trilogie dont Figaro, ou plutôt Beaumarchais lui-même est le héros, reparaît encore assez souvent sur la scène ; mais la saine critique proteste contre l'intérêt qu'un drame ennuyeux et mal écrit inspire à des spectateurs qui ne raisonnent plus quand on leur arrache des larmes.

Quelque temps avant la révolution, Beaumarchais rencontra dans Bergasse, avocat du banquier Kornman, un adversaire dont la conviction, la moralité, la haute éloquence, firent pâlir le talent, moitié bouffon, moitié sérieux, qui avait accablé les Goëzman, les Marin, les Darnaud. Ainsi que presque tous les avocats qui épousent une cause avec l'ardeur de la passion, Bergasse avait passé toutes les bornes en signalant Beaumarchais comme un monstre qui suait le crime. L'orateur fut blâmé par les magistrats ; mais le public prit sa défense, comme il avait pris autrefois celle de Beaumarchais. Ce dernier tomba dans une défaveur marquée, qu'il accrut encore par l'opéra de *Tarare*, mauvais ouvrage, consacré à une vengeance contre Bergasse, plus odieuse que l'injure reçue.

La révolution, qu'il avait prédite, ou du moins annoncée par son *Figaro*, éclata enfin. Beaumarchais, malgré le service éminent d'avoir fourni des fusils aux Américains engagés dans leur insurrection contre l'Angleterre, courut, en 1793, d'assez grands risques, qu'il a retracés avec tout son talent d'autrefois dans un mémoire intitulé *Mes Six Époques*, et adressé à Laurent Lecointre, de Versailles. Beaumarchais, si diversement jugé, poursuivi de tant de calomnies, possédait les qualités du cœur, et n'avait jamais fait que repousser de violentes attaques, fruit du concert des plus implacables inimitiés. Tranquille enfin au bout de sa carrière, et heureux de l'affection de sa famille, il mourut subitement et sans maladie, comme il avait vieilli sans infirmités.

---

(1) Expression de Mirabeau, dans une situation à peu près semblable à celle de Beaumarchais.

CRITIQUE LITTÉRAIRE.

VOLTAIRE.

LE GOUT.

Il y a, dans toutes les langues connues, une métaphore qui exprime, par le mot *goût*, le sentiment des beautés et des défauts de tous les arts. Le goût consiste dans un discernement prompt, comme celui de la langue et du palais, et qui prévient, comme lui, la réflexion ; il est, comme lui, sensible et voluptueux à l'égard du bon ; il rejette, comme lui, le mauvais avec soulèvement ; il est souvent, comme lui, incertain et égaré, ignorant même si ce qu'on lui présente doit lui plaire, et ayant quelquefois besoin, comme lui, d'habitude pour se former.

Il ne suffit pas, pour le goût, de voir, de connaître la beauté d'un ouvrage ; il faut le sentir, en être touché. Il ne suffit pas de sentir, d'être touché d'une manière confuse ; il faut démêler les différentes nuances : rien ne doit échapper à la promptitude du discernement ; et c'est encore une ressemblance de ce goût intellectuel, de ce goût des arts, avec le goût sensuel ; car le gourmet sent et reconnaît promptement le mélange de deux liqueurs : l'homme de goût, le connaisseur, verra d'un coup d'œil prompt le mélange de deux styles ; il verra un défaut à côté d'un agrément ; il sera saisi d'enthousiasme à ce vers des *Horaces* :

Que voulez-vous qu'il fît contre trois ? — Qu'il mourût.

Il sentira un dégoût involontaire au vers suivant :

Ou qu'un beau désespoir alors le secourût.

..... Le goût dépravé dans les arts est de se plaire à des sujets qui révoltent les esprits bien faits, de préférer le burlesque au noble, le précieux et l'affecté au beau simple et naturel ; c'est une maladie de l'esprit. On se forme le goût des arts beaucoup plus que le goût sensuel ; car, dans le goût physique, quoiqu'on finisse souvent par aimer les choses pour lesquelles on avait d'abord de la répugnance, cependant la nature n'a pas voulu que les hommes en général, apprissent à sentir ce qui leur est nécessaire ; mais le goût intellectuel demande plus de temps pour se former. Un jeune homme sensible, mais sans aucune connaissance, ne distingue point d'abord les parties d'un grand chœur de musique ; ses yeux ne distinguent point d'abord dans un tableau, les gradations, le clair-obscur, la perspective, l'accord des couleurs, la correction du dessein ; mais peu à peu ses oreilles apprennent à entendre, et ses yeux à voir : il sera ému à la première représentation qu'il verra d'une belle tragédie ; mais il n'y démêlera ni le mérite des unités, ni cet art délicat par lequel aucun personnage n'entre ni ne sort sans raison, ni cet art, encore plus grand, qui concentre des intérêts divers dans un seul, ni enfin les autres difficultés surmontées. Ce n'est qu'avec l'habitude et des réflexions qu'il parvient à sentir tout d'un coup avec plaisir ce qu'il ne démêlait pas auparavant. Le goût se forme insensiblement dans une nation qui n'en avait pas, parce qu'on y prend peu à peu l'esprit des bons artistes. On s'accoutume à voir des tableaux avec les yeux de Lebrun, du Poussin, de Lesueur. On entend la déclamation notée des scènes de Quinault avec l'oreille de Lulli, et les airs et les symphonies avec celle de Rameau. On lit les livres avec l'esprit des bons auteurs.

.... On dit qu'il ne faut point disputer des goûts, et on a raison, quand il n'est question que du goût sensuel, de la répugnance qu'on a pour une certaine nourriture, de la préférence qu'on donne à une autre : on n'en dispute point, parce qu'on ne peut corriger un défaut d'organes. Il n'en est pas de même dans les arts : comme ils ont des beautés réelles, il y a un bon goût qui les discerne, un mauvais goût qui les ignore ; et on corrige souvent le défaut d'esprit qui donne un goût de travers. Il y a aussi des âmes froides, des esprits faux, qu'on ne peut ni échauffer ni redresser ; c'est avec eux qu'il ne faut point disputer des goûts, parce qu'ils n'en ont point.

Le goût est arbitraire dans plusieurs choses, comme dans les étoffes, dans les parures, dans les équipages, dans tout ce qui n'est pas au rang des beaux-arts ; alors il mérite plutôt le nom de fantaisie. C'est la fantaisie, plutôt que le goût, qui produit tant de modes nouvelles.

Le goût peut se gâter chez une nation ; ce malheur arrive d'ordinaire après les siècles de perfection. Les artistes, craignant d'être imitateurs, cherchent des routes écartées ; ils s'éloignent de la belle nature, que leurs prédécesseurs ont saisie : il y a du mérite dans leurs efforts ; ce mérite couvre leurs défauts. Le public, amoureux des nouveautés, court après eux ; il s'en dégoûte, et il en paraît d'autres qui font de nouveaux efforts pour plaire : ils s'éloignent de la nature encore plus que les premiers ; le goût se perd ; on est entouré de nouveautés, qui sont rapidement effacées les unes par les autres ; le public ne sait plus où il en est, et il regrette en vain le siècle du bon goût, qui ne peut plus revenir : c'est un dépôt que quelques bons esprits conservent encore loin de la foule.

DE LA GRACE.

Dans les personnes, dans les ouvrages, *grâce* signifie non-seulement ce qui plaît, mais ce qui plaît avec attrait. C'est pourquoi les anciens avaient imaginé que la déesse de la beauté ne devait jamais paraître sans les Grâces. La beauté ne déplaît jamais ; mais elle peut être dépourvue de ce charme secret qui invite à la regarder, qui attire, qui remplit l'âme d'un sentiment doux. Les grâces dans la figure, dans le maintien, dans l'action, dans les discours, dépendent de ce mérite qui attire. Une belle personne n'aura point de grâce dans le visage, si la bouche est fermée sans sourire, si les yeux sont sans douceur. Le sérieux n'est jamais gracieux ; il n'attire point ; il approche trop du sévère, qui rebute.

Un homme bien fait, dont le maintien est mal assuré ou gêné, la démarche précipitée ou pesante, les gestes lourds, n'a point de grâce, parce qu'il n'a rien de doux, de liant dans son extérieur.

La voix d'un orateur qui manquera d'inflexion et de douceur sera sans grâce.

Il en est de même dans tous les arts. La proportion, la beauté, peuvent n'être point gracieuses. On ne peut dire que les pyramides d'Égypte aient des grâces ; on ne pourrait le dire du colosse de Rhodes comme de la Vénus de Gnide. Tout ce qui est uniquement dans le genre fort et vigoureux a un mérite qui n'est pas celui des grâces.

Ce serait mal connaître Michel-Ange et le Caravage, que de leur attribuer les grâces de l'Albane. Le sixième livre de l'*Énéide* est sublime ; le quatrième a plus de grâces. Quelques odes galantes d'Horace respirent les grâces, comme quelques-unes de ses épîtres enseignent la raison.

Il semble qu'en général le petit, le joli en tout genre, soit plus susceptible de grâces que le grand. On louerait mal une oraison funèbre, une tragédie, un sermon, si on ne leur donnait que l'épithète de *gracieux*.

Ce n'est pas qu'il y ait un seul genre d'ouvrage qui puisse être bon en étant opposé aux grâces ; car leur opposé est la rudesse, le sauvage, la sécheresse. L'Hercule Farnèse ne devait point avoir les grâces de l'Apollon du Belvéder et de l'Antinoüs ; mais il n'est ni rude ni agreste. L'incendie de Troie, dans Virgile, n'est point décrit avec les grâces d'une élégie de Tibulle ; il plaît par des beautés fortes. Un ouvrage peut donc être sans grâces, sans que cet ouvrage ait le moindre désagrément. Le terrible, l'horrible, la description, la peinture d'un monstre, exige qu'on s'éloigne de tout ce qui est gracieux, mais non pas qu'on affecte uniquement l'opposé. Car, si un artiste, en quelque genre que ce soit, n'exprime que des choses affreuses, s'il ne les adoucit point par des contrastes agréables, il rebutera.

La grâce, en peinture, en sculpture, consiste dans la mollesse des contours, dans une expression douce ; et la peinture a, par-dessus la sculpture, la grâce de l'union des parties, celle des figures qui s'animent l'une par l'autre, et qui se prêtent des agréments par leurs attributs et par leurs regards.

Les grâces de la diction, soit en éloquence, soit en poésie, dépendent du choix des mots, de l'harmonie des phrases, et encore plus de la délicatesse des idées et des descriptions riantes. L'abus des grâces est l'afféterie, comme l'abus du sublime est l'ampoulé. Toute perfection est près d'un défaut.

Avoir de la grâce, s'entend de la chose et de la personne : « Cet ajustement, cet ouvrage, cette femme a de la grâce. » La bonne grâce appartient à la personne seulement : « Elle se présente de bonne grâce. Il a fait de bonne grâce ce qu'on attendait de lui. » Avoir des grâces : « Cette femme a des grâces dans son maintien, dans ce qu'elle dit, dans ce qu'elle fait. »

Obtenir sa grâce, c'est, par métaphore, obtenir son pardon, comme faire grâce est pardonner. On fait grâce d'une chose en s'emparant du reste : « Les commis lui prirent tous ses effets, et lui firent grâce de son argent. » Faire des grâces, répandre des grâces, est le plus bel apanage de la souveraineté ; c'est faire du bien, c'est plus que justice. Être en grâce se dit d'un courtisan qui a été en disgrâce : on ne doit pas faire dépendre son bonheur de l'un, ni son malheur de l'autre.

Les Grâces, divinités de l'antiquité, sont une des plus belles allégories de la mythologie des Grecs. Comme cette mythologie varie toujours, tantôt par l'imagination des poëtes qui en furent les théologiens, tantôt par les usages des peuples, le nombre, les noms, les attributs des Grâces, changèrent souvent. Mais enfin on s'accorda à les fixer au nombre de trois, et à les nommer Aglaé, Thalie, Euphrosyne, c'est-à-dire *brillant*, *fleur*, *gaieté*. Elles étaient toujours auprès de Vénus. Nul voile ne devait couvrir leurs charmes. Elles présidaient aux bienfaits, à la concorde, aux réjouissances, aux amours, à l'éloquence même ; elles étaient l'emblème sensible de tout ce qui peut rendre la vie agréable. On les peignait dansantes, et se tenant par la main : on n'entrait dans leurs temples que couronné de fleurs. Ceux qui ont condamné la mythologie fabuleuse devaient au moins avouer le mérite de ces fictions riantes, qui annoncent des vérités dont résulterait la félicité du genre humain.

REVUE.

Pendant le nouveau siècle qui s'ouvre devant nous, trois grands princes, Khang-Hi, Young-Tching ou Chi-Soung, Kiang-Loung, gouvernent la Chine, peuplée de cent trente-trois millions d'habitants, suivant Georges Staunton. La piété, la justice, l'amour des lettres et des sciences, une haute protection accordée à l'agriculture, une administration toute populaire, la fermeté tempérée par la bonté, des talents militaires et le génie du gouvernement, recommandent à jamais le règne de ces empereurs, dont le second bannit de la Chine le christianisme et ses ministres. C'est à Khiang-Loung, l'un d'eux, que Voltaire, jaloux de faire pénétrer son nom jusques au fond de l'Orient, adressa une épître en vers.

Dans les Indes-Orientales, les descendants de Tamerlan régnaient encore ; mais leur domination penchait vers sa fin. La guerre civile, allumée entre les fils d'Aureng-Zeb, parut aux Rajapouts, ces braves défenseurs de la patrie indienne, une occasion favorable pour recouvrer leur indépendance. Ils se joignirent à l'aîné, Bahader-Shah, contre les Afgans et les Mogols, et lui donnèrent le trône avec la victoire. Des querelles domestiques qui amènent la déposition de trois empereurs, la faiblesse de Mahomed-Shah, la trahison de Nisam, qui, indigné de la corruption des émirs et de la lâcheté de son maître, désespère du salut de l'État, qu'il voulait rétablir, livrent le Mogol et son pusillanime empereur au shah Nadir, alors roi de Perse. Le fils de Mohamed-Shah rétablit les affaires de l'empire, chasse les Afgans, punit les assassins de son père ; mais la prospérité lui enfla le cœur, et sa mollesse le fit détrôner par les Rajapouts, fidèles à leur antique institution politique et toujours occupés des moyens de recouvrer leur indépendance. Ils donnèrent la couronne au prince Alumguir. Bientôt le visir Chaab-Eddin, qui avait dirigé la conspiration, ordonna la mort d'Allumguir, et plaça sur le trône son petit-fils. Les Afgans descendus de nouveau dans le Mogol avec une armée nombreuse, s'emparèrent de l'empereur Allumguir II, et ne rendirent la liberté à ce prince qu'en le forçant à leur céder les provinces de Cachemire, de Pegjab et de Moultan.

Le déchirement de l'empire des Mogols affermit et accrut les établissements de la France et de la Hollande dans les Indes ; et bientôt le commerce anglais, devenu conquérant, fonda dans l'Inde un royaume très-supérieur à la métropole, en étendue et en population.

En Perse, le célèbre Mir-Vais délivre les Afgans de l'oppression que faisait peser sur eux un ministre du trop faible Shah-Hussein, et meurt en paix, après cinq ans d'exercice du pouvoir souverain. Mir-Abdallah, son frère rétablit l'autorité absolue ; Mir-Maghmud, l'un des deux fils de Mir-Vais, poignarde son oncle endormi, se fait proclamer sultan, déclare et justifie son parricide devant le peuple, par la lecture du traité qui remettait la nation sous le joug de l'étranger. La sagesse, la justice du sultan, ses égards pour le prince déchu, lui méritèrent d'abord l'attachement général ; mais ensuite la terreur, le supplice des remords, des infirmités plus cruelles que les souffrances de notre Charles IX, s'emparèrent de lui ; il n'avait plus que quelques jours à vivre, lorsqu'un de ses généraux, qu'il avait craint et aimé pendant toute sa vie, fut tiré de prison pour lui succéder. Asuff ne voulut recevoir la couronne qu'avec la tête de celui qui avait immolé Mir-Abdallah. Le nouveau maître, devenu odieux par des massacres sans nombre, se rétablit dans l'estime de ses sujets par une victoire complète sur les Turcs, qui ravageaient l'empire. Nadir-Kuli, l'Attila de la Perse, le précipite du trône pour y placer le fils d'Hussein, et prend bientôt la couronne avec le nom de Shah-Nadir. Au retour de son expédition de l'Inde, Nadir, despotique et furieux, est obligé de faire crever les yeux de son fils rebelle aux plus touchantes prières, et tombe assassiné dans sa tente par des meurtriers qu'il a vainement essayé de fléchir. Après cet homme effroyable, les Afgans, qui l'avaient aidé à conquérir l'Inde et à subjuguer la Perse, coururent fonder un nouvel empire dans le Candahar.

La Perse ne vit pas les fils de Nadir succéder à leur père; ses deux neveux, usurpateurs de l'empire, succombèrent tour à tour. Alors la rivalité des Afgans et des Perses se renouvelle avec violence. La guerre étrangère et l'anarchie ouvrent la route du trône à Kérim, qui, proclamé régent par les troupes, gouverne avec sagesse pendant dix-huit ans, après avoir commencé par être un vagabond et un chef de voleurs. A sa mort, la Perse devient plus que jamais une proie disputée par des brigands que remplace enfin un prince habile et vertueux.

L'intérieur de l'Afrique, regardé comme une mine d'hommes que l'Europe devait exploiter au profit de son commerce en Amérique, présente, au milieu de la plus affligeante barbarie, des usurpateurs qui se mettent la couronne sur la tête, en menaçant de poignarder leurs rivaux; des guerres continuelles, des conquêtes, du fanatisme et l'esclavage entretenu par l'ignorance. Cependant on aperçoit aussi des princes obligés de ménager l'affection de leurs sujets et de prendre les conseils des premiers de l'État. Au nord de l'Afrique, Tripoli, Tunis, Alger, Maroc, forment des espèces de républiques fédératives et pourtant des succursales de Constantinople, ainsi que l'Égypte, qui semble être un grand fief de la Turquie gouverné par le sabre des Mamelucks.

Les colonies d'Amérique offraient, comme celles de l'Asie, les traces de l'activité des Européens et de leur empressement à entretenir une source abondante de richesse pour les diverses métropoles. Tout prospérait dans l'Amérique du Nord, instituée par des puritains anglais, qui jouissaient de tous les avantages du régime municipal et de toute la liberté d'un gouvernement démocratique. Rien ne troublait encore la domination espagnole dans l'Amérique du Sud, et ne faisait entrevoir un déchirement.

Voilà l'aspect général de trois parties du monde pendant une grande partie du dix-huitième siècle. Cherchons maintenant ce qu'est devenue la quatrième durant cette orageuse époque de l'histoire moderne.

Achmet III, Mahmoud Ier, Osman et Mustapha III, enfin Abdul-Hamed, occupent, l'un après l'autre, le trône de Constantinople, assise à la fois sur l'Europe et sur l'Asie. Le premier de ces princes fait égorger en divers lieux, quatorze mille janissaires pour affermir son autorité, accorde un noble asile à Charles XII, se voit près de détruire entièrement Pierre Ier sur les bords du Pruth, et lui accorde une paix avantageuse. Des revers en Hongrie et le mauvais début d'une lutte avec Thamas-Kouli-Kan, qui réclamait les provinces persanes avec l'orgueil d'un conquérant, discréditent le sultan, distingué par des vertus et des lumières, mais accusé de faiblesse. Il est détrôné par trois hommes de la plus basse condition, appelés Patrona, Émir-Ali et Muslu. Ces trois auteurs de la chute d'Achmet dictent des lois insolentes à son successeur, et meurent assassinés dans un divan, après avoir lassé tous leurs partisans par d'intolérables excès. Une autre révolte moins sérieuse s'apaise facilement. Les armes de Mahmoud, d'abord victorieux en Perse, puis éprouvé par des revers dans ce pays et par de rudes combats contre les Russes, finirent cependant par imposer la paix de Belgrade à l'empereur Charles VI, coupable d'une indigne violation de la foi publique, et au czar, allié de l'Allemagne. L'année qui suivit le traité, le sultan, illustré par la victoire aux yeux de ses sujets, s'honora bien davantage encore par sa touchante exhortation aux princes chrétiens conjurés pour dépouiller Marie-Thérèse, fille de son ennemi.

Osman, juste envers ses sujets, cruel envers sa famille, sévère envers ses ministres, qu'il changeait trop souvent, règne trois ans avec une extrême jalousie du pouvoir, et se montre ami des lettres. Mustapha, secondé, ou plutôt dirigé par le visir Méhémed-Raghib, paraît aspirer à la gloire d'un grand prince. Malgré son courage et le génie de Hassan-Bey qui triomphe dans l'Archipel, il ne peut balancer l'ascendant de la Russie. Abdul-Hamed ne trouva, en montant sur le trône, que des révoltes ouvertes ou prêtes à éclore, dans les diverses provinces de la domination turque. Son règne, qui ne fut ni sans vertu ni sans éclat, ne fit néanmoins qu'augmenter la puissance des Russes; un grand ministre et un habile amiral ne purent conjurer ce malheur.

Un homme de génie occupait le trône des czars. Supérieur à tous les Russes, peut-être même à tous les hommes de son temps, Pierre avait une âme forte, un caractère indomptable, une constance à toute épreuve, une ambition vaste, mais sans ivresse, et soumise aux conseils d'une raison supérieure. En touchant la couronne, il se sentit appelé à civiliser un peuple barbare, opiniâtre, superstitieux, dégoûté de la vie par la misère, capable de porter le courage jusqu'à l'héroïsme et toujours enclin à la révolte, quoique accoutumé aux châtiments. En paix avec la Chine, vainqueur des Tatars et des Turcs, maître d'Azof, dont la conquête lui permit de jeter les fondements d'une marine, il osa abandonner à ses sujets un trône tant de fois arrosé du sang de ses prédécesseurs. La punition des Strélitz par Pierre Ier est d'un barbare; la mort du prince Alexis révèle dans son père un cœur dénaturé; la réforme de l'Église et l'avilissement d'un clergé séditieux sont d'un politique habile. C'est par neuf années de revers que le czar parvint à l'emporter sur Charles XII. Ici, comme au temps de Rome et d'Annibal, le vaincu détruisit le vainqueur; mais ce dernier aurait péri sur les bords du Pruth, sans la présence d'esprit d'une femme héroïque. Catherine, couronnée du vivant de l'époux qu'elle avait sauvé, prit après lui les rênes de l'État. Les peuples ne s'aperçurent pas qu'ils eussent passé en d'autres mains.

Sous Pierre II, l'histoire ne remarque que l'exil du célèbre Menzicoff, plusieurs fois chargé de la régence pendant les voyages de Pierre Ier, et qui, depuis, avait aspiré au duché de Courlande. Le czar et sa sœur étant morts, les Dolgorouchi, auteurs de la chute du vieux ministre, donnèrent le trône à la duchesse douairière de Courlande, en exigeant d'elle des concessions favorables à l'aristocratie. Une révolution d'esclaves renversa leur ouvrage ; ils moururent sur l'échafaud, après avoir attendu la mort pendant neuf années d'une affreuse captivité. Munick et d'autres étrangers comme lui prêtèrent de l'éclat à un règne dont le jeune et féroce Biren était l'âme et le chef. L'impératrice Anne mourut en laissant l'empire à un enfant. Biren occupa la régence et la perdit en une nuit par les efforts de Munick, son ennemi personnel. Un second changement renversa le jeune empereur Iwan, la régente, Anne de Mekelbourg et toute sa famille. Élisabeth Petrowna, seconde fille de Pierre Ier, s'empara du pouvoir, et jeta dans les fers ou fit périr par les supplices les compagnons de gloire de son père. L'ignorance, la superstition, la servitude volontaire, la vieille intolérance, la barbarie victorieuse de la civilisation, rétablirent l'ancien despotisme avec tous les genres d'inquisitions. Il n'y eut que des choses horribles sous le règne d'une femme portée, dit-on, à la clémence par un penchant naturel.

Plusieurs crimes, la mort de son mari, Pierre III, ordonnée ou permise, le partage de la Pologne, les cruautés inouïes de ses généraux, dans la guerre contre ce malheureux pays et dans la querelle avec les Turcs ; la perte des Grecs, d'abord soulevés et ensuite abandonnés par elle à la vengeance du sultan pèsent à jamais sur la mémoire de Catherine II. La grande préoccupation de son règne fut la pensée de transporter le siége de l'empire à Constantinople. Héritière des desseins de Pierre Ier, elle mit tous ses soins à civiliser les Russes, mais aussi à leur ôter toute espèce de liberté. Les philosophes français, et surtout Voltaire, auquel Catherine fit la cour avec tant de grâce, conçurent d'elles de grandes espérances. Effectivement son règne se ressentit, à beaucoup d'égards, des leçons répandues dans leurs ouvrages.

L'ambition démesurée de Catherine accrut beaucoup la gloire et la puissance de la Russie, qui, après avoir lutté avec tant de peine, sous Pierre Ier, contre le petit royaume de Suède, défendu par un rival d'Alexandre, méditait déjà la domination de l'Europe. La mort de Charles XII, prince hautain et sévère, prodigue à l'excès et né avec toutes les inclinations du despotisme, fut une époque de délivrance pour les Suédois. Le baron de Goërtz paya de sa tête les fautes d'un roi sans pitié pour ses sujets, ainsi que les torts d'un ministère exacteur et incapable de respect pour les droits des hommes. Ulrique, sœur de Charles XII, et son mari, choisi pour roi, à sa prière, par les états, reçurent la couronne aux conditions qu'une nation jalouse de sa liberté doit imposer au chef de son gouvernement. L'autorité royale déclina sous Adolphe-Frédéric, au milieu des deux factions des chapeaux et des bonnets, fortifiées tour à tour par celle des chasseurs. La France, disposée à soutenir le parti aristocratique, entraîna la Suède dans la guerre de Sept-Ans contre Frédéric II. La fortune, ayant été contraire à leurs armes, accrut l'influence de l'Angleterre et de la Russie sur les affaires de la nation, et rendit de la force aux défenseurs de la couronne, que Gustave III rétablit dans toute la plénitude du pouvoir absolu. Gustave, quoique arrivé aux portes de Saint-Pétersbourg, par un trait d'une audace remarquable, soutint assez mal, dans la guerre, le rôle d'un rival des grands capitaines. Ses vertus et ses talents promettaient un règne heureux à la Suède ; mais il sera arrêté dans sa course par un affreux malheur.

Le Danemarck, confédéré avec la Pologne et la Russie contre la Suède, se vit d'abord écrasé par la foudre de Charles XII. La bataille de Pultawa releva les affaires de Frédéric IV. Christiern VI, son successeur, se montra comme notre Louis XII, ménager des sueurs du peuple et appliqué à diminuer les impôts. Sous Christiern VII, prince affable et doux, mais assez faible pour supporter la tutelle d'une belle-mère impérieuse, et pour signer, malgré lui, l'arrestation de la reine, son épouse, et du premier ministre Struenzée, les deux Bernstoff obtinrent la permission de travailler au bonheur de la nation. La protection accordée au commerce, aux arts et aux sciences ; la réforme des écoles et de la législation, l'uniformité des poids et mesures, le sage exemple de la liberté rendue à ses vassaux de la Zélande, honorent l'administration du premier de ces ministres ; le second, digne en tout de son oncle, accrut la puissance du Danemarck, fit affranchir les paysans et cesser la traite des nègres. Christian V, accueilli avec faveur en France et loué par Voltaire, avait promis un roi ; mais une déplorable infirmité de l'esprit finit par le rendre incapable de régner.

Frédéric-Guillaume, successeur de Frédéric Ier, véritable fondateur du royaume de Prusse, fut le roi de son armée, le tyran de sa famille, l'ennemi des sciences et des lettres, l'auteur de beaucoup d'établissements utiles, et à plusieurs égards, le bienfaiteur de ses sujets. Frédéric II, parvenu au trône après un père qui avait voulu lui enlever la vie, montra tout à coup en lui un grand capitaine, un conquérant et un élève de Machiavel. Son invasion de la Silésie eut tous les caractères d'une attaque de brigands et d'une défection dont le coupable auteur sauvait sa fortune aux dépens de l'honneur. En effet, après une lutte de peu de durée, la paix et la perfidie purent seules préserver de la ruine le vainqueur de l'Autriche. Dans la campagne de 1744 à 1745, le roi de Prusse qui la termina par une seconde trahison, fut trop heureux de sacrifier ses conquêtes pour garder cette Silésie qui avait déjà failli lui coûter si cher. La guerre de sept ans fit éclater tout le génie de Frédéric; toutefois, sans les fautes inconcevables de la France et la mort de Pierre III, il eut été accablé sans retour par les puissances de l'Europe. Une suite de nouveaux triomphes parut affermir la couronne sur sa tête, cependant la paix qui le sauva une troisième fois lui offrait si peu de sécurité, que le soin de sa conservation le réduisit au malheur d'imposer le fardeau d'une armée de deux cent mille hommes à un peuple épuisé par tous les sacrifices et par tous les fléaux réunis. Frédéric, prince royal, prêchait avec Voltaire les maximes de la philosophie et de la liberté; Frédéric sur le trône fut un despote, jamais il ne relâcha rien de son autorité; mais, ministre, administrateur et roi tout ensemble, il remplit tous ses devoirs de prince avec une constance digne de Julien, et comme un disciple des philosophes dont il recherchait le suffrage.

Trente années avant l'apparition de Frédéric sur la scène, les succès de Marlborough et du prince Eugène avaient rendu Joseph Ier presque absolu en Allemagne et dans l'Italie. Il abusa de son pouvoir en homme qui ne met aucun frein au désir de dépouiller les peuples ou les grands, et ne reconnaît de loi que sa volonté. La fortune mit le comble à ses faveurs pour cet ambitieux, par une injuste victoire sur la Hongrie occupée à soutenir ses priviléges sous la conduite du généreux Rogolski, prince de Transilvanie. La branche masculine de la maison d'Autriche s'éteignit dans Charles VI qui, maître de possessions immenses à son avénement, vit évanouir toutes les prospérités d'un beau règne depuis le jour où il voulut, conjointement avec la Russie, donner la couronne de Pologne à Stanislas de Saxe.

Marie-Thérèse, sa fille et son héritière, en vertu de la pragmatique-sanction ratifiée par toute l'Europe, se trouva, presqu'en montant sur le trône, exposée à en être précipitée. Dans sa détresse elle eut recours aux Hongrois opprimés par les princes de sa maison. Ce peuple généreux, passant tout à coup de l'aversion au dévouement, jura de mourir pour son *roi Marie-Thérèse*. D'autres peuples sortis des bords de la Drave et de la Save, se joignirent aux Hongrois; la lutte fut longue et sanglante; enfin, après des efforts héroïques, Marie-Thérèse eut la consolation d'affermir la couronne impériale sur la tête de François Ier, son époux. Cette impératrice avait à la fois l'âme d'un grand homme et les vertus d'une femme; elle aimait les Allemands; sa pitié pour les malheureux n'était point stérile; mais combien de larmes elle aurait dû répandre au souvenir de toutes les calamités causées par son obstination à reprendre la Silésie!

Joseph II, associé à l'empire pendant quelque temps, voulut régler la monarchie autrichienne sur le modèle du despotisme militaire établi dans les États prussiens; les plaintes des peuples et les représentations du ministère forcèrent bientôt Marie-Thérèse à reprendre le fardeau du commandement. En général les armes de Joseph II ne furent point heureuses; l'ambition de la gloire et l'amour du commandement ne purent remplacer en lui le génie de la guerre qui lui manquait. L'édit de tolérance, la loi sur les mariages, l'égalité de protection accordée à tous les sujets, l'amélioration du Code criminel, les études rétablies, une surveillance qui s'étendait à tout, une économie sévère et de vastes connaissances appliquées au gouvernement, recommandent un règne si court et si rempli. Toutefois Joseph II n'était ni un bon ni un grand roi. Son impatience et son ardeur vont le précipiter dans des réformes imprudentes qui exciteront de dangereuses commotions. Les plus riches provinces de sa dépendance secoueront le joug de la domination autrichienne.

En Pologne, l'élection illégitime d'Auguste de Saxe avait été arrachée par la présence des troupes de ce prince; remonté sur le trône, il résolut d'asservir la Pologne avec leur secours et abandonna le royaume à leur licence. Les excès de cette soldatesque effrénée furent poussés si loin, qu'ils donnèrent lieu à une confédération de la noblesse polonaise. Le roi vaincu par elle aima mieux recourir au czar que d'accorder quelques satisfactions à des sujets justement indignés. Une paix eut lieu sous la médiation d'un ambassadeur tout-puissant mais sans bonne foi de la part d'Auguste, dont la mort seule put arrêter les projets contre les franchises de la Pologne.

Après l'élection légale et solennelle de Stanislas Leczinski, élection digne des plus beaux jours de la république, les suffrages de quelques gentilshommes effrayés par une armée russe placèrent Auguste III sur le trône. La diète de pacification de 1758, contrainte de reconnaître la créature couronnée de Biren, eut le courage de mettre à prix devant Auguste la tête de quiconque, à son exemple, appellerait des troupes étrangères pendant un interrègne. Sous ce prince prodigue et livré aux plaisirs comme son père, le comte de Bruhl, le Walpole des Saxons, réduisit la corruption en système, et vendit le royaume au cabinet russe. Il y eut alors de généreuses tentatives pour secouer le joug, tentatives secondées avec constance et presque avec génie par le comte de Broglie. A l'approche d'une armée russe appelée en secret par le jeune ambitieux Poniatowski, le faible

Auguste et son coupable ministre abandonnèrent à jamais la Pologne. Menacé des Turcs et des Tartares, pillé par les soldats de Frédéric II, occupé par les Russes, ce pays tomba dans une horrible confusion. En vain les Branicki, les Malakouski, les Oginski, les Radziwil, et surtout l'illustre Mokranouski, montrèrent dans la diète un courage supérieur à toutes les craintes, un cœur inaccessible à toutes les séductions, ils ne purent empêcher l'élection de Poniatowski et la ruine de la constitution nationale. L'insolence de la domination étrangère, qui révolte même le protégé-roi de Catherine, le malheur de la Pologne soumise aux caprices de Repnine, et aux violences des cruels exécuteurs de ses ordres, enfin la plus accablante servitude excitent l'indignation de Krasinski. De concert avec le courageux Pulawski, il jure de délivrer sa patrie. De là cette confédération de Barr à jamais célèbre dans les fastes de la Pologne. De premiers succès couronnent leurs efforts ; Repnine a recours au vertueux Mokranouski pour obtenir une trève ; les confédérés l'accordent et sont massacrés pendant la paix. Le crime de cette trahison les soulève de nouveau ; le comte Potocki se joint à eux. Catherine tremble pour ses soldats et déchaîne les Zuporoves sur la Pologne. Deux cent mille personnes, femmes, enfants, vieillards, périssent au nom de la religion grecque par le glaive et par le feu. Plusieurs fois dans le cours de la lutte, des chefs Polonais touchent au moment de voir couronner leurs immenses travaux par la délivrance de leur patrie. Au printemps de 1770 les défaites des Turcs sur terre et sur mer avertissent les Polonais qu'ils n'ont plus d'alliés. Réduits à eux-mêmes, ils déploient des vertus héroïques, la victoire revient sous leurs drapeaux. Poniatowski tremble dans Varsovie, sa déchéance est prononcée ; la Turquie demande cet acte de justice, la France ne s'y oppose pas, Vienne se tait, la Pologne entière applaudit. On sait le reste, et la ruine de la Pologne, fruit de la concorde impie, affreuse, inexorable de trois princes sans foi qui brisèrent tout équilibre en Europe.

Tandis que les Polonais succombent avec gloire sous l'empire de la force, la Hollande se laisse ravir une liberté acquise par deux siècles de guerre, d'héroïsme et de vertu. Les grands princes et les grands citoyens avaient péri. Guillaume IV et la régente Anne sa veuve ne sont que des vassaux de l'Angleterre : Guillaume V, livré aux conseils de Harris, excité par sa femme, sœur du roi de Prusse, et pleine de passion pour le pouvoir absolu, conspire ouvertement contre la liberté en attendant le jour où il la détruira par le secours des armes étrangères.

Les Suisses, plus heureux que les Hollandais conservent l'indépendance et la liberté ; leur pauvreté, leur modération les préservent du malheur de subir un maître.

En Espagne, le duc d'Anjou, petit-fils de Louis XIV, après avoir soumis le pays, grâce aux secours de la France, se laisse gouverner d'abord par la princesse des Ursins et ensuite par le cardinal Alberoni, dont la vaste ambition aspirait à disposer des trônes d'Angleterre et de France; mais la découverte de la conspiration du prince de Cellamare, ambassadeur d'Espagne et agent de toutes les menées du premier ministre, amena une rupture et des revers sur terre et sur mer. Philippe V n'obtint la paix qu'en renvoyant Alberoni. L'Espagne ne fit qu'éprouver des pertes considérables sous le successeur de Ferdinand VI. Le Portugal, allié constant de l'Angleterre, sous don Juan VI, tint un rang distingué parmi les puissances de l'Europe. Pendant le règne de Joseph II, Lisbonne fut renversée par un tremblement de terre qui coûta la vie à plus de trente mille personnes. Au milieu de cette horrible catastrophe, le marquis de Pombal, ministre revêtu de toute la confiance du roi, sauva la ville de Lisbonne, et accrut son autorité par des services qui ne peuvent jamais périr dans la mémoire des Portugais. A la veille d'une conspiration des grands contre le roi, Pombal, sous prétexte de leur complicité, fit expulser les jésuites du Portugal, et brûler Malagrida, l'un d'eux, comme hérétique ; cette exécution était une affreuse violation de tout principe de justice. Sévère pour les grands, avide, altier, aussi despotique dans le bien que dans le mal, inexorable avec ses ennemis, indulgent pour le peuple, qu'il se plaisait à relever ; assez éclairé pour accorder aux écrivains un commencement de liberté, le marquis de Pombal fut le restaurateur de son pays. Après la disgrâce de ce Richelieu portugais, la reine Marie, épouse de don Pèdre, son oncle, laissa retomber le Portugal sous le triple joug de l'Angleterre, du fanatisme et de l'inquisition.

Il est temps de parcourir rapidement l'Italie, où la liberté mourante nous offre encore quelques nobles dévouements, pour nous consoler du spectacle des malheurs causés par l'incorrigible ambition des princes.

Victor-Amédée II, duc de Savoie, subit toutes les chances que la duplicité d'une politique toujours prête à changer de parti peut faire courir à un prince. Presque détrôné par Vendôme, rétabli par le prince Eugène, de nouvelles perfidies lui font perdre la Sicile, la couronne et la liberté. Il meurt pourtant sans prononcer de malédictions contre un fils coupable. Charles-Emmanuel, doué des talents d'un général habile, risque le sort de ses États dans de dangereuses entreprises, et les voit pourtant agrandis deux fois par la paix. Charles-Emmanuel reste neutre pendant la guerre de Sept-Ans, s'occupe exclusivement de la prospérité du royaume. Économe, ennemi du faste et des abus, appliqué aux affaires, sage réformateur des lois, il supprime le dernier impôt extraordinaire, et s'écrie, dans l'effusion de sa joie : « C'est aujourd'hui le plus beau jour de ma vie! »

Malheureuse par l'inconstance de la politique de son gouvernement, mêlée, de gré ou de force, dans toutes les guerres, tour à tour caressée, abandonnée par ses alliés, la république de Gênes finit par tomber sous le joug de l'Autriche. A la fin, les excès de la tyrannie éveillent la vengeance ; le tocsin sonne; le peuple enlève des armes, il marche; un Doria le conduit; en un jour, les Autrichiens, commandés par le marquis de Botta, sont chassés de la ville, arrosée du sang de plus de quatre mille des leurs. Le peuple ne recueille de sa victoire qu'une autorité éphémère. Le sénat, redoutant la vengeance des Autrichiens, désavoue ses libérateurs, qu'il a excités. Leur dévouement et le courage des Français, commandés par le duc de Boufflers, et ensuite par le duc de Richelieu, triomphent à la fois des intrigues du dedans et des ennemis du dehors, conjurés pour la perte de la république; mais plusieurs hommes généreux périssent victimes de leur zèle à vouloir reconquérir les droits du peuple sur une aristocratie faible, haineuse et perfide.

Les Corses, toujours opprimés, jamais soumis par les Génois, prennent les armes contre leurs tyrans, qui invoquent le secours des Autrichiens. Soumis après quatre ans de glorieux combats, ils se révoltent de nouveau, et s'érigent en république, sous les auspices, de la Vierge. La France débarque dans l'île des troupes qui essayent en vain de désarmer les habitants. Une autre expédition n'éprouve que des revers; le marquis de Maillebois aborde avec des forces considérables, et rend à la Corse la paix intérieure. Toujours menacés par les Génois, toujours les armes à la main pour repousser le joug, les compatriotes de Paoli, vendus à la France par leurs ennemis, sont enfin obligés de céder, malgré tous les efforts de leur généreux défenseur, qui se retire à Londres.

Depuis la perte de la Morée, conquise par les Turcs, en quelques mois, et la paix de Passarowitz, dont les conditions étaient humiliantes pour un peuple qui avait fait des prodiges de vaillance au siège de Corfou, et chassé le capitan-pacha de l'Adriatique, Venise n'était plus rien; elle avait perdu son génie, et cet orgueil héréditaire qui est une vertu et une force. Les grandes familles, énervées de mollesse et pleines de vices, ne pensaient qu'à conserver leurs richesses; le peuple gémissait dans la misère; l'État succombait sous le fardeau des dettes publiques. Le repos dont le gouvernement vénitien jouissait au milieu de l'Europe était un sommeil précurseur de la mort.

Les papes de ce siècle imitaient leurs derniers prédécesseurs. Clément XI était un pieux et savant pontife; les Français se souviendront toujours qu'il envoya des cargaisons de grains à la Provence affamée, pendant la peste de 1720. Après Innocent III, toujours assiégé par les maladies, des vertus reconnues de tous élevèrent au trône Benoît XIII, dont la mémoire est en vénération parmi les Romains, malgré sa faiblesse à laisser régner sous son nom un odieux favori. Le zèle de Benoît pour la religion manqua de lumières; il confirma la bulle *Unigenitus* de Clément XI, et par cette faute, il entretint de dangereuses divisions. Clément XII, touché des malheurs du peuple romain, opprimé sous le dernier ministère, ajouta le bienfait de l'abolition d'une partie des impositions au châtiment des administrateurs infidèles. Ferme dans son gouvernement, généreux pour les pauvres, il distribua ses revenus au peuple. La modération, l'équité, l'esprit de paix, présidèrent au pontificat de Benoît XIV. Il travailla, mais en vain, à faire oublier les disputes de religion. Ce pape, ami des lettres, leur accordait une protection éclairée. La grâce accompagnait tous ses bienfaits. Il n'eut aux yeux des Romains, qui le chérissaient, d'autre tort que celui d'avoir, en quelque sorte, abdiqué le gouvernement. On adressait le même reproche à Clément XIII, distingué par beaucoup de religion et de bonté, un caractère doux et une humeur égale.

Le premier soin de Clément XIV, si connu sous le nom de Ganganelli, fut de réconcilier la cour de Rome avec les puissances catholiques qui voulaient secouer le joug spirituel. Dans ce dessein, il supprima la lecture de la bulle *In cœnâ Domini*. Peu de temps après, il satisfit à leur ressentiment contre les jésuites en abolissant cet ordre, que ses prédécesseurs avaient soutenu. Depuis cette époque, Clément ne traîna que des jours misérables. On a cru que sa mort était un arrêt prononcé par la vengeance et exécuté par le crime. Les Romains regrettèrent dans Ganganelli un souverain sage, courageux, juste, éclairé, ami des lettres. Les étrangers estimaient en lui un pontife généreux et tolérant; les Anglais protestants placèrent de son vivant son buste parmi celui des grands hommes; la France fut d'accord avec les philosophes pour le révérer.

Pie VI commença son règne par des réformes dans l'administration publique, par des mesures d'économie dans les finances, et par beaucoup de travaux dignes des plus illustres bienfaiteurs de Rome. Ce pontife entreprit en vain le voyage de Vienne pour changer le système des réformes adopté par Joseph II. Le reste de la carrière de Pie VI, si agréable aux dames romaines par les avantages de sa personne et l'élégance de ses mœurs, est réservé à des orages.

L'avénement de Philippe V au trône d'Espagne lui

avait donné la couronne de Naples. Le peuple prit peu d'intérêt à cette nouvelle dynastie. Une partie de la noblesse dévouée à la maison d'Autriche résolut de poignarder le vice-roi. Les conjurés prirent les armes, mais n'étant pas soutenus par le peuple, ils portèrent la peine de leur audace. Ces symptômes de révolte déterminèrent Philippe à visiter Naples, où sa clémence, ses bienfaits et son affabilité lui conquirent tous les cœurs. Le prince Eugène ramena les Allemands, qui se rendirent odieux. Bientôt, grâce à la France qui attira l'Empereur sur un autre champ de bataille, l'infant don Carlos, souverain des États de Parme et de Plaisance, devint maître des Deux-Siciles. Philippe V les déclara libres et indépendantes. Confirmé par le pape; don Carlos prit le nom de Charles III. Les commencements de son règne lui valurent des bénédictions. Engagé par Tanucci dans de funestes querelles avec la noblesse, avec Rome et les évêques, il eût du moins le mérite de repousser avec fermeté l'établissement de l'inquisition; mais le maître et le ministre également amis du luxe et de la magnificence, négligèrent de créer, à l'exemple de Louis XIV, une armée, une administration et un bon système de finances. Charles III, appelé au trône d'Espagne par la mort de Ferdinand VI, choisit pour successeur son jeune fils, dont l'éducation avait malheureusement été confiée à des maîtres inhabiles. Alors soutenu par l'Espagne et par son propre courage, Tanucci résolut de combattre toutes les usurpations du saint-siège, chassa les Jésuites malgré Clément XIII, et réduisit considérablement les droits de la chancellerie de Rome. Les couvents se virent privés du privilége d'augmenter leurs propriétés. Quatre-vingts monastères furent supprimés en Sicile. L'union de Ferdinand avec Marie-Caroline, l'une des filles de Marie-Thérèse, le fatal ascendant, de cette princesse, le pouvoir usurpé de l'odieux Acton, son favori, vendu à l'Angleterre, ruineront les affaires de Naples désormais soumises à l'influence toujours croissante de cette puissance dominatrice.

Après Guillaume III, mort sans enfants, régna Anne, fille de Jacques II, mariée à George, second fils du roi de Danemark, monta sur le trône. Le gouvernement de cette princesse alarma tellement les whigs, qu'ils la forcèrent de mettre à prix la tête du prétendant, son frère, pour assurer la couronne à la maison d'Hanovre. Tandis que la prise de Gibraltar et de Minorque et les dix campagnes de Marlborough, l'illustraient en Europe, Anne vit son règne agité au dedans par les whigs et les torys. On apprendra bientôt les grandes conséquences de l'abandon que la reine fit de la première de ces deux factions, qui défendait, avec Marlborough, les principes constitutionnels.

Le retour des whigs au pouvoir, la persécution des torys, la ruine de tous ceux qui avaient favorisé la téméraire entreprise de Jacques II, la septennalité du parlement, l'excès d'ambition et de docilité dans les deux chambres, les funestes innovations de Blunt, le Law de l'Angleterre, l'opposition constante des amis de la liberté aux entreprises de la couronne, des succès ruineux, qui enivraient pourtant la nation, caractérisent le règne de George Ier, trop fidèle aux exemples du stathouder-roi.

George II marcha dans les voies de son prédécesseur, avec le secours du fameux Walpole, qui se vantait d'avoir le tarif des consciences parlementaires. Renversé par l'opinion, mais toujours soutenu par son maître, Walpole parvint à rejeter sur le ministère whig qui lui succéda une partie de la haine publique. Des défaites au dehors, l'oppression au dedans, portèrent à son comble le mécontentement des Anglais, et produisirent un nouveau ministère qui semblait appelé pour proclamer les victoires de la Prusse et de la France. Alors vinrent la folle entreprise du prince Édouard, la bataille de Culloden et tous les malheurs de la trop faible Écosse. En ce moment, William Pitt arriva aux affaires et dans la chambre des communes. La guerre avait coûté beaucoup de sang aux trois royaumes, et porté la dette publique à quatre-vingts millions sterling. La paix d'Aix-la-Chapelle, qui vint terminer une lutte si funeste, parut honteuse et même peu conforme aux intérêts du peuple anglais, qui d'ailleurs ne gagna rien sous le rapport de la liberté; mais du moins il ne pouvait pas reprocher au ministère d'abandonner les intérêts du commerce.

Dans les Indes, la guerre entre les compagnies européennes, commencée sous de funestes auspices par les Anglais, finit par surpasser les espérances de leur ambition; mais la lutte fut longtemps glorieuse pour nous. Sans leur mésintelligence, Dupleix et La Bourdonnaie allaient même assurer l'empire de l'Inde à leur patrie. L'infortuné Lally, successeur du dernier de ces gouverneurs, ne put, malgré son courage et ses talents, ressaisir l'occasion perdue. La vigueur et la vigilance du gouvernement anglais, opposées à la mollesse et à l'incurie du nôtre, décidèrent à jamais la question contre nous. Cependant la Grande-Bretagne avait tremblé dans ses propres foyers. A la seule menace d'une descente des Français, la terreur s'était emparée de toute l'Angleterre. Délivrée de ses cruelles alarmes, Londres se vit humiliée par la défaite de l'amiral Byng et par la perte de Minorque, trop juste châtiment de la prise de trois cents vaisseaux marchands français avant aucune déclaration de guerre. D'autres violences et l'assassinat de l'envoyé Jumonville, dans le Canada, produisirent d'autres défaites. Les Anglais tombèrent dans le mépris des Indiens, tandis que les Français, commandés par le marquis de Montcalm, s'attirèrent leur admiration. Mais bientôt l'amiral Byng expie par la mort le crime d'avoir été vaincu ; les cris du peuple redemandent William Pitt et M. Ligge au ministère ; ils ne font qu'y passer ; l'opinion générale les rappelle au timon des affaires ; tout prend une face nouvelle : l'Indostan, le Canada, le Sénégal, voient les triomphes de l'Angleterre. Sous George III, cette prospérité continue aux dépens de l'Espagne et de la France ; lord Bute, adversaire de Pitt, continue la guerre avec vigueur. La paix de Paris assure aux Anglais le Canada, la Floride, le Sénégal et d'autres possessions importantes pour le commerce. Cependant cette même paix excite un tel mécontentement à Londres, que le roi se trouve obligé de renvoyer le ministère et lord Bute, qui en est l'âme. Ici l'une des plus grandes fautes connues dans les annales de la politique : lord North, après avoir poussé à bout les colonies anglo-américaines par des mesures à la fois violentes et injurieuses, établit au Canada un centre d'opérations hostiles. Au bruit de ces résolutions, les opprimés déclarent le bill du parlement injuste et cruel ; ils en appellent à l'univers et à Dieu, et un nouveau monde est sur le point d'échapper à l'Angleterre, vainement avertie par la voix prophétique de l'illustre lord Chatam.

Achevons maintenant la revue du siècle par le tableau des diverses fortunes de notre pays. Après la paix de Riswick rompue par l'une des nécessités de la profonde politique de Louis XIV qui voulait bien plus abaisser l'Autriche que soumettre l'Espagne, la France ayant en tête Marlboroug et le prince Eugène ses deux fléaux, soumise aux plus rudes épreuves, quelquefois victorieuse, et plus souvent vaincue, ruinée par la guerre, enfin désolée par le cruel hiver de 1709, était réduite aux dernières humiliations et tombée dans un abime de malheurs, quand les succès de Vendôme en Espagne, la disgrâce de Marlborough causée par l'insolence de la duchesse sa femme, le triomphe des torys, les négociations secrètes de Louis XIV avec la reine Anne, la mort de l'empereur Joseph et la victoire de Denain remportée par Villars, devinrent les causes de notre salut et amenèrent la paix d'Utrecht. Louis ne survécut que deux ans à cette paix. Il avait vu à deux doigts de sa perte cette France élevée, grâce à lui, au premier rang des puissances de l'Europe. Attristé par la perte de tous les siens, n'ayant pour successeur qu'un enfant, également las de vivre et de régner, il imprima cependant à sa mort un caractère de majesté. Si l'esprit était médiocre, l'âme était haute ; il y puisa souvent des inspirations qui semblaient le mettre au-dessus des grands hommes de son siècle. Mais le peuple fit des feux de joie aux funérailles du monarque ! Quel triste prélude aux panégyriques pompeux qui l'attendaient sur son cercueil ! quelle leçon pour ses successeurs ! Tous les maux de la France auraient été promptement réparés si l'élève de Fénelon, si le duc de Bourgogne qu'elle pleurait encore après quatre années de regrets, eût pu succéder à son grand-père.

Le lendemain de la mort de Louis XIV le duc d'Orléans demandait la régence au parlement et faisait casser le testament du monarque comme on avait cassé celui de Louis XIII. Le règne de Philippe, car il régnait effectivement, eut des commencements propres à calmer les esprits les plus irrités ; il fit voir d'abord un sage oubli des injures, et parut rechercher les gens de bien. Habile dans les affaires, il montra autant de modération que de justice et de clémence dans la conspiration tramée contre lui par des princes français d'accord avec l'ambassadeur d'Espagne Cellamare. Mais après avoir réprimé une entreprise si dangereuse, après avoir habilement traversé les projets d'Alberoni, Philippe ne devait pas se laisser entraîner, malgré sa conviction, à une guerre contre l'Espagne ; il devait encore moins commettre la faute de détruire la marine de l'alliée naturelle de la France. La paix vint à propos pour calmer les ressentiments d'une nation trompée par les opérations du système qui bouleversa toutes les fortunes, et répandit une si profonde corruption dans les hautes classes de la société. Law fut le fléau de la France ; Dubois l'entremetteur vénal d'une alliance honteuse et funeste avec l'Angleterre. Dubois qui souillait à la fois le conseil, la pourpre romaine et le siége de Fénelon, fut le déshonneur de l'administration du régent, auquel on ne saurait pardonner sa dépravation personnelle. Cependant le même prince, environné des plus affreux soupçons pendant les dernières années de Louis XIV, vint à bout de les effacer entièrement par sa tendresse paternelle pour le jeune roi commis à sa tutelle, et par son respect pour les droits de la royauté d'un enfant dont il pouvait usurper la place. Le régent avait des talents réels pour la guerre, pour la politique et le gouvernement.

En 1723, Louis XV ayant déclaré sa majorité, donna la place de Dubois au régent, qui mourut peu de temps après. Il eut pour successeur le duc de Bourbon dont l'administration ruineuse, incertaine et pourtant portée au despotisme, n'excita que des mécontentements. Fleury, devenu ministre, se montra sous des couleurs plus favorables. Attentif à réprimer les dilapidations, il soulagea les contribuables par la diminution des impôts et l'État par la vertu de l'économie. Fleury avait en tout des désirs modérés ; cependant son ambition de devenir cardinal lui dicta des complaisances pour la cour de Rome qui faillirent mettre le trouble en France. Le gouvernement montra plus de sagesse en mettant un terme aux miracles opérés sur le tombeau du diacre Paris. Après les querelles des deux compétiteurs au trône de Pologne, l'Allemagne, déclarée pour Auguste III, paya l'honneur de l'avoir couronné par la perte de presque toute l'Italie, et par un traité qui nous donnait le duché de Bar et la Lorraine, à la mort de Stanislas Leczinski. Alors quelques années de paix et un gouvernement modéré faisaient espérer un bon règne; alors la France était devenue l'arbitre de l'Europe qu'elle se gardait bien d'offenser en affectant la domination.

On se rappelle l'incendie allumé par la succession de Charles VI, nos succès tout à coup démentis par des revers que la défection du roi de Prusse rendait plus fatals encore. Fleury avait cessé de vivre; Louis XV avait promis de régner, mais il était retombé dans sa mollesse accoutumée. Le péril de la France, seule avec l'Espagne contre toute l'Europe, et les généreuses exhortations de la duchesse de Châteauroux, font voler Louis XV à la frontière, où il assiste aux victoires du maréchal de Saxe. Tombé malade à Metz, il renvoie sa maîtresse et devient un moment l'idole des Français, qui lui donnent le nom de Bien-Aimé. Louis reprend sa maîtresse et perd dans l'estime publique; mais bientôt la bataille de Fontenoi gagnée par le maréchal de Saxe, les belles paroles du roi sur le champ de bataille, le succès de la campagne décidé par une seule victoire, excitent un enthousiasme universel, que d'autres triomphes en Italie et au nord, et notamment la prise de Berg-op-Zoom, accroissent encore. Le traité d'Aix-la-Chapelle met enfin un terme à une lutte aussi acharnée qu'inutile.

Madame de Pompadour est presque sur le trône, à côté de la vertueuse fille de Stanislas; la reine n'a plus d'époux; le dauphin n'a plus de père; la France n'aura bientôt plus de roi. Dans cette époque de troubles intérieurs, de prodigalités, de dissolutions et de décadence qui vit la grande faute de l'alliance avec l'Autriche, faute d'où découlèrent tant de malheurs pour nous, malgré quelques beaux exploits militaires des maréchaux de Broglie et de Castries, la mauvaise fortune, ou plutôt la mauvaise politique de notre gouvernement réduisit Choiseul lui-même à subir la honte de la paix de 1763 qui pourtant fut accepté par le pays comme un bienfait de la sagesse.

Onze années restaient à Louis XV pour réparer les pertes de l'État, renoncer aux désordres de sa vie, et reconquérir ce nom de Bien-Aimé, si doux à porter dans la postérité. Ce prince ne parut pas sensible à cette gloire. La ruine de la famille royale, frappée comme au temps de Louis XIV, n'arracha qu'un moment son successeur à de honteuses voluptés. Choiseul régnait pour lui avec une certaine modération dans l'exercice du pouvoir, et une habileté qui ne manquait pas de grandeur. On dut à la prévoyance du premier ministre le salut de Constantinople, après l'incendie de la flotte ottomane, à Tchesmé, par les Russes; jamais il n'aurait laissé partager la Pologne; Louis XV lui-même rendit cette justice à son vice-roi; mais celui-ci laissa tomber nos établissements dans l'Inde; de nos trois vengeurs dans ce pays, La Bourdonnaie et Dupleix moururent de chagrin et de misère, et Lally porta sa tête sur l'échafaud. Enfin Choiseul lui-même puni de nous avoir rendu, pendant la paix, l'influence que nous avions perdue pendant la guerre, se vit précipité du pouvoir au moment où, d'accord avec le duc d'Aranda, le marquis de Pombal et le prudent Kaunitz, il formait pour la grandeur de notre pays des projets trop vastes peut-être.

Fière d'avoir renversé l'arbitre de l'État, une courtisane du plus bas étage, s'unit au duc d'Aiguillon et au chancelier de Maupou, pour entraîner le prince dans les voies du despotisme. Les parlements tombent; Paris s'indigne; les provinces sont en feu. Maupou, auteur de tant de violences, inspire de l'horreur. Une haine profonde, exaltée, générale, poursuit Terray, ministre avide, impitoyable, qui veut à tout prix remplir le trésor pour seconder les projets d'un magistrat décrié. Les impôts enregistrés avec la plus docile complaisance par les créatures de Maupou, les dilapidations des frères du Barry, l'exil où l'opprobre des grands, l'anarchie dans les conseils, le désordre dans les finances, la perte de toute considération au dehors, l'aversion générale du peuple pour le prince, forment les derniers traits du tableau d'un règne qui aurait pu être celui d'un Titus, sans le fatal ascendant des corrupteurs. Le prince qu'on aurait pleuré mourant à Metz eut pour oraisons funèbres les reproches unanimes de la France. Un nouveau prince monte sur le trône, sous des auspices en apparence heureux; mais déjà grondent au-dessus de lui les bruits précurseurs de la tempête prévue par son aïeul, trop heureux de se réfugier contre elle dans la nuit du tombeau.

Je m'arrête sur le seuil de la révolution qui va tout changer en France, le gouvernement, les lois et les mœurs.

Environ cinquante années avant l'époque de ce grand événement Paris était devenu pour l'Europe une école de philosophie où l'on agitait sans cesse en présence des femmes les plus distinguées, comme autrefois dans la maison de Périclès et sous les auspices d'Aspasie, les plus intéressantes questions de l'administration, de la politique, de la morale et de la législation appliquées au bonheur des hommes. Catherine, Frédéric et Joseph II avaient adopté cette philosophie; d'autres princes la repoussaient; mais exilée de leurs conseils, elle montait jusque sur les marches du trône; à la cour même de Marie-Thérèse et de Louis XV, elle comptait de fervents adorateurs. Pour bien comprendre la direction nouvelle et le rapide essor des esprits, il faut mettre en présence deux hommes éminents du siècle. Fontenelle, la lumière et l'interprète des sciences, l'ennemi des préjugés, le précurseur de Voltaire laisse passer impunément le règne de Louis XIV sous les yeux d'un philosophe; Montesquieu jeune encore pèse au poids de la raison les grandeurs du superbe monarque, et nous montre en lui la plus naïve image du despotisme, satisfait de lui-même et plein de sa propre divinité. Maintenant voilà Rome et son génie qui comparaissent devant un juge capable de les comprendre et de les expliquer. Cherchez dans toute cette admirable école du XVIIe siècle un esprit qui pût concevoir la pensée d'un ouvrage semblable à *l'Esprit des Lois*, vous ne le trouverez pas.

Pendant que Montesquieu est dans l'enfantement de son chef-d'œuvre, Voltaire essaye de donner à la France une épopée nationale, produit *OEdipe* sur la scène et va visiter l'Angleterre, où il devient un nouvel homme dans le commerce de milord Bolingbrocke, de Swift et de Pope, continuateurs de la philosophie du célèbre Shaftesbury. Appelé par un penchant invincible au rôle de propagateur des vertus de toute espèce, il a reçu de la nature la raison de Locke, l'éloquence dramatique d'Euripide, les divers esprits de Fontenelle, de Pope et d'Hamilton, l'originalité satirique de Lucien, l'urbanité d'Horace et la brillante facilité d'un Français plein de grâce et de goût. Aucune puissance ne pouvait résister à ce souverain de l'opinion. Les princes furent ses courtisans; les rois devenus ses flatteurs lui demandèrent la gloire. L'ignorance paraissait à Voltaire la plus grande maladie du genre humain; il la poursuivait partout. Malheureusement il consacra presque toute sa vie à combattre la religion du Christ qu'il confondait injustement avec le fanatisme et la superstition, et cependant il a composé des vers immortels pour cette même religion et pour la divinité. Les écrits de Rousseau, qui portaient en lui du Montaigne, du Luther et du Fénelon, sont souvent des hymnes sublimes à la nature et à Dieu; partout il s'efforce de ramener le monde, la politique et la philosophie à une source sacrée; quelle époque que celle du règne de ces trois souverains de l'opinion. A côté d'eux, Buffon, leur égal en génie mais non pas en audace; Buffon, l'Aristote, le Pline et quelquefois le Platon des modernes, appelle l'Europe entière à l'étude de l'histoire naturelle, qu'il commence par une magnifique peinture de l'homme, le roi des animaux et l'objet de la création. Dans le même moment, Diderot, génie avorté par sa faute, mais doué d'une intelligence supérieure et initié à toutes les connaissances humaines, d'Alembert, Condorcet et Bailly, faits pour illustrer les sciences et les lettres et destinés à périr tous deux d'une manière si cruelle, le droit et adroit Duclos, l'émule de La Bruyère, à la fois le familier des grands et l'ami des philosophes, Helvétius qui dément son propre cœur en voulant donner l'amour de soi pour principe à toutes les actions humaines, Condillac, disciple et rival de Locke, Vauvenargues, moraliste toujours inspiré par une belle âme, Thomas, plus digne encore de respect que de gloire, l'abbé Gagliani, qui improvise pour et contre Dieu, la société du baron d'Holbach, véritable école d'athéisme où l'on accuse Voltaire de faiblesse et presque de superstition, le suave Bernardin de Saint-Pierre, l'ami de Jean-Jacques Rousseau et prosterné comme lui devant la nature et son inconcevable auteur, l'école des économistes passionnée comme une secte, mais qui n'en mérite pas moins de reconnaissance par des travaux qui portent aujourd'hui des fruits immenses, M. Necker qui a la même patrie et le même culte que l'auteur d'*Émile*, et atteint quelquefois son éloquence, Mirabeau, déjà célèbre mais encore sans gloire, se partagent le vaste domaine des connaissances humaines. La plupart de ces hautes intelligences concourent à élever le monument de l'*Encyclopédie*, qui doit, suivant la pensée de Diderot et de d'Alembert, ses fondateurs, servir de guide et de phare au genre humain. Le phare était une œuvre imparfaite, toutefois on a marché, on marche encore à sa lumière, qui devient chaque jour plus vive et plus sûre.

Cependant le savant et profond Calmet, l'excellent Rollin, homme antique et simple, qui plaisait tant à Frédéric; Cuvier, son continuateur; Lebeau, l'universitaire comme eux et indépendant des doctrines du jour; l'infatigable Fréret, le brillant Vertot, l'austère Mably, le comte de Boulainvilliers, le restaurateur du droit public de nos pères; l'abbé Dubos, son antagoniste; Raynal, qui nuit par des déclamations au crédit des vérités qu'il propage; le judicieux Gaillard, l'habile Rulhière, cultivaient l'histoire, à laquelle Voltaire venait d'imprimer une direction nouvelle par son *Essai sur l'Esprit et les Mœurs des nations*. Sur la même ligne, des érudits, vraiment dignes de toute notre reconnaissance, faisaient le devoir des historiens et des écrivains politiques, qui négligeaient l'antiquité française, plus curieuse et plus utile à connaître pour nous que l'antiquité grecque ou romaine, objet de tant de savantes recherches et source du *Voyage d'Anacharsis*, par l'abbé Barthélemy, livre où toutefois l'empreinte moderne détruit trop souvent l'illusion, en nous ramenant d'Athènes à Paris. Ces patients investigateurs des monuments de notre existence nationale s'occupaient de nos anciennes institutions, de nos lois, de nos origines. Cependant Dumarsais, élève de Port-Royal; Condillac, Duclos, Court de Gebelin, l'auteur du *Monde Primitif*, donnaient une face nouvelle à la grammaire et à toute la science du langage.

A côté de ces hommes aux grands labeurs, Marivaux, l'abbé Prévôt, et surtout Lesage, dans son *Gil Blas*, abordaient avec succès le genre du roman, espèce d'épopée domestique pour les modernes. Ils eurent pour successeurs Rousseau, imitateur de Richardson; madame de Genlis et madame de Staël, et Bernardin de Saint-Pierre. Lesage, que nous avons déjà nommé, ressuscitera un moment la comédie de Molière qui, s'étant plus ou moins altérée entre les mains de Destouches, de Piron et de Gresset, auteurs de plusieurs beaux ouvrages, *le Glorieux*, *le Philosophe Marié*, *la Métromanie* et *le Méchant*, aboutit enfin aux drames de La Chaussée, de Voltaire, de Diderot, et à *la Folle Journée* de Beaumarchais, imbroglio dans le genre espagnol, marqué au coin de la licence d'Aristophane, en morale et en politique.

Dans la critique, le philosophe de Ferney, le plus judicieux des aristarques, quand il est de sang-froid, La Harpe, digne d'un tel maître, mais encore plus enclin à la passion et parfois à la jalousie, d'ailleurs trop peu versé dans la connaissance intime des anciens et même dans celle des modernes, qu'il juge souverainement du haut de sa chaire; Marmontel, plus ingénieux, plus neuf, mais non pas exempt de quelques hérésies littéraires; le bon Rollin, avec son *Traité des Études*, si naïf et si intéressant; Dubos, auquel nous devons de profondes réflexions sur la poésie et les arts, dont il avait le vif sentiment, jetaient le plus grand éclat. Après eux parurent Chénier, Ginguené, Lemercier, pour rendre à la critique la dignité, la bonne foi et la conscience, qu'elle avait perdues dans le commerce des Diogènes de la littérature, qui en défendant quelquefois les saines doctrines, prenaient un indigne plaisir à rabaisser toutes les renommées de l'époque.

Au palais fleurissait l'auteur du *Traité des Obligations*, la lumière du droit, l'exemple des juges et l'un de nos plus grands moralistes, ce Pothier, qui soumettait d'abord toutes les questions à l'examen de la conscience. Parmi les magistrats éloquents, on citait l'avocat général Servan, Malesherbes, de vénérable mémoire; le président Dupaty et le fameux Séguier, le rival de d'Aguesseau, Séguier qui lançait les foudres parlementaires contre les philosophes, objets de son admiration. Sous les yeux de ce magistrat et du parlement, brillaient d'un éclat bien différent le fougueux Linguet, duquel on a dit : « Il brûle, mais il éclaire; » et Gerbier, à qui la nature avait donné une attitude, une figure, une physionomie, des gestes et une voix d'orateur.

Dans ce siècle de raison et de progrès, les mathématiques voient également fleurir chez nous d'Alembert, Cléraut, Bossut, Lambert, Montmort, Joseph Privat de Molière, Maupertuis, de La Caille, La Condamine, Condorcet. L'astronomie réclame plusieurs de ces noms, et compte encore parmi ses illustrations Pluche, Duhamel, Delisle, Bailly, Lalande, La Place, Borda, Delambre, Arago, Lagrange; à côté des travaux de cet homme de génie si modeste, Laplace élèvera en silence le monument de la mécanique céleste; la physique, en réclamant quelques-uns de ces savants, leur adjoint Desaguliers, Réaumur, Mairan, Romé de L'Isle, Saussure, Papin, Savary, Perrier, Nollet, Lemonnier et Boulanger si remarquables par leurs travaux sur l'électricité; le célèbre Monge, le créateur de la géométrie descriptive; Biot, Haüy, Ampère, Frenel, Arago, et Gay-Lussac. De cette race savante naissent Prony, élève de Monge, et Hachette. La chimie, véritable conquête du dix-huitième siècle, fait des pas immenses avec l'immortel et trop malheureux Lavoisier, placé à la tête de la grande école rénovatrice, où brillent Guyton-Morvaux, Berthollet, Chaptal, Monge, Thénard, et Fourcroi chargé de populariser la science par le prestige de la parole. L'anatomie suit les progrès des autres connaissances, sous les auspices de Sabatier, de Berlin, de Vieussens et de Vicq-d'Azyr. Après lui, le jeune Bichat posera les fondements de l'anatomie générale; mais il se verra tout à coup arrêté dans ses magnifiques études par une mort précoce. L'anatomie comparée, longtemps accablée sous la réprobation de Boerrhave, renaît, grâce à l'esprit méthodique et lumineux de Bonnet, au brillant enseignement de Buffon et aux consciencieuses investigations de son savant coadjuteur Daubenton. Il était réservé à Cuvier de porter cette science au degré de perfection que nous admirons de nos jours. La physiologie, qui ne vivait autrefois que de vaines hypothèses, s'élève au rang des sciences, grâce aux travaux de Barbeyrac, de Bleny, de Vieussens, d'Austrucq, et surtout de Cabanis. Après les systèmes créés par Newton, Laplace, Herschel, Lamarck, Buffon et d'autres encore, la géologie voit sortir des explorations de Cuvier les plus précieuses découvertes. Enfin, l'histoire naturelle subit une réforme générale, commencée par Tournefort, achevée par les deux frères de Jussieu, qui, ainsi que tous les prêtres de cette belle science, reconnaissaient les immenses obligations qu'elle avait à l'éloquence de Buffon.

Aucune espèce de supériorité ne manque alors à la France : Gluck, Sacchini, Piccini, que suivra le grand Mozart, sont venus l'adopter comme une seconde patrie; elle a des Monsigny, des Daleyrac, et Grétry, l'un des hommes les plus habiles à exprimer le sentiment par la puissance des sons; bientôt l'Italie lui envoie une colonie de chanteurs, et avec eux les partitions de ses grands maîtres. Et de ce commerce musical des deux peuples viennent Gossec, Berton, Méhul, Spontini. La peinture, honorée, encouragée par le gouvernement, et popularisée par les expositions, voit surgir, sous les auspices de Vien, l'école d'où sortirent David et la brillante génération de ses élèves. De grands sculpteurs naîtront aussi de lui, et balanceront la réputation de Canova.

Pendant ce mouvement général des idées, l'Italie, plus attentive que jamais aux progrès de nos lumières, l'Italie, dont les pontifes et les princes accordent une protection particulière aux sciences politiques, produit Cassini, Gravina, Muratori, l'illustre Vico, Spallanzani, Volta, Oriani, Beccaria, Filangieri, Filicaia, Goldoni, Maffey, Métastase, Alfieri, Cimarosa; la Hollande cite ses Hysch, ses Boerrhave; la Suède, ses Olaüs-Celsins et ses Linnée; la Suisse, heureuse et libre, offre à l'admiration de l'Europe le sublime Haller, Tissot, Zimmermann, et Gessner, l'émule de Théocrite, mais bien supérieur à son maitre par la grâce et la pureté des mœurs. L'Allemagne rebelle à l'influence du siècle de Louis XIV, et encore plus séparée de nous par sa langue que par la barrière du Rhin, forme sa littérature avec son propre génie et avec celui des anciens, unis ensemble et non pas confondus. Quelques-uns de ses écrivains, tels que Wieland et Lessing, subissent l'influence de Voltaire; mais, fortement attachés aux principes religieux, ses savants, ses philosophes, sont aussi indépendants que ses poëtes. Wolf, Kant, Jacobi, J. Schlegel, Herder, Fitche, Schiller, Klosptock, et Goëthe surtout, qui a fait une nouvelle école dramatique, conservent tous la physionomie nationale; on la retrouve également même dans les célèbres critiques ou philologues Heyne, Brunck, Schlegel, Woss le traducteur, qui calque le génie, le style et la couleur des anciens, dans la langue la plus riche et la plus docile à reproduire toutes les beautés d'un original, avec une admirable fidélité. Winckelman lui-même, ce juge profond et passionné de l'art antique, ne cesse pas d'être Allemand. L'historien Muller, Lavater, son compatriote, si connu par un système ingénieux, tous deux nés en Suisse, sont marqués à la même empreinte. L'Angleterre, mise en commerce de pensées avec la France par l'auteur d'*OEdipe*, ne peut nous opposer trois hommes d'une influence universelle, comme Voltaire, Montesquieu et Rousseau; mais Locke et Clarke, Pope et Dryden, Young, Thompson et Gray, Sterne, Fiedling et Richardson, ce grand peintre du cœur humain; Brow et le capitaine Cook, Blackstone et Delolme, Cavendish et Priestley, Erskine et Shéridan, Fox et Pitt, et tous les orateurs de cette tribune, plus grande que celle de Démosthènes, parce qu'elle parlait à l'univers, quand Mirabeau, muet encore, ne pouvait encore deviner sa propre éloquence et entrevoir les miracles de sa parole souveraine; les fondateurs de la philosophie écossaise, qui venaient visiter notre pays pour s'y faire à la fois disciples et maîtres, Hume et Robertson, Adam Smith et Douglas Stewart, nous offrent une rivalité glorieuse et difficile à soutenir. Malgré leur inimitié qui survit à leur alliance philosophique, malgré leurs jalousies politiques, que la guerre menace d'envenimer d'une manière cruelle, la France et l'Angleterre marchent à la tête de la civilisation.

Sur la fin du dix-huitième siècle et pendant les premières années du dix-neuvième, la France présente le spectacle d'une nation qui, au milieu de tous les orages intérieurs et les périls d'une guerre d'extermination, accorde une entière liberté au développement des principes philosophiques, élève un culte à Montesquieu, à Voltaire, à Rousseau, et poursuit, sans les interrompre un seul moment, ses conquêtes dans les sciences. En littérature, d'une part, l'indépendance de toute espèce de joug jette les esprits dans de nouvelles routes, par lesquelles on arrive à des créations quelquefois heureuses, mais aussi à l'exagération, au mauvais goût et à une licence dangereuse pour l'art lui-même, qui a besoin de règles et de limites; d'un autre côté, des hommes distingués suivent les traces des anciens, et plus encore celles des écrivains du dix-septième siècle, formés sur leur modèle. Parmi eux, quelques-uns, comme Chénier, se déclarent en tout les disciples de Voltaire. Ainsi Ducis, Legouvé, Arnault, Chénier lui-même et Lemercier, l'auteur d'*Agamemnon*, s'efforcent de continuer le système dramatique consacré par l'admiration générale. Mais le mâle Corneille l'emporte alors sur Racine, qu'on accuse d'avoir rapetissé les proportions de la scène et amolli le langage tragique. Cette préférence et l'esprit du temps expliquent la vogue extraordinaire qu'obtinrent le *Brutus* de Voltaire et sa *Mort de César*. Bientôt Ducis-*Othello* devient le favori du peuple, qu'il remue par de profondes émotions. La même raison et d'autres encore procurent au drame la plus grande faveur. Dans la comédie, on revient à Molière, avec Colin d'Harleville, Fabre d'Églantine, Andrieux, Picard, Étienne et Duval. Bientôt une réaction politique procure une guerre contre la philosophie, dont les successeurs de Fréron et d'autres critiques d'un ordre plus relevé, mais non moins passionnés, s'efforcent chaque jour de renverser les autels, en même temps qu'ils attaquent toutes les réputations faites depuis l'ère nouvelle. Mais, par une singulière contradiction, Delille, dont tous les ouvrages portent l'empreinte de son époque, mais qui n'avait pris aucune part à nos querelles intestines, se voit placé sur un piédestal, en face de tous les écrivains du temps, immolés à son triomphe. A entendre ses panégyristes, on eût dit que lui seul en France possédait le secret des beaux vers, et méritait le nom de poëte. Au milieu de tout ce bruit de renommées, dont il souffrait lui-même par modestie et par bon sens, madame de Staël, avec son esprit novateur, que doivent bientôt enhardir les inspirations du critique Schlegel, si peu propre, malgré beaucoup de savoir et de talent, à juger le génie de Molière, vint semer, d'abord dans plusieurs ouvrages, et ensuite dans son livre de l'*Allemagne*, des vues nouvelles sur la critique littéraire, des considérations d'une haute portée, mais aussi des arrêts qui ne pouvaient rester sans appel. Cette femme, extraordinaire à tant d'égards, est souvent un homme de génie; mais ce génie a de fréquentes éclipses, et le flambeau qu'il porte dans sa main pourrait égarer ceux qui marcheraient à sa seule clarté. Madame de Staël, enthousiaste de son éloquent compatriote, appartenait à l'école philosophique et politique de Rousseau et de Voltaire. M. de Châteaubriand, qui, dans sa première jeunesse, relevait aussi de cette école, sans repousser ses plus grandes témérités, se sentit subitement touché de religion, au retour de l'exil. Dès ce moment, le nouveau converti parut s'être imposé la mission de faire jaillir de la Bible et des Prophètes toute une poésie supérieure à celle du Parnasse et d'élever, comme Fénelon, Moïse, David et les prophètes au-dessus d'Homère, de Sophocle et d'Eschyle; et toutefois admirateur de l'antiquité grecque et romaine, c'est avec elle et avec les écrivains du siècle de Louis XIV qu'il attaquait la littérature et surtout la philosophie du dix-huitième siècle. La résistance de ses adversaires fut vive, et répandit beaucoup de lumière sur les questions qui s'agitaient alors. Le dix-huitième siècle ne pouvait craindre une défaite, parce qu'en beaucoup de choses, il était un progrès de la raison humaine et même un bienfait; mais M. de Châteaubriand, sans remporter un triomphe, n'en acquit pas moins une grande renommée, due à un style souvent digne de celui des maîtres et à l'une des plus belles imaginations qui aient jamais été départies à un homme. Madame de Staël et M. de Châteaubriand ont imprimé un grand mouvement aux esprits en les poussant hors des sentiers battus : l'une a fait des prosateurs; l'autre a fait des poètes. La jeunesse qui pense et compose leur doit le choix de ses sujets, la direction de ses travaux, ses plus heureuses inspirations, et aussi ses écarts, et les fautes qu'elle a commises en exagérant les préceptes de ses maîtres. Mais comme le fleuve débordé doit enfin rentrer dans son lit, il faut que chacun rentre aussi dans les limites de la raison et de la vérité. Déjà on aperçoit parmi les jeunes écrivains qui ont obtenu de la célébrité un penchant à écouter la voix publique qui leur demande de mettre un frein à leur ambitieuse audace, d'adopter une manière plus simple, un goût plus sévère; déjà nous apparaissent des travaux dignes d'une haute estime, par leur objet et par la conscience du travail, souvent même par le mérite de la forme. Puisse la jeunesse tout entière entrer dans cette voie de réformation! elle y trouvera pour guide M. de Châteaubriand corrigé par M. de Châteaubriand de bonne foi avec lui-même et parvenu à toute la maturité de son talent.

Il m'en coûte de ne pas poursuivre plus loin le tableau d'une époque où l'éloquence parlementaire, le perfectionnement de l'enseignement public, la philosophie, la littérature professées par des bouches éloquentes, la poésie cultivée avec éclat par de fervents adorateurs, au nombre desquels on compte plusieurs femmes d'élite; l'administration améliorée chaque jour, l'économie publique en honneur, les travaux de l'érudition dirigés vers un but si utile, les sciences marchant à pas de géant dans la route des progrès, sous les auspices du génie de l'humanité; l'histoire explorée de toutes parts pour nous donner enfin des annales complètes de la France; la richesse de l'instruction répandue dans les feuilles périodiques; les voyages célèbres, les quatre parties du monde liées ensemble par des rapports nouveaux et inconnus, la littérature appliquée à tout comme un instrument de la civilisation générale, me conduiraient à citer tant de noms justement célèbres, qui sont l'honneur de la patrie; mais ce nouveau travail, qu'il faudrait nécessairement laisser incomplet, ne peut entrer dans le cadre de ce recueil, déjà rempli de tant de choses que j'ai eu peine à y renfermer. Je me vois donc, avec un vif regret, forcé de me priver du plaisir de rendre une éclatante justice à des contemporains que j'honore, et que j'ai cités toutes les fois que je l'ai pu dans le cours de mon ouvrage; du moins, je leur donne ici pour représentants quelques noms qu'ils ne désavoueront pas.

Dix-neuvième Siècle.

VOLNEY.

LES RUINES DE PALMYRE.

Un soir que je m'étais avancé jusqu'à la *Vallée des Sépulcres*, je montai sur les hauteurs qui la bordent, et d'où l'œil domine à la fois l'ensemble des ruines et l'immensité du désert. Le soleil venait de se coucher ; un bandeau rougeâtre marquait encore sa trace à l'horizon lointain des monts de la Syrie ; la pleine lune, à l'orient, s'élevait sur un fond bleuâtre, aux planes rives de l'Euphrate ; le ciel était pur, l'air calme et serein ; l'éclat mourant du jour tempérait l'horreur des ténèbres ; la fraîcheur naissante de la nuit calmait les feux de la terre embrasée ; les pâtres avaient retiré leurs chameaux ; l'œil n'apercevait plus aucun mouvement sur la terre monotone et grisâtre ; un vaste silence régnait sur le désert ; seulement, à de longs intervalles, on entendait les lugubres cris de quelques oiseaux de nuit et de quelques chacals... L'ombre croissait, et déjà dans le crépuscule mes regards ne distinguaient plus que les fantômes blanchâtres des colonnes et des murs... Ces lieux solitaires, cette soirée paisible, cette scène majestueuse, imprimèrent à mon esprit un recueillement religieux. L'aspect d'une grande cité déserte, la mémoire des temps passés, la comparaison de l'état présent, tout éleva mon cœur à de hautes pensées. Je m'assis sur le tronc d'une colonne ; et là, le coude appuyé sur le genou, la tête soutenue sur la main, tantôt levant les yeux au ciel, tantôt les fixant sur les ruines, je m'abandonnai à une rêverie profonde.

Ici, me dis-je, ici fleurit jadis une ville opulente ; ici fut le siége d'un empire puissant. Oui ! ces lieux, maintenant si déserts, jadis une multitude vivante animait leur enceinte ; une foule active circulait dans ces routes aujourd'hui solitaires. En ces murs, où règne un morne silence, retentissaient sans cesse le bruit des arts et les cris d'allégresse et de fête : ces marbres amoncelés formaient des palais réguliers ; ces colonnes abattues ornaient la majesté des temples ; ces galeries écroulées dessinaient les places publiques. Là, pour les devoirs respectables de son culte, pour les soins touchants de sa subsistance, affluait un peuple nombreux : là, une industrie créatrice de jouissances appelait les richesses de tous les climats, et l'on voyait s'échanger la pourpre de Tyr pour le fil précieux de la Sérique, les tissus moelleux de Kachemire pour les tapis fastueux de la Lydie, l'ambre de la Baltique pour les perles et les parfums arabes, l'or d'Ophir pour l'étain de Thulé.

Et maintenant voilà tout ce qui subsiste de cette ville puissante, un lugubre squelette! Voilà tout ce qui reste d'une vaste domination, un souvenir obscur et vain! Au concours bruyant qui se pressait sous ces portiques a succédé une solitude de mort. Le silence des tombeaux s'est substitué au murmure des places publiques. L'opulence d'une cité de commerce s'est changée en une pauvreté hideuse. Les palais des rois sont devenus le repaire des bêtes fauves; les troupeaux parquent au seuil des temples, et les reptiles immondes habitent les sanctuaires des dieux!... Ah! comment s'est éclipsée tant de gloire? comment se sont anéantis tant de travaux?... Ainsi donc périssent les ouvrages des hommes! Ainsi s'évanouissent les empires et les nations!

Et l'histoire des temps passés se retraça vivement à ma pensée; je me rappelai ces siècles anciens où vingt peuples fameux existaient en ces contrées; je me peignis l'Assyrien sur les rives du Tigre, le Kaldéen sur celles de l'Euphrate, le Perse régnant de l'Indus à la Méditerranée. Je dénombrai les royaumes de Damas et de l'Idumée, de Jérusalem et de Samarie, et les États belliqueux des Philistins, et les républiques commerçantes de la Phénicie. Cette Syrie, me disais-je, aujourd'hui presque dépeuplée, comptait alors cent villes puissantes. Ses campagnes étaient couvertes de villages, de bourgs et de hameaux. De toutes parts l'on ne voyait que champs cultivés, que chemins fréquentés, qu'habitations pressées... Ah! que sont devenus ces âges d'abondance et de vie? Que sont devenues tant de brillantes créations de l'homme? Où sont-ils, ces remparts de Ninive, ces murs de Babylone, ces palais de Persépolis, ces temples de Balbeck et de Jérusalem? Où sont ces flottes de Tyr, ces chantiers d'Arad, ces ateliers de Sidon, et cette multitude de matelots, de pilotes, de marchands, de soldats? et ces laboureurs, et ces moissons, et ces troupeaux, et toutes ces créations d'êtres vivants dont s'énorgueillissait la face de la terre? Hélas! je l'ai parcourue, cette terre ravagée! J'ai visité les lieux qui furent le théâtre de tant de splendeur, et je n'ai vu qu'abandon et que solitude!... J'ai cherché les anciens peuples et leurs ouvrages, et je n'en ai vu que la trace, semblable à celle que le pied du passant laisse sur la poussière. Les temples se sont écroulés, les palais sont renversés, les ports sont comblés, les villes sont détruites; et la terre, nue d'habitants, n'est plus qu'un lieu désolé de sépulcres.... Grand Dieu! d'où viennent de si funestes révolutions?

Volney (Constantin-François Chassebœuf, comte de), pair de France, naquit le 3 février 1757, à Craon, en Bretagne. Venu à Paris à l'âge de dix-sept ans, il étudia d'abord la médecine, et composa, sur la chronologie d'Hérodote, un Mémoire qu'il adressa à l'Académie française, et qui lui valut l'amitié du baron d'Holbach. Ce fut peu de temps après, qu'ayant recueilli un petit héritage, il entreprit son fameux voyage d'Égypte et de Syrie, qui devait commencer sa réputation. De retour en Europe, au bout de trois ans, il y vit la relation de son voyage accueillie avec tant d'intérêt, que Catherine II lui fit remettre une médaille d'or. Dix ans après la publication de cet ouvrage, quarante mille Français débarqués en Égypte, reconnurent dans Volney un observateur exact, éclairé, un guide sûr, et le seul qui ne les ait jamais trompés.

En 1788, Volney fit paraître, sur la guerre des Russes avec la Turquie, des considérations où, comme Leibnitz l'avait fait autrefois, il donnait à la France le conseil de s'approprier l'Égypte.

Élu député aux états généraux par le tiers état de la sénéchaussée d'Anjou, Volney, constamment fidèle aux principes de la révolution, marqua sa place entre les hommes d'élite de l'assemblée constituante. C'est lui qui fournit à Mirabeau ce fameux mouvement oratoire sur le crime de Charles IX. Au mois de septembre 1791, il fit hommage à l'assemblée de son livre intitulé : *Les Ruines, ou méditations sur les révolutions des empires*, et l'un des monuments de la littérature moderne. L'impératrice de Russie s'étant déclarée l'ennemie de la France, le philosophe jugea convenable de renvoyer la médaille qu'il avait reçue de cette princesse. Un voyage en Corse avec M. Pozzo di Borgo, mit Volney en rapport avec le jeune Bonaparte, encore simple officier d'artillerie; ainsi que Paoli, il prédit l'avenir du futur empereur. On a retenu les paroles du célèbre voyageur à la nouvelle de la nomination de Bonaparte au commandement de l'armée d'Italie : « Pour peu que les circonstances le secondent, ce sera la tête de César sur les épaules d'Alexandre. »

Malgré son attachement sincère pour le régime républicain qui convenait à ses penchants, Volney, accusé de royalisme parce qu'il s'était prononcé contre le 31 mai, se vit jeter dans les fers et ne dut son salut qu'aux événements du 9 thermidor. En 1794, il fut nommé professeur d'histoire à l'école normale; ses leçons obtinrent le plus brillant succès. La suppression de l'école le décida à se rendre aux États-Unis, d'où il revint pour occuper un siège à l'Institut, et seconder la révolution du 18 brumaire. Lors de l'érection du trône impérial, il crut devoir à ses antécédents de manifester quelque opposition, et il se démit de ses fonctions de sénateur. Bonaparte ne voulut pas accepter cette démission; il nomma Volney comte de l'empire, et lui envoya la croix de commandant de la Légion d'honneur. Malgré ces faveurs Volney reparut rarement au sénat. Volney ayant adhéré à la déchéance de Bonaparte, siégea dans la chambre des Pairs sous Louis XVIII, mais sans rien changer à ses principes de philosophie sceptique et de liberté constitutionnelle. Il mourut au mois d'avril 1820, après avoir fondé un prix annuel de 12,000 francs pour le meilleur mémoire sur l'étude des langues orientales, à laquelle il avait appliqué les méditations d'un esprit excellent et nourri d'un savoir immense. M. Bossange a donné, à Paris (1821-1822), une édition complète des œuvres de Volney, en huit volumes in-8°. On y remarque parmi tant de travaux pour la science, un *Catéchisme du citoyen français*, l'un des meilleurs traités de morale qui ait été publié en aucune langue.

INVOCATION AUX RUINES.

« Je vous salue, ruines solitaires, tombeaux saints, murs silencieux! c'est vous que j'invoque; c'est à vous que j'adresse ma prière. Oui! tandis que votre aspect repousse d'un secret effroi les regards du vulgaire, mon cœur trouve à vous contempler le charme des sentiments profonds et des hautes pensées. Combien d'utiles leçons, de réflexions touchantes et fortes n'offrez-vous pas à l'esprit qui sait vous consulter? C'est vous qui, lorsque la terre entière asservie se taisait devant les tyrans, proclamiez déjà les vérités qu'ils détestent, et qui, confondant la dépouille des rois avec celle du dernier esclave, attestiez le saint dogme de l'ÉGALITÉ. C'est dans votre enceinte qu'amant solitaire de la LIBERTÉ, j'ai vu m'apparaître son génie, non tel que se le peint un vulgaire insensé, armé de torches et de poignards, mais sous l'aspect auguste de la justice, tenant en ses mains les balances sacrées où se pèsent les actions des mortels aux portes de l'éternité.

» O tombeaux! que vous possédez de vertus! vous épouvantez les tyrans, vous empoisonnez d'une terreur secrète leurs jouissances impies; ils fuient votre incorruptible aspect, et les lâches portent loin de vous l'orgueil de leur palais. Vous punissez l'oppresseur puissant, vous ravissez l'or au concussionnaire avare, et vous vengez le faible qu'il a dépouillé; vous compensez les privations du pauvre en flétrissant de soucis le faste du riche; vous consolez le malheureux, en lui offrant un dernier asile; enfin vous donnez à l'âme ce juste équilibre de force et de sensibilité qui constitue la sagesse, science de la vie. En considérant qu'il faut tout vous restituer, l'homme réfléchi néglige de se charger de vaines grandeurs, d'inutiles richesses; il retient son cœur dans les bornes de l'équité; et cependant, puisqu'il faut qu'il fournisse sa carrière, il emploie les instants de son existence, et use des biens qui lui sont accordés. Ainsi vous jetez un frein salutaire sur l'élan impétueux de la cupidité; vous calmez l'ardeur fiévreuse des jouissances qui troublent les sens; vous reposez l'âme de la lutte fatigante des passions; vous l'élevez au-dessus des vils intérêts qui tourmentent la foule; et de vos sommets, embrassant la scène des peuples et des temps, l'esprit ne se déploie qu'à de grandes affections, et ne conçoit que des idées solides de vertu et de gloire. Ah! quand le songe de la vie sera terminé, à quoi auront servi ses agitations, si elles ne laissent la trace de l'utilité?

» O ruines! je retournerai vers vous prendre vos leçons, je me replacerai dans la paix de vos solitudes; et là, éloigné du spectacle affligeant des passions, j'aimerai mieux les hommes sur des souvenirs, je m'occuperai de leur bonheur, et le mien se composera de l'idée de l'avoir hâté. »

VOLNEY.

MADAME DE STAËL.

VENISE.

On s'embarque sur la Brenta pour arriver à Venise, et des deux côtés du canal on voit les palais des Vénitiens, grands et un peu délabrés, comme la magnificence italienne. Ils sont ornés d'une manière bizarre et qui ne rappelle en rien le goût antique. L'architecture vénitienne se ressent du commerce avec l'Orient; c'est un mélange du goût mauresque et gothique qui attire la curiosité sans plaire à l'imagination. Le peuplier, cet arbre régulier comme l'architecture, borde le canal presque partout. Le ciel est d'un bleu vif qui contraste avec le vert éclatant de la campagne; ce vert est entretenu par l'abondance excessive des eaux : le ciel et la terre sont ainsi de deux couleurs si fortement tranchées, que cette nature elle-même a l'air d'être arrangée avec une sorte d'apprêt; et l'on n'y trouve point le vague mystérieux qui fait aimer le midi de l'Italie. L'aspect de Venise est plus étonnant qu'agréable : on croit d'abord voir une ville submergée, et la réflexion est nécessaire pour admirer le génie des mortels qui ont conquis cette demeure sur les eaux. Naples est bâtie en amphithéâtre au bord de la mer; mais Venise étant sur un terrain tout à fait plat, les clochers ressemblent aux mâts d'un vaisseau qui resterait immobile au milieu des ondes. Un sentiment de tristesse s'empare de l'imagination en entrant dans Venise. On prend congé de la végétation : on ne voit pas même une mouche en ce séjour; tous les animaux en sont bannis, et l'homme seul est là pour lutter contre la mer.

Le silence est profond dans cette ville, dont les rues sont des canaux, et le bruit des rames est l'unique interruption à ce silence. Ce n'est pas la campagne, puisqu'on n'y voit pas un arbre; ce n'est pas la ville, puisqu'on n'y entend pas le moindre mouvement; ce n'est pas même un vaisseau, puisqu'on n'avance pas : c'est une demeure dont l'orage fait une prison; car il y a des moments où l'on ne peut sortir ni de la ville ni de chez soi. On trouve des hommes du peuple à Venise qui n'ont jamais été d'un quartier à l'autre, qui n'ont pas vu la place Saint-Marc, et pour qui la vue d'un cheval ou d'un arbre serait une véritable merveille. Ces gondoles noires qui glissent sur les canaux ressemblent à des cercueils ou à des berceaux, à la dernière et à la première demeure de l'homme. Le soir, on ne voit passer que le reflet des lanternes qui éclairent les gondoles; car, de nuit, leur couleur noire empêche de les distinguer. On dirait que ce sont des ombres qui glissent sur l'eau, guidées par une petite étoile. Dans ce séjour tout est mystère, le gouvernement, les coutumes et l'amour. Sans doute il y a beaucoup de jouissances pour le cœur et la raison quand on parvient à pénétrer dans tous ces secrets; mais les étrangers doivent trouver l'impression du premier moment singulièrement triste. . . . .

Corinne et Oswald allèrent voir ensemble la salle où le grand conseil se rassemblait alors; elle est entourée des portraits de tous les doges; mais à la place du portrait de celui qui fut décapité comme traître à sa patrie, on a peint un rideau noir sur lequel est écrit le jour de sa mort et le genre de son supplice. Les habits royaux et magnifiques dont les images des autres doges sont revêtues ajoutent à l'impression de ce terrible rideau noir. Il y a dans cette salle un tableau qui représente le jugement dernier, et un autre le moment où le plus puissant des empereurs, Frédéric-Barberousse, s'humilia devant le sénat de Venise. C'est une belle idée que de réunir ainsi tout ce qui doit exalter la fierté d'un gouvernement sur la terre, et courber cette même fierté devant le Ciel. Corinne et lord Nelvil allèrent voir l'arsenal. Il y a devant la porte de l'arsenal deux lions sculptés en Grèce, puis transportés du port d'Athènes pour être les gardiens de la puissance vénitienne; immobiles gardiens qui ne défendent que ce qu'on respecte. L'arsenal est rempli des trophées de la marine; la fameuse cérémonie des noces du doge avec la mer Adriatique, toutes les institutions de Venise, enfin, attestaient leur reconnaissance pour la mer. Ils ont, à cet égard, quelques rapports avec les Anglais, et lord Nelvil sentit vivement l'intérêt que ces rapports devaient exciter en lui.

Corinne le conduisit au sommet de la tour appelée le clocher Saint-Marc, qui est à quelques pas de l'église. C'est de là que l'on découvre toute la ville au milieu des flots, et la digue immense qui la défend de la mer. On aperçoit dans le lointain les côtes de l'Istrie et de la Dalmatie.

« Du côté de ces nuages, dit Corinne, il y a la Grèce; cette idée ne suffit-elle pas pour émouvoir? Là, sont encore des hommes d'une imagination vive, d'un caractère enthousiaste, avilis par leur sort, mais destinés peut-être, ainsi que nous, à ranimer une fois les cendres de leurs ancêtres. C'est toujours quelque chose qu'un pays qui a existé; les habitants y rougissent au moins de leur état actuel; mais dans les contrées que l'histoire n'a jamais consacrées, l'homme ne soupçonne pas même qu'il y ait une autre destinée que la servile obscurité qui lui a été transmise par ses aïeux.

» Cette Dalmatie que vous apercevez d'ici, continua Corinne, et qui fut autrefois habitée par un peuple si guerrier, conserve encore quelque chose de sauvage. Les Dalmates savent si peu ce qui s'est passé depuis quinze siècles, qu'ils appellent encore les Romains les *tout-puissants*. Il est vrai qu'ils montrent des connaissances plus modernes, en vous nommant, vous autres Anglais, les *guerriers de la mer?* parce que vous avez souvent abordé dans leurs ports; mais ils ne savent rien du reste de la terre.... »

L'air de Venise, la vie qu'on y mène, sont singulièrement propres à bercer l'âme d'espérances; le tranquille balancement des barques porte à la rêverie et à la paresse. On entend quelquefois un gondolier qui, placé sur le pont de Rialto, se met à chanter une stance du Tasse, tandis qu'un autre gondolier lui répond par la stance suivante, à l'autre extrémité du canal. La musique très-ancienne de ces stances ressemble au chant d'église, et de près on s'aperçoit de sa monotonie; mais en plein air, le soir, lorsque les sons se prolongent sur le canal, comme les reflets du soleil couchant, et que les vers du Tasse prêtent aussi leurs beautés de sentiment à tout cet ensemble d'images et d'harmonie, il est impossible que ces chants n'inspirent pas une douce mélancolie.

Madame de Staël-Holstein (Anne-Louise-Germaine), femme du baron Suédois Eric-Magnus Staël-Holstein, naquit à Paris, le 22 avril 1766. Elle fut la plus célèbre des femmes auteurs de son époque, et joua un rôle remarquable sur la scène politique. Fille de M. Necker, ministre des finances sous Louis XVI et économiste distingué, elle se trouva, jeune encore, jetée au milieu de la société littéraire la plus à la mode alors, et qui était aussi la plus remarquable. Ses premiers délassements furent donc des exercices d'esprit, et le commerce de tant d'hommes célèbres donna rapidement à ses facultés un essor prodigieux.

M. de Sainte-Beuve a jugé ainsi les premiers ouvrages et les premières années de madame de Staël :

« Mademoiselle Germaine Necker, élevée entre la sévérité un peu rigide de sa mère et les encouragements, tantôt enjoués, tantôt éloquents, de son père, devint de bonne heure un enfant prodigieux. Elle avait sa place dans le salon, sur un petit tabouret de bois, près du fauteuil de madame Necker, qui l'obligeait à s'y tenir droite; mais ce que madame Necker ne pouvait contraindre, c'étaient les réponses de l'enfant aux personnages célèbres, tels que Grimm, Thomas, Raynal, Gibbon, Marmontel, qui se plaisaient à l'entourer, à la provoquer de questions, et qui ne la trouvaient jamais en défaut. Madame Necker de Saussure a peint à merveille ces commencements gracieux, dans l'excellente notice qu'elle a écrite sur sa cousine. Mademoiselle Necker lisait donc des livres au-dessus de son âge, allait à la comédie, en faisait des extraits au retour. Plus enfant, son principal jeu avait été de tailler en papier des figures de rois et de reines, et de leur faire jouer la tragédie : ce furent là ses marionnettes. Dès onze ans, mademoiselle Necker composait des portraits, des éloges, suivant la mode d'alors. Elle écrivit, à quinze ans, des extraits de l'*Esprit des Lois*, avec des réflexions. En 1781 lors de l'apparition du Compte-Rendu, elle adressa à son père une lettre anonyme où son style le fit reconnaître. Mais ce qui prédominait surtout en elle, c'était cette sensibilité qui, vers la fin du dix-huitième siècle, et principalement par l'influence de Jean-Jacques, devint régnante sur les jeunes cœurs, et qui offrait un si singulier contraste avec l'analyse excessive et les prétentions incrédules du reste de l'époque. Dans cette revanche un peu désordonnée des puissances instinctives de l'âme, la rêverie, la mélancolie, la pitié, l'enthousiasme pour le génie, pour la nature, pour la vertu et le malheur, ces sentiments que la *Nouvelle Héloïse* avait propagés, s'emparèrent fortement de mademoiselle Necker, et imprimèrent à toute la première partie de sa vie et de ses écrits un ton ingénûment exagéré, qui ne laisse pas d'avoir son charme, même en faisant sourire...

» A cet âge d'exaltation, la rêverie, les combinaisons romanesques, le sentiment et les obstacles qu'il rencontre, la facilité à souffrir et à mourir, étaient, après le culte qu'elle avait pour son père, les plus chères occupations de son âme, de cette âme *vive et triste*, et *qui ne s'amusait que de ce qui la faisait pleurer*.

» M. de Guibert avait tracé de mademoiselle Necker, lorsqu'elle atteignait déjà sa vingtième année, un portrait brillant, cité par madame Necker de Saussure. Ce morceau est censé traduit d'un poëte grec, et exprime bien le goût de la société d'alors, celui du *Jeune Anacharsis*. Les portraits du duc et de la duchesse de Choiseul ont été donnés, on le sait, par l'abbé Barthélemy, sous les noms d'Arsame et de Phédime. Voici quelques traits de celui de Zulmé par M. de Guibert : « Zulmé n'a que vingt ans, et elle est la prêtresse
» la plus célèbre d'Apollon; elle est celle dont l'encens lui
» est le plus agréable, dont les hymnes lui sont les plus
» chers. Ses grands yeux noirs étincelaient de génie : ses
» cheveux, de couleur d'ébène, retombaient sur ses épaules
» en boucles ondoyantes; ses traits étaient plutôt prononn-
» cés que délicats : on y sentait quelque chose au-dessus de
» la destinée de son sexe, etc. » J'ai eu moi-même sous les yeux un portrait de mademoiselle Necker, toute jeune personne; c'est bien ainsi : cheveux épars et légèrement bouffants, l'œil confiant et baigné de clarté, le front haut, la lèvre

entr'ouverte et parlante, modérément épaisse, en signe d'intelligence et de bonté; le teint animé par le sentiment; le cou, les bras nus, un costume léger, un ruban qui flotte à la ceinture; le sein respirant à pleine haleine : telle pouvait être la Sophie de l'*Émile*.

» Les *Lettres sur Jean-Jacques*, composées dès 1787, sont, à vrai dire, le premier ouvrage de madame de Staël, celui duquel il faut dater avec elle, et où se produisent, armées déjà de fermeté et d'éloquence, ses dispositions, jusque-là vaguement essayées. Grimm, dans sa *Correspondance*, donne des extraits de ce *charmant ouvrage*, comme il l'appelle, dont il ne fut tiré d'abord qu'une vingtaine d'exemplaires, mais qui, malgré les réserves infinies de la distribution, ne put bientôt échapper à l'honneur d'une édition publique... Les *Lettres sur Jean-Jacques* sont un hommage de reconnaissance envers l'auteur admiré et préféré, envers celui même à qui madame de Staël se rattache le plus immédiatement. Assez d'autres dissimulent avec soin, taisent ou critiquent les parents littéraires dont ils procèdent. Il est d'une noble candeur de débuter en avouant, en célébrant celui de qui on s'est inspiré, des mains duquel on a reçu le flambeau, celui d'où nous est venu ce large fleuve de la belle parole dont autrefois Dante remerciait Virgile. Madame de Staël, en littérature aussi, avait de la passion.»

Le plus précoce des écrits de mademoiselle Necker, s'il était réellement d'elle, devrait être un volume intitulé : *Lettres de Nanine à Simphal*; mais il fut désavoué en 1818. *Sophie* ou *les Sentiments secrets*, composé à vingt ans, vers 1786, ou même auparavant, est un drame en vers, dans le goût anglais; et trois nouvelles, publiées en 1795, ont à peu près la même couleur.

La révolution, qui éclata alors, vint interrompre la carrière littéraire de madame de Staël. Retirée en Suisse avec sa famille, elle osa adresser au gouvernement révolutionnaire une *Défense de la reine*, qui ne manque pas d'éloquence. Revenue en France, quand le calme commença d'y renaître, madame de Staël fut exilée, en 1801, par Bonaparte. Elle se rendit alors en Allemagne, où elle étudia la littérature étrangère avec Wieland, Gœthe et Schiller. Elle quitta bientôt l'Allemagne pour l'Italie, où elle puisa l'idée de *Corinne*, qu'elle vint terminer à quarante lieues de Paris, dont le séjour lui était interdit par la police. Malheureusement elle reçut de nouveau l'ordre de quitter la France, et retourna en Suisse, où, l'âme navrée de douleur, elle termina son livre de l'*Allemagne*. Mais le *mal de la patrie* tourmentait madame de Staël. De son château de Coppet, situé sur les bords du lac de Genève, elle avait constamment les yeux fixés sur cette patrie qu'on lui fermait, et elle y revint pour surveiller l'impression de son ouvrage. La première édition, tirée à 10,000 exemplaires, allait paraître, lorsque le livre fut saisi sous prétexte *qu'il n'était pas français*, et un ordre d'exil adressé pour la troisième fois à l'auteur. Madame de Staël fixa alors ses regards alternativement sur Londres et Saint-Pétersbourg, et elle se décida pour la Russie, où l'empereur Alexandre lui fit le plus bienveillant accueil. Au moment où les Français entrèrent à Moscou, elle partit pour l'Angleterre, où elle s'occupa d'une nouvelle publication de son livre. Après avoir exécuté un second voyage en Italie, madame de Staël mourut le 14 juillet 1817, laissant une fille (aujourd'hui madame la duchesse de Broglie), que distinguent de grandes qualités privées, et un fils qui a publié une édition des œuvres de sa mère.

Outre les ouvrages dont nous avons parlé, madame de Staël a laissé encore les suivants : *Réflexions sur la Paix intérieure*; — *De la Littérature dans ses rapports avec les institutions sociales*; — *Delphine*, roman; — *De l'influence des passions sur le bonheur des individus et des nations*; — *Considérations sur la Révolution française*, etc.

ÉCOLE R^{LE} DE GRAVURE

CHATEAUBRIAND.

COMBAT DES ROMAINS CONTRE LES FRANCS.

Après quelques jours de marche, nous entrâmes sur le sol marécageux des Bataves, qui n'est qu'une mince écorce de terre flottant sur un amas d'eau. Le pays, coupé par les bras du Rhin, baigné et souvent inondé par l'Océan, embarrassé par des forêts de pins et de bouleaux, nous présentait à chaque pas des difficultés insurmontables.

Épuisé par les travaux de la journée, je n'avais, durant la nuit, que quelques heures pour délasser mes membres fatigués. Souvent il m'arrivait, pendant ce court repos, d'oublier ma nouvelle fortune; et lorsqu'aux premières blancheurs de l'aube, les trompettes du camp venaient à sonner l'air de Diane, j'étais étonné d'ouvrir les yeux au milieu des bois. Il y avait pourtant un charme à ce réveil du guerrier échappé aux périls de la nuit. Je n'ai jamais entendu sans une certaine joie belliqueuse la fanfare du clairon, répétée par l'écho des rochers, et les premiers hennissements des chevaux qui saluaient l'aurore. J'aimais à voir le camp plongé dans le sommeil, les tentes encore fermées, d'où sortaient quelques soldats à moitié vêtus; le centurion qui se promenait devant les faisceaux d'armes, en balançant son cep de vigne; la sentinelle immobile qui, pour résister au sommeil, tenait un doigt levé, dans l'attitude du silence; le cavalier qui traversait le fleuve coloré des feux du matin, le victimaire qui puisait l'eau du sacrifice, et souvent un berger appuyé sur sa houlette, qui regardait boire son troupeau.

Plusieurs fois, pendant les longues nuits de l'automne, je me suis trouvé seul, placé en sentinelle, comme un simple soldat, aux avant-postes de l'armée. Tandis que je contemplais les feux réguliers des lignes romaines et les feux épars des hordes des Francs, tandis que, l'arc à demi tendu, je prêtais l'oreille au murmure de l'armée ennemie, au bruit de la mer et au cri des oiseaux sauvages qui volaient dans l'obscurité, je réfléchissais sur ma bizarre destinée. Je songeais que j'étais là, combattant pour des barbares, tyrans de la Grèce, contre d'autres barbares dont je n'avais reçu aucune injure. L'amour de la patrie se ranimait au fond de mon cœur; l'Arcadie se montrait à moi dans tous ses charmes. Que de fois, durant les marches pénibles, sous les pluies et dans les fanges de la Batavie; que de fois, à l'abri des huttes des bergers où nous passions la nuit; que de fois, autour du feu que nous allumions pour nos veilles à la tête du camp; que de fois, dis-je, avec de jeunes Grecs exilés comme moi, je me suis entretenu de mon cher pays! Nous racontions les jeux de notre enfance, les aventures de notre jeunesse, les histoires de nos familles. Un Athénien vantait les arts et la politesse d'Athènes; un Spartiate demandait la préférence pour Lacédémone; un Macédonien mettait la phalange bien au-dessus de la légion, et ne pouvait souffrir que l'on comparât César à Alexandre. « C'est à ma patrie que vous devez Homère, » s'écriait un soldat de Smyrne, et à l'instant même il chantait ou le dénombrement des vaisseaux, ou le combat d'Ajax et d'Hector : ainsi les Athéniens, prisonniers à Syracuse, redisaient autrefois les vers d'Euripide, pour se consoler de leur captivité.

Mais lorsque, jetant les yeux autour de nous, nous apercevions les horizons noirs et plats de la Germanie, ce ciel sans lumière, qui semble vous écraser sous sa voûte abaissée, ce soleil impuissant qui ne peint les objets d'aucune couleur; quand nous venions à nous rappeler les paysages éclatants de la Grèce, la haute et riche bordure de leurs horizons, le parfum de nos orangers, la beauté de nos fleurs, l'azur velouté d'un ciel où se joue une lumière dorée, alors il nous prenait un désir si violent de revoir notre terre natale, que nous étions près d'abandonner les aigles. Il n'y avait qu'un Grec parmi nous qui blâmât ces sentiments, qui nous exhortât à remplir nos devoirs et à nous soumettre à notre destinée. Nous le prenions pour un lâche : quelque temps après il combattit et mourut en héros, et nous apprîmes qu'il était chrétien.

Les Francs avaient été surpris par Constance : ils évitèrent d'abord le combat; mais aussitôt qu'ils eurent rassemblé leurs guerriers, ils vinrent audacieusement au-devant de nous, et nous offrirent la bataille sur le rivage de la mer. On passa la nuit à se préparer de part et d'autre; et le lendemain, au lever du jour, les armées se trouvèrent en présence.....

Parés de la dépouille des ours, des veaux marins des urochs et des sangliers, les Francs se montraient de loin comme un troupeau de bêtes féroces. Une tunique courte et serrée laissait voir toute la hauteur de leur taille, et ne leur cachait pas le genou. Les yeux de ces barbares ont la couleur d'une mer orageuse, leur chevelure blonde, ramenée en avant sur leur poitrine et teinte d'une liqueur rouge, est semblable à du sang et à du feu. La plupart ne laissent croître leur barbe qu'au-dessus de la bouche, afin de donner à leurs lèvres plus de ressemblance avec le mufle des dogues et des loups. Les uns chargent leur main droite d'une longue framée, et leur main gauche d'un bouclier qu'ils tournent comme une roue rapide; d'autres, au lieu de ce bouclier, tiennent une espèce de javelot nommé angon, où s'enfoncent deux fers recourbés; mais tous ont à la ceinture la redoutable francisque, espèce de hache à deux tranchants, dont le manche est recouvert d'un dur acier; arme funeste, que le Franc jette en poussant un cri de mort, et qui manque rarement de frapper le but qu'un œil intrépide a marqué.

Ces barbares, fidèles aux usages des anciens Germains, s'étaient formés en coin, leur ordre accoutumé de bataille. Le formidable triangle, où l'on ne distinguait qu'une forêt de framées, des peaux de bêtes et des corps demi-nus, s'avançait avec impétuosité, mais d'un mouvement égal, pour percer la ligne romaine. A la pointe de ce triangle étaient placés des braves qui conservaient une barbe longue et hérissée, et qui portaient au bras un anneau de fer. Ils avaient juré de ne quitter ces marques de servitude qu'après avoir sacrifié un Romain. Chaque chef, dans ce vaste corps, était environné des guerriers de sa famille, afin que, plus ferme dans le choc, il remportât la victoire ou mourût avec ses amis. Chaque tribu se ralliait sous un symbole : la plus noble d'entre elles se distinguait par des abeilles ou trois fers de lance. Le vieux roi des Sicambres, Pharamond, conduisait l'armée entière, et laissait une partie du commandement à son petit-fils Mérovée. Les cavaliers francs, en face de la cavalerie romaine, couvraient les deux côtés de leur infanterie : à leurs casques en forme de gueules ouvertes ombragées de deux ailes de vautour, à leurs corselets de fer, à leurs boucliers blancs, on les eût pris pour des fantômes ou pour ces figures bizarres que l'on aperçoit au milieu des nuages pendant une tempête. Clodion, fils de Pharamond et père de Mérovée, brillait à la tête de ces cavaliers menaçants.

Le soleil du matin, s'échappant des replis d'un nuage d'or, verse tout à coup sa lumière sur les bois, l'Océan et les armées. La terre paraît embrasée du feu des casques et des lances; les instruments guerriers sonnent l'air antique de Jules César partant pour les Gaules. La rage s'empare de tous les cœurs, les yeux roulent du sang, la main frémit sur l'épée; les chevaux se cabrent, creusent l'arène, secouent leur crinière, frappent de leur bouche écumante leur poitrine enflammée, ou lèvent vers le ciel leurs naseaux brûlants, pour respirer les sons belliqueux. Les Romains commencent le chant de Probus :

« Quand nous aurons vaincu mille guerriers francs,
» combien ne vaincrons-nous pas de millions de
» Perses! »

Les Grecs répètent en chœur le Pœan, et les Gaulois l'hymne des druides.

Les Francs répondent à ces cantiques de mort : ils serrent leurs boucliers contre leur bouche, et font entendre un mugissement semblable au bruit de la mer que l'évént brise contre un rocher; puis tout à coup, poussant un cri aigu, ils entonnent le bardit à la louange de leurs héros :

« Pharamond! Pharamond! nous avons combattu
» avec l'épée.
» Nous avons lancé la francisque à deux tran-
» chants; la sueur tombait du front des guerriers
» et ruisselait le long de leurs bras. Les aigles et les
» oiseaux aux pieds jaunes poussaient des cris de
» joie; le corbeau nageait dans le sang des morts;
» tout l'Océan n'était qu'une plaie : les vierges ont
» pleuré longtemps!
» Pharamond! Pharamond! nous avons combattu
» avec l'épée!
» Nos pères sont morts dans les batailles : tous les
» vautours en ont gémi; nos pères les rassasiaient
» de carnage. Choisissons des épouses dont le lait
» soit du sang, et qui remplissent de valeur le cœur
» de nos fils. Pharamond, le bardit est achevé; les
» heures de la vie s'écoulent : nous sourirons quand
» il faudra mourir! »

Ainsi chantaient quarante mille barbares. Leurs cavaliers haussaient et baissaient leurs boucliers blancs en cadence; et à chaque refrain, ils frappaient du fer d'un javelot leur poitrine couverte de fer.

Déjà les Francs sont à la portée du trait de nos troupes légères. Les deux armées s'arrêtent. Il se fait un profond silence : César, du milieu de la légion chrétienne, ordonne d'élever la cotte d'armes de pourpre, signal du combat; les archers tendent leurs arcs, les fantassins baissent leurs piques, les cavaliers tirent tous à la fois leurs épées, dont les éclairs se croisent dans les airs. Un cri s'élève du sein des légions : « Victoire à l'empereur! » Les barbares repoussent ce cri par un affreux mugissement. La foudre éclate avec moins de rage sur les sommets de l'Apennin; l'Etna gronde avec moins de violence lorsqu'il verse au sein des mers des torrents de feu; l'Océan bat ses rivages avec moins de fracas, quand un tourbillon, descendu par l'ordre de l'Éternel, a déchaîné les cataractes de l'abîme.

Les Gaulois lancent les premiers leurs javelots contre les Francs, mettent l'épée à la main, et courent à l'ennemi : l'ennemi les reçoit avec intrépidité. Trois fois ils retournent à la charge; trois fois ils viennent se briser contre le vaste corps qui les repousse. Tel un grand vaisseau, voguant par un vent contraire, rejette de ses deux bords les vagues qui fuient et murmurent le long de ses flancs. Non moins braves et plus habiles que les Gaulois, les Grecs font pleuvoir sur les Sicambres une grêle de flèches ; et, reculant peu à peu sans rompre nos rangs, nous fatiguons les deux lignes du triangle de l'ennemi. Comme un taureau vainqueur dans cent pâturages, fier de sa corne mutilée et des cicatrices de sa large poitrine, supporte avec impatience la piqûre du taon, sous les ardeurs du midi, ainsi les Francs percés de nos dards deviennent furieux à ces blessures sans vengeance et sans gloire. Transportés d'une aveugle rage, ils brisent le trait dans leur sein, se roulent par terre, et se débattent dans les angoisses de la douleur.

La cavalerie romaine s'ébranle pour enfoncer les barbares. Clodion se précipite à sa rencontre. Le roi chevelu pressait une cavale stérile, moitié blanche, moitié noire, élevée parmi des troupeaux de rennes et de chevreuils, dans les haras de Pharamond... Lorsque, pendant l'hiver, elle emportait son maître sur un char d'écorce sans essieu et sans roues, jamais ses pieds ne s'enfonçaient dans les frimas; et, plus légère que la feuille de bouleau roulée par le vent, elle effleurait à peine la cime des neiges nouvellement tombées.

Un combat violent s'engage entre les cavaliers, sur les deux ailes des armées.

Cependant la masse effrayante de l'infanterie des barbares vient toujours roulant vers les légions. Les légions s'ouvrent, changent leur front de bataille, attaquent à grands coups de piques les deux côtés du triangle de l'ennemi. Les vélites, les Grecs et les Gaulois, se portent sur le troisième côté. Les Francs sont assiégés comme une vaste forteresse. La mêlée s'échauffe; un tourbillon de poussière rougie s'élève et s'arrête au-dessus des combattants; le sang coule comme les torrents grossis par les pluies de l'hiver, comme les flots de l'Euripe dans le détroit de l'Eubée. Le Franc, fier de ses larges blessures, qui paraissent avec plus d'éclat sur la blancheur d'un corps demi-nu, est un spectre déchaîné du monument, et rugissant au milieu des morts. Au brillant éclat des armes a succédé la sombre couleur de la poussière, des sueurs et du carnage. L'haleine enflammée de cent mille combattants, le souffle épais des chevaux, la vapeur des sueurs et du sang, forment sur le champ de bataille une espèce de météore que traverse de temps en temps la lueur d'un glaive, comme le trait brillant du foudre dans la livide clarté d'un orage. Au milieu des cris, des insultes, des menaces, du bruit des épées, des coups de javelots, du sifflement des flèches et des dards, du gémissement des machines de guerre, on n'entend plus la voix des chefs.

Mérovée avait fait un massacre épouvantable des Romains. On le voyait debout sur un immense chariot, avec douze compagnons d'armes, appelés ses douze pairs, qu'il surpassait de toute la tête. Au-dessus du chariot flottait une enseigne guerrière, surnommée l'Oriflamme. Le chariot, chargé d'horribles dépouilles, était traîné par trois taureaux dont les genoux dégouttaient de sang, et dont les cornes portaient des lambeaux affreux. L'héritier de l'épée de Pharamond, rassasié de meurtres, contemplait, immobile, du haut de son char de victoire, les cadavres dont il avait jonché la plaine...

Le chef des Gaulois aperçut Mérovée dans ce repos insultant et superbe. Sa fureur s'allume ; il s'avance vers le fils de Pharamond, il lui crie d'un ton ironique :

« Chef à la longue chevelure, je vais t'asseoir autrement sur le trône d'Hercule le Gaulois. Jeune brave, tu mérites d'emporter la marque du fer au palais de Teutatès. Je ne veux point te laisser languir dans une honteuse vieillesse.

— Qui es-tu? répondit Mérovée avec un sourire amer; es-tu de race noble et antique? Esclave romain, ne crains-tu point ma framée !

— Je ne crains qu'une chose, repartit le Gaulois frémissant de courroux, c'est que le ciel tombe sur ma tête.

— Cède-moi la terre, dit l'orgueilleux Sicambre.

— La terre que je te céderai, s'écria le Gaulois, tu la garderas éternellement.

A ces mots, Mérovée, s'appuyant sur sa framée, s'élance du char par-dessus les taureaux, tombe à leurs têtes, et se présente au Gaulois qui venait à lui.

Toute l'armée s'arrête pour regarder le combat des deux chefs. Le Gaulois fond, l'épée à la main, sur le jeune Franc, le presse, le frappe, le blesse à l'épaule, et le contraint de reculer jusque sous les cornes des taureaux. Mérovée, à son tour, lance son angon, qui par ses deux fers recourbés s'engage dans le bouclier du Gaulois. Au même instant, le fils de Clodion bondit comme un léopard, met le pied sur le javelot, le presse de son poids, le fait descendre vers la terre, et abaisse avec lui le bouclier de son ennemi. Ainsi forcé de se découvrir, l'infortuné

Gaulois montre la tête. La hache de Mérovée part, siffle, vole et s'enfonce dans le front du Gaulois, comme la cognée d'un bûcheron dans la cime d'un pin. La tête du guerrier se partage ; sa cervelle se répand des deux côtés, ses yeux roulent à terre ; son corps reste encore un moment debout, étendant des mains convulsives, objet d'épouvante et de pitié.

A ce spectacle, les Gaulois poussent un cri de douleur. Leur chef était le dernier descendant de ce Vercingétorix qui balança si longtemps la fortune de Jules. Il semblait que par cette mort l'empire des Gaules, en échappant aux Romains, passait aux Francs. Ceux-ci, pleins de joie, entourent Mérovée, l'élèvent sur un bouclier, et le proclament roi avec ses pères, comme le plus brave des Sicambres. L'épouvante commence à s'emparer des légions. Constance, qui, du milieu du corps de réserve, suivait de l'œil le mouvement des troupes, aperçoit le découragement des cohortes. Il se tourne vers la légion chrétienne : « Braves soldats, la fortune de Rome est entre vos mains. Marchons à l'ennemi... » A l'approche des soldats du Christ, les barbares serrent leurs rangs ; les Romains se rallient... Le combat recommence de toutes parts. La légion chrétienne ouvre une large brèche dans les rangs des barbares ; la clarté du jour pénètre au fond de cette forteresse vivante. Romains, Grecs et Gaulois, nous entrons tous dans l'enceinte des Francs rompus. Aux attaques d'une armée disciplinée succèdent des combats à la manière des héros d'Ilion. Mille groupes de guerriers se heurtent, se choquent, se pressent, se repoussent ; partout règnent la douleur, le désespoir, la fuite. Filles des Francs, c'est en vain que vous préparez le baume pour des plaies que vous ne pourrez guérir ! L'un est frappé au cœur du fer d'une javeline, et sent s'échapper de ce cœur les images chères et sacrées de la patrie ; l'autre a les deux bras brisés du coup d'une massue, et ne pressera plus sur son sein le fils qu'une épouse porte encore à la mamelle ; celui-ci regrette son palais, celui-là sa chaumière ; le premier ses plaisirs, le second ses douleurs : car l'homme s'attache à la vie par ses misères autant que par ses prospérités. Ici, environné de ses compagnons, un soldat païen expire en vomissant des imprécations contre César et contre les dieux ; là, un soldat chrétien meurt isolé, d'une main retenant ses entrailles, de l'autre pressant un crucifix, et priant Dieu pour son empereur. Les Sicambres, tous frappés par devant et couchés sur le dos, conservaient dans la mort un air si farouche, que le plus intrépide osait à peine les regarder.

. . . .
. . . .

Cependant les bras fatigués portent des coups ralentis ; les clameurs deviennent plus déchirantes et plus plaintives. Tantôt une grande partie des blessés, expirant à la fois, laisse régner un affreux silence ; tantôt la voix de la douleur se ranime et monte en longs accents vers le ciel. On voit errer des chevaux sans maîtres, qui bondissent ou s'abattent sur des cadavres. Quelques machines de guerre abandonnées brûlent çà et là comme les torches de ces immenses funérailles.

La nuit vint couvrir de son obscurité ce théâtre des fureurs humaines. Les Francs, vaincus mais toujours redoutables, se retirèrent dans l'enceinte de leurs chariots. Cette nuit, si nécessaire à notre repos, ne fut pour nous qu'une nuit d'alarmes : à chaque instant nous craignions d'être attaqués. Les barbares jetaient des cris qui ressemblaient aux hurlements des bêtes féroces ; ils pleuraient les braves qu'ils avaient perdus, et se préparaient eux-mêmes à mourir. Nous n'osions ni quitter nos armes ni allumer des feux. Les soldats romains frémissaient, se cherchaient dans les ténèbres ; ils s'appelaient, ils se demandaient un peu de pain ou d'eau, ils pansaient leurs blessures avec leurs vêtements déchirés. Les sentinelles se répondaient en se renvoyant l'une à l'autre le cri des veilles. . . . .
. . . .

L'aurore nous découvrit un spectacle qui surpassait en horreur tout ce que nous avions vu jusqu'alors.

Les Francs, pendant la nuit, avaient coupé les têtes des cadavres romains, et les avaient plantées sur des piques devant leur camp, le visage tourné vers nous. Un énorme bûcher, composé de selles de chevaux et de boucliers brisés, s'élevait au milieu du camp. Le vieux Pharamond, roulant des yeux terribles, et livrant au souffle du matin sa longue chevelure blanche, était assis au haut du bûcher. Au bas paraissaient Clodion et Mérovée : ils tenaient à la main, en guise de torches, l'hast enflammé de deux piques rompues, prêts à mettre le feu au trône funèbre de leur père, si les Romains parvenaient à forcer le retranchement des chariots.

Nous restons muets d'étonnement et de douleur. Les vainqueurs semblent vaincus par tant de barbarie et tant de magnanimité. Les larmes coulent de nos yeux, à la vue des têtes sanglantes de nos compagnons d'armes : chacun se rappelle que ces bouches muettes et décolorées prononçaient encore la veille les paroles de l'amitié. Bientôt, à ce mouvement de regret succède la soif de la vengeance. On n'attend point le signal de l'assaut ; rien ne peut résister à la fureur du soldat ; les chariots sont brisés ; le camp est ouvert : on s'y précipite...

C'en était fait des peuples de Pharamond, si le Ciel, qui leur garde peut-être de grandes destinées, n'eût sauvé le reste de ses guerriers. Un vent impétueux se lève entre le nord et le couchant; les flots s'avancent sur les grèves; on voit venir, écumante et limoneuse, une de ces marées de l'équinoxe, qui dans ces climats, semblent jeter l'Océan tout entier hors de son lit. La mer, comme un puissant allié des barbares, entre dans le camp des Francs, pour en chasser les Romains.....

BONAPARTE.

PROCLAMATION (1).

Soldats,

Vous avez, en quinze jours, remporté six victoires, pris vingt drapeaux, cinquante pièces de canon, plusieurs places fortes, conquis la partie la plus riche du Piémont ; vous avez fait quinze mille prisonniers, tué ou blessé plus de dix mille hommes.

Vous vous étiez jusqu'ici battus pour des rochers stériles, illustrés par votre courage, mais inutiles à la patrie : vous égalez aujourd'hui par vos services l'armée conquérante de Hollande et du Rhin ; dénués de tout, vous avez suppléé à tout ; vous avez gagné des batailles sans canons, passé des rivières sans ponts, fait des marches forcées sans souliers, bivouaqué sans eau-de-vie et quelquefois sans pain. Les phalanges républicaines, les soldats de la liberté étaient seuls capables de souffrir ce que vous avez souffert. Grâces vous en soient rendues, soldats ! la patrie reconnaissante vous devra sa prospérité ; et si, vainqueurs de Toulon, vous présageâtes l'immortelle campagne de l'an III, vos victoires actuelles en présagent une plus belle encore.

Les deux armées qui naguère vous attaquaient avec audace, fuient épouvantées devant vous. Les hommes pervers qui riaient des privations auxquelles vous étiez condamnés, et se réjouissaient, dans leur pensée, du triomphe de vos ennemis, sont confondus et tremblants.

(1) Après la bataille de Mondovi, le 22 avril 1796, le 5 floréal an IV du calendrier républicain.

Mais, soldats, il ne faut pas le dissimuler, vous n'avez rien fait, puisqu'il vous resté encore à faire : ni Turin ni Milan ne sont à vous ; les cendres des vainqueurs des Tarquins sont encore foulées par vos ennemis.

Vous étiez dénués de tout au commencement de la campagne : vous êtes aujourd'hui abondamment pourvus ; les magasins pris à nos ennemis sont nombreux ; l'artillerie est arrivée ; la patrie a droit d'attendre de vous de grandes choses : justifierez-vous son attente ? Les plus grands obstacles sont franchis, sans doute ; mais vous avez encore des combats à livrer, des villes à prendre, des rivières à passer. En est-il d'entre vous dont le courage s'amollisse ? en est-il qui préféreraient de retourner sur les sommets de l'Apennin et des Alpes, essuyer patiemment les injures d'une soldatesque esclave ? Non, il n'en est point parmi les vainqueurs de Montenotte, de Millesimo, de Dego et de Mondovi !

Tous brûlent de porter au loin la gloire du peuple français, tous veulent humilier ces rois orgueilleux qui osaient méditer de nous donner des fers, tous veulent dicter une paix glorieuse, qui indemnise la patrie des sacrifices immenses qu'elle a faits ; tous veulent, en rentrant dans leurs villages, pouvoir dire avec fierté : *J'étais de l'armée conquérante de l'Italie !*

Napoléon Bonaparte, né à Ajaccio, en Corse, le 15 août 1769 ; mort à Sainte-Hélène, le samedi 15 mai 1821, à sept heures du matin.

TABLE DES MATIÈRES.

Préface. 5

Neuvième Siècle.

Serment de Louis, roi de Germanie. 11
Serment des seigneurs français. . . . . *Ib.*

Dixième Siècle.

Extrait d'une traduction du Symbole attribué à saint Athanase. 12

Onzième Siècle.

Extrait des quatre Livres des Rois. 13

Douzième Siècle.

Chronique de Turpin. La mort de Roland. . . 14
Saint Bernard. Extrait d'un sermon. 16
Maurice de Sully. L'explication du *Pater.* . . 18

Treizième Siècle.

Ville-Hardouin. La Prise de Constantinople. . . 19
Chroniques de Saint-Denis. Mort de Brunehault. 20
Brunetto Latini. Prologue du Trésor. 22
Joinville. La reine à Damiette. 23
— Qualités de Saint Louis. . . . . . . *Ib.*
Même sujet. *Voltaire.* 25
Même sujet. *Châteaubriand.* . . . . *Ib.*

Quatorzième Siècle.

Christine de Pisan. Vie et mœurs de Charles V. 26
Gaston Phébus. Le bon Veneur. 28
Froissart. Bataille de Rosebecq. 30
— Combat des Trente. 32
— Reddition de Calais. 33

Gerson. Harangue au roi Charles VI. 37
— Plaidoyer contre Charles de Savoisy. . . 39
Chronique de Du Guesclin. Comment Du Guesclin traita avec les grandes compagnies. . . . 41
— Mort de Du Guesclin. 42
Histoire de Boucicaut. Enfance de Boucicaut. . . 44

Quinzième Siècle.

Juvénal des Ursins. Entrée d'Isabeau de Bavière. 46
— Funérailles de Charles VI. 47
Alain Chartier. Meurtre du duc d'Orléans. . . 49
— Défense des gens d'armes. 50
J. Molinet. Mort du duc de Bourgogne. . . . 52
Enguerrand de Monstrelet. Mort de Montagu. . . 54
Anecdote rapportée par Étienne Pasquier. 55
Olivier de la Marche. Combat de Jacques de Lalain contre un écuyer anglais. 56
— Préparatifs d'un pas d'armes. 58
René d'Anjou. Fin d'un Tournois. 60
Philippe de Comines. Louis XI à Péronne. . . 61
— Bataille de Granson. 63
Même sujet. *De Barante.* 64
— Mœurs du duc de Bourgogne. 65
— Derniers moments de Louis XI. 66
Lettre du duc de Nemours au roi Louis XI. 69
Lettre du roi Louis XI à M. de Bressuire. . 69
Saint-Gelais. Éloge de Louis XII. 70
Olivier Maillard. Sermon. 71
Revue du VIIIe au XVIe siècle. 74

Seizième Siècle.

MORCEAUX RELIGIEUX.

Simon Vigor. Sermon sur la souffrance. . . . 78
Philippe du Bec. Sermon sur la Nativité. . . . 80
Calvin. Connaissance de Dieu. 82
Jugement de Bossuet sur Calvin et Luther. 83

TABLE DES MATIÈRES.

Saint François de Sales. Sermon sur la Vierge. . . 84
Théodore de Bèze. Bonté et prévoyance de Dieu. . . 86

MORALE ET PHILOSOPHIE.

La Boetie. De la servitude volontaire. 88
 Lettres de Montaigne sur La Boetie. . . 89
 Jugement de M. Lamennais sur La Boetie. 90
Montaigne. De l'Amitié. 91
 Fragments de Bossuet sur l'amitié. . . 94
— Incommodité de la grandeur. 95
— De la mort. 97
 Même sujet. *Bossuet*. 102
Ramus. Avis au roi Charles IX. 103
Pierre Charron. De la vanité. 105
— De la mémoire. 107
L'Hopital. Envoi aux Indes du docteur Lagasca. . 108
— Nécessité de la paix avec les réformés. . . 110

SATIRE.

Rabelais. Éducation de Gargantua. 112
 Jugement de M. Guizot sur Rabelais. . . 115
Pierre Pithou. Harangue pour le tiers état, tirée de
 la *Satire Ménippée*. 118
 Jugement de M. Nodier sur cette satire. . 119
— Procession de la Ligue. 120

ROMAN.

Amyot. Le Piége. 122
— Description d'un verger. 123
Herberay. Combat d'Amadis et du géant Balan. . 125

HISTOIRE.

Martin du Bellay. Entrevue de François Ier et de
 Henri VIII au camp du Drap-d'Or. . . . 127
Chronique de Bayard. Combat de Soto-Mayor et
 de Bayard. 129
Jean Bouchet. Passage des Alpes. 132
Théodore de Bèze. Massacre de Mirandol. . . 134
 Même sujet. *Voltaire*. 135
Coligny. Extrait de la relation du siége de Saint-
 Quentin. 136
 Mort de Coligny. *Jean de Serres*. . . 137
Castelnau. Procès du prince de Condé. . . . 139
Palma Cayet. Journée des Barricades. . . . 142
Brantôme. Mort de Bayard. 144
 Épitaphe de Brantôme, par lui-même. . 145
— Mort du connétable Anne de Montmorency. *Ib*.
Blaise de Montluc. Une exécution en 1562. . . 147
Claude Fauchet. Mort de Charlemagne. . . . 149
 Charlemagne à Aix. *Michelet*. . . . 150
Amyot. Parallèle d'Alcibiade et de Coriolan. . . 151
— Parallèle de Cicéron et de Démosthènes. . . 153
 Même sujet. *Rapin*. 154
Belleforest. La Pucelle d'Orléans. 156
 Procès et mort de Jeanne d'Arc. *Jollois*. 158
De la Noue. Les catholiques et les protestants pen-
 dant une trêve. 159

Jean de Mergey. Épisode de la Saint-Barthélemy. . 161
 Épisode de la bataille de Renty. . . . 163
 La Saint-Barthélemy. *Chateaubriand*. . 164
Marguerite de Valois. Épisode de la Sainte-Barthé-
 lemy. 165
Pierre de l'Estoile. Assassinat du duc de Guise et
 du cardinal de Lorraine. 167
— Mort de Catherine de Médicis. 168
Fénelon. Charles-Quint lève le siége de Metz. . 170
Rabutin. Abdication de Charles-Quint. . . . 172
D'Aubigné. Vengeance de San Pétro. 174
Pierre Mathieu. Procès et mort de Biron. . . . 176
 Henri IV à l'assemblée des notables. . . 178
Sully. Épisode de la Saint-Barthélemy. . . . 179
— Épisodes de la bataille d'Ivry. 181

LETTRES.

Le vicomte d'Orte. Réponse au roi Charles IX. . . 184
Jean de Montluc. Lettre aux Polonais. . . . . *Ib*.

THÉATRE.

Pierre de Larivey. L'Avare. 187
 Même sujet. *Molière*. 190
Revue du XVIe siècle. 191

Dix-septième siècle.

MORCEAUX RELIGIEUX.

Jean-Pierre Camus. Apostrophe à la noblesse. . . 205
Vincent de Paul. Discours pour les enfants trouvés. 207
Bossuet. Avantages de l'unité religieuse. . . . 208
 Jugement de Thomas sur Bossuet. . . . 210
 Idem du cardinal Maury. . . . . . *Ib*.
 Idem du cardinal Beausset. . . . . *Ib*.
— Fragilité de la grandeur. 211
— La Providence. 212
— La majesté royale . . . . *Ib*.
— La France sous le règne de la Fronde. . . 213
Claude. Destruction de Jérusalem. 214
Bourdaloue. Du salut. 215
— De la médisance. 216
 Même sujet. *Massillon*. . . . . . *Ib*.
— L'ambitieux. 217
 Même sujet. *Massillon*. . . . . . *Ib*.
Fléchier. Sermon sur la pénitence. 219
 Jugement de Thomas sur Fléchier. . . *Ib*.
 Humanité de Fléchier. *D'Alembert*. . . 220
— Humilité dans la victoire. . . . . . . *Ib*.
— De la médisance. . . . . *Ib*.
De la Rue. De la vengeance. 222
Cheminais. Résignation des humbles. 223
— Sermon en faveur des prisonniers. . . . 224
Abbadie. Utilité des bonnes œuvres. 226
Fénelon. Tableau de l'Église chrétienne. . . . 227
 Jugement sur Fénelon. *La Harpe*. . . 229
— Imprévoyance de l'homme. . . . . . . *Ib*.

TABLE DES MATIÈRES.

FÉNELON. Union de l'âme et du corps. . . . 230
— Les missionnaires. 231
MASSILLON. Rapidité de la vie. 232
    Même sujet. . . . . *Ib.*
    Jugement de D'Alembert sur Massillon. . 235
— La prière. . . . . *Ib.*
— Du petit nombre des élus. 237
— La mort du pécheur. 238
— Le roi conquérant. . . . . *Ib.*
    Fragments d'un sermon. *Le même.* . . *Ib.*
— La bienfaisance. 239
— Incertitude de l'esprit de l'homme. . . *Ib.*
SAURIN. Enseignement qu'offre la tombe. . 241
— La mort est le terme des grandeurs. . . 242
— Abaissement que cause la mort. . . . *Ib.*
— L'amitié. 243
BALZAC. La religion chrétienne et ses premiers commencements. 244

MORALE ET PHILOSOPHIE.

BALZAC. Les fléaux de Dieu. 246
    Même sujet. *Châteaubriand.* . . . . *Ib.*
DESCARTES. De la méthode. 249
    Jugement de d'Aguesseau sur Descartes. . 250
    Idem de Guénard. . . . . *Ib.*
    Idem de Thomas. . . . . *Ib.*
JACQUES ESPRIT. Du duel. 251
    Même sujet. *J.-J. Rousseau.* 252
    Anecdote sur Bridaine. *Maury.* . . . *Ib.*
ANTOINE ARNAULD. De l'exactitude dans le jugement. 253
    Jugement de d'Aguesseau sur Arnauld. . 254
MADAME DE MOTTEVILLE. La cour. 255
LAROCHEFOUCAULD. Maximes. 256
PASCAL. Pensées. 258
    Jugement de Vauvenargues sur Pascal. . 261
    Idem de Fontanes. . . . . *Ib.*
    Idem de Châteaubriand. . . . . . *Ib.*
— Extrême variété de la nature. . . . . *Ib.*
— Du droit de vie et de mort. . . . . . *Ib.*
MALEBRANCHE. Magnificence de l'univers. . 264
    Jugement de d'Aguesseau sur Malebranche. 265
— Distinction du devoir et de la vertu. . *Ib.*
— Pouvoir de l'imagination. 266
LA BRUYÈRE. L'homme inégal et l'homme distrait. . 267
    Jugement de La Harpe sur La Bruyère. . 269
— Giton et Phédon. 270
— Les Parvenus. 271
— Le Fleuriste. . . . . *Ib.*
— La personne à la mode et la personne de mérite. 272
— L'homme universel. . . . . *Ib.*
DUGUET. Devoir des princes. 273
L'ABBÉ DE SAINT-PIERRE. De la paix perpétuelle. . 274

PANÉGYRIQUES ET ORAISONS FUNÈBRES.

LE PÈRE BENNING. Oraison funèbre de Crillon. . 276
    Fragments du *petit Père André.* . . *Ib.*
ANTOINE GODEAU. Oraison funèbre de Louis XIII. . 279
DE RETZ. Mort de saint Louis. 280

MASCARON. Désintéressement de Turenne. . . 281
    Jugement de Thomas sur Mascaron. . . 282
— Humilité de Turenne. 283
— Sa modestie. . . . . *Ib.*
— Douleur causée par sa mort. 284
    Fragment de l'oraison funèbre du duc de Beaufort. *Le même.* . . . . . . *Ib.*
DE LA RUE. Qualités guerrières de Boufflers. . 286
— Vanité des titres qui ornent les tombeaux. . 287
FLÉCHIER. Exorde de l'oraison funèbre de Turenne. 288
— Mort de Turenne. 289
BOSSUET. Exorde de l'oraison funèbre de la reine d'Angleterre. 291
— Cromwell. 292
— Mort d'Henriette d'Angleterre. . . . *Ib.*
    Jugement de Thomas sur Bossuet. . . 293
— Bataille de Rocroy. 294
— Péroraison de l'éloge funèbre de Condé. . 295
    Bossuet sermonnaire et Bossuet orateur. . 296
    Jugement de Châteaubriand sur Bossuet. . 298
MASSILLON. Exorde de l'oraison funèbre de Louis XIV. 301

HISTOIRE.

PONTCHARTRAIN. Mort de Henri IV. 502
— Excès du peuple contre le corps du maréchal d'Ancre. 303
    Jugement sur ce maréchal. *Le même.* . *Ib.*
DE PONTIS. Procès et exécution du duc de Montmorency. 305
— Reddition de La Rochelle. 308
BASSOMPIERRE. Son arrestation. 310
    Bassompierre à sa sortie de la Bastille. *L'abbé Arnauld.* 512
RICHELIEU. La maréchale d'Ancre. 513
    Jugement de Fléchier sur Richelieu. . *Ib.*
    Idem de Fontanes. . . . . *Ib.*
FONTRAILLES. Jugement et exécution de Cinq-Mars et de Thou. 315
    Fragments de *Cinq-Mars. De Vigny.* . 319
SARRASIN. Portrait de Walstein. 320
HARDOUIN DE PÉRÉFIXE. Henri IV à Ivry. . . 522
MÉZERAY. Matignon au connétable de Bourbon. . 524
    Jugement de M. Augustin Thierry sur Mézeray. 525
    Idem de M. de Barante. . . . . . *Ib.*
— Discours de Biron à Henri IV. 526
— Jacques Molay à ses juges. . . . . . *Ib.*
DE RETZ. Son évasion. 528
— Portrait du cardinal de Richelieu. . . 531
    Même sujet. *De Vigny.* 532
    Même sujet. *Montrésor.* . . . . . *Ib.*
— Portrait du cardinal Mazarin. . . . . *Ib.*
    Même sujet. *Voltaire.* 533
MADAME DE MOTTEVILLE. Seconde journée des Barricades. 534
— Mort de la reine Anne d'Autriche. . . 537
LENET. Portrait du prince de Condé. . . . 539
— Parallèle de Condé et de Turenne. *Bossuet.* 540
FLÉCHIER. Prise d'Oran. 541

PROSE.

TABLE DES MATIÈRES.

Bossuet. L'empire romain à la venue du Christ. . 345
    Jugement de Châteaubriand sur Bossuet. . 346
— Mort d'Alexandre. . . . . *Ib.*
    Politique d'Alexandre. *Montesquieu.* . . 347
    Portrait d'Alexandre. *Barthélemy.* . . *Ib.*
Saint-Réal. Le capitaine Renault aux conjurés. . 348
    Portrait de Bedmar. *Le même.* 350
Le Père d'Orléans. Bataille de Guadalete. . . . 351
— Richard Ier à l'empereur Henri VI. . . 352
Le Père Daniel. Bataille de Lutzen. 354
    Jugement de M. Augustin Thierry sur
    Daniel. 355
Saint-Simon. Un trait du czar Pierre. 357
— Portrait de la duchesse de Bourgogne. . 358

HARANGUES POLITIQUES ET ÉLOQUENCE DU BARREAU.

Richelieu. Harangue pour la clôture des états. . 360
Omer Talon. Nécessité de la liberté de conscience. 362
Patru. Les mœurs nouvelles et les anciennes. . . 364
Pélisson. Plaidoyer en faveur de Fouquet. . . . 366
    Jugement de La Harpe sur Pélisson. . . 367
    Lettre de Louis XIV sur Fouquet. . . . *Ib.*
— Péroraison de la défense de Fouquet. . 368
    Fragment de l'*Élégie aux nymphes de
    Vaux. La Fontaine.* 369

LETTRES.

Balzac. A M. de La Motte-Aigron. 371
— Au cardinal de La Valette. 372
— A M. de Priésac. . . . . *Ib.*
Voiture. A Mademoiselle de Rambouillet. . . . 374
— Au duc d'Enghien sur la bataille de Rocroy. 375
— A M. le marquis de Pisany. . . . . . *Ib.*
— Éloge de Richelieu. 376
— Au duc d'Enghien. 377
Saint-Évremond. A M. le marquis de Créquy. . 379
Madame de Sévigné. Mort de Turenne. 381
    Fragment sur le même sujet. *La même.* . 382
    Jugement de La Harpe sur les *Lettres* de
    madame de Sévigné. . . . . . . *Ib.*
    Idem de Marmontel. 383
    Idem de Thomas. . . . . *Ib.*
— *Idem* à Madame de Grignan, sa fille. . *Ib.*
— A sa fille. 384
— A Bussy Rabutin. 385
— A M. de Coulanges. . . . . *Ib.*
— A Madame de Grignan. 386
— Sur la mort de Vatel. 387
Madame de Maintenon. A Ninon de l'Enclos. . 388
    Lettre au comte d'Aubigné. *La même.* . *Ib.*
— A Madame de Montespan. 389
— A la comtesse de Saint-Géran. 390
— A Madame de Dangeau. . . . . . . *Ib.*
— Au comte d'Aubigné. 391

ROMAN.

Fénelon. Combat d'Hyppias et de Télémaque. . 392
— Les justes aux Champs-Élysées. . . . 393

THÉATRE.

Molière. Les Précieuses Ridicules. 395
— Don Juan. 399
— L'Avare. 401

CRITIQUE LITTÉRAIRE.

Huet. De l'origine des romans. 404
Fénelon. De la vérité dans les arts et les ouvrages
    d'esprit. 406
Revue du XVIIe siècle. 408

Dix-huitième Siècle.

MORCEAUX RELIGIEUX.

De Neuville. Inconvénients de la grandeur. . . 418
Bridaine. Exorde d'un sermon. 420
    Jugement de Girardin sur Bridaine. *Saint-
    Marc.* 421
    Idem du cardinal Maury. . . . . . . *Ib.*
— Parabole de la mort du Christ. 422
    Jugement du cardinal Maury sur ce mor-
    ceau. 423
Poulle. L'infortune fait connaître les vrais amis. . 424
    Fragments des *Exhortations de charité.
    Le même.* . . . . *Ib.*
    Jugement de La Harpe sur ces *Exhorta-
    tions.* 425
— Exorde et péroraison d'un discours sur
    l'aumône. . . . . *Ib.*
— Discours pour les enfants trouvés. . . . 426
Boismont. Le Curé de campagne. 428
    Jugement de La Harpe sur Boismont. . . 429

MORALE ET PHILOSOPHIE.

Fontenelle. La nuit. 430
    Jugement de La Harpe sur Fontenelle. . 432
    Idem de Vauvenargues. . . . . . . *Ib.*
— Système de Copernic. 433
Vauvenargues. Réflexions et Maximes. 435
D'Aguesseau. De la société. 437
Condillac. Du coloris. 439
Helvétius. Causes de l'inégalité dans les esprits. . 440
Desmahis. Le Fat. 442
Guénard. Décadence des arts et de l'éloquence. . 443
— Bornes de l'esprit en matière de religion. . 444
    Jugement du cardinal Maury sur Guénard. 445
— Alliance de l'esprit philosophique et du génie
    des lettres. . . . . *Ib.*
Duclos. Caractère des Français. 447
    Jugement de La Harpe sur Duclos. . . . *Ib.*
Diderot. De l'autorité dans le discours. 448
J.-J. Rousseau. Son bonheur dans la solitude. . 450
— Prosopopée de Fabricius. 452
— L'Évangile. . . . . *Ib.*
— Les plaisirs de Rousseau s'il habitait la cam-
    pagne. 453

TABLE DES MATIÈRES.

J.-J. Rousseau. Le Bonheur. 456
— Une nuit de Jean-Jacques à Lyon. . . 458
    Fragment de M. Jules Janin sur ce sujet. *Ib.*
— Le lever du soleil. . . . . *Ib.*
— Le Suicide. 459
Voltaire. Notion de la justice. 460
— Nécessité du mal physique et moral. . . 461
Servan. Aux juges criminels. 462

PANÉGYRIQUES ET ORAISONS FUNÈBRES.

Le Père Élisée. Exorde de l'oraison funèbre de Stanislas. 463
D'Aguesseau. Éloge de Louis XIV. . . . 465
D'Alembert. Voltaire et Crébillon. . . . 466
— Destouches et Dufresny. 468
Beauvais. Exorde de l'oraison funèbre de l'évêque de Noyon. 469
    Fragments des Pères de l'Église, traduits par M. Villemain. 470
Boismont. Portrait de Frédéric le Grand. . 471
Thomas. Éloge de Duguay-Trouin. 472
— Péroraison de cet éloge. 474
— Éloge de Descartes. . . . . *Ib.*
— Éloge du Dauphin. 475
— Parallèle de Colbert et de Sully. . . . 476
    Tableau de l'Europe à la mort de Henri III.
    Le même. 478
— Songe de Marc-Aurèle. . . . . . . *Ib.*
— Hommages rendus à Marc-Aurèle. . . 479

SCIENCES NATURELLES.

Buffon. Le Cygne. 481
    Jugement de Condorcet sur Buffon. . 482
    Idem de La Harpe. 483
— Le Chien. . . . . *Ib.*
— L'Oiseau mouche. 484
— L'Arabie Pétrée. 485
    Même sujet. *Châteaubriand.* . . . . *Ib.*
— Le Paon. 486
— La Fauvette. . . . . *Ib.*
— L'Écureuil. 487
— Le Cheval. 488
    Même sujet. *Bossuet.* . . . . . . *Ib.*
    Les Chevaux arabes. *Châteaubriand.* . *Ib.*
— Le premier homme raconte ses premières sensations. . . . . *Ib.*
Raynal. L'ouragan dans les Antilles. . . . 491
    Même sujet. *Bernardin de Saint-Pierre.* 492
— Les tremblements de terre dans le Pérou. *Ib.*
Bernardin de Saint-Pierre. Le Lis et la Rose. 494
— Les nuages. 495
— Les forêts agitées par le vent. 496
— La tempête dans les mers de l'Inde. . 497
Guéneau de Montbelliard. Le Rossignol. . 498
    Le Rossignol et le Serin. *Buffon.* . . 499
— L'Hirondelle. . . . . *Ib.*
Lacépède. Le Lézard gris. 500

HISTOIRE.

Rollin. Cincinnatus élu consul. 501
Vertot. Gustave Wasa aux Dalécarliens. . . 504
    Jugement de Mably sur Vertot. . . . 505
    Idem de La Harpe. . . . . . *Ib.*
— Conspiration de Pinto. . . . . . . *Ib.*
— Servilius devant le peuple romain. . . 506
Le président Hénault. Le siècle d'Auguste et le siècle de Louis XIV. 508
    Le siècle de Louis XIV. *Châteaubriand.* 509
Lebeau. Le roi Hormisdas à ses sujets révoltés. 510
Mably. Phocion. 512
Gaillard. Passage des Alpes par François Ier. 514
    Passage du mont Saint-Bernard par Bonaparte. *Salvandy.* . . . . . . *Ib.*
De Sainte-Croix. Hérodote. 516
Montesquieu. Charlemagne. 517
    Jugement de La Harpe sur Montesquieu. 518
    Idem de M. Villemain. . . . . *Ib.*
    Idem de M. Cousin. 519
— Charles XII. . . . . *Ib.*
    Même sujet. *De Bonald.* . . . . . *Ib.*
Voltaire. Bataille de Nerva. 520
    Jugement de Mably sur Voltaire. . . 522
— Charles XII à Bender. . . . . . . *Ib.*
Raynal. Le peuple hollandais. 525
Barthélemy. Mort de Léonidas. 526

ÉLOQUENCE DE LA TRIBUNE ET DU BARREAU.

D'Aguesseau. Portrait du véritable magistrat. . 529
Dupaty. Réforme de la législation criminelle. . 531
    Lettre sur les bagnes. *Le même.* . . 532
Mirabeau. Discours sur la banqueroute. . . 533
    Mort de Mirabeau. *Tissot, Histoire de la Révolution française.* 534
— Discours pour le renvoi des troupes. . 535
    Éloge de Franklin. *Le même.* . . . 536
— Mirabeau à ses accusateurs. 537
    Jugement de madame de Staël sur Mirabeau. . . . . *Ib.*
Vergniaud. Appel au camp. 539
    Jugement de M. Nodier sur Vergniaud. 540

APOLOGUES ET ALLÉGORIES.

L'abbé Blanchet. L'Académie silencieuse. . 541
Montesquieu. Les Troglodites. 542

LETTRES.

Voltaire. A milord Harvey. 546
— A la baronne de Verna. 547
J.-J. Rousseau. Conseils à un jeune homme. . 549
— Au maréchal de Luxembourg sur la Suisse. *Ib.*
    Fragment de la *Nouvelle Héloïse* sur le même sujet. 552

TABLE DES MATIÈRES.

Dupaty. Le tombeau de Cécilia Métella. 553
— Un tableau de Raphaël. . . . . *Ib.*

ROMAN.

Barthélemy. Une tempête au cap Sunium. . . . 555
Marmontel. Bélisaire dans un château de la Thrace. 557
— La caverne des serpents. 559
    Jugement de La Harpe sur Marmontel. 560
Montesquieu. Lysimaque. 561
Florian. Un combat de taureaux. 563

THÉATRE.

Beaumarchais. Monologue de Figaro. 565

CRITIQUE LITTÉRAIRE.

Voltaire. Le Goût. 567
— De la Grâce. 568
Revue du dix-huitième siècle. 370

Dix-neuvième Siècle.

Volney. Les Ruines. 583
Madame de Stael. Venise. 586
    Jugement de M. de Sainte-Beuve sur madame de Staël. 587
Chateaubriand. Combat des Romains contre les Francs. 589
Bonaparte. Proclamation. 594

FIN DE LA TABLE.

www.ingramcontent.com/pod-product-compliance
Lightning Source LLC
Chambersburg PA
CBHW070358230426
43665CB00012B/1163